2018

浙江财政年鉴

Finance Yearbook of Zhejiang

（总第18卷）

浙 江 省 财 政 厅 主 办

浙江财政年鉴编辑委员会编

中華書局

图书在版编目(CIP)数据

浙江财政年鉴. 2018/《浙江财政年鉴》编辑委员会编.
—北京:中华书局 2018.11
ISBN 978-7-101-13494-0

I.浙 … II.浙 … III.地方财政—浙江省—2018—年鉴
IV.F812.755-54

中国版本图书馆CIP数据核字(2018)第235980号

责任编辑:盛滢婷
李晓燕

浙江财政年鉴2018

《浙江财政年鉴》编辑委员会编

*

中 华 书 局 出 版
(北京市丰台区太平桥西里38号 100073)
http://www.zhbc.com.cn
E-mail:zhbc@zhbc.com.cn
浙江新华数码印务有限公司印刷

889×1194 1/16 25.5印张 72插页 1010千字
2018年11月第1版 2018年11月第1次印刷
印数:1-1100 册 定价:260.00元

ISBN 978-7-101-13494-0

编辑说明

《浙江财政年鉴》是浙江省财政厅主办的省级财政专业年鉴，以文为主，辅以图表，图文并茂，全面系统真实反映浙江省财政工作各方面的基本情况，是资料性与史实性相结合的工具书，为财政工作者及专家、学者提供可靠信息资料。

《浙江财政年鉴》每年出版一卷，2018卷（总第18卷）以详实的资料和图表，记载了2017年浙江省财政改革与发展情况，综合反映全省各级财政部门在省委、省政府的领导下，全面深入学习习近平新时代中国特色社会主义思想，贯彻落实党的十八大、十八届历次全会和十九大精神，统筹推进"五位一体"总体布局，协调推进"四个全面"战略布局，认真落实省第十四次党代会精神，遵循"划清边界、厘清事权、做好蛋糕、集中财力办大事"的理财思路和"保基本、守底线、促均衡、提质量"的理财要求，主动适应新常态，加快构建具有浙江特色的现代财政制度，推动经济转型升级和民生持续改善，深化财税体制改革，依法加强财税管理，为统筹推进全省经济社会平稳健康发展所付出的努力。

本卷年鉴主体结构继续保持以往年鉴整体架构的稳定性和内容的连续性，全卷分九篇和附录共十部分，约计101万字，依次为：财经文献、全省财政工作、市县（市、区）财政工作、财政统计资料、财政法规选编、财政文选、财政工作大事记、财政机构人员以及附录。本卷年鉴的有关编辑情况作如下说明：

一、本卷财政统计资料中涉及全省财政收支的增长率均为同口径增长率。

二、本卷对市县图片集锦作版面调整，增加彩色插图版面空间，丰富图文内容，增强可读性。

三、鉴于浙江省金融控股有限公司领导人员管理体制调整，上卷直属单位概况中反映的"浙江省金融控股有限公司"相关内容在本卷中调整为"省财务开发公司"相关内容。因机构新增，本卷直属单位概况中增加"浙江省农业信贷担保公司"相关内容。

四、鉴于机构调整，浙江省珠算心算协会已整合到省会计学会作为二级分会，省总会计师协会已与省财政厅脱钩，故上卷中反映的"浙江省珠算心算协会""浙江省总会计师协会"相关内容在本卷中不再保留。省珠算心算协会相关内容在省会计学会概况稿中体现。

五、本卷年鉴继续附赠全文检索数据库电子版年鉴光盘（不再另编文字索引），并在光盘内收录全卷所有图片文件和涉及浙江省财政重点工作的相关视频资料。

本卷年鉴在年鉴编辑委员会的领导下，由浙江省财政厅各处室局、直属单位和十一市及其所辖县（市、区）财政局提供文稿、图片及数据资料，经编审修改补充后成书。期间得到国家税务总局浙江省税务局的大力支持。在此谨向给予《浙江财政年鉴》编纂工作关心、支持和帮助的各级财税部门及所有单位和相关人员表示感谢。为进一步提高《浙江财政年鉴》的编纂水平，欢迎读者对本卷年鉴的不足之处给予批评指正。

《浙江财政年鉴》编委会

2018年11月

浙江省财政收支规模

单位：亿元

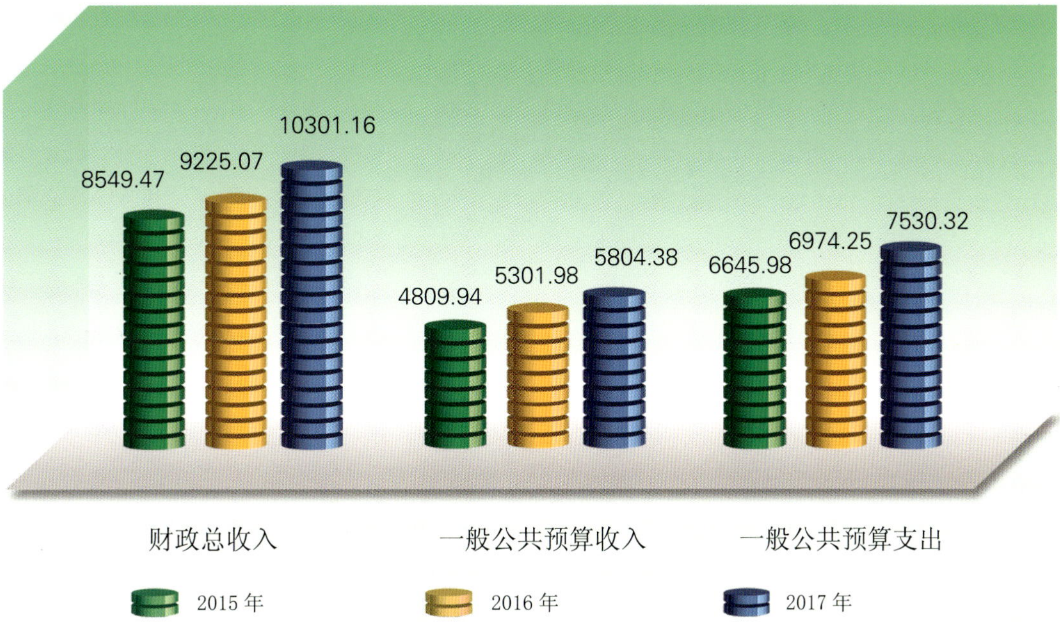

浙江省财政收支增长速度

单位：%

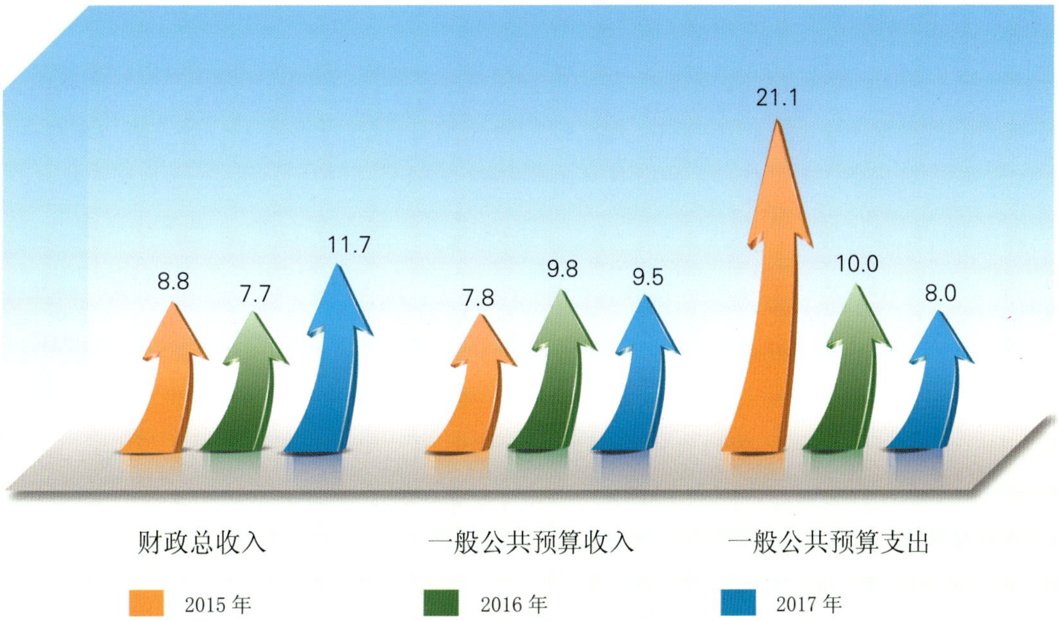

2017 年浙江省一般公共预算收入组成

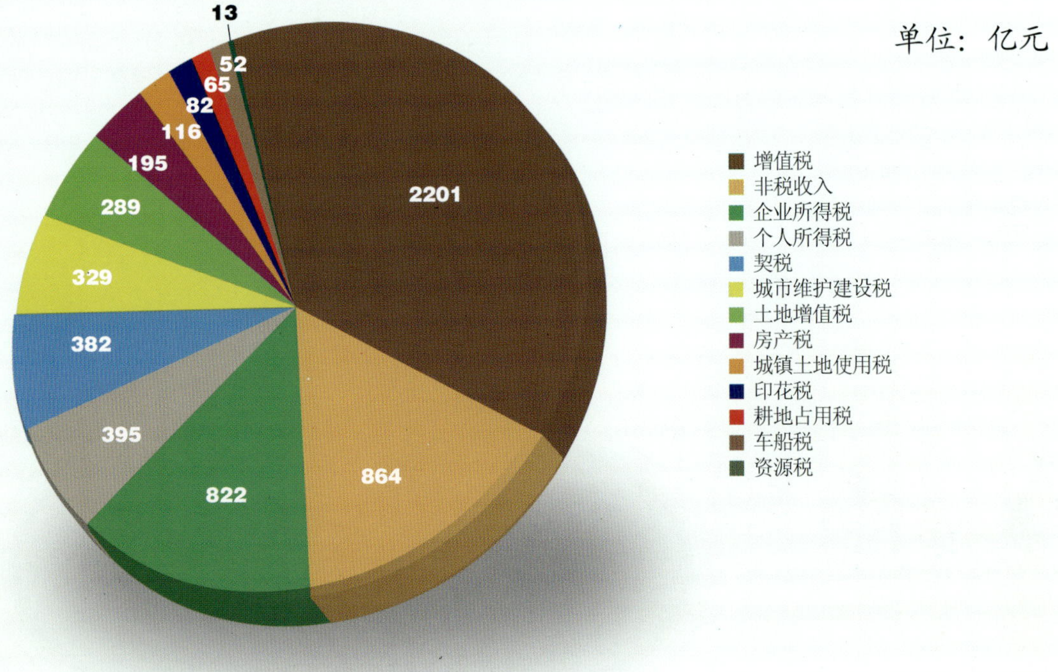

2017 年浙江省一般公共预算支出组成

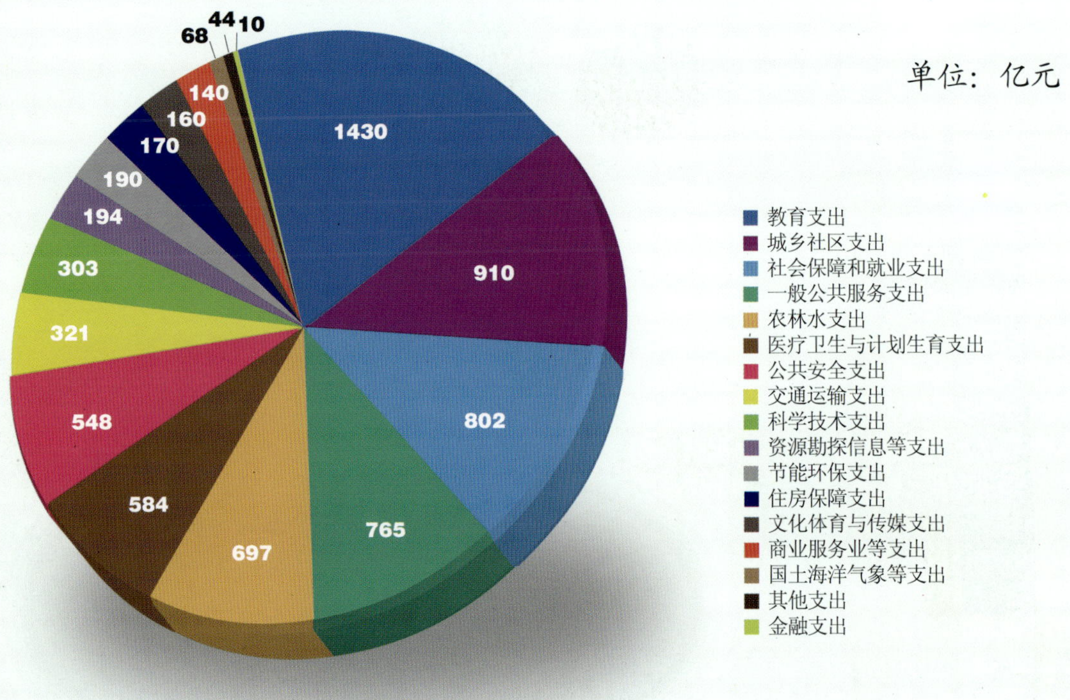

2018 年 1 月 16 日，全省财政地税工作会议在杭州召开。中共浙江省委书记车俊、省长袁家军作出重要批示，充分肯定了 2017 年全省财政地税工作，并就 2018 年财税工作提出明确要求。省财政厅党组书记、厅长、省地税局局长徐宇宁作工作报告。

国际机构、省、部领导关心浙江财政

2017 年 7 月 9 日，世界银行行长金墉（左二）访问浙江

2017 年 11 月 29-30 日，财政部副部长、党组成员朱光耀（左二）在浙江开展税收政策专题调研

2017 年 10 月 19 日，财政部副部长、党组成员余蔚平（左三）在浙江开展专题调研

2017 年 2 月 9 日，省人大常委会党组书记、副主任王辉忠（右一）到省财政厅走访调研并参观厅陈列室

厅长徐宇宁赴温州调研

副厅长罗石林赴衢州调研

2017 年 10-11 月，省财政厅组织由厅领导带队的 9 个调研组，分赴全省 10 个市开展工作思路调研，通过走访企业、农村、社区，调研重点项目，召开座谈会，联系人大代表、政协委员等多种方式，广泛听取意见，深入了解基层情况和需求，督查各地贯彻落实省委、省政府决策部署以及全省财政地税工作会议精神的推进情况。

副厅长金慧群赴舟山调研

副厅长王广兵赴台州调研

总会计师赵立妙赴湖州调研

省金控公司总经理杜祖国赴嘉兴调研

副厅长沈磊赴金华调研

驻厅纪检组长徐首红赴绍兴调研

副厅长邢自霞赴丽水调研

2017 年，浙江省财政筹措安排 7.85 亿元保障粮食安全，全省粮食仓储设施条件得到有效改善和提升，确保地方储备粮的存储安全。

衢州省级储备粮库

长兴县中心粮库

绍兴市柯桥区中心粮库

省直属粮库

第九届浙江·中国非物质文化遗产博览会现场外国友人体验织布机

2017 年，浙江省文化体育与传媒支出 159.66 亿元，支持构建现代公共文化服务体系。截至年末，全省已建成公共图书馆 102 家、文化馆 102 家、各类博物馆 275 家、农村文化礼堂 7851 家、图书馆乡镇分馆 894 个、文化馆分馆 312 家，乡镇（街道）综合文化站和村（社区）文化设施实现全覆盖。

彩虹阅读地铁专列首发

2017 浙江省农村文化礼堂优秀文艺作品展演

图书馆之夜系列活动

省公共图书馆“阅读马拉松”挑战赛现场

2017“文化和自然遗产日”活动

2017年，浙江省确定德清县等15个县（市、区）为财政奖补助推美丽乡村试点县，并下达中央和省级转移支付补助资金3亿元，促进试点县生产生活生态融合发展和宜居宜业宜游有机统一，打造具有浙江特色的美丽乡村升级版。

农民喜获丰收

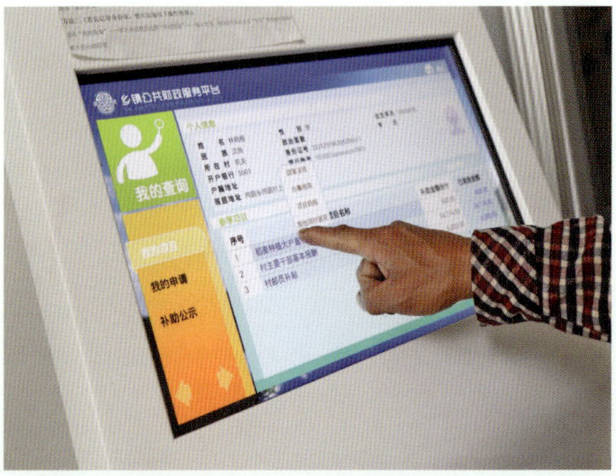

农民自助查询涉农补贴发放情况

国家重点文物保护单位——东阳卢宅

现代渔业园区捕鱼

桃花岛塔湾碧海金沙

省档案馆新大楼

浙江省财政加大投入，支持省档案馆新馆搬迁，助推浙江档案事业转型升级。

公众门厅浮雕背景

多功能厅

报告厅

党员在省档案馆党性教育活动室接受教育

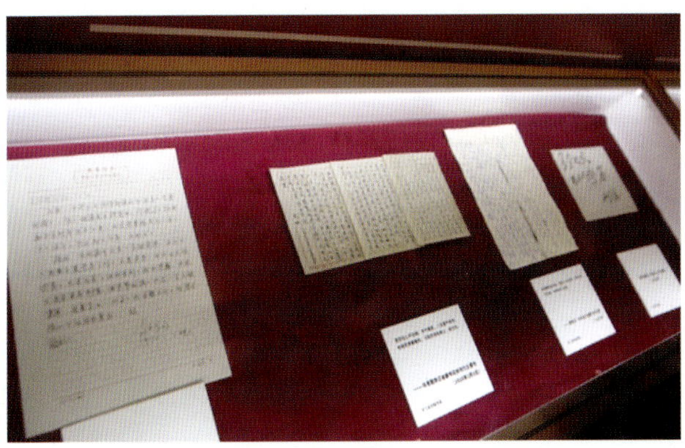

珍贵的党史档案

福彩邀请羽毛球世界冠军指导小球迷

2017 年，浙江省财政加强省级彩票业务费专项资金管理，积极做好彩票公益金征缴、清算和公告工作，全省共筹集彩票公益金（含上缴中央）80.66 亿元，增长 6.6%。彩票公益金主要用于助学助困，有效传递社会正能量。

福彩公益金资助困难儿童

福彩关爱老人公益活动

孩子们领取“微心愿”

福彩暖万家·助圆大学梦

2017 年，浙江省优化农业综合开发模式，通过深化推进现代农业园区建设、实施田园综合体建设试点项目、开展“3030”新农人行动计划、强化土地治理项目和产业化发展项目管理机制，培育农业农村发展新动能，助力乡村振兴。

杭州市红掌盆花养殖项目

嘉兴市南湖区凤桥镇双石桥高标准农田建设项目生态护岸

江山市高标准农田项目

龙游县沐尘小流域农业生态工程项目

磐安县好溪中药材特色园

嵊泗县山区小流域农业生态工程项目

缙云县舒洪小流域农业生态工程项目

2017 年，全省财政地税系统开展“财税担当 榜样力量”先进典型事迹巡回宣讲，22 名宣讲人员分两组赴全省各市宣讲，教育引导财政干部树立“实、稳、优”财税核心价值理念和“严谨、坚守、创新、奉献”的财政职业精神。

宣讲现场一

宣讲现场二

宣讲会启动仪式

宣讲团合影

目 录

财经文献

●省十三届人大一次会议重要文件

●全省重要财经文件

●全省财政地税工作会议重要文件

全省财政工作

●全省财税工作

●财政分项工作

● 直属单位概况

●学会协会活动

市县(市、区)财政工作

●杭州市财政工作

●温州市财政工作

●嘉兴市财政工作

●湖州市财政工作

●绍兴市财政工作

●金华市财政工作

●衢州市财政工作

●舟山市财政工作

●丽水市财政工作

财政统计资料

财政法规选编

财政文选

●省领导论财政

●厅领导谈财政

市县领导议财政

财政工作大事记

财政机构人员

附 录

专题经验介绍

调研报告精选

TABLE OF CONTENTS

财经文献

zhejiang caizheng nianjian

省十三届人大一次会议重要文件

浙江省政府工作报告（摘要）

——2018 年 1 月 25 日在浙江省第十三届人民代表大会一次会议上

浙江省人民政府省长　袁家军

一、2017 年和过去五年工作回顾

2017 年是实施"十三五"规划的重要一年，也是本届省政府收官之年。在党中央、国务院和中共浙江省委的坚强领导下，省政府深入学习贯彻习近平新时代中国特色社会主义思想，全面贯彻落实党的十八大、十八届历次全会和十九大精神，统筹推进"五位一体"总体布局，协调推进"四个全面"战略布局，认真落实省第十四次党代会精神，认真执行省十二届人大历次会议作出的各项决议，坚定不移贯彻落实新发展理念，坚持稳中求进工作总基调，以供给侧结构性改革为主线，按照"秉持浙江精神，干在实处、走在前列、勇立潮头"的要求，统筹抓好改革、发展、民生和政府自身建设各项工作，圆满完成了本届省政府和年初确定的各项目标任务。

（一）着力抓改革促活力

以"最多跑一次"改革为牵引、"一带一路"为统领，全面深化改革开放取得显著成效。

大力推动"最多跑一次"改革。全面梳理和规范各类办事事项，优化办事流程，推行"一窗受理、集成服务、一证通办"。积极推进政务服务"一张网"互联互通，省级部门打破信息孤岛取得实质性突破。积极推进事项网上办理、证照快递送达，省市县 50%以上的事项开通了网上办理。省级"最多跑一次"事项达到 665 项，设区市本级平均达到 755 项，县（市、区）平均达到 656 项，全省"最多跑一次"实现率达到 87.9%，办事群众满意率达到 94.7%。

积极推进各领域各方面的改革。深化企业投资项目审批制度改革，建成省市县 2.0 版投资项目在线审批监管平台。加快要素市场化配置改革，制定实施"区域能评、环评+区块能耗、环境标准"改革指导意见，开展德清"标准地"改革试点。加快国企国资改革，省属国有企业公司制改革基本完成，省国有资本运营公司挂牌成立，海港国有资源整合深入推进，空港国有资源整合基本完成。鼓励支持民营企业完善产权制度，新增股份制民营企业 777 家。深入推进农村改革、商事登记制度改革、标准化综合改革、高考综合改革、医药卫生体制改革，积极推进军民融合发展，加快推进温州金融综合改革和台州小微金融改革，创建湖州、衢州国家绿色金融改革创新试验区。

积极扩大对内对外开放。中国（浙江）自由贸易试验区总体方案获国务院批复并加快建设，中国（杭州、宁波）跨境电子商务综合试验区建设深入推进，全省跨境电商交易额增长 55%。成功举办第四届世界互联网大会和首届世界油商大会、首届中国国际茶叶博览会。加快义甬舟开放大通道建设，积极谋划"一带一路"捷克站，义新欧班列全年双向运行 168 列。主动接轨上海、推进长三角发展一体化，扎实做好东西部扶贫协作和对口支援、对口合作工作。

（二）着力抓转型促升级

全面推进供给侧结构性改革，全省生产总值达到 51768 亿元，增长 7.8%，质量效益进一步提高。

坚决打破坛坛罐罐。"去产能""去不良""去污染""去违建"取得显著成效。处置 404 家"僵尸企业"，淘汰 2690 家企业落后产能，整治 4.7 万家脏乱差小作坊；不良贷款率由 2.17%下降到 1.64%；完成 48 座城镇污水处理厂一级 A 排放达标改造，新增 3000 公里城镇污水管网，劣Ⅴ类水质断面全面消除，劣Ⅴ类小微水体基本消除；完成 8 台大型燃煤机组、409 万千瓦超低排放技术改造，淘汰改造燃煤小锅炉 8686 台，设区市 PM2.5 平均浓度下降到每立方米 39 微克；完成拆违 2.7 亿平方米、"三改"4.7 亿平方米。

大力推进传统产业改造提升。深入实施"10+1"传统产业改造提升行动计划，积极推进产业创新服务综合体和小微企业园区建设，启动实施绍兴传统产业改造提升试点。制定实施企业减负担降成本"新 35 条"，减轻企业负担和成本 1250 亿元。大力推进农业供给侧结构性改革，积极发展高效生态农业，新增 10 万亩绿色农产品基地。

加快培育发展新动能。切实加强科技创新，研发经费支出预计 1260 亿元，新增发明专利授权量 28742 件，新增高新技术企业 2010 家、科技型中小微企业 8856 家。组建之江实验室，筹建西湖大学，阿里巴巴"城市大脑"入选国家新一代人工智能平台。启动实施企业上市和并购重组"凤凰行动"计划，新增境内外上市公司 96 家，上市公司实施并购 337 起，浙商的综合实力显著增强。统筹推进标准强省、质量强省、品牌强省建设，新增"浙江制造"标准 129 个。大力培育和发展新产业新业态新模式，"三新"经济增加值预计达到 1.25 万亿元，对经济增长贡献率达到 37.1%。

（三）着力抓民生促和谐

全面践行以人民为中心的发展思想，认真做好各项民生工作，十方面民生实事全部完成。

统筹推进稳定就业、居民增收、全民社保。加大高校毕业生、就业困难人员、农村转移劳动力等重点人群就业服务力度，新增城镇就业 127.2 万人。城乡居民人均可支配收入分别增长 8.5%和 9.1%，低收入农户收入增长 10%以上。消除 5053 个集

体经济年收入低于10万元的薄弱村。新增基本养老保险参保人数173万人、基本医疗保险参保人数74万人。

积极推进教育、医疗卫生、养老、文化等社会事业改革发展。浙江大学入选"双一流"建设高校，中国美术学院、宁波大学入选"双一流"建设学科。县域医疗服务共同体建设试点积极推进，新建或调整布局居家养老服务中心1811个、新增养老机构床位3.1万张。加快公共文化服务体系建设，积极推进基本公共文化服务标准化，新建农村文化礼堂1389个。大力开展全民健身运动，浙江省运动员在第十三届全运会上取得优异成绩。切实加强老龄、妇女、儿童、残疾人、慈善、民族宗教等工作。

扎实推进平安浙江建设和社会治理创新。深入开展"除险安居"和治危拆违行动，完成地质灾害避让搬迁人数6.2万人、农村危房改造17.6万户、城镇危房解危2752幢。加强安全生产，强化消防安全、食品药品安全、交通安全等风险管控，有效处置各类突发事件和重大安全事故，生产安全事故起数、死亡人数分别下降26.3%和19.2%。积极预防和化解社会矛盾纠纷，加强社会治安综合治理，严厉打击各类刑事犯罪，全省命案实现当年100%侦破。

各位代表！2017年聚焦改革、聚焦发展、聚焦民生的积极成效，为本届省政府工作画上了圆满句号。五年来，我们牢记习近平总书记"干在实处永无止境，走在前列要谋新篇"的重要嘱托，坚持以习近平新时代中国特色社会主义思想为指导，坚持稳中求进工作总基调，坚持供给侧结构性改革主线，坚持以人民为中心的发展思想，锐意改革、开拓创新，攻坚克难、苦干实干，干成了许多既该干又能干成的大事：出色完成G20杭州峰会保障任务，世界互联网大会永久落户乌镇，深入推进"四张清单一张网""最多跑一次"改革，世界首家互联网法院落地浙江，率先规划建设特色小镇，消除"4600元以下"贫困现象，全面建成"基层治理四平台"。全省生产总值迈上5万亿元台阶、财政总收入跨过1万亿元大关，发展方式发生了根本性转变，经济社会建设取得了历史性成就。

（一）坚定不移把改革作为关键一招，体制机制优势显著提升

以政府自身改革为突破口，"四张清单一张网""最多跑一次"改革取得巨大成效，浙江成为审批事项最少、管理效率最高、服务质量最优的省份之一。坚持市场化改革方向，整合组建省海港集团、交通集团和机场集团，国内首条民资控股杭绍台铁路开工建设。全省在册市场主体达到593.4万户，境内外上市公司达到507家，浙江成为最具发展活力的省份之一。

（二）坚定不移把发展的着力点放在实体经济上，转型升级取得重大成就

坚定不移打好转型升级系列组合拳，累计处置959家"僵尸企业"、淘汰1.3万家企业的落后产能、整治11.8万家脏乱差小作坊，杭钢半山钢铁基地实现关停。大力发展实体经济，舟山民营绿色石化等大项目开工建设，以吉利为代表的企业境外并购拓展了浙商转型升级新路径。八大万亿产业加快发展，农业提质增效，世界旅游联盟总部落户杭州，互联网和实体经济加速融合发展。"四换三名"、个转企小升规规改股股上市、浙商回归和"互联网+""机器人+""标准化+"成效明显，三次产业结构不断优化，从4.8∶48.9∶46.3调整为3.9∶43.4∶52.7，经济发展质量效益大幅提升。

（三）坚定不移把创新作为第一动力，科技创新取得重大成效

统筹推进创新平台建设、创新主体培育、创新人才集聚。研发经费相当于地区生产总值的比例从2.05%提高到2.43%，新增授权发明专利10.3万件，国家科技进步特等奖、技术发明一等奖取得历史性突破。杭州成为全国"互联网+"科技创新高地，阿里巴巴迈入世界一流企业，网购和移动支付走向全球。高新技术企业从5008家增加到11462家，科技型中小微企业从5574家增加到40440家。实施人才新政，"国千""省千"人才分别达到672人和1970人，专业技术人员总量达到530万人。

（四）坚定不移把协调发展作为内生特点，城乡区域深度融合

扎实推进以人为核心的新型城市化，城市面貌日新月异，小城镇环境综合整治全面展开，美丽乡村建设全面推进。2236个村庄完成景区化改造，200多万农业转移人口成为城镇居民，城市化水平达到68%。新增高速公路535公里、高铁824公里、城市轨道交通133公里、农村公路5016公里。四大都市区主体地位进一步凸显，山区和海岛绿色发展步伐不断加快，城乡居民收入差距从2.14∶1缩小至2.05∶1。

（五）坚定不移践行"绿水青山就是金山银山"理念，生态文明建设成效显著

全省生态环境发生了优质水提升、劣质水下降，蓝天提升、PM2.5下降，绿化提升、森林火灾下降的明显变化。全面推进"五水共治"，累计消除6500公里垃圾河、5100公里黑臭河，地表

绿水青山美丽乡村

水Ⅲ类以上水质断面比例从64.3%提高到82.4%。积极开展大气污染治理，完成所有大型燃煤机组超低排放技术改造，启动实施工业废气清洁排放技术改造，全面淘汰黄标车，设区市PM2.5平均浓度从每立方米61微克下降到39微克。大力实施“珍贵彩色森林”行动，新增珍贵树木4500万株，森林覆盖率达到61%。累计完成拆违9亿平方米、“三改”13.9亿平方米。制定实施主要污染物排放省对县(市、区)财政收费制度、生态功能区县市环境年金制度和覆盖全省江河湖塘的河长制，绿水青山成为浙江最靓丽的金名片。

(六)坚定不移扩大开放，国际影响力不断提升

G20杭州峰会显著提升了浙江在全世界的影响力和美誉度。舟山江海联运服务中心、中国(杭州、宁波)跨境电子商务综合试验区、中国(浙江)自由贸易试验区等重大开放平台先后获批。宁波舟山港成为全球首个货物吞吐量突破10亿吨的港口，集装箱吞吐量跃居全球第四，波音飞机项目落户舟山，开通义新欧班列并实现常态化运行。境外投资总额连续多年位居全国前列，外贸出口占全国比重达到12.7%，实际利用外资824亿美元。

(七)坚定不移把共享作为根本目的，人民生活持续改善

各类教育加快发展，县县建成国家义务教育发展基本均衡县，高等教育毛入学率达到58.2%。推动“双下沉、两提升”，优质医疗资源实现县(市、区)全覆盖，国家卫生城市、卫生县城创建实现满堂红。居民收入稳步提高，城乡居民人均可支配收入从33846元、15806元分别增加到51261元、24956元，连续多年位居全国各省(区)第一。基本养老保险和基本医疗保险参保人数分别达到3913万人、5252万人，参保率分别达到88.6%和98%。杭州成功申办2022年亚运会。人居条件大幅改善，城乡居民人均居住面积分别超过40平方米和60平方米。低收入群众生活切实保障，全省城乡最低生活保障标准平均分别达到每月739元和730元。

(八)坚定不移发挥人文优势，文化建设成果丰硕

社会主义核心价值观和当代浙江人共同价值观广泛弘扬，“最美浙江人”“浙江好家风”等活动影响力日益凸显。提炼了新时代浙商精神。8个设区市获得全国文明城市称号。高标准建成浙江音乐学院等文化设施。率先制定基本公共文化服务实施标准，建成农村文化礼堂7916个，覆盖城乡的公共文化服务体系基本形成。文化改革发展纵深推进，新媒体与传统媒体融合发展深入推进，横店影视基地国际影响力进一步扩大，文艺精品创作成绩喜人，文化产业迈入全国第一方阵。

(九)坚定不移推进依法行政，法治浙江、平安浙江建设再上新台阶

加快法治政府建设，推进依法决策、民主决策、科学决策，深化行政执法体制改革。运用法治思维、法治方式化解矛盾，坚持和发展“枫桥经验”，基层社会治理水平显著提升，立体化、信息化、网格化的社会治安防控体系进一步完善，重大事项社会稳定风险评估机制不断健全。严格落实安全生产责任制，健全食品药品监管机制，有效应对重大自然灾害，人民群众安全感满意度连续14年位居全国前列。

在取得成绩的同时，我们也清醒地看到，浙江省经济社会发展中还存在不少矛盾和问题。主要是：发展不平衡不充分的一些突出问题尚未解决，发展质量和效益还不高，创新发展能力还不够强，传统产业改造提升还需加速；风险意识有待加强，部分地区金融风险还需下大力解决，公共安全风险管控能力亟待提升；生态环境保护和治理任务依然艰巨，民生领域还有不少短板，低收入群众增收任务十分艰巨，教育、医疗、居住、养老等公共服务有待加强；社会治理还有薄弱环节，社会文明水平尚需提高；党风廉政建设仍需常抓不懈，庸政、懒政、怠政现象还不同程度存在，改革落地需要加大力度。我们一定高度重视这些问题，采取更加有力措施加以解决。

二、今后五年发展的目标任务

党的十九大全面开启了中国特色社会主义新时代。习近平总书记是全党拥护、人民爱戴、当之无愧的领袖，浙江人民对习近平总书记的感情发自内心、特别深厚。习近平新时代中国特色社会主义思想是引领中华民族实现伟大复兴的光辉旗帜和伟大真理。浙江是中国革命红船起航地、改革开放先行地、习近平新时代中国特色社会主义思想重要萌发地，做好今后五年工作，最根本最重要的一条就是，紧密团结在以习近平同志为核心的党中央周围，高举习近平新时代中国特色社会主义思想伟大旗帜，增强“四个意识”、坚定“四个自信”，坚持一张蓝图绘到底，奋力续写“八八战略”新篇章。

根据党的十九大精神、省第十四次党代会和省委十四届二次全会精神，今后五年发展的总体要求是：高举习近平新时代中国特色社会主义思想伟大旗帜，全面贯彻党的十九大精神，不忘初心、牢记使命，大力弘扬红船精神，坚定不移沿着“八八战略”指引的路子阔步前进，坚持稳中求进工作总基调，坚持高质量发展，坚持供给侧结构性改革主线，突出改革强省、创新强省、开放强省、人才强省工作导向，统筹推进富强浙江、法治浙江、文化浙江、平安浙江、美丽浙江、清廉浙江建设，高水平全面建成小康社会、高水平全面建设社会主义现代化，为我国决胜全面建成小康社会、夺取新时代中国特色社会主义伟大胜利、实现中华民族伟大复兴的中国梦、实现人民对美好生活的向往作出新的更大贡献。

奋斗目标是：确保到2020年高水平全面建成小康社会。在此基础上继续砥砺前行，高水平推进社会主义现代化建设，力争到2022年，全省生产总值超过7万亿元，人均生产总值达到12万元；居民、企业、财政三大收入持续较快增长，城镇居民人均可支配收入超过7万元，农村居民人均可支配收入超过3.5万元，在“强起来”的历史进程中继续走在前列、体现浙江担当。

实现上述目标，必须把握好以下三个方面：

聚焦聚力高质量。高质量是“两个高水平”的本质要求。进入高质量发展的新阶段，必须全面贯彻创新、协调、绿色、开放、共享的发展理念，坚持质量第一、效益优先，持续深化供给

侧结构性改革，大力推动质量变革、效率变革、动力变革，着力建设以新经济为引领的现代化经济体系，加快形成优质高效多样化的供给体系，推进经济转型升级、提质增效、持续健康发展。

聚焦聚力竞争力。竞争力是“四个强省”的着力点。进入决胜高水平全面建成小康社会的攻坚期，必须牢牢把握“八八战略”蕴含的优势论，按照发挥比较优势、培育竞争优势的大逻辑，以改革创新强化制度供给，以科技创新强化第一动力，以优质服务打造最佳营商环境，以全面开放拓展发展空间，不断提升浙江经济创新力和国际竞争力，加快形成引领未来发展的新优势。

聚焦聚力现代化。现代化是“六个浙江”的目标导向，是人民过上美好生活的必由之路。进入“两个一百年”奋斗目标的历史交汇期，必须着眼建成社会主义现代化强国的“两步走”战略安排，紧紧抓住大有可为的历史性机遇，坚定不移践行“八八战略”，围绕“两个高水平”建设，统筹推进大湾区大花园大通道大都市区建设，全面实施富民强省十大行动计划，着力解决好发展不平衡不充分问题，更好满足人民日益增长的美好生活需要，共建共享“诗画浙江、美好家园”，使“两个高水平”建设得到人民认可、经得起历史检验。

（一）深入推进“最多跑一次”改革，增创市场有效、政府有为、企业有利的体制机制新优势

“最多跑一次”改革是全面深化改革的总抓手，必须贯穿到政府运行各环节，渗透到经济体制改革各领域，延伸到社会治理各方面，加快实现治理体系和治理能力现代化。全面实施深化“最多跑一次”推动重点领域改革的意见，全面打破信息孤岛、实现数据共享，加快推进“一窗受理”“一证通办”，将“最多跑一次”改革进行到底。以“最多跑一次”改革撬动经济体制改革。深化国有企业改革，推动国有经济优化整合，促进国有资本做强做优做大。大力弘扬新时代浙商精神和浙江工匠精神，切实保护企业家财产权益、创新权益和自主经营权，充分激发民营经济活力，推动民营经济跨越发展。深化要素市场化配置改革，创新土地、能源、环境容量、水资源等要素配置机制，全面推广企业对标竞价的“标准地”制度，促进生产要素向优质高效领域流动。全面推进企业、个人、政府部门、事业单位、中介组织信用体系建设，加快打造信用浙江。

（二）大力发展以数字经济为核心的新经济，加快构建现代化经济体系

坚持“腾笼换鸟、凤凰涅槃”，全面实施加快培育发展新动能行动计划、传统产业改造提升行动计划，把发展经济的着力点放在实体经济上，把提高供给体系质量作为主攻方向，形成实体经济、科技创新、现代金融、人力资源协同发展的现代产业体系。把创新作为引领发展的第一动力，充分发挥人才的关键作用、之江实验室的引领作用、杭州城西科创大走廊的平台作用、高等院校的支撑作用。聚焦数字技术、生物技术等前沿科技实施一批省重大科技创新项目，大力发展互联网、物联网、大数据、人工智能等新技术新产业和一批重量级未来产业，做大做强数字经济。深入实施“中国制造2025浙江行动”，全面实施标准化战略，统筹推进标准强省、质量强省、品牌强省建设，以工业互联网、企业上云、智能化改造推动传统产业转型升级。制定实施3000个“浙江制造”标准，新增10万台工业机器人，建成300个产业创新服务综合体，建设一批“无人工厂”和“无人车间”，培育一批千亿级企业，推动八大万亿产业、军民融合产业、传统产业高质量发展，加快打造一批世界级先进制造业集群。高水平建设100个特色小镇，打造全面践行新发展理念的高端平台。全面推进市场主体转型升级，深入实施企业上市和并购重组“凤凰行动”计划、“品字标”企业培育计划、高新技术和科技型中小微企业倍增计划，力争到2022年全省境内外上市公司达到1000家、“品字标”企业达到2000家、高新技术企业达到2万家、科技型中小微企业达到6万家。

（三）加快建设大湾区大花园大通道大都市区，打造现代化先行区

全面实施大湾区大花园大通道大都市区建设行动计划。大湾区是现代化浙江的空间特征。要突出接轨上海，聚焦杭州宁波一体化发展，深化改革开放、强化科技创新，着力构建现代交通体系、现代产业体系、现代城镇体系，加强区域协同、山海协作，做强做大杭州湾，加快建设象山湾、三门湾、台州湾、乐清湾，沿杭衢高铁、衢丽温铁路有序拓展，努力建设全面对接“一带一路”、具有全国乃至国际影响力的大湾区。大花园是现代化浙江的普遍形态。要按照全域景区化的目标要求，加快建设美丽乡村、美丽田园、美丽河湖、美丽海岛、美丽城市、国家公园，力争到2022年全省有万个行政村、千个小城镇、百个县城和城区成为A级景区。大通道是现代化浙江的发展轴线。要按照主体功能突出、区域协调联动的要求，加快建设杭嘉沪创新大通道、义甬舟开放大通道、浙东南海洋经济大通道、浙西南生态旅游大通道，基本建成省域1小时交通圈、市域1小时交通圈、都市区1小时交通圈。大都市区是现代化浙江的发展极。要进一步集聚高端要素、发展高端产业，强化创新功能，提升国际化水平，加快建设都市区轨道交通体系，抓好嘉善县域科学发展示范点建设，力争到2022年四大都市区经济总量全省占比达到70%以上，促进县域经济转型升级，形成中心城市与周边县市一体化发展格局。

（四）大力实施乡村振兴战略，高水平推进农业农村现代化

坚持农业农村优先发展，全面实施乡村振兴战略行动计划，全面落实产业兴旺、生态宜居、乡风文明、治理有效、生活富裕的总要求，大力推进“五万工程”，建立健全以工补农、以城带乡、城乡融合的体制机制，争创乡村振兴示范区。以农业供给侧结构性改革为主线，突出质量兴农、绿色兴农，压实粮食安全市县长责任制，高标准推进农业“两区”建设，切实增强粮食生产能力和优质农产品生产能力。统筹推进土地承包经营权流转和土地综合整治，积极推广“家庭农场+合作社”模式，促进小农户与现代农业发展有机衔接。积极推进农业科技创新，扎实做好土壤污

乡村振兴之希望的田野

染防治、化肥农药减量等工作,大力发展绿色种植、绿色养殖,增加绿色农产品供给。大力发展特色农业、品牌农业、“互联网+农业”,加快农业全产业链建设,打造一批农产品区域公共品牌和乡村旅游公共品牌,促进农村一二三产业融合发展。统筹推进农村建设,全面消除集体经济薄弱村,有效保护和传承优秀传统乡土文化,完善自治、法治、德治相结合的乡村治理体系,高水平建设美丽乡村。坚持把富民惠民放在首位,鼓励农民转移就业,支持农民自主创业,启动低收入群众增收攻坚战,切实加强农村公共服务,促进农民收入持续较快增长。推进承包地、宅基地三权分置改革,进一步深化“三权到人(户)、权跟人(户)走”改革,切实保障农民合法权益、增加财产性收入,让农业成为有奔头的产业、农民成为有吸引力的职业、农村成为安居乐业的美丽家园。

(五)高标准推进生态文明建设,打造人与自然和谐共生的美丽浙江

把生态文明作为千年大计,深入践行“绿水青山就是金山银山”的理念,全面实施生态文明示范创建行动计划,坚定走生产发展、生活富裕、生态良好的文明发展道路。坚持标准引领、制度先行,制定实施浙江污水处理厂清洁排放标准、工业废气清洁排放标准、城乡垃圾分类处理标准,高标准推进“五水共治”和废气、垃圾处理,着力解决工业臭味扰民问题。力争到2020年,设区市PM2.5平均浓度下降到每立方米35微克,彻底消除劣V类水体,V类水质断面大幅减少。深入推进“三改一拆”,巩固“无违建县(市、区)”创建工作成果,全面完成城中村改造和农村危房治理,进一步提升城乡建设水平。统筹抓好治土、治废等工作,合理布局、统筹推进餐余垃圾、固体垃圾、建筑垃圾、危废处理设施建设,努力实现城市生活垃圾总量零增长和城乡生活垃圾分类处理全覆盖。加强山水林田湖草系统治理,实施重要生态系统保护和修复重大工程,提升耕地、森林、河流、湿地、海洋等自然生态系统质量和稳定性。深化生态文明体制改革,加快环保监测监察执法体制改革,全面开展自然资源资产离任审计,建立健全环境保护奖惩机制、绿色发展财政奖补机制,完善主要污染物排放财政收费制度,建立健全以单位生产总值能耗为基础的用能权交易制度。

(六)坚持以“一带一路”为统领,加快形成全面开放新格局

突出开放强省工作导向,坚持“走出去”与“引进来”相结合,全面实施打造“一带一路”战略枢纽行动计划,以开放促改革、促创新、促发展,形成开放发展新优势。积极推进中国(浙江)自由贸易试验区建设,全面实行准入前国民待遇+负面清单管理模式,出台高水平的贸易和投资便利化政策,加快建设国际贸易“单一窗口”,切实精简负面清单,大幅度放宽市场准入,形成可复制的制度创新经验。全力争取自由贸易港落地浙江,加快建设义乌国际贸易综合改革试验区,探索实行“海关特殊监管区+开发区”建设和管理模式。加快中国(杭州、宁波)跨境电子商务综合试验区、eWTP(电子世界贸易平台)新型贸易中心建设,打造“数字丝绸之路”战略门户。做强做大宁波舟山港,建立健全大海洋大港口管理体制。大力推动海港、陆港、空港、信息港联动发展。积极谋划和推进“一带一路”境外系列站点建设,高质量建成“一带一路”捷克站,促进境内外开放平台协同发展。深入实施优进优出战略,加强高新技术产品、名优特产品和服务贸易出口,扩大先进技术装备、重要资源进口,加快培育油品全产业链体系,统筹推进引进外资与对外投资,大力发展本土跨国公司,加快形成以技术、品牌、质量、服务为核心的外贸竞争新优势。积极发展远洋渔业。加强海外侨团服务管理和涉外风险防范,充分发挥海外浙商、海外侨胞在开放发展中的作用。积极参与长江经济带建设。推动长三角一体化发展,充分发挥嘉兴等邻沪地区的桥头堡作用。继续做好对口支援、东西部扶贫协作和对口合作。

(七)高质量保障和改善民生,着力提升人民群众获得感幸福感安全感

把增进民生福祉作为发展的根本目标,全面实施富民惠民安民行动计划,加快补齐民生短板。优先发展教育事业,高质量普及15年基础教育,超常规发展高等教育,力争到2022年高水平实现教育现代化。坚持就业优先战略,鼓励创业带动就业,提供全方位公共就业服务,实现高质量就业。推动居民收入与经济增长同步、劳动报酬与劳动生产率提高同步,促进收入分配更合理、更有序。健全多缴多得、长缴多得的养老保险体系,提高统筹层次,推进职工基本医保制度和城乡居民医保制度纵向统一,提升大病保险保障水平。认真贯彻落实健康中国战略,高水平建设健康浙江,深化医疗卫生、体育健身、食品安全等各领域

的改革发展，积极扩大优质医疗资源供给，加强基层医疗服务能力建设，传承发展中医药事业，为人民群众提供全方位全周期健康服务。全力筹办杭州亚运会。加强人口与计划生育工作，促进生育政策与相关经济社会政策配套衔接。积极应对人口老龄化，建立健全以居家为基础、社区为依托、机构为补充、医养护结合的养老服务体系。创新和发展新时代"枫桥经验"，巩固完善"平安护航G20"安全保障经验，强化"基层治理四平台"能力建设。加强应急处置能力建设，建立健全除险安居长效机制，基本消除涉及公共安全的城乡危房和地质灾害重大隐患。加快建设金融风险"天罗地网"监测防控系统，着力完善安全防线和风险监测预警机制。强化安全发展理念，深化安全生产领域改革发展，完善安全生产责任制，全面消除重大事故隐患，坚决遏制重特大安全事故。

（八）深入推进文化建设，促进社会文明进步

切实增强文化自信，积极培育践行社会主义核心价值观，弘扬红船精神、科学精神、时代精神，秉持浙江精神，大力发展具有浙江特点的社会主义先进文化，激励全省人民干在实处、走在前列、勇立潮头。开展群众性精神文明创建活动，强化社会责任意识、规则意识、奉献意识、诚信意识，加大文明城市创建力度，力争实现全国文明城市设区市全覆盖。繁荣发展哲学社会科学。完善现代公共文化服务体系，深入实施文化惠民工程，丰富群众性文化活动。大力发展文化产业，积极推进大运河（浙江）文化带、之江文化产业带建设。全面实施传承发展浙江优秀传统文化行动计划，不断增强优秀传统文化的魅力。

（九）强化"四个意识"、做到"五个过硬"，加快建设人民满意的服务型政府

强化政治意识、大局意识、核心意识、看齐意识，自觉在思想上政治上行动上同以习近平同志为核心的党中央保持高度一致，坚决贯彻党中央、国务院和省委各项决策部署，做到信念过硬、政治过硬、责任过硬、能力过硬、作风过硬。全面实施政府"两强三提高"建设行动计划，把强谋划、强执行作为政府工作的生命线，建立健全抓落实的指标体系、工作体系、政策体系和评价体系，确保各项任务落细落实。把提高行政质量作为加强政府自身建设的首要任务，大兴调查研究之风，高质量制定和实施发展战略、规划、政策、标准等政策文件和政府规章，切实履行公共服务、市场监管、社会管理、环境保护等职责。把提高行政效率作为加强政府自身建设的关键环节，推动以效能提升为导向的工作流程再造，以浙江政务服务网为平台实现公共数据整合共享，推进政府数字化转型。把提高政府公信力作为加强政府自身建设的根本遵循，加强法治政府建设，增强宪法观念，依照宪法法律行使职权、履行职责、开展工作，推动各级政府依法施政、公开施政、廉洁施政、诚信施政，带动全社会讲诚信守信用。认真执行省人大及其常委会各项决议决定，积极支持人民政协履行职能，认真办理人大代表议案建议和政协提案，自觉接受人大依法监督、政协民主监督以及监察、司法、审计、群众、舆论监督。落实全面从严治党主体责任，切实加强政府廉政建设，努力营造政府系统风清气正的政治生态。始终保持永不懈怠、永远奋斗的精神状态，以钉钉子精神推进"两个高水平"建设。

三、2018年重点工作

2018年是贯彻党的十九大精神的开局之年，是改革开放40周年，是决胜全面建成小康社会、实施"十三五"规划承上启下的关键之年，也是新一届省政府的开局之年。综合分析国内外发展环境和浙江省的发展态势，建议2018年全省经济社会发展主要预期目标为：全省生产总值增长7%左右，城乡居民收入增长、财政收入增长与经济增长同步，全员劳动生产率稳步提高，节能减排降碳确保完成国家下达目标，争取更高质量、更高效益、更好结果。

做好2018年工作，必须高举习近平新时代中国特色社会主义思想伟大旗帜，全面贯彻党的十九大和中央经济工作会议精神，按照省第十四次党代会和省委十四届二次全会部署，坚持稳中求进工作总基调，坚持新发展理念，紧扣社会主要矛盾变化，按照高质量发展的要求，统筹推进"五位一体"总体布局和协调推进"四个全面"战略布局，坚定不移沿着"八八战略"指引的路子走下去，大力弘扬红船精神，秉持浙江精神，突出"四个强省"工作导向，以供给侧结构性改革为主线，推动质量变革、效率变革、动力变革，全面抓好改革开放、增长转型、改善民生、整治环境、防范风险各项工作，促进经济持续健康发展和社会和谐稳定，为"两个高水平"建设奠定坚实基础。

在工作中，要着力抓好牵一发动全身的大事、攻克跨越关口的难事、办好事关群众切身利益的实事。

美丽海岛文化走亲

（一）以更大勇气更大力度全面深化改革开放

深化"最多跑一次"改革，推动重点领域改革。全面推广"一窗受理、集成服务"，年底前所有民生事项和企业事项实现"一次办结"，其中80%以上开通网上办理，50%以上的民生事项实现"一证通办"。加快推行企业投资项目审批由行政服务中心一窗受理、相关部门由发改部门代跑、环评能评安评等审批中间环节由职能部门代办，年底前全面实现企业投资项目开工前审批全流程最多跑一次、最多100天。深化"亩均论英雄"改革，扩大亩产效益综合评价范围。加快推行企业对标竞价的"标准地"制度，各地新批工业用地的30%按照"标准地"制度供地。深化商事制度改革，全面推进"证照分离"，统筹推行"多证合一、证照联办"，涉企证照由工商部门通办。全面推进行政执法体制改革，推动更多行政执法机构合署办公、综合执法。积极推进政府运行体制改革和政府机构改革，推动更多政府审批事项和服务事项实现网上办理。

认真落实好中国（浙江）自由贸易试验区深化改革自主权，积极推进油品全产业链建设。争创自由贸易港。扎实推进义甬舟开放大通道建设，加快宁波"一带一路"建设综合试验区和"16+1"经贸合作示范区规划建设，加快建设"一带一路"捷克站和迪拜站。启动实施"海关特殊监管区+开发区"整合。深入推进优进优出战略，大力发展服务贸易。全力办好世界互联网大会，继续办好中国—中东欧国家投资贸易博览会、世界油商大会、中国国际茶叶博览会等重大国际交流合作活动，办好首届联合国世界地理信息大会。

（二）打好跨越关口的三大攻坚战

打好金融风险防控攻坚战。加强不良资产处置和"两链"风险化解，严厉打击违法违规金融活动，力争年底不良贷款率下降到1.5%左右。实施防范化解地方政府性债务风险专项行动，加强对政府隐性债务的监管，保持基本养老保险基金支付能力总体稳定。

打好低收入百姓增收攻坚战。巩固消除家庭人均年收入4600元以下贫困现象成果，努力解决因病致贫问题。深入实施低收入农户收入倍增计划，力争低收入农户收入增长10%以上。

打好污染防治攻坚战。认真做好中央环保督察组反馈问题的整改落实。制定实施工业废气清洁排放标准，启动实施挥发性有机物治理专项行动，完成100个化工等重点行业废气清洁排放技术改造项目。制定实施污水处理厂清洁排放标准，启动100座城镇污水处理厂清洁排放技术改造。创建"污水零直排区"，完成100个入海排污口整治，启动100个重点污染地块和垃圾填埋场的生态修复。

（三）着力培育发展新动能

加大新经济培育力度。加强科技创新，在人工智能、柔性电子、量子通信、集成电路、生物医药、新材料、清洁能源等领域实施一批重大科技攻关项目，切实加强知识产权保护，推动科技成果资本化产业化。大力发展数字经济、战略性新兴产业、高新技术产业和八大万亿产业，新增高新技术企业1500家、科技型中小微企业6000家，"品字标"企业达到500家。加快推进钱塘江金融港湾建设，启动新兴金融中心建设，增强金融服务实体经济能力。实施投资新政，全面推进省市县长项目工程，力争有一大批100亿、50亿、20亿产业大项目好项目落地开工。

加大传统产业改造力度。新增500个"浙江制造"标准，启动100个产业创新服务综合体建设，加快推进"互联网+""标准化+""机器人+"技术改造。实施小微企业质效提升和商品交易市场转型提升专项行动，新增200个小微企业园区。加大绍兴传统产业改造提升试点力度。加快淘汰落后产能，全面整治亩均税收1万元以下的低小散企业，处置200家"僵尸企业"，淘汰1000家企业落后产能，整治10000家脏乱差小作坊小企业。加大实体经济降成本力度，进一步削减涉企涉民办事费用，降低企业用电、用气、用水、物流、融资成本，力争全年为企业减轻负担1500亿元。

（四）启动实施一批重大战略举措

推进重大创新平台建设。制定出台加快之江实验室建设政策意见，积极推进之江实验室基础设施建设，谋划建设若干国内顶尖、世界一流的重大科学装置。支持浙江大学等加快"双一流"建设，高水平建设西湖大学，实施重点高校创新能力提升工程。加快建设杭州城西科创大走廊，全面实施人才新政，积极打造"产学研用金、才政介美云"十联动创业创新生态系统，力争引进100个"国千""省千"创业创新团队。

抓好大湾区大花园大通道大都市区建设开局。高水平编制"多规合一"大湾区规划，开工建设杭州西站，加快规划宁波西站，启动杭绍甬智慧高速公路规划建设，推动杭州宁波一体化发展和重大生产力优化布局。抓好大花园建设，开展人人成园丁、处处成花园行动，积极打造浙东唐诗之路和钱塘江唐诗之路，加快建设钱

建设中的乐清湾跨海大桥

江源、天目山、四明山等浙江名山"十大公园",着力打造现代化通景交通体系。高水平构筑大通道,继续抓好杭州城西科创大走廊、嘉兴科技城建设,联动推进世界级港口集群打造、义新欧班列常态化市场化运行和金甬铁路建设,加快甬台温高速公路复线和沿海产业平台建设,启动浙西南景区化高速公路规划建设。编制杭州、宁波、温州、金义四大都市区建设规划,发挥四大都市区在统筹城乡、统筹区域发展中的战略平台作用。

高起点实施乡村振兴战略。深化农业"两区"建设,建好一批粮食高产示范区,新增一批省级现代农业园区,规划建设一批美丽田园,打造一批电商镇、电商村,培育一批优质农产品品牌。启动实施百乡全域土地综合整治工程。加快建设"四好农村路",新建和改造提升农村公路6000公里,建设服务站、港湾式停靠站3000个。加强农村环境整治,梯次推进乡村山水林田路房整体改善,新增2000个以上A级景区村庄。统筹推进农村文化建设和乡村治理,打造2000个"三治"结合的善治示范村。发展壮大村级集体经济,消除1000个集体经济薄弱村。

全面实施生态文明新政。完善河长制,实施湖长制,探索湾(滩)长制。完善四种主要污染物及挥发性有机物排放省对县(市、区)财政收费制度,每吨提高至4000元。完善生态功能区县市环境年金制度,稳步提高奖励幅度。探索建立省内流域生态奖优惩劣的保护补偿机制,启动实施以单位能耗为基础的用能权交易制度和奖惩政策。大力推进土地节约集约利用,工业亩均税收低于全省平均水平的,适当减少新增工业用地指标。启动生态文明示范创建行动,支持湖州、衢州、丽水等市打造践行"两山"理念示范区。

扎实推进军民融合发展。以人才、产业、技术、教育、基础设施等领域为重点,建设一批省级军民融合创新示范区和特色军民融合产业基地,争取布局一批重大军民融合项目。进一步加强国防教育,完善国防动员体系。

(五)着力增强文化软实力

加快发展文化事业。完善基本公共文化服务体系,推进公共文化服务"十百千"工程建设。建成浙江自然博物园核心馆区、浙江小百花艺术中心等重大文化设施。加快建设农村文化礼堂,不断提高运行管理水平。推进文化遗产保护发展,大力推进良渚古城遗址申遗工作,积极参与"海上丝绸之路"申遗,加快大运河(浙江)文化带规划建设。精心组织文艺精品创作,打造更多文化精品。

推进文化产业提质增效。实施文化产业发展"八大计划"。做大做强文化市场主体,培育一批主业突出、核心竞争力强、市场占有率高的文化龙头企业,组建省文化产业投资集团。加快影视演艺、数字内容、文化创意设计、动漫等新兴文化业态发展,大力发展丝绸、茶叶、青瓷等历史经典产业。加快建设之江文化中心,积极打造之江文化产业带,建设一批文化产业基地和特色文化产业集群。

(六)加强民生保障和社会治理创新

加快推进教育现代化。实施消除大班额三年专项行动和班额控制专项行动,稳妥实施中考改革,着力解决中小学生课外负担重问题。扩大中高职一体化规模,开展中职与应用型本科一体化人才培养改革试点,推进产教融合示范基地建设。深化高考综合改革,支持"双一流"建设高校、重点建设高校和优势特色学科发展。启动学前教育补短提升工程,支持庆元开展农村学前教育补短板改革试点。

加快提高就业质量和人民收入水平。认真做好创业服务工作,改革就业培训机制,促进高校毕业生、就业困难人员、农村转移劳动力、退役士兵等重点人群就业创业,新增城镇就业80万人以上,城镇调查失业率和登记失业率分别控制在5%和3.5%以内。完善收入分配制度和劳动报酬增长机制,拓宽居民劳动收入和财产性收入渠道,提高低保人群保障水平。

加快健康浙江建设。推进医保、医疗、医药、医院、中医、医生"六医"统筹,加快县域医疗服务共同体建设,完善"双下沉、两提升"长效机制。健全基层医疗服务体系和公共卫生体系建设,加快推进家庭医生签约服务。加强妇幼保健工作,健全儿童医疗服务体系和医保体系,对全省0—3岁儿童开展早期识别发育风险和发育异常筛查。深入实施全民健身工程,办好省第十六届运动会。全面加强食品药品安全监管,保障人民群众饮食用药安全,让群众吃得放心。

加强社会保障。加大社会保障制度整合力度,建立统一的社会保险公共服务平台,健全大病保险制度和医疗救助制度。完善社会救助、社会福利、公益慈善事业、优抚安置制度,加强妇女儿童权益保障。加强残疾预防和康复服务,发展残疾人事业。大力发展养老服务业,积极推进医养护一体化和护理保险制度全覆盖。

坚持房子是用来住的、不是用来炒的定位。更加注重分类调控、因城因地施策,合理引导市场预期和购房行为,纾缓热点城市住房市场潜在的价格上涨压力。加快建立多主体供给、多

财政支持学前教育建设

渠道保障、租购并举的住房制度,提高租赁住房供地比例。开工建设棚改安置住房29.2万套、建成19.5万套。稳妥推进农村集体建设用地建设租赁住房试点。

大力加强平安浙江建设。坚决守住治危防患、防汛防台、安全生产和社会稳定等四大红线。筹办好“枫桥经验”纪念活动,积极推广“G20安保经验”,加强“基层治理四平台”建设,打造社会治理浙江样板。深入实施安全生产综合治理三年行动,全面构建重点风险隐患防控清单管理体系,坚决遏制重特大安全事故,确保事故起数、死亡人数和单位生产经营活动死亡率继续大幅下降。扎实抓好治危拆违、除险安居工作,完成农村危房治理改造12.2万户,减少地质灾害隐患点1000处以上,完成重大隐患避让搬迁和工程治理项目400个以上,基本消除重大地质灾害隐患。加强防汛防台、森林消防等工作,提升防灾减灾救灾能力。扎实开展扫黑除恶专项行动,依法打击和惩治黄赌毒黑拐骗等违法犯罪活动,确保社会安定、百姓安宁。

各位代表,2018年我们要继续按照民生实事“群众提、大家定、政府办”的理念,认真办好十方面民生实事,着力解决人民群众普遍关心的突出问题。

1. 加强食品安全监管,建设300家城乡放心农贸市场,整合资源改造提升1500个农村家宴放心厨房,打造500家名特优食品作坊,涉农县(市、区)全部建成农产品质量安全追溯体系。

2. 提升学前教育质量,新建、改扩建200所幼儿园,撤并一批薄弱幼儿园,全面整治城镇住宅小区配套幼儿园。

3. 深入实施城市交通拥堵治理,推进轨道交通建设500公里,新增停车位10万个,5000辆公交车增设移动支付功能,新建绿道1000公里。

4. 加强基层体育场地设施建设,建设3个省级全民健身中心和30个乡镇(街道)全民健身中心、中心村全民健身广场,建设100个游泳池和100个足球场,建设120个中小学笼式足球场,建成200个社区多功能运动场,实施1100个小康体育村升级工程。

5. 全面推进城乡生活垃圾分类处理,在20个县(市、区)启动垃圾分类投放、分类收集、分类运输、分类处理系统建设,设区市、农村生活垃圾分类收集覆盖面分别达到80%、50%以上,全省城乡生活垃圾回收利用率达30%以上、资源化利用率达80%以上、无害化处理率达99%以上。

6. 加强城乡社区养老服务机构建设,建成300个兼具日间照料与全托服务功能的示范型居家养老中心,助餐、配送餐服务覆盖50%以上的城乡社区。

7. 新增屋顶光伏装机100万千瓦,其中家庭屋顶光伏15万户、装机容量30万千瓦。

8. 加强市场消费环境建设,培育发展放心消费示范单位1万家以上,广泛推行企业无理由退货承诺,全省1万家企业主动作出高于或优于法律规定的七日无理由退货承诺。

9. 新增农村文化礼堂3000个。

10. 全面推进“厕所革命”,完成农村厕所改造50000座,新建、改扩建景区厕所2000座。

关于2017年全省和省级预算执行情况及2018年全省和省级预算草案的报告

——2018年1月25日在浙江省第十三届人民代表大会第一次会议上

浙江省财政厅

一、2017年预算执行情况

2017年,全省各地各部门全面贯彻党的十九大、省第十四次党代会和省十二届人大五次会议决议精神,以习近平新时代中国特色社会主义思想为指导,以“八八战略”为总纲,认真落实预算法,遵循“划清边界、厘清事权、做好‘蛋糕’、集中财力办大事”的理财思路和“保基本、守底线、促均衡、提质量”的理财要求,扎实做好生财、聚财、用财等各项工作,全省和省级财政预算执行情况良好,有力地促进全省经济社会平稳健康发展。

(一)一般公共预算执行情况

1. 全省

2017年全省一般公共预算收入5803.38亿元,增长10.3%;加上转移性收入3055.76亿元,收入合计8859.14亿元。全省一般公共预算支出7530.27亿元,完成调整后预算的107.0%,增长8.6%;加上转移性支出1328.87亿元,支出合计8859.14亿元。收支相抵,全省一般公共预算收支平衡。

2. 省级

2017年省级一般公共预算收入323.05亿元,增长5.2%;加上转移性收入2756.90亿元,收入合计3079.95亿元。省级一般公共预算支出490.14亿元,完成调整后预算的100.4%,增长5.4%;加上转移性支出2589.81亿元,支出合计3079.95亿元。收支相抵,省级一般公共预算收支平衡。

重点支出预算完成情况:教育支出117.76亿元,完成预算的104.1%,增长17.2%。科学技术支出24.77亿元,完成预算的100.7%,增长1.5%,剔除上年一次性安排省医科院医疗科技综合楼建设经费等因素,可比增长7.0%。文化体育与传媒支出18.58亿元,完成预算的99.2%,下降14.1%,剔除上年一次性安排省丝绸博物馆改扩建经费、浙江自然博物园陈列展览经费和之江文化中心土地征迁费用等因素,可比增长12.3%。社会保障和就业支出36.50亿元,完成预算的100.0%,下降7.7%,剔除根据机关事业单位养老保险缴费情况安排补助资金因素,可比增长7.4%。医疗卫生与计划生育支出41.60亿元,完成预算的100.3%,增长8.2%。农林水支出33.04亿元,完成预算的110.1%,增长10.2%。

(二)政府性基金预算执行情况

1. 全省

2017年全省政府性基金预算收入6585.50亿元,增长68.7%,增长较快,主要是国有土地使用权出让收入增长78.8%;加上转移性收入1216.72亿元,收入合计7802.22亿元。全省政府性基金预算支出6617.48亿元,完成调整后预算的168.2%,增长78.0%,增加较多,主要是国有土地使用权出让收入等土地类收入增加,支出相应增加;加上转移性支出1184.74亿元,支出合计7802.22亿元。收支相抵,全省政府性基金预算收支平衡。

2. 省级

2017年省级政府性基金预算收入64.55亿元,下降19.7%,收入下降,主要是按规定将部分非税收入转列一般公共预算;加上转移性收入1027.20亿元,收入合计1091.75亿元。省级政府性基金预算支出101.55亿元,完成调整后预算的98.9%,增长172.5%,增加较多,主要是新增交通建设债券支出;加上转移性支出990.20亿元,支出合计1091.75亿元。收支相抵,省级政府性基金预算收支平衡。

(三)国有资本经营预算执行情况

1. 全省

2017年全省国有资本经营收入65.50亿元,下降11.9%,收入下降,主要是温岭市、瑞安市、杭州市等市县产权转让收入下降;加上转移性收入9.39亿元,收入合计74.89亿元。全省国有资本经营支出37.06亿元,完成预算的99.9%,下降1.8%,支出下降,主要是加大国有资本经营预算调入一般公共预算力度;加上转移性支出37.83亿元,支出合计74.89亿元。收支相抵,全省国有资本经营预算收支平衡。

2. 省级

2017年省级国有资本经营收入27.67亿元,下降3.4%,收入下降,主要是省能源集团有限公司受“两降一升”影响,利润下降较多;加上转移性收入1.80亿元,收入合计29.47亿元。省级国有资本经营支出12.20亿元,完成预算的116.9%,增长11.2%,增加较多,主要是上年结转的项目在本年支出;加上转移性支出17.27亿元,支出合计29.47亿元。收支相抵,省级国有资本经营预算收支平衡。

(四)社会保险基金预算执行情况

1. 全省

2017年全省社会保险基金收入4543.85亿元,增长20.9%,增长较快,主要是2017年较多地方开展机关事业单位参保,机关事业单位基本养老保险基金收入增加,以及一次性缴费参保增长较多。全省社会保险基金支出3963.27亿元,完成预算的102.0%,增长20.2%,增加较多,主要是2017年较多地方开展机关事业单位参保,机关事业单位基本养老保险基金支出增加,以及企业职工基本养老保险基金待遇享受人数增加、基本养老金水平提高。收支相抵,全省社会保险基金预算本年收支结余580.58亿元。

2. 省级

2017年省级社会保险基金收入245.26亿元,增长15.6%,增长较快,主要是企业职工工资增长,基本养老保险基金缴费基数相应增加,基金收入以及利息收入增加较多。省级社会保险基金支出145.62亿元,完成预算的78.4%,增长16.7%,增加较多,主要是省级企业职工基本养老保险基金加大对基金缺口市县调剂力度。收支相抵,省级社会保险基金预算本年收支结余99.64亿元。

(五)经批准举借债务的规模、结构、使用、偿还情况

1. 举借规模

(1)全省

2017年,全省地方政府债务限额10488.40亿元,比上年新增803.00亿元,债务率89.8%,低于警戒线(100%)10.2个百分点。在批准的限额内,发行地方政府债券1991.37亿元,其中:新增债券803.00亿元、置换债券1188.37亿元。

(2)省级

省级债务限额为277.00亿元,当年新增限额105.50亿元。

2. 结构

(1)全省

截至2017年年底,全省地方政府债务余额为9239.09亿元,其中:一般债务5159.55亿元,占55.8%;专项债务4079.54亿元,占44.2%。

(2)省级

省级债务余额为258.43亿元,其中:一般债务172.53亿元,占66.8%;专项债务85.90亿元,占33.2%。

3. 使用

(1)全省

2017年,全省新增地方政府债券803.00亿元,其中:用于交通运输247.55亿元,占30.8%;市政建设147.98亿元,占18.4%;土地储备198.23亿元,占24.7%;保障性住房建设26.45亿元,占3.3%;生态建设和环境保护30.93亿元,占3.9%;农林水利建设33.15亿元,占4.1%;教育、科学、医疗等社会事业118.71亿元,占14.8%。

(2)省级

省级新增债券105.50亿元,其中:用于交通运输98.50亿元,占93.4%;教育、科学、医疗等社会事业7.00亿元,占6.6%。

4. 偿还

(1)全省

2017年,全省财政共安排债务还本支出1231.87亿元,其中,一般债务还本支出559.49亿元,专项债务还本支出672.38亿元,均用于偿还符合条件的存量政府债务。

(2)省级

省级存量债务已全部完成置换,且无到期债务,因此,无债务还本支出。

(六)落实省人大预算决议有关情况

1. 认真研究落实省十二届人大五次会议有关决议

按照省十二届人大五次会议有关决议,以及省人大财经委审查意见,认真研究完善体制机制,努力做好财政工作,取得了积极的成效。

一是着力稳增长、调结构。实施积极的财政政策，深入推进供给侧结构性改革；强化政策和资金保障，助力“拆、治、归”等转型升级组合拳深入实施，提升经济发展的质量和效益。争取并发行新增债券803.00亿元、争取中央基建投资资金42.99亿元、筹措落实省级财政性资金204.8亿元，支持重大项目建设。实施第三轮小城市培育试点政策。支持海洋经济发展。出台《关于实施促进实体经济更好更快发展若干财政政策的通知》，综合运用财政体制、产业基金、政府采购等政策工具，支持实体经济发展。设立振兴实体经济（传统产业改造）财政专项激励资金，2017—2019年，省财政每年安排18亿元，择优选择18个工业大县（市、区）连续给予支持，促进传统产业改造提升。进一步加快政府产业基金运作，支持实体经济加快发展。全省政府产业基金总规模1327亿元，实际到位717亿元，投资实体项目3314个，撬动社会资本8474亿元。以“一带一路”为统领，积极支持中国（浙江）自贸试验区、义甬舟开放大通道、杭州市跨境电子商务试验区建设和义乌国际贸易综合改革，扩大对外贸易和对外投资。规范实施PPP模式，用足用好基础设施投资（含PPP）基金，共入库PPP项目354个，总投资5858亿元，其中127个项目已落地，落地率位居全国前列。

二是着力减负担、惠民生。落实好国家和省委、省政府出台的各项减税降费政策，取消城市公用事业附加和新型墙体材料专项基金，扩大残疾人就业保障金免征范围，取消或停征一批行政事业性收费，率先在全国实现省定项目涉企“零收费”。阶段性下调社保费缴费比例，从2017年5月1日起至2018年12月31日，将失业保险单位费率由1%降为0.5%。认真贯彻中央和省委关于厉行节约的各项规定，省级部门一般性支出压减5.3%。据初步汇总，2017年省级一般公共预算安排的“三公”经费支出预计执行数2.66亿元，比2016年下降3.4%。其中：因公出国（境）费0.99亿元，增长16.0%，主要是根据《关于加强和改进教学科研人员因公临时出国管理工作的指导意见》，教学科研人员学术交流性质因公出国任务相应增加；公务接待费0.44亿元，增长21.6%，主要是2016年为全力保障G20峰会召开，暂停其他公务活动，2017年比2015年公务接待费下降7.5%；公务用车购置费0.30亿元，下降5.3%；公务用车运行维护费0.93亿元，下降24.0%。践行以人民为中心的发展思想，突出公共财政导向，统筹安排财力，保障好省政府十方面实事实施和各项民生事业发展，全省财政支出增量的三分之二以上用于民生。支持高校“双一流”建设，统筹推进省重点高校、一流学科和优势特色专业建设，提升高校办学质量。研究制定筹建西湖大学的财政支持政策。落实城乡义务教育“两免一补”政策，健全城乡义务教育经费保障机制。实施“十百千”工程，推进现代公共文化服务体系建设。继续支持农村文化礼堂建设，推动形成长效机制。保障浙江小百花艺术中心顺利完工，支持之江文化中心、浙江自然博物园等重点文化项目建设。将城乡居民基本医保财政补助标准提高至年人均470元、城乡居民基本公共卫生服务财政补助标准提高至年人均50元。将全省城乡居民基本养老保险基础养老金标准提高至月人均135元。支持实施低收入农户收入倍增计划，推进光伏小康工程，巩固脱贫成果。

三是着力补短板、促改革。深入实施创新驱动发展战略，支持之江实验室和杭州城西科创大走廊建设，着力打造创新驱动发展的大载体、大平台。出台《关于建立健全绿色发展财政奖补机制的若干意见》，建立与绿色指数挂钩的生态环保财力转移支付制度，探索建立省内流域上下游横向生态保护补偿机制。研究制定财政支持绿色金融改革试点的政策，助推湖州市、衢州市绿色金融改革创新试验区建设。完善生态文明建设财政政策体系，实施“两山（一类）”“两山（二类）”建设财政专项激励政策。省财政安排143.62亿元，支持“治水”“治气”“治土”。进一步完善森林生态效益补偿制度，将我省主要干流和重要支流源头县及国家级和省级自然保护区等重要区域省级以上公益林的最低补偿标准提高到40元/亩。出台清理规范重点支出挂钩事项文件，对教育、科技、文化、医疗卫生与计划生育、农业、社会保障和就业、人才和其他等八个领域的重点支出挂钩事项进行清理规范。加快项目支出标准化体系建设。制定地方预决算公开操作规程实施细则，进一步规范预决算公开工作。出台《关于支持农业转移人口市民化若干财政政策的实施意见》，建立财政转移支付与农业转移人口市民化挂钩机制和省对下农业转移人口市民化奖补机制。

四是着力强管理、防风险。丰富和拓展“最多跑一次”改革的理念，倡导并率先开展“上门服务至少一次”活动，累计上门服

企业高端装备制造车间

务省级预算单位572个，集中辅导105次，服务人数7529人。积极开展预算法宣讲活动，组织11个宣讲团，对市县政府和部门、乡镇领导进行宣讲，举办217场，共计服务28308人次，进一步强化预算法定意识。积极推进国库集中支付和公务卡改革。加大对市县库款考核通报力度，建立转移支付资金调度与库款管理挂钩机制。健全预算动态监控机制，实现省、市、县（区）三级动态监控全覆盖。完善财政资金竞争性存放制度，常态化开展国库现金管理。加强省级部门预算执行进度管理，建立按月约谈通报、与年度预算和转移支付挂钩等机制。对2017年省级部门预算执行率偏低的9个部门，相应核减预算4315.68万元。出台进一步规范公务支出费用报销管理规定，优化审批流程。加强预算绩效管理，探索建立"全过程、全融合、全覆盖"的绩效管理机制。推动全省财政内控建设，进一步完善内控制度。深化政府采购制度改革，加强协议供货采购、定点采购价格监控和履约监管，委托第三方开展价格监测。加强资产配置、使用、处置、收益上缴的全过程监管，推进资产管理与预算管理相结合。首次全面编制全省政府部门财务报告和政府综合财务报告。推进乡镇公共财政服务平台和乡镇财政所规范化建设。认真贯彻习近平总书记关于"严控债务增量、终身问责、倒查责任"的重要指示精神，按照预算法和中央有关规定，以及车俊书记、袁家军省长的批示和讲话精神，出台《关于地方政府性债务风险管控与化解的意见》《关于严控地方政府性债务的意见》，实行"三个不得立项"和"六必问责"，坚决控制债务增量、消化债务存量，切实防范债务风险。加强社保基金运行情况的分析研究，强化地方政府主体责任，严格基金征缴和支出管理，积极拓宽筹资渠道，加大风险储备，有效防范社保基金风险。

2. 认真办理人大代表建议

在省十二届人大五次会议上，人大代表共提出与财政预算相关的建议258件（其中主办21件）。根据会议决议精神，省财政厅严格落实办理责任，认真开展调查研究，主动、及时与代表沟通，按时办理完毕，满意率达100%。主办件中，所提问题及建议已经解决或列入计划逐步解决的占95.2%。如在办理嘉26号建议《关于加强行政事业单位会计管理促进政府治理能力现代化的建议》时，根据代表建议，结合工作需要，开展了一系列调研和座谈，并将代表建议的"加强行政事业单位会计基础工作"列入省财政厅2017年"补短板"任务清单，落实责任人和办理期限，目前已形成《加强行政事业单位会计工作的意见（征求意见稿）》。根据衢45号、丽14号等提出的关于完善生态财政奖惩机制、补偿机制的建议，出台了《关于建立健全绿色发展财政奖补机制的若干意见》，深化了重点生态功能区建设机制创新试点，加大了相应的财政奖惩力度；同时扩大生态功能区范围，将18个市县纳入生态功能区，并加大财政扶持力度。

同时，我们也清醒地看到，在财政管理过程中还存在个别部门专项资金二次分配、一些部门预算执行进度不快、专项资金使用绩效不高、一些地方和部门离规定的预算公开要求还有差距、部分市县违法违规担保和举债等问题。对此，我们高度重视，将通过深化改革、完善制度、严格管理等一系列扎实有效的措施切实加以解决。

二、2018年预算草案

（一）2018年财政经济形势

2018年，全面贯彻落实党的十九大精神将对深化改革、促进发展形成新的强大动力，我国经济持续健康发展具有许多有利条件，财政收支有望延续平稳态势。但是国际环境和经济发展的不稳定性不确定性因素增多，财政收入可持续增长的基础尚不稳固。同时，减税降费政策全面落实，减收效应进一步显现。支出刚性增长的趋势没有改变，"三去一降一补"、稳增长、促改革、调结构、惠民生、防风险等增支需求较大，各地、各部门加快推进各项事业发展，从而对财政资金保障提出更高要求，财政紧平衡状态仍将持续。

（二）财政预算编制的指导思想

根据2018年度全省经济社会发展目标、国家宏观调控总体要求和跨年度预算平衡的需要，结合对2018年财政经济形势的分析和预测，并参考上年度执行情况，按照中央和省委对经济工作的总体部署以及财政改革总体要求，浙江省2018年财政预算安排的指导思想是：全面贯彻党的十九大、省第十四次党代会和省委十四届二次全会精神，以习近平新时代中国特色社会主义思想为指导，以"八八战略"为总纲，牢固树立和贯彻落实新发展理念，严格遵循预算法，按照"划清边界、厘清事权、做好'蛋糕'、集中财力办大事"的理财思路和"保基本、守底线、促均衡、提质量"的理财要求，继续实施积极的财政政策，调整优化支出结构，着力防范财政运行风险，充分发挥财政职能作用，为"两个高水平"建设提供坚强的财力保障。

（三）2018年重点财政收支政策

1. 支持深化供给侧结构性改革，继续落实减税降费政策。贯彻落实《关于实施促进实体经济更好更快发展若干财政政策的通知》，加大财政资金统筹整合力度，着力振兴实体经济，推动传统产业改造提升，提高供给体系质量，促进经济发展质量变革、效率变革、动力变革。积极支持实施"中国制造2025"，加快发展先进制造业，推动工业互联网发展，促进"两化"深度融合，助推经济转型升级。落实深化增值税等税制改革，进一步释放营改增政策红利，继续落实清理规范涉企收费，减轻企业负担。加快政府产业基金投资进度，发挥其对社会资本的引导带动作用。自2018年1月1日起，依法征收环境保护税，不再征收排污费。

2. 支持实施乡村振兴战略，优化财政支农投入。完善农业支持保护制度，建立健全以绿色生态为导向的财政支农政策体系，加快推进农业农村现代化。发展多种形式适度规模经营，推动培育新型农业经营主体，健全农业社会化服务体系。加快推进"12188"建设，促进农村一二三产业融合发展。继续支持浙江渔场修复振兴，促进海洋渔业可持续发展。加大对防洪水、保供水等重大水利项目的支持力度，重点支持"百项千亿防洪排涝工程"建设。落实最严格的耕地保护制度，加强高标准农田建设。支持农田水利设施建设，发展高效节水灌溉。开展"3030"新农人行动计划和省级田园综合体试点工作，深化“31066 行动计划”。加快构建农业信贷担保体系，完善农业保险保费补贴政策。落实村主职干部基本报酬，支持村组织运转，发展壮大村级集体经济，推动消除集体经济薄弱村。深入推进农村综合改革，推动健全乡村治理体系，推进美丽乡村建设。

3. 加大生态文明建设和扶贫开发支持力度，促进统筹协调发展。加大生态环保财力转移支付力度，完善生态保护成效和资金分配挂钩的激励约束机制。加大重点区域生态公益林补助，完善森林生态效益补偿机制。增加大气污染治理经费投入，支持打赢蓝天保卫战，加快水污染防治，强化土壤污染管控和修复，支持开展全省海岸线整治修复三年行动。继续支持农村环境综合整治和地质灾害避让搬迁工作。进一步加大财政扶贫投入，支持特色产业扶贫、劳务输出扶贫、易地扶贫搬迁、生态保护扶贫、教育扶贫、医疗保险和医疗救助扶贫、农村最低生活保障制度兜底脱贫，推进资产收益扶贫，培育壮大加快发展地区村级集体经济。继续支持农村危房改造，集中支持建档立卡低收入农户、低保户、分散供养特困人员和贫困残疾人家庭等重点对象。进一步推进光伏小康工程试点，促进精准扶贫、精准脱贫。健全支持农业转移人口市民化的财政政策体系。

4. 完善教科文投入机制，推动实施创新驱动发展战略。围绕“两个高水平”目标，全面落实国家和省的教育经费投入政策，加大财政投入力度。落实学前教育生均公用经费最低标准，推动各地逐步建立符合当地特点的学前教育生均经费制度。健全义务教育均衡发展和城乡一体化义务教育经费保障机制，统筹城乡义务教育资源均衡配置，继续实施重点县建设。推动普及高中阶段教育，健全中等职业教育生均拨款制度，完善家庭经济困难学生资助政策体系。完善高校拨款制度，继续支持我省“双一流”高校建设。支持西湖大学建设和发展，支持引进国内外著名高校来我省合作办学。进一步研究完善高校贫困学生助学政策。优化科技经费投入，加强基础研究，强化战略科技力量，拓展实施国家重大科技项目，健全技术创新引导支持机制，促进科技成果转化应用。大力支持之江实验室和杭州城西科创大走廊建设。支持产业创新服务综合体建设。加快构建现代公共文化服务体系，推进公共文化服务重点县及薄弱乡村“十百千”工程建设，补齐公共文化服务短板。支持农村文化礼堂、之江文化中心、浙江自然博物园建设。支持中华优秀传统文化传承发展，加强文化遗产保护传承利用。

5. 健全社会保障和医疗卫生制度，增加基本民生保障投入。落实政府卫生投入政策，支持健康浙江建设。完善城乡居民基本医疗保险筹资机制，继续提高财政补助标准和个人缴费标准，增加个人缴费占整体筹资的比重，城乡居民基本医疗保险财政补助标准每人每年提高 40 元，达到 510 元。进一步完善大病保险制度，适当提高大病保险支付比例。继续调整提高退休人员养老金，合理确定城乡居民养老保险基础养老金、城乡最低生活保障和优抚对象抚恤补助标准，加强政策统筹协调。城乡居民基本公共卫生服务财政补助标准每人每年提高 5 元，达到 55 元。进一步健全责任医生签约服务费筹措和分担机制。厘清重大疾病预防控制等重大公共卫生项目省级与市县财政事权和支出责任。全面实施基层医疗卫生机构补偿新机制改革，深入推进公立医院综合改革。继续深化“双下沉、两提升”工作，支持医疗集团、医联体、县域医共体等医疗体制机制改革和建设，提升医疗资源配置效率。加大医疗救助力度，推进困难残疾人生活补贴和重度残疾人护理补贴制度的落实。研究建立养老服务体系建设财政促进机制。深化平安浙江建设，完善社会治安防控体系。

（四）2018 年一般公共预算草案

1. 全省

（1）收入预算

2018 年全省一般公共预算收入预期 6206.80 亿元，比上年执行数增长 7.0%。主要科目收入情况如下：

2018 年全省一般公共预算主要科目收入情况（单位：亿元）

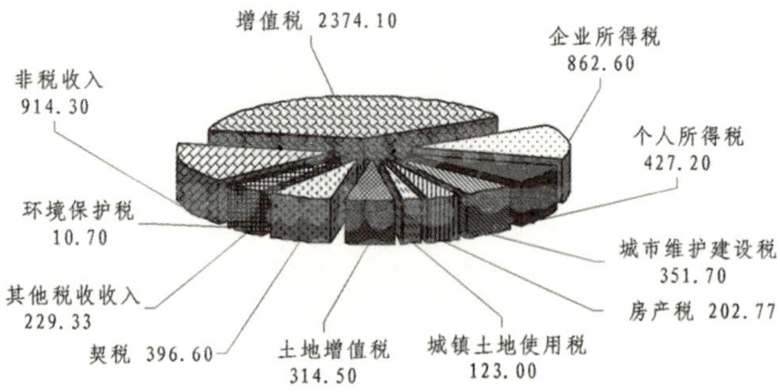

全省一般公共预算收入预期 6206.80 亿元，加上转移性收入 1876.75 亿元，收入合计 8083.55 亿元。

（2）支出预算

拟安排 2018 年全省一般公共预算支出 7550.00 亿元，比上年调整后执行数（按预算法规定，地方政府新增债务属于预算调整事项，因此，年初预算时，需先调减上年执行数中的地方政府新增债务）增长 6.5%。重点支出情况如下：

2018 年全省一般公共预算重点支出情况（单位：亿元）

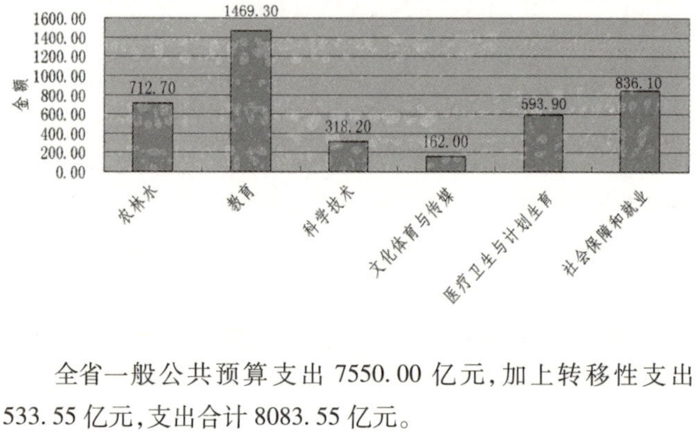

全省一般公共预算支出 7550.00 亿元，加上转移性支出 533.55 亿元，支出合计 8083.55 亿元。

收支相抵，全省一般公共预算收支平衡。

2. 省级

（1）收入预算

2018 年省级一般公共预算收入预期 282.30 亿元，比上年调整后执行数（改革在杭金融企业财政管理体制，省级在杭州范围内金融企业地方财政收入下放杭州市，相应调整省级收入）增长5.0%。主要科目收入情况如下：

2018 年省级一般公共预算主要科目收入情况（单位：亿元）

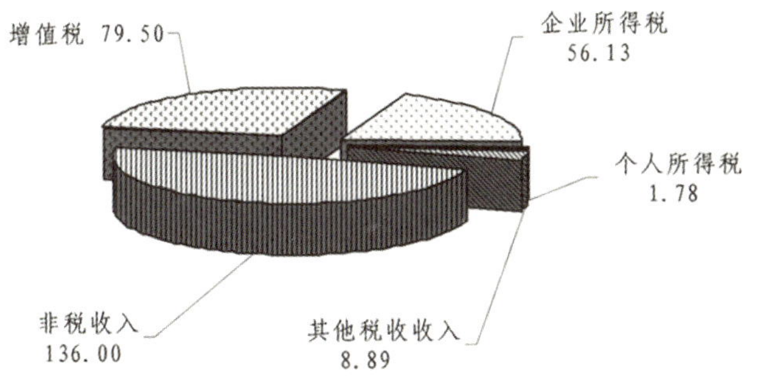

省级一般公共预算收入预期282.30亿元，加上转移性收入2498.02亿元，收入合计2780.32亿元。

（2）支出预算

拟安排2018年省级一般公共预算支出508.00亿元，比上年调整后执行数增长5.0%。重点支出情况如下：

2018 年省级一般公共预算重点支出情况（单位：亿元）

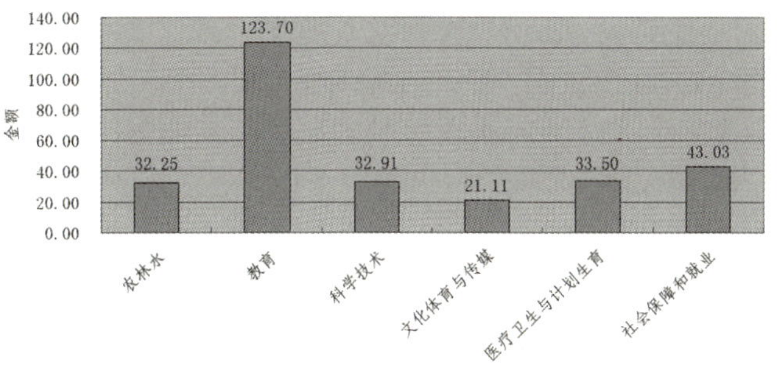

省级一般公共预算支出508.00亿元，加上转移性支出2272.32亿元，支出合计2780.32亿元。省对市县转移支付中：一般性转移支付1095.69亿元，专项转移支付593.96亿元，一般性转移支付比重达到64.8%。

收支相抵，省级一般公共预算收支平衡。

（五）2018年政府性基金预算草案

1. 全省

2018年全省政府性基金预算收入预期4631.56亿元，比上年执行数下降29.7%；加上转移性收入293.69亿元，收入合计4925.25亿元。全省政府性基金预算支出4432.20亿元，比上年调整后执行数下降27.7%，收支下降，主要是2018年土地出让市场行情具有不确定性，预计国有土地使用权出让收支下降；加上转移性支出493.05亿元，支出合计4925.25亿元。收支相抵，全省政府性基金预算收支平衡。

2. 省级

2018年省级政府性基金预算收入预期43.01亿元，比上年执行数下降33.4%，收入下降，主要是部分政府性基金收入按规定转列一般公共预算收入；加上转移性收入161.83亿元，收入合计204.84亿元。省级政府性基金预算支出17.03亿元，比上年调整后执行数增长8.8%；加上转移性支出187.81亿元，支出合计204.84亿元。收支相抵，省级政府性基金预算收支平衡。

（六）2018年国有资本经营预算草案

1. 全省

2018年全省国有资本经营收入预期65.86亿元，增长0.5%；加上转移性收入8.17亿元，收入合计74.03亿元。全省国有资本经营支出48.98亿元，增长32.1%，增加较多，主要是省级加大对机场、铁路等建设投入；加上转移性支出25.05亿元，支出合计74.03亿元。收支相抵，全省国有资本经营预算收支平衡。

2. 省级

2018年省级国有资本经营收入预期32.58亿元，增长17.7%，增长较快，主要是国有独资企业的收益收取比例比上年提高，以及省交通投资集团有限公司预计收入增长等；加上转移性收入2.78亿元，收入合计35.36亿元。省级国有资本经营支出23.23亿元，增长90.4%，增加较多，主要是加大对机场、铁路等建设投入；加上转移性支出12.13亿元，支出合计35.36亿元。收支相抵，省级国有资本经营预算收支平衡。

（七）2018年社会保险基金预算草案

1. 全省

2018年全省社会保险基金预算收入预期4421.43亿元，下降2.7%；社会保险基金预算支出4275.80亿元，增长7.9%。全省社会保险基金本年结余预期145.63亿元。

2. 省级

2018年省级社会保险基金收入预期269.99亿元，增长10.1%，增长较快，主要是多数部属机关事业单位预计在2018年参保，机关事业单位基本养老保险基金收入增加；省级社会保险基金支出预算199.22亿元，增长36.8%，增加较多，主要是省级企业职工基本养老保险基金加大对基金缺口市县调剂力度，以及多数部属机关事业单位预计在2018年参保，机关事业单位基本养老保险基金支出增加。省级社会保险基金本年结余预期70.77亿元。

（八）2018年地方政府债务

2018年地方政府债务暂按财政部下达的2017年政府债务限额10488.40亿元控制。根据地方政府债务置换和债券到期情况，在一般公共预算支出中安排一般债务还本支出376.72亿元，在政府性基金预算支出中安排专项债务还本支出258.43亿元。各地按期落实偿还计划，一般债务由一般公共预算收入偿还，专项债务由政府性基金或专项收入偿还，有稳定的偿还来源。新增债务限额待全国人代会通过并经国务院下达后，依法编制调整预算（草案）并提交省人大常委会审议批准。

三、认真抓好2018年财政工作

（一）在防范风险上持续发力，坚决守住不发生区域性财政风险的底线

坚决贯彻落实党中央、国务院和省委、省政府关于地方政府性债务管理的各项规定，切实打好地方政府性债务风险防范化解攻坚战。按照建立科学分析、精准管控地方政府性债务风险

机制的要求，制定防范和化解地方政府性债务风险行动计划，推进“无违规债务市县”创建，守住风险底线，服务发展主线。一是查核总数。对各地已上报的隐性债务再次进行全面核查，特别是一些地方政府盲目举债、违规举债、过度举债，对一些地方借而不报，有的甚至刻意隐瞒的，一旦发现，严肃处理。二是科学分类。在查核总数的基础上，进行科学分类，分清隐性债务偿债责任，明确偿债主体，划清政府与企业的责任边界，并实行分类管理。三是“开好前门”。推进融资平台公司市场化转型，实施规范的 PPP 项目。在债务风险可控的前提下争取发行项目收益与融资自求平衡的地方政府专项债券。积极争取中央新增地方政府债券额度，支持地方政府债务率低于 100% 的市、县（市、区），向隐性债务消化进度快、“无违规债务市县”创建工作好的市县倾斜。四是“堵死后门”。严格执行国家对地方政府举债的禁止性规定，严格落实“三个不得立项”，严格政府投资项目审批，遏制隐性债务增量，实现“零增长”。健全考核指标体系，各地、各部门出台专项工作考核不得设置财政投入指标。五是党政同责。对各市、县（市、区）政府性债务风险管控和化解不力的，实行党政同责、终身问责、倒查责任，并严格落实“六必问责”。六是逐步化解。编制分年度隐性债务消化计划，限期完成存量隐性债务的消化工作。同时，完善权责发生制的政府综合财务报告制度，探索建立政府资产负债表，全面反映政府资产、负债、资产变现能力、偿债能力等情况。同时，着力把好四个关，切实防范养老保险基金风险。一是把好进口关，对自行扩大一次性补缴适用人群范围的做法，立即停止执行。严格审核流程，严肃问责机制。二是把好征缴关，规范缴费基数，强化一次性补缴应到位资金监管，实现足额征缴。三是把好支出关，严格支出管理，对自行提高或变相提高待遇水平的，建立通报制度，取消省级调剂补助和激励奖补。四是把好筹资关，完善社保风险准备金制度，按规定筹措落实社保风险准备金，规范风险准备金管理使用。

（二）在促进发展上持续发力，培育涵养可持续发展的优质财源

进一步加大清费减税力度，支持实体经济发展。助力实施“凤凰行动”计划，培养跨境并购国际化高端会计人才，鼓励优质企业上市和并购重组，培育涵养优质财源。2018—2022 年，省财政将筹措 38 亿元，采取竞争性分配方式，择优支持 30 个市县区创建 50 个以上产业创新服务综合体。支持加快发展海洋经济、开放经济，着力打造一批具有强大承载力、聚合力、竞争力的产业大平台。积极争取油品全产业链税收优惠政策，支持中国（浙江）自贸试验区建设和发展。改革省级金融业税收管理体制，支持钱塘江金融港湾建设。把重点生态功能区政策扩大到丽水、衢州全域，支持湖州、衢州、丽水等市打造“两山”理念示范区。实施基于主体功能区定位的绿色发展财政奖补机制，省财政每年筹措 100 亿元以上资金，支持绿色浙江建设。加快构建促进绿色金融发展的财政政策体系，重点支持湖州、衢州开展绿色金融改革创新。“十三五”期间省财政安排 1636.5 亿元支持实施万亿综合交通工程，其中，2018 年安排 269 亿元。省财政分年筹措 50 亿元，大力支持之江实验室建设，推动重大基础研究项目、大科学装置建设、高层次人才团队引进等工作。省财政安排 4.5 亿元，省、市、县（区）按 1∶1∶1 筹资比例共建方式，支持杭州城西科创大走廊建设，着力构建创业创新生态体系，促进科技小镇、众创空间、科技企业孵化器等发展。

（三）在保障民生上持续发力，推进基本公共服务均等化

按照“坚守底线、突出重点、完善制度、引导预期”的原则，扎实做好民生保障各项工作，支持全面实施富民惠民安民行动计划，继续坚持把全省财政支出增量的三分之二以上用于民生，切实增强人民群众的获得感、幸福感和安全感。2018 年，省财政安排城乡居民基本医保财政补助 50.7 亿元，比上年增加 3.2 亿元。落实协调发展理念，支持实施乡村振兴战略，促进农村一二三产业融合发展，繁荣农村经济、增加农民收入，进一步缩小城乡和区域发展差距。2018—2020 年，省财政安排城镇生活垃圾分类处理以奖代补资金 6.2 亿元。完善高校预算拨款制度，建立科学、规范、高效的财政绩效奖补体系，以及“自我发展、自我管理、自我约束”的新型高校运行保障机制，全面提升高校办学质量和水平。2018 年，省财政安排 26 亿元，加大支持高校“双一流”建设力度，促进一流学科和特色优势专业发展；2018—2022 年，省财政筹措 5 亿元，支持西湖大学建设和发展，着力补齐高等教育短板。建立健全与我省经济发展水平相适应、与文化浙江建设需求相对应的文化投入机制。省财政出资 15 亿元，组建省文化产业投资集团，促进文化产业加快发展。发挥市场机制优势，鼓励民间资本进入教育、医疗、养老等公共服务领域，提高公共产品供给质量和效率，满足城乡居民多元化的需求。支持普惠金融发展，积极促进金融机构对小微企业和“三农”提供融资服务。

（四）在深化改革上持续发力，增强财政体制机制活力

贯彻中央财政事权与支出责任划分改革精神，按照建立权责清晰、财力协调、区域均衡的省与市县财政关系的要求，加快推进省以下财政事权和支出责任划分改革。深化财政专项资金管理改革，按照“两个一般不”的要求，全面梳理现行财政专项资金所支持的财政事权，实行分类处理。细化预算编制，进一步提高专项转移支付细化率，减少二次分配。清理规范重点支出挂钩事项，取消“先确定支出总额再确定具体项目”的预算编制方法，着力破解财政支出固化问题。按照建立全面规范透明、标准科学、约束有力的预算制度的要求，深化部门预算改革，完善省级支出标准体系，建立省级支出标准库。健全以结果导向配置公共资源的绩效管理机制，逐步将绩效管理范围覆盖所有财政资金，推进绩效管理与预算编制、执行、监督有机融合。强化预算绩效目标管理，优化绩效目标设置。开展绩效目标执行监控，及时纠正偏差，堵塞管理漏洞。强化结果应用，将绩效评价结果作为政策调整、预算安排和改进管理的重要依据。进一步推进预决算信息公开，建立预决算公开排行榜，通报排名情况。进一步厘清 PPP 边界和范围，培育统一规范、公开透明、竞争有序、监管有力的 PPP 市场。加快推广应用政采云平台，实现纵向、横向

数据交互与共享，打造统一的政府采购平台。继续深化事业单位政府购买服务改革，规范开展政府购买服务工作。推动“上门服务至少一次”活动常态化制度化，进一步提升预算编制质量。

（五）在财政监管上持续发力，提高财政管理的规范化水平

积极贯彻落实预算法，硬化预算执行约束，严格执行经同级人大审查批准的预算，从严控制预算调剂事项。加强预算批复下达管理，提高转移支付提前下达比例，促进财政资金及时安排使用并发挥作用。加快盘活财政存量资金，将难以支出的预算资金统筹调整用于其他亟需资金支持的领域。严格执行国库集中收付、政府采购和公务卡制度，规范财政专户资金管理，严禁违规将财政资金从国库转入财政专户。加强财政库款管理，研究探索财政库底目标余额管理制度。进一步扩大政府财务报告编制试点范围。统筹财政监督力量，落实案审委员会制度，加强财政执法队伍建设，加大处理处罚力度。严格执行《省级行政事业单位房产出租管理实施办法》，监督公开招租平台的规范运作，确保公开招租行为的公开、公平、公正。积极探索国有资产处置新模式，建立废旧国有资产定点回收制度，提高处置效率。认真贯彻新修正的《会计法》，加强行政事业单位会计管理，深入推进管理会计应用。加强行政事业单位内控建设。推进政府采购信息系统一体化，充分发挥政采云平台在规范操作、提能增效、精准监管等方面的积极作用。创新乡镇公共财政服务平台建设，实行平台项目清单管理制度，在加强监管的同时优化服务。

浙江省第十三届人民代表大会第一次会议计划预算审查委员会关于2017年全省和省级预算执行情况及2018年全省和省级预算草案的审查报告

（2018年1月29日浙江省第十三届人民代表大会第一次会议主席团第五次会议通过）

浙江省第十三届人民代表大会第一次会议审查了省人民政府提出的《关于2017年全省和省级预算执行情况及2018年全省和省级预算草案的报告》、2018年全省和省级预算草案。计划预算审查委员会根据代表们的审议意见，对预算报告和预算草案进行了认真审查。现将审查结果报告如下：

一、2017年，全省各级政府和财政部门以习近平新时代中国特色社会主义思想为指导，深入贯彻中央和省委各项决策部署，认真落实省十二届人大五次会议决议，认真执行预算法和省预算审查监督条例，强化政策支撑和资金保障，支持经济转型升级，促进实体经济发展，积极防控财政运行风险，切实保障和改善民生，财政改革管理工作取得了新的进展。同时也要看到，在预算执行和财政运行管理中，财政事权和支出责任划分需要加快推进，财政专项资金设立、分配和退出机制需要进一步完善；有些部门预算约束尚需强化，部分项目支出绩效有待提高；地方政府性债务和养老保险基金风险不容忽视，地方政府举债融资行为需要进一步依法规范。对此，必须高度重视，采取切实有效措施加以解决。

二、计划预算审查委员会认为，省人民政府提出的预算报告和预算草案，贯彻了中央和省委经济工作会议精神，体现了新发展理念，预算安排统筹兼顾、量力而行、优化结构、保障重点、注重绩效，符合我省经济社会发展的目标要求，符合预算法的相关规定，预算草案总体可行。计划预算审查委员会建议，省十三届人大一次会议同意《关于2017年全省和省级预算执行情况及2018年全省和省级预算草案的报告》，批准2018年省级预算。

三、2018年是贯彻党的十九大精神的开局之年，是改革开放40周年，是决胜全面建成小康社会、实施“十三五”规划承上启下的关键一年，做好今年的财政工作意义重大。计划预算审查委员会建议：

（一）积极发挥财政职能作用，促进经济社会持续健康发展。坚持新发展理念，紧扣当前社会主要矛盾变化，着力发挥好财政在稳增长、促改革、调结构、惠民生、防风险各项工作中的职能作用。调整优化支出结构，确保对重点领域和项目的支持力度，推动大湾区大花园大通道大都市区建设，促进经济高质量发展。加强基本公共服务，进一步保障和改善民生，促进区域均衡协调发展。

（二）深入推进财政体制改革，加快建立现代财政制度。着力推进全面规范透明、标准科学、约束有力的预算制度建设，进一步加强预算决算信息公开。划清政府与市场的边界，合理划分省与市县财政事权和支出责任，进一步提高一般性转移支付比重。健全完善专项资金设立、分配、评估和退出机制，进一步加大专项资金统筹整合力度。健全完善项目支出标准体系，加强和改进项目支出预算管理，建立规范的政府购买服务制度。

（三）强化预算刚性约束，全面实施预算绩效管理。进一步强化预算法治意识，严格做到先有预算后有支出，没有预算不得支出。增强预算编制的精准性和透明度，加快支出进度，提高预算执行率，维护预算的严肃性。加大对结余结转资金的统筹使用力度，积极盘活存量资金。加强预算绩效管理，规范量化绩效目标，完善绩效评价和结果应用机制，进一步提高财政资金使用绩效。

（四）加强风险防控，努力提高财政监管水平。坚决打好防范化解重大风险攻坚战，综合施策，量力而行，守住不发生系统性、区域性风险的底线。实施防范和化解地方政府性债务风险行动计划，加强分类指导，消化存量，严格控制隐性债务增长，坚决杜绝违法违规举借债务和担保承诺等行为。高度重视和有效防范养老保险基金运行风险，加强分析研判，严格政策执行，拓宽筹资渠道，确保支付能力总体稳定和可持续。严格财经纪律，强化审计监督，加大违法违规责任追究力度，进一步提高财政监管能力和水平。

全省重要财经文件

关于支持农业转移人口市民化若干财政政策的实施意见

浙江省人民政府
（浙政发〔2017〕35号）
于2017年9月4日印发

一、建立财政转移支付与农业转移人口市民化挂钩机制

进一步加大农业转移人口市民化财政支持力度，建立财政转移支付与农业转移人口市民化绩效评价结果挂钩机制，健全省对县均衡性转移支付分配办法，缩小地区间财力差异，增强县级财政保障能力。省财政在安排各项与民生相关的转移支付时，统筹考虑县（市）政府吸纳农业转移人口进城落户人数以及为持有居住证人口提供基本公共服务增支等因素，加大对吸纳农业转移人口较多且民生支出需求较大县（市）的财力保障，调动地方政府吸纳农业转移人口的积极性。省财政厅要会同省级有关单位加强转移支付资金绩效管理。

二、建立省对下农业转移人口市民化奖励补助机制

统筹中央财政农业转移人口市民化奖励资金和省财政预算安排资金，建立省对下农业转移人口市民化奖补机制，根据市、县（市、区）吸纳农业转移人口进城落户人数等因素给予奖励补助。其中：本市域、本县域范围内就地实现农业转移人口市民化的，省财政结合分类分档系数对其城乡基本民生支出差额给予结算补助；省内跨市、县（市）实现农业转移人口市民化的，原农业人口享受的基本民生支出省补助部分由迁出地调整给迁入地，迁入地新增基本民生支出不足部分由省财政结合分类分档系数给予结算补助；省外迁入实现农业转移人口市民化的，在中央财政农业转移人口市民化奖励资金中给予补助。

从2017年起，省财政对名列全省农业转移人口市民化工作前3名的设区市给予奖励，奖励资金应统筹用于提供基本公共服务。各设区市要建立对所属县（市、区）市民化工作的考核机制，通过适当方式对农业转移人口市民化工作成效较好的县（市、区）给予奖励。

三、支持完善统筹城乡的社会保障体系

加快构建有利于人口流动、城乡一体的基本养老保障体系，健全城乡居民基本养老保险基础养老金正常调整机制，完善被征地农民衔接转入职工基本养老保险制度，全面实现基本养老保险关系转移接续，促进农业转移人口有序流动。继续实行城乡居民基本养老保险补助政策，省财政按照符合领取基础养老金条件的老年人口数和相关标准对县（市）予以补助。

进一步完善城乡统一的基本医疗保险制度和大病保险制度，加快实现基本医疗保险关系跨统筹地区间转移接续，加快落实基本医疗保险异地就医联网结算，确保参保城乡居民在基本医疗保险政府补助标准、支付结算、经办服务等方面享受同等待遇。对居住证持有人选择参加基本医疗保险的，个人按城乡居民相同标准缴费，各级财政按参保城乡居民相同标准给予补助，避免重复参保、重复补助。

进城落户的农业转移人口享有和城镇居民同等住房救助和住房保障；未在城镇落户的农业转移人口，按照合法稳定就业和合法稳定住所、参加社会保险年限、连续居住年限等条件，逐步纳入城镇住房保障体系。省财政在安排保障性住房相关资金时，对吸纳农业转移人口较多的地区给予重点支持。各市、县（市、区）政府要加大投入力度，鼓励、引导和支持社会力量投资建设和营运公共租赁住房，按照市场配置和政府保障相结合的原则，采取多种方式保障农业转移人口基本住房需求。

推动进城务工人员参加失业保险、工伤保险，切实维护进城务工的农业转移人口依法享有失业、工伤保险等合法权益。各级财政要做好资金保障，做好农业转移人口纳入城镇社会福利、社会救助保障的制度衔接工作，完善城乡一体的医疗救助制度，支持建立城乡统筹、政策衔接、运行规范的社会养老服务体系，消除农业转移人口后顾之忧。

四、支持将农业转移人口纳入基本公共服务保障体系

制定实施与全面小康社会相适应的浙江基本公共服务财政支出项目及标准，加快实现全省基本公共服务均等化。省财政统筹考虑基层财政向农业转移人口提供基本公共服务的支出需求，在相关资金分配上大力支持各地将农业转移人口纳入基本公共服务保障体系。

各市、县（市、区）政府要切实履行为农业转移人口提供基本公共服务的义务，通过加强预算管理、统筹使用自有财力和转移支付资金，加大基本公共服务投入，为农业转移人口及其他常住人口提供与户籍人口同等的公共文化体育服务、基本环境服务和基本安全服务，不断提升服务质量和水平。进一步完善医疗卫生与人口计划生育转移支付办法，统筹安排农业转移人口基本公共卫生服务经费，支持将符合条件的农业转移人口及其他常住人口纳入城镇医疗卫生和计划生育服务体系，享受同等基本医疗卫生、计划生育等服务。

五、支持农业转移人口子女平等享有受教育权利

各市、县（市、区）政府要将农业转移人口及其他常住人口随迁子女义务教育纳入公共财政保障范围，完善城乡义务教育经费保障机制，统一城乡义务教育学校生均公用经费基准定额。省财政按照学籍人数及相关标准核定义务教育和职业教育中涉及学生政策的转移支付。

在城乡义务教育“两免一补”资金和生均公用经费基准定额

资金随学生流动可携带的基础上，省财政根据市、县（市）解决农业转移人口及其他常住人口随迁子女义务教育等因素，实施外来人口子女义务教育奖补政策。引导支持农业转移人口及其他常住人口随迁子女接受普惠性学前教育，省财政实行教育发展专项补助时，将各市、县（市）普惠性民办幼儿园建设情况作为重要因素。落实中等职业教育免除学杂费和助学金政策，确保农业转移人口及其他常住人口随迁子女与其他学生同等享受中等职业教育免除学杂费以及普通高中、中等职业教育国家助学金等政策。

六、加大对农业转移人口就业的支持力度

完善城乡劳动者平等就业制度，健全公共就业服务机制，保障农业转移人口及其他常住人口享有与户籍人口同等的劳动就业权利。各市、县（市、区）政府要加大资金保障力度，支持农业转移人口中的失业人员进行失业登记，免费提供政策咨询、职业指导、职业介绍、职业培训等基本公共就业服务。实施农民工职业技能提升计划，落实农民工免费职业技能鉴定，提高农业转移人口就业能力和职业素质。加大对农业转移人口创业的政策扶持力度，落实普惠性就业创业政策和税费减免、场地资金补贴等优惠措施。省财政在安排就业补助资金时，将农业转移人口数和城镇新增就业人数作为重要因素。

七、维护进城落户农民合法权益

各市、县（市、区）政府要切实做好农村土地确权登记颁证工作，不得强行要求进城入镇落户农民转让在农村的土地承包权、宅基地使用权、集体收益分配权，或将其作为进城落户条件。要通过健全农村产权流转交易市场，逐步建立进城入镇落户农民在农村的相关权益退出机制，积极引导和支持进城入镇落户农民依法自愿有偿转让相关权益，促进相关权益的实现和维护，要限定在本集体经济组织内部。

八、支持提升城镇综合承载能力，带动农业转移人口就近市民化

进一步理顺全省小城市培育试点镇财政管理体制，加大小城市、中心镇公共服务领域的资金保障力度，支持提升城镇公共服务承载能力。在充分尊重农民意愿的基础上，积极引导农业转移市民化人口优先落户在小城市、中心镇。

调整优化财政支出结构，加快建立多元化城镇建设投融资机制，发挥省基础设施投资基金作用，鼓励通过政府和社会资本合作（PPP）、政府引导基金、政府购买服务等方式，吸引社会资本参与城镇基础设施建设运营、参与提供公共服务。

九、其他要求

各地、各有关部门要进一步完善农业转移人口市民化数据统计、监测工作，全面掌握农业转移人口数量、跨区域流动等情况，准确反映各地基本公共服务水平。各级财政部门要以“数字财政”建设为依托，建立健全农业转移人口市民化财政扶持政策数据共享机制，加强对相关财政扶持资金的监督和管理，更好地落实农业转移人口市民化政策。

浙江省道路交通事故社会救助基金管理办法

浙江省人民政府办公厅转发
（浙政办发〔2017〕47号）
于2017年5月31日印发

目　录

第一章　总　则

第一条　为加强道路交通事故社会救助基金管理，依法及时对机动车道路交通事故受害人进行救助，保障机动车道路交通事故受害人合法权益，维护社会稳定，根据《中华人民共和国道路交通安全法》《中华人民共和国道路交通安全法实施条例》《机动车交通事故责任强制保险条例》《道路交通事故社会救助基金管理试行办法》和《浙江省实施〈中华人民共和国道路交通安全法〉办法》，制定本办法。

第二条　本省行政区域内道路交通事故社会救助基金（以下简称救助基金）的设立、筹集、使用和监督管理，适用本办法。

本办法所称救助基金，是指依法筹集用于垫付本省行政区域内发生的机动车道路交通事故受害人（以下简称受害人）人身伤亡的丧葬费用、部分或者全部抢救费用的社会专项基金。

第三条　救助基金实行分级筹集、分级管理、分工负责。

第四条　省、市、县（市）政府均设立救助基金。设区市救助基金用于对其市辖区内发生机动车道路交通事故的受害人的人身伤亡救助，县（市）救助基金用于对该县（市）行政区域内发生机动车道路交通事故的受害人的人身伤亡救助。

第五条　各地救助基金管理领导小组负责协调、研究救助基金的运作，审定救助基金主管部门提交的重要议题和有关事项。

救助基金管理领导小组下设办公室，办公室设在所在市、县（市）财政部门。

第六条　财政部门为救助基金的主管部门，负责牵头会同有关部门研究制定本地救助基金的实施细则，并对救助基金的筹集、使用和管理进行指导、监督和检查。

公安机关交通管理部门（以下简称公安交管部门）负责通知救助基金管理机构垫付受害人的抢救费用、丧葬费用，协助救助基金管理机构向机动车道路交通事故责任人（以下简称事故责任人）追偿。

民政部门负责指导殡葬服务机构做好受害人的殡仪服务和困难救助相关工作。

人力社保部门负责指导医保经办机构按照《浙江省基本医疗保险、工伤保险和生育保险药品目录》《浙江省基本医疗保险医疗服务项目目录》协助救助基金管理机构做好抢救费用的审核工作。

农业机械主管部门负责通知救助基金管理机构垫付涉及农业机械的受害人的抢救费用、丧葬费用，协助救助基金管理机构向事故责任人追偿。

卫生计生部门负责指导、监督医疗机构按照《道路交通事故受伤人员临床诊疗指南》及时抢救受害人以及依法申请救助基金垫付抢救费用。

浙江保监局负责监督保险公司按照规定及时足额向省级救助基金管理机构缴纳机动车交通事故责任强制保险（以下简称交强险）保险费中按一定比例提取的资金。

各地、各有关部门要各司其职，加强协作，建立沟通顺畅、衔接严密、运转高效、保障有力的工作机制，切实推进救助基金管理工作。

第七条 省、市、县（市）应设立具有独立法人资格的救助基金管理机构，履行救助基金管理职责。鼓励市、县（市）通过政府购买服务，委托第三方专业机构开展救助基金日常管理工作。

第二章 救助基金筹集

第八条 救助基金的来源包括：

（一）按照交强险保险费的一定比例提取的资金；

（二）省财政按照保险公司经营交强险缴纳增值税数额给予的财政补助；

（三）对未按照规定投保交强险的机动车所有人、管理人的罚款；

（四）救助基金孳息；

（五）依法向事故责任人追偿的资金；

（六）小型客车号牌号码公开竞价所得价款；

（七）地方政府预算安排的专项资金；

（八）社会捐款；

（九）其他资金。

第九条 省财政厅会同浙江保监局根据上一年度本省救助基金收支情况，按照收支平衡原则，在财政部、保监会公布的当年从交强险保险费收入中提取救助基金比例幅度范围内，报经省政府同意后，确定本省当年的具体提取比例。

第十条 办理交强险业务的保险公司省级分公司按照经省政府同意的提取比例，从交强险保险费中提取资金，并于每季度结束之日起10个工作日内，通过银行转账方式全额转入省级救助基金特设专户。

省级救助基金管理机构根据各地救助基金收支情况，将收到的从交强险保险费中提取的资金，按规定拨付给各市、县（市）救助基金特设专户。

第十一条 经营交强险的保险公司，单独向税务机关申报交强险保费收入及应缴增值税。

省财政厅根据年度预算安排，在规定时间将省财政转移支付预算指标下达市、县（市）财政，市、县（市）财政收到补助资金后，应在5个工作日内将补助资金拨入本级救助基金特设专户。

第十二条 公安部门将未按规定投保交强险的机动车所有人、管理人的罚款收入单独缴入同级国库。

财政部门应当于每年度结束之日起15个工作日内，将上年度未按照规定投保交强险的罚款全额划转至同级救助基金特设专户。

第三章 救助基金垫付费用

第十三条 有下列情形之一时，救助基金用于垫付受害人人身伤亡的丧葬费用、部分或者全部抢救费用：

（一）抢救费用超过交强险责任限额的；

（二）肇事机动车未参加交强险的；

（三）机动车肇事逃逸的。

其他确需救助基金救助的，由救助基金管理机构根据规定提交同级救助基金管理领导小组审定。

救助基金一般垫付受害人自接受抢救之时起72小时内的抢救费用。特殊情况下需垫付超过72小时的抢救费用的，由承担救助任务的医疗机构书面说明理由。抢救费用按照机动车道路交通事故发生地物价部门核定的收费标准核算。

医疗机构对机动车道路交通事故中的受伤人员应当及时抢救，不得因抢救费用未及时支付而拖延救治。

第十四条 符合本办法第十三条规定需救助基金垫付部分或者全部抢救费用的，医疗机构应及时将受害人抢救费用及垫付情况书面告知负责处理该机动车道路交通事故的公安交管部门，公安交管部门应当在3个工作日内书面通知救助基金管理机构，并告知医疗机构。

第十五条 医疗机构在抢救受害人结束后，对尚未结算的抢救费用，可向机动车道路交通事故发生地救助基金管理机构提出垫付申请，并提供有关抢救费用的证明材料。

涉及跨区域转院需垫付的抢救费用，由医疗机构向机动车道路交通事故发生地救助基金管理机构提出垫付申请，并提供有关抢救费用的证明材料。

第十六条 救助基金管理机构可选择医保经办机构对抢救费用进行审核。医保经办机构应当按照《道路交通事故受伤人员临床诊疗指南》《浙江省基本医疗保险、工伤保险和生育保险药品目录》《浙江省基本医疗保险医疗服务项目目录》和当地物价部门制定的收费标准等，协助救助基金管理机构对医疗机构提供的抢救费用清单进行审核，并在申请材料上签署审核意见后提交至救助基金管理机构。

第十七条 救助基金管理机构应当在5个工作日内对相关材料进行审核，并将审核结果书面告知公安交管部门和医疗机构。

经审核符合垫付规定的，救助基金管理机构应当在5个工作日内将相关费用划入医疗机构账户；不符合垫付规定的，不予垫付并向医疗机构说明理由。

第十八条 救助基金管理机构与医疗机构就垫付抢救费用问题发生争议时，由同级救助基金主管部门会同同级卫生计生部门、人力社保部门协调解决。

第十九条 符合本办法第十三条规定需救助基金垫付丧葬费用的，公安交管部门应当依法告知受害人亲属申请垫付丧葬费用的权利，书面通知救助基金管理机构、殡葬服务机构和受害人亲属，受害人亲属凭公安交管部门出具的《尸体处理通知书》和本人身份证明，向救助基金管理机构提出垫付申请，并提供丧葬费用的有关证明材料。

民政部门应当在丧葬费用的有关证明材料中对受害人产生的殡葬基本项目服务费用是否合理签署意见。

对无主或者无法确认身份的遗体，由公安部门按照有关规定处理；其损害赔偿金由当地救助基金管理机构提存保管。

第二十条 救助基金管理机构收到丧葬费用垫付申请和有关证明材料后，对符合垫付要求的，应在3个工作日内，按照有关标准垫付丧葬费用，并书面告知公安交管部门。对不符合垫付要求的，不予垫付，并向申请人说明理由。

第二十一条 救助基金管理机构对抢救费用和丧葬费用的垫付申请进行审核时，有权向公安交管部门、医疗机构、保险公司、殡葬服务机构等有关单位和相关人员核实情况，有关单位和相关人员应当予以配合。

第四章 救助基金管理

第二十二条 救助基金管理机构履行以下职责：

（一）依法筹集救助基金；

（二）受理、审核垫付申请并依法垫付；

（三）依法追偿垫付款；

（四）其他管理救助基金的职责。

第二十三条 救助基金管理机构应当向社会公布其电话、地址、联系人等信息。

第二十四条 救助基金管理机构的费用支出，包括人员费用、办公费用、追偿费用、委托代理费用等，应当按照有关规定，由同级财政在年度预算中予以安排，不得在救助基金中列支。

第二十五条 救助基金管理机构应按照国家有关银行账户管理规定开立救助基金特设专户。救助基金实行单独核算、专户管理，并按照规定用途使用。救助基金年终结余转入下一年度使用。

第二十六条 救助基金的资金运用仅限于银行存款，不得用作担保和对外投资。

第二十七条 救助基金管理机构根据本办法垫付抢救费用和丧葬费用后，应当依法向事故责任人进行追偿。

发生本办法第十三条第（三）项情形，救助基金垫付丧葬费用、部分或者全部抢救费用的，机动车道路交通事故案件侦破后，公安交管部门应当及时通知救助基金管理机构。

有关单位、受害人或者其继承人有义务协助救助基金管理机构进行追偿。

第二十八条 救助基金管理机构依法保管救助基金的财务档案和有关资料；定期对垫付的抢救费用和丧葬费用进行清理审核，对已追偿的抢救费用和丧葬费用进行冲销。

对追偿无果的已垫付抢救费用和丧葬费用，依据省财政厅制定的救助基金核销办法进行核销。

第二十九条 市、县（市）救助基金管理机构应当于每季度结束后的15个工作日内，将上季度救助基金运行情况书面报送同级救助基金主管部门和省级救助基金管理机构。

第三十条 各级救助基金管理机构应当于每年2月1日前将上一年度工作报告报送同级救助基金主管部门，市、县（市）救助基金管理机构应将上一年度工作报告同时报送省级救助基金管理机构。年度工作报告应当包括救助基金的筹集、使用和管理情况，财务会计报告以及管理机构人员变动情况等。

第三十一条 省级救助基金主管部门应当于每年3月1日前，将本省上一年度救助基金的筹集、垫付、追偿等情况报送财政部和保监会。

第三十二条 救助基金管理机构应当如实报告救助基金业务事项，不得有虚假记载和重大遗漏，接受同级财政部门依法实施的监督检查。

第三十三条 救助基金管理机构应将年度工作报告在同级政府指定的主流媒体上公布，接受社会公众的查询、监督。

第三十四条 救助基金管理机构变更或终止时，应当依法进行审计、清算。

第五章 法律责任

第三十五条 办理交强险业务的保险公司未依法从交强险保险费中提取资金、及时足额转入救助基金特设专户的，省级救助基金管理机构应及时向省级救助基金主管部门报告，由浙江保监局负责催缴，超过3个工作日仍未足额上缴的，给予警告，并予以公告。

第三十六条 医疗机构提供虚假抢救费用的，由卫生计生部门给予警告，并按照有关规定对直接责任人予以处理。

第三十七条 有下列情形之一的，由救助基金主管部门对救助基金管理机构及其负责人按照相关规定进行处理，并可以根据以下情形决定是否撤换救助基金管理机构：

（一）不按照本办法规定受理、审核救助基金垫付申请并进行垫付的；

（二）提供虚假工作报告、财务会计报告的；

（三）违反本办法的规定使用救助基金的；

（四）拒绝或者妨碍主管部门或者有关部门依法实施监督检查的。

第三十八条 救助基金主管部门和管理机构以及有关部门工作人员，在工作中滥用职权、玩忽职守、徇私舞弊的，依法给予处分；涉嫌犯罪的，依法移送司法机关处理。

第六章 附 则

第三十九条 本办法所称受害人，是指机动车发生机动车道路交通事故造成除被保险机动车本车人员、被保险人以外的受害人。

第四十条 本办法所称抢救费用，是指机动车发生机动车道路交通事故导致人员受伤时，医疗机构按照《道路交通事故受伤人员临床诊疗指南》，对生命体征不平稳和虽然生命体征平稳但如果不采取处理措施会产生生命危险，或者导致残疾、器官功能障碍，或者导致病程明显延长的受伤人员，采取必要的处理措施所发生的医疗费用。

第四十一条 本办法所称丧葬费用，是指遗体丧葬所必需的运送、停放、冷藏、火化、寄存等基本项目服务费用。丧葬费用按照国家和省有关规定执行。

第四十二条 对因机动车道路交通事故造成受害人家庭陷入特殊困难的，有条件的市、县（市）可以开展困难救助工作。

困难救助的申请程序和标准由各市、县（市）政府结合本地实际确定，并报上一级政府和省财政厅备案。

第四十三条 机动车在道路以外的地方通行时发生事故，造成受害人人身伤亡的，适用本办法。

第四十四条 经相关有资质部门或机构鉴定为机动车的车辆发生道路交通事故，造成受害人人身伤亡的，适用本办法。

第四十五条 拖拉机等农业机械在田间、场院等道路以外的地方作业、转移发生事故，农业机械主管部门接到报案、处理的，由农业机械主管部门负责通知救助基金管理机构垫付受害人的抢救费用、丧葬费用，并协助救助基金管理机构向事故责任人追偿。

第四十六条 对高速公路上发生的机动车道路交通事故造成受害人人身伤亡的救助，由事故管辖机关所在地的市救助基金管理机构按照本办法有关规定执行。

第四十七条 本办法所称县（市）包括杭州市萧山区、杭州市余杭区、杭州市富阳区、温州市洞头区、绍兴市柯桥区、绍兴市上虞区等6个市辖区。

第四十八条 各市、县（市）政府应当依据本办法有关规定制订实施细则，并报上一级政府和省财政厅备案。

宁波市道路交通事故社会救助基金管理办法由宁波市政府另行制定。

第四十九条 本办法自发布之日起施行，《浙江省人民政府办公厅转发省财政厅等部门关于〈浙江省道路交通事故社会救助基金管理试行办法〉的通知》（浙政办发〔2010〕97号）同时废止。

关于实施促进实体经济更好更快发展若干财政政策的通知

浙江省人民政府办公厅
（浙政办发〔2017〕52号）
于2017年6月21日印发

各市、县（市、区）人民政府，省政府直属各单位：

经省政府同意，现就实施促进实体经济更好更快发展若干财政政策有关事项通知如下：

一、继续加强财政政策引导

1. 实行增值税（地方部分）当年增收额财政奖励政策。2017—2018年，省政府给予市、县（市）政府地方部分增值税当年增收额5%的财政奖励。

2. 实行地方财政税收收入奖励政策。对丽水等29个加快发展市、县（市）和海岛市、县，省政府实施与其第三产业地方税收挂钩的收入激励奖补政策。除加快发展市、县（市）和海岛市、县外，省政府对杭州等30个市、县（市）政府按地方财政税收收入当年增收额的10%给予奖励。

财政支持实体经济发展——企业机械化操作车间

3. 实施高新技术产业地方税收收入增量返还奖励政策。经国家认定的高新技术企业的企业所得税(地方部分)增收上交省当年增量部分,全额返还所在市、县(市)。

二、有效发挥财政专项资金作用

4. 优化产业类财政专项资金使用方向。充分发挥市场在资源配置中的决定性作用,产业类财政专项资金逐步退出竞争机制能有效发挥作用的领域,主要用于公平竞争环境营造、公共服务(产业链)平台建设、产业转型发展试点示范以及企业科技研发等。

5. 实行振兴实体经济财政专项激励政策。整合省工业与信息化发展财政专项资金和新增财力,设立省振兴实体经济(传统产业改造)财政专项资金。2017—2019 年,省政府每年安排 18 亿元,3 年统筹安排 54 亿元财政资金,在 2015 年规上工业总产值超过 500 亿元的 36 个工业大县(市、区)(宁波除外)中,以企业和产业"亩产效益"综合评价指标为重要依据,通过竞争性分配程序,选择 18 个工业大县(市、区)开展振兴实体经济(传统产业改造)试点,连续 3 年时间每年分别给予 1 亿元财政专项资金奖励。3 年财政专项激励政策实施结束后,对未完成考核目标的县(市、区),相应扣回财政资金。

三、更好发挥政府产业基金作用

6. 加快推进政府产业基金投资运作。根据企业不同发展阶段,按照创新链不同环节需求,加大政府产业基金对实体经济发展项目以及重大科技基础研究、重大科技攻关、重大科技示范应用的支持力度。进一步发挥产业基金的放大效应和导向作用,引导投资机构和社会资本投资我省实体经济,加大对我省基础设施和公共服务领域的投入力度。2018 年上半年,全省政府产业基金规模力争达到 1000 亿元以上,通过与金融资本的结合,力争撬动 10000 亿元左右社会资本投入实体经济。

7. 加快推进省级科技成果转化引导基金实质性运作。引导和促进创业投资、天使投资、股权投资、产业投资和并购重组等各类基金集聚发展,加大对实体经济企业股权投资力度,激发实体经济发展新动能。

四、切实降低企业税费负担

8. 落实增值税、企业所得税等税收优惠政策,简化优惠办理手续,全面落实国家支持企业技术创新的研发费用加计扣除、高新技术企业所得税优惠、固定资产加速折旧、股权激励和分红、技术服务和转让税收优惠等激励政策。

9. 严格贯彻国家清费减负政策。落实好国家政府性基金减负政策,取消城市公用事业附加和新型墙体材料专项基金,扩大残疾人就业保障金免征范围,设置残疾人就业保障金征收标准上限。落实好国家行政事业性收费减负政策,取消或停征 41 项中央设立的行政事业性收费。国家和省明确取消或停止征收的涉企收费项目,任何地方、任何部门不得以任何理由拖延或拒绝执行,不得转为经营性收费,不得以其他名目变相继续收取。

五、支持企业增强创新发展能力

10. 积极推广应用创新券,鼓励和推动各类创新平台与载体为有创新需求的企业和创业者提供服务,推进省市县科技资源开放共享。各市、县(市、区)政府在创新券省奖补政策支持范围内的服务支出,省政府将结合科技成果转化实绩给予奖励。同时,根据开放、共享、实效的原则,省政府对省级创新载体在政策支持范围内不超过上年度实际兑付总额的 30%部分给予补助。

11. 提升首台套产品财政扶持力度。省政府给予获得年度国内首台套产品认定的单位 100 万元—300 万元奖励,给予获得年度省内首台套产品认定的单位 50 万元—100 万元奖励,并对重大成套设备生产企业的首台套设备保险费用支出给予补贴。2017 年起,对列入《浙江省首台套产品推广应用指导目录》的产品在购买首台套产品保险时,保险费用的 80%由省财政承担。

12. 强化政府采购示范作用。按照政府采购有关规定,通过公开招标或者其他公平竞争的方式,择优将新能源汽车以及浙江制造、浙江品牌的汽车列入全省公务用车协议供货范围,鼓励机关事业单位、执法执勤单位、高校等采购公务用车时积极选用。

13. 实施"浙江制造精品"首购制度。对经省经信委等省级有关部门认定的暂不具有市场竞争力,但符合国民经济发展要求、代表先进技术发展方向的首次投向市场的"浙江制造精品",实行首购制度。

宁波市要结合自身特点和财力状况,自行制定和优化促进实体经济更好更快发展的财政政策。

关于建立健全绿色发展财政奖补机制的若干意见

浙江省人民政府办公厅
(浙政办发〔2017〕102 号)
于 2017 年 9 月 12 日印发

各市、县(市、区)人民政府,省政府直属各单位:

为深入践行"两山"理论、推进绿色发展,进一步完善生态文明建设财政政策体系,经省政府同意,现就建立健全绿色发展财政奖补机制提出如下意见:

一、完善主要污染物排放财政收费制度

省财政按化学需氧量、氨氮、二氧化硫、氮氧化物等主要污染物年排放总量向各市、县(市)政府收费。其中,从 2017 年起,开化县、淳安县按每吨 5000 元收缴;其他市、县(市)2017 年按每吨 3000 元收缴,2018 年起按每吨 4000 元收缴。主要污染物排放财政收费返还比例与各地环境质量分值(按照水质优良率、空气质量优良率、细颗粒物〔PM2.5〕等指标计算)挂钩。

二、实施单位生产总值能耗财政奖惩制度

从2017年起，省财政对市、县（市）实施单位生产总值能耗财政奖惩制度。各地单位生产总值能耗每比上年降低1个百分点，奖励50万元，其中降幅超过全省平均降幅部分，每1个百分点再奖励100万元；各地单位生产总值能耗每比上年提高1个百分点，扣罚100万元。

三、完善出境水水质财政奖惩制度

从2017年起，省财政对部分地域出境水水质实行奖惩制度。其中，对开化县、淳安县，出境水水质按Ⅰ类、Ⅱ类、Ⅲ类占比，每年每1个百分点分别给予180万元、90万元、45万元奖励，出境水水质按Ⅳ类、Ⅴ类占比，每年每1个百分点分别扣罚90万元、180万元；对丽水市及所辖县（市）、衢州市及所辖县（市）（不含开化县）、文成县、泰顺县、磐安县，出境水水质按Ⅰ类、Ⅱ类、Ⅲ类占比，每年每1个百分点分别给予120万元、60万元、30万元奖励，出境水水质按Ⅳ类、Ⅴ类占比，每年每1个百分点分别扣罚30万元、60万元。对上述市、县（市），Ⅰ类水、Ⅱ类水、Ⅲ类水占比比上年提高的，每1个百分点分别奖励1000万元、500万元、250万元；Ⅰ类水、Ⅱ类水、Ⅲ类水占比比上年下降的，每1个百分点分别扣罚1000万元、500万元、250万元。

财政支持绿色发展——河水治理后少儿皮划艇体验

四、完善森林质量财政奖惩制度

从2017年起，省财政对部分地域森林覆盖率、林木蓄积量实行奖惩制度。其中，对开化县、淳安县，森林覆盖率每高于全省平均水平1个百分点，奖励300万元；林木蓄积量每比上年增加1万立方米，奖励75万元，每比上年减少1万立方米，扣罚75万元；对丽水市及所辖县（市）、衢州市及所辖县（市）（不含开化县）、文成县、泰顺县、磐安县，森林覆盖率每高于全省平均水平1个百分点，奖励200万元；林木蓄积量每比上年增加1万立方米，奖励50万元，每比上年减少1万立方米，扣罚50万元。

五、提高生态公益林分类补偿标准

在省级以上公益林最低补偿标准30元/亩的基础上，从2017年起，提高主要干流和重要支流源头县以及国家级和省级自然保护区公益林的补偿标准至40元/亩。今后视省级财力状况适时调整范围和标准。宁波市及所辖县（市）补偿标准、所需资金，由宁波市政府另行制定。

六、完善生态环保财力转移支付制度

从2017年起，生态环保财力转移支付资金挂钩“绿色指数”（包含林、水、气等反映区域生态环境质量的因素）进行分配，由各市、县（市）（不含宁波市及所辖县〔市〕、丽水市及所辖县〔市〕、衢州市及所辖县〔市〕、淳安县、文成县、泰顺县、磐安县）统筹用于生态保护和绿色产业发展。

七、实行“两山”建设财政专项激励政策

2017—2019年，省财政实行“两山”建设财政专项激励政策，通过竞争性分配方式确定扶持范围。其中：对文成县、泰顺县、磐安县、衢州市衢江区、开化县、龙泉市、云和县、庆元县、缙云县、遂昌县、松阳县、景宁县等12个县（市、区），实施“两山”（一类）财政专项激励政策，每年分别给予1.5亿元激励资金；对杭州市临安区、淳安县、建德市、永嘉县、德清县、安吉县、浦江县、武义县、衢州市柯城区、龙游县、江山市、常山县、台州市黄岩区、天台县、仙居县、三门县、丽水市莲都区、青田县等18个县（市、区）实施“两山”（二类）财政专项激励政策，每年分别给予1亿元激励资金。3年财政专项激励政策实施结束后，对未完成考核目标的县（市、区），相应扣回财政资金。

八、建立省内流域上下游横向生态保护补偿机制

从2018年起，在省内流域上下游县（市、区）探索实施自主协商横向生态保护补偿机制，到2020年基本建成。补偿基准为流域交接断面的水质水量，国家或省已确定断面水质目标的，补偿基准应高于国家或省要求。补偿标准由流域上下游县（市、区）根据生态环境现状、保护治理成本投入、水质改善的收益、下游支付能力和下泄水量保障等因素，在500万元—1000万元范围内自主协商确定。宁波市及所辖县（市）所需资金，由宁波市政府另行制定。

《浙江省人民政府办公厅关于印发浙江省生态环保财力转移支付试行办法的通知》（浙政办发〔2012〕6号）同时废止。

全省财政地税工作会议重要文件

坚定　清醒　有作为
扎实做好新时代财政地税工作

——在全省财政地税工作会议上的讲话(摘要)

浙江省财政厅党组书记、厅长、
省地税局局长　徐宇宁

一、2017 年值得肯定的几项重点工作

(一)全力推进"最多跑一次"改革

全省地税系统已实现 96%的办税事项"最多跑一次"、72%的办税事项"零上门",办税事项精简 73%,办税资料精简 36%。财政部门积极推广应用统一公共支付平台,方便公众办理缴费业务。同时,拓展"最多跑一次"改革理念,积极开展"上门服务至少一次"活动,累计上门服务预算单位 572 个,集中辅导 105 次,服务人数 7529 人,进一步提高部门预算编制质量。

(二)多举措支持实体经济发展

出台"一揽子"财税政策,综合运用财政体制、税收支持、产业基金的政策工具,支持实体经济更好更快发展。设立振兴实体经济(传统产业改造)财政专项激励资金,择优支持 18 个工业大县开展振兴实体经济试点。深入实施创新驱动发展战略,大力支持之江实验室、杭州城西科创大走廊等重大平台建设。落实减税降费政策,取消或停征一批行政事业性收费,阶段性下调失业保险费率,在全国率先实现省定项目涉企"零收费"。省注协服务小微企业奖励基金荣获 2017 年省"十大服务小微企业优秀项目"。

(三)积极助推绿色发展

建立健全绿色发展财政奖补机制,率先创建绿色指数,将生态环保财力转移支付资金与绿色指数挂钩。完善主要污染物排放财政收费制度和出境水水质财政奖惩制度。探索建立省内流域上下游横向生态保护补偿机制。制定支持绿色金融改革试点的财政政策。按照"税费平移"原则,全力以赴做好环境保护税征收准备工作。

(四)积极防控债务风险

加强制度建设,构建"4+8"的制度体系。强化源头管控,严格政府投资项目审批管理。健全考核和问责追责机制,对高风险市县进行集体约谈。积极发行地方政府债券置换存量债务,提前一年全面完成置换任务。

(五)持续深化财税体制改革

清理规范重点支出挂钩事项,破解支出结构固化、僵化问题,提高财政资金使用绩效。加快支出标准体系建设,将省级财政项目支出细化为 53 类 170 项,明确 101 项支出范围标准。规范实施 PPP 项目,共入库 PPP 项目 354 个,总投资 5858 亿元,落地率位居全国前列。

(六)不断优化纳税服务

以"智能办税"提升服务便捷度,拓展以电子税务局、手机 APP、支付宝办税为代表的网络办税服务平台。以"全省通办"打破办税地域性,实现 90%以上的纳税事项在全省 90%以上的办税服务厅通办。以"银税互动"增强小微企业获得感,用纳税"好信用"为小微企业获得贷款提供帮助。以"税费优惠管理方式改革"加快释放政策红利,实施"自动享受、以报代备、一备多年、征前减免、网上办理、留存备查、加强监管"等措施,更加方便纳税人办理。在全国纳税人满意度调查中取得"三连冠"的佳绩。

(七)高起点创建"税眼看发展"分析品牌

通过税收数据分析经济发展的"形与势",为省委、省政府决策提供有价值的参考,更好地发挥参谋助手作用。

(八)强化地税系统管理

规范系统领导干部任免资格和程序,选优配强各级地税机关"带头人"。建立全省地税系统"大督察"机制,开展税收执法日常督察和重点工作专项督察。制定"红皮书""白皮书""蓝皮书",扎实推进目标责任制等重点工作。

(九)大力推广应用政采云平台

全省 107 个区划上线,入驻采购单位 22532 家、供应商 27506 家,累计交易金额达 115.6 亿元。全省协议供货、网上超市、项目采购、在线询价节资率分别为 8.9%、13.2%、13.5%、7.5%,被财政部批复为全国唯一的电子卖场采购试点。

二、2018 年财政地税工作要有新作为

新时代要有新气象,更要有新作为。全省财政地税部门要站在新的历史方位科学谋划财政地税工作,切实将思想和行动统一到省委、省政府决策部署上来。

2018 年是全面贯彻党的十九大精神的开局之年,也是浙江省新一届政府开局之年,做好财税工作意义重大。总体要求是:全面贯彻党的十九大、省第十四次党代会和省委十四届二次全会精神,以习近平新时代中国特色社会主义思想为指导,以"八八战略"为总纲,牢固树立和贯彻落实新发展理念,按照"划清边界、厘清事权、做好'蛋糕'、集中财力办大事"的理财思路和"保基本、守底线、促均衡、提质量"的理财要求,继续实施积极的财政政策,调整优化支出结构,着力防范财税运行风险,充分发挥财税职能作用,为"两个高水平"建设提供坚强的财力保障。

(一)抓好组织收入

财政收入是党委政府履职行政、促进经济社会发展的物质

基础,也是财政支出的重要前提。各级财政地税部门要将组织收入工作放在"第一要紧"的位置,科学谋划、抓紧抓实。要清醒认识财税经济形势,科学制定工作目标和举措,合理把握组织收入节奏、力度,做到既积极又稳妥。要坚持质量和效益导向,不断优化收入结构,着力提高地方一般公共预算收入占财政总收入的比重、税收占地方一般公共预算收入的比重、地方一般公共预算收入占 GDP 的比重。要牢固树立税收法定理念,依法依规组织收入,把工作做实、把数字做实,坚决不掺水分、不搞空转、不做假账。

(二)加强支出管理

党的十九大报告提出"全面实施绩效管理"的目标。提高财政支出绩效要从两方面着手。

一方面,要按照"集中财力办大事"的原则,促进经济发展。围绕大湾区建设,大力发展海洋经济,支持中国(浙江)自贸试验区建设和发展,创新杭州金融港湾体制政策。围绕大花园建设,把重点生态功能区财政政策扩围到丽水、衢州全域,实施绿色发展财政奖补政策。围绕大通道建设,继续支持实施万亿综合交通工程。围绕大都市区建设,完善区域统筹发展激励奖补政策,增强中心城市带动周边县市发展的能力。围绕创新驱动发展,继续支持之江实验室和杭州城西科创大走廊建设,择优支持 30 个市县区创建 50 个以上产业创新服务综合体。

另一方面,要按照"尽力而为、量力而行"的原则,切实保障民生。既要积极作为,统筹安排财力支持教育、医疗、社保、养老等民生事业发展,扎实办好垃圾分类、厕所革命、城市治堵等关键小事和民生实事。又要量力而行,坚持兜底线、建机制,多做雪中送炭的工作,合理均衡政府、单位和个人负担,坚决不搞超越发展阶段的承诺,从严控制新增支出,不得随意新开支出口子。

(三)切实防范财税风险

认真贯彻习近平总书记关于管控地方政府债务风险的重要指示精神,按照"查核总数、科学分类、开好前门、堵死后门、党政同责、逐步化解"的原则,推进"无违规债务市县"创建,制定防范化解地方政府性债务风险行动计划,确保 3~5 年内完成隐形债务存量消化工作。加强养老保险基金收支分析,研究制定风险预警机制和应对预案,严格基金征缴和监管,把好政策口子,拓宽筹资渠道,有效防范基金运行风险。持续优化完善"统一组织、统一接收、统一推送、统一反馈"的税收风险管理运行模式,加强税收风险管理。

(四)进一步深化财税改革

推进省以下财政事权和支出责任划分改革,建立强化支出绩效管理的基础性机制。划清政府与市场边界,合理确定政府提供基本公共服务的范围和方式。厘清省与市县政府财政事权的边界,建立省级财政事权、省与市县共同财政事权两张清单。深化财政专项资金改革,属于市场能有效发挥作用的,财政专项资金退出,过渡期间由政府产业基金通过市场化方式支持;属于市县财政事权的财政专项资金,建立退出机制。全面实施绩效管理,建立健全"全过程、全融合、全覆盖"的绩效管理机制。积极参与税制改革和地方税体系构建研究,充分建言献策,为顶层设计提供更多的浙江经验、浙江元素。抓好环境保护税征收管理工作,联合环保部门对纳税人进行一次"面对面"的培训辅导。推进地税系统稽查体制改革,提升税务稽查的威慑力,促进纳税遵从、税负公平,加快构建现代税务管理体系。

(五)迎接纳税服务三项大考

坚持问题导向、需求导向、目标导向,在高起点上继续优化纳税服务,不断提高全省地税系统纳税服务的均等化水平,在"最多跑一次"改革、营商环境评价、纳税人满意度调查等三项大考中考出好成绩,继续走在前列。

三、做好 2018 年财政地税工作的四方面要求

财税改革发展离不开一支想干事、能干事、干成事、不出事的财税铁军。我们要按照党的十九大要求,进一步加强干部队伍建设,全面提升财税干部的政治素质和业务能力,适应新时代财税事业发展的要求。

(一)切实履行主体责任

做好新时代财税工作,必须牢牢扛起全面从严治党的主体责任,切实增强"四个意识",坚决维护以习近平总书记为核心的党中央权威和集中统一领导。充分发挥各级财税部门党委(党组)领导作用,党委(党组)书记要认真履行第一责任人职责。推进财税内控管理和风险预警,加快构建不能腐的机制。推进全面从严治党向基层延伸,更好地为清廉浙江建设服务。

(二)勇于改革创新

财税局长既是财税改革的组织者、推进者,也是财税改革的实施者、执行者,既要当好改革的促进派,又要当好改革的实干家。要牢固树立全局意识,把抓改革作为一项重大政治任务,发挥好财税改革在整体改革中的基础性、支撑性作用;要扑下身子,以钉钉子精神抓好改革落实,确保各项改革继续走在全国前列。

(三)敢于担当作为

坚持以实事求是的态度待人处事,说老实话、办老实事、做老实人。敢于坚持原则,该说"不"的时候坚决说"不",为党委政府当好参谋、把好关。敢于承担责任,多研究创新性、探索性工作,在符合规定的前提下把事情办成,做到"党委政府决策部署推进到哪里,财税服务保障就跟进到哪里"。

(四)加强调查研究

处理好日常工作和调查研究的关系,深入基层、深入群众、深入实际,广泛开展调查研究,接地气、通下情。要坚持唯实求真,敢于建言献策,要把发现和解决问题作为调查研究的出发点和落脚点。广泛听取基层意见和建议,使各项政策举措,主观符合客观、理论符合实践、政策符合实际,更具针对性、操作性和实效性。

(2018 年 1 月 16 日)

全省财政工作

zhejiang caizheng nianjian

全省财税工作

全省财政

【概况】 2017年，浙江省实现生产总值51768亿元，比上年增长7.8%。第一产业增加值2017亿元，第二产业增加值22472亿元，第三产业增加值27279亿元，分别增长2.8%、7.0%和8.8%，其中第三产业对GDP增长的贡献率为57.0%。全省人均生产总值92057元，增长6.6%。三次产业结构比为3.9∶43.4∶52.7。全年固定资产投资31126亿元，增长8.6%；社会消费品零售总额24308亿元，增长10.6%。全年货物进出口总额25604亿元，增长15.3%。其中，出口19446亿元，增长10.1%，出口额占全国的12.7%；进口6158亿元，增长35.6%。全年商品零售价格指数为101.4，居民消费价格指数为102.1。当年全省居民人均可支配收入为42046元，增长9.1%，其中城镇常住居民和农村常住居民人均可支配收入分别为51261和24956元，分别增长8.5%和9.1%；城乡居民收入差距缩小到2.05∶1。

2017年，浙江省实现财政总收入10301.16亿元，增长10.6%；一般公共预算收入5804.38亿元，增长10.3%，其中税收收入4940.74亿元，增长11.5%。全省一般公共预算支出7530.32亿元，增长8.6%。省级一般公共预算收入323.83亿元，增长5.5%；省级一般公共预算支出490.14亿元，增长5.4%。当年全省及省级财政收支平衡。

全省政府性基金预算收入6593.00亿元，增长68.9%；支出6617.46亿元，增长78.0%；省级政府性基金预算收入64.55亿元，下降19.7%；支出101.55亿元，增长172.5%。全省和省级政府性基金预算收支平衡。

全省国有资本经营预算收入65.50亿元，下降11.9%；支出37.07亿元，下降1.8%；省级国有资本经营预算收入27.67亿元，下降3.4%；支出12.20亿元，增长11.2%。全省和省级国有资本经营预算收支平衡。

全省社会保险基金预算收入4595.16亿元，增长22.3%；支出3941.28亿元，增长19.5%；省级社会保险基金预算收入240.78亿元，增长13.5%；支出142.85亿元，增长14.5%。收支相抵，全省和省级社会保险基金收支分别结余653.88亿元和97.93亿元。

【增收节支提质效】 提升财政收入质量。2017年全省一般公共预算收入占财政总收入的56.3%，一般公共预算收入中税收收入占比85.1%，财政总收入占全省生产总值的比重为19.9%。收入结构保持较优。在确保全省财政收入稳步增长的基础上，争取中央财政政策和资金支持，扩大政府可用财力。

加强财税收入征管。坚持财税与经济协调互动，大力培植财源，做大做优财政收入"蛋糕"。关注和跟踪全省财政运行态势，做好收入分析、预测和监控。打破信息孤岛，加强财政大数据建设，实现全省(不含宁波)国地税数据的信息汇聚。会同税务部门做好营改增试点运行情况分析，完善措施激发营改增政策红利。

完善政府非税收入征管体系。落实"最多跑一次"改革，打造统一公共支付平台线上线下一体化非税收入收缴运行新模式。2017年，全省统一公共支付平台受理政府非税收入缴纳业务逾3100万人次，收缴资金逾155.19亿元。加强土地出让收入、彩票公益金、海域使用金等重点非税收入征收监管。完善财政票据信息化工作，推动财政票据电子化试点建设。当年全省收缴政府非税收入7669.24亿元，其中纳入一般公共预算管理的非税收入863.64亿元。

提高财政支出绩效。按照"集中财力办大事"原则，统筹安排财力，重点保障和支持省政府"十方面实事"实施和各项民生事业发展资金需要，全省财政支出增量的三分之二以上用于民生，2017年全省财政民生支出增长10.3%。贯彻落实中央和省委关于厉行节约的各项规定，修订《浙江省机关工作人员差旅费管理办法》，出台《关于进一步规范公务支出有关费用报销管理的通知》，从源头上规范公务支出。省级部门一般性支出压减5.3%，省级一般公共预算安排的"三公"经费支出比上年下降5.0%。

【履职尽责促发展】 保障全省重大战略实施。实施积极的财政政策，争取并发行新增债券803.00亿元、争取中央基建投资资金42.99亿元、筹措落实省级财政性资金204.80亿元，支持全省基础设施等重大项目建设。实施第三轮小城市培育试点政策，安排小城市培育专项资金15亿元，助推新型城镇化战略取得实质性突破。安排资金17亿元，支持海洋经济发展，重点用于海岛基础设施建设、海洋产业转型升级发展项目、海洋科技项目和海洋生态保护。筹措外经贸促进资金4.60亿元，重点用于支持出口信用保险、开拓国际市场展会、出口增量奖励补助等，提高对外开放水平。支持义乌国际贸易综合改革试点，加大对义新欧班列运行的省级扶持力度；支持杭州市跨境电子商务试验区建设，开展跨境电子商务产业集群试点和海外仓建设，促进实体产业与电子商务融合发展，在更高层次上融入"一带一路"建设。

助推经济转型升级。出台《关于实施促进实体经济更好更快发展若干财政政策的通知》，综合运用财政体制、产业基金、政府采购等政策工具，支持实体经济发展。设立振兴实体经济(传统产业改造)财政专项激励资金，2017年省财政安排18亿元，择优选择18个工业大县(市、区)实施激励政策，促进传统产业改造提升。推进政府产业基金实质性运作，推动设立规模20亿元的浙江丝路投资基金和100亿元规模浙江省特色小镇产业金融联动发展基金。截至2017年底，政府产业基金总规模1330.53亿元，实际到位资金758.70亿元，投资实体项目3692个，撬动社会资本9102.34亿元。规范有序推广运用PPP模式，用足用好基础设施投资（含PPP）基金，共入库PPP项目354个，总投资5858亿元，其中127个项目已落地，落地率位居全国前列。支持小微企业发展，对“小微企业三年成长计划”工作成效显著的市、县（市、区）和特色产业园区，省财政安排1亿元给予财力性奖励补助，推动小微企业主体升级。落实好各项减税降费政策，取消城市公用事业附加和新型墙体材料专项基金，扩大残疾人就业保障金免征范围，取消或停征一批行政事业性收费，省定项目实现涉企“零收费”。阶段性下调社保费缴费比例，从2017年5月1日至2018年12月31日，将失业保险单位费率由1%降为0.5%。

支持创新驱动高质量发展。安排扶持资金4.50亿元，打造科技创新驱动发展的大载体、大平台。支持科技小镇、众创空间、科技企业孵化器等建设与运行的绩效补助；加强杭州城西科创大走廊建设专项资金监督管理，落实浙江农林大学、温州医科大学省部共建国家重点实验室支持资金；落实之江实验室、浙大超重力离心模拟与实验装置项目资金，制定之江实验室财政支持政策。在进一步优化、完善原省财政挂钩补助市县科技产出政策的基础上，对规模以上工业企业研发投入占主营业务收入比例全省前500名所在市县给予奖补，鼓励企业加大研发投入，提升自主创新能力。

助推绿色生态发展。出台《关于建立健全绿色发展财政奖补机制的若干意见》，建立与“绿色指数”挂钩的生态环保财力转移支付制度，兑现绿色发展财政奖补资金120亿元，促进全省经济社会高质量发展。完善主要污染物排放收费制度和出境水水质财政奖惩制度。实施单位生产总值能耗财政奖惩制度。探索建立省内流域上下游横向生态保护补偿机制。推进新安江流域生态补偿第二轮试点，根据补偿协议和环境保护部公布的水质监测结果，拨付安徽省生态补偿资金2亿元，确保新安江上游来水稳定向好，保障千岛湖水环境安全。研究制定财政支持绿色金融改革试点的政策，助推湖州市、衢州市绿色金融改革创新试验区建设。完善生态文明建设财政政策体系，实施“两山（一类）”“两山（二类）”建设财政专项激励政策。省财政安排143.62亿元，支持“治水”“治气”“治土”。完善森林生态效益补偿制度，将浙江省主要干流和重要支流源头县及国家级和省级自然保护区等重要区域省级以上公益林的最低补偿标准提高到40元/亩。

【统筹财力惠民生】 支持教育事业发展。全省安排教育支出1430.15亿元，增长13.4%。推动学前教育事业发展，会同省教育部门共同制定《政府购买学前教育改革试点指导意见》，指导并推动各地开展政府购买学前教育改革试点；推进全省学前教育相关经费标准调研，研究制定学前生均公用经费最低标准。落实城乡义务教育“两面一补”政策，健全城乡义务教育经费保障机制。支持民办教育事业发展，修订完善浙江省公共财政支持民办教育发展的实施办法及配套政策；省级财政通过转移支付方式支持市县各类民办教育发展，全年安排民办教育补助资金4亿元。推动高等教育健康发展，支持高校“双一流”建设，统筹推进省重点高校、一流学科和特色优势专业建设，提高高校办学质量。

支持公共文体事业发展。全省安排文化体育与传媒支出159.66亿元，增长8.7%。支持启动“十百千”工程，推进现代公共文化服务体系建设。推进农村文化礼堂长效机制建设，全年新建农村文化礼堂1389家。保障浙江小百花艺术中心完工，推进省之江文化中心、浙江自然博物园等文化设施建设。完善体育事业支出标准，修订提高运动员、专职教练员等人员伙食补贴标准。推进公共体育设施免费或低收费开放，研究公共体育场馆免费开放补助政策。

支持深化医药卫生体制改革。支持建立“双下沉、两提升”长效机制，安排“双下沉、两提升”省级专项资金2.40亿元，涉及15家省级医院、31家市级医院和64家县级医院。修订《浙江省“双下沉、两提升”省级财政专项资金管理办法》，合理调整省财政补助标准。推进基层医疗卫生机构补偿机制改革，建立“专项补助与付费购买相结合、资金补偿与服务绩效相挂钩”的新型补偿机制。推动公立医院综合改革，建立省财政补助资金与各地公立医院综合改革重点任务完成情况挂钩机制。集中资金支持省级医院提升重大疾病诊治技术能力，创新资金投入和管理方法，保障项目实施绩效，当年拨付首批启动资金450万元。加大公共卫生财政支持力度，将城乡居民基本医保和基本公共卫生服务财政补助标准分别提高至年人均470元和50元，下达省财政转移支付资金10.43亿元，推动家庭医生签约服务做实做稳。安排“两癌”检查省级财政补助资金3578万元，支持全省开展参加城乡居民基本医疗保险的35—64周岁（含）本省户籍妇女五年一次的免费“两癌”检查，保障省政府惠民实事落到实处。

完善社会救助和社会福利体系。安排最低生活保障、医疗救助、临时救助等困难群众基本生活救助省级补助资金14.36亿元，确保各地稳步提高城乡低保待遇水平，2017年全省城乡低保月人均标准分别为739元和730元，比上年分别增加61元和99元。推进残疾人保障工作，拨付困难残疾人生活补贴和重度残疾人护理补贴省级补助资金8.67亿元、残疾人保障补助专项资金1.36亿元，合计10.03亿元。推进社会养老服务体系建设，在支持构建多层次社会化养老服务体系的基础上，会同民政部门重点推进居家和社区养老服务改革，向中央争取改革试点和奖励资金1.45亿元。启动实施养老服务机构综合保险，通过发挥保险托底作用降低养老机构运营风险，省财政对非营利性养老机构保险费补助三分之一，对营利性的减半补助。2017年，全省城乡居民基本养老保险基础养老金标准提高至每人每月135元。

支持城乡区域协调发展。省财政安排专项扶贫资金7.95亿元，争取中央财政专项扶贫资金2.22亿元，支持实施低收入农户收入倍增计划、全面推进精准扶贫，实施光伏小康工程，促进加快发展地区农民收入增长、民生水平提升和内生功能增强。安排资金 7.50 亿元支持全省启动小城镇环境综合整治三年行动计划;安排省级财政资金 1.65 亿元支持全省生活垃圾分类及垃圾焚烧厂基础设施建设,提高各地生活垃圾分类处理能力。争取中央保障性住房建设专项资金 37.22 亿元并安排省级补助资金 3.50 亿元,支持全省城镇保障性安居工程。安排省级财政资金 3.01 亿元,支持全省农村危房改造和美丽宜居示范村建设。落实浙江省对口支援和东西部扶贫资金 27 亿元,推进对口支援新疆、西藏、青海海西州建设,以及对四川、湖北、贵州、吉林等省的东西部扶贫,助推帮扶地区脱贫攻坚。

【创新体制促改革】 创新财政体制机制。提请省政府出台《关于支持农业转移人口市民化若干财政政策的实施意见》,建立财政转移支付与农业转移人口市民化挂钩机制以及省对下农业转移人口市民化奖补机制。加大重点地区投入,实施区域统筹发展激励奖补政策、转移支付分类分档以及均衡性转移支付、县级基本财力保障转移支付等一系列政策措施,不断缩小地区间财力差距,提高全省基本公共服务均等化水平。2017 年,全省发达及较发达县(市)与财政困难县(市)人均财政支出的比率为 1∶1.03,连续多年保持较高的均衡水平。

深化"最多跑一次"改革。推广运用统一公共支付平台,2017 年平台接入执收单位约 4000 家,执收项目 200 余个,方便公众办理缴费业务。重点研究推进交通违法罚款收缴一体化改革及省属学校教育收费纳入统一公共支付平台的实施应用,最终实现"让数据多跑路,群众少跑腿"。同时拓展"最多跑一次"改革理念,在全省财政部门开展"上门服务至少一次"活动,共上门服务预算单位 14177 家,集中辅导 702 次,服务人数 10.25 万人次。其中,省财政厅上门服务省级预算单位 572 个,集中辅导 105 次,服务人数 7529 人次。省财政厅组织 11 个宣讲团,对市县政府和部门、乡镇领导进行预算法宣讲活动,举办 217 场,服务 28308 人次。

加强预算管理改革。深化国库集中支付改革和公务卡改革。加大对市县库款考核通报力度,建立转移支付资金调度与库款管理挂钩机制。健全预算执行动态监控机制,实现省、市、县(区)三级动态监控全覆盖。加快支出进度,建立按月约谈通报、与年度预算和转移支付挂钩等机制。完善综合性开支标准制度体系,出台进一步规范公务支出费用报销管理规定,优化审批流程。首次全面编制全省政府部门财务报告和政府综合财务报告。研究推进省以下财政事权和支出责任划分改革。对教育、科技、文化、农业等领域的重点支出挂钩事项进行清理规范,根据项目轻重缓急和实际财力状况,统筹安排重点支出。

推广应用"政采云"平台。推进浙江政府采购云服务平台的建设和应用。2017 年 1 月 1 日起,"政采云"平台在省级先行先试,4 月 1 日起湖州、嘉兴两市以及德清、海宁、海盐三县扩大试点,6 月 20 日召开全省视频会议进行全省推广应用部署,并于 7 月 20 日在嘉兴举行全省推广应用启动仪式。12 月 20 日,浙江制造精品馆开馆。2017 年在全省 123 个区划(含省、市、县、区、功能区)中,112 个完成平台部署,其中 107 个已实现上线交易,入驻采购单位 22532 家、供应商 27506 家,累计交易金额 115.60 亿元。全省协议供货、网上超市、项目采购和在线询价资金节约率分别为 8.9%、13.2%、13.5%和 7.5%,被财政部批复为全国唯一的电子卖场采购试点。

【加强监管防风险】 加强财政监督管理。加强预算绩效管理,探索建立"全过程、全融合、全覆盖"的绩效管理机制,强化结果应用。推进全省财政内控制度建设,组织制订内部控制操作规程,全面建立由基本制度、专项内部控制办法和内部控制操作规程(简称"1+8+X")组成的三层次内部控制制度体系。加大专项监督检查力度,重点聚焦扶贫、社保等民生领域资金,依法开展中央财政扶贫资金、企业职工基本养老保险、地方政府债务、财政收入质量、预决算公开、会计师事务所执业质量以及代理记账机构等 7 项财政专项检查,保障各项重大财政政策落地。加强财政项目资金审核,完成省级部门项目支出预算审核任务 614 个,送审金额 90.56 亿元,审定金额 74.44 亿元,核减 16.12 亿元,审减率 17.8%。

严控地方债和社保基金运行风险。提请出台《关于地方政府性债务风险管控与化解的意见》《关于严控地方政府性债务的意见》,构建政府债务风险防范和应急处置机制,坚决控制增量、消化存量,管控和化解债务风险。争取发行新增债券 803.00 亿元、置换债券 1188.37 亿元。创新发行项目收益与融资自求平衡专项债券,全年分别发行土地储备专项债券 200.00 亿元和政府收费公路专项债券 140.00 亿元,专项用于土地储备和政府收费公路建设。加强社保基金运行情况的分析研究,强化地方政府主体责任,严格基金征缴和支出管理,拓宽筹资渠道,有效防范社保基金风险。

【优化队伍强素质】 加强思想政治建设。推进"两学一做"学习教育常态化制度化。开展"勇立潮头建新功、党员干部当先锋"大讨论活动。落实"三会一课"等制度,采取集中轮训和个人自学相结合、理论学习和现场教育相结合的方式,通过主题党日活动、支部书记轮训、专家讲座、微型党课、在线学习、岗位培训、警示教育等各种形式,组织党员干部学习政治理论、党纪党规和财政业务,在经常性教育实践中强化党性自觉。

加强党风廉政建设。组织召开系统党风廉政建设工作会议,层层签订责任状,通过向分管领导专题汇报、建立支部责任清单等工作机制,实现责任和压力的传导。制订出台《省财政厅廉政谈话实施办法》,规范廉政谈话的主体、对象、类别、方式、内容和程序,厅班子成员与处室局、单位主要负责人廉政谈话 50 余次。落实省委巡视整改"回头看",修订完善相关制度 51 项,新增 26 条整改举措,做到巡视整改"全整改、见实效"。

提升干部队伍素质。按需开展培训,提升财政干部的政治素质、专业素养和前瞻性研究能力,全年举办各类培训班 41 个共 47 期,培训 7875 人次。开展"财税担当　榜样力量"全省财政地税系统先进典型事迹巡回宣讲,22名宣讲人员分两组赴全省各地市宣讲,教育引导财政干部树立“实、稳、优”财税核心价值理念和“严谨、坚守、创新、奉献”的财税职业精神。

(省财政厅供稿　盛滢婷执笔)

全省国税

【概况】　2017年,浙江国税总收入7408.18亿元,同比增长26.2%,高于全国增幅3.1个百分点;不含海关代征,浙江国税部门组织收入6411.02亿元,同比增长24.4%,高于全国增幅1.5个百分点,其中:中央级收入3737.12亿元,同比增长13.4%;办理出口退税2206.45亿元,同比增长12.9%。浙江国税总收入5192.96亿元(不含宁波),同比增长26.5%;浙江国税部门组织收入(不含海关代征)4776.20亿元,同比增长25.8%,其中:中央级收入2720.11亿元,同比增长14.8%;办理出口退税1586.00亿元,同比增长15.1%。

【税收收入特点分析】　增幅达到近年高点,规模持续向上攀升。2017年,全省国税部门组织收入增长25.8%,较上年15.9%的增幅提高9.9个百分点;剔除营改增和免抵调库因素后可比增长12.2%,较上年4.8%的增幅提高7.4个百分点。

经济政策共同释力,主体税种普遍快速增长。因营改增扩围政策和经济走稳向好,国内增值税全年完成3324.95亿元,增长35.1%;剔除新扩围营改增后,国内增值税同比增长17.9%。全年企业所得税完成1018.98亿元,增长13.8%。受小排量汽车购置税优惠政策调整影响,全年车辆购置税完成191.23亿元,增长21.4%。国内消费税完成241.04亿元,下降14.9%。

转型升级成效显著,新动能增长势头良好。2017年第二、三产业国税收入分别增长15.9%和39.9%,占总体税收的比重分别为51.2%和48.8%,第三产业国税收入比重较上年提升4.9个百分点。

大户与新户齐增,纳税主体“量”“质”齐升。2017年国税收入亿元以上的纳税户数378户,较上年增加72户,入库国税收入1295.47亿元,占税收总体的27.1%,较上年增收161.49亿元,增长14.2%。2017年新开业单位纳税人34.34万户,较上年增加7.32万户,新增国税收入46.03亿元,较上年增加13.10亿元,增长39.8%,拉动税收总体增长1.2个百分点,对当年税收总体带动作用提高了0.2个百分点。

各地普遍较快增长,体量进一步扩大。2017年,全省各市国税收入增幅均在20%以上,有7个设区市国税收入增幅超过25%。从县(市、区)国税收入看,有42个超过10亿元,有20个超50亿元,有3个超百亿元;各县(市、区)国税收入均实现增长,有21个增长30%以上。

【落实税收政策】　落实激励创新、促进升级、鼓励环保、扶持小微和改善民生等税收优惠政策,特别是国务院6项减税政策,加大宣传解读和咨询辅导,加强效应分析和跟踪督查。2017年全省国税部门办理各类减免税1173亿元。深化出口退税分类管理,推广“互联网+便捷退税”创新试点,健全出口退税风险防控机制。落实跨境电子商务出口税收政策,助推“单一窗口”平台建设,完善市场采购贸易出口货物免税管理,落实外贸综合服务企业出口退(免)税新政。2017年全省国税部门办理出口退(免)税1586亿元,增长15.1%。

【服务重大战略】　落实供给侧结构性改革要求,围绕“去产能”推动处置“僵尸企业”,支持实体经济发展。出台支持中国(浙江)自贸区发展的15条措施和支持全省创业创新工作的60条措施,出台推进企业上市和并购重组工作的意见。在义乌创建全国首个国际税收服务点,为“走出去”企业营造良好税收环境。承办金砖国家税务局长会议,金砖五国税务部门负责人联合签署《金砖国家税务合作备忘录》,首次以官方文件形式将金砖国家税收领域合作上升至制度层面,从税收领域为金砖国家领导人厦门会晤做好相关准备。

【纳税服务】　开展“便民办税春风行动”,完善优质便捷的纳税服务体系,在2017年全国纳税人满意度调查中,连续两年位列国税系统第一名。拓展通办、联办服务。严格落实压缩办税时间优化营商环境和压缩财税优惠办理时间改革任务,完善涉税事项“同城通办”“省内通办”,深化国地税联合办税,实现纳税人“进一家门、办两家事”。完善自助办、网上办体系。推广自助办税终端“进区入社”,打造24小时自助办税服务网。升级完善浙江财税“12366”服务热线,建立涉税违法举报“快捷处理通道”,成立咨询专家团队。推进“互联网+政务服务”建设,上线新版浙江国税电子税务局,推广浙江国税APP。深化纳税信用管理,加强纳税信用社会化应用,巩固拓展“银税互动”合作,2017年有关金融机构为16952户小微企业提供信用贷款198.59亿元。

【税收征管】　提高税收征管质效,制定转变税收征管方式实施方案,完善税源风险管理工作机制,优化金税三期决策二包功能,科学统筹税源风险应对任务,2017年风险管理入库税款289.17亿元。全面实行实名办税,降低涉税违法风险。加强各税种管理,深化增值税发票管理新系统应用,强化增值税发票动态监控,开展智能税收分类编码云平台试点,推行增值税电子普通发票。开展新办商贸企业虚开增值税专用发票专项风险管理和应对,出台防范虚开增值税发票十大举措。全面落实消费税渐进式改革各项政策,开展车购税完税证明信息共享核查。推广应用企业所得税税收政策风险提示服务系统,拓展申报事项智能审核。加强企业所得税优惠备案管理、汇算清缴管理及后续审核。推进大企业税收管理机构实体化改革,加强千户集团基础信息管理和税收风险分析,与部分大企业签订税收遵从合作协议。加大国际逃避税打击力度,加强非居民税收管理,深化国际税收征管协作，强化享受税收协定待遇管理。强化信息化支撑保障，制定并实施2017—2020年信息化建设规划，完成互联网涉税云平台、内网基础资源整合、统一查询开发平台等信息化项目建设，推进数据信息共享，做好系统运维工作，加强网络与信息安全保障。

【税收改革】 截至2017年底，全省增值税纳税人累计减税925.01亿元，试点纳税人整体减税面98.2%。推进深化国税、地税征管体制改革和国地税合作，62项具体改革事项基本落实到位，51项国地税合作事项有序开展，12项自主创新合作事项在全省范围铺开，2个单位被评为全国百佳国地税合作市级示范区，具有浙江特色的国地税合作新格局全面形成。"放管服"改革提速加力，出台实施五大类40条具体措施。巩固税务行政审批制度改革成果，在全国税务系统率先推行"最多跑一次"改革，125项办税事项全部实现"最多跑一次"，74.4%的事项实现"零上门"，服务评价满意率99.6%，全面实现"最多跑一次"预期目标。

【法治税务建设】 创新依法治税体制机制，落实领导干部学法用法制度，强化党组中心组集体学法、党组书记带头讲法治课等要求。开展法治税务示范基地建设，全面推进法律顾问和公职律师制度，推行领导干部述法评议制度，开展"模拟法庭"活动，提升法治理念和法治能力。推进"七五"税收法治宣传教育工作，组织税收宣传活动，开展"12·4"国家宪法日系列宣传活动，举办浙江省大学生税收法治辩论赛，获评"2017年度浙江省十大普法影响力事件"。修订税务行政处罚裁量基准及实施办法，制定税务行政复议工作规程及听证办法。推进行政执法公示制度、执法全过程记录制度、重大执法决定法制审核制度试点工作。开展税收执法大督察，强化税收执法责任制，严格过错责任追究，税务行政诉讼案件胜诉率100%。推进"双随机、一公开"制度，加大涉税违法案件查处打击力度，全面开展打击骗税、虚开专项工作，以开展打击利用发票违法犯罪为重点的"春雷行动"，查处大要案件。2017年全省国税稽查查补收入51.59亿元。开展国地税联合稽查，推进公安派驻税务联络机制建设，健全税警协作常态化机制，争创"无骗税、无虚开发票"省份。落实"黑名单"制度，推进联合惩戒措施和部门"双扩围"，形成失信惩戒合力。

（省国税局供稿　林伟建执笔）

全省地税

【概况】 2017年，浙江省地税系统推进税收现代化建设，做好组织收入、"放管服"改革、管理创新、纳税服务、税收分析、绩效管理等工作。全省地税部门组织各项收入6918.87亿元，同口径增长21.0%，其中：税收收入3270.03亿元，同口径增长18.0%；非税收入3648.84亿元，同口径增长23.9%。

【收入分析】 分税种增收贡献呈"一体两翼"特征。所得税成为增收"主体"。2017年，地税部门组织企业所得税和个人所得税共入库1653.40亿元，同比增长22.6%，占地税部门组织的全部税收的50.6%，增收贡献率61.0%。其中，企业所得税入库665.30亿元，同比增长19.7%，比2016年提高10个百分点，增收贡献率21.9%。个人所得税入库988.10亿元，同比增长24.6%，比2016年提高5.3个百分点，增收贡献率39.1%。地方土税中，土地增值税全年入库288.90亿元，增长23.2%，增收贡献率10.9%；契税全年入库381.60亿元，增长25.2%，增收贡献率15.4%。

中央级税收增长快于地方级，各地均实现平稳增长。受所得税快速增长影响，2017年地税部门组织中央级税收入库1039.80亿元，同口径增长24.4%，占全部税收比重为31.8%，高于全国平均6.2个百分点；地方级税收入库2230.30亿元，同口径增长15.3%。2017年，全省地税部门组织一般公共预算收入2530亿元，对一般公共预算收入的贡献为44.0%；组织的两本预算收入（一般公共预算+社保基金预算）5883亿元，贡献为56.0%。2017年，全省各地均实现两位数增长，增势良好。

非税收入持续高位增长。2017年，全省地税部门组织非税收入3648.80亿元，同口径增长23.9%，其中社会保险基金收入增长25.4%。主要增长因素为机关事业单位开征养老保险费和职业年金。2017年全省社保基金收入呈现快速增长态势。

【服务大局】 服务国家和省委省政府中心工作。围绕中央和省委省政府重大战略部署，出台政策举措，服务大局。制定下发《关于贯彻落实"僵尸企业"处置税收政策举措的通知》，系统集成政策、管理和服务，加快淘汰落后产能，出清"僵尸企业"404家。联合省国税局印发《关于创新税收服务支持中国（浙江）自由贸易试验区试验发展的若干意见》，推出15条创新税收服务措施，推动自贸区发展。联合省国税局出台《关于推进企业上市和并购重组工作的意见》，助推企业上市和并购重组，2017年全省共在A股主板、中小板、创业板上市87家，创历年之最。

落实税费优惠扶持企业发展。贯彻落实国务院6项减税政策，制定下发落实文件，明确10项具体举措，充分释放政策"红利"。利用信息化手段实现小微企业所得税优惠"自动享受"，全省小微企业政策享受面100%。落实高新技术企业所得税优惠政策和研发费用加计扣除政策，2017年，全省地税系统高新技术企业减免企业所得税53亿元，企业研发费用加计扣除金额139亿元。2017年，全省地税部门共减免税收1122亿元，占入库税收（3270亿元）的34.3%，增长20%；减免社保基金49亿元，暂停征收地方水利建设基金为企业减负约130亿元。

强化经济税收分析当好参谋。落实省领导"通过税收数据分析经济发展的形与势"的要求和税务总局"打造税务部门话语体系"的重要精神，打造"税眼看发展"税收分析品牌，综合国地税税收数据，反映全省经济税收全貌，全年报送专题经济税收分析11篇，其中8篇分析获得省领导批示肯定13次。对税收收入质量分析的专报，获省委书记、省长的重视并批示，直接推动了省政府对设区市政府考核办法的修改。

完成税务总局交办重点工作。完成金砖国家税务局长会议承办工作，获得各国参会代表和税务总局的高度评价。全力做好社保费“迎评”工作，向浙江省政府主要领导汇报工作，并与省财政厅、省人社厅多次沟通，争取到对“地税征收”模式的全力支持。

【创新改革】 推进“最多跑一次”改革。以“诚信假设”“大税务管理”和“风险管理”三大理念创新为引领，通过“一把手”亲自抓、一线体验式督查、大厅亮承诺等，贯彻落实国务院“放管服”改革和省委省政府“最多跑一次”改革。全省地税系统已实现96%的办税事项“最多跑一次”、72%办税事项“零上门”，办税事项精简73%，办税资料减少36%。在浙江省统计局民调中心组织的全省“最多跑一次”改革两次抽样调查中，税务事项的实现率和满意度均列第二。在全国税务局长十九大专题培训班上，浙江省地税局作为“放管服”工作经验介绍唯一代表，向全国税务系统作介绍。联合国税、人民银行、商业银行推广《税库银三方扣款协议》，签订全流程网上办理工作模式，惠及纳税人逾100万户，得到国家税务总局高度肯定并已在全国发文推广，预计全国将有超过1000万纳税人受益。

做好打破信息孤岛、推进数据共享工作。成立数据共享工作小组，实行挂图作战，推进跨部门数据共享。争取国家税务总局支持，实现“中管部门系统”和政务服务网的统一对接、实时互通。建成覆盖全省地税系统业务数据的“数据仓”，全年累计向省政府大数据中心归集资源目录数据1.2亿多条。主动推进前100高频事项数据共享，向11个外部门提交43项共享需求。

落实环保税改革工作。会同省财政厅、省环保厅做好环保税实施前有关政策及征管准备工作的职责分工和工作计划，明确时间进程安排，指导各地做好环保税开征前期准备工作。对典型排污企业进行解剖式调研，摸清排污费征管现状。完成环保税数据第一阶段移交，并做好环保税纳税人比对识别布置工作。及时与各部门对接，经省政府常务委员会审议通过，确定《浙江省人民政府关于提请审议环境保护税浙江省适用税额和应税污染物项目数方案（草案）》，报请省人大常委会审议。制定环保税实施宣传和舆情应对工作方案，营造有利于改革的舆论氛围。

推进稽查体制改革。改革属地稽查方式，提升税务稽查管理层级，联合省编办、省财政厅印发《浙江地税系统稽查体制改革实施方案》，在嘉兴、衢州、舟山、丽水4个设区市试点，将此前按县（市）域为单位分散的地税稽查管理体制，调整为按设区市为单位的市一级稽查管理体制。提高案源管理层级，推进“双随机”选案机制，全年4个试点市稽查查补收入比上年增长34%，查处大要案63件。

【税费管理】 强化税收风险管理。加大风险管理统筹力度，提高风险识别和风险应对能力，协同国税部门开展风险应对，形成风险管理合力。深化大企业税收风险管理，对151户千户集团企业实施风险应对。全年统筹推送风险管理项目15个，追征税费6.05亿元，有力堵漏增收。加强境外税收风险管理，更新完善“走出去”企业清册，完善分类管理。

加强税种税源管理。加强个人所得税全员全额明细申报管理，全省电子明细申报率和明细申报准确率达到“双百”。加强非居民税收管理工作，及时掌握非居民税收收入结构及增减变化趋势。指导各地落实好《印花税核定征收管理办法》，实现全省印花税征收方式的平稳转换。

夯实社保费征管基础。做好缴费登记和费种认定工作，促进企业公平缴费。全面实行新办企业税费同步登记，加大漏登漏管户清理力度。加强欠费清理工作。联合财政、残联部门制订《残疾人就业保障金征收管理办法》，做好残保金日常征收工作。

深化部门协作。深化第三方涉税信息共享和应用，2017年以来从住建、国土、法院、财政等17个部门获取涉税信息940万条，增收税费120亿元。联合公安边防部门做好欠税阻止出境工作，2017年，提请公安边防部门阻止出境1122人次，各地向各级公安部门通报列入不准出境备案1283人次。全年通过阻止出境清缴欠税入库2.71亿元。

【纳税服务】 深化“互联网+税务”。依托“互联网+”，打造“智能办税”新模式。全面改造业务流程，构建“智能办税”线上业务闭环，实现手机端“刷脸认证”，纳税人（缴费人）可足不出户办理个税查询、12万元以上个税申报、灵活就业人员社保费缴纳等涉税事项。2017年3月上线以来，全省手机移动端总服务人数473万。

推动便捷办税。完善涉税事项“全省通办”，实现90%以上涉税事项在全省全职能办税服务厅通办。与国土、住建部门并联办理、集成服务，不动产交易全过程办理时间由平均3个工作日缩减到1个小时；其中地税部门办税时间由原来的20—25分钟缩减到8—15分钟，必报材料由9种缩减到1种，并由系统自动生成，全面实现“一窗受理、一次排队、一套资料”目标，全省每年节省纳税人办税时间23万小时，相当于为3万纳税人放了1天假。

拓展银税互动。扩大“银税互动”合作范围，用纳税“好信用”为小微企业获得贷款提供帮助。2017年，全省各金融机构通过“银税互动”发放信用贷款198.60亿元，惠及企业16952户。

持续优化服务。聚焦热点难点问题，持续开展“便民办税春风行动”，推出5大类17个方面35项举措，推进“提升·创响”主题行动，为纳税人办实事。推动“税费优惠管理方式改革”，实施“自动享受、以报代备、一备多年、征前减免、网上办理、留存备查、加强监管”等措施，更加方便纳税人办理。在2017年国家税务总局的“全国纳税人满意度专项调查”中，浙江地税再次获得全国地税系统第一名，成为全国71个省级国税局、地税局中唯一一个取得“三连冠”佳绩的单位。

（省地税局供稿　夏文俊执笔）

附表

2017 年浙江省地税组织收入情况统计

单位:万元

项目	累计入库	上年同期	同口径增长%	同比增长%
税务部门组织的收入	69188678	65481494	21.03	5.66
一、税收收入	32700293	35209047	18.04	-7.13
1. 营业税	155560	7708345		
2. 企业所得税	6652856	5556742	19.73	19.73
3. 个人所得税	9880830	7927377	24.64	24.64
4. 资源税	125775	117613	6.94	6.94
5. 土地使用税	1162861	1341339	-13.31	-13.31
6. 城建税	3354080	3055554	9.77	9.77
7. 印花税	815751	675773	20.71	20.71
8. 土地增值税	2889010	2345489	23.17	23.17
9. 房产税	1953498	1843029	5.99	5.99
10. 车船税	515936	467093	10.46	10.46
11. 烟叶税	184	139	32.37	32.37
12. 耕地占用税	649580	826473	-21.40	-21.40
13. 契税	3815883	3047897	25.20	25.20
14. 增值税(代征增值税)	728489	296184	46.35	145.96
二、非税收入	36488385	30272447	23.85	20.53
1. 教育费附加	1557347	1423347	9.41	9.41
2. 文化事业建设费	13	4978		
3. 社保基金收入	33527654	26739588	25.39	25.39
其中:(1)养老保险基金	21182973	16793388	26.14	26.14
其中:机关事业单位养老基金	3861102	2005663	92.51	92.51
(2)医疗保险基金	7891510	6569855	20.12	20.12
(3)失业保险基金	594040	759302	-21.76	-21.76
(4)工伤保险基金	550233	486844	13.02	13.02
(5)生育保险基金	419704	362595	15.75	15.75
(6)机关事业单位年金	2296538		0	0
4. 地方水利建设基金	-60430	815819		
5. 地方教育附加	1042340	950626	9.65	9.65
6. 残疾人就业保障金	417326	326013	28.01	28.01
附:地税部门代征工会经费	96292	92591	4.00	4.00

财政分项工作

财政预算管理

【概况】 2017 年,浙江省财政预算工作推进预算管理制度改革,发挥省以下财政体制作用,加强政府债务管理,加快构建具有浙江特色的现代财政制度。2017 年,全省一般公共预算收入 5804.38 亿元,增长 10.3%,其中,省级一般公共预算收入 323.83 亿元,增长 5.5%;一般公共预算支出 7530.32 亿元,完成调整后预算的 107.0%,增长 8.6%,其中,省级一般公共预算支出 490.14 亿元,完成调整后预算的 100.4%,增长 5.4%。

【建立健全绿色发展财政奖补机制】 整合现行生态环保类财政政策,创新财政奖补机制和资金分配方式,报请省政府出台《关于建立健全绿色发展财政奖补机制的若干意见》。完善主要污染物排放财政收费制度,实施单位生产总值能耗、出境水水质、森林质量财政奖惩制度,实行与"绿色指数"挂钩分配的生态环保财力转移支付制度,并探索建立省内流域上下游横向生态保护补偿机制。

【出台实施农业转移人口市民化财政政策】 以省政府名义出台《关于支持农业转移人口市民化若干财政政策的实施意见》。建立财政转移支付与农业转移人口市民化挂钩机制,省财政在安排各项与民生相关的转移支付时,加大对吸纳农业转移人口较多且民生支出需求较大县(市)的财力保障。同时,统筹中央财政农业转移人口市民化奖励资金和省财政预算安排资金,建立省对下农业转移人口市民化奖补机制,根据市、县(市、区)吸纳农业转移人口进城落户人数等因素给予奖励补助,并且对名列全省农业转移人口市民化工作前 3 名的设区市给予奖励。

【出台实施支持实体经济发展若干财政政策】 研究并提请省政府办公厅下发《关于实施促进实体经济更好更快发展若干财政政策的通知》,实施五方面十三条财政政策措施,推进供给侧结构性改革,支持产业转型升级和经济发展方式转变,促进全省实体经济更好更快发展。

【实施财力性专项竞争性分配改革】 整合专项、统筹财力,设立振兴实体经济(传统产业改造)、"两山(一类)"和"两山(二类)"建设三项财政专项激励资金,实施竞争性分配,2017—2019 年,共安排 162 亿元,择优支持 48 个县(市、区),连续支持三年,省财政每年给予每个县(市、区)一定额度的专项激励资金。加强督察和考核,考核结果没有达到预期目标的,相应扣回专项激励资金。

【推进省以下财政事权和支出责任划分改革】 开展财政事权调研,形成《关于推进省以下财政事权和支出责任划分改革的实施意见(代拟稿)》,按规定程序征求各方意见后报省政府办公厅。以深化财政专项资金管理改革为切入口,推动全省财政事权和支出责任划分改革,提高省以下各级政府工作积极性和主动性,促进全省各级政府更好地履职尽责。

【推进项目支出标准化建设】 按厘清项目支出与基本支出、不同项目之间的开支范围边界的要求,完善项目分类。制订支出标准和项目申报指南,明确 170 项明细开支范围中的 101 项财政支出标准。编制 50 类支出明细项目的项目申报指南,明确每一明细项目类别的开支范围支出标准。

【深化省级国有资本经营预算改革】 从 2018 年起,所有省级国有一级企业(不包括企业化管理事业单位)全部纳入国有资本经营预算,2018 年纳入实施范围的省级国有一级企业由 2017 年的 142 家增加到 312 家。独资企业收益收缴比例提高:基础性行业企业由 20.0%提高到 25.0%;竞争类行业企业由 15.0%提高到 18.8%,其中,事业单位出资企业由 10.0%提高到 12.5%;政策性和特殊行业企业仍实行免缴、暂缓上缴政策。

【加强预算支出进度管理】 下发《关于加强预算支出进度管理的通知》,强化执行主体责任制度,明确主体责任,各部门、各地进一步细化分解预算执行责任,合理制订预算执行计划;加大支出考核问责力度,建立支出进度与年度预算和转移支付挂钩机制;建立按月约谈通报制度,对月支出执行进度慢于序时进度 10 个百分点以上的省级部门和市县进行约谈。下发《浙江省财政收支考核暂行办法的通知》,对全省各市、县(市)一般公共预算支出进度、政府性基金支出进度、财政收入质量和盘活财政存量资金情况进度月度考核通报,考核结果作为每年市县财政管理绩效考核重要依据。

【深入推进预决算公开】 制定《浙江省地方预决算公开操作规程实施细则》,指导省级部门和市县财政做好预决算公开工作。督促市县对预决算公开情况进行排查,配合厅监督局探索建立全省及省级部门预决算公开排行榜。依法依规做好政府预决算和部门预决算公开,不断扩大公开范围、细化公开内容、规范公开方式。省级 101 个部门公开部门预算和一般公共预算"三公"经费安排情况。

【严控地方政府债务风险】 提请出台《浙江省人民政府办公厅关于印发浙江省地方政府性债务风险应急处置预案的通知》《浙江省人民政府关于地方政府性债务风险管控与化解的意见》和《中共浙江省委办公厅 浙江省人民政府办公厅关于严控地方

政府性债务的意见》等系列文件,构建政府债务风险防范和应急处置机制,管控和化解政府债务风险,遏制隐性债务增量。争取新增债券 803.00 亿元,比上年增长 61.6%,超全国平均增幅 23.5 个百分点。争取置换债券 1188.37 亿元,提前一年全面完成存量债务债券置换工作。创新发行项目收益与融资自求平衡专项债券,全年分别发行土地储备专项债券 200.00 亿元和政府收费公路专项债券 140.00 亿元,专项用于土地储备和政府收费公路建设。实行政府债务风险分类管理:对高风险地区实施化债计划管理;对中低风险地区实施与风险管控质量挂钩的财政奖惩政策。组织开展地方政府违法违规融资担保行为的全面排查和清理整改工作、隐性债务统计核查工作、政府性债务投资项目资产清查登记工作等。

【开展"上门服务至少一次"活动】 组织开展"上门服务至少一次"活动,主动到省级主管部门宣讲、辅导预算编制改革政策和要求,提高预算编制业务能力,促进省级预算编制更加精准、规范、有效、公开。组织召开"上门服务至少一次"活动推进会。2017 年,累计上门服务省级预算单位 572 家,集中辅导 105 次,服务人数 7529 人。省级部门预算编审及时率 100%,预算细化率 94.9%。"上门服务至少一次"活动得到省委省政府的肯定。在全省财政预算系统推广开展此项活动,要求结合当地实际,制订实施本地区"上门服务至少一次"活动方案,实现全省预算系统上下联动,同步提升。

【开展预算法宣讲活动】 全省财政预算系统联动开展预算法宣讲活动,推进"上门服务至少一次"活动向纵深延伸。全省成立以各设区市为单位的 11 个预算法宣讲团,向各市、县(市、区)政府、部门和乡镇宣讲新预算法,全年举办 217 场,共计服务 28308 人次。活动围绕"贯彻落实新预算法",面向各级党政领导和财务人员,结合本地区实际,以问题为导向,突出财政预算改革重点,以组团宣讲、研讨培训、媒体传播、文件汇编等多种方式开展活动,提高各级各部门领导和财务人员的预算法治意识。

(省财政厅总预算局供稿 金 珂执笔)

省财政厅召开"上门服务至少一次"活动推进会

财政税政

【激发"营改增"政策红利】 完善措施激发"营改增"政策红利。会同省国税局、省地税局做好"营改增"试点运行情况分析工作,扩大政策宣传。截至 2017 年 12 月底,全省试点纳税人户数为 143.45 万户(不含宁波,下同),其中:一般纳税人 20.30 万户,占 14.2%;小规模纳税人 123.15 万户,占 85.8%。试点纳税人全年累计实现增值税应纳税额 1149.95 亿元,减税 623.15 亿元,其中,"营改增"试点纳税人因税制转换净减税 411.50 亿元;原增值税纳税人因增加抵扣减税 211.65 亿元。"营改增"试点改革减轻了纳税人税收负担,全面贯通服务业内部以及一二三产业之间的抵扣链条,不断释放政策红利,助推供给侧结构性改革。做好增值税简并税率落实工作。按照财政部规定,自 2017 年 7 月 1 日起,简并增值税税率结构,取消 13%增值税税率档。利用报纸、杂志、电视、网站等媒介开展简并增值税税率的普及性宣传。开展监控分析,加强简并税率政策落实情况及效应调研。扩大农产品购进增值税核定扣除试点范围。针对农产品生产者无法提供正式发票的实际情况,在调研的基础上,会同省国税局下达《关于进一步扩大农产品增值税进项税额核定扣除试点行业范围有关事项的通知》,扩大农产品收购加工经销进项增值税企业核定扣除试点品目,明确核定扣除办法,促进农产品生产和流通。履行省"营改增"试点工作领导小组办公室的职责,做好联系协调落实工作。省财政厅获得省政府"营改增"工作先进单位通报表扬。

【做好环保税地方立法授权事项工作】 根据《中华人民共和国环境保护税法》(以下简称"环保税法")规定,2018 年 1 月 1 日起开征环境保护税,停征排污费。为使环保费改税改革稳妥实施,省财政厅负责做好相关牵头工作。成立省环保费改税改革工作领导小组,省财政厅任组长单位,省地方税务局、省环境保护厅为成员单位。同时指导各市、县相应成立协调机制。省财政厅牵头省地税局、省环保厅,上门向相关部门汇报工作,听取指导意见,明确工作路径。制订工作计划,明确各项任务完成时间及牵头部门。开展排污费征收企业的调研,完善环保费改税工作措施。做好"环保税法"地方授权事项的报审工作。省财政厅联合省地税局、省环保厅向省政府呈报《关于贯彻〈环境保护税法〉授权事项的请示》，2017年11月30日省政府第89次常务会议审定通过建议方案，并向省人大报送《关于提请审议〈中华人民共和国环境保护税法〉浙江省适用税额方案（草案）的议案》。同日省人大第十二届第四十五次常委会审议通过，作出了《关于大气污染物和水污物适用税额的决定》，以浙江省人民代表大会常务委员会第71号公告向社会发布，为浙江省实施"环保税法"提供了法律保障。

【完善资源税改革】 加强对资源税从价计征全面改革后各矿业间税负不平衡、县与县之间影响差异较大等情况的调研分析。关注矿产企业税负变化，向财政部提出完善资源税政策的意见建议。浙江省资源税涉税企业1028户（含宁波，下同），已税申报户1028户，资源税申报率100%，2017年累计入库资源税12.58亿元，与原"矿产资源补偿费"政策相比，减轻企业税费负担8.12亿元，企业负担下降39.2%。基本达到规范征收、减轻负担的改革目的。

【组织开展税政调查研究工作】 应对税制改革做好参谋。关注跟踪税制改革动向，积极向厅领导汇报谋划应对之策。召集市县座谈与走访相关部门和企业相结合，共同探讨应对措施。会同厅总预算局分析相关税种下划、共享、新设及随之共生的税收收入划分比例调整趋势，谋划经济与税收、税源与财源的协调性，探讨中央、地方共赢的应对之策。学习领会中央财政有关税收收入两个"五五"分成精神的重要含义，立足从长计议、算好大账。开展调研活动，加强对市县税制改革预期分析引导工作，针对重点环节税源财源进行解剖分析，做实收入基数。

做好2017年度重点企业税源调查快报工作。按照财政部税源调查工作的布置，组织开展全省2017年度重点企业税源调查工作，于每季度终了后15日内上报快报，及时全面完成企业数据的收集、汇总、审核工作并上报财政部。全省共上报重点企业330户，超额完成上报任务。

开展2017年重点产品国际竞争力调查研究工作。对重点产品LED灯开展调查，并完成调研报告。调查涉及企业36户，调查结果显示，浙江省LED灯行业产业基础较为完善，并有若干龙头骨干企业，集聚效应明显，具有一定的国际竞争力。通过调研向财政部提出了提高LED灯国际竞争力的税收政策建议。

开展税式支出调研工作。组织开展2016年度税式支出政策数据的采集、统计测算和评估分析工作。税式支出调研工作得到财政部税政司的肯定，并在全国税式支出调研工作座谈会上作典型发言。

完成财政部布置的其他调研任务。开展建筑业"营改增"试点情况的调研。针对"营改增"试点改革全面推开后建筑业税负有所增加的实际情况，开展建筑业税负变化情况调研，发现建筑业在"营改增"试点中存在的问题，并报送财政部为完善政策提供参考。开展土地增值税暂行条例执行情况专题调研。会同省地税局组织开展土地增值税暂行条例执行情况专题调研工作。通过分析2011—2016年土地增值税收入情况，评价土地增值税制度，并针对现行制度存在的问题，提出完善土地增值税政策和征管的建议。开展税收立法调研。开展了契税、耕占税、烟叶税、船舶吨税等立法专题调研工作，针对相应问题提出立法完善的建议。开展"僵尸企业"处置和"去产能"有关税收政策调研工作。协同相关部门提出建议。

【做好浙江自贸区油品全产业链发展税收政策支持工作】 派专人参加省自贸区办公室集中办公；做好自贸办财税专题组牵头工作；成立由厅长任组长的省财政厅、省地税局和舟山市政府联合课题组，开展支持浙江自贸区油品全产业链加快发展税收政策研究；做好财政部一行赴浙江调研的接待工作。

【做好税政管理改革工作】 改革公益性捐赠税前扣除认定工作。牵头会同省国税局、省地税局、省民政厅做好公益性社会团体捐赠税前扣除资格认定公告工作，下达《关于公布2017年获得公益性捐赠税前扣除资格的群众团体名单的通知》。改事后认定为事前公告，由省财政厅会同省国税局、省地税局、省民政厅四部门根据社会组织登记注册、公益活动情况进行联合确认后直接予以公告。2017年对255户享受公益性捐赠税前扣除资格名单作出事前公告。

配合做好高新技术企业认定工作。当年认定并通过国家备案高新技术企业3577户，减免所得税100亿元。

做好全省商业健康保险个人所得税试点政策实施工作。会同省地税局、省保监局贯彻落实，组成调研组赴宁波调研学习试点情况，召开全省商业健康保险个人所得税政策试点推广工作座谈会，讨论具体工作措施。及时下发将商业健康保险个人所得税试点政策推广到全国范围实施的通知，布置全省全面试点，提出工作要求，确保2017年7月1日起商业健康保险个人所得税试点政策在全省实施。

做好非营利组织免税资格认定下放改革工作。会同省国税局、省地税局制定发布《关于下放非营利组织免征企业所得税资格认定管理权限的通知》，从2017年起将省级非营利组织免征企业所得税资格的认定管理权限由省级下放至各市、县（市、区）。

做好"双软"税收优惠政策的落实工作。会同相关部门落实好软件和集成电路企业所得税和增值税优惠政策。2016年浙江省享受软件和集成电路企业税收优惠政策260户，减免所得税147.85亿元、增值税45.20亿元，两税减免额均列全国第一位。

做好萧山机场进境免税店的监管工作。协助要求萧山机场严格按照《中华人民共和国招投标法》和《口岸进境免税店管理暂行办法》做好进境免税店招投标工作。全程参与做好萧山机场进境免税店招投标的涉税管理工作，并向财政部备案。

（省财政厅税政处供稿　张丽萍执笔）

预算执行

【强化财政收支预算执行管理】 多次组织全省预算执行专题分析会和"全省预算收支提质行动",研讨全省财政运行态势,把握组织收入的节奏和力度,提升财政收入质量和效益,确保税收结构走在全国前列,及时帮助市县化解财政运行中出现的问题和困难。加强财政大数据建设,实现全省(不含宁波,下同)国地税数据的汇聚。上线财政预算收入综合查询系统,新增对企业税收数据的查询功能。完善全省财政支出数据库,强化财政报表的全面性和实时性。提升预算执行分析的全面性、及时性和针对性,为领导科学决策提供坚实支撑,《"十一五"以来浙江省税收情况的分析与研究》获省主要领导批示,预算执行分析工作连续12年获全国一等奖。

【深化"最多跑一次"改革】 优化审核流程,196家省级集中核算单位直接支付由见单审核转为网上审核,实现"零上门"办理财政国库集中支付业务。对市县出台《关于预算执行部门贯彻落实"最多跑一次"改革的意见》,倡导网上审核方式,提升服务效率。出台《关于调整省级国库集中支付直接支付范围的通知》,调整直接支付范围,扩大授权支付比重,强化预算单位执行主体地位,提高预算执行效率。

【全面开展政府综合财务报告试点】 2017年浙江省作为全国七个试点省市之一,全面开展政府综合财务报告试点各项工作。出台《省级部门财务报告目标责任制考核暂行办法》《浙江省预算执行工作质量综合考核暂行办法》等制度。多次举办培训和座谈,加强市县、部门间沟通协调,开展实地督察,推进市县试点工作。采用全省集中部署模式,完成全省财务报告信息系统建设。2017年,全省6662个部门完成政府部门财务报告的编制工作,各级财政部门通过合并财政、部门、国有企业等合并范围主体的财务报表,首次全面完成2016年度省、市、县(区)三级政府综合财务报告的编制,并获财政部通报表彰。

【完成地方政府债券发行任务】 首次在上海交易所发行浙江省政府债券,拓宽发行渠道。作为首批试点债券,参与上海证券交易所组织的个人投资者通过网上、网下分销的方式参与认购地方政府债券试点工作,实现个人投资者在分销阶段认购浙江省政府债券的重大突破。首次按地市集合发行土地储备专项债券和政府收费公路专项债券,保障重点领域合理融资需求。提前一年全面完成置换债券发行任务,每年节约政府利息支出300多亿元。2017年发行5次40期共1559.28亿元浙江省政府债券,平均利率3.69%,发行利率处于全国较低水平,降低地方政府融资成本。

【规范财政资金存放管理】 简化工作流程,规范评分体系,加强日常管理,提升国库资金存放效益,防范资金安全风险。探索研究最优库底目标余额制度和国库现金流量预测模型,实现省级国库现金管理常态化。2017年,省本级共开展国库现金管理招投标4期,累计操作金额1030亿元,累计收益9.09亿元。出台《浙江省财政专户资金存放管理实施办法》,从资金范围、参与对象、管理原则、操作方式、管理监督与相关责任、廉政承诺、利益回避等方面规范财政专户资金存放管理。

【加强库款管理】 准确统计和全面掌握全省库款和财政专户存款规模,加强库款运行情况监测和分析,挖掘影响库款变化的各种因素,掌握库款运行态势。开展库款管理督查,督促库款规模高的地区切实采取措施降低库款规模。会同人民银行杭州中心支行规范各级财政部门、国库部门社保基金国库账户设置,将社保基金从库款户中分离并单独存放,准确反映库款规模。在保障市县资金需求的前提下,建立资金调度和库款规模挂钩机制,安排省对市县调度资金814亿元。2017年,全省库款管理总体水平位居全国前列。

【深化国库集中支付和公务卡改革】 健全制度建设,完善运行机制,提高国库集中支付资金规模和公务卡使用率,夯实国库集中支付改革制度在财政财务管理中的核心基础性地位。2017年,全省国库集中支付改革资金量(一般公共预算资金和政府性基金预算资金)6782.30亿元,增长35.9%,改革资金占财政支出的比重为56.3%,其中:省本级改革资金量523.24亿元,增长37.3%,改革资金占比88.4%;全省公务卡累计办卡81.94万张,当年刷卡支出23.10亿元,增长4.4%,其中:省本级刷卡支出3.50亿元,与上年持平。

【推进国库集中支付电子化改革】 成立领导小组、起草业务流程、改造测试系统、完善软件需求、加强业务指导培训、定期通报工作进展情况,联合人民银行杭州中心支行印发《浙江省财政国库支付电子化突发事件应急预案》,提高资金支付效率和安全性。省级层面,实现国库实拨资金、额度发送、资金清算电子化,实拨系统共拨付资金4100亿元,700余家预算单位按照分代理银行、分批次的原则,分10批全部上线支付业务电子化,共生成电子凭证73万余张,累计金额458亿元。市县层面,26个试点地区均已完成实拨业务、用款计划、清算业务和支付业务电子化试点工作,10家代理银行完成支付电子化改造。

【健全动态监控机制】 扩大动态监控资金范围,改进监控业务违规处置方式,提升监控效率,降低支付风险,初步筑就事前事中有效控制、事后跟踪问效的财政资金支付监管网。2017年,10个设区市和83个县区已开展动态监控工作,实现省、市、县(区)三级动态监控制度、岗位、实施、系统全覆盖,监控资金总量5936.21亿元,比上年增长48.3%,发现违规支付91.97亿元,纠正 89.93 亿元,纠正率 97.8%。

【规范财政专户和省级预算单位银行账户管理】 做好存量财政专户清理规范工作。2017 年,全省各级财政部门撤销财政专户共计 253 个,其中:省本级 5 个,市级 29 个,县级 219 个。对保留的财政专户,经逐级审核,编制合规存量财政专户目录,夯实财政专户管理基础。严格按照《财政专户管理办法》对全省新设专户申请把好初审关,2017 年经初审后报财政部核准市县财政专户申请 27 个。继续做好省级预算单位账户开设、变更、撤销的审批和备案工作,2017 年,共批复预算单位银行账户开立(变更)申请 139 个。

【推进支出经济分类改革】 组织开展经济分类改革培训,按照改革要求研究提出用款计划、资金申拨、会计核算等系统软件改造需求,做好一般公共预算支出按经济分类核算准备。完成省本级及 45 个试编市、县(区)2016 年度支出经济分类决算试编,及时总结并上报试编情况,为全面正式编制打好基础。

【完善财政决算管理】 优化决算报表表样设计,改进汇审方式和效率,提升决算编审全面性和科学性,财政总决算工作连续两年获全国一等奖。加强决算数据分析利用,做好部门决算批复和编审信息反馈,优化部门决算公开流程。

【做好各项会计基础工作】 规范资金拨付和清算流程,加强印鉴、票据使用管理,完善对账制度,加强对代理银行业务监管。加强省本级财政周转金借款和教育收费专户往来款清理。组织编写《财政总预算会计指导手册》,加强总会计业务指导。开展财政支出数据质量检查,按要求做好审计整改。牵头做好财政厅与人大预算联网监督工作,配合做好预算单位会计核算软件招标工作及财政业务系统"补短板"工作。

(省财政厅预算执行局供稿　沈　维执笔)

财政综合

【概况】 2017 年,浙江财政综合工作坚持政府非税收入管理主线,落实"最多跑一次"改革,深入推进统一公共支付平台建设、清理规范收费、政府购买服务等改革工作,全年全省收缴各项政府非税收入 7669.24 亿元,同比增长 55.7%。

【打造收缴运行新模式】 落实"最多跑一次"改革,打造统一公共支付平台线上线下一体化收缴运行新模式。执收单位和执收项目不断增加。平台接入执收单位约 4000 家,执收项目 200 余个。代收机构及支付渠道进一步拓展,平台运行总体正常。2017 年,全省统一公共支付平台受理政府非税收入缴纳业务逾 3100 万人次,收缴资金逾 155.19 亿元。推进非税收入线上线下一体化收缴示范单位建设,3 月 31 日省财政厅与金华市政府在金华市举行上线启动仪式。会同公安部门重点研究推进交通违法罚款收缴一体化改革。研究交通违法处理、缴纳相关事宜,提出交通违法罚缴一体化改革推进方案。重点推进省属学校教育收费纳入统一公共支付平台的实施应用。

【深化政府非税收入制度改革】 从严核定群众文化等高级专业技术资格考试费收费项目,调整部分公安行政事业性收费分成方式和比例。围绕企业降成本,继续实施清费减负,落实全面停征地方水利建设基金政策,落实取消城市公用事业附加和新型墙体材料专项基金政策,扩大残疾人就业保障金免征范围,设置残疾人就业保障金征收标准上限,落实取消或停征 41 项行政事业性收费,降低频率占用费、城市基础设施配套费等行政事业性和政府性基金收费标准,取消一批省级设立的行政事业性收费,实现省级设立的行政事业性涉企零收费,2017 年政府非税收入为企业及社会减负 217 亿元以上。及时回应,稳妥处理财政部交办的娃哈哈集团企业收费负担舆情工作。大力落实省纪委交办的省旅游景区内游客抛丢钱币管理工作。继续实行行政事业性收费和政府性基金目录清单常态化公开,严格落实财政部全国"一张网"公开机制和乱收费举报投诉机制。

【深化政府购买服务改革工作】 会同省编办报请省政府出台《浙江省事业单位政府购买服务改革工作实施方案》。强化政府购买服务预算和绩效管理。完善预算报表,优化预算编审功能。对省级部门 2018 年政府购买服务预算进行合规性审核并反馈意见。完善政府购买服务信息统计报送机制,全省 2017 年政府购买服务预算金额 211.73 亿元,增长 32.6%。配合做好年度政府购买服务重点绩效评价工作,发文督促改革试点地区开展政府购买服务改革试点项目绩效评价工作。布置全省梳理汇总乡镇政府购买服务工作情况,整理分析相关材料,初步掌握全省乡镇政府购买服务总体情况。会同有关部门加大省级部门和市县调研督导力度,推动改革纵深发展。

【强化资金监管】 2017 年全省实现土地出让收入 6130.92 亿元,完成年初预算的 203.6%。会同省国土资源厅做好土地储备机构清理并形成书面报告上报财政部。开展矿产资源管理调研工作,结合浙江实际,会同省国土资源厅、人民银行杭州中心支行转发财政部、国土资源部《矿业权出让收益征收管理暂行办法》,提出贯彻实施意见。落实"最多跑一次"改革工作有关要求,对省直机关住房补贴资金财政审批事项进行调整。完善住房公积金财政监督管理工作机制,与省建设厅联合开展浙江省住房公积金行政专项监督检查。开展住房相关资金调查,摸清全省住房相关资金"家底"。2017 年,全省筹集政府住房资金 119.66 亿元,征收海域使用金 7.69 亿元,审批免缴海域使用金 1.61 亿元。贯彻落实国家对擅自利用互联网销售彩票问题整改落实情况进行督查的有关规定。加强省级彩票业务费专项资金管理。做好彩票公益金征缴、清算和公告等工作。2017年,全省销售彩票293.48亿元,增长6.5%,其中:福利彩票156.44亿元,增长3.3%;体育彩票137.04亿元,增长10.5%,销售业绩创历史新高,名列全国销量第四。全省筹集彩票公益金(含上缴中央)80.66亿元,增长6.6%。其中福利彩票机构筹集44.97亿元,体育彩票机构筹集35.69亿元,上缴中央39.75亿元,省级以下40.91亿元。

【强化财政票据监管】 加强财政票据日常管理,做好财政票据印刷、发放、结报核销等工作。2017年全省印制各类票据8.29亿份,省本级2017年结报财政票据0.40亿份,结报资金123.30亿元,办理国有资产收入上缴财政金额9.26亿元,办理国有资本收益上缴财政金额27.63亿元。制定《浙江省省级财政票据监督检查实施"双随机"抽查监管方案》。对88家单位的政府非税收入资金收缴和财政票据管理使用情况进行检查。完成财政部委托的对11家在浙中央单位财政票据的核销。下发《浙江省财政厅关于组织财政票据定点印刷政府采购的通知》。完善财政票据信息化工作,推动财政票据电子化试点建设。

【牵头实施公平竞争审查工作】 制定出台省财政厅关于对政策措施实施公平竞争审查的内部审查机制,明确内部职责分工、审查范围、标准、内容和程序等。开展自2016年7月1日以来省财政厅增量文件的审查工作,共审查文件77件,实现增量文件审查全覆盖。 (省财政厅综合处供稿 赵菲菲执笔)

会计管理

【提升会计服务水平】 根据省编办下发的职能调整文件,与省会计人员服务中心共同做好职能移交后会计专业技术初、中级资格无纸化考试的组织工作,配合做好会计专业技术高级资格纸笔考试组织工作。做好2017年度会计人员继续教育部署工作。指导和协助省总会计师协会做好2017年度总会计师素质提升工程培训,通过抓计划、强培训、促管理,积极做好与承办会计学院的联系,实际培训人员650人,完成年度培训计划的109.24%。对10个设区市及部分县(市、区)开展"下基层服务至少一次"活动,召开座谈会29次,走访企业(单位)8家,服务300多人次,总结各地好做法、好经验,了解工作中存在的困难和问题,提出改进意见与建议,形成了《会计处开展"下基层至少服务一次"活动情况的汇报》,汇报材料得到厅领导批示。将义乌市会计执业记分管理办法和衢州市行政事业单位内部控制知识问答这两项创新做法以处函形式发给各地财政部门,供学习借鉴。完成省十二届人大五次会议嘉26号《关于加强行政事业单位会计管理促进政府治理能力现代化的建议》答复工作,此提案被评为厅优秀承办件。充分发挥省会计学会、注册会计师协会的职能作用,形成工作合力。

【加强行政事业单位会计工作】 深入省级部门、基层单位开展调查研究,通过发函调查、座谈、访谈等方式,广泛收集意见建议。撰写的《我省行政事业单位会计工作存在的问题、影响和建议》信息专报,得到浙江省副省长冯飞的批示。组织完成《浙江省行政事业单位会计工作现状与分析》课题,被评为2017年度全省财政系统课题二等奖。草拟《浙江省加强行政事业单位会计工作的意见(征求意见稿)》,在征求厅内有关处室、省有关部门、市县财政部门、会计师事务所等相关单位意见基础上修改完善,提请以省政府名义下发。

【推进行政事业单位内控制度建设】 组织开展省级主管部门的行政事业单位内部控制培训班,宣传、动员和部署省级单位内部控制工作,推进省级行政事业单位内控建设。在浙江省全面组织布置2016年度行政事业单位内部控制年度报告编报工作,督促行政事业单位开展内部控制建设。总结汇总2016年度行政事业单位内部控制工作,并上报财政部。全年全省有13800家行政事业单位开展了内部控制建设,其中,省级主管部门74家(含所属单位416家),占省级主管部门的74%。布置开展行政事业单位内部控制自我评价工作。根据省长在政府理财治税专题研讨班上作出的要"建立内部控制制度,形成闭环管理"的指示精神,下发《关于开展行政事业单位内部控制自我评价工作的通知》,要求行政事业单位每年开展内部控制自我评价工作,建立内部控制长效机制。2017年有51家省级单位开展了内控自我评价,其中在纳入省政府目标责任制考核的省级单位中有31家提交了内控自评报告。

【全力推进会计中介机构审批"最多跑一次"改革】 通过优化办事流程、共享应用数据,简化申请材料,开发启用"全省代理记账机构管理系统"等措施,完成会计师事务所(分所)设立审批和全省各级财政部门代理记账机构审批"最多跑一次"改革。变原先的"跑两次"为"零上门",确保行政审批改革的示范引领作用。编写《会计师事务所设立审批服务指南》《代理记账机构执业资格审批服务指南》等七个服务指南,在浙江政务服务网上公布办事需要提供的申请材料和办事流程,方便了办事群众,提高了办事效率。推进"财政会计行业管理系统""全省代理记账机构管理系统"与浙江政务服务网的系统对接,打破信息孤岛。推行"双随机、一公开"管理,联合厅监督局开展会计师事务所、会计代理记账机构执业质量检查。做好会计师事务所及其分所的2016年度报备工作。2017年审批新设立会计师事务所3家,分所6家。截至2017年底,全省会计师事务所347家,其中:有限责任公司事务所177家,普通合伙事务所167家,特殊普通事务所3家。会计师事务所分所50家,其中:省外事务所在浙设立的分所33家,本省事务所设立的分所17家。

【发挥会计重要基础作用】 推进管理会计应用。将18个管理会计应用试点案例汇集出版《浙江省管理会计案例集》(第一辑),供全省各地企业、单位参考。4月26日,省财政厅与杭州电子科技大学签署了管理会计战略合作协议,依托浙江省管理会计专家咨询委员会和杭州电子科技大学成立的浙江省管理会计创新应用研究中心,共同开展研究创新、人才培养、智库储备、案例库建设等方面的深度合作。增补28名企业界、事务所、会计领军人才为省管理会计专家咨询委员会委员。委托浙江省总会计师协会举办全省高端管理会计人才研修班,提升管理会计人才应用水平。建立对各地、各单位的指导服务机制,指导全省开展管理会计应用,共同推进企业单位结构调整,提质增效、提升管理水平与效益。与杭州电子科技大学、北京国家会计学院等单位联合举办"中国财务云服务"高峰论坛,来自政府会计主管部门、企业、高校的财务及信息技术专家学者300余人参加,围绕"技术驱动转型,交叉融合创新"这一主题,展开交流探讨,1.8万余名观众通过网络直播平台同步收看。全年全省开展管理会计应用单位50家,完成目标任务167.7%。联合省委人才办、省政府金融办和省人力社保厅下发《关于开展浙江省国际化会计高端人才(跨境并购类)培养的通知》,选拔学员60名集中培训2次服务浙江省企业"走出国门"发展需要。

【落实会计法规准则和制度】 针对新修订《会计法》取消会计从业资格证书的新情况,做好相关条款贯彻工作。及时贯彻财政部发布的《行政事业单位内部控制报告管理制度》《政府会计准则第3号——固定资产》《政府会计准则第5号——公共基础设施》3项新会计制度,《企业会计准则第16、22、23、24、37、42号》等6个企业会计具体准则以及《管理会计应用指引第100号——战略管理》等22项管理会计指引。对《企业会计准则解释第9—12号(征求意见稿)》,广泛征求专家意见,并汇总意见建议报财政部。

【做好高端会计人才培养工作】 草拟《浙江省会计领军人才培养使用管理办法(征求意见稿)》,征求各市、县(市、区)财政部门和省会计领军人才的意见建议,建立在浙工作的全国会计领军人才和省、市、县四级会计领军人才库,明确会计领军人才选拔、培训、后续管理、培养使用途径与方法。联合省委人才办、省人力社保厅共同做好浙江省第五期会计领军(后备)人才(行政事业类)培养工作,联合选拔学员51名,开展集中培训4次。制订下发《浙江省高级会计专业技术资格评审专家管理办法》,确保评审工作更加公平、公正。组织高级以上会计职称评审专家,分别建立了115人的高级会计师专家库和71人的教授级高级会计师评审专家库。开发高级会计专业技术资格评审管理系统,为2017年高级以上会计专业技术资格试行网络化申报、网络评审提供技术保障,提高申报和评审效率。教授级高级会计师评审申报37人,通过评审16人,评审通过率43.2%。高级会计师评审申报456人,通过评审337人,评审通过率73.9%。

【开展会计专项工作示范点建设】 根据《浙江省会计管理工作示范点建设管理办法》,经审核、评估验收,义乌市财政局等3家单位及4个项目被列为第一批会计管理工作示范点和示范项目,达到以点带面,推进会计改革创新,《中国会计报》作了专题报道。 (省财政厅会计处供稿 朱卫品执笔)

行政政法财政财务管理

【修订差旅费管理规定】 根据公务用车制度改革后出现的新情况,结合2016年差旅费检查发现的问题,在广泛征求省级部门和市县财政部门意见的基础上,重新修订全省差旅费管理规定,鼓励试点市县探索短途出差交通费包干,妥善解决车改后各市县常驻地内到偏远地区执行公务的交通问题。

【加强会议和培训费管理】 贯彻落实中央八项规定实施细则有关规定,会议培训在2014年综合定额标准基础上不提高,住宿、伙食实行分项总额限高及单餐双控。组织584家单位开展2016年度培训费、会议费管理制度和经费支出执行情况自查,并组织财政人员到行政机关、培训中心、宾馆饭店实地调研执行情况。针对检查中发现的问题,出台《浙江省财政厅关于进一步规范公务支出有关费用报销管理的通知》,严肃财经纪律,落实主体责任。

【出台《省级机关干部教育培训经费开支管理规定》】 规定要求单位加强干部教育培训的内部统一管理,编制年度培训计划,从严控制本单位人员参加收费培训,单位实行年度经费按工资总额2%以内限额控制。制订《浙江省省直机关基层党组织党建活动经费管理办法》,规范省直机关基层党组织使用财政资金开展的党建活动。《办法》对活动内容、地点等做出限制性规定,严格控制到常驻地以外开展的党建活动规模、时间和数量,明确活动经费按单位机关干部全年工资总额的0.5%控制。

【优化因公出国预算审批流程】 联合省外侨办、省人力社保厅修订浙江省因公临时出国、因公短期出国培训有关管理规定,调整因公出国(境)预算先行审批流程,发挥部门作为预算编制主体、执行主体和责任主体的作用。

【联合省委组织部制订《省管异地交流干部交通保障办法》】 对不保留公务用车保障的省管异地交流干部,在国家法定休息日和节假日往返任职工作地与家庭主要居住地的公共交通费报销政策进行了明确。

【实施全省行政事业单位工作人员公共交通统一保险机制】 根据财政部和浙江省差旅费管理规定,通过竞争性磋商,确定2017—2018年度公共交通意外险5家定点服务机构,实施全省行政事业单位工作人员公共交通统一保险,保障公务出行交通安全。截至 2017 年底,全省已有 19698 家单位、152.81 万人参保。

【实施监狱戒毒系统粮油集中采购】 在深入调研的基础上,在监狱、戒毒两系统内率先推行粮油定点采购。委托省政府采购中心对省属监狱、戒毒单位 14 个标项进行招标,确定 13 家单位作为 2017—2018 年度省属监狱戒毒单位粮油定点供应商,并在政采云平台实时交易。

【建立全省行政单位财务制度人才库】 选拔 41 名综合素质好、精通行政单位财务制度的财政系统及省级部门人员建立人才库队伍,制订人才库成员管理办法,下达人才库工作计划。同时,搭建行政政法财政条线、归口部门微信群、QQ 群,及时传达、贯彻、解释相关文件及政策精神。

【开展“上门服务至少一次”活动】 坚持“请进来与走出去”“划块分区与重点上门”相结合,组织归口部门单位预算编制辅导会、分组对口辅导活动,赴归口部门及二级预算单位上门对接,多层次做好辅导和服务,主动上门服务一级预算单位 62 家、二级预算单位 147 家,累计上门服务次数 169 次,直接服务人数 622 人;集中辅导 9 次,辅导人数 897 人。将上门服务过程中预算单位反映的问题,分门别类,梳理出 17 类预算管理和财政保障等方面急需解决的问题,提出改进意见并抓好落实。

【推进司法体制改革】 推进司法责任制、人员分类和薪酬制度改革,财物统一管理改革结合实际情况,报经省委省政府审议后暂缓实施。

联合省委政法委、省委组织部等出台《关于市、县法院司法雇员配备的意见》《关于全省检察机关司法雇员队伍建设的意见》,合理控制两院编外人员规模。

【助推监察体制改革】 落实省监察委建制调整工作,详细测算涉改经费及划拨资产,研究、落实改革后人员保障政策,专项工作的保障标准,实现改革人员的顺利过渡和业务工作的无缝衔接,助推监察体制改革。

【推进群团改革】 贯彻落实《浙江省群团改革总体方案》及共青团、妇联等群团组织改革方案,支持团省委、省妇联进行机构设置、管理模式、运行机制改革,突出主业意识,强化公益性、服务性职能,剥离移交与基本职责无关的职责和机构。

【支持平安浙江建设】 落实金砖五国峰会安保经费,支持环闵护城河安保检查站建设改造建设,安排高速检查站科技、装备经费,参照 G20 保障标准落实增援警力经费,明确金砖峰会慰问政策;督促各地保障金砖峰会、世界互联网大会、十九大安保资金。将平安浙江考核结果直接应用于全省政法绩效考核和政法奖励性资金分配,占比 10%,指导省以下财政部门累计安排平安建设(综治工作)经费 44.26 亿元,会同省委政法委等六部门重新修订出台《浙江省司法救助实施办法》。

【支持“人才强省”建设】 筹措落实海外高层次人才引进专项资金,奖励入选国家和省“千人计划”“海鸥计划”的海外高层次人才,对 320 名到岗高层次人才发放奖励资金 3.06 亿元;安排“人才强省”战略资金支持开展重大引才活动,吸引海外人才来浙江创新创业;支持加快发展地区人才开发建设,专门选派 8 个教育专家团队到加快发展地区工作,每个专家团队给予资助 30 万元;继续推进大学生村官培养计划以及“三支一扶”计划,鼓励大学生扎根基层创新创业。

落实“浙江人才新政”,制订实施高层次人才特殊支持计划(浙江“万人计划”),计划用 10 年时间,全省遴选支持万名自然科学、工程技术、哲学社科、经济金融等领域的人才,省财政对入选人才给予最高 100 万元、最低 30 万元的经费支持,分三年拨付到位,用于各类人才开展科研活动、人才培养、团队建设、合作交流等开支及科技创业领军人才自主创业投入。

【支持“三强一制造”建设】 联动推进质量强省、标准强省、品牌强省、浙江制造的“三强一制造”战略实施。贯彻落实“标准化+”行动计划和国家标准化综合改革试点工作,加大标准化专项资金投入,新增“标准化+”行动专项资金 700 万元支持在智能制造、传统产业改造提升、循环经济、农村可持续发展、社会管理与公共服务等领域开展标准化试点项目,培育形成一批可示范、可复制的“标准化+”重要成果。省财政安排“浙江制造”品牌培育建设经费 3100 万元,支持“浙江制造”品牌培育、标准创新、认证提升、人才培养、品牌宣传推广等,打响“浙江制造”标准提档、质量升级和品牌增效推动供给升级组合拳,全面提升浙江省制造业的制造能力、品牌优势和质量水平。截至 2017 年 12 月底,全省已研制“浙江制造”标准 297 个,114 家企业获得 210 张“品”字认证证书。 (省财政厅行政政法处供稿　何小康执笔)

科教财政财务管理

【概况】 2017 年,浙江省教科财政财务工作,按照“科教兴省”战略要求、全省教育事业和科技创新“十三五”思路,支持科教事业改革发展,保障科教领域各项民生实事。省级安排教育支出 117.76 亿元,同口径增长 17.2%;科学技术支出 24.77 亿元,增长 7.0%。

【全面推动学前教育事业发展】 2017 年初,会同省教育部门共同制定《政府购买学前教育改革试点指导意见》,在此基础上,指导并推动各地开展政府购买学前教育改革试点;推动出台《浙江省学前教育条例》,调查研究当前浙江省学前教育发展深层次问题,形成的调研结论意见,充实完善新一轮学前发展计划;牵头开展全省学前教育相关经费标准调查研究,测算幼儿园标准成本,研究制定学前生均公用经费最低标准。

【支持民办教育事业发展】 配合新修订的民办教育促进法,修订完善浙江省公共财政支持民办教育发展的实施办法及“1+X”配套政策,牵头起草《浙江省公共财政扶持民办教育发展的实施办法》和《浙江省民办学校财务管理办法》。开展全省民办教育经费投入核查工作,聘请第三方事务所对各民办学校举办者投入数和各市、县财政对民办学校补助数进行核定,省级财政按照上述两个投入情况的15%安排预算资金,通过转移支付方式支持市县各类民办教育发展,2017年共计安排民办教育补助4亿元。

【优化高等教育投入结构】 推动高等教育健康发展,对接国家“双一流”建设部署,加大省属高校“双一流”建设投入力度,安排近10亿元补助第一、二批省重点建设高校;安排3.40亿元补助省一流学科建设;安排1.2亿元补助高职高专优势专业75个;完成高职重点暨优质院校评审,遴选出5所重点建设院校、15所优质建设院校,安排省属高职建设院校补助资金1.22亿元。整合设立高校绩效奖补专项资金,完善高校预算拨款制度,建立科学、规范、高效的财政绩效奖补体系;确定西湖大学等学校的补助方案。

【完善教育经费和管理制度建设】 联合省教育厅出台《浙江省中央财政支持地方高校改革发展资金管理办法》,规范专项资金的分配、使用和绩效监督等管理;为引导和鼓励高校毕业生面向省内基层单位就业,联合省教育部门出台《浙江省高校毕业生基层就业学费补偿和国家助学贷款代偿暂行办法》,明确高校毕业生到省内一类一档地区和海岛县基层单位就业学费补偿的对象、标准、条件、流程、依据等。牵头修订《教育发展专项资金管理办法》,优化分配因素,完善资金管理,重点支持中等职业教育“三名”(名校、名校长、名教师)工程和民办学前教育发展;完善教师队伍管理,研究出台优化中小学教师管理方式政策建议,解决新形势下的教师临时性短缺问题。

【落实重大载体绩效补助汇聚科技创新新要素】 安排扶持资金4.50亿元,打造科技创新驱动发展的大载体、大平台,支持科技小镇、众创空间、科技企业孵化器等建设与运行的绩效补助;参与杭州城西科创大走廊建设专项资金管理监督,保障浙江农林大学、温州医科大学省部共建国家重点实验室的支持资金;落实之江实验室、浙大超重力离心模拟与实验装置项目资金,制定之江实验室财政支持政策。在优化、完善原省财政挂钩补助市县科技产出政策的基础上,对规模以上工业企业研发投入占主营业务收入比例全省前500名所在市县给予奖补,由市县财政结合本级资金补助下达到获奖企业,鼓励企业加大研发投入,提升自主创新能力。

【落实重大改革政策激发科技活力】 贯彻落实中央《关于进一步完善中央财政科研项目资金管理等政策的若干意见》,牵头研究起草《关于进一步完善省财政科研项目资金管理等政策的实施意见(代拟稿)》,报经省委、省政府同意并发文;落实省级财政科技专项资金改革和科研项目资金管理改革。推广应用创新券,修订完善创新券管理办法,简化创新券领取、兑现程序,加强后续监督。健全和完善助推创新驱动发展的财政投入机制。研究出台科技成果转化引导基金管理办法,明确具体运营机构有关问题,制定基金公司章程,细化有关出资人职责,推动基金公司的组建。

【支持科普、哲学和社会科学发展】 支持基层科普、学会建设和智力引进,投入资金累计新建省级院士专家工作站158家、市级站537家,签约柔性引进院士373名(其中海外院士20名)。加大对哲学社会科学事业的投入,提高省级社科规划课题的扶持激励力度,支持人文社科重点优势学科,对举办“经典与当代”“学术随笔”“之江青年论坛”“浙学研究”等特色精品栏目或项目给予资金支持。此外,助推实施第二期文化研究工程,支持档案局新馆搬迁及长期陈设“三改一拆”“五水共治”等主题成就展,展示美丽浙江自然生态。

【推进事业单位改革】 配合省事改办起草《浙江省从事生产经营活动事业单位改革工作指南》《省属经营类事业单位转企改制安置费用提留和管理办法》等政策文件;参与承担行政审批中介机构改革相关工作;配合开展省属事业单位绩效工资政策改革和优化,参与《关于进一步完善省属事业单位绩效工资政策推动人才创业创新的若干意见(试行)》文件的起草,做好省级事业单位财政保障比例和绩效工资总额的审核工作。

【转变服务方式提高服务质量水平】 落实“上门服务至少一次”,在预算编制期间,做到对每个部门及其下属至少2个单位提供上门服务。除进行政策宣讲、辅导外,根据部门单位实际需求提供个性化服务,及时反馈,通过服务提升预算编制质量、干部专业能力和财政部门形象。针对部分重大政策,做好宣讲工作,全年完成对省属高校、科研院所、省级有关部门及各市的培训,让相关人员及时享受到党的政策红利。举办中央和省科研项目资金管理新政策专题宣传培训4场次,培训700余人次,主动做好对省级相关部门、省属高校、科研院所及地方的政策宣传和业务培训工作。 (省财政厅科教处供稿 徐佳梦执笔)

文化财政财务管理

【概况】 2017年5月,省财政厅新设文化处,省级文化企业国有资产监督管理办公室更名为浙江省文化企业国有资产监督管理办公室，在文化处挂牌，将财政对宣传、文化、体育、旅游等大文化领域行政事业单位和企业的预算以及相关财政资金、资产管理工作纳入一体，实现统一管理。2017年，文化财政财务工作落实"文化浙江"建设各项要求，加大投入力度，完善投入机制，突出投入重点，创新投入方式，促进基本公共文化服务均等化，推动全省文化事业的发展。2017年省级预算安排文化体育与传媒支出19.01亿元，比上年增长7.1%。

【保障宣传工作投入】 保障党的理论和路线方针政策宣传，培育社会主义核心价值观，做好"两富""两美"浙江建设宣传的财政保障工作。保障习近平总书记系列重要讲话精神、党的理论和路线方针政策宣传；支持推进中国特色社会主义和中国梦宣传教育。支持组建省委网信办，提升网上舆论引导能力，提高网络属地治理水平。

【推进现代公共文化服务体系建设】 以"十百千"工程为抓手，推进公共服务重点市（县、区）及薄弱乡村建设，配合省文化厅开展第一轮公共文化服务重点县考核工作，启动公共文化建设"十百千"工程。继续支持实施农村文化礼堂建设工作，2017年新建农村文化礼堂1389家，推进农村文化礼堂长效机制建设。加强基本公共文化服务绩效考核，修订2017年度基本公共文化服务绩效考核内容和评分体系，引导市县丰富公共文化服务供给，提高服务效益。创新基层公共文化服务人才队伍培养机制，支持开展定向培养乡镇文化员试点工作，解决基层文化队伍存在"不足、不专、不稳"状况，加强基层公共文化服务队伍能力建设。支持推进全民阅读、建设书香浙江。加强版权保护，会同省新闻出版广电局解决省级党政机关、事业单位、团体组织等省级预算单位的办公软件正版化问题，落实省属省级预算单位正版办公软件的采购工作。继续保障浙江小百花艺术中心顺利完工，推进省之江文化中心、浙江自然博物园建设，支持教工路、影业路文化单位及浙江京剧团地块改造，整合文化资产资源，推进文化设施建设。

【支持中华优秀传统文化传承发展】 省财政安排文化遗产保护专项资金1.26亿元，支持重点文物、非物质文化遗产等保护，支持浙江省传统戏曲传承发展，推进良渚古城遗址等申遗工作，确保浙江省文化遗产保护工作继续走在全国前列。推动文化文物单位文化创意产品开发，弘扬优秀传统文化。

【支持体育事业发展】 完善体育事业支出标准，修订提高运动员、专职教练员等人员伙食补贴标准。推进公共体育设施免费或低收费开放，研究公共体育场馆免费开放补助政策。配合省发改委等部门研究制订《浙江省足球中长期发展规划（2016—2050年）》《浙江省足球场地设施建设规划（2016—2020年）》《浙江省县级体校改革发展实施方案》。鼓励社会力量参与公共体育服务，支持温州市社会力量办体育改革试点工作。为浙江运动员备战第十三届全运会提供资金保障。

【支持旅游产业发展】 安排旅游发展专项资金1.6亿元，用于省级旅游宣传推广工作和支持市县旅游发展。鼓励引导社会资本重点投向全域旅游、乡村旅游、海洋旅游、旅游风情小镇等大板块，重点投向健康养老、运动休闲、文化创意、特色民宿、房车自驾车营地等新业态。支持旅游公共服务设施，助力全域旅游全产业链的延伸开发，深化旅游厕所革命，新建改建各类停车位，优化旅游环境和服务。完成中央旅游发展基金补助地方项目资金检查工作。

【加强国有文化资产管理】 贯彻落实《国有文化企业进一步健全法人治理结构的若干规定（试行）》，会同省委宣传部制定出台《进一步健全国有文化企业法人治理结构的实施意见》。完成省属文化企业2016年国有资本经营收益收缴、省属文化企业领导人员2016年度经济效益考核、省属文化企业2016年国有产权年检登记等工作。

【支持省属文化企业改革发展】 配合省委宣传部研究组建浙江省文化产业投资集团。指导协助省出版集团和东海电影集团完善企业股份制改造方案，完成东海电影集团增资扩股方案的审批。支持省属文化企业加大国有资本运作力度，完成浙报传媒控股集团有限公司回购浙报传媒新闻传媒类资产的审批，批复同意浙报传媒控股集团有限公司公开发行可交换公司债券，支持浙报集团整体发展，盘活国有资本。批复同意浙江省古建筑设计研究院变更出资人并增加注册资本金。

【强化文体财政资金管理】 会同省新闻出版广电局修订《浙江省新闻出版广播影视专项资金管理办法》，提高新闻出版广播影视专项资金使用效益，支持村级室内固定电影放映点和符合条件的建制镇新建（改建）首个多厅数字影院建设。加强体育专项资金管理，修订完善《浙江省扶持体育发展专项资金管理办法》。完善文化产业专项资金管理，提出《浙江省文化产业转移支付资金分配管理改革方案》，研究修订《浙江省文化产业发展专项资金管理办法》，明确通过竞争性分配，重点带动"中间层"县（市、区）发展，集中用于政府应当支持的文化产业发展公共平台和服务体系建设，并扩大专项资金规模至2亿元。

（省财政厅文化处供稿　李慧辉执笔）

行政事业单位资产管理

【加强资产日常管理】 资产配置管理。推进资产管理与预算管理有机结合，参与2018年省级预算编制改革，推进省级项目支出标准体系建设，从源头上加强资产配置的公平合理和预算编制的科学性。

资产使用管理。严格单位资产出租和对外投资审批，同时按照厅党组“补短板、抓落实”要求，针对国有资产公开招租细则不明确，公开招租平台未建立，出租流程有违规操作空间，国有资产存在流失风险等问题，研究制定《省级行政事业单位房产出租管理实施办法》，对国有房产出租实行公开招租；构筑公开招租平台，省级各单位的国有房产出租事项经批准后原则上要委托依法设立的产权交易机构或公共资源交易机构组织公开招租，以进一步规范省级各单位的资产出租行为，从源头上预防腐败，防范风险。2017 年，审批对外投资事项 9 批，涉及资产价值 3890 万元；审批、备案房产土地出租事项 224 批，涉及面积 818.45 万平方米，合同价款逾 6.96 亿元。

资产处置管理。严格单位资产处置审批，加强对处置中心的辅导，规范处置行为，提高处置效率。2017 年审核办理行政事业单位资产报废、报损事项 967 批，核销账面资产 16.30 亿元；办理调拨、捐赠事项 58 批，核销账面资产 1.14 亿元；审核股权转让、企业改制、资产划转等事项 32 批。同时，按“春泥护花”行动的要求，接收各类报废计算机 30846 台，通过整理修复计算机 745 台，为 11 个加快发展县（市）29 所中小学建立了计算机教室，提高国有资产使用效益。

资产收益管理。加大资产收益管理力度，规范操作流程，确保应收尽收。2017 年省本级国有资产收益超 10 亿元，其中：出租收入 4951 万元，处置收入 5.91 亿元，对外投资收益 3.60 亿元。

【加强行政事业单位所属企业国有资产监管】 贯彻落实财政部及浙江省有关规范和加强行政事业单位所属企业国有资产管理的相关规定，以管资本为主，加强企业国有资产监管，完善国有资产管理体制；按职责和规定程序强化对行政事业单位所属企业关系国有出资人权益变动重大事项的审核审批。按照“政企分开、事企分开”的原则，建立以资本为纽带的产权关系，加强企业国有资产监管，完善国有资产管理体制。

【加强事业单位分类改革及混合所有制改革中国有资产监管】 行业协会商会与行政机关脱钩改革工作。根据财政部相关文件精神和《浙江省行业协会商会与行政机关脱钩实施方案》的总体部署，出台《关于行业协会商会与行政机关脱钩改革中加强国有资产管理的意见》。围绕“五分离五规范”中的资产财务分离，规范财产关系为核心内容，对参加脱钩试点的行业协会商会进行资产核实，明晰产权。截至 2017 年 12 月 31 日，完成 197 家全省性行业协会商会国有资产核实工作，核实国有资产总额 2.45 亿元。

承担行政职能事业单位改革试点工作。浙江省承担行政职能事业单位改革试点范围主要是嘉兴市及所辖南湖区、海宁市；绍兴市及所辖诸暨市、新昌县，共 2 个市 4 个县区。研究制定《关于承担行政职能事业单位改革中资产清查和财务管理的意见》，根据事业单位改革的方向和改革途径，做好涉改事业单位的财务清算和资产处置工作。

从事生产经营活动的事业单位改革工作。按照分类推进事业单位改革的总体进程和工作部署，出台《关于从事生产经营活动事业单位改革中加强国有资产管理的意见》，参与《改革中人员安置费用的提留和管理办法》和改革操作指南的编写，做好相关政策的辅导和培训，为推进下一步改革做好制度保障。

党政机关和国有企事业单位培训疗养机构改革工作。按照浙江省党政机关和国有企事业单位培训疗养机构改革工作总体部署，研究制定改革中加强国有资产管理的相关政策，为改革正式启动做好准备。

国有企业混合所有制改革员工持股试点工作。组织行政事业单位所属企业开展国有控股混合所有制企业员工持股试点的申报工作，并会同省国资委、浙江证监局对申报企业情况进行联合审查，确定第一批试点企业名单，其中，省农业厅下属浙江勿忘农种业股份有限公司纳入第一批试点企业。同时根据试点政策要求，指导并督促纳入试点的省级部门所属企业制订完善试点方案，加强工作跟踪和评价监督，防止国有资产流失。

【规范公务用车制度改革中涉改车辆处置】 通过公开招标，确定车辆鉴定评估机构和处置拍卖机构，按规定封存停驶、鉴定评估、公开拍卖。截至 2017 年 7 月 10 日，省级机关公车改革中不再保留的车辆统一处置工作完成，共举办 8 场拍卖会，拍卖车辆 921 辆，总成交 8522 万元，溢价率 102.2%；报废处置 192 辆，报废处置收入 7 万元。处置净收入 8024 万元按规定上缴国库。

【建立和完善国有资产报告制度】 编制全省行政事业单位资产报表。2017 年是财政部对行政事业单位资产报表编报工作全面规范的第一年，按照财政部《行政事业单位国有资产年度报告管理办法》和《关于编报 2016 年行政事业单位资产报表的通知》要求，组织完成全省 2016 年度行政事业单位资产报表审核编报工作。

完成 2016 年度政府资产报告试点工作。根据财政部关于政府资产报告试点工作要求，选取义乌市、绍兴市上虞区和省交通厅、省文物局、省钱塘江管理局作为 2016 年度政府资产报告的试点单位。

【开展调查研究】 开展“科技成果转化对策研究”专题调研，对接科技厅、高校等部门，成立联合调研课题组，落实责任分工，完成《关于完善资产管理体制，推进浙江省高校科研院所科技成果转化》的调研报告。（省财政厅资产处供稿　饶亚君执笔）

农业财政财务管理

【概况】 2017 年，浙江省农业财政财务管理工作深入推进农业供给侧结构性改革，围绕粮食安全和农业增效、农民增收、农村增美，补齐短板，加快结构调整步伐，加大改革创新力度，保障各项强农惠农政策落实。

【探索财金合作支农机制】 会同省级有关部门制定出台《关于深入推进农业供给侧结构性改革 加快建立以绿色生态为导向的财政支农政策体系的实施意见》，深化和推进财政支农体制机制改革。开展“三农”财金合作工作座谈，加强与银行等金融机构的沟通联系，促进财政政策与金融政策和产品有效衔接，探索建立财金合作协同支农新机制。

在省农信担保公司实缴公司注册资本4亿元基础上，2017年追加出资2.40亿元，引入省农信联社作为战略合作伙伴，强化双方战略合作关系，创新更多适合农业新型经营主体的担保和贷款产品、服务方式，逐步建立形成银担合作共赢机制；完善种粮大户贷款贴息政策，引导金融资源向农业农村倾斜。

【推动农业基金有效运作】 印发《浙江省农业发展投资基金投资推荐指南（2017年）》，牵头做好项目征集、组织专家咨询、报送投资建议等基金管委会办公室日常管理工作。经基金管委会批准，省农业基金2017年立项投资7亿元，带动其他资本投入11.03亿元，撬动银行跟贷资金20.45亿元；设立农业综合开发投资基金，吸引社会资本投入农业综合开发，促进农业适度规模经营，初期规模5亿元，2017年首批到位3.55亿元。

【加大农业基础设施投入】 安排水利建设与发展专项资金70.6亿元和调度资金7亿元，重点支持“百项千亿防洪排涝工程”等防洪水、保供水重大项目建设，以及农田水利等面上水利建设项目和水利工程维修养护等管理项目，保障水利改革和发展各项任务完成。

安排美丽乡村建设专项资金15.77亿元，支持农村生活污水治理、历史文化村落保护利用、农村垃圾减量化资源化处理试点、农村生活污水治理提标改造，深化“千村示范、万村整治”工程。根据农村生活污水治理项目验收情况，下达奖补资金2.2亿元对超计划完成治理任务的地区给予奖励。

安排造地改田专项资金17.58亿元，重点保障“812”土地整治工程实施，启动“611”耕地保护工程，全面落实耕地保护补偿机制，安排6.36亿元对农村村级集体经济组织保护耕地进行以奖代补。

【促进绿色生态农业发展】 下达中央财政耕地地力保护补贴资金12.40亿元，引导农民保护耕地资源、提高耕地质量。在全省全面推开农业“三项补贴”政策全市域改革，鼓励粮食生产经营主体走向联合，加快发展多种形式的适度规模经营。继续实施标准农田地力提升和沃土工程，推广应用商品有机肥，实施农业“两区”土壤污染防治三年行动计划，改善耕地质量。

支持浙江渔场修复振兴暨“一打三整治”* 专项行动，下达省级财政补助资金4.19亿元，加大渔业转型升级、远洋渔业产业发展、海洋执法能力建设、海洋生态环保、岸线生态修复及生态岛礁建设的支持力度。支持加大农产品质量安全监管力度，逐步建立健全农产品质量安全可追溯体系。围绕国家现代生态循环农业试点省和畜牧业绿色发展示范省建设，推进区域性现代生态循环农业示范创建和美丽生态牧场创建，加快生态循环农业发展和畜牧业转型升级。

完善森林生态效益补偿机制，落实森林生态效益补偿资金，在省级以上公益林最低补偿标准30元/亩的基础上，将主要干流和重要支流源头县及国家级和省级自然保护区公益林的最低补偿标准提高到40元/亩。安排林业发展和资源保护专项资金4.63亿元，重点支持彩色健康林、木材战略储备林建设和古树名木保护。

【推进农村三产融合发展】 结合现代农业园区规划建设，围绕特色产业，支持发展休闲农业、生态农业、观光农业等新产业形态。

安排省级农业综合开发补助资金10.81亿元，争取中央补助资金7.46亿元，支持深化“31066”行动计划，开展“3030”新农人行动计划和田园综合体建设项目试点工作；安排省级补助资金0.84亿元，支持实施千万农民素质提升工程；安排省级规模种粮补贴资金4.32亿元，引导发展粮食适度规模经营；安排省级农民专业合作社规范化建设补助资金3800万元，支持农民专业合作社规范化建设和改造提升，引导组建农民专业合作社联合社；择优选择黄岩等7个县（市、区）为第二批创新强省农业科技（循环有机农业）示范试点地区，并通过推进农业内部融合、延伸农业产业链、拓展农业多种功能、发展农业新型业态等多种形式，打造一批生产精致、生活休闲、生态秀美的示范样板，促进农村一二三产业深度融合发展。

【贯彻落实精准扶贫方略】 省财政预算安排专项扶贫资金7.95亿元，争取中央财政专项扶贫资金2.22亿元，支持实施低收入农户收入倍增计划、全面推进精准扶贫，实施光伏小康工程，促进欠发达地区农民收入增长、民生水平提升和内生功能增强。出台“两山（一类）”建设财政专项激励奖补政策，实施竞争性分配，择优确定龙泉市等12个县（市、区）作为扶持对象，2017—2019年省财政每年安排18亿元，平均每县（市、区）每年补助1.50亿元，通过三年（2017—2019年）努力，重点补齐低收入农户增收致富、基本公共服务有效供给两大民生短板，增强高水平全面建成小康社会的内生动力和财力支撑。

【加强支农专项资金管理】 指导省级农口部门做好预决算公开工作，加快预算执行进度，按规定分解下达财政专项转移支付资金；组织全省农财系统培训，解读预算改革要求，布置全省财政支农重点工作；下发《关于切实加强农口结转结余资金管理的通知》，督促市县采取有效措施，加快农口专项资金预算支出进度，加强结转结余资金管理；会同省水利厅下发《关于修订浙江省水利建设与发展专项资金管理办法(试行)若干条款的通知》,优化财政资金支持重点;会同省扶贫办、省民宗委、省农业厅、省林业厅等部门联合下发《关于印发浙江省财政专项扶贫资金管理办法的通知》,规范和强化扶贫资金管理。

【做好涉农资金监督检查】 按照加强扶贫领域监督执纪问责的要求,配合做好全省财政系统扶贫资金管理自查,会同省扶贫办开展2016年省级财政扶贫专项资金督查,配合完成中央扶贫资金专项检查;配合省纪委做好扶贫领域监督执纪问责专项督查工作;将农业"三项补贴"政策综合改革列入省委全面深化改革领导小组2017年浙江省重大改革项目专项督察工作计划,会同省农业厅开展专项督察工作;配合财政部浙江专员办开展农机购置补贴政策执行监控;做好2016年度中央江河湖库水系综合整治资金(部分支出方向)、中央林业补助资金绩效评价工作;组织开展省级造地改田专项政策评估、浙江省商品有机肥补贴政策绩效评价、浙江省政策性渔业互助保险补贴政策绩效评价,为完善政策措施提供决策参考。

【做好"上门服务至少一次"工作】 按照"上门服务至少一次"工作要求,做好对省级农口部门的上门服务和集中服务,提升服务质量,完成对6个省级农口部门70家单位的辅导,累计上门服务25次,服务1306人次。

注:

*"一打三整治":打击非法违法生产经营建设行为专项行动和开展道路交通、海洋渔业、消防安全专项整治。

(省财政厅农业处供稿 吴 翔执笔)

基层财政管理

【加强乡镇财政机构队伍建设】 按照"一级政府、一级财政"的管理要求,推进乡镇财政机构单独设置,推动各地落实乡镇财政的管理职能。截至2017年底,全省(不含宁波,下同)所有市、县财政部门都成立了乡镇财政管理处(科),1020个乡镇全部设立了乡镇财政管理机构,工作人员共4528人,所均4.4人。省、市、县、乡四个层级的乡镇财政管理机构已实现全覆盖。加大基层财政干部业务培训力度,重点举办两期全省乡镇财政管理处(科)长和乡镇财政所长(总会计)培训班,合计379人参加培训。

【推进乡镇公共财政服务平台建设】 突出平台服务创新和管理创新。对纳入平台运作的项目实行清单管理,明确量化要求;完善平台查询功能,扩大涉农民生补助资金查询权限;开展"乡镇公共财政服务平台"与"国库集中支付平台"一体化对接。截至2017年底,全省纳入乡镇财政管理统计范围的74个市、县(市、区)已实现平台建设全覆盖,56个县(市、区)对财政补助性资金发放实现了"一卡通"整合归并;54个县(市、区)的平台与浙江政务服务网进行对接,超额完成年初省政府工作目标任务。

【开展乡镇财政规范化创建工作】 组织规范化乡镇财政所建设达标考评,新增218家乡镇财政所(局、办)为省级规范化乡镇财政所。通过规范化财政所创建工作的推进,乡镇财政职能基本得到发挥。

【加强乡镇财政就地就近资金监管】 采取"市县自行普查、省级重点抽查"的方式,开展全省乡镇财政资金监管工作专项检查。委托社会中介机构对20个县(市、区)所辖40个乡镇的资金监管、一事一议奖补和村干部报酬专项资金落实情况进行重点抽查,在全省范围通报检查结果,督促各地创新监管方式,优化监管流程,细化监管措施,规范预算约束和收支管理,强化乡镇财政财务管理。

【做好财政支持村级组织建设工作】 落实村干部基本报酬省级补助;继续做好村级组织运转、社区党组织服务群众、村级便民服务中心、农村"三资"管理、农村土地承包经营权确权颁证等省级财政补助资金管理;实施消除集体经济薄弱村三年行动计划,安排省级扶持资金支持"26+3"加快发展县尽快消除集体经济薄弱村,并制定出台扶持集体经济薄弱村资金管理办法。2017年省财政合计安排各类涉村补助资金17.80亿元。

【推进一事一议财政奖补工作】 加大工作力度,省级财政安排资金实施一事一议财政奖补项目5192个,改善农村生产生活条件;加强资金及项目监管,推行一事一议财政奖补项目储备库管理,对项目落实情况及资金支出情况及时通报;加强信息化管理,在全省部署应用农村综合改革信息监管系统,提高综改工作信息化管理水平,所有市县系统上线运行,918个乡镇3897个项目纳入系统管理。

【开展田园综合体创建试点工作】 争取浙江省列入全国首批田园综合体建设试点省。结合实际制订《浙江省田园综合体建设试点实施方案》,明确田园综合体建设试点的总体思路、基本原则和主要内容。组织试点申报,安吉"田园鲁家"、柯桥"花香漓渚"项目通过财政部竞争立项评审,入选首批15家国家级田园综合体试点范围。牵头部署省级田园综合体创建试点工作,出台《省级田园综合体创建导则》,指导田园综合体试点建设工作。

【开展升级版美丽乡村建设】 以生产生活生态融合发展,宜居宜业宜游有机统一为目标,打造升级版美丽乡村示范村。探索建立美丽乡村建设新模式,重点支持连线成片创建升级版美丽乡村;注重与发展村级集体经济相结合,探索实施"美丽乡村+集体经济"行动,把生态资源优势转化为经济发展优势。全省共有

15个县(市、区)75个行政村列入重点创建范围。

【推进扶持村级集体经济发展】 支持村集体经济组织有效利用村内现有资源发展村级集体经济,探索联建物业、资源开发、土地合作、村庄经营等多种村级集体经济发展方式,共有30个县(市、区)369个项目列入扶持范围。

【做好农村综改示范试点工作】 确定9个试点县(市、区),从体制机制层面进行农村综合改革试点。重点在建立村级公共设施运行管护机制、农村公共服务有效供给机制、完善乡村治理机制方面进行探索创新。

【组织创新成果复制推广】 在全省组织开展基层财政管理(综改)创新经验评选暨改革成果推广活动。评选出20个市、县(市、区)的改革工作为先进典型经验,确定十项先进典型经验为改革创新成果进行复制推广。编辑创新经验推广手册,发挥创新经验先进示范引领作用,提高全省基层财政管理(综改)整体工作水平。

【完成村社组织换届督导工作】 根据省委换届办统一部署,省财政厅牵头,通过现场查看、随机抽查、走访选情复杂村、座谈交流及听取汇报等方式,围绕各阶段督导内容清单,对嘉兴五县四区村社换届工作进行了五次全面督导,确保嘉兴市1125个村和社区全部完成换届选举。

(省财政厅基层财政处供稿 戴逢辉执笔)

企业财政财务管理

【概况】 2017年,浙江省企业财政财务管理工作创新财政支持经济发展方式,调整完善财政支持企业发展的政策措施,筹措落实省财政支持产业发展和粮食安全等专项资金37.85亿元,争取中央财政资金26.22亿元,支持全省经济平稳增长和结构调整。

【推进政府产业基金实质性运作】 督促指导市县加快政府产业基金出资到位和投资运作,组织开展政府产业基金工作调研,提出改进完善浙江省政府产业基金工作的意见建议。加强省级政府产业基金运作管理,推动设立规模20亿元的浙江丝路投资基金和100亿元浙江省特色小镇产业金融联动发展基金。加大政府产业基金宣传力度,完善政府产业基金数据报送管理制度。截至2017年底,全省政府产业基金总规模1330.53亿元,已到位资金758.70亿元,合计撬动社会资本投资9102.34亿元。

【推动传统产业改造和实体经济振兴】 2017—2019年,通过整合存量和新增财力,每年安排18亿元面向36个工业大县实施振兴实体经济(传统产业改造)财政专项激励政策。会同省经信委制订实施方案,通过竞争性分配方式,选择18个工业大县开展专项激励工作。研究出台振兴实体经济(传统产业改造)财政专项激励县市工作指导意见和绩效评价考核办法。在工业和信息化重点领域开展试点示范,推进传统产业改造提升。

【推进服务业重点领域提升发展】 针对浙江实体商业发展存在的困难,围绕推进线上线下融合发展,通过竞争性分配方式,支持批发零售业改造提升、电子商务创新发展、现代服务业培育提升及集聚发展和农村商贸服务体系建设。实施"电商换市"工程,推动农村电子商务发展,解决电子商务"最后一百米"问题,支持新建3000个农村电商服务站、3000个城市社区智能投递终端以及改造提升300个放心农贸市场等省政府十大实事落实。

【贯彻落实化解过剩产能政策】 落实省对市、县淘汰落后产能和"腾笼换鸟"考核奖励政策,对考核优秀的地方政府给予奖励资金1亿元,并将"僵尸企业"处置工作纳入省对市县"腾笼换鸟"考核奖励,推动去产能和"僵尸企业"兼并重组工作。争取中央财政化解过剩产能补助资金1.99亿元,督促落实化解过剩产能政策措施,截至2017年底,浙江省累计完成化解钢铁过剩产能396.6万吨,超额完成国家下达的303万吨任务。

【推进新能源汽车推广应用】 根据新能源汽车推广要求,2017年统筹安排专项资金3亿元,按照因素法对浙江省10个设区市给予综合补助,由各设区市统筹用于新能源汽车推广应用、充电设施建设及新能源汽车产业发展等。会同省级有关部门围绕引导开展重大瓶颈技术攻关,针对新能源汽车及关键零部件研发环节,先后布局17家省级重点企业研究院,省财政给予每家500万元或1000万元支持。协同做好浙江省新能源汽车车辆生产企业与中央财政新能源汽车补助资金清算、充电基础设施奖励资金申请工作,配合做好新能源汽车核查等事项。

【支持中小微企业主体升级】 支持中小企业公共服务体系建设,依托公共服务平台,推广实施"小微企业服务券",促进优化中小企业发展环境。对"小微企业三年成长计划"工作成效显著的市、县(市、区)和特色产业园区,省财政安排1亿元给予财力性奖励补助,推动小微企业主体升级。会同相关部门组织开展"浙江好项目·中小微企业创新创业大赛",组织各级政府产业基金及参股子基金对接大赛选拔出的好项目,支持培育一批"专精特新"中小微企业。帮助杭州市落实示范工作相关考核指标,协同推进杭州小微企业创业创新基地城市示范工作。

【支持特色小镇发展】 会同省发展改革委对第一批、第二批特色小镇创建对象进行实地考核,配合制定出台《特色小镇评定规范》,审核兑现2015年度财政政策奖励补助资金3183万元。推进省产业基金、区域基金及市县政府产业基金与社会资本合作,加大对特色小镇产业项目投资力度,截至2017年底,政府产业基金投资特色小镇505.12亿元。

【支持外经贸平稳发展】 筹措外经贸促进资金4.60亿元，重点用于支持出口信用保险、开拓国际市场展会、出口增量奖励补助等。支持义乌国际贸易综合改革试点，加大对义新欧班列运行的省级扶持力度。支持杭州市跨境电子商务试验区建设，开展跨境电子商务产业集群试点和海外仓建设，促进实体产业与电子商务融合发展。

【落实粮食安全省长责任制】 根据国家2016年度粮食安全省长责任制考核要求做好自评工作，完成国家考核组对浙江省的现场抽查考核，获得国家通报表扬。修订出台《浙江省粮食安全专项资金管理办法》，完善粮食安全财政资金管理机制。探索试点省级储备代储动态轮换，研究制定《浙江省省级储备粮委托代储动态轮换试点办法（试行）》。制订出台“放心粮油示范县”创建试点工作方案，推进放心粮油体系建设。会同省粮食局制订《浙江省省级储备粮（油）仓储设施基本建设管理试行办法》，研究完善浙江省粮食仓储设施建设规划，推进粮食仓储建设和智能化升级改造。

【加强国资国企财政财务工作】 研究处理省建设集团、赞成集团、凯嘉雅等3家改制企业国有股历年分红，将国有股分红历年收支结余1.08亿元全部收缴省财政。根据推进国有投资运营公司改革要求，调整完善省国资营运公司的国资收益上缴政策，从2017年开始，将省国资运营公司所出资企业的国有分红收入全部纳入该公司利润上缴基数，实行同一比例上缴。会同省国资委开展政策调查研究，推进省属国有企业“三供一业”（供水、供电、供气和物业管理）分离工作。

【加强调查研究】 围绕政府产业基金、特色小镇建设、振兴实体经济等重点工作，深入基层、企业开展调查研究，提出政策建议。完成主办的人大政协提案建议办理，做好财政宣传和信息工作，并获得优秀。组织开展多项调研工作，完成《新能源汽车推广应用财政政策研究》年度调研课题，并获得一等奖。

（省财政厅企业处供稿　罗　荆执笔）

金融财政财务管理

【加强地方金融企业国有资产和财务监管】 夯实金融企业快报、决算报表等基础工作，做好省属金融企业绩效评价、负责人薪酬考核等工作，研究完善省级金融企业资产财务管理制度，加强以资本为纽带、产权为依托的国有金融资产管理。

【健全金融企业激励约束机制】 会同省经信委、省金融办研究制定《浙江省担保集团有限公司绩效考核评价管理暂行办法》，完善对担保集团的资产财务管理，健全激励与约束机制，引导省担保集团健康发展。

【支持绿色金融创新发展】 推进绿色金融改革，制定《浙江省财政厅关于省财政支持绿色金融改革的意见》，整合资源，加大投入，以市场化运作为核心，健全和完善约束机制，引导金融机构创新绿色金融服务，鼓励民间资本参与绿色投资，支持湖州、衢州绿色金融改革创新试验区建设，促进浙江经济绿色发展。

【加大对小微企业融资支持力度】 实施小微企业贷款风险补偿、融资担保机构风险补偿、小额贷款公司风险补偿，提高金融机构风险应对能力，增加服务实体经济的信贷投放。2017年省财政共拨付风险补偿资金1.04亿元，缓解全省小微企业融资难问题。

【开展农业贷款风险补偿】 以上一年度农业贷款的实际余额为基数，省财政按农业贷款比上年末净增额的不超过5‰予以风险补偿。2017年省财政共拨付银行业金融机构农业贷款风险补偿资金3063万元，鼓励银行业金融机构增加对农户和农村经济组织农林牧渔业贷款投放，缓解全省农民贷款难问题。

【加大对新型金融组织扶持力度】 落实新型农村金融机构定向费用补贴政策，鼓励金融机构在浙江辖区内发起设立村镇银行、贷款公司和农村资金互助社。2017年省财政核拨定向费用补贴资金4532万元，争取中央补贴资金5901万元，有效增强浙江新型农村金融机构资本实力，提高风险抵御能力，提升对小微企业的金融服务水平。

【实施银行业金融机构直接债务融资奖励】 实施直接债务融资奖励政策，对银行业金融机构承销短期融资券、中期票据、中小企业集合票据按一定比例进行奖励。2017年省财政拨付5000万元，提高浙江企业直接融资比重，降低企业直接融资成本。

【推进政策性农业保险工作和农村住房保险工作】 开展农业保险工作，鼓励地方创新开展农业保险试点品种，并给予相应保费补贴。2017年全省政策性农业保险保费中央财政补贴2.40亿元，省级财政补贴规模2.20亿元，为农户提供风险保障超过400亿元。开展农村住房保险工作，2017年省财政安排农村住房保险保费资金3900万元，保障全省1000万户农户住房安全。

【鼓励省级特色农业保险创新扩面】 研究农业保险提标扩面工作，鼓励各地创新开展农业保险试点品种，力促保险公司下调费率、地方财政适当增加补贴，广大农户获得实惠。支持推出地方特色险种，其中茶叶低温气象指数及杨梅采摘期降雨指数保险，简单赔付率分别为65%和266%。2017年省财政对全省22个农业保险品种给予保费补贴1134万元，增强农户再生产和扩大生产的能力。

【规范推广运用政府和社会资本合作(PPP)模式】 组织“PPP规范发展”研讨会,举办PPP业务培训班,印发《关于进一步规范政府和社会资本合作项目实施有关事项的通知》,指导市县规范实施PPP项目。严格PPP项目库管理,印发《关于规范政府和社会资本合作(PPP)综合信息平台项目库管理有关事项的通知》,对已入库的项目开展集中清理,对于未按规定开展“两个论证”和不宜继续采用PPP模式实施等不符合PPP要求的项目一律予以清退。至2017年底,已录入信息平台项目354个,总投资5858亿元,涵盖交通、市政、文化、体育、旅游、片区开发、教育、科技、医疗卫生、保障性安居工程、政府基础设施、能源、生态环保等领域。全省已落地PPP项目127个,其中民营企业投资占比接近六成。

【加大财政对PPP的支持力度】 实施综合奖补政策,对成效明显的PPP示范市县及按规范完成签约落地的省财政推荐项目所在市县给予奖补,安排奖补资金1亿元。促进省基础设施投资(PPP)基金与市县合作设立子基金,对7个市县子基金进行跟踪指导,省基金已完成出资27.78亿元。主动对接中国PPP基金、相关金融机构,吸引金融资本来浙投资,促进项目落地。

【规范政府外债在建项目的实施】 完成世界银行贷款项目浙江农村生活污水处理系统及饮水工程中期检查。完成法国开发署贷款项目仙居县域生物多样性保护和发展利用示范工程《贷款协议》《转贷协议》《再转贷协议》的签署,制定下发项目提款报账管理暂行办法,规范财务管理。签署全球环境基金赠款浙江省绿色物流平台协作示范工程项目《赠款协议》《赠款执行协议》,制定下发项目提款报账管理办法,规范项目提款报账工作。完成世行贷款项目钱塘江流域小城镇环境综合治理提款报账工作,被世行评为“高度满意”,成为浙江省首个获得此项殊荣的世行贷款项目,浙江省人民政府办公厅发文在全省推行该项目做法和经验。

【推动世行贷款新项目】 配合世界银行和省城建环保项目办,推动淳安、建德两县(市)完成世行贷款项目千岛湖及新安江上游流域水资源和生态环境保护工程的预评估和评估工作。

【夯实政府外债管理基础性工作】 做好政府外债项目的还本付费工作。2017年获得财政部奖励资金22万美元。报送政府外债各类报表,做好政府外债统计监测预警管理信息系统录入、复核等工作。

【简化省级部门用汇审核手续】 印发《浙江省财政厅关于简化非贸易非经营性用汇管理程序的通知》,方便用汇单位工作并强化用汇单位主体责任,简化省级部门的用汇审核手续,将省级部门用汇审核从事前审核变为事后监督。

【做好外事接待工作】 2017年6月新开发银行副行长祝宪到浙考察,同年7月,世界银行行长金墉来浙考察、调研,配合有关部门,完成外事接待任务。 (省财政厅金融处供稿 陈燕燕执笔)

社会保障财政财务管理

【概况】 2017年全省就业和社会保障支出、医疗卫生支出分别为801.8亿元和584.2亿元,比上年增长23.3%和11.5%,两项支出占一般公共预算支出比重为18.4%。社会保险基金总收入4543.85亿元,总支出3963.27亿元,滚存结余5836.87亿元。

【支持就业创业和技能人才培养】 完善就业创业政策。安排省级就业转移支付资金3.45亿元,支持推动就业创业。出台引导和鼓励高校毕业生到基层工作新举措,构建高校毕业生到基层工作的长效机制。制定做好当前和今后一段时期就业创业工作的政策意见,从体制机制上推动创业就业。落实发放高校毕业生求职创业补贴666万元。制定实施失业保险基金支持参保职工提升职业技能政策。制定城乡统一的失业保险政策,保障农民合同制职工与城镇职工同等参保缴费和享受失业保险待遇。制定出台失业保险关系转移接续暂行办法,促进人力资源合理配合和有序流动,保障失业保险参保人员合法权益。

支持技能人才培养。省财政安排高技能人才队伍建设专项资金1亿元,支持省级公共实训基地、省级技能大师工作室等建设和“金蓝领”高技能人才培养。配合制定《浙江省扩大海外工程师引进计划暂行办法》,由省和市县财政分别对聘请符合规定的海外工程师的企业给予10万元资助。研究制定《关于高水平打造高技能人才队伍的意见》,支持培育和造就一支适应产业转型升级要求的优秀高技能人才队伍,助力实施“百千万”高技能领军人才培养工程。落实高层次人才专项资金4780万元,资助入选国家“百千万”人才工程人员、省“151”人才工程培养人员等。

【调整社保待遇和规范津贴补贴发放】 调整养老医疗待遇。调整提高机关事业和企业退休人员养老金标准,2017年退休人员月人均基本养老金增加152元,其中:企业月人均增加142元,机关事业月人均增加272元。调整城乡居民基本养老保险基础养老金标准,从每人每月120元提高到135元,下达城乡居民基本养老保险省级财政补助资金45.19亿元。城乡居民基本医保财政补助标准提高至每人每年470元,其中省财政转移支付最高补助每人每年297元,下达城乡居民基本医疗保险省级财政补助资金47.51亿元。调整大病保险筹资标准,提高最低支付比例至合规医疗费用的60%,建立对贫困人群的倾斜机制。

规范津贴补贴发放。会同省人力社保厅研究制定人民警察职务序列改革工资政策、值勤岗位津贴和加班补贴政策。推动落实法官检察官工资制度改革试点工作，贯彻实施政法委机关工作津贴政策。加强对地方指导，确保全省县以下机关公务员职务与职级并行制度、机关事业单位乡镇工作补贴政策落实到位。

【完善社会保险制度和加强社保基金管理】 健全养老保险制度。联合制定实施新一轮企业职工基本养老保险省级调剂办法，同步出台《浙江省企业职工基本养老保险工作目标考核办法》《职工基本养老保险工作目标考核奖补资金管理办法》，强化基本养老保险工作目标考核机制和激励奖补机制，下达养老调剂补助13亿元和激励奖补资金2.50亿元。会同相关部门完善被征地农民衔接转入企业职工基本养老保险政策，明确政策口径，强化地方政府责任。制定《省属改制单位改制已退休人员参加机关事业单位养老保险经费分担方案》并经省政府批准，妥善解决改制单位退休人员参加机关事业单位养老保险问题。研究解决省属生产经营类事业单位参保后基金清算和“老人”经费承担问题，理顺生产经营类等事业单位参保关系。参与制订《关于从事生产经营活动事业单位改革的实施意见》和《省属经营类事业单位转企改制安置费用提留和管理办法》，强化养老、医疗保险费提留规定。

优化医疗保险政策。制定进一步完善大病保险制度的政策意见，完善大病保险筹资机制，适当提高报销比例，扩增大病保险特殊药品范围。出台深化医保支付方式改革实施方案，加强医保基金总额预算管理，完善多元复合式医保支付方式，控制医疗费用不合理增长。出台跨省异地就医基本医保直接结算实施办法，解决参保人员异地就医难题。研究完善生育津贴政策，对符合规定的生育保险参保女职工增发30天奖励假津贴。

临时性降低失业保险费率。从2017年5月1日至2018年12月31日，全省失业保险单位费率由1%降为0.5%，2017年减轻用人单位失业保险缴费负担19.20亿元。

加强社保基金管理。分析全省企业职工基本养老保险基金风险成因，拓宽社保风险准备金筹措渠道，提高土地出让金充实社保风险准备金比例。制定《浙江省省级社会保障风险准备金管理暂行办法》，明确省级社保风险准备金来源、支出范围等管理规定。配合开展被征地农民专项审计和职工基本养老保险工作第三方稽核，梳理问题弥补政策漏洞。完成省级社保资金结余85亿元置换省交投集团债务工作，指导温州市、德清县等6个市县稳妥进行社保基金保值增值置换工作。开展省级社保资金大额存单存放工作。制定基本养老保险基金委托投资运营方案，经省政府批准，全省筹集300亿元养老保险基金委托全国社保基金理事会进行投资运营。参与制定职业年金管理运营方案。加强社保基金预决算编制和预算执行情况监测分析工作，预决算工作获财政部评比二等奖。推进财政社会保障资金信息化建设。

【支持社会救助和社会福利体系建设】 完善社会救助体系。参与修订《浙江省最低生活保障办法》，明晰家庭收入、财产状况认定原则和核查机制，明确低保标准调整机制和管理规定，强化低保对象和待遇的适时调整机制。健全特困人员救助供养制度，明确特困人员基本生活标准确定办法，推进特困人员救助供养制度与其他社会保险、救助和福利制度有效衔接。下达最低生活保障、医疗救助、临时救助等困难群众基本生活救助省级补助资金14.36亿元，确保各地稳步提高城乡低保待遇水平，2017年全省城乡低保月人均标准分别为739元和730元，比上年分别增加61元和99元。调整民政优抚福利省级转移支付4980万元，支持省政府十件实事之一的重点地区避灾场所建设。

支持优抚安置。从2017年10月1日起调整部分优抚对象抚恤和生活补助标准，提高农村“三老”人员的生活困难补助标准。下达省级优抚对象补助资金1.73亿元，参与研究全省退役士兵帮扶政策，做好退役士兵安置和权益保障工作。

推进残疾人保障工作。下达困难残疾人生活补贴和重度残疾人护理补贴省级补助资金8.67亿元、残疾人保障补助专项资金1.36亿元，合计10.03亿元。会同省残联、省民政厅在全省推行实施残疾人两项补贴信息管理系统，实行实名制管理，督导各地全面落实残疾人两项补助政策。制定《残疾人就业保障金征收使用管理办法》，规范残疾人就业保障金征收和使用管理。配合省残联、省人力社保厅研究制定《加强残疾人职业技能培训工作的通知》和《进一步促进残疾人就业创业的通知》，规范推动残疾人职业技能培训工作。

推进社会养老服务体系建设。在支持构建多层次社会化养老服务体系的基础上，会同民政部门重点推进居家和社区养老服务改革，指导杭州市、宁波市、温州市和绍兴市等4个被列入中央财政支持居家和社区养老服务改革试点的地区继续做好养老服务发展工作，向中央争取改革试点和奖励资金1.45亿元。启动实施养老服务机构综合保险，通过发挥保险托底作用降低养老服务机构运营风险，省财政对非营利性养老机构保险费补助三分之一，对营利性的减半补助。指导宁波市、嘉善县、桐庐县开展长期护理保险制度改革试点，为下一步全省实施长期护理保险制度积累实践经验。

【支持深化医药卫生体制改革】 支持建立“双下沉、两提升”长效机制。会同省卫生计生委开展2016年度“双下沉、两提升”工作考核，形成考核报告并向全省通报。2017年根据考核情况下达“双下沉、两提升”省级专项资金2.40亿元，涉及15家省级医院、31家市级医院和64家县级医院。修订《浙江省“双下沉、两提升”省级财政专项资金管理办法》，明确“双下沉、两提升”工作要求，合理调整省财政补助标准。支持浙医二院组建医疗集团，促进省级优质医疗资源下沉。

推进基层医疗卫生机构补偿机制改革。开展基层医疗卫生机构补偿机制改革试点工作评估，在总结试点经验的基础上，会同省卫生计生委印发《关于全面推进基层医疗卫生机构补偿机制改革的实施意见》和《浙江省基层医疗卫生机构补偿机制改革绩效考核信息化建设需求指南(试行)》,明确从2018年起全省全面启动基层医疗卫生机构补偿机制改革工作,到2019年底所有市、县(市、区)全部建立“专项补助与付费购买相结合、资金补偿与服务绩效相挂钩”的新型补偿机制。

推动公立医院综合改革。参与指导长兴县等试点地区实施以“控总量、腾空间、调结构、保衔接”为核心的公立医院运行机制改革。会同省卫生计生委制定《浙江省公立医院综合改革目标考核与财政补助资金激励办法(试行)》,建立省财政补助资金与各地公立医院综合改革重点任务完成情况挂钩机制。会同省人力社保厅等部门部署宁波市等11个市、县(市、区)开展公立医院薪酬制度改革试点工作。会同省卫生计生委完善省级公立医院目标责任制考核指标体系,做好省级医院目标责任制考核工作。完善省级医院财政投入政策,改革现行按床位定额固化的补助方式,落实政府对公立医院“六项投入”责任,建立考核结果与财政补助挂钩机制,强化财政资金的导向作用。集中资金支持省级医院提升重大疾病诊治技术能力,会同省卫生计生委出台《浙江省重大疾病诊治技术研究中心建设与管理试行办法》,创新资金投入和管理方法,保障项目实施绩效,2017年下达首批3个中心启动资金450万元。会同省卫生计生委等部门重点围绕待遇保障和经费渠道问题,研究完善全省住院医师开展规范化培训的政策办法。会同省卫生计生委等部门制定《浙江省省级医疗机构药品采购新机制试点工作考核奖励办法(试行)》,做好省级医院药品购销差价上缴财政专户管理后的考核和分配工作。

加大公共卫生财政支持力度。提高城乡居民基本公共卫生服务财政补助标准至年人均50元,其中省财政最高档补助标准提高至每人每年38.5元,下达省财政转移支付资金10.43亿元,推动家庭医生签约服务工作。安排“两癌”检查省级财政补助资金3578万元,支持全省开展参加城乡居民基本医疗保险的35—64周岁(含)本省户籍妇女五年一次的免费“两癌”检查,保障省政府惠民实事落到实处。会同省卫生计生委研究完善全省预防接种异常反应补偿的政策机制。

支持食品药品监管能力建设。落实食品药品安全监管专项资金1.50亿元,推进县级食品检测资源整合工作,18个县级资源整合项目通过省级验收,支持基层食品快检仪器设备等现代化执法装备配备。研究制定鼓励药品生产企业率先通过仿制药质量和疗效一致性评价的财政扶持政策。研究建立食品药品监管部门有关行政事业性收费项目停征后的相关经费保障机制。

【提升财政社保管理水平】 加强省级归口部门财政财务管理。举办省级社保口预算单位财务人员培训班,系统学习预算编制、支付管理、政府采购等财政管理改革最新精神。开展“上门服务至少一次”活动,累计上门服务21次,服务253人次。组建社保口省级部门预算管理骨干队伍,通过增强骨干队伍力量带动提升部门预算管理与监督能力。组建财务人员微信群,为部门实时答疑解惑。 (省财政厅社保处供稿 全龙江执笔)

经济建设财政财务管理

【优投资促发展】 优化投资结构,扩大有效投资。贯彻落实积极财政政策,筹措省级财政性资金204.80亿元,争取中央财政基建投资资金41.12亿元,发挥省基础设施投资(含PPP)基金引导放大作用,基金投放67.10亿元,带动投资1123.83亿元,支持全省重大基础设施项目建设。

转变投资方式,补齐交通短板。2017年,省财政积极筹措资金,支持万亿综合交通建设。落实省级铁路资本金32.83亿元和省级交通建设资金36.27亿元、省基础设施投资(含PPP)基金安排40亿元用于10条非收费国省道建设,争取中央补助资金86.86亿元,安排地方政府收费公路专项债券80.40亿元和重点公路一般债券18.10亿元。

实施激励政策,补齐环保短板。研究制订“两山(二类)”建设财政专项激励政策方案,安排18亿元激励资金择优支持18个县(市、区)探索将“绿水青山”转化为“金山银山”,实现“生态经济化”和“经济生态化”。优化生态环保财政投入结构,逐步试点从“补工程、补建设”向“补检测平台、补运维”转变。2017年安排405万元用于大气复合污染监测站点,4997万元用于交接断面水质自动监测站点。截至年末,全省已建成大气复合污染监测站点171个,地表水自动监测站158个,饮用水源地水质监测点位81个,构建区域大气和水环境立体监测网络。同时,省财政安排经费1889万元补助监测站点运维。

推进试点示范,支持区域发展。实施第三轮小城市培育试点政策,安排小城市培育专项资金15亿元,继续推进小城市培育试点工作和省级中心镇建设。下达省海洋经济发展专项资金12亿元,支持海岛基础设施建设、海洋产业转型升级发展项目、海洋科技项目和海洋生态保护。争取宁波市入选国家海洋局和财政部“十三五”期间海洋经济创新发展示范城市,将累计获得中央补助资金3亿元。安排省山海协作产业园建设专项资金2.20亿元,积极研究新一轮的财政支持政策,推动全省区域经济共同发展。

落实国家战略,做好对口合作。积极筹措落实对口支援和帮扶资金27亿元,有效推进浙江对口支援新疆、西藏、青海和东西部扶贫工作。推进新安江流域生态补偿第二轮试点,根据补偿协议和环境保护部公布的水质监测结果,拨付安徽省生态补偿资金2亿元,确保新安江上游来水稳定向好,保障千岛湖水环境安全。

【优结构惠民生】 推动打造美丽中国浙江样板。安排省级“五水共治”资金129.29亿元,争取中央水污染防治资金6.61亿元,支持修复水生态、涵养水资源;安排省级奖补资金3.50亿元,支持全省剿灭“劣V类水”行动;安排省级大气污染防治专项资金

4.50亿元，争取中央大气污染防治资金1.59亿元，支持省属企业脱硫、脱硝技术改造，工业挥发性有机物治理以及燃煤锅炉淘汰改造等大气污染防治行动；争取中央资金1.70亿元用于台州市土壤污染综合防治先行区建设及省土壤污染重点防控区土壤污染防治项目建设；安排城镇污水处理资金7.54亿元，推进全省城镇污水配套管网建设、污泥无害化处置和城镇污水厂出水一级A提标改造；安排农村生活污水治理设施运行维护考核奖励资金5000万元，推动各地建立完善农村生活污水治理设施运行维护长效机制；安排资金7.50亿元支持全省启动小城镇环境综合整治三年行动计划；安排省级财政资金1.65亿元支持全省生活垃圾分类及垃圾焚烧厂基础设施建设，切实提高各地生活垃圾分类处理能力；配合厅总预算局将“省内流域间上下游横向生态保护补偿”机制纳入绿色发展财政奖补政策，牵头制定《浙江省财政厅等四部门关于建立省内流域上下游横向生态保护补偿机制的实施意见》，开展省内流域间横向生态补偿。

推动建设宜居浙江美好生活。争取中央保障性住房建设专项资金37.22亿元并安排省级补助资金3.50亿元，支持全省城镇保障性安居工程；安排省级财政资金3.01亿元，支持农村危房改造和美丽宜居示范村建设；安排省级奖补资金6000万元，对26个加快发展县的农村危房鉴定给予奖补，支持全省开展治危拆违攻坚战，保障人民群众生命财产安全；下达地质灾害点避让搬迁补助资金1.95亿元，保障省政府“除险安居”三年行动计划推进；安排资金2.50亿元用于提升全省6000公里美丽乡村公路，3302万元用于支持各地建成3000个港湾式停靠站；筹措落实并兑现考核奖励资金4000万元，推进“交通治堵”；争取中央资金2.80亿元，用于嘉兴市海绵城市建设试点，安排省级住房与城市建设专项资金2亿元，用于省级海绵城市建设试点；争取中央资金2.40亿元，用于杭州市地下综合管廊建设试点；安排城乡新型建筑工业化以奖代补资金1亿元，支持新型建筑工业化技术创新和装配式建筑试点项目建设；争取并落实11个中央地调局省部合作项目补助资金2593万元，推进省部合作地质调查。

【强管理重服务】 及时完善政策。修订《浙江省政府投资预算管理办法》，推进政府重大投资项目预算编制，拟定政府重大投资项目边界，完善编制内容；牵头制定《浙江省支持浙商创业创新目标责任制考核奖励专项资金管理办法》《浙江省农村客运出租车等行业油价补贴政策调整方案》《浙江省中央财政城镇保障性安居工程专项资金管理实施办法》《“两山(二类)”建设财政专项激励政策绩效考核办法》《浙江省安全生产专项资金管理办法》和《浙江省普通国省道公路建设项目资金补助办法》，规范资金管理、加强考核和绩效评价，并突出绩效评价结果的运用。

强化内部管理。制定出台《浙江省财政厅经济建设处工作规则》和《浙江省财政厅经济建设处工作职责》，明确处室重大事项集体决策制度，落实岗位责任、规范工作流程，实现有章可循、有章必循。

提升服务水平。开展“至少上门服务一次”，全年共上门服务30余次，服务一级部门10个，二级单位73个，服务人数500余人；强化廉政和风险防控，开展经建口专项资金管理风险排查，提出整改方案，并对经建口现有财政政策、工作规则、内部监督机制进行梳理，分析问题及原因，完善内部监管机制，并积极落实整改措施。 （省财政厅经建处供稿 杨 博执笔）

财政监督

【概况】 2017年，浙江省财政监督工作建立健全“内控、内审”“外控、外审”相结合，事前、事中、事后全覆盖，与预算编制、执行既相互协调又相互制衡的财政监督机制，做好监督检查、绩效管理、内控内审、审计联络、项目审核等各项工作，发挥财政监督在财政管理工作中的威慑作用。

【加强厅内控建设】 组织制订内部控制操作规程，全面建立由基本制度、专项内部控制办法和内部控制操作规程(简称“1+8+X”)组成的三层次内部控制制度体系。建立厅内控执行自查反馈机制，推进财政内控执行。启动省级内控系统信息化建设，选择国库集中支付系统和办公自动化系统进行内控信息化试点。

【指导市县内控建设】 印发《关于进一步推动财政内部控制建设的通知》，明确内控工作要求。通过专题会议和业务培训等方式，全面落实内控工作。截至2017年底，全省各地均已建立内控组织体系，制定内部控制基本制度及专项风险内部控制办法。

【开展内部审计工作】 制定《厅内部审计试行办法》，对厅内部审计作出明确规定。完成省财政票据管理中心、临安市财政后勤服务中心(天目山庄)等2家单位原领导干部离任审计。根据省审计厅有关要求，在全面自查的基础上，对省数字财政管理中心、省社保基金管理中心、省总会计师协会、省交通事故社会救助基金管理中心、省会计学会、省珠算心算协会等6家单位进行内审。

【做好监督检查工作】 2017年检查全省行政、企事业单位、会计师事务所等1.04万户，发现违法、违规、违纪问题户数782户，已落实整改处理630户。其中，处理处罚单位287户，查补税收和非税收入665万元，追缴(收回)财政资金3281万元，对7户行政、企事业单位处以罚款，移送司法、纪检监察等相关部门处理追责20户；处理处罚责任人5人，移送司法、纪检监察等相关部门处理追责8人；对17家会计师事务所进行行政处理，对1家会计师事务所和3名注册会计师予以行政处罚。

【加大专项监督检查力度】 重点聚焦扶贫、社保等民生领域资金，依法开展中央财政扶贫资金、企业职工基本养老保险、地方政府债务、财政收入质量、预决算公开、会计师事务所执业质量以及代理记账机构等7项财政专项检查，保障各项重大财政政策落地。

【会计监督和会计师事务所行政监督检查】 部署市县财政部门开展会计监督，组织开展对全省348家代理记账机构和事业单位等行业的会计信息质量检查。深化会计师事务所行政监管，联合省注协对65家中小会计师事务所开展专项整治，并参与财政部证券资格会计师事务所联动检查，完成中审亚太浙江分所执业质量检查工作。

【开展中央扶贫资金重点检查】 对全省安排中央财政扶贫资金较集中的15个县(市、区)开展中央扶贫资金重点检查，检查资金覆盖面逾80%。向全省各级财政和扶贫部门通报有关情况，就检查存在问题下达整改处理意见。各地均已落实整改，追缴(收回)10个扶贫补助项目中央财政扶贫资金106万元；按规定分配、下达闲置资金840万元；对相关责任人实行问责，移交有关政府或党委(纪委)追责处理。

【完善财政监督检查相关制度】 出台《浙江省财政检查工作实施办法》，从制度层面对全省财政检查工作计划、组织、实施及处理处罚等进行规范和约束，保障和监督财政部门实施财政检查。建立浙江省财政厅财政监督检查案件审理委员会机制，为监督检查案件审理工作提供组织保障，降低执法风险，推进财政检查工作的规范化和制度化。

【全过程预算绩效管理】 提出全过程、全融合、全覆盖绩效管理机制，制定系列绩效管理制度，明确预算绩效管理要求、加强预算绩效专家管理等，完善预算绩效管理考核机制，修订出台《省级部门财政管理绩效综合评价办法》，改进纳入省政府目标责任制考核部门的评价指标和考核方式。

【强化绩效目标审核】 简化并按省级项目类型设立11类项目共性绩效指标框架，将专项转移支付项目、政府投资项目纳入绩效目标编制范围，省级部门项目支出绩效目标实现全覆盖。建立绩效目标集中审核机制，“一上”环节加强监审，对1001个绩效指标设置不规范的项目予以退回，退回率12.7%；“二上”首次牵头组织省级部门绩效目标集中审核。对6个重点审查部门以及重大政府投资项目绩效目标开展现场审核，对3个部门预算项目提出取消项目安排的建议。

【开展重点政策评价】 制定《浙江省财政厅绩效评价项目内部操作规程》，规范省财政绩效评价项目工作流程。重点实施开展政府购买服务、省级重点企业研究院、省级会展支出政策、2011年地方政府债券以及医疗服务体系运行补助政策等5个重点项目绩效评价工作，涉及资金54.50亿元。其中省级重点企业研究院报告获得省领导批示。

【组织部门绩效评价】 组织101个省级部门的963个项目开展绩效自评，占评价项目的50%以上，资金规模155亿元。组织开展131个绩效抽评项目，抽评结果在2018年省级预算资金分配中得到有效应用，7个绩效抽评结果为“差”或“一般”的项目，2018年不再安排预算。

【财政项目资金审核】 完成省级部门项目支出预算审核任务614个，送审金额90.56亿元，审定金额74.44亿元，核减16.12亿元，审减率17.8%。完成政府采购工程类预算审核和结算合规性审查任务58个，送审金额2.93亿元，审定金额2.72亿元，核减0.21亿元，审减率7.2%。完成政府投资项目竣工财务决算审核任务1个，审核资金3411万元。

【规范审核业务体系】 出台《关于做好预算编制阶段项目审核工作的通知》，强化项目审核范围界限和职责划分，促进与处室之间的沟通交流，明确审核中心职能定位和工作重心。修订《省级部门项目支出预算审核业务管理规程》，规范项目预算送审资料清单和审核意见报告格式，提升项目预算审核效率和审核报告质量。

【“两标准一指南”建设】 研究制订《信息化运维项目支出标准》和《省级部门办公用房维修改造项目支出预算标准》，完善项目支出标准体系，促进预算支出的标准化，提高预算管理的科学性、公平性；编写《房屋建筑物购建类项目预算编制指南》，明确项目预算编制工作的基本要求，强化部门预算编制的主体责任，促进部门解决项目预算编制随意性较大的问题。

【审核业务文件汇编】 编制《财政项目审核业务文件汇编》，整理近年来出台的主要政策、法规、制度，帮助审核人员及时了解最新出台的相关制度文件情况，全面掌握政策信息，更好地开展项目审核工作。

【审计联络保障】 重点完成省审计厅同级审计、审计署上海办、太原办等项目的联络保障。

(省财政厅监督局供稿　柳　颖执笔)

农业综合开发

【概况】 2017年，浙江省农业综合开发工作通过优化开发模式、强化项目管理，创新培育农业农村发展新动能，助力农业更绿、农民更富、农村更美。全年全省实施农业综合开发项目327个，安排农业综合开发财政资金21.06亿元，带动各类经营主体投入和农民筹资投劳7.62亿元。其中：实施土地治理项目83个，安排财政资金10.99亿元；实施产业化发展项目195个，安排财政资金2.10亿元(产业化发展财政补助项目63个，安排财政资金

1.48亿元;产业化发展财政贴息项目132个,安排财政资金0.62亿元);实施园区类项目23个,安排财政资金2.47亿元;实施田园综合体建设试点项目7个,安排财政资金3.61亿元;实施“3030”新农人(即用3年左右时间,在全省培育30名30岁左右,有志向、懂技术、会经营、敢闯敢干的农业创业创新领军人才)项目5个,安排财政资金0.25亿元;实施部门项目14个,安排财政资金1.64亿元。

【推进“放管服”改革】 贯彻《国家农业综合开发资金和项目管理办法》,重新修订颁发《浙江省农业综合开发资金和项目管理实施办法》,出台《浙江省农业综合开发监督检查“双随机一公开”实施细则》《浙江省农业综合开发项目竣工验收办法》《浙江省农业综合开发项目评审办法》《浙江省农业综合开发投资基金管理暂行办法》等一系列配套制度。按照“权力和责任同步下放,监管和服务同步强化”的原则,落实“放管服”改革,下放产业化发展项目评审权和验收权,放宽开发县项目调整变更权限,激发属地开发主体活力。强化农业综合开发工作质量考评,充分运用“双随机”检查(即随机抽取检查对象、随机选派执法检查人员)和绩效评价等手段,提升监管水平,确保资金和项目安全。

【支持高标准农田建设及农业生态综合治理】 按照《浙江省农业综合开发高标准农田建设实施规划(2013—2020年)》要求,深入实施藏粮于地、藏粮于技战略,对制约生产能力的沟渠路、桥涵闸、土技肥等关键障碍因子进行治理,批复实施高标准农田建设项目43个,安排省以上财政资金4.50亿元,建设高标准农田35.51万亩。因地制宜开展小流域生态综合治理,实施小流域生态综合治理项目40个,安排省以上财政资金4.74亿元,加强防洪堤、堰坝、水土保持林和林间道路等建设。

【推进园区提质促融合】 开展农业综合开发田园综合体创建试点,下发《浙江省农业综合开发办公室关于开展省级农业综合开发田园综合体建设试点工作的通知》,突出农业农村农民“三农”融合,生产生活生态“三生”融合,农村一二三产“三产”融合,注重主体培育和机制创新,力求将田园综合体试点打造成为全省乡村振兴的先行区。择优确定建德市、嘉兴市秀洲区、湖州市吴兴区、浦江县、三门县、衢州市柯城区、景宁畲族自治县7个省级田园综合体试点项目,探索新型农业生产生活方式。深化“31066”行动计划,下发《浙江省财政厅关于深化农业综合开发助推农业发展“31066”行动计划的通知》,优化农村产业结构,促进三产深度融合和资金、科技、人才等要素聚集,加快推动现代农业发展。立项实施现代园项目4个,安排省以上财政资金1.25亿元;立项实施特色园项目19个,安排省以上财政资金9504万元。截至2017年底,该行动计划提出的10个现代园任务全部立项实施,66个特色园任务立项实施47个。

【开展“3030”新农人行动计划】 着力解决乡村振兴中人才制约瓶颈,依托农业综合开发项目载体,通过农业综合开发财政补助、基金投资等多种扶持方式培育农业领军人才。省农发办成立“3030”新农人评审委员会,形成由新业态农业企业专家、中青年现代农业专家和金融专家组成的专家组,经过材料审核、陈述答辩、现场考察和评审委员会最终确定等四个阶段,遴选出“3030”新农人5名,后备“3030”新农人4名,进行重点扶持。安排“3030”新农人项目5个,下达省级财政资金0.25亿元。

【创新完善工作机制,提升监管水平】 *夯实评审基础。*重新修订土地治理项目和产业化发展财政补助项目可研报告编制提纲。*推进项目建设。*建立浙江省农业综合开发项目建设进度和财政资金支出情况季度报告制度,规定从2017年起,对各地项目建设进度等情况进行季度通报,下发进度手册,建立项目建设进度季报制度、项目约谈制度。*加强监督检查。*委托第三方机构对武义县壶山高标准农田建设等10个项目开展绩效评价;随机抽取舟山市等7个开发县23个产业化发展项目进行现场检查;完成全省44个开发县115个土地治理项目的省级验收。*创新扶持方式。*设立浙江省农业综合开发投资基金,引导金融资本和社会资本投入农业综合开发领域,首批到位资金3.55亿元。推行“先建后补”方式,即经批准立项的农业综合开发项目,由项目实施单位自行筹集建设所需全部资金并组织实施,验收合格后,将财政补助资金一次性支付给项目实施单位。批复2018年农业综合开发“先建后补”项目17个,省以上财政资金4698万元。

【落实“送科技下乡”】 在建德市、松阳县开展“送科技下乡”活动。安排建德市大同镇农业综合开发现代园、松阳县赤寿乡赤岸畈高标准农田建设等共5个农业综合开发项目支持两地农业发展,助力提升农业科技支撑、提高农民收入。项目总投资6032万元,其中,中央和省财政补助资金4230万元。

【加强农业综合开发宣传力度】 策划“走进浙江”系列专题,宣传浙江省15个市县的农业综合开发项目,刊登在《中国农业综合开发》杂志2017年第四期。浙江省副省长孙景淼在该期杂志发表署名文章《注重统筹整合 助推农业转型》,肯定浙江省农业综合开发工作取得的成绩。浙江省农业综合开发“3030”新农人行动计划先后被《中国改革报》《农民日报》以及多家网络媒体报道。浙江电视台公共新闻频道《政策面对面》栏目也对此进行专题访谈。 (浙江省农业综合开发办公室供稿 钟昀陶执笔)

政府采购监督管理

【概况】 2017年,浙江省财政推进政府采购制度建设、信息化建设和行业自律建设,落实省委省政府“最多跑一次”改革和省财政厅“上门服务至少一次”要求。全年实现全省采购总规模1561.79亿元,比上年增长7%,占全省一般公共预算支出和GDP

浙江政府采购迈入“云时代”

的比重分别为 20.7% 和 3.0%。授予中小微企业合同金额 1361.50 亿元，比上年增长 12.8%，占采购总规模的 87.2%。

【完善制度建设】 研究制定《浙江省政府采购合同暂行办法》和《浙江省政府采购电子卖场采购管理暂行办法》。规范政府采购合同和政府采购电子卖场采购行为。制定印发政府采购监督检查“双随机一公开”工作细则，规范监督检查执法行为。建立浙江省政府采购投诉、信访、举报案件分析交流制度，提高各地财政部门对政府采购案件的应对处理能力和办案质量。

【加强政府采购监管】 加强采购代理机构执业监管，按照《浙江省财政厅政府采购监督检查实施“双随机一公开”工作细则》，随机抽取 3 家中介采购代理机构代理的 15 个省本级政府采购项目进行监督检查和处理。对政府采购供应商实行注册登记制度，强化资格审查和诚信管理，截至 12 月底，共有 31186 家供应商在浙江政府采购网实行注册登记。加强评审专家管理，优化专业结构，实现全省政府采购专家统一在政采云平台抽取。加强对协议供货和定点采购项目的履约监管，委托第三方监控全省协议供货采购价格。依法处理供应商投诉、举报，其中省本级有效投诉案件 8 件，比上年下降 53%；供应商信访举报案件 46 件，办结率 100%。

【推进信息化建设】 推进浙江政府采购云服务平台（政采云平台）的建设和应用。2017 年 1 月 1 日起，政采云平台在省级先行先试，4 月 1 日起湖州、嘉兴两市以及德清、海宁、海盐三县扩大试点，6 月 20 日召开全省视频会议进行全省推广应用部署，并于 7 月 20 日在嘉兴举行全省推广应用启动仪式。12 月 20 日，浙江制造精品馆开馆。2017 年在全省 123 个区划（含省、市、县、区、功能区）中，完成平台部署 112 个，其中 107 个已实现上线交易。除宁波外，所有县市已部署平台并产生交易，累计交易金额 115.60 亿元。入驻采购单位 22532 家、供应商 27506 家。苏宁、史泰博、京东、天猫等大型电商陆续对接上线，上架商品 357 万件。同时实现国家税务总局以及广西北海、贺州、玉林等 6 个市（县、区）上线应用。

【落实“最多跑一次”改革和“上门服务至少一次”要求】 落实“最多跑一次”改革，简化政府采购方式变更审批和高校科研机构采购进口产品审核程序，依法还权于采购人。对采购计划的编制备案，采购方式变更和采购进口产品审核，供应商、采购代理机构、评审专家注册和信息变更，评审专家抽取等事项实现网上申报与审核，实现有关当事人零上门或最多跑一次。落实“上门服务至少一次”要求，对省级部门单位开展业务培训、上门服务或集中辅导采购业务 1000 余人次。统一组织全省财政系统、集中采购代理机构、中介代理机构培训班，培训 1950 人次。

【加强公车管理】 做好党政机关公务用车制度改革后续工作，公开拍卖及处置公务用车 1100 辆，拍卖收入 8592 万元。完成公务用车标识喷涂定点机构采购工作，配合完成批准保留车辆的调拨过户手续。参与事业单位和国有企业车改政策的研究制定。做好公务用车配备管理简政放权准备工作。启动新的公务用车管理系统开发，组织开展省级单位和各市县车改后批准保留车辆数据清查和入库工作。研究起草新的公务用车管理办法和公安部门特种用车审批程序。制订综合行政执法部门特种专业技术用车车辆配备方案和标准，完成市场监管部门特种专业技术用车配置方案的报批。

【加强行业自律】 筹建浙江省政府采购联合会，通过行业性协会等社会团体为机关行使职能提供支撑保障，制定行业标准和自律准则。12 月 21 日，浙江省政府采购联合会成立，浙江省财政厅总会计师赵立妙当选为联合会首届会长。联合会分别召开高校会员单位采购工作座谈会、采购代理机构会员单位座谈会、供应商会员单位座谈会，以会代训，宣讲培训政府采购政策 130 人次。

（省财政厅政府采购监管处供稿　冯　华执笔）

财政政策法规

【推动财政立法工作】 开展《浙江省国家赔偿费用拨付操作规程》调研工作。起草《浙江省国家赔偿费用拨付操作规程》并报送省政府审批同意，于 7 月印发。召开专家论证会，对《浙江省政府投资预算管理办法》提出修订建议。

【加强行政执法监督】 2017年,出具法律咨询建议意见249次件。依法办理行政复议应诉案件26件,复议案件获复议机关支持,诉讼案件100%胜诉。组织开展全省财政系统行政许可案卷和行政处罚案卷评查工作。制定《浙江省财政厅重大行政执法决定情况说明(参考格式)》,规范重大行政执法决定法制审核。制定《浙江省财政厅法律顾问工作规则》,规范法律顾问管理。

【推进"双随机、一公开"工作】 负责协调省财政厅"双随机"抽查监管工作,落实相关业务处室局具体抽查工作细则,建立完善检查对象库和检查人员库。

【管理行政规范性文件】 组织对省财政厅55件行政规范性文件公开征求意见、合法性审查,并按规定报省法制办统一登记、备案。组织开展规范性文件清理工作,共清理规范性文件452件,其中确认继续保留379件,失效或废止73件。组织开展省财政厅规范性文件后评估工作,对现有16件文件完成评估。

【规范合同审查工作】 完善合同合法性审查工作机制,依法履行合同合法性审查职责,2017年审查合同50件、提供法律咨询249件次。

【组织法制教育培训】 组织干部参加网络学院法律知识学习及2017年度公务员年度法律知识学习考试,全厅在编公务员100%参加考试,100%考试合格。组织开展全省财政法制骨干培训,系统学习法律风险内部控制办法、行政复议应诉工作实务。组织编印《浙江省财政厅学法手册》,全年编发3期计9000册。

【开展财政法制宣传】 组织做好全省财政"七五"普法工作,落实财政"七五"普法规划。制订省财政厅党内法规学习方案,加强厅内民法学习宣传工作,扩充领导干部学法用法内容。组织省财政厅厅机关公务员和厅属参公单位人员前往杭州市"五四宪法"历史资料陈列馆参观学习,普及宪法知识、加强宪法教育。组织全省财政系统参与"第十四届全国法治动漫微电影征集活动""我与宪法优秀微视频作品征集""微信公众号法律知识竞赛"等活动,扩大财政普法宣传范围。

(省财政厅法规处供稿 毛明辉执笔)

财政纪检监察

【压实压紧全面从严治党主体责任】 2017年,省财政厅党组落实全面从严治党要求,定期研究分析党风廉政建设和反腐败工作,严格执行主体责任清单制度,层层传导责任压力。制定下发《2017年全省财税机关党风廉政建设工作要点》,确保反腐倡廉建设与财税业务工作同部署、同检查、同考核。厅党组会同驻厅纪检监察组制定《落实全面从严治党"两个责任"工作协调办法》,建立重要情况相互通报、监督执纪配合保障等七大制度,规范配合程序和工作要求,形成协同落实"两个责任"的合力。

【抓好中央八项规定精神落实】 以"四查四看"为重点,开展落实中央八项规定精神"回头看",对厅本级贯彻落实中央八项规定精神进行再检查、再落实,巩固治理"四风"问题成果。坚持抓早抓小,抓住春节、中秋、元旦等重要节点,及时以会议、手机短信等方式,通报典型案例,重申纪律要求,做到教育提醒在前;会同厅机关纪委对公务接待、公车使用、收受礼品礼卡等开展明察暗访,对检查出的廉政风险点进行提示,重申纪律要求,防患于未然。

【综合运用监督执纪"四种形态"】 坚持把纪律挺在前面,把握运用好监督执纪"四种形态",把隐患消灭在萌芽状态。推动制定出台《廉政谈话实施办法》,将谈话分为四类,日常谈话、任前谈话、提醒谈话和诫勉谈话,分别列明谈话的主体、情形、程序、要求,每次谈话都要有记录,做到责任可追溯、可检查。2017年,对班子成员与分管处室局、单位主要负责同志开展廉政谈话50余人次。根据"一人一档"的要求,按照"个人基本情况""问题线索处置情况""党风廉政意见回复情况""在民主生活会作出说明情况"等四个部分,为厅每一位处级干部建立了廉政档案。

【深化巡视反馈意见的整改落实】 按照"件件有着落"的要求,对上一轮巡视对省财政厅提出的37个问题,开展以"三查"为重点的巡视整改自查自纠。重点对违规车辆处置、干部兼职、"搭团"出国等10个问题进行再整改、再落实,逐条审查过关、及时查漏补缺、提出完善举措,巡视整改取得阶段性成效。围绕巡视提出的专项资金管理、预算改革、税收征管等内容,修订完善相关制度113项。厅机关纪委对照《政治巡视内容对照检查表》,逐条对照23项具体要求开展自查自纠,推动"未巡先改"。

【强化财政专项资金监督执纪】 紧紧围绕打赢扶贫攻坚战、"四大"建设等重大部署,强化对扶贫专项资金、"两山"财政专项激励资金、振兴实体经济专项资金管理使用情况的监督执纪,防范专项资金领域的廉政风险和利益输送。配合驻财政部纪检组和财政部监督管理局,组织对全省中央财政扶贫资金较集中的630个贫困村和16个国有贫困林场进行督查审查,涉及资金1.75亿元,总体检查覆盖面54%。根据省纪委部署,对龙泉等7个县(市)扶贫资金管理使用情况进行专项督查,通过督办强化财税源头治腐作用。 (驻厅纪检监察组供稿 王 伟执笔)

人事·党建

【思想政治建设】 推进"两学一做"学习教育常态化制度化,广泛开展“勇立潮头建新功、党员干部当先锋”大讨论活动，厅党组书记、机关党委书记、各党支部书记带头讲党课，落实各项规定动作和自选动作，增强党员干部“四个意识”和“四个自信”。落实“三会一课”等制度，采取集中轮训和个人自学相结合、理论学习和现场教育相结合的方式，通过主题党日活动、支部书记轮训、专家讲座、微型党课、在线学习、岗位培训、警示教育等各种形式，组织党员干部学习习近平新时代中国特色社会主义思想、党章党纪党规和财政业务，在经常性教育实践中强化党性自觉。牢牢把握“党的一切工作到支部”的鲜明导向，突出计划管理、痕迹管理、规范管理，强化党员意识，完善党支部基础工作。

【机关党建】 召开厅第五次党员代表大会，总结机关党建工作经验，研究部署新时代加强和改进机关党建工作的举措，选举产生新一届直属机关党委、直属机关纪委领导班子。对党费收缴情况组织专项检查，按照中组部文件精神规范党费收缴、管理和使用。组织支部书记集中轮训，提高党务干部队伍能力素质。加强党员教育管理，提高党员发展工作质量，新发展党员8名、预备党员转正1名。开展民主评议党员和“两优一先”评定活动，评选出4个“五星级党支部”、42名“优秀共产党员”和6名“优秀党务工作者”。各支部书记通过书面和口头的形式完成党建述职评议工作。收集、整理和汇编党建工作台账，通过发布党建信息、完善党务手册等途径，提高党建工作效率。

【党风廉政建设】 组织召开系统党风廉政建设工作会议，层层签订责任状，通过向分管领导专题汇报、建立支部责任清单等工作机制，实现责任和压力的传导。制定出台《省财政厅廉政谈话实施办法》，规范廉政谈话的主体、对象、类别、方式、内容和程序，厅班子成员与处室局、单位主要负责人廉政谈话50余次。落实省委巡视整改“回头看”，重点督查违规车辆处置、干部兼职等7个问题，修订完善相关制度51项，新增整改举措26条，做到巡视整改“全整改、见实效”。对照政治巡视的要求开展自查，确保“未巡先改”。用身边案例开展警示教育，组织人员旁听经建处戚国裕涉嫌受贿和玩忽职守案的庭审，加强案例剖析，总结教训和启示。巩固作风建设成果，针对节假日期间“四风”问题容易诱发的情况，下发廉政提醒函，会同驻厅纪检监察组开展厅机关和厅属事业单位执行中央八项规定精神的专项督查，并做好跟踪督查。组织开展各类纪律检查、明查暗访10余次，下发检查通报3次，提出改进意见11条，在省直机关工委组织的多次正风肃纪检查中均未发现问题。

【财税文化建设】 开展“财税担当 榜样力量”全省财政地税系统先进典型事迹巡回宣讲，22名宣讲人员分两组赴全省各地市宣讲，教育引导财政干部树立“实、稳、优”的财税核心价值理念和“严谨、坚守、创新、奉献”的财税职业精神。拓展财政干部讲坛功能，“降成本、促发展”财政干部讲坛首次走进基层，为企业家、人大代表、政协委员和涉企部门作减税降费财税政策宣讲。

【机构和编制管理】 根据财政中心工作和财政改革发展需要，争取省编制部门的支持，先后向省编办报送组建PPP中心、文化处、地方政府债务管理办公室、驻市地财政监督分局等请示。经省编办批准，设立文化处，教科文处更名为科教处。

【干部监督管理】 出台《省财政厅改革创新容错免责实施办法（试行）》《省财政厅推进处级领导干部能上能下实施办法（试行）》两项制度，形成能上能下、奖惩激励等机制。修订完善处级干部选拔任用办法，坚持党管干部原则，发挥厅党组和厅领导在选人用人上的领导和把关作用。在省直机关率先完成事业单位一般干部共101卷人事档案专项审核工作，以“三龄两历”为审核重点，对每卷档案进行初审和复审，规范干部档案信息，实现干部档案管理全覆盖。完成处级干部个人有关事项报告表集中填报、录入和汇总综合工作，并按10%的比例做好19名处级干部随机抽查核实的信息比对、函询处理等相关工作。严格执行工作人员平时考核办法，推出“日志晒场”，分批上网晒出各处室局工作日志，公开工作量，增进相互了解，同时开通WIFI签到功能简化考勤操作。开展社会团体兼职专项清理，规范在职干部及离退休干部在社会团体的兼职行为。规范出国（境）审批，做好出国（境）证照的收缴保管。

【干部人事服务】 根据厅机关和厅属单位用人需求，紧缺职位考试录用3人，从系统选调8人，从省级其他部门选调1人，公开招聘事业单位工作人员7人，安置军转干部3人。坚持做到工资变动时告知、年度终了时主动提供收入告知单；开展事业单位人事业务培训，详细解读相关政策规定；按照人事管理制度，及时做好年度总结、考核、评优，报表汇总、审核和上报，事业单位和社会团体年检，事业单位岗位设置管理，干部职工健康体检，省管干部晋升工资报批，以及各类高级专业技术资格评审的申报等工作。

【干部培训教育】 按需开展培训，提升干部的政治素质、专业素养和前瞻性研究能力，全年举办各类培训班41个共47期，培训7875人次。做好重点班次组织保障工作，举办政府理财治税专题研讨班，办班前省委书记车俊作出批示，要求切实提高各级政府理财治税能力，为推进“两个高水平”建设提供有力支撑，省长袁家军出席并作主题报告，省委常委、组织部部长任振鹤主持开班式，厅长徐宇宁作专题辅导，办班后省委书记车俊批示高度肯定；举办全省财政地税系统局长培训班，深入学习政府理财治税专题研讨班精神。分别开展两轮各两期处级干部集中轮训，深入学习党的十八届六中全会和十九大精神，深入学习习近平新时代中国特色社会主义思想，并安排宏观经济形势、财政改革、党风廉政教育、心理健康等课程。

【离退休干部服务】 贯彻“最多跑一次”理念，开展“上门服务至少一次”活动，主动为离退休干部送服务上门，让离退休干部办事“一次都不用跑”；针对老干部们的具体情况，区分年龄、区分层次，把服务重点放在高龄、失能的老干部群体上；通过电话、微信、QQ等方式，加强和老干部沟通联系，掌握离退休干部近况，及时提醒老干部活动的时间、地点、注意事项等。丰富活动内容，利用老干部活动室开展桥牌、台球、书画、阅览、饮茶文化等兴趣小组活动；结合省委老干部局“走、看、促”主题实践活动，组织退休干部到梅家坞参观新农村建设；以特色小镇年为主题参观梦想小镇、山南基金小镇等特色小镇；组织厅级老领导到台州地区开展“深化财税改革”调研。协助支部组织老干部开展各项活动，及时解答老干部提出的问题，对改革中涉及老干部切身利益的问题做好解释工作。开展“助老”活动，鼓励青年干部和老干部结对，为生活确有困难的老干部做实事。协助老干部家属办理六位老同志的后事。

（省财政厅人事处［离退休干部处］、机关党委供稿　姜伟荣执笔）

办公室工作

【“最多跑一次”改革】　推进“最多跑一次”改革，明确会计中介机构审批等7个主项10个子项为全省群众和企业到财政系统“最多跑一次”事项，印发《全省财政系统“最多跑一次”指导目录》，按标准梳理办事指南和办事流程图，在全系统开展办事事项“八统一”工作。加快推进数据归集共享，初步完成数据仓建设和数据归集共享对接实施方案，完成“高级会计师资格评审”系统改造，实现数据共享。

【综合文稿】　转文风提质量，全年完成全省政府理财治税专题研讨班辅导报告、全省财政地税工作报告、全省财政地税廉政会议讲话、预决算报告等综合材料80余篇。

【信息调研】　加强信息调研工作。编报《每日财经要情》《浙江财政信息》《浙江财政专报》等各类信息800多期，240余篇信息被省委、省政府和财政部录用，其中25篇获得省领导批示，被省政府办公厅评为2017年度政务信息考核一等奖。组织全省财政系统课题调研成果评选，共完成课题88篇，评出优秀课题46篇。

【财政宣传】　加大财政宣传力度。在中央及省级媒体刊发各类新闻稿件100多篇，组织策划“三项财政专项激励政策”、支持实体经济发展、绿色中国行、“政采云”全面推广等主题宣传。构建“三微一体”、新媒体与传统媒体融合发展的公共财政宣传矩阵，推送微博、微信252期。组织开展第二届财政“双十佳”好新闻评选。

【公文管理】　推进公文处理标准化，发布《关于进一步规范公文办理有关事项的通知》，出具《公文错情辅导报告》，编印《各类常用文种文件范本》。加强对报送省委办公厅和省政府办公厅的公文核稿，全年没有出现一次退文通报情况。

【政务督查】　强化政务督查督办。全年共办理政务督查35项，省领导批示738件。制定《浙江省财政厅政务督查工作办法》；开展2017年度补短板任务清单工作，明确12项任务47款措施，按季度进行督查督办，41款措施顺利完成，6款措施基本完成。办好建议提案，全年承办建议提案477件（其中主办件27件），主办件按期办结率、面商率、答复满意率均为100%。

【电子政务】　上线升级版财税综合办公平台，公文搜索、数字档案、远程交换、运行速度等功能得到提升。加快该平台市县版本的开发上线，对26个县（市、区）开展上线培训。加强与政务服务网的对接，配合做好行政权力事项在线运行。

【信息公开】　制定省财政厅2017年政务公开实施方案。做好主动公开工作，在厅门户网站和浙江政务服务网上及时公开经人代会审查批准的全省及省级财政预决算报告、全省政府采购信息和政府和社会资本合作（PPP）等重点事项。做好依申请公开工作，全年共受理申请77件，均予以办结，答复率100%。

【保密、档案与信访工作】　开展涉密电脑、涉密U盘、非涉密电脑等专项保密检查。加强保密教育，组织观看大型保密教育片《胜利之盾》，进行保密轮训。加强档案管理，2017年归档各类档案653卷6725件。依托浙江省统一政务咨询投诉举报平台，规范信访办理流程，依法分类处理信访事项。全年共处理各类信访件95件，接访22批43人次。

【财务管理】　做好部门预决算编制和公开工作。加强财务审核把关，全年共审核厅机关及所属事业单位、学会、协会的单据约7000笔，完成厅机关在内的10余个账户的支付和会计核算业务。2017年度省财政厅部门预算执行率95.0%，在124个省级机关中名列第32位。

【资产管理】　做好厅机关固定资产管理、采购、处置工作。根据公车改革要求，2017年共转让公务用车15辆，对办公楼及立体车库进行维修整改。做好住房补贴申领工作。

【后勤保障】　创新后勤服务。在厅四楼食堂采用自助取餐方式，丰富菜品选择；开通智慧食堂APP，提供预定打包、取消用餐等服务，缩短排队时间，减少浪费发生；在食堂开设服务部，向干部职工供应常用的食品及日用品。做好会务服务、安保、停车、保洁等物业管理，落实节能措施。

【工会工作】　举办省财政厅第六届趣味运动会，增强团队凝聚力和集体荣誉感。增加工会疗休养路线，拓宽干部职工疗休养选择。举办预算业务技能比武，提高干部职工业务技能。依托兴趣小组，举办乐享阳光房美食、茶艺欣赏、新春送春联等活动，丰富干部职工生活。　（省财政厅办公室供稿　王盛伟执笔）

直属单位概况

浙江省财务开发公司

【概况】 2017年，浙江省财务开发公司（以下简称“省财开公司”）推进金融股权管理、政府基金管理、金融服务创新、科创园项目建设等主要工作任务，全年实现净利润28.70亿元。

【金融股权管理】 助力财通证券上市。协调其他股东，调整国有股权管理与转持方案并报省财政厅批准，配合完成证监会审核。10月24日，财通证券在上交所上市，募资近40亿元。加速浙商银行回归A股。做好国有股管理与转持方案等报批，完成IPO尽职调查与公司半年度审计。11月8日，浙商银行A股上市申请正式获证监会受理。推动永安期货发展。着力稳定人员团队、强化业务创新，继续保持快速发展，2017年实现归属母公司净利润8.89亿元，同比增长46.0%。支持浙银租赁展业经营。提供优质资源支持，推进浙银租赁与公司下属多家参控股单位建立战略合作关系，2017年浙银租赁累计投放规模119亿元，位列同期开业的7家金租公司首位。完成太平科技保险筹建。把握监管政策，协调股东各方关系，支持新公司制度体系建设，12月，太平科技保险通过保监会开业验收。

【政府基金管理】 服务实体经济发展。截至2017年底，省级政府基金到位339.05亿元，已认缴出资273.84亿元，实际出资185.13亿元。累计参股子基金55只、直投项目26个。其中：240亿元省级政府基金认缴出资206.23亿元，设立子基金48只，投资实体企业项目1236个，与2016年相比新增500多个，通过子基金、投资实体企业（项目）两级带动社会资本1978.88亿元投入浙江八大万亿产业领域，撬动全省社会资本9102.34亿元，助推浙江实体经济转型升级和创业创新。组建100亿元基础设施（PPP）基金，省级认缴出资67.1亿元，设立市县子基金7只，投资非收费交通设施项目10个，其中杭州—海宁城市轻轨、绍兴轨道交通等项目落地。落实政府战略决策。参与国家“一带一路”战略，组建20亿元规模的浙江版丝路基金。落实国家“绿色金改创新试验区”试点方案，推进衢州、湖州两地设立绿色产业引导基金。实施“文化强省”战略，参与东海电影股改项目，完成“浙江影视文化产业升级基金”“光华文化产业基金”立项。发挥引领示范作用，协同13只区域基金加快与社会资本、投融资机构对接合作，服务大湾区大花园大通道大都市区建设。推动组建“特色小镇产融联动基金”。

【金融服务创新】 推动政采云平台建设。加强平台自身建设，构建服务平台，引入供应商2万余家、商品300余万件，完成财政部采购计划管理与报表系统开发，建立针对疾控疫苗、狱所大宗粮油等特殊行业的实施运营体系，并利用现有产品尝试企业采购业务，引入浙江省国资企业245家，累计交易额5700余万元。2017年4月平台正式上线，7月全省推广应用，全年完成浙江省（不含宁波）107个市县区（含开发区等）上线，加快平台对外推广，完成广西壮族自治区的6个市县区和国家税务总局、浙江省边防总队垂管系统的平台部署。全年累计交易额115.60亿元，营业收入1398万元，实现了“省内全覆盖、省外立标杆”的阶段性成果。规范金融市场公司治理，加强对“一所两中心”的指导服务。完成股权交易中心增资扩股，注册资本由1亿元增至7亿元，市场公司增资9030万元，保持第一大股东地位。配合省金融办专项整治金融资产交易风险，提升金交中心运行效率。2017年，“一所两中心”实现交易额1074亿元，其中股权交易中心25亿元、金融资产交易中心891亿元、产权交易所158亿元。

【科创园项目建设】 布局城西科创大走廊，推进科创园项目建设。项目位于余杭区闲林镇五常街道创新基地内，总投资2.73亿元，总用地面积16806平方米，总建筑面积51158平方米，于10月25日开工建设。

（省财务开发公司供稿　金孔月执笔）

政府产业基金投资推进会在舟山举行

财税政策研究

【做好财政科研工作】 服务省政府政策出台。与省财政厅综合处联合牵头，开展全省企业“降成本”大调研，完成专题调研报告，为省政府出台《关于深化企业促发展降成本改革的若干意见》提供数据和政策支撑。与省财政厅科教处联合开展全省学前教育生均降成本测算调研，完成“财政支持民办学前教育发展的调研报告”“浙江省支持民办学前教育的财政政策研究”等报告，为省政府出台学前教育生均公用经费标准相关政策提供方案设计和决策参考，课题报告在2017年度全省财政调研课题评审中获一等奖。

研究财税热点问题。与省财政厅税政处联合开展促进中国（浙江）自贸试验区油品全产业链发展的财税政策研究，起草自贸区政策建议材料。委托中国财政科学研究院开展促进中国（浙江）自贸试验区油品全产业链发展的税收政策专题研究。联合省财政厅总预算局就“促进区域统筹发展的财政体制研究”“基本民生保障标准”开展研究，完成前期的全省数据比对分析和测算。与驻省财政厅纪检组联合完成“强化财税源头治腐作用　服务保障‘清廉浙江’建设”调研报告，为纪检监察系统提升对财税工作的监督执纪能力提供建议。完成“浙江省企业职工基本养老保险可持续性研究”课题报告，在2017年度全省财政调研课题评审中获一等奖。启动“县市财政支出合理规模探析”“部门财政资金理性需求探析”课题研究。

协同开展课题研究。配合国务院研究中心、财政部、中国财科院等来浙十次调研，为中央层面深化财政改革提供浙江样板。组织各市县协助中国财科院完成“企业税费成本”“地方财政经济形势”在线问卷调查工作，完成问卷数位列全国第一。委托上海财经大学完成“省以下地区间支出成本差异研究”课题，并着手启动“基本公共服务支出标准研究”课题，为浙江省完善预算制度提供理论支撑和决策参考。

做好成果转化应用工作。将“降成本”课题成果通过“财税干部讲坛”形式进行宣讲，并赴市县面向政府、人大、政协、企业等进行政策宣传。依托省财政厅内刊，同步微信，宣传理论成果。向中国财科院报送“外来人员子女义务教育对发达地区财政的影响分析”“浙江省生态文明建设的财税实践与探索”课题，均获“第六次全国优秀财政理论研究成果评选”三等奖。向省委办公厅报送“事权与支出责任划分研究”“降低企业税费成本的财税对策研究”调研报告，获2015—2016年度全省党政系统优秀调研成果三等奖。

加强政研人才队伍建设。组织召开全省财政科研工作会议，邀请全省各设区市政研室（科研所）负责人开展工作交流和研究成果分享，邀请高校专家进行课题点评。修订出台《浙江省财政厅办公室关于修订浙江省财税政策研究人才库管理办法的通知》，构建人才库动态调整机制，优化库内成员结构。委托上海财经大学对财税政研人才库成员进行为期一周的专业培训。

【做好财税宣传工作】 办好《浙江财税与会计》。全年完成12期杂志的编审、出版工作。做好财政系统学习贯彻党的十九大、省十四次党代会等重大会议精神的宣传工作，将厅党组的工作理念及工作要求传达到基层。围绕“最多跑一次”“补短板、抓落实”“上门服务至少一次”等财税改革热点问题，组织专稿进行专题宣传。围绕建立现代财政制度、供给侧结构性改革、防范财政风险等主题向知名专家和省部领导约稿，先后刊发20余位省部领导及知名专家文章。新设“名家访谈”专栏，就财税领域热点问题对专家学者进行专访，通过专家视角宣传财税改革。通过“本刊报道”“专题探讨”“政策释疑”“政策索引”等栏目，宣传与财政工作相关的重要法规政策、新出台的财政政策办法、会计法律法规等。

开设“浙财政研资讯”微信公众号。及时发布研究成果、科研活动资讯，扩大成果共享面，提升分享时效。全年累计编发81期，点击量超过2万人次。

【做好历史传承工作】 完成年鉴编纂工作。《浙江财政年鉴（2017卷）》（总第17卷）分九篇和附录共十部分，约100万字。印刷1100册，压制光盘1500张，向全省财税系统、乡镇财政机构、省内外高校图书馆、省人大、政协及部分省市财政部门赠阅（交换）。向《中国财政年鉴》和《浙江年鉴》编辑部提供反映2016年浙江省财政工作的年鉴稿件。《浙江财政年鉴（2016卷）》在第四届全国地方志优秀成果（年鉴类）质量评审中获专业年鉴类全国三等奖。

“财税与实体经济发展”学术沙龙现场

推进《浙江通志·财政志》编纂工作。按照初审及复审专家组审核意见进行考订、查核、修改等工作。9月提交省志办复审，以91.8分成绩通过专家组复审，并于11月下旬如期向省志办提交预终审稿。

【开展陈列室管护工作】 全年接待访客8批次，包括财政部部长肖捷，省人大常委会副主任王辉忠，以及山西、江苏、安徽等省财政厅领导带队参观交流者。更新全省财政收支规模、民生财政相关展板、笑脸墙及厅领导板块。

（省财税政策研究室供稿　严　琦执笔）

财政信息化建设

【概况】 2017年，浙江省财政信息化工作开展数字财政建设和一体化软件升级改造，推进数字财政和政务服务深度融合，加强网络安全和运维管理，信息资源共享和内控机制建设取得新进展。2017年浙江政务服务网统一公共支付平台接入98家执收代收机构和18家收款银行系统，完成3200万笔资金收缴业务，收缴资金超过155亿元。新版部门预算编制软件推广到63个财政局。省本级和20个财政局实现支付电子化，省本级累计处理电子支付业务5万多笔，金额282亿元。“政采云”平台完成全省推广应用，平台交易额115.6亿元。

【推进数字财政建设】 继续完善数字财政五大平台。上线运行新版财税综合办公平台并在市县区财政系统推广，整体升级公文交换和财税通系统。升级改造移动办公平台以适应新版财税综合办公平台。完善预算单位应用平台和社会公众服务平台系统功能，整合部门预算、部门决算、资产管理等财政部软件，开发一体化软件标准接入接口，研发高校核算软件专用接口，实现财政部门对预算单位的信息共享。开展全省乡镇公共服务平台主题库建设，拓宽财政资金补助项目和补助对象覆盖面，通过西湖区、开化县等地试点应用，实现乡镇、社区资金分级全过程管理，开通微信公众号服务功能。开展数字财政应用创新，开发应用省级预算项目库管理系统、地方债务管理系统、省级转移支付项目信息采集系统、政府财务报告管理系统等软件项目，启动建设全省财政经济预警分析系统，利用大数据为领导决策提供支持。

【一体化软件推广完善】 按照政府预算支出经济分类科目改革方案，升级一体化软件的系统框架，对部门预算编制系统、国库集中支付系统等进行改造。升级改造非税收入征管系统票据管理功能，实现票据业务电子化和全流程管理。集中支付动态监控系统基本覆盖全省，预决算公开系统在省本级上线运行。完成财政部应用支撑平台2.0版本试点工作，建立省级部门和市县数据采集机制，打通全省财政内生数据的大汇聚通道。

【构建政务服务互联网平台】 在政务云上构建会计管理云平台、“浙江会计之家”网站和会计领军人才管理系统，为全省会计人员提供方便快捷、内容全面的互联网服务。开展会计专业技术资格考试报名和会计人员继续教育的技术保障工作。

【“四单一网”和大数据平台建设】 完善财政专项资金监管系统，做好省级政府部门专项资金管理清单发布工作。扩大城乡居民财政补助查询覆盖范围，54个市县财政局实现政务服务网查询功能。升级改造电子政务搜索引擎，增加分类检索和授权检索功能，丰富检索内容。做好财政业务系统向政务云的迁移和应用工作，在政务云应用的财政系统达到20个。启动《浙江财税大数据平台建设方案》设计编撰工作，综合云计算、大数据、信息安全等技术发展趋势，确定大数据平台的技术框架，12月下旬完成初稿编制并启动征求意见等工作。

【为“最多跑一次”改革提供技术支撑】 派技术骨干参加省政府“最多跑一次”改革信息资源共享建设方案编写工作小组。按照省政府“最多跑一次”改革和“打破信息孤岛、实现数据共享”工作要求，改造高级会计师评审系统和会计代理记账机构管理系统，同省人力资源和社会保障厅、省教育厅等部门实现信息共享，与“一窗受理”平台实现系统对接，项目通过省政府验收。

【保障系统运行稳定安全】 加强财政系统的网络与信息安全管理，做好重要信息系统的等级保护工作，全面排查全省财政系统门户网站和重要信息系统存在的问题，采取有效的防范对策和改进措施。对省财政厅门户网站和子网站开展深度安全评估和整改工作，确保党的十九大和第四届互联网大会期间重要信息系统和门户网站的安全稳定运行。完成省网信办开展的关键信息基础设施网络安全专项检查和财政部开展的财政系统网络安全检查，并对部分财政局组织网络安全抽查。做好全省纵向备份线路、视频会议系统和病毒防护的技术保障工作。在财政信息系统应用中推行用户账户实名制度和CA认证体系，把好系统入口关。做好系统平台和软件的运维工作，保障财政业务正常稳定运行。（省数字财政管理中心供稿　王洪俊执笔）

会计人员服务工作

【概况】 2017年，省会计人员服务中心履行新职能，加强制度建设和内部管理，围绕财政中心工作，为全省经济建设提供智力支持和人才保障，组织实施全省会计专业技术资格考试和开展会计人员继续教育工作。

【会计专业技术资格考试】 组织会计专业技术初级、中级、高级资格考试浙江省考务工作，其中：会计专业技术初级资格无纸化考试报名86843人，实际参加考试50089人，实考率57.7%，增长

5.6%。会计专业技术中级资格无纸化考试:财务管理报名58217人,实际参加考试19298人,实考率33.2%,增长0.9%;经济法报名60922人,实际参加考试21421人,实考率33.2%,增长0.01%;中级会计实务报名63956人,实际参加考试23218人,实考率36.3%,增长3.0%。会计专业技术高级资格纸笔考试报名3281人,实际参加考试1614人,实考率49.2%,增长5.6%。组织2018年度会计专业技术初级考试报名,累计报名181569人,增长109.0%。组织相关人员阅评全省会计专业技术中、高级资格考试试卷,阅评中级试卷30318份、高级试卷1614份。发放2017年度全国高级会计师资格考试成绩合格证1246份。

【开展会计继续教育】 开展会计人员网络和面授继续教育。组织专家对北京东奥时代教育科技有限公司、北京东大正保科技公司和北京国家会计学院三家课件供应商进行绩效考核;搭建高级会计人员网络学习平台。截至12月31日,一般会计人员网络继续教育报名476840人,其中:已缴费450680人次,学习完成348037人次;高级会计师报名401人,其中:已缴费379人,学习完成163人。与北京、上海、厦门国家会计学院合作面授办班7期;与中财国培教育科技有限公司合作分别在宁夏沙湖、浙江杭州与绍兴直接面授办班5期,共培训高级会计人员5277人;采购完成高级会计人员面授培训管理软件。

【加强内部管理】 修改、完善、执行内控制度;梳理中心内部工作职责与人员分工情况,重新划分和定位每位工作人员职责,按工作内容制定A、B岗工作责任制,选配中心考培部主任;对裁撤的省级考试考点原值82万元资产进行合规处置。

(省会计人员服务中心供稿 童联新执笔)

财政干部教育

【概况】 2017年,省财政干部教育中心、省中华会计函授学校围绕财政中心工作,全面开展全省财政系统干部教育培训和财政支农政策培训工作、继续做好学历教育工作,为全省财税改革和发展提供智力支持和人才保障。

【财政干部培训】 落实《浙江省财政厅2017年干部教育培训计划》,全年累计举办培训班42个,共47期,培训7875人,其中:厅机关培训班30个班31期,培训5923人;事业单位培训班12个班16期,培训1952人。围绕财政中心工作开展各类培训,重点举办财政改革、从严治党、财政业务、干部素质提升等系列培训。优化培训模式,采用分层次、分专业、研讨式、体验式、互动式和现场情景模拟教学,提高培训的针对性。按照中心制定的“5+4”培训办班流程,抓好一体化培训。主动服务,细致管理;通过更新培训师资和培训场所做好基础保障;开展培训办班情况问卷调查,并就相关问题与有关职能处室反映和沟通。

【财政支农政策培训】 围绕财政支农政策培训工作常态化的目标,确立以需求为导向,明确培训重点,加强日常指导,把培训重点放在提质增效上。全年全省财政支农政策培训完成数为2.77万人次,培训计划完成率130.5%。

【学历教育】 做好学历教育工作。全年大专毕业169人,妥善处理2017年函校最后一届学历教育相关工作。省函校累计培养财会专业中专生106894人,合作培养会计专业大专生22595人。

(省财政干教中心供稿 潘敏华执笔)

道路交通事故社会救助基金管理

【概况】 2017年,浙江省道路交通事故社会救助基金管理中心围绕财政中心工作,负责道路交通事故社会救助基金(下称“救助基金”)筹集、拨付、特设专户管理和政策制定,指导各市、县(市、区)开展垫付、审核、追偿、核销等工作,推进救助基金管理工作有序开展。

【提升业务水平】 2017年,全省共筹集救助基金13321万元,其中按交强险固定比例提取9574万元,按照相关办法拨付至各符合条件的市、县(市、区)合计9279万元;全省救助基金垫付、其他支出合计3795万元,较上年同期上升36.7%,其中垫付费用3082万元(抢救费用3079万元,丧葬费用3万元),较上年同期上升63.2%;其他支出713万元,较上年同期下降19.7%。

【完善制度建设】 整理各地反馈的意见建议,配合省政府出台《浙江省道路交通事故社会救助基金管理办法》,奠定浙江省救助基金管理工作制度基础。

【加强部门配合】 落实“上门服务至少一次”工作,上门走访浙江省保监局、省公安厅交管局、省高速交警总队等单位及部分省级医院,健全与相关部门沟通协调机制,协同推进基金救助工作规范有序开展,共同督促、指导各地业务开展。

【加大宣传力度】 依托政府网站、微信公众号等媒介对外宣传救助基金管理机构信息、政策制度,印制并发放救助基金政策宣传手册,提升政策知晓度。

【用好管理系统】 督促各地登陆浙江省道路交通事故社会救助基金管理系统(下称“管理系统”)进行操作,提高相关部门文书流转、业务审批工作效率。2017年,50个市、县(市、区)通过管理系统开展业务,其中38个市、县(市、区)已通过管理系统成功完成垫付业务,实现业务全流程管理。

【开展业务培训】 组织开展救助基金政策制度专题研究和学

习。对《浙江省道路交通事故社会救助基金管理办法》进行政策解读和理论培训，合计培训130人次；对业务开展滞后的市、县（市、区）定向组织管理系统操作培训，合计培训65人次。

【试行政府购买服务】 鼓励市、县（市、区）通过政府购买服务，委托第三方专业机构开展救助基金日常管理工作。2017年，永康市率先试点，全年救助基金垫付、其他支出合计274万元，比上年增长235.6%。台州市、武义市目前已完成政府购买服务流程。

（省道交救助基金中心供稿 陆昉宇执笔）

浙江省农业信贷担保有限公司

【概况】 浙江省农业信贷担保有限公司围绕推进农业供给侧结构性改革、转变农业发展方式、促进多种形式农业适度规模经营开展担保业务，2017年新增农业担保额4.26亿元，新增担保项目962个，覆盖全省48个农业县各类农业经营主体779户，户均54.64万元，农业经营主体享受到农业信贷担保政策红利，农业信贷担保政策效用显现。

【开展战略合作】 以“风险共担、涉农贷款利率优惠、不缴存保证金”为原则，与省农信联社、农业银行、邮储银行、工商银行、华夏银行、建设银行、交通银行7家银行签署战略合作协议，协议授信总额314亿元。与省农发办合作推动出台农业担保发展相关政策文件，加强与地方农业担保公司合作，探索与蚂蚁金服、浙江庆渔堂及遂昌“赶街网”等农业互（物）联网平台业务合作，为“三农”领域提供金融支持。

【探索业务模式】 开展业务调研学习，掌握金融支农难点，结合担保业务实际，研究确立银担合作批量担保、省地合作联合担保、财政支农政策嵌入担保、“互联网+担保”四大业务模式，推动农业信贷担保业务发展。

【研发担保产品】 围绕农业产业发展、转型升级和供给侧结构性改革，以解决农业融资难、融资贵为导向，以“最多跑一次”为方向，降低准入门槛、简化审批流程、实行优惠费率，研发设计“粮农贷”“新农贷”“财政支农担保”等“浙里担”系列担保产品，为农民群众提供普惠金融产品。通过印发宣传单、培训宣讲、开通微信公众号及建立农民信箱专栏、嵌入新农直报系统等途径，宣传推广“浙里担”产品。6月28日，在临海市举行“共建农业信贷担保体系暨首批农业信贷担保项目”签约仪式。发布“浙里担”等系列农业担保产品，并为首批5家新型农业经营主体提供农业信贷担保服务，担保金额455万元。

【拓展担保业务】 采用“全员业务”的管理方法，动员全体员工参与农担业务。采取“三有一无”（有规模、有经验、有效益、无不良）的业务拓展思路，将其作为是否给予担保贷款评判重点，改变过去银行重资产、重抵押的做法，解决反担保不足的难题。

【推进金融支农创新项目实施】 做好农业部金融支农创新项目申报工作，公司“新型农业经营主体信用评价体系建设及应用创新项目”由农业部立项，是2017年全国省级农担机构中唯一的农业部金融支农创新项目。与省农业厅对接，收集3万户新型农业经营主体基本数据，推动项目实施。

【建设农业信贷担保体系】 采取合作共建、协同支农、资源共享、风险共管方式，将业务分支机构建在基层市县，全年建成分支机构4个，其中1个办事处（安吉）、3个代办点（临海、杭州、衢州），分支机构覆盖率14.8%。

【加强风险控制】 建立全员全过程风控体系，将风险防范融入项目受理、立项、尽调、评审、放款和保后管理各环节。建立与合作银行分担风险机制、风险预警和业务暂停机制及代偿上限控制方式，将风险因素控制在可承受范围。将财政补助收益权纳入反担保范围，锁定补助收益。2017年担保贷款项目全部正常，逾期率、代偿率均为0。

农业信贷担保项目签约仪式

【参加国家农担公司再担保体系】 2017年11月，国家农担公司董事长张洪武带队来浙江开展调研和再担保业务现场尽职调查。经国家农担公司业务评审通过后，参加国家农担公司再担保体系，截至2017年底申报再担保业务量2亿元。

（浙江省农业信贷担保有限公司供稿 周 衍执笔）

学会协会活动

浙江省财政学会

【开展课题研究】 围绕实体经济开展系列研究，完成“财政精准发力　促进实体经济发展”“浙江省实体经济发展现状探析”“发达国家发展实体经济的做法和启示”“助推实体经济发展的财税政策研究”。立项并结题浙江省哲学社会科学规划课题“财税助力实体经济发展政策建议”和省社科联研究课题“浙江省政府产业基金的实践与探索”。申请并立项省社科联研究课题“整合背景下浙江省城乡居民基本医疗保险财政压力分析”。参与全国上下协作课题“我国科普投入的总量结构分析及效果评估”研究，完成分报告“浙江省财政支持科普发展的政策研究”。

【组织市县开展课题研究】 组织部分市县围绕“地方政府财源培育研究”和“民办学前教育的投入机制研究”完成协作课题16篇。组织各市县完成课题97篇，组织专家评审，评出一等奖5篇、二等奖15篇、三等奖20篇。组织开展“后营业税时代地方财政能力建设”征文活动，收到征文115篇，评出一等奖3篇、二等奖8篇、三等奖15篇、鼓励奖23篇。

【推进科研成果转化】 将优秀课题汇编成册，公开出版发行《财政改革热点问题探析——2016年浙江省财政课题研究成果汇编》。办好财政学会会刊《浙江财政研究》，全年出刊6期，宣传科研成果。向中国财政学会2017年年会提交“浙江省科研工作情况”等汇报材料和相关研究文章，点面结合展现浙江省财政经济运行现状和科研工作开展情况。

【举办学术沙龙】 邀请来自省内有关高校、省级有关部门的专家学者以及企业家代表，组织“财税与实体经济发展”学术沙龙，为政策完善提供参考。沙龙专家观点综述通过省社科联内参报送省政府，获省长批示。沙龙活动被中国财科院、省社科联、省现代社会组织报道、转载。

【组织科研培训】 组织召开全省财政科研工作会议和科研骨干培训班，共培训140余人次，提升科研骨干专业素养和科研水平。

（省财政学会供稿　周晓斌执笔）

浙江省会计学会

【会计学术研究】 与省注册会计师协会、省总会计师协会联合组织开展全省会计科研工作。围绕会计改革与发展，紧扣会计管理工作重点，布置2017年度全省会计科研课题和会计优秀论文征集工作；完成2016年度全省会计科研课题结题评审和会计优秀论文评选及编辑出版工作。按照相似性检测、通讯评审、会议评审、报送备案的评审程序，2016年度有26项会计科研课题获准结题，51篇会计专业论文获奖，课题与论文汇编成书，由经济科学出版社出版。

【高级会计职称评审送审论文相似性检测】 按照省财政厅关于高级会计师、教授级高级会计师评审的申报要求和会计管理工作的部署，做好全省高级会计师、教授级高级会计师评审申报人员送审论文的相似性检测工作。通过“万方数据论文相似性检测服务系统（PSDS）”，按期完成全省500多名申报人员、1000多篇送审论文的检测，为全省高级会计师、教授级高级会计师评审工作提供参考依据。

【举办首届中国财务云高峰论坛】 2017年11月25日，浙江省会计学会与中国会计学会电子分会、中国电子信息行业联合会会计专业委员会、杭州电子科技大学和北京国家会计学院联合举办“首届中国财务云高峰论坛”。浙江省财政厅副厅长、浙江省会计学会会长沈磊出席论坛并致辞；财政部会计司领导及相关专家分别作主旨发言和学术报告。与会嘉宾还就“未来会计与财务云服务创新”进行圆桌讨论。来自财政部、工业和信息化部、清华大学等单位的专家学者300余人参加论坛；1.8万余名观众通过网络直播平台在线同步收看论坛实况。

【全国会计学术类领军人才选拔推荐工作】 做好浙江高校中青年教师参加全国会计学术类领军人才选拔的推荐工作。学会推荐的浙江大学陈俊同志通过全国统一的选拔考试，被录取为第七期全国会计学术类领军（后备）人才培训班学员。

【举办浙江国际珠心算大奖赛】 3月16日至6月24日，2017年浙江国际珠心算大奖赛在杭州、乐清、慈溪、诸暨、湖州、衢州、舟山、义乌等8个赛区举行。来自全省以及江苏、江西、湖南、福建等4省的158支代表队、3792名选手参加本次大赛，省内多家新闻媒体对赛事进行了宣传报道。

【举办浙江省“心算王”大奖赛】 2017年浙江省“心算王”大奖赛选拔赛于5月开始在全省8个赛区举行，全省3800多名选手参加。8月13日，浙江省“心算王”总决赛在杭州举行，全省9支学前组代表队和9支小学组代表队的54名选手参加。省内多家新闻媒体对本届“心算王”总决赛作了现场报道。

【举办浙江省第37届财经类学生珠算比赛】 11月19日，在杭州举办浙江省第37届财经类学生珠算比赛，来自全省的13支代表队、39名选手参加本届比赛，宁波职业技术学院和余姚市职业技术学校获团体特等奖。

【珠算技术等级鉴定工作】 做好全省珠算、珠心算技术等级鉴定工作，2017 年完成各大专院校、中专（职高）学生珠算技术等级鉴定 1020 人；珠心算技术等级鉴定 3792 人。

（省会计学会供稿 蒋振成执笔）

注册会计师、资产评估行业管理

【概况】 2017 年，浙江省注册会计师协会以“服务清单制度”为抓手，从党建和业务两个层面，落实“引导、支撑、保障、提升、关爱、维权”等六方面举措。截至 12 月底，浙江省共有执业注册会计师 6418 名，执业资产评估师 1689 名；会计师事务所 347 家，资产评估机构 172 家。

【全力助推小微企业成长】 2017 年，细化行业服务小微企业奖励基金实施办法，兑现行业服务小微企业奖励基金 144 万元，该项目获全省十大服务小微企业优秀项目。部署全省行业协会及机构开展“会计财务服务周”活动，举办各类活动 138 场，服务小微企业 6182 家，吸引 11473 人次参加。

【加强专业技术支撑】 2017 年，相继成立内部治理指导委员会、破产管理人业务专家委员会等专业委员会，完成第二届专业技术委员会换届，修订完善相关工作规程。研究发布全国首创的《适用于企业破产清算的财产状况报告编制指引》，组织开展破产管理人业务、PPP 项目咨询、并购重组业务等研讨活动。

【完善人才支撑机制】 2017 年，修订发布《浙江省注册会计师、资产评估行业人才基金管理办法》，全年审核发放行业人才基金 87.33 万元。成立由 26 名专家组成的国际业务人才库，各有 5 人分别入选全国 2017 年注册会计师类（信息化方向）、资产评估行业领军人才。举办执业注册会计师面授培训班 20 期，执业资产评估师面授培训班 9 期，高端人才专项培养项目 6 个。全省共计 59910 人、161805 科次报考注册会计师专业阶段考试，1554 人报考注册会计师综合阶段考试，14 人报考注册会计师英语测试；1800 人、4868 科次报考资产评估师考试。

【完善会员职业保障】 2017 年，完善年检工作机制，推行“服务下基层、上门办年检”的工作方式，服务上门、现场检查、现场换证，发现问题现场整改到位。全省有 6050 名执业注册会计师参加年检，5956 名注册会计师通过年检；162 家资产评估机构的 1654 名资产评估师参加年检，1607 名资产评估师通过年检。

【严格执业质量监管】 2017 年，分设注册会计师行业和资产评估行业惩戒委员会，制订和完善一系列的自律监管办法，实施异地检查制、检查回避制以及组长（员）考评制。对 68 家会计师事务所和 32 家资产评估机构进行年度执业质量检查，约谈 16 家存在质量问题的执业机构，经惩戒委员会审议，惩戒了 8 家会计师事务所和 29 名注册会计师。

【扩大行业影响力】 2017 年，调整《浙江注册会计师》编辑委员会，增设“转型与实践”等专栏，改进和完善门户网站、微信公众号和手机报。《中国会计报》《财务与会计》、省财政厅微信公众号等媒体也多次报道了行业相关信息。

开展多项评选表彰活动。评选先进市级行业党组织 3 个、先进会计师事务所党组织 20 个，优秀共产党员 80 名，优秀党务工作者 25 名，积极支持党建工作（党外）合伙人 18 名；评选表彰“2015—2016 年度优秀注册会计师”43 名和“2015—2016 年度优秀资产评估师”7 名；授予 10 个青年集体 2015—2016 年度全省注册会计师行业“青年文明号”称号；评选表彰“百名青年人才”和“十大青年才俊”。

【提升行业凝聚力】 2017 年，全面部署行业学习领会党的十九大精神。建立健全行业党委工作机制，修订和完善行业党委各项工作规程，研究创新党建工作的新方法、新思路。在全行业开展“红色引擎促发展”专题活动，举办“红色引擎促发展 勇立潮头建新功”讲书大赛。调整行业团委领导班子，明确委员职责分工。组织开展“青年文明号”开放周活动。

【强化秘书处自身建设】 2017 年，坚持“服务、监督、管理、协调”四大服务理念，制定协会秘书处廉政风险防控清单制度和内部控制操作规程，组织干部职工深入一线、基层，充分听取、收集行业人士对行业发展、协会工作的意见和建议。

（省注协供稿 蓝红伟执笔）

省注协“服务小微企业奖励基金”获全省“十大服务小微企业优秀项目”

市县（市、区）财政工作

zhejiang caizheng nianjian

杭州市财政工作

杭州市

【概况】 2017年,杭州市实现地区生产总值12556亿元,按可比价计算,比上年增长8.0%。其中:第一产业增加值312亿元,增长1.9%;第二产业增加值4387亿元,增长5.3%;第三产业增加值7857亿元,增长10.0%。三次产业结构比为2.5∶34.9∶62.6。按常住人口计算,全市人均GDP为134607元,增长5.4%。全社会固定资产投资5857亿元,增长1.4%。社会消费品零售总额5717亿元,增长10.5%。外贸进出口总额5085亿元,增长13.3%。全市居民人均可支配收入49832元,增长8.1%,扣除价格因素,实际增长5.5%,其中:城镇常住居民人均可支配收入56276元,增长7.8%;农村常住居民人均可支配收入30397元,增长8.9%,扣除价格因素,实际分别增长5.2%和6.2%。全市完成财政总收入2921.30亿元,增长14.2%。其中,全市一般公共预算收入1567.42亿元,增长17.4%,占财政总收入的53.7%,占GDP的12.5%。其中税收收入1417.16亿元,占一般公共预算收入的90.4%。全市一般公共预算支出1540.92亿元,增长9.7%。完成市区财政总收入2801.08亿元,增长14.4%,其中:市区一般公共预算收入1497.92亿元,增长17.8%;市区一般公共预算支出1396.89亿元,增长10.7%。市本级财政总收入436.23亿元,增长6.4%;其中,市本级一般公共预算收入217.21亿元,增长34.9%。市本级一般公共预算支出322.20亿元,增长2.8%。全市各级预算执行情况良好,财政收支平衡。

【组织财政收入】 *强化收入预测分析。*合理确定全年收入预期增长目标,开展经济税源定性定量预测分析,跟踪房地产、阿里系企业、基金小镇等重点税源税收动向,确保组织收入平稳增长。*加强税收收入管理。*开展税收绩效管理,科学编制考核指标,强化考评结果应用。推进税收制度改革,按照"税费平移、平稳过渡"原则,对全市5300余家排污费征收企业开展税源摸底、政策宣传、模拟申报和舆情监测工作,确保环境保护税开征。*推进非税收入收缴改革。*深化统一公共支付平台应用,在公共支付领域引入互联网思维,实现公共支付提速提标提质,实现杭州市民"缴费不上门,一次也不跑",降低政府非税收入征缴成本。全市包括行政事业性收费、罚没收入、其他非税收入项目三大类共21项非税收入纳入统一公共支付平台便捷化支付,全年非税收入通过公共支付平台网上缴款964.19万人次,金额24.03亿元,其中纳入一般公共预算管理的非税收入10.82亿元。

【支持经济发展】 *出台实体经济扶持政策。*制定《关于实施促进实体经济更好更快发展的若干财税政策》,出台扶持实体经济发展的28条财税政策。支持科研攻关和重大科技创新,2017年起,五年内市财政每年安排4.50亿元支持城西科创大走廊建设。*落实减税清费措施。*贯彻落实国务院六项减税政策,实现小微企业优惠政策知晓率、覆盖率、满意率均为100%。停征地方水利建设基金,阶段性降低城市基础设施配套费,取消或停征41项中央和7项省级设立的行政事业性收费,临时性减征1个月企业缴纳的职工基本医疗保险费。全年共为企业减免税费348亿元。*整合政府产业基金。*制定《杭州市政府产业基金管理议事规则》,建立产业基金投资决策联席会议制度,优化政府产业基金的决策流程。截至2017年年底,政府产业基金到位资金54亿元,设立子基金92个,规模317亿元。

【保障民生支出】 *增强民生支出力度。*全年全市一般公共预算用于民生支出1213.09亿元,增长11.9%,民生支出占比超过75%。落实市政府为民办十件实事保障经费32.48亿元,解决环境治理、交通出行、食药安全、住房保障、创新创业等领域的热点难点问题。*促进文教体发展。*完善教育经费保障机制,促进教育资源均衡发展,2017年市本级共投入教育经费51.11亿元。提升教育信息化和国际化水平,鼓励各地各校聘请外籍教师,同级财政按1名外籍教师每年12万元的标准补助聘外学校,并逐步提高。保障万场文化活动下基层等文化惠民工程,推进基本公共文化服务均等化。支持重大文化体育赛事活动开展,推动群众体育事业发展。*完善社会保障体系。*协助出台实施新一轮大学生创业三年行动计划。支持养老服务业综合改革试点,促进"智慧养老"转型升级。健全困难帮扶救助政策体系,建立非杭州户籍人员在杭突发性、应急性、过渡性的困难临时救助机制与办法。推进萧山、余杭、富阳与主城区社保一体化。*助力打造健康杭州。*推动医疗、医保、医药三医联动改革,完善基本医疗保障办法及实施细则。支持健康环境、健康文化、健康社会、健康服务、健康人群、健康产业六大任务和保障支撑体系平台建设。*加强居民住房保障。*支持公租房廉租房建设维护、租金补贴以及城镇危旧住房治理。完善土地出让金分配办法,支持城市危旧房、城中村等棚户区改造。推进农村困难家庭危房改造、农房改造示范村建设。

【推进城市建设】 *健全投融资机制。*出台城市轨道交通资金筹措和平衡办法,确保轨道交通可持续发展。拓展多元化融资渠道,推动地铁5号线等PPP项目落地实施。研究完善杭甬运河二通道、静脉小镇、西站枢纽等重大建设项目资金筹措和平衡方案。*推进市政建设。*投入30.76亿元,保障秋石三期、紫金港路、文一路地下通道等城市快速路、主次干道、过街设施、河道、停车场库等基础设施建设。*提升城乡环境。*投入5.35亿元,推进历史文化名城、城市绿化以及西湖、南宋皇城大遗址等综合保护工程建设。投入13.72亿元,保障道路保洁、垃圾分类和清运处置、河道、路灯等城市长效管理资金需求。投入34.68亿元,深化治水、治废、治气。投入4.45亿元,加大第二垃圾填埋场、天子岭餐厨资源化利用等重点环保项目和生态市建设。投入14.34亿元,保障小城镇综合整治、村庄生态环境修复、河流治理等农村建设。改善交通出行。投入15.60亿元,加快推进地铁建设,2017年全线开通地铁2号线,全面开工建设地铁三期工程,累计运营里程117.6公里。投入19.89亿元,保障公交和地铁优惠票价补贴、公交场站和公共自行车服务点扩容等建设。累计拨付13.34亿元,推广应用新能源汽车30306辆,主城区初步建成2公里服务半径充换电站网络。投入9308万元,支持"城市数据大脑"建设,推动大数据交通治堵试点。

【加强预算管理】 深化财税改革。梳理市区两级城市建设管理财政事权和支出责任,推动市以下财政事权和支出责任划分改革。建立增值税地方部分当年增收额财政奖励政策,激发各区发展积极性。实施农业转移人口市民化奖励机制,保障农业转移人口基本公共服务需求。4月,杭州市被国务院表彰为财政管理工作先进典型市。加大"四本预算"统筹力度。1月1日起,将新增建设用地土地有偿使用费等3项政府性基金调整转列一般公共预算,继续扩大市本级国有资本经营预算实施范围,提高国有企业收益上缴公共财政的比例。规范支出执行。清理规范一批政策到期、绩效低下及市场竞争机制能够有效充分调节领域的专项资金。建立盘活资金长效机制,对部门结余资金及连续两年未用完的结转资金,一律收回统筹使用。贯彻厉行节约各项规定,完善差旅费、公务出行经费开支标准,持续压缩行政运行经费,全市一般性支出压减5%,全市一般公共预算"三公"经费下降11.8%。推进信息公开。拓展公开范围,细化公开内容,推进非涉密部门预决算公开。完善公开方式,建立统一平台汇总集中公开财政预决算、部门预决算和"三公"经费预决算。在全省率先搭建人大预算联网监督平台,将财政收支、部门预决算和部门预算执行情况等纳入人大实时联网监督范围。加强政府债务管理。完善政府债务管理制度,规范政府举债融资行为,加强债务风险评估,完善统计监测机制。按国家统一部署,对不规范的政府融资担保和政府购买服务行为开展清理整改,加强对各区政府债务管控的指导和监督。提前一年全面完成存量政府债务置换任务,全市累计置换存量债务1528.76亿元,每年可节约利息支出约60亿元。争取新增债券134.4亿元,支持地方经济建设。

【加强预算执行管理】 开展财政资金竞争性存放。制定和完善《杭州市级财政资金竞争性存放规则》和存放计划,全年共组织开展财政资金竞争性存放招投标2期,累计完成招标金额140亿元。市本级全面实施国库集中支付电子化改革。完成市级500多家预算单位财政直接支付、授权支付业务的正式上线运行。加快财政支出执行进度。制定并下发《关于进一步加强预算支出执行进度管理的通知》和《关于加强预算支出进度管理的通知》,跟踪重点项目和重大项目的实施情况,简化市级部门支付流程,建立预算执行进度与预算编制、预算绩效考核和市级部门综合考评挂钩机制,提高资金使用效率。推进政府综合财务报告编制改革。组织专家指导小组成员开展实地调研,解决编制单位提出的各项问题,按照《政府综合财务报告编制指南》,汇总编制财务报表及附注,撰写财务报表分析、政府财政经济分析和财政财务管理情况,全面反映政府整体财务状况、运行情况和财政中长期可持续性。提升库款管理水平。落实市对县市(区)考核通报制度,强化市对区转移支付资金调度与库款规模挂钩机制,做好重大项目的库款拨付工作,库款规模控制在合理水平。

【强化财政监管】 组织监督检查。开展专项资金管理、会计信息质量监督、预算决算公开等多项财政监督检查工作,对市属20家二级及基层预算单位开展财政财务检查,对2016年市级生态公益林补助专项资金开展监督检查,严肃财经纪律。健全财政内控制度体系。以规范权力运行为主线,完善制度设计,将内控工作融入业务活动和财政运行的全过程,建立与现代财政改革相适应的内控机制,保障制度管权、规范行权、依法理财。建立财政"双随机"监管机制。推进财政"双随机、一公开"监管机制建设,实现抽查过程全留痕、数据信息可追溯,最大限度减少人为因素干预,促进财政监管更公正、更高效、更透明。深化预算绩效管理。创新绩效自评方式,拓展财政政策评价领域,扩大评审资金规模,推进绩效跟踪管理,完善绩效考核机制,使预算绩效管理融入预算编制、预算执行全过程。拓展财政政策评价领域,市本级全年实施绩效目标评审、绩效自评、重点评价和跟踪管理项目127个。

【加强队伍建设】 推进"两学一做"学习常态化和制度化,局班子开展集中专题学习5次、专题研讨4次,组织开展处级党员干部和机关党员春训。落实党建工作主体责任,制定《关于全面加强全市财政地税系统党建工作的意见》,建立机关党支部与系统所属党支部结对互学共促机制。修订《2017年度基层党建工作责任制评价细则》,出台党建工作标准25条,推进党建与业务工作"双百分制"考核。开展蹲点调研,对接临安区昌化镇14个村、5572户农户、17021名村民,解决民生问题159个。开展"五个一"*基层调研活动,班子成员带头到基层联系点讲党课和蹲点调研。优化干部选任。首次以跨单位、跨岗位形式联合选拔9名副科级干部。以"100位处级后备干部、100位领军人才、100位岗位能手"的"三个一百"工程为核心,推进财税系统干部队伍专业化水平。加大党委巡察力度,重点选取6家直属单位和2个机关支部开展巡察。制定《杭州市财政地税系统廉政谈话制度》,实现廉政谈话全覆盖。编制《机关党员干部行为规范案例》和《2014年以来杭州市财税系统违纪违法案例汇编》。锻造以"实力""活力""勤廉"为主题的财税文化,举办"向平凡致敬·迎七一·财税闪光人物"颁奖典礼,评选"财税十大闪光人物"。

在市直单位综合考评中获评全市综合考评满意单位。

（杭州市财政局供稿　刘　淮执笔）

注：

*“五个一”：开展一次谈心谈话、参加一次主题党日、走访一批服务对象、解决一批实际问题、形成一批长效制度。

上城区

【概况】 2017年，杭州市上城区实现地区生产总值1003.64亿元，比上年增长6.2%。其中：第二产业增加值388.62亿元，增长7.2%；第三产业增加值615.02亿元，增长5.6%。三次产业结构比为0：38.7：61.3。全区实现财政总收入144.56亿元，增长12.6%。其中，全区一般公共预算收入73.19亿元，同口径增长9.9%，占地区生产总值的7.3%。全年一般公共预算支出40.08亿元，增长21.5%，其中区本级一般公共预算支出34.60亿元，增长16.1%。全年预算执行情况良好，财政收支平衡。

【组织财政收入】 加强协税护税。深化财税协作、部门联动、街道组织、重点财源监管、收入分析五大机制，对财政收入中苗头性、趋势性问题及时做好预研预判，依托经济职能部门信息共享机制，凝聚合力组织收入。优化收入结构。全区一般公共预算收入完成预算的102.2%，占财政总收入的比重为50.6%；税收收入69.96亿元，占一般公共预算收入的比重为95.6%。规范非税征管。扎实推进统一公共支付平台建设，初步建立非税收入一体化收缴体系，涉及政府缴费项目24项、执收单位16家，缴费人次4万余次。制定公布2017年上城区行政事业性收费目录清单并动态更新，全年实现非税收入4.74亿元，其中纳入一般公共预算管理的非税收入3.23亿元。

【支持经济发展】 全面提升为企服务能力。出台为企服务新政策，参与完善为企服务工作考核办法。推进人才发展政策落地，全年落实各类人才专项资金4102万元，参与出台金融人才管理改革试验区的若干政策意见等，支持引进和培育各类高层次人才。落实“清费减负”工作要求，开展全区涉企行政事业性收费自查工作，取消、停（免）征11项行政事业性收费，不断优化营商环境。加大企业扶持力度。用足用活财政政策，推动供给侧结构性改革落地生效，放大业态优势、服务优势和政策优势。全区共申报旅游商贸、文化创意、健康服务、信息科技、金融服务等财政扶持项目52个，落实财政资助项目199个，涉及企业621户次，资助金额4.02亿元。做强做大主导产业。健全现代产业扶持政策体系，推动区域经济转型升级，促进五大主导产业加速发展。全区五大主导产业实现一般公共预算收入46.60亿元，占全区一般公共预算收入比重为63.7%。其中，文化创意业与信息技术业成为增收新引擎，分别比上年增长52.7%和54.5%。高质量加快产城融合。构建开放发展新空间，提升“一圈两镇三园”产业平台发展品质，打造经济倍增新高地。玉皇山南基金小镇被命名为首批省级特色小镇，集聚各类金融机构2300余家，总资产规模10000亿元以上，实现税收21.61亿元。

【增进民生福祉】 加大民生投入。财政支出继续向民生领域和重点环节倾斜，确保新增财力三分之二以上投入民生保障领域，保障危房治理、消防隐患整治、困难人员帮扶、教育设施建设等十件民生项目。全年民生支出26.86亿元，占本级一般公共预算支出比重为77.6%。促进教育事业发展。教育支出7.59亿元，重点支持教师队伍建设、校舍品质提升及特色教育活动开展。支持文化体育事业发展。文化体育与传媒支出0.32亿元，健全完善现代公共文化服务体系，建成开放馒头山社区文化公园和南落马营体育文化公园，保障40余场大型群众体育赛事顺利举办。促进医疗卫生事业发展。医疗卫生支出1.70亿元，改善基层就医环境，社区卫生服务中心提升改造3家、服务站6家。深化医药卫生体制改革，保障11.73万人完成医养护一体化签约。加快社会保障体系建设。社会保障和就业支出7.78亿元，推进机关事业单位养老保险制度改革社保扩面和资金清算，落实就业创业扶持政策，完善流浪乞讨人员长效救助管理机制，实施残疾人精准康复服务行动计划，完成街道级居家养老服务照料中心建设3家。保障环境提升和城市管理。城乡社区事务支出4.71亿元，保障地铁站口、交通要道、窗口区块共享单车等11项街容秩序整治，老小区加装电梯试点，消防隐患整治和智慧式独立感应火灾报警器加装，“五水共治”、垃圾智慧分类等工作。

【深化财政改革】 推进“最多跑一次”改革。优化工作流程，系统梳理财政各项行政许可与公共服务事项，推动“最多跑一次”改革落地。4月，代理记账机构管理系统正式上线，代理记账机构执业资格审批与年度报备事项实现“网上申请、在线办理、快递送达”的“零跑”目标。推进预算管理改革。实施全口径预算，推行机关事业单位基本养老保险基金预算。实施政府预算、部门预算和“三公”经费预算公开，细化公开内容，扩大公开范围，做到预算公开全覆盖。推进结余资金统筹使用，开展两年以上省市专项结余清理整合工作，将存量专项资金合并调整为支持企业发展类、城乡社区事务类和一般公共服务类三大类，发挥财政资金使用效率。加强预算执行管理。扩大国库集中支付范围，深化国库集中支付动态监控系统，紧盯预算支出执行进度，首次将年度预算执行情况纳入财政绩效考核，确保各部门合理、有序安排支出。推进投融资体制改革。推进政府产业基金市场化运作，发挥财政资金撬动社会资本的作用。推进政府和社会资本合作模式运作，推动望江安置房PPP项目规范实施。

【强化财政监管】 加强重点领域监管。配合区纪委开展全区违规公款购买消费烟酒问题自查及公款购置通讯工具、支付通讯费等情况清查。严格控制一般性支出，当年“三公”经费比上年下降15.5%。防范“四风”问题反弹。加强建设资金监管。严格落实工程项目控制价审核工作，加强项目建设资金源头监管。全年完成项目预算审核140个，送审金额7.11亿元，审定金额6.43亿元，净核减0.68亿元，净核减率9.6%。推进内部控制建设。开展全区行政事业单位内部控制建设全面摸底和基础性评价工作，以评价结果为基础完善内控制度。深化政府债务管控。强化建设主体融资情况监管，严格规范政府与社会资本合作行为，禁止以政府购买服务行为违法违规举债，有效防范债务风险。严格落实地方政府债务限额管理，加大存量债务置换力度，优化政府债务结构，完成29.33亿元存量债务置换工作，当年降低融资成本4076万元。加强基层指导力度。加强财政法规制度培训，组织国库集中支付业务、机关事业单位养老保险清算集中培训，上门开展点对点服务指导，确保财务规定落到实处。向全区各单位发放财政政策汇编，收录预算管理类、经费管理类、基本建设类等九大类财政制度共计77项。

重塑后的武林广场喷泉景观

【提升队伍素质】 加强财政党风廉政建设。持之以恒纠正"四风"，落实"首问负责制""一岗双责"等制度，开展"争做勤廉表率、争当实干先锋"特色创新项目，探索建立财政党组织标准化清单。强化财政法治建设。推进财政权力清单、责任清单管理，开展财政执法检查"双随机、一公开"、年度普法重点项目等工作，完成行政执法事项"一单两库一细则"的制定，推进基层财政治理法治化。推进财政干部队伍建设。结合"两学一做"学习教育常态化制度化，专题组织业务培训和学习教育，针对性开展盘活国资、体制机制变革等财政热点问题专题调研，促进干部业务能力和理论知识同步提升。全年共选拔推出科级领导职位5个、科级非领导职位1个，实现干部年龄结构优化。

（杭州市上城区财政局供稿　黄怡雯执笔）

下城区

【概况】 2017年，杭州市下城区实现地区生产总值903.48亿元，按可比价计算，增长5.6%，其中：第二产业增加值34.07亿元，下降7.5%；第三产业增加值869.41亿元，增长6.2%。三次产业结构比例为0∶3.8∶96.2。全年实现财政总收入151.25亿元，增长11.3%。全区一般公共预算收入82.04亿元，同口径增长9.3%，占财政总收入的54.2%，占地区生产总值的9.1%；其中税收收入77.87亿元，占一般公共预算收入的94.9%。全区一般公共预算支出35.16亿元，增长8.1%。当年财政收支平衡。

【组织财政收入】 加强收入分析。应对降费减税政策的减收影响，充分把握部分行业发展向好、企业利润整体提升、资本及房地产市场持续活跃等积极因素，科学研判形势，做好收入预测分析及任务分解落实。依托财税联席会议平台加强各部门协作，实现涉税信息共享和收入组织联动，超额完成区人民代表大会确定的增长目标。加强财源建设。加大"找新挖潜"力度，重点挖掘企业股权转让、资产重组、股息分红等信息，全年完成一次性收入7.08亿元，增长20.6%。加强新兴产业园区和重点楼宇培育，创新中国产业园和国际人力资源产业园分别实现税收1.78亿元和1.06亿元，全口径税收超亿元楼宇累计为52幢。加强非税收入征管。坚持依法征管和应收尽收，全年累计实现非税收入5.04亿元，其中纳入一般公共预算管理的非税收入4.17亿元。

【推动经济发展】 助力产业发展。聚焦商贸、金融、文创、健康、信息五大产业发展，发挥产业基金撬动作用，设立并引进各类产业基金12个，总规模273.81亿元，促进企业集群集聚、做大做强。支持引进三菱东京日联银行等世界500强项目3个，中拓供应链浙江总部、晶厚自动化等亿元以上项目25个，千万元以上项目234个。省金控、浙旅集团、创新工场、浙江鑫通等重点项目完成落户。推动平台建设。支持跨贸小镇、电竞小镇、创新中国、人力资源、电商新零售等重点平台和产业园区建设，推动贯通南北的"文化长廊"产业带轮廓初现。助力武林智慧商圈省级试点建设，商圈智能化服务日趋完善。助力西湖文化广场打造市中心最大的地下"城市运动空间"。依托嘉里中心楼宇平台打造杭州外资金融集聚区。推动城市之星建设，支持引进百老汇、德国红点设计、W酒店等国际高端项目，德中同行馆落成开馆。发挥政策效能。对接企业需求，完成新一轮扶持政策修订，制定完善促进经济发展及与区域重大企业战略合作政策，提高企业服务的针对性和有效性。全年兑现各类扶持资金1.87亿元，争取到上级扶持资金7962万元。完善创新创业服务体系建设，一批创新型企业发展；支持培育国家和省级众创空间9家、国家级高新技术企业16家，省级科技型中小企业86家、研究院3家、研发中心3家。搭建安商稳税平台。建立“安商稳商工作信息联动平台”，实时监测全区1082家重点税源企业的注册、税收、经营动态以及部门（街道）提供服务等方面信息，强化数据的归集共享，助力安商稳税工作效能提升。全年共走访服务企业512家次，解决企业提出的困难和问题214件。举办全区财税业务知识培训会，开展两期重点税源企业财务总监培训班，参加企业230家。扶持培育优质企业。提请区政府出台《关于加快推进企业上市的实施意见》，把扶持培育前移到企业拟上市之前，15个项目进入上市筹备，4家企业挂牌“新三板”。

【优化支出结构】 严控行政成本。全年“三公”经费支出947万元，下降23.4%。其中，因公出国（境）费支出178万元，增长75.2%；公务接待费支出79万元，下降9.3%；公务用车购置及运行费支出690万元，下降34.1%。保障重点支出。投入为民办实事专项资金2.22亿元，持续在基础设施、生态环境、城市管理、劳动保障、养老扶困、文化教育、公共卫生、食药安全等领域加大改善力度，推动社会各项事业协调发展。加强民生改善。在确保政府职能履行、运作有效的基础上，加大民生领域政策支持，实现一般公共预算新增财力三分之二以上用于民生保障。全区民生事业投入26.20亿元，占一般公共预算支出的81.7%。其中，投入社会保障和就业资金6.24亿元，推进机关事业单位养老保险制度改革社保扩面和资金清算工作，实施第二轮“智慧养老”综合服务，加大困难群体生活帮扶和重点人群就业扶持力度，落实重度残疾人护理补贴及困难残疾人生活补贴，增强社会保障“兜底”功能。投入公共安全资金3.68亿元，深化“平安下城”建设，完善基层社会治理“一张网”体系，开展安全生产、消防安全和治安重点地区专项整治，实行2500台住宅电梯安全责任保险，加大维稳和执法装备项目资金投入，加快全区视频监控与智能门禁系统建设，提高公共安全治理能力。投入教育发展资金6.73亿元，逐步提高教师队伍绩效奖励标准，设立校园基础设施建设基金，加快启正实验学校、求知小学等工程建设，拓展教育国际化交流平台，实现校园安保监控关键点位全覆盖，提升教育现代化水平。投入卫计发展资金1.16亿元，全方位开展慢病防治和病媒监测，推进医养护一体化签约服务，促进分级诊疗机制发展。完善基层卫生服务网络，实施4家社区卫生服务站点提升改造工程，提升卫计服务水平。投入公共文化资金0.57亿元，推进基层综合性文化服务中心建设，推进“1+N”公共文化服务标准化体系建设，开展送演出进基层60场，送培训进基层1000课时。

【深化财政改革】 完善区街管理体制。按照充实基层、做强街道、激发活力的基本原则，理顺街道人财物、权责利关系。完成新一轮区街税收分成核算办法调整，出台《关于调整区街税收分成核算办法的通知》，合理划分区街财政事权和支出责任，地方留存财力向街道倾斜，增加街道支出预算的自主空间，有效调动街道当家理财的积极性。推进预算管理改革。健全一般公共预算、政府性基金预算、国有资本经营预算和社会保险基金预算组成的完整的政府预算体系，实施全口径预算编制。严格预算调整程序，建立项目动态调整机制，盘活存量资金，强化统筹使用。清理和收回当年1~9月份预算执行进度低于50%的项目部分指标，共收回指标6114万元，盘活各类沉淀资金8778万元，统筹用于全区经济社会发展急需资金支持领域。深化国库集中支付改革。规范国库集中支付资金清算流程，所有纳入国库集中支付改革的资金实行“T+1”清算。推行公务卡结算，严格控制预算单位现金的提取与使用。严把支付审核关，严控无预算、超进度、超标准、超范围等支付，确保财政资金使用规范和安全。推进财务管理体系规范化建设。清理财政专户，规范财政专户财务核算。严格落实区属单位银行账户及公款竞争性存放政策。分类建立统一规范的预算单位会计核算体系，确保预算单位财务数据和国库集中支付业务数据保持一致。完成全区117家行政事业单位、49家国有企业和1家政府参股企业的2016年度政府综合财务报告的编制、汇审工作。

【强化财政监管】 依法开展财政监督检查。完成对天水街道和东新街道两家单位2016年度预算编制执行情况，以及对教育局“校园安保专项经费”等4个专项资金的监督检查。通过随机抽查结合延伸检查的方式完成5家代理记账机构的检查。配合省财政厅完成全区行政事业单位的预决算公开检查并达标。加强预算目标绩效管理。优化绩效评价机制，突出对政策合理性及实施效果分析。完成对物业管理财政扶持配套资金等3个项目的绩效评价。推进预算绩效目标申报审核，完成2个重大预算项目绩效目标审核并出具专家评审意见。完成区2016年招商引资项目绩效评价报告，为招商引资工作提供有效建议。推进财政内部风险控制建设。根据“分事行权、分岗设权、分级授权”原则构建“1+8+X”财政内部控制体系，逐步构建权责一致、制衡有效、运行顺畅、执行有力、管理科学的财政内部控制体系，实现核心业务流程有痕迹、风险可监控、责任可追溯，有效实现财政内部控制系统的管理和预警功能。加强政府采购监管。严控政府采购资金支付，杜绝无预算、超预算和超合同采购等不规范行为。加强政府采购检查，全年共抽查行政事业单位8家、社会中介机构1家，涉及政府采购项目74个，合计采购预算资金1479万元。防范政府债务风险。加强政府债务预算管理。成立下城区政府性债务管理领导小组，制订政府债务化解计划，落实长木、草庵、沈家三村连片（棚户区）改造政府购买服务协议及三村连片综合改造工程PPP合作项目。通过做大收入“蛋糕”、盘活存量资金、优化支出科目等方式增加全区可偿债财力，协调到位市补土地出让预收益12亿元、土储专项债券10亿元，有效降低政府债务风险。

【加强队伍建设】 推进"两学一做"学习教育常态化、制度化,开展"三实三比"勇当排头兵活动,创新"三会一课"、固定主题党日活动内容和形式,组织党员参与基层走亲、"最多跑一次"改革、剿灭劣V类水、防蚊灭蚊等活动实践。推进全面从严治党向纵深发展,逐级传导党风廉政责任,开展"20条问题清单"自查整改,以微信、短信形式高频度发送党风廉政警示信息,加强日常巡检和谈心谈话,科学运用监督执纪"四种形态"抓早抓小。坚持"党建+"发展思路,将下城财政党员服务安商稳商工作成果打造成为全区首批"机关党建创优品牌"。强化"两微一网"舆情阵地建设,全年共有2篇党建信息被财政部录用。

(杭州市下城区财政局供稿　裘文彬执笔)

江干区

【概况】 2017年,杭州市江干区实现地区生产总值614.30亿元,按可比价格计算,增长5.0%。其中:第一产业增加值0.67亿元,增长60.2%;第二产业增加值125.91亿元,下降1.4%;第三产业增加值487.72亿元,增长6.8%;三次产业结构比为0.1∶20.5∶79.4。按常住人口计算,人均生产总值81203元,按可比价计算,增长0.8%。全年财政总收入159.48亿元,增长11.7%。其中一般公共预算收入88.01亿元,增长8.6%。全区一般公共预算支出57.39亿元,增长20.1%。全年预算执行情况良好,财政收支平衡。

【科学组织财政收入】 加强分析研判。密切关注中央、省、市财政改革动态,加强与国地税的沟通联系,不定期召开经济形势分析会,增强协同应对政策变化的能力;科学制定收入目标和举措,合理组织收入进度,确保收入平稳运行。优化收入结构。着力提高"三个比重",全区一般公共预算收入完成预算的100.8%,占财政总收入的55.2%;一般公共预算收入中税收收入84.16亿元,占比95.6%;一般公共预算收入占GDP的14.3%。加强非税管理。做实非税执收管理,将非税专户资金等全部预算资金纳入清算范围,实现全口径清算。全年组织非税收入8.98亿元,其中纳入一般公共预算管理的非税收入4.72亿元。

【提振经济发展动能】 发挥政策导向作用。参与制定新一轮产业扶持政策和人才政策,提高政策的针对性和实效性,全年兑现区级产业扶持资金4.80亿元。发挥平台集聚作用。关注重点产业平台、楼宇发展,加强智慧型、创新型企业引进,形成集聚效应。全年新增千万元以上税收企业27家,15个重点平台集聚企业4029家,实现税收33.45亿元,增长23.9%;引进亚马逊杭州跨境电商园、7-ELEVEN浙江总部等产业项目,楼宇经常性税收增长18%,入选中国楼宇经济十大潜力城区。发挥服务黏合作用。深化大招商机制,强化"产业+部门+街道"的综合服务体系,多渠道多角度了解企业需求,为703家次企业申报国家、省、市项目60个,兑现扶持资金1.36亿元;加大人才引进和培育力度,投入5695万元支持"百人计划"等人才新政、"创新中国"总决赛等活动,优化企业发展环境。落实减税降负政策。加强宣传培训力度,提升研发费加计扣除、残疾职工工资加计扣除、高新企业税收优惠、小微企业税收优惠等政策知晓度和落实质效,全年合计减免税费20.97亿元。

【优化财政支出结构】 坚持新增财力三分之二以上用于民生,持续推进基本公共服务均等化。区本级一般公共预算民生支出29.86亿元,增长22.7%,占区本级一般公共预算支出的68.0%。促进教育事业发展。教育支出9.80亿元,重点支持教师队伍建设,推进教育布局调整,全年开工建设学校12所,交付使用10所。完善社会保障体系。社会保障和就业支出5.58亿元,推进社会养老服务体系建设,创建为"浙江省老年友好城区";落实残疾人救助和帮扶、创业就业扶持等民生政策,织密社会保障网;开展城乡统筹工作,全年投入3395万元用于援疆援藏、对口帮扶贵州三穗、湖北恩施。支持医疗卫生系统改革。医疗卫生和计划生育支出2.82亿元,支持医养护一体化改革,协同推进江干区与物产中大合作办医等项目。保障基层文化事业发展。文化体育与传媒投入6056万元,推进省级文化示范体系建设、体育场馆免费开放、足球进校园等文体惠民活动,支持举办首届杭州钱塘江文化节,提升城区文化影响力。支持社会治理创新。全年投入4.44亿元,强化生产安全、消防安全防控体系建设,增强社会协同治理能力,辖区整体平安稳定,2017年被授予"省平安金鼎"。严控行政支出。严控部门"三公"预算编制审核,控制预算规模;实施单列指标控制,加强支出进度管理。2017年"三公"经费支出1804万元,下降20.6%。

【推进财政管理改革】 推进预算管理改革。建立社会保险基金预算,健全以"一般公共预算、政府性基金预算、国有资本经营预算、社会保险基金预算"为框架的政府预算体系。试点编制以权责发生制为基础的综合财务报告。推进财政体制改革。剖析上轮街道财政体制优缺点,制定以"划定收支、保障基本、累进分成、抓大扶优、激励发展"为主要内容的新一轮街道财政结算管理办法,通过财力下移,鼓励街道引优引强,增强街道优化财源结构积极性。推进国库管理改革。启用新版国库集中支付系统,区本级预算单位实现全部门、全资金纳入。推进预算执行动态监控系统建设,加强授权支付监管和全程监管。规范组织招标,推进公款竞争性存放常态化,完成2017年度区级财政专户资金竞争性存放,涉及财政资金15亿元;代理金库参与上级组织的竞争性存放,涉及资金4亿元;区级行政事业单位开展公款竞争性存放招标8次,涉及资金6.35亿元。推进"最多跑一次"改革。实现会计从业资格证审批等3项业务"零上门",全年办理网上申领会计从业资格证书402件、代理记账许可证书12件。稳步推进统一公共支付平台建设,引入支付宝、银联等支付方式,统一缴费二维码,全年累计通过平台办理缴费19.64万笔,收缴资金1.03亿元。开展“上门服务至少一次”活动，全年提供上门宣讲财政政策、辅导预决算编制等服务125次，服务预算单位96家、800余人次。

【强化财政监督管理】 开展绩效评价。完成“2016年江干区垃圾分类”等绩效评价项目和“电影惠民工程”等监督检查项目，除涉密单位外，实现预算单位绩效自评全覆盖，共涉及项目资金50.36亿元。深化信息公开。细化预决算公开内容和格式，新增政府采购信息和预算绩效管理信息公开，主动接受社会监督。加强债务管控。严格控制债务规模，将政府债务还本付息列入年度公共财政预算，按照时间节点偿还1.03亿元。组织建设主体政府债务和财务管理培训会，约谈各建设主体财务负责人及分管领导，落实债务管控主体责任，整改不规范的融资行为。

【加强财政资金统筹】 盘活存量资金。加强结余资金清理，提升资金使用效益。全年统筹结余资金2.47亿元，用于教育布局调整、智慧治理体系建设等民生项目和重点工程。加强资金筹措。强化与建设主体对接，指导签订政府购买城中村改造服务协议，完善资金审批手续；加大区域环境整治保障，筹集6.20亿元推进截污纳管、道路整治、“剿灭劣V类水”等项目。创新合作模式。支持合作办医、合作办学等项目；推进区首个PPP项目“牛田单元G11/C3/C4-01地块公园及文体中心PPP项目”规范运作。

【推进干部队伍建设】 优化队伍结构，选拔中层正职1人、副职4人，非领导职务2人。强化党风廉政建设，中层以上干部签订《党风廉政建设目标管理责任书》，确保“一岗双责”责任制落实到位。健全内控制度，出台《内部控制操作规程(试行)》。提升干部素养，围绕“两学一做”学习教育和“三提一争”主题活动，实施“理论素养提升、专业能力提升、国际视野提升、团队活力提升”四大提升工程，开展各类教育培训20次。

(杭州市江干区财政局供稿　鲍健宇执笔)

拱墅区

【概况】 2017年，杭州市拱墅区实现地区生产总值525.41亿元，按可比价格计算，比上年增长7.1%。其中：第二产业增加值91.64亿元，增长4.9%；第三产业增加值433.77亿元，增长7.6%。三次产业结构比为0：17.4：82.6。人均GDP为91854元，增长7.9%。全区财政总收入140.84亿元，增长7.5%，其中一般公共预算收入78.14亿元，增长7.3%，占GDP比重为14.9%。一般公共预算收入中税收收入73.33亿元，增长7.5%，占比为93.8%。一般公共预算支出34.78亿元，增长8.0%。全年财政收支平衡。

【组织财政收入】 加强协调联动。强化多部门多级联动协作，加强街道收入考核管理，协调做好收入调控、税源分析、形势研判、企业服务等工作。加强协税护税。突出对重点税源的培育和服务，开展税源回归和稳固专项行动，做好楼宇协税护税工作，全年税源回归企业200余家，新增税收4500余万元。加强非税征管。严格审核非税收入征收计划，开展非税收入年度征缴情况分析，全年组织政府非税收入6.67亿元，其中纳入一般公共预算管理的非税收入4.81亿元。

【支持经济建设】 落实财政政策。支持产业平台建设专项行动、企业科技创新和转型升级，落实扶持资金2.80亿元，助推税源企业做大做强做优。落实减费降负政策，清理规范涉企收费，减费近亿元。加强产业基金运作管理。促进产业基金项目落地，成立立元熙茂合作子基金，区产业基金投资2000万元，带动社会资本8000万元，已投资天丰电源、超体文化等6个项目。签约设立汽车互联网产业园基金，助推全区经济发展。推进街道风险池基金建设。全区10个街道共成立11支风险池基金，实现全覆盖，基金总规模3.50亿元，其中街道出资2850万元，102家企业借此获得银行授信，累计发放额度2.13亿元。

【保障民生支出】 坚持公共财政导向，区本级财力民生支出占比87.6%，新增财力的81.9%用于民生。支持教育事业发展。教育支出10.48亿元，推进师资队伍建设，支持实施优质学校培育计划，完善教育软硬件配套，支持开展特色教育活动。推进公共文化服务均等化。文化体育与传媒支出3346万元，支持开展送戏下乡、文化走亲、非遗“二十四节气”“大匠至心”、大运河国际诗歌节等文化活动，保障中小学体育场地免费开放、体育路径等实事工程建设，落实文化馆、非遗图书馆等免费开放补助和体育事业发展扶持奖励。健全社会保障体系。社会保障和就业支出4.01亿元，落实最低生活保障、残疾人“两项”补贴等政策，支持开展企退人员关心慰问，推动实施“智慧养老”项目，落实政策性帮扶岗位综合补贴，提升职业技能人才队伍建设。支持医疗卫生事业发展。医疗卫生与计划生育支出1.99亿元，推进医养护签约服务，支持中医药品牌提升，强化计生特殊家庭关爱帮扶，推进爱国卫生、疾控防控、卫生监督、精神卫生等工作。支持环境提升和城市管理。城乡社区事务支出4.69亿元，保障消除劣V类专项行动和生态健康廊道建设，支持危旧住宅房屋治理改造、“三类”小区电梯改造、望宸阁及半山国家森林公园游步道建设、生活垃圾“三化四分”、道路分类保洁、绿化建设及管养、市政环卫一体化养护等工作。

【落实“最多跑一次”改革】 推进统一公共支付平台建设，新增出入境证件费、社会抚养费、事业单位考试考务费项目纳入平台征缴，全年缴费超过15万笔，金额超过9000万元。代理记账机构审批业务正式纳入浙江政务服务网办理，企业通过政务服务网申请代理记账机构资格审批，财政部门网上受理、审批、公告，证书快递送达，全程实现“零上门”。

【深化财政改革】 健全预算管理体系。新增编制社保基金预算,实现全口径预算编制。将街道房租等收入纳入财政专户管理,编入街道部门预算,加强街道各项资金的统筹使用。建立“钱随事走”管理机制。围绕区政府“321”工作部署*,明确财政资金的安排使用根据部门承担的工作职责、工作量和工作绩效来定,强化“钱随事走、清单管理、细编预算”的项目支出预算编制要求,将预算安排与“三张清单”相结合,做到“钱”“事”对应,编全编细部门预算。提升预决算公开质量。公开内容更加细化,首次公开预算绩效目标资金情况,涉及项目资金10.53亿元。除涉密部门外,全区54家部门预决算均在规定时间内向社会公开。深化投融资改革。全面启动政府购买棚户区改造服务,保障全区城中村改造专项行动,支持全域城中村清零工作。指导项目实施主体规范开展PPP运作,落实PPP政策监管要求。防范债务风险。落实国家对地方政府债务实行限额和预算管理的各项规定,2017年置换政府债券3.79亿元,提前完成存量债务置换工作,年末政府债务余额43.47亿元。

【加强财政监管】 加强预算执行监管。发挥预算执行动态监控作用,强化资金申请、支付等全过程监管,纠正违规金额379万元,防范资金支付风险。加强预算绩效管理。将街道纳入绩效目标申报管理,形成全区统一的预算绩效目标管理体系。全年纳入绩效目标管理项目366个,涉及财政资金18.48亿元。深化绩效评价管理,对消除劣Ⅴ类河道整治、校舍维修改造等5个项目绩效目标实施专家评审,对医养护签约服务等15个重点项目开展绩效评价,对5个全过程预算绩效管理项目进行跟踪管理。加强公务支出管理。制定公务出行经费管理办法,出台公共交通意外保险文件和差旅费新规,完成全区175家行政事业单位的内控报告编制工作。加强国有资产管理。成立拱墅区国有资产管理领导小组,开展全区行政事业单位房产专项清理。开发上线行政事业单位房产阳光出租信息管理系统,将全区634处经营性用房出租信息全部纳入系统公开。

【加强队伍建设】 推进“两学一做”学习教育常态化制度化,开展党的十九大精神专题党课、主题宣讲。强化“一岗双责”意识,落实主体责任。开展专题学习、读书思廉、知识测试等学教活动,更新廉政文化宣传长廊,举办家风沙龙活动。开展日常作风效能监督检查,完善廉政风险防控体系。开展“比学赶超、争当标兵——做服务名区建设先锋”活动,搭建机关干部比作为、晒实绩的平台。深化“阳光团队”党建品牌建设,搭建业务提升、服务实践、廉政文化、人文关怀四大平台,营造“以人为本、以廉为荣、实干为先”的良好氛围。 (杭州市拱墅区财政局供稿　龙扬洋执笔)

注:

*“321”工作部署:建立“三张清单”,即常规工作清单、重点工作清单、创新工作清单。建立“两项机制”,即“钱随事走”财政资金绩效管理机制、“实绩讲话”年度考核评价机制。建立“一套推进制度”,包括报告、例会、督查、通报、约谈等方面的工作推进管理制度。

西湖区

【概况】 2017年,杭州市西湖区实现地区生产总值1085.54亿元,增长7.0%。其中:第一产业增加值3.82亿元,下降4.1%;第二产业增加值108.38亿元,增长6.6%;第三产业增加值973.34亿元,增长7.1%。三次产业结构比为0.3∶10.0∶89.7。按户籍人口计算,人均生产总值156666元。全区完成财政总收入245.23亿元,增长10.8%,占GDP的22.7%;一般公共预算收入125.98亿元,增长10.9%,占财政总收入的51.4%;全区一般公共预算支出74.13亿元,增长6.5%。全区预算执行情况良好,财政收支平衡。

【组织财政收入】 加强协税护税工作联动。全面研判全年收入形势,做好财政收入入库、调库工作。建立经济职能部门信息共享机制,组建协税护税专业队伍,集中走访企业超5000家次。出台楼宇(总部)经济政策扶持办法,实施“协税护税”“招优引强”等四大工程,打造亿元楼18幢、千万元楼90幢,楼宇税收破百亿元。收入质量持续向好。全区税收收入占一般公共预算收入的94.7%,较上年提升0.5个百分点,高于全市平均水平4.3个百分点。第三产业全年实现一般公共预算收入111.75亿元,增长10.9%,占比88.7%,其中信息经济、文创产业、互联网金融行业成为全区经济增长新亮点。全年非税收入7.68亿元,下降8.5%,其中纳入一般公共预算管理的非税收入6.63亿元。

【支持经济发展】 优化产业平台建设。统筹5.26亿元完成云栖小镇二期建设,投入29.18亿元支持西溪谷互联网金融小镇建设,投入6455万元打造白沙泉并购金融街区,投入2.52亿元对接城西科创大走廊整体规划推动紫金港科技城建设。突出产业扶持导向。投入2.34亿元扶持企业81家次,依托阿里云、数梦工场等行业龙头,促进以云计算、大数据应用为核心技术的企业快速发展。投入1.07亿元扶持企业89家次,促进影视文化、会展演艺等特色文创产业发展。投入1.62亿元扶持企业667家次,鼓励企业加大研发投入,培育市级以上高新技术企业500余家。响应省政府“凤凰行动”,投入资金2600万元鼓励企业上市融资。实施招才引智战略。投入8.79亿元推进西湖大学云栖校区建成开学,引进海内外高层次人才2918人、创新创业团队79个。加大高学历人才引进力度,投入4223万元为2081名硕士、博士发放生活补贴。发挥基金引导作用。筹建总规模50亿元的政府产业基金,引导金融资本和社会资本支持实体经济发展。发挥政府创业引导基金作用,撬动社会资本4.21亿元。增加区担保中心注册资本金,累计为区内566家中小企业担保融资13.20亿元。运用科技风险池,帮助企业突破融资瓶颈,已为区内140余家企业直接融资5.32亿元。

【保障民生事业】 全区民生支出51.90亿元,增长9.5%,高于全区总支出增幅,保障新增财力三分之二以上用于民生。全力支持优质教育。投入15.41亿元,用于转塘中学、大禹路实验中学、之江中学等29所学校建设,以"名校+"模式促进教育均衡发展。投入教育资金16.65亿元,逐步提高教师待遇水平,设立西湖区民办教育发展专项资金。优化医疗资源配置。统筹4.35亿元,支持之江医院、西湖二院等项目建设。投入2800万元支持医疗战略合作体系建设,引入浙一医院等五家省市三甲医院,增加辖区居民对优质医疗资源的可及性和获得感。深化社会保障体系。统筹7.04亿元强化公共财政托底保障功能,关心残障人群,开展就业创业项目,保障城乡居民享受养老和医疗保险政策。深化一体化养老服务机制,为70周岁以上老人发放居家养老服务券,政府购买服务支出1500万元。保障平安西湖建设。投入6.72亿元,支持区综治中心、镇街"四个平台"建设,搭建"在线矛盾多元化化解平台",建设以治安监控为基础的"雪亮工程",建立立体化社会治安防控体系。实施幸福惠民工程。投入2251万元深化"最多跑一次"改革,提升改造区行政服务中心和镇街分中心,建设乡镇公共财政服务平台,共发放资金1.16亿元,惠及群众44.23万人次。统筹15.13亿元,建成区文体中心,整合资源组建区传媒中心,推进三墩文体中心、之江青少年活动中心建设。

【支持城乡建设】 拓宽资金筹措渠道。通过土地出让、政府购买服务、企业债券、城建基金等多种渠道筹措资金350亿元,保障城中村改造、小城镇整治、五水共治、美丽乡村、美丽家园、危旧房改造等重点民生项目。规范推进龙坞茶镇、保亭安置房、蒋村D04停车场库等PPP项目落地,并列入财政部PPP示范项目库。保障项目有力推进。投入150.33亿元,实施35个村整村搬迁。统筹15.52亿元,通过土地流转、村庄整治和完善市政基础设施配套,打造三墩、双浦片区13个村美丽乡村升级版。统筹10亿元,推进全区危旧房改造、美丽家园提升工程,打造西溪路景观大道。统筹20.23亿元,全力做好267个治水项目的资金保障和工程审核,完成南北两大引水工程。提升城市管理水平。投入3.34亿元,支持8个入城口、城市道路、河道、公共绿地等市政基础设施日常养护工作,建立健全城市管理长效机制,提升城市环境品质。投入4809万元开展生活垃圾"三化四分"处置管理,逐步实现垃圾清洁直运全覆盖。

【深化财政改革】 加强预算管理改革。全面统筹"四本预算",盘活存量资金1.19亿元。倡导厉行节约应对财政紧平衡,压缩一般性支出,严控"三公"经费。实行公款竞争性存放,全年增加利息收入2293万元。全省首台公共支付自助机在西湖区投放使用,助推"最多跑一次"改革。加强预算刚性约束。接受人大预算监督,规范预算调剂管理。推行零基预算与项目库管理相结合模式,坚持"不入库不安排、入库后择优安排"原则。深化国库集中支付改革。全面推行财政网上支付,实现财政资金支付"零上门",集中支付资金19.6万笔172.53亿元。完善预算执行进度考核通报机制,执行率与次年预算安排相挂钩,进一步提升财政资金的使用效益。加强政府风险防控。取得地方政府债券额度80亿元,节约融资成本逾2亿元。实行国有企业债务动态监管,合理制订化债计划,优化债务结构。

【加强财政监督】 开展财政监督检查。全年开展专项督查和绩效评估86家次,涉及政府投资项目、卫生医疗设备、民生保障资金、云计算产业政策等领域,对发现的问题提出针对性整改意见,促进财政资金安排科学合理。规范政府采购管理。实现代理机构网上采购信息备案、专家抽取、网上评标、中标及合同结果公示,全年政府采购金额5.02亿元,节约财政资金6763万元,节约率达14.5%。加强会计信息管理。完善会计行业基础信息建设,建立代理记账机构名录库,开展会计信息质量抽查,规范代理记账行为。加强财政自身建设。按照分事行权、分岗设权、分级授权,初步构建"1+8+X"的内控制度体系,增强风险防控能力。

【加强队伍建设】 推进"两学一做"学习制度化常态化。制定党风廉政建设两级责任清单,层层压实责任,坚持用制度推进从严治党。修订出台党委会议事规则,确保"三重一大"落到实处。开展形式多样的主题党日活动,发挥党员先锋作用。开展科级干部竞争上岗和其他干部双向选择。对全局各科室进行岗位设置,定岗定责,调动干部工作积极性,实现了干部队伍建设与党员先锋阵地建设的深度融合。

(杭州市西湖区财政局供稿　章　琤执笔)

高新技术产业开发区(滨江)

【概况】 2017年,杭州高新技术产业开发区(滨江)实现生产总值1088.90亿元,按可比价计算,比上年增长13.2%,其中:第一产业增加值1.20亿元,下降11.1%;第二产业增加值569.90亿元,增长15.8%;第三产业增加值517.80亿元,增长10.5%。三次产业结构比为0.1∶52.3∶47.6。全区财政总收入287.28亿元,增长22.1%,其中一般公共预算收入142.81亿元,增长19.4%,占财政总收入的49.7%,占GDP的13.1%,一般公共预算收入中税收收入134.82亿元,占一般公共预算收入的比重为94.4%;一般公共预算支出113.49亿元,比上年增长5.6%。全区财政收支平衡,并有结余,经济运行情况良好。

【组织财政收入】 做好收入分析。深化财政、国税、地税三方合作,召开联席会议,分解落实全年征收预期任务,分析影响财政收入因素,预测财政收入走势,确保税收收入均衡入库。强化征管保障。通过税收征管保障工作信息交流制度,加强涉税信息的沟通交流,及时掌握企业外迁情况,联合产业主管部门做好重点外迁企业的挽留工作，落实企业搬迁后的财政体制结算工作。加强收入调控。加强与重点税源企业沟通协调，上门对接30余家四季度税收入库重点企业，做好税收调控工作。组织非税收入。协调相关部门，理顺业务流程，及时回笼土地出让金收入，解决以前年度项目因面积调整补交出让金返还事宜，确保土地出让金收入应收尽收。全年完成非税收入125.79亿元，其中土地出让金收入113.85亿元，纳入一般公共预算管理的非税收入7.99亿元。

【支持经济发展】 加大产业资金投入。全年产业扶持资金支出29.83亿元，其中区级资金21.04亿元，支持创新创业、人才引进、研发资助和产业化资助、科技金融创新、商贸服务和文创产业发展等。加大服务企业力度。落实重点企业一对一服务制度，宣传区内产业政策。实施取消、停（免）征的41项行政事业性收费，全面落实企业研发费加计扣除、高新技术企业减免税、软件业超税负退税和出口退税等税收优惠政策，全年减免退税205.27亿元，惠及企业1.5万余家。推进政府产业基金实质性运作。建立科技创新产业扶持基金制度，助推重大项目招商落地、高端人才引进、前沿技术开发和研发项目产业化，推进财政资金由直接变间接、无偿变有偿、事后变事前的支持经济发展模式转变。设立阶段参股引导基金32支，专项合作基金2支，基金规模63.97亿元，其中产业扶持基金出资11.85亿元，撬动社会资本52.12亿元，实际投资各类高新产业项目140个，投资金额10.28亿元。

【改善民生事业】 加大民生领域投入。坚持“民生优先”发展战略，完善民生保障机制，促进全区各项社会事业全面发展。全区一般公共预算民生支出72.91亿元，占一般公共预算支出的86.6%。支持发展社会事业。投入教育资金15.01亿元，保障钱塘实验小学、奥体单元小学等，14所学校（幼儿园）新建扩建和建成投用，支持教师引进和教育水平提升；投入医疗卫生资金2.72亿元，保障区公共卫生中心和西兴街道社区卫生服务中心建成投用，深化区院合作，落实签约补助，推进“健康滨江”建设；投入文化体育资金2.51亿元，保障区体育馆和群文中心建成投用，支持举办动漫节、文博会、CBA篮球赛等文体活动，丰富群众文化体育生活。支持提升社会保障。投入26.92亿元用于保障性住房及农转居拆迁安置房建设和提升改造，增强原住居民获得感；投入10.02亿元，用于养老、慰问、优抚等补助支出，落实拆迁家庭、拆迁家庭大学生就业指导和创业服务政策。支持巩固平安建设。投入3.62亿元用于社会综合治理、维稳安保等，助力构建区域安全体系，维护社会稳定。

【保障城市建设】 投入11.34亿元保障五大平台*建设。奥体博览城主体育场主要单项工程完成竣工验收，网球中心决赛馆钢结构工程实现合拢，物联网产业孵化器主体结顶，北塘河创新中心建成投用，冠山公园一期建成开放，创新中心项目、工业遗址公园、沿江绿化景观工程、湖区二期开工建设。投入30.24亿元保障基础设施建设。地铁4号线正式运营，5号、6号线建设持续推进，江南大道改造提升工程主体开工建设，16条道路完工。新建公共停车场（库）5座，新增公共停车泊位2497个。新建公共自行车服务点25座并投入使用。江虹变、白马变、之江变（扩建）正式投运。投入109.81亿元推进整村拆迁。拆迁腾房3064户，拆迁企业115家，交地8090亩，拆除违法建筑2615处、126万平方米，城市面貌全面改善。投入6.18亿元推进“五水共治”。保障截污纳管、河道清淤、排污口整治、生态修复等工程施工，完成“五水共治”项目61个，全区河道水质普遍提升。投入6.38亿元改善城市环境。57个小城镇环境综合整治项目全面实施，西兴、长河历史文化街区保护与改造工程启动，西兴街道小城镇整治通过市验收。

【深化财政改革】 完善预算管理体系。实施全口径预算，推行机关事业单位基本养老保险基金预算。实施政府预算、部门预算和“三公”经费预算公开，细化公开内容，扩大公开范围，做到预算公开全覆盖。加强预算执行管理。扩大国库集中支付范围，将基建财务纳入国库集中支付，上线国库集中支付动态监控系统，建立预算单位支出进度定期通报制度，增强预算执行的透明度和约束力，提高预算执行率。推进“政采云”平台试点。以政府采购电子化交易和管理为重点，通过优化业务流程、对接内网系统、完成信息采集等建成集政府采购网上交易、网上监管和网上服务为一体的综合性云服务平台，实现“政采云”平台上线应用。助推“最多跑一次”改革。优化窗口服务事项，将会计从业资格和代理记账机构许可列入“最多跑一次”事项清单，通过“网上受理，在线审批，快递送达”的方式，实现“零上门”服务。推进不动产登记收费、公安出入境收费、城管罚单收费等项目接入统一公共支付平台工作，完成幼儿园保育费统一公共支付平台扩面工作。开展“上门服务至少一次”活动，按照服务对象成立3个上门服务小组，分组走访全区预算单位，征求意见建议，帮助解决问题。

【加强财政监管】 强化财政监督。在会计监督和政府采购代理机构监督检查中落实“双随机、一公开”机制，规范执法行为。开展区级众创空间发展项目和省级重点企业研究院建设项目绩效评价，促进提升产业资金使用绩效。加强街道财政管理。3个街道预算编制纳入区级预算编制系统，实行街道全口径预算管理，完成基本账户的统一核算模式建账，规范街道财务核算。规范政府债务管理。科学制订还贷计划，降低债务成本。通过全面清理涉债银行函件、提前归还行政事业单位融资等举措，化解政府债务风险。加强资金安全管理。完善征迁资金审批流程，加强资金审核，堵塞征迁资金使用安全漏洞。以自查和抽查相结合的方式开展公款竞争性存放“回头看”，对检查中发现的个别问题及时落实整改。严控行政运行支出。下达“三公”经费、会议费、培训费控制指标，规范各项经费支出标准，从严控制“三公”经费等一般性支出规模，全区一般性支出13.76亿元，下降5.1%。

【加强队伍建设】 开展"三提一争"活动，研究制订"两学一做"学习教育制度化常态化工作计划，建立"每周一学"制度，开展"六问"大讨论和"滨江拥江发展"专题研讨，实施"树标争先"专项行动，通过多种形式的学习、培训、锻炼，提高财政干部综合能力素质。以创建服务型党组织为目标，组织开展"万名干部进村社访民情解民忧"、"礼让斑马线"文明劝导、"护容护水"知识宣传、"扶贫帮困"等活动，引导党员干部发挥先锋模范作用，2017年局党支部被杭州市委组织部评为杭州市行业系统党建"好支部"。落实中央"八项规定"精神，健全经费管理制度体系，为纠正"四风"提供制度保障。人人签订作风效能承诺书，落实刷卡考勤、挂牌上岗、公务员日常考核等制度，规范机关工作纪律。通过定期组织活动、压担子督促开展调研撰写调研报告、按批次组织培训、强化岗位锻炼等方式，提升年轻干部综合素质。严格选人用人标准，推选区管副职领导干部1名，提拔任用科级领导干部1名。

（杭州市高新技术产业开发区〔滨江〕财政局供稿　袁　骏执笔）

注：

*五大平台：指白马湖生态创意城、奥体博览城、智慧新天地、北塘河畔商务区、物联网产业核心区。

萧山区

【概况】 2017年，杭州市萧山区实现地区生产总值2157.49亿元。全区（不含大江东，下同）实现地区生产总值1861.48亿元，比上年增长8.5%，其中：第一产业增加值54.15亿元，增长1.4%；第二产业增加值701.56亿元，增长0.9%；第三产业增加值1105.77亿元，增长15.3%；三次产业结构比为2.9∶37.7∶59.4。按户籍人口计算，人均地区生产总值164319元，增长7.2%。全区财政总收入318.19亿元，一般公共预算收入188.07亿元，分别比上年增长19.0%和14.9%。一般公共预算收入中税收收入163.40亿元，占比86.9%。一般公共预算收入占GDP的比重为10.1%。一般公共预算支出206.29亿元，增长30.0%。全年财政收支平衡。

【组织财政收入】 把握收入重点。根据国家税制改革新动向，调整地方税征管重点，协调国税部门动用免抵调库资源，夯实增值税基数，把握收入结构。把握收入进度。调整镇街收入考核方式，实现月度间均衡入库，提高全区收入掌控能力。强化信息管税。研究开发税收预测和管理系统，提高收入预测准确率。上线社会保险费结算新系统，提升社保费征管水平。利用从国土、房管等部门取得的信息，整理好全区房产、土地信息，运用信息手段加强房产税、土地使用税征管。加强重点税源监控。共有1290户企业纳入分局级以上重点税源并进行按月监控。完成全区房地产税源调查，夯实税收征管基础。组织非税收入。推广公共支付平台建设，新增支付宝、银行自助终端、MS-POS等多种方式，新增43家执收单位23项收费项目，缴费75万笔，收缴资金2.10亿元。整合不动产交易登记中补缴出让金流程，将原住建房管、国土不动产登记中心、财政部门分别补缴出让金，整合由国土不动产登记中心统一收缴。对接政务网及非税系统运维公司、执收单位、区政府信息中心，对公共支付平台增量扩容。全年累计征收非税收入454.63亿元，增长41.5%，增收133.23亿元，其中纳入一般公共预算管理的非税收入24.67亿元。

【支持经济发展】 规范产业基金运作。财政部门承担起政府产业基金管委会办公室的职责，出台关于子基金、直接投资、母基金管理人绩效考核等9项配套管理办法，从制度层面上规范运作。落实产业扶持政策。配合区委政研室等部门出台新一轮政策，更加突出对实体经济和城市创新经济的扶持力度。牵头制定30.00亿元政府产业基金的实施意见，与沨华资本设立规模10.00亿元的子基金，主要投向先进制造业、消费升级和TMT*。加快兑现扶持资金。累计兑付各级各类扶持资金18.88亿元，其中区级财政支出14.07亿元，比上年增长17.4%，主要用于支持传统产业转型升级及新兴产业培育。落实减税清费各项政策。取消、停征43项行政事业性收费，全年减费2.83亿元，已办理房产税减免228户，减免税额1.05亿元，落实契税减免政策，涉及单位、个人共计29662户次，减免契税8.17亿元。加大服务企业力度。支持浙商回归，多次对重点企业进行政策宣传与辅导，帮助解决企业生产经营过程中遇到的困难与问题。

【保障民生支出】 全年民生项目支出159.81亿元，比上年增长34.4%，占支出的77.5%。支持社会事业发展。完成教育支出39.34亿元，金惠初中、城厢幼儿园等15个项目全面竣工并投用，促进教育发展优化提升；科技文化支出10.47亿元，新增科技型企业585家，新建农村文化礼堂29个，促进科学文体事业持续繁荣；医疗卫生支出18.53亿元，提高基本公共卫生标准。社保就业支出16.75亿元，推动家庭医生签约服务和居家养老服务，加大居民最低生活保障力度。改善生态环境。确保财政支农重点，着重保障浦阳江治理工程、南片林道建设、农村生活污水治理等重点项目。全区已有228个村完成污水治理工作，同时完成工程造价审核并通过区级第三方验收。加快基础设施建设。完成区本级基本建设投入60.00亿元，推进地铁、彩虹大道、03省道义桥至楼塔段改建、03东复线改扩建（临浦至进化段）等交通市政工程，危旧小区改造和城市危房整治、平改坡等项目，加快城市化进程。

【推进"最多跑一次"改革】 对扶持、惠农、民生保障等财政补助实现"零上门"支付，所有补贴支付均由业务科室收齐票据交结算中心支付，企业与单位无须再跑结算中心，结算中心建好台账,做到见票即付,全年完成各类补助支付8.06亿元。推进会计管理的"最多跑一次",共有"会计代理记账机构执业资格审批、代理记账机构年度报备、政府采购评审专家注册、非营利组织免税资格认定"等四项列入"最多跑一次"事项清单,与省级目录一致,其中前三项实现"零上门"服务。开展"上门服务至少一次"活动,主动到预算单位进行政策辅导、征求意见。

【调整完善财政体制】 围绕区委区政府"三化联动"(全域城市化、区域一体化、城区国际化)部署,按照城市化推进要求,调整新一轮镇街平台财政体制(结算办法)。新体制实行以城带街模式。发挥经济技术开发区、钱江世纪城、湘湖新城及国有平台公司等发展平台优势,发挥平台对镇街的带动作用,加快区域一体化进程。新体制减轻镇街负担。调整镇街事权,上收建设职能,建立起财力与支出责任基本对等的运行体制,实现基本公共服务均等化,促进区域经济和社会事业协调发展。新体制化解镇街债务风险。通过调整区、镇两级财权事权,明确区本级和新城平台对镇街现有债务的代付和清偿责任。新体制激励增收。针对全面"营改增"后收入口径不一致等问题,调整、优化、确定收入基数,在此基础上,调整完善分成政策,鼓励镇街平台做大做强实体产业,实现新增财力适当向基层倾斜,重点支出适当由区级财政承担,提高镇街增收发展的积极性。

【服务"三化联动"】 争取新增政府债券28.00亿元,累计置换债券342.62亿元,支持区域重点工程建设,节约资金成本。推进棚户区改造项目政府购买服务,牵头协调对接相关银行,累计完成27个城中村整村改造项目政府购买服务,推进棚户区改造。助力交通市政道路三年行动计划,统筹政府财力,做好建设资金的分年度保障计划。创新投融资机制,支持钱江世纪城管委会推进亚运场馆项目PPP建设,支持区国资公司、区城投集团等设立资金池,为城市建设提供资金储备。

【规范财政监管】 完善财政财务制度。修订完善国库集中支付、政府投资项目管理、国有资产监督管理暂行办法、国企负责人薪酬制度改革方案等一系列制度办法。开展财政监督工作。做好预决算公开情况的自查及迎检工作;参与八项规定执行情况检查和纪委牵头的巡视组;对3家事业单位进行预算执行情况进行检查,开展会计信息质量检查,并做好内审工作。推进绩效管理工作。以预算布置会议为契机,宣传绩效管理工作,扩大评价面,突出评价重点,安排17个重点绩效评价项目,其中人大指定项目2个。推进内控制度建设。在"1+9"制度建设基础上,根据要求完成内控操作规程建设,使内控工作全面深入财政工作的各个岗位。

【加强队伍建设】 局党委履行"一岗双责",层层压实廉政责任,集中听取部分科室和分局负责人汇报"一岗双责"情况。加强基层党建,推进"两学一做"学习教育常态化制度化。学习贯彻党的十九大精神。完善党委议事规则,出台《党委工作规则(试行)》。建立健全系统各级党建工作领导小组,完善党建工作运行机制。开展青年干部、窗口人员、中层干部培训,提高业务素质,1人被杭州市财政局评为"财税闪光人物",多人在杭州市财政局岗位技能大比武中取得好成绩。

(杭州市萧山区财政局供稿 徐丹萍执笔)

注:

*TMT:即数字新媒体产业,是科技、媒体和通信三个英文单词的首字母。

余杭区

【概况】 2017年,杭州市余杭区实现地区生产总值1695.13亿元,按可比价计算,增长12.0%。其中:第一产业增加值50.45亿元,增长1.2%;第二产业增加值551.41亿元,增长5.4%;第三产业增加值1093.27亿元,增长16.2%。三次产业结构比为3.0∶32.5∶64.5,第三产业占比同比提高2个百分点。按户籍人口计算,全区人均生产总值16.74万元,增长7.1%。全区财政总收入503.80亿元,同口径增长25.9%,一般公共预算收入280.01亿元,占财政总收入的55.6%,占地区生产总值的16.5%,同口径增长23.9%,其中税收收入260.38亿元,占一般公共预算的93.0%。全区一般公共预算支出270.39亿元,增长22.1%,其中区本级财政支出238.59亿元,同口径增长24.1%。全年预算执行情况良好,财政收支平衡。

【组织财政收入】 推进税收网格化管理,将税收征管延伸至社区(村)一级,全区建成镇街、社区(村)网格点398个,配备各级网格员778人,全年网格点征收税款3.39亿元。加强税源经济建设,按照"上下联动、属地为主"的原则,在全区各级层面成立税源经济工作机构,部门平台镇街通力合作。发挥阿里巴巴龙头企业作用,借助杭州城东智造大走廊和杭州城西科创大走廊优势,推进智慧产业化和产业智慧化的互动,形成未来科技城、良渚文化城和临平创业城3大板块的互联网经济发展格局。通过科技创新计划,新增各类科创园62个,科技型中小微企业4000余家。全年完成非税收入293.39亿元,其中土地出让金收入246.41亿元,纳入一般公共预算收入管理的非税收入19.62亿元。

【服务经济发展】 梳理产业扶持体系,会同各产业主管部门完善各类优惠政策,兑现跨境电商、文创产业、技术创新、节能减排、品牌发展等扶植补助政策。制定完善"6+3"政策体系*,从企业培育、创新创业、金融支撑、人才引培等方面支撑产业发展。落实降税减负政策,落实高新技术企业税收优惠、技术研发费加计扣除、小微企业所得税优惠,实行分类分档的城镇土地使用税差别化减免政策,全年共计减免税收15.45亿元。出台企业上市"新政十条",2017年新增首发A股上市企业9家,新增上市数量占全省的10.3%。落实人才新政,每年安排6亿元资金用于人才专项支出。

【发展产业基金】 深化政府产业基金运作,出台让利性股权投资引导实施细则、(子基金)绩效考核办法、天使梦想基金管理办法,完善产业基金政策体系。根据企业不同成长周期的资金需求,设立梦想基金、天使基金、创投基金、产业发展引导基金等多个基金,并与省金控合作成立转型升级产业基金。政府性产业基金总规模46.50亿元。设立子基金22支,规模254.34亿元。已投资项目427个,投资金额26.77亿元。

【助推"美丽余杭"建设】 围绕区委区政府"美丽余杭"建设的工作目标,拟定"美丽乡村""美丽公路"、小城镇综合治理等实施方案,向上争取财政奖补资金。出台棚户区改造政府购买服务等有关事项的通知,累计完成城中村改造融资授信258亿元,发放贷款93亿元。支持农村道路、桥梁建设投入,为"美丽公路"全区覆盖提供资金支持4.20亿元。推进全区重点项目建设,按照"保民生、保重点、保续建"的原则,根据区委区政府的部署安排,推进"五水共治""六大西进""三路一环"等重点工作,安排资金25.50亿元支持良渚申遗。

【保障民生支出】 2017年,全区民生支出198.95亿元,同比增长20.5%,占一般公共预算支出的73.6%。加大对教育投入,支持未来科技城国际学校、星桥九年一贯制学校等教育项目建设,全年安排教育支出46.43亿元。完善医疗资源配置,保障区第三人民医院迁建、区中医院整体迁建、良渚医院等医疗项目建设,全年安排卫生支出23.67亿元。健全社会保障体系,为城镇和农村居民提供最低生活保障,发放重点优抚、退役安置、高龄老人生活津贴和重度残疾人护理补贴,全年安排社会保障支出21.85亿元。落实"10+X"惠民政策*方面的资金需求,全年共支出6.31亿元,其中社会保障类支出5.06亿元,公共服务类支出0.97亿元,公建配套类支出0.28亿元,提高居民社会保障水平。

【深化财政改革】 深化投融资体制改革,探索建立民间资本投资社会事业适度回报和奖励制度,促进PPP模式的推广使用。推出两批政府投融资创新试点项目17个,总投资218.75亿元;推出PPP储备项目2个,总投资109.50亿元。项目涵盖城市道路、污水和垃圾处理、地下综合管廊轨道交通、医疗和养老服务设施等。深化国库集中支付改革,扩大专项资金国库集中支付覆盖面。开展财政专项专户清理工作,清理撤销财政专户24个,做好有关账户归并。指导督促9家行政事业单位开展公款竞争性存放,招标资金44.07亿元。开展浙江省代理记账机构管理系统试点工作,推进代理记账行业信息化管理,提升信息化管理水平。推动政府采购监管模式创新,推进"政采云"平台的推广使用。

【加强财政监管】 防范债务风险,出台政府性债务管理实施方案,强化政府性债务管理。加强对各平台、镇街的业务培训,规范各部门融资行为,规避政府债务风险。完成直接融资授信审批153亿元,置换债券103亿元,新增地方政府近18亿元。除政府债券及棚改贷款外,新增融资直融比例近50%。强化资金拨付核算,加强预算资金执行管理,建立预算执行考核与预算安排挂钩机制。加强"三公"经费管理,严格控制"三公"经费支出,全年"三公"经费支出预算下降6.8%,实际下降14.1%。

【强化队伍建设】 加强党风廉政建设,实施基层党风廉政巡查,完成会计核算中心等部门的巡查工作,组织50周岁以下党员开展党规党纪考试。打响特色党建品牌,开展"争当铁军先锋、争作全省榜样"活动,组织新一轮"一村一社区一机关"党组织结对共建,推进"两学一做"学习教育常态化制度化,每周三开展夜学夜访工作,编印《财税精神食粮》12期。提升干部专业能力,开展年轻干部"师徒"结对活动,分批组织业务培训,开展年轻干部财政能手评选。开展学习型小组活动,组织积极向上的文体活动,结合建党96周年发动党员干部进行爱心献血、微心愿认领等活动。 (杭州市余杭区财政局供稿 李国栋执笔)

注:

*"6+3"政策体系:实施工业与科技、现代服务业、开放型经济、人才、金融、"众创空间"六大产业政策以及电子商务、家纺"恒阳产业"和降成本减负担去产能政策。

*"10+X"惠民政策:"10"即"余杭惠民十条",包括免费生育政策、困难家庭子女教育帮扶、困难家庭人员就业帮扶、设立大爱余杭慈善帮扶基金、残疾人津贴及保险补助、发放老年人生活补贴、加强养老服务、改善老旧小区物业管理、加快旧住宅和危旧房改造、加强农村饮水安全保障等十项惠民政策。"X"则包括社会保障、医疗救助、公共交通、农贸市场等相关政策。

富阳区

【概况】 2017年,杭州市富阳区实现地区生产总值776.40亿元,比上年增长7.0%。其中:第一产业增加值46.30亿元,增长2.1%;第二产业增加值339.10亿元,增长2.9%;第三产业增加值391.0亿元,增长11.8%。三次产业结构比为5.9∶43.7∶50.4。按户籍人口计算,人均生产总值115120元,增长6.3%。全区财政总收入106.89亿元,同口径增长10.0%,其中一般公共预算收入63.70亿元,同口径增长10.4%。一般公共预算支出66.30亿元,同比增长0.2%。全年预算收支情况良好,财政收支平衡。

【组织财政收入】 优化收入结构。一般公共预算收入占财政总收入比重为59.6%,占GDP的比重为8.2%。其中,税收收入57.26亿元,占一般公共预算收入比重为89.9%。强化收入分析。制定组织收入预案,实施动态调整,深入开展经济税源调研分析,把握组织收入主动权。深化部门合作。通过部门合作,实现信息共享,比对11个政府部门的3万余条信息,增收9763万元。实现房产交易信息实时共享,办理房产交易21717件,增长81.5%,征收各类税费逾9亿元,增长164.0%。加强税收管理。强化风险管理,全年推送涉税风险纳税人542户,查补入库税费7880万元。管查互动,促进稽查提质增效,检查154户,查补入库税费2496万元。完善非税征管。实现政府非税收入97.89亿元,增长22%。其中,土地出让金收入82.80亿元,增长40.4%;纳入一般公共预算管理的非税收入6.44亿元。征收社会保险基金86.21亿元,增长39.0%,为社保基金与杭州主城区一体化运行打好基础。

【支持经济转型升级】 落实税费减免优惠政策。全区累计减免各类税收34.09亿元,增长53.8%。通过免征残保金、降低社保费率、停征水利建设基金等,落实降费3.26亿元。向上争取政策、资金。向上争取各类竞争性分配资金2.04亿元,其中涉农项目1.04亿元,涉企1亿元。整合优化产业政策。全年兑现产业政策资金9.62亿元。推动产业基金实质性运营,产业基金规模8亿元。助力实体经济发展。全年帮助企业转贷663笔,转贷金额84.89亿元。开展"银税互动"助力小微企业,全年为106家企业提供贷款1.19亿元。投入资金3.48亿元,对400多家科技型中小企业给予奖励扶持,推动科技成果转化。开展亲商入企。落实富阳区"服务企业百日专项行动",开展"杭州财税直通车——魅力区县行"等宣传活动,组建财税服务队5支,走访重点企业210户,征集需求、问题131条。实践乡村振兴战略。农林事务投入资金16.50亿元,增长5.6%。打造三产联动的田园综合体,建成富春山居美丽农业产业园6个,落地全省首个"农创客"小镇项目。推进"三美"建设,创建精品线路6条,杭派民居点增至4个,建设特色村21个,新增民宿示范村3个。

【保障重点民生支出】 全年财政用于民生项目支出52.24亿元,占一般公共预算支出的78.8%。2017年是富阳区撤市设区"一年启动、两年实施、三年融合"目标最后一年,40项民生政策支出9.82亿元,实现与杭州主城区的标准对接。支持教育事业发展。投入资金18.61亿元,用于保障各教育段经费,增长5.3%。设立"名校、名师、名校长"工程专项经费,完善学校、教师激励机制。支持文化体育发展。投入资金1.57亿元,增长5.6%。打造文化特色品牌,加大"非遗"保护、全面开展文化惠民活动,支持举办中国铁人三项联赛总决赛等赛事。支持医疗卫生事业发展。投入资金5.55亿元,同比增长15.9%。实现富阳区第一人民医院等4家医院与省、市医院合作办医,启动家庭医生签约服务,签约人数25万余人。医保与杭州互认互通,实现1988家医院、2275家药店就医直接刷卡结算。提升生活品质。推进城市综合治理、城乡环境大提升、城乡公交一体化等惠民工程,加大城乡公共服务配套建设资金的投入。推进治水工程107项,安排资金20.26亿元。投入扶持资金1.50亿元,用于燃煤小锅炉淘汰改造、烟囱拆除、锅炉清洁化改造等。

【落实"最多跑一次"改革】 推进"最多跑一次"改革。在浙江政务服务网公布财政"最多跑一次"事项3项。其中,会计从业资格和代理记账机构许可事项,通过"网上受理,在线审批,快递送达"的方式,实现"零上门"。深化"互联网+政务"服务。加大统一公共支付平台建设力度,拓宽支付渠道,扩大应用范围,全年实现电子缴费46万笔,收费金额7278万元。在杭州地区率先上线"政采云"交易平台,交易额4732万元。开展"上门至少服务一次"活动。以座谈会、政策解读、业务辅导、宣传等形式,主动对接服务预算单位。

【深化财政改革】 推进预算管理改革。推进"1+X"现代财政管理制度框架体系*建设,实行新一轮乡镇财政体制,2017年乡镇可支配财力5.34亿元,比原口径测算净增2.61亿元,激发乡镇活力。创新融资体制改革。完成国内首例企业债置换,减少利息支出1.30亿元。运作资本投资理财,取得净收益2.42亿元。争取棚改贷款,完成272亿元棚改贷款授信。成立总规模300亿元的江南环保产业基金。全面落实税制改革工作。制订环境保护税准备工作实施方案,夯实基础数据,开展政策宣传、业务培训。加强资源税改革后续管理,对应税矿产品的单位开展自查,补缴资源税337万元。落实营改增委托代征工作,国地税累计代征各项税费2.39亿元。

【强化财政监管】 强化预算管理。推进项目库管理,除基本支出以外的项目支出均按规定编制项目预算,纳入项目库管理,明确项目信息,进行分类管理。严控"三公"经费支出,在预算编制系统中设置控制指标,严控预算和执行,全区"三公"经费支出4867万元,下降30.3%。深化信息公开,对区级部门的预决算公开情况进行检查,发现问题329个,督促部门整改到位。加强财政监督管理。提升政府采购监管,全年政府采购4054批次,采购金额3.99亿元,节约采购资金5239万元,资金节约率11.6%。严肃财经纪律,开展"政府专项工作考核奖励""生态市建设"专项资金执行情况专项检查,组织59个项目绩效自评。严把审核关,累计国库集中支付资金55.06亿元,支付9.3万余笔,累计纠正退付各类资金支付590万元。运用项目管理系统,完成送审项目1465个,核减项目资金3.92亿元,核减率4.3%。提高财政资金绩效。开展社保资金竞争性存放8期,涉及资金60亿元。委托省财政厅开展金库资金的竞争性存放,涉及资金3亿元。推进存量资金管理,通过加快预算执行进度、加强结转资金管理等措施,全年盘活资金13.47亿元,财政存量资金5.72亿元。

【加强队伍建设】 以"两学一做"专题教育为主体,落实党风廉政建设主体责任。落实组织生活,开展"三会一课"、党员固定主题日等活动,提振党员干部精气神。厘清科室内岗位职责,细化工作人员权力清单和责任清单,查找风险点70余条,涉及科室单位20余个,落实整改到位。完善干部激励机制,通过岗位大练兵、业务技能比武、演讲比赛等主题活动,加强人才队伍培养,连续第三年取得杭州市业务比武区县第一名。斯来仙获得杭州市财政地税系统2017年度"财税闪光人物"、杭州市"最美公务员"称号,其先进事迹在浙江省财税系统巡回宣讲。全局党员干部"春风行动"结对困难户96户,捐款13.93万元。组织104人次参与文明劝导专项行动,176名人次参与城市治理志愿服务活动。组织开展廉政主题教育和职业道德教育,结合反面案例,开展警示教育。聘请行风建设特邀监察员,开展各类督查21次,强化执纪问责。（杭州市富阳区财政局供稿　成　洁执笔）

注:

"1+X"现代财政管理制度框架体系:"1"指富阳区《关于深化财税体制改革加快建立现代财政制度的实施意见》;"X"指若干个配套管理办法,如新一轮乡镇财政体制,《预决算公开管理办法操作规程实施意见》等。

临安区

【概况】 2017年,杭州市临安区实现地区生产总值572.72亿元,按可比价格计算,比上年增长8.7%。其中:第一产业增加值43.27亿元,第二产业增加值273.65亿元,第三产业增加值255.80亿元,分别增长2.0%、5.4%和14.2%。三次产业结构比为7.6∶47.8∶44.6。按户籍人口计算,全区人均GDP为107384元,比上年增长8.1%。全年财政总收入74.91亿元,增长15.6%,其中一般公共预算收入43.30亿元,增长16.0%,占财政总收入的57.8%;税收收入40.14亿元,占一般公共预算收入的92.7%。一般公共预算支出64.78亿元,增长7.7%。全年财政收支平衡,略有结余。

【组织财政收入】 强化预测分析。建立财税综合数据分析平台,提高税源规划的前瞻性和主动性。研判经济走势、税制改革、政策调整等因素对收入的影响,加强对制造、房地产和建筑等重点企业和行业的税源管理。加强税收征管。夯实征管基础数据,清理数据53667条,提升数据的有效性和准确性。落实全国税收征管规范,夯实所得税、地方税征收管理。规范非税收入征管。加大非税收入缴库力度,与法院推行税费征缴协作机制,确保组织收入应收尽收。全年共组织非税收入34.09亿元,增加51.7%,其中纳入一般公共预算管理的非税收入3.15亿元。

【服务经济发展】 落实税费优惠。有效落实各项优惠政策,明确和细化减免税费流程和办法,全年减免地方税费13.52亿元。落实清费减负政策,取消或停征行政事业性收费48项。强化"税银合作"机制,通过税易贷平台为小微企业贷款9.96亿元。争取资金扶持。对照上级有关政策,深入开展调研,积极争取项目资金。全年共争取各类补助资金17.76亿元、专项债券10亿元以及调度资金3亿元。深化投融资平台建设。在确保原有财政扶持力度不减的情况下,通过实体产业基金对12个项目完成投资2.57亿元。落实"基金+招商"模式,先后招引4个实体产业项目和多家投资机构入驻临安。助力中小企业发展,组建规模2000万元的融资担保风险基金,提升产业基金的创新引导作用。

【优化支出结构】 全年民生保障支出51.77亿元,增长19.1%,占一般公共预算支出的79.9%。支持教育事业发展。全年教育支出14.12亿元,增长8.6%。完善民办教育财政支持政策,全力保障浙江省教育基本现代化区建设和临安中等职业教育资源整合。支持科技事业发展。全年科学技术支出3.83亿元,增长20.8%。完善支持名校名院合作战略,助推科技孵化器、众创空间、特色小镇等载体建设。支持文化事业发展。全年文化体育与传媒支出1.03亿元,增长11.3%,加快建设吴越文化公园、博物馆等项目。支持社会保障事业发展。调整社保发放标准,逐步提升社会保障待遇。全力保障居民低保、就业补助、基本养老保险等支出。支持医疗卫生事业发展。医疗卫生支出5.79亿元,增长23.0%,深化医疗体制改革,保障城乡居民基本医疗保险、城乡医疗救助、公共卫生服务、基层卫生医院建设等支出。支持农林水建设。全年共计投入6.65亿元,同比增长11.7%。落实强农惠农政策,支持现代农业发展。突出城乡统筹,加快基础设施建设,全力保障"三改一拆""小城镇环境综合整治"等项目建设。开展中心镇建设、农业三项补贴和扶持村集体经济发展等省试点工作,创新开展政银村资金管理新举措,有力保障农业发展项目实施。

【推进融杭发展】 2017年9月,临安区正式挂牌。区财政创新财政职能,加快融入主城区。助力民生融入。梳理涉及民政、社保等民生类政策39项,逐步实现与杭州"同城同待遇"。争取主城区医疗、教育等配套项目向临安延伸布局,完善基本公共配套。助力交通融入。杭临城际铁路已明确计划2022年建成,城际铁路临安线计划2019年建成通车,已拨付6.8亿元专项资金用于城际铁路临安线建设。在抓新城建设的同时,抓好老城改造,做到新老并进。助力产业融入。深化创新驱动发展战略,组建产业基金3家,基金总规模11.50亿元。以杭州城西科创大走廊建设为契机,做强青山湖科技城创新引擎,加快集聚创新资源、转化创新成果,引领推动产业转型升级。

【深化财政改革】 推进"最多跑一次"改革。在财政事项办理中,3个主项3个子项全部实现"跑一次",14个政府缴费项目依托公共支付平台实现便捷化支付,全年累计缴费8398万元。依托"网上申报、在线办理、快递送达"工作机制,会计服务全部实现"零次跑"。开展"上门服务至少一次"活动,结合2018年预算编制工作,走访预算单位62家,提升预算管理质效。深化预算管理。加大资金统筹力度,预决算信息实现全部公开。规范债务管理。加强政府债务规模控制和预算管理,分配确保新增债券用于重大公益性项目建设。置换存量债务18.77亿元,实现政府债务完全债券化,减轻政府偿债压力。加大债务监管力度,有效防范债务风险,制订化债计划。截至2017年年底,全区政府债务余额82.91亿元,在可控范围内,并属低风险地区。

【加强财政监管】 深化财政监管。实施"财政大督查"专项行动,对12个镇街(部门)及其二级单位共计30余个项目进行监督检查,并对9项专项资金开展专项检查和绩效评价,发现问题16类70余条,查补税款32.54万元,追缴非税收入30.44万元,已整改到位问题61个,检查涉及的部门预算项目申报资金核减率达六成。提高资金绩效。编制新一轮镇街财政管理体制,并制定财政管理绩效考评办法,规范国有土地使用权出让收支管理。强化财政支出结算支付管理,严格执行财政专户清理和公款竞争性存放。开展深化预算项目支出绩效评价和镇街财政国库集中支付改革。实施编、审双控机制,审核政府投资项目456个,累计核减金额3.35亿元。加强政府采购监督,全年完成采购预算金额3.73亿元,节约资金5660万元。扎实推进棚户区改造购买服务工作,有效提升公共服务水平和效率。严控行政运行支出。落实中央"八项规定",规范公务支出标准,全年"三公"经费支出4675万元,减少5.5%。强化财政支出结算支付管理,累计办理各项支出业务8万余笔,共计34.89亿元。

【加强队伍建设】 深化党风廉政建设,强化责任落实。开展"点赞财税人"宣讲、"我是财税人"表彰等以财税"好家风"建设为主题的系列活动,增强干部的自律意识。坚持政治思想和业务能力并举,巩固深化"两学一做"学习教育常态化制度化。开展"财税好师徒"评选活动,组织岗位技能比武、"岗位练兵"、干部夜学等活动,提升干部能力素质。制定完善专项风险内部控制办法,为开展好局内部控制工作提供了制度依据和保障。

(杭州市临安区财政局供稿　朱乐意执笔)

建德市

【概况】 2017年,建德市实现地区生产总值390.29亿元,按可比价格计算,比上年增长8.5%。其中:第一产业增加值34.76亿元,增长2.6%;第二产业增加值189.40亿元,增长5.8%;第三产业增加值166.13亿元,增长13.3%;三次产业结构比为8.9∶48.5∶42.6。按户籍人口计算,人均生产总值76498元,增长8.3%。全市财政总收入42.72亿元,同口径增长9.9%,其中一般公共预算收入24.40亿元,同口径增长7.7%,占财政总收入的57.1%;税收收入22.05亿元,占一般公共预算收入的90.4%。全市一般公共预算支出44.99亿元,同口径增长9.2%。全年财政收支平衡。

【组织财政收入】 加强政策研究,确保财政收入与经济发展同步增长。强化主体税收征管,建立健全税收分析、征收管理互动机制,坚持依法治税,确保应收尽收。严格执行税收考核激励约束机制,注重均衡进度,确保财政收入持续稳定增长。开展开源增收、招商引税工作,全年贡献地方一般公共预算收入9.45亿元,增收2.09亿元,占全市一般公共预算收入的38.7%。加强非税收入征管,组织非税收入34.68亿元,增长210.2%,其中纳入一般公共预算管理的非税收入2.35亿元。政府性基金收入31.83亿元,增长301.1%。加大土地出让力度,全年土地出让金入库25亿元,增收23.31亿元,增长14.8倍。向上争取补助资金20.08亿元,缓解财政收支压力。

【支持经济发展】 落实培育涵养地方优质税源三年行动方案,完善培育机制,组建专业化税源培育团队,实施资源要素向培育对象倾斜,指导企业用足用好财税优惠政策。落实国务院六项减税政策、研发费用加计扣除优惠政策、小型微利企业税收优惠政策、地方水利基金减免等结构性减税降费政策,减免各项税费10.8亿元。完善财政扶持政策,落实兑付各类财政扶持资金3亿元,重点用于加快转型升级、支持科技创新、淘汰落后产能等。全年科学技术支出1.62亿元,主要用于支持全市产业转型、科技创新、高素质人才引进,引导企业加大研发投入,吸引高素质人才参与建德发展建设。提高应急调头专项资金的运作绩效,持续帮助全市中小企业解决融资周转难题,化解"两链"风险,全年共为118家企业办理贷款调头251笔,出借资金10.14亿元,撬动企业续贷15亿元以上,与社会拆借成本比较,相当于为企业减少转贷成本2000万元以上。

【优化支出结构】 加大民生投入,全市民生支出33.99亿元,占一般公共预算支出的75.6%。全年教育支出8.92亿元,加大学前教育投入,完善助学体系,推广"放心车"工程,推进义务教育均衡发展。全年社会保障和就业支出5.06亿元,加强城乡低保、困难救助、自然灾害救助等社会保障力度,全面落实残疾人"两项"补贴和60周岁以上老人及残疾人意外伤害险政策。落实积极的就业政策,支持大众创业、万众创新。加大财政对社保基金的补助力度,确保全市社保基金平稳运行。全年医疗卫生支出3.80亿元,综合推进"健康建德"计划,落实基本公共卫生服务、分级诊疗体系建设、优质医疗资源"双下沉"、责任医师签约、基层医疗卫生机构财政补偿、农村独生子女保险等支出政策。全年公共安全支出2.52亿元,主要用于保障"平安建德"建设,建成并运行基层社会治理"四个平台"和"全科网格"。全年农林水支出7.04亿元,落实农业产业扶持政策,加快现代农业专项发展,推进草莓小镇、稻香小镇、田园综合体建设,打造"建德草莓""建德苞茶"等农业特色品牌。

【深化财政改革】 深化预算管理改革,建立健全政府预算体系。开展财政结转结余资金和往来款清理,加强财政专项资金清理整合,压缩财政资金规模。改革完善国库集中支付形式,优化财政资金拨款审批程序,推行部分资金授权支付和动态监控模式相结合的形式,提高财政资金拨付效率和使用效益。推进专项资金管理改革,严格专项资金执行管理,严把专项资金准入和退出机制关,推进专项资金分配公开透明。防范债务风险,落实国家对地方政府债务实行限额和预算管理的各项规定,全年置换政府债券9823万元,提前一年完成存量债务置换工作,年末政府债务余额81.30亿元。争取省农业发展投资基金2亿元用于农村土地综合整治,争取"两山(二类)"建设财政专项激励资金3亿元用于新安江综合保护工程等生态工程。推进产业基金运作撬动社会资本3亿元,吸引投资规模15.50亿元。

【推进"最多跑一次"改革】 做好非税收入电子化收缴改革,加大统一公共支付平台建设,拓宽支付渠道,扩大应用范围,全年完成公安、城管、教育、住建等24家执收单位电子化缴款,通过支付宝、银联、农商行、建行、邮储银行等机构,全年实现电子缴费94708笔,收费金额2745万元。建立财政联席会议制度和预算单位联络员制度,设立预算联络员小组,对口联络预算单位并实行首问负责制,安排专人跟踪解决预算单位在预算编制、执行、监督各个环节存在的问题。开展"至少上门服务一次"活动,通过上门走访、政策解读、业务辅导等形式,主动服务预算单位300余次。

【加强财政监管】 严控行政运行支出,完善差旅费、公务出行经费开支标准,持续压缩行政运行经费。2017年全市"三公"经费支出3109万元,下降14.7%。强化财政监督检查,建立健全覆盖财政运行全过程的监督机制,增强财政资金安全性,完成对5家单位的经费支出执行情况检查、84家单位的"小金库"治理专项检查、4家单位的财政专项资金检查。对诉讼费收入、排污费和水土保持费收入等3个政府非税收入进行专项检查。开展预算绩效目标评价,拓展重点项目预算绩效目标评价覆盖面,完成重点项目绩效评价16个,预算项目绩效目标跟踪5个,单位绩效目标自评40个。

【加强队伍建设】 推进党风廉政建设,分别制定党委班子、党委书记以及基层支部、支部书记主体责任明细清单,开展岗位廉政风险点排查,运用主题党日、"三会一课"等推进"两学一做"常态化制度化。开展"组团包干八大行动",带队在乾潭镇陵上新村、乾一村、新程村、万龙村开展蹲点调研,走访村民84户,走访企业9家,收集问题和建议39条,分析社情选情5次。加强财税文化建设,组织开展迎"七一"红歌会暨"建功立德"主题演讲赛、"喜迎十九大·建功立德"文艺汇演、身边"微榜样"故事评选等活动。强化人才培养,通过新安夜学、业务培训、业务考试,提高干部队伍综合素质。 (建德市财政局供稿 李 蕾执笔)

桐庐县

【概况】 2017年,桐庐县实现生产总值420.16亿元,按可比价格计算,比上年增长8.6%。其中:第一产业增加值25.15亿元,增长2.0%;第二产业增加值212.09亿元,增长3.9%;第三产业增加值182.92亿元,增长15.9%。三次产业结构比为6.0∶50.5∶43.5。按户籍人口计算,人均生产总值101693元,增长7.8%。全县财政总收入46.59亿元,增长8.2%,其中一般公共预算收入27.83亿元,增长8.1%,占财政总收入比重为59.7%,占GDP的比重为6.6%;税收收入24.79亿元,占一般公共预算收入比重为89.1%。全县一般公共预算支出41.67亿元,增长1.8%。全年财政收支平衡。

【组织财政收入】 提高征收管理水平。组织开展金税三期系统数据清理,加强征收基础管理。强化社会化办税平台运作,入库地方税费46964笔,税额5511万元。推进数据风险管理,完成风险应对任务19批次,风险纳税人142户,风险管理成果1693万元。夯实基础税源管理。加大重点税源监控力度,完善专人跟踪服务责任制,确保及时掌握税情。规范个人出租房税收管理,征收750万元,增长25.0%。加强个人所得税管理,完成个人年所得12万元以上所得税申报2722户。提升依法行政能力。建立行政执法公示、行政执法全过程记录和重大执法决定法制审核制度。成立税费征收部门协作定期联席会议制度,申请税费强制执行案件40件,入库683万元。落实税制改革要求。落实资源税改革,调整计税价格,增收750万元。加强非税收入征管。完善公共支付平台功能,新增7个部门共12个收费项目。完成非税收入17.26亿元,增长89.8%,其中纳入一般公共预算管理的非税收入3.03亿元。国有土地使用权出让金收入11.17亿元,增长148.2%。

【支持经济发展】 加强引导。整合形成"六大"产业新政*,统筹县域产业发展布局。兑现政策资金3.06亿元,营造企业良好发展环境。出台工业用地亩均税收三年倍增计划实施意见,促进建立节约集约用地体制机制。推进创新。设立总规模10亿元的大健康产业引导基金,开展县内人工智能、生命健康等项目投资,完善产业引导基金的运作管理机制。创新美丽乡村投入机制,建立美丽乡村发展基金。减轻负担。落实国务院六项减税政策等优惠政策,合计为企业减负7.28亿元。推进"银税互动",616户小微企业依托良好纳税信用获得3.23亿元银行授信贷款。

【支持乡村振兴】 推进财政支农体制机制改革,基本建立现代财政支农管理体系。推进美丽乡村建设,12个村入选全国首批绿色村庄。开展省级农村综合改革示范试点,实行村级运维政府购买服务。推进省级扶持村级集体经济发展试点,开展化解村级债务专项行动,壮大村级集体经济实力,全县村集体经济收入增加 1.11 亿元,增长 109.0%,村级债务减少 2.45 亿元,化解 41.6%。推进农业供给侧结构性改革,蓝莓特色园项目入选全省“31066”行动计划*,一人入选全省首批五位“3030”*新农人。

【保障改善民生】 全年民生支出 34.30 亿元,占一般公共预算支出的 82.3%。支持社会事业发展。安排教育支出 10.46 亿元,增长 6.5%。实行困难学生免住宿费,保障普通高中国家助学金、困难家庭生活补助等政策实施。安排医疗卫生事业支出 4.71 亿元,增长 11.7%。支持健康桐庐建设,推进医改先行先试县试点。支持社会保障事业发展。安排 1000 万元支持全省长期护理保险试点工作,减轻 980 名失能参保人员家庭负担。安排 4505 万元支持残疾人四项福利补贴制度,保障困难残疾人基本生活。城镇、农村居民最低生活保障标准分别从 612 元、490 元提高至 674 元、607 元。支持生态环境改善。落实 4418 万元支持生态文明建设,保障“五水共治”和“五气共治”。推进小城镇综合整治,提升和完善集镇环境和功能。拨付 1.27 亿元推进“千亩水田 万亩耕地”垦造工程,惠及 12 个乡镇。支持平安桐庐建设。落实 1.06 亿元保障“平安桐庐”建设,维护社会和谐稳定。统筹财政资金,保障桐庐创成全国文明城市。

【推进财政管理改革】 推进“最多跑一次”改革。梳理公布“最多跑一次”事项清单目录。联合住建等部门打造综合进件模式,实现“一小时出证”的全国领先速度。开展到预算单位“上门服务至少一次”活动,主动上门宣讲、辅导财政政策,对接资金需求。完善预算管理机制。加大预算统筹力度,清理结余结转资金 7700 万元,完善动态管理和定期清理机制。试编中期财政规划,加强预算项目库建设,提升预算管理水平。出台部门购买服务实施细则,规范部门购买服务行为。强化预算执行刚性。完成县本级和 144 家单位权责发生制政府综合财务报告编制工作,提升政府和部门财务管理水平。推进国库集中支付电子化改革,筑牢财政资金安全防线。创新财政扶持方式。规范开展 PPP 运作,PPP 项目推广工作获国务院通报表扬。强化融资管理,协助融资 65.70 亿元,保障政府重点投资项目建设和债务还本付息的资金需求。防范债务风险。建立健全债务管理架构,成立县政府性债务管理领导小组,出台加强政府性债务管理实施意见,控制和防范政府债务风险。

【强化财政监督管理】 加强预算绩效管理。强化绩效目标管理,健全绩效评价结果与预算安排相结合的机制。实施重点评审、部门绩效自评项目 36 个,涉及财政资金 5.59 亿元。加强政府采购监管。推行“政采云”服务平台上线,实现政府采购全过程信息化。组织政府采购项目 249 项,节约资金 2490 万元,节资率 10.7%。严格公务支出管理。出台全县机关事业单位差旅费新标准,完善综合性开支标准体系。压缩行政经费和一般性支出,全县“三公”经费下降 28.3%。推动新一轮公车改革涉改车辆处置工作,有效配置公务用车资源。

【加强干部队伍建设】 落实“两学一做”学习教育常态化制度化。学习贯彻党的十九大精神,局领导班子为全局党员干部和联系支部上党课 21 次。开展“联村走企访户”集中走访活动,走访农户 53 户,收集意见建议 23 条。开展“廉洁好家风”主题教育活动,制作微电影《房》荣获第四届“廉洁杭州 你我同行”廉政文化微作品三等奖。实施干部素质提升三年行动(2017~2019 年),组织业务培训 6 场、比武考试 5 次、论坛交流 5 期。选派干部到农村、招商、拆迁及跨部门岗位锻炼,培养干事创业能力。落实绩效管理 5.0 版,细化考核办法,强化绩效考核结果运用。深化内部风险防控,制定印发内部管理制度汇编 16 项,推进制度管人、管事、管财。加强财税文化建设。组织文明劝导、清洁整治活动 55 次,参加人员 2200 人次,志愿服务时数 8000 小时。

(桐庐县财政局供稿 李 瑛执笔)

注:

*“六大”产业新政:即科技人才扶持政策、农业产业政策、工信经济产业政策、现代服务业产业政策、开放型经济政策和对接资本市场政策。

*“31066”行动计划:浙江省财政厅在 2017 年发起的行动计划,用 3 年时间完成在全省范围内扶持创建 10 个现代园、66 个特色园的任务。

*“3030”:浙江省财政厅在 2017 年发起的行动计划,用 3 年时间在全省培育 30 名 30 岁左右,有志向、懂技术、会经营、敢闯敢干的农业创业创新领军人才。

淳安县

【概况】 2017 年,淳安县实现生产总值 255.70 亿元,按可比价格计算,比上年增长 8.6%。其中:第一产业增加值 36.25 亿元,增长 4.1%;第二产业增加值 77.70 亿元,增长 2.4%;第三产业增加值 141.75 亿元,增长 14.2%;三次产业结构比为 14.2∶30.4∶55.4。按户籍人口计算,人均生产总值 55496 元,增长 8.4%。全县财政总收入 30.91 亿元,同口径增长 13.3%,其中一般公共预算收入 17.27 亿元,同口径增长 8.6%,占财政总收入比重为 55.9%,占 GDP 比重为 6.8%;其中,税收收入 15.88 亿元,占一般公共预算收入比重为 92.0%。全县一般公共预算支出 57.37 亿元,下降 4.5%。全年预算收支情况良好,财政收支平衡。

【组织财政收入】 强化税收分析。落实税源企业税收收入预测报表制度,实施按月常规分析、按季重点分析和按年全面分析,提高收入预测准确度,把握收入主动性。加强税源管理。实施“大征管”机制,着重加强税收风险防控,全年累计推送风险纳税人总户数 78 户,纳税评估入库税款 612 万元。监控重点税源企业 150 户,入库税收 5.28 亿元。提高征管效率。优化税警协作,管查互动，全年查补入库税费1631万元。规范非税收入监管。全年完成非税收入19.26亿元，其中纳入一般公共预算管理的非税收入1.39亿元。国有土地使用权出让金收入15.37亿元。

【服务经济发展】 支持科技发展。优化创业环境，加大企业研发和企业科技项目配套奖励资金投入，投入600万元扶持电子商务平台建设。扶持企业发展。停征水利建设专项资金，取消、停征11项行政事业收费项目，全年减轻企业税费负担4300万元。修改完善七大产业扶持政策，规范政策审核兑现流程，全年兑现产业扶持政策补助资金2.09亿元。服务中小企业融资。全年提供中小企业转贷服务113户次，累计使用转贷基金7.23亿元，优化中小企业发展环境。运作产业基金。完善农业产业基金考核管理办法，完成对2家企业7000万元投资，推进旅游文化产业基金与项目正式对接。支持康美产业发展。立足“百源经济”*，投入8000万元用于首批十条县级示范源产业发展和村庄景区创建；开展小城镇环境综合治理，投入2.13亿元用于改善农村生态环境，促进农村经济健康发展，全年完成治理项目159个。培育实体经济。注重招商引资绩效，实现招商引资与税源经济有机结合，招引创投类企业百余家，税收亿元楼实现零突破。

【保障民生支出】 全年民生支出41.56亿元，占一般公共预算支出的72.4%。保障重点支出。保障县政府为民办实事项目，全年投入8.65亿元，着力解决农村基础设施建设、养老服务用房、城乡教育均衡发展、电网线路等热点难点问题。投入扶贫资金5682万元，用于下山异地搬迁、农村基础设施和低收入农户增收。支持教育事业发展。全年教育支出7.94亿元。保障教育经费投入，完善教学基础设施，实现教育“三名工程”建设；落实教育资助券、营养餐资金补助和低收入农户子女就学补助。支持文化体育事业发展。全年文化体育与传媒支出1.11亿元，完成新图书馆和新安书屋建设工程3处，保障国际铁人三项赛、中国自行车联赛、千岛湖马拉松、国际泳联10公里马拉松游泳世界杯等体育赛事活动资金需要。促进医疗卫生事业发展。全年医疗卫生投入5.14亿元。落实县级公立医院和基层医疗机构财政补助政策，支持医疗资源“双下沉”和县域“医共体”建设。加快社会保障体系建设。全年社会保障和就业支出7.56亿元。调整土地出让金计提社保风险准备金比例，督促国有企业全部参保，实施医疗保险基金“政保合作”，协助千岛湖镇制订11个社区照料中心建设方案，重点推进15个乡镇200家照料中心运营。

【推进财政管理改革】 助力“最多跑一次”改革。主动对接服务预算单位，开展“上门服务至少一次”活动。统一公共支付平台再扩面，23个政府缴费大项实现便捷化支付，全年通过统一公共支付平台缴费13万人次。清理整合存量资金。加大部门实有账户资金统筹力度，统筹部门结转结余资金1.18亿元用于民生支出。组织4家单位开展公款竞争性存放，共招标7次，定期存放金额2.54亿元，提高资金存储收益。深化预算管理。建立项目支出标准体系，落实部门预决算信息公开制度，全部61家预算单位完成信息公开，全县66家县级预算单位全部向社会公开“三公”经费预决算信息。深化投融资改革。争取地方政府债券、国开行专项贷款和小城镇环境综合整治融资等各类中长期低息资金，引入社会资本启动首个公共医疗服务PPP项目。防范债务风险。完善政府债务管理制度，开展自查自纠，制订隐性债务消除计划，政府债务规模控制在规定限额内。

【强化财政监管】 加强政府投资项目监管。建立专家集体会审制和重大项目AB岗复核制，提高预算审核实效。全年完成政府投资项目预算审核1019个，涉及资金35.49亿元，核减不合理资金1.08亿元。开展资金绩效评价。对地方政府债务、专项资金、财政存量资金和预算编制执行等专项工作开展自查自纠，组织实施重点绩效评价项目30个，涉及财政资金20.12亿元。加强政府采购监管。全面应用政府采购“政采云”信息系统，制定下发《淳安县政府购买服务采购管理实施办法(暂行)》，组织采购活动264次，节约采购资金2435万元，资金节约率10.4%。加强预算单位财务监管。全县66家部门单位建立内控报告制度，强化预算单位财务支出规范性审核，纠正或退回违规资金3581万元。严控“三公”经费支出。健全长效管理机制，严格落实厉行节约规定，全年“三公”经费支出下降14.3%。

【规范乡镇财政管理】 按照“基本财力足额保障、发展财力分级保障、超收财力额外保障”总体思路，实施新一轮乡镇财政体制调整，强化乡镇财政税收考核绩效。全县23乡镇财政总收入4.67亿元，占全县财政总收入的15.1%；其中一般公共预算收入2.34亿元，增长30.4%，占全县一般公共预算收入的13.5%；一般公共预算支出18.28亿元，下降10.4%；乡镇财政滚存结余5800万元。推进乡镇财政公共服务平台信息化建设，实施“一卡通”与“市民卡”相关联，40项涉农民生补助资金全部纳入乡镇公共财政服务平台，实现平台民生资金发放全覆盖。

【加强队伍建设】 落实中央“八项规定”精神，深化党风作风建设，打造“党建+能手+绩效”品牌，激发基层党建活力。完善服务强手、理财好手、查账高手、征管能手等“财税四手”评优办法，挖掘业务线行家能手，提升干部综合业务技能。搭建岗位锻炼平台，鼓励青年干部组织策划社团活动，举办“青春沙龙”11期，帮助青年干部快速成长。挖掘财税核心价值文化，设立宣传栏、文化窗，营造向上向善的文化氛围。连续第6年在县级机关部门综合考评中被评为优胜(满意)单位。财政管理绩效得到省财政厅肯定，获国务院办公厅发文表彰。

(淳安县财政局供稿　唐　华执笔)

注：

*“百源经济”：淳安人民依源而生，依源而居，结合千岛湖拥有上百条源头支流的实际，围绕百条源头产业发展和村庄景区创建，推出“百源经济”发展战略。

宁波市财政工作

宁波市

【概况】 2017年宁波市实现地区生产总值9846.90亿元，比上年增长7.8%。其中：第一产业增加值314.10亿元，增长2.4%；第二产业增加值5105.50亿元，增长7.9%；第三产业增加值4427.30亿元，增长8.1%。三次产业结构比为3.2∶51.8∶45.0。按常住人口计算，全市人均地区生产总值124017元（按年平均汇率折合18368美元）。全社会固定资产投资5009.60亿元，增长3.5%。外贸自营进出口总额7600.10亿元，增长21.3%，其中出口4984.10亿元，增长14.3%；进口2616.00亿元，增长37.3%。宁波舟山港货物吞吐量完成10.1亿吨，增长9.5%，成为全球首个"10亿吨"大港，其中，宁波港域完成5.5亿吨，增长11.1%。宁波舟山港集装箱吞吐量完成2460.7万标箱，增长14.1%，吞吐量居全球第四位、全国第三位，其中宁波港域完成集装箱吞吐量2356.6万标箱，增长13.9%。全市居民人均可支配收入48233元，增长7.9%。其中城镇居民人均可支配收入55656元，增长7.9%，扣除价格指数，实际增长6.0%；农村居民人均可支配收入30871元，增长8.0%，扣除价格指数，实际增长6.1%。全市实现财政总收入2416亿元，增长12.4%，其中：一般公共预算收入完成1245.07亿元，增长10.9%，全市一般公共预算支出1410.56亿元，增长9.4%。全市一般公共预算保持平衡。

【组织财政收入】 把握收入预期。强化与国税、人民银行等部门的三方联席分析，深化市县（区）分局三级纵向联动分析，加强收入的跟踪监控与动态管理，提高组织收入预见性。面对实施"营改增"后主体税种缺失、征管手段弱化情况，牢牢把握组织收入主动权，全年组织各项税收收入629.56亿元，同口径增长19.9%。夯实税收基础。发挥产业集聚区平台优势，促进一批优势产业大项目、大企业提质增效，以产业大发展带动财源大建设。2017年以制造业为主体的六家重点企业实现地方收入125亿元，增收6亿元，有力地推动地方经济发展。同时，严格落实中央和省市各项结构性减税轻费政策，全年共为企业减免各项税费395亿元，降低企业成本，增强发展后劲。挖掘收入潜力。做精做细风险监控分析，改进风险应对方式，全年补缴收入6.20亿元。加强高收入者个人所得税源管理，实现股权转让收入24亿元。发挥数据管税作用，通过以地控税、两税比对等方式，实现堵漏增收7亿元。开展税收专项整治和重点税源企业抽查自查，全年查补收入1.60亿元。加强非税收入征管。全年征收非税收入972.40亿元，其中纳入一般公共预算管理的非税收入201.30亿元。

【推进服务大局】 保障重点项目，支持实体经济发展。按照集中财力办大事原则，加大对轨道交通、城市快速路、棚户区改造、小城镇环境综合整治、安居美居宜居等重点工程项目的投入力度，市本级安排78亿元用于城市基础设施建设。三年内统筹安排108亿元用于"中国制造2025"试点示范城市建设，助力实体经济发展。加快动能转换，实施创新驱动战略。安排科技支出12.8亿元用于推进重大科技专项、加大创新创业主体培育力度和科技金融发展。三年筹集资金9亿元用于小微企业创业创新，打造有利于大众创业、万众创新的政策环境。推动绿色发展，投入资金2.70亿元用于生态环境治理。制定财政金融扶持政策，支持国家保险创新综合试验区和普惠金融综合示范区建设。突出公共导向，改善民生福祉。坚持节用裕民的原则，按不低于5%的幅度压减一般性支出，全市"三公"经费支出同比下降5.9%，将更多的资金用于教育、文化、医疗、社保、体育等方面的财政投入，全市民生支出1037.40亿元，占一般公共预算支出的73.5%。

【推动改革创新】 全面启动财政管理改革。按照管办分离、前台受理、后台复核的原则，重新拟定财政内部机构设置和岗位职责，重塑财政工作业务流程，搭建预算编制、预算执行、预算监督"三位一体"的组织框架体系，提升财政专业化、科学化、精细化管理水平。深化预算管理制度改革，推进支出标准化建设，实行项目分类管理改革，实施支出经济分类预算管理。修订市级财政结转和结余资金管理办法，严格财政存量资金定期清理机制，全市累计盘活财政存量资金332亿元。全面落实"最多跑一次"改革。推进信息共享，打造信用管理、大数据管理以及自助办理模式，推广和应用宁波地税自然人移动办税APP，实现纳税人"免跑腿""零上门"。健全财税"12366"服务热线网络体系，实现财税问题咨询"最多拨一次"。经梳理，在企业和群众赴市局办理的75项事项中，18项已实现"零次跑"，56项实现"最多跑一次"。推进PPP工作。建立PPP项目入库集体会审制度，完善PPP制度体系建设，全年全市共38个项目纳入财政部PPP综合信息平台项目库，项目落地率68.4%。推进PPP基金运作，拓展PPP投资基金的投资方式，扩大投资范围。推进产业基金建设。完善产业发展基金制度建设，制订基金绩效评价办法，推进产业基金投资运营。截至年底，市县两级共设立产业发展基金21支，总规模179亿元。

【加强财政监管】 严格落实财政监督管理专项工作，规范完成会计监督检查，开展预决算公开检查和账表一致性检查。组织预算绩效目标管理，开展重点项目绩效评价工作。加强债务管理。完善债务管理制度，制定债务应急预案，开展政府债务风险评估及预警工作,建立政府性债务风险应急处置工作机制。规范举债融资机制,发行地方政府债券,加大存量政府债务置换力度,加强债券资金使用管理,全年累计发行二批政府债券共计432.10亿元。开展地方政府及其部门融资担保专项清理,规范政府举债融资行为。

【加强队伍建设】 发挥“智慧财税”主阵地作用,推进“两走近、两远离”活动,开展“学业务、比技能、强素质”岗位练兵,建立“学以致用、学用相长”的长效学习机制。实行干部多层次、多渠道培养,逐步推进局机关跨部门跨业务挂职、系统内上挂下派、交流工作。全面推行系统内“以师带徒”制度。落实领导干部个人有关事项报告制度,实行科级及以下干部个人重大事项报告制度。开展系统文明创建,开展“支部书记讲党课、普通党员上讲台”,组织青春献礼十九大、典型事迹巡回演讲、身边的感动等活动。 (宁波市财政局供稿　翁公羽执笔)

鄞州区

【概况】 2017年,是宁波市鄞州区区划调整后的第一年。全区实现地区生产总值1513.92亿元,按可比价格计算,增长6.20%。其中:第一产业增加值24.96亿元,增长0.80%;第二产业增加值594.67亿元,增长6.30%;第三产业增加值894.29亿元,增长6.30%。三次产业结构比为1.6∶39.3∶59.1。按户籍人口计算,人均GDP为18.67万元(按年平均汇率折算为27646美元)。全区固定资产投资815.00亿元,增长7.3%。全区完成财政总收入410.91亿元,增长11.1%。其中一般公共预算收入241.65亿元,增长9.0%,占财政总收入的58.8%;中央财政收入169.30亿元,增长14.1%。一般公共预算收入中,税收收入165.40亿元,占比68.4%。一般公共预算支出150.44亿元,增长4.5%。全年财政收支平衡,略有结余。

【组织财政收入】 立足新鄞州经济社会发展大局和区划调整新形势,加强财政收入形势分析研判,靠前研究解决财政运行新情况新问题,全面分析四大行业“营改增”后税收变化,突出重点区域、重点行业和重点企业收入运行动态监控分析,全区一般公共预算收入、财政总收入指标增势稳健。2017年全区完成财政总收入和一般公共预算收入首次突破400亿元和200亿元大关,财政收入规模和收入增幅创出历史新高。加强非税收入征管,当年全区征收非税收入115.88亿元,其中纳入一般公共预算管理的非税收入26.38亿元。

【支持经济发展】 加大产业转型升级扶持,整合调整原江东区和原鄞州区财政政策,修订出台《2017年度鄞州区经济发展若干政策》,突出加大重点工业企业和金融管理、现代科技、文化创意等现代服务业扶持力度,并加快财政扶持资金拨付速度,全年累计兑现区级财政补助资金10.69亿元,惠及企业31794户次。加快财政支出进度,实行“8+1项支出执行”月度预测分析制度,建立严格的考核机制督促跟踪部门单位加快项目支出。优化财政支出结构,严格压缩行政性经费和一般性支出,全区“三公”经费支出执行数同比下降29.40%。

【加大民生保障】 加大民生和社会事业保障,统筹整合原有民生政策,重点强化教育、就业、社保、养老、扶贫等基本民生投入,全年全区民生支出115.60亿元,占一般公共预算支出的76.9%。其中,教育支出22.50亿元,就业支出0.80亿元,社保支出19.50亿元。同时继续保持重点项目支持保障力度,全力支持特色小镇、治水剿劣、轻轨建设、美丽乡村等重点工程和重点项目建设。

【推动财政融合】 理顺与市财政、海曙区财政关系,拟定财政体制调整总体方案,摸清财政存量资金、行政事业单位资产、政府性债务、社保基金、重点工程支出等重要指标底数,做好与市财政和海曙区相关财税结算工作。做好市对区财政体制调整后续工作,精确核定鄞州区应上支出基数。加快推进财政工作融合,按照“统一编制预算、统一指标管理、统一资金拨付”原则,推动原两区财政预算管理实现“无缝对接”。同时加快财政专户清理合并,全区国库集中支付实现平稳运行。

【深化管理改革】 创新预算管理,突出预算管理龙头地位,提高预算执行刚性。强化“四本预算”统筹,政府预算编制体系更加全面、更加完整。创新镇(街)管理,通过实地走访调研,拟定出台《2018—2020年鄞州区新一轮镇(街道)财政管理体制》,深入实施区级财政转移支付制度,促进镇(街道)基本公共服务均等化和区域协调发展,全年拨付7个项目财政资金3190万元,区镇(街道)财政管理体制更加顺畅。规范房产管理体系,制定出台《鄞州区行政事业单位国有资产处置暂行办法》《鄞州区行政事业单位出租房屋管理暂行办法》等新规章和新制度,全力推进国有资产统筹使用管理,实现保值增值。组织开展国有资产专项清查,在基本摸清家底基础上拟定国有资产整合方案,夯实国有资产配置工作基础。创新政府性债务管理机制。实行政府性债务限额管理,建立健全考核指标体系,严格执行国家对地方政府举债禁止性规定。做好债券置换工作,全年置换、新增地方政府债券154.43亿元,占债务总额的28.2%,推进全区债务结构优化,降低债务成本。

【强化绩效管理】 盘活财政存量资金,出台《关于鄞州区本级财政预算资金追加办法》《关于进一步加强财政资金统筹使用的通知》等规范性制度,全年累计收回部门结余资金2.40亿元统筹用于民生保障。推进预算绩效管理评价,结合资金整合新情况,完善绩效目标评价体系,累计将85个项目列入预算绩效目标管理,涉及财政资金25.10亿元,提升资金运转效率和使用绩效。

【规范会计管理】 优化会计管理服务,加强"无纸化考试"管理,全年累计组织28053人(次)参加会计科目培训,新审批会计代理机构9家,完成新一轮会计新证发放和会计从业资格证书换证、注册、变更和调转工作。加强高水平、高质量会计人才队伍建设,推荐18名会计人员纳入"宁波市会计领军人才",入选人数总量列全市首位,全区会计队伍力量和机构实现整体提升。

【加强队伍建设】 推进"两学一做"常态化制度化学习教育,按照"集中+小组"形式广泛开展各类学习教育活动。学习党的十九大精神和习近平新时代中国特色社会主义思想;严格落实党风廉政建设"主体责任",构建党风廉政主体责任落实体系,并重点对纳入全区范围的"三公"经费管理等6项牵头治本工作进行分解落实和动态推进,通过年度党风廉政主体责任实地考核;深化机关党建工作,开展"打通中梗阻、提升执行力"专项工作,推进"大脚板走一线、小分队破难题"各项工作。落实"三会一课"制度,完成新一届机关党总支换届选举。加大党建工作创新力度,"金算盘党支部工作法"*入选全区党建创新工作案例。深化机关工青妇团建设,组织各类机关文化活动和志愿服务活动,拓宽党员干部服务覆盖面。

(宁波市鄞州区财政局供稿 刘建春执笔)

注:

*金算盘党支部工作法:是2017年区划调整结束后鄞州区财政局党建工作创新的最新成果,主要利用年初预算、年中检查以及年底决算等财政工作理念,指导细化年度党建工作具体任务,是推进科学化精细化党建工作的有效尝试。

海曙区

【概况】 2017年,宁波市海曙区实现生产总值1164.48亿元,按可比价格计算,增长6.3%。其中:第一产业增加值16.06亿元,增长0.7%;第二产业增加值457.63亿元,增长7.2%;第三产业增加值690.79亿元,增长5.9%;对经济增长的贡献率分别为0.1%、44.6%和55.3%;三次产业结构比为1.4∶39.3∶59.3。按户籍人口计算,人均GDP为18.62万元(按年平均汇率折算为27578美元),增长6.1%。全年实现工业增加值385.79亿元,增长8.4%,占地区生产总值的比重为33.1%。社会消费品零售总额796.94亿元,增长6.2%。固定资产投资408.81亿元,增长11.7%。城镇居民人均可支配收入59482元,增长7.9%,扣除物价因素,实际增长6.0%。农村居民人均可支配收入32743元,增长7.9%,扣除物价因素,实际增长6.0%。全年财政总收入163.84亿元,增长6.5%,其中一般公共预算收入93.02亿元,增长0.9%,占财政总收入的56.8%;一般公共预算支出74.19亿元,下降2.4%。全年财政收支平衡。

【组织财政收入】 密切关注经济形势及宏观政策变化对财政收入的影响,增强组织收入实效,提高收入预测精准性。强化重点行业、重点企业税源监测,及时掌握重大税源动向,提高收入组织预见性。全区9个乡镇完成财政总收入59.02亿元,8个街道完成财政总收入39.56亿元,其中5个乡镇、2个街道财政总收入超5亿元。加强非税收入管理,全年征收非税收入25.31亿元,其中纳入一般公共预算管理的非税收入6.65亿元。

【支持经济发展】 加大产业扶持力度,梳理修订新一轮经济扶持政策,参与制定14项产业政策资金管理办法。全面落实重点企业补助、各项产业补助、稳增促调专项补助等各项财政奖补政策,全年兑现各类财政扶持资金4.04亿元。设立科技风险池,缓解科技型中小企业融资难问题。用好用活财政扶持政策,重点培育电商、类金融、人力资源等新兴产业,加大对宁波电商城海曙园区、月湖金汇小镇、集士港卫星城等特色平台的投入,激发平台发展活力。顺应宁波市行政区划调整形势,及时承接海西片区9个镇(乡)、街道的财政购房补贴和高校毕业生购房补贴业务,全年共拨付财政购房补贴和高校毕业生购房补贴2933万元,惠及3000多户家庭。

【保障民生支出】 全年用于民生领域支出56.36亿元,占一般公共预算支出的76.0%。加大财政对教育投入,全年教育支出14.41亿元,重点巩固城乡统筹全免费义务教育,提高教育均衡发展水平。医疗卫生与计划生育支出6.12亿元,用于支持健全全民医保体系、促进基本公共卫生服务均等化。社会保障和就业支出9.49亿元,强化养老服务,18个区域性居家养老服务中心和基层站点建成使用;重点扶持高校毕业生、失业人员、退役士兵等群体就业创业,以创业促就业,缓解就业难题。顺应区划调整后海曙区城乡多元化格局,安排城乡社区事务10.82亿元,保障各项事业平稳运行。

【支持"三农"发展】 行政区划调整后,海曙区新增农业、农村发展事业,为保障农业、农村发展,于2017年9月成立农村综合改革领导小组,办公室设在海曙区财政局,逐步出台各类涉农政策及资金管理办法。全年"三农"支出8.11亿元,其中农林水支出3.82亿元,重点用于优化农村环境、改善河网水质、完善基础设施、保障农民安居乐业。构建一事一议财政奖补机制,全区共立项一事一议及美丽乡村项目17个,涉及8个乡镇(街道)16个行政村,计划总投资4075万元,其中:财政奖补1914万元,村镇自筹2116万元,社会捐赠4.5万元,村民筹资41万元,筹资人数12917人,受益群众23378人。

【深化财政改革】 全面实施"支出经济分类科目"改革,从支出经济属性上清晰、完整、细化地反映政府用于工资、机构运转、对事业单位补助等情况,提升预算编制的科学化、精细化水平。建立专项资金管理清单制度,以清单的方式管钱、管权、管事。除涉密部门外,全区57家一级单位预算全公开,56家一级单位决算全公开(新增红十字会,无2016年决算)。建立新一轮区对镇(乡)、街道财政管理体制,明确两级政府事权和支出责任,实现新增财力向镇(乡)、街道倾斜,充分调动基层发展经济、保障民生、增收节支的积极性,加大对偏远地区、财力困难镇(乡)的转移支付力度,促进全区基本公共服务均等化。深入践行"最多跑一次"承诺,会计代理记账机构执业资格审批、会计代理记账机构年度报备均可全程网上申办、快递送达,率先在全区实现"零上门"。

【加强财政监督】 加强政府性债务管理组织领导,制定政府性债务风险处置应急预案,切实防控政府性债务风险,积极处置存量债务,全年置换债券9.33亿元,新增债券3.00亿元,优化政府性债务结构。加强"三公"经费预算管理,做好"三公"经费按月支出统计,全年"三公"经费支出4013万元。推广应用政府采购信息管理系统,实现全区所有预算单位全覆盖和审批支付一体化,强化政府采购监督实效,全年全区政府采购规模13.39亿元,资金节约率7.2%。全面推进预算绩效管理,建立"先期评审"制度,在项目申报预算前,组织人大、政协、审计等部门组成评审小组,对资金安排、实施内容进行评议,评议结果作为预算安排的重要依据,全年26个项目实施预算绩效管理。

【提升队伍素质】 依托"两学一做"学习教育常态化、制度化的开展,结合"大脚板走一线,小分队破难题"专项行动,深入一线,听取基层声音,收集部门意见,解决群众难题,变被动服务为主动服务。落实党风廉政建设主体责任和"一岗双责",组织"正风肃纪"效能督查,深化科级干部廉政档案、定期报告等制度,提高党员干部廉政意识。强化以人为本的财政文化价值取向,开展爱心捐款、走访革命史迹、趣味体育竞技等活动。

(宁波市海曙区财政局供稿　杨宏云执笔)

江北区

【概况】 2017年,宁波市江北区实现生产总值462.89亿元,增长9.7%。第一、二、三产业增加值分别为8.56亿元、163.10亿元、291.23亿元,分别增长13.3%、12.7%、8.0%。三次产业结构比为1.8∶34.6∶63.6。按户籍人口计算,人均生产总值17万元,增长13.3%。全区财政总收入108.00亿元,增幅13.0%。其中一般公共预算收入65.00亿元,增长11.1%,占财政总收入的60.2%;一般公共预算支出60.20亿元,增长18.8%。全年财政收支平衡。

【组织财政收入】 协调征收部门、街道(镇)及工业区等,深化街道、镇财源管理评价机制,细化征收部门的考核激励机制,激发各方组织收入积极性。巩固现有税源,加强基层财政职能发挥,提高街道(镇)收入比重,其中工业区和四个涉农街道、镇财政总收入全部达到10亿元以上,占全区总收入的68.7%,上升0.1个百分点。培植新兴税源,发挥宁波电商经济创新园区和慈城镇卫星城等两个平台的政策优势,加大财源性招商力度,优化招商资源共享机制,科学分配财政收入指标,调动各方积极性。全年实现招引百万税收项目35个,累计税收超3.50亿元(含一次性财源)。加强非税收入征管,当年全区征收非税收入66.20亿元,其中纳入一般公共预算收入管理的非税收入8.90亿元。

【支持经济发展】 落实减税轻费政策,减轻企业负担,培育壮大重点企业,加大对实体经济的扶持力度,全年全区扶持企业支出7.00亿元,其中区本级扶持企业支出3.80亿元。落实产业基金资金托管银行,推进产业基金建设。参与完成"1+X"*政策调整,形成区本级面上政策、两大平台政策、"中国制造2025"以及金融创新保险港等专项政策构成的政策体系。培育"现代服务业、都市工业、电商创新经济、都市休闲旅游业"四大核心功能,支持推动新材料、新装备、生命健康等战略性新兴产业发展,促进传统产业科技改造提升。投入财政资金,助推发展电商经济、金融服务等重点行业,促进楼宇经济发展,吸引总部经济集聚。支持"农旅融合",打造休闲旅游品牌。

【强化债务防控】 出台《江北区政府性债务管理暂办法》和《江北区政府性债务风险预警和应急处置预案》,建立政府性债务风险应急处置工作机制。组织开展融资担保专项清理整改工作,查出违规融资担保29笔,其中已整改到位20笔。做好地方债券置换工作,优化债务结构。

【支持社会事业】 建立完善民生投入长效机制,全年民生支出逾43亿元,占一般公共预算支出的71.9%,增长22.4%。均衡发展教育现代化,宁大附属学校投入使用,支持引进上海福山外国语学校和新组建江北中心小学教育集团。支持加快医疗卫生事业发展,保障第九医院二期等重点项目建设,支持优质民营康复医疗机构发展。支持文化事业发展,宁波音乐港入选省万亿级文化产业重点项目,外滩时尚街区被评为省文化创意街区,举办第十四届中国合唱节、第九届中华慈孝节等活动。加大社会保障体系建设,打造江北"创业俱乐部",推进养老保险医疗保险参保扩面,实施医养结合,推广政府购买社会化养老服务模式。实施住房保障工程,改善群众居住条件。

【深化财政改革】 调整区对街道、镇财政管理体制,提高基层组织收入、招商引资的积极性,理清区街道(镇)两级事权和支出责任,注重提升区域经济质量,推动经济结构调整。保障全区"最多跑一次"改革,推进政府非税收入线上线下一体化收缴,并做好会计代理记账机构执业资格审批、代理记账机构年度报备等事项办理,提高办理速度,优化流程。建立全口径预算编制,加大政府性基金预算与一般公共预算的统筹力度,将债务计划逐步纳入预算管理。盘活财政存量资金,提高预算执行率。完善预决算信息公开机制,细化公开内容,扩大公开范围。全区共有54家区级单位将2017年度部门预算和2016年度部门财政决算(含"三公"经费预决算)向社会公开。

【加强财政监督】 提高财政绩效评价的规范性和准确性,强化制度建设和专家库建设,规范中介行为,加强财政资金监管。提高政府性投资项目管理水平,强化项目事前分析评价。深化公款竞争性存放工作,出台制度规范,构建有效预防腐败的公款存放机制。推进行政事业单位财务内控制度建设,规范部门财务管理。强化会计管理工作,加强行政事业单位会计监督检查。

【加强队伍建设】 履行"一岗双责",健全一级抓一级、层层抓落实的工作体系。推进财政内控管理和风险预警,重新排摸梳理财政廉政风险点。推进"两学一做"学习教育常态化制度化,深入开展"不忘初心、牢记使命"主题教育,贯彻落实八项规定精神,常态化开展作风效能自查自纠,推动系统作风效能建设提升。

(宁波市江北区财政局供稿　宗　理执笔)

注:

*"1+X":"1"指区本级政策,"X"指"中国制造2025"以及金融创新保险港等专项政策构成的政策体系。

镇海区

【概况】 2017年,宁波市镇海区实现生产总值908.72亿元,按可比价格计算,比上年增长4.3%。其中:第一产业增加值6.47亿元,第二产业增加值666.13亿元,第三产业增加值236.12亿元,分别增长1.2%、2.7%和8.2%。三次产业结构比为0.7∶73.3∶26.0。城镇居民人均可支配收入、农村居民人均纯收入分别为59482元和32743元,均增长7.9%。全社会固定资产投资290.78亿元,下降16.5%。全年全区财政总收入实现114.44亿元,增长8.9%,其中一般公共预算收入70.48亿元,增长8.1%,占财政总收入的61.6%。税收收入55.59亿元,占一般公共预算收入的78.9%。全年完成一般公共预算支出72.89亿元,增长19.2%。全年财政收支平衡。

【组织财政收入】 强化分析预测。强化财政、国税、地税三方联动分析,深化税收与相关经济指标比对,加大对重点建设项目、房地产及建筑业等重点领域和重点行业的税源管控。强化依法征管。密切关注土地出让金收支、排污权有偿使用费及其他非税收入入库情况,挖潜堵漏,应收尽收。向上争取资金。主动对接上级财政部门,研究吃透各项专项资金扶持政策,全力拓展经济转型升级空间。全年向上争取专项转移支付9.86亿元,一般性转移支付1.66亿元。加强非税收入征管。全年征收非税收入54.81亿元,其中纳入一般公共预算管理的非税收入14.88亿元。

【服务经济发展】 落实稳增长政策。全年发放购房补贴4420.7万元,涉及3750户;推进清费减负,共涉及6个执收单位,11个项目,涉及资金近1100万元;做好农业综合开发产业化项目贷款贴息工作,涉及资金700多万元。完善经济发展政策。会同经济职能部门做好新一轮经济政策体系制订工作,将原有224个政策点整合归并至130余个,并取消3万元以下奖励;出台《镇海区财政扶持经济发展专项资金管理办法》,建立企业"黑名单"制度。全年,共有40家企业被限制申报,涉及申报资金444.05万元;出台《产业奖励资金"先贷后奖"实施方案》,对引进的"一事一议"重大项目拟通过"先贷后奖"的模式予以政策兑现。推动产业基金加快运作。出台《镇海区产业发展基金管理办法》,组建区产业发展基金托管公司,修改产业发展基金管理框架。截至2017年底,区产业发展基金母基金已累计筹措财政资金2亿元,各产业子基金正在筹建之中。

【统筹民生支出】 全年八项民生支出57.86亿元,占一般公共预算支出的79.4%,增长15.0%。完善社会保障体系。社会保障和就业支出9.68亿元,补充社会保障风险资金5400万元;发放企业退休职工一次性补贴及月贴1.40亿元、退休职工高温补贴2444万元、高龄津贴1248万元、失业人员公益性岗位补贴1155万元;城乡居民社会养老和机关事业单位基本养老保险基金1.73亿元、被征地人员转保6940万元。深化卫生体制改革。医疗卫生支出4.82亿元,坚持"保基本、强基层、建机制"原则,投入9495万元,完善和加强居民基本医疗保险保障;投入1.26亿元,支持公立医院改革和发展;投入8941万元,提升公共卫生服务和基层卫生保障水平;投入2881万元,扶助农村部分计划生育和独生子女伤残家庭。促进教育文化发展。教育支出10.16亿元,推进教育均等化发展;文体支出1.49亿元,做好"雄镇大舞台""公益文化免费培训、免费开放""天天演"文化惠民工程、流动图书馆、文化大礼堂等品牌创建项目保障。支持"三农"事业发展。全年确定一事一议项目13项,项目预算1643万元,安排补助资金700万元。下达美丽乡村建设补助资金2770万元,新创建杜夹岙、西经堂村、朝阳等示范村3个;保障农村生态环境治理,关闭并复耕覆绿的规模畜禽养殖场58家,拨付补助资金1057万元。会同农业部门遴选出重点扶持项目44个,安排农业产业化基地建设资金905万元。

【深化财政改革】 深化预算管理改革。试编国有资本经营预算,打通四大预算体系,建立统一"账本";完善综合预算和零基预算编制方法,完善预算标准体系建设,实施项目支出分级分类管理,优化整合财政专项资金,提高预算编制科学化和精细化水平。推进"最多跑一次"改革。在会计窗口推出"一次性告知""一口清"等便民服务,将公安、交警、城管、教育等系统部分非税收费项目接入浙江省政务服务网统一支付平台,在全市率先实现非税收入线上缴费模式,提高为民办事效率。深化财政投融资改革。推进区域建设PPP项目,总投资规模379.40亿元;做好政府向社会力量购买服务改革工作，全年政府购买服务预算项目2.62亿元，2017年新推出重特大疾病补充保险购买服务，涉及资金600万元；推进债务管理改革，首次将5.05亿元或有债务、2.40亿元在建项目后续融资转化新增为政府债务，完成两批政府债券置换27.86亿元，新增债券2.00亿元。拟定《镇海区政府性债务风险应急处置预案》。深化国资监管体制改革。出台《关于规范国有企业银行账户和资金存放管理的指导意见》；草拟国有企业薪酬改革试点方案和国有资本经营收益收缴办法。

【强化财政监管】 规范预算单位账户管理。清理规范财政专户，全年累计销户11个，保留财政专户11个，均属财政部允许保留的7种常规类专户和12种专项支出类专户范围。会同审计部门开展对镇（街道）和预算单位的长期挂账类户头集中清理工作，共收回存量资金1.30亿元用于集中统筹办大事。加强资金支出规范管理。严控"三公"经费支出，制定《镇海区公共交通专项资金使用管理办法》，完善《镇海区因公出国（境）审批管理若干规定》，实现"三公"经费和会议费零增长；实施国库集中支付动态监控，全年国库集中支付总额82.54亿元，其中直接支付103345笔，金额60.97亿元；授权支付3709笔，金额21.57亿元。强化财政资金绩效管理。开展财政支出重点项目绩效评价，全年对金融类政策资金、实事工程类、农村环境整治类、生态绿地养护、生活垃圾分类等14个项目资金进行绩效评价，涉及财政资金4.10亿元。

【加强队伍建设】 推进"两学一做"学习教育常态化、制度化。开展系列主题活动，教育引导党员不忘初心、牢记使命。结合财政工作职能，对领衔的14个项目进行细化分解，组织干部职工深入企业开展政策宣讲和答疑服务活动；组织局中层干部认真对照四个"中梗阻"问题，逐项对照检查，列出问题清单和整改清单，全年共查摆个人问题84条，单位问题9条，已全部完成整改。深化党风廉政建设。出台《区财政局内部控制基本制度》，通过不相容岗位分离控制、授权控制、归口管理、流程控制、信息系统管理控制等方式，提高内部管理和依法理财水平；出台《关于从严加强财政干部队伍建设的意见》，在政治建设、组织建设、作风建设和文化建设等方面提出具体要求；实施新一轮中层竞聘和岗位轮换工作，提升干部职工的工作积极性。

（宁波市镇海区财政局供稿　许　军执笔）

北仑区

【概况】 2017年，宁波市北仑区（包括宁波保税区和大榭开发区，下同）实现地区生产总值1405.47亿元，按可比价计算，增长10.1%。其中：第一产业增加值8.10亿元，增长2.1%；第二产业增加值839.67亿元，增长10.6%，其中，工业增加值791.78亿元，增长10.6%；第三产业增加值557.70亿元，增长9.5%，三次产业结构比为0.6∶59.7∶39.7。按户籍人口计算，人均地区生产总值343679元（按年平均汇率折算为50902美元）。全年实现财政总收入483.30亿元，增长20.1%，一般公共预算收入246.60亿元，增长16.7%，占财政总收入的51.0%。区本级和开发区完成财政总收入294.10亿元，增长21.7%，保税区完成49.20亿元，增长23.3%，大榭开发区完成140.00亿元，下降15.8%；区本级和开发区完成一般公共预算收入157.90亿元，增长18.4%，保税区完成23.50亿元，增长13.4%，大榭开发区完成65.20亿元，增长13.8%。区本级及开发区一般公共预算收入中税收收入142.5亿元，占比90.2%。全年完成一般公共预算支出156.60亿元，增长38.1%。全年预算执行情况良好，财政收支平衡。（以下数据仅指北仑区本级）

【组织财政收入】 深化财政与国地税合作联动，把握收入预期，提高收入执行的计划性、均衡性和稳定性。出台《2017年度税源管理考核细则》，对各街道、招商部门、国地税等税源管理工作开展细则考核。严格执行《企业划分管理办法》，理清企业归属关系，落实管理与服务的责任。持续升级税源管理系统，构建大数据交换平台。开展企业税源调查，畅通税源数据沟通渠道，做好支柱企业税收预测和统计分析工作，真实剖析企业的经营情况及税收走势。全年全区各招商部门及街道新增企业12180家（含个体工商户8733家），其中三产企业2708家，新增三产税收4.27亿元。全面监控非税收入收缴情况，推广非税收入管理软件，有效提升非税收入监管水平，全年完成非税收入77.60亿元，其中纳入一般公共预算管理的非税收入15.40亿元。

【支持经济发展】 加大力度落实各项政策，审核兑现促进产业结构调整专项资金，引导帮助企业转型升级。发挥财政政策导向作用，出台《北仑区（开发区）促进产业结构调整专项资金扶持政策》。配合出台新一轮工业企业龙腾工程、产业结构调整等一系列政策，加快推动"北仑制造"智能化高端化发展，促进产业结构加快转型升级，涵养税源夯实财政收入增长基础。

【保障民生支出】 集中财力补齐民生短板，合理安排教育、社保、医疗、住房等关系群众切身利益的支出，提升公共产品与服务的水平和质量。全年民生支出102.20亿元，占一般公共预算支出的65.3%，提高基本公共服务均等化水平。加大教育投入力度，教育支出16.90亿元，推进城乡教育协调发展。社会保障和就业支出15.00亿元，扩大社会保障覆盖面，构建更公平、可持续的社保体系，稳步扩大职工基本养老保险和医疗保险参保规模。医疗卫生与计划生育支出7.20亿元，拓展智慧医疗便民惠民应用，加强医疗卫生信息化人才队伍和机构建设。城乡社区支出17.60亿元，深入推进城市更新工程，提升城市规划建设管理水平；文化体育与传媒支出2.90亿元，构建现代公共文化服务体系，实施文化惠民工程；深化文化体制改革，加强基层公共文化产品和服务供给。

【创新财政管理】 全面优化财政管理体制机制，建立规范、公开、透明的现代预算制度。初步建立项目库管理新机制，深入开发基本信息库和项目库，对项目支出实行分类滚动管理，推动专项资金监管系统全覆盖。深化财政专项资金管理改革，根据《北仑区区级专项资金管理办法》，全年向社会公开专项资金 42 项，涉及 21 个部门、资金 4.40 亿元。预决算信息公开范围扩大，对区级 66 家预算单位的“三公”经费预决算进行信息公开。出台《北仑区（开发区）产业发展基金管理暂行办法》，设立总规模为 10 亿元的产业发展基金，推动金融资本、社会资本支持实体经济发展，更好地发挥财政资金的杠杆作用。提升街道财政管理水平，推行教育局直属学校国库集中支付改革。为保障民生项目等基础设施建设，强化政府性债务管理及置换，开展地方政府融资担保清理整改工作，整合全区国有资源，从投融资体制上积极探索，构建更趋完善的融资平台。

【加强财政监督】 提高政府采购资金节约率。强化政府采购全过程监管，2017 年通过区招投标中心平台共采购 1743 次，采购预算 7.50 亿元，实际采购 6.30 亿元，累计节约政府采购资金 1.20 亿元，资金节约率 15.5%。绩效评价多维化管理。强化财政监督职能，提高财政资金使用效益。全年开展中医药事业发展专项经费、科技扶持政策绩效评价等项目的绩效评价工作。参与涉农工作管理。实地走访各街道，参与农村污水、河道清淤、河道保洁、新农村建设、村级公益事业一事一议、森林抚育、家庭农场等十余个类别的项目验收，确保财政资金使用效益。实施会计监督检查。重点关注行政事业单位会计信息质量以及内部控制制度建设和实施情况，对北仑区红十字会等单位进行会计信息质量检查工作。

【强化队伍建设】 以学立身强化理论学习，把“两学一做”常态化制度化作为中心组学习的主线，重温入党誓词，认真研读党章，贯彻落实习近平总书记系列重要讲话精神。开展党风廉政建设教育，多层次开展学习贯彻《准则》《条例》和新《党章》活动。组织开展党风廉政教育课、党内法规知识测试，参观党章学堂。完善领导班子落实全面从严治党主体责任的全程记实管理与监督管理，形成全面的电子档案。履行党风廉政建设党组主体责任，加强廉政教育，严格执行中央八项规定精神、严格遵守“正风肃纪”各项规定，对违反政治纪律和财政纪律的严肃处理。

（宁波市北仑区财政局［宁波经济技术开发区］财政局供稿　林　舒执笔）

奉化区

【概况】 2017 年，宁波市奉化区实现地区生产总值 549.93 亿元，按可比价格计算，比上年增长 5.5%，其中区属地区生产总值增长 9.9%。第一产业实现增加值 31.28 亿元，增长 2.3%；第二产业实现增加值 328.27 亿元，增长 2.2%；第三产业实现增加值 190.38 亿元，增长 12.6%，三次产业结构比为 5.7：59.7：34.6，第三产业增加值占 GDP 比重同比提高 1.6 个百分点。按常住人口计算，人均生产总值 10.77 万元，增长 5.1%，按年平均汇率折算为 15955 美元。全区城镇居民人均可支配收入 48910 元，增长 7.8%；全区农村居民人均可支配收入 28008 元，增长 8.2%。实现社会消费品零售总额 161.95 亿元，增长 10.7%。固定资产投资额 219.18 亿元，增长 8.5%。全区实现财政总收入 71.03 亿元，增长 13.0%。其中：一般公共预算收入 42.94 亿元，增长 12.2%，占财政总收入的 60.5%；税收收入 34.92 亿元，增长 14.8%，占一般公共预算收入的 81.3%。一般公共预算支出 68.48 亿元，增长 8.6%。全年财政收支平衡。

【组织财政收入】 加强财政收入分析管理。深化财政、国税、地税三方合作，加强收入分析、预测和管控，科学测算全年可用财力，确保年度预算平衡。推进统一公共支付平台建设。贯彻落实“最多跑一次”改革，优化财政服务，提高办事效率，成功推广统一公共支付平台应用于公安出入境、居民身份证业务收费、交警车管所业务收费等 29 个项目，平台累计发生业务 13858 笔，合计金额 235.06 万元。盘活存量资金，唤醒沉睡财力。通过统筹上级一般性转移支付资金、控制结转规模、清理专户等方式，全年共盘活存量资金 3.45 亿元。加强非税收入征管，全年纳入一般公共预算管理的非税收入 8.02 亿元，增长 2.1%。

【服务经济社会发展】 落实产业政策，联合相关部门制定产业政策兑付办法，并做好强龙工程、锅炉淘汰、稳增促调等政策兑付工作，全年兑付资金 2.09 亿元。全力支持推广运用 PPP 模式，新增两家实力型公司签订《奉化市基础设施项目投资建设合作框架协议》，新落地溪口弥勒文化园和滨海养生小镇两个 PPP 项目。推进政府产业基金发展，合作设立宁波奉化奉创股权投资合伙企业，宁波致云动力电池投资基金，农业发展基金，直投两个实体项目，杠杆放大效应明显，基金规模合计 3.43 亿元，撬动社会资本超过 2 亿元。

【保障民生支出】 全年民生支出 54.10 亿元，占一般公共预算支出的 79.0%，新增财力用于民生支出继续保持在三分之二以上。全年教育支出 12.98 亿元，增长 15.7%，主要用于教师队伍保障、校舍维修、平安校园建设等。全年社会保障和就业投入 9.95 亿元，增长 25.4%。主要用于城乡居民基本养老保险和被征地人员养老保障等支出。全年医疗卫生投入 6.58 亿元，增长主要用于城乡居民医保、提高医疗工作者待遇、社保风险金等支出。全年文化体育支出 1.90 亿元，主要用于文化惠民工程、城乡群众文化基础设施建设及历史文化名城名镇名村创建等。

【推进财税改革】 推进预算管理制度改革，规范 2018 年预算编制，严格区分基本支出和项目支出，所有新增项目编制绩效目标，细化支出经济分类预算。严格执行八项规定要求，做好出国经费审批工作；做好会议定点管理工作，提升场所服务质量，完善会议标准；新建五项经费管理系统，从严控制一般性支出，"三公"经费呈逐年下降趋势。加强政府性债务管理。制定出台《关于加强全区债务管理的实施意见》《宁波市奉化区地方政府性债务风险化解规划及应急预案》等制度文件，健全债务管理机制。做好政府债券置换工作，优化债务结构。全年共置换政府债券16.75亿元，三年累计置换87.49亿元，政府债券平均到期年限拉长到6.3年，平均利率缩减到3.4%，平均每年节省债券利息1.7亿元。制定出台镇(街道)新一轮财政体制。按照"保基本、保运转、保重点、控风险"原则，重新划定财政收支范围，核定财政收支基数，确保镇(街道)体制期内的税收分成与区财政收入实现同步增长，从而提高镇(街道)做大做强经济的积极性。

【强化财政监督】 加强财政监督检查，全年检查项目18个，追缴违规财政资金309万元，收缴存量资金377万元，调整会计核算金额536万元。完善项目绩效评价工作，逐步形成"以绩效考核定项目实施"的做法，重点对5个项目进行绩效评价，暂停公共自行车项目，核减农村污水维护费标底8.8个百分点。加强政府投资项目审核。完成标底、决(结)算审核项目212只，核减资金1.08亿元。完善政府采购流程。规范政府采购工作，修改采购程序、公开招标范本、采购合同范本。推进政府采购系统二期开发，新增采购资金监管等功能。做好采购互审工作，改善采购环境，提升采购效率。加大财政预决算公开力度。组织开展预决算信息公开专项检查，全区78个部门按要求公开2017年部门预算，76个部门按要求公开2016年部门决算，公开率均为100%。做好涉农资金整合监管工作，制定各类涉农制度和办法37项，规范涉农资金使用；明确资金投向，确定靶向村庄，优先保障重点涉农项目，实现涉农资金使用提效。

【加强队伍建设】 开展全局干部十九大精神学习会议，推进"两学一做"学习教育常态化制度化工作，组织开展每月两次政治教育和财政业务培训，加强党员思想政治建设。结合全年重点工作制定《党风廉政建设工作要点》《党风廉政建设责任分工和责任清单》。以检查严明工作纪律，全局共开展各类检查12次，发现问题15起。以问责倒逼责任落实，下发整改通知书，对责任科室和责任人进行双重问责，公开通报4次，下发整改通知书6份。以明责强化组织意识，严明干部重要事项报告制度，上报中层干部个人重要事项13项，婚丧喜庆报告3项。开展会计人才培养项目，联合上海国家会计学院，开展全区会计专业人才培训。提升全区财会人员的职业素养和业务能力。

（宁波市奉化区财政局供稿　褚立峰执笔）

余姚市

【概况】 2017年，余姚市实现地区生产总值1023.23亿元，按可比价格计算，增长7.6%。其中：第一产业增加值46.07亿元，增长3.2%；第二产业增加值585.67亿元，增长8.0%；第三产业增加值391.49亿元，增长7.4%。三次产业结构比为4.5：57.2：38.3。按户籍人口计算，人均生产总值为122175元。全市财政总收入152.45亿元，增长9.1%，其中一般公共预算收入90.65亿元，增长7.8%，占财政总收入的59.5%；一般公共预算收入中税收收入78.27亿元，占比86.3%。全市一般公共预算支出102.68亿元，增长9.6%。全市财政收支平衡。

奉化新城

【组织财政收入】 推进国地税合作，做好进驻点及国地税互相委托代征工作。探索税收征管新模式，开展税收网格化管理模式试点和小规模纳税人税收社会化管理与服务工作试点。制定贯彻落实环境保护税法的实施方案，做好环境保护税开征前的各项准备。依法加强征收管理，实现税收收入平稳增长。全年地税部门完成收入49.69亿元，增长4.1%；财政部门完成收入7.13亿元，增长74.8%。加强非税收入征管，全市非税收入完成79.57亿元，其中纳入一般公共预算管理的非税收入12.38亿元。

【支持经济发展】 贯彻落实财政扶持企业各项政策措施，拨付各级财政扶持企业政策资金及稳增促调专项资金6亿元。创新财政支持经济发展方式，设立市产业发展引导基金,建立 1 亿元工信产业子基金。支持实施“政保贷”、科技金融创新等模式,帮助企业拓宽融资渠道。

【支持社会事业发展】 全年一般公共预算用于民生支出 79.06 亿元,占全市一般公共预算支出的 77.0%。全市教育支出 21.09 亿元,增长 19.1%,支持普通教育、职业教育投入和城市中小学校舍建设。全市社会保障和就业支出 13.99 亿元,下降 11.9%,主要用于城乡居民养老保险基金的补助资金、企业退休人员社区综合补贴资金转入社保风险金支出。全市医疗卫生与计划生育支出 6.53 亿元,下降 32.9%,主要用于城乡居民基本医疗保险基金转入政府性基金预算支出。支持新农村建设,市财政安排 800 万元用于村级公益事业、幸福美丽乡村建设,安排 1600 万元用于村庄整体整治提升工程。加强饮用水保护,市财政安排 1050 万元用于市级四大饮用水源水库保护,安排 1155 万元用于农民饮用水提升工程。支持生态文明建设,市财政安排 3400 万元用于生态公益林建设,安排 3745 万元用于四明山区域生态发展。根据水环境综合整治要求,市财政安排 3200 万元用于畜禽养殖场污染综合整治;安排 3920 万元支持打通“断头河”、河道清污(淤)、山塘治理、小流域治理、水环境整治、泵站改造等建设。

【推进财政改革】 从 2017 年 1 月 1 日起,将新增建设用地有偿使用费等 3 项政府性基金收支转列一般公共预算。深化预决算信息公开,做好财政专项资金清单公开。规范乡镇国库集中支付业务,推进乡镇预算执行动态监控系统建设和统一支付平台推广应用。制定新一轮乡镇街道财政体制,在财力上进一步向基层倾斜。全市 20 个乡镇街道(泗门镇另外实行单独的卫星城市财政体制)实行“核定收支、超收分成、短收赔补”的财政体制,即根据乡镇财政状况,确定收入基数,分别对基数内和超基数部分财政收入进行分成,并实行短收赔补,根据乡镇街道所承担的职责核定支出基数。

【强化财政监管】 加强公务支出管理,“三公”经费比上年下降 1.5%。加强预算绩效管理,对 27 个民生项目实施绩效评价。加强会计管理,第二期会计领军(后备)人才培训班开班。加强政府债务管理,2017 年完成置换政府债券额度 34.8 亿元。

【非税收入收缴新系统上线】 在前期做好交警罚没款和部分教育收费等非税收入网上缴费试点基础上,4 月份启动非税收入收缴管理系统升级改造,7 月 1 日上线运行。截至年末,全市有 49 家单位纳入非税收入收缴新系统,其中 20 家单位安装智能 POS 机 67 台,10 家单位政府非税收入已经通过统一公共支付平台进行试点收费。全年累计实现 POS 机 348 笔、16.56 万元;银联 370 笔、15.47 万元;支付宝 32351 笔、445.68 万元。

【加强队伍建设】 推进“两学一做”学习教育常态化制度化,组织开展十九大精神专题学习和“我最喜爱的习总书记的一句话”学习讨论活动。举办微型党课比赛,开设“财税讲堂”。加强警示教育,组织开展现场廉政教育、“读案例、防风险”、党风廉政教育报告会等活动。开展作风效能提醒和正风肃纪,全年开展检查 5 次。 (余姚市财政局供稿 陈立军执笔)

慈溪市

【概况】 2017 年,慈溪市实现地区生产总值 1487.75 亿元,按可比价格计算,比上年增长 10.2%。其中:第一、二、三产业增加值分别为 53.24 亿元、911.58 亿元、522.93 亿元,增幅分别为 2.7%、10.8%、9.9%,三次产业结构比为 3.6∶61.3∶35.1。按户籍人口计算,人均生产总值 132923 元。全社会固定资产投资额 839.53 亿元,增长 5.1%。社会消费品零售总额 583.23 亿元,增长 12.4%。外贸自营进出口总额 754.62 亿元,增长 16.6%。全市居民人均可支配收入 48008 元,增长 8.2%;其中城镇常住居民人均可支配收入 54894 元,增长 8.0%;农村常住居民人均可支配收入 32088 元,增长 8.6%。全市实现财政总收入 290.13 亿元,增长 17.9%,其中一般公共预算收入 157.31 亿元,增长 13.7%,占财政总收入的 54.2%;一般公共预算收入中税收收入 134.79 亿元,占比 85.7%。全市一般公共预算支出 151.46 亿元,增长 3.9%。全市财政收支平衡。(杭州湾新区因体制调整,以下支出分析相关数据不包括杭州湾新区。)

【培植财源强化征收】 *加强税收征管*。深化管评查、国地税、财政与税收、税收与司法“四个互动”,增强综合征收能力,不断完善组织税收收入的两级纵向联动体系和多方横向合作机制,加强收入分析、预测和管控,提高收入执行的预见性、均衡性和稳定性。*加强财源培育*。开展财源经济培育调查,制定大招商十条意见,全力支持优质重大项目引进和慈商回归,夯实收入增长基础。*加强非税收入征管*。落实重点非税收入征缴监督和绩效考核;加强土地出让金征收执行督促和监管;深化非税收入收缴电子化改革,稳步推进浙江政务服务网统一公共支付平台应用;全年组织非税收入 95.20 亿元,其中纳入一般公共预算收入的非税收入 22.51 亿元。

【助力振兴实体经济】 *优化完善产业政策*。制定出台《慈溪市优化产业政策促进产业转型发展的若干政策意见》,促进经济新旧动能转化。优化完善资金拨付流程,加快政策资金审核兑现速度,全年兑现落实产业扶持资金 10.67 亿元,其中兑现房产交易契税补贴资金 7863 万元;支持实施“小微企业三年健康成长计划”,深化“银税互动”,全年为小微企业提供各类信用贷款 3.03 亿元。*全面落实减税降费*。贯彻落实各类减税降费政策,降低 3 项行政事业性收费标准,取消 2 项政府性基金和 14 项行政事业性收费,停征 2 项行政事业性收费,全年减免各类税费

16.32亿元,办理出口退(免)税83.69亿元。

【优化支出结构】 加大民生投入。全年一般公共预算支出用于教育科学、文化体育、社保就业、医疗卫生等民生方面支出86.73亿元,增长5.6%,占一般公共预算支出的80.1%。投入社保就业资金14.46亿元,完善就业帮扶、创业扶持机制;深化社保制度改革,保障医养结合和智慧养老;投入教育科学资金31.07亿元,大力支持教育现代化和义务教育优质均衡;投入文化体育资金2.34亿元,健全基本公共文化服务体系经费保障和运行管理机制,保障上林湖越窑博物馆等重大项目建设。城乡建设有序推进。加大对交通、水利基础设施建设的投入,全年统筹安排10.10亿元,支持实施“外联内畅”综合交通体系;围绕小城镇环境综合整治和“污水零直排区”建设,统筹安排专项资金12亿元,保障“五水共治”“三改一拆”“治危拆违”“维稳安保”等重点工作实施和美丽慈溪、平安慈溪、健康慈溪等建设。行政支出继续压缩。贯彻落实中央和省委关于厉行节约的各项规定,一般性支出按不低于5%的幅度压减,“三公”经费从严从紧控制。

【推进财政改革】 推进预算管理改革。严格落实预决算信息公开各项规定,做到公开范围全覆盖、公开内容更详实。深化部门预算改革,加快项目库建设,细化预算编制,实行预算执行动态监控,提高预算执行率。规范财政专户和单位银行账户管理,开展新一轮财政资金存放操作。深化国库集中支付改革,于6月底完成5个街道及滨海区国库集中支付改革,实现全市市镇两级财政国库集中支付改革全覆盖。推进镇级财政改革,初步拟定新一轮镇级财政体制调整方案。加强预算绩效管理改革,继续扩大事前绩效评价规模,全年对118个项目开展预算绩效评价,注重评价结果运用,制定出台《中介机构绩效评价工作质量检查办法》,提高中介机构评价质量。修订完善2017年政府购买服务目录,扩大购买服务范围。强化地方债务管理。制定出台《慈溪市政府性债务风险应急处置预案》,组织开展举借行为及融资担保专项清理整改工作,防范债务风险;加快存量政府债务置换债券工作,累计完成置换债券85.72亿元,新增政府债务3亿元。

【深化财政监管】 加强财政监督检查。制定七大类财政财务检查计划,开展部门预决算公开及内控制度建立落实情况检查;引导行政事业单位建立健全内控制度,对全市263家单位进行逐户摸底调查,形成行政事业单位内控建设报告;对12个乡镇行政事业单位的内控建设进行抽样督导检查,提高单位财务管理规范化水平。加强行政事业单位资产管理。完成行政事业单位房产土地调查统计,拟定行政事业单位房产土地盘活处置方案;拟定非经营性资产注入方案,推进投融资体制改革;处置闲置资产,或调拨用途或公开拍卖或调剂使用;推进“公物仓”运作,加强办公设备等资产管理调剂,提高闲置资产使用效率。加强PPP模式应用。推进PPP模式在公共服务、基础设施等领域应用,完成新城河区块一期改造项目等5个PPP项目财政承受能力论证和物有所值评价;推动宁波大学科技学院迁建工程、胜山至陆埠公路(横河—余慈界段)工程PPP项目落地;推进新城河区块一期改造项目、城区潮塘江排涝二期工程的社会资本采购进程,避免退库风险。

【构建活力队伍】 推进全面从严治党,学习习近平新时代中国特色社会主义思想和党的十九大精神,推进“两学一做”学习教育常态化制度化;成立第一届机关党委和机关纪委,开展“一支部一特色”品牌创建。完善学习平台建设,设立财税大讲堂,拟定《2017年教育培训活动计划》和财税青年干部“蓝色育苗工程”实施意见,实施“学业务、比技能、强素质”岗位练兵活动。落实“一岗双责”,细化落实党风廉政建设主体责任;邀请市纪委书记作廉政建设讲座;加大作风效能建设明查暗访力度,全年共开展专项行动16次,开展交叉检查7次。依托党工团妇组织,分类开展各类活动,创新设立摄影等沙龙兴趣小组12支;组织开展“喜迎盛会续新章　不忘初心勇担当”主题活动,完成基层党员教育研讨会、书画展、大合唱比赛等活动。

(慈溪市财政局供稿　宋开拓执笔)

宁海县

【概况】 2017年,宁海县实现生产总值542.20亿元,比上年增长7.8%。其中:第一产业增加值46.44亿元,增长4.2%;第二产业增加值279.31亿元,增长7.3%;第三产业增加值216.45亿元,增长9.3%。三次产业结构比为8.6∶51.5∶39.9,其中第三产业增加值比重比上年提高0.5个百分点。人均生产总值85895元,增长7.4%。2017年固定资产投资额335.18亿元,增长10.4%;社会消费品零售总额220.27亿元,增长15.8%。城镇居民人均可支配收入51804元,增长8.6%;农村居民人均可支配收入28410元,增长8.3%,农村居民人均生活消费支出22242元,增长11.4%。城乡居民收入比1.82∶1,与上年持平。全县财政总收入90.10亿元,增长12.3%。其中,一般公共预算收入55.50亿元,增长11.4%,占财政总收入的61.6%;一般公共预算收入中的税收收入40.30亿元,占比72.6%。全县一般公共预算支出80.03亿元,增长18.1%。全年财政收支平衡。

【组织财政收入】 预测收入谋发展。坚持依法征收、应收尽收,坚决防止收取“过头税”;实施收入目标动态管理,落实重点税源监控制度,深化税源分析预测,明确征收单位一把手责任,完善组织收入的三级纵向联动体系和三方横向合作机制,提高收入执行的稳定性。夯实基础培收入。强化数据清理,用好土地、房产等基础税源普查成果,落实欠税清缴,加大纳税评估、风险核实剖析力度,还权还责于纳税人,全面实施纳税人低风险自主应对,堵漏增收8000余万元;精准打击偷税漏税,推进“双随机一公开”,强化税收专项整治、重点税源企业抽查自查和积案清理,全年查补入库916万元。规范非税收入。深化政府非税收入收缴管理改革,以“最多跑一次”改革为契机,大力推进统一公共支付平台应用推广;全面推进非税收入精细化、规范化和科学化管理,全年组织政府非税收入19.53亿元,其中纳入一般公共预算管理的非税收入15.19亿元。

【支持经济发展】 发挥政策导向作用,全面落实简化增值税税率结构、小微企业优惠政策等各项减税降费政策,共计为企业减负超10亿元。严格落实涉企收费基金目录清单制度,取消或停征2项政府性基金、13项行政事业性收费,降低2项行政事业性征收标准,减负5249万元。实施社会保险费减免政策,5月1日起阶段性下调失业保险单位缴费费率,减轻企业负担1528万元。推动工业经济稳增长、住房货币化保障、棚户区改造等政策落地生效,兑现市县两级二三产业扶持资金3.30亿元。

【保障民生支出】 围绕“五优并进”战略举措,坚持加大投入与完善机制并重,大力推进基本公共服务均等化,构筑普惠民生政策体系。全年民生支出59.90亿元,增长17.4%,占一般公共预算支出的74.9%,重点保障教育、卫生、社保、环保、新农村建设等领域的资金需求。其中教育支出17.02亿元,增长25.7%,主要用于推进教育现代化,实施乡村教师支持计划、学前教育提升工程,启动辛岭和城西小学迁建、县中心等8所幼儿园和职教中心建设,实现老年大学乡镇(街道)全覆盖,创成省教育基本现代化。医疗卫生支出8.44亿元,增长20.9%,主要用于推进健康宁海建设,启动县域医共体改革,实施妇女儿童健康关爱工程,推行家庭医生联村责任制,组建县第二医院、第三医院,创成省级卫生乡镇(街道)10个。社保支出11.95亿元,增长42.6%,主要用于推进全民参保计划,完成机关事业单位养老保险改革,健全养老保障体系,健全创业就业机制,深化“宁海无欠薪行动”,提标扩面最低生活保障,全体居民人均可支配收入增长8.5%。

【推进财政改革】 深化预算管理改革。构建全面规范、公开透明的财税体制机制。完善全口径政府预算体系,严格预算执行刚性,推进预决算公开,调整完善乡镇街道、园区财力保障机制,加快推进三年滚动财政规划;推进预算信息公开,充分利用预算信息公开、纪委公示、人大公开和绩效评价四项制度,提高财政资金使用绩效,全县18个乡镇街道政府预算及72家县级预算单位部门预算已全部按规定公开。深化投融资体制机制改革。以城市发展基金、做大政府产业基金、推广PPP模式等多种方式,吸引各类社会资本投入创业创新、产业转型升级、基础设施和公共服务领域。推进实施沿海防洪排涝、G228国道宁海西店至桃源(街道)段公路等5个PPP项目落地实施;搭建交通、水利等重点建设领域投融资平台,推动投融资平台市场化转型,全市首家县级城投系统PPN获批30亿元融资额度,挂牌全国首单可持续发展资产证券化项目12.5亿元,助力宁海棚改。完善内控监管机制,推进政府资产报告试点、加强政府采购诚信建设、强化工程项目竣工结算、落实会计制度改革等相关工作。

【提升财政监管水平】 推进专项资金绩效预算管理。拓宽绩效预算管理范围,完善绩效目标、目标评审、支出考核等制度,逐步树立起“用钱必问效、无效必问责”的管理理念,全年29个项目6.90亿元实施全过程绩效预算管理,共计核减项目资金1.66亿元,单个项目最高核减率为50%;深化涉农资金改革,按照“整合项目、聚集资金、整体打造、综合示范、集中成片、整体推进”思路,构建“资金统筹、程序规范、产业明确、区域突出、绩效优先”的涉农资金管理工作模式,整合县级20个部门75项涉农资金4.80亿元。加强地方政府性债务管控。出台政府性债务应急处置预案,推进债券置换、转贷,累计完成地方政府债务置换债券100.7亿元,政府债务融资成本降低至3.7%;清理整改不规范的政府融资担保行为,组织政府性债务投资项目资产清查,防范和化解财政金融风险。加强财政资金管理。强化财政库款管理,1.00亿元财政资金实现竞争性存放招投标;落实部门结转结余资金和存量资金正常收回机制,全年收回一般公共预算结余资金1.90亿元,收回政府性基金预算结余资金3.60亿元,收回部门存量资金1.78亿元,统筹用于第一医院基建、中医院基建、购房财政补贴、生态公益林、社区智能投递终端建设资金、民生体系工程等重大建设项目及民生项目。

【加强干部队伍建设】 推进全面从严治党,落实党建主体责任,优化支部结构,实行痕迹化管理,建立健全主体责任相关制度,全局获评党建精品单位。推进“两学一做”学习教育常态化制度化,把学习贯彻习近平总书记系列讲话精神与贯彻落实县委县政府重大决策部署结合起来,加强党风廉政建设,用好用活监督执纪“四种形态”,全年明察暗访、效能检查22次;健全干部约束和激励机制,全年推荐选拔县管后备干部7人,提拔中层干部12名(事业2名),10多位干部调配到重要岗位锻炼,激发干部干事创业激情。在全县满意工程考评中,局机关列经济管理服务部门第一名。 (宁海县财政局供稿 葛晨晓执笔)

象山县

【概况】 2017年,象山县实现地区生产总值498.91亿元,按可比价格计算,比上年增长6.5%。其中:第一产业增加值73.16亿元,增长2.7%;第二产业增加值222.66亿元,增长5.5%;第三产业增加值203.09亿元,增长9.1%。三次产业结构比为14.7∶44.6∶40.7。按户籍人口计算,人均生产总值90640元,比上年增加9873元。全县完成固定资产投资193.19亿元,增长10.8%;社会消费品零售总额191.25亿元,增长11.8%;完成自营进出口总额28.24亿美元,下降17.1%。城镇居民人均可支配收入50677元,农村居民人均可支配收入28385元,分别增长

8.2%和8.7%。全县实现财政总收入67.19亿元，增长7.0%，其中一般公共预算收入39.27亿元，增长2.3%，占财政总收入的58.4%；税收收入32.13亿元，占一般公共预算收入的81.8%。全县一般公共预算支出70.27亿元，增长14.5%。全县财政收支基本平衡。

【依法组织收入】 夯实税源基础。分析宏观经济形势，研判收入现状和发展趋势，开展增收潜力点分析，加强重点产业、重点税源、重点税种的监控，全年411家重点税源纳税户入库地方税收12.21亿元。提高征管质效。强化与国地税及多部门合作，在纳税信用、税票代开、税率议定、欠税压缩等方面协同配合，全年共清理欠税4000万元。充分挖掘潜力。开展企业自查，实施检查62户，共查补入库税款1036万元；纳税评估部门开展企业汇算清缴、不动产交易项目和房土两税等税收风控评估，共查补税款2105万元。加强非税收入管理。规范非税收入的收缴程序，入库各项非税收入17.87亿元，其中纳入一般公共预算管理的非税收入2.71亿元。建立社会保险费征管长效机制，全年征收社会保险费收入25.49亿元，增长42.2%。

【推动县域经济稳定发展】 落实企业扶持资金。围绕“工业强县”和全域旅游建设需要，规范和优化各类产业扶持政策和财政奖励政策，贯彻落实稳增长、调结构政策举措，发挥财政资金、政策调控作用，引导扩大有效投入。2017年安排稳增促调资金5819万元，兑现各类财政扶持资金2.95亿元，其中工业政策兑付2.30亿元，惠及企业6612户次，推动实体经济稳定发展。落实各项优惠税费。开展“降低实体经济成本”行动，持续推进简政放权，落实国家结构性减税政策，分析政策执行效应，全年减免各项税费8.61亿元，受惠企业2640户次。规范清减涉企收费。加大清费减负政策贯彻落实情况监督检查，严格落实收费清单制度，遏制乱收费行为，取消、暂停行政事业性收费27项，减征额2000万元。

【推进社会事业协调发展】 全年用于民生支出49.6亿元，占一般公共预算支出的70.6%。提高社会保障水平。2017年安排9.43亿元保证各项社会养老、医疗保险基金正常运行，其中城乡居民养老保险和被征地人员养老保障3亿元，机关事业单位养老金和年金清算2.80亿元，城乡居民医疗保险财政补助2.51亿元。发放退休军人优抚、安置费1963万元，落实低保政策发放低保资金、物价补贴等计3751万元，残疾人两项补贴2202万元。加快发展教育事业。落实学前教育经费2028万元，免收义务段学生课本费、学杂费3033万元，惠及学生51080名，落实2.44亿元保障中职教育发展和提高教师绩效工资。提高并调整部分地区农村任教津贴，下发农村特岗津贴660万元，惠及农村教师2106名，确保教师队伍良性交流与稳定。推进卫生事业健康发展。深化医疗制度改革，安排1.08亿元推进基层卫生机构正常运营，全县123家社区服务中心、卫生室基层医疗机构落实基本药物制度改革，实施基本药品零差率销售，减轻群众基本用药负担。推进美丽乡村建设。启动6个示范村和15个县级特色村的培育工作，推动东门渔村、溪里方、方家岙等5个精品示范村建设，推进农业综合开发，支持农业绿色、生态、可持续发展。推进重点工程建设。多渠道筹集资金，保障剿灭劣V类水、“污水零直排区”建设和海上交通运输“一打三整治”、社会治理实施网格员制度和建设环境综合整治等专项治理的开展，推进重点实事工程建设和民生事业发展。

【推进财政改革】 完善乡镇财政体制。研究实施新一轮乡镇财政体制改革，完善石浦卫星城镇，西周、贤庠，经济开发区、影视城等乡镇园区的财政体制。深化国库集中收付制度改革，加强和规范乡镇公务支出管理，推行乡镇公务卡改革，实现国库集中支付公务卡改革全覆盖。加强政府债务管控。规范举债行为，完善债务管理制度，出台《象山县政府性债务风险应急处置预案》，组织开展融资担保专项清理整改工作。向上级财政部门争取债券置换额度，置换政府一类债务，2017年累计置换债务78亿元，减少利息支出2亿元。实施投融资体制改革。组织开展全县国有资产资源专项调查，摸清家底，研究打通资源向资产转变、资产向融资平台转移的通道，创新举债融资机制，实现融资可持续和建设资金的有力保障。

【加强财政监管】 强化资金规范管理。组织开展财政资金竞争性存放管理联合检查，全县79家一级预算单位和18个乡镇（街道）完成自查，并对海洋与渔业局等10个部门实施重点抽查。完善县级财政资金竞争性存放管理办法，完成11亿元社保基金竞争性存放，确保库款现金保值增值。严把基建资金拨付关。稳步开展工程项目结（决）算审查，创新政府投资项目保险实施共保体，强化对工程项目资金监管，共审结工程项目186个，核减投资1.31亿元，核减率为8.6%。严格开展财务检查。发挥委派会计（财务总监）作用，加大项目资金监管力度，纠正违规违纪资金约2.20亿元。对5家行政事业单位开展财务收支情况检查，查处违法违规问题金额2955万元。规范政府采购行为。全面应用政府采购管理软件，采购审核通过网上流程流转，全年采购金额9.62亿元，节约财政资金1.20亿元，节约率11.5%。

【提升队伍素质】 落实好“一岗双责”，开展自查自纠。通过观看电影、参观家风馆等形式，组织开展廉政教育25次，受训干部1200人次。围绕打造“象山财税铁军”干部要求，加强干部梯队建设，完善干部考核评价和选任机制。加强业务常态化培训，开展企业所得税、新预算法等培训12期，受训人数1000人次。推进财税文化建设。深入开展系列文明创建和满意工程建设，选派3名干部参加县级微型党课比赛。发挥群团组织作用，组织开展“秀才艺·展风采”三八活动，举办插花、香囊制作等培训，丰富干部文化生活。 （象山县财政局供稿 刘丹丹执笔）

温州市财政工作

温州市

【概况】 2017年,温州市实现生产总值5453.20亿元,比上年增长8.4%。其中:第一产业增加值144.10亿元,增长3.5%;第二产业增加值2149.20亿元,增长7.1%;第三产业增加值3159.90亿元,增长9.7%。三次产业结构比为2.6∶39.4∶58.0。按常住人口计算,人均地区生产总值59306元,增长7.9%,按年平均汇率折算为8784美元。城镇居民人均可支配收入51866元,农村居民人均纯收入25154元,分别增长8.5%和9.4%。全年社会固定资产投资4178.50亿元,增长11.9%。社会消费品零售总额3324.30亿元,增长10.6%。全年实现外贸进出口总额1327.10亿元,增长11.2%。其中:进口总额169.20亿元,增长27.3%;出口总额1157.90亿元,增长9.2%。全市财政总收入778.26亿元,增长7.5%,其中一般公共预算收入465.35亿元,增长7.2%,占财政总收入比重为59.8%;税收收入391.15亿元,增长7.0%,占一般公共预算收入比重84.1%;市本级财政总收入169.98亿元,增长5.0%,其中一般公共预算收入101.15亿元,增长5.6%。全市一般公共预算支出761.81亿元,增长14.2%;市本级一般公共预算支出99.28亿元,增长14.5%。全年财政运行状况良好,全市及市本级财政收支平衡。

【组织财政收入】 *加强重点税源分析*。坚持预案管理和预测分析并举,建立财政、国税、地税税收统计数据共享和联合分析机制。开展“税眼看发展”专项行动,加强对重点税源企业、纳税百强和特色小镇等专题性收入的分析。*优化税种管理*。加强企业所得税预缴管理,对全市2万户应汇算企业进行辅导培训。加强高收入者个税征管,重点做好两处以上工薪所得核查,完成核查63人次,查补税款158万元。开展土地增值税专项督查,完成土地增值税清算项目20个。推进风险管理,运用32个风险指标,筛选风险名单5386户,全年查补税费10.33亿元。*加强非税收入征管*。推进做地、储备、出让“三个计划”编制,开发土地出让预算管理信息系统,会同国土部门制作读地手册。全年全市非税收入1018.32亿元,其中纳入一般公共预算收入管理的非税收入74.20亿元,增长8.3%。政府性基金收入940.37亿元,增长98.7%,其中:国有土地使用权出让收入820.23亿元,增长107.5%。

【支持经济转型升级】 *提升产业专项资金引导*。整合涉企专项资金,保障“科技新十条”“培育新动能21条”等政策落实,支持“机器换人”、“两化”融合和智能制造示范培育等,新增国家级“智能工厂”项目1个,新增省级重点企业设计院1家,制笔行业和眼镜行业被列为省级“机器换人”试点。全年获省产业升级专项资金8600多万元,增加34.7%。新列入省级隐形冠军培育库52家,省级“专精特新”企业培育库2535家,数量均为全省第一。204家企业完成淘汰落后产能,新增179家高新技术企业。*深化政府产业基金运作*。市本级政府产业基金新设子基金6支,规模总计40.55亿元。*落实高新技术企业优惠政策*。与市科技局、国税局联合制发《温州市高新技术企业后备培育工程实施方案》,488户企业享受研发费用税前加计扣除,金额总计16.00亿元。

【帮扶企业破解难题】 *开展亲商行动*。确定优质培育企业1285户,上门服务3266人次,解决难题1114件。*开展企业上市帮扶*。出台企业“上市十条”意见,设立5.00亿元上市风险共担基金,市、区两级拨付企业上市优惠政策经费3500万元,拟上市企业申请风险共担基金6000万元,组建税收专家团队,帮扶拟上市企业。*开展浙商“提质增效年”专项活动*。出台进一步加强招商引资的实施意见,本地领军和高成长型企业项目到位资金19.80亿元。*开展小微企业帮扶*。联合银监部门助推税银合作,帮助小微企业获得贷款28.00亿元。*落实税收优惠政策*。全面落实国务院六项减税措施,优化城镇土地使用税差别化政策,阶段性降低社保费率,在市本级、瑞安市试点实施减免税“先享后管”改革,全市共落实各项优惠103.40亿元。

【保障民生支出】 全市民生支出597.00亿元,增长16.9%,占一般公共预算支出的78.3%。*支持教育事业发展*。全年全市安排教育支出179.14亿元,增长10.3%。全市下达农村中小学教师生活补助资金2053万元,保障教师待遇;市本级下达资金1977万元,落实“两免一补”等扶困助学政策;市本级下达民办学校购买服务经费1.23亿元,满足市民对教育多元化需求。*支持社会保障事业发展*。拨付资金2401万元,新建农村居家养老服务照料中心736家,建成社区微型养老院21家;率先在全省建立公立医院总会计师制度和薪酬制度,初步形成分级诊疗体系,完善责任医生签约服务;安排资金1871万元,用于综合整治城镇环境、直管公房D级危旧房及消防隐患。*加快推进城乡建设*。全市投入“三农”资金291.30亿元,增长8.0%,落实各项惠农富农强农政策。推进农业综合开发,获得省以上农发项目30个,争取财政资金1.30亿元,首次突破1.00亿元。全市获得中央、省补助经建口各类资金57.50亿元,其中市本级获得22.70亿元。*保障重点项目支出*。安排政府投资预算77.50亿元,重点保障市域铁路、高速公路、国际机场等重大项目及“五水共治”“交通治堵”“市政管养提升”和教育卫生等工程建设。省、市合作设立规模10.00亿元的PPP基金,拨付4500万元,推进杭温铁路建设。投入资金50.00亿元,设立大建大美(含PPP)投资保障基金。推进绿色发展。加大生态文明建设转移支付力度，永嘉楠溪源头田园综合体入选省改革试点，永嘉、泰顺入选“两山”实践全国示范。安排市级资金4400万元，设置避灾安置点和消除地质灾害隐患点。

【深化财政改革】 完善预算管理机制。将政府投资预算纳入部门预算统一编制和管理，实现部门预算编制范围全覆盖。推进项目库管理改革。出台部门预算商品和服务支出、项目支出业务规范，厘清公用经费与项目支出边界，10个重点部门预算人大赞成率比上年提高3个百分点。推进“最多跑一次”改革。5项事项中3项实现“零上门”，开展“上门服务至少一次”活动，服务预算单位235家。推进数字财政建设。全市实现统一公共支付平台全覆盖，完成线上线下一体化收缴应用，受益面587万人次，缴纳金额12.50亿元。开展政府采购电子卖场改革，全域上线“政采云”平台，政府采购正式迈入“云时代”。运用数字财政服务平台，远程审核直接支付取代见单办理。试点运行国库集中支付“T+0”清算模式。实现国库集中支付实拨业务、额度及清算业务电子化，第一批8家预算单位支付环节电子化正式上线。

【强化财政监管】 提升财政绩效。完善内控制度体系，加强重点领域财税监管。出台绩效评价结果应用办法，深化部门（单位）整体支出绩效评价、政府购买服务改革试点项目绩效评价、财政专项资金重点评价。做好“五算”审核，审核投资121.72亿元，核减8.90亿元。出台新的财政资金竞争性存放标准，举办四期竞争性存放公开招标，资金83.00亿元。加强风险防范。出台进一步加强地方政府性债务管理、债务风险应急处置预案两项制度，编制政府债务管理业务指南。做好政府债务风险防控，提前完成五年化债计划，完成市区存量债务置换77.85亿元，节约财务费用3.10亿元。向省财政厅争取获得市区新增债券56.70亿元。加强一般支出控管。全年市级部门项目支出压减10.0%、一般性支出压减5.0%，市本级一般公共预算安排的“三公”经费支出下降6.8%。完善结余资金清理，盘活存量资金4.60亿元。

【加强队伍建设】 落实全面从严治党主体责任，出台《党员干部廉政谈话制度实施细则》。推进“两学一做”学习教育常态化，建立局班子基层联系点制度。开展“强责任敢担当，治顽疾优环境”作风建设活动，出台财税“八条禁令”，巡察4个下属单位。健全办文办会办事协调机制，强化考绩导向作用。举办财政业务知识能力竞赛，营造“以考促学”氛围。举办财政先进事迹巡回宣讲、财税道德讲堂、“温州财税记忆”展览等活动，提升系统凝聚力和战斗力；构建“一个微信号、一个预算读本、一本政策汇编、一本财税刊物、一个网站”立体化阵地，宣传财税队伍形象。

（温州市财政局供稿 李 侠执笔）

鹿城区

【概况】 2017年，温州市鹿城区实现生产总值936.99亿元，按可比价计算，比上年增长5.6%。其中：第一产业增加值1.80亿元，增长1.3%；第二产业增加值225.39亿元，下降1.0%；第三产业增加值709.80亿元，增长8.0%。三次产业结构比为0.1∶24.1∶75.8。按户籍人口计算，人均生产总值122827元，增长4.1%。全年外贸进出口总额229.32亿元，增长5.0%，其中：进口总额15.65亿元，下降13.4%；出口总额213.67亿元，增长6.7%。全区完成固定资产投资349.38亿元，下降2.1%。全年财政总收入48.05亿元，增长9.0%。一般公共预算收入29.38亿元，增长7.0%，占财政总收入的61.1%。其中：全年税收收入23.88亿元，增长4.2%，占一般公共预算收入的81.3%。区级一般公共预算收入28.32亿元，增长6.4%。全区一般公共预算支出44.41亿元，增长16.1%。区级一般公共预算支出43.94亿元，增长16.3%。全年财政运行情况良好，财政收支平衡。

改造后的鹿城区锦绣路

【组织财政收入】 加强收入全程管控。年初对人大通过的全年财政收入目标进行进度测算、任务分解；过程实行实时监控，定期分析预测，围绕重点税源，强化税源动态监控。调动多方征管积极性。根据新一轮区对街（镇）财政体制，调整市、区、街（镇）三级税收分成和奖励政策。整合征管资源，开展税收社会化征管服务。

建立税源信息平台,梳理分析相关单位涉税信息逾130万条。通过税收社会化征管模式实现税收入库2999万元。规范非税收入征管行为。建立收费项目清单公示制度,向社会公布《鹿城区行政事业性收费和政府性基金目录清单》。扩大非税收入收缴上线范围,将区教育系统幼儿园收费、公安出入境证件费、市场监管局罚没收入等收费及罚没收入项目接入浙江政务服务网统一公共支付平台。全年征收非税收入66.93亿元,增长12.6%,其中纳入一般公共预算的非税收入5.50亿元。通过电子支付渠道收缴的非税收入15.45万笔,涉及金额8860万元。

【支持经济发展】 扶持企业发展。紧扣供给侧结构性改革主线,发挥财政职能作用,支持"三去一降一补",推动政策资金加力增效。其中:执行清费减负政策,取消、停征13项行政事业性收费及政府性基金;安排企业扶持专项资金6358万元、争取上级资金9482万元,支持企业"机器换人""电商换市"、挂牌上市、外向型经济和总部经济等,营造良好营商环境。支持区域拆改建。通过省级代发土储债券25.00亿元,结算土地出让收入59.31亿元,运用政府和社会资本合作(PPP)、政府购买服务等模式筹措大拆大整资金,保障区域和产业升级一体化设计需求。创新棚改服务招投标制度设计,支持城建投融资体制改革。采用单一来源采购模式引进一流的专业机构和企业参与全域谋划建设。刺激消费市场。安排旅游发展专项资金500万元,支持农家乐休闲旅游业发展、打造鹿城西部"旅游+"模式等旅游资源开发,以及旅游公共服务体系建设、智慧旅游建设等扩大内需刺激消费工作。促进科技进步。安排经费1.16亿元,支持科技强区、科技进步,完善财政科技经费分配管理。

【保障民生支出】 全年一般公共预算用于民生支出33.94亿元,占全区一般公共预算支出的76.4%,增长16.9%。支持"三农"发展。安排经费2.08亿元,保障扶贫、"五水共治"、农村基础设施建设等"三农"发展,实施以奖代补、民办公助等筹资方式支持新农村建设,推进财政支农体制机制改革和农业产业化发展。促进社会事业发展。安排教育经费10.16亿元,用于保障教育基本现代化区创建,支持"政府主导、社会参与、公办民办并举"的办学体制改革,推进民办教育综合改革试点工作。安排医疗卫生和计划生育经费4.74亿元,支持基本公共卫生服务、社会资本办医工程,推进公立医院薪酬制度改革,保障中医国家级示范区创建工作。安排社会保障体系建设经费3.55亿元,用于保障困难群众基本生活、城乡居民基本医疗改革和养老服务体系建设。安排文化事业经费4500万元,加快构建现代公共文化服务体系,落实国家基本公共文化服务指导标准。支持重点项目建设。到位项目资金42.48亿元,保障城市道路综合整治、城市精细化管理八大行动等重点工程项目。筹措资金1.56亿元支持民生实事项目建设,落实经费支持人才强区、省级食品安全区创建、"村村通"公交、危旧房改造治理等工作,促进各项社会事业和谐发展。

【推进财政改革】 加强财政预决算管理改革。推进部门预算管理改革,运行一体化预算编制管理系统。扩大预决算公开范围,财政专项资金管理清单以及68个区级部门预决算、"三公"经费预决算实现全公开。控制财政资金风险。开展公款竞争性存放工作,清理存量财政专户,完善国库集中支付动态监控系统和公务卡结算制度改革。开展行政事业单位内控制度报告编报工作,实现全区行政事业单位内部控制工作制度化、规范化。深化"最多跑一次"改革。依托浙江政务服务网和政府采购云平台,实现会计代理记账审批事项办理及政府采购"零上门"。

【加强财政监管】 规范政府采购行为。对区级党政机关、事业单位和团体组织会议、培训实行定点服务政府采购。出台政府购买棚改服务管理暂行办法及承接主体遴选办法等制度,规范棚户区改造项目招投标等工作。全年政府采购(不含工程)支出2.05亿元,节约资金3378万元,节约率达14.2%。加强预算绩效管理。基本构建绩效管理体系,完成涵盖民政、教育、卫生等重点领域的绩效评价项目52个,涉及财政资金1.60亿元,实现30万元以上预算项目资金目标申报全覆盖。搭建绩效管理与部门预算有机融合平台,以评价结果应用为导向,促进预算精准安排,实现目标申报与预算编制同步进行。加强财政项目审核。采用公开招标方式建立鹿城区工程审价中介机构备选库,出台文件对中介审核管理工作予以规范,实现工程审价业务市场化、科学化。全年审定金额4.65亿元,核减率3.2%。强化政府债务管理。执行新《预算法》以及相关债务管理规定,实施化债计划,强化债务限额管理和预算管理,对政府债务实行实时动态监控。严控一般性支出。实行全口径收支预算,完善部门支出标准和公用经费定额体系,严控"三公"和会议经费支出,规范干部外出培训及津补贴发放工作。

【加强队伍建设】 开展"为官不正、为官不为、为官乱为"专项整治年活动,提前三个月实现全局问题整改率100%。建立日常工作建议采集制度,开展"上门服务至少一次"活动,助推全区"大拆大整"等重点工作开展。修订考勤制度、纪检监察联络员制度及政务信息工作制度等,健全日常工作体系。开展"三会一课",致力"四化"党支部建设,提升队伍战斗力。全年发展党员3名。首推"一日攻坚员"活动,即在七月每天安排2名青年党团员深入双屿、南汇拆整一线参与"一日攻坚",解决财政干部基层经验缺乏的问题,为财政工作更好服务于"大拆大整、大建大美"的中心工作提供保障。

(温州市鹿城区财政局供稿　李冬冬执笔)

瓯海区

【概况】 2017年,温州市瓯海区实现生产总值531.91亿元,增长8.9%。其中:第一产业增加值6.40亿元,增长1.4%;第二产业增加值264.49亿元,增长7.4%;第三产业增加值261.02亿元,增长10.8%。三次产业结构比为1.2∶49.7∶49.1。按户籍人口计算,人均生产总值120265元,增长4.9%。城镇常住居民人均可支配收入53560元,农村常住居民人均可支配收入30640元,分别增长8.2%和9.2%。全区完成固定资产投资额436.01亿元,增长13.4%。全年实现财政总收入59.15亿元,增长7.6%,其中一般公共预算收入33.57亿元,增长6.8%,占财政总收入的56.8%;税收收入28.65亿元,占一般公共预算收入的85.3%,比上年下降6个百分点。一般公共预算支出44.62亿元,增长23.9%。全年财政运行状况良好,财政收支平衡。

【组织财政收入】 加强重点税源培育。实施财政、土地、金融、税费优惠政策及优质服务等组合拳,全年百强企业实现税收收入37.18亿元。强化部门协调配合。强化与税收征管部门的沟通联系,建立协税护税联动机制。明确征收任务,强化举措、落实责任,确保完成收入目标。重视非税收入征管。逐步推进政府非税收入收缴电子化改革,加快浙江政务服务网统一公共支付平台在瓯海区范围内的应用进程,实现非税收入5.42亿元,增长102.2%,其中纳入一般公共预算收入管理的非税收入3.41亿元。

【支持经济发展】 扶持实体经济。支持创业创新、结构性减税、清费减负等政策。拨付各类企业奖励专项资金2.83亿元,扶持拟上市企业、高成长型企业、高新技术企业以及总部经济、特色小镇、众创空间等市场主体与平台发展。筹措建设资金。全年落实城中村改造权益回购资金55.83亿元,发放区本级过渡费7.96亿元,支持"大拆大整""大建大美"及保障性安居工程等建设。争取债券资金8.70亿元,用于道路交通、市政基础设施等社会事业和公益性项目建设投入。支持科技创新。安排科技经费9374万元,支持实施"机器换人"项目307个,新增上云企业1300家,落地领军型人才产业化项目47个,扶持国家大学科技园及省级以上创新创业平台建设。

【保障民生支出】 全年民生支出33.82亿元,增长26.2%,占一般公共预算支出的75.8%,比上年提高1个百分点。促进教育事业发展。安排教育资金11.03亿元,支持深入实施"学在瓯海"战略,创成省教育基本现代化区。小学、初中生均公用经费标准分别由710元、910元提高至720元、920元。安排4100万元用于新建的10所公办幼儿园,加大对学前教育的扶持力度。健全社会保障体系。全年社会保障和就业支出3.13亿元,落实城乡居民医疗保险经费1.66亿元。安排农村独生子女家庭养老保险经费3831万元。安排城乡基本公共卫生服务专项资金3477万元,人均标准由40元提高至50元,基本实现公共卫生服务均等化。加大低保救助投入,发放低保金4042万元,覆盖低保对象6700余人。加大财政支农投入。安排6100万元扶持美丽乡村建设及壮大村级集体经济发展等39个重点农业项目。垫付5个街道19个村二、三产返回安置用地土地出让金6.86亿元,结算返还3个街道24个村级三产留地指标出让收益26.46亿元。安排"五水共治"专项资金2.00亿元,推进污水处理、"剿灭劣V类水"、七大重污染行业整治、污水管网互联互通等项目。

【深化财政改革】 深化系统全面改革。推进专项资金管理改革,建立项目动态调整机制,收回和调整21个部门1897万元指标。全面提升投融资能力,加大采用低利率、长周期、高效率的融资力度。实行财政支付流程改革,梳理原有的资金拨付流程,做到提速增效。盘活财政存量资金。规范财政资金存放,完成2.20亿元区级财政资金招投标工作。盘活财政存量资金,全年共清理往来款13.99亿元。完善预算执行机制。出台加快建立瓯海现代财政制度的实施意见,促进政府治理体系和治理能力现代化。深化区街财政体制,完善税源培育和财政收入考核体系。全面推开部门综合财务报告试编及研究工作,提高财政运行透明度。首次公开13个镇街、开发区预算和"三公"经费情况,实现区街预算和"三公"经费公开全覆盖。全年"三公"经费支出1229万元,下降31.4%。

【强化财政监管】 强化项目资金和债务监管。加强结算评审管理,全年审核工程结算项目561个,送审造价3.20亿元,审定造价2.93亿元,净核减2724万元,净核减率8.5%。强化政府债务监管,全部完成省财政厅三年地方政府债券置换存量政府债务计划。加强政府采购监管。上线"政采云"平台,实现政府采购网上交易、监管和服务一体化运作,全年政府采购预算额23.04亿元,实际采购额19.95亿元,节约资金3.09亿元,节支率13.4%。强化专项监督检查。开展全区津补贴发放自查、融资行为自查、政府购买服务情况自查、地方政府性债务投资项目资产清查、会计代理记账机构监督检查、地方预决算公开情况及降费减负政策落实情况等专项检查,强化日常监管。

【提升队伍素质】 组织全体干部学习党的十九大和习近平新时代中国特色社会主义思想,邀请党代表作十九大精神专题辅导。开展"两学一做"学习教育常态化制度化、主题民主生活会、专题学习讨论会等系列活动。支持"五位一体"巡察体系建设,全年开展清风行动10次,出动人员22人,督查单位12家,累计派出100余人次配合区纪委开展财经纪律、作风巡查、业务检查等数十次。印发全体干部廉政谈话制度实施细则,实行廉政教育学习及谈话"痕迹化管理",建立领导班子履责台账,全年领导干部开展谈话提醒51人次,其中乡科级以上领导干部44次。制定内部控制操作规程,基本完成"1+8+X"内部控制制度建设。制订干部培训计划,组织开展财务管理培训和各类党团工妇活动。规范干部录用、提拔任用、奖励惩处等制度,公开招录3名,提拔任用中层8人。 (温州市瓯海区财政局供稿 吴雪芬执笔)

龙湾区

【概况】 2017年,温州市龙湾区(不含温州市经济技术开发区)实现地区生产总值416.35亿元,增长8.7%,其中:第一产业增加值2.30亿元,增长1.2%;第二产业增加值208.75亿元,增长5.1%;第三产业增加值205.30亿元,增长13.2%。三次产业结构比为0.6∶50.1∶49.3。按户籍人口计算,人均生产总值179612元,比上年增长7.4%。城镇常住居民人均可支配收入52210元,增长8.3%;农村常住居民人均可支配收入31361元,增长8.7%。全年财政总收入42.59亿元,增长9.2%。一般公共预算收入25.83亿元,增长7.0%,占财政总收入的60.6%,其中税收收入21.78亿元,占一般公共预算收入的84.3%。一般公共预算支出27.49亿元,增长11.5%。全年财政运行状况良好,全区财政收支平衡。

【组织财政收入】 做好收入分析预测。开展重点税源调查专项行动,探索研发街道税收分析系统,健全财政收入运行分析,确保财政收入保持稳定增长。做好非税收入征管。全年完成非税收入及其他资金72.85亿元,其中纳入一般公共预算管理的非税收入2.98亿元,与市财政结算区级土地出让金分成收入66.35亿元。

【支持经济发展】 扶持实体经济。严格落实国家"清费降负"政策,新增取消或免征、降低收费标准9项行政事业性收费和2项政府性基金收费,减免金额分别为322万元、3953万元。全年落实企业扶持资金1.70亿元,其中区本级财政1.04亿元,争取上级补助6798万元,用于扶持内外贸商务经济、科技创新、企业技改、金融企业及三产服务业等。帮促企业融资。着力解决企业融资难问题,为中小企业解决应急转贷资金183笔,合计金额10.91亿元。筹措建设资金。全年完成财政拨款70.16亿元(其中争取市级补助4.92亿元),确保全区248个建设项目资金需求。推广运用政府和社会资本合作模式(PPP),完成空港、江前等2个PPP项目,总投资22.50亿元。

【保障民生支出】 全区民生支出23.45亿元,同比增长23.4%,占一般公共预算支出的85.3%。支持教育事业发展。安排教育支出7.06亿元,优化教育资源布局,新永强中学、区三小、区十七幼等5所学校建成投用,上海世外教育集团、温州道尔顿小学、东瓯中学相继落户,"品质教育·学在龙湾"品牌建设取得成效。支持公共文化发展。安排公共文化支出1798万元,建成城市书房1家、文化驿站3家、农村文化礼堂7家。推进全民健身实施计划,建成全市首个国家级露营基地,改造提升健身苑点241处。支持社会保障事业发展。安排社保支出7379万元,支持实施全民参保计划,加大基本医疗保险、基本养老保险精准扩面力度,参保率分别达98%、85%以上。安排养老服务体系建设资金1000万元,用于精品型示范型养老院建设、养老机构基础设施建设、老年人伙食减免等各项补助。

【推进财政改革】 深化部门预算改革。全面落实部门预决算公开工作,推动预决算公开依法有序进行。全区部门预决算公开率100%。落实"最多跑一次"改革。升级会计代理记账机构审批系统,实现企业在线申报、在线审批、在线备案等多项功能。建立"互联网+政府采购"新模式。全面推广应用"政采云"政府采购平台,规范政府采购行为。全年完成政府采购金额8.03亿元,节约资金1.28亿元,节约率15.9%。深化国库集中支付改革。国库集中支付清算由"T+1"向"T+0"清算模式转轨,全年国库集中支付清算资金42.30亿元,其中直接支付19.20亿元,授权支付23.10亿元。推进财政支农体制机制改革。深化分类、分权、分责、促转改革措施,落实对街道农业农村公共服务一般转移支付200万元,推进农业供给侧改革。

【强化财政监管】 加强预算绩效管理。依托财政综合管理信息系统,将绩效目标模块与预算编审模块结合,实现先绩效目标后预算资金的电子审核流程。抽取部分项目开展绩效评审工作,复核结果作为2018年部门预算安排参考依据。审查甄别存量资金,全年统筹盘活财政存量资金3.52亿元。加强政府投资项目评审。全年审结工程项目487个,送审金额13.10亿元,核减金额7301万元,核减率5.6%。加强动态监控预警机制设置。全年拦截违规205笔,涉及资金768万元。加强政府性债务管控。累计置换地方政府债务45.45亿元,年均节约财务成本1.41亿元。

财政支持教育发展——新建成的永强中学操场

【加强队伍建设】 领导班子带头履行“一岗双责”，执行“三书两报告”制度，落实“三重一大”事项监督制度，推进廉政机制建设。实现“两学一做”学习教育常态化、制度化，落实中央八项规定精神。开展廉政风险防控工作，汇编完成各科（局）室内控制度12部，制定防控措施共98条，风险防控工作取得阶段性成果。打造风清气正财政文化长廊、财政阅读室、机关文娱活动室等，组织干部职工参加登山、趣味运动会等活动。2017年区局获区考绩优秀单位、2016年度浙江省县（市区）财政预算执行工作质量考核结果执行分析工作和综合财务报告优秀单位、2016年浙江省度行政事业单位国有资产管理工作先进单位等。

（温州市龙湾区财政局供稿　项丽丽执笔）

洞头区

【概况】 2017年，温州市洞头区实现国内生产总值76.47亿元，增长8.6%。其中：第一产业增加值5.00亿元，增长2.0%；第二产业增加值24.94亿元，增长6.4%；第三产业增加值46.53亿元，增长10.6%。三次产业结构比为6.5∶32.6∶60.9。人均生产总值58254元，增长8.2%。全社会固定资产投资58.90亿元，增长13.3%。城镇居民人均可支配收入41891元，增长8.9%；农村居民人均可支配收入24840元，增长9.8%。全区财政总收入12.22亿元，同口径增长14.1%。一般公共预算收入7.10亿元，同口径增长26.5%，占财政总收入的58.1%；税收收入4.55亿元，下降15.9%，占一般公共预算收入的64.1%。一般公共预算支出22.30亿元，增长9.6%。全年财政运行状况良好，财政收支平衡。

【组织财政收入】 加强收入分析预测。定期召开财政、国税、地税联席会议，实时分析研判税收收入形势。建立部门涉税信息共享机制，研究增值税收入划分体制调整后产业发展的重点方向和支持措施。加强重点税源监管。全年纳税企业30强实现税收7.17亿元，增长18.0%，占财政总收入的58.7%。建立纳税评估和税源管理互动机制，对重点企业实施动态跟踪监控。夯实税收征管基础。全年清欠税款入库2226万元。成立税费清欠小组，开展房地产业、建筑业等营改增重点税源领域的清欠专项行动。明确分期缴入计划，确保历史遗留税费足额缴入。做好企业所得税汇算清缴、土地增值税清算、个人所得税全员申报、年所得12万元以上自行申报以及营业税清理等工作。加强企业股权变更登记税收征管，规范“契耕两税”征管。强化非税收入征管。全年组织非税收入20.47亿元，增长17.0%，其中纳入一般公共预算管理的非税收入2.55亿元。启动残疾人就业保障金主体征收工作，开展社保费结算，规范企业社保“五费合征”制度。加强国有资产资源性非税收入征管，做好瓯江口、瓯飞等建设项目采矿权出让金的征收催缴工作。

【支持经济发展】 助推产业转型升级。全年拨付各项财政扶持资金7868万元，扶持中小企业、新兴行业和高新技术产业发展，聚焦招商引资、洞商回归，推进企业上市，支持转型升级。落实税收优惠政策。落实国务院六项减税、区五大产业培育提升扶持等优惠政策，为企业减免税费1.12亿元。开展重点税源企业、成长型企业、拟上市企业大走访活动，实行清单式服务，走访面100%。加强企业金融帮扶。发放应急转贷资金2088万元，创业担保贷款626万元，修订《洞头区企业应急转贷专项资金管理办法》，完善企业应急转贷资金运作机制，助推大众创业、万众创新。

【保障重点支出】 支持“三农”建设。全年“三农”支出9.30亿元。保障全区花园村庄、小城镇环境综合整治、花园村庄、智慧洞头等重点项目建设。投入588万元兑现渔农业优惠政策，投入727万元用于村级公益事业一事一议财政奖补项目。创成省级农业综合开发现代园项目——“洞头区紫菜现代园项目”。获得中央补助蓝色海湾整治项目资金（第二批）1.35亿元。支持教育事业发展。全年教育支出3.81亿元，增长12.1%。加大民办教育投入，扶持民办学校发展，落实普惠幼儿园优惠政策；完善特困生补助制度，提高特困生补助标准；落实义务教育阶段免费教科书、作业本经费制度；保障海霞中学、霓屿义校等校园建设。完善社保医疗体系建设。全年社会保障和就业支出1.28亿元，增长3.5%；医疗卫生与计划生育支出2.75亿元，增长37.7%。提高城乡居民医疗保险筹资标准，实行财政托底补助政策和医保个人账户“家庭共济”。深化公立医院综合改革，保障医疗托管经费，完善社区卫生服务中心财政补助政策，启动实施责任医生签约服务工作，促进“双下沉、两提升”实施，推进融合型医联体改革。促进养老服务产业发展，试点医养结合，保障居家养老照料中心、“一元食堂”运行经费。

【深化财政改革】 推进预算管理改革。健全全口径政府预算编制体系。做好2016年度权责发生制政府综合财务报告和政府部门财务报告编制试点工作。深化国库集中支付改革，完善预算执行动态监控机制，实现区乡两级预算单位国库集中支付改革全覆盖。完善财政性资金竞争性存放机制，对4.40亿元区级财政资金实施竞争性存放，指导和代理16家预算单位公款1.65亿元进行竞争性存放，提高财政资金的增值效益。开展预算单位“上门服务至少一次”活动。调整区级国库集中支付的直接支付范围，减少审核环节，提高支付效率。创新投融资体制。全年完成筹融资27.84亿元，政府投资项目支出27.70亿元。探索投融资体制改革，参与央企国企项目投资，做大做强融资平台。完成棚户区改造工程融资6.90亿元。启动企业债发行前期工作，完成区城发公司AA级企业信用评级工作。完善政府采购服务机制。全年节约采购资金1122万元，资金节约率13.0%。推广运用“政采云”系统，将全区行政事业单位政府采购全部纳入平台。

【强化财政监管】 强化绩效评价。开展区级财政支出政策重点绩效评价,涉及金额800万元;配合省级联动绩效评价,涉及金额3884万元。开展违规资金专项治理。开展全区行政事业单位违规使用财政资金突出问题的专项治理,清退各类违规资金11万元。强化财政建设项目审价。出台《洞头区政府性投资项目预算、决(结)算审核管理办法》,强调建设单位结算审核职责,引入监督随机选派结算业务机制,突出复核结果与中介业务挂钩机制,规范工程预、决算行为,合理控制基本建设支出。全年完成政府性建设投资审核项目388个,核减资金2052万元,完成PPP项目预算标底编审中间成果5个、节约资金3500万元。

【加强队伍建设】 召开专题民主生活会、专题教育活动、贯彻党的十九大精神会议等,组织参与"红七月"诗歌朗诵会、道德讲堂、先进典型宣讲、学雷锋志愿服务等活动,走访调研基层村居、群众、企业500户。搭建廉政风险防控清单和风险舆情网,全面梳理排查从分管领导、科室到具体个人岗位的廉政风险点、风险等级及防控措施。开展领导干部违规借贷情况、公职人员违规经商办企业等排查工作,每月不定时开展正风肃纪督查工作,对苗头性问题提出批评,即改即纠。制定《全员绩效考核实施方案》《绩效考核结果运用办法》《目标责任制考核办法》,结合"双轨"日志法,以常态化考核机制建立起"千斤重担人人挑、人人身上有指标"的责任传导机制和工作格局。加强培训形式、培训内容及培训人员分类管理,全年共组织人员参加各类培训2836人次。

(温州市洞头区财政局供稿　朱玲爱执笔)

瑞安市

【概况】 2017年,瑞安市实现地区生产总值863.00亿元,按可比价格计算,增长8.7%。其中:第一、二、三产业增加值分别为22.60亿元、354.18亿元、486.22亿元,分别增长3.2%、7.4%、10.0%。三次产业结构比为2.6∶41.0∶56.4。按户籍人口计算,人均生产总值69554元。全社会固定资产投资615.50亿元,增长13.8%。社会消费品零售总额391.58亿元,增长11.3%。外贸进出口总额246.66亿元,增长13.1%。城镇居民人均可支配收入55127元,农村居民人均纯收入27903元,分别增长8.3%和9.1%。全市财政总收入105.04亿元,增长7.2%;其中一般公共预算收入63.47亿元,增长7.3%。全市一般公共预算支出98.23亿元,增长5.9%。全年财政收支平衡。

【组织财政收入】 优化收入结构。一般公共预算收入占财政总收入的60.4%,比上年提高0.2个百分点;税收收入57.69亿元,同口径增长8.5%,占一般公共预算收入的90.9%,比上年提高1.0个百分点。健全分析机制。完善财政、国税、地税三方联席会议制度,建立市级层面分析预测机制,每月向市领导报送预算执行简报,保持收入均衡有序增长。强化税收征管。出台《关于加强外来建筑企业税收征管工作的通知》,建立税务、住建、水利等12个部门信息共享机制,对外来建筑企业税收实行一体化全程控管。加大欠税清缴、纳税评估和以查促管力度,共入库税收2.55亿元。加强非税收入征缴。推进非税电子化改革,将纳入公共支付平台收费项目扩大至20项,提高非税执收效率,全年组织非税收入179.73亿元,其中纳入一般公共预算管理的非税收入5.78亿元。

【支持经济发展】 支持传统产业改造提升。兑现技改、小额贷款公司、股改企业、挂牌上市等产业扶持专项资金3.94亿元,建立2.00亿元的上市风险共担基金,争取到省级振兴实体经济财政专项激励资金三年3.00亿元,重点支持传统产业改造提升。全市累计实施"机器换人"技术改造项目909项,新增工业技改项目177项,新增上市签约企业10家,完成企业股改32家,签约启动新三板挂牌企业8家。推动创新驱动战略实施。修订完善产业基金管理办法,推进产业基金实质化运作,在全市科创大会上签约子基金5支,撬动社会资本37.00亿元;设立初期规模3000万元的天使梦想基金,采取"资助+期权+激励"相结合的运作模式,鼓励大众创业、万众创新。助力企业降成本减负。落实国务院六项减税、地方水利建设基金暂停征收等减税降费政策,共为企业减负6.95亿元。发挥应急转贷专项资金作用,遏制"两链"风险蔓延,全年为138家企业应急周转23.01亿元。

【保障民生支出】 全年民生支出79.69亿元,增长20.4%,占一般公共预算支出的81.1%,比上年提高9.8个百分点。支持社会事业发展。投入教育经费27.59亿元,加快幼儿园、中小学校基础设施建设,推进教育标准化学校建设和现代化县创建;安排医疗卫生经费6.59亿元,支持医药卫生体制改革和启动医共体建设;投入文化体育经费1.12亿元,用于文化惠民工程、精神文明建设等,完成10个城市书房主体建设,建成温州市级社区文化活动中心98家;安排公共安全经费6.94亿元,支持深化"平安瑞安"建设。完善社会保障体系。落实社会保障和就业资金26.02亿元,保障被征地农民"转保"政策实施,将城乡低保补助标准统一为每人每月681元,新建居家养老照料中心109家。投入住房保障资金1.76亿元,解决群众住房难问题。促进城乡统筹发展。落实农林水资金9.80亿元,支持农业产业化发展、美丽乡村建设等,建成"机器换人"、智慧农机应用等示范基地2个,完成美丽乡村精品村建设11个。投入扶贫资金1.14亿元,给予低收入农户、欠发达地区(扶贫重点村)贫困家庭大学生每人每学年最高8000元资助。

【支持全国文明城市和国家卫生城市创建】 落实"五水共治"工程资金10.22亿元,推进污水处理、飞云江治理一期工程、"剿灭劣V类水"等项目,完成河湖库塘清淤181.65万方,温瑞塘河、瑞平塘水、环城河三大河网水系调水13000万方。落实专项经费3.71亿元,用于"大拆大整"、小城镇环境综合整治、市场改造提升等,支持创成全国文明城市和国家卫生城市。

【深化财政改革】 深化预算管理改革。完善预算编制体系,将公安等7个部门纳入三年滚动规划试编范围;推进财政信息公开,实现全市109个部门预算信息公开全覆盖。推进PPP项目规范运作。全年落地PPP项目13个,吸引社会资本62.66亿元,入选浙江省第四批推荐项目8个,申报财政部示范项目3个。深化国库集中支付改革。作为全省首批试点单位,上线国库集中支付电子化管理系统。将国库集中"授权支付"限额从10万元提高至20万元,提高资金运行效率。完善乡镇(街道)财政体制。深化乡镇(街道)财政管理体制改革,实施税收增量分成和税收激励奖补相结合的激励政策,形成齐抓税源经济的局面,全年全市乡镇(街道)入库税收增长8.4%。

【强化财政监管】 推进公款竞争性存放,对52.95亿元市级财政资金实行公开招投标,增加收益3809万元。出台《财政支出绩效评价结果应用管理暂行办法》,将绩效评价结果与年度预算安排相挂钩。强化政府投资项目审价,实行全过程跟踪审核,审核项目643个,核减金额4.38亿元,核减率11.0%。加强政府采购监管,上线运行"政采云"平台,入驻采购单位413家、供应商267家,使用规模列全省县级第一,提高政府采购效益。出台政府性债务管理制度,规范融资平台公司、政府购买服务、政府融资担保等行为。出台PPP项目规范化管理办法,规避项目识别、准备、采购、执行、移交5个阶段19个步骤的实施风险。开展被征地农民转保城镇职工基本养老保险问题调研,推动调整失地农民转保及村安置地政策。

【加强队伍建设】 优化绩效考核体系,提升财政工作质量,瑞安市局获评全省财政管理工作先进典型市,并获省财政厅奖励1000万元。学习贯彻党的十九大精神和习近平新时代中国特色社会主义思想,组织基层分局、支部开展"夜学"活动10次。落实从严治党主体责任,实现局党委书记、分管领导、科室负责人、局纪检部门"四个层级"廉政谈话全覆盖。推行内外联动立体督察,共开展监督检查13次,查办案件2起,政纪处分2人。

(瑞安市财政局供稿 杨海伟执笔)

乐清市

【概况】 2017年,乐清市实现生产总值947.45亿元,增长9.1%。其中:第一产业增加值21.50亿元,增长3.3%;第二产业增加值416.88亿元,增长7.1%;第三产业增加值509.06亿元,增长11.5%。三次产业结构比为2.3∶44.0∶53.7。完成固定资产投资684.91亿元,增长13.9%。社会消费品零售总额397.82亿元,增长11.8%。外贸进出口总额143.27亿元,增长8.4%,其中:出口总额139.10亿元,增长8.7%。城镇常住居民人均可支配收入54504元,增长8.4%;农村常住居民人均可支配收入29423元,增长9.1%。全市完成财政总收入140.00亿元,增长9.2%。全市一般公共预算收入79.40亿元,增长7.5%,占财政总收入的56.7%;其中:税收收入71.72亿元,占一般公共预算收入的90.3%。全市一般公共预算支出95.21亿元,增长10.4%。全年财政运行情况良好,财政收支平衡。

【组织财政收入】 做好收入分析。国税、地税、财政三个征收部门紧密配合,建立三方联席会议工作制度,定期召开会议,加强分析研判,把握月度、季度、年度收入节奏和力度,保证财税收入平稳增长。强化税收管理。推进信息管税,掌握大税源变化情况,关注在外乐清人大企业发展情况,吸引总部经济和乐商回归。依法采取各项措施征收税款,压缩清缴欠税,保障地方财政收入。以企业诚信假设为基础,建立税收"黑名单"制度、联合激励和惩戒机制,加强企业纳税信用等级评定及应用,引导企业依法诚信纳税。健全非税收入管理机制。协调各部门单位,加强罚没款、海域使用金等非税收入,按规定根据土地收益核算预提农田水利基金和教育基金,推进政府非税收入收缴电子化改革。全年征收非税收入79.34亿元,其中纳入一般公共预算管理的非税收入7.68亿元,下降22.0%。

乐清农村新貌

【支持经济发展】 支持重点项目建设。全市财政性基本建设投入42.60亿元,参与道路、水利、市政、旧城、城中村改造等重点工程项目建设。开展助企活动。以

"走上门"送服务方式,主动上门为企业宣讲、辅导财税政策,开展走访171人次,走访企业62家。修订完善企业上市和总部经济等政策,促成51家企业落户总部经济园,入库税款1.2亿元。兑现政策,集中拨付各类企业补助资金1.37亿元。以会计领军人才班为平台,开展企业公益性辅导和财务交流。加快产业转型升级。支持新动能培育和传统产业改造提升,安排经费4570万元用于支持科技大市场、生命健康产业园建设,投入6300万元支持乐清智能装备科技加速器、"千人计划"产业园中试基地建设,安排500万元用于省级工业设计基地建设。

【保障改善民生】 全市民生支出78.30亿元,增长13.3%,占一般公共预算支出的82.3%。支持大兴教育。教育支出占一般公共预算支出的26.0%,学前教育支出1.80亿元,占教育支出的7.3%。小学、初中全口径公共预算生均公用经费支出分别为2300元、3500元。提升教师综合素质,安排4840万元用于教育管理、教师目标责任考核及教师专业发展培训。推进生态文明建设。推进"五水共治",消除剿灭劣V类水,小城镇环境综合整治项目专项资金2.20亿元。落实地质灾害防治资金1.10亿元,支持44处地质灾害点3837人避让搬迁任务。实施乡村振兴战略。建设一事一议财政奖励助推美丽乡村试点村5个,新增美丽乡村精品村20个,扶持集体经济发展试点村17个。财政投入村级公益事业一事一议财政奖补资金9489万元,带动社会力量共同建成村级公益事业项目143个。出资500万元建立农房抵押贷款风险补偿金,贷款余额位居全国首位。实施精准扶贫。落实财政扶贫资金2625万元,重点项目26个。促进年收入5万元以下集体经济薄弱村转化。安排扶贫贷款贴息300万元,带动扶贫贷款1.10亿元。

【深化财政改革】 落实财政"最多跑一次"项目3项,完成率100%,其中:会计代理记账机构执业资格审批和会计代理记账机构年度报备,实现"跑零次"的成果。"至少上门服务一次"活动让预算单位满意,主动上门为预算单位宣讲、辅导财政政策和改革举措、听取意见建议、对接资金需求。推进预算管理制度改革。推进全口径预算体系建设,精编细编"四本预算",上年结余及一般转移支付纳入财政预算。加强预算项目库管理,完善市本级项目库。全市85个部门公开部门预算和"三公"经费。盘活国有资产。挂牌拍卖客货运中心综合大楼租赁权,溢价24.1%;机关事业单位闲置房产年租金收入3282万元;国有企业房产出租年收入约1.1亿元。深化投融资体制改革。成立PPP项目库,共有23个PPP项目入库,其中乐柳虹平原排涝工程已开工建设。争取停车场建设专项债券、短期融资发行、国家开发银行贷款等各类中长期低息资金。防范债务风险。全市地方政府债务95.50亿元,新增地方政府债务限额18.00亿元,置换债券12.10亿元。经浙江省财政厅核定,全市地方政府债务限额97.30亿元,地方政府债务未超限额。

【加强财政监管】 推进"四单一网"建设。推进本级财政专项资金管理清单及全过程管理信息公开,推进政府非税收入收缴电子化改革,完善政务服务网统一公共支付平台。完善政府采购服务。全市政府采购服务预算金额16.20亿元。上线运行"政采云"平台,入驻注册供应商154家,实现政府采购网上交易、监管和服务一体化运作。严控行政运行支出。按照不低于5.0%的幅度压减一般性支出,修订差旅费和常驻地范围内交通费用管理规定,细化差旅住宿费限额标准;出台津补贴正面清单、劳务费管理规定等。全市"三公"经费支出合计3483万元,下降14.2%。

【加强队伍建设】 召开专题会议4次,研究制订党风廉政建设主体责任工作要点。组织学习习近平治国理政系列讲话、习近平新时代中国特色社会主义重要思想及《准则》《条例》等党内法规,引导干部增强纪律观念和底线意识。做好干部学历、职称教育、岗位轮训和公务员初任培训。自主研发并运行"乐清财税学习APP"软件用于"2017年全省财税系统业务大比武"参赛人员日常学习和测试。在财政地税系统"榜样力量、财税担当"演讲赛中,有1名干部入选全省先进典型巡回事迹宣讲团。

(乐清市财政局供稿 王子平执笔)

永嘉县

【概况】 2017年,永嘉县实现地区生产总值383.52亿元,按可比价格计算,比上年增长9.3%。其中:第一产业增加值14.60亿元,增长4.6%;第二产业增加值175.60亿元,增长8.2%;第三产业增加值193.32亿元,增长10.7%。三次产业结构比为3.8∶45.8∶50.4。按户籍人口计算,全县人均生产总值39333元,增长6.0%。城镇居民人均可支配收入41760元,增长9.2%;农村居民人均纯收入20271元,增长10.2%。限额以上固定资产投资完成额342.90亿元,增长13.5%;全社会消费品零售总额177.56亿元,增长12.5%;外贸出口总额45.75亿元,增长10.8%。全县财政总收入50.46亿元,增长2.8%;其中一般公共预算收入31.60亿元,增长6.3%,占财政总收入的62.6%;税收收入25.20亿元,占一般公共预算收入的79.7%。全县一般公共预算支出74.00亿元,增长21.6%。全县预算执行情况良好,财政收支平衡。

【组织财政收入】 深化风险管理规范征管。通过税收风险管控手段促进税源管理科学化,全年共应对风险管理1335户,涉税金额1919万元,其中房产税和土地使用税风险管理931户,涉税金额1241万元。招商引资做好新兴财源培育。支持温商回归创业创新,扶持发展旅游、文化创意、电子商务、金融等服务业,全年引入企业87户,增加产值4.21亿元。强化政府规费收入收缴管理。完善社保费征缴信息实时联网平台,全面启用社保费个人缴费明细申报系统,建立重点费源监控管理,全年组织社保费收入29.12亿元。全年征收非税收入36.21亿元,其中纳入一般公共预算管理的非税收入6.40亿元。

【支持经济转型升级】 推进清费减负。落实清费减负政策,共取消和停征涉及非税收入项目20项。引导企业转型升级。全年落实企业转型升级资金2.79亿元,完善"退二进三"系列政策,支持经济结构调整和产业转型升级。完善财政扶持政策,支持大平台、大产业发展,落实循环经济、开放型经济、民营经济转型升级等政策,协同金融机构为117户企业提供9139万元贷款,帮助企业解决融资难问题。

【保障重点支出】 全年全县一般公共预算支出中用于民生58.94亿元,占比79.7%。落实教育优先发展政策。落实教育支出20.07亿元,增长18.2%,健全教育经费保障,推进全县教育现代化建设进程。保障社保资金投入。实施基本药物零差价政策,通过政府买单方式缓解看病贵问题,社会保障与就业支出8.34亿元,增长49.9%。保障城乡社区事务发展。推进城乡现代化建设,支出5.41亿元,增长47.8%,提升城乡生活水平。保障重点工程投入。依据项目实际进度,累计拨付县内重点工程建设资金9.13亿元,支持瓯北大桥、永嘉县应急排涝工程等项目建设。

【深化财政改革】 开展资金竞争性存放管理。开展县级财政资金竞争性存放竞标9期,邀请21家银行参与,其中中标12家,累计招标金额18.26亿元,利息增收862万元。推进综合体制改革。被浙江省农村综合改革办公室列入农村综合改革示范试点县,争取补助资金1500万元;被浙江省财政厅列为"两山"经济示范,争取补助资金1亿元;完成新一轮乡镇财政体制改革。推进应急资产转贷。全年拨付应急转贷资金47笔,累计转贷金额4.78亿元,防范和化解企业资金链风险,维护企业和社会稳定,促进经济健康平稳发展。完成政府综合财务报告编制工作。做好政府综合财务报告编制的相关工作,全县96个部门和301家预算单位完成部门财务报告编制,完成率100%。

【规范财政监管】 加强基本建设资金管理。全年审核拨款资金20.90亿元,审定18.81亿元,核减2.09亿元,核减率10.0%。做好项目审核工作。健全基本建设项目事前、事中、事后的全过程监督机制,共计审核基本建设资金1254件(不包括县重点工程),送审工程造价22.03亿元,审定20.87亿元,核减1.16亿元,核减率5.3%。推进国库集中支付电子化管理。全年实现资金拨付938笔,共计14.16亿元;实现清算业务538笔,共计25.51亿元。做好"三公"经费控管。全年"三公"经费支出3053万元,下降17.7%。其中:公款出国(境)支出91万元,下降34.4%;公务用车购置费支出337万元;公务用车运行费支出1766万元,下降30.2%;公务接待费支出858万元。加强专项资金预算审核。控制财政专项资金数量,由2016年的14项整合压缩到12项。

【加强队伍建设】 实施走亲连心、"局长接待日""两学一做"等活动。加强干部交流,中层干部轮岗3人,干部交流16人。全年组织集中业务培训7次,涉训224人次,组织学法用法培训4次,涉训80人。落实《全员绩效考核办法》,实行层级绩效考核,评议优秀科室10个,优秀公务员49名。

(永嘉县财政局供稿　张家兴执笔)

平阳县

【概况】 2017年,平阳县实现生产总值410.46亿元,按可比价计算,增长9.2%。其中:第一产业增加值16.88亿元,增长4.4%;第二产业增加值67.79亿元,增长7.6%;第三产业增加值241.37亿元,增长10.7%。三次产业结构比为4.1∶37.1∶58.8。按户籍人口计算,人均生产总值为46377元,增长9.0%。固定资产投资419.49亿元,增长13.7%。社会消费品零售总额194.18亿元,增长10.9%。外贸进出口总额63.37亿元,增长17.6%。城镇常住居民人均可支配收入43305元,农村常住居民人均可支配收入20725元,分别增长9.3%和9.9%。全年全县财政总收入47.29亿元,增长7.8%,其中一般公共预算收入29.80亿元,同口径增长8.2%,占财政总收入比重为63.0%,其中税收收入24.98亿元,增长8.4%,占一般公共预算收入比重为83.8%;一般公共预算支出60.28亿元,同口径增长10.2%。全年预算执行情况良好,财政收支平衡。

【组织财政收入】 加强税收征管。完善财政与国地税收入协作机制,开展联合分析预测,制定收入预案。在风险应对、欠税管理、联合办税等方面深化合作,合作事项55项,国地税部门累计相互委托代征税费1.48亿元。推进社会综合治税。建立公检法部门与地税部门合作机制,全年清理入库欠税6655万元。完善非税收入管理。深化非税收入收缴电子化改革,拓展二维码扫码缴费等电子缴款支付渠道。全年征收非税收入45.78亿元,其中纳入一般公共预算管理的非税收入4.81亿元。

【支持经济转型升级】 助推产业发展。完善企业扶持政策体系,制定工业强县专项资金管理及拨付实施细则,推动出台鼓励和支持企业上市实施意见、建筑业企业做大做强若干意见及培育"五大百亿"产业实施意见等,全年支出财政扶持资金2.16亿元。落实清费减负。继续取消、停征和归并一批政府性基金、行政事业性收费,全年减轻企业负担1.10亿元。发挥财政引导作用。设立平阳金投创新股权投资基金,规模1.50亿元,其中财政出资30%,全部投向优质型、成长型企业。助力第二届世界平阳人大会,实现省外回归资金72.90亿元、新增11.00亿元,总部回归新增税收 2.30 亿元。破解融资难题。融资担保公司为中小企业提供担保 3.60 亿元。设立县科技企业贷款风险补偿资金池，授信规模 4800 万元。

【保障重点支出】 全年一般公共预算民生支出 46.01 亿元，增长 3.7%，占一般公共预算支出的 76.3%。坚持教育优先发展。拨付资金 13.74 亿元，增长 9.9%，建成投用昆阳实验小学等 6 所学校，开工建设鳌江滨江小学等 23 个项目。完善社会保障体系。社会保障与就业支出 5.77 亿元，增长 9.6%，提高基本养老保障水平和社会弱势群体救助水平。住房保障支出 1.56 亿元，增长 62.8%，用于农房救助和保障性安居工程。助推城乡统筹发展。农林水支出 6.11 亿元，扶持村集体经济项目发展，支持重大水利建设、美丽乡村建设、农村保洁、农村生活污水治理等项目。支持保障重点项目。争取到国家和省级各类补助和转移支付资金 23.00 亿元。全年审核 95.13 亿元，为鳌江干流水头段、万鳌公路、104 国道西过境、万锦公路、甬台温复线等一批县重点建设项目提供资金保障。发行 10 年期 8.70 亿元停车场专项债，票面利率 6.9%，改善城市停车环境。

【深化财政改革】 推进"最多跑一次"改革。实现财政系统 3 大项"最多跑一次"，完成"政采云"平台上线工作，组织业务培训 1200 余人次，推动政府采购网上交易、服务和监管一体化。深化国库集中支付改革。落实电子化管理改革，实现乡镇和教育系统国库集中支付全覆盖。推行国库集中支付动态监控工作，对预算单位实行动态监控。完善预算管理。出台《平阳县部门预算编制规程》，规范项目库管理，健全规范化、制度化、统一化的预算编报制度。规范乡镇财政管理体制。提请县人民政府出台关于完善乡镇财政管理体制的意见，完善土地出让金分成等制度。

【强化财政监督管理】 推进预算绩效管理。选取科技、教育、卫生等民生领域共 11 个项目开展重点绩效评价，将评价结果作为预算审查、预算安排和日常管理的重要依据。强化政府采购监督。全年采购预算 117.93 亿元，组织采购 116.46 亿元，节约财政资金 1.47 亿元。加强政府投资项目审核。全年审核各类项目投资 136 个，总送审金额 105.00 亿元，审定金额 101.00 亿元，核减 4.00 亿元。加强对工程价款结算和财务决算的管理，审核工程结算 112 个，送审金额 3.60 亿元，审定金额 3.20 亿元，核减 4000 万元。建立财政资金存放长效机制。完善财政资金竞争性存放实施细则，竞争性存放资金 11.50 亿元。防范政府债务风险。推进融资平台检查、地方政府性债务资产清查登记等工作，夯实政府性债务管理基础。新增债券 6.00 亿元，完成债券置换 1.90 亿元。控管行政运行成本。全年一般性支出压减 5.0% 以上，"三公"经费支出下降 11.2%。

【加强干部队伍建设】 推进"两学一做"学习教育常态化制度化，每月开展理论中心组和各党支部夜学活动。党组书记上专题党课，组织学习党的十九大会议精神。配合市局组织巡回宣讲，选树典型，学习先进。制定《2017 年度党风廉政建设和反腐败责任分工》，开展多项作风建设专项行动，对于检查中暴露的薄弱环节和问题进行分析、整改。明确违反工作纪律处理意见，全年查处 8 名干部。加强财税文化建设，组织开展"青年讲坛""诗情税月"演讲朗读等系列主题活动。

（平阳县财政局供稿　施奇凡执笔）

苍南县

【概况】 2017 年，苍南县实现地区生产总值 512.67 亿元，按可比价格计算，比上年增长 9.2%。其中：第一产业增加值 34.40 亿元，增长 4.3%；第二产业增加值 190.30 亿元，增长 8.2%；第三产业增加值 287.97 亿元，增长 10.5%。三次产业结构比为 6.7∶37.1∶56.2。人均地区生产总值 41518 元，按可比价格计算，比上年增长 10.3%。全社会固定资产投资额 491.90 亿元，增长 12.4%。社会消费品零售总额 343.41 亿元，增长 11.2%。外贸出口总额(不含一达通)37.50 亿元，增长 8.2%。全年城镇居民人均可支配收入 43457 元，增长 9.4%；农村居民人均可支配收入 20286 元，增长 9.8%。全县财政总收入 55.87 亿元，增长 8.2%；一般公共预算收入 33.72 亿元，增长 7.6%。一般公共预算支出 80.62 亿元，增长 15.0%。全县预算执行情况良好，财政收支平衡。

【组织财政收入】 收入结构持续优化。一般公共预算收入占财政总收入比重为 60.4%，一般公共预算收入中的税收收入 29.20 亿元，占比 86.6%，同比提高 2.2 个百分点，高于全市平均 2.5 个百分点。提升信息管税水平。开展征管基础数据清理和欠税清理两大专项行动，累计清理基础数据 15886 户，新增、变更信息 26893 条；累计清欠税款 3381 万元，陈欠清缴率为 17.8%。推进社会综合治税。向县国税、市监、民政等部门获取第三方涉税信息 13 万条，通过信息比对增加税款 1834 万元。与县法院加强司法合作，拍卖结算入库税费 1.61 亿元，参与欠税分配 1310 万元。规范税收征管秩序。完成五批次风险推送和专项评估任务，补缴税款及滞纳金 1392 万元。扩大国地税委托代征范围，全年国税代征地方税费 5143 万元，地税代征国税税费 1.41 亿元。完善非税收缴机制。依托新版非税征管信息系统，建立财政部门监管、执收单位开票、代理银行代收"三位一体"征管体系，全年非税收入入库 77.28 亿元，增长 113.0%，其中纳入一般公共预算管理的非税收入 4.52 亿元。

【支持经济转型升级】 扶持企业发展。全年兑现涉企扶持资金 2.08 亿元，支持中小企业、商贸流通、网络经济和传统制造业改造升级，推进"两化融合""机器换人""腾笼换鸟"等工程。完善矿山井巷建筑业回乡纳税扶持办法，安排财政扶持资金 700 万元，引导企业回乡纳税 2.20 亿元。增强创新驱动能力。安排科技支出 8900 万元，重点支持科技成果转化、孵化基地、创业园区、科技创新平台建设，推广应用科技“创新券”，促成与温州大学苍南研究院、清华大学长三角研究院的战略合作，推动产学研深度融合。出台《关于鼓励和支持企业股份制改造推进挂牌上市工作的意见》，支持企业加快股改上市，全年兑现股改奖励资金 794 万元。减轻实体经济负担。全面落实“营改增”、国务院六项减税政策、小微企业税收优惠等政策，清理规范行政事业性收费和政府性基金，全年减轻企业税费负担 8.72 亿元。放大应急转贷资金效应，累计为 62 家企业转贷 137 笔，涉及资金 19.78 亿元，助力企业金融风险化解。引导扩大有效投资。通过争取中央、省级补助资金、省政府专项债券、撬动社会资本投入等方式，筹措落实建设资金 69.82 亿元，累计调度资金 96 次 35.14 亿元，支持甬台温高速复线苍南段、104 国道改建、鳌江一桥、鳌江五桥等重大基础设施和产业项目建设。

【保障重点民生支出】 加大民生投入。全县民生支出 65.43 亿元，增长 25.1%，占一般公共预算支出的 81.2%，确保新增财力三分之二以上用于民生。全年教育支出 22.11 亿元，用于推进基础教育“十百千”工程，支持省级教育现代化县创建；医疗卫生和计划生育支出 5.32 亿元，城乡居民基本医疗保险人均财政补助标准 520 元，基本公共卫生服务经费人均财政补助标准提高至 50 元；社会保障和就业支出 14.83 亿元，实现城乡低保标准一体化，完善养老服务补贴、高龄老人津贴发放等制度；文化体育与传媒支出 1.33 亿元，设立校园足球发展专项经费 600 万元，支持创建全省唯一全国青少年校园足球试点县。加快农业农村现代化。安排农林水事务支出 10.11 亿元，推动全省首个县域农产品公用品牌“苍农一品”发布运营，创成省级农产品质量安全放心示范县。出台《苍南县整合扶持集体经济薄弱村发展财政奖补专项资金管理办法》，整合项目资金 6000 万元，加快消除集体经济薄弱村。打造美丽乡村升级版。安排建设资金 4600 万元，支持开展美丽乡村“十村标杆·百村联创”行动。投入治水资金 4.59 亿元，确保 648 个农村生活污水治理项目全部移交运维，横阳支江堤防加固等重点水利工程实施。构建全域旅游新格局。成立旅游产业基金，县财政出资 1.00 亿元，助推大玉苍山、碗窑等景区提档升级，支持创建省级全域旅游示范县。出台乡村旅游发展扶持政策，福德湾村等 3 个村获评首批浙江省 3A 级景区村庄。推进城乡交通一体化。支持公交经营体制国有化改革，完成四家民营公司 211 辆公交车、14 辆公交线路经营权的整体收购工作。加大投入补齐农村客运短板，完成农村公路工程 60 公里，全面实现建制村客车“村村通”。

【深化财政改革】 推进“数字财政”建设。教育收费、交通罚没等 26 个收费项目纳入统一公共支付平台，完成线上缴款 50.58 万笔 5940 万元。上线运行“政采云”平台，政府采购审批、交易实现“一次都不用跑”，9～12 月，交易额 2852 万元。推进部门预算改革。建立预算执行进度考核制度，探索预算支出提速增效机制。加强专项资金清单管理，将财政专项由 99 项清理整合为 69 项，涉及资金 18.94 亿元。实现对 299 家部门预算单位国库集中支付动态监控全覆盖，纠正不合理支出 6366 万元。盘活存量资金。清理回收结余结转资金 8500 万元，统筹用于 2018 年预算安排。完善公款竞争性存放实施细则，财政资金 5.00 亿元完成竞标。推进政府购买服务改革。发布政府向社会力量购买服务指导目录，选择食品安全、教育医疗、居家养老等 28 项公共民生热点项目开展改革试点，全年政府购买服务实际采购 3.83 亿元，节约率为 9.9%。推进财政投入方式改革。推广运用 PPP 模式，储备 PPP 项目 6 个，计划总投资 91.60 亿元。其中：228 国道工程（苍南龙港至龙沙段）、巴曹污水处理厂、2017 年学校新（迁、改）工程等 3 个 PPP 项目被列入“省级推荐示范项目”。

【强化财政监管】 加强财政监督管理。开展土地出让金分成、乡镇财政体制结算、企业扶持资金拨付等事前审核监督，审核 56 批次 9.22 亿元。推进专项监督和财政同级审计工作，做好预决算公开、中央财政扶贫资金、津贴补贴和奖金福利发放情况等专项检查。提高资金使用绩效。出台《苍南县财政支出绩效评价结果应用管理暂行办法》，将县人大预决算审查、审计监督、财政监督等结论列入绩效评价结果应用管理。全年实施绩效自评项目 267 个、重点绩效评价项目 10 个，涉及金额 28.80 亿元。对 6 个 2018 年预算安排项目开展预算绩效目标评审，资金核减率 17.2%。严控行政运行支出。修订出台劳务费、培训费、差旅费等制度，构建立体式公务支出管理体系，全年“三公”经费支出下降 10.0%。有效防范债务风险。落实地方政府债务限额管理、预算管理各项规定，全面上线债务管理信息系统，实现对地方政府债务“借、用、还”的全过程监控。在债务限额范围内，争取新增债券 9.70 亿元，支持土地储备、104 国道灵溪至海城连接线公路等重点项目建设。

【加强队伍建设】 以每月 15 日“党员固定活动日”为载体，推进“两学一做”学习教育常态化制度化。组织开展 2 次党员关系排查，共转入党员 18 名、转出党员 10 名，从源头上治理流动党员、失联党员问题。构建“下抓两级、抓深一层”工作机制，局班子全年开展廉政谈话 85 人次。与国税部门联合聘请特邀监察员 21 名，开展交叉效能监察活动，共发布各类作风督查通报 5 期。开展“吃空饷”问题和“在编不在岗”专项治理工作，出台退出中层岗位干部管理办法，清理编外用工 28 名。通过竞争上岗等方式选拔中层干部 9 名，轮岗交流与调整中层干部、一般干部 55 名。将单位考核与全员个人考核有机结合，形成以实干为导向的内部激励机制。组织开展春季军训、“勇立潮头话担当”财税青年微党课比赛、趣味运动会、“礼让斑马线”志愿服务等各类活动，增强干部队伍凝聚力。 （苍南县财政局供稿　吴高强执笔）

文成县

【概况】 2017年,文成县实现地区生产总值88.45亿元,增长8.4%。其中:第一产业增加值8.80亿元,增长3.6%;第二产业增加值23.50亿元,增长5.5%;第三产业增加值56.15亿元,增长10.6%;三次产业结构比为9.9∶26.6∶63.5。全社会固定资产投资78.72亿元,增长9.3%。全社会消费品零售总额43.99亿元,增长14.1%。全县城镇常住居民人均可支配收入35730元,农村常住居民人均可支配收入15859元,分别增长9.1%和10.0%。2017年,全县完成财政总收入11.03亿元,同口径增长10.2%。其中,一般公共预算收入8.25亿元,增长8.1%,占财政总收入的74.8%,其中税收收入4.05亿元,占一般公共预算收入的49.0%;一般公共预算支出45.46亿元,同口径增长10.2%。全县预算执行情况良好,财政收支平衡。

【组织财政收入】 加强税收征管。紧盯收入目标,做好预测分析,强化欠税管理,结合"信息管税"和"信用管税"等手段,依托"金税三期"系统从严征管增值税尤其是改征增值税的税源。规范非税管理。完善非税收入预算编制,将全县预算外资金也纳入"收支两条线"管理。推进非税收入收缴电子化,建设完善统一公共支付平台,目前已纳入预算单位46家,完成收费63288笔,共计1670万元。全年县本级完成非税收入6.66亿元,其中纳入一般公共预算收入管理的非税收入6.18亿元。

【服务地方发展】 创新融资模式。利用PPP、政府购买服务、资产抵押等多种模式,保障G322国道文成西坑至景宁交界段改建、56省道县城至西坑和南田接线改造、成职教迁建、殡仪馆迁建、苔湖街改造和兴福堂改造、美丽乡村、美丽城镇、县城旅游化改造等项目的建设资金。用活产业基金。设立壮大村级集体经济投资基金,出台《文成县壮大村集体经济投资基金管理办法》,开展扶持村级集体经济发展试点,初期规模为5800万元。加快旅游产业基金实质化运作,投入2000万元用于毛泽东像章纪念博物馆和森林氧吧小镇城市客厅项目建设。兑现惠企政策。兑现中央、省、市和县本级惠企政策,共下拨各类资金4053万元,增长99.7%。取消或停征一批行政事业性收费,实现行政事业性收费涉企"零收费"。支持新兴业态。支持电子商务、总部经济、建筑业等八大新兴业态发展,新引进总部企业9家,四年来累计引入41家,入库税款4791万元。

【保障重点支出】 全力保障民生。全年民生支出35.34亿元,增长8.1%,占财政总支出的77.7%。全年教育投入7.66亿元,增长0.2%,建成幼儿园2所,推进武阳书院、县第三实验小学等项目建设;社保和就业投入5.01亿元,养老、医疗保险户籍参保率分别为92.7%和98.7%,新增城镇就业人数2074人,实现失业人员再就业743人;医疗卫生投入4.50亿元,开工建设县人民医院新建工程。统筹城乡发展。落实被征地农民转保政策,新转保3000人;推进城乡低保标准一体化,全年安排6500万元,实现人均低保625元,覆盖全县10726户。支持农业发展。落实各项惠农富农强农政策,累计拨付涉农资金7.54亿元。推进农业综合开发,申报实施土地治理、产业化发展、特色园等项目8个,争取省市资金4679万元。

【深化财政改革】 推进预决算改革。健全政府预算体系,深化全口径预算管理,精编细编"四本预算",将支出编列到项。推进预决算信息公开,修订《文成县部门预决算公开工作实施方案》,已有69个部门实现2016年决算和2017年预算"双公开"。推进国库管理。从2017年1月起,将行政事业单位授权支付权全部下放,明确预算单位责任主体。推行动态监控,采取"系统预警+人工筛查"管理模式确认违规388笔,核实违规资金377万元,累计纠正率100%。实行电子化改革,完成业务电子化支付349笔,清算金额8.38亿元。修订《文成县县级财政资金竞争性存放管理办法》,完善财政资金竞争性存放机制,全年完成县本级资金2亿元、部门和乡镇4.36亿元的公款存放。盘活存量资金。开展财政存量资金清理盘活,涵盖17个乡镇、172个县直部门单位和5个县财政专户,共清理整合存量资金466项2.38亿元,全部投入社会建设领域。

【强化财政监管】 加强专项资金管理。出台《文成县财政性补助项目资金管理办法》《文成县"两山(一类)"建设财政专项激励资金和项目管理办法》等办法;建立专项资金绩效导向机制,编制2017年度部门专项资金绩效目标并纳入年度预算管理,共计33项1.17亿元。优化支出执行。修订出台《关于规范文成县行政事业单位经费开支控制标准的通知》,全年"三公"经费支出1493万元,下降23.9%。出台《关于规范文成县国有企业费用开支控制标准的通知》,规范国企经费日常开支。推广运用金财工程一体化政府采购系统以及"政采云",搭建政府采购网上交易、监管和服务平台,通过"政采云"平台发布供货信息226条,完成交易201万元。做好政府性投资项目审价,审核项目285个,核减资金6039万元。夯实国资监管。出台《文成县国有资产出租管理办法的通知》,加强资产出租监管。加快公房产权办理进度,全年办理产权163处。

【优化队伍建设】 落实党委党风廉政建设主体责任,推行纪实手册,开展廉洁谈话,全年纪检组对23人次,班子成员对分管科室86人次开展谈心提醒。规范规章制度,建立领导值周和巡查制,强调会风会纪和上下班纪律。注重干部技能提升,开办财税干部读书班3期,涉学干部200人次。组织开展"互学互比""双百结对、文明共建""四千结对"和"漂流书屋"等精神文明活动。参与党建知识竞赛、微型党课比赛、先进事迹演讲等市县比赛,展示财政风采。

(文成县财政局供稿 赵林生执笔)

泰顺县

【概况】 2017年,泰顺县实现地区生产总值91.71亿元,按可比价格计算,增长8.4%。其中:第一产业增加值8.00亿元,增长3.8%;第二产业增加值26.25亿元,增长5.3%;第三产业增加值57.46亿元,增长10.6%。三次产业结构比为8.7∶28.6∶62.7。按户籍人口计算,人均生产总值24786元,增长12.8%。城镇居民人均可支配收入34175元,增长9.1%;农村居民人均可支配收入15532元,增长9.9%。全县财政总收入11.43亿元,增长7.2%,其中一般公共预算收入7.91亿元,增长9.1%,占财政总收入的69.2%。税收收入4.24亿元,下降3.4%,占一般公共预算收入的53.6%。一般公共预算支出45.15亿元,增长16.2%。全县预算执行情况良好,财政收支平衡。

【组织财政收入】 完善向上争取资金考核机制,加强部门协作,争取上级财政转移支付补助资金28.95亿元,新争取地方政府债券资金6.30亿元。落实财政、国税、地税数据定期交换工作机制,综合考虑经济、征管、政策等因素对税收收入的影响,实行月度、季度税收收入动态分析,提高收入分析时效性,掌握收入主动权。落实政府非税收入管理制度,加强行政事业性收费和政府性基金等收入项目管理,规范执收行为。全县实现非税收入6.83亿元,其中纳入一般公共预算管理的非税收入3.67亿元,增长28.4%。

【支持经济发展】 围绕政府投资重点建设项目,统筹安排财政资金10.88亿元,重点支持县城新区基础设施、生态大搬迁、交通网络提升及旅游景区配套工程等重点项目建设。落实扶工兴贸、网络经济发展、泰顺石产业发展等优惠政策,兑现奖补资金5705万元,支持实体经济发展。发放助保贷和应急转贷资金3927万元,帮助中小企业解决发展难题。落实促进结构调整、科技创新、小微企业发展、出口贸易等税费优惠政策,全县共为7716户次减免各项税费1.41亿元,促进经济转型升级。

【保障民生支出】 投入教育经费6.27亿元,增长30.1%,保障小学生生均公用经费每生每年650元、初中生生均公用经费每生每年850元的标准,助推现代化教育县创建。投入文化体育与传媒经费9027万元,增长15.1%,加大基层文化补助投入,支持重点文物和非物质文化遗产保护和传承发展。安排社会保障和就业经费6.11亿元,增长3.2%,城镇居民基本医疗保险政府人均补助标准从上年的540元提高到550元,推进新型社会保障体系建设。安排医疗卫生与计生经费4.66亿元,深化县级公立医院改革,提升公共卫生服务均等化水平。

【统筹城乡发展】 落实支农、强农、惠农政策,下达各类财政支农专项资金7.18亿元,发挥财政支农资金导向作用,推进“三农”事务发展。争取到省“两山(一类)”专项资金1.50亿元,帮助低收入农户增收。推进农村综合改革,入选省2018年村集体经济发展试点县,争取财政资金2200万元。推进农业综合开发工作,投资3926万元,开展8个土地治理项目建设;完成申报土地治理项目2个,争取省级财政资金2000万元;申报获批全省仅有5人入选的“3030”新农人项目。投入“五水共治”资金1.30亿元、美丽乡村建设资金2000万元,推进农村生活污水治理和中小河流整治,保护珊溪库区水源水质。完善《泰顺县要素生态化配置综合改革方案》,兑现县级要素生态化改革补助奖励资金1.00亿元,助推城乡统筹发展。

【推进财政改革】 完善政府预算编制机制,对部门预算项目支出作结构性调整,提高预算的科学化和精细化水平。健全地方政府性债务管理制度和债务风险预警控制制度,确保地方政府债务率低于100%的警戒线。加强国库集中支付动态监控,县级预算单位全面实行国库集中支付电子化,构筑好财政资金安全防线。加强财政库款管理,压缩财政库款规模,安排财政库存资金6.20亿元,开展四期竞争性存放工作。盘活财政结转结余资金2.02亿元,统筹安排使用。推进投融资体制改革,引导组建县竹木产业集聚区投资发展有限公司、县通用航空投资有限公司、县城镇建设投资有限公司等3家平台公司,重组县旅游投资开发有限公司,整合资产8.36亿元。推进PPP项目建设,泰顺污水总厂及给排水管网工程和樟嫩梓水库及供水工程先后审核通过物有所值评价报告和财政承受能力论证报告,并列入省第四批政府和社会资本推荐项目库。

【强化财政监管】 落实财政监督运行机制,对89个30万元以上的预算支出项目实行绩效目标重点监控,涉及财政资金2.54亿元;对90个项目开展项目单位财政支出绩效自评,涉及资金4.34亿元;对10个项目实施重点评价,涉及财政资金2445万元。严格财经纪律,全县“三公”经费支出下降21.1%。强化政府投资建设工程结算审核,完成审核项目101个,核减资金1146万元,核减率11.7%。加强政府采购管理,节约资金2627万元,节约率9.6%。加强国有资产配置、处置、出租等日常管理,审批和备案资产配置163家545批次,涉及资金1.38亿元;审批资产处置金额1.05亿元。

【加强机关建设】 制订年度干部教育培训计划,创新教育培训方式,在厦门大学举办干部核心素养提升班培训两期,提升业务骨干综合素质和岗位领导能力。开展“强责任敢担当、治顽疾优环境”作风建设活动,查找存在的作风问题,制定整改清单,倒排整改时间,公布整改结果,促进机关作风再转变,服务水平再提升。强化党风廉政建设工作,定期向广大干部发送廉政短信,做到及时提醒、防范未然;组织干部分7批次到泰顺县公安局看守所接受现场警示教育,营造全面从严治党的廉政文化氛围。

(泰顺县财政局供稿　李　觉执笔)

嘉兴市财政工作

嘉兴市

【概况】 2017年，嘉兴市实现地区生产总值4355.24亿元，按可比价格计算，比上年增长7.8%。其中：第一产业增加值134.67亿元，增长1.2%；第二产业增加值2309.30亿元，增长8.6%；第三产业增加值1911.27亿元，增长7.3%。三次产业结构比为3.1∶53.0∶43.9。按常住人口计算，人均生产总值93964元（合13917美元）。全市固定资产投资额3009.64亿元，增长11.2%。社会消费品零售总额1806.62亿元，增长10.3%；外贸进出口总额2469.71亿元，增长19.4%。全市城镇居民人均可支配收入53057元，增长8.4%。农村居民人均可支配收入31436元，增长8.4%。全市财政总收入769.31亿元，增长14.2%，其中一般公共预算收入443.79亿元，增长13.2%，占财政总收入比重为57.7%。税收收入411.97亿元，占一般公共预算收入比重为92.8%。全市一般公共预算支出494.70亿元，增长11.9%。市本级财政总收入252.69亿元，增长18.2%，其中一般公共预算收入143.14亿元，增长16.1%。市本级一般公共预算支出164.46亿元，增长23.5%。全市及市本级财政收支平衡。

【组织财政收入】 加强收入分析预测。运用大数据开展收入分析，2篇季度专报获市领导批示肯定。强化税收堵漏增收。优化“金税三期”应用，深化部门涉税信息共享运用，全市通过采集20.65万条第三方涉税信息，增加税收收入44.21亿元。加强税收精细化管理，企业所得税汇算清缴申报率、个人所得税明细申报率及准确率均实现100%。建立土地增值税清算集体审核工作机制，委托第三方机构清算土地增值税，提高清算质效。加强社保费征管。全面开征机关事业养老保险和职业年金，调整残疾人就业保障金征收方式。全市入库社保费261.03亿元，增长35.4%。加强非税收入管理。完善行政事业性收费和政府性基金目录清单公示制度，规范政府性收费执收行为。开展财政票据电子化改革试点，改进财政票据监管方式。全市非税收入739.91亿元，增长105.7%，其中纳入一般公共预算管理的非税收入31.83亿元，下降20.3%。

【促进经济转型升级】 减轻企业负担。落实国务院六项减税政策等各项税费优惠政策，小微企业税收优惠享受面100%，涉企行政事业性收费项目减少12项。2017年，全市减免税费191.45亿元，增长25.3%。支持实施创新驱动战略。制定重大人才项目“一事一议”、引进人才资助、人才载体建设等20项财政扶持政策，支持嘉兴打造最优人才生态。整合科技创新财政扶持政策，加大对创新载体、科技成果转化、科技企业孵化器等科技创新的支持力度，支持全面创新改革示范区建设。完善产业扶持政策。修订市级工业、外经贸专项资金管理办法，首次将财政专项资金分配与企业绩效综合评价结果相结合，助力淘汰落后产能。市财政安排1.10亿元支持嘉兴科技城、秀洲高新技术园区、中德产业园和清华长三角研究院等产业平台建设。发挥政府产业基金引导作用。全市政府产业基金规模93.09亿元，合作成立子基金39支，撬动社会资本投资1152.40亿元，孵化主板、创业板和新三板上市公司23家。

【保障民生事业发展】 全市民生发展类支出393.71亿元，增长11.3%，民生支出占一般公共预算支出的79.6%。支持教育事业发展。完善学前教育经费保障机制，支持职业教育校企合作和教育高层次人才引育工程，推动教育现代化创建。全市教育支出102.08亿元，增长13.8%。支持公共文化事业发展。市财政安排1000万元支持国家公共文化服务体系示范区后续建设，安排3450万元支持马家浜文化博物馆、市博物馆二期、市美术馆等公共文化设施建设。全市文化体育与传媒支出10.50亿元，增长11.2%。助推生态文明建设。制定《嘉兴市省级（以上）环境保护专项资金使用管理暂行办法》，保障污染防治和生态环境保护重点项目实施。支持“五水共治”，全市安排涉水资金25.05亿元，市控以上劣V类水实现清零。支持开展小城镇环境综合整治行动，制定专项财政资金补助管理办法，全市投资130.40亿元，完成整治项目1592个。海绵城市建设试点完成投资30.11亿元，累计下达市级以上财政资金14.20亿元，完工项目109个。支持医疗卫生事业发展。支持健康嘉兴信息平台、区域影像中心、区域心电中心、市级医院诊间结算等智慧医疗项目建设，市级医院智慧结算量增长199.0%。强化跨省异地就医资金管理，嘉兴市民卡结算范围扩大至省内全部定点医院及上海部分医院。全市医疗卫生与计划生育支出32.42亿元，增长12.7%。完善社会保障制度。推进医疗卫生与养老服务相结合，按城乡居民每人100元的标准筹集启动资金，支持长期护理险实施。加强支出型贫困家庭救助，发放各类社会救助金2.60亿元，月最低工资标准、城乡低保标准分别从1660元、664元提高到1800元、796元。全市社会保障和就业支出41.55亿元，增长23.0%。支持农业农村发展。推动出台《市区支持现代都市型生态农业和农村发展若干财政政策意见》，构建科学的财政支农政策体系。市财政统筹安排1.14亿元支持美丽乡村示范建设。深化农村综合改革，2个改革创新成果在全省复制推广；全市投入村级公益事业一事一议财政奖补资金2.42亿元，支持165个项目建设。全市“三农”支出218.69亿元，增长9.4%。

【深化财政改革】 推进“最多跑一次”改革。开展“上门服务至少一次”活动，走访预算单位81家，实现一级预算单位服务全覆盖。优化会计服务,会计代理记账机构审批管理和会计专业技术资格考试报名实现网上办理。推进政府非税收入电子化收缴改革,市财政非税收缴渠道实现银联、网银和支付宝的全覆盖,统一公共支付平台扩展到39个执收单位的所有收费项目。推进预决算信息公开。全市各级财政部门全部公开财政总预算和决算、"三公"经费总预算和决算。除涉密部门外,市级部门全部公开部门预算和决算、部门"三公"经费预算和决算。推进政府和社会资本合作。全市纳入财政部PPP综合信息平台的项目28个,总投资884.81亿元,其中进入执行阶段项目15个。深化政府购买服务改革。规范培育承接主体,公布嘉兴市级具备承接政府职能转移和购买服务资质的社会组织推荐性目录。2017年全市政府购买服务预算29.08亿元,增长27.9%。推进国库集中支付和公务卡改革。全市国库集中支付改革资金占比99.7%。截至12月31日,全市累计办理公务卡54777张,较上年末增加9260张;公务卡消费结算金额1.02亿元,增长6.9%。推进国库集中支付电子化改革试点,建设电子支付安全支撑体系,完成实拨业务、清算业务、支付业务上线运行。

【强化财政监督管理】 加强政府债务管理。推动市政府出台《嘉兴市本级地方政府性债务风险应急处置预案》,建立政府性债务风险应急处置机制。全市争取到新增债券25.80亿元;争取到地方政府置换债券35.26亿元,地方政府存量债务全部通过地方政府债券置换完毕。推进内部控制建设。组织全市2636家行政事业单位(含乡镇)开展内控报告编报工作,实现内控管理全覆盖。编制23个财政部门内控操作规程,厘清岗位职责,强化内部流程控制。加强预算绩效管理。全市463家一级预算单位开展部门整体支出绩效目标管理,涉及资金289.71亿元。推进预算绩效评价工作,实现全市部门绩效自评全覆盖。加强预算执行监管。常态化实施公款竞争性存放,全市财政专户实施竞争性存放476.71亿元,全市行政事业单位(含乡镇)资金实施竞争性存放201.54亿元,实施率100%。加强预算执行动态监控,修订《市级国库集中支付动态监控工作规程》,优化动态监控流程,建立动态监控信息和整改结果通报制度,全市动态监控纠正违规资金1.17亿元。加强政府投资项目管理。实施政府投资项目支出执行进度按月通报制度,优化项目资金审核流程,市级政府投资项目结算审核291个,审定金额13.48亿元,净核减1.74亿元。规范基层财政管理。全市55个镇(街道)创建省级规范化财政所,达标率87.3%,排名全省第一。全市63个镇(街道)全部建成公共财政服务平台并纳入浙江政务服务网管理,涉及资金54项,金额7.46亿元。

【全域推广"政采云"平台】 嘉兴市自2016年12月被浙江省财政厅列入"政采云"平台推行首批试点地区后,嘉兴市财政局制订《嘉兴政府采购云平台建设(试点)工作计划》,将"政采云"平台建设试点工作纳入全市2017年度创新财税管理重点工作,在全省首推"全市联动试点、全域同步上线"。相继完成业务流程创新、内网改造升级、在线交易测试、供应商库上网、采购人培训等工作。5月27日,"政采云"平台在市级部门上线试运行。6月底,实现全市域上线交易。7月20日,"政采云"平台全面推广暨嘉兴市全域应用启动仪式在嘉兴举行。嘉兴市市长胡海峰、财政部国库司司长刘祝余、省财政厅厅长徐宇宁、阿里巴巴集团副总裁胡晓明出席仪式并讲话。政府部门、供应商的150余位代表参加启动仪式。截至12月31日,全市入驻"政采云"平台采购单位2187家,累计交易金额9.79亿元。

【加强干部队伍建设】 组织全体党员干部学习贯彻党的十九大和习近平总书记南湖重要讲话精神,举办"红船颂"庆祝建党96周年活动,组建红船财税党校,用实际行动弘扬红船精神。推进"两学一做"学习教育常态化制度化。推进廉政档案建设,执行科级干部廉洁自律有关事项报告制度。深化机关党建三级联述联评联考制度。制订并落实《党委议事规则》,加强和改进党建工作的制度体系、工作规程。创新党建工作载体,依托金财工程、金税工程网络,对党性体检、一员双岗、先锋承诺等实行全数字化管理;开展最佳组织生活系列评选展播、微型党课比赛,每季举办道德讲堂。举办全市理财治税培训班,与嘉兴市委组织部、嘉兴市委党校联合承办嘉兴市政府理财治税专题培训班。实施"选育优苗、岗位成才"工程,开展"以学促做、知行合一"活动,采取以师带徒、每季一考、干部任兼职讲师、干部上讲坛等措施,提升财税干部素质能力。在市、县两级开展财税系统先进事迹巡回宣讲活动。2017年,市财政局连续15年被市委、市政府评为目标责任制暨"五型"机关考核一等奖。

(嘉兴市财政局供稿 徐力超执笔)

南湖区

【概况】 2017年,嘉兴市南湖区实现生产总值512.90亿元,按可比价格计算,比上年增长8.1%。其中:第一产业增加值13.52亿元,增长0.8%;第二产业增加值213.47亿元,增长13.0%;第三产业增加值285.91亿元,增长5.0%。三次产业结构比为2.6∶41.7∶55.7。按户籍人口计算,人均生产总值为114446元。全区财政总收入63.02亿元,增长22.5%,其中一般公共预算收入24.45亿元,增长17.3%;全区一般公共预算支出22.46亿元,增长15.6%。全区一般公共预算收入占财政总收入的38.8%,其中税收收入21.30亿元,占一般公共预算收入的87.1%。全区财政收支平衡。

【组织财政收入】 优化协税护税工作机制。完善协税护税横向联动工作机制和区镇(街道、园区)纵向推进机制,加强与国地税互动。健全协税护税网络,形成信息共享、部门协作、联合监测分析及一站式联通的收入保障机制。加强重点税源企业协管。加强重点区域、重点行业、重点税种的监控、服务和协调管理。

建立重点税源库,关注科技城、基金小镇等重点区块,实现财源建设与税收管控的无缝对接。发展乡镇税源经济。出台《南湖区税源经济奖励办法》,调动乡镇、街道发展税源经济的积极性和主动性,提升街道"自我造血"能力。强化非税收入管理。升级政府非税收入征管系统,推进浙江政务服务网统一公共支付平台试点工作,2017年区级公共平台收缴范围扩展至13家执(代)收单位,涉及公安出入境业务收费、学前教育收费、交通违法罚款等21个收费明细项目。全区非税收入45.82亿元,增长150.0%,其中纳入一般公共预算管理的非税收入2.90亿元,增长6.9%。

【支持产业转型升级】 强化政策资金引导。修订产业发展资金政策和《南湖区产业发展专项资金使用管理办法》,安排产业发展资金1.05亿元、科技资金7300万元,提升壮大发展潜力。支持重大平台项目实施。完成科技城产业新城PPP模式的财政承受能力评估,助推东部新城和都市产业园的开发建设。落实清费减负政策。取消或停征、减免行政事业性收费35项,停征水利建设基金,此两项全年减免7500万元。失业保险总费率由1.5%降至1.0%,单位缴费部分再降0.5%,减轻参保企业负担约200万元。落实小微企业优惠政策扩面、科技型中小企业研发费用税前加计扣除比例提高、"营改增"增值税税率结构调整等政策,促进实体经济发展。发挥政府产业基金作用。红船基金(母基金)与社会资本合作设立4个子基金,总规模19.50亿元,实施基金招商,带动社会资本投入8.30亿元,完成投资项目43个。

【保障民生事业发展】 2017年全区民生发展类支出18.41亿元,增长28.2%,占一般公共预算支出的82.0%。加快教育事业发展。全年教育投入6.29亿元,支持教育基本现代化区建设。修订《嘉兴市南湖区学前教育财政补助》办法,加大公益普惠性幼儿园财政扶持力度。推动文化事业发展。文化体育与传媒支出2320万元,促进文化人才培养和繁荣文艺创作,支持农村文化礼堂、农家书屋、城市社区文化家园等文化基础设施建设。优化医疗卫生投入。下达基层医疗卫生机构补助资金2434万元,加大对基层医疗卫生院、社区卫生服务中心建设的支持力度。完善社会保障体系。全年安排社会保障和就业支出2.83亿元,加强对灵活就业、新就业形态的支持,推动养老服务、弱势群体救助等保障工作。为60周岁以上老人买意外伤害保险,城乡居民合作医疗筹资标准由2016年的1100元提高至1200元,实施困难残疾人生活补贴和重度残疾人护理补贴制度。支持"三农"事业。安排农林水事务支出3.20亿元,出台美丽乡村建设、小城镇环境综合整治两项农村治理财政资金补助办法。南湖区"生态新丰·五色田园"建设项目经省财政厅竞争性立项,被列入2018年度农村综合改革——财政助推美丽乡村建设全省15家试点范围之一。推行农业"三项补贴"综合改革,3月成立全区首家粮食专业合作社联合社,完成全区稻麦复种面积50亩以上的规模种粮联合社的组建。推进平安建设。全年公共安全支出2.24亿元,增长6.2%。落实"四个平台"*建设经费保障制度,强化基层社会综合治理,推进"平安南湖"建设,完成互联网峰会维稳安保任务。

农村文化礼堂长廊

【深化财政改革】 深化预算管理改革。围绕预算管理,推进完善全口径政府预算体系建设,深化"收支两条线"管理,启动政府预算经济分类科目支出试编工作,财政支出实现按经济分类、功能分类二维编制。深化预算执行管理。建立预算执行动态监控机制,7月1日正式启用区级预算执行动态监控平台,纠正金额271万元,纠正率100%。健全信息化机制建设,基层财政规范化建设三年完成目标全面落实。推进财政信息公开。2017年南湖区本级除涉密单位外的39家预算单位全部向社会公开预决算、"三公"经费等信息。加强政府购买服务工作。出台2017年南湖区向社会力量购买服务指导目录,内容包括二级目录23项,三级目录141项,实施政府购买服务项目126个,涉及金额5388万元。强化政府采购工作。全区各行政事业单位全面应用"政采云"平台,全年通过"政采云"平台完成政府采购交易金额6548万元。

【完善财政监督机制】 深化绩效评价工作。完成评价项目96个,评价金额4.57亿元,选取8个项目作为重点评价项目,评价金额1.07亿元。整改5个方面26个具体问题，并把绩效评价结果作为2018年部门预算的考核指标之一。强化政府性债务管理。组织开展地方政府及其部门融资担保行为摸底排查并开展针对性整改，严格控制债务限额。全年地方政府债务总额96.77亿元，其中通过债券置换债务93.74亿元，国债3.03亿元。加强内控制度建设。探索建立由1个基本制度、8个专项内部控制办法和若干内部控制操作规程组成的“1+8+X”内部控制制度体系。规范公款竞争性存放。出台公款竞争性存放管理办法，首次在南湖区平台推行公款竞争性存放，全区全年公款竞争性存放累计16次，金额16.65亿元。加强国有管理。对监管范围内的69家国有企业实行财务数据的动态监管。推行绿色融资方式，开展多元化渠道运作，加强债务监控及分析，探索资产证券化、可转债等运作模式，提升国有资本运营能力。

【加强队伍建设】 履行“一岗双责”，建立和完善各项内部管理制度，建立健全廉政风险防控机制，加强对党风廉政建设工作的常态化监管。推进“两学一做”教育常态化制度化，利用“三会一课”等平台，开展专题党课，深入学习党的十九大和习近平总书记南湖重要讲话精神。打造“科长讲坛”，提升干部业务水平。2017年，南湖区财政局被评为区级机关部门、单位工作目标责任制考核先进单位。 （嘉兴市南湖区财政局供稿 徐至飞执笔）

注：

＊“四个平台”：指镇、街道基层治理系统“综治工作、综合执法、市场监管、便民服务”四个平台。

秀洲区

【概况】 2017年，嘉兴市秀洲区实现地区生产总值356.46亿元，按可比价格计算，比上年增长8.2%。其中：第一产业增加值16.04亿元，增长1.0%；第二产业增加值180.32亿元，增长10.7%；第三产业增加值160.10亿元，增长6.1%。三次产业结构比为4.5∶50.6∶44.9。按常住人口计算，人均生产总值为83472元，增长5.9%。全区财政总收入48.50亿元，增长17.1%；一般公共预算收入21.12亿元，增长17.5%；一般公共预算收入占财政总收入的43.5%，其中税收收入18.67亿元，占一般公共预算收入的88.4%。全区一般公共预算支出27.90亿元，增长14.5%。全年财政收支平衡。

【组织财政收入】 加强收入分析。建立月度、季度与国地税的沟通协调会机制，加强重点行业、重点税种的监控和服务，增强收入预测和研判。强化税收征管。优化征管模式，加强信息管税，利用“金税三期”系统加强信息共享，做好税收风险管理。强化欠税管理，全年清理3847万元。强化非税收入管理。对行政事业性收费清单实行动态调整并公示，规范政府性收费执收行为。加强与执收部门联系，确保非税收入应收尽收。全区非税收入55.67亿元，增长114.0%，其中纳入一般公共预算管理的非税收入2.45亿元，增长11.9%。

【推进实体经济发展】 支持招大育强。完善政策兑现机制，优化资金使用管理，全年兑现各类经济转型发展补助资金1.39亿元。推动《2017年度秀洲区推进经济转型升级平稳发展创新发展的若干政策意见》出台，发挥财政政策对推动创新驱动、传统产业改造和新兴产业培育等引导作用。全面落实清费减负政策。梳理、汇总、执行上级相关清费减负各类政策，非税收入项目与涉企收费项目取消、停征、降低项目25项。全年共减免非税收入2145万元，其中涉企收费基金优惠政策减免金额1851万元。加快政府产业基金运作。规范基金运作和管理，参与出台《嘉兴市秀洲区政府投资基金管理办法》，修订《秀洲区秀湖创业创新投资基金管理办法》和管委会投资决策委员会议事规则。发挥嘉兴市秀湖创业创新投资基金引导作用，设立子基金3个，投资总规模3.60亿元，其中政府产业基金出资7990万元，投资项目14个，带动股权投资2.09亿元。支持科技创新。出台《秀洲区科技创新券使用及兑现实施办法（试行）》《秀洲区企业研发经费投入补助实施细则（试行）》，鼓励大众创业、万众创新。全年科学技术支出9726万元，增长13.2%，其中科技发展专项资金从上年安排800万元提高到1300万元。

【加大民生投入】 全区全年民生发展类支出14.94亿元，同比增长16.6%，民生支出占一般公共预算支出的79.0%。支持社会事业发展。全区全年一般公共预算用于教育支出5.92亿元，增长14.2%，重点保障学前教育、生均公用经费、校舍维修和教育装备专项资金及新居民子女学校标准化建设等。医疗卫生与计划生育支出9630万元，增长46.4%，重点用于对医疗机构基础设施建设及人才队伍经费投入。社会保障和就业支出1.54亿元，增长12.8%，重点保障城乡合作医疗、落实各项优抚政策和就业保障。文化体育与传媒支出2047万元，增长13.7%，重点用于文化礼堂、文体中心建设补助等文化产业和文化事业发展。保障生态环境建设。支持美丽乡村建设、农村生活污水治理、“五水共治”“五气共治”“四位一体”＊保洁等。2017年区级财政安排“五水共治”资金8482万元，“五气共治”资金9445万元，“三改一拆”和小城镇环境综合整治资金9945万元。支持“三农”事业。深化财政支农体制机制改革，推进“两个一般不”＊改革。推进农业“三项补贴”政策综合改革，通过财政激励引导全区5个镇完成粮食专业合作社联合社组建工作。秀洲区农业综合开发田园综合体入选2017年浙江省首批七个省级农业综合开发田园综合体建设试点项目之一，是嘉兴市唯一省级田园综合体。项目争取上级扶持资金1.13亿元。推进平安建设。全年公共安全支出1.17亿元，增长11.8%。落实“四个平台”＊建设经费保障，完成十九大、第四届世界互联网大会维稳安保任务。

【推进“最多跑一次”改革】 推广“政采云”平台。6月，全区范围推广上线“政采云”平台。通过平台采购计划数1094条,采购预算金额3.47亿元,实际执行金额2.29亿元。推进统一公共支付平台建设。深化“互联网+政务服务”新模式,推进浙江政务服务网统一公共支付平台试点工作。加快网上缴费渠道建设,实现公安治安(户籍)业务收费、公安出入境业务收费、公安治安罚款、教师职称评审费、交通违法罚款和城管执法罚款等非税收入项目电子化缴款,提供网页平台、移动APP、支付宝、二维码扫码等多种缴费渠道。全年累计缴款11.77万笔,金额1364万元。会计代理记账机构实行线上管理。财政“最多跑一次”事项会计代理记账机构执业资格审批和会计代理记账机构年度报备实现全程网上申办、快递送达。

政策宣传咨询和义诊活动

【深化财政改革】 深化预算管理改革。落实《区级部门预算编制工作考评办法(试行)》,对区级部门预算编制工作运用“百分制”进行考评,并通报表扬考核前十名单位。建立预算执行与预算编制挂钩机制。全面推进预决算信息公开,2017年区本级除涉密单位外的40家预算单位全部向社会公开预决算、“三公”经费等信息。推进基层财政改革。出台《关于进一步加强基层财政管理工作的意见》,从规范财政运行、提升人员素质、抓好资金监管三方面加强基层财政管理。全面推动省级规范化财政所(局)创建,王江泾、洪合等财政所(局)创建成功。截至2017年底,6个镇(街道)获得省级规范化财政所(局)称号。推进国库集中支付改革。启动区级预算单位会计核算模式改革,对条件比较成熟的7家单位自7月1日起先行恢复财务管理主体地位和会计自主核算。建立动态监控系统,加强对国库集中支付内控管理和外部监督。提高公务卡使用率,全区公务卡累计刷卡金额316万元。推进政府购买服务改革。出台2017年秀洲区向社会力量购买服务指导目录,内容包括二级目录22项,三级目录141项,实施政府购买服务项目22个,涉及金额291万元。推进投融资体制改革。牵头组织秀洲新市镇公司发行企业债券,募集资金10.00亿元并分配使用。启动现有国资公司整并,推进做大做强做优;全面开展存量房地产专项清理盘活工作,推进融资平台转型。加大PPP模式推广应用,区北部湖荡整治及河道连通工程、秀洲区建筑材料资源再生利用处置中心PPP项目进入采购阶段,秀洲区空港新城安置区及王江泾国际学校等项目进入方案论证阶段。

【强化财政监督】 加强政府性债务风险防范。建立区政府性债务管理领导小组,加强违规融资担保及以政府购买服务名义作为还款来源的融资项目整改落实。制订隐性债务化债计划,逐步化解隐性债务。实施公款竞争性存放管理。财政资金公开招标3.00亿元,财政性资金和部门公款资金竞争性存放到位率100%。强化政府投资项目管理。全年完成批复竣工财务决算项目45个,涉及资金4.98亿元,送审数4.08亿元,审定数4.04亿元,净核减342万元。深化绩效评价工作。区级部门项目全部纳入绩效目标管理,实现项目绩效评价全覆盖。2017年共完成绩效评价项目89个,涉及财政资金3.34亿元。探索财政政策及部门整体两种方式绩效评价。加强内控建设。组织全区221家行政事业单位(含乡镇)开展内控报告编报,推进行政事业单位内控建设。局内建立由1个基本制度、8个专项内部控制办法和若干内部控制操作规程组成的“1+8+X”内部控制制度体系。

【加强队伍建设】 通过上党课、看视频、交流心得体会等多种形式,深入学习贯彻党的十九大精神和习近平总书记南湖重要讲话精神。开展“三项经常性”*工作,推进“两学一做”学习教育常态化制度化,建设磁性基层党组织*。通过支部换届选举、党建阵地建设、聘请“红色助理”*、为每名党员建立学做档案等方式推进党支部规范化建设。落实纪律教育责任制,修订出台局党委议事规则、外出报告和请销假、效能作风检查机制、因私出国(境)管理等一系列内部规定。实施科室(单位)负责人就业务工作和履行党风廉政责任“一岗双责”情况向党委会报告制度,扩大廉政谈话制度范围,运用监督执纪“四种形态”,聘请8名特邀监督员。选派4名青年干部参加青苗行动*。开展“以教促学以学促用”“书海扬帆 文化兴财和“三大竞赛、三大提升”活动,提升干部业务素质和活力。深化四方红色联盟建设,建立秀洲区贝壳志愿服务队,累计提供包括红马甲巡防*在内的志愿服务800人次。2017年秀洲区财政局连续第五年获秀洲区工作目标责任制考核一等奖,获得落实党风廉政建设主体责任考核优秀单位和落实基层党建责任制考核先进单位称号。

（嘉兴市秀洲区财政局供稿　陈旭霞执笔）

注：

＊“四位一体”：秀洲区整合资源，建立涵盖城镇、公路、河道、村庄四大区域的保洁新机制。

＊“两个一般不”：即省级政府部门一般不再直接向企业分配和拨付资金，一般不再直接审批和分配市县具体项目。

＊“四个平台”：指镇、街道基层治理体系“综治工作、综合执法、市场监管、便民服务”四个平台。

＊“三项经常性”：指经常性思想教育、经常性日常管理、经常性为民服务。

＊磁性基层党组织：建设内有凝聚力、外有吸引力、富有战斗力的基层党组织。

＊“红色助理”：包括党建工作指导员、“三会一课”监督员、党课宣讲员。

＊青苗行动：秀洲区在3年内统筹安排适当年轻干部下基层、上一线。

＊红马甲巡防：根据秀洲区委要求，从2017年4月份开始，全区各级机关干部、工作人员每月到联系村、社区至少参加一次巡防。

海宁市

【概况】　2017年，海宁市实现地区生产总值866.07亿元，按可比价计算，比上年增长8.0%。按户籍人口计算，全市人均生产总值126251元，增长7.0%。第一产业增加值21.76亿元，增长2.0%；第二产业增加值479.40亿元，增长9.2%；第三产业增加值364.91亿元，增长7.0%。三次产业结构比为2.5∶55.4∶42.1。全市财政总收入135.55亿元，增长9.4%，其中一般公共预算收入77.72亿元，增长6.5%，占财政总收入的57.3%；一般公共预算收入中税收收入72.58亿元，占一般公共预算收入的93.4%。全市一般公共预算支出81.95亿元，增长5.0%。全年财政收支平衡。

【组织财政收入】　强化税源管理。加强重点税源、重点企业监控，702家企业纳入监管系统，全年入库各项税收收入27.61亿元。建立浙商创业创新、高新技术企业、特色小镇建设等优质税源培育对象库213户。深化国地税合作。完善国地税全口径税收分析机制，联合开展征管合作，在信息共享、联合采集第三方信息等方面实现深层次合作，征收税款1.38亿元，双方交换涉税信息11万条。强化社保费征管。实施企业职工基本养老保险扩面提标，落实社保欠费催缴和强制执行制度，各项社保缴费新欠率控制在1.0‰以内。全年社保费收入50.57亿元，增长47.9%。健全非税收入管理机制。规范土地出让金收支管理，按规定计提各项成本、税费，规范土地出让收入使用范围，严格非税收入收缴制度。全市实现非税收入124.23亿元，增长99.7%，其中，纳入一般公共预算管理的非税收入5.14亿元，下降15.7%。

【落实积极财政政策】　落实结构性减税和清费减负政策。贯彻落实各项清费减税政策，全年减免各类税收26.97亿元，比上年增加4.47亿元。停征城市公用事业费附加等4项非税收入，全年减免各类行政事业性收费1.08亿元，减免政府性基金2.24亿元。优化财政资金扶持方式。修订涉企财政扶持政策体系，全年兑现财政扶持奖励资金6.20亿元，助力产业转型升级，支持实体经济发展。创新政府投融资体制。出台深化投融资改革实施意见，4个平台公司转型为市场化运作。发挥政府产业基金引导作用。全年设立子基金6个，累计规模24.00亿元，带动社会资本投资本地企业14.50亿元。助力人才引育。加大人才投入，助推人才集聚新高地建设，突出资金补助精度、准度，增强科技、资本、人才等要素的支持作用，全年拨付人才奖补资金5000万元。

【保障改善民生】　围绕市委“品质生活”建设目标，保障重点民生事业支出，全年民生支出64.08亿元，增长1.9%，占一般公共预算支出比重为78.2%。推进农村综合试点改革。实施村级公益事业一事一议、农业农村公共服务等项目建设，拨付资金5215万元助推美丽乡村建设。支持教育强市。提高各教育阶段生均公用经费标准，其中小学、初中、中职生均公用经费分别由1227元、1840元、2519元提高至1613元、2317元、3030元。全年安排财政资金4000万元用于学前教育基础设施建设，推进教育资源布局调整。构建大医疗体系。全年安排医改及补助资金2.10亿元，深化医疗卫生综合改革和医疗资源“双下沉、两提升”工作，实施责任医师签约服务制度。落实精准帮扶政策。加大困难群众帮扶救助力度，完善低保对象动态管理机制，下达最低生活保障资金3100万元。推动公共文体项目建设。拨付资金5076万元，支持学校体育设施免费开放、全民健身设施建设、星级文化阵地和文化礼堂等项目实施。推进生态文明建设。拨付资金4.20亿元，助力“五气共治”、剿灭劣V类水、小城镇环境综合整治等中心工作开展。支持重点项目建设。争取新增债券9.50亿元，保障公共基础设施、社会事业和生态环境项目建设。

【深化财政改革】　深化预算管理改革。全面推进预决算信息公开，主动公开2016年预算执行、2017年预算安排和专项转移支付情况。推进财权、事权和支出责任划分，完成新一轮镇（街道、发展平台）财政管理体制修订，建立超率累进奖补制度，增强镇级政府财政保障能力。推进政府购买服务改革。全年下达政府购买服务项目122项，购买服务支出5.50亿元。深化国库集中支付改革。推进国库集中支付电子化，9个部门35个预算单位试点上线国库集中支付全流程电子化，实现国库资金支付管理全流程实名认证和数据加密传输。建立国库集中支付远程审核工作机制，在市级行政事业单位安装高拍仪，实现财政资金痕迹化管理。深化PPP项目运作。推进社会资本参与基础设施项目建设，完成基础设施投资基金对城际铁路项目出资3.00亿元，打造PPP示范项目标杆。路仲博物馆小镇保护性开发项目和硖许公路改建项目纳入财政部PPP项目信息库。推进“最多跑一次”改革。开展主动到预算单位“上门服务至少一次”活动，走访预算单位54户，达到一级预算单位服务全覆盖。优化会计服务，会计从业资格、会计代理记账机构行政许可事项“零上门”。推广应用“政采云”平台，提高政府采购效率，全年通过“政采云”平台网上采购货物1160万元。

【防范财政风险】 加强社保基金运行风险监控。加大多渠道筹措社保资金力度，土地出让金计提社会保障风险准备金比例从5.0%提高到10.0%。建立失地农民社保缴费标准动态调整机制，提高社保夯实率，防范养老保险基金支付风险。严格地方政府债务限额管理。地方政府债券置换存量债务4.60亿元，全面完成存量政府债务置换工作。开展不规范融资清理和整改工作，出台地方政府性债务风险管控与化解实施意见，严格控制政府性债务总规模。防范内部控制风险。推进行政事业单位内控建设，制订财政内控操作规程，全市360家单位编报内控报告。建立局内重大执法事项法制审核制度，防范行政执法风险。

【加强财政监管】 加强预算绩效管理和项目监管。开展重点项目绩效评价工作，完成2个省级联动项目，2个市人大委托项目，2个市政府指定项目和3个财政自定项目的财政支出绩效评价。出台政府投资项目系列管理办法，全年批复竣工财务决算61个。实施公款竞争性存放。加强机关事业单位财政性资金存放管理，实现公款竞争性存放全覆盖，全年累计存放财政资金122.01亿元，增长19.6%。加大监督检查力度。开展2017年财政监督管理专项工作，严格执行选案程序，组织召开预算绩效管理联席选案会议，集体审议确定重点监督检查项目7个。创新财政监管方式，出台《海宁市财政局随机抽查工作细则(试行)》。

【加强队伍建设】 学习宣传贯彻党的十九大精神及习近平总书记南湖重要讲话精神，深化“两学一做”常态化制度化建设。全面推进“五事”* 主题学习教育，形成有财税系统特色的“五事”标准。围绕全年重点工作，开展“担当落实大比武”活动，全局认领担当改革工作任务44项。邀请市纪委“海纪讲坛”宣讲“廉政微党课”，常态化开展廉政警示教育。拓展“税立方”服务品牌，展示财税干部良好形象，全年累计开展“护航十九大”“城乡防控日”“擦亮公交亭”等志愿服务活动233次，参加志愿者3810人次，点亮微心愿34个。2017年，海宁市财政局获嘉兴市财政地税系统绩效管理考核先进单位，获海宁市目标责任制考核优秀部门。

(海宁市财政局供稿　许立锋执笔)

注:

*“五事”:指善谋事、敢担事、干实事、会共事、不出事。

平湖市

【概况】 2017年，平湖市实现生产总值605.80亿元，按可比价格计算，比上年增长9.5%，增速比上年提升2.7个百分点。按常住人口计算，人均生产总值88123元，比上年增加10938元。第一产业增加值15.24亿元，增长1.9%；第二产业增加值355.49亿元，增长10.1%，其中工业增加值338.21亿元，增长9.8%；第三产业增加值235.07亿元，增长9.0%。三次产业结构比为2.5∶58.7∶38.8。全年财政总收入113.21亿元，增长14.2%，其中一般公共预算收入68.87亿元，增长16.5%，占财政总收入的60.8%，提高3.5个百分点。税收收入63.65亿元，增长18.3%，占一般公共预算收入的92.4%，提高1.7个百分点。全市一般公共预算支出73.58亿元，增长30.4%。全市财政收支平衡。

【组织财政收入】 加强税收管理。推进国地税合作，强化部门信息共享，增强组织收入工作合力。深化“金税三期”管理模块应用，选取认定395户企业进行重点税源监控。完善规费征缴管理。与人社等部门建立联席会议制度，加大催缴力度，对拒不缴纳的企业启动法院强制执行流程。全年征收社保费47.46亿元，增长62.7%。强化非税收入管理。强化资金执收力度，明确排污权出让收入、水土保持补偿费、土地出让金等政府非税收入项目征管细节。全面实施政府非税收入目录清单管理，推进非税收入电子化改革进程，开通银联、支付宝等网上缴款功能。全年非税收入106.08亿元，增长122.2%，其中纳入一般公共预算管理的非税收入5.22亿元，下降1.3%。

【支持经济发展】 降低企业成本。新增清费项目62项，为企业和社会减负合计4500万元。落实税收优惠政策促进经济社会发展，全年落实税费优惠8.79亿元。落实积极财政政策。全年共安排各类涉企扶持资金2.29亿元，用于支持全市“四换三名”、经济创新等转型升级组合拳实施。支持“接轨上海”战略实施，将财政资金向新兴产业领域倾斜，配合制定支持休闲旅游、绿色农业、港口物流等产业发展政策。引入社会资本共建上海张江平湖科技园，打造上海人才创业基地。实现政府产业基金扩面运作。分别建立总规模1.00亿元的平湖翼轸文化产业股权投资基金和总规模5000万元的平湖泰颢股权投资基金。

【保障民生事业发展】 全年民生发展类支出58.72亿元，增长30.4%，占一般公共预算支出的79.8%。保障政府实事项目建设。集中财力保障重点项目建设资金需要，全力推进“金平湖新崛起”。全年拨付政府投资项目资金4.61亿元，保障市民健身中心、城市绿道等重点工程项目建设。加大支农投入。全年安排农林水事务支出6.11亿元，增长19.9%。支持新型农业发

省级小城镇试点之平湖新埭国际游购小镇

展、生态循环农业发展，重点培育"农旅结合"项目。安排1500万元用于支持省级村级集体经济发展试点工作。推进全省农业水价综合改革试点工作，优化财政补贴政策。支持教育事业发展。全年教育支出16.42亿元，增长34.7%。探索教育分配机制改革，研究义务教育财政保障机制，支持镇街道中心幼儿园等项目建设，落实普惠制民办幼儿园的奖补政策和中等职业教育免学费政策。支持社会保障事业发展。全年社保就业支出6.58亿元，增长31.6%。推进省级养老服务业综合改革试点工作，安排1360万元专项资金用于养老服务业发展。全市首家"公建民营"养老机构正式运营，推进居家养老、医养结合融合式发展。支持医疗卫生事业发展。全年医疗卫生支出4.83亿元，增长20.7%。安排专项资金500万元用于推进社区责任医生签约服务。支持推广分级诊疗工作，开通"金平湖健康热线"，实施平湖智慧医疗项目。

【助力城乡环境整治】 提升城市形象。支持市中心街区改造，安排资金3.55亿元用于保障新华路、当湖路、水洞埭等主要街区路面修整和外立面改造工程。推进美丽乡村建设。制定出台"金平湖·美丽乡村"建设三年行动方案，设立三年行动计划项目库，入库项目667个，总投资10.99亿元。细化项目分类，实施分类支持，项目建设资金由市、镇两级财政共同承担。对农村环境实施重点整治，投入2200万元开展农村生活垃圾分类收集处置工程。投入2300万元实施"风情三叉河"集镇改造重点提升项目。加大"五水共治"力度。支持剿灭劣V类水专项行动，全年安排"五水共治"专项资金3.88亿元，生猪减量提质专项经费2.20亿元，并投入6.60亿元用于生活污水治理管网建设和提标改造工程。

【深化财政改革】 深化预算管理改革。试编2017—2019年三年滚动预算及政府购买服务预算，对转移支付资金全面实行归口管理并编入部门年初预算，实行全口径政府采购预算编制。清理、整合和规范各类专项资金，推进政府专项资金项目清单公开，并推行项目支出预算绩效目标评价。盘活财政存量资金。统筹使用以前年度收回的财政资金，并将单位历年结余资金全面纳入预算安排，盘活财政存量资金4.20亿元。深化国库集中支付改革。实现各镇(街道)一般公共预算支出、政府性基金国库集中支付。对全市预算单位银行账户进行全面清理，总体撤销率11.5%。开展社保基金国库集中支付，实现被征地人员基本生活补助、工伤保险、失业保险统一通过国库集中支付发放。加大PPP项目推进力度。推进平湖市东片污水处理厂实施PPP模式试点，6月完成公开招投标。推进平湖市体育中心项目实施PPP模式。推进融资平台转型升级。成立平湖市国有资产控股集团有限公司，建立集团化运行机制，推动项目建设模式由公益性向经营性转型。推进"最多跑一次"改革。细化办事流程和资料清单，梳理"最多跑一次"财政事项3项。开展"上门服务至少一次"活动，走访服务全市部门预算单位18家。实施"互联网+政务服务"，会计从业资格证实现在线申领，会计代理记账机构审批和年度报备实现全程网上申办、快递送达。推进统一公共支付平台建设，拓宽网上缴费渠道，新增10家单位行政事业性收费接入统一公共支付平台。

【强化财政监管】 强化地方政府债务管理。推进债券置换和五年化债计划，2017年置换政府债券3.29亿元。截至2017年底，全市政府债务余额126.77亿元，控制在政府债务限额内，债务率降至95.0%以下。加强财政绩效管理。开展预算绩效评价工作，全年选取2个单位、4个项目进行重点评审，并对53个部门开展整体支出绩效评价，涉及财政资金39.64亿元。完成重点预算绩效评价工作，涉及评价项目6个，覆盖财政资金2.49亿元。加强部门预算绩效管理，将管理情况列入全市工作目标绩效考核办法考核项目。强化内控机制建设。完成全市191家所属单位2016年度全市行政事业单位内部控制报告编报工作，实现内控管理全覆盖。开展公款竞争性存放。全年开展5次公开招投标，竞争性存放财政资金共计71.00亿元，中标平均年收益率2.1%，比基准利率提高0.6个百分点。完善政府采购监管。推动"政采云"平台平稳运行，全年向"政采云"平台推送采购计划2035条，累计交易额1.10亿元。

【加强队伍建设】 落实全面从严治党和党风廉政建设责任制，完善局党委领导工作机制，制定《局党委工作规则》《重大事项报告制度》等内部管理制度。推进"两学一做"学习教育常态化制度化。采取中心组学习、专题会议、专题党课、“金平湖财税学堂”等多种方式学习党的十九大精神和习近平总书记南湖重要讲话精神。出台学习考试实施和考核办法。2017 年 10 月建立“金平湖财税学堂”,由局领导、科室(单位)负责人、业务骨干等专题授课,全年开课 5 期,参与人数 750 人次。开展中层干部全员竞岗和一般干部双向选择工作,制定出台《2017 年中层干部全员竞岗和一般干部双向选择实施方案》,干部交流面 25.7%,共提拔中层干部 24 人,平职交流 13 人,中层干部平均年龄下降 4.8 岁。出台《科室(单位)工作目标绩效考评办法》及《工作人员年度目标绩效考评办法》,推进财税系统“1+8+X”内控机制落实。
(平湖市财政局供稿　喻晓霞执笔)

桐乡市

【概况】 2017 年,桐乡市实现地区生产总值 802.61 亿元,按可比价格计算,增长 7.1%。其中:第一产业增加值 25.68 亿元,增长 2.2%;第二产业增加值 406.05 亿元,增长 7.4%;第三产业增加值 370.89 亿元,增长 7.2%。三次产业结构比为 3.2∶50.6∶46.2。按户籍人口计算,人均生产总值 115454 元,增长 6.5%。全市财政总收入 108.31 亿元,增长 7.8%,其中一般公共预算收入 61.69 亿元,增长 5.1%,占财政总收入的 57.0%。税收收入 57.47 亿元,占一般公共预算收入的 93.2%。一般公共预算支出 66.50 亿元,增长 3.9%。全年财政收支平衡。

【组织财政收入】 加强收入分析。坚持上下分级预测制度,建立收入分析会议工作机制,注重收入进度和节奏监控,提高收入质量,确保全年财政收入平稳、可持续增长。强化税收征管。优化征管模式,加强信息管税,利用“金税三期”系统做好税收风险管理,全年推送风险事项 11 项,查补税款 6839 万元。深化国地税合作。加强与国税、地税部门沟通与联动,联合出台《桐乡市个体税收国地税联合管理工作实施方案》《桐乡市国地税欠税管理合作办法》,提高征管质效。全年完成清欠 155 户次,入库税款 4399 万元。优化非税收入管理。全面实施政府非税收入目录清单管理,全年征收非税收入 122.26 亿元,增长 110.4%,其中纳入一般公共预算管理的非税收入 4.22 亿元,下降 29.6%。

【服务经济发展】 支持实体经济。全年拨付财政补贴奖励资金 6.17 亿元,惠及企业 2053 户,助力企业创业创新、“机器换人”等。列为全省 18 个县(市、区)2017—2019 年振兴实体经济(传统产业改造)财政专项激励资金对象之一,争取上级专项资金 1.00 亿元,推进市场主体转型升级。落实清费减税。贯彻落实国务院各项税收优惠政策,小微企业所得税优惠 1753 户,减免金额 2287 万元;高新技术企业所得税优惠 6896 万元;实施工业企业绩效综合评价,减免城镇土地使用税和房产税 1.09 亿元;清理规范涉企收费,取消、停征或降低收费项目 13 项,减免金额 8500 万元。拓宽企业融资渠道。推进企业股改上市和并购重组“凤凰计划”,新增股份制企业 16 家,上市公司 1 家,上市企业总市值居嘉兴第一。支持银企合作,落实银税互动,全年惠及小微企业 221 户,授信 10.96 亿元。继续对中小微企业贷款支持计划名录内 828 户中小企业进行银行联合授信,授信总额度 89.52 亿元,贷款余额 50.44 亿元。加快政府产业基金运作。参股设立 6 个子基金项目,总规模 20.79 亿元,撬动社会资本 15.29 亿元,重点支持先进制造业、互联网经济等新兴行业。

【保障民生支出】 全市民生发展类支出 57.17 亿元,占一般公共预算支出的 86.0%,增长 4.7%。支持乡村振兴。深入实施“12355”行动计划[*],推进现代生态循环农业示范区、农业综合开发高标准农田建设。入选省级 2017 年度一事一议助推美丽乡村试点项目和 2018 年度扶持村级集体经济发展试点县,推进农业补贴政策综合改革试点工作。打造风雅桐乡。优化公共服务,支持农村文化礼堂建设、图书馆迁建、省文明城市创建。全年公共文化支出 1.69 亿元,增长 7.4%。支持教育事业发展。坚持教育优先,支持教育基础设施建设,实施学校建设项目 15 个,建成投入使用学校 4 所。健全义务教育经费保障机制,补齐学前教育发展短板,推进“智慧教育”。全年教育支出 16.86 亿元,同比增长 2.9%。建设健康桐乡。推进医药卫生体制改革、责任医生签约服务工作,试点医疗服务共同体。全年医疗卫生支出 5.90 亿元,增长 7.7%。健全社会保障体系。健全全民创业和就业再就业服务体系,支持养老服务体系建设,提高城乡居民基础养老金标准。全年社会保障和就业支出 4.42 亿元,增长 9.3%。

【深化财政改革】 完善预决算管理改革。细化公开内容,一般公共预算功能分类公开到项,基本支出经济分类公开到款。公开部门决算和“三公”经费决算,统一时间,统一平台,规范决算工作程序和行为。加强财政管理改革。围绕行政区划调整,完善财政分片管理办法,实施新一轮镇街区财政体制管理。推进省级镇(街道)规范化财政所创建,全市省级镇(街道)规范化财政所实现全覆盖。深化国资改革。完善国有资产监管体制,构建国有资产营运平台体系。深化投融资体制改革,整合直接融资平台,组建运行润桐控股、桐城集团、恒通公交集团三大集团。建设多元化融资模式,城投公司全年实施中短期直接融资 12.00 亿元。推进政府和社会资本合作。成立专项工作小组,完成青少年素质教育实践基地工程、杭嘉湖南排工程配套提升工程、西部饮用水源保护建设工程、320 国道改建工程 4 个项目“两评一方案”工作。推进“政采云”平台运行。完善购买服务流程,提高购买效率,上线“政采云”平台,全年上线采购单位 269 家,实现交易 1.78 亿元。推进“最多跑一次”改革。开展“上门服务至少一次”活动,做好对预算单位走访服务。推广会计从业资格证书在线申领,落实“互联网+政务服务”便民举措。全面推广统一公共支付平台，拓展非税电子化柜面渠道，出入境收费纳入电子化征缴。

【强化财政监管】 加强财政监督。组织开展世界互联网大会专项资金、“三公”经费执行情况等专项检查，规范财政资金使用。完成省级联动项目绩效评价工作，对巨石复合材料研究院建设项目、地方政府债券、浙江省燃煤锅（窑）炉淘汰改造财政补贴政策、电子商务发展资金项目等4个省财政厅重点项目进行绩效评价。推进内部控制建设。指导全市行政事业单位完成内部控制报告编写，将内控建设和执行情况纳入预算绩效管理综合评价。完成市财政局18个部门内部控制操作规程编制，提高内部风险控制水平。防范政府债务管理风险。置换地方政府债券8.74亿元，降低债券付息成本，其中一般债券2.26亿元，专项债券6.48亿元。继续实施公款竞争性存放。组织开展社保资金竞争性存放招投标，涉及资金43.53亿元，较同期定存增加收益1.70亿元。完成全市12个部门公款竞争性存放，存放金额55.29亿元，利息增值5800万元。

【加强队伍建设】 推进“两学一做”学习教育常态化制度化，深入学习党的十九大精神及习近平总书记南湖重要讲话精神。实行局领导带班检查制度和效能值班制度，开展检查287次，保持正风肃纪高压态势。规范干部进出队伍、提拔任用等制度，公开招录干部13人，提拔任用中层干部16人，岗位交流92人。开展“行身践规矩，青春树理想”主题活动，对新录用公务员开展“二带一”师徒结对活动，引导青年干部健康成长。组织91名干部参加“岗位大练兵、业务大比武”，提升岗位技能，加强人才队伍培养。推进财税文化建设。举办“我的成长故事分享会”“携手同植共青林、共建美丽幸福新桐乡”等活动，增强队伍凝聚力。组织参加市机关合唱大赛、诗歌朗诵比赛，展现财税人精神风貌。2017年，桐乡市财政局获市级机关部门考核先进单位。

（桐乡市财政局供稿　周佳伟执笔）

注：

*“12355”行动计划：力争建成1个现代农业园区、20个农业特色精品村、3个特色农业强镇、5条农业全产业链、50个标准化农产品生产基地。

嘉善县

【概况】 2017年，嘉善县实现地区生产总值520.96亿元，增长8.6%。按户籍人口计算，人均生产总值133206元，增长7.5%。第一产业增加值22.00亿元，下降1.8%；第二产业增加值289.85亿元，增长9.9%；第三产业增加值209.11亿元，增长8.0%。三次产业结构比为4.2∶55.6∶40.2。全县财政总收入88.40亿元，增长20.8%，其中一般公共预算收入51.72亿元，增长22.5%，占财政总收入的58.5%。税收收入47.41亿元，占一般公共预算收入的91.7%。全县一般公共预算支出59.51亿元，增长25.3%。全年财政收支平衡。

【加强收入管理】 深化国地税合作。搭建“政府统一领导、税务日常主导、部门传递信息、税收源头控管、成果绩效考核”的税源共治工作机制，推动国地税税源共治，成立7个镇级税源共治办公室，建立信息采集和信息共享交流制度。引导乡镇主体重视财源涵养，建立考核激励机制和专项发展激励政策，鼓励工业主平台发展、特色小镇创建。加强非税管理。实行社保费结算征缴事前、事中风险预警机制，全县社保费入库28.77亿元，增长37.6%。强化非税收入管理，入库105.65亿元，增长151.5%，其中，纳入一般公共预算管理的非税收入4.30亿元，增长36.7%。

【振兴实体经济】 支持企业经济发展。嘉善县被列入全省振兴实体经济（传统产业改造）专项激励资金扶持的18个县之一，获得连续3年每年1亿元的省振兴实体经济财政激励资金。出台25条振兴实体经济新政、8条“独角兽”*入围企业培育政策，全年拨付扶持企业发展专项资金2.28亿元。支持科技升级。出台科技新政15条和人才新政32条，全年科技经费投入2.91亿元，增长26.0%；人才专项投入1.56亿元，增长75.3%。制定科技银行支持科技型小微企业发展实施办法，建立科技银行信贷风险补偿基金和科技创新券制度，降低高新技术企业融资成本，帮助24家科技型小微企业申请贷款额度6270万元。落实企业减负政策。贯彻落实国务院六项减税政策等，累计减免税（费）6.40亿元。取消、暂停、降低行政事业性收费项目19项，减免涉企收费1.77亿元。运作政府产业基金。修订政府产业基金管理办法，截至12月31日，全县政府产业基金规模3.00亿元，合作成立子基金2个，撬动社会资本投资1720万元。改善农业发展条件。打造大云缪家丰乐合作社高标准农田建设示范点。推进全省财政支持农业“三项补贴”政策综合改革试点，成立粮食生产专业合作社联合社。助推农村产权制度改革，制定“三权”*风险基金管理暂行办法。

【支持小城镇环境综合整治】 加强职能指导。将支持全县小城镇环境综合整治工作作为全局10大重点工作之一，成立全县环境综合整治资金保障工作指导组，明确5项重点工作，调研全县9个乡镇（街道），加强项目建设资金统筹和管理。加大政策扶持。出台嘉善县小城镇（美丽城镇）环境综合整治行动若干政策，每年投入5.00亿元支持各镇环境综合整治。“四美嘉善”*开工项目65个，总投资25.00亿元，拨付财政资金4.10亿元。安排资金2.80亿元剿灭劣V类水。5个村获批全省一事一议财政奖补助推“美丽乡村”建设试点。

【保障民生事业】 2017年，全县民生支出44.92亿元，增长20.6%，占全年一般公共预算支出的75.5%。支持教育文化事业发展。全年安排教育事业费12.98亿元,占一般公共预算支出的21.8%。制定全县民办学校财政补助实施办法,给予非营利性民办学校生均教育事业费和项目补助。落实公共文化财政投入机制,加强基层公共文化建设。全年预算安排公共文化支出1.64亿元,增长25.9%。完善社会保障制度。健全重大疾病保险制度,确保职工基本医疗保险和城乡居民合作医疗参保人员享受同等大病保险报销待遇。筹集长期护理保险基金5211万元,299人获得首批补助。推进机关事业单位养老保险改革,全县399家单位10301人纳入申报缴纳,5381人通过省机关事业养老保险经办综合平台享受养老保险待遇。

【推进财政改革】 深化预算管理改革。实施全省支出标准体系建设试点和三年滚动预算编制,健全项目支出预算定额和支出标准体系,实现系统自动编制生成部门基本支出预算。开发部门预算编制软件,建立单位人员信息基础库和滚动项目库。推进"最多跑一次"改革。代理记账机构审批业务纳入浙江政务服务网,实现代理记账机构线上管理。推进乡镇公共财政服务平台应用,新增平台运用项目4个。推进全省非税收入收缴电子化改革试点,教育收费、罚没款和部分行政性收费实现网上电子征缴,完成支付业务29万笔,执收金额1.05亿元。开展"上门服务至少一次"活动,全年上门服务一级预算单位63家,二级预算单位124家,服务472人次。加强乡镇财政管理。运行镇(街道)财政业务综合一体化平台,开发乡镇财政收支分析系统,实现省级规范化财政所(局)全覆盖。"优化乡镇财政管理和服务体系建设"工作获评全省基层财政管理(农村综合改革)创新成果推广项目。

【强化财政监管】 提升监督绩效。成立财政监督检查选项委员会,制定财政监督检查选项办法,推行"双随机、一公开"财政监督检查模式。部署3个部门开展整体支出绩效评价。开展一级政府整体支出评价。推进政府阳光采购。上线运行"政采云",全年政府采购招标496次,采购金额8.89亿元,节约资金9666万元,节约率9.8%。防范债务风险。开展地方政府性债务投资项目资产清查登记,建立统计报告制度和债务风险预警机制,规范融资平台、政府与社会资本合作、政府购买服务等融资行为。全部完成债券置换工作,提前完成5年化债计划任务。防控社保资金风险。实施社保资金置换政府性债务,完成第一笔债务置换2500万元。对以前年度被征地农民转保应划转企业职工基本养老保险基金资金统一清算划转,划转资金14.62亿元。2017年末基金支付能力从2016年末的8个月上升到11个月。加强国资管理。开展县镇融资平台转型和市场化运作工作,5家镇级融资平台完成转型。加快管资产向管资本转变,下放日常经营自定审批备案权限,推行县国有投资有限公司实体化运作。

【加强队伍建设】 组织全体干部学习党的十九大和习近平总书记系列讲话精神,学习新修订的党章党规。落实领导干部"一岗双责"重点项目,做好党风廉政建设责任制考核工作。推进党风廉政建设主体责任痕迹化电子化管理,建立中层干部廉政档案。开展学法用法三年轮训行动和行政执法人员法律素质测试,推行行政执法公示、行政执法全过程记录、重大执法决定法制审核制度。开展"找差距、挖根源、开方子、提质量"专题大讨论。开展岗位练兵比武活动,参加培训970人次。

(嘉善县财政局供稿 徐 晓执笔)

注:

*"独角兽":指拥有一定经济实力,具有跨界融合、颠覆性和自成长三大特点,拥有一定科技性和创新性的企业。

*"三权":农村集体经济股权、农村住房财产权、土地承包经营权。

*"四美嘉善":美丽县城、美丽城镇、美丽乡村、美丽通道。

海盐县

【概况】 2017年,海盐县实现地区生产总值460.09亿元,按可比价格计算,比上年增长7.1%。按常住人口计算,人均生产总值103405元,增长6.8%。第一产业增加值20.41亿元,增长3.0%;第二产业增加值269.64亿元,增长5.4%;第三产业增加值170.04亿元,增长10.6%。三次产业结构比为4.4∶58.6∶37.0。社会消费品零售总额137.50亿元,增长10.6%;城镇居民人均可支配收入54633元,增长8.8%;农村居民人均可支配收入32177元,增长8.7%。全县财政总收入71.16亿元,增长12.8%,其中一般公共预算收入40.65亿元,增长13.3%;全县一般公共预算支出48.70亿元,增长11.9%。全县财政收支平衡。

【组织财政收入】 加强税收征管。完善征管基础信息,开展信息比对清理,加强欠税管理,强化个人房产出租税收管理。强化与法院民事执行协作,相互传递资产执行信息23户次,涉及金额3025万元。深化国地税合作。整合国地税办税服务资源,联合打造全省首个国地税联合集成服务中心。实行国地税欠税情况通报制度。建立健全税源动态监控机制,重点税源监控面77.0%。优化收入结构。一般公共预算收入占财政总收入的57.1%;税收收入37.83亿元,占一般公共预算收入的93.1%,比上年提升3.8个百分点。加强规费收入管理。完善海盐县社会保险费网上结算申报系统,加强社保费汇算清缴。全年入库社保费24.29亿元,增长28.2%。加强非税征管。开展财政票据和政府非税收入执收全面检查。全县非税收入61.98亿元,增长82.6%,其中,纳入一般公共预算管理的非税收入2.82亿元,下降26.2%。

【服务经济发展】 促进转型升级。贯彻落实"工业强县"建设有关政策，加大对企业做大做强、创新驱动、节能减排奖励，推动县域产业提质增效。全年安排各类企业转型升级扶持资金1.34亿元。支持"凤凰行动"。组建"助力企业上市"专业化服务团队，对辖区内已上市和拟上市企业实施精准服务，建立重点服务企业库，引导和支持企业通过资本重组、股权合作、挂牌上市等方式做大做强。运作政府产业引导基金。规范产业基金运作模式和操作规程，设立子基金5支。政府产业基金出资1994万元，投资项目4个，撬动社会资本2.77亿元。减轻企业负担。落实各类减税降费措施，取消、停征和免征地方水利建设基金等16项行政事业性收费；全面落实各项税收减免政策。全年共计减免各类税费5.09亿元，增长124.2%。支持科技创新。推进科技城建设，支持招才引智和招商引智工作，全年安排2.20亿元用于支持科技和人才强县建设，增长1.9%。

【保障社会民生】 民生发展类支出39.37亿元，增长7.5%，占一般公共预算支出的80.8%。促进基本公共服务均等化。推进全省基本公共服务均等化改革试点工作，实施城乡公共就业服务一体化、养老保障城乡全覆盖、民办教育发展提升等36个重点项目，投入8.77亿元。支持农业农村事业发展。加大现代农业扶持，安排各类农业发展扶持资金1.26亿元。申报获批省级农村公共服务有效供给试点和一事一议助推美丽乡村示范试点。全年支农投入5.65亿元。支持教育事业发展。支持教育现代化创建工作，推进镇(街道)公办幼儿园管理体制改革。全年安排教育经费11.74亿元。支持文化事业发展。实施文化惠民工程，以文化惠民为核心，促进公共文化服务均等化。全县文化事业支出1.12亿元。支持医疗卫生事业发展。全年投入医疗卫生与计生经费3.77亿元，增长6.3%。2017年城乡居民基本医疗保险人均筹资标准1200元。完善基层医疗卫生机构补偿机制和县级公立医院综合改革制度，推进各项医药卫生体制改革。完善城乡社保体系。筹集城乡居民基本养老保险基金1.44亿元，累计参保人数73237人，发放资金1.80亿元。城乡居民基本养老保险基础养老金标准由每人每月145元提高至160元。提高企业退休人员养老金待遇，人均月增资140元，全县54087人受益。构建社会"大救助"体系。发放各类救助、补助资金3571万元，增长37.3%。加快残疾人共享全面小康进程，发放困难残疾人生活补贴、重度残疾人护理补贴1435万元。

【建设"绿水青山"】 支持"生态立县"。安排生态建设和环境保护各类资金2.95亿元。推进小城镇环境综合整治。制定实施小城镇环境综合整治行动方案及配套政策，投入14.28亿元，实施整治项目239个，竣工143个。深化"五气共治"。完成燃煤小锅炉淘汰435台，拨付资金762万元。推进大气污染防治，整治挥发性污染企业39家，拨付补助资金68万元。推进垃圾减量分类。制定实施垃圾减量分类行动方案及配套政策，投入1000万元支持64个村、3个社区开展生活垃圾减量分类工作。

【深化财政改革】 深化预算管理改革。一般公共预算、政府性基金预算、国有资本经营预算、社保基金预算提交人代会审查。推进预算公开，除涉密单位外所有县级部门完成2017年部门预算和"三公"经费预算公开工作。推进政府和社会资本合作。完善PPP项目库，推进海盐城乡污水处理厂(一期)项目、海盐滨海国际度假区PPP项目、浙江山水国际度假区基础设施PPP项目。编制政府财务报告。指导县级各预算单位编制本单位政府部门财务报告，编制的2016年度政府综合财务报告获财政部好评。深化国库集中支付和公务卡改革。规范镇(街道)财政收支管理，升级乡镇国库集中支付系统。推进个人公务卡使用管理，截至2017年底，县级公务卡累计办理4179张，其中新增1076张；累计刷卡金额541万元。深化"最多跑一次"改革。实现会计代理记账机构年度网上报备、代理记账机构执业资格审批、非营利组织免税资格认定3个事项全部实现"零上门"。开展"上门服务至少一次"活动，走访预算单位220家，集中辅导16次。推进非税收入电子化征缴改革。拓展统一公共支付平台的应用领域，26个项目实现网上缴费，公办幼儿园教育网上收费实现县域全覆盖。全年电子收缴21.06万笔，执收金额8985万元。推进"政采云"运作。5月18日，上线运行"政采云"系统，系统覆盖全县各机关事业单位及镇(街道)，当年实现交易额3816万元。

【强化财政监管】 加强政府性债务管理。政府债务纳入全口径预算管理，完成地方政府债券置换存量债务3.00亿元。推进内控体系建设。组织全县212家行政事业单位编制内部控制报告并进行审核汇总，完成全县内控报告编报工作。推进预算绩效管理。对4家单位开展预算绩效目标跟踪试点，完成县级部门单位自评项目118个，财政重点评价项目10个，涉及评价资金9.70亿元。强化财政监督。组织实施监督检查项目8个，发现和纠正违规和管理不规范资金5362万元。优化国库集中支付动态监控系统，纠正违规资金195万元。加强结转结余资金管理，建立财政存量资金定期清理和正常收回制度。全年实施公款竞争性存放26.51亿元。

【加强队伍建设】 制定学习教育实施方案，建立周一夜学制度，开展领导讲学、业务骨干讲课、专家授课辅导等活动，严格执行党内问责条例和问责实施办法。印发《2017年党风廉政建设工作要点》，明确16项工作措施。29项财税重点工作开展党风廉政建设项目化管理。开展工作品牌项目化建设、师徒结对、教育培训、财税青年论坛、道德讲堂主题宣讲等活动，促进干部素质提升。2017年，海盐县财政局连续11年被县委、县政府评为工作目标责任制考核优秀单位。

(海盐县财政局供稿　陆梦婷执笔)

湖州市财政工作

湖州市

【概况】 2017年，湖州市实现地区生产总值2476.13亿元，按可比价计算，增长8.5%。其中：第一产业增加值127.35亿元，增长2.2%；第二产业增加值1173.65亿元，增长7.8%，其中工业增加值1059.74亿元，增长8.3%；第三产业增加值1175.13亿元，增长10.0%。三次产业结构比为5.1∶47.4∶47.5。按户籍人口计算的人均GDP为93265元，增长8.0%。全年固定资产投资1730.98亿元，增长13.7%。全年社会消费品零售总额1188.20亿元，增长11.2%。全年外贸进出口总额772.11亿元，增长14.6%，其中出口681.45亿元，增长14.7%。全年城镇居民人均可支配收入49934元，农村居民人均可支配收入28999元，未扣除价格因素，分别增长9.0%和9.4%。全市财政总收入408.89亿元，增长13.3%；一般公共预算收入237.43亿元，增长15.2%。全市一般公共预算支出325.02亿元，增长12.6%。市本级财政总收入170.86亿元，增长14.9%；一般公共预算收入99.75亿元，增长19.0%。市本级一般公共预算支出148.80亿元，增长16.3%。全市各级预算执行良好，财政收支平衡。

【依法组织收入】 建立健全三级纵向协调机制，明确年度收入目标，科学分解收入任务，做实做细组织收入预案。完善快捷报表运用，建立组织收入综合查询体系、重点税源税收变化动态监控体系和绩效考核指标动态分析体系，构建全市税收数据应用综合分析平台。收入结构持续优化，一般公共预算收入占财政总收入的58.1%，税收收入占一般公共预算收入的59.0%。全市地税部门组织各项收入325.24亿元，同口径增长26.0%，其中税收收入140.04亿元，同口径增长21.4%。深化“金税三期”征管系统应用，建立下行数据应用机制。巩固优化税费征收管理，严格落实清欠计划，加强欠税清理，全年累计清欠入库税款4.93亿元。深化税收风险管理，全年累计推送各类风险纳税人74303户，实施风险管理应对73983户，入库各项税费、罚款及滞纳金3.89亿元。加强涉税信息共享机制，强化涉税数据增值运用。落实税收专项检查和重点税源企业检查，加大税收执法力度，依法打击涉税违法行为，全年共查结涉税案件158件，累计入库金额1.74亿元。加强政府非税收入管理，健全完善征收和监管机制。全市政府非税收入完成420.16亿元，增长150.2%，其中纳入一般公共预算管理的非税收入34.98亿元，增长22.6%。

【助推经济发展】 落实各项清费减负政策，出台《湖州市进一步减轻企业负担降低企业成本政策十八条》，扶持实体经济发展，全市累计减免各项税费47亿元。出台《关于湖州市推进“中国制造2025”试点示范城市建设的若干意见》，设立专项资金15亿元，助推湖州“中国制造2025”试点示范城市建设。出台《湖州市建设国家绿色金融改革创新试验区的若干意见》，设立专项资金10亿元，助推湖州国家绿色金融改革创新试验区建设。加快政府产业基金实质化运作，全市累计批准设立政府产业母基金7个，总规模52.52亿元；设立子基金35个，总规模232.80亿元；投资各类项目66个，投资总规模73.80亿元。做好传统开发项目与现代农业园区项目有机结合，推进农业现代化建设。助推南太湖国家农业综合开发现代农业园区等重点项目建设，安吉鲁家村成为国家首批15个田园综合体项目之一。

【提升民生保障水平】 全市民生支出241.07亿元，占一般公共预算支出的74.2%。全市投入教育支出63.67亿元，增长9.6%。加大高校投入，实施职业教育“七个现代化工程”*，促进中职教育发展。全市医疗卫生与计划生育支出28.14亿元，增长20.1%。健全全市城乡居民基本医疗保险制度，筹资标准由原来每人每年880元提高到1060元。社会保障和就业支出32.73亿元，增长26.9%。设立创业担保基金，为大学生创业者提供贷款担保，扶持初创企业发展。落实促进就业资金，解决大学生、困难人员就业。完善社会救助和福利体系建设，加快发展养老服务业，推进居家养老服务，完善养老服务补贴制度。加强城市基础设施建设，投入1.53亿元，完善老城区交通和居民出行条件。推进城区排涝系统智能化改造，落实生活垃圾分类处理，推动小城镇环境综合整治。

【支持生态文明建设】 支持湖州创建国家生态文明建设示范市，全年累计安排各类生态文明专项资金8.46亿元。安排生态转移支付资金1亿元，以林、水、气、土壤等生态环境基本要素作为分配依据，调动县区生态文明建设积极性。安排生态补偿资金7000万元用于生态公益林、大型集中式饮用水水源地、耕地保护、垃圾污泥等项目。全市农林水支出36.68亿元，推进农业三项补贴改革试点，完善支农政策体系，重点支持美丽乡村建设、农林生态环境保护。

【推进“最多跑一次”改革】 全年累计完成财税“最多跑一次”事项86项，完成率95.6%；72项事项实现“零上门”；开展59次局领导体验式督查和县区交叉督查。推进统一公共支付平台的应用，全市线上业务电子化缴费已全部开通，上线项目41个，实现电子缴款21万笔，收缴资金4.42亿元。优化政府采购审批审核流程，取消非国企购车免控手续和政府采购招标文件财政事前审核事项。将代理记账机构审批和报备业务全部纳入浙江政务服务网，通过业务网上申请、资料网上传递、证书快递送达的方式，实现代理记账机构审批和报备业务办理“零上门”。开展

"上门服务至少一次"活动，主动到各相关预算单位上门服务至少一次。

【深化财政管理改革】 调整完善市对区财政体制，优化财政收入与财力分配。深化预算管理改革，强化支出预算约束，首次编制市级政府收支预算并细化到项级科目。开展预算绩效管理，全年完成单位自评1558项，金额超20亿元；部门重点自评项目25项，涉及金额5.75亿元；财政重点评价3项，涉及金额1.42亿元。推进财政预决算公开，首次在"湖州政府信息公开网"网站上统一公开预算，包括政府预算、88个市级部门预算（涉密单位除外）和8张预算报表。推进政府财务报告编制，首次完成汇集市本级77个部门、300家预算单位的部门财务报告。推进政府购买服务，全年完成金额9.82亿元，增长67.6%。推动"政采云"平台建设，市本级上线运行网上超市、在线询价、协议供货、定点服务、定点采购、项目采购等模块，全年累计交易2.64亿元。

【强化风险防控】 加强地方政府性债务管理，降低政府债务成本。全年置换存量债务46.18亿元，降低债务成本约36亿元。出台《关于进一步加强融资平台公司债务管理的意见》，规范融资平台举债行为。出台《湖州市地方政府性债务风险应急处置预案》，做好违规举债担保的自查整改。将债务率、融资成本等作重要指标列入县区综合考核。完善各项社保制度，规范社保费缴费基数管理，夯实征缴基础，市本级企业职工基本养老保险单位缴费基数夯实率85.0%。建立以土地出让收入、国有资产收益为主的社会保障资金多渠道筹措机制，市本级全年筹集社保风险准备金19.68亿元，累计结余44.98亿元，确保社保基金可持续运行。加强财政监督管理，强化财政内控制度建设，加大对部门、单位和项目资金的财政监督检查力度。

【加强队伍建设】 开展学习十九大精神系列学习活动，推进"两学一做"学习教育常态化、制度化。践行"四新"主题实践*，组织开展"比担当、拼作风、求实效"活动。组织干部职工参加文明交通劝导、文明城市创建等志愿者服务活动。加强机关党建和财税文化建设。强化内控制度建设和督查问效，确保干部队伍纯洁健康。全市财政系统先后获得"全国青年文明号""省级文明单位""省级青年文明号"等荣誉，并涌现出"全省最美公务员""省青年五四奖章"获得者等一批优秀干部代表。

（湖州市财政局供稿　朱晨龙执笔）

注：

*职业教育"七个现代化工程"：职业教育品牌培育工程、智能实训建设工程、产教融合促进工程、质量提升工程、数字化校园建设工程、终身教育推进工程、国际化教育推进工程。

*"四新"主题实践：以"对齐新标杆、创造新业绩、树立新形象、走好新征程"为内容的主题实践活动。

吴兴区

【概况】 2017年，湖州市吴兴区完成地区生产总值515.51亿元，按可比价计算，增长8.6%。其中：第一产业增加值19.77亿元，增长2.3%；第二产业增加值217.41亿元，其中工业增加值193.27亿元，分别增长8.1%和9.0%；第三产业增加值278.33亿元，增长9.6%。三次产业结构比为3.8∶42.2∶54.0。固定资产投资327.91亿元，增长14.6%。社会消费品零售总额339.18亿元，增长11.1%。实到外资2.18亿美元，浙（湖）商回归省外到位资金67.30亿元。城镇居民人均可支配收入51395元，增长9.0%；农村居民人均可支配收入29980元，增长9.5%。全年实现财政总收入51.90亿元，增长18.8%，其中一般公共预算收入31.15亿元，增长21.5%，占财政总收入的60.0%；税收收入占一般公共预算收入的86.2%。一般公共预算支出30.83亿元（其中债务付息和发行费支出1.15亿元），增长10.5%。全区财政收支基本平衡。

【组织财政收入】 做好对收入的预测和分析工作，与国地税密切合作，加强对重点领域、重点行业税源的分析监控。2017年全区财政收入保持平稳较快增长，税收总收入47.60亿元，增长16.5%。规范非税收缴，实现非税收入36.13亿元，其中纳入一般公共预算管理的非税收入2.99亿元，增长23.7%。

【支持经济发展】 投入1.92亿元，围绕智能装备、信息经济、健康时尚、金属新材、现代纺织五大领域，精准对接，助推"中国制造2025"试点示范建设。投入3.82亿元，推进美丽乡村创建、一事一议财政奖补、历史文化村落保护、欠发达村集体经济发展等项目，提高美丽乡村建设水平。推进农业供给侧改革，加快农业农村转型发展，高新区农业综合开发田园综合体2017—2019年建设规划已通过省级评审，入围2017年省级创建试点。加快服务业发展，发挥专项资金的政策引导作用，促进服务业结构优化、转型提升、增强引领、示范带动。围绕集聚用好人才，引领创新发展，引进集聚领军型创业创新人才和团队，加快推进人才发展体制机制改革。全年向上级争取公共预算专项转移支付资金3.63亿元，其中中央资金1.72亿元，省市资金1.91亿元。

【支持民生事业发展】 全年民生支出30.83亿元，增长13.8%，占一般公共预算支出的78.8%。其中：公共安全支出1.29亿元，增长17.9%；教育支出7.80亿元，增长33.5%；社会保障和就业支出3.77亿元，增长32.2%；医疗卫生支出3.60亿元，增长18.9%；农林水事务支出3.16亿元，增长13.1%；文化体育与传媒支出0.31亿元，增长40.8%。保障全区经济社会持续平稳发展。

【推进财政改革】 完善政府预算体系，实行全口径预算管理。创新投融资手段，成立政府产业基金5个，基金总规模13亿元，其中政府出资2.90亿元，撬动社会资本14亿元。推进PPP项目，注重示范项目引领，其中东部新城污水处理厂二期项目已列入省第四批政府和社会资本合作(PPP)推荐项目。开展区级财政资金竞争性存放管理工作，全年组织竞争性存放公开招标三期，涉及5个账户和财政资金7000万元。

【强化财政监督】 推进乡镇财政规范化建设，提升乡镇财政科学化、精细化管理水平。加快政府职能转变，规范政府购买服务流程，提高公共服务供给水平和效率。推进"政采云"系统上线，实现全流程网上办理，提高政府采购效率。加强国有资产处置管理，保证国有资产变价收入及时足额上缴。开展绩效评价管理，对政府购买服务(航道保洁)和市级美丽乡村、精品村创建等项目开展绩效评价，提高财政资金使用效益。

【加强队伍建设】 健全干部学习教育制度，营造"比学赶超、创先争优"的工作氛围。通过开展"党纪一刻钟"教育、谈心谈话、发送节假日廉政短信等方式，提高干部严格自律、廉洁奉公意识。推进财政服务一线行动，解决企业和群众实际问题。

(湖州市吴兴区财政局供稿　沈　超执笔)

南浔区

【概况】 2017年，湖州市南浔区实现地区生产总值384.80亿元，按可比价格计算，增长8.5%。其中：第一产业增加值23.58亿元，增长1.7%；第二产业增加值213.38亿元，增长8.6%；第三产业增加值147.84亿元，增长9.6%。三次产业结构比为6.1∶55.5∶38.4。全区财政总收入50.02亿元，增长30.45%，其中一般公共预算收入28.97亿元，增长32.6%，占财政总收入的57.9%；税收收入占一般公共预算收入的88.8%。一般公共预算支出32.59亿元，增长20.7%。全区预算执行情况基本良好，财政收支平衡。

【组织财政收入】 推进税源管理，确保应收尽收。重视税收征管，逐月分析区域重点企业税收变化情况，加强税源监控，挖掘增长点，特别是加强重点行业、重点税源分析，重点做好年度纳税评估工作，结合区政府对重点行业排查、信息公示等信息，做好相关企业税收信息分析。加强与相关部门的协作配合，做到信息互通，资源共享，及时解决征管工作中遇到的难点问题。加强非税收入征管，全年实现非税收入50.00亿元，其中纳入一般公共预算管理的非税收入3.26亿元。

【推动经济稳定增长】 制定《南浔区转型升级产业基金管理暂行办法》，推广政府产业基金市场化运作模式；设立南浔区产业整合投资基金和转型升级产业发展基金，推动产业转型升级。落实各项减税降费政策，取消城市公用事业附加、房产交易登记费、白蚁防治费、施工图审查费、防雷装置检测费等行政事业性基金及收费，减轻企业负担。

【优化财政支出结构】 加强一般性支出控管，严格控制行政成本，降低行政支出，2017年全区"三公"经费支出下降29.3%，其中公务接待费下降7.0%。优先保障重点民生支出，全年民生支出21.76亿元，占一般公共预算支出的66.8%。加大教育投入，提高教师待遇，全额保障"美丽校园行动计划"等专项支出，全年教育投入7.48亿元，增长16.7%。建立城乡居民基本养老保险、机关事业单位养老保险机制，将被征地农民转职保经费纳入财政预算保障，城乡居民最低生活保障实现区级统筹，镇级财政不再负担，全年社会保障和就业支出4.20亿元，增长18.6%。加大医疗卫生投入，城乡居民基本医保财政补助标准提高至每人每年710元，基本公共卫生服务经费筹资标准提高至每人每年50元，落实公立医院及基层医疗单位保障经费，南浔人民医院异地新建项目基本完工，菱湖人民医院PPP项目启动实施，全年医疗卫生与计划生育支出4.67亿元，增长19.3%。保障城乡环境整治资金，支持"三改一拆""五水共治"、美丽乡村、美丽田园建设。申报完成全省首批"3030"新农人项目，成为全市首家试行农业"三项补贴"*政策综合改革试点单位。

【深化财政改革】 推进预算管理改革，完善全口径预算和预算编制标准化体系，修订完善《南浔区预算审查监督办法》，强化预算审查，规范部门预算行为，增加部门预算透明度，实现部门预算全程监督。强化专项资金管理，落实"四张清单一张网"改革要求，在政府网站公开14项区级政府性专项资金；镇财政专项资金监管实行"抽查、巡查、公开、公示"机制，24项涉农、民生类资金纳入公共服务平台。全面实现预算公开，将一般公共预算基

特色产业园

本支出按经济分类细化公开到“款”级科目;除涉密部门外,全面公开“三公”经费。实施国库支付动态监控系统和“远程结报”系统,推进财务票据电子化管理水平。规范政府采购行为,推进政府购买服务,全面推广应用“政采云”平台。创新融资方式转变,推广运用政府和社会资本合作(PPP)模式,2017 年练市镇美丽乡村建设等 PPP 项目均已通过省财政厅审核,由财政部 PPP 中心信息公开并完成采购工作。菱湖人民医院异地新建 PPP 项目和产业新城 PPP 项目均入选浙江省第四批 PPP 推荐项目。加大与政策性银行的合作,解决资金瓶颈问题。

【强化财政监管】 加强平台公司、镇(开发区)债务管理。实施融资审批机制,控制债务增量和融资成本。组织开展全区违法违规举债担保问题自查整改工作,规范融资平台公司举债融资行为。提升资金监管绩效,全年完成绩效评价项目 423 个。完成 2016 年度政府综合财务报告编制和内部控制报告编报工作。深化财政评审管理,全年审核项目 136 个,核减率 9.9%。

【提升队伍素质】 学习贯彻党的十九大精神和习近平新时代中国特色社会主义思想,学习《中国共产党章程》《党的十九大报告辅导读本》《习近平谈治国理政》等。组织开展主题党日活动,领导干部带头开展党课 5 次。强化干部廉洁意识,组织党风廉政专题例会 4 次。关注经济发展形势和最新财政法治动态,系统学习法规文件,全面更新财政干部的法规知识,提高财政干部的综合素质。

(湖州市南浔区财政局供稿　马君君执笔)

注:

＊农业“三项补贴”:耕地地力保护补贴、规模种粮补贴、农机购置补贴。

德清县

【概况】 2017 年,德清县实现地区生产总值 470.19 亿元,按可比价计算,增长 8.5%。其中,第一产业增加值 21.95 亿元,增长 2.0%;第二产业增加值 244.13 亿元,增长 8.3%;第三产业增加值 204.11 亿元,增长 9.6%;三次产业结构比为 4.7∶51.9∶43.4。全社会固定资产投资 324.79 亿元,增长 13.5%。外贸进出口总额 163.25 亿元,增长 16.0%。实现社会消费品零售总额 168.44 亿元,增长 11.3%。按户籍人口计算,人均生产总值 106839 元,增长 7.9%。全县城镇居民人均可支配收入 50450 元,增长 8.6%;农村居民人均可支配收入 29842 元,增长 10.0%。全县财政总收入 83.72 亿元,增长 15.0%,其中一般公共预算收入 48.66 亿元,增长 15.5%,占财政总收入的 58.1%。全县一般公共预算支出 51.13 亿元,增长 11.0%。全年财政收支平衡。

【依法依规组织收入】 利用大数据做好经济形势监测和重点行业税源分析,把握组织收入主动权。完善税源税种管理,做好企业所得税预缴和汇算清缴,规范土地增值税清算审核和存量房评估后续管理,完善房地产交易一体化税收征管流程,做到应收尽收。清查梳理“民宿”和私房出租房产税,提升税收征管质效。完善税收风险管理,应对上级推送风险 10 户,入库 115 万元;自定义风险点 10226 个,入库税费 4129 万元。注重日常评估与纳税评估相结合,全年纳税评估 952 户,入库税费 1.33 亿元。全年税收收入 42.56 亿元,增长 13.8%,占一般公共预算收入的 87.5%。健全政府非税收入管理制度体系,推进非税收入收缴电子化改革,深化土地出让收入等重点非税收入征管,全年实现非税收入 56.32 亿元,增长 141.0%,其中纳入一般公共预算的非税收入 6.10 亿元,增长 28.9%。

莫干山风光

【服务经济发展大局】 落实各项稳增长、调结构的政策措施,助推地方经济结构调整和转型升级。向省财政厅争取到“两山”专项激励资金 3 亿元,全年落实扶持企业发展政策资金和技术创新奖励 3.54 亿元,兑现外经外贸政策资金 1955 万元,夯实财源基础,支持经济发展。落实各项结构性减税政策和办理出口退税 18.34 亿元,落实高新技术企业所得税优惠 1.48 亿元,减轻企业负担。加快推进政府产业基金实质性运作,与社会资本成立 3 个子基金,到位社会资本 1.26 亿元;以优先股股权投资形式完成直接投资额 875 万元。

推广应用PPP模式,新增304省道(对河口至矮部里段)、城东邻里中心、雷甸产业新城3个项目进入实质化运作。

【提升人民幸福指数】 完善教育经费保障机制,全年教育投入9.97亿元,助推全县教育事业发展。落实“小城市”和中心镇建设资金3000万元,拨付城乡供水、公交、垃圾、污水处理一体化建设资金1.59亿元,推进城乡一体化进程。安排美丽田园和美丽乡村建设资金1.45亿元,拨付生猪整治和渔业养殖尾水治理补助资金6563万元,改善农村生活环境。深化农村综合改革,推动村级集体经济发展。支持医疗卫生事业发展,落实基层医疗机构运行发展经费和县级公立医院改革资金1.68亿元。兑现个人购买住房契税财政补贴4274万元,兑现各类保障和救助对象的政策待遇资金1.48亿元,落实城乡养老、城乡医疗和城乡最低生活保障三项资金县级补助3.21亿元。巩固城乡医保制度并轨成果,城乡居民医疗保险补助标准提高到每人每年710元。加强政法经费保障,支持“平安德清”建设。

【推进财政改革】 加强预算管理改革,推进预决算信息公开,2017年政府部门预算全部上会接受审议,所有使用财政拨款的部门均公开了本部门预决算和“三公”经费预决算,县本级一般公共预算支出细化到项级科目。制定并公开2017年县级财政专项资金管理清单,对纳入清单管理的专项资金使用实施全过程公开。加大存量资金盘活力度,清理预算安排连续结转两年的项目,累计收回盘活各类存量资金4147万元。推进政府购买服务工作,在全省率先制定政府购买社区矫正服务绩效评价指标体系,并委托第三方中介机构开展绩效评价。

【强化财政监管】 强化政府采购监管,完成政府采购预算3.59亿元,节约资金6335万元,综合节约率15.0%。严控“三公”经费支出,2017年全县“三公”经费下降21.4%。加强政府投资项目监管,全年审核政府投资项目467项,核减金额3.15亿元,核减率5.9%。加大财政监督检查和支出绩效评价力度,全年完成财政监督检查和重点绩效评价项目16项。开展全县预算单位公款竞争性存放及社保基金置换政府债务工作,促进财政资金保值增值。规范政府债务管理,科学制订化债计划,加强风险防控,完成地方政府债券置换2.51亿元。做好会计培训和财会业务检查工作,全面推广会计从业资格证书“网上申领、在线服务、快递送达”新模式。完成全县行政事业单位资产清查工作,全面摸清资产家底。开展对重点部门国有资产管理工作考核,提升国资监管质效。

德清下渚湖湿地

【加强财税队伍建设】 落实党风廉政建设,制订下发《落实党风廉政建设主体责任实施方案》及《2017年度党风廉政建设和反腐败工作组织领导及责任分工的通知》。创新教育培训工作机制,以“年轻干部学习社”“财税讲师团”“业务大比武”等形式,调动干部积极性。加强干部业务学习,组织各类培训班12期。深化内部风险防控,成立内部控制委员会,出台《内部控制委员会议事规则(试行)》《内部控制基本制度(试行)》。

(德清县财政局供稿　沈宇真执笔)

长兴县

【概况】 2017年,长兴县实现地区生产总值553.20亿元,增长8.1%。其中:第一产业增加值33.50亿元,增长2.5%;第二产业增加值275.10亿元,增长7.3%;第三产业增加值244.60亿元,增长10.0%。三次产业结构比为6.1∶49.7∶44.2。规模以上工业增加值236.0亿元,增长8.6%。固定资产投资440.30亿元,增长13.4%。社会消费品零售总额258.40亿元,增长11.5%。城镇和农村居民人均可支配收入分别为50286元、29341元,分别增长9.3%、9.0%。全县财政总收入87.03亿元,增长10.1%,其中一般公共预算收入49.50亿元,增长8.9%,占财政总收入的比重为62.6%,税收收入占一般公共预算收入的比重为85.0%。全县一般公共预算支出63.08亿元,增长9.7%。全年财政收支平衡。

【组织财政收入】 加强收入分析。重点对新型电池、现代纺织、特色机电等行业进行税收分析,密切关注新能源汽车、装备制造业等新兴经济行业走向,增强组织收入的针对性。强化一次性税收管理。强化税源巡查摸排，监控重点税源，确保一次性税收足额入库，全年一次性税收入库12.52亿元。推进社会化征管。加强与各乡镇衔接沟通，完善社会化征管平台，加快推进零散税源社会化征收工作，入库税收6259万元。创新征管手段。通过应对各类风险促征收，增加税收181万元；规范催报催缴工作，入库税款1337万元；强化纳税评估，以查促收，入库税款182万元；加强欠税管理，通过公检法等部门联动，清理欠税709万元。开展"以地控税"。通过开发"以地控税"智能监控系统软件，引入国土、住建等第三方信息，开展房土两税实测清查，初步建立"及时、准确、联动、高效"的信息化动态税收管理新模式，入库房土两税1496万元。全年实现非税收入52.79亿元，增长54.3%，其中纳入一般公共预算的非税收入7.44亿元，增长2.16%。

【助推经济转型升级】 安排科技支出2.57亿元，实施科技券奖补，推进浙江长兴国家大学科技园等重大创新平台建设，落实"南太湖精英计划"、人才公寓建设及人才购房补助，促进省全面创新改革示范区建设。出台《发挥财税职能作用全面振兴实体经济实施方案》，发挥财税政策引导作用，撬动经济发展动力和活力。全年兑现各项财政专项奖补资金2.01亿元，支持实体经济发展。依法依规推动政府与社会资本合作（PPP）模式项目实施，全年推进完成PPP项目5个，资金规模68.10亿元。

【保障民生投入】 2017年，全县一般公共预算民生支出48.16亿元，增长10.2%。安排教育支出12.96亿元，支持教育优先发展，优化教育资源配置，促进学前、义务、职业教育均衡发展。落实医疗卫生支出4.69亿元，支持"健康长兴"和"双下沉、两提升""三医联动"等各项改革，缓解"看病难、看病贵"。加大社会保障投入力度，统筹支持社会救助、养老、慈善、残疾人等各项事业发展。投入生态建设资金5.27亿元，用于循环经济、节能降耗、治水治气等环境治理，支持"五水共治"和美城、美镇、美村建设。安排农林水支出8.79亿元，支持农村基础设施、农业产业化、美丽田园建设，为各项强农惠农富农政策的落实提供资金保障。

【深化财政改革】 严格落实好预算法，硬化预算刚性，严控预算追加。强化部门存量资金与预算挂钩机制，县本级纳入部门预算项目支出的年度执行率与2018年部门预算项目安排挂钩，对预算执行率较低的部门实行分档压缩。加完善支付流程，清理存量资金，做好债券资金垫付和支出，提高支出执行的质量和效率。完善全口径政府预算体系，"四本预算"从类款细化到项级，并全部纳入县人大审查监督范围。加大政府性基金预算、国有资本经营预算与一般公共预算的统筹力度，国有资本经营预算和政府性基金结转规模超过该项基金当年收入30%的部分，全部调入一般公共预算，补充预算稳定调节基金。改革经济分类预算管理方式，分设政府预算经济分类和部门预算经济分类两套科目。健全部门预算单位基本支出和项目支出标准体系，做到共性标准全覆盖，个性标准差异化。实行执行率与预算挂钩机制。做好预算信息主动公开。

【强化财政监督】 加强政府债务收支预算管理，按规及时做好政府债券置换工作。2017年置换地方政府债券25.22亿元。采取"控总量、降成本、拉年限、调结构、降债务"五步法加强债务管理。全程监督部门预算编制，将绩效指标嵌入预算编制系统，对部门预算编制原则、编制内容、定员定额标准、编制办法、预算执行、绩效目标予以监督。对20个部门40个项目开展绩效评价，涉及财政项目资金5.80亿元。着重从财政财务机构设置、制度建设、收支管理、内控机制、审批管理、会计基础六个方面开展乡镇（街道、园区）财政财务专项检查，确保资金安全。

【加强队伍建设】 推进党风廉政建设。"一岗双责"履责到位，明确"一把手"负总责和"谁主管谁负责"的工作机制，分解细化党风廉政建设和反腐败工作任务并逐项落实。定期对各科室及工作人员遵守工作纪律等情况开展效能督查。加强学习培训。组织年轻干部开展岗位大练兵、业务大比武活动，提高干部岗位技能和实践能力。建设财税文化。组织各类文体活动，丰富干部业余生活。 （长兴县财政局供稿 赵 莹执笔）

安吉县

【概况】 2017年，安吉县实现地区生产总值360.31亿元，增长8.8%。其中：第一产业增加值25.97亿元，增长2.3%；第二产业增加值159.43亿元，增长8.3%；第三产业增加值174.91亿元，增长10.4%。三次产业结构比为7.2∶44.3∶48.5。按户籍人口算，人均生产总值77097元，城镇和农村居民人均可支配收入分别为48237元和27904元。全年财政总收入67.28亿元，增长11.5%，其中一般公共预算收入39.52亿元，增长13.9%，占财政总收入的58.7%；一般公共预算收入中税收收入34.95亿元，占比88.4%。一般公共财政预算支出62.00亿元，增长8.4%。全年财政运行情况良好，财政收支平衡。

【组织财政收入】 强化征收效能。统筹部署组织收入预案，提升税源管理精细化水平，把握组织收入主动权。提高税收数据质量管理。通过完善快捷报表运用，建立组织收入综合查询体系、重点税源税收变化动态监控体系和绩效考核指标动态分析体系，及时掌握税源现状及发展趋势。加强非税收入征管。全年实现非税收入49.94亿元，增长82.8%，其中纳入一般公共预算的非税收入4.57亿元，增长10.1%。调整乡镇财政管理体制。以收入总量来设置考核分值，做大增值税基数。

【支持经济发展】 加大对企业的政策资金支持。扶持传统产业发展，重点支持兼并重组、破解双停，修订完善《加快科技创新若干政策》,支持企业通过科技创新转型升级,鼓励企业赴多层次资本市场挂牌上市。2017年累计拨付县级涉企奖励资金3.10亿元。减轻企业税费负担。贯彻落实国务院6项减税措施和各项结构性减税、普遍性降费政策,开展“亩产税收”政策调整试点工作,推进小微企业所得税优惠政策扩围,做好水利基金减免、小升规企业社保集中减政等各项工作,完成亩产税收减免城镇土地使用税3134万元,减免房产税1594万元,全年减免税费7.66亿元。拓宽小微企业融资渠道。开发“税易贷”平台,以纳税信用为基础,在小微企业、银行、税务之间建立“互联网+区块链”技术的交易平台,在全省率先将银税互动模式从线下搬到线上,自运行以来已有82户小微企业累计贷款8017万元。

【保障民生支出】 加大强农惠农支持力度。通过省财政厅扶持村集体经济发展项目试点,实现“提升富裕村、壮大一般村、转化薄弱村”的目标,全年“三农”总投入33.10亿元。保障民生事业。2017年社会保障和就业支出4.30亿元,其中卫生事业发展专项经费3000万元,比2016年增加了一倍,确保卫生事业均衡有序发展;安排人才专项资金4500万元,支持人才发展。完善教育文化事业。全年教育支出14.70亿元,支持县新三小迁建工程等重点项目建设,助推教育强县创建。文化体育与传媒支出1.20亿元,重点保障省自然博物园、农村电影院、文化大礼堂等文化设施建设,支持“文化下乡”等群众文化活动。推进城乡建设。全年新建政府投资项目36个,总投资2.90亿元,续建项目90个,总投资9.30亿元,全年累计拨付财政资金4.10亿元,建设完成项目19个。

【释放“两山”政策红利】 践行“绿水青山就是金山银山”重要思想,下发《支持“两山”示范县建设政策措施20条》,确立支持绿色家居产业发展、助力高污染企业转型升级、扶持特色产业做大做强等六大目标。成立“两山”创客小镇财税服务组,争取到五年免征城镇土地使用税和房产税政策,支持新兴产业发展壮大。2017年,入选全省“两山”(二类)财政激励政策奖励名单,获得“三年三个亿”支持。推进农业“三项补贴”政策综合改革、农民专业合作社创新、农村三产业融合发展等改革试点,争取到省以上农口资金4.30亿元,其中鲁家“田园综合体”列为国家级试点项目。支持农民合作社创新试点项目,“两山”联合社为300余家社员提供担保、短融及资金互助业务,金额1.40亿元,为社员节约资金成本850余万元,该模式作为样本已复制到常山县和吴兴区等地。

【推进“最多跑一次”改革】 全县实现100%的办税事项“最多跑一次”、56%的办税事项“零上门”。推进政务服务网统一公共支付平台运行体系建设,实现公办学校教育收费项目、交通违法罚款线上缴纳。在全市率先取消个私外商企业车辆上牌办理免控手续。全面推广运用“政采云”平台和金财工程系统。推行国库集中支付业务“远程结报”系统,实现预算单位业务办理“零上门”。财税部门联动,实现企业领取奖励资金“一次都不用跑”。全面推行会计代理记账机构执业资格审批网上申办。

【加强财政监管】 完善2017年财政任务分乡镇(街道)考核机制,组织乡镇财政资金监管检查,推动乡镇公共财政服务平台数据全面纳入浙江政务服务网公开。启动国库集中支付动态监控系统,建立国库集中支付教育分中心,从1月起教育系统下属79家单位全面实施国库集中支付制度改革。优化债务结构,做大可偿债财力,降低债务率;扩充融资渠道,严格执行融资审批程序,控制地方政府债务风险。完善各项社保制度,严守准入门槛,严把支出关口,建立社保基金运行预警机制。规范社会保险费缴费基数管理,夯实征缴基础,建立健全以土地出让收入、国有资产收益为主的社会保障资金多渠道筹措机制,强化社保基金的抗风险能力。

【干部队伍建设】 学习贯彻党的十九大精神,自觉用习近平新时代中国特色社会主义思想武装头脑、指导实践、推动工作。完善内部管理制度的梳理修订,先后制定《关心关爱干部职工实施方案》《工作人员因私出国(境)管理办法》《绩效考评结果运用办法(试行)》等制度文件,修订完善《中层干部管理办法》。打造学习型组织,加强全体干部职工意识形态建设工作。发挥党支部的战斗堡垒作用,增强党员“四个意识”,严格落实民主生活会、“三会一课”、谈心谈话等党内生活制度。加强党风廉政建设,实施项目化管理方式,将责任层层分解、落实到人,确保压力传导至组织末梢。领导干部履行“一岗双责”,做好廉政教育、廉政检查、谈心谈话等工作。

(安吉县财政局供稿 冯秋芳 蓝嘉琪执笔)

“两山”理论发源地——安吉余村

绍兴市财政工作

绍兴市

【概况】 2017年,绍兴市实现生产总值5108.04亿元,按可比价格计算,增长7.1%。其中:第一产业增加值207.00亿元,第二产业增加值2491.43亿元,第三产业增加值2409.61亿元,分别增长2.0%、6.7%、8.0%。三次产业结构比为4.0∶48.8∶47.2。全市固定资产投资3115.67亿元,增长11.1%。全市社会消费品零售总额1977.66亿元,增长10.9%。全市外贸进出口总额1997.42亿元,增长9.7%。全市居民人均可支配收入45306元,增长9.2%,其中全市城镇常住居民人均可支配收入54445元,农村常住居民人均可支配收入30331元,分别增长8.2%、9.3%。2017年,全市完成财政总收入705.53亿元,增长12%,其中:一般公共预算收入431.36亿元,增长11.9%,占财政总收入比重为61.1%;其中税收收入366.37亿元,占一般公共预算收入比重为84.9%。市区一般公共预算收入279.97亿元,增长10.9%;市级一般公共预算收入59.34亿元,增长6.0%,占财政总收入比重为60.5%;其中税收收入48.03亿元,占一般公共预算收入比重为80.9%。全市一般公共预算支出469.83亿元,增长10.2%;市区一般公共预算支出279.91亿元,增长12.4%;市级一般公共预算支出73.30亿元,增长9.8%。全年全市及市级财政收支平衡。

【组织财政收入】 加强优质税源培育。联合相关单位,出台《关于深化国地税合作进一步加强税源管理的通知》等文件,汇编《供给策改革财税优惠政策》。落实所得税优惠,全市6061户企业享受到税收优惠,其中研发费加计扣除11.60亿元、固定资产加速折旧2087万元,联合科技部门同意市本级新申报高新企业10家,享受税收优惠。强化税收管理。制定《进一步改进土地增值税清算工作质效意见》,加强土地增值税管理,查增税款近亿元;加强企业所得税汇缴管理,补缴税收9.68亿元,比对分析补税72万元。加强个税管理,全市37506人申报补税2510万元;加强其他税种管理,明确工业、商业、其他三类行业购销合同印花税核定征收比例;利用国土、房管信息,全市查补土地使用税7162万元、房产税6281万元。完善财税征管体制。探索建立税收优惠"先享后管"机制,为市本级企业提前释放流动性上亿元;完善税收线内部职能,平稳划转纳税片区,理顺市区税收征管体制;探索"双随机"纳税评估,查补税款160万元。加强政府非税收入管理。推进统一公共支付平台扩面应用,实施政府非税收入收缴电子化改革,全市实现非税收入464.00亿元,增长43.9%,其中纳入一般公共预算收入管理的非税收入65.00亿元,增长12.0%。

【促进经济发展】 推进产业升级。支持企业转型,促成柯桥、诸暨、上虞和新昌被列为省级转型升级试点县(市、区);配合出台打赢"人才招引战"等相关政策,全市兑现各类扶持资金24.46亿元。建立创新基金。出台科技创新基金管理办法,设立科技创新基金10亿元。深耕政府产业基金。全市各级政府设立产业基金规模114亿元,到位资金74.15亿元。政府产业基金与社会资本合作设立子基金39项,总规模217.73亿元,投资项目134个,项目投资总额343.46亿元;直投项目2个,投资总额6.07亿元,合计撬动社会资本投资440亿元。做大PPP规模。全市基金投资采用代持股模式,为全省首创。全市PPP基金规模20亿元,合作项目12个,其中完成出资项目4个,列入财政部和省财政厅项目库15个。杭绍台铁路项目、绍兴市循环生态产业园区垃圾焚烧项目、绍兴市循环生态产业园区餐厨垃圾处理项目等3个项目已正式启动。统筹安排科技创新资金2157万元,保障全力补齐科技创新短板政策、科技大走廊、科技大市场建设、科技创新券等政策的实施和兑现。

【保障民生支出】 全年民生支出369.31亿元,占一般公共预算支出比重为78.6%。教育投入99.55亿元,增长2.5%,占一般公共预算支出比重为21.2%。支持职教与民办教育发展、绍兴大学创建、科技人才创新、文化发展等工作。加大医疗卫生事业投入,安排资金43.32亿元,用于完善基本医疗保障制度,深化分级诊疗试点,扩大医联体覆盖面,促进优质医疗资源共享。增加社保投入,全年市级(含越城区)共筹措各类社保资金109.68亿元,其中一般公共预算安排社保支出18.61亿元,市级多渠道筹措社保风险准备金4.41亿元;全市社会保险基金收入400.94亿元,增长29.1%。建立城乡一体的最低生活保障制度,最低生活保障标准提高至720元/月,机关事业单位退休人员人均增资293.51元/月,企业退休职工人均增资143元/月。机构集中供养孤儿、基本公共卫生服务经费等均有不同程度提高。落实重点工作专项经费3.78亿元,确保文明城市创建长效机制建设及复评,"水陆国际双马"举办、新一中搬迁及教育各项资助政策的落实。

【深化财政改革】 推进全口径预算体系建设。完善预算支出标准体系、预算与执行挂钩机制,列入人大监督事项和市工作目标责任制考核,启动预算执行约谈机制,市级部门预算执行率94.7%,比上年提高1.9个百分点。严控"三公"经费支出。全市"三公"经费支出2.48亿元,下降29.7%。做好政府购买服务。安排2017年市级部门政府购买服务预算资金3.30亿元,增长82%;扩大政府购买服务目录,全年审批政府购买服务项目1978个,预算资金2.81亿元。加快国库集中支付改革。加快电子化支付进程,扩大授权支付范围,授权支付额度从5万元提升到100万元,部门95%左右的审核业务实现网上操作,支付效率明显提升。

【加强财政监管】 发挥财政监督职能。科学编制和实施全市政府投资项目资金,当年到位资金1646.2亿元,到位率95%。发挥政府投资项目财政监督职能,制订工作方案,建立机制,加快推进政府投资项目竣工财务决算工作,全年完成市直政府投资项目竣工财务决算296个,总投资278.50亿元,累计收回项目结余资金7556万元。推进资产清查处置。加强国有资产处置管理,共批复核销处置资产6.7亿元;完成45家行业协会商会脱钩资产清查及资金核实工作;首创部分报废资产定点回收制度,降低国有资产处置成本。加强债务管理。制定《绍兴市地方政府性债务风险应急处置预案》,开展违法违规举借债务自查及整改工作。启动政府性债务监控平台建设,建立债务风险预警考核机制。全市完成地方政府债券置换存量政府债务109亿元,市级提前完成存量债务置换任务。全市2017年新增地方政府债券51亿元,其中市级20亿元。节约政府采购资金。拓展政府采购范围,规范政府采购和控购行为,加快信息化推进工作,制定实施2017年政府采购目录,探索开展公共产品集中采购。启用"政采云"平台。采购事项全部实现线上交易,全年全市共组织政府采购活动8375批次,采购预算135.30亿元,实际采购金额121.80亿元,节约资金13.50亿元,节资率10.0%。

【支持"三农"和生态文明建设】 制定实施2017年绍兴市农业农村工作财政配套资金的安排意见,安排农业专项资金2.32亿元,增长2.6%。出台《2017年全市粮食生产扶持政策》《2017年绍兴市"菜篮子"扶持政策》,推进农业"三项补贴"政策综合改革全市试点,全市发放粮食补贴3.60亿元,其中耕地保护补贴2.50亿元、规模种粮补贴1.10亿元。支持剿灭劣V类水、农村生活污水治理、森林生态效益补偿、农业污染防治等,推进绿色发展。柯桥区漓渚镇田园综合体项目被财政部列为试点示范项目,诸暨市一事一议财政奖补项目和新昌县扶持村级集体经济发展项目被省财政厅列入十大改革创新成果。

【"最多跑一次"改革】 制定实施《贯彻落实"最多跑一次"改革的实施意见》《进一步推进"最多跑一次"改革实施方案》,确定"135"目标*,成立39个工作团队,实现"100%事项进信息系统,审批环节减少30%,办理时间缩短50%"。截至2017年底,67个事项实现"最多跑一次",24个事项实现"零上门"。创新推出"至少去一次"服务品牌。被评为全市十佳制度创新项目。探索建设"税云小站"。线上开通"税云小站"微信公众平台服务,线下提供自助服务,方便纳税人。

【加强干部队伍建设】 推进"两学一做"学习教育。严格执行"三会一课"、党员固定活动日、民主生活日、民主评议党员、谈心谈话等组织生活制度,推动基层党的建设。落实党建工作责任清单。建立局党委、机关党委、基层党支部"三级书记"党建工作责任清单,落实三级书记联述联评联考制度,出台《市局工作规则》《市局"三重一大"事项集体决策规则》等制度,完善局党委决策机制。提升干部能力素质。开展"岗位大练兵、业务大比武"活动;组织开展全市财税系统"财税担当、榜样力量"先进典型表彰暨宣讲活动,评出先进集体8家和先进个人8名。

(绍兴市财政局供稿 王 琳执笔)

注:

* **"135"目标:**"1"是100%事项进信息系统;"3"是审批环节减少30%;"5"是办理时间缩短50%。

新落成的绍兴市立医院

越城区

【概况】 2017年,绍兴市越城区实现生产总值575.07亿元,按可比价格计算,比上年增长7.2%。其中:第一产业增加值9.17亿元,下降1.9%;第二产业增加值136.00亿元,增长8.2%;第三产业增加值429.90亿元,增长7.1%。三次产业结构比为1.6:23.6:74.8。全区固定资产投资243.71亿元,增长17.7%。社会消费品零售总额354.35亿元,增长11.6%。全市城镇常住居民人均可支配收入50880元,农村常住居民人均可支配收入30492元,分别增长7.6%和8.6%。全年实现财政总收入62.85亿元,其中:一般公共财政预算收入36.50亿元,增长15.8%,占财政总收入的比重为58.0%;税收收入占一般公共预算收入的比重为94.1%。一般公共财政预算支出32.13亿元,增长12.4%。全年财政收支平衡。

【组织财政收入】 加强研判分析。明确税收征管范围,就辖区范围内税收征管、企业政策兑现审核等涉税事项与国地税部门建立沟通协商工作机制,厘清税源企业底数,加强对收入形势的预判分析。注重税源培育。引进中芯国际、豪威科技等高端优质产业项目,优化产业格局。全年引进产业项目66个,协议总投资367亿元,为全区税收培育优质税源。坚持管控结合。加大非税收入监控征管力度,推行"互联网+非税缴费"模式,全年实现非税收入5.14亿元,增长86.0%,其中纳入一般公共预算管理的非税收入2.15亿元,增长13.8%。统筹土地收入。土地出让事权有效承接,完成越城区(含镜湖、高新区)31个地块和市直24个地块土地出让收入征收缴纳和财政清算,共计征收41.6亿元,统筹规费0.68亿元。

【助推经济发展】 落实企业扶持政策兑现。全年共兑现政策资金9679万元,助推经济转型和大众创业创新。助推产业结构调整。出台《越城区政府产业基金管理办法》,军民融合集成电路等一批产业基金启动。加强企业应急帮扶。开展企业"六进"走访服务,缓解企业融资压力,做好应急资金转贷工作,累计拨付转贷资金2480万元。

【保障民生支出】 全年安排民生支出26.35亿元,增长26.3%,占一般公共预算支出的82.0%。保障教育事业。教育支出9.94亿元,占总支出的30.9%,为创建浙江省教育基本现代化区提供财政保障。保障医疗卫生事业。医疗卫生支出4.94亿元,落实人均50元的基本公共卫生服务经费、基层医疗卫生机构补助性经费,优生促进工程、"两癌"免费检查等涉及民生的资金保障。保障城乡社区事务管理。推进城乡社区事务管理,落实城乡社区环卫一体化经费1.00亿元,支持"美丽越城"建设。保障农林水事业发展。加强农业基础设施投入,建成水稻产业提升、篮子基地重点项目、富盛镇农业特色园区、抹茶小镇景观带建设等农村公益项目20余个,加大"五水共治"经费保障,全年累计拨付支农惠农资金1.14亿元。支持拆改工作推进。落实拆改工作经费保障,完成拆迁面积320万平方米,保障城区23条主次干道景观提升工程的资金需要。

【深化财政改革】 落实便民服务举措。实现会计代理记账审批事项网上审批,推行预约式报账服务和到预算单位"上门服务至少一次",深化国库集中支付授权支付改革。推进非税收缴电子化,实现行政执法罚没收入扫码支付,公办幼儿园教育收费网上支付全覆盖。完成"政采云"平台上线,实现全区189家采购单位、216家供应商、5名专家审核入库。推进全区7个乡镇公共服务平台实施建设。助推产业结构调整。出台《推广运用政府和社会资本合作模式(PPP)实施方案》和《越城区政府产业基金管理办法》,新三江闸河道拓浚、文渊路南延一期、越城区育才小学等3个PPP项目有序推进,军民融合集成电路等一批产业基金项目启动。稳妥承接事权。做好新一轮事权调整下放工作,承接39家部门单位资金资产划转和财务核算,完成社保事权承接,开启越城区社保基金收支独立运作。

【强化资金监管】 健全预决算公开机制。全面、细化公开年度财政预决算信息,同步公开政府债务情况和"三公"经费支出情况。财政收支执行情况实施每月一公开,督促指导全区67家部门单位公开部门预决算信息。加强预算执行动态监控。制定《绍兴市越城区国库集中支付动态监控管理暂行办法》和工作规程,建立健全预算执行动态监控机制。规范财政专户管理。严格审批财政专户设立,清理取消财政专户4个。加强财政财务监管。出台《关于进一步加强和改进财政财务管理的若干规定》,开展公务接待、会计监督、财政票据监督等专项检查,实施青甸湖小学新建工程等重点项目绩效评价,涉及资金9571万元,推进政府投资项目竣工财务决算,完成标底审核项目73个,审核金额13.26亿元,核减资金7321万元。

【加强队伍建设】 完善内设机构。新增社保科、行政事业财务科、信息科,成立国资办和下属事业单位国资服务中心。优化队伍结构。班子成员优化调整,增加科级领导2名,调出科级领导1名。开展中层干部竞争性选拔,提拔任用干部5名,轮岗交流中层干部3名。深化"两学一做"常态化制度化。制订"两学一做"常态化制度化实施方案,开展"越城"崛起大讨论,完善落实"三会一课"组织生活制度,开展支部换届选举工作,开展"老黄牛"式先进工作者评比,选派干部参与拆迁包保和作风巡查。

(绍兴市越城区财政局供稿　王　萍执笔)

柯桥区

【概况】 2017年,绍兴市柯桥区实现地区生产总值(GDP)

1351.22亿元，按可比价计算，增长7.1%。其中：第一产业增加值35.61亿元，增长2.0%；第二产业增加值686.69亿元，增长6.7%，其中工业增加值598.37亿元，增长7.6%；第三产业增加值628.92亿元，增长8.0%。三次产业结构比为2.6：50.8：46.6。人均生产总值202430元，增长5.5%。固定资产投资819.52亿元，增长10.8%。其中：工业投资362.39亿元，增长8.8%；社会消费品零售总额291.20亿元，增长11.6%。自营出口684.50亿元，增长9.3%；城镇常住居民人均可支配收入58762元，农村常住居民人均可支配收入34316元，分别增长8.0%和9.0%。全区完成财政总收入180.96亿元，同比增长9.5%，同口径增长11.1%，其中一般公共预算收入114.06亿元，同比增长8.6%，同口径增长11.1%，占财政总收入的63.0%；税收收入96.82亿元，占一般公共预算收入比重的84.9%。全区一般公共预算支出101.89亿元，增长6.5%。当年财政收支平衡。

【组织财政收入】 2017年，全区财政地税部门组织各项收入135.58亿元，同口径增长12.2%。加强精细化征管。加快推进税收风险管理，及时跟进征管措施，增加税款4500万元；开展土地增值税清算，完成清算项目8个，入库税款5666万元；实施“项目化、团队化”模式，查补入库税款9290万元，增长55.7%。及时调整社保征缴模式，征收社保费53.31亿元，增长17.0%。全方位开展部门协作。与国税合作率先在全省大型专业市场中实现联合管理、开展外来建筑安装企业税收共管、加大对非正常户的控管等，通过涉税信息比对，增加税款4.76亿元；加强与公安、法院等协作，采取阻止出境、申报破产企业债权、推进联合控欠等方法压缩欠税，累计清理欠税1.61亿元；与出入境管理局加强非居民税收管理，将外籍人员依法纳税作为签证续签的前提条件，入库个税703万元；做好残保金地税法定征收工作，确保新旧政策平稳过渡，入库残保金9502万元，增长29.1%。推进政府非税收入征缴电子化，交通违章罚款、不动产登记等19个项目纳入统一公共支付平台收缴，做到非税收入应收尽收。全区实现非税收入90.58亿元，增长95.0%，其中纳入一般公共预算收入管理的非税收入17.25亿元，增长6.7%。

【服务实体经济发展】 向省财政争取到振兴实体经济（传统产业改造）财政专项激励资金1亿元，区财政每年匹配1亿元，并出台相应资金使用管理办法，重点支持鼓励有效投入、创新发展、绿色制造等八大产业发展。落实国家结构性减税政策减免税收22.43亿元，其中鼓励高新技术企业和投资主体创业减免税收2.61亿元；实施企业综合效益评价差别化政策，减免城镇土地使用税5473万元；停征地方水利建设基金，下调失业保险费费率及部分行业的工伤保险费率，落实“银税互动”信用贷款6770万元。推进“最多跑一次”改革，成立柯桥区行政服务中心财政（地税）分中心，推进会计代理记账机构审批相关业务全部纳入浙江政务服务网办理，实现“零上门”服务。财政3个主项、3个办理事项已实现“最多跑一次”，被评为全区“最多跑一次”改革先进单位。

【构筑基金产业生态圈】 “金柯桥基金小镇”2月揭牌运行，吸引入驻金融投资类企业185家，注册资金规模128亿元，管理资金规模400亿元，成为绍兴市最大的基金集聚中心；启用金柯桥全球路演中心，借助全球实时视频会议系统实现与全世界“互联互通”，开展路演项目数76个，为资金、项目的对接搭建高速通道。加快政府产业基金运作，引导资金进实体，新出资美柚科技、华云数据等9个项目，累计参与投资项目24个，项目总规模53.50亿元，政府产业基金出资14.20亿元，撬动社会资本投入近40亿元。

【加大民生投入】 全区财政用于民生支出81.80亿元，同口径增长9.0%，占一般公共预算支出的80.3%。统筹建设资金，累计拨付12.6亿元，推进城际轨道交通、城区老小区改造、树人大学二期、中国轻纺城职业技术学院新建工程、美丽公路、镇村农贸市场改造提升、社会福利中心提档升级等实事工程建设。完善社保资金多渠道筹措机制，全区社保基金收入完成100.22亿元，增长79.6%；将城乡居民基本养老保险基础养老金标准由每人每月145元调整为160元，惠及城乡居民7万余名；提高企业退休人员基本养老金水平，每月人均增发121元，惠及企业退休人员10.9万名；推进公立医院和基层医疗机构建设，投入4.57亿元，支持“双下沉、两提升”工作，推动全科医生签约服务。支持城乡统筹发展，“花香漓渚”项目入选国家首批美丽乡村田园综合体试点，争取中央扶持资金1.50亿元；支持“五水共治”，推进农村基层党建“五星达标、3A创建”和美丽乡村建设，落实资金7.69亿元。

【深化财政改革】 拓展预算管理改革领域。全面推进“全口径”政府预算模式，拓展编制社会保险基金预算、国有资本经营收益预算，实现所有政府性基金的全面预算管理；首次试行预算滚动管理信息系统，将各部门所有项目纳入项目库，实施全周期滚动管理。部门预算信息公开细化到功能分类的“项”级科目，一般公共预算基本支出经济分类公开到“款”级科目，65个部门镇街实现预决算全公开。持续深化国库集中支付改革，加强用款计划的审核，规范预算单位集中支付行为，对不合规的支出、不合法的票据等不予办理，对手续不齐备的支付予以退回，累计纠正率66.4%；实行国库集中支付管理电子化，实拨业务、资金清算业务电子化已上线运行，保障财政支付安全高效。

【加强财政监管】 组织开展经费使用和“三公”经费开支、私设“小金库”和会计信息质量以及开展违规发放津补贴等情况的专项监督检查；组织开展预算支出项目部门绩效自评工作，其中64个部门的92个项目为必评项目，涉及资金9.41亿元；对城市市政基础设施配套费、人防易地建设费征缴管理情况等19个项目开展绩效监督检查。推进财政“1+8+X”内部控制制度建设，开展内部控制基础性工作，印发8个专项风险防控管理办法，拟定具体工作操作规程；制定出台全区机关工作人员差旅费管理规定、预决算公开操作规程、政府投资项目财务管理办法、道路交通事故社会救助基金管理实施办法、区政府投融资平台财务总监工作规程等制度，提高规范化程度。加强政府投资项目审核，审核拆迁项目评估、搬迁补偿项目36个，审核政府工程标底预算190个，核减金额1.77亿元；严格执行公务支出标准，厉行节约，剔除因公车改革后公务用车运行费减少及一次性购车因素，“三公”经费支出减少5.6%。

【防控债务风险】 先后3次组织开展对区内融资平台、国有企业债务融资举借情况的自查、督查和“回头看”，督促整改落实，重新明确偿债责任；出台柯桥区地方政府性债务风险应急处置预案，完善预警预防机制，及时排查风险隐患。当年末纳入政府债务系统的存量政府债务35.3亿元已全部置换完毕，降低政府债务成本。

【强化队伍建设】 推进“两学一做”学习教育常态化制度化。严格落实“三会一课”制度，各党支部每季度召开一次党员大会，举行一次党课，并将每月10日确定为主题党员活动日；通过中心组理论学习、集中学习讨论、专题辅导等形式，以支部为单位网格化推进十九大精神的贯彻落实。完善干部培养机制。探索与兄弟县(市、区)联合办班的新模式，安排12项业务培训，累计培训近千人次；提拔任用中层干部24人，34名干部充实进后备干部库；举办系统第四届运动会、季度单项体育竞赛和主题演讲比赛，丰富干部文体生活。强化党风廉政建设。以落实党委主体责任为抓手，成立局督察内审科；对87名中层干部和13名区管干部建立和完善个人廉政档案，组织财税干部诵读《之江新语》，开展正风肃纪专项行动。在年度行风评议中，柯桥区财政局在全区38个区级机关(部门)中名列第二；在绍兴市局对各县市区局绩效考核中获第一名；在区对局岗位责任制考核中，连续五年获一等奖。

(绍兴市柯桥区财政局供稿　曾晓琴执笔)

上虞区

【概况】 2017年，绍兴市上虞区实现地区生产总值841.04亿元，增长7.2%。其中：第一产业增加值45.19亿元，增长2.3%；第二产业增加值443.86亿元，增长6.6%；第三产业增加值351.99亿元，增长8.7%。三次产业结构比为5.4∶52.8∶41.8，三次产业对GDP增长的贡献率分别为1.8%、49.9%和48.3%。按户籍人口计算，人均生产总值107721元，增长7.1%。全年累计实现财政总收入121.89亿元，增长17.5%；一般公共预算收入70.11亿元，增长16.7%，占财政总收入比重为57.5%，一般公共预算收入中税收收入的比重为88.5%。一般公共预算支出72.59亿元，增长11.6%。当年财政收支平衡。

【组织财政收入】 加强财税经济形势研判，科学编制收入计划，掌握组织收入的主动权。坚持依法征收，坚决不收过头税。做实做细组织收入预案，推进部门组织收入月度定期联系制度，建立国地税联合分析机制，摸清区域税源情况，强化税收调控力度。加大重点税源管控力度，做好大企业税收管理。深化税费风险管理，多举措强化欠税追缴。加强政府投资项目和拆迁企业税款征缴，确保堵漏增收。加大税源挖潜力度，关注资本市场税收，全年实现回归经济税源3.66亿元。完成税收检查149户，查补入库收入5508万元，增长30.0%。全年实现地方税费收入87.37亿元，同口径增长28.6%，其中税收收入39.35亿元，同口径增长25.5%。加强非税收入管理，全年征收非税收入46.08亿元，增长78.5%，其中纳入一般公共预算收入管理的非税收入8.09亿元，增长27.8%。

科创园区全景

【促进经济发展】 发挥财税杠杆职能，支持实体经济发展，培育涵养税源。加大减税降费力度，全年减免各项税收7.12亿元，规费2.42亿元，合计9.54亿元。加快审核兑现财税激励政策，提振企业发展信心，全年共兑现各类财政政策资金6.07亿元。坚持以税企双赢为导向，引导企业转型升级，鼓励科技创新，扶持小微企业。开展银税互动工作，全年共有60家企业从5家银行获取纳税信用贷款累计5283万元。推进转型升级产业基金实质化运行，首期规模3亿元，到位注册资金7500万元，全年设立子基金5只，产业基金合计出资2.40亿元，完成首期出资额的

80%,完成年度投资计划的320%。全力推进创新驱动,扶持e游小镇发展,推进科创大走廊建设,助力打造创业发展平台和新型城镇化有效载体,兑现奖励资金1.03亿元。支出3885万元保障农业产业化、现代农业园区和粮食功能区建设。安排6000万元支持村级集体经济项目奖补和低收入农户增收。

【支持城乡建设】 出台新一轮乡镇街道财政体制,推动财力下沉,乡镇街道体制分成收入比上年增加5亿元。推动城乡协调发展,投入4.9亿元提升小城镇综合面貌,安排3.20亿元用于美丽乡村建设。落实前江、赵家、路工、新建等重点区块棚改项目资金保障,实行棚改货币化安置,使棚户区住房改造与去库存有效结合。健全国有建设项目管理制度,明确资金解决办法。创新保障方式,推广运用PPP模式,美丽乡村PPP项目完成入库,329国道项目着手编制实施方案。

【保障民生事业】 全年实现民生支出56.36亿元,增长11.8%,占一般公共预算支出的77.7%。完善社会保障。推进医疗体制改革,深化医疗保障体系建设,投入3.13亿元补助城乡居民基本医疗保险,专项安排7363万元用于医护人员培训、增配医院大型设备仪器和公立医院消债。推进养老服务体系综合改革,财政补助3.05亿元用于城乡居民养老保险,城乡基础养老金标准提高至每人每月160元。支持文体事业。加大教体经费保障力度,全年安排教育支出15.23亿元,支持教育优质均衡发展。安排3280万元文化专项资金,加快构建现代公共文化服务体系。保障与群众密切相关的文体事业发展,投入2363万元支持学校体育场地设施向社会开放、农村文化礼堂、乡镇综合性文化服务中心建设等项目。支持"三农"发展。注重绿色环保发展,提升农村生态文明建设水平,投入9.80亿元用于农村生态文明和美丽乡村建设。安排3.60亿元支持"五星达标、3A争创"工作。

【深化财税改革】 深入推进"最多跑一次"改革,梳理合并办理事项。实现不动产登记"一窗受理、集成服务",主动到预算单位开展"上门服务至少一次"活动。深化国库集中收付制度和公务卡改革,规范预算执行。深化财政资金绩效管理,首次实现部门预算项目和国有新建项目绩效评审全覆盖,核减预算资金25.66亿元。深化会计管理工作"最多跑一次"改革,实现代理记账机构审批报备"零上门"。深化政府购买服务改革,选定12个部门开展试点。实施政府采购改革,上线运行"政采云"平台。做好政府综合财务报告编制,开展政府资产报告工作。

【加强财政监管】 完善全口径预算编制和管理体系,建立支出标准体系,加强专项资金清理整合,强化预算刚性。严格预算追加程序,规范动态调整管理。加强财政专项资金和会计监督检查,查出违规资金383万元,追缴资金82万元。建立完善财政内部控制制度,形成"1+8+19"多层级内部风险防控体系。加强地方政府债务管理,规范举债融资行为,除棚改项目,全部撤销政府和财政担保函。做好政府债券置换,全年置换7.9亿元。防范债务风险,政府债务率化至100%以下。做好国企资金监管,完善财政所辖区国有资本投资运营有限公司和区建设发展有限公司的资金存放管理制度。开展行政事业单位房产土地清理处置,提高资产使用效率。

【提升队伍素质】 制定实施党建工作系列清单,对照清单抓落实。健全机关干部"周一夜学"制度,开展财税讲堂活动。分6批次组织全员业务培训,开展业务大比武。做好干部选拔培养工作,通过民主推荐、竞争上岗等形式,提任中层正职12人,提任中层副职9人;职级晋升13人,跨部门、乡镇被提任中层干部3人,按上级要求先后挂职、选派锻炼干部22人次。夯实党风廉政建设主体责任,自觉履行"一岗双责",强化内部监督。区局在2017年度区委、区政府部门绩效考核中获一等奖,在全区行风评议中排名第一。 (绍兴市上虞区财政局供稿 吕 娅执笔)

诸暨市

【概况】 2017年,诸暨市实现生产总值1180.02亿元,按可比价计算,增长7.0%。其中:第一产业增加值51.30亿元,增长2.4%;第二产业增加值608.67亿元,增长6.0%;第三产业增加值520.05亿元,增长8.7%,三次产业结构比为4.3∶51.6∶44.1。按户籍人口计算,全年人均GDP为108706元,增长6.8%。全市完成500万元以上固定资产投资825.47亿元,增长13.7%;社会消费品零售总额438.67亿元,增长11.0%。城镇和农村常住居民人均可支配收入分别为57844元和33070元,分别增长8%和9.4%。全市财政总收入123.80亿元,增长9.9%,其中一般公共财政预算收入77.01亿元,增长10.7%,占财政总收入的62.2%;税收收入64.35亿元,占一般公共预算收入的83.6%。全年一般公共预算支出91.30亿元,下降6.1%。预算执行情况基本良好,财政收支平衡。

【组织财政收入】 精准分析收入形势。关注宏观经济走势,全面摸排企业发展情况,建立财政收入联席工作制度,定期召开收入预测分析会议,分解、压实任务,把控收入节奏,确保完成全年目标。强化税费征收管理。探索"互联网+税务"模式应用,完善信息共享机制,实现税收收入13.70亿元,其中重点夯实房产税和土地使用税的税源信息,累计入库7.70亿元。加大对重点行业、企业和税源的征收力度,实现股权转让个人所得税7.50亿元。提高综合治税水平。全面加大欠税整治力度,维护税法权威,优化征纳环境,全年清欠税费1.70亿元。开展重点企业、行业随机抽查等工作,累计查补税费9000万元。全市实现非税收入97.20亿元,增长17.8%,其中纳入一般公共预算管理的非税收入9.30亿元,增长20.0%。

【服务经济发展】 政策助推发展。全年累计兑付"创新驱动政策三十条""工业经济政策三十条"等各项财政贴息奖补资金8.70亿元。落实降本清费,累计减免各项税收14.90亿元,提供政府应急转贷982次,金额193.90亿元。基金撬动发展。推进产业基金发展计划,吸引更多社会金融资本参与新兴产业的扶持和培育。全年母基金参股设立子基金15支,直投项目1个,总规模116.27亿元,较上年末增长82.40亿元,规模扩大2.4倍,加上拟出资部分,总规模逾180亿元。已设子基金投资项目96个,投资金额累计13.70亿元,带动社会投资40.21亿元,项目总投资规模85.16亿元。

【保障重点支出】 全年实现民生支出74.30亿元,占一般公共预算支出的81.4%,比上年提高2.3个百分点。提升教育文化供给。投入教育经费20.17亿元,完善义务教育经费保障机制,加大职业教育、民办教育扶持力度,支持暨阳学院校地合作。投入文化资金13.34亿元,用于完善公共文化服务体系建设,加快农村文化礼堂建设,打造镇、村两级公共文化设施网络,开展文化遗产保护和加强非遗项目挖掘保护。完善社会保障。推进养老服务体系综合改革,适度提高养老基金补助标准。深化医疗体制改革,加强基层医疗卫生机构运行保障,基本公共卫生服务财政补助提标至每人50元。统筹城乡发展。健全财政支农惠农机制,深化农业"两区"建设。扶持村级集体经济发展,兑付专项资金2900万元。深化美丽乡村建设,推进村级公益事业向好发展,兑付一事一议财政奖补资金2000万元。向上争取新增债券20亿元,用于小城镇环境综合整治、特色小镇培育发展、官庄至弦腔公路等重点项目建设。加强公共设施建设。打造美丽宜居新诸暨,全年投入3744万元用于城区生活垃圾分类,支持做好道路养护、亮化工程、厕所革命、管道改造等民生实事。投入10.20亿元,改善交通基础设施和公共交通建设,270辆城乡公交车实现更新换代,各类免票、低票政策全面落实。

【深化财政改革】 深化政府投融资体制改革。拓宽融资渠道、优化融资结构、划定成本"底线",确保资金需求。综合融资成本降至4.7%,直接融资和政策性银行贷款占比53.9%;中长期贷款占比86.9%。推广PPP模式应用。成立规模5亿元的诸暨基础设施投资基金,到位资金2亿元。"诸暨浣东再生水厂项目""诸暨市环城东路延伸段(环城南路—三环线)工程""浙江农林大学暨阳学院教师公寓项目",三个PPP项目实现落地。深化国库集中支付改革。将预算单位单笔20万元以下的项目支付方式,由直接支付调整为授权支付,并取消授权支付见单审核环节,推进预算执行动态监控体系建设,合理设置事前和事后预警规则,对行政运行成本、执行率、违规支付率等方面进行全方面监控。加大预算改革力度。探索公共财政预算、政府性基金预算、国有资本经营预算、社会保险基金预算统筹安排机制,提高政府全口径预算资金的统筹利用效率。按照集中财力办大事的原则,加大转移支付财力、结转结余资金及其他财政性资金的统筹使用力度,强化全市民生投入和重点支出的资金保障。全面落实政府预决算和"三公"经费公开,扩大公开范围,细化公开内容,打造"阳光财政"。全面推广"政采云"应用,优化业务申报和审批流程,实现采购线下线上融合。已完成全市294家采购单位机构的信息收集、基础数据维护和人员设置,264家供应商审核入库,完成协议供货、在线询价等规则配置。

【强化财政监管】 加强预算管理。加大预决算公开力度,执行综合预算收支计划,严格控制预算追加,化解地方债务。在项目建设环节,做好概算审核,防止过度投资,全年完成项目审核412个,净审减金额4.70亿元,审减率7.8%。强化绩效管理。实现政府性投资项目绩效评价全覆盖,全年实施绩效自评、财政部门组织评价、整体性评价、重点评价等项目129个,涉及金额9.74亿元。加强监督检查。开展财经纪律执行情况专项督查和"三公"经费检查,落实好中央八项规定"1+X"专项行动,持续压减一般行政事务性支出,"三公"经费在上年下降21.7%的基础上再下降31.7%。规范政府采购。全年政府采购预算金额33.40亿元,中标金额29.80亿元,节约资金3.60亿元,节约资金率10.8%。

【加强队伍建设】 学习贯彻党的十九大精神,推进"两学一做"学习教育常态化、制度化,建立完善"周一夜学"制度。推进廉政教育,通过发送廉政短信、观看廉政短片等形式,营造风清气正的财税氛围。通过民主推荐和竞争上岗方式选拔任用中层干部27名,其中30岁以下干部12名。完善"以师带徒"模式。开展首期诸暨财税铁军训练营及每月一期的"微讲堂"活动,为年轻干部提供学习平台。

(诸暨市财政局供稿　袁　聪执笔)

嵊州市

【概况】 2017年,嵊州市实现生产总值532.16亿元,增长7.8%。其中:第一产业增加值39.10亿元,增长2.0%;第二产业增加值265.00亿元,增长7.9%;第三产业增加值228.06亿元,增长8.6%。三次产业结构比为7.3∶49.8∶42.9。按户籍人口计算,全市人均生产总值72971元,增长7.9%。全市完成财政总收入60.28亿元,增长23.6%,同口径增长24.6%。其中,全市一般公共预算收入38.02亿元,增长19.2%,同口径增长20.8%,占财政总收入的比重为63.1%;一般公共预算收入中税收收入32.40亿元,占比85.2%。全市一般公共预算支出53.20亿元,增长3%,剔除上年新增债券因素,同口径增长27.2%。全年预算执行情况良好,财政收支平衡。

【组织财政收入】 开渠增税。率先在绍兴市试行"地域+分类+集成"税收网格化服务。组织各网格对增值税低于平均税负率的1043家企业进行辅导约谈，风险应对入库税款8794万元。合力推进信息交换和共享平台建设，协调20多个部门共享40多种信息表，促进信息高度聚合。推动房地产开发企业项目信息共享，协同部门实施“三控一促”房地产税收一体化管理。依法治税。严厉打击恶意欠税、逃税等行为，全年立案检查61户，责成自查56户，查补税款入库4306万元。加强与国税、国土等部门的联系沟通，通过对企业催报催缴、委托国税停票、限制出境等措施，清理陈欠，严防新欠，共清理欠税2813万元。加强非税收入征管。落实“最多跑一次”改革，推进政府非税收入电子化收缴改革，开通支付宝、银联、MISPOS、银行柜面等电子化缴费方式。应用“国有土地出让一体化信息管理系统”，规范土地出让金结算。全年完成非税收入50.97亿元，其中纳入一般公共预算管理的非税收入5.62亿元，增长11.9%。

【支持经济发展】 创新支持经济发展方式。发挥产业基金政策导向作用和资本集聚效应，设立产业子基金6个，规模由5亿元扩大到10亿元，带动社会资本投资及配套融资25亿元，总规模35亿元，完成母基金对子基金投资6.30亿元。统筹推进公共服务领域深化政府和社会资本合作（PPP）改革工作，规范推进污水处理提升改造工程、杨港路地下隧道项目、104国道及相关路网PPP项目。实施创新驱动发展战略。加大财政科技投入力度，加快企业技术创新、产品创新和制造方式、经营方式升级，全年共兑现工业政策奖励资金1.17亿元，其中专利奖励资金690万元。鼓励企业开展股份制改造，兑现企业上市扶持专项奖励资金1718万元。助力现代服务业发展。全年兑现服务业专项扶持资金298万元、电子商务专项扶持资金259万元，向上争取商务促进财政专项资金656万元。

【支持民生事业】 全年民生支出40.93亿元，同口径增长22.2%，当年新增财力用于民生支出的比重为83.4%。支持发展社会事业。加大教体经费保障力度，全年安排教育支出12.24亿元，支持教育优质均衡发展。安排越剧传承与创新发展各类专项资金1889万元，打响嵊州越剧品牌。安排引进优秀人才培养专项资金1500万元，培植科技人才。安排公、检、法、司专项经费1.68亿元，支持“平安嵊州”建设。支持完善社保体系。深化以基本医疗保障为主体，覆盖城乡全体居民的医疗保障体系，全市参保人数71.9万人，参保率98.8%，补助医疗保险基金3.54亿元。开展基层医疗卫生机构补偿机制改革绩效考评和资金清算工作，兑现基层医疗机构补偿机制改革资金9682万元。做好社保基金托底工作，全年补助养老保险基金10.10亿元。支持生态文明建设。健全支持生态文明建设政策体系，统筹安排财政资金2.25亿元，全力支持“五水共治”、美丽乡村建设、环境综合整治示范村建设和旱厕专项整治行动，改善农村生态环境。开展嵊州市农业生产全程社会化服务试点，用“蔬菜贷”方式，化解菜农融资难、担保难问题。

【深化财政改革】 细化预算编制。细化完善一般公共预算、政府性基金预算、社会保险基金预算、国有资本经营预算等“四本预算”编制。编制“三公”经费和会议费预算，全年“三公”经费支出2502万元，下降36.6%。选择科技局、发改局两家单位，试点开展部门三年滚动财政规划编制。硬化预算执行。推进国库集中支付管理电子化改革，优化集中支付方式，提高财政资金安全性。加快财政支出执行进度，开展预算执行进度考核，建立约谈通报制度。规范公款竞争性存放管理，确保财政资金增值保值。全面规范地方财政专户，清理撤销在4家代理银行开立的8个专户。防范债务风险。加快建立规范的地方政府举债融资机制，完成4家政府融资平台公司市场化转型，实现实体化运作，提高抗风险能力。争取到新增地方政府债券11亿元，用于支持公益性项目建设，实施地方政府债券置换存量债务7.28亿元，降低政府债务成本。

【财政绩效监督】 深化绩效考评。推进项目自评全覆盖，细化绩效评价标准，加强绩效评价结果反馈和应用。推进预算绩效管理，完善项目绩效目标申报，组织开展单位绩效自评和重点项目绩效评价，强化事前、事中、事后监管。开展专项检查。组织开展全市财经纪律执行情况专项检查，对全市21个乡镇（街道）、28个部门（单位）及其下属单位进行现场重点检查。对全市63个市级部门及68个下属事业单位、21个乡镇（街道）、8个临时机构、5个社团协会组织进行2016年度编外用工情况检查，解决违规聘用编外用工，超标准发放薪酬等问题。开展政府投资项目综合监管专项检查，加强对项目单位招投标、工程变更和资金使用管理。清理结余资金。全面清理部门单位结转结余资金，加大对财政结转结余资金统筹使用力度，全年盘活财政存量资金1.76亿元。

【加强队伍建设】 抓作风增定力。以“最多跑一次”改革和“上门服务至少一次”为平台，加强作风建设，提升干部履职能力。施行《“1+X”专项督查制度》，做到问题发现一起、整改一起、一改到底。加强效能监察和落实八项规定精神情况日常检查，全年查处违纪工作人员14人次。抓廉政增动力。落实“两个责任”，制定《2017年党风廉政建设责任制责任分解和工作任务》，确定全系统年度党风廉政建设19项重点工作任务，确保“两个责任”落地生根。设立督察内审科，专职承担执法督察、内部审计和负责监督党风廉政主体责任落实工作。层层开展履职约谈，强化责任意识和廉政风险意识，确保全局风清气正，充满正能量。抓文化增活力。全面学习贯彻党的十九大精神，推进“两学一做”学习教育常态化制度化，开展先进评选和先进典型事迹宣讲。组织暖春毅行、趣味运动会、篮球赛、越野赛等健康有益的文体活动，寓教于乐。完善选人用人机制，全年提拔任用中层正职9名、副职25名，其中提任“80后”中层正职3名、副职16名。

（嵊州市财政局供稿　黄小明执笔）

新昌县

【概况】 2017年,新昌县实现地区生产总值393.21亿元,按可比价计算,增长7.6%。其中:第一产业增加值22.57亿元,增长2.2%;第二产业增加值191.46亿元,增长8.5%;第三产业增加值179.18亿元,增长7.2%。人均生产总值90219元,三次产业结构比为5.7∶48.7∶45.6。全社会固定资产投资196.07亿元,增长17.6%;社会消费品零售总额173亿元,增长10.5%;出口总值127.50亿元,增长10.0%。全县财政总收入60.36亿元,同比增长14.6%。一般公共预算收入36.36亿元,同比增长15.4%,占财政总收入的60.2%;一般公共预算中税收收入28.45亿元,占比78.2%。全县一般公共预算支出45.41亿元,增长9.6%。全年财政收支平衡。

【组织财政收入】 加强税种税源基础信息管理,加强重点税源、重点企业动态监控,深化税收预测分析,落实税收风险应对机制,确保收入均衡入库。立足县域经济发展实际,重点把握企业上市、挂牌、解禁、股份制改造、重组兼并、股权转让、拆迁补偿等关键节点,加强一次性税收征管。实施信用管税、联合惩戒,加大清欠力度,增加税款入库总量。加强社保费征缴管理,推进政府非税收入收缴电子化改革,完善和规范票据管理,深化土地出让收入、彩票资金等重点非税收入管理,确保非税收入应收尽收。全县实现非税收入7.91亿元,全部纳入一般公共预算收入管理,增长62.8%。

【助推经济发展】 完善落实扶持工业、促进股权投资业发展、加快电子商务、促进现代服务业发展、推动科技创新等支持企业发展财政扶持政策。2017年兑现县级财政奖补资金3.62亿元,惠及企业1299户次。设立产业引导基金,重点投向县内战略新兴产业,推进产业转型升级,已完成直接投资项目1个、子基金2个,对外投资项目21个,累计投出产业基金1.30亿元,撬动社会资本9.70亿元。贯彻落实各项税费优惠政策,重点加大对结构调整、科技创新、小微企业、促进消费等方面的帮扶力度,全年累计落实惠企减负金额5.32亿元,其中税收减免4.45亿元。全年科学技术支出3.60亿元,增长36.6%,用于科技体制改革试点、振兴实体产业和产学研协同创新、创新基地、重点研究院所、"一企一策"、企业创业创新奖励等。

【保障重点建设】 加强重点项目建设资金保障,全年拨付财政资金3.79亿元。健全PPP运作模式,吸引社会资本参与公共服务建设,2017年已落地小城镇环境综合治理项目、常台高速新昌南互通工程等4个PPP项目,总投资87.86亿元。推进直接融资改革,完善投融资机制,增强资金筹措能力,全县10家融资单位完成融资122.90亿元,转贷8.47亿元,还贷13.73亿元。

【合理优化支出】 全年民生支出36.77亿元,增长9.7%,占一般公共预算支出的81.0%。公共安全支出3.20亿元,增长2.5%,用于交通治堵、"全球眼"视频监控系统;教育支出11.04亿元,增长11.2%,用于义务教育、职业教育、学前教育、普高教育及校园基础设施建设、教科书、校园安全、校车安全工程、教育现代化创建等;文化体育与传媒支出0.76亿元,用于基本公共文化服务、文化事业建设、非物质文化遗产和文物保护等;社会保障和就业支出4.69亿元,增长22.6%,用于居民最低生活保障、残疾人保障补助、福利院补助、关爱生命健康补助、再就业补助、老年人免费公交车等项目;医疗卫生与计划生育支出4.55亿元,增长32.2%,用于国家卫生县城创建、卫生重点县建设、同城医联体提升工程、城乡公共卫生服务、城乡医疗救助及优生促进工程等;节能环保支出0.83亿元,增长14.5%,用于新能源公交车购置、嵊新污水处理、环境空气质量自动监测站点建设等;城乡社区支出2.25亿元,增长17.8%,用于农村生活污水处理运维管理、城市绿化养护、小城镇综合整治等;农林水支出5.82亿元,投向美丽乡村、"三治一提升"、农业产业化、山塘水库等领域,发放涉农补助1.59亿元。严控"三公"经费和公务消费。2017年"三公"经费支出2381万元,下降31.6%,其中公务接待支出1521万元,下降14.5%。

【推进财政改革】 在预算、执行、监督"三位一体"基础上,完善预算编制、国库集中支付、财政项目预算审核"三中心"机构职能。改进预算管理制度,建立基本支出标准体系,细化预算编制,提高年初预算到位率。优化国库集中支付方式,扩大授权支付范围,完善动态监控规则。实施国库集中支付电子化改革,率先完成省级试点任务。完善财政监管机制,强化财政资金事前、事中、事后全方位监督。深化"放管服"改革,落实"最多跑一次"改革,梳理公布"最多跑一次"事项清单3项,其中网上办理2项。

【完善监管体系】 加强政府采购监管,开展"政采云"上线业务培训,推广应用"政采云"平台。加强政府投资项目估算、概算审核管理,全年审核立项48个,批复投资估算92.57亿元,审核初步设计84个,批复概算35.99亿元,调整不合理投资0.55亿元,审核项目变更33项,变更金额1.44亿元。健全预算绩效管理制度,完善预算绩效管理指标体系,加强绩效管理结果应用。全年落实重点评价项目4个,涉及财政资金0.71亿元。部门自评项目70个,涉及财政资金7.07亿元。做好地方政府债券置换存量债务工作,改善政府债务结构,全年完成债券置换存量债务8.5亿元。

【加强队伍建设】 坚持"两学一做"学习教育常态化制度化,深入学习贯彻党的十九大精神。制定党建标准化规范28项,编印发放机关党建标准化手册,提高党建科学化水平。加强内部控制工作机制建设,完善内部控制基本制度、内部风险控制办法及内部控制操作规程。深化财税文化建设,丰富财税文化载体。贯彻落实党风廉政建设责任制,完善廉政风险防控机制,打造财税新形象。

(新昌县财政局供稿　潘兰洪执笔)

金华市财政工作

金华市

【概况】 2017年，金华市实现生产总值3870.22亿元，按可比价计算，比上年增长6.5%。其中：第一产业增加值145.84亿元，增长1.8%；第二产业增加值1656.40亿元，增长5.6%；第三产业增加值2067.98亿元，增长7.5%。三次产业结构比为3.8∶42.8∶53.4。固定资产投资2200.52亿元，增长11.2%。全社会消费品零售总额2191.19亿元，增长10.8%。外贸进出口总额3404.91亿元，增长6.9%。全市城镇常住居民人均可支配收入50653元，增长8.8%；农村常住居民人均可支配收入23922元，增长9.3%。全市财政总收入601.18亿元，增长8.3%，其中一般公共预算收入357.71亿元，增长8.3%；市区财政总收入146.30亿元，增长7.1%，其中一般公共预算收入86.62亿元，增长8.0%。全市一般公共预算收入占财政总收入的比重为59.5%，一般公共预算中税收收入比重为86.8%；市区一般公共预算收入占财政总收入的比重为59.2%，一般公共预算中税收收入比重为85.0%。全市一般公共预算支出536.69亿元，下降1.0%；市区一般公共预算支出145.38亿元，增长6.2%。全市及市本级财政收支平衡。

【组织财政收入】 *开展欠税清理专项行动。*通过分类实施书催缴、欠税公告、阻止出境、税收保全、强制执行等措施，全市共清理欠税1.07亿元。加大欠税查补力度。深化应用“团队化”模式，全市查补入库数3.16亿元，其中市区查补入库数1.22亿元。*强化部门协同治税。*对接相关部门，推进信息共享，全市从8个部门获取涉税信息10万条，分析应用后实现收入38.73亿元。组织非税收入。全市组织非税收入512.47亿元，增长61.8%，其中纳入一般公共预算管理的非税收入47.30亿元，下降0.8%。*强化资源盘活。*加强公房出租管理，市区共组织公房拍租9期，年租金收入5154万元；改进财政资金招投标方式，市区全年开展平台招投标5期，询价招投标2期，招投标资金76亿元，增加额外收益1017万元。

【助推经济发展】 *支持企业转型升级。*支持企业自主创新，全市科学技术支出18.65亿元，增长2.4%，主要用于支持科研院所加强技术研究与开发，以及鼓励企业加大科技创新投入。扶持企业发展，全市财政共兑现各类扶持资金8.77亿元。*推进政府产业基金运行。*市本级已注册总规模56.20亿元的子基金9支，政府产业基金出资11.70亿元，带动社会资本参与出资44.50亿元，带动项目股权投资金额236.40亿元。*助力企业降本减负。*提请金华市人民政府出台关于继续加大力度减轻企业负担的若干意见，全市为企业减轻负担115.56亿元，其中为企业减轻税费负担56.58亿元。做好企业应急转贷资金服务，共为3012家企业办理转贷业务5786笔，涉及资金389.61亿元。*支持现代农业发展。*投入14.73亿元用于农机化促进工程和标准农田质量提升工程等项目，提升农业现代化水平。

【保障民生事业】 全市民生支出417.36亿元，增长13.3%，占一般公共预算支出的77.8%。*保重点项目。*落实轨道交通和路网建设资金需要，推进航运航空枢纽建设，支持“三改一拆”、小城镇综合整治等专项整治，全市城乡社区和交通运输支出426.79亿元，增长52.3%。市财政投入12.86亿元保障食品安全监管、“美丽城防”建设等民生十件实事项目。*保重点领域。*支持教育、农林水、卫生和节能环保事业发展，全市教育支出105.34亿元，农林水事业支出47.37亿元，医疗卫生与计划生育支出47.39亿元，节能环保支出15.59亿元，分别增长6.5%、8.8%、3.3%和11.5%。其中，投入83.41亿元支持普及十五年基础教育；投入17.16亿元支持医疗保障制度建设，投入8.74亿元支持公立医院改革，投入7.41亿元支持推进全市医疗机构发展和保障市妇幼保健院迁建；投入4.34亿元支持按照“金华标准”治理污水，打好劣Ⅴ类水剿灭战；投入14.73亿元推动现代农业提质增效，加大财政对农机化与智慧农业、生态循环农业与农产品质量安全等领域的资金保障力度。*保重点群体。*投入35.75亿元完善和落实社会保障制度，加大养老、失业、工伤和生育保险基金的财政补助力度；投入4.33亿元推进社会救助体系建设，实现城乡低保标准一体化；投入17.16亿元支持医疗保障制度建设，加大财政对基本医疗保险基金的补助，实现大病医疗保险市级统筹。

【深化预算管理】 *深化预算编制质量管理。*推进全口径预算和零基预算，对专项资金实行总额控制、分口管理。年初将专项资金下达给各部门，年中执行由各部门在总额控制范围内进行资金分配。*深化预算执行进度管理。*建立逐月分析专项资金执行率机制和专项资金动态调整机制，将收回的财政资金统筹用于民生等重点保障。*深化财政监督绩效管理。*严控“三公”经费支出，全年全市“三公”经费支出2.62亿元，下降9.4%。开展市水利渔业系统财政政策执行情况、代理记账机构等专项检查。强化预算绩效管理，完成市区总部企业扶持资金、新农村建设美丽乡村建设、婺剧艺术研究院传统项目加工移植和市区基层医疗卫生事业发展专项资金等4个项目的绩效评价。代市政府拟定《金华市本级财政重大支出项目绩效管理办法（试行）》，推进财政重大支出项目绩效评价。

【推进“最多跑一次”改革】 截至年末，列入改革的财政事项均已实现“最多跑一次”。推进支付宝缴纳社保费改革，成为全省首个通过支付宝自助缴纳社保费的社区。推行房地产交易征税“五制”（午间值班制、政务夜市制、周末超市制、网上预约制、领导轮岗制）服务。提早半年完成政府非税收入收缴电子化改革，实现全市所有行政事业性收费纳入统一公共支付平台。

【加强队伍建设】 强化党风廉政建设。落实干部谈心谈话和廉政谈话制度，2017 年共对 16 名转任、9 名新提拔的中层和 18 名新录用人员进行廉政谈话。强化作风效能建设。组织开展全市财税系统作风效能和工作效率情况交叉检查，并做好检查情况通报。强化干部素质建设。制定并执行个性化学习制度；组织全员业务考试，并将考试结果网上公示。理顺内部管理。梳理局内部审批审核流程，局内审批审核事项从 335 项缩减到 248 项；局长审批审核事项从 133 项减到 80 项。

（金华市财政局供稿　孔英瑛执笔）

婺城区

【概况】 2017 年，金华市婺城区实现生产总值 269.99 亿元，比上年增长 6.4%。其中：第一产业增加值 13.00 亿元，增长 0.9%；第二产业增加值 59.09 亿元，增长 2.0%；第三产业增加值 197.90 亿元，增长 8.4%。三次产业结构比为 4.8∶21.9∶73.3。全区人均生产总值 69949 元，增长 6.0%。城镇居民人均可支配收入 48521 元，增长 9.0%；农村居民人均可支配收入 21127 元，增长 9.1%。全区财政总收入 42.41 亿元，下降 0.2%，区级一般公共预算收入 10.52 亿元，增长 0.2%，占财政总收入的 24.8%。一般公共预算支出 22.50 亿元，下降 7.6%，其中区级一般公共预算支出 13.00 亿元，增长 10.9%。当年财政收支平衡。

【依法组织收入】 强化税收管理。密切与税务部门联系，加强对重点税源、重点企业的调查和分析，发现并协助解决组织收入中存在的问题。全年组织税收收入 8.97 亿元，占一般公共预算收入的 85.3%。完善乡镇财政管理体制。制定第五轮乡镇财政体制意见，通过调整收入范围、支出基数、增收分成等，加大乡镇增收激励力度。强化非税收入征缴。与市本级同步推进非税电子化征缴改革，所有收费项目均实现电子化征缴。全年组织非税收入 2.35 亿元，其中纳入一般公共预算的非税收入 1.55 亿元。

【服务经济发展】 开设科技金融风险池，全区获得贷款企业 18 家，累计金额 3070 万元。兑付各类扶持企业专项资金 2.22 亿元，兑付中央、省、市奖补资金 2397 万元。持续运作企业应急周转金，审批办理 103 笔，金额 4.19 亿元，直接受惠企业 41 家。助力企业降税减负，减轻企业各类负担累计 5241 万元。探索政府收购企业资产返租企业生产的帮扶新模式，取得阶段性成果。出台《婺城区产业引导基金运作管理实施意见》《婺城区产业引导基金管理办法》，产业基金运作进入实质性运行阶段。扶持强优企业，引领区域产业集聚发展，新增纳税千万元以上企业 6 家。重点扶持浙江万里扬股份有限公司年产 200 万台自动变速箱生产项目，完成首次融资贴息奖励和技改补助。

【改善社会民生】 全区民生支出 18.12 亿元，占一般公共预算支出的 80.6%。健全社会保障体系。提高城乡居民最低生活保障标准，老农保遗留问题全面解决，城乡低保实现一体化；安排资金 1000 万元助力农村居家养老工程；拨付资金 2319 万元落实残疾人共享小康工程。完善教育文化经费保障机制。启动实施基础教育重点县提升计划，投入 2.86 亿元改善学校基础设施建设，省级标准化学校比例为 96%；落实 5.80 亿元保障区域内中小学义务教育；筹措 3922 万元支持中等职业学校发展，提高中等职业技术学校免学费补助标准至每人每年 2500 元，增长 25%；安排资金 2112 万元用于农村普惠制幼儿园建设，实施学前教育扩容工程，新（改）建等级幼儿园 5 所。支持医疗卫生服务体制改革。推进城区社区公共卫生服务中心规范化建设，落实资金确保区人民医院建成使用，签约市中心医院全面托管；推进分级诊疗，“医联体”建设实现全覆盖。统筹推进城乡发展。安排新农村建设专项资金 1.64 亿元支持美丽村庄和村庄整治、农村生活污水治理等项目；申报获得 2017 年度“一事一议”省级财政奖补资金 2333 万元，争取 2017 年度“农村扶持村级集体经济发展”省级试点项目 11 个，总投资 2378 万元；投入 9.60 亿元实施小城镇环境综合整治项目 147 个。推进生态建设。支持启动生态廊道建设五年行动计划，实施廊道建设项目 44 个，完成投资 25.20 亿元。

【推进财政改革】 加强预算管理。将区属所有国有企业列入国有资本经营预算编列范围，完善修订财政专项资金管理办法，制定临时机构资金和财务管理办法。完善 PPP 模式政策体系，签订 313 省道按照 PPP 模式建设运行协议。推进政府向社会力量购买服务工作。部门预算安排政府购买服务项目 27 个，年度预算 583 万元。推广“政采云”平台系统，58 个项目进入线上操作，完成项目采购交易额 1964 万元。优化国库集中支付流程，推行网上支付审核。开展“上门服务至少一次”活动，对所有预算单位实施上门走访。

【强化财政监督】 加大财政监督力度。开展小金库、行政事业单位开支标准及津贴补贴发放情况、预决算公开、非税收入收缴情况等专项检查，维护财经纪律。加强债务管理。组织政府性债务情况自查并整改，开展地方政府性债务投资项目资产清查登记工作，摸清地方政府债务投资项目资产家底，制订隐性债务消化计划。推进预算绩效管理。实现支出绩效目标自评项目全覆盖，开展 15 个项目的绩效重点评价工作，涉及资金 2.06 亿元，对 28 个项目实施绩效监控。加强政府投资项目监管。完成预算审核项目401个,净核减金额1.96亿元,核减率10.4%。

【加强队伍建设】 深化党组织建设。推进“两学一做”学习教育常态化制度化,以主题党日活动为抓手,巩固党的群众路线教育和“三严三实”专题教育活动阶段性成果;扶持薄弱经济村发展,配备“第一书记”2名,协助开展消除薄弱村工作;开展剿灭劣V类水、文明城区创建、禁燃劝导等志愿服务;落实“扶贫帮困”,走访慰问困难户20户。加强效能建设。针对省委巡视组提出的问题,落实整改措施;打造“胡伟财政工作”党建品牌,实行“个人领衔+团组服务+全线运作”的服务模式,为服务对象提供个性化财政服务。提升干部业务素养。发挥党员骨干在政策业务方面的专长,通过“传帮带”方式加强干部队伍建设;开展全员培训、公务员三年轮训,提升干部综合素质;提拔任用中层干部2人,新录用人员3人。婺城区财政局连续六年获得区级岗位目标责任制考核先进单位称号。

(金华市婺城区财政局供稿　杨秀清执笔)

金东区

【概况】 2017年,金华市金东区实现生产总值183.49亿元,增长5.4%,其中:第一产业增加值14.20亿元,增长1.9%;第二产业增加值86.40亿元,增长7.1%;第三产业增加值82.89亿元,增长4.2%。三次产业结构比为7.7∶47.1∶45.2。按常住人口计算,区人均生产总值55470元,增长7.4%。城镇居民人均可支配收入41349元,增长9.5%;农村居民人均可支配收入23045元,增长9.6%。全年完成财政总收入28.76亿元,同比下降2.8%,一般公共预算收入17.44亿元,同比下降6.6%,占财政总收入的60.6%;一般公共预算收入中税收收入16.18亿元,占比92.8%。财政总支出43.13亿元,同口径增长39.7%,其中一般公共预算支出(包括区级预算指标和专项补助指标)25.66亿元,同口径增长5.8%。当年财政收支平衡。

【组织财政收入】 建立协税护税联席会议制度,密切部门协作,推进社会综合治税。加大欠税清理力度,严控新增欠税。组织对万达广场综合体开展综合调查,研究制定加强建筑安装业、金融保险业税收征管措施,避免税源流失。开展耕地占用税清理,全区清理缴纳耕地占用税2.26亿元。加快公共支付平台建设,所有行政事业性收费全部纳入统一公共支付平台收缴,全年通过统一公共支付平台缴纳非税收入3.3万笔,金额2552万元。结算回笼土地出让金收入,保障项目建设资金需求。全年实现非税收入3595万元,同比下降36.4%,其中纳入一般公共预算收入的非税收入2714万元,同比下降41.0%。推进财政资金竞争性存放,增加资金收益2000余万元。

【助推实体经济发展】 落实普遍性清费减负各项政策,开展企业应急周转金服务,为132家企业审批办理资金周转服务208笔、周转资金8.3亿元,清退27家企业工业用地土地押金3000多万元,缓解企业资金周转困难,减轻企业负担。推进政府产业基金运作,出台《金东区产业引导基金运作实施意见》《金东区产业引导基金管理办法》,成立扶优扶强基金领导小组,完成本区三个项目的投资。加大对工业企业技术改造的财政投入力度,全年兑现扶持企业政策资金6597万元,加大对规模较大和成长较快企业的激励力度,推动实体经济健康发展。

【保障民生事业】 2017年,全区民生支出19.03亿元,占一般公共预算支出的74.1%(不包括债务还本支出)。全年教育支出4.55亿元,增长11.9%,其中安排5000万元教育发展专项资金促进教育均衡发展。社会保障和就业支出2.77亿元,增长53.8%,完善社会保障体系建设,提高城乡最低生活保障水平,筹措5257万元资金解决失地农民保障历史遗留问题。医疗卫生与计划生育支出2.31亿元,增长10.6%,重点支持城乡居民医疗保险体系建设和基层公共卫生事业发展。强化重点项目资金保障,筹措调度资金14亿元保障城中村征迁改造、小城镇环境综合整治、美丽乡村等重点项目建设。扶持村级集体经济发展,落实2017年度“农村扶持村级集体经济发展”试点区项目,确定第一批试点村庄10个,项目总投资额3104万元,其中省补助1600万元,村级筹资、筹劳、社会捐助1022万元。

【加大财政改革力度】 深化预算管理制度改革,扩大区对乡镇财政转移支付规模。加强预算执行管理,结合“至少上门服务一次”活动,组成4个小组深入部门单位开展上门指导,简化财政前置性审批,开展部门预算执行情况监督检查,督促单位加快预算执行进度。落实上级政府债务管控措施。推广启用政府采购“政采云”信息系统平台,提高政府采购信息化监管水平。深化预决算信息公开透明工作,政府及其部门预决算信息均按规定公开,接受社会监督。推进“最多跑一次”财政管理服务事项改革,梳理和规范财政管理服务事项,整合为4大类17项35个小项,调整国库集中支付方式,由原来的直接支付为主调整为授权支付为主,提高授权支付的限额标准,取消授权支付业务中见单审核的环节,加快资金流转速度。

【加大财政监管力度】 健全内部风险防控制度,强化内部流程控制,防止权力滥用。加强对部门的财政监督力度,安排区本级各预算单位2017年“三公”经费执行情况、预算公开情况、部门单位存量项目资金清理收回申报等工作开展自查自纠,强化财政监管力度,确保资金安全。贯彻落实中央八项规定和省、市有关厉行节约的各项规定,2017年“三公”经费支出951万元,下降16.4%。强化预算管理责任制考评,制定出台《金东区本级部门预算管理责任制考评办法》。加强政府性债务统计监控,开展违规融资行为自查自纠,完成政府债务置换债券工作,累计置换债券14.46亿元,节约政府融资利息支出约5000万元。

【加强干部队伍建设】 制订实施方案和学习计划，采取集中学习和党员干部自学相结合，利用周一夜学时间，学习各级纪委全会精神；组织观看反腐倡廉片及廉政警示教育读本，加强廉政意识教育。开展“三重一大”事项梳理，建立“三重一大”事项清单，健全完善财政权力运行廉政风险防控机制。组织开展谈心谈话活动，常态化开展内部监督检查，防止“四风”问题反弹。

（金华市金东区财政局供稿　曹姗姗执笔）

兰溪市

【概况】 2017 年，兰溪市实现生产总值 348.11 亿元，按可比价计算，比上年增长 7.5%。其中：第一产业增加值 25.64 亿元，增长 1.7%；第二产业增加值 180.33 亿元，增长 7.7%；第三产业增加值 142.14 亿元，增长 8.3%。三次产业结构比为 7.4∶51.8∶40.8。按户籍人口计算，人均生产总值 52421 元，增长 7.1%。全社会固定资产投资额 225.07 亿元，增长 16.0%。社会消费品零售总额 150.71 亿元，增长 11.6%。外贸进出口总额 16.63 亿美元，增长 9.4%。城镇居民人均可支配收入 38225 元，增长 9.1%；农村居民人均纯收入 18243 元，增长 9.8%。全市财政总收入 40.20 亿元，增长 7.5%，其中一般公共预算收入 24.18 亿元，增长 6.0%，占财政总收入比重为 60.2%。一般公共预算收入中税收收入 20.64 亿元，占比 85.3%。全市一般公共预算支出 28.62 亿元，增长 0.6%。全年财政收支平衡。

【组织财政收入】 提高征管质效。开展重点税源摸排，建立“领导干部联系乡镇、税务分局管理片区、联络员具体辅导”的税收保障机制。开展土地增值税清算，入库 1318 万元。加大清理欠税力度，完善欠税公告、国税停票、阻止出境等跨部门协作机制，共清欠入库 2500 余万元。通过企业自查、重点检查，查补入库 1791 万元，增长 207.9%。增强税收执法刚性，对拒不缴纳税费的企业提请人民法院强制执行。深化国地税合作。建立健全财政、国税、地税三部门组织收入工作联席会议制度，全年开展 6 次财政收入形势分析，内挖潜力保障财政运行。加密下户辅导，开展税收风险点排查，推送风险应对项目，强化政策落实后续跟踪管理。组织非税收入。应用“互联网+政务服务”模式，推进政府非税收入收缴电子化改革，方便 19.6 万人次缴费，涉及资金 9700 万元。全年组织非税收入 11.50 亿元，其中纳入一般公共预算管理的非税收入 3.54 亿元。实现社保费收入 17.49 亿元，增长 36.4%。

【支持经济发展】 助推实体经济发展。参与制定“一企一策”考核办法，鼓励传统企业改造提升，兑现各类企业奖励资金 1.94 亿元。强化人才保障，创新优强企业激励措施，带动中小微企业转型发展。释放降本减负红利。停征地方水利建设基金，清理涉企行政事业性收费，落实高新技术企业税费优惠政策，全年为企业清税减费 8.64 亿元。加大企业转贷支持，为 1095 户次企业办理转贷资金 48.33 亿元，办理数量及金额均增长 11.0%。加强与国税、金融机构合作，构建“税易贷”服务平台，帮扶信用良好的小微企业缓解融资压力。发挥产业基金作用。推动产业基金实质性运作，通过股权投资方式投资 1 亿元于奇虎 360、喜马拉雅 FM 等 6 个项目，现值 3.6 亿元。优化公共服务供给方式。做强政府购买服务，安排 25 个项目 5544 万元。开展政府和社会资本合作（PPP）项目，促成扬子江海绵城市生态综合整治工程、S313 婺城至兰溪段改建工程等 2 个项目完成签约，引入社会资本 13.70 亿元。

【保障民生事业】 全年民生支出 23.17 亿元，增长 5.4%，占一般公共预算支出的 81.0%。推动社会事业协调发展。市本级投入教育支出 9.27 亿元，医疗卫生与计划生育支出 3.71 亿元，农林水支出 2.53 亿元，分别增长 6.1%、1.9%、7.9%、1.8%。主要投入教育现代化县市创建基础教育办学条件改善资金 1100 万元、中小学校舍维修改造及校安工程建设资金 4535 万元、基本公共文化服务资金 1220 万元、现代农业发展资金 1869 万元、美丽乡村建设资金 5104 万元等。提升城乡社会保障水平。全年社会保障与就业支出 2.96 亿元，增长 1.9%。调整完善被征地农民衔接转入企业职工养老保险政策，提高义务兵优待金、五保供养人员经费等补助标准，加大城镇职工基本医疗保险住院高额病种保障力度，补助标准从 70% 上调至 85%。化解养老金支付风险，通过夯实基础数据、增大征缴扩面、争取调剂金支持等途径，保障退休人员利益。保障重点项目建设。多渠道筹措资金，支持浙师大行知学院迁建工程、棚户区（城中村）二期改造、兰花小学建设工程等全市重点项目建设。全年向上争取资金 22.00 亿元用于民生和重点项目支出。

【深化财政管理】 提升预算编制质量。细化预算编制，一般公共预算基本支出按经济分类编列到款。加强“三公”经费管理，全年支出 1710 万元，同比下降 11.2%。推进基层财政建设，出台《乡镇财政管理委员会工作制度（试行）》。盘活存量资金，收回部门单位基本账户余额 2.60 亿元统筹管理。严格执行支出绩效管理。实行 50 万元以上专项资金项目全过程绩效目标管理，全年抽取 33 个项目开展绩效评价，涉及财政资金 5.08 亿元，并将评价结果运用于 2018 年预算编制。强化财政内控机制建设。建立科室联络员制度，出台 14 个以归口业务科室为单位的内部控制操作规程，提高财政系统风险防控能力和内部管理水平。推行“政采云”阳光采购，上线供应商 136 家、采购人 317 家，全年累计交易额为 5000 余万元。加强债务风险管控。全年完成政府债券置换存量债务 8.44 亿元。组织开展 2016 年度债券资金使用情况、融资平台及企事业单位债务等各类政府性债务专项检查，并按要求整改落实。

【开展“上门服务至少一次”】 拓展“最多跑一次”改革理念，开展"上门服务至少一次"活动。由预算局牵头,各财政业务科室为责任主体,分别对其归口业务单位提供服务。财政科室对76家一级预算单位、161家二级预算单位开展上门服务,针对单位在编制2018年预算和2017年决算中存在的问题,提供个性化辅导,提高部门预决算编制质量。开展全市行政事业单位财政性资金安全检查,防范财务人员职务风险,涉及被服务对象450人次。开展566人次乡镇财政干部及财务人员业务培训,提高基层财政管理水平。

【推进队伍建设】 召开干部大会、开展分组讨论、邀请专家宣讲,把握党的十九大提出的一系列重要思想、重要观点、重大举措。领导干部坚持履行"一岗双责",开展逐级廉政谈话,建立中层干部廉政档案,推进"两学一做"学习教育常态化、制度化,建立健全正风肃纪长效机制。对内开展"最多跑一次""金税三期"、财税法规等业务学习,提升财税干部业务素养和服务水平。对外举办"一带一路"、降本减负、个税申报等政策培训,扩大税收政策覆盖面。举办书画摄影展,展出财税主题书画作品1000余幅,弘扬财税文化,增强文化自信。

(兰溪市财政局供稿　胡　凯执笔)

东阳市

【概况】 2017年,东阳市实现生产总值553.90亿元,按可比价格计算,比上年增长7.5%。其中:第一产业增加值18.32亿元,增长2.1%;第二产业增加值259.55亿元,增长6.3%;第三产业增加值276.03亿元,增长9.1%。三次产业结构比为3.3∶46.9∶49.8。按户籍人口计算,人均生产总值65764元,增长7.0%。全市财政总收入100.88亿元,增长9.2%,其中一般公共预算收入58.58亿元,增长12.0%。全市一般公共预算支出82.70亿元,增长15.8%。全年财政收支平衡。

【组织财政收入】 收入结构保持稳定。全年一般公共预算收入占财政总收入比重为58.1%,按可比口径提升1.5个百分点,其中税收收入50.45亿元,占比为86.1%,按可比口径下降2.5个百分点。提升征管水平。地税部门组织收入74.49亿元,同口径增长11.5%,其中税收收入42.63亿元,同口径增长16.4%。入库社会保险基金29.48亿元,增长8.3%。持续推进一地一档工作,入库房产税土地增值税4.00亿元,增长43.3%。加快土地增值税结算进程,共完成清算19户,补缴土地增值税1.10亿元。开展欠税专项清理行动,共清缴欠税6539万元。重点提升社保费征管质量,对未登记、零申报、未申报的企业进行清理核查。注重地方税收保障体系建设。与法院建立税费征缴协调机制,对23户企业追缴税费962万元。与公安部门协作做好离境清税工作,实施欠税管控措施共计107人(次)。探索多部门联合征管方式,对住宿行业创新"警税协作"* 征管模式。深化国地税合作。针对建筑、影视等特色行业和收入形势开展联合调查,每季度联合撰写税收经济联动分析。联合开展纳税信用评价、定额调整、清理"僵尸"企业、欠税和非正常户管理等工作。加强非税收入管理。推进政府非税收入电子收缴改革,实现行政事业性收费全部纳入统一公共支付平台。全年实现非税收入27.09亿元,其中国有土地使用权出让收入23.60亿元,纳入一般公共预算管理的非税收入8.13亿元。

【助推经济发展】 振兴实体经济。推进传统产业升级,被省财政厅列为全省18个省级振兴实体经济财政专项激励政策县之一。扶持特色产业,下达影视文化产业专项资金4.93亿元,兑现木雕红木产业"小升规"奖励资金2280万元。推行清税减费政策,全年减免各项税费2.47亿元。化解"两链"风险。设立政府性融资担保基金,化解企业融资难题。强化财政转贷资金扶持能力,完成转贷520笔,扶持企业206家,涉及资金39.22亿元。

【保障民生支出】 全市民生支出63.88亿元,增长14.2%,占一般公共预算支出的77.2%。统筹"三农"发展。落实省财政支持粮食生产改革三年计划,发放耕地保护补贴2560万元。开展扶持村级集体经济发展试点工作,总投资1840万元。开展一事一议财政奖补助推美丽乡村建设试点工作,补助4200万元。推进美丽宜居示范村建设和传统村落保护,争取中央资金900万元。加大教育投入。全年教育支出15.78亿元,增长8.8%。推进浙江省教育基本现代化县市创建工作。推进重点校区建设,强化教育资源共享。完善社保体系。健全社会救助体系,义务兵优待金标准由每人每年17690元提高到24870元,城乡居民基础养老金标准由每人每月135元提高到150元。改善城乡面貌。安排15亿元支持小城镇环境综合整治三年行动计划。安排10亿元支持农村危旧房治理改造,累计拆危4.8万户。加快交通大项目建设,总投资17.90亿元的37省道、12.46亿元的40省道已通过验收。

【打造"一村一品"】 培育特色产业精品村,力推产业植入,确定可实施村14个。着力"奖补、评选、考核"三方面,设立专项资金,每年投入1亿元,分建设项目资金补助和自筹资金配套奖补两类实施。采用竞争性评选方式确定财政奖补资金,每村最高奖补金额1000万元。

【推进"医共体"* 建设】 健全基层医疗卫生服务体系,推进区域优质医疗资源城乡共享。对18家医共体成员单位加大财政扶持力度,统筹安排医共体建设各项资金,建立动态增长机制,对基层医疗机构的投入总额每年增长不低于6%。建立新的财政补偿机制,在2018年预算中新设立基层人才培训专项资金200万元、专家下乡补助专项资金450万元。

【深化财政改革】 深化预算管理改革。将提交人大审议的预决算报告细化到项级科目。对教育、卫计、人劳、民政4个部门试编3年滚动预算。公开财政专项资金管理清单46项，涉及主管部门21个，资金12.02亿元。组织清理财政专户资金24.35亿元，其中收回统筹3.72亿元。推进财政资金扶持经济发展方式改革。设立东阳江产业基金，成立子基金1支，规模1亿元，其中政府出资1100万元。设立东阳市金融控股有限公司、东阳市转型升级产业基金有限公司，运作政府产业基金。推广PPP合作模式。完善政银企合作机制，落实PPP项目3个，总投资2.61亿元。完善社保资金管理。开展到期社保资金竞争性存放，涉及资金23.90亿元。调整被征地农民政策方案，提高相关专项资金提取比例，保障失地农民利益。优化国资管理体制。加强国有企业财务监管，实行年报审计管理模式。深化市国有企业负责人薪酬制度改革，规范国有企业职工工资总额管理，明确福利待遇。推进"最多跑一次"改革。财政线列入改革事项均实现"最多跑一次"。正式上线"政采云"系统，入驻供应商168家，累计成交金额15.57亿元，节约财政资金1753万元。

【强化财政监管】 加强绩效管理。对50万元以上的专项开展绩效目标审核，涉及财政资金14.20亿元。重点评价民生项目，项目数同比增加131%。以2个乡镇为试点开展政府整体支出绩效评价试点工作。加强财政监督。开展会计监督检查，完成5家单位会计信息质量检查。推进教育系统内控制度建设，对8所学校实施监督检查。化解政府债务。做好隐性债务的清理整改，提出化解方案。完成存量政府债务置换债券11.89亿元，节省利息3973万元。强化政府投资项目管理。全年总计审核估算、概算、预算各类项目679个，累计送审89.33亿元，审定84.49亿元，核减4.84亿元。

【加强队伍建设】 推进"两学一做"学习教育常态化，坚持"周一夜学"，推进全面从严治党向基层延伸，成立党建工作室5个。出台领导干部"家访"制度，加大对干部的人文关怀，加强干部家教家风建设。制定《东阳市财政地税局巡查工作制度》，共开展巡查2次，发现各类问题15个，征集意见建议7条，下发通报2期。建立纪检监察合作机制，联合聘请13名行风建设特邀监察员，开展相关监察活动3次。联合开展廉政教育活动，共享教育资源，发挥国地税监察聚合效应。

（东阳市财政局供稿　方晓晨执笔）

注：

"警税协作"：指在住宿、旅店行业与公安部门开展相关合作，通过采集公安部门的登记信息推算宾馆入住率和收入情况，提高征管质量。

"医共体"：指由东阳市人民医院、中医院、妇保院、横店医院4家市级公立医院牵头，分别对全市18家社区卫生服务中心、连带104个卫生服务站进行托管，形成一个涵盖全市各级公立医疗机构的利益共同体。

义乌市

【概况】 2017年，义乌市实现地区生产总值1158.04亿元，按可比价格计算，增长7.5%。其中：第一产业增加值21.81亿元，增长0.6%；第二产业增加值373.75亿元，增长4.5%；第三产业增加值762.48亿元，增长9.4%。三次产业结构比为1.9∶32.3∶65.8。按户籍人口计算，人均生产总值146381元，增长1.7%。城镇常住居民人均可支配收入为66081元，增长8.7%；农村常住居民人均可支配收入为33393元，增长9.2%。全年完成固定资产投资633.1亿元，增长18.2%；实现社会消费品零售额653.79亿元，增长11.5%；实现进出口总额2339.37亿元，增长4.93%。全市财政总收入142.06亿元，增长8.7%，其中一般公共预算收入85.00亿元，增长7.5%。一般公共预算支出94.74亿元，下降17.2%。全年财政收支平衡。

【组织财政收入】 全年一般公共财政预算收入占财政总收入比重为59.8%，比上年下降2.8个百分点。一般公共预算收入中税收收入78.49亿元，增长11.4%，占比92.3%。全面推进征管改革。创新个体税收社会化管理，完成全市14个镇街个体税收社会化管理办公室授牌并开展实体运作；强化税收风险管理，设立风控办，规范税收风险管理业务流程；深化国地税合作，开展双向委托代征，协同开展定期定额核定，建立联合征管、联合稽查、联合服务、联合宣传工作机制。开展年度集中专项欠税清理。成立集中清欠领导小组和办公室，收回问题楼盘欠税5241万元；收回往年陈欠税款1.12亿元，入库滞纳金1175万元，陈欠清理率62.3%。强化非税收入管理。全面完成72家执收单位、9家非税代理银行各收费项目的电子缴款，实现线上线下同步，全年实现非税收入204.79亿元，其中国有土地使用权出让收入162.42亿元，纳入一般公共预算收入管理的非税收入6.51亿元。

【支持经济发展】 强化资金保障。全年拨付财政扶持资金17.27亿元，其中科技平台建设及产业化扶持资金3406万元，市场采购扶持资金3.86亿元，现代服务业专项资金4.95亿元，城乡公交一体化专项资金3.03亿元。推行清税减费政策。全年累计减免各项税费14.33亿元；减免行政事业性收费1773万元、社保费9690万元。服务全市中心工作。协助做好招商引资、城市有机更新、小城镇环境综合整治等各项工作。推进政府产业基金运作。新增合作子基金2个，子基金新增投资项目21个、投资额2.42亿元，其中新增义乌项目7个、投资额9650万元。

【保障民生支出】 全年民生支出75.81亿元，下降2.2%，占一般公共预算支出的比重为80.0%。支持教育发展。全年教育支出22.22亿元，增长10.8%，新建、续建教育项目81个，引进义乌公学等优质资源,全年教育基建投入翻番。完善社会保障体系。完善医保总额预算管理,推进按病种付费支付方式改革,开展门诊统筹按人头付费改革试点;城乡居民基本养老保险基础养老金标准由每人每月 140 元调整为 200 元;城乡低保标准从 705 元提高到 775 元;提高残疾人生活、护理补贴标准,对纳入集中托养的低收入家庭残疾人按 2200 元/月标准全额购买服务实现政府兜底保障。支持改善城乡面貌。助力推进"三改一拆"、"五水共治"、垃圾分类、美丽乡村建设等项目实施,拨付"五水共治"资金 2.76 亿元,美丽乡村建设专项资金 9280 万元。

【深化财政改革】 深化"最多跑一次"改革。落实"最多跑一次"改革清单内容,梳理涉及企业、群众办事项目共 17 主项,87 子项,其中 83 项实现"最多跑一次","跑一次"比例 96%;63 项已实现网上办理,"零上门"比例 72%。推进预算绩效管理改革。每个部门报一个项目纳入参与式预算试点,参与式预算继续采用网络评议和面谈会审的方式,共计评议项目 49 个,预算资金 10.41 亿元,其中在面谈会审环节,评议项目 10 个,资金 2.96 亿元,提出暂缓资金安排项目 1 个。加强 PPP 项目动态管理。规范实施 PPP 项目自查工作,动态管理 PPP 项目库,主动清理停滞项目 8 个,义乌市再生资源利用中心 PPP 项目入选浙江省财政厅第四批 PPP 推荐项目,且为金华地区唯一入选项目。深化镇街财政管理。出台新一轮镇街财政体制,修订镇街税源培植和财政管理考绩细则,加大对镇街税收收入的考核力度。创新会计管理。成立全省第一家代理记账协会,试行会计执业记分管理。

【强化财政监管】 防范政府债务风险。开展政府性债务违法违规行为自查,督促推进涉嫌违规项目整改;建立健全地方政府性债务风险防控和应急处置机制,防范和化解政府债务风险。开展部门整体支出绩效评价。推进参与式预算与绩效评价工作的全过程衔接,选取 2 个参与式预算试点单位开展部门整体支出抽查复评。实施重点绩效评价工作。选取科技孵化平台、城市管理经费、农村垃圾分类运行 3 个项目进行重点绩效评价。加强项目预算审核。全年审核各类项目 1166 个,核减造价 16.91 亿元。建立采购代理机构考核机制。实现考核对象、考核层级、考核流程全覆盖,规范采购代理机构行为,提升代理服务质量。开展镇街(平台)专项检查。完成 4 个镇街(平台)的财政财务检查和 14 个镇街的日常监管工作专项检查。

【加强队伍建设】 开展"两学一做"系列活动。开展学一句系列讲话、学一节党章党规、议一件发展大事、改一个存在问题、交一次党费、提一条建议意见、做一次志愿服务、晒一项工作实绩等"八个一"活动,创建党建个人品牌工作室 2 个。开展中层干部选聘和一般干部轮岗交流工作。按照干部选拔任用工作程序和绩效考核有关规定开展,优化中层干部队伍梯队和基层分局人员年龄结构。严肃执纪监督问责。筛选设立廉政效能监测点 128 个,完成谈心谈话 101 人次,组织工作纪律作风检查 10 余次,查处办结纪检信访件和违法违纪事项 7 起,涉及 11 人次。丰富财税文化。组建蒲公英成长团队,选送诗朗诵节目参加义乌市财贸工会文艺汇演获金奖。

(义乌市财政局供稿　黄骏阳执笔)

永康市

【概况】 2017 年,永康市实现生产总值 528.1 亿元,比上年增长 5.5%。其中:第一产业增加值 8.80 亿元,增长 0.9%;第二产业增加值 304.40 亿元,增长 6.6%;第三产业增加值 214.90 亿元,增长 3.8%。三次产业结构比为 1.7∶57.6∶40.7。按户籍人口计算,全市人均生产总值 87147 元,增长 4.4%。全社会固定资产投资额 257.40 亿元,增长 5.9%。社会消费品零售总额 230.00 亿元,增长 10.0%。城镇常住居民人均可支配收入 50395 元,增长 8.5%。全年财政总收入 87.65 亿元,增长 7.1%,其中一般公共预算收入 52.36 亿元,增长 7.6%,占财政总收入的比重为 59.7%,其中税收收入 43.49 亿元,占一般公共预算收入的比重为 83.1%;一般公共预算支出 63.34 亿元,剔除债券和一次性调入因素,增长 9.5%。全年财政收支平衡。

【组织财政收入】 做好收入分析。加强收入分析、预测和管控,建立财政、国税、地税联席会议制度,分解收入目标,把握月度收入进度和节奏,强化收入执行,确保全年收入均衡入库、稳定增长。关注税收改革动态及趋势,做好营业税、企业所得税、消费税等税种改划转的政策衔接和应对。创新税收征管。开展税收网格化管理试点,在 8 个工业区实行网格化管理,对 360 户用电户(总计 1800 户纳税人)开展税收检查,查补 415 户税款 2600 万元。夯实环保税开征基础,与市环保局建立数据共享渠道,开展首批 362 户环境保护税纳税人比对识别,加强政策宣传力度,确保环境保护费改税平稳过渡。规范非税收入管理。加强国有资产管理,完成三个批次 345 套存量套房公开拍卖,盘活国有资产 4.25 亿元。全年实现政府非税收入 32.17 亿元,增长 13.8%,其中国有土地使用权出让收入 20.01 亿元,纳入一般公共预算管理的非税收入 8.87 亿元,增长 2.6%。

【支持经济发展】 完善振兴实体经济政策体系。梳理整合工业经济政策,加强财税政策保障和资金引导,创建省振兴实体经济(传统产业改造)财政专项激励资金试点,获 3 亿元专项资金支持(每年 1 亿元)。全年兑现 4.80 亿元支持企业开展智能化、信息化、标准化改造,推进制造业转型升级。加强产业基金引导作用。加快政府产业基金落地,引导各项资本支持特色经济发展,小咖影视文化产业基金、天堂硅谷(智能制造)产业升级产业基金、银杏谷产科创投资基金 3 只子基金进入正式运作阶段,基金规模 5.80 亿元。加大减税降费力度。重点推进"亩产税收"减免政策，规范审批流程和标准，完善工业企业绩效评价体系，为企业创造公平公正、良性竞争的政策环境。推进结构性清费减负，取消、停征或归并政府性基金、行政事业性收费27项，减免金额2048万元。深化“降成本”政策，全年累计减轻企业负担21.18亿元，其中落实减免小微企业税收4.27亿元，减轻企业社保支出2775万元。运行政府应急周转金、“转贷通”“一日贷”等金融措施，节约企业转贷成本5.94亿元。持续加大影视产业扶持力度，推动影视企业和影视周边的产业链全面发展，兑现影视文化财政扶持资金5600万元，惠及企业302户次。

【保障民生支出】 全市民生支出53.36亿元，增长9.9%，占一般公共预算支出的84.3%。保障重点民生。统筹财力重点保障省市重点工程建设，全年拨付工程进度款40.10亿元，支持249个省市重点工程和民生项目建设。加大对“碧水、蓝天、净土”三大行动的财力保障，全年累计拨付“五水共治”资金12.12亿元。支持教育发展。完善城乡一体化义务教育经费保障机制，加强财政奖补政策引导，均衡教师资源配置，全年教育支出14.78亿元。加大“三农”投入。梳理整合涉农政策，完善财政支农惠农机制。优化村级财政资金管理，转变村级财政补助方式，助推经济薄弱村“摘帽”。支持农业农村绿色发展，推广“秸秆换肥”政策，创新农产品金融服务模式，解决农户融资问题。完善社会保障。提升社会保障标准，居民基础养老金提高到每人每年150元，保障“三医”联动改革、分组诊疗等改革落地，实现跨省异地就医直接结算，转院备案手续简化，推进责任医生签约服务，签约23万人次。助推文化繁荣。全年文化体育传媒支出6937万元，用于加快公共文化服务体系标准化、均等化建设，重点保障文化惠民工程、文化体育设施建设、半程马拉松比赛等文体事业发展。

【深化财政改革】 完善财税体制机制。强化预算编制标准体系建设，制定完善行政事业单位培训费、会议费、通用资产等管理规定和标准，规范镇（街道、区）干部经济待遇管理。做好新预算法组织实施工作，配合人大常委会开展全市一级预算单位预算法执法检查。加强财政统筹调控。压减一般性支出，强化财政支出考核，梳理财政性扶持政策，探索建立财政性扶持政策绩效评价和动态调整机制，规范部门财政专项资金使用。推进社保资金保值增值，安排财政资金竞争性存放社保资金12.50亿元，存放利率为同期存款利率上浮35%。深化非税收缴改革。完成政府非税收入纳入统一公共支付平台收缴，实现平台收缴单位298家，开通七种线上线下支付渠道，全年累计办理业务60.69万笔，收缴资金21.01亿元，资金收缴额位列全省各县市第一位，也是全省首个实现收费项目全覆盖的县市。规范基层财政管理。实现镇（街、区）财政集中支付管理，深化镇（街、区）公共财政服务平台管理系统建设，构建统一平台、集中收付、分镇（街、区）核算、市级监管的乡镇财政（国库）集中支付管理新模式，实现各项财政涉农补助资金平台有效运行。上线“政采云”平台。推动“互联网+政府采购”，9月1日起上线“政采云”平台，全年累计交易额7549万元，初步实现政府采购网上交易、监管、服务一体化运作。优化道路交通救助基金管理。完善道路交通救助基金政府购买服务体制机制，对受理、审核、垫付、追偿全过程进行优化提速，基金垫付量和追偿成功率居全省县级市第一位。

【防控财政风险】 规范地方债务管理。开展政府债务自查，落实违规融资问题整改，解决违规举债、违规担保承诺、违规开展政府购买服务等问题。新增地方政府债券15亿元，用于公益性政府投资项目建设，提前完成企业债券置换8亿元。防范养老保险基金风险。加强养老保险基金收支分析，严格基金征缴和监管。全年社保基金累计结余为51.55亿元。加强财政资金监管。做好国库集中支付动态监控，累计监控资金9.22万元，核实并纠正违规资金838万元。开展以财政重点扶持企业行业财政专项资金和行政事业单位财政预决算公开专项检查，提升财政资金管理绩效。

【提升财政管理绩效】 永康市财政局全面提升财政管理绩效，在加快预算执行进度、提高收入质量、盘活存量资金、加强库款管理、规范地方政府债务、深化预算公开等方面取得实际成效。在浙江省财政厅发布的《关于对2017年财政管理工作先进典型市县予以表扬的通报》中，永康市作为全省13个财政管理工作绩效考核先进市、县（市）之一，财政管理工作获得肯定。

【加强队伍建设】 开展“两学一做”学习教育。开展主体党日活动和系列党建活动，构建党建“三级共振”工作体系，建立“五联五优”结对机制，打造党建品牌服务，成立“陈莉财政工作室”，实行“个人领衔+团组服务+全线运作”的服务模式。夯实主体责任，履行“一岗双责”，创建党风廉政建设主体责任示范点。落实“八项规定”精神，组织开展下属基层单位经费使用情况专项检查和办公用房整治自查自纠，严肃财经纪律。推进财税文化建设。组织参加各级岗位大练兵、业务技能比武等主题活动，开展演讲比赛以及各类书法、摄影培训。永康市财政局获全国维护妇女儿童权益先进集体称号。局造价和审价中心创建成为2017年浙江省巾帼文明岗。

（永康市财政局供稿　鲍欣晨执笔）

浦江县

【概况】 2017年，浦江县实现地区生产总值214.85亿元，按可比价增长6.1%，其中：第一产业增加值10.52亿元，增长3.2%；第二产业增加值110.88亿元，增长3.3%；第三产业增加值93.45亿元，增长10.5%。三次产业结构比为4.9∶51.6∶43.5。按户籍人口计算，人均生产总值53720元，增长5.8%。全年完成固定资产投资128.91亿元,增长10.1%。实现社会消费品零售总额123.99亿元,增长11.3%。城镇居民人均可支配收入41654元,增长8.4%;农村常住居民人均可支配收入19611元,增长9.8%。全县实现财政总收入28.10亿元,同口径增长12.4%,其中一般公共预算收入17.79亿元,同口径增长8.0%,占财政总收入的63.3%。一般公共预算收入中税收收入15.12亿元,同口径增长8.6%,占比85.0%。一般公共预算支出33.92亿元,下降20.2%(上年实绩剔除新增地方政府债券15亿元,增长23.3%)。全年财政收支平衡。

【组织财政收入】 规范税费征管。深化国地税合作,建立税收征管质量每月督察通报制度。加大清税清缴力度,对欠税10万元以上企业实行"一户一档"动态管理,重点对多年积欠的房地产企业欠税大户进行清理。2017年全县地税部门组织收入23.36亿元,同口径增长16.7%,其中税收收入10.06亿元,同口径增长7.5%;社保费收入12.38亿元,同比增长26.2%。加强非税管理。提高非税征缴电子化水平,政府非税收入全面纳入统一公共支付平台。全年非税收入28.55亿元,同比下降0.4%,其中纳入一般公共预算管理的非税收入2.67亿元,增长4.7%。

【开展"上门服务至少一次"活动】 浦江县财政局重点围绕政策落实、预算编制、预算执行、绩效评价等内容,到预算单位开展"上门服务至少一次"活动。全年上门服务预算单位148家,集中辅导10次,服务人数1649人次,实现全县所有一级预算部门和重要服务单位"上门服务至少一次"。

【支持实体经济发展】 助力企业降低成本。全面落实"国务院6项减税政策"等各项税费优惠政策,减免税费3.45亿元。取消、免征、停征、减征各类行政事业性收费和政府性基金18项。拨付各类企业奖励扶持资金2.36亿元,增长141.1%。开启新一轮通济转贷基金运营。修订《浦江县通济转贷基金管理办法》,运营周期为2017年9月至2020年8月。2017年办理转贷业务1970笔,周转资金88亿元,惠及企业1411家。构建政策性融资担保体系。设立政策性融资担保公司,为小微企业和"三农"融资担保增信。推进政府产业基金落地。浦江县政府产业基金项目投资总计9600万元,其中政府产业基金出资3180万元,带动社会资本投入6420万元。组建规模为5亿元的省市县三级政府支持水晶产业发展基金,完成委托管理机构选聘。

【加大民生保障】 改善生态环境。投入治水资金3.68亿元,重点用于城乡污水管网建设、浦阳江流域综合治理、垃圾分类处置等。加大气尘合治支持,投入资金1600万元支持绿色公交、有机废气整治等项目。支持乡村振兴。建立消除集体经济薄弱村专项扶持资金,推进村级公益事业一事一议财政奖补政策运行。完善社会保障。扩大居家养老照料中心惠及面,投入5406万元支持居家养老照料中心、五保中心、社会福利院的建设改造和运行。促进文化发展。投入资金3130万元,支持文化创作与保护、农村文化礼堂建设和公共文化场所免费开放等。优化医疗投入。完善城乡居民大病保险制度,拨付1.73亿元用于城乡居民基本医保财政补助。推进医疗资源"双下沉、两提升",投入6660万元推动乡镇基层医疗机构改造升级和基本公共卫生服务体系建设。

【深化财政改革】 推进预算管理改革。落实支出分类科目改革,建立项目支出标准化建设体系。启动国库集中支付电子化改革,提高财政资金安全性和运行效率。推广"政采云"平台。全县242家政府采购单位入驻平台,审批采购计划687笔,预算金额1.73亿元,实现政府采购网上交易、监管和服务一体化运作。深化政府购买服务改革。全年实施政府购买服务项目63项,预算资金1.77亿元。

【规范财政管理】 推进预决算公开。扩大公开范围和细化公开内容,除涉密事项外,全县79个部门公开部门预决算和"三公"经费预决算。提高财政资金效益。建立财政结余资金收回制度,对三年以上未变动"僵尸"账户进行清理,全年收回结余资金3367万元。财政间隙资金按规定实行竞争性存放,增加利息719万元,预算单位公款竞争性存放实现常态化。强化财政项目预算审核。受理办结618个资金审核项目,核减资金3.36亿元,核减率3.7%。加强地方政府性债务管理。置换地方政府存量债务2.39亿元,完成全县所有存量债务置换。加强绩效管理。完善全过程预算绩效管理机制,加大财政绩效监督力度,对4个省联动项目和39个县专项资金项目开展绩效评价。加强内部控制建设,建立健全各项内部管理制度。

【加强队伍建设】 开展"两学一做"学习教育。坚持"周一夜学",开展"不忘初心、牢记使命"主题教育活动。落实主体责任,履行"一岗双责",层层签订党风廉政建设工作目标责任书。开展中层干部廉政谈话、新进人员廉政教育。与县纪委派驻纪检组共同修订作风效能建设、劳动纪律等制度,常态化开展检查。举办岗位大练兵、业务技能比武、业务知识"每月一练"等活动。加强群团建设,开展各项文化活动。

(浦江县财政局供稿　季建君执笔)

武义县

【概况】 2017年,武义县实现生产总值237.41亿元,比上年增长5.1%,其中:第一产业增加值15.90亿元,增长3.3%;第二产业增加值122.69亿元,增长4.5%;第三产业增加值98.82亿元,增长6.0%。三次产业结构比为6.7∶51.7∶41.6。全县人均地区生产总值69124元，增长4.9%。城镇常住居民人均可支配收入35986元，增长9.4%。农村常住居民人均可支配收入16261元，增长9.6%。全年全县财政总收入40.97亿元，增长9.4%，其中一般公共预算收入24.28亿元，增长7.5%，占财政总收入的59.3%。税收收入21.36亿元，占一般公共预算收入的88.0%。一般公共预算支出45.80亿元，增长2.8%。全年财政收支平衡。

【组织财政收入】 做好收入分析。开展财税经济形势调研与分析，加强微观收支不确定性、不可比因素分析，把握年度财政收支规模。协调国税、地税等部门，分解收入目标，确保全年财政收入平稳、可持续增长。加强税收征管。组建"所得税""房产、土地增值两税""小税种"三个税种专业管理小组，强化税源管控，全年共增缴房土两税411万元，调整弥补亏损额6658万元，调增应纳税所得额325万元。加大欠税清缴力度，全年共清缴欠税3672万元，加收滞纳金468万元。开展税务稽查"积案"清理工作、打击发票违法犯罪等活动，全年立案检查13户，结案16户，督导自查43户，查补税款滞纳金罚款1525万元。规范非税收入管理。全年实现非税收入18.30亿元，其中纳入一般公共预算管理的非税收入2.92亿元。加强与国土等部门协作，全年土地出让收入17.79亿元。

【服务经济发展】 做好政府投资管理。加强政府投资项目支出管理，全年审核拨付项目建设资金29.48亿元。落实降本减负政策。全年为企业减免税费1.54亿元，其中减免"小升规"保险税费2984万元，减免房土两税5352万元，减免小微企业所得税641万元，减免行政事业性收费1400余万元。发放转贷资金59.63亿元，惠及企业285家。推进政府产业基金运作。参与制定《武义县政府直接投资产业基金工作方案（试行）》，确定政府产业基金直接投资1亿元，成立国有独资公司进行日常管理，注册资本2亿元。

【强化民生保障】 全年民生支出37.90亿元，占一般公共预算支出的82.8%。加大支农惠农投入。全年整合财政支农资金4.65亿元，增长17.5%。安排3000万元奖励资金推进美丽乡村提升工程，安排8646万元用于美丽乡村建设。拨付一事一议财政奖补政策资金1973万元。促进教育文化事业发展。投入教育事业经费7.62亿元，落实各项学生资助政策，审核、拨付助学金2342万元，累计资助学前教育贫困幼儿182人次、资助全县低收入家庭子女入学教育1655人次、农村义务教育学生营养改善惠及6557人次、发放高中国家助学金2757人次。提高最低生活保障。最低生活保障标准取消城乡差别，统一提高至每人每月665元。推进医疗卫生体制改革。完善城乡居民医疗保险制度，提高医疗保障水平。城乡居民医疗保险筹资标准提高到每人每年750元，其中财政补助提高到每人每年520元。城乡居民基本公共卫生服务财政补助标准提高到每人每年45元。

【深化财政改革】 健全全口径预算体系。将上级返还收入提前下达部分和转移支付补助资金全部纳入年初预算编制范围，共纳入上级补助资金7.15亿元，增长21.8%。清理盘活财政存量资金，将单位结余结转资金2.30亿元纳入年初预算盘子统筹使用，增长119.4%。首次编制政府采购预算，下达给部门的同时按要求向社会公开。落实"最多跑一次"改革。根据时间节点要求在浙江政务服务网公布财税21主项87子项"最多跑一次"事项清单。组织综合科、农业科等科室上门服务，开展对外培训20余期（次）。推广统一公共支付平台应用。完成武义县78项政府非税收入接入统一公共支付平台，开设工商银行、建设银行等6家银行电子缴款线上线下支付渠道，全年共受理缴费293625笔，合计缴费1.25亿元。做好"政采云"上线运用推广工作。9月，武义县"政采云"政府采购第一笔计划单审批通过，开启武义县"互联网+政府采购"云时代。截至12月底，"政采云"累计交易金额2634万元，资金节约率超5%。规范刑事诉讼涉案财物管理。加强与公安、检察院、法院等部门的合作，在金华市首创建立公检法共用的武义县涉案财物管理中心，已入库涉案财物1400余件，流转检察院50件，流转法院24件，拍卖处置涉案财物2件。

【加强财政监管】 推进预决算公开。加大预决算信息公开力度，细化公开内容，及时向社会公开本级政府财政预决算和"三公"经费预决算。加强预算支出进度管理。实施通报制度、预算安排挂钩机制，加大监控力度，动态跟踪了解项目执行进度。结合"上门服务至少一次"活动，主动上门与各部门对接，宣传解释预算改革要求，解读政策，集中限时开展部门存量资金收缴工作，共收回存量资金6147万元。加强政府性投资项目投资评审。完成财政投资评审项目225个，审减资金6441万元。强化预算绩效目标管理。完成230项预算绩效目标的审核，涉及预算资金4.23亿元。

【加强队伍建设】 强化主体责任。建立党建"三级共振"工作领导小组。定期召开民主生活会，开展批评和自我批评，坚持民主决策，对重大事项实行集体研究决定，根据班子职能分工和党政"一岗双责"制度，明确各班子成员分工及主要责任。全程纪实党委履行党风廉政建设主体责任情况，全年共纪实主体责任情况工作106项。加强党风廉政建设。与各科室、单位签订党风廉政建设目标管理责任书，与全体职工签订个人廉政和作风效能承诺书。组织党员干部学习《准则》《条例》，观看警示教育纪录片。推进"两学一做"学习教育常态化。结合"周一夜学"等形式，加强对党章党规与习近平总书记系列重要讲话精神的学习，贯彻落实十九大精神，将集体学习、小组学习、自学相结合，加强各支部交流学习，提升学习成效。提升业务能力。组织参加各级财税系统业务知识培训，以考促学，调动干部学习钻研本职业务的积极性；组织开展全员培训，科学设置课程，帮助干部提高政治站位、开拓视野、提升业务水平。拓宽服务平台。利用财税 QQ 群、公众微信平台多渠道发送财税资讯,全年在微信公众平台推送相关资讯 197 条。

(武义县财政局供稿　权京德执笔)

磐安县

【概况】　2017 年,磐安县实现生产总值 89.24 亿元,按可比价计算,增长 7.0%。其中:第一产业增加值 11.63 亿元,增长 3.7%;第二产业增加值 39.50 亿元,增长 4.9%;第三产业增加值 38.11 亿元,增长 10.7%。三次产业结构比为 13.0∶44.3∶42.7。全县居民人均可支配收入 24479 元,增长 10.2%。城镇常住居民人均可支配收入 35417 元,增长 9.1%;农村常住居民人均可支配收入 16160 元,增长 10.3%。全县完成固定资产投资 73.30 亿元,增长 15.5%。实现社会消费品零售总额 37.00 亿元,增长 13.5%。全年完成财政总收入 15.02 亿元,同口径增长 9.2%。其中,一般公共预算收入 8.91 亿元,同口径增长 8.0%,占财政总收入的 59.3%;一般公共预算收入中税收收入 7.30 亿元,占比 81.9%。一般公共预算支出 28.52 亿元,同口径增长 12.9%。全年财政收支平衡。

【组织财政收入】　全年地税部门累计组织收入 4.87 亿元,增长 5.8%。财政部门组织收入 1.35 亿元,增长 9.7%。全县通过统一公共支付平台缴纳各项收费 12 万笔,金额 7745 万元。联动谋划增收措施。建立重点税源企业库,每月分析收入形势和重点企业税收变动情况。加大欠税清缴力度。与国税、法院建立税费征缴协作机制,累计清理大额欠税 4300 万元。向上争取资金。全县共争取各类补助资金 11.30 亿元,比上年增长 17.5%。获得"两山(一类)"建设财政激励政策奖补资金 4.50 亿元,地方政府债券 8 亿元,农业转移人口市民化奖励资金 3100 万元,一事一议财政奖补助推美丽乡村建设试点县省补资金 2000 万元。全县征收非税收入 10.61 亿元,增长 32.0%,其中纳入一般公共预算管理的非税收入 1.62 亿元,增长 4.2%。

【助推经济发展】　支持实体经济。及时兑现扶持企业发展各类奖补资金 1.4 亿元。全面落实清费减负各项政策,累计落实企业税收优惠 2656 万元。按要求调整、取消部分行政事业性收费项目 16 项,为企业减负 360 余万元。支持招商引资。牵头引进了总投资 30 亿元的万影达文化影视产业园项目和孝尔养老服务项目。加快政府产业基金运作。设立政府产业基金母基金,规模 3 亿元,成立母基金运作主体磐安县金融控股投资有限公司,委托财通证券进行管理,通过"子基金"模式进行投资,重点支持企业股改上市、重大产业项目建设。助力全县重大项目。清理腾空拆迁区域行政事业单位国有资产,办理核销固定资产审批手续。在老城区拆迁改造、杭温高铁站场拆迁、土地连片整治等重大项目上给予资金支持,在人员抽调、面上配合等方面给予充分保障。

【强化民生保障】　2017 年,全县民生支出 21.20 亿元,增长 25.6%,占一般公共预算支出的 74.3%。促进社会事业发展。完善财政教育经费保障机制,筹措资金 5504 万元,保障新城中学、第四中学等学校建设。推进医疗卫生事业发展,加大城乡基础文化设施建设投入。完善社会保障体系。完成机关事业单位养老保险基金清算,完善城乡居民社会养老、基本医疗、重大疾病等保险政策和被征地农民基本生活保障制度。城乡居民养老金人均增加 15 元,城乡居民医保筹措资金标准提至 870 元,其中财政负担 610 元,大病城乡居民医疗保险年报销限额增加到 25 万元。

【深化财税改革】　深化财政支农体制机制改革。改进财政支农方式,组织实施"两山(一类)"建设项目,落实一事一议奖补政策,组织实施一事一议项目 64 个。推进"最多跑一次"改革。制定《"最多跑一次"改革实施方案》,建立组织保障、工作推进、督察考核工作机制,安排专人实行动态化管理。全局"最多跑一次"改革事项共 87 项。实施政府非税收入电子化收缴。推进 PPP 项目落地。完成玉山台地生猪定点屠宰场、第二污水处理厂、中医院迁建工程 3 个 PPP 项目,累计引进社会资本 4.8 亿元。

【强化财政监督】　加强存量资金管理。分两期对 11.82 亿元财政资金实行竞争性存放;向省财政厅争取并完成社保基金债务置换 1.12 亿元;清理并统筹各部门结余结转资金 0.33 亿元。强化政府投资项目管理。累计完成财政审核项目 400 个,核减率 3.5%。完成旅游奖补资金、幼儿园奖补资金等 11 个项目绩效评价。加强政府采购监管。全年通过"政采云"平台成交 191 笔,成交金额 366 万元,资金节约率 9.0%。完善资金监管制度。联合主管部门制定扶贫资金、美丽乡村建设资金等多个专项资金管理办法,加强与主管部门、金融机构的信息共享,杜绝多头重复申报、虚假乱报等现象。加强国有资产监管。加强老城区行政事业单位被征收拆迁房屋的资产监管,完成 42 宗公房确权、腾空工作,启动被拆迁公房的资产评估。完成仁川粮站等 5 处国有资产处置工作,提出行业协会商会与行政机关脱钩改革中国有资产清查、核实、处置意见。

【深化队伍建设】　建立重大事项集体会审制度。集体会审企业股权转让及减免税费等重大事宜。推行"日志式"管理平时考核系统。将全体人员纳入系统进行考核,通过"每日考勤"和"每季考评"落实量化评分,并将结果运用到全年绩效考核中。完成中层干部竞聘上岗和一般干部轮岗交流。提拔 15 人,调整部分一般干部和临聘人员。

(磐安县财政局供稿　马　超执笔)

衢州市财政工作

衢州市

【概况】 2017年,衢州市实现生产总值1380.00亿元,比上年增长7.3%。其中:第一产业增加值87.40亿元,增长2.1%;第二产业增加值622.74亿元,增长6.5%;第三产业增加值669.86亿元,增长8.9%;三次产业增加值结构调整为6.3∶45.1∶48.6。人均(常住人口)生产总值63492元,增长6.1%。全社会固定资产投资1047.78亿元,增长10.1%。社会消费品零售总额677.89亿元,增长11.3%。进出口总额366.54亿元,增长29.3%。全市城镇居民人均可支配收入39577元,增长9.4%;农村居民人均可支配收入20225元,增长9.8%。全市地表水环境功能区达标率为100%,县级以上集中式饮用水水源地水质达标率为100%,跨行政区区域河流交接断面水质达标率为100%。全市区空气质量(AQI)优良天数比例86.8%;PM2.5浓度平均值为每立方米42微克。全市财政总收入174.48亿元,增长12.6%;一般公共预算收入111.28亿元,增长11.3%,其中税收收入89.09亿元,增长11.0%;全市一般公共预算支出300.47亿元,增长12.1%。市本级财政总收入100.01亿元,增长17.4%;一般公共预算收入61.48亿元,增长13.5%,其中税收收入50.15亿元,增长14.3%;市本级一般公共预算支出123.50亿元,增长14.9%。财政运行情况总体良好,全市及市本级财政收支平衡。

【组织财政收入】 强化日常征管。落实"先税后证"、股权转让、企业注销、资产过户等环节管理,开展企业所得税汇算清缴、个人所得税全员申报、土地增值税清算、欠税清缴管理等重点工作,盯紧重点税源企业、一次性收入和在建重大项目等收入进度,完善千户集团成员企业风险分析,加强税收风险管控。加强财源培育。在全市范围内开展"加强企业服务、壮大地方财力"专项行动,财政、国税、地税三方联动运用扶大做强、全力外引、征管堵漏等举措,保障增值税及时足额入库。优化收入结构。全市和市本级一般公共预算收入占财政总收入的比重分别为63.8%、61.5%;一般公共预算收入中税收收入占比分别为80.1%、81.6%。深化部门合作。强化财政、国税、地税三方合作,按月开展税源变化趋势分析,健全税收预测工作机制,全市收入预测年度综合误差率0.3%,列全省前列。建立部门信息共享交换机制,完善税费征缴协作机制,深化不动产登记综合受理数据共享平台建设,规范政府非税收入征缴,全市非税收入217.23亿元,增长78.7%,其中,纳入一般公共预算管理的非税收入22.20亿元,增长12.2%。市本级非税收入129.79亿元,增长95.1%,其中,纳入一般公共预算管理的非税收入11.33亿元,增长10.3%。

【助力经济发展】 支持实业振兴。落实国务院六项减税政策等税费优惠,取消停免行政事业性收费41项,累计减轻企业负担3.60亿元。市县统筹整合涉企财政专项资金,设立3.50亿元科创大专项资金(基金),支持市域经济高质量发展。将市本级科技金融合作贷款资金风险池由2000万元扩展到5000万元,支持构建创新驱动发展体系。服务产业转型。设立市绿色产业引导基金,推行以项目定基金、以基金引项目、以合作带投资的基金管理新模式,累计设立子基金5只,总投资额8.78亿元,撬动社会资本4.17倍。保障项目建设。编制2018—2020年政府投资项目滚动预算,发挥财政"资金池"项目余缺调剂作用,保障综合交通、市容改造等市政府十方面实事和重点民生项目资金需求。推广运用PPP模式,推进市区生活垃圾焚烧发电项目、城东污水处理厂等项目落地,全市签约PPP项目18个,总投资128.73亿元,吸引社会资本123.34亿元,其中开工建设11个,总投资52.61亿元,吸引社会资本50.85亿元。

财政支持体育事业发展——衢州市区首个市民足球场

【支持民生事业】 全市民生支出235.16亿元，占一般公共预算支出的78.3%。支持文教事业。安排小学、初中年生均公用经费分别为800元、1000元，比省定基准提高150元。将安全教育和心理健康教育读本经费纳入财政预算。支持“全球免费游衢州”活动，安排5000万元市级旅游专项资金，并给予参与景区财政奖励。完善社保体系。将年人均基本公共卫生服务经费财政补助标准提高至50元，市区城乡居民医保筹资财政补助标准提高至470元以上，市区城镇居民和农民最低生活保障金标准分别提高至680元、544元，全面实施市区殡葬基本服务项目免费政策。加大“三农”投入。率先在全省完成“31066”计划，实现各县（市、区）农业综合开发园项目省级立项全覆盖，争取省以上涉农扶持资金4.15亿元。安排8000万元新农村建设资金，支持农村产权制度改革，通过考核奖补、税费优惠等措施，统筹消除经济薄弱村。支持实施生态修复。落实1.56亿元省补资金和2000万元以奖代补资金，支持集镇环境整治和“两山”实践示范区建设。将旧城改造、绿道建设等项目纳入政府投资预算，衢化西路、新荷片区改造等海绵城市建设试点项目按标准建成并投入使用。

【推进“最多跑一次”改革】 深化非税收入线上收缴。实施非税收入线上线下一体化收缴，依托浙江政务服务网统一支付平台，实现11个领域47个项目政府非税收入线上收缴，全市通过统一支付平台支付的金额5.63亿元，累计服务群众75万人次。开展“上门服务至少一次”活动。将“最多跑一次”理念扩展到财政服务供给端，由财政处室到预算单位开展政策解读、业务辅导和难点答疑，听取意见建议，对接资金需求，累计上门服务市级预算单位131家，服务670人次。优化乡镇公共财政服务。将乡镇公共财政服务平台纳入基层“最多跑一次”改革和乡镇“四个平台”建设，链接社会保障系统平台，实时采集和更新公民个人信息，为涉农资金发放“一卡通”管理提供数据支撑。将平台数据纳入浙江政务服务网予以管理，全市累计完成“一卡通”项目支付233个，涉及资金18.13亿元。

【开展财政“大统筹”管理体制改革】 探索建立“财力统揽、资金统筹、项目统定、资产统管、债务统控、绩效统评”的管理体系。建立“预算管理一本账”。扩大市级国有资本经营预算实施范围，编制政府“大预算”表，涵盖财政“四本预算”和国资公司收支预算，综合反映政府收支全貌。开展国有资产盘底清查。完成市级208家行政事业单位和国有企业的资产清查工作，开发市级房产土地管理信息管理系统，通过注入国有公司、公开拍卖、国有收储、调剂使用等方式，分类处置行政事业单位资产，规范出台市级一揽子资产管理办法，实现国有资产集中统一管理。加强财政专项资金管理。按照“大口子、大盘子、大专项”原则，围绕大农业、大商贸、大文旅等分类，开展政府专项资金清理整合工作，并上线运行专项资金监管系统，对预算安排、资金分配、预算执行等实行全过程监控。

【规范财政监管】 推进国库集中支付改革。统筹上线资金实拨、直接支付、清算等业务，成为省内第一个实现国库集中支付电子化的设区市。截至12月底，完成市级203家预算单位上线工作，实拨业务1177笔，涉及金额181.20亿元。强化重大风险管控。规范地方政府债务管理，将新增债券全部纳入债务项目库管理，市级全年置换债券6.74亿元，争取新增债券13亿元。加强养老保险基金收支分析，规范养老保险基金征缴，开展社保资金竞争性存放，涉及资金26.10亿元，实现收益5542万元。严格遵守财经纪律。完善差旅费、因公出国（境）、公共交通意外保险管理办法，开展津补贴和福利发放、用公款购买赠送礼品礼金消费卡等问题专项检查，全年市级“三公”经费支出4503万元，下降20.9%。加强会计执业人员管理。自主研发并上线“衢州市会计人员执业信用档案管理系统”，建立健全从业人员实名登记、会计人员信息实时更新等执业信用监管体系，推进执业信用深度运用。推广“政采云”应用平台。制定出台市县联动实施方案，邀请衢州“名优特”制造企业入驻“浙江制造（精品）馆”，充实网上超市供应商库，实现“政采云”平台试点应用全市域开通。

【加强队伍建设】 推进从严管党治党。建立从严治党主体责任清单和“下抓两级、抓深一层”工作机制，开展党的十九大会议精神贯彻学习，实行党员积分制管理，推进“两学一做”学习教育常态化制度化。落实作风效能建设。完善干部请假、干部出国（境）管理、干部操办婚丧喜庆事宜等内部管理制度，制定机关单位及工作人员问责办法，开展年度执纪问责专项监督，首次对新提拔的科级领导干部实行廉政知识测试。突出干部能力培养。在全市财税系统开展“争当铁军先锋、争做财税榜样”典型选树活动，开展科级干部竞争性选拔，提任正科级干部7名、副科级干部13名。市局在市级机关综合考核中获一等奖，被评为“最佳满意单位”。

（衢州市财政局供稿　毛怡青执笔）

柯城区

【概况】 2017年，衢州市柯城区累计实现地区生产总值185.05亿元，按可比价格计算，增长7.7%，增幅全市第一。其中：第一产业增加值8.71亿元，增长2.3%；第二产业增加值39.26亿元，增长2.9%，其中工业增加值22.62亿元，增长5.0%；第三产业增加值137.08亿元，增长9.4%。三次产业结构比调整为4.7∶21.2∶74.1，三次产业贡献率分别为1.5%、8.1%和90.4%。全年完成财政总收入14.16亿元，增长13.7%；完成一般公共预算收入9.53亿元，增长12.2%。其中：税收收入8.10亿元，增长11.6%；非税收入1.43亿元，增长15.8%。一般公共预算收入占财政总收入比重为65.4%，一般公共预算收入中税收收入占比为85.0%。全区一般公共预算支出26.63亿元，增长11.8%。

全年财政收支平衡。

【组织财政收入】 加强税收收入征管。加强财政、国税、地税部门协作,建立综合分析研判机制,涵养区级重点税源,保障建筑业和政府投资项目税收入库。建立每月税收入库分析制度,及时把握收入进度。修订完善区对乡镇(街道)的一般公共预算收入考核办法。强化非税收入管理。健全非税收入征管机制和流程,开展非税收入线上线下一体化收缴试点,推广应用统一公共支付平台,引入支付宝、银联等支付方式,实现教育、社保等11项非税收入在浙江政务服务网统一支付平台收缴,服务1.6万人次。全年实现非税收入18.32亿元,增长185.4%,其中纳入一般公共预算管理的非税收入1.43亿元,增长15.8%。

【服务区域经济发展】 加大财政扶持力度,促进产业转型升级。安排产业转型升级专项资金6000万元,兑现工业创新转型、外贸发展等各类奖补资金5000万元,助推企业上台阶。落实清费减负政策,取消、停征相关部门的行政事业性收费,为企业和个人减轻负担670余万元。修订完善《柯城区工业企业还贷周转专项资金管理办法》,安排2000万元作为还贷周转资金,为企业提供资金周转12次共计3565万元,缓解企业还贷压力,降低融资成本。落实7家"小升规"企业奖补资金84万元。争取省财政"两山"专项激励政策、田园综合体项目省级首批试点等,到位资金1.60亿元。会同相关部门争取上级补助资金1亿元。全年新增省级以上补助资金近3亿元。获省农业发展基金注资2亿元,扶持垦造水田项目。

【保障民生和重点支出】 足额保障医疗卫生、社会保障等各项政策提标及新政实施资金需求,全年财政民生支出22.58亿元,占一般公共预算支出的84.8%。其中,教育事业支出5.87亿元,增长16.3%,主要用于义务教育。医疗卫生事业支出2.78亿元,增长18.4%,主要用于基层医疗卫生机构、基本公共卫生、城乡居民医疗保险基金补助。城乡社区事业支出3.90亿元,增长32.7%,主要用于城乡基础设施建设。加大"三农"财政投入,整合各类涉农资金,全面消除经济薄弱村。投入资金4.12亿元,保障"五水共治""四边三化""三改一拆"、消灭"赤膊墙"、垃圾分类等美丽乡村建设资金需求。

【推进财政改革】 实施"最多跑一次"改革。启用会计代理记账机构资格审批、年度报备管理新系统,推行网上在线办理,实现群众和企业"零上门"。发挥互联网平台作用,实行政府采购供应商网上注册初审,全年审核并完成注册政府采购供应商78家;在全区推广政府采购网上申报系统,缩减审批流程,累计完成线上审批1435笔。推行授权支付业务,强化预算单位主体责任,减少报账人员送审和报账时间。深化投融资改革。加快推动产业基金和PPP项目实质性运作。引进国家集成电路基金和巨化集团组建的中巨芯科技有限公司,注册资本10亿元,利用产业基金的撬动作用,助推电子化工材料产业发展。推动PPP模式实质化运作,吸引社会资本参与沿江公路、花彩小镇项目建设。

【强化财政监管】 严把监督审核关。把好国库集中支付资金审核关,确保资金支付合法合规。全年审核国库集中支付业务70683笔,退回不符合规定业务4003笔。全面推行单位公务卡结算业务,托收单位公务卡业务9684笔,涉及金额2.78亿元。把好政府投资项目评审关,全年完成政府投资项目评审270个,送审金额6.90亿元,核减资金0.83亿元,核减率12.0%。发挥监督职能作用。对375笔"橘融通""合易贷""民宿贷"等财政贴息贷款共计4.70亿元进行核查,核减应贴利息32.8万元。全面检查区本级44个部门(单位)预决算和"三公"经费信息公开工作。对全区基层医疗服务体系补助政策实施情况开展绩效评价,评价资金1.05亿元。严格落实厉行节约规定。规范落实会议费、培训费、差旅费、因公临时出国(境)经费等综合性公务支出开支标准,对"三公"经费实行动态管理和审核,2017年全区"三公"经费支出840万元,下降28.0%。

【防范财政风险】 强化预算管理。严格按《预算法》和《人大预算监督条例》相关规定,细化预算编制,建立健全预算支出标准,规范项目预算设置,强化预算刚性约束,接受人大监督。做好本级预决算公开工作,督促区级部门(单位)的预决算全面公开。完善政府采购、政府购买服务和政府投资项目预算编制。做好风险管理。加强政府性债务管理,完善债务管理制度,规范举债行为,做好规模控制、限额管理、债券分配等工作,做好隐性债务化解,防范财政运行风险。多渠道落实社保资金政府出资部分的筹集,严格按新的标准提取社保相关资金,防范社保风险。

【加强队伍建设】 加强干部学习教育。深化"两学一做"学习教育,建立长效学习制度。学习贯彻党的十九大精神,开展"忆初心·话使命·再出发"专题学习讨论活动,引导党员干部为推动财政改革、强化财政管理,服务经济发展出谋划策。组织全员培训,营造学业务、提素质、强本领的工作氛围。加强法律法规,特别是《预算法》的学习。组织参加全市财政地税系统先进典型事迹巡回宣讲活动,树典型、明标杆、学榜样,增强干部"比学赶超"意识。加大绩效管理力度。修订完善干部绩效管理考核办法,推广使用"钉钉"系统管理考核,建立钉钉业务工作督查群,加大对干部职工的每日考勤、工作纪实和争先创优的考评力度。强化个人绩效考核结果运用,将其作为评优评先、奖励惩戒的重要依据。推进财政内控制度建设,修订财政内控基本制度和8个专项内控办法,深化"1+8+X"的内部操作规程三级制度体系。

(衢州市柯城区财政局供稿　陈俭龙执笔)

衢江区

【概况】 2017年,衢州市衢江区实现生产总值162.62亿元,按可比价计算,比上年增长7.3%。其中,第一产业增加值21.50亿元,增长2.2%;第二产业增加值69.75亿元,增长7.2%;第三产业增加值71.37亿元,增长9.2%。三次产业结构比调整为13.2∶42.9∶43.9。全社会固定资产投资141.49亿元,增长13.0%;社会消费品零售总额67.3亿元,增长11.1%;按户籍人口计算,全区人均生产总值为39403元,增长6.2%。全年财政总收入20.52亿元,增长13.3%,其中一般公共预算收入13.68亿元,增长10.8%。全区一般公共预算支出33.14亿元,增长5.5%。全区财政收支平衡。

【组织财政收入】 *加强收入分析*。联合国地税分析研判经济走势,按月做好收入情况统计分析,把握税源变化情况,制定各部门年度收入目标任务挂钩综合考核,拓宽征收渠道,激发部门工作积极性。全年完成税收收入10.91亿元,占一般公共预算收入的79.8%。*加强非税收入征管*。全面推进非税收入电子化收缴改革,做好统一公共支付平台建设,全区所有收费项目均实现电子缴款。建立政府非税收入定期缴库制度,确保政府非税收入及时足额入库,全年实现政府非税收入26.94亿元,增长102.3%,其中纳入一般公共预算管理的非税收入2.77亿元,增长1.6%。

【服务经济发展】 支持重点项目建设,全年完成政府投资项目97个,累计拨付资金37.36亿元,其中区本级财政资金支出7.25亿元。推行PPP模式应用,2017年新增PPP项目3个,总投资18亿元,吸引社会资本进入基础设施及公共服务领域。安排工业和信息化发展专项资金2000万元,推进产业专项升级,助力实施“腾笼换鸟”“互联网+”等战略,改造提升传统产业。安排科技和人才专项资金1150万元,支持高层次高技能人才创新创业,强化经济社会转型发展人才支撑。争取上级资金支持,列入全省12个“两山(一类)”扶持县“盘子”,争取到每年1.5亿元,三年共4.5亿元的资金扶持;争取到省财政一事一议奖补资金2000万元;扶持村级集体经济发展试点资金1500万元。

【保障民生支出】 坚持民生优先导向,2017年全区民生支出25.33亿元,占财政总支出的76.4%,增长7.1%。推进为民办十件实事项目,全年投入资金6.45亿元,完成年度预算的84.0%,其中:区财政投入资金1.01亿元,完成年度预算的56.2%。加大教科文卫投入,兑现义务教育阶段奖励性绩效工资2523万元,拨付2017年义务教育学校生均公用经费、营养餐及低保、困难学生资助、高中扶困助学资金和中职生均公用经费等资金4086万元,支持教育均衡发展。建立健全大病保险制度,城乡居民基本医疗保险财政补助标准和基本公共卫生服务财政补助标准分别提高至年人均600元/人、50元/人。筹措资金保障“四大板块”*建设以及“六场硬仗”*资金需求,服务区委区政府中心工作。

【深化财政改革】 深化部门预算管理,科学规范编制“四本预算”,严格控制代编预算规模,提高年初预算到位率。独立编制并规范乡镇(街道)预算。推进预决算公开,区级125个部门、21个乡镇(街道)在规定时限内主动在政府信息公开网的重点领域栏目上,公开部门预决算和“三公”经费预决算。完善政府债务管理,开展债券置换债务、新增债券、违规举债清理消化等工作,2017年完成债券置换债务2.83亿元,新增债券10.50亿元,较上年增加8.10亿元。加强预算执行管理,建立预算执行进度通报机制,将预算执行进度与来年预算指标挂钩。加强行政事业单位公款管理,预算单位开展9期次3.73亿元的公款竞争性存放工作。全面推行财政授权支付。开展权责发生制政府部门综合财务报告编制工作。

【强化财政监督】 强化财政监管,严格遵循“先有预算、后有支出”的原则,于10月上线政府采购系统以及“政采云”平台。完成2016年度资产统计报表编报工作,全面规范和加强行政事业单位国有资产管理。开展违规发放津补贴专项检查,全区177家单位均按要求开展自查,自查率100%;区财政部门牵头成立联合检查组,重点抽查10家单位,发现问题立即整改。推进财政内控建设,制定《衢江区财政局内部控制基本制度(试行)》及八个专项风险内部控制办法,初步建立财政内部控制制度体系。

【干部队伍建设】 以开展“两学一做”学习教育为载体,通过

规划有序的城市新区

"讲党课""主题党日"等活动形式,全年组织各类理论学习、观看电教片25次,制作《学习与思考》4期,推送和更新学习内容。严格落实"一岗双责",坚持业务工作与党风廉政建设有机结合,坚决不触审计"红线",守住法纪"底线"。树立全员窗口服务意识,服从大局、服务工作,主动到预算单位开展"上门服务至少一次"活动36次,以服务促改革。对窗口部门会计核算中心进行硬件提升、流程再造,提升服务质量。制订年度学习培训计划,组织机关干部、乡镇财政所和预算单位财务人员分4批次赴厦门大学开展财政素质能力提升培训,提高财政干部素质和业务水平。

(衢州市衢江区财政局供稿　潘晓梦执笔)

注:

*"四大板块":针灸康养、运动康养、田园康养、森林康养。

*"六场硬仗":工业转型升级主攻战、城市能级提升大会战、小城镇环境综合整治攻坚战、土地开发整治提速战、放心农业品牌提升战、民生和谐保卫战。

江山市

【概况】 2017年,江山市实现地区生产总值301.64亿元,增长7.3%,其中:第一、二、三产业增加值分别为21.96亿元、147.19亿元、132.49亿元,分别增长2.0%、5.9%、10.0%。三次产业结构比为7.3∶48.8∶43.9。按户籍人口计算,人均生产总值49025元,增长8.3%。城镇居民人均可支配收入41545元,增长9.0%;农村居民人均可支配收入21932元,增长10.0%。全年固定资产投资207.01亿元,增长13.0%。全市财政总收入25.21亿元,增长4.6%,其中一般公共预算收入16.67亿元,增长7.1%。全市一般公共预算支出45.22亿元,增长7.7%。全市财政收支平衡。

【组织财政收入】 加强税收收入分析,推进行业税收情况对比分析。强化部门信息共享机制。强化数据审核,弥补日常管理盲点。全年实现税收收入13.02亿元,占一般公共预算收入比重为78.1%。推进浙江政务服务网统一公共支付平台建设,共72家单位纳入统一公共支付平台,办理业务13万笔,涉及金额2.05亿元。规范土地出让金收益金、教育、水利等专项资金计提政策,落实土地出让收支国库管理。规范非税收入管理,实现非税收入35.94亿元,增长189.6%,其中纳入一般公共预算管理非税收入3.66亿元,增长27.0%。

【振兴实体经济】 推进重大项目建设。筹措落实"三大百亿"工程和政府投资重大项目建设财政性资金,支持环境保护、城市供水等为重点的基础设施和民生工程建设。编制"两山"建设实施方案,被列为2017—2019年"两山(二类)"建设财政专项激励资金实施对象,获得省财政补助3亿元。制定政府性基础设施投资基金暂行管理办法。推广运用PPP模式,纳入省财政厅PPP项目库12个,总投资32.28亿元。与省金控公司筹资2亿元设立江山市基础设施建设(PPP)基金,完成锦绣江山外国语学校和江山市峡口水库引水工程两个项目PPP基金投资入股,投资金额1.54亿元。促进企业转型升级。参与制定《关于推动企业利用资本市场转型升级的若干政策意见》《关于深入实施创新驱动发展战略激发企业创新活力的若干意见》《关于开展工业企业综合绩效评价推进要素资源差别化配置的实施意见》,振兴实体经济。推进政府产业引导基金和子基金运转,累计投资项目14个,撬动社会资本12.04亿元。落实财税优惠政策。落实城镇土地使用税差别化减免政策,277家企业共减免1797万元。兑现涉企财政补助奖励资金,审核补助资金2.32亿元。落实税费优惠政策,减免各类税费2.96亿元。完善企业搭桥资金管理办法,共办理475笔,为企业转贷27.94亿元。

【保障改善民生】 加大"三农"事业投入。整合"两山"建设、幸福乡村、小城镇环境综合整治、山区经济等专项资金1.20亿元,保障全省美丽乡村建设现场会考察点建设和沿线整治资金需求。统筹安排资金8071万元,推进光伏小康工程建设,发放两期收益300万元。实施精准扶贫,为全市20886户低收入农户缴纳健康保险保费209万元。支持社会事业发展。从土地出让金中筹措6亿元,充实社会保障资金。做好机关事业单位养老保险基金清算工作,累计清算补缴单位242家,清算资金1.50亿元。投入专项资金3429万元做好公立医院改革和医疗资源"双下沉、两提升"。调度资金3000万元,启动大峦口水库移民避险解困工程。统筹资金9500万元,支持"学在江山"品牌建设。拨付"人才强市"战略专项资金4032万元,推进"英才工程"建设。推进"天网"工程、"四个平台"等软硬件设施建设,投入2357万元保障平安综治、维稳安保、安全生产监管、流动人口服务管理等工作。推进生态环保建设。加大生态建设投入,重点向环境保护、城市供水、城市保洁、绿化等民生项目倾斜。支持"811"生态文明推进行动,安排企业污染治理专项资金700万元,筹措补助污水处理厂运营费用及还本付息费用1500万元,城乡垃圾收集处理及公厕运维经费2200万元。筹措安排资金6380万元推进小城镇环境综合整治、"四边三化""三改一拆"等重点工作。拨付资金3548万元,巩固农村生活污水和生猪养殖污染整治成果。

【深化"最多跑一次"改革】 开展"百名局长驻窗口"活动,联合邮政公司开拓"财税+邮政"新模式,实现代理记账许可证书网上申请、快递送达。开展"上门服务至少一次"活动,到各预算单位开展上门服务,宣讲、辅导预算编制的改革政策和要求。

【推进财政改革】 丰富、完善预决算报告,细化、优化"四本预算"编制。深化市级部门预算改革,优化"两上两下"程序。被国务院评为2016年度财政管理绩效考核先进市县。制定《关于加强政府性债务管理意见》,对政府债务建设项目实行严格程序管理，对重大负债建设项目实行报经人大常委会审议通过，严格控制政府性负债建设行为。被评为全省债务管理风险管控质量先进县。健全预算信息公开机制，公开2017年财政专项资金37项，涉及金额9.51亿元。开展会计信用体系建设试点工作。

【强化财政监管】 开展市级财政资金竞争性存放活动，共8家行政事业单位参与，涉及金额1.69亿元。强化政府投资项目评审，评审项目261个，评审总价9.58亿元，核减支出1419万元。从严控制“三公”消费，全年一般公共预算“三公”经费支出2017万元，下降28.5%。推进“政采云”平台应用，完善政府采购信息统计制度，累计纳入政府采购监管资金2.68亿元，节约资金3319万元。

【深化国资管理】 完善国资管理体制改革配套措施，起草国有企业劳动用工管理、负责人绩效考核及薪酬管理、工资总额预算管理等制度文件。制定《江山市国有投资公司资金集中管理办法（试行）》，对接引进招商银行跨行现金管理平台。做好全市国有企业清产核资，继续开展外派监事监管试点。开展国有企业2016年度“三公”经费专项检查。做好行政事业单位办公用房搬盘整合工作。

【加强队伍建设】 完善教育体系。推进“两学一做”学习教育常态化制度化。开展“树一个标杆、创一项品牌、争一项荣誉”活动。加强机关干部政治业务学习，开展每月一期的“财税讲坛”活动，全年安排各类培训班20个。加强廉政建设。健全反腐败领导体制和工作机制，细化班子成员党风廉政建设责任，层层签订党风廉政建设责任书。完善中层以上干部个人廉政档案，副科以上干部在江山“廉政在线”诺廉。加强节点廉政教育，提醒党员干部自觉履行廉政规定。提升作风效能。开展“补短板、提绩效、增活力”活动，发放调查问卷1300份，征集社会各界意见建议150条，共查找出各类短板180个，并予以整改。强化内控管理，深化应用上网行为管理系统，开展内部监督检查。实行工作人员请假制度及谈心谈话制度，实施“正风肃纪”监督检查。

（江山市财政局供稿　薛丽红执笔）

龙游县

【概况】 2017年，龙游县实现生产总值233.40亿元，增长7.5%。其中，第一、二、三产业增加值分别为14.06亿元、113.02亿元、106.32亿元，分别增长2.1%、6.2%、9.9%。三次产业结构比为6.0∶48.4∶45.6。按户籍人口计算，人均生产总值57505元，增长7.5%。全县财政总收入22.07亿元，增长9.9%，其中一般公共预算收入14.82亿元，增长9.7%。一般公共预算支出49.75亿元，增长18.1%。全年财政收支平衡。

【组织财政收入】 建立部门信息共享机制，强化国税、地税、国土、住建、法院等多部门征管协作。探索国地税联合注销机制，防止税款流失。加大欠税清理力度，夯实征管基础。加强规费征管信息化建设，推进社保费征缴扩面。全年实现税收收入11.86亿元，增长12.2%，占一般公共预算收入比重为80.0%。规范非税收入管理，加强土地出让收入组织和国有资源（资产）有偿使用管理，全年实现非税收入19.92亿元，下降14.6%，其中纳入一般公共预算管理的非税收入2.96亿元，增长0.6%。

【服务经济发展】 加强资金统筹和整合，全年调度重点项目资金12.50亿元，保障城市东进、桥头江大桥、沿江美丽公路、351国道（龙游段）征迁、衢江治理二期工程、小城镇综合整治等重点建设项目。推广运用PPP模式，推进高坪桥水库项目、湖镇至童家公路、沿江美丽公路工程等项目建设，其中高坪桥水库项目入选全国示范性项目。发挥“转贷通”“助保贷”和担保公司的作用，为170家企业提供资金转贷担保24.12亿元，帮助企业化解债务逾期、连锁互保风险。设立联龙股权投资基金，撬动社会资本、金融资本，已帮助2家企业进入新三板创新层或主板。拨付财政奖励资金1.55亿元，支持企业股改上市和科技创新、提高亩产税收贡献、淘汰落后产能、实施工业机器换人，推动企业创新发展、产业转型升级。

【推进“最多跑一次”改革】 梳理和发布财政办事指南和咨询方式，组织开展“最多跑一次”体验式督查活动。在25家单位实施“不见单审核”的财政授权支付方式改革试点，审核资金1.09亿元。启动到预算单位“上门服务至少一次”活动，全年服务和辅导预算单位187家，共计1116人次，解决问题79个。实现驻行政服务中心财税窗口与县国土、住建部门统一叫号、统一受理，实现办事环节、材料、时间“三减少”，平均每户办理时间压减近50%。

【保障民生支出】 全年安排民生支出38.50亿元，占一般公共预算支出的77.6%。支持改善阳光小学、樾园小学等义务教育办学条件，扶持华岗中学等民办教育。投入1.12亿元建设户外运动拓展基地和博物馆。安排各类社保基金补助3.14亿元，充实社保风险准备金6.14亿元，防范社保基金运行风险。投入9700万元扶贫专项资金，用于光伏小康扶贫、农民异地搬迁、扶持来料加工等项目。投入3.93亿元，保障跨衢江大桥应急工程、溪口至毛连里公路建设等重点交通项目。

【深化财政改革】 出台深化财政专项资金管理改革意见，理顺县与乡镇（街道）事权财权关系，增强乡镇（街道）综合统筹能力。落实涉农资金项目整合试点工作，全年修订完善专项资金管理办法21个，统筹涉农资金4.12亿元。出台《关于完善开发区财政体制的意见》，实行核定基数、自求平衡的开发区财政管理体制。在衢州市率先实施国库集中支付其他资金无纸化支付改革，取消银行纸质支付凭证，实现资金网上支付即时到账。

【强化财政监管】 严格执行厉行节约各项规定，压减一般性支出，严控"三公"经费，全年"三公"经费实际支出1735万元，下降26.0%。开展扶贫专项财政资金检查、非税收入检查，严肃财经纪律。加强财务支出审核，修订完善经费审批制度。规范政府性投资项目审核管理，创新网上摇号、垦造耕地项目"模块化"审核等办法，简化流程提速增效，全年评审政府性投资项目949个，核减资金5.38亿元，核减率6.4%。加强政府采购监管，推广应用"政采云"平台，规范单位采购行为，实际采购金额比采购预算节约2607万元，节约率3.9%。依法落实债务管控机制，提高政府性债务管理水平，防范地方债务风险。

【加强队伍建设】 修订完善《县财税局党委班子会议制度》，细化干部全员量化考核要求，首次将编外人员纳入考核体系，列出正向激励清单和负面清单，推动干部履职尽责。研究制定《机关党建考核办法》《机关党建工作奖励办法》，举办党务干部专题培训班、纪检干部读书班，通过邀请老师授课、实地参观学习、交流党建工作、分享读书体会等形式，激活机关党建。制定党风廉政建设《责任分工》，细化"责任清单"、实行"履责留痕"。组织学习党的十九大精神，以支部为单位开展党员阵地建设，局领导轮流上专题党课。依托"财税讲堂"，开展财税业务、政策的宣讲辅导。2017年度县局在全县部门综合考核中获一等奖，被评为2017年度全县"最满意单位"，获评"2017年度落实全面从严治党主体责任优秀单位"等荣誉称号。

（龙游县财政局供稿　余敏芬执笔）

注：

*"不见单审核"：按照事先确定的授权支付的资金范围和项目内容，由财政授权各预算单位自行审核支付，不再将原始凭证送交县国库支付中心审核，由其在支付系统中进行不见单批量审核。

常山县

【概况】 2017年，常山县实现生产总值129.94亿元，比上年增长6.6%。其中：第一产业增加值8.38亿元，增长2.1%；第二产业增加值54.70亿元，增长5.9%；第三产业增加值66.86亿元，增长8.0%；三次产业结构比调整为6.4∶42.1∶51.5。按常住人口计算，全县人均生产总值52204元，增长5.0%。全县财政总收入13.97亿元，增长9.8%；一般公共预算收入9.88亿元，增长9.2%；一般公共预算支出37.76亿元，增长7.4%。全年财政收支平衡。

【组织财政收入】 健全收入预测机制，做好年度、季度、月度收入分析预测，加强常规分析和专项分析，提高收入分析质量。强化财政、国税、地税三方合作，借力联席会议机制，找准税源管理方向和重点，提高收入的主动性和有效性。加大欠税清理力度，参与"僵尸企业"处置，确保依法征收和应收尽收。2017年，全县一般公共预算收入占财政总收入的70.7%；一般公共预算收入中税收收入6.47亿元，增长4.9%，占一般公共预算收入的65.5%。加强和规范非税收入征管，组织征收部门依法、及时、足额征收，全年实现非税收入13.02亿元，增长145.6%，其中纳入一般公共预算管理的非税收入3.41亿元，增长18.4%。

【激发经济活力】 落实国务院六项减税等优惠政策，全年共减免税1.41亿元；落实财政奖补政策，兑现涉企专项资金9660万元；取消和停征事业性收费26项，为企业减负3386万元。推进产业基金设立及运作，批复设立睿康常山山茶油基金和常山产业升级股权投资基金，总规模7亿元。推广运用政府和社会资本合作（PPP）模式，总投资40.34亿元。创新金融扶持方式，挂牌成立常山"两山"农林合作社联合社，财政和联合社分别出资1000万元，撬动贷款额度2亿元，解决涉农企业融资难问题。

【加大民生投入】 全县民生领域资金支出30.16亿元，占一般公共预算支出的79.9%，增长11.0%。支持教育事业。安排1.14亿元保障常山一中迁建、常山县芳村小学迁建等重点教育项目，安排3950万元保障23个非重点教育项目；安排1960万元设置教育奖励资金、教师提质增量经费等专项经费。保障医疗卫生事业。安排7300万元用于中医院、妇保院等重点项目建设；支持在全省率先试点医联体、医共体建设，促进省市县医疗资源共享。保障危旧房治理改造。筹资1.06亿元用于城区73幢2111户D级危旧房治理改造，并落实棚改专项贷款和国家重点项目建设基金。助力国际慢城*建设。保障国际慢城"五朵金花"、四大入口、三条大道、渣濑湾花谷等项目，助力常山成为全国第七个国际慢城。推进赏石小镇建设。筹资8000多万元用于赏石小镇建设，保障第六个全国赏石日暨首届常山国际赏石文化节举办。推进"厕所革命"。总投资2000万元新建和改造城区公厕36座、农村公厕72座，补齐民生短板。支持体育赛事承办。安排1000多万元用于中国山地自行车公开赛总决赛、中国皮划艇巡回赛、"环浙"自行车挑战赛等大型体育赛事。

【支持乡村振兴】 消除经济薄弱村。安排2200多万元用于消除经济薄弱村，全县128个经济薄弱村已全部"摘帽"，年经营性收入5万元以上村108个，占全县总行政村的60%。扶持村集体经济发展。总投资4000多万元发展休闲农业、乡村旅游、民宿经济等，涉及17个村，通过项目实施平均每年为每个试点村增加集体收入7万元以上。加强小城镇环境综合整治。划拨1.45亿元用于小城镇环境综合整治，创新资金分配方法，实行因素法与示范奖励资金相结合方式。推进美丽乡村建设。安排2.40亿元，用于农村污水治理、农村垃圾整治、剿灭劣V类水、美丽乡村风景线、美丽庭院示范村、历史文化村落保护、"赤膊墙"整治等。打造"一区两园四中心"*。安排5000万元推进油茶"一区两园四中心"建设，提升山茶油品质。

【推进“最多跑一次”改革】 线上线下同步推进非税收入电子化收缴。全年办理非税收入电子化缴费业务107493笔,收取非税收入6844万元。推广“政采云”平台应用。推进政府采购交易、监管和服务全过程信息化。推进政府投资项目管理信息系统。政府投资项目资金审批由原来纸质审批变为在线审批,规范审批流程、精简办理材料。启用全省代理记账机构管理系统。落实代理记账机构审批改革,完成全县3家会计代理记账机构换证工作。推进“四个平台”*建设。将乡镇公共财政服务平台纳入乡镇(街道)“四个平台”建设,做好财力保障,在全省率先实现乡镇(街道)“四个平台”全覆盖。开展“上门服务至少一次”活动。拓展“最多跑一次”内涵,到预算单位辅导政策、听取意见、释疑解惑,服务预算单位112家,服务人数587人次。

【深化改革创新】 推进农村综合改革。常山县“发展农村新业态助推美丽乡村建设项目”在全省作为典型推广;被列入浙江省2018年度扶持村级集体经济发展试点、一事一议财政奖补助推美丽乡村建设试点;被评为全省农村综合改革工作先进单位。推进新一轮乡镇财政体制改革。完善乡镇(街道)、经济强镇和中心镇、经济技术开发区财政管理体制,建立超收分成、增收奖励、竞争性分配等机制。深化支农体制机制改革。结合农业“三项补贴”综合改革试点、中央财政支持农民合作社创新试点等工作,修改完善专项资金管理办法。推进国库集中支付电子化改革试点。统筹上线资金实拨、清算、支付等业务,即时审批,实时到账;对一万元以下非政府采购类支出全面推行授权支付;取消财政中间结算账户,实现国库集中支付清算“T+0”模式。强化预算管理工作。从预算编制、预算执行、预算公开三方面做实预算管理。

【规范财政监管】 推进财政资金竞争性存放。全年累计招标金额9.50亿元,增加财政资金利息收入495万元;推进乡镇财政资金竞争性存放,存量资金收益统筹用于经济薄弱村民生项目支出。强化政府投资项目管理。建立健全《常山县政府投资项目评审管理办法》,全年审核项目737个,核减金额3.24亿元。完善预算执行动态监控体系。上线国库集中支付动态监控系统,全过程预警财政资金支付,保障财政资金使用安全。建立内控机制。做好专项资金、预算公开、“三公”经费等监督检查,按照“1+8+X”内控规范要求,建立常态化督查机制、重点监督检查项目遴选机制。加强债务风险管控。控制债务率在警戒线以内,在全省债务风险管控质量考核中排名前列。

【淬炼财税队伍】 深化“两学一做”活动,落实党风廉政建设责任制。执行中央八项规定、省委“28条办法”“六个严禁”“七个一律”等。创新工作管理办法,完善明察暗访、通报曝光等监督检查和约谈问责机制,利用视频监控加强局内部工作纪律监管。选派财政骨干参与到蓝天三衢整治、危旧房改造、小城镇建设、国际慢城建设等工作组。当年县局干部一人被评为“最美常山十大女杰”、一人获“全国无偿献血奉献奖金奖”。县局在2017年度全县机关部门综合考核中获一等奖。

(常山县财政局供稿 李阳彦执笔)

注:

*国际慢城:慢城是1999年兴起于意大利的一种新的城市模式。常山县把建设“美丽中国独具特质的国际慢城”列为战略目标,确立“何处心安、慢城常山”区域形象品牌。2017年11月11日,在挪威国际慢城联盟总部协调委员会会议上,常山县正式跻身国际慢城联盟成员,成为中国第七个国际慢城。

*“一区两园四中心”:“一区”就是省级油茶产业集聚区;“二园”就是国家级油茶公园、常山油茶产业园;“四中心”就是全国油茶交易中心、价格指导中心、集散中心、文化中心。

*“四个平台”:是指综治工作、市场监管、综合执法、便民服务四个功能性工作平台,是基层治理体系和治理能力现代化的重要举措。

开化县

【概况】 2017年,开化县实现地区生产总值123.85亿元,比上年增长5.0%,其中一、二、三产分别实现增加值12.68亿元、44.70亿元、66.47亿元,分别增长2.2%、1.2%、8.5%。三次产业结构比为10.2∶36.1∶53.7。按户籍人口计算,人均生产总值34340元,增长4.7%。固定资产投资97.60亿元,增长13.0%。社会消费品零售总额78.41亿元,增长11.0%。外贸出口总额21.41亿元,增长40.2%。城镇常住居民人均可支配收入31798元,增长9.6%;农村常住居民人均可支配收入15736元,增长9.5%。全县财政总收入13.22亿元,增长2.4%,其中一般公共预算收入8.44亿元,同口径增长9.0%,占财政总收入的63.8%。全县一般公共预算支出44.24亿元,增长6.0%。全年财政收支平衡。

【组织财政收入】 坚持依法治税,深化信息管税,强化重点税源监控,推进税收风险管理和欠税管理,加大综合治税力度,全年完成税收收入7.60亿元,增长9.4%,占一般公共预算收入的90.1%。加强社保费征管,落实数据比对和风险推送工作,完善残保金申报制度,社保费收入9.53亿元,同口径增长12.5%。强化非税收入管理,深化非税收入收缴电子化改革,推出大宗土地出让,非税收入实现17.70亿元,增长54.3%,其中纳入一般公共预算管理和非税收入0.84亿元,增长5.4%。争取上级各类补助资金30.00亿元、新增地方政府债券资金12.00亿元,全年可用财力70.70亿元,增长23.0%。

【支持经济发展】 实施“产业强县”战略,修订农业主导产业、乡村旅游、建筑业、人才等扶持政策,兑现奖补资金1.27亿元。落实各项税费优惠政策,减轻企业负担6117万元。加快政府产业基金运作,跟投360万元支持开化首家新三板挂牌企业发展;投资泰康药业公司9800万元,帮助顺利通过GMP认证并恢复生产;新设立规模2.00亿元立友投资基金,对外投资1.07亿元。县产业基金累计投资6个项目,实际投资到位资金7561万元,撬动社会资本1.98亿元。下调企业应急专项资金周转利率,全年为142家企业周转续贷11.84亿元。发挥财政资金竞争性存放导向作用,设立"支持企业情况"和"支持三区一园"建设贡献情况两大类指标,引导激励金融行业支持地方实体经济发展。优化PPP项目储备库,运用PPP模式支持基础设施建设,推进生活垃圾及生物质焚烧厂项目和衢州市沿江公路工程(开化段)项目落地。

【加大民生投入】 全年民生支出38.35亿元,增长4.1%,占财政总支出的86.7%。提高民生保障水平,将城乡居民医疗保险财政补助标准提高至600元/人。新增财政支出3400万元,用于提升退休人员待遇。安排1589万元,保障开化县中医院、妇保院搬迁。投入6561万元,支持华埠中心小学扩建、城关小学迁建等教育项目建设。统筹整合3.60亿元,支持省美丽乡村示范县创建、小城镇环境综合整治、集镇生活污水治理等活动。调拨1425万元,保障受灾群众生活救助和灾后恢复重建工作。

【扶持村级集体经济发展】 开展扶持村级集体经济发展试点,强化督查引进承诺制,确保项目落到实处。全省首创红色基金"转贷通"业务,筹集5300万元委托信用联社提供转贷资金周转业务,解决小微企业资金周转困难。该业务每年运作收益不少于360万元,专项用于扶持72个集体经济薄弱村发展壮大集体经济,为消灭集体经济薄弱村工作提供市场化操作方案。

【深化财政改革】 细化预算编制,除预备费、预留改革经费外,专项资金全部编制到单位和项目。将预算重点上会接受审查部门数量增加到20个。加大预决算公开政策宣传和引导,强化部门预决算公开主体责任,制定公开操作规程实施细则,全县55个部门(除涉密部门外)按时限和内容全部公开。深化国库集中支付改革,推行财政授权支付业务。首次全面编制部门财务报告和政府综合财务报告。推广运用"政采云"平台,10月1日起全县所有部门的采购业务全部通过线上审批。

【落实"最多跑一次"改革】 推行会计代理记账机构执行资格审批和年度报备事项网上申请、快递送达,实现"零上门"。开展"上门服务至少一次"活动,到预算单位宣传辅导财政政策、预算管理改革举措,了解部门项目情况,听取预算单位的关切需求和问题建议,实现所有预算单位上门全覆盖。深化乡镇公共服务平台建设,将其纳入"最多跑一次"改革中,升级拓展管理信息系统,优化上线运行资金管理方式,调整规范管理流程,加快推进与其他公共数据的整合和共享,在全省率先建立乡镇财政公共服务微信公众号,增加群众查询、了解渠道。

【强化监督管理】 加强预算支出管理,严格预算调整程序,严控预算追加。建立支出执行进度月通报制度,实施重大项目支出进度按月监控制度、问责约谈制度、执行进度与下年预算安排挂钩等制度。加大财政存量资金盘活力度,清理盘活存量资金1.58亿元,整合用于美丽乡村、钱江源"大花园"建设。建立健全财政支出绩效评价体系,拓宽重点绩效评价范围,组织开展5个重点项目绩效评价工作,强化评价结果在预算编制中的应用。开展津补贴和福利发放等专项检查,配合做好各级巡察工作。加强财政项目审核,全年核减金额1.51亿元,核减率5.1%。规范政府采购管理,扩大纳入政府采购范围,全年实际采购金额1.33亿元,节支率12.8%。加强债务管理,开展地方政府债务自查,提出完善债务风险管控措施。

【加强队伍建设】 学习贯彻党的十九大精神,组织开展"五个一"学习讨论活动,提升干部政治素养。推进"两学一做"学习教育常态化制度化,组织开展"传承好家风·共建好地方"微型党课大赛,签订"岗位·家风"双承诺书,增强党员干部"四个意识"。推进党风廉政建设和作风建设,制定完善《内部管理制度》《作风效能建设制度》《作风建设联络员制度》和《国地税合作正风肃纪制度》等,畅通管理监督渠道,发现和解决干部"四风"方面的问题。定期开展作风建设明察暗访活动,运用监督执纪倒逼干部精神状态提升。深化学习制度,丰富学习培训内容,加强PPP、政府产业基金等新业务知识培训。推进财税文化建设,开展党员志愿活动、创建国家卫生县城、趣味运动会、三八节厨艺大赛等活动,参加全市财税系统先进典型事迹巡回宣讲、全县文艺大汇演,激发干部工作正能量。

"全民健身日"主题示范活动

(开化县财政局供稿　江春笑执笔)

舟山市财政工作

舟山市

【概况】 2017年，舟山市实现生产总值1218.95亿元，按可比价格计算，增长8.8%。按常住人口计算，人均生产总值10.44万元。第一、二、三产业增加值分别为142.75亿元、444.68亿元、631.52亿元，分别增长5.1%、9.7%、8.7%。三次产业结构比为11.7：36.5：51.8。海洋经济增加值824.00亿元，增长9.0%，占GDP比重为67.6%。全社会固定资产投资1450.31亿元，增长15.0%。港口货物吞吐量4.58亿吨，增长7.5%，其中江海联运量1.91亿吨，占比41.7%。社会消费品零售总额505.68亿元，增长10.6%。外贸进出口总额783.04亿元，增长12.4%。城镇、渔（农）村居民人均可支配收入分别为52516元和30791元，分别增长8.5%和8.8%。全市实现财政总收入187.22亿元，增长8.0%，其中：一般公共预算收入125.76亿元，增长10.6%；一般公共预算支出258.60亿元，增长3.2%。市本级财政总收入89.54亿元，增长10.4%，其中：市本级一般公共预算收入59.64亿元，增长14.2%；市本级一般公共预算支出97.87亿元，增长0.8%。税收收入95.78亿元，增长5.9%。一般公共预算收入占财政总收入的比重为67.2%，税收收入占一般公共预算收入的比重为76.2%，一般公共预算收入占GDP的比重为10.3%。全市和市本级财政收支平衡。

【依法组织收入】 税收精细化管理。做精税源管理，对116户重点税源企业进行重点监控，全面推进全市14个重点项目建筑业税收落地。做实基础管理，清理数据77492条，汇缴入库2016年度企业所得税2.19亿元。健全风险管理，补缴税款1.23亿元，清缴欠税2.87亿元。推进国地税征管体制改革，深化国地税合作。组织非税收入。全面推进市区灵活就业人员社保费地税征缴工作，征缴扩面53359户，全市共组织社保费收入54.22亿元。

【支持新区建设】 争取政策资金。向上争取财税政策和资金，全市一般性转移支付补助和专项转移支付补助95.50亿元。围绕油品全产业链发展趋势，在创新税收举措、减轻企业负担等方面向财政部争取财税优惠政策。聚力打好“五大会战”*。全市完成投资371.27亿元，实际融资257.62亿元，净增融资174.84亿元，保障政府重点项目推进。全年完成项目审核275个，审定金额121.64亿元。推进30万吨级市污水处理项目PPP建设，做好甬舟铁路PPP投融资方案。

【培植海洋经济】 引导产业发展。创新文化、建筑、工业、航运、港口物流等产业扶持方式，优化产业扶持导向，助推实体经济发展。截至2017年底，财金基金到位43.9亿元，累计投资企业36家，投资额43.65亿元，吸引各类资金19.77亿元，撬动各类资金逾310亿元。组建总规模20亿元的舟山群岛新区基础设施产业投资壹号基金，用于支持普陀山区域旅游基础设施建设。浙江舟山转型升级产业基金投入8亿元，支持舟山绿色石化基地建设。帮扶企业发展。全面落实国务院“清费减负”有关政策，减免各类税费30.26亿元，推进地方水利建设基金停征、社会保险费集中减征、失业保险阶段性降费等工作。发挥工业企业应急转贷资金和中小企业专项信用贷款作用，全年分别累计发放1.26亿元和3.02亿元。对30余家拟上市企业开展专项服务，已有3家完成新三板上市。

【优化支出结构】 全市财政民生支出178.03亿元，增长4.6%，占一般公共预算支出的比重为68.8%。支持社会事业发展。全市一般公共服务、公共安全、教育、节能环保、交通运输、住房保障等民生事业支出分别为34.46亿元、15.39亿元、33.17亿元、3.62亿元、21.63亿元、7.59亿元。实施基本公共服务保障，推进公共服务资源全域共享；推进省级食品安全城市创建，支持“平安舟山”建设；落实和完善各级教育经费保障机制，推动义务教育均衡发展、学前教育普惠发展、职业教育优化发展；完善生态投入增长机制，支持淘汰燃煤锅炉；加大公共交通、低碳交通、智能交通投入，提高交通运输保障能力；贯彻落实人才、军人军属等住房保障政策，做好城镇住房保障家庭租赁补贴工作。完善社会保障体系。全市社保就业、医疗卫生与计生支出分别为20.62亿元、17.66亿元，分别增长20.8%、11.9%。出台《舟山市市区社保管理体制一体化改革实施方案》，从2017年9月1日起，实行市区社保基金统收统支。建立多渠道筹措社会保险风险金和风险共担机制，全年市本级多筹集资金17亿元用于补充社保风险准备金。支持公立医院综合改革，提高城乡居民基本医疗保险保障水平。支持城乡一体化发展。全市农林水事务支出51.43亿元、城乡社区支出17.89亿元，重点支持“五水共治”、小城镇环境综合整治、美丽海岛升级版打造等项目建设。控制行政成本。推行部门预决算信息公开，细化公开部门“三公”经费。严格执行财政支出管理和行政成本控制各项规定，全市一般公共预算安排的“三公”经费支出执行数比上年下降8.3%。

【深化改革监管】 区域财政体制改革。起草新一轮市区财政体制、新城管委会财政体制方案。研究绿色石化基地一期建设项目财政收入分配方案，明确税费收入返还原则。“最多跑一次”改革。已实现财政17个主项、83个子项“最多跑一次”，“最多跑一次”事项达96%，“一次都不跑”事项达72%。开展财政“上门服务至少一次”活动，为预算单位宣讲辅导政策，对接资金需求，听取意见建议。债务管理改革。出台《关于进一步加强地方债务管理的实施意见》，实行预算管理和规模控制，严格区分政府举债和平台公司融资行为，健全考核和问责追责机制。财政资金管理改革。深化市级财政专项资金管理改革，落实专项资金按“因素法”分配或竞争性分配。启动国库集中支付电子化管理改革，首次编制政府部门财务报告。开展网上公款竞争性存放招投标，共组织网上招投标8期，招标公款40.75亿元，招标资金利率比基准利率上浮35%~40%。应用“政采云”平台。在全市范围内实现政府采购内网系统和“政采云”系统全覆盖，2017年全市通过“政采云”平台实现采购交易额3145万元。全市全年政府采购预算金额为29.33亿元，增长14.8%，节约率12.6%。预算绩效管理。深化预算绩效目标评审，开展2017年“二上”和2018年“一上”部门预算项目审核、5个市级项目的绩效重点评价，布置行政事业主管部门开展财政性资金规模30万元以上项目的绩效自评。税制改革和征管体制改革。做好资源税、环境保护税等重大税制改革工作，实现税制平稳转换。深化国地税合作，推进普陀山分局国地税合作示范点建设。

【加强队伍建设】 开展各类主题教育学习活动。推进“两学一做”学习教育常态化制度化，通过学习党的十九大报告、习近平总书记系列重要讲话、党章党规等，将学习活动抓在经常、融入日常。财税文化建设。组织全市财税系统先进典型事迹宣讲，凝聚榜样力量。开展“慈善一日捐”、无偿献血活动。完成机关工会换届选举，重组9个兴趣小组，开展徒步健行、“五四”朗读分享会等各类活动，丰富干部业余生活。干部队伍建设。做好基层副科级领导职务竞争上岗、公开招考干部等工作，优化队伍结构。举行各类研讨班、业务骨干培训班、基础实务培训班，提升干部综合素质和履职能力。作风效能建设。严格执行中央“八项规定”，深化财税机关纪律作风建设，保持干部队伍风清气正的政治生态。（舟山市财政局供稿 徐颖娜执笔）

注：

*“五大会战”：即系列国家战略落地大会战、城乡环境综合整治大会战、招商引资大会战、综合交通建设大会战、“五水共治”大会战。

定海区

【概况】 2017年，舟山市定海区实现地区生产总值508.71亿元，按可比价计算，增长8.5%。按户籍人口计算，人均地区生产总值129805元，增长7.7%。第一、二、三产业增加值分别为13.50亿元、229.78亿元、265.43亿元，分别增长1.0%、9.3%、8.2%。三次产业结构比为2.6∶45.2∶52.2。全区财政总收入53.00亿元，同口径增长2.7%，一般公共预算收入32.65亿元，同口径增长3.4%。一般公共预算收入占财政总收入的61.6%，税收收入占一般公共预算收入的86.4%，同比上升1个百分点。全区一般公共预算支出36.26亿元，为上年的99.5%。通过争取上级补助、调入其他资金等方式，全年财政收支平衡。

【组织财政收入】 定期组织财政和国地税联席会议，强化财政收入分析、预测、执行的联动机制，密切关注大型企业、重点行业的税收动向，科学测算收入情况，挖掘增收潜力。制定《外来建筑企业税收协作管理意见》，建立八部门联动的建筑业税源征管机制，力排征管漏洞，防止建筑行业税收外流。全年实现税收收入48.56亿元。全区所有行政事业单位、镇街均完成财政票据电子化改革，各类非税收入票据全面实现机打，基本实现政府非税收入“电子开票、银行代收、全程跟踪、源头控制”的以票管费目的，提升非税收入质量与效率。全年完成非税收入4.69亿元，其中纳入一般公共预算管理的非税收入3.92亿元，增长14.4%。

【服务经济发展】 实施积极的财政政策，出台壮大工业经济、定海海洋科学城等扶持政策，助推产业结构调整和转型升级。全年兑现扶持实体经济发展财政资金3.56亿元，有效扶持石油化工、航运业、道路运输业等行业发展。取消、停征行政事业性收费8项，实现省定行政事业性收费涉企“零收费”，取消新型墙体材料专项基金。全年减轻企业和个人税费负担6.06亿元。拓宽中小企业融资渠道，综合运用政策担保、应急转贷、专项信用贷款等举措，全年帮扶企业融资64.25亿元，同比增长28.1%。

【保障民生支出】 优化支出结构，全年民生事业支出26.17亿元，增长5.7%，占一般公共预算支出的72.2%，高于上年同期4.2个百分点，高于全市平均水平3.4个百分点。社会保障支出7.27亿元。城乡居民最低生活保障提高至720元/人·月，保障水平提高8.4%。继续提高城乡居民医保基金财政筹资标准，确保城乡居民医保参保率稳定在98%以上。保障城乡居民及被征地农民养老保险金，惠及城乡居民2.12万人及被征地农民0.68万人。全面落实精准扶贫政策，深入开展低收入群体增收工作，17个集体经济薄弱村全部“摘帽”。教育事业支出6.24亿元，占一般公共预算支出的17.2%。支持新改扩建7所幼儿园，优化教育布局，改善教学环境，通过全省教育基本现代化区创建评估。农林水事务支出6.02亿元，推进村级公共设施运行管护及农村公共服务有效供给等省级农村综合改革示范试点建设，被评为全省农村综合改革工作先进单位。推进农业综合开发现代园建设。公共安全支出2.88亿元，集中整治“两非车辆”，完成党的十九大等重大会议、节庆维稳安保工作，连续12年被省委、省政府评为“平安区”，夺得全省首批“平安金鼎”。

【深化财政改革】 争取市区财政体制微调，提高共享区域财力分配比例。制定新一轮区与镇街财政管理体制，加大对镇街财政保障力度。全面推进2018年预算区级项目库建设，清理规范重点支出同财政收支增幅或生产总值挂钩事项。首次组织编制部门财务报告。完善专项资金规范化管理体系，出台民政、教育、农业等13个专项资金管理办法。完成市区社会保险管理体系一体化改革，实现市区两级社会保险基金统收统支、风险共担。完善预算执行机制，获评全省总决算、部门决算、预算执行分析和政府综合财务报告等四项工作考核优秀。制订《定海区事业单位政府购买服务改革实施方案》,确定13家公益二类事业单位纳入改革范围。推进"最多跑一次"改革,新增代理记账机构执业资格审批、代理记账机构年度报备、非营利组织免税资格认定3个事项,其中2项实行"零上门"。推进统一公共支付平台建设,新增3家银行5种支付方式,实现线上线下、城乡全域一体化缴款。

【强化财政监管】 提前一年全面完成政府债券置换工作,每年节约债务付息成本1.28亿元。统一收回部门预算结余资金以及结转两年以上的资金,盘活存量资金3.99亿元。强化政府投资项目监管,完成审核项目1436个,净核减3.27亿元,核减率4.6%。出台定海区"政采云"平台推广实施工作方案,与舟山市同步上线"政采云"平台。扩大政府采购范围和规模,完成政府采购项目1227个,实际采购金额1.39亿元,节约资金1534万元,节约率9.9%。开展工业转型升级、公共自行车管理等项目绩效评价工作,涉及资金2.51亿元,将绩效评价结果及时反馈至资金分配及使用部门,强化预算绩效管理。

【加强队伍建设】 组织党员干部学习党的十八届系列全会、十九大精神、习近平总书记系列重要讲话精神和习近平新时代中国特色社会主义思想,提升全体党员干部政治素养。落实全面从严治党主体责任,局党组书记履行"第一责任人"职责,领导班子成员履行"一岗双责"。组织新一轮局中层及中层后备干部选拔工作,新聘任中层正职4名、副职3名,新选拔中层后备干部9名,充实财政干部队伍中坚力量。

(舟山市定海区财政局供稿 刘研研执笔)

普陀区

【概况】 2017年,舟山市普陀区实现地区生产总值394.51亿元,按可比价格计算,增长9.0%;按户籍人口计算,全区人均生产总值123192元,增长9.4%。第一产业实现增加值57.63亿元,增长6.4%;第二产业实现增加值116.78亿元,增长10.5%;第三产业实现增加值220.10亿元,增长8.5%;三次产业结构比为14.6∶29.6∶55.8。全区财政总收入37.52亿元,增长4.7%,其中一般公共预算收入25.91亿元,增长7.1%,占财政总收入的69.1%;全区一般公共预算支出(含上级转移支付支出)58.8亿元,增长6.4%,其中本级一般公共预算支出37.15亿元,增长4.6%。全年预算执行情况良好,财政收支平衡。

【合力稳增长】 组织财政收入。做好全年收入分解落实与预测,定期召开收入分析例会,强化涉税信息联通,及时协调征管和入库,把控收入进度,确保完成年度收入任务。加强税源监控。落实税收征收主体责任,克服结构性减税因素影响,动态关注六横煤电一体化、金润石油转运等重点领域行业税源变化;依托金税三期,国地税协同开展风险管理,共同采集税源征管数据、财务数据,强化风险筛选分析。全年实现税收收入21.36亿元,增长5%,占一般公共预算收入的82.4%。非税收缴电子化。加快统一公共支付平台建设,引入支付宝、银联等支付方式,构建线上线下一体化收缴体系;推广统一公共支付平台应用,在交警罚没款及本岛片区教育收费试点上线的基础上,新增城管罚没MIS-POS刷卡、海岛片区教育在线收费,提升收缴效率。全年实现非税收入5.46亿元,增长14.9%,其中纳入一般公共预算收入的非税收入4.55亿元,增长17.8%。

【转型促发展】 兑现扶持政策。应对营改增后税收比例调整对航运企业带来的影响,调整航运业扶持政策,下达2016年度航运业扶持资金2270万元,惠及航运企业47家、单船及分公司238家;推进省委省政府"电商换市"发展战略,实施企业品牌、争先创优、集聚发展等扶持政策,下达2016年度服务业扶持资金2800万元;安排上市挂牌企业扶持奖励160万元,支持以企业上市和并购重组为核心的"凤凰行动"计划。运作产业基金。预算专项安排资金9000万元,产业引导基金规模扩充至2.10亿元。出台《舟山市普陀区产业发展引导基金投资退出管理暂行办法》,明确股权转让、份额转让、股票减持等六种退出方式。与相关企业签订合作协议,出资3200万元设立"琅琨1号浙江自贸区产业发展基金",用于投入普陀区跨境贸易产业中心项目,撬动社会资本3.68亿元。保障重点工程。助力"海上花园会客厅"建设,拨付建设资金12.53亿元,增长21.5%,保障"三重"项目*、小城镇环境综合整治、五水共治、蓝色海湾、旧城改造等重大项目建设,其中蓝色海湾整治项目通过国家海洋局和财政部中期检查。推进清费减负。停征水利建设资金,取消白蚁防治费等10项收费,残疾人就业保障金免征扩面,市政基础设施配套费收费降标,当年减负2261万元。

【惠民再加码】 全年本级一般公共预算民生支出29.70亿元,增长13.1%,占本级一般公共预算支出的80.0%。全年教育、科技、文化、医疗卫生分别支出8.45亿元、1.06亿元、1.04亿元、4.62亿元,分别增长17.6%、7.8%、5.8%、23.4%。支持均衡教育资源,城北小学、城北幼儿园、鲁家峙幼儿园建成投用。调整完善公立医院财政补偿机制,推进分级诊疗模式;出台《舟山市普陀区基层医疗卫生机构医务人员海岛工作补贴办法(试行)》,对具有相应执业资格的医务人员每年在海岛工作实际连续在岗日大于90天而且考核合格的,给予海岛工作补贴。支持幸福社区和民办养老机构发展,新增幸福社区7个,区首家"公建民营"养老机构竣工。新增两个残疾人辅助就业试点机构,残疾人"两项补贴"*惠及6700余人。支持渔农村生活环境治理、集体经济发展,发展集体经济项目12个,完成村生活污水提标改造项目10个,新增收益农户2750户;推进美丽乡村、森林普陀、中央财政小型农田水利等项目建设,全年农林水支出13.91亿元。

【改革求突破】 推进部门中期财政规划管理，选择区教育局、区民政局、区海洋与渔业局试编三年滚动财政规划，建立跨年度预算平衡机制。实行区级专项资金管理清单制度，21项区级专项资金共2.58亿元纳入2017年度财政专项资金管理清单。规范预决算信息公开，财政预决算、部门预决算、“三公”经费预决算信息在规定时限内按要求公开。试点实施国库集中支付电子化改革，实行上线实拨资金、财政直接支付、资金清算、用款计划等电子化业务，通过电子化系统拨款1700多笔，涉及金额20亿元，初步实现“无纸化”办公。提升政府采购信息化水平，“政采云”平台试行上线，实现交易额103万元，其中网上超市订单数158笔，协议供货合同数38笔；网上交付代理机构办理的项目采购金额250万元。推进事业单位政府购买服务改革，全年21个单位申报政府购买服务项目70项，预算金额5179万元，增长16.9%。规范编外用工管理，从严控规模、加强人员管理、统一收入政策、规范经费渠道等方面加强和完善机关事业单位编外用工管理办法。制订《普陀区行政事业单位国有房地产集中管理方案》，集中管理经营性、办公、教育、卫生业务房产524套。

【“最多跑一次”改革】 梳理确定会计代理记账机构执业资格审批和代理记账机构年度报备2个事项为“最多跑一次”事项，纳入浙江政务服务网办理。贯彻“互联网+政务服务”要求，实施会计证书申领改革，精简会计证申领流程，开通网上申请服务平台，实行会计证申领“网上申请，后台审批，窗口出件，EMS送达”新模式。顺应取消会计从业资格审批职能得改革方向，撤销区审招办财政窗口，将会计代理记账机构执业资格审批纳入区审招办综合窗口办理。

【监管提绩效】 *规范政府投资项目造价审核*。推进政府投资项目造价审核市区联动，统一搭建项目协审平台。全年完成造价审核项目165个，送审金额42.93亿元，核定金额41.44亿元，净核减1.49亿元，净核减率3.5%。*实施绩效管理*。扩大政策评价范围，将重点企业研究院建设、基层医疗服务体系建设和地方政府五年期债券项目(第三期保障房)3个项目纳入政策评价范畴，由原先单纯评价资金使用绩效向资金政策可持续性评价转变。*提升资金绩效*。对全区小城镇环境综合整治工程项目进行实地考察、逐项梳理，出台小城镇环境综合整治资金管理办法，整合专项资金六大类共97项合计1.77亿元，严格按整合方案及列支渠道支付专项资金，避免区级资金重复支出。*压减行政费用支出*。加强“三公”经费常态化控制，巩固车改成果，严控“三公”经费、会议费、培训费等行政费用，全年“三公”经费支出下降5.9%。

【债务控风险】 编制全区2017年债务计划，对债务计划实行预算管理，规范各类举债行为。当年置换存量政府债务5000万元，2015年至2017年，累计置换政府存量债务60.80亿元，每年可减少债务融资成本2.70亿元。对违法违规融资担保行为进行整改，并上报地方政府隐性债务化解计划和不规范政府购买服务协议整改报告。监控普陀区近年债务余额、债务率变化情况，摸底地方政府性债务投资项目资产，梳理隐性债务，编制分年度化解计划。

【全面强素质】 *履行党委责任*。12月3日，普陀区委区府办发文明确成立中共舟山市普陀区财政局(国有资产管理委员会办公室)党委，由区委直接管理，同时撤销中共舟山市普陀区财政局党组。*开展专题活动*。常态化、制度化开展“两学一做”学习活动。贯彻落实市、区“五大会战”* 决策部署，开展“负重奋进、敢当善为—项目攻坚年”主题作风建设活动。深入基层开展“送服务 促理财”党建工作品牌建设，指导六横镇、东极镇、虾峙镇进行规范化建设。*党风廉政建设*。以廉洁家风建设为主题，开展话家风、朗读者、学思悟、赠廉书、面对面“五朵廉花”系列家风建设活动，引导干部职工筑牢家庭反腐倡廉坚固长堤。围绕财政职能，根据单位年度目标任务，排查出风险点108条，前移监督关口。*内控制度建设*。加强财政部门内部控制制度建设，完成《预算执行风险控制制度办法(试行)》等8项专项内部控制办法。

(舟山市普陀区财政局供稿　陈轶伦执笔)

注:

*“三重”项目:指重大在建项目、重大在谈项目和重大谋划项目。

*“两项补贴”:指困难残疾人生活补贴和重度残疾人护理补贴。

*“五大会战”:指系列国家战略落地、城乡环境综合整治、招商引资、综合交通建设、治水治污(五水共治和污染防治)5个大会战。

岱山县

【概况】 2017年，岱山县实现生产总值204.58亿元，比上年增长9.3%，其中：第一产业增加值40.53亿元，增长4.6%；第二产业增加值82.28亿元，增长10.9%；第三产业增加值81.77亿元，增长9.0%。三次产业结构比为19.8∶40.2∶40.0。人均生产总值11.15万元，增长11.2%。全社会固定资产投资295.11亿元，增长78.3%。社会消费品零售总额77.22亿元，增长10.7%。全县居民人均可支配收入40838元，增长8.6%，其中城镇常住居民人均可支配收入46553元，增长8.4%；渔(农)村常住居民人均可支配收入30851元，增长8.8%。全县财政总收入23.19亿元，增长11.9%，其中一般公共预算收入15.52亿元，增长10.0%。一般公共预算收入占财政总收入的比重为66.9%，税收收入占一般公共预算收入的比重为77.1%，一般公共预算收入占GDP的比重为7.6%。一般公共预算支出41.60亿元，增长9.0%。当年预算执行情况良好，财政收支平衡。

【组织财政收入】 *确保应收尽收*。加大清欠力度，通过阻止出境、发布欠税公告等方式，清理欠税6770万元。加强部门协作和信息利用，推进资源税、契税、耕地占用税、个人所得税等税源比对和年度结算工作。强化税收管理。加强税收风险管理应用，防范税收流失风险。做好自贸区、重点领域税收征管，做好鱼山绿色石化项目、衢山等离岛片区重点税源分析监控，全面谋划增收潜力，确保收入稳步增长：增值税(50%部分)入库5.38亿元、企业所得税(40%部分)入库1.02亿元、个人所得税(40%部分)入库5081万元，对地方财政贡献率分别提高9.7个百分点、1.9个百分点和0.3个百分点。重点行业收入增幅明显，采矿业、制造业和建筑业分别增长48.3%、24.0%、14.5%。加强社保费管控。完善"五费合征"机制，提升社保费征管质量，社保征缴率98%以上。做好社保基金分析预测，提高社保基金抗风险能力，县级社保风险基金余额4.98亿元。全县实现非税收入17.29亿元，增长96.2%，其中纳入一般公共预算管理的非税收入3.55亿元，增长21.3%。

【助推经济发展】 落实各项稳增长、调结构政策措施，推动供给侧结构性改革。发挥财税政策引导作用，增强经济发展的动力和活力。推进企业转型升级。安排工业转型升级资金3386万元，助力工业企业技改创新。安排工业企业过渡费补助300万元，专项用于工业企业产品进出县岛际航线过渡费用补助；安排船舶企业发展、集装箱政策补助449万元。减轻企业负担。落实办理出口退税7.36亿元，落实各项税费优惠政策，全县纳税人共计享受各类税费优惠2.12亿元。整顿涉企收费，全年减免涉企行政事业性收费28项，减免涉企收费1025万元。缓解企业资金困难。推行中小企业专项信用贷款、应急转贷和担保业务，累计帮扶企业融资22.59亿元。推行"税银贷"等银税合作品牌，缓解中小企业贷款难问题。

【加大民生投入】 优化财政支出结构，统筹资金做好民生项目资金和重大工程资金保障工作。全年民生支出30.38亿元，占一般公共预算支出的比重为73.0%，确保新增财力三分之二以上用于民生。坚持教育优先均衡发展，全面落实教育生均公用经费补助政策和各项助学政策；完善基层医疗卫生体系，扩大城乡医疗救助范围，文教卫支出8.36亿元，增长8.1%。推进社保扩面，完善贫困群体救助政策，社会保障与就业支出4.61亿元，增长38.4%。做好社会救助和社会福利工作，发放低保救助金2504万元，低保及低保边缘家庭实施贫困医疗救助资金1000万元；发放困难残疾人补贴568万元；重度残疾人生活补贴887万元。做好渔民养老保障工作，对原集体捕捞渔民、传统捕捞渔民遗孀补贴2400万元。推进保障性安居工程及城乡统筹发展，重点保障基础设施建设资金，全年节能环保、城乡社区事务及住房保障等支出3.93亿元，增长19.4%。落实支农惠农政策，支持对农业和农村基础设施的投入力度，农林水事务支出13.48亿元，增长13.0%；落实中央、省、市农业支持保护补贴政策，通过"一折通"等形式发放各类涉农补贴1121万元。加大重大工程资金保障，全年安排政府性投资项目资金3.59亿元。

【深化财政改革】 深化专项资金管理改革。制定并公开2017年县级财政专项资金管理清单，对纳入清单管理的专项资金使用实施全过程公开。加大存量资金盘活力度，累计收回盘活各类存量资金8550万元。推进政府购买服务工作，建立政府购买服务指导目录。严控"三公"经费支出，全年"三公"经费下降30.2%。开展全县财政资金公款竞争性存放工作，促进财政资金保值增值。设立政府产业基金。提请县政府出台《岱山县政府产业基金管理办法(试行)》。深化国库集中支付制度改革。建立健全预算执行动态监控机制，强化乡镇工资统发系统和财政专户资金的申拨体系实施。全县7个乡镇共33个预算单位直接支付1.71亿元，授权支付863万元。推进PPP工作。投资0.98亿元的峰景湾隧道项目成为全市首个落地的PPP项目；总投资44.60亿元的"G526岱山段改建工程PPP项目"被省财政厅列入浙江省政府和社会资本合作第四批推荐项目。完成乡镇财政管理体制改革。结合全县实际情况，制定新一轮乡镇财政体制。

【强化监督管理】 加强财政资金监管。建立财政专项资金管理清单，推进财政专项资金管理清单向社会公开工作，加强沉淀资金管理，监控绩效目标实施情况，健全财政专项资金抽查制度，规范财政专项资金分配、使用和管理。开展重点项目绩效评价。全年开展绩效目标申报61项，涉及金额2.63亿元。实施对2014—2016年"五水共治"污水治理项目及小高亭深度水处理工程项目重点绩效评价，涉及资金4.34亿元。规范基建资金管理。加强财政性基建工程结算的评审及政府性投资者项目的招投标、工程造价管理，全年审核政府投资项目195项，核减金额1915万元，核减率6.7%。强化政府采购力度。全年实际采购金额8363万元，节减资金1170万元，综合资金节约率为14.0%。推广运行"政采云"平台，完善政府采购目录，扩大采购目录覆盖面，解决政府采购过程中存在的问题，促进政府采购阳光透明、廉洁高效。加强国有企业监管。制定出台《岱山县国有企业资金账户管理办法》，从源头上预防腐败行为的发生。

【加强队伍建设】 加强理论学习。组织干部职工学习十八大、十八届历次全会、十九大、省市县党代会、中央和省市县纪委全会精神，学习领会习近平新时代中国特色社会主义思想，严格遵守省委"28条办法""六项禁令"等规章制度。加强党风廉政教育。履行班子成员和部门负责人"一岗双责"。开展典型案例警示教育活动。强化人才培养。在浙江师范大学举办青年干部和中层干部联合培训班2期，干部轮岗24名，新录用干部4名，引进法律人才1名。开展深化服务活动。开展窗口单位为民服务创先争优活动，推进全国"巾帼文明岗"、省级"基层文明单位"等创建工作。参与开展城乡统筹基层党建工作，开展岛斗村、虎斗社区等联村帮扶工作，加大"一对一"贫困户帮扶力度，营造和谐社会氛围。

(岱山县财政局供稿　高汉旗执笔)

嵊泗县

【概况】 2017年，嵊泗县实现地区生产总值107.78亿元，按可比价计算，比上年增长8.5%。其中，第一产业实现增加值31.08亿元，增长5.9%；第二产业实现增加值15.91亿元，增长8.2%；第三产业实现增加值60.79亿元，增长9.7%。三次产业结构比为28.8∶14.8∶56.4。按户籍人口算，全县人均生产总值14.14万元。全年实现财政总收入8.77亿元，同比增长4.0%。按现行财政体制计算，全县一般公共预算收入6.67亿元，按可比口径增长11.1%，占财政总收入的76.1%；其中税收收入3.15亿元，占一般公共预算收入比重的47.2%。一般公共预算支出24.08亿元，同比增长2.0%。全年财政收支平衡，略有结余。

【组织财政收入】 建立完善国地税合作机制，强化重点项目税源管理。依托洋山港区区位优势和辐射效应，支持吸引企业入户嵊泗，培植壮大本地可持续增长税源。2017年，全县地税部门组织税收收入2.22亿元，同口径增长0.5%。加强非税收入征管，全年社保基金等非税收入4.02亿元，同口径增长5.2%。全县非税收入3.55亿元，增长25.4%，其中纳入一般公共预算管理的非税收入3.52亿元，增长39.7%。

【支持经济发展】 落实地方水利建设基金停征、社会保险费集中减征、失业保险阶段性降费和行政事业性收费收入减免等政策，全年减免各类税费0.69亿元，减轻企业负担。向上争取政策倾斜和资金补助，2017年争取到5.50亿元地方政府债券（其中一般债券3亿元，专项债券2.50亿元），支持全县经济社会发展需要。申报完成“蓝海牧岛·枸杞贻贝产业综合体试点示范建设项目”，总投资2.10亿元，采取政府引导、实体开发、市场化运作的模式。支持推进渔民减船转产工作，对35艘减船转产渔船发放补助资金6715万元，引导渔民转产转业。安排旅游发展资金3000万元，助推全域旅游建设，持续增加国有资本投入，重点实施景区景点打造，提升旅游产业品质。首次实施PPP项目——嵊泗县国省道改建工程，项目采取“投资建设—运营维护—移交”（BOT）的运作方式，总投资14.18亿元。

【保障民生需求】 全年民生支出17.35亿元，增长5.8%，占一般公共预算支出的72.1%，比上年提高2.6个百分点。盘活存量资金8159万元，统筹用于重点领域和保障民生支出。全县教育支出2.54亿元，增长0.4%，落实各阶段教育资金保障机制，推进贫困学生救助、助学等政策，推进教育均衡发展。文化体育与传媒支出0.45亿元，增长14.9%，重点保障全国沙滩排球赛、国际女子公路自行车赛；加大公共设施建设投入力度，促进基层文化建设。加大公益性民生工程投入，推进散楼和危旧房改造，做好海水淡化、生猪及特惠菜补贴等政策的落实。社会保障和就业支出1.72亿元，增长8.4%，发展养老服务事业，加大养老服务基础设施建设、养老机构运行和居家养老等投入；安排再就业专项资金保障公益性岗位、大学生就业创业、创业小额贷款贴息等。医疗卫生与计划生育支出1.90亿元，增长16.3%，推进公立医院综合改革，保障基本公共卫生服务项目；支持基层医疗机构设备购置和改造升级，提升全县医疗机构服务能力。推进生态文明建设，投入1.60亿元用于“五水共治”、剿灭劣Ⅴ类水、海岛生态建设、美丽乡村建设、小城镇环境卫生整治等重点项目建设。

【深化财政改革】 健全政府预算管理制度，按照新预算法要求，完善全口径预算体系。推进预决算信息公开，做好部门预决算公开。深化医疗卫生体制改革，制定出台新一轮基层医疗机构财政补助资金管理办法，完善公立医院财政补助。结合“双下沉、两提升”建设，出台资金支持政策。推进农村综合改革，当年被列入省农村综合改革示范试点，争取到省级补助资金800万元用于村级公共基础设施管护。举行2017年财政性专项资金分配项目竞争比选会，首次以项目竞争比选的方式进行财政性专项资金分配，从小城镇环境综合整治、美丽海岛建设、旅游发展等三项专项资金中安排2000万元用于竞争性项目，共7个项目获得专项资金1830万元。

【“政采云”上线】 10月全面完成“政采云”平台上线工作。截至12月底，通过平台推送政府采购计划85笔，实现65笔，采购交易额473万元。其中：协议采购37笔，交易额25万元；在线询价26笔，交易额170万元；委托采购2笔，交易额278万元。

【强化财政监管】 开展全县行政事业单位专项资金结余清查，收缴各类专项资金1064万元。加强地方债务管理，做好全县债务规模控制工作。加强政府投资项目管理，安排财政资金7.20亿元用于保障政府投资项目建设，严控项目资金拨付，控制项目超概行为。规范社区（村）集体经济资金存放，研究出台《关于规范社区村集体经济资金存放的意见》，对社区（村）集体经济资金账户、增值保值及相关职能部门工作职责进行明确规定。开展预算绩效管理，对“嵊泗县渔农村生活污水运行维护专项、2015年风情小镇打造项目、小康体育村亮灯工程、市场局及小洋山管委会物业管理”等四个项目实施财政支出重点绩效评价，涉及财政资金1337万元。

【加强队伍建设】 贯彻从严治党各项要求，推进“两学一做”学习教育常态化制度化，全面推行党员积分制管理，做好党员干部日常教育管理“量化考评”。加强财税文化建设，推进“省级青年文明号”等各类创建工作。组织参与全县各项重大活动的志愿服务活动，开展“慈善一日捐、公益徒步行”等活动。加大日常监督检查力度，强化个人日志式管理及上网行为管控。培养和选拔优秀青年干部，组织参加全市副科级干部考试及业务骨干培训班、会计基础培训班等，加强干部素质建设。

（嵊泗县财政局供稿　陈　媛执笔）

台州市财政工作

台州市

【概况】 2017年,台州市实现生产总值4388.22亿元,按可比价格计算,增长8.1%。其中:第一产业增加值268.26亿元,增长2.8%;第二产业增加值1938.37亿元,增长9.6%;第三产业增加值2181.59亿元,增长7.5%。三次产业结构比为6.1∶44.2∶49.7。全市人均生产总值为72912元,增长7.6%。社会消费品零售总额2235.73亿元,增长11.1%。固定资产投资总额2518.26亿元,增长15.5%。全年外贸进出口总额1577.89亿元,增长20.4%。其中:出口总额1379.47亿元,增长18.0%;进口总额198.42亿元,增长40.3%。城镇常住居民人均可支配收入51374元,增长8.9%;农村常住居民人均可支配收入25369元,增长9.5%。全市财政总收入656.97亿元,增长12.5%。全市一般公共预算收入382.25亿元,增长11.1%,占财政总收入的58.2%;一般公共预算收入中税收收入331.29亿元,占比86.7%。全市一般公共预算支出563.10亿元,增长9.5%。市本级财政总收入53.82亿元,增长2.3%。市本级一般公共预算收入28.38亿元,增长7.6%。市本级一般公共预算支出71.76亿元,增长20.6%。全市及市本级财政收支平衡。

【依法组织收入】 加强税收精细化管理,营造税收法治环境。健全税收决策机制,对临海、温岭开展重点税务督查。全年地税部门组织收入458.76亿元,增长11.5%。加强非税收入征管,全年组织非税收入398.17亿元,其中纳入一般公共预算管理的非税收入50.96亿元。

【服务项目建设】 全市争取置换债券额度79.6亿元。推广应用PPP模式,市域铁路S1线、综合管廊、海城路等一批PPP项目签约落地,列入财政部政府与社会资本合作信息平台项目库并已发布的项目41个,总投资额1050.80亿元。台州市政企合作投资基金,为全省首批PPP基金之一,参与杭绍台高速公路、现代大道等PPP项目。出台服务大项目推动台州裂变发展、企业搬迁拆迁税收政策等一系列政策举措,扩大有效投资。

【支持经济发展】 支持产业发展。全市已设立母基金8支,总规模67.50亿元。基金投放项目30支,带动社会投资1361.50亿元。安排全市科技资金13.72亿元。筹措财政资金5.17亿元及时兑现各类人才奖励政策。安排外经贸发展、制造业转型升级、现代服务业等专项资金8.49亿元。安排资金3.85亿元扩充小微企业信用保证基金规模。落实税费优惠政策,增值税税率4档减并为3档,小微企业减税范围所得额从30万元提高到50万元,中小科技型企业研发费用加计扣除由50%提高到75%,全年累计减免税费63.13亿元。临时性下调失业保险费单位缴费率,由1.0%降至0.5%,减轻企业负担1亿多元。

【支持民生发展】 全市民生支出440.77亿元,增长13.9%,占一般公共预算支出的78.3%。支持社会事业发展。全市教育支出122.62亿元,增长13.0%,支持台州学院教学水平评估工作,提高台州学院生均财政拨款水平。落实学前教育第二轮行动计划政策,促进学前教育质量提升,全市文化体育与传媒支出9.47亿元,下降0.3%,用于落实台州市国家基本公共文化示范区创建,保障博物馆、文化馆、图书馆免费开放经费。全市社会保障和就业支出63.75亿元,增长31.2%。城镇、农村低保标准分别提高至720元/人·月和680元/人·月,分别比上年度提高15元、20元。全市医疗卫生与计划生育支出42.67亿元,增长2.2%,支持公共卫生及医疗服务。村级公益事业一事一议全市财政投入1.32亿元,带动社会力量共同建成村级公益事业项目395个。对市区困难群体将补贴系数从原来的1.5增加到2.0。安排生态环保资金14.40亿元,重点用于环境整治及生态保护。安排"五水共治"资金45.71亿元。

【深化财政改革】 推进"最多跑一次"改革。组织开展"至少上门服务一次"活动,听取预算单位的意见和建议。会计从业资格证实行网上申报,证件快递免费送达。深化财政管理改革。稳妥推进市区财政体制调整,出台市区财政事权和支出责任若干规定、土地出让金结算等试行办法。加快推进国库集中支付电子化改革,提高工作效率。完善社保基金保值增值管理和财政性资金竞争性存放管理。推进中期财政规划管理。深化"政采云"平台应用。以"政采云"平台全省全面运用和全国试点推广为契机,全力打造"台州精品馆",助推台州制造业精品上线云平台,已有237家供货商进驻,交易额突破2.60亿元。

【加强财政监管】 完善公务支出标准体系。全市一般公共预算财政拨款安排的"三公"经费支出执行数2.18亿元,其中:因公出国(境)费用0.12亿元,增长2.6%;公务用车运行维护及购置费1.44亿元,下降30.4%;公务接待费0.62亿元,下降7.1%。开展财政监管。对41家乡镇(街道)卫生院(所)开展重点检查,发现违规问题15家,涉及违规金额748万元,处理处罚单位3家,追缴财政资金13200元。加强内控制度建设,全面梳理流程,找出关键节点,厘清责任边界。出台《市级专项资金绩效管理目标管理办法》,召开专家预算绩效管理业务研讨会。出台《台州市预算绩效评价报告质量考评暂行办法》,明确考评细节。防控债务风险。及时确立"促发展与防风险并举"的债务管控理念,坚持源头管理和制度建设相结合,严格实施限额管理和预算管理，重点防范融资平台公司、PPP、政府购买服务等可能形成的隐性债务，全市政府债务风险总体可控。

【加强队伍建设】 学习贯彻十九大精神。多次召开专题会议，将学习十九大精神融入各项日常工作中，把习近平新时代中国特色社会主义思想贯彻到全市财税工作开展的全过程。“两学一做”常态化制度化。健全周一政治学习夜制度，建立月有全局集中学、周有支部（处室）学的干部学习机制。落实“一岗双责”。坚持管好队伍带好兵，制定《2017年度反腐倡廉和作风建设组织领导及责任分工》《党风廉政建设领导班子主体责任清单》和《关于加强工作纪律管理的规定》等制度。加强财税文化建设。利用新媒体网络直播等形式组织开展“激扬财情、光辉税月”朗读者活动，总决赛期间吸引12.8万人次在线收看，点击率167万人次。采取“岗位大练兵、业务大比武”“以师带徒”和分线分批分级培训等多种形式进行专题培训。

（台州市财政局供稿　沈孔平执笔）

椒江区

【概况】 2017年，台州市椒江区实现地区生产总值551.19亿元，增长6.5%。其中：第一产业增加值21.20亿元，增长0.4%；第二产业增加值236.54亿元，增长10.1%；第三产业增加值293.45亿元，增长4.0%。三次产业结构比为3.9∶42.9∶53.2。按户籍人口计算，人均生产总值102274元，增长5.2%。全社会固定资产投资177.34亿元，增长19.7%。社会消费品零售总额276.24亿元，增长8.1%。网络零售额134.4亿元，增长32.0%。外贸自营出口总额165.65亿元，增长21.4%。城镇常住居民人均可支配收入56949元，农村常住居民人均可支配收入26857元，分别增长8.3%和10.0%。全区实现财政总收入72.74亿元，增长7.9%。其中：一般公共预算收入44.04亿元，同口径增长8.5%；一般公共预算支出37.95亿元，增长9.0%。全区一般公共预算收入占财政总收入的60.5%；税收收入41.06亿元，同口径增长10.3%，占一般公共预算收入的93.2%。全区财政收支平衡。

【依法组织收入】 组织税收收入。联合国税、地税起草强化组织财政收入十项措施。财税部门联动，利用系统大数据优势，全面掌握重点税源情况，科学组织收入，实现应收尽收。强化镇、街道财税征收组管理。发挥堵漏补缺职能，做好零星税收和小税种代征，巩固辖区内集贸市场和重点工程税源管理。镇、街道全年实现财政总收入40.68亿元，其中一般公共预算收入20.26亿元。加强非税收入管理。实施非税收缴电子化改革，规范非税收入征收行为，全年实现非税收入41.96亿元，其中国有土地使用权出让收入35.84亿元，纳入一般公共预算管理的非税收入2.98亿元。

【服务项目建设】 争取政策资金。密切关注财税新政与专项扶持政策，向上争取项目和资金，全年争取到各类专项资金8.80亿元、省财政地方政府债券资金（含置换债券）25.96亿元。支持项目建设。全力保障“一江两岸一岛一带”发展战略和政府投资项目推进，全年拨付财政统筹建设资金18.40亿元。推广应用PPP模式。在全省率先成立县区级PPP中心。制定出台《椒江区政府和社会资本合作项目（PPP）管理办法（试行）》，建立项目管理长效机制。全区PPP项目储备库内项目合计20个，总投资343.60亿元。其中3个PPP项目入选国家库，6个项目通过省财政厅审核，3个项目入选省第四批推荐库。首个PPP项目太和山隧道正式开工建设。

【支持经济发展】 帮扶企业发展。落实税费优惠政策，取消或降低42项行政事业性收费，减免各项税费10.57亿元，增长62.4%。设立政府产业基金（母基金），初期规模10亿元，其中财政出资2亿元。完善区级经济转型升级扶持政策，落实“四龙”（巨龙、蛟龙、潜龙、幼龙）企业扶持资金1824万元、企业股改上市补助资金1898万元，发放外经贸发展专项资金741万元。支持科技创新和人才创业，安排科技资金4500万元，兑现各类人才奖励政策8802万元。推动第三产业发展提升，发放现代服务业（含电子商务）专项资金538万元。支持农业农村发展。完善加快发展休闲农业、扶持大陈黄鱼养殖基地建设等财政支农政策。推动农业综合开发产业化发展，2个项目获补助资金1300万元。做好粮食安全保障，拨付粮食生产补贴1008万元，增长13.7%。开展扶持村级集体经济发展试点工作，22个村获补助资金880万元；对年收入低于10万元以下的村财政兜底保障74.29万元，当年全面消除集体经济薄弱村。

【优化支出结构】 全年民生支出28.90亿元，增长8.7%，占一般公共预算支出的76.2%。支持社会事业发展。全区教育、城乡社区事务、公共安全、住房保障等民生事业支出分别为7.36亿元、0.94亿元、3.36亿元、1.43亿元，分别增长-17.1%、7.3%、8.7%、230.6%。加大学前教育经费投入，落实义务教育和职业教育生均经费制度。支持开展城乡社区公共设施建设，推进保障型住房和危旧房改造项目。健全“平安椒江”建设经费保障机制，支持开展社会治安、消防安全、食品药品安全等监督检查工作。全区社保就业、医疗卫生支出分别为4.38亿元、3.91亿元，分别增长35.1%、38.5%。提高城乡居民医保筹资标准和报销待遇水平，加大大病保险保障力度，落实残疾人两项补贴政策。投入400多万元为60岁以上老年人免费接种流感疫苗，为全国首个区县级别启动该项工作地区。提高城乡居民最低生活保障标准至720元/人・月，惠及困难家庭近5000户、7000余人。深化乡镇公共财政服务平台建设，平台发放惠民补贴项目25个，受补助群众6万多人次，财政支出5000多万元。落实村级公益事业一事一议财政奖补政策，财政补助1200万元，建成村级公益事业项目17个。全力保障创建全国文明城市、“五水共治”“交通治堵”“治危拆违”环境污染防治、小城镇环境综合整治以及区政府民生实事等重点工作推进的资金需求。控制行政成本。贯彻落实中央、省、市关于厉行节约的各项规定,完善公务支出标准体系,全年“三公”经费支出下降 17.4%。

【深化财政改革】 开展“最多跑一次”改革。优化服务流程,会计从业资格证网上申报,证件快递免费送达,群众办事实现“跑零次”。完善统一公共支付平台功能,将城管罚没、教育收费等纳入系统,打造线上线下一体化非税支付体系。认领“小城镇环境综合整治”等 7 个项目,发挥财政业务专长,以驻点全职服务或每周现场办公的方式,点对点精准服务。加强预算管理。强化预算统筹力度,实施全口径预算管理。推进财政信息公开,政府预决算和 168 家预算单位部门预决算全部公开。健全财政存量资金动态管理和定期清理机制,收回各部门单位历年结余和结转资金 9494 万元。开展台州经济开发区社会管理职能调整后的财政结算,理顺市区财政体制。完善国库管理。加强和规范库款管理,加快中央和省市补助经费拨款进度,保持合理库款规模。清理规范地方财政专户,撤销国库集中清算专户等财政专户 5 个。深化专项资金管理改革。15 个项目列入当年财政专项资金管理清单,预算资金 1.77 万元。推进财政资金竞争性存放。修订完善区级财政资金竞争性存放管理办法和竞争性存放商业银行定期存款业务操作规程,全年组织财政资金和行政事业单位资金竞争性存放招标 5 期,中标金额 12.15 亿元,增加利息收入 1433 万元。落实政府采购领域改革。推广应用“政采云”平台,扩大政府购买服务范围,全年执行财政采购 7081.43 万元,节约资金 1048.64 万元,节约率 12.9%。强化政府债务管理。制订五年化债计划,当年底全区政府债务余额 71.41 亿元,其中:一般债务 57.75 亿元,专项债务 13.66 亿元。政府债务控制在省核定限额内。

【加强财政监管】 实施绩效管理。在全市范围内率先开展预算绩效信息化管理,实现预算项目绩效目标编制全覆盖。预算申报审核项目 207 个,涉及资金 11.25 亿元,其中:预算编审阶段整体取消项目 5 个,涉及资金 4960 万元;项目保留但资金核减项目 100 个,涉及资金 3301 万元。绩效自评范围覆盖各预算单位所有 20 万元以上项目,共计 91 家单位 336 个项目。推进内控制度建设。全区 174 家单位全部完成内控基础建设工作。强化政府投资项目建设资金监管。实施基本建设财务信息一体化管理,开展 2013—2016 年区政府投资建设项目财务检查。加强工程预结算财政审核,完成审核项目 808 个,增长 17.3%,涉及项目投资额 31.36 亿元,核减金额 1.57 亿元。加强涉农涉企资金监管。开展展会补贴、农业“三项补贴”政策综合改革等资金监督检查,检查中未发现违法违纪违规情况。推进“双随机、一公开”。针对财政票据检查、政府采购检查、农业综合开发监督检查 3 个事项,选取 5 家企事业单位进行检查。

【干部队伍建设】 学习贯彻十九大精神。局党组书记讲党课,班子领导、挂职干部深入 6 家联系企业和村居领学辅导,党支部、党小组采取集中轮训、座谈研讨、撰写心得、答题测验等形式深化学习成效。推进“两学一做”学习教育常态化制度化。通过每月集中学习、重温入党誓词、走访革命老区、参观红色教育基地、开展志愿活动等形式,增强学习教育的针对性和感染力。落实主体责任。履行“一岗双责”,开展全面从严治党“两个责任”全程纪实管理,落实关键节点提醒谈话和考核问责等制度。梳理岗位职责和业务流程,健全“1+8+X”内控制度体系,加强关键岗位和重要环节的廉政风险监控。落实中央八项规定,不定期明察暗访,开展机关效能建设、“酒局”、“牌局”等督查。开展廉政文化教育活动。通过重建廉政文化景观、丰富党团活动室、观看主旋律影片、举办读书会等形式,夯实财政廉政文化底蕴。

(台州市椒江区财政局供稿　章佳琦执笔)

黄岩区

【概况】 2017 年,台州市黄岩区实现地区生产总值 450.12 亿元,增长 9.9%。其中:第一、二、三产业增加值分别为 17.73 亿元、217.04 亿元、215.35 亿元,分别增长 4.4%、10.9%、9.5%。三次产业结构比为 3.9∶48.2∶47.9,三大产业分别拉动 GDP 增长 0.2 个百分点、5.3 个百分点和 4.4 个百分点。第三产业占 GDP 的比重提高 0.3 个百分点。城镇居民人均可支配收入 51609 元,增长 9.4%;农村居民人均可支配收入 25834 元,增长 10.4%;人均生产总值 73524 元,增长 9.6%。全年实现财政总收入 69.95 亿元,增长 13.2%;一般公共预算收入 41.68 亿元,增长 10.0%;一般公共预算支出 47.61 亿元,增长 22.0%。当年全区财政收支平衡。

【依法组织收入】 夯实税收管理基础。强化科学精细征收,开展土地增值税与增值税计税依据比对工作,全年补缴入库土地增值税 797 万元。提前完成个人所得税明细年度个税申报率及准确率双 100%目标。推进市区社保征缴一体化改革,实现规费收入 24.30 亿元,增长 44.5%。与环保等部门沟通,取得黄岩区企业 2014—2016 年度排污费缴纳数据,逐户确认 575 家企业环保税征管基础信息。强化欠税清缴。加大欠税清缴力度,对久催不缴企业按照相关规定提请国税对企业停开发票,全年停票 27 户。优化收入结构。一般公共预算收入占财政总收入的比重为 59.6%;一般公共预算收入中的税收收入为 30.9 亿元,占比 85.4%。全年征收非税收入 38.60 亿元,其中纳入一般公共预算收入管理的非税收入 6.10 亿元。

【服务项目建设】 争取上级资金。发行国资公司二期企业债券 16.5 亿元;争取地方政府债券置换存量债务 4.68 亿元;加强各项目指挥部“资金池”管理,调剂资金 16 次,合计 12.10 亿元;试点发行黄岩区首个绿色债。推进 PPP“两个常态”*落地。全年共有8个项目采用PPP方式实施,项目总投资140.60亿元。

【支持经济发展】 创新扶持企业方式。加大财税政策扶持力度,安排本级资金7740万元,争取上级补助资金3153万元;上市企业奖励政策从每家100万元提高到1000万元;出台股改新政10条,引导和鼓励企业全面建立现代企业制度;设立2000万元旅游发展专项资金;出台小微企业园区建设扶持政策;推进一二三产业融合发展,支持北洋特色农业观光小镇建设。加大财政支农投入。建立健全财政支农稳定增长机制,2017年度预算安排支农项目资金10.65亿元,争取到上级财政支农项目投入8000多万元,其中安排投入"两山"项目建设资金1亿元。落实税费优惠政策。全面落实国务院出台的六项减税政策,累计帮助企业减免退税费20.40亿元。其中,23家高新技术企业享受高新技术减免优惠5162万元,1109家企业享受小型微利企业所得税预缴减免1756万元,20家企业固定资产加速折旧108万元,36家企业安置残疾人工资加计扣除2319万元,31家企业享受研发费加计扣除1.51亿元。发挥黄岩区企业应急转贷基金作用。防范和化解企业资金链风险,全年转贷资金54笔,累计金额4.75亿元。

【优化支出结构】 全年一般公共预算民生支出38.5亿元,增长35%,占一般公共预算支出的80.9%;人均民生支出6290元,增长22.4%。聚焦民生重点,支持补齐教育、文化等民生短板。保障教育优先发展。教育支出13.3亿元,增长10.8%;完成教育基础设施投入4.50亿元;完成文体事业投入1.1亿元,增长26.4%,建成区博物馆新馆和区文体中心,支持创建国家公共文化服务体系示范区。提升医疗卫生和社会保障水平。医疗卫生和社会保障支出分别为2.98亿元和7.53亿元,分别增长7.2%和10.3%,用于提高各类民生补助和推进医疗卫生改革。城乡居民基础养老金提高至135元,新农合财政人均补助提高至670元,人均基本公共卫生服务经费标准提高至50元。助推生态文明建设。节能环保支出1.10亿元,与2016年持平;投入2.09亿元治理农村生活污水,投入1230万元实施美丽乡村的精品村和中心村建设,投入1132万元实施市级美丽乡村先进乡镇创建,投入300万元实施精品线路沿线绿化提升、特色景观节点建设、建筑立面改造、庭院整治提升以及特色文化保护利用和特色产业培育。压缩行政运行成本。全区"三公"经费实际支出下降17.9%,连续5年下降。

【深化财政改革】 推进"最多跑一次"改革。在浙江省率先打造线上线下一体化非税支付体系,全年通过统一公共支付平台实现电子缴款26628笔,合计金额4110万元。推进TIPS协议签订"零跑腿",网签率居台州市前列。完善国库集中支付改革和公务卡改革,预算单位国库支付改革实现全覆盖。全面推行预决算公开。区级预算单位(除涉密单位)2017年度部门预算及"三公"经费预算已全部在黄岩区政府门户网站公开,公开面100%。列入清单管理的15项2.8亿多元专项资金的分配政策、过程和结果及时对外公布。完成国有房产清查工作。将实地核查的房产信息分批在《今日黄岩》予以公示,建立"区属国有资产监管联席会议制度",并逐步盘活现有国有房产。"政采云"平台上线。在台州市率先上线运行,2017年完成业务486笔,涉及预算单位135家,总交易额3455万元。

【加强财政监管】 全面开展绩效考核。以单位自评为主、财政抽评为辅,对76个主管部门进行绩效考核评分,共报送绩效目标421个,涉及财政资金25.95亿元。深化政府采购监管。全年累计完成政府采购预算2.62亿元,实际采购金额2.29亿元,节约资金3322万元,资金节约率12.7%。加强政府性投资项目监管。全年审核项目1372项,送审投资额109.09亿元,审定投资额102.70亿元,净核减资金6.39亿元,平均核减率5.9%。

【干部队伍建设】 组织开展学习"十九大"精神活动,推进"两学一做"教育制度化常态化。强化领导班子主体责任和领导干部"一岗双责"意识,制定领导班子主体责任清单和约谈工作制度;组织全局机关干部开展"四风"整治警示教育;开展正风肃纪专项行动29次,出动人员64次,开展廉政工作提示约谈37次,警示约谈8次。建设"1+8+X+Y"财政内控体系,用量化考核制度的方式确保内控制度落到实处。探索内控信息化,建设"黄岩财政智慧内控"平台,以计算机监控和管理逐步代替人工考核,使财政内控制度落实走向"常态化"。建设财税文化,组建各类兴趣小组,举办书画摄影展。省市区各项荣誉表彰共137项,各项工作6次得到省市领导批示肯定。

(台州市黄岩区财政局供稿 牟 峰 刘慧珺执笔)

注:

*PPP"两个常态":是指推动符合条件的基础设施和公共服务项目采用PPP模式运作成为常态,PPP项目中民间资本参与或控股成为常态。

路桥区

【概况】 2017年,台州市路桥区实现生产总值601.54亿元,增长10.4%。其中:第一产业增加值13.07亿元,下降3.2%;第二产业增加值240.40亿元,增长10.0%;第三产业增加值348.07亿元,增长11.3%。三次产业结构比为2.2∶40.0∶57.8,第三产业占比提高0.3个百分点。全社会固定资产投资243.67亿元,增长18.9%。社会消费品零售总额375.43亿元,增长8.4%。外贸进出口总额249.86亿元,增长43.3%。城镇居民人均可支配收入62286元,增长9.6%;农村居民人均可支配收入28750元,增长9.8%。全区实现财政总收入73.84亿元,增长10.7%。其中,一般公共财政预算收入42.76亿元,同口径增长10.0%。一般公共财政预算支出34.30亿元,剔除历年结转、上级专项当年支出数后为26.64亿元,增长5.6%。全年财政收支平衡。

【依法组织收入】 完善综合治税机制,加强与国地税和各执收部门的沟通协作,强化镇(街道)和各执收单位组织收入的主体责任,发挥各涉税部门及板块的联动协作效应。全区一般公共财政预算收入占财政总收入的57.9%,同比提高1.4个百分点;税收收入36.63亿元,占一般公共预算收入的85.7%,下降2.9个百分点;一般公共预算收入占GDP的比重7.1%,下降0.47个百分点。全年组织非税收入28.19亿元,其中纳入一般公共预算管理的非税收入6.13亿元。

【服务项目建设】 启动政府产业基金工作。出台政府产业基金实施意见、管理办法等配套制度,支持创业创新、基础设施和公共服务领域。推广应用PPP模式。建立PPP联席会议制度,鼓励和引导民间资本进入项目,全区共有PPP项目8个,其中区级PPP项目5个,总投资245.68亿元。向上争取资金。研究和把握国家政策导向,结合路桥区重点产业和经济结构特点,配合好相关部门和项目单位,向上争取项目资金,全年争取专项补助5.55亿元,服务社会经济发展。组建新国企格局。成立路桥区金融投资有限公司,并拟定财政贴息政策、收益补助政策、政策购买服务费支付政策等相关方案,推动新国企改革和运行。

【支持经济发展】 协同出台扶持地方经济发展政策。制定出台企业股改新政十条,推进"科技新长征"的若干政策措施、促进企业上市(挂牌)若干意见、内外贸发展专项扶持政策等的出台。落实财政奖补。全年投入区本级科技资金4790万元,增长11.7%,安排人才发展专项资金1105万元,精准帮扶企业发展和人才战略实施。加大对金融业、服务业和商贸业发展的扶持力度,全年兑现区级各类奖补6743万元,推动第三产业发展。

【优化支出结构】 严控一般性支出。贯彻落实厉行节约各项规定,重点加大会议、培训、办公设备购置、办公用房维修,以及"三公"经费的压缩力度,"三公"经费同比下降27.9%。保障民生支出。全年民生支出27.77亿元,增长17.6%,占一般公共预算支出的81.0%。其中,教育支出7.38亿元,通过省教育基本现代化区的评估。社保和就业支出4.20亿元,重点用于完善社会保障体系建设。医疗卫生和计生支出3.08亿元,支持公共卫生均等化。落实好重点项目保障。统筹和加大资金调度,保障各项重点支出资金需求,支持省、市、区确定的重点工程,支持"多城同创""五水共治""拆违治危""四小车整治""美丽乡村"等方面的投入。统筹城乡发展。落实好惠农强农政策,推进城乡一体化发展,全年发放各类种粮补贴资金1552万元,拨付各类农机补贴资金120万元,兑现各类产业补助资金756万元,下达农村生活污水治理专项资金1.05亿元。

【深化财政改革】 推进"最多跑一次"改革。加快公共支付平台建设,制订政府非税收入接入浙江省政务服务网统一公共支付平台推进方案,把本年度推进重点放在区行政服务中心群众办事的收费项目上,对不动产登记费、人行道违章停车罚没收入等31个收费项目实行电子化支付,全年通过平台缴款3万余笔,金额2279万余元。深化国库集中支付电子化改革。制订改革方案,出台区级财政国库集中支付电子化管理暂行办法等配套制度,实现国库实拨、集中支付和清算电子化上线,成为台州市首个实现国库集中支付电子化的地区。整合存量资金。印发关于加强部门预算执行管理以及清理盘活部门预算资金的通知,督促各预算部门加快预算执行进度,对重大项目支出进度实施按月监控,统筹安排各项结余结转资金,全年整合存量资金4.43亿元。促进资金保值增值。采用综合评分法,分四期对21.10亿元财政资金开展竞争性存放招标,实现资金保值增值。编实政府采购预算,推进电子化采购平台"政采云"建设,全年计划采购金额2.50亿元,实际采购额2.30亿元,资金节约率8.2%。

【加强财政监管】 健全财政管理制度。出台技术改造项目财政专项补助资金管理办法、村级公益事业建设一事一议财政奖补项目和资金管理办法等3个规范性文件,制订小城镇环境综合整治项目与资金管理办法、扶持集体经济薄弱村发展专项资金管理办法等11个资金监管制度,夯实财政管理基础。完善债务风险管控机制。成立由区长任组长的政府债务领导小组,完善政府投资项目预算及债务收支编制工作,对地方政府负有担保责任或可能承担一定救助责任的债务开展全面清查和风险评估,制订5年化债计划,形成常态化偿债机制。清理甄别认定地方政府债务中非债券形式存量债务的置换需求,申请地方政府置换债券22.62亿元,防范财政金融风险。加强财政监督和绩效评价。全年开展财政监督检查10家,开展财政支出绩效自评、行政事业单位公款竞争性存放、乡镇卫生院资金管理、渔业产业发展资金落实情况等专项检查。加强财政项目审核。全年共受理评审项目119项,送审金额5.63亿元,审定金额5.20亿元,审减率8.9%。推进"双随机、一公开"。印发"双随机"抽查工作细则,明确财政票据检查、政府采购检查、农业综合开发监督检查等3个抽查事项并建立抽查对象名录库。加强政务信息公开。将政府预决算、部门预决算及"三公"经费预决算进行分类、分级,按规定时间在区政府信息网站集中公开,方便公众查阅和监督,提高预算透明度。

【干部队伍建设】 组织学习十九大报告、习近平新时代中国特色社会主义思想以及党章党规。落实好"两学一做"学习教育常态化制度化建设,全年组织学习30余次,做到学习主体、内容、形式、时间的"全覆盖"。组织机关干部分两批次赴浙江大学开展财政知识更新培训。落实"一岗双责"和纪律规定,落实好领导干部述职述廉、个人事项报告、意识形态事项报告等制度,落实党风廉政建设约谈机制,全年约谈30余人次,发挥提醒和督促作用。严格执行好中央"八项规定"及实施细则精神、省委"六个严禁"和市、区有关作风建设的各项规定。构建"1+8+X"的内控体系,在出台1个管理制度和8个内控管理办法的基础上,制定相应的具体操作规程。推进廉政文化建设，在局各楼层过道、走廊张贴廉政文化、财政文化、党建文化等宣传内容。加强干部职工的日常管理，按照“管好队伍带好兵”的要求，每季度对全体干部职工开展一次平时考核，全面推进机关学风、党风、作风建设。

（台州市路桥区财政局供稿　郑宣彬　牟雅谦执笔）

临海市

【概况】　2017年，临海市实现生产总值600.25亿元，按可比价格计算，增长8.0%，其中：第一产业增加值46.55亿元，增长4.1%；第二产业增加值270.72亿元，增长10.8%；第三产业增加值282.98亿元，增长6.1%；三次产业结构比为7.8∶45.1∶47.1。按户籍人口计算，人均生产总值49949元，增长7.7%。社会消费品零售总额250.62亿元，增长11.1%。外贸自营出口总额202.68亿元，增长18.1%。城镇常住居民人均可支配收入47309元，农村常住居民人均可支配收入25052元，两项均增长9.2%。全年完成财政总收入97.74亿元，增长27.9%；一般公共预算收入54.29亿元，增长19.1%，占财政总收入的55.5%；其中：税收收入47.84亿元，增长23.5%，占一般公共预算收入的88.1%。一般公共预算支出83.57亿元，下降3.6%。全年财政收支平衡。

【依法组织收入】　强化信息管税，与工商、电力、国土、法院等部门建立信息交互机制，在税务登记、股权转让、以电控税等方面协作配合，交互信息2100余户次。加大欠税清理力度，累计清缴欠税1813万元，欠税户数下降49.2%；着重加强与法院合作，11户欠税企业移送法院强制执行，法院在拍卖企业财产时代扣税款，已代扣入库税款1322万元。成立合规性审查委员会，对各类大要案、疑难案件等进行集中审查，提高办案的质量和效率，2017年查补入库率100%，选案准确率100%，查补入库税款1.67亿元，增长200.9%。全年非税收入征收66.84亿元，其中纳入一般公共预算管理的非税收入6.46亿元，下降5.9%。

【服务项目建设】　集中财力办大事，推进“百大项目，百团攻坚”活动，拨付市重点工程建设资金34.06亿元。争取各类专项资金22.20亿元，省财政2017年度地方政府置换债券资金6.70亿元、新增政府债券资金10.00亿元。PPP工作取得实质性进展，省道余姚至温岭公路的临海汇溪至沿江改造工程入库省PPP项目库。加大招商选资力度，配合市政府制定出台《关于加强临海市招商引资工作的实施意见》，与经信、国税等部门组成招商团队，全程参与、主动服务。吉利年产30万辆整车扩建项目、华海国际医药小镇项目等落户临海，引进市外内资95.00亿元，实际利用外资突破5000万美元。

【支持经济发展】　贯彻供给侧改革，严格执行国家结构性减税和清费减负政策，全年落实45户企业研发费税前加计扣除3.88亿元，24户高新技术企业税收减免1.67亿元，47户企业安置残疾人就业工资加计扣除2379万元，4465家企业社保费减征2070万元。实施小微企业“三年成长计划”，落实1001户小型微利企业企业所得税优惠1777万元。完善财政激励奖补机制，兑现各类奖补资金8.19亿元，重点支持企业创业创新，助力产业优化升级。坚持“抓大扶小”，推进“2513”*龙头企业培育工程，给予吉利豪情、华海药业、伟星集团等“一企一策”重点扶持，发挥龙头企业引领带动作用。2017年，临海市规上工业总产值总量和增速、规上工业增加值总量和增速均居台州市第一，振兴实体经济的做法在全省财政地税工作会议上作经验介绍。

【支持民生事业】　全年民生支出68.16亿元，增长20.1%，占一般公共预算支出的81.6%。统筹资金，优先保障农民康居、老年安养和文体惠民等“十大民生工程”建设。完善社会保障体系，社会保障和就业支出9.77亿元，增长14.8%，城乡居民基础养老金标准人均提高15元/月，城乡居民医疗保障财政补助标准人均提高40元；加快推进适度普惠型儿童福利体系建设，新增低保家庭儿童生活补助220元/月、新生儿营养补贴30元/月。深化医药卫生体制改革，医疗卫生支出6.81亿元，增长0.6%，加快“双下沉、两提升”长效机制建设。创建教育基本现代化市，教育支出19.42亿元，增长7.3%，实现教育总经费和义务教育经费“三增长”。

【深化财政改革】　开展“最多跑一次”改革，在全省率先实行“一窗统办、集成服务、同城通办”；会计从业资格证网上申报，证件快递免费送达，群众办事实现“跑零次”；开展“上门服务至少一次”活动，19个镇（街道）、70家一级预算单位实现全覆盖。完善统一公共支付平台功能，将交警罚没、城管罚没、教育收费等纳入系统，实现网银、手机、支付宝等多渠道支付。推广应用“政采云”平台，入驻采购单位272家，审核入库临海市供应商340家，入围台州市网上超市供应商32家；通过平台推送采购计划292条，实现采购交易额2271万元。

【强化财政监管】　对全市行政事业单位开展专项财务检查，并针对问题督促整改，修订《关于进一步加强财政财务管理严肃财经纪律的通知》等10项制度，编印并发放《政策汇编》，组织专题培训2场，提高财务人员业务素质，防范财务违规风险。提高财政管理工作绩效，将支出执行情况列入各单位年度经济社会目标责任制考核，建立市长集体约谈、定期督查制度等，财政管理工作绩效综合考核居全省第一。完善竞争性存放资金管理办法，竞争性存放资金54.76亿元，增加收益2786万元。强化“三公”经费源头控制数管理，“三公”经费支出下降31.5%。加强地方政府性债务风险防控，积极化解地方政府性债务，成为全省4个地方政府隐形债务消化试点市之一。

【干部队伍建设】 学习贯彻党的十九大精神,不断增强“四个意识”。推进“两学一做”学习教育,下基层、下企业、走镇街、讲党课,收集地方党委政府、企业家的意见、建议 135 条,帮助解决各类问题 68 个。严格落实主体责任,梳理细化主体责任清单和落实党风廉政建设责任制工作计划表;中层以上干部签订《以普通党员身份参加党小组活动》责任状,参加所在党小组的学习讨论和活动。完善“1+8+X”内控制度体系,重点加强关键岗位、重要环节的廉政风险监控。丰富财税文化,组建文化创意中心,根据财税干部服务农民办实业的具体做法改编拍摄的微电影《第一书记》荣获第五届亚洲微电影艺术节最佳作品奖和评委会大奖。

(临海市财政局供稿　陈春燕执笔)

注:

*“2513”:力争到 2021 年,实现年销售收入 500 亿元以上的企业 2 家,100 亿元以上 5 家,50 亿元以上 10 家,10 亿元以上 30 家。

温岭市

【概况】 2017 年,温岭市实现地区生产总值 990.36 亿元,按可比价格计算,增长 7.9%;人均地区生产总值 81283 元。其中:第一产业增加值 76.34 亿元,增长 4.4%;第二产业增加值 409.31 亿元,增长 9.1%;第三产业增加值 504.71 亿元,增长 7.4%。三次产业结构比为 7.7 : 41.3 : 51.0。全社会固定资产投资 511.76 亿元,增长 18.7%。社会消费品零售总额 593.35 亿元,增长 12.8%。外贸自营出口总额 287.02 亿元,增长 21.0%。城镇居民人均可支配收入 53178 元,农村居民人均可支配收入 28412 元,分别增长 8.7%和 9.6%。全市财政总收入 115.71 亿元,增长 12.1%。其中:一般公共预算收入 68.09 亿元,同口径增长 9.5%,占财政总收入的 58.9%;税收收入 59.14 亿元,占一般公共预算收入的 86.9%。全市一般公共预算支出 91.12 亿元,下降 4.3%。全市和市本级财政收支平衡。

【依法组织收入】 加强部门协作。深化国税、地税合作,出台《2017 年度国地税征管合作工作方案》;实施房地产、建筑业、生活服务业等税收一体化管理;协同开展外出经营税收管理,增收税款 1.27 亿元;加强欠税管理,清缴欠税 4500 多万元;加强风险防控,共享涉税信息 33.28 万条,增收税款 7400 多万元,首次开展风险数据金税三期推送,风险识别率 41.4%;加强税务检查力度。建立司法处置不动产询价协作机制。加强非税收缴管理。实现非税收入 63.82 亿元,增长 16.2%,其中国有土地使用权出让收入 52.02 亿元,纳入一般公共预算管理的非税收入 8.95 亿元。

【支持经济发展】 降低企业税费负担。取消或停征 41 项行政事业性收费。临时性下调失业保险费率,减征失业保险费 0.28 亿元;支持高新技术企业发展,落实 138 户企业高新技术企业所得税优惠 3.59 亿元;落实研发费加计扣除优惠政策,154 户企业享受研发费用加计扣除 4.88 亿元;减免小微企业所得税 9600 万元;推行“亩产税收”政策,分类分档差别化减免城镇土地使用税 0.27 亿元;支持浙商回归,出台《温岭市地方税务局“亲商助企”支持实体经济工作方案》。扶持实体经济发展。加大扶持金融、外贸、产业转型升级,围绕《关于进一步推进产业转型升级振兴实体经济的若干意见》等系列政策文件,打造振兴实体经济“1+X”政策体系;兑现工业技改、科技研发、商务促进、建筑施工、金融三产、总部经济和人才专项等财政奖补资金 3.51 亿元;房地产“去库存”政策契税先征后补资金 0.70 亿元,减船转产补助资金 2.12 亿元;出资 1.10 亿元参与组建小微企业信保基金,解决小微企业贷款抵押担保难问题。争取上级资金。向上申请 PPP 落地项目及示范奖补资金 1833 万元,23 个项目纳入 PPP 项目储备,两个项目完成“一案两评”,投资额近 40 亿元;列入省财政专项激励工业大县,赢得 2017—2019 年连续三年每年 1 亿元省级振兴实体经济资金;成立总规模 2.3 亿元清松利沣转型升级产业投资基金和清松蕴才千人计划产业投资基金,重点支持高端装备制造、新材料等领域。

【优化支出结构】 全年民生支出 73.87 亿元,增长 3.6%,占一般公共预算支出的 81.1%。支持教育发展。全市教育支出 20.57 亿元,支持集团化办学,义务教育生均公用经费超出省定标准 100 元,生均装备经费、职高生均公用经费每年每生分别提高 80 元、150 元;全市文体传媒支出 1.14 亿元,用于健全基本公共文化和体育服务体系。完善社会保障机制。全年社会保障和就业支出 10.62 亿元,退休人员基本养老金实现 13 连涨,城乡居民基础养老金提高至每人每月 135 元;完善社会救助和社会福利体系。拨付低保对象补助资金 7976 万元,残疾人“两项补贴”* 5228 万元,城乡医疗救助 2385 万元。推进被征地人员养老基本生活保障制度与职工基本养老保险衔接并轨,将温岭市推行渔业股份合作经营的改革时点定为 1985 年 12 月 31 日前,9298 名传统海洋捕捞渔民参照被征地人员被纳入养老保险。支持医疗惠民事业。医疗卫生与计划生育支出 5.98 亿元,城乡居民基本医疗保险和基本公共卫生财政补助标准分别提高至年人均 490 元和 50 元;支持住房保障建设、生态环保、平安建设和城乡改造建设,拨付小城镇和农村环境综合整治专项资金 3.1 亿元,拨付公共安全保障支出 5.7 亿元,拨付轮窑拆除补偿资金 6610 万元。扶持支农惠农体系,农林水支出 16.64 亿元,推进财政支农项目库建设,争取省级扶持村级集体经济发展试点项目 4 个,保障资金 1200 万元。加强全市公务经费管理,实现全市“三公”经费同比下降 13.1%,报销公务卡支出金额同比提升 9.6%。

【深化财政改革】 开展“最多跑一次”改革。梳理财政“最多跑一次”事项 4 项;推进“政采云”工作,入选浙江县级市“政采云”首批试点;融合推进统一支付平台建设,拓展至 49 个部门单位,累计发生交易 42.99 万笔,支付笔数和支付收入均居台州首位;

开展“上门服务至少一次”活动，累计上门服务预算单位49个；首推投资项目审批“最多跑一次”。推进预算管理改革。严格全口径预算编制，推进政府预算体系统筹协调，加大政府性基金预算和国有资本经营预算调入一般公共预算力度；完善财政总决算和部门决算管理，实现82个部门、16个镇（街道）决算公开，公开率100%；开展政府综合财务报告试点；推进参与式预算管理与预决算公开，实行“15+1”个部门参与式预算审议，调增、新增预算项目35个，增加预算资金3806万元；调减预算资金，优化项目4个，核减资金228万元。完善政府购买服务。完成9个政府购买服务项目采购，安排预算资金1871万元，增长111.5%。推进机关事业单位、公立医院养老保险改革。设立温岭市道路交通事故社会救助基金管理中心。推进公务制度改革。做好市本级871辆涉改车辆处置工作。深化专项资金管理改革。制定专项资金管理清单20项，涉及26个部门，清单总额6.20亿元；清理结转结余资金51000万元，收回单位银行账户资金3223万元。

【加强财政监管】 财政管理工作获得2017年全省先进典型市县。推行全过程预算绩效管理。规范预算绩效目标编制，上线应用温岭市预算绩效管理软件；对35个项目合计1.52亿元资金进行绩效目标评审，项目财政资金核减率2.8%。强化财政监督检查，重点检查案件10起，专题检查项目2项，涉及单位32家，查处违规资金1728万元。完善财政内部控制体系。编写16个内部操作规程。强化执行力监督，首次制定预算支出执行进度考核办法，实行预算执行通报制度。深化公款竞争性存放，实施五期规模39.8亿元社保基金招投标。完善公务支出标准体系。出台《温岭市机关工作人员差旅费管理规定》《行政事业单位公共交通意外保险试行办法》。强化政府投资项目建设资金监管。严格项目管理，控制投资规模，累计审核项目2071个，审核资金44.88亿元，核减项目资金2.13亿元，核减率4.8%。防范债务风险。争取省级地方政府存量债券额度10.24亿元，新增建设债券资金17.10亿元，完成违规担保清理，清理偿还政府欠款。加强涉农涉企资金监管，推进农业“三项补贴”改革。

【干部队伍建设】 学习贯彻十九大精神。局党委书记带头，分支部开展学习教育，邀请十九大党代表林燚做报告辅导。推进“两学一做”学习教育常态化制度化。通过“三位一课”制度、集中学习、重温入党誓词、参观红色教育基地、开展志愿活动等，提升学习效果。落实主体责任。履行“一岗双责”，推进全面从严治党，召开系统党风廉政建设会议、党风廉政警示教育大会，深入开展“三评三改三处理”干部作风提升专项行动，评出优秀中层干部1名、后进干部3名；完善廉政风险干预机制，重点整理风险点26项，警示约谈6人；加强关键岗位和重要环节的廉政风险监控；严格落实中央八项规定，保持效能作风巡查高压态势，深入开展“酒局”“牌局”等督查。加强各类培训。组织开展公务员学法用法轮训、举办“财税讲坛”，参与360人次，组织中层干部能力提升培训、新录用公务员入职培训、岗前实习等素质提升活动。

（温岭市财政局供稿　林　琦执笔）

注：

＊残疾人“两项补贴”：重度残疾人护理补贴和困难残疾人生活补贴。

玉环市

【概况】 2017年，玉环市实现生产总值529.83亿元，增长8.0%。其中：第一产业增加值34.39亿元，下降0.9%；第二产业增加值282.69亿元，增长9.7%；第三产业增加值212.75亿元，增长7.1%。三次产业结构比为6.5∶53.3∶40.2。人均生产总值122410元，增长7.6%。全社会固定资产投资额为218.34亿元，增长15.8%。社会消费品零售总额187.75亿元，增长10.7%。城镇常住居民人均可支配收入61057元，增长9.1%；农村常住居民人均可支配收入29996元，增长9.3%。全市实现财政总收入83.40亿元，增长12.2%；一般公共预算收入48.50亿元，增长10.5%，占财政总收入的58.2%，其中税收收入43.60亿元，增长14.1%，占一般公共预算收入的89.9%；一般公共预算支出完成64.67亿元，增长18.9%。全年财政收支平衡。

【依法组织收入】 精细化税收管理。推行分类分级管理体制，按照销售收入2000万元和纳税金额50万元以上标准加强重点税源管理，入库税收17.90亿元。建立税源管理基础数据指标体系，夯实地方税种征管基础，房产税、土地使用税补缴入库3102万元。加大欠税清缴力度，完善全社会涉税信息共享机制，清理欠税3710万元。推进重点行业、重点税源税收检查，全年查补收入5047万元。深化国地税合作。联合制定《小规模代开票纳税人委托代征实施方案》，全年国税局代地税局累计征收地方税费6759万元，地税局代国税局累计征收增值税3382万元。规范非税收入征管。加强非税收入预测分析和一次性收入要素监控，全年完成非税收入38.70亿元，其中纳入一般公共预算管理的非税收入4.90亿元。

【服务项目建设】 争取政策资金。全年共争取省级以上项目资金7200万元，其中农村综合改革试点补助资金3400万元，海岛及边境转移支付资金1900万元。支持重点项目建设。成立政府和社会资本合作（PPP）中心负责全市PPP项目筛选管理，全年入选财政部PPP项目库4个，总投资额34亿元。全年安排专项建设资金近10亿元，重点用于文化教育、交通设施、保障性住房、城镇农村污水设施等建设项目，争取扶持村集体经济试点资金2900万元，落实项目20个，带动投资2.80亿元，支持基础设施建设和农村环境的改善。

【培育优质财源】 助推产业优化升级。全年兑现市级财政扶持资金2亿元，争取上级各类扶持资金3220万元。安排各类产业引导资金共3.70亿元,以奖励、贷款贴息和政策补贴等方式扶持培育新兴产业创新发展。市转型升级产业基金启动实质化运行,完成首笔对外投资,项目金额1000万元。帮扶企业发展。落实减税降费政策,清理取消和停征41项行政事业性收费,减免各项税费11.10亿元。拓展“银税互动”范围,全年共与10家金融机构达成“银税互动”合作协议,为纳税信用A、B两级企业办理各类贷款102笔,金额1.10亿元。

【支持民生事业】 全年民生支出48.50亿元,增长24.9%,占一般公共预算支出的75.0%。人均民生支出1万元。支持教育事业发展。投入资金1.50亿元,支持教育基本设施建设,投入资金3790万元,实施义务教育薄弱学校改造、校舍维修和幼儿园建设;巩固完善义务教育经费保障机制改革成果,实施基础教育标准化工程,投入资金7130万元。完善社会保障体系。完善养老服务体系建设,投入资金1600万元,居家养老照料中心实现城乡社区全覆盖;投入资金2073万元,落实残疾人生活两项补贴;拨付资金4亿元,启动机关事业单位养老保险制度改革。提升医疗卫生服务能力。支持基层医疗卫生机构服务能力提升、市级医院优质医疗资源下沉和对卫生人才实行奖励,落实全科医生签约服务经费,支持实施基层首诊分级诊疗,将城乡居民基本医保筹资标准、基本公共卫生服务财政补助标准分别提高至年人均1000元、50元。开展财政支农强农惠农工作。加大财政支农投入,落实各项强农惠农优惠政策,“三农”支出30.89亿元,增长13.0%。

【深化财政改革】 推进“最多跑一次”改革。实现会计代理记账机构执业资格审批和报备两个项目“零上门”。借力“互联网+政务”,构建线上线下一体化政府非税收缴体系。深化现代预算管理制度改革。完善“四本”预算编制,健全全口径预算编制体系,加大政府性基金、国有资本经营预算与一般公共预算之间统筹力度,国有资本经营预算实现全覆盖。全面推进预决算公开。预决算信息已全部在市门户网站和市人大网实行集中公开,提高财政工作透明度。实施预算项目库动态管理。出台《玉环市部门项目支出预算管理办法》,把好项目审核关口,推行滚动预算编制。加强财政资金清理整合。全年梳理专项和项目资金77项,清理整合后归并为24项,涉及资金5.50亿元。加强库款管理,清理存量资金5.30亿元,全部列入政府预算统筹使用。加强预算绩效管理。完善事前、事中、事后全方位监督,全年共有84个部门549个项目参与评价,绩效目标管理实现从项目到整体、从部门到乡镇的全覆盖。

【强化财政监管】 推进国库集中支付改革。加强国库集中支付动态监控,规范支付流程,保障资金安全。强化政府性债务管理。安排城建集团消化债务1亿元、一般债券还本付息1.3亿元,争取新增政府债券3.80亿元。推进“1+8+X”内控制度建设。落实“X”内容制订,完善内部控制操作规程,重点加强关键岗位和关键环节风险预警。完善税检三方联动防控职务犯罪体系。建立三方联席会议制度,共建常态化信息交流平台,创新预防措施,研判预警职务犯罪风险。压减行政运行成本。2017年全市预算安排的“三公”经费支出执行数2093万元,下降34.5%,其中公务接待费694万元,下降19.1%;公务用车购置及运行费1316万元,下降41.6%;因公出国(境)费84万元,下降2.5%。加强政府采购监管。全年完成各类政府采购279项,预算金额2.95亿元,实际采购金额2.45亿元,节约率16.9%。启动“政采云”以及政府采购管理系统上线工作,“政采云”平台入驻采购单位222家、供应商138个、评审专家61人,累计审批确认采购计划金额近1650万元。

【加强队伍建设】 深入学习贯彻十九大精神,围绕“两学一做”学习教育推动机关党建工作,开展组织生活会和民主评议党员活动,围绕中心工作和阶段性重点任务每月开展支部主题党日,增强党支部战斗先锋作用。推行责任清单制度和履责情况痕迹化管理。建立个人廉政档案,实现系统人员全覆盖。全年开展正风肃纪专项行动13次,发布督查通报7次,发布廉政风险干预信息110多条次,实施廉政约谈活动607人次。提升队伍素质,设立“书香财税”图书馆,建设“廉政书屋”。落实干部培训教育计划,利用周一夜学习会平台,开展财税政策法规知识讲座,组织党风廉政及各类业务知识培训讲座共21期。

(玉环市财政局供稿 吴前哲执笔)

天台县

【概况】 2017年,天台县实现生产总值227.71亿元,增长6.6%。其中:第一产业增加值13.73亿元,增长4.0%;第二产业增加值94.80亿元,增长6.1%;第三产业增加值119.18亿元,增长7.4%。三次产业结构比为6.0∶41.6∶52.4。人均生产总值37936元,增长5.9%。全县财政总收入32.95亿元,增长10.2%。其中:一般公共预算收入19.21亿元,增长13.0%,占财政总收入比重为58.3%。一般公共预算收入中税收收入16.15亿元,占比84.1%。全县一般公共预算支出41.60亿元,同口径增长14.0%。全年预算执行情况良好,财政收支平衡。

【依法组织收入】 强化税收管理。完善委托代征管理机制,推出“网格化”管理,全面摸底税源信息。推出13项具体税收征管服务举措,把控收入节奏、加强精细管理,提升组织收入能力,服务重点企业。联合相关部门,构建“政府主导、部门协作”新型协税护税网络。加大税收查补力度。全年查补入库税收7998万元,查处大要案比例为50%,涉及税款2578万元。加强非税收入管理。推进非税收入数据大集中平台建设,增强部门间数据共享。全县征收非税收入28.77亿元,其中纳入一般公共预算收入管理的非税收入3.05亿元。加强土地出让收入管理,全县土地出让金收入24.31亿元。

百亩香米梯田喜迎十九大

【服务项目建设】 向上争取资金。争取省“两山”建设财政专项激励资金3年3亿元，破解全县项目建设资金短缺的难题。向上争取各类资金18.69亿元，全力保障“五水共治”“三改一拆”、交通运输、水利建设、小城镇环境综合整治、美丽乡村建设、农村综合改革等重大项目建设。向上争取新增地方政府债券3.50亿元，安排用于农村生活污水治理、始丰湖工程、小城镇综合整治等20个重点工程建设。推广应用PPP模式。签约PPP项目7个，签约合同价累计14.20亿元，进入采购阶段的PPP项目4个，总投资75.88亿元。

【培育优质财源】 助推企业上市。组织“上门服务至少一次”活动，帮扶3家企业在主板上市。落实降税减费。全年累计落实企业所得税、房产税、土地使用税等各类税收优惠10.10亿元。做好“小升规”企业社保费集中减征；调整失业保险单位费率，由1%降为0.5%。落实专项奖补。落实县工业转型升级专项资金1.29亿元，其中工业经济奖励1322万元、“机器换人”技改补助1844万元，支持工业转型升级和特色产业发展；县级科技专项资金816万元，支持企业自主创新和科技公共服务平台建设，促进工业经济转型升级。

【支持民生发展】 全年民生支出33.34亿元，占一般公共预算支出的80.1%。盘活存量资金1.48亿元，收回部门两年以上结余资金0.29亿元，统筹用于民生事业。支持社会事业发展。落实各阶段教育资金保障机制，累计投入教育资金10.87亿元，增长7.5%。深化医疗卫生体制改革，完善基本医疗保障制度，医疗卫生支出3.49亿元，增长10.0%。投入资金0.67亿元，用于安全生产、食药安全、消防安全整治等。保障“美丽乡村”建设。设立3000万元专项资金，重点对精品村打造、重点村和特色村建设进行专项补助，落实美丽乡村建设资金1695万元。筹措资金1.30亿元用于农村生活污水治理；全年农房改造补助经费1576万元；生态公益林补偿支出3676万元。

【深化财政改革】 推进“最多跑一次”改革。全力打造线上线下一体化非税收入支付体系，全年实现业务10万多笔。开展社保基金竞争性存放。完成12.4亿元社保基金的竞争性存放，确保社保基金保值增值。开展农业生产全程社会化服务试点。推进粮食生产功能区建设，改革完善粮食生产扶持政策，通过政府购买服务等方式推进粮食生产联合社等社会化服务组织建设。

【加强财政监管】 全县一般性支出4.14亿元，比上年压减5.0%，全县“三公”经费支出0.21亿元，比上年下降31.9%。强化政府采购监管。全面推广应用“政采云”平台，提高政府采购的工作效率和服务质量。完成政府采购预算2.68亿万元，节约资金5041万元，节约率15.9%。加强政府投资项目监管。全年审核政府性投资项目348项，核减金额6982万元，核减率3.4%。加强内控制度建设。加大财政监督检查和支出绩效评价力度，全年审核绩效目标项目70个。动态监管国有资产。全面推广应用国有资产管理信息系统，实现对辖区内行政事业单位国有资产从来源、使用到处置各个环节的动态管理。

【干部队伍建设】 学习贯彻十九大精神。推进“两学一做”学习教育常态化制度化，以党支部为基本单位，开展“三重温”等系列活动，每个党员制订学习计划和《党员干部“五看五查”问题整改清单》。加强党风廉政建设。开展“一把手”约谈班子成员、班子成员约谈中层干部、中层干部约谈普通干部的全员廉政约谈103人次。推进思想政治建设。开展“打铁必须自身硬”主题教育活动，与浙江财经大学联合开展全员脱产培训。全年开展党组中心组学习12次，党员干部学习会27次。深化内外部风险防控。修订内部八个风险防控管理办法，坚持制度管人、管事、管权。制定加强互联网舆情风险防范管理工作实施办法等制度，加强互联网舆情风险防范管理的统一决策和领导。

（天台县财政局供稿　何笑敏执笔）

仙居县

【概况】 2017年，仙居县实现地区生产总值211.13亿元，增长7.0%。其中：第一产业增加值15.47亿元，增长0.7%；第二产业增加值89.02亿元，增长19.4%；第三产业增加值106.64亿元，增长10.4%。三次产业结构比为7.3∶42.2∶50.5。按户籍人口计算，人均生产总值41186元，增长12.2%。全社会固定资产投资226亿元，增长12.0%；社会消费品零售总额96亿元，增长10.0%；外贸自营出口7.40亿美元，增长19.0%；城镇常住居民人均可支配收入37300元,增长9.5%;农村常住居民人均可支配收入19000元,增长9.4%。全县财政总收入30.52亿元,增长14.3%,其中一般公共预算收入18.53亿元,增长15.0%;一般公共预算支出49.93亿元,增长15.3%。全年财政收支平衡。

【依法组织收入】 强化税收征管。实施重点税源检查、大案要案查处、积案清理和发票专项整治等措施,共入库1443万元。开展税收风险应对及相关分析识别工作,应对税收风险43户,补缴税款453万元。加强欠税清理力度。采取限制出境、发布欠税公告等措施,入库税款2316万元。优化收入结构。一般公共预算收入占财政总收入的比重为60.7%;一般公共预算收入中税收收入为16.2亿元,增长23.5%,占比87.4%。加强非税收入征管。全年组织非税收入21.63亿元,其中纳入一般公共预算管理的非税收入2.32亿元。

【服务项目建设】 统筹财力支持项目建设,全年新增政府性债券6亿元,置换存量债务1.48亿元,减轻全县债务偿还负担。谋划PPP项目5个,其中3个项目完成招标采购,引入社会资本3.30亿元。利用国开行、农发行等政策性银行的项目融资,全年融资40.43亿元,非公开发行公司债6亿元。获得法国开发署低息贷款7500万欧元,用于仙居县国家公园建设。梳理筛选"两山"重点项目18个,争取到省"两山"建设资金3亿元。拨付小城镇综合整治资金1.5亿元,全年安排政府性投资项目资金5.50亿元。

【支持经济发展】 参与制定"股改新政十条"和"上市新政十条"等政策,助推企业转型升级,全年兑现涉企政策奖励资金7000余万元。全面落实税费优惠政策,税费优惠共计1.68亿元。推进"银税互动"建设,利用"税易贷""税银贷"项目为30户企业发放信用贷款2450万元。

【保障民生支出】 全县民生支出39.57亿元,增长13.2%,占一般公共预算支出的79.3%。推进社会事业发展。坚持教育优先发展,支持教育现代化县创建,推进义务教育均衡优质化,促进普通高中多样特色化,加快职业教育转型升级,落实国家助学贷款新政策,累计投入教育经费9.28亿元,增长20.6%。支持国家公共文化服务体系示范县创建,实施文体惠民工程,文化体育与传媒支出5468万元。深化医疗卫生体制改革。完善基本医疗保障制度,拨付对基层医疗卫生机构和公立医院的补助共计1.25亿元,医疗卫生支出4.22亿元,增长16.2%。推进社会救助工作。提高低保标准,累计发放低保金5790万元,救助超过17万人次,社会保障和就业支出6.29亿元,增长23.2%。提升公共交通服务。投入资金1143万元,落实免费公交政策。落实为民办实事项目。支持搭建"食安桥"、免费"两癌"筛查、免费开放农村文化大礼堂等10项为民办实事项目,安排资金1.70亿元。

【深化财政改革】 响应省政府"最多跑一次"改革,会计代理记账机构执业资格审批和报备两个项目实现"零上门"。借力"互联网+政务",构建线上线下一体化政府非税收缴体系。推广财政直接支付不见单审核方式,实现国库集中支付"一次也不跑"。开展主动到预算单位"至少上门服务一次"活动,组织走访单位81家。出台《仙居县财政性资金审批管理暂行办法》,提高审批效率和管理水平。全面清理整合财政专项资金,共有14个专项列入清单管理,涉及资金3.50亿元。完善操作规程,增强存放资金的安全性,累计实施招投标存放财政资金22.81亿元。出台《仙居县短途出差交通费包干办法》,规范公务出行费用管理。加快推进农业综合开发进度,以农业综合开发现代园建设为重点,全年实施农发项目29个,已完成13个。开展"政采云"平台推广应用工作,平台入驻采购单位230家、供应商168家、评审专家127人,累计审批确认采购计划总金额突破1.1亿元。

【加强财政监管】 出台《关于仙居县预算绩效管理工作考评办法》,建立预算支出执行进度定期通报机制,促进项目实施进度,提高资金使用绩效。全面实施项目库管理,对未入库项目不再安排项目资金,突出财政专项资金的导向和调控作用。加强政府性投资项目预结算管理,工程预算项目审核363个,核减资金9346万元;工程结算项目备案179个,核减资金4751万元。完善国库集中支付动态监控机制,规范监控流程、细化监控规则、扩大监控范围,建立"事前预警、事中拦截、事后跟踪"的全过程动态监控机制。全年累计监控资金44亿元,纠正率100%。

【干部队伍建设】 学习贯彻党的十九大会议精神,开展"两学一做"主题教育活动。落实管党治党主体责任,梳理领导干部党风廉政建设责任清单,明确责任分工。建立常态化述责述廉机制,推动责任落实。通过各线条培训和全员培训等方式,提高干部队伍业务素质;通过专题党课、分支部学等形式,提升干部政治素质。组织业务测试,组队参加各类业务大比武,组建人才库。发挥好群团组织作用,开展各项文体活动,丰富干部业余文化生活。

(仙居县财政局供稿　朱　力执笔)

三门县

【概况】 2017年,三门县实现生产总值210.49亿元,增长7.8%。其中:第一、二、三产业增加值分别为29.77亿元、77.22亿元和103.50亿元,分别比上年增长4.5%、8.3%和8.3%。三次产业结构比为14.1∶36.7∶49.2,人均生产总值47292元。全县居民人均可支配收入30643元,增长9.0%。全县财政总收入完成26.28亿元,增长6.1%。其中:一般公共预算收入16.78亿元,增长8.5%;一般公共预算支出40.58亿元,增长23.3%(剔除新增债券3亿元,增长14.2%)。全县一般公共预算收入占财政总收入的63.9%;税收收入13.44亿元,增长4.3%,占一般公共预算收入的80.1%。全县财政收支平衡。

【依法组织收入】 税收精细化促增收。做好收入预测、计划和调研分析，严密监控税源，坚持依法征收、应收尽收，完成“金税三期”数据清理工作，开展大企业税收服务和管理，促进纳税遵从。加强税收风险管理，开展房地产税和城镇土地使用税专项清理行动，加强二手房交易和个人出租房税收征管。加大欠税征缴力度，有效控制欠税户数增长，全年压缩陈欠税款1852万元。推行税收黑名单制度，建立信用动态监管方式。探索税警协作机制，加强打击发票违法犯罪活动。加强非税征管。坚持税费并重，统筹兼顾规费征管与税收征管工作，全年实现非税收入11.22亿元，其中纳入一般公共预算管理的非税收入3.34亿元。

【服务项目建设】 向上争取资金。出台《三门县2017年向上争取项目资金工作考核办法（试行）》，全县争取到一般性转移支付补助和专项转移支付补助16.69亿元，其中争取到省级“两山”（二类）建设专项激励资金3.00亿元（分三年到位）；争取到地方政府置换债券9.75亿元，新增政府债券3.00亿元。支持政府性项目建设。全县政府性投资项目完成投资57.90亿元，有效保障政府重点工程项目建设。

【支持经济发展】 落实税费优惠政策。全年减免地方税收1.11亿元，惠及企业1100多家，减轻企业税费负担。落实土地使用税差别化减免政策，引导企业树立“亩均论英雄”发展理念，提高亩均亩产效益。加强招商引资企业税收优惠政策落实工作，鼓励扶持企业上市，共有16家企业享受研发费用加计扣除额3992万元，13家高新技术企业落实税收优惠1957万元。暂停征收地方水利建设基金，减轻企业负担3000多万元。引导企业转型升级。转变财政扶持经济发展方式，设立振兴乡村产业基金、基础设施投资产业基金，全县政府产业基金总规模1.60亿元。加大对科技型中小企业扶持力度，鼓励企业进行技术改造和科技创新，全年科学技术支出5065万元，增长81.4%。加大政策支持力度，兑现鼓励工业、现代农业以及人才、电商企业发展等政策资金7928万元。

【支持民生事业】 全年民生支出30.53亿元，增长25.8%，占一般公共预算支出的75.2%。支持社会事业发展。全县教育、文化体育与传媒、城乡社区事务、节能环保、公共安全等民生事业支出分别为8.08亿元、7690万元、4.16亿元、1.39亿元、2.40亿元，分别增长26.6%、23.6%、90.2%、189.2%、8.9%。实施乡村发展战略财政保障制度，推进农业农村现代化，全县“三农”支出17.23亿元，增长9.3%。全面落实全县教育振兴大会精神，设立5000万元教育奖励基金，注入教育发展集团资本金6000万元，全力保障教育优先发展。投入1.99亿元保障就业、社保、扶贫等为民办实事项目资金需要。推进第二批机关事业单位养老保险改革工作，全县共163家机关事业单位办理参保手续，纳入人数11715人，总体参保率90%以上。支持“美丽三门”建设。支持全域旅游发展，安排1761万元用于旅游开发。强化村级公益事业一事一议财政奖补政策应用，全县财政投入1.17亿元，覆盖180个村级公益事业项目。打好“拆治关转”组合拳，安排资金7250万元用于小城镇环境综合整治。发挥“两山”资金引导作用，撬动社会资金13.90亿元支持绿水青山生态建设。六敖田园综合体项目成为全省首批7个省级农业综合开发田园综合体建设试点项目之一。

【深化财政改革】 推进“最多跑一次”改革。开展财政“上门服务至少一次”活动，主动上门为预算单位讲解政策、辅导业务、对接需求。优化服务流程，会计从业资格证网上申报，证件快递免费送达，群众办事实现“零跑腿”。推进政府非税收入收缴电子化试点改革，完善公共统一支付平台功能，全县通过电子缴款业务17.07万笔。推进财政体制改革。出台新一轮乡镇（街道）及园区财政体制结算办法，理顺和规范县乡两级财政分配关系。加强预算管理。完善全口径预算编制，加快预算编制项目库动态管理系统建设。加强预决算公开管理，提高预算单位资金使用透明度。做好县级财政专项资金公开工作，涉及的157个项目全部在浙江政务服务网上予以公开。深化国库集中支付改革。调整财政专户管理资金的清算模式，扩大国库集中支付资金范围，提高国库集中支付资金占财政支出的比重。加强政府采购管理。深化政府采购制度改革，推广上线“政采云”平台，交易量突破631万元。

【强化财政监管】 加强财政资金监管和库款管理。加强预算支出执行动态监控，跟踪财政资金支付流程，严防各种违规操作，保证财政资金安全。加强财政库款管理，加快预算执行进度，保持合理库款规模。加强政府投资项目资金管理。对全额财政拨款的政府投资项目实行集中支付，纳入集中支付项目11家，审核资金1.06亿元。做好工程预结算审核工作，推行结算审核成果网上公示制度。做好财政性资金和单位公款竞争性存放工作，全年开展竞争性存放招标8期次，中标财政资金19.22亿元，实现财政资金保值增值。制订隐性债务5年化债计划防范债务风险。加强财政监督检查。深入开展对重点部门、乡镇财政资金管理和使用情况的专项检查，联合县纪委等部门对全县104家单位开展执行中央“八项规定”精神、严肃财经纪律工作情况专项检查。

【加强队伍建设】 通过集中学与个人自学结合的形式学习十九大精神，制定并实施“两学一做”学习教育常态化制度化的实施方案，履行“一岗双责”，落实廉政约谈制度。健全“1+8+X”内控制度体系，完善财政内部控制机制，制定内控操作规程，加强风险防范。严肃工作纪律，规范机关干部考勤制度，将党风廉政、作风效能建设与财税中心工作融为一体。深化“三门干部进三门”活动，定期与困难群众、困难党员开展结对帮扶。组织开展大讨论活动，调动干部职工工作积极性。组织参加县第二届机关运动会、台州市财税系统羽毛球赛等活动，增强干部队伍的凝聚力和向心力。 （三门县财政局供稿 林祥辉 周 洋执笔）

丽水市财政工作

丽水市

【概况】 2017年，丽水市实现地区生产总值（GDP）1298.20亿元，按可比价格计算，比上年增长6.8%。其中：第一产业增加值99.40亿元，第二产业增加值557.00亿元，第三产业增加值641.80亿元，分别增长3.7%、6.3%、7.7%。三次产业结构比为7.7∶42.9∶49.4。常住人口人均GDP为59674元，比上年增长5.6%。固定资产投资903.80亿元，增长11.5%。社会消费品零售总额636.00亿元，增长11.3%。全市进出口总额222.84亿元，下降1.4%。其中，出口205.00亿元，下降1.8%；进口17.84亿元，增长3.9%。城镇常住居民和农村常住居民人均可支配收入分别为38996元和18072元，扣除价格因素分别增长6.8%和8.2%。全市财政总收入180.46亿元，增长9.5%，其中一般公共预算收入112.91亿元，增长11.5%。市级财政总收入69.68亿元，增长6.8%，其中一般公共预算收入43.44亿元，增长14.2%。全市一般公共预算收入占财政总收入的比重为62.6%，税收收入占一般公共预算收入的比重为78.8%。全市一般公共预算支出378.64亿元，增长10.8%。市级一般公共预算支出84.08亿元，增长13.3%。全市和市级财政实现收支平衡。

【组织财政收入】 强化收入分析预测。完善财政与国税、地税联网的收入动态监控分析系统，建立市县财政收入不定期预测制度，提高财税收入分析质量，实时跟踪收入走势，提高组织收入成效。强化税收征管。全市一般公共预算税收收入88.99亿元，增长8.9%，完成年初预算的101.0%。组织开展风险项目分析应对和行业专项纳税评估工作，统筹推送企业社会保险费风险项目和市级纳税人城建税、教育费附加、地方教育附加风险项目，全市推送风险纳税人户数6505户，入库税款及罚款、滞纳金共2.62亿元。开展优质财源培育工作。发挥丽水生态产业基金培育地方优质企业作用，27家市级优质财源培育企业全年共入库税收3.57亿元，增长27.3%。加强非税收入征管。全市收缴各项政府非税收入191.90亿元，其中纳入一般公共预算管理的非税收入23.91亿元。

【支持经济发展】 加大企业扶持力度，及时兑现涉企政策资金，全市财税部门共兑付企业扶持资金13.79亿元，其中市级7.63亿元；减免税费21.40亿元，其中市级10.84亿元。完善支持生态工业发展的政策体系，牵头或配合主管部门制定《关于加快市区生物医药产业发展的实施意见》《丽水市促进工业、服务业企业上规上限实施办法》《丽水市进一步落实减轻企业负担降低企业成本政策四十条》等一系列政策文件。撰写《关于支持股权投资类企业加快发展的建议》，提出加快发展股权投资类企业的建议，并被采纳形成丽水市指导意见。推动“僵尸企业”加快实施兼并重组、债务重组、破产重整和破产清算等分类有序的处置，促进经济持续健康发展。开展“精准帮扶企业，振兴实体经济”专项行动，引导企业对接资本市场，为企业解困帮扶。

【保障民生重点支出】 全市民生类支出299.37亿元，占一般公共预算支出的79.1%，增长12.9%。其中，一般公共服务支出41.71亿元，增长20.7%；教育支出67.01亿元，增长13.6%；科技支出7.27亿元，增长14.3%；社会保障和就业支出37.45亿元，增长24.1%；医疗卫生和计划生育支出35.26亿元，增长14.0%；节能环保支出8.36亿元，增长25.2%；城乡社区支出48.99亿元，增长33.2%。推进道路交通事故社会救助基金管理，审核救助24件，实际垫付218.5万元。市直财政性基本建设预算支出33.46亿元，保障重点工程、重大项目、重要工作推进。整合安排文明创建经费2.63亿元，拨付2.38亿元，为丽水创成全国文明城市提供财力支撑。

【深化财政改革】 推进“政采云”平台推广应用工作，制订下发《丽水市“政采云”推广实施工作方案》，选择缙云和遂昌作为

美丽畲乡

“政采云”平台试点县，在缙云县召开“政采云”推进运用现场会，实现10分钟走完“全程”的政府采购“丽水云速度”，并在全省发文推广。推进PPP示范市建设，64个项目通过财政部PPP综合信息平台审核，位居全省首位，其中华东药用植物园PPP项目入选财政部PPP示范项目案例选编，为全省唯一入选案例。推进和探索国资营运公司转型，完成5大集团、18家公司、4000余项资产的专项审计、清产核资，并剥离国有资产公司，交由国资委管理，为推进市本级国资营运公司可持续健康发展、化解政府债务风险提供改革发展新路径。

【防范债务风险】 提前完成高风险地区5年化债考核任务。向省财政厅争取置换政府债券规模5.76亿元，其中市本级5.70亿元，提前一年完成存量政府债务置换工作。制定社会保险基金置换政府性债务内部操作规程，完成2016年度第二批社保借款置换政府性债务1.75亿元。向上争取新增债券，当年省财政厅核定丽水市地方政府新增债券额度55.10亿元，增长23.5%，其中市级3亿元。

【推进法治建设】 开展省政府规范性文件示范单位创建工作，全面总结规范性文件管理试点以来的经验和问题，集中展示在制度、机制和具体做法上的创新成果。加强新出台文件管理，审查出台规范性文件25个。局微视频作品《实现税收法治　彰显宪法精神》在司法部和全国普法办公室主办的“我与宪法”优秀微视频作品征集展播活动中获优秀奖，是全省财税系统获奖的三家单位之一，也是丽水市唯一一家获奖单位。

【强化财政监管】 加强重点评价项目成果应用，促进绩效评价成果“落地”。完善重点绩效评价工作，选取4个项目开展重点评价，涉及财政资金3.13亿元。严格执行国库集中支付制度和中央八项规定及各项厉行节约规定，严把资金支出审核关，审核支付财政性资金62.28亿元。将预算执行情况纳入市委市政府年度综合考核，出台考核细则，实行支出执行进度按月通报制度，倒逼部门提升预算精准度和预算执行进度。优化财政项目审核流程，共完成各项审核271项，节约财政性资金2.27亿元。

【加强队伍建设】 推进“两学一做”学习教育常态化制度化，丰富党建工作载体。制定《党支部日常工作办法》《党支部年度考核办法》《党支部年度考核结果运用办法》，落实班子成员联系党支部制度。开展“读一本好书、提供一个金点子、争创一个工作新亮点”活动，组织开展先进事迹宣讲，增强单位凝聚力。制定《局后备干部工作暂行办法》，建立正科、副科以及青年干部后备库。将党风廉政建设责任制纳入局年度目标管理绩效考核，层层压实责任，强化主体责任和“一岗双责”落实。

（丽水市财政局供稿　王苏连执笔）

莲都区

【概况】 2017年，丽水市莲都区实现生产总值332.98亿元，比上年增长5.2%。其中：第一、二、三产业增加值分别为18.95亿元、123.30亿元、190.73亿元，分别增长3.4%、5.0%、5.5%。三次产业结构比为5.7∶37.0∶57.3。人均生产总值69763元，增长3.7%。全区实现财政总收入22.59亿元，同口径下降2.7%。其中：一般公共预算收入13.53亿元，增长1.7%，占财政总收入的59.9%。一般公共预算税收收入10.50亿元，占比77.6%。一般公共预算支出38.96亿元，增长27.2%。全年财政收支基本平衡。

【组织财政收入】 加强税收征管，开展税源分析和监控，依法应收尽收。盘活存量资金，健全动态管理和定期清理机制，全年清理整合盘活存量资金1.48亿元，统筹用于重点支出和预算平衡。完善体制机制，谋划项目方案，争取省市财政的支持，争取到省财政“两山”（二类）建设专项资金3亿元，新增地方政府债券资金3亿元，市财政年终结算补助资金2000万元，省农业综合开发资金2745万元，农村“双增”试点区补助资金2000万元。联合国税部门助推项目招商，全年落户古堰画乡基金和服务类公司34家，实现税收收入3500多万元。加强非税收入征管，全年实现非税收入10.33亿元，其中纳入一般公共预算收入管理的非税收入3.03亿元，增长41.0%。

【支持经济发展】 落实清费减负政策，促进实体经济发展。聚焦创新扶持方式，改革资金投入方式，以事后奖励替代事前补贴，充分调动企业技术创新和转型升级的积极性，全年累计兑现技改等政策支出2.78亿元。聚焦金融政策联动，发挥财政资金杠杆效应带动融资担保体系建设，解决中小企业融资难问题。

【保障民生重点支出】 全年民生支出31.53亿元，增长17.9%，占一般公共预算支出的80.9%。推进中小学校改扩建工程，支持中小学校课程改革，逐步补齐教育资源“短板”。完善城乡义务教育经费保障机制，调整学前教育家庭经济困难幼儿资助标准，最高资助标准由每生每学年1200元调整为3600元。健全基本公共文化服务体系经费保障，推进服务均等化，支持农村文化礼堂建设，落实公共文化设施和体育场馆免费开放经费。将城乡居民基本医保财政补助标准和城乡居民基本公共卫生服务补助标准分别提高至年人均760元、50元。深化财政支农体制机制改革，落实强农富农惠农政策。村级公益事业一事一议财政奖补政策，全年财政投入3150万元，带动社会力量共建村级公益事业项目77个。深化农业三项补贴政策综合试点工作，成立首个农业联合社，增强横向辐射，推进农业现代化发展。保障小城镇环境综合整治、文明城市创建、地质灾害大搬快治、五水共治、城中村改造、“村村通”班车等重点项目的资金需求。

【深化财政改革】 助力“最多跑一次”改革，开展“上门服务至少一次”行动；提升预算执行效率，推广“不见单审核”方式，实现预算单位“零上门”办理国库集中支付业务；实现会计证办理“一次都不跑”；推广统一公共支付平台，实现线上线下一体化收缴，2017 年全区通过平台收缴资金 26048 笔，金额 0.36 亿元。推进“一卡通”涉农补贴发放，创建“一个门进、一个平台办事、一卡通使用”的服务新模式，全面推行“一卡通”发放，提高发放效率和透明度。探索政府购买服务新模式，全年执行预算项目总额 0.92 亿元。全面推广 PPP 项目建设，助推民生工程提速发展。全年筹划 PPP 项目 8 个，总投资 45.39 亿元。引入市生态产业基金投资 2 亿元，推动古堰画乡景区的基础设施建设和文化旅游项目开发。制订 5 年政府债务化解方案，逐年化解债务风险，做好存量债券置换，优化债务结构和减少债务利息支出。全省首次试水农发财政补助资金 900 万元入股农业企业，村集体持股每年按股金 8%获固定分红，壮大村集体经济，助力乡村振兴。全力推进“政采云”改革试点工作，规范政府采购流程，全年政府采购节约资金 2295 万元，节约率 9.4%。

【防范债务风险】 开展融资平台公司债务置换后的账务处理情况检查，发现问题及时整改，统一口径，规范操作。开展违规担保、承诺和变相负债的清理和检查，消除债务风险隐患。做好新增债券的支出管理工作。截至 2017 年末，全区地方政府债务余额 21.07 亿元，其中：一般债务余额 16.70 亿元，占 79.3%；专项债务余额 4.37 亿元，占 20.7%。

【推进法治建设】 规范执法行为，提高依法行政水平。在会计从业资格证取消前期，精准落实行政执法责任制，规范法治档案管理、行政许可程序管理。全年受理行政许可 29 件，准予许可 29 件，其中《章某会计从业资格证许可》案卷被评为区优秀行政许可案卷。

【强化财政监管】 严格控制“三公”经费及一般性支出，2017 年“三公”经费支出 1430 万元，下降 32.2%。一般公共预算一般性支出比上年压减 5.1%。部门预决算和“三公”经费，公开率 100%。开展政府综合财务报告编制工作，深化公款竞争性存放改革，全区超 5.1 亿元资金开展公款竞争性存放。建设项目库管理系统，完善专项资金管理清单，推动监管系统全覆盖。开展财政监督和绩效评价，涉及重点项目 5 个，资金 2.78 亿元。推行财政票据“双随机”专项检查。推进财政投资评审改革，实行动态监管，全年净核减财政性资金 1.55 亿元，净核减率 8.7%。建立“1+8”内部控制制度体系及操作规程，防控行政和廉政风险。

【加强队伍建设】 以“两学一做”“党员固定活动日”、上党课、专题研讨为抓手，引导党员干部学习贯彻党的十九大精神和习近平总书记系列重要讲话精神。通过举办读书会、演讲比赛、知识竞赛等活动，营造乐学勤学氛围。立体化开展财政专业知识培训，提升干部专业素养。定期组织专题学习会、民主生活会，剖析存在的问题，增强接受监督、规范履职的自觉性，改进机关作风。2017 年干部原创微视频《星星之火》参选央视网 2016 年百部正能量音视频。

（丽水市莲都区财政局供稿　蓝陈浩　赵丽珍执笔）

龙泉市

【概况】 2017 年，龙泉市实现生产总值 128.30 亿元，比上年增长 7.1%。其中：第一产业增加值 14.31 亿元，增长 3.4%；第二产业增加值 50.65 亿元，增长 5.8%；第三产业增加值 63.34 亿元，增长 9.2%。三次产业结构比为 11.1：39.5：49.4。人均生产总值 54032 元，增长 6.2%。全市实现财政总收入 12.83 亿元，增长 13.3%，其中一般公共预算收入 8.50 亿元，增长 11.7%，占财政总收入的 66.3%；税收收入 7.06 亿元，增长 8.4%，占一般公共预算收入的 83.1%。全年实现一般公共预算支出 41.36 亿元，增长 14.9%。全年财政收支平衡。

【组织财政收入】 强化收入分析预测。建立财政、地税、国税定期联合分析机制，科学预测税源变化趋势，实时跟踪收入走势，提高组织收入成效。强化税收征管。深入推进信息管税，完善税源信息共享平台，加强欠税清缴，全年清理欠税 586 万元。加强税收风险管理，开展风险应对工作，实施大数据管理，加强堵漏征收，全年补缴入库税款 150 万元。加快培育优质财源。坚持财税与经济协调互动，涵养绿色优质财源，围绕六大主导产业，全面推进“生态+”产业创新发展。创新非税收入管理。全面推广应用政府统一公共支付平台，实行收缴电子化。全年组织非税收入 18.18 亿元，其中纳入一般公共预算管理的非税收入 1.44 亿元，增长 30.9%。

【支持生态经济发展】 落实生态经济扶持政策。兑现生态工业发展政策扶持专项资金，支持生态企业做大做强，全年兑现各类政府政策资金 1.29 亿元。全年累计税费优惠 2.17 亿元，失业保险费总费率调整为 1%，取消或停征城市公用事业附加、新型墙体材料专项基金等 16 项行政事业性收费。加快产业基金运作。龙泉与丽水两级政府产业基金共同发起设立规模为 1 亿元的龙泉市剑瓷文化旅游产业基金，并促成社会资本为主的联合产业基金投资当地压缩机企业 3000 万元，支持生态工业发展。加大“三农”投入。全市一般公共预算农林水支出 7.54 亿元，增长 10.1%，重点支持农业产业结构调整、农业基础设施建设，促进农业增效农民增收。

【保障民生重点支出】 全年民生支出 35.38 亿元，增长 21.9%，占一般公共预算支出的85.5%,大力支持教育、文化、医疗卫生、社保等事业发展。教育投入6.68亿元,用于支持城东小学以及南大洋小学项目建设;公共文化投入0.78亿元,用于弘扬传统文化,支持青瓷、宝剑文化创意基地建设,推进农村文化礼堂等项目建设;医疗卫生投入3.94亿元,用于加快推进公立医院和基层医疗卫生机构财政补助政策;社保投入5.06亿元,用于执行城乡居民医疗保险、城乡居民最低生活保障、临时救助、优抚抚恤补助、被征地农民转保等民生政策。筹措整合资金,全年政府投资项目支出30.10亿元,重点支持小城镇环境综合整治、"六边三美三化"、全域旅游等民生福祉项目。严格支出管理。厉行节约,严肃财经纪律,严控新增项目支出,不擅开支出口子,全年"三公"经费同比下降4.8%。

【深化财政改革】 *加快推进"最多跑一次"改革。*实现96%的办税事项"最多跑一次"、72%办税事项"零上门",办税事项精简73%,办税资料减少36%。开展"上门服务至少一次"活动,提高预算编制能力和质量,解决预算编制、执行过程中的具体问题。*推广应用"政采云"平台。*全市入驻采购单位192家,评审专家注册105位,供应商109家,累计交易金额563万元。*加快PPP模式运作。*龙渊公园及地下空间PPP项目已正式开工建设;瑞垟引水工程、龙泉市餐厨垃圾及粪便处理厂项目已报市政府审批。*争取上级改革试点。*争取到省"两山(一类)"建设财政专项激励政策,三年获激励政策资金4.50亿元;争取"扶持村级集体经济发展"和"一事一议财政奖补助推美丽乡村建设"双示范试点县(市),获得中央和省财政补助资金4900万元;"耕读大观园"项目入选全省首批"田园综合体"项目试点之一,争取专项资金7000万元。

【防范债务风险】 *强化债务管理。*争取新增债券,有效置换存量债务,减轻融资成本,缓解偿债压力,全市争取新增债券9.50亿元,全市累计置换政府债务19.04亿元,节约融资成本0.88亿元,加强制度建设。出台实施《龙泉市政府性债务管理暂行办法》,建立健全地方政府债务限额管理、预算管理、风险预警和应急处置机制。*强化源头管控。*严格政府投资项目审批管理,实行"三个不得立项"。做好社保基金保值增值工作。规范社保基金支出管理,建立多渠道筹资机制,全市社保基金置换政府性债务0.21亿元。

【推进法治建设】 *强化内部控制建设。*建立"1+8+X"财政内部控制制度体系,出台内控操作规程,健全内部控制流程,规范权力运行。*加强法制宣传教育。*开展"七五"普法宣传教育活动,建立税收普法教育示范基地,组织学法用法建档考试,推进普法责任制,开设《民法总则》专题讲座。*打造阳光财税。*做好政务信息公开工作,不断细化预决算公开内容。

【强化财政监管】 *深化财政专项资金改革。*完善《龙泉市财政专项资金管理办法》,将上年10个财政专项资金压减为7个,坚持"与投入、收入挂钩"的绩效观和"扶强扶优"原则,全年整合和盘活省以上财政资金4.88亿元。落实财政存量资金盘活机制,通过统筹收回和整合并入部门预算,清理盘活结余结转资金1.13亿元。*加强预算绩效管理。*把部门预算执行率和财政预算绩效纳入市委市政府目标责任制考核,强化财政支出责任意识,提高财政资金使用效率。*规范财政资金管理。*规范财政资金存放行为,防止利益输送,修订完善《龙泉市财政资金竞争性存放实施细则(试行)》,全面开展财政性资金存放管理工作。*开展内部审计工作。*成立内部审计工作专项审计组,于5—9月分别对下属单位全面开展内部审计,规范财政财务收支行为。

【加强队伍建设】 层层签订党风廉政责任书,强化主体责任和"一岗双责"落实。深入学习党的十九大会议精神,组织"主题党日"活动,推进"两学一做"学习教育常态化、制度化,建立基层年轻干部梯队培养长效机制,全年新提任中层干部11人,转任11人,新选拔年轻后备干部6名。发挥工、青、妇作用,开展职工趣味运动会、彩虹跑、素质拓展等活动,丰富干部职工生活。

(龙泉市财政局供稿 王炜祎执笔)

缙云县

【概况】 2017年,缙云县实现生产总值215.46亿元,比上年增长7.3%,其中:第一产业增加值11.10亿元,增长4.0%;第二产业增加值108.59亿元,增长7.7%;第三产业增加值95.77亿元,增长7.3%。三次产业结构比为5.2∶50.4∶44.4。人均生产总值58748元,增长6.5%。城镇居民人均可支配收入38229元,增长8.3%;农村居民人均可支配收入17711元,增长9.8%。2017年,全县财政总收入20.09亿元,增长9.4%。一般公共预算收入13.05亿元,增长8.3%,占财政总收入的65.0%;其中税收收入10.37亿元,增长9.8%,占一般公共预算收入的79.5%。一般公共预算支出42.61亿元,增长13.1%。全年财政收支平衡。

【组织财政收入】 *做好收入分析。*加强重点税源监控,深入100户重点企业开展税源调研,科学分析行业趋势和主要增减收因素。每月对本月及累计税收收入、主要税种收入进行统计上报、公布。每季度组织税收分析会,汇报本期税收执行情况,探讨后期经济税收形势、税收潜力、征管措施等。*加强税费管理。*做好个人所得税12万元以上个税申报工作和股权转让个人所得税征收工作,加强政策宣传、税情摸底,入库个人所得税1.29亿元。夯实企业所得税汇算清缴工作基础,为389户纳税人开展企业所得税汇算清缴申报培训,747户企业所得税汇算清缴户在规定的时间内全部按期完成申报,入库企业所得税2.19亿元。开展清欠工作,与国税、法院等部门协作,堵塞征管漏洞,入库欠税337万元。依托"金税三期"系统,做好数据对比分析,通过各类风险比对，入库各项税费325万元。全年地税部门组织收入20.09亿元，增长12.8%，其中税收收入6.91亿元，增长16.0%。*加强非税收入征管。*加强与公安、国土等非税执收部门的联系，形成征收合力。深化票据电子化管理，利用"政务服务网"，实现非税缴款电子化。全年实现非税收入20.62亿元，其中纳入一般公共预算收入的非税收入2.68亿元，增长3.1%。

【支持经济发展】 *落实各项企业减负政策。*落实减税政策，减免各类税费7.79亿元，其中扶持高新技术企业，优惠减免企业所得税1413万元；按"亩产税收"减免房产税、城镇土地使用税共1511万元；扩大对小微企业所得税优惠范围，减免企业所得税361万元。制定《缙云县关于已交纳工业项目履约保证金的处理方案》和《实施细则》，退回保证金7480万元。*扶持生态工业发展。*兑现生态工业奖励1857万元、开放型经济水平奖励1828万元、扶持中小企业奖励295万元、科技项目政策奖励1174万元，发放利废企业和再生资源回收企业补贴2496万元。

【优化支出结构】 全年民生支出36.42亿元，占一般公共预算支出的85.5%，增长16.6%。*落实重点民生项目资金。*安排创建"省级示范文明县城"专项资金600多万元，"三改一拆"经费3924万元，小城镇环境综合整治工作经费2850万元。加大社会保障和医疗卫生保障力度，城乡居民社会养老保险基础养老金标准提高到每人每年135元；城乡居民基本医疗保险财政筹资提高到每人每年520元；安排老年照料中心建设及运行经费930万元，健全农村养老服务体系。加大教育、文化保障力度，教科文支出11.34亿元，增长16.0%，重点用于提高中小学校生均公用经费及住宿生困难补助标准，学前教育公用经费、普通高中公用经费均提高到每生每年1100元；落实文化专项资金3955万元，推进文化礼堂建设。*加大支农扶贫力度。*争取省"两山（一类）"建设财政专项激励资金，三年累计可获激励补助资金4.50亿元。加快推进新农村发展，安排美丽乡村和"六边三化三美"等资金3000多万元。加大农村劳动力素质培训，修订《农村劳动力素质培训补助资金管理办法》，安排农村劳动力素质培训资金300万元。*完善财政支出管理。*严控"三公"经费支出，控制和压缩一般性支出，降低行政运行成本，2017年"三公"经费2296万元，下降11.6%。

【完善财政监管】 *盘活存量资金。*对各项结转结余资金进行整理归纳，重点审查超过使用年限的存量资金，盘活并统筹使用存量资金2519万元；强化财政存量资金动态管理，做好数据统计分析。*加强政府债务管理。*将政府债务还本付息落实到一般公共预算和政府性基金预算；撤销政府及其部门出具的承诺函，完成对违规政府购买服务的整改工作，并针对违规举借的政府性债务制订相应的5年化债计划，防范债务风险。*加强预算执行管理。*加强预算执行考核，将预算执行进度等财政预算绩效管理指标纳入县政府综合考核内容。*加强财政资金绩效管理。*开展全县行政事业单位绩效自评，自评项目120个，涉及金额5.38亿元。完成政府投资项目审核17.95亿元，最终审定额16.49亿元，节约财政资金1.46亿元。

【深化财政改革】 *推广"政采云"平台。*6月对所有行政事业单位、乡镇街道组织"政采云"使用培训。全县235个单位（全部），135家县级供应商入驻"政采云"平台；率先在丽水市开展电子卖场的承诺入围招标工作；通过"政采云"平台采购774笔，涉及采购金额2745万元，办事效率提升20.0%。*深化预算管理改革。*开展预算项目库试点，建立部门项目库和财政项目库，加强项目储备和申报管理；优化项目分类，规范项目设置，建立项目退出机制，梳理各类专项资金及项目（常年性项目除外）实施期限；清理整合现有专项资金和项目，严格控制新增专项资金项目，列入清单的专项资金减少到7项。*加快推进国资改革。*组织全县各行政事业及乡镇、街道开展国有资产不动产清查。*推进"最多跑一次"改革。*开展"上门服务至少一次"活动，对行政事业单位开展上门服务；缩减基本建设项目前期审批流程，复核资料由原来的14项减少到6项，实施对项目业主"一次性告知"制度。

【干部队伍建设】 以各党支部为单位，每周开展"两学一做"夜学活动。以青年大讲堂为载体，组织十九大精神、"预防职务犯罪""向廖俊波同志学习"等一系列专题学习。把干部工作作风、业务水平、综合素质等作为重要指标，选拔任用干部，提拔干部7名，转任17名，推荐副科级后备干部8名。组织开展植树活动、大清扫活动，激发干部活力，营造"认真工作、快乐生活"氛围。

（缙云县财政局供稿　田晶晶执笔）

青田县

【概况】 2017年，青田县实现生产总值222.94亿元，按可比价格计算，增长7.2%；按常住人口计算，全县人均生产总值62877元，增长4.0%。其中：第一产业增加值8.51亿元，增长4.3%；第二产业增加值117.75亿元，增长6.0%；第三产业增加值96.68亿元，增长9.1%。三次产业结构比为3.8∶52.8∶43.4。全年实现财政总收入26.00亿元，增长7.6%，其中一般公共预算收入16.84亿元，增长7.1%。一般公共预算支出45.75亿元，增长7.6%，剔除省专项和上年结转后一般公共预算支出32.15亿元，增长31.6%。全年财政收支平衡。

【组织财政收入】 2017年，青田县一般公共预算收入占全县财政总收入的比重为64.8%，其中：一般公共预算收入中税收收入12.53亿元，占比74.4%，比上年增长2.7个百分点，收入质量持续提升。强化收入分析和预测。完善收入分析季度专题会议、国地税税收分析联席会议等制度，强化税源分析和税收预测工作组日常运作机制，加大"金税三期优化版"等信息化手段在收入预测和研判工作中的应用，健全收入分析指标体系，为组织收入工作决策提供精准、科学的依据。落实重点行业、重点税源企业税收收入跟踪管理评价工作，成立财税联合服务工作小组对25户重点企业进行专项跟踪走访和上门服务，全年纳入省级以上监控的企业15户；完善涉税基础数据，强化征管手段，挖掘税收增收潜能，全年地方小税种累计纳入一般公共预算2.57亿元，增长34.6%，占一般公共预算收入的15.3%，加强欠税欠费追缴，推进"堵漏增收"工作。深化非税收入征管，扩围统一公共支付平台线上线下一体化收缴，加大非税执收单位历年收入少缴、漏缴问题整顿力度，推进社会保险费"五费合征"工作，全年组织各项非税收入21.15亿元，增长63.1%，其中纳入一般公共预算管理的非税收入4.31亿元。

【支持实体经济发展】 加强制度保障，制订大企业服务工作方案开展支持实体经济发展专项行动等扶持政策。出台《青田县生态经济产业基金管理实施细则（试行）》，组建完成青田县石雕文化产业基金和青田县华侨经济发展基金两个子基金，支持生态经济发展。落实优惠政策，取消或调整部分政府性基金和行政事业性收费，下调失业保险费率，助力企业降成本，加快推动财政扶企资金及时到位，全年累计兑付企业各类扶持资金1.05亿元，惠及县城企业189家。开展"您所盼、我所向"问需求活动，财税联合工作小组走访调研重点企业25家，全力推行企业和群众上门办事"双告知"制度，持续扩大"小微企业信贷帮扶基金""企业应急周转金"受益覆盖面。

【优化支出结构】 加大民生领域投入，2017年全县民生支出36.51亿元，增长12.0%，占一般公共预算支出的79.8%。教育支出8.34亿元，增长2.2%，全力保障学前教育发展。社会保障和就业支出4.96亿元，增长2.6%，深化落实最低生活保障及残疾人"两项补贴"制度，落实被征地农民转保政策调整。医疗卫生支出5.21亿元，增长12.8%，提高基本公共卫生服务经费保障标准，加大医疗救助资金筹集和补助力度。争取新增地方政府债券，及时催缴入库土地出让金和土地折抵指标收入，合理调度银行融资贷款，全年累计筹集基本建设项目资金18.29亿元。落实各项重点工作任务的资金需求分析和财力保障，全年累计拨付小城镇环境综合整治资金4028万元、"大搬快治"地质灾害综合治理资金9900万元、温溪镇小城市培育配套资金2500万元。

【深化财政改革】 落实"最多跑一次"改革。实现统一公共支付平台扩面，全年有54家单位的执收项目完成接入，累计收缴资金3607万元；开展向预算单位"上门服务至少一次"活动，累计上门服务预算单位95个，集中辅导300人次。全力推行公务卡制度和实施预算单位公务卡改革，完成国库集中支付清算模式调整工作，实行一次清算，谋划推进授权支付。推进预算绩效目标管理、绩效运行跟踪管理、绩效评价实施管理，2017年县局被丽水市财政局评为预算绩效管理工作先进单位。

【提升财政管理水平】 细化预算编制，强化预算刚性，严肃预算追加，实施预算执行动态监控管理，印发《关于加强预算管理工作的通知》，出台预算追加审批流程及审批权限的管理制度。加强乡镇公共财政管理，乡镇公共财政服务平台全面接入浙江政务服务网运行，涉及乡镇的各类财政补助性资金发放全部实现"一卡通"整合。盘活财政存量资金。全面清理结转结余两年以上的上级转移支付资金，推进县本级安排资金当年结余当年收回，累计收回各类沉淀财政资金2.40亿元。制定和完善专项资金管理办法，强化财政专项资金清单管理模式。严格执行政府债务限额管理，做好政府债务风险评估和预警工作，全年争取新增地方政府债券5.70亿元，政府债务率控制在68.7%，确保低于政府债务警戒线运行。落实养老保险缴费和待遇支付政策的调整与完善工作，推动社保基金竞争性存放和政府债务置换。加强财政内控机制建设，印发《财政业务归口管理办法》等系列文件，完成财政科室内部操作规程编制，推进行政事业单位内部控制自我评价工作。

青田千峡湖美景

【强化干部队伍建设】 推进"两学一做"学习教育常态化制度化，开展作风专题教育、"庸懒散"专项治理等活动，全面落实基层党建巡查指标任务。建立健全作风效能信息化管理体系，实时督导干部职工遵守作风效能相关规定；召开新提任干部任前谈话和退二线干部座谈会。开展"走出去”业务学习大轮训活动,组织77位财税中层及以上干部赴宁波大学进行集中业务学习培训。全面落实以师带徒“传帮带”工作机制,营造良好的工作环境;组织参加全县趣味运动会、全县气排球友谊赛,举办摄影比赛展、手工作品展,加强工会兴趣小组建设,推进“财税书屋”改造提升,丰富干部职工八小时以外的生活。

(青田县财政局供稿　王　瑞执笔)

云和县

【概况】　2017年,云和县实现地区生产总值63.85亿元,增长6.5%。其中:第一产业增加值4.89亿元,增长3.2%;第二产业增加值29.96亿元,增长3.5%;第三产业增加值29.00亿元,增长10.8%。三次产业结构比为7.7∶46.9∶45.4。按常住人口计算,人均生产总值55859元。全县财政总收入8.36亿元,其中一般公共预算收入5.18亿元,增长11.2%,占财政总收入的61.2%;税收收入4.25亿元,增长9.0%,占一般公共预算收入的83.7%。一般公共财政预算支出23.43亿元,增长12.9%。全年财政收支平衡。

【组织财政收入】　定期开展全县税源结构调查摸底,分析主要税源变动情况,因地制宜建立健全“管好大税户、管住中税户、管紧小税户”的税源分级分类管理机制。成立由县长任组长的加强税收征管领导小组,形成部门征管合力,联合组建工作小组,通过实地走访、开展纳税辅导、督促企业自查等方式,帮助企业做好如实申报工作。加强与国土、电力等第三方信息进行比对,审核确认企业存在的问题并通知企业补缴税款。利用管查协作机制,加大执法力度,提高税收执法震慑力和工作成效。全县政府性基金收入8.75亿元,各类社保基金收入7.76亿元,国有资本经营预算收入223万元。全年组织各项非税收入9.80亿元,其中纳入一般公共预算管理的非税收入9327万元。

【支持生态经济发展】　立足“一城一湖一梯田”发展布局,建设“童话云”和“大花园”。设立旅游发展专项资金3000万元,加大政策扶持、强化基础配套、鼓励多元发展、促进产业融合。统筹安排1.03亿元用于梯田景区提升工程、木玩展示体验馆项目建设、游客接待中心项目、旅游基础设施配套等全域旅游项目。出台《云和县生态经济产业基金管理办法》,支持绿色经济发展。统筹“两山”一类资金,先后安排300万元实施农产品转化为旅游地商品项目、345万元发展生态精品农产品、400万元助力农家乐民宿乡村休闲旅游发展,加快一二三产业有机融合。

【保障民生支出】　全年民生投入17.84亿元,增长20.1%,占一般公共预算支出的76.1%。利用省财政“两山(一类)”建设专项资金1.5亿元,撬动社会资本1.45亿元,致力补齐低收入农户增收致富短板。深化村级公益事业一事一议财政奖补政策,财政投入1010万元,带动社会力量共同建成村级公益事业项目41个。出台《云和县促进民办学前教育健康发展实施意见》,县级财政每年安排不低于260万元用于扶持非营利性普惠民办幼儿园发展。健全低保动态调整机制,居民月人均低保标准从552元提高至608元,全年累计救助48621人次,救助1901万元。城乡居民基本医保财政补助标准、基本公共卫生服务经费筹资标准分别提高至年人均720元、50元,分别增长67.4%、11.1%。

【深化财政改革】　将预算支出执行率列入县委县政府对部门综合考核指标,建立支出考核问责机制和按月约谈通报制度,通过强化主体考核,加快执行进度。对部门结余结转资金两年以上及县本级当年结余仍未使用完的,一律收回由县财政统筹安排。累计盘活存量资金7626万元,其中3065万元已统筹用于民生急需领域。推广“政采云”平台,11月实现全县铺开。加快推进统一公共支付平台建设,将公安交通违法罚款、教育行政事业性收费接入统一公共支付平台,助力“最多跑一次”改革。深入全县59家单位,开展“至少上门服务一次”,服务268人次。出台《云和县行政事业单位国有资产处置管理办法》《云和县行政事业单位固定资产报废管理办法》《云和县政府临时机构国有资产管理暂行办法》,规范国有资产管理。

【防范债务风险】　开展政府违规举债、承诺担保等情况全面自查,针对隐性债务,制订化解计划,防范债务风险。截至2017年底,全县地方政府债务余额18.92亿元,其中一般债务15.93亿元,专项债务2.99亿元。夯实社保基金支付能力,完善被征地农民衔接转入企业职工基本养老保险政策,累计充实社会保障风险金7018万元。

【推进法治建设】　完善规范性文件合法性审查机制,对2015年12月31日以前制定的23份规范性文件进行清理,废止失效文件9件,修改部分条款的规范性文件2件。规范机关内部运行,制定内部操作规程,实现内控机制“1+8+X”全覆盖。打造阳光财税,严格执行预决算公开,指导全县67个部门预决算和“三公”经费向社会公开,公开率100%。

【强化财政监管】　严格执行“三公”经费预算式管理和支出预警机制,当年全县行政事业单位“三公”经费支出1622万元,下降13.1%。完善资金绩效评价,累计开展12个重点专项资金绩效评价,涉及财政资金1.28亿元。加强财政预算项目审核,累计完成项目评审535个,送审金额41.46亿元,审定金额39.28亿元,核减2.18亿元,核减率5.3%。开展竞争性存放招投标,规范全县行政事业单位银行账户及公款存放管理,全县行政事业单位公款竞争性存放招投标5.54亿元,并首次将县属国有企业闲置资金1.87亿元纳入公款竞争性范围。

【干部队伍建设】 夯实主体责任，全面落实抓党风廉政建设的领导班子集体责任、第一责任人责任，严明纪律规矩，制定全面从严治党主体责任清单，层层签订责任书，把党风廉政建设责任落到实处。完善"三重一大"事项监管制度，开展治理八项规定"回头看"，开展全员警示教育和节前反腐倡廉提醒，对下属单位财务收支情况及内管干部经济责任进行内部审计。创新监察方式，建立联合纪检监察工作机制，联合聘请16名行风建设特邀监督员，每季度联合开展专项作风检查。开展"主题党日"进企业、进社区等系列活动，创建"阳光财税"党建品牌。推进"两学一做"常态化、制度化，利用理论中心组、"周一夜学"平台，组织学习32次。 （云和县财政局供稿 杨亨钦执笔）

遂昌县

【概况】 2017年，遂昌县实现生产总值107.10亿元，增长8.8%。其中：第一产业增加值11.64亿元，增长4.1%；第二产业增加值39.15亿元，增长9.4%；第三产业增加值56.31亿元，增长9.4%。三次产业结构比为10.8∶36.6∶52.6。人均生产总值56119元，增长7.8%。全年财政总收入13.39亿元，增长17.2%；一般公共预算收入8.37亿元，增长10.1%，占财政总收入的62.5%，其中税收收入6.66亿元，增长11.8%，占一般公共预算收入的79.6%；一般公共预算支出35.58亿元，增长2.2%。全年财政收支平衡。

【组织财政收入】 做好税收预测分析。编制年度地方税收计划，做好每月上旬和下旬税收收入预测，加强收入进度监控。强化税收征管。执行重点税源企业联系制度，全面掌握企业生产经营情况和区域经济税收变化趋势，全年组织入库地方税费11.43亿元。做好房产税、土地使用税申报征收工作，强化"信息管税"手段，通过与国土、房管部门提供的资料和信息进行比对修改，夯实房土两税的征收基础，全年分别入库房产税2216万元，城镇土地使用税2214万元。加强税收风险管理。强化税收风险分析应对，加强重点税源企业和高风险行业管理。加强欠税管理，通过书面催缴、停止发售和开具发票、代管监开、部门协作、阻止出境等征管手段，逐户清理欠税企业，全年清缴欠税334万元。完善非税收入征管。开展非税收入和企业减负专项检查，针对检查结果落实问责制度，全年组织非税收入14.57亿元，其中纳入一般公共预算管理的非税收入1.71亿元，增长4.0%。加强土地出让金的收缴、成本剥离，全年土地出让金和折抵指标收入12.22亿元，增长108.2%。依法组织规费收入。加强"五费合征"基础工作，全年组织规费收入7.15亿元。

【支持生态经济发展】 完善企业扶持政策。推动生态工业发展，全年兑现各项政策扶持资金3142万元，扶持企业108家。研究落实"振兴生态工业三十九条"奖补政策，全年兑现政策奖励2301万元。发挥基金扶持作用。与金诚集团、浙银资本等多家机构签约落地四支子基金，规模均达1亿至2亿元。拓宽小微企业融资渠道，与中行、农行、工行、建行及农商行五家银行合作设立小微企业帮扶基金，共2500万元，并引导合作银行发放企业贷款275万元。全面落实减税降费政策。全年共减免企业税费1.32亿元，增长3.4%。落实差别化城镇土地使用税减免政策，共减免房产税74万元，城镇土地使用税513万元。

【保障民生重点支出】 全年民生支出28.06亿元，占一般公共预算支出的78.9%。保障基本项目建设。加大重点民生项目投入力度，安排政府投资项目资金42.08亿元，增长22.6%。保障小城镇环境综合整治，采取预拨款的方式，预付小城镇项目建设资金2500万元，全年共支付资金4267万元。推进教育现代化发展。加大学校项目建设资金投入力度，加快创建浙江省教育基本现代化县步伐，全年保障预算内教育经费5.67亿元，增长6.9%。鼓励支持民办教育发展，全年国家财政性教育经费投入民办教育3932万元。加强社保医疗保障。调整企业、机关退休人员基本养老金和城乡居民基础养老金待遇发放，全年支出养老保险基金8.48亿元。提高财政补助标准，筹措城乡居民基本医疗保险基金1.53亿元，惠及遂昌县城乡居民18万人。支持"三农"事业发展。争取到2017年省级一事一议财政奖补专项资金1600万元，开展55个村级公益事业一事一议项目建设，助力美丽乡村建设项目、"两山（一类）"建设项目等农村综合改革试点项目的推进。

【深化财政改革】 深化预算管理体制改革。完善全口径政府预算编制，提高预算精准性。做好部门预决算公开工作，强化部门的预算公开主体责任意识，全年公开部门共62家，公开率100%。推动财政支农体制机制改革。建立健全支农资金管理制度，开展财政支农改革示范县创建工作。加强涉农补贴发放数字化监管，与社保系统对接实现"一卡通"发放。加快政府和社会资本合作（PPP）模式推进工作。纳入PPP项目库项目7个，其中已落地项目5个，入选浙江省第四批政府和社会资本合作（PPP）推荐项目2个。推广运用"政采云"平台。对政府采购内网系统进行全面升级，成立工作领导小组，在丽水市"政采云"平台推行现场会进行演示。

【防范债务风险】 积极争取新增债券。争取到省财政厅下达的新增政府债券8亿元，其中一般债券4亿元，专项债券4亿元。加强政府存量债务管理。全面开展债务自查整改，及时收回撤销承诺担保函、购买服务协议及相关会议纪要，及时归还部分融资平台债务，妥善化解债务风险，获得浙江省地方政府债务管理质量考核优秀奖。科学规划政府项目投资。制订债务收支计划表和债务限额议案，对政府投资项目的投资计划和融资方案进行科学规划，按照项目轻重缓急安排债务资金；明确举债、用债、偿债的责任界定，建立健全地方政府债务风险预警机制。

【强化财政监管】 严控“三公”经费支出。建立提醒和定期上报的内部控制制度，“三公”经费全年支出2035万元，下降23.85%。加大存量资金盘活力度。实施财政存量资金定期清理机制，收回存量资金4262万元，将预算执行率和结余清理工作列入年度考核。加强预算绩效管理。推行预算绩效目标与经费预算同步编审，共33家预算单位完成50个预算绩效目标管理项目申报工作，涉及项目资金1.35亿元。制定《部门财政预算绩效考核细则》，纳入县委县政府部门目标责任制考核，完善内部控制操作规程。加强财政项目审核。完成预算项目审核171个，送审造价16.66亿元，净核减1.37亿元，核减率8.2%；完成结算项目审核110个，送审造价5.83亿元，净核减6290万元，核减率10.8%。

【加强队伍建设】 落实党风廉政建设责任制，层层签订党风廉政责任书。开展权力运行机制建设“回头看”自查工作，落实防控措施53条，完善权力运行制度12个，预警防控廉政风险。组织开展全员培训，在南京财经大学举办“2017年干部职工知识更新与素质提升培训班”。助推全县科学理财治税分析会召开，学习理财治税新理念，把握当前财税新形势。深入开展“补短板、抓落实”行动，组织召开务虚会查找不足，并将“短板”分工落实到具体科室。加强财税文化建设，组织干部开展气排球、登山等文体活动，举办全市财政系统气排球邀请赛。

（遂昌县财政局供稿　戴心怡执笔）

松阳县

【概况】 2017年，松阳县实现地区生产总值101.53亿元，增长7.7%。其中：第一、二、三产业增加值分别为14.71亿元、43.24亿元、43.58亿元，分别增长4.0%、8.1%、8.6%，三次产业结构比为14.5∶42.6∶42.9。人均生产总值53437元，增长6.4%。固定资产投资68.74亿元，增长12.8%。城镇居民收入34063元，增长9.0%；农村居民可支配收入15908元，增长9.7%。全县财政总收入9.93亿元，增长12.1%，其中一般公共预算收入6.31亿元，增长11.2%，占财政总收入的63.5%；税收收入5.04亿元，占一般公共预算收入的79.9%。一般公共预算支出37.31亿元，增长8.3%。全县财政收支平衡。

【组织财政收入】 加强收入分析。分解收入目标，结合各行业、各税种情况强化预测分析，同国税部门开展季度税收收入联合分析，提高收入预测准确性。做好税收征管。加强重点税源管理，开展税源调研工作，破解“营改增”后地方税源管理难点，全年地税部门组织各项收入12.12亿元，其中税收收入3.66亿元，同口径增长13.8%。加强同司法部门的沟通协作，做好相关文书、完税凭证的处理和送达，全年共追缴回欠税款9.8万元。完善非税收入征管机制。加强对非税收入的监控，推进非税收入收缴电子化改革，扩大执收项目种类和方式，全年组织非税收入15.51亿元，增长82.3%，其中纳入一般公共预算的非税收入1.27亿元。推进规费征缴扩面。落实被征地农民转保职工基本养老保险征缴、残疾人就业保障金征收、水利建设基金减免等工作，全面开征机关单位的基本养老保险费，全年组织规费收入8.16亿元。

【支持生态经济发展】 配合制定出台《加快生态工业发展的若干意见》，完善企业扶持政策体系，落实企业奖扶政策，加大对优质、新兴、生态企业的扶持引导力度，全年兑现各类财政奖补政策资金1.04亿元。推动农文旅深度融合发展，统筹安排3055万元财政资金保障“全县域慢行系统”及“全县域乡村博物馆”农文旅融合发展平台项目建设，并设立旅游发展专项资金3000万元。

【保障民生重点支出】 加大民生保障力度。全年民生支出30.56亿元，增长3.6%，占一般公共预算支出的81.9%。教育支出6.03亿元，支持智慧教育试点，加大对学前教育、职业教育、民办教育的扶持力度；文化体育与传媒支出7008万元，加强对非遗民俗班、民俗节庆活动、乡村春晚等文化活动的经费保障，实现“乡乡有节庆、月月有活动”，支持举办国际天空跑挑战赛、全国围棋甲级联赛、半程马拉松等体育赛事，推动创成省级体育强县；社会保障与就业支出2.86亿元，推进县级养老机构“公建民营”，及时发放残疾人“两项补贴”，保障临时救助、自然灾害救助、就业及再就业政策到位；医疗卫生与计划生育支出3.72亿元，推动深化县级公立医院综合改革，做好卫生资源“双下沉、两提升”保障工作。促进“三农”发展。完成财政支农项目储备库上线工作，实现全县农业项目信息化统筹监管，加强美丽乡村建设、农民饮用水工程、低收入农户下山搬迁等项目资金的统筹整合，全年财政支农资金5.35亿元，增长3.3%。加强和规范“两山(一类)”建设财政专项激励政策资金和项目管理，制定出台项目和资金管理办法。保障项目建设。制定《松阳县项目资金整合管理办法》，推进项目资金统筹，科学安排年度政府性基本建设预算，保障衢宁铁路、黄南水库等重点项目建设，全年政府性基本建设预算实际执行数13.58亿元。

【深化财政改革】 深化“最多跑一次”改革。全面梳理公布“最多跑一次”事项，制定“X+财税”机制，在丽水市率先设立“不动产交易+税务”综合受理窗口和“社保+税务”窗口，率先提出委托扣款协议语音信息校验模式，深化财政部门“至少上门服务一次”工作，变部门跑为财政跑。全年累计实现86项业务的“最多跑一次”，其中58项业务可实现网上办理。深化投融资体制改革。PPP项目落地实施3个，进入采购阶段2个，启动PPP程序的项目总投资15亿元；推进松阳县生态经济产业基金实质性运作，首个投资项目白沙湖水电站已完成签约。

【防范债务风险】 加强政府债务管理，开展地方政府性债务自查，全面梳理违法违规举债、承诺担保等风险点，通过归还、撤回承诺担保函等方式进行整改。全年获得新增政府债券资金 5.70 亿元;调整债务结构,全年置换政府债券 585 万元,政府债券置换率 100%。

【推进法治建设】 开展规范性文件专项清理工作,梳理行政规范性文件 42 件。聘请法律顾问参与合法性审查工作,开展规范性文件合法性审查、登记备案和清理工作,全年审查通过 5 件。对重大人事、资产、经费等事项,按照"三重一大"工作制度提交局班子会议讨论。组织学法用法三年轮训和普法考试。

【强化财政监管】 完善财政资金管理机制,制定《关于加强预算支出进度管理的通知》,加强县级预算支出管理;制定上级补助项目资金和切块资金二次分配管理制度,完善国库资金流量预测、财政存量资金动态管理、定期清理等机制,全年清理回收结余资金 2.60 亿元;推进国库集中支付电子化试点工作,实拨业务、用款计划及清算、支付管理电子化完成上线。开展财政资金竞争性存放工作,全县财政资金 11.49 亿元通过竞争性存放,综合收益率比银行基准利率上浮 36%。加强项目造价审核,全年完成 76 个政府性投资项目的预算审核工作,净核减额 4663 万元,净核减率 7.6%。推进"政采云"平台铺开运行,全年实施政府采购 231 批次,节约资金 2725 万元,节约率 15.2%。加强预算约束,强化"三公"经费管控,全年"三公"经费支出 2351 万元,下降 8.8%。深化部门协作,扩大严肃财经纪律专项检查范围,结合专项检查、全省联动绩效评价、县人大预算绩效监督、县纪委巡查,加强对中央扶贫资金项目、美丽乡村建设专项资金等方面的监管。

【加强队伍建设】 开展专题学习会、干部夜学等活动,深入学习贯彻党的十九大、省第十四次党代会精神。推动"两学一做"学习教育常态化制度化,开展"干净干事创新业"作风建设专项活动,严格落实"一岗双责"、主体责任报告签字背书、专题学习、季度汇报等机制,完善内部管理制度,部署开展专项检查行动,加强干部作风建设。 (松阳县财政局供稿 吴潇远执笔)

庆元县

【概况】 2017 年,庆元县实现地区生产总值 69.49 亿元,按可比价计算,比上年增长 7.5%。其中:第一产业增加值 8.13 亿元,第二产业增加值 28.38 亿元,第三产业增加值 32.98 亿元,分别增长 3.6%、5.5%和 10.5%。三次产业对 GDP 增长的贡献率分别为 6.3%、30.8%、62.9%。三次产业结构比为 11.7 : 40.8 : 47.5。人均生产总值 50306 元,增长 6.9%。全县财政总收入 7.11 亿元,增长 12.2%,其中一般公共预算收入 4.20 亿元,占财政总收入的 59.1%;税收收入 3.60 亿元,占一般公共预算收入的 85.6%。一般公共预算支出 31.78 亿元,增长 18.9%。全县财政收支平衡。

【组织财政收入】 深化财政、国税、地税三方合作,加强收入分析、预测和管控,提高收入执行的计划性、均衡性和稳定性。加强八税两费征管,通过信息管税,堵塞征收漏洞,增加税收收入。挖掘非税收入新的增长点,提高非税收入管理水平,全县共组织各项非税收入 3.35 亿元,增长 23.3%,其中纳入一般公共预算的非税收入 6058 万元。土地出让金收入 2.21 亿元,占非税收入总额的 66.0%。

【支持生态经济发展】 落实财税优惠政策和优质服务,搭建服务平台,支持重点企业和重点项目快速成长,支持传统实体经济转型升级。出台支持培育生态经济发展扶持政策,促进传统产业转型升级。把财政资金竞争性存放与金融机构支持优质财源培育企业力度相挂钩,推出"税易贷""助保贷"融资优惠举措,为企业降低成本,助力企业转型升级。发挥财政科技资金引导作用,激发科技创新,足额兑现科技政策,全年共发放创新券 50 万元,奖励经费 451 万元。支持生态农业发展,贯彻 2017 年"两山"建设财政专项激励政策。安排 2000 万元"两山"资金对特色产业基地建设、竹林道路建设及农业品牌建设等进行补助。支持生态旅游业,安排 500 万元用于 A 级景区创建、农产品转化为旅游地商品、全域旅游等项目。

【保障民生支出】 全县民生支出 24.10 亿元,增长 23.4%,占一般公共预算支出的 75.8%。加大社会保险基金的财政保障力度,城乡居民基本养老保险财政补助 4726 万元,城乡居民基本医疗保险财政补助 1.18 亿元。加大社会救助资金财政保障力度和残疾人事业财政保障力度。支持教育、文化、卫生事业发展,巩固完善城乡义务教育"两免一补"政策,全年免科教书资金 719 万元,落实和完善扶困助学机制,推进教育综合改革。设立人才专项资金。加大"三农"投入,落实强农惠农政策,申报支农项目 106 个,申报金额 4.76 亿元。做好重点项目资金保障,加强"三改一拆""五水共治""六边三化三美"等关系民生福祉的重点项目建设投入,全年基本建设支出 14.47 亿元。

【深化财政改革】 建设县级 PPP 项目库,推动项目签约落地形成示范。庆元县第一个 PPP 项目,县文体中心 PPP 项目(公共文化服务中心、庆元县广播电视制作中心、庆元县体育中心 PPP 项目),被评选为浙江省第四批省财政厅重点推荐项目,并列入省级 PPP 推荐项目库,火车站前广场 PPP 项目已完成财政承受能力论证报告,物有所值评价和实施方案编制。编制"最多跑一次"群众办事指南,推进"最多跑一次"事项真正落地。推广"互联网+政务服务",启用会计人员管理云平台,实现会计从业资格证、代理记账资格证书审批从"至少跑两次"到"跑零次"的转变。推进国有资本经营预算制度的建立;成立庆元县金融投资控股有限责任公司,出台《庆元县生态经济产业基金管理办法》,与丽水市金控公司共同出资组建庆元县绿色发展产业基金。发挥政府产业基金在引导金融资本和社会资本支持实体经济发展方面的积极作用。建立政府采购联络员工作制度，规范政府采购行为。推进政府采购信息化建设，“政采云”全面上线，完成“政采云”线上交易金额1466万元。

【防范债务风险】 加强地方政府债务管理，控制隐性债务。全年获政府债券6.20亿元，确保县城棚改（一期）、小城镇环境综合整治等公益性民生项目正常推进，年度节约融资成本5316万元。管控和化解现实和潜在的债务风险，强化政府购买服务政策研究，探索和破解政府融资的突破方向。加强对融资平台公司的规范管理，剥离其融资功能，督促其向市场化逐步转型。截至12月底，政府性债务余额20.32亿元，年度债务率57%，低于警戒线43个百分点，债务风险总体稳健可控。

【推进法治建设】 集中开展行政规范性文件清理，清理财税规范性文件。开展内部控制建设，完成8个专项风险管理办法及20个财政内部控制操作规程的制定工作，内控体系初步建立。做好政务公开和政府信息公开工作，细化政府预决算公开内容。加强法治宣传教育，适时举办法制讲座，参与第十四届全国法治微电影活动，组织拍摄财税政策微电影《非你莫属》，组织做好2017年度干部职工网上普法建档考试工作。

【强化财政监管】 加强预算绩效管理，财政扶持资金在预算编制时填写绩效目标，选择19个财政支出项目推进全程预算绩效管理工作。完成上下联动绩效评价，为政策和项目改进及完善专项资金管理提供决策依据。开展财政监督管理专项自查自纠和财政监督检查工作，对全县预算单位开展“三公”经费专项检查。全面加强行政事业单位资产管理，资产管理信息系统全面运行，提高资产管理信息质量。

【加强队伍建设】 依托理论中心组夜学，加强对全体干部职工的党风廉政教育、意识形态教育和业务知识教育。夯实党建工作，将党风廉政建设列入学习计划，开展“一把手”上党课、微型党课比赛等活动，提升干部职工的廉政意识，推进“两学一做”常态化和制度化。组织开展“作风建设大讨论”，全体干部职工对标剖析，制定问题清单和整改措施，相关责任落实到具体科室。组织开展“十九大原文朗读”“喜迎十九大永远跟党走”大合唱比赛，召开党的十九大精神理论学习会议。组织开展财税文化系列活动，提高干部职工凝聚力和向心力。

（庆元县财政局供稿 胡梦瑶执笔）

景宁畲族自治县

【概况】 2017年，景宁畲族自治县（以下简称景宁县）实现地区生产总值54.38亿元，按可比价计算，比上年增长7.1%。其中：第一产业增加值7.21亿元，增长3.5%；第二产业增加值15.86亿元，增长8.8%；第三产业增加值31.31亿元，增长7.2%。三次产业结构比为13.2∶29.2∶57.6。按常住人口计算，全县人均生产总值5.02万元，增长6.0%。全社会固定资产投资58.28亿元，增长13.5%。社会消费品零售总额30.93亿元，增长10.9%。进出口总额9.26亿元，增长53.0%，其中：出口9.09亿元，增长54.7%。城乡居民人均可支配收入24273元，比上年增长9.8%。其中，城镇居民人均可支配收入33618元，增长8.8%；农村居民人均纯收入16503元，增长10.1%。全县完成财政总收入13.07亿元，增长13.2%，其中一般公共财政预算收入7.01亿元，增长14.1%，占财政总收入的53.6%，比上年提升0.3个百分点。一般公共预算收入中税收收入5.92亿元，可比增长18.7%，占一般公共财政预算收入的84.5%，比上年提升3.1个百分点。全年一般公共财政预算支出36.74亿元，增长6.5%；县本级预算安排支出27.73亿元，下降6.8%。全年预算执行情况良好，一般公共财政预算收支平衡。

【组织财政收入】 制定《优质财源培育工作实施意见》，实施财政、土地、金融、税费优惠等政策扶持企业发展。2017年首批入选的22家企业当年入库税收3274万元，剔除不可因素，比上年同期增长56.9%。开展招商引资攻坚战，引进浙商回归资金16.96亿元，实际利用市外内资22.52亿元、外资870万美元；新引进企业全年入库税收1.57亿元。推进政府非税收入收缴电子化改革，先后将公安交警罚款、出入境收费、居民身份证工本费、司法公证收费、公路管理罚没收入和公立学校、幼儿园教育

云雾中的美丽乡村之庆元县九际村

收费等项目收缴纳入统一公共支付平台，批准4家商业银行开通统一公共支付平台线下终端及柜面支付渠道。全年组织非税收入4.23亿元，其中纳入一般公共预算管理的非税收入1.09亿元。

【支持生态经济发展】 完善扶持政策体系，出台《关于加快生态工业发展的若干意见》《关于加快总部经济发展的若干意见》《关于加快全域旅游发展的若干意见》等政策性文件，兑付企业扶持资金1.30亿元，支持生态经济转型升级。加大旅游业财政投入，旅游发展专项资金从上年的3000万元增加到5000万元。启动政府产业基金实质性运作，县人民政府与光大证券股份有限公司签订7项合作协议，建立全面战略合作关系，投资2000万元建设景宁县畲乡物流有限公司的高山蔬菜项目，并共同对县旅游发展公司实行股份制改造。发展基金产业，新引进基金公司30家，全县基金公司总数46家，注册资金共5.80亿元。

【保障民生重点支出】 全县民生支出27.92亿元，比上年增长7.3%，占一般公共预算支出的76.0%。教育投入5.53亿元，增长12.7%，重点用于澄照创业园学校、凤凰学校、新红星小学等工程建设，支持城乡教育均衡化发展，创成省教育基本现代化县。城镇居民最低生活保障标准由每人每月528元提高到581元，农村居民最低生活保障标准由每人每月396元提高到436元，发放城乡低保补助2592万元，惠及5088户8016人。发放残疾人两项补贴1077万元。城乡居民基本医疗保险筹资标准从2016年的780元/人提高到1020元/人，县财政配套及代个人缴费资金6200万元。落实被征地农民基本生活保障金2019万元。建设保障性住房，开工建设公租房50套，竣工公租房60套，分配保障性住房127套。支持经济发展，安排财政八项支出24.77亿元，同比增长17.1%，占一般公共预算支出的67.4%，占国内生产总值的12%以上，拉动全县地区生产总值增长1个百分点。筹集资金13.6亿元支持政府性投资项目建设，比上年增长70.0%。实施乡村振兴战略，统筹安排涉农资金10亿元，支持农民增收十大行动计划、“五水共治”“大搬快治”“六边三化三美”等重点工作。

【深化财政体制改革】 创新政府采购模式，从10月30日起在全县范围内上线“政采云”平台，实现编制采购文件、抽取专家、申请交易场地以及评审专家的注册、申请、审核等工作的网络化和数据化。推进涉农补助资金通过社保卡“一卡通”发放，新增离任村级报账员补助、村主要干部基本报酬等16项涉农补助资金通过社保卡“一卡通”发放，全县涉农补助资金通过社保卡“一卡通”发放项目从38项增加到54项，全年发放资金7400余万元。组织实施322国道和金村水库2个PPP项目，总投资23.8亿元。规范PPP项目管理，政府公益性项目建设举债一律采用政府债券模式，有一定收益和现金流的公共服务项目优先采用PPP模式组织实施。创新山区经济发展模式，启动实施《“两山（一类）”建设财政专项激励政策实施方案》《“两山（一类）”建设财政专项激励资金和项目管理办法》，安排7361万元财政专项激励资金用于24个低收入农户增收项目。完善财政资金竞争性存放操作办法和评价指标体系，安排财政资本2亿元实行竞争性存放。

【防范债务风险】 规范政府债务管理，争取新增债券支持地方经济建设，省财政厅核定景宁县2017年地方政府债务限额21.63亿元。防范化解债务风险，对全县2015年至2017年4月政府性债务进行专项检查，根据检查结果，县第九届人民代表大会常务委员会第四次会议撤回四项决议，县人民政府撤销一项批复文件。

【建设法治财政】 加强规范性文件管理，按照统一登记、统一编号、统一公布程序制发5个规范性文件。定期清理规范性文件，确定继续有效的行政规范性文件29件，废止失效的行政规范性文件6件。建设阳光财政，首次将部门预决算公开纳入全县综合考核，政府和部门预决算公开全部按法定时限要求全面公开。实施执法全过程记录制度，配置执法记录仪4台，实时记录执法人员入户执法情况，实现执法全过程记录电子化。

【规范财政监督】 加强预算绩效管理，将部门预算执行率纳入全县综合考核，按季度通报考核结果，督促各预算单位加快预算执行进度，提高预算执行率。制定《关于调整行政事业单位工作人员差旅费有关规定的通知》《行政机关会议费管理规定》《县机关培训费管理规定》等公务开支管理办法，规范全县行政事业单位的财政管理。规范内部控制制度建设，在完善《内部控制基本制度（试行）》及其8项制度的基础上，按照“1+8+X”要求，编制各项内控制度的实施细则，规范财税权力运行的内部制约和风险预警，降低腐败风险。对全县42家国有企业进行专项检查，整改检查中发现的问题，规范国有企业财务管理。

【加强队伍建设】 优化中层骨干配置，选任、转任中层干部12人，择优推荐9名年轻干部列入县管后备干部。招录公务员5名，选调事业编制人员1名。加强干部培训，组织全体干部职工到长沙干部税务学院培训。设立党建办，实行机关党委和机关纪工委合署办公室，配备一名干部专职负责党建和纪检监察工作。建立党建工作长效机制，制定落实全面从严治党主体责任实施方案和加强党建实施意见，明确二十项党建工作主体责任。

（景宁畲族自治县财政局供稿　吴向东执笔）

市县（市、区）图片集锦

zhejiang caizheng nianjian

杭州市跨境电商综试区建设近年来发展势头良好。2017 年，市财政安排跨境电商产业专项资金 4000 万元，用于鼓励跨境电商平台发展、传统外贸企业转型、海外仓建设等方面。

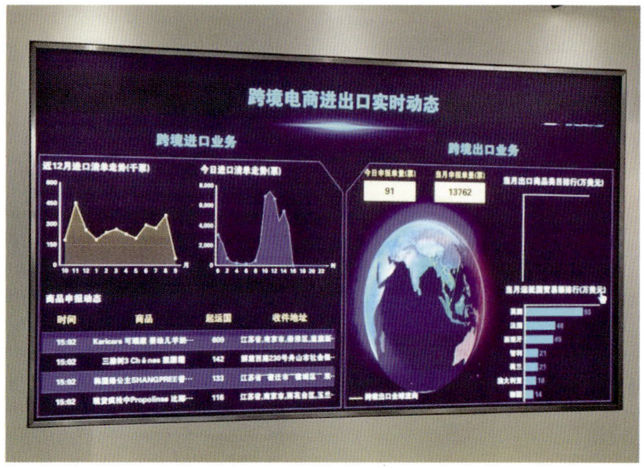

空港园区跨境电商进出口实时动态

杭州综试区“单一窗口”B2B 走单座谈会

第二届全球跨境电商峰会

跨贸小镇园区

跨贸小镇鸟瞰

“潮行钱塘”之毅行大军开拔

杭州市江干区大力弘扬钱塘江文化和“弄潮儿”精神，举办首届杭州钱塘江文化节，投入财政资金1617万元，完成重大活动21项，吸引英美意驻上海总领馆等5家国外政府机构和17家国际组织，45位文化名人及160余万（人、次）市民参与活动，全面打响钱塘江文化品牌。

首届钱塘江文化节开幕式

“彩绘钱塘”之奇思妙想

世界冲浪好手“弄潮”钱塘江

“乡忆钱塘”之社区文化联演

中国国际动漫节选址滨江

2017年，杭州高新区（滨江）坚持“民生优先”发展战略，完善民生保障机制，加大民生领域投入，全区一般公共预算民生支出72.91亿元，占一般公共预算支出的86.6%，促进教育、就业、养老、医疗、卫生、文体等社会事业全面发展。

滨江区体育馆

安置小区滨兴家园

文博会在滨江白马湖举行

游客如织的文博会现场

滨和小学校园

渔山稻香节舞草龙表演

美丽宜居——洞桥文村

2017年，杭州市富阳区全力打造“乡村振兴先行区”。按照“串点成线、连线成片、整体推进”的要求，充分利用独特的富春山水资源、传统人文优势、体育产业特色，加快“三美”建设，营造“一村一品一业”的村庄特色，在全区形成“处处有风景，村村有欢笑”的幸福农村新格局。

龙门古镇

洞桥油菜花海

富阳东梓新貌

富阳新农村之大地村全景

清淤施工中的青山湖锦溪出口

美丽田野中的14省道

2017年，杭州市临安区积极护航美丽乡村建设，投入新农村建设资金32.1亿元，创建各类特色精品村120个，获评浙江省美丽乡村创建先进市。

绿色家园上东村

云雾仙境天目山村落

美丽乡村之河桥镇泥骆村

新安江晨曦

建德市坚定不移走“绿水青山就是金山银山”的发展之路，加大财政投入助力生态环境建设，全市森林覆盖率76%，绿化率95%，环境空气优良天数累计353天，被评为首批“国家气候标志”评估试点城市。

新安江高速出入口园林景观

千年慈岩古银杏

之江茶园

新安江江滨公园

江城风貌

新建成的余杭区中医院大楼

2017 年，杭州市余杭区财政按照“突出重点、压缩一般、有保有压”的原则，把有限的资金优先保障区委区政府的重点项目，从合理融资、精细化管理、体制机制调整等方面入手，节约资源，灵活调度，实现资金的高效运转。

美丽公路之余杭百丈溪口集镇入城口

“三路一环” 工程建设现场

2017 年，桐庐县深入实施“产业强县”战略，整合形成“六大”产业新政，建立总规模 10 亿元的大健康产业引导基金，产业平台资源集聚功能进一步显现，产业转型升级步伐加快。

海康威视桐庐生产基地

桐庐县产业发展大会

桐庐科技孵化园

宁波慈溪市近年来加大财政投入力度，坚持规划建绿、见缝插绿、拆违扩绿、拆墙透绿、整治添绿并举，累计投入8亿元，中心城区新增、改造绿地面积400余公顷，建成区绿化覆盖率45.6%、绿地率39.8%，城市人均公园绿地面积16.2平方米，成功创建为国家园林城市。

峙山公园圆明桥

城市生态公园

新世纪广场樱花树下市民健身

明月湖喷泉起舞

杨梅大道南大门

2017 年，余姚市财政以建设现代化创新型生态城市为目标，积极发挥财政职能作用，着力支持美丽余姚建设和生态环境整治，助推全国文明城市和全国卫生城市双城联创成功。

宁波市十佳河道生态景观——最良江

姚江两岸碧水蓝天

生态之城余姚城区全景

文化中心城市书房

温州市 近年来在实现公共图书馆全覆盖的基础上，推出24小时“城市书房”项目，为市民提供24小时不打烊的阅读空间。城市书房采用图书馆与社会合作建设、“连锁”运营模式，统一标识，统一调配，实现了图书资源的共享和流通，有效促进都市“15分钟文化圈”建设，为城市居民提供知识共享、信息交流、互动阅读的崭新空间。截至2017年末，温州市本级财政已累计投入资金1363万元，建成城市书房48家，其中市区34家，接待读者206万人次，外借图书197万册，办理借书证5万张，图书外借率380%。

城市书房市府路分馆揭牌

市府路城市书房

南塘城市书房

梦多多小镇城市书房

2017年，温州市瓯海区财政充分发挥保障职能，创新融资模式，保障重点项目资金需求，全年投入城市建设资金99.52亿元，推动瓯海科技新区融合发展。

森马国际学校落成

位于瓯海的温州肯恩大学

时尚之都 山水新城——娄桥中心区

璀璨瓯海 梦幻塘河——靓丽夜景

花岗村环岛公路

山坪村——鹿岛慢城·家园山坪

2017年，温州市洞头区开展花园村庄建设，投入资金2.67亿元建设花园村庄17个，建成美丽乡村风景线4条，东岙村、海霞村获评省3A级景区村和省休闲旅游示范村。

下尾村——海上福地·金色下尾

下社村——伴山观海·田园下社

海霞村——海霞故里·红色小镇

洞头村——七彩洞头·浪漫渔港

2017年，瑞安市坚持集中财力办大事，全年安排财政资金13.93亿元，重点推进五水共治、"大拆大整"、小城镇综合环境整治、市场改造提升等项目实施，支持创成全国文明城市和全国卫生城市。

充足警力保障公众文明安全出行

改造提升后的农贸市场

"大拆大整"专项行动

温瑞塘河沿岸景观提升工程

瑞安明镜公园

2017年，苍南县财政投入10.11亿元，助力乡村振兴发展，推动全省首个县域农产品公用品牌“苍农一品”发布运营，创成省级美丽乡村特色精品村4个，新建、续建历史文化村落保护利用8个，全面消除集体经济薄弱村。成立10亿元旅游产业基金，助推大玉苍山、碗窑等景区提档升级，借力乡村旅游激活“美丽经济”，创成国家3A级景区2个、省3A级景区村庄3个。

苍南县藻溪镇高岙村——绿水青山

苍南县钱库镇项东村——江南水韵

“苍农一品“农产品亮相农博会

苍南县马站镇棋盘村——棋盘文化

苍南县岱岭畲族乡富源村——油菜花田

苍南县矾山镇福德湾矾矿遗址

苍南县莒溪镇山水人家

2017 年，文成县财政投入 7394 万元，支持文化惠民下乡、文化设施建设，开展“伯温读书节”等文化惠民活动 3228 场次，承办浙江马拉松精英赛等赛事，建成城市书房、文化驿站、农村文化礼堂等文化阵地，丰富文化供给，助推文化强县创建。

2017 浙江马拉松精英赛文成站开赛

“伯温读书节”小朋友在借阅图书

居民在城市书房阅读

文化驿站时装走秀培训

在百丈漈文化礼堂举办折子戏专场

2017 环浙江自行车公开赛文成站开赛

"阳光家园"移民安置小区

泰顺县财政部门统筹财政资金，深度谋划"物业经济、光伏发电、农旅开发、资源经济"等十大类型项目，支持村集体经济提档升级，推进乡村振兴战略实施。2017年，全县298个村每村的集体经济收入均超过10万元。

由村集体资金入股的云岚牧场项目

三魁镇水车垟村光伏项目

乡村旅游游步道

筱村前山果园猕猴桃基地

嘉兴市财政以创建浙江省全面接轨上海示范区为契机，2017年建立接轨上海优质医疗资源项目补助资金，引导市属医院重点发展接轨上海的对标学科，加强异地就医资金管理，推进沪嘉双向诊疗互通，促进沪嘉两地医疗、医保领域对接，推动医院创新发展，方便人民群众就医。

上海专家在嘉兴第二医院坐诊

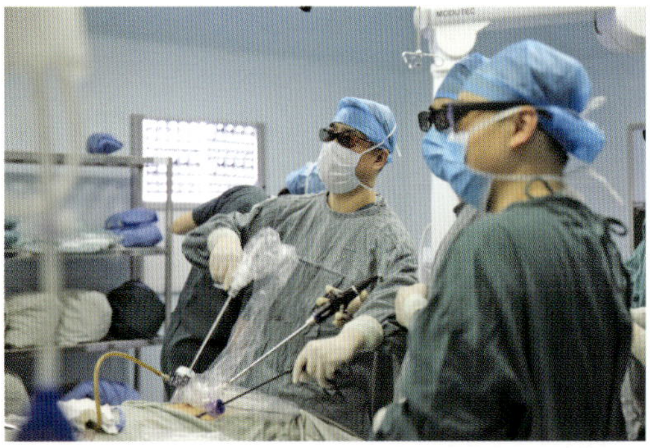

沪嘉医院深度合作联合手术

嘉兴桐乡引入上海妇产科医疗资源

院士来嘉兴指导医学学科建设

接轨上海之上海嘉兴医疗合作签约仪式

残疾人参与农民画创作

2017 年，嘉兴市秀洲区财政对困难残疾人和重度残疾人发放生活补贴和护理补贴共计 739 万元（含镇、街道配套资金），超比例安置残疾人奖励 34 万元，保障困难残疾人的基本生活，助其就业奔小康。

手语培训

残疾人职业培训

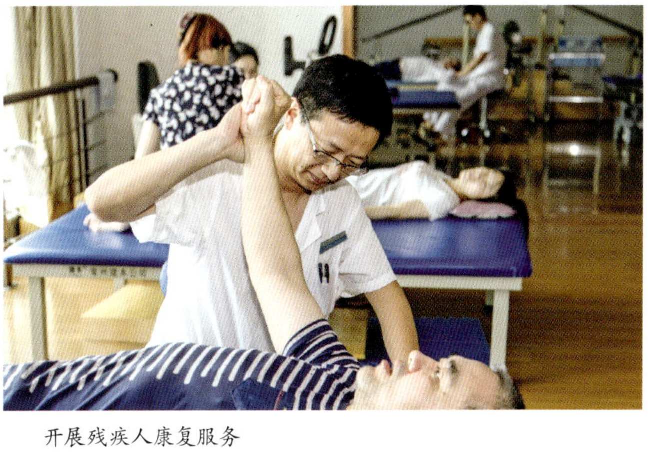

开展残疾人康复服务

为残疾人家庭分担风雨

志愿者送书画下乡

普光村文化礼堂

2017 年，嘉兴市南湖区财政围绕“文化地标，精神家园”定位，安排资金 2314 万元，大力推进农村公共文化服务体系建设。坚持硬软件相结合，支持农村文化礼堂、农家书屋等文化基础设施建设和文化礼堂巡礼活动、文化礼堂精品展演等活动。截至年末，全区建成农村文化礼堂 44 家，实现全覆盖。

外国友人在文化礼堂外参与舞龙

农村文化礼堂迎春送福活动

花园村文化礼堂文艺演出

浙江省十大特色湿地之一——凤凰湖

夕阳下的凤凰湖

2017年，桐乡市财政加大对旅游的投入力度，优化旅游供给体系，整合旅游要素，完善产业结构、产品结构、产业链条，推进“全域旅游”建设。桐乡市全年接待游客2031万人次，实现旅游收入244亿元，获“浙江省全域旅游示范县（市、区）创建工作先进单位”等荣誉称号。

草地音乐节

百翠庄园

体验式精品农庄

2017 年，嘉善县制定财政扶持企业发展专项资金竞争性分配办法和推进振兴实体经济（传统产业改造）财政专项激励资金使用方案，全年拨付扶持企业发展专项资金 2.28 亿元，以特色小镇建设为载体，为企业发展创造良好的营商环境。

小镇观光小火车

小城市培育试点镇——嘉善县姚庄镇

巧克力小镇街景

归谷智造小镇

高新企业车间

2017年，海宁市大力推进产业基金建立与运作，全年设立子基金6个，累计规模24.00亿元，带动社会资本投资本地企业14.50亿元。新设中咨华盖绿色产业基金3.00亿元、美丽乡村民宿基金5000万元，发挥产业基金引导作用支持经济转型发展，推动技术创新、智能制造、绿色发展。

车间引入激光焊接机器手

新能源设备

海宁梁家墩民宿

海宁尖山滑翔伞项目带动乡村旅游

2017 年，海盐县财政加大对学前教育事业的支持力度，投入 1.08 亿元，健全学前教育成本分担和运行保障机制，实行“以县为主、县镇共管”学前教育管理体制改革，推进学前教育公益性和普惠性发展。

海盐县实验幼儿园

孩子们通过户外徒步感受秋天

孩子们在新建塑胶跑道上快乐奔跑

孩子们参与魔术表演

球上欢歌

幼儿园“民族韵”主题活动

平湖市财政着力支持全面“接轨上海”战略，全力推进上海张江平湖科技园建设，打造上海人才创业基地，优化营商环境以承接上海溢出效应。同时，支持民生接轨上海，从医疗、教育、交通等各个方面同步推进，让百姓充分享受大都市民生红利。

举办平湖接轨上海城市发展论坛

打造毗邻上海的平湖国际游购小镇

“金平湖”农产品上海推介会

上海交大平湖科技园

坐落于平湖新埭的张江长三角科技城

湖州市 2017 年累计安排各类生态文明专项资金 8.46 亿元，围绕大气污染综合防治、“五水共治”等方面，加大对生态建设的投入力度，推进全市生态文明建设，成功创建国家生态文明建设示范市。

湖州市“五水共治”三夺大禹鼎

美丽南太湖

公众走进生态文明教育基地

安吉县高家堂村

环保实践体验活动进社区

生态治水美环境

2017年，湖州市吴兴区财政合理调整支出定位和结构，稳步推进民生事业发展，全年民生支出24.30亿元，支持教育、公共文体设施、美丽乡村和特色小镇建设。

美丽乡村精品村之杨溇村

公有民办改革试点学校——吴兴实验学校

建设中的吴兴区文体中心

湖州丝绸小镇

长兴县财政不断推进农业转型升级、农村环境建设、农村改革发展和民生改善，对实施新农村建设“新十大工程”和现代农业发展“三年行动计划”提供资金支持，兑现各级奖补资金3.12亿元，推动农业供给侧结构性改革。

示范新农村——月明村

清秀新农村

全县推进农村生活垃圾分类工作

生态村的早晨

长兴新农村——新城一景

2017年，安吉县财政多点发力，化政策红利为资金活水，助推安吉成为践行“两山”理论样板。当年安吉县被列入全省“两山（二类）”财政激励政策实施的18个市县之一，获得“三年三个亿”的大力支持；争取到省以上农口资金4.3亿元，其中鲁家“田园综合体”被列为国家级试点项目，全年农业综合开发项目补助资金量列全省各县市之首。

安吉鲁家田园综合体莲花灯池

绿水青山鲁家村

两山发源地安吉余村晨光

安吉田园鲁家风光

鲁家村田园观光小火车

绍兴市财政2017年投入资金9.5亿元用于全市文体事业发展，全力保障绍兴国际马拉松赛举办，确保首届“越马”办出特色与亮点，丰富市民文体生活。

绍兴籍文体明星领跑马拉松

选手们途经镜湖大桥

“越马”约会古城绍兴

花田中的“越马”文化展示

杭州湾花田小镇美景

中国·上虞e游小镇第二届泛娱乐创业者论坛

上虞青·现代国际陶艺中心

绍兴市上虞区着力构建省市区三级特色小镇创建培育体系，全区已培育e游小镇、花田小镇、伞艺小镇、青瓷小镇等11个特色小镇，其中e游小镇、花田小镇被纳入浙江省第二批特色小镇创建名单。

e游之门——e游小镇门户客厅

2017 年，中国科技金融创新暨创业投资改革试验区高峰论坛在诸暨市举行。截至当年底，诸暨市政府产业基金（母基金）参股设立子基金 15 个，直投项目 1 个，总规模 116.27 亿元，较 2016 年增加 82.4 亿元，规模扩大 2.4 倍，引导和带动社会资本助推诸暨经济转型升级。

论坛在诸暨举行

诸暨市产业基金成果展示区

论坛诸暨分会授牌仪式

产业基金项目签约成功

“5·31 新昌科技日”活动

2017 年，新昌县财政投入 5.01 亿元，助推科技创新驱动发展。新昌县先后被评为国家科技进步先进县、国家科技兴贸基地、省创新型试点县、省科普示范县，被国家奖励办授予国家科技成果转化服务（新昌）示范基地。

企业科研实验室

国家科技成果转化服务（新昌）示范基地成立暨授牌仪式

企业数字化车间

各民间越剧团参演亮相

越剧演员汇聚戏校参加演出

2017年，嵊州市财政加大对越剧事业的扶持力度，促进越剧产业发展，全年安排越剧发展各类专项资金1889万元，助力嵊州打响越剧品牌，续写越剧百年辉煌。

越剧《袁雪芬》剧照

近百家民间越剧团展演活动

越剧万里行全国巡演出征合影

金华市区 BRT5 号线正式开通

金华市 财政围绕综合金义都市区交通廊道建设，城市交通拥堵治理等中心任务，加大公共交通建设投入。2017年，市本级累计投入各类财政资金 7.55 亿元，新开通总投资 1.15 亿元纯电动公交 BRT5 号线；总投资 346 亿元的金义东市域轨道交通工程市区段全面开工；建立农村客运发展长效机制，实现“开得通、能持续”，让农村群众享受城乡均等的公共交通服务。

大修后的 S210 省道薛宅段公路

市域轨道交通项目施工现场

航运枢纽鸟瞰

近年来，金华市金东区财政支持农村文化礼堂建设，融合传承传统文化、弘扬主流价值、丰富文体活动，着力打造“一村一品”“一堂一色”。截至2017年末，全区建成文化礼堂95座，举办各类活动2500多场次，惠及群众40余万人次，获评中国2017年民生示范工程。

最美夕阳红·点点义工情——农村文化礼堂启用仪式

送电影进文化礼堂

金东区健康保健进农村文化礼堂

严氏宗祠内道情书场

下范村文化礼堂七岁开蒙礼

向老人敬献“寿”字

中欧班列（布拉格—义乌）

起吊机给义乌港马士基航运海铁周班专列吊装集装箱

义乌市以“一带一路”建设统领新一轮对外开放，坚持走出去和引进来并重，深入推进“义新欧”“义甬舟”“网上丝绸之路”开放大通道，打造成为国际合作新平台和“一带一路”的战略支点。2017 年，一批重大项目先后建成并投入使用，助力义乌构筑陆海内外联动、东西双向互济的对外开放新格局。

义乌国际邮件互换局自动分拣设备

义乌保税物流中心

义乌东萧公路大型箱梁架设

S45 义乌至东阳高速（疏港高速）公路福田互通

2017年，金华市婺城区财政投入3220万元，大力支持文体事业发展，通过增加财政投入，完善保障机制，创新管理方式，不断推进基本公共文体服务标准化、均等化。

全国休闲气排球交流赛

2017年中国皮划艇巡回赛金华站

非遗文化展演

画家进军营

组织排舞训练

残疾人运动会

文化大过年

2017年，磐安县财政整合各类资金2.91亿元，致力于小城镇环境整治和美丽乡村建设，全面提升小城镇生产、生活和生态质量。

磐安县仰头村妇女织布致富

绿水青山方前镇

彩虹隧道

乡村晨雾

县城夜景

2017 年以来，浦江县坚持“绿水青山就是金山银山”的发展理念，落实“美丽乡村”建设资金 2.31 亿元，重点用于村口景观改造、村庄池塘清淤、建筑墙体美化等，精准发力城乡更新，全面提升“美丽乡村”建设水平。

浦江县茜溪风景线沿线村庄黎明村溪水潺潺

浦江县虞宅乡石台盘村全景

浦江县杭坪镇薛下庄村村口一景

浦江县前吴乡前吴村全景

浦江县茜溪风景线沿线村庄新光村村口整洁的道路

“我为祖国妈妈过生日”活动

东阳市财政支持学前教育建设，实现优质公办中心幼儿园城乡全覆盖，同时安排专项经费2500万元用于薄弱园改造提升，积极打造高品质幼儿园，实现从“有园上”升级为“上好园”。

餐厨小当家

红红火火过新年

开展“清明馃我来包”传统节日教育

幼儿室外写生

开展“一对一”辅导

高新企业电子元件车间

企业机械臂助产

衢州市近年来深入实施创新驱动发展战略，整合现有资金政策，市县统筹设立规模3.5亿元的科创大专项资金（基金），利用政府产业基金政策杠杆，支持智慧产业培育和创新平台构筑，有效实现工业和科技专项资金的整合、资金和基金的并轨、财政资金和社会资本的联动、市县之间的统筹。

衢时代创新大厦拔地而起

衢州海创园

衢州国家高新技术产业开发区成为新旧动能转换的新高地

2017年，衢州市柯城区引入第三方投资主体，由村集体与旅游业经理人签约合作，由专业团队打造花海景观，实行“公司化运营＋专业化管理”运作模式。以花海引领村集体发展，乡村振兴之路越走越宽广。

画里乡村

荆溪村八卦花田

郁金香花海

大红灯笼高高挂

江山市财政整合“两山”建设、幸福乡村、小城镇环境综合整治、山区经济等专项资金1.2亿元，助推美丽乡村建设。

鼓声欢歌

魅力大陈

根宫佛国景区公厕“醉景园”

长虹乡星河游客中心公厕“舒园”

近年来，开化县围绕省美丽乡村示范县、省级示范文明县城、省全域旅游示范县创建，投入 1.4 亿元在全县范围内开展“厕所革命”，拆除农村旱厕 5823 个，新建各类生态公厕 1012 座，舒适的公厕环境广受社会好评。

钱江源国家森林公园旅游厕所

古田山国家级自然保护区旅游厕所

伊利乳业车间

支持城区路面改造

龙游县财政围绕县委县政府“工业提升、城市建设、旅游开发”三件大事的重点项目，2017 年统筹调度资金 12.5 亿元，助推企业发展、城市东进、民生改善。

城市东进农民安置小区

新建成的樾园小学

推进城乡美丽公路建设

2017年，常山县财政安排资金1000多万元用于中国山地自行车公开赛总决赛、中国皮划艇巡回赛、“环浙”自行车挑战赛等大型体育赛事举办，助力“体育+”融合发展。

选手在比赛中奋力前行

中国山地自行车公开赛常山站开赛

选手在常山山地自行车公园骑行

全国皮划艇公开赛常山站开赛

东方大港集装箱货轮

舟山市 财政支持江海联运服务中心建设。2017 年，舟山港域江海联运量 1.91 亿吨，占港口货物吞吐量的 41.7%。江海直达运输规范管理体系基本形成，填补国内空白，2 万吨级江海直达首制船接水。鼠浪湖 40 万吨矿石中转码头投入运行，铁矿石交易中心投入试运营。江海联运公共信息平台被国家列入全国首批骨干物流信息平台试点名单。

30 万吨超级大邮轮卸油

鼠浪湖岛——中国最大矿砂储运基地

欣欣向荣的海上粮食运输线

舟山江海直达船型首制船接水仪式

岙山石油储备基地

舟山市普陀区聚焦城市品质，加强财政资金保障，2017 年拨付建设资金 12.53 亿元，保障小城镇环境综合整治、五水共治、旧城改造等工程，并通过完善基础设施建设、攻坚城市景观美化提升、引导商旅文融合发展等途径，持续改善普陀城乡环境，助力“海上花园会客厅”建设，积极打造产城融合、景城共生、主客共享的国际化滨海城市。

渔港晨景

夜幕下的鲁家峙大桥

东港内湖美景

清澈河水映蓝天

鲁家峙新农村风貌

热闹的沈家门海鲜夜排档

美丽民宿新体验

渔港欢庆锣鼓

嵊泗县加大财政扶持力度，支持打造独具海岛特色风情美丽乡村，以“东海五渔村”“花鸟主题示范岛”建设为核心，带动全县“以景兴旅、以旅富民”的步伐，成功创建国家级生态县，被省委省政府命名为“浙江省美丽乡村先进县”。

花鸟主题示范岛

渔民展示色彩艳丽的剪纸作品

特色黄龙岛石村

基湖村全景

舟山市定海区财政加大投入力度，支持特色小镇发展。定海远洋渔业小镇列入第二批省级特色小镇创建名单，打造现代远洋渔业母港、远洋渔都休闲风情湾和远洋健康产业基地，总投资52.58亿元。金塘塑机螺杆小镇现为全国最大的塑机螺杆产业和出口基地，素有“中国螺杆之乡”美誉。

精益求精的工匠们

金塘塑机螺杆小镇远景

繁忙的塑机螺杆作业车间

远洋渔业小镇鸟瞰图

东海明珠大陈岛

台州市 椒江区财政加大投入，2017 年拨付建设资金 18.40 亿元，保障“一江两岸一岛一带”发展战略和政府投资项目推进。

和合公园园景

椒江江滨公园

温岭方山杜鹃满山

2017 年，温岭市财政安排小城镇和农村环境综合整治专项资金 3.10 亿元，助推城乡生态文明建设。

日落坞根

温岭东海塘风车花海

景宁“三月三”活动

丽水市财政部门近年来充分发挥职能作用，支持生态经济发展，有效推动农旅融合。截至2017年底，全市有农家乐综合体48个、市级农家乐特色村63个、农家乐休闲旅游村490个、农家乐民宿经营户3881家，年接待游客2788万人次，营业总收入31.20亿元，促进丽水经济社会持续健康发展。

莲都古堰画乡

遂昌高坪万亩杜鹃林

缙云河阳古民居

云和梯田

龙泉仿野生灵芝产业化项目

龙泉市践行“绿水青山就是金山银山”的绿色生态之路，拓宽“两山”转化通道，促进绿色经济发展。2017年，成功争取省“两山（一类）”建设财政专项激励政策资金，三年共获4.5亿元。全市大力支持新农村和美丽乡村建设，促进农民持续增收、农业提质增效，推动农旅大融合，建设最美大花园。

宝溪乡溪头村活水进村公园

龙泉黑木耳养殖基地

兰巨农业观光园

西街街道下樟村

龙泉市黄南山区小流域农业生态工程

2017 年，松阳县财政统筹整合各类资金 1.08 亿元投入小城镇环境综合整治工作，深化环境卫生、城镇秩序和乡容乡貌整治，助推打造田园松阳升级版。

松阴溪夜色

力溪湖鸟瞰

春江水暖鸭先知

酉田村春景

财政统计资料

zhejiang caizheng nianjian

1978～2017年浙江省财政收支表

年份	财政总收入（亿元）	一般公共预算收入（亿元）		一般公共预算支出（亿元）	增长率（%）				全省GDP值（亿元）	总收入占GDP比重（%）	人均财政支出（元）
			其中税收收入（亿元）		总收入	一般公共预算收入	其中税收收入占比%	支出			
1978	27.45			17.43					124	21.8	46
1979	25.87			17.74	-5.8			1.8	158	16.4	47
1980	31.13			17.34	20.3			-2.3	180	17.3	45
1981	34.34			17.12	10.3			-1.3	205	16.8	44
1982	36.64			18.88	6.7			10.3	234	15.7	48
1983	41.79			21.94	14.1			16.2	257	16.3	55
1984	46.67			28.80	11.7			31.3	323	14.5	72
1985	58.25			37.40	24.8			29.9	429	13.6	93
1986	68.61			50.96	17.8			36.3	502	13.7	125
1987	76.36			51.24	11.3			0.5	607	12.7	124
1988	85.55			63.14	12.0			23.2	770	11.1	151
1989	98.21			74.77	14.8			18.4	849	11.6	178
1990	101.59			80.23	3.4			7.3	905	11.1	189
1991	108.94			88.43	7.2			10.2	1089	10.2	207
1992	118.36			95.31	8.6			7.8	1376	8.7	221
1993	166.64			125.04	40.8			31.2	1926	8.7	288
1994	209.39	94.63		153.03	25.7			22.4	2689	7.9	351
1995	248.50	116.82		180.29	18.7	23.4		17.8	3558	7.0	411
1996	291.75	139.63		213.71	17.4	19.5		18.5	4189	7.0	484
1997	340.52	157.33		240.16	16.7	12.7		12.4	4686	7.3	542
1998	401.80	198.10		286.81	18.0	25.9		19.4	5053	8.1	644
1999	477.40	245.47		344.04	18.8	23.9		20.0	5444	8.8	769
2000	658.42	342.77		431.30	37.4	39.6		25.4	6141	10.7	922
2001	856.00	500.69		597.30	30.5	46.1		38.5	6898	12.4	1263
2002	1166.58	566.85		749.90	36.3	13.2		25.5	8004	14.6	1570
2003	1468.89	706.56		896.77	25.9	24.6		19.6	9705	15.1	1846
2004	1805.16	901.05		1062.94	22.9	27.5		18.5	11649	15.5	2158
2005	2115.36	1066.60		1265.53	17.2	18.4		19.1	13418	15.7	2536
2006	2567.66	1298.20	1184.24	1471.86	21.4	21.7	91.6	16.3	15718	16.3	2902
2007	3239.89	1649.50	1535.35	1806.79	26.2	27.1	93.0	22.8	18754	17.3	3505
2008	3730.06	1933.39	1792.09	2208.58	15.1	17.2	92.7	22.2	21463	17.4	4237
2009	4122.04	2142.51	1983.67	2653.35	10.5	10.8	92.6	20.1	22990	17.9	5029
2010	4895.41	2608.47	2464.96	3207.88	18.8	21.7	94.5	20.9	27722	17.7	5890
2011	5925.00	3150.80	2952.01	3842.59	21.0	20.8	93.7	19.8	32000	18.5	7034
2012	6408.49	3441.23	3227.77	4161.88	8.2	9.2	93.8	8.3	34606	18.5	7599
2013	6908.41	3796.92	3545.66	4730.47	7.8	10.3	93.4	13.7	37568	18.0	8603
2014	7522.55	4122.02	3853.96	5159.57	8.9	8.6	93.5	9.1	40154	18.7	9367
2015	8549.47	4809.94	4168.22	6645.98	8.8	7.8	86.7	21.1	42886	19.9	11999
2016	9225.07	5301.98	4540.08	6974.25	7.7	9.8	85.6	10.0	46485	19.8	12476
2017	10301.16	5804.38	4940.74	7530.32	11.7	9.5	85.1	8.0	51768	19.9	13312

2015~2017年浙江省一般公共预算收支决算表

单位:万元

收入				支出			
预算科目	2015年	2016年	2017年	预算科目	2015年	2016年	2017年
一、税收收入	41682182	45400849	49407446	一、一般公共服务支出	5844487	6602591	7650264
增值税	8099141	14722091	22013738	二、外交支出	0	0	0
营业税	12013322	6787795		三、国防支出	92020	85155	81472
企业所得税	6622112	7048652	8221918	四、公共安全支出	4235531	5185802	5484403
个人所得税	2657383	3170979	3952361	五、教育支出	12649312	13000325	14301531
资源税	115259	117612	125769	六、科学技术支出	2507893	2690418	3034961
城市维护建设税	2749200	3006482	3290856	七、文化体育与传媒支出	1653808	1587186	1596593
房产税	1799813	1843028	1953497	八、社会保障和就业支出	5416961	6311852	8017837
印花税	707264	675778	815745	九、医疗卫生与计划生育支出	4854983	5424383	5841657
城镇土地使用税	1328560	1341339	1162865	十、节能环保支出	1678929	1614033	1901502
土地增值税	2101610	2345487	2889010	十一、城乡社区支出	5412138	7889346	9101656
车船税	429557	467092	515939	十二、农林水支出	7390814	7224089	6966927
耕地占用税	625128	826476	649680	十三、交通运输支出	5536540	4637461	3205324
契税	2433702	3047898	3815884	十四、资源勘探信息等支出	3467989	1910162	1935399
烟叶税	131	140	184	十五、商业服务业等支出	1435653	1335057	1403838
其他税收收入	0	0	0	十六、金融支出	305091	103265	104677
二、非税收入	6417218	7618930	8636391	十七、援助其他地区支出	215715	228034	241530
专项收入	4466811	4740234	4675560	十八、国土海洋气象等支出	916638	458793	679504
行政事业性收费收入	434653	489996	689922	十九、住房保障支出	1407333	1608591	1697771
罚没收入	1077566	1234042	1236552	二十、粮油物资储备支出	246675	187071	167736
国有资本经营收入	-615276	-619506	-439550	二十一、预备费	0	0	0
国有资源(资产)有偿使用收入	955225	1333512	2110384	二十二、债务付息支出	204304	767915	1437049
其他收入	98239	440652	363523	二十三、债务发行费支出	18311	868117	9147
				二十四、其他支出	968645	22902	442393
本年收入合计	48099400	53019779	58043837	本年支出合计	66459770	69742548	75303171

2013～2017年浙江省11市及市本级一般公共预算收入排序表

单位：万元

地 区	2013年		2014年		2015年		2016年		2017年	
	一般公共预算收入	排序	一般公共预算收入	排序	一般公共预算收入	排序	一般公共预算收入	排序	一般公共预算收入	排序
杭州市	9452020	1	10273169	1	12338820	1	14023826	1	15674169	1
杭州市本级	1073595	1	1145038	1	1577942	1	1655861	1	2172126	1
宁波市	7928080	2	8606109	2	10064065	2	11145409	2	12452880	2
宁波市本级	720876	3	746322	3	998619	2	1182009	2	1428952	2
温州市	3239752	3	3525253	3	4030735	3	4398744	3	4653504	3
温州市本级	768436	2	833970	2	949573	3	1000805	3	1020701	3
嘉兴市	2823092	5	3070675	5	3503450	5	3879341	5	4437941	4
嘉兴市本级	561986	6	625537	5	726527	5	848498	4	975699	4
湖州市	1546646	8	1678400	8	1913116	8	2111792	8	2374308	8
湖州市本级	277356	7	296535	7	368329	7	397418	7	396308	8
绍兴市	2930721	4	3172705	4	3628935	4	3903010	4	4313596	5
绍兴市本级	566712	5	477757	6	632361	6	595949	6	628090	6
金华市	2424720	7	2688673	6	3096885	6	3381394	7	3577073	7
金华市本级	585265	4	636948	4	740418	4	820517	5	866168	5
衢州市	727535	11	803239	11	940151	11	1025553	11	1112838	11
衢州市本级	264066	8	279893	9	316270	9	338258	9	382776	9
舟山市	926280	9	1010203	9	1127221	9	1203248	9	1257644	9
舟山市本级	249850	9	282445	8	331252	8	372222	8	414251	7
台州市	2477341	6	2652092	7	2980170	7	3432835	6	3822482	6
台州市本级	202549	10	228215	10	264538	10	299513	10	308136	10
丽水市	736997	10	809573	10	945064	10	1035667	10	1129055	10
丽水市本级	178198	11	197639	11	232871	11	255172	11	299086	11

2013~2017年浙江省县(市、区)一般公共预算收入排序表

单位:万元

地区		2013年		2014年		2015年		2016年		2017年	
		一般公共预算收入	排序	一般公共预算收入	排序	一般公共预算收入	排序	一般公共预算收入	排序	一般公共预算收入	排序
杭州市	富阳区	463611	21	496002	21	543226	24	576102	25	637020	26
	桐庐县	221378	54	239132	56	269668	56	261681	60	278292	60
	临安区	261163	44	281926	46	325622	45	373378	43	433009	39
	建德市	173139	63	187008	63	211944	63	227059	62	244007	63
	淳安县	125465	68	138599	69	171420	68	173613	69	172688	71
	上城区	574322	13	580281	15	664589	16	723906	14	731869	18
	下城区	774960	6	801730	7	856380	7	794139	12	820368	13
	江干区	579681	12	627189	12	740355	11	874915	7	880088	11
	拱墅区	554868	14	603947	13	693773	13	796566	12	781355	15
	西湖区	817772	4	923504	4	1116467	4	1231126	5	1259835	5
	滨江区	753969	7	865307	5	1084558	5	1253661	4	1428138	4
	萧山区	1265178	1	1338521	2	1600830	2	1951629	2	2274820	2
	余杭区	1261038	2	1488016	1	1876477	1	2442888	1	2800053	1
	开发区	508964	18	510196	20	547970	22	635098	20	703084	20
	西湖风景名胜区	42917	93	46773	93	57599	92	52204	95	57417	94
宁波市	慈溪市	699670	8	705144	8	777038	9	838982	8	941199	8
	余姚市	596390	10	648070	11	750989	10	811633	11	906480	10
	奉化区	265662	42	290233	44	338192	43	370515	45	429354	40
	象山县	306867	38	331678	37	379485	36	380730	42	392698	47
	宁海县	331354	33	360643	33	415712	34	487899	32	554779	31
	鄞州区	1228682	3	1318267	3	1504485	3	1644434	3	1917837	3
	镇海区	449656	23	485703	23	589188	20	647147	19	704777	19
	北仑区	422666	27	462186	27	464453	30	519487	30	552210	32
	江东区	465810	20	520622	19	600219	19	676630	18	/	/

（续表一）　　单位:万元

地区		2013年		2014年		2015年		2016年		2017年	
		一般公共预算收入	排序	一般公共预算收入	排序	一般公共预算收入	排序	一般公共预算收入	排序	一般公共预算收入	排序
	江北区	419047	29	460899	28	542339	25	600080	22	650166	25
	海曙区	536974	15	568843	16	650215	17	516477	31	930238	9
	开发区	481694	19	555626	18	675623	15	812180	10	1026975	7
	大榭开发区	305760	39	337678	35	446952	31	537185	29	651936	24
	宁波保税区	171963	64	175250	64	193977	65	204721	67	234775	66
	东钱湖区	54496	88	65238	84	70718	89	80305	86	101725	81
	高新开发区	249675	47	278700	47	320310	46	353014	47	396898	45
	杭州湾新区	220838	55	295007	42	345551	41	481981	34	631881	28
温州市	平阳县	203581	58	220002	59	256688	58	277720	58	297951	56
	苍南县	236529	50	256366	51	300221	50	318176	53	337222	51
	瑞安市	447415	24	484417	24	547214	23	590481	23	634679	27
	永嘉县	208497	57	223100	58	263580	57	295880	56	315959	54
	乐清市	512937	17	556525	17	641502	18	722325	15	794030	14
	文成县	58317	84	64766	85	72617	85	79189	87	82539	88
	泰顺县	56190	85	61912	86	71496	86	78121	89	79105	89
	洞头区	38344	95	45021	94	54172	94	65182	92	71022	90
	鹿城区	222123	53	235508	57	275765	55	285333	57	293808	58
	瓯海区	210049	56	242396	55	283963	53	321901	50	335695	52
	龙湾区	191462	60	207330	60	226281	60	250665	61	258293	61
	开发区	85872	80	93940	80	87663	81	112966	81	132500	79
嘉兴市	海宁市	524888	16	600260	14	691221	14	720018	16	777242	16
	桐乡市	455301	22	491902	22	550005	21	580002	24	616900	29
	平湖市	422233	28	456780	29	505780	28	567891	27	688688	21
	嘉善县	290035	40	313341	40	355506	39	418002	39	517178	35
	海盐县	246053	49	270280	50	316288	47	351779	48	406520	44
	南湖区	194726	59	169556	65	194006	64	212321	66	244500	62

（续表二）

单位：万元

地区		2013年		2014年		2015年		2016年		2017年	
		一般公共预算收入	排序	一般公共预算收入	排序	一般公共预算收入	排序	一般公共预算收入	排序	一般公共预算收入	排序
	秀洲区	127870	67	143019	68	164117	69	180830	68	211214	67
湖州市	长兴县	394376	30	402255	31	431752	33	454618	35	494980	36
	德清县	309693	37	337070	36	373614	37	420333	38	486632	37
	安吉县	247043	48	294846	43	329601	44	358511	46	395208	46
	吴兴区	176622	62	197468	62	230851	59	263656	59	311462	55
	南浔区	141556	66	150226	67	178969	67	217256	65	289718	59
绍兴市	柯桥区	775655	5	820088	6	978488	6	1060220	6	1140629	6
	上虞区	431075	26	465581	26	510882	27	569966	26	666369	23
	嵊州市	227275	51	250538	52	291745	52	320096	52	380222	48
	新昌县	226028	52	247528	54	280028	54	309400	54	363600	50
	诸暨市	596047	11	663386	10	715894	12	717938	17	770087	17
	越城区	107929	74	247827	53	219537	62	329441	49	364599	49
金华市	兰溪市	181333	61	199533	61	221966	61	226467	63	241800	65
	永康市	352966	32	388485	32	444860	32	485289	33	523569	34
	武义县	142338	65	158001	66	186137	66	220386	64	242808	64
	东阳市	353118	31	414838	30	486173	29	562569	28	585778	30
	磐安县	51965	90	60050	88	73220	84	82169	84	89072	84
	义乌市	633101	9	696800	9	792511	8	817904	9	849995	12
	浦江县	124634	69	134018	71	151600	71	166093	71	177883	70
	金东区	0		0		0		0		0	
	婺城区	0		0		0		0		0	
	开发区	0		0		0		0		0	
衢州市	龙游县	90001	78	102129	78	126556	76	140351	77	148161	76
	常山县	65063	83	71903	83	86833	83	94016	82	98780	82
	江山市	124000	70	136610	70	153481	70	158592	74	166709	74
	开化县	50779	91	57685	91	68830	91	81610	85	84353	86

（续表三）　　　　单位：万元

地　区		2013 年		2014 年		2015 年		2016 年		2017 年	
		一般公共预算收入	排序	一般公共预算收入	排序	一般公共预算收入	排序	一般公共预算收入	排序	一般公共预算收入	排序
	柯城区	66392	82	75147	82	86979	82	88762	83	95285	83
	衢江区	67234	81	79872	81	101202	80	123964	79	136774	77
舟山市	岱山县	105928	75	114443	75	126037	77	140863	77	155195	75
	嵊泗县	53670	89	59170	90	69010	90	67301	91	66659	92
	定海区	261361	43	283315	45	305556	49	321886	51	326546	53
	普陀区	255471	45	270830	49	295366	51	300976	55	294993	57
台州市	临海市	325006	35	352566	34	380108	35	449188	36	542928	33
	温岭市	438479	25	478388	25	541213	26	616886	21	680900	22
	玉环市	275990	41	298358	41	344987	42	426217	37	484919	38
	三门县	118035	73	127657	74	144987	74	155766	75	167830	73
	仙居县	92990	77	105588	77	134660	75	162468	72	185250	69
	天台县	122958	71	132867	72	150268	72	170371	70	192068	68
	椒江区	329903	34	326413	39	350386	40	385494	41	416047	43
	黄岩区	249939	46	273714	48	310189	48	371145	44	416795	42
	路桥区	321492	36	328326	38	358834	38	395787	40	427609	41
丽水市	缙云县	86976	79	94876	79	110080	79	121503	80	130521	80
	景宁县	47828	92	47961	92	54513	93	62265	93	70087	91
	龙泉市	54513	87	61381	87	71445	87	135803	78	85032	85
	青田县	119086	72	128629	73	149328	73	78607	88	168400	72
	庆元县	25130	97	30057	97	35508	97	159981	73	42048	96
	松阳县	39071	94	43818	95	52591	95	39101	97	63070	93
	遂昌县	55228	86	60016	89	71160	88	58617	94	83707	87
	云和县	33630	96	36598	96	42899	96	77978	90	51800	95
	莲都区	97337	76	108598	76	124669	78	46640	96	135304	78

2017年浙江省一般公共预算收支决算分级表

单位:万元

预算科目	决算数合计	省级	地级	其中:地级直属乡镇	县级	乡镇级
一、税收收入	49407446	1920961	6973807	174511	26004981	14507697
增值税	22013738	1063915	2548617	106255	10546408	7854798
企业所得税	8221918	557379	1030990	19809	4550201	2083348
个人所得税	3952361	147537	398432	4597	2435657	970735
资源税	125769	0	3869	0	72076	49824
城市维护建设税	3290856	95593	673295	14946	1564941	957027
房产税	1953497	33849	215936	12266	998951	704761
印花税	815745	20991	107092	3599	417108	270554
城镇土地使用税	1162865	1697	103064	3822	449106	608998
土地增值税	2889010	0	272629	9217	1998123	618258
车船税	515939	0	78335	0	401526	36078
耕地占用税	649680	0	122447	0	445262	81971
契税	3815884	0	1419101	0	2125438	271345
烟叶税	184	0	0	0	184	0
其他税收收入	0	0	0	0	0	0
二、非税收入	8636391	1317386	1918486	0	5114610	285909
专项收入	4675560	559447	981828	0	2882491	251794
行政事业性收费收入	689922	113715	138037	0	435575	2595
罚没收入	1236552	43975	376132	0	815863	582
国有资本经营收入	-439550	-4647	-220973	0	-213930	0
国有资源(资产)有偿使用收入	2110384	584767	431140	0	1064703	29774
其他收入	363523	20129	212322	0	129908	1164
本年收入合计	58043837	3238347	8892293	174511	31119591	14793606
一、一般公共服务支出	7650264	359453	1478004	9393	4327427	1485380
二、外交支出	0	0	0	0	0	0
三、国防支出	81472	13372	19132	0	46613	2355
四、公共安全支出	5484403	696175	1261256	1472	3397585	129387
五、教育支出	14301531	1177633	2000290	1182	9741541	1382067
六、科学技术支出	3034961	247667	523153	0	2140392	123749
七、文化体育与传媒支出	1596593	185835	379855	235	893736	137167
八、社会保障和就业支出	8017837	365042	1465144	2611	5491569	696082
九、医疗卫生与计划生育支出	5841657	416010	819990	1643	4229228	376429
十、节能环保支出	1901502	57053	226370	852	1403272	214807
十一、城乡社区支出	9101656	11698	2234312	2056	5767628	1088018
十二、农林水支出	6966927	330402	800592	16839	4375195	1460738
十三、交通运输支出	3205324	505122	908141	25	1736466	55595
十四、资源勘探信息等支出	1935399	98670	221657	2	1398698	216374
十五、商业服务业等支出	1403838	30563	165386	367	1078176	129713
十六、金融支出	104677	6054	11749	0	77607	9267
十七、援助其他地区支出	241530	73273	45491	0	122574	192
十八、国土海洋气象等支出	679504	58117	125635	0	433078	62674
十九、住房保障支出	1697771	140578	325595	512	1088677	142921
二十、粮油物资储备支出	167736	76445	19381	0	70657	1253
二十一、其他支出	442393	1516	138732	0	278933	23212
二十二、债务付息支出	1437049	50529	264882	0	1099922	21716
二十三、债务发行费用支出	9147	218	3925	0	5004	0
本年支出合计	75303171	4901425	13438672	37189	49203978	7759096

2017 年浙江省政府性基金收支决算分级表

单位:万元

项 目	决算数合计	省级	地级	其中:地级直属乡镇	县级	乡镇级
国有土地使用权出让收入	57179235	0	22465431	0	33272666	1441138
城市公用事业附加收入	65507	0	32985	0	32522	0
国有土地收益基金收入	2100068	0	921249	0	1175260	3559
农业土地开发资金收入	82799	14583	22844	0	43850	1522
城市基础设施配套费收入	516520	0	131381	0	381220	3919
车辆通行费	226155	24246	200379	0	1530	0
彩票公益金收入	417843	154576	172127	0	91048	92
其他各项政府性基金收入	5341883	452061	931630	0	3907987	50205
本年收入合计	65930010	645466	24878026	0	38906083	1500435
国有土地使用权出让相关支出	57530919	55000	19377364	1370	33926095	4172460
城市公用事业附加相关支出	61185	0	22037	0	38826	322
国有土地收益基金相关支出	1524949	0	715998	0	768668	40283
农业土地开发资金相关支出	48250	0	6008	0	33358	8884
城市基础设施配套费相关支出	345650	0	59933	0	221935	63782
车辆通行费相关支出	1622799	827007	453470	0	342322	0
彩票公益金相关支出	348589	27942	112271	155	178226	30150
其他各项政府性基金相关支出	4692230	105531	790130	408	3347525	449044
本年支出合计	66174571	1015480	21537211	1933	38856955	4764925

2017 年浙江省国有资本经营收支决算总表

单位:万元

预算科目	决算数	预算科目	决算数
利润收入	457816	解决历史遗留问题及改革成本支出	22079
股利、股息收入	27595	国有企业资本金注入	256177
产权转让收入	48616	国有企业政策性补贴	13701
清算收入	2956	金融国有资本经营预算支出	16916
其他国有资本经营预算收入	118061	其他国有资本经营预算支出	61883
本年收入合计	655044	本年支出合计	370756
上级补助收入	0		
上年结余	106217	调出资金	300428
省补助计划单列市收入	0	年终结余	90077
收入总计	761261	支出总计	761261

2013~2017 年浙江省政府非税收入表

单位:亿元

项　　目	2013 年	2014 年	2015 年	2016 年	2017 年
行政事业性收费	305. 46	357. 21	386. 23	455. 43	380. 26
政府性基金	364. 56	405. 58	442. 56	442. 84	400. 68
国有资源有偿使用收入	3929. 65	3657. 19	2206. 72	3566. 29	6336. 54
国有资产有偿使用收入	65. 95	71. 12	89. 79	86. 30	87. 19
按规定上缴财政的国有资本经营收入	-32. 68	-29. 84	-7. 48	13. 06	27. 55
行政(刑事)处罚的罚没收入	97. 88	96. 37	108. 58	129. 81	123. 74
彩票公益金	30. 37	33. 25	35. 37	36. 40	41. 78
以政府名义接受捐赠的收入	1. 38	1. 88	1. 28	1. 49	1. 90
应当纳入政府非税收入管理的其他资金	129. 15	158. 71	187. 40	192. 92	269. 60
合计	4891. 73	4751. 46	3450. 46	4924. 54	7669. 24

注:1. 本表所列政府非税收入项目分类标准依照《浙江省政府非税收入管理条例》相关规定,不同于预算科目分类标准;
2. 按规定上缴财政的国有资本经营收入含国有企业计划亏损补贴;
3. 因四舍五入原因,合计数与分项加总数或存在尾差。

2017年浙江省市县级一般公共预算收支情况表

单位:万元

项目 \ 地区	杭州市	市本级	富阳区	桐庐县	临安区	建德市	淳安县	上城区
一、收入合计	15674169	2172126	637020	278292	433009	244007	172688	731869
(一)税收收入小计	14171594	1665434	572580	247949	401473	220493	158826	699607
增值税	5668519	395073	283290	118665	186731	110382	76388	241878
企业所得税	2702212	237500	65375	31401	60837	34722	27248	170581
个人所得税	1461998	18348	32796	14535	22643	11841	9799	141541
资源税	14139	0	4877	1206	1890	4443	331	0
城市维护建设税	984315	160564	45177	13031	28600	14030	7688	37436
房产税	557952	3109	25662	9342	15902	9348	6485	42498
城镇土地使用税	205548	856	23938	10114	18084	7965	2389	1915
土地增值税	975587	22942	29289	19388	35466	8623	10322	48751
耕地占用税	37784	6633	2169	81	813	2263	1442	0
契税	1205784	796776	40869	23584	19666	11301	13459	0
其他各项税收收入	357756	23633	19138	6602	10841	5575	3275	15007
(二)非税收入小计	1502575	506692	64440	30343	31536	23514	13862	32262
专项收入	1180199	322567	37947	19630	43285	18091	9334	29388
行政事业性收费收入	48079	25644	3832	2910	3024	1179	128	0
罚没收入	218482	106305	15502	5512	8747	7537	2009	2429
国有资本经营收入	-174529	-121400	-3000	0	-27150	-4700	0	0
国有资源(资产)有偿使用收入	101288	46938	10159	2291	2297	1311	2241	445
其他收入	129056	126638	0	0	1333	96	150	0
二、支出合计	15409156	3222012	662997	416717	647766	449887	573686	400841
一般公共服务支出	1311829	263820	76487	32200	55916	48352	60887	39680
外交支出	0	0	0	0	0	0	0	0
国防支出	9311	2092	0	327	279	477	255	31
公共安全支出	944310	266953	39714	26337	36435	25182	27448	37831
教育支出	2792968	511065	186091	104576	141183	89183	79450	89952
科学技术支出	923236	220598	34822	19163	38311	16211	10678	14198
文化体育与传媒支出	309282	104723	15712	11959	11293	9447	11140	3579
社会保障和就业支出	1731704	536870	36026	54441	72835	50609	75355	81974
医疗卫生与计划生育支出	1123291	242232	55462	47053	57887	37995	51426	18521
节能环保支出	377904	69658	27622	14706	17941	16455	25572	166
城乡社区支出	2736428	470735	37865	15311	62720	24355	41780	60658
农林水支出	896205	162814	75457	37512	66545	70440	78111	8140
交通运输支出	515070	154722	16767	19011	37052	18299	44468	0
资源勘探信息等支出	515593	25501	5974	2871	8480	2331	16065	11959
商业服务业等支出	353454	17460	2813	4171	5331	3992	9286	9686
金融支出	18524	2700	95	196	86	101	30	12646
援助其他地区支出	59400	14227	2721	1149	1324	957	0	1516
国土海洋气象等支出	86786	17395	5667	5932	4246	3978	4163	830
住房保障支出	286287	12814	13638	11983	12574	9615	14643	1316
粮油物资储备支出	9802	1837	281	1538	1011	24	2534	0
其他支出	136586	66018	0	75	166	2733	117	5592
债务付息支出	269701	57541	29782	6169	16064	19140	20229	2566
债务发行费用支出	1485	237	1	37	87	11	49	0

（续表一） 单位：万元

项目 \ 地区	下城区	江干区	拱墅区	西湖区	滨江区	萧山区	余杭区	开发区
一、收入合计	820368	880088	781355	1259835	1428138	2274820	2800053	703084
（一）税收收入小计	778689	841616	733277	1193551	1348223	1995581	2603836	655484
增值税	303660	362974	346709	518033	449908	954880	943125	358454
企业所得税	150227	161463	131677	217828	370140	332950	547914	146821
个人所得税	105358	71511	53215	230350	292736	105043	307699	38150
资源税	0	0	0	0	0	1339	53	0
城市维护建设税	42081	50482	49201	69073	109328	146618	150820	57816
房产税	47458	47612	34140	49296	46946	96300	90255	23107
城镇土地使用税	2972	3673	6075	6711	5715	61975	48965	3037
土地增值税	36169	129356	96345	80534	49502	135520	255267	18113
耕地占用税	0	0	0	0	0	8928	15455	0
契税	0	0	0	0	0	99046	201083	0
其他各项税收收入	90764	14545	15915	21726	23948	52982	43200	9986
（二）非税收入小计	41679	38472	48078	66284	79915	279239	196217	47600
专项收入	34413	36501	38260	53064	76691	233805	184881	40311
行政事业性收费收入	254	0	213	746	0	5597	3794	758
罚没收入	5129	6556	8646	9551	2935	24433	11024	1770
国有资本经营收入	0	-5131	0	0	0	-7000	-7000	852
国有资源（资产）有偿使用收入	1883	546	959	2923	289	21627	3465	3900
其他收入	0	0	0	0	0	777	53	9
二、支出合计	351552	649888	409437	741268	1134859	2408393	2703850	500412
一般公共服务支出	38357	60218	49027	70279	32489	202032	221067	54761
外交支出	0	0	0	0	0	0	0	0
国防支出	387	0	43	1048	0	1873	2430	69
公共安全支出	38694	47002	44786	58303	33897	124086	98414	25095
教育支出	70488	109144	105362	140104	171994	441252	464331	85603
科学技术支出	12430	67395	17261	37799	139707	84536	150308	59433
文化体育与传媒支出	6206	9612	3774	9361	25394	23885	49877	776
社会保障和就业支出	64070	73919	45109	104887	105238	181244	218531	19721
医疗卫生与计划生育支出	22220	33036	24199	46217	27240	215702	236656	5810
节能环保支出	1	12026	4137	612	6664	57097	88212	37035
城乡社区支出	65828	175148	94228	181009	445675	330856	519633	126650
农林水支出	1144	16109	1627	16863	20488	191645	144891	3001
交通运输支出	0	60	90	40	20	140432	84089	0
资源勘探信息等支出	5624	5495	2710	41099	76100	109635	144693	56855
商业服务业等支出	9205	2832	6554	5615	15178	47673	204127	9047
金融支出	240	291	509	600	288	182	326	159
援助其他地区支出	0	0	1340	7826	7378	10673	7669	2436
国土海洋气象等支出	831	1236	1110	2824	1939	24240	8743	3440
住房保障支出	11033	6325	6182	12120	12034	138348	18520	5142
粮油物资储备支出	0	0	0	0	0	2462	115	0
其他支出	0	21297	900	15	3784	32509	3380	0
债务付息支出	4794	8705	489	4647	9143	47599	37465	5368
债务发行费用支出	0	38	0	0	209	432	373	11

（续表二） 单位：万元

项目＼地区	西湖风景名胜区	宁波市	市本级	慈溪市	余姚市	奉化区	象山县	宁海县
一、收入合计	57417	12452880	1428952	941199	906480	429354	392698	554779
（一）税收收入小计	54975	10439540	937504	782652	782712	349183	323078	402861
增值税	18369	5103027	497824	428197	413503	200858	169603	227746
企业所得税	15528	1792748	194461	81428	83022	30908	50663	54050
个人所得税	6433	810343	18535	52240	55139	21001	19961	25425
资源税	0	16108	1411	1210	1479	1136	1404	1525
城市维护建设税	2370	822077	198368	47869	56785	23634	16467	24300
房产税	10492	235893	10046	22374	22116	8420	10091	10490
城镇土地使用税	1164	150521	7647	21294	27745	7590	5979	5521
土地增值税	0	481283	18	24826	35179	14325	13462	13639
耕地占用税	0	65777	0	10700	18661	4973	2052	4570
契税	0	693993	0	69955	49197	29022	25089	26071
其他各项税收收入	619	267770	9194	22559	19886	7316	8307	9524
（二）非税收入小计	2442	2013340	491448	158547	123768	80171	69620	151918
专项收入	2031	1069665	225703	90320	65929	23067	21556	34847
行政事业性收费收入	0	294042	29942	18744	37521	22294	18132	84119
罚没收入	397	175680	56645	15226	14957	13651	12431	9943
国有资本经营收入	0	-55670	-5700	-20620	-20772	0	0	422
国有资源（资产）有偿使用收入	14	443535	153121	46888	24225	19319	17346	14351
其他收入	0	86088	31737	7989	1908	1840	155	8236
二、支出合计	135591	14106049	3048505	1082332	1026808	684824	702706	800286
一般公共服务支出	6257	1431115	284820	106126	113447	81253	78800	74542
外交支出	0	0	0	0	0	0	0	0
国防支出	0	17269	6190	1337	1439	0	563	495
公共安全支出	14133	919622	260685	107598	78886	43653	44658	46323
教育支出	3190	2146045	436602	252745	210938	129785	127834	170225
科学技术支出	386	587880	76439	57939	51055	28657	17582	19650
文化体育与传媒支出	12544	330044	98068	23426	18455	19009	17523	16713
社会保障和就业支出	10875	1506594	249726	144608	139865	99487	65689	119548
医疗卫生与计划生育支出	1635	867563	121813	124043	65312	65752	46967	84350
节能环保支出	0	409162	14067	13836	22570	4171	11036	9372
城乡社区支出	83977	2270163	1016675	82663	79887	25610	32696	38940
农林水支出	1418	917204	123744	60479	127388	99036	132671	93873
交通运输支出	20	449672	114712	35150	37076	29146	25385	61080
资源勘探信息等支出	201	653699	32473	4238	16319	4644	16071	9694
商业服务业等支出	484	597326	29557	7332	11146	5780	4593	8813
金融支出	75	50479	430	1135	627	780	1503	2115
援助其他地区支出	184	37918	10170	3674	3522	1363	1468	1693
国土海洋气象等支出	212	113550	16659	6112	7409	6996	19333	4543
住房保障支出	0	418783	68320	34601	19514	24375	35270	28300
粮油物资储备支出	0	18140	1271	0	0	1476	7348	2501
其他支出	0	117139	8577	1663	85	913	178	99
债务付息支出	0	243962	74787	13627	21868	12938	15538	7417
债务发行费用支出	0	2720	2720	0	0	0	0	0

（续表三） 单位:万元

项目 \ 地区	鄞州区	镇海区	北仑区	江北区	海曙区	开发区	大榭开发区	宁波保税区
一、收入合计	1917837	704777	552210	650166	930238	1026975	651936	234775
(一)税收收入小计	1654052	555931	465804	560751	863741	959665	605181	232591
增值税	663588	285130	223050	235951	406364	441035	331352	90178
企业所得税	307086	81426	65161	72898	119845	254802	169016	84067
个人所得税	114262	30550	34765	55780	74679	107959	48040	26674
资源税	979	89	3038	175	927	779	1840	0
城市维护建设税	95691	44342	41477	32134	54889	68327	38884	12118
房产税	44908	12706	14758	14186	28683	12402	2352	4477
城镇土地使用税	14669	9815	6323	8604	8760	7775	2093	1674
土地增值税	141502	38107	26804	61672	60103	10789	1273	176
耕地占用税	4440	7443	4456	1357	1631	3055	0	0
契税	223571	31647	35090	64536	82343	11876	586	519
其他各项税收收入	43356	14676	10882	13458	25517	40866	9745	12708
(二)非税收入小计	263785	148846	86406	89415	66497	67310	46755	2184
专项收入	175479	77784	39814	45776	46774	54903	43194	9850
行政事业性收费收入	31140	15946	10552	8858	4966	1060	740	47
罚没收入	12760	11496	16543	2158	3879	2	298	273
国有资本经营收入	0	0	0	0	0	0	0	-9000
国有资源(资产)有偿使用收入	33489	41444	9225	32097	4673	11320	714	988
其他收入	10917	2176	10272	526	6205	25	1809	26
二、支出合计	1504361	729307	795935	601931	741898	769589	519207	158235
一般公共服务支出	177720	68148	60826	72524	142883	64739	19810	16572
外交支出	0	0	0	0	0	0	0	0
国防支出	3245	955	543	596	431	348	3	0
公共安全支出	96912	43163	41282	38612	63517	15736	5921	981
教育支出	224550	109765	143941	81012	144057	25272	16563	4152
科学技术支出	83304	24836	20299	21688	13868	57285	10882	45636
文化体育与传媒支出	32405	15878	8252	11363	8309	20253	24379	3034
社会保障和就业支出	203317	111371	72025	53569	94911	78016	23390	5316
医疗卫生与计划生育支出	109602	50209	28629	30763	61240	43737	9733	85
节能环保支出	22219	21252	232068	28262	1892	622	24271	631
城乡社区支出	265790	150124	35227	74229	108243	140998	95662	12657
农林水支出	59131	42860	23570	56985	38175	1655	1243	0
交通运输支出	40574	15040	23916	26609	12629	4969	13856	4210
资源勘探信息等支出	41933	23081	38591	31043	4556	170260	45151	5163
商业服务业等支出	26854	3708	5424	25417	2109	118918	210769	47234
金融支出	11801	680	1963	14723	4524	0	0	9010
援助其他地区支出	5338	1720	1445	1697	0	2076	1203	691
国土海洋气象等支出	8653	3529	21414	3079	1555	5888	831	294
住房保障支出	59174	31383	24252	19951	30862	9006	6366	2172
粮油物资储备支出	4762	423	2	6	0	9	242	0
其他支出	270	671	1047	2050	12	66	15	397
债务付息支出	26807	10511	11219	7753	8125	9736	8917	0
债务发行费用支出	0	0	0	0	0	0	0	0

（续表四） 单位：万元

项目 \ 地区	东钱湖区	高新开发区	杭州湾新区	温州市	市本级	平阳县	苍南县	瑞安市
一、收入合计	101725	396898	631881	4653504	1020701	297951	337222	634679
（一）税收收入小计	60450	338098	565286	3911527	830806	249766	291997	576850
增值税	25695	151941	311012	1809318	284349	116929	139931	273188
企业所得税	8607	63750	71558	539530	133736	22702	40107	64629
个人所得税	4576	50948	69809	250772	65506	15955	14105	30213
资源税	0	116	0	6612	425	795	131	1099
城市维护建设税	3971	20580	42241	257390	66642	11599	13821	37779
房产税	1713	6136	10035	170685	41923	8951	6356	26054
城镇土地使用税	1142	2136	11754	54566	4711	7971	3499	12409
土地增值税	4020	15021	20367	247810	40123	21600	23224	42700
耕地占用税	0	0	2439	66635	294	4032	6491	6904
契税	9957	17668	16866	381536	166549	32335	33642	62022
其他各项税收收入	769	9802	9205	126673	26548	6897	10690	19853
（二）非税收入小计	41275	58800	66595	741977	189895	48185	45225	57829
专项收入	33078	31198	50393	354236	116290	30084	16414	28583
行政事业性收费收入	5251	1733	2997	42874	9167	2636	3870	3593
罚没收入	1420	2236	1762	162599	52191	12594	15510	26435
国有资本经营收入	0	0	0	-37215	-23000	-1600	-1800	-6000
国有资源（资产）有偿使用收入	1445	21447	11443	186256	25599	3901	10530	3191
其他收入	81	2186	0	33227	9648	570	701	2027
二、支出合计	99439	408441	432245	7616108	1046903	602825	806195	982303
一般公共服务支出	13552	22180	33173	888951	118047	99503	84264	108150
外交支出	0	0	0	0	0	0	0	0
国防支出	12	1092	20	8255	2154	974	737	1369
公共安全支出	5841	10480	15374	573040	113745	33278	49847	69379
教育支出	10023	18402	40179	1791419	247226	137355	221120	246265
科学技术支出	1769	33954	23037	157623	37856	8970	8914	25510
文化体育与传媒支出	1656	3776	7545	139568	37935	9238	13311	13459
社会保障和就业支出	12459	19521	13776	885279	79611	57656	148338	225078
医疗卫生与计划生育支出	5377	8044	11907	688428	100772	54342	53160	56980
节能环保支出	471	1233	1189	97426	11256	5191	5301	6997
城乡社区支出	22041	66572	22149	725904	45682	77339	44284	41460
农林水支出	5345	5557	45492	729148	47938	61149	101089	97735
交通运输支出	4830	490	0	294384	90473	13224	29889	29091
资源勘探信息等支出	1206	64915	144361	93116	9544	1801	4673	8046
商业服务业等支出	5263	31125	53284	64407	12613	1489	2187	6819
金融支出	161	775	252	6851	1365	28	44	5048
援助其他地区支出	377	1041	440	13711	4930	0	0	2461
国土海洋气象等支出	777	882	5596	92031	15739	6060	15634	8389
住房保障支出	4782	14522	5933	179509	52653	15629	8898	14080
粮油物资储备支出	0	0	100	9154	2200	348	196	734
其他支出	340	100756	0	75891	2832	7292	2557	20
债务付息支出	3157	3124	8438	101232	12146	11945	11751	15194
债务发行费用支出	0	0	0	781	186	14	1	39

（续表五） 单位：万元

项目＼地区	永嘉县	乐清市	文成县	泰顺县	洞头区	鹿城区	瓯海区	龙湾区
一、收入合计	315959	794030	82539	79105	71022	293808	335695	258293
(一)税收收入小计	251999	717228	40479	42437	45520	238814	286498	217815
增值税	122423	364229	14580	20075	22987	109855	147911	119512
企业所得税	30951	91819	5174	7883	6823	35602	63001	23010
个人所得税	13047	68518	3534	2082	2359	14809	7761	7811
资源税	199	292	209	314	2969	64	60	44
城市维护建设税	13568	44012	1870	2524	2598	13501	20668	17687
房产税	13212	23047	1086	823	773	13440	14202	12841
城镇土地使用税	4013	10169	567	497	1293	1887	2097	2755
土地增值税	16638	27844	2149	2657	742	30515	16434	20047
耕地占用税	5416	15855	4260	773	97	6803	6748	7825
契税	23259	51717	5670	3002	3340	0	0	0
其他各项税收收入	9273	19726	1380	1807	1539	12338	7616	6283
(二)非税收入小计	63960	76802	42060	36668	25502	54994	49197	40478
专项收入	45521	63124	2959	7471	2928	9448	13627	10647
行政事业性收费收入	2775	1529	676	2403	344	7476	1754	5036
罚没收入	9223	13000	2636	2493	2883	11962	7138	4779
国有资本经营收入	-1350	-2815	0	-210	0	0	-440	0
国有资源(资产)有偿使用收入	7104	1415	34135	23861	19088	12757	27118	16885
其他收入	687	549	1654	650	259	13351	0	3131
二、支出合计	739942	952075	454576	451527	223016	444093	446209	325858
一般公共服务支出	78408	71572	44339	41432	33719	68728	78681	36964
外交支出	0	0	0	0	0	0	0	0
国防支出	398	634	120	55	519	517	634	0
公共安全支出	45782	53033	20699	16066	16294	66762	45494	28187
教育支出	200680	247659	76605	62724	38099	101621	110289	75585
科学技术支出	9131	15499	3081	3032	5393	11610	9374	10699
文化体育与传媒支出	16860	10072	7394	9027	4937	4546	7083	5151
社会保障和就业支出	83381	71733	50070	61100	12766	35474	31323	20616
医疗卫生与计划生育支出	78256	97026	45111	46568	27486	47355	45041	26759
节能环保支出	4617	6385	10708	16898	7850	4155	4784	3541
城乡社区支出	54147	198503	38792	52785	18161	47048	46677	41350
农林水支出	91173	81414	80627	84399	18763	20789	22671	16339
交通运输支出	22078	20826	28945	30468	8474	4590	12771	3281
资源勘探信息等支出	16285	20948	7888	2504	1800	3231	4285	7829
商业服务业等支出	5879	6404	9063	4319	1187	5862	4811	3296
金融支出	0	0	0	15	5	333	0	0
援助其他地区支出	0	3105	0	0	0	0	1483	958
国土海洋气象等支出	12509	7212	2414	2649	16024	0	513	892
住房保障支出	5409	2152	20334	11819	7061	16980	15441	6223
粮油物资储备支出	186	1206	1890	564	1171	0	659	0
其他支出	977	20749	2319	2103	0	1341	14	35648
债务付息支出	13723	15809	4088	2929	3225	3149	4137	2484
债务发行费用支出	63	134	89	71	82	2	44	56

（续表六）

单位：万元

项目＼地区	开发区	嘉兴市	市本级	海宁市	桐乡市	平湖市	嘉善县	海盐县
一、收入合计	132500	4437941	975699	777242	616900	688688	517178	406520
（一）税收收入小计	121318	4119667	927965	725843	574687	636521	474148	378285
增值税	73349	1964620	377008	356720	261343	331202	250081	199050
企业所得税	14093	613230	131151	108415	103900	99980	52931	52534
个人所得税	5072	234993	100702	38021	32064	26019	21374	16308
资源税	11	686	0	0	0	0	8	678
城市维护建设税	11121	260187	57396	42714	35786	41444	28268	25865
房产税	7977	208624	41225	41730	28309	28867	25741	20467
城镇土地使用税	2698	138262	10565	16910	18586	25375	25422	13958
土地增值税	3137	232262	35566	55071	38265	27891	21502	12960
耕地占用税	1137	53037	15244	7580	2140	2331	6173	5838
契税	0	308058	135098	40621	37543	39606	32686	22504
其他各项税收收入	2723	105708	24010	18061	16751	13806	9962	8123
（二）非税收入小计	11182	318274	47734	51399	42213	52167	43030	28235
专项收入	7140	280189	48063	39587	34032	58256	39659	26228
行政事业性收费收入	1615	17272	1059	3662	2100	1438	2030	1495
罚没收入	1755	53671	6022	10495	6253	3872	8497	5892
国有资本经营收入	0	-69665	-19500	-10505	-7000	-15000	-8960	-8700
国有资源（资产）有偿使用收入	672	28930	9241	7289	5427	1865	871	3233
其他收入	0	7877	2849	871	1401	1736	933	87
二、支出合计	140586	4947026	1080310	819513	665038	735843	595003	487021
一般公共服务支出	25144	497637	100125	81293	58556	74933	75637	53260
外交支出	0	0	0	0	0	0	0	0
国防支出	144	3808	474	652	921	653	186	825
公共安全支出	14474	345384	70416	54047	48610	47405	53942	32671
教育支出	26191	1020834	108415	199492	168564	164246	129840	121162
科学技术支出	8554	202514	28151	34878	30166	29411	29068	22259
文化体育与传媒支出	555	104970	22070	18528	16939	14413	16384	11880
社会保障和就业支出	8133	415471	132288	57639	44223	65838	35809	33563
医疗卫生与计划生育支出	9572	324182	53940	57566	58977	48348	43130	37720
节能环保支出	9743	138405	7368	36304	35117	18596	14677	9619
城乡社区支出	19676	810459	309311	76087	101555	122964	60277	57088
农林水支出	5062	493599	85383	89258	58582	61104	65779	56549
交通运输支出	274	176552	65621	37801	6751	12879	14761	16767
资源勘探信息等支出	4282	101511	24450	22330	2532	27873	16378	3110
商业服务业等支出	478	45882	18873	7920	1078	1718	11583	1982
金融支出	13	704	460	6	46	82	0	110
援助其他地区支出	774	11281	2712	2099	2023	2702	0	888
国土海洋气象等支出	3996	43238	6208	4250	3133	4524	11465	5335
住房保障支出	2830	81250	24237	17002	9049	14917	273	11172
粮油物资储备支出	0	4103	2161	117	6	260	160	1399
其他支出	39	6545	2186	140	0	0	970	258
债务付息支出	652	118457	15455	21986	18151	22976	14660	9373
债务发行费用支出	0	240	6	118	59	1	24	31

（续表七） 单位：万元

项目 \ 地区	南湖区	秀洲区	湖州市	市本级	长兴县	德清县	安吉县	吴兴区
一、收入合计	244500	211214	2374308	396308	494980	486632	395208	311462
（一）税收收入小计	215479	186739	2024511	303316	420537	425618	349543	268338
增值税	103478	85738	935921	131813	196889	185303	159499	132141
企业所得税	34322	29997	264611	50288	53342	59204	30023	36518
个人所得税	300	205	192492	28309	41960	49268	47291	11223
资源税	0	0	15724	309	5698	4881	1938	2898
城市维护建设税	15621	13093	117163	24448	24902	21497	17629	14704
房产税	13263	9022	73754	13760	12746	13966	10296	13222
城镇土地使用税	13756	13690	69476	8714	13385	14770	10386	8059
土地增值税	21938	19069	116834	9482	23568	22021	29079	16158
耕地占用税	2496	11235	26856	1	7747	11312	4731	1363
契税	0	0	148505	19959	22309	32660	29924	28199
其他各项税收收入	10305	4690	63175	16233	17991	10736	8747	3853
（二）非税收入小计	29021	24475	349797	92992	74443	61014	45665	43124
专项收入	19378	14986	201773	38703	29827	46231	22186	37595
行政事业性收费收入	1743	3745	16096	8293	2466	2176	1152	1238
罚没收入	7514	5126	60598	29716	7309	5877	10703	3994
国有资本经营收入	0	0	-4020	-14949	0	0	10929	0
国有资源（资产）有偿使用收入	386	618	66996	26297	34369	3891	695	297
其他收入	0	0	8354	4932	472	2839	0	0
二、支出合计	285249	279049	3250181	737921	630843	511256	620038	308308
一般公共服务支出	23827	30006	342010	78018	56524	59405	74400	30431
外交支出	0	0	0	0	0	0	0	0
国防支出	82	15	2449	1348	409	384	0	148
公共安全支出	24163	14130	244896	92960	43563	40612	40911	12923
教育支出	62867	66248	636727	99385	129584	99738	146904	78007
科学技术支出	14050	14531	112968	15308	25662	22343	28541	8601
文化体育与传媒支出	2320	2436	55413	14542	10611	13195	8095	3143
社会保障和就业支出	28276	17835	327268	74928	56176	58871	46272	37657
医疗卫生与计划生育支出	10936	13565	281381	45467	46850	38822	57001	36030
节能环保支出	4282	12442	136788	12976	30245	15465	56639	9342
城乡社区支出	62023	21154	195879	39107	41108	33819	30353	14727
农林水支出	22171	54773	366819	67114	87855	62538	72728	31557
交通运输支出	7104	14868	139429	84595	25794	11887	4179	5160
资源勘探信息等支出	2345	2493	88042	25781	14712	15537	2936	11819
商业服务业等支出	1803	925	46412	10803	12583	5618	524	2375
金融支出	0	0	5801	1486	139	1960	334	1837
援助其他地区支出	857	0	7182	3829	1521	1832	0	0
国土海洋气象等支出	3825	4498	14927	1789	8485	2537	214	1651
住房保障支出	790	3810	52523	10887	802	4278	6969	10907
粮油物资储备支出	0	0	4587	216	2090	1639	642	0
其他支出	2991	0	39113	31485	0	0	80	537
债务付息支出	10536	5320	148766	25459	35913	20750	42313	11428
债务发行费用支出	1	0	801	438	217	26	3	28

（续表八）

单位:万元

项目＼地区	南浔区	湖州经济开发区	绍兴市	市本级	柯桥区	上虞区	嵊州市	新昌县
一、收入合计	289718	0	4313596	628090	1140629	666369	380222	363600
（一）税收收入小计	257159	0	3663664	514131	968157	586314	323982	284468
增值税	130276	0	1537051	183365	398559	274349	128848	140527
企业所得税	35236	0	499651	52664	134739	106441	34558	38244
个人所得税	14441	0	245625	33283	42359	39035	27534	27813
资源税	0	0	4840	404	26	915	1059	127
城市维护建设税	13983	0	203037	35777	42419	35277	19252	13540
房产税	9764	0	208692	27720	77211	29787	12818	8087
城镇土地使用税	14162	0	173450	7788	68254	21099	17495	9196
土地增值税	16526	0	278794	21090	89655	13556	34036	22424
耕地占用税	1702	0	103263	46496	9794	18312	12498	2737
契税	15454	0	303131	81082	80013	34013	28057	15164
其他各项税收收入	5615	0	106130	24462	25128	13530	7827	6609
（二）非税收入小计	32559	0	649932	113959	172472	80055	56240	79132
专项收入	27231	0	323663	72557	99465	39188	36960	24350
行政事业性收费收入	771	0	27743	12464	1875	2040	2748	2316
罚没收入	2999	0	134660	22129	26034	15337	18666	9821
国有资本经营收入	0	0	-35728	-22000	2114	-8242	-8200	0
国有资源（资产）有偿使用收入	1447	0	186784	25231	39816	30455	4429	41652
其他收入	111	0	12810	3578	3168	1277	1637	993
二、支出合计	325946	115869	4698303	732961	1018938	725852	531965	454128
一般公共服务支出	29181	14051	494312	103084	97085	91043	46296	43213
外交支出	0	0	0	0	0	0	0	0
国防支出	160	0	4558	564	755	477	603	576
公共安全支出	10801	3126	398312	123556	67559	56418	37619	32041
教育支出	74770	8339	995509	102425	206838	152326	122399	110427
科学技术支出	9487	3026	260669	28661	58678	37715	27876	36285
文化体育与传媒支出	4983	844	95304	29043	24129	10233	9099	7559
社会保障和就业支出	42033	11331	580753	101206	115087	70564	63654	46889
医疗卫生与计划生育支出	46654	10557	433226	48655	85817	59390	48765	45533
节能环保支出	10173	1948	97408	11744	31784	8918	17973	8267
城乡社区支出	22354	14411	335394	21176	110805	52417	20411	22516
农林水支出	38952	6075	496487	61411	117470	115659	61508	58228
交通运输支出	7132	682	133786	36090	19064	27726	18179	13200
资源勘探信息等支出	3424	13833	61147	9875	23384	11853	3005	3228
商业服务业等支出	3824	10685	35442	5823	11142	8098	3298	3001
金融支出	45	0	4424	1392	0	2269	484	118
援助其他地区支出	0	0	15484	4583	4024	2106	986	0
国土海洋气象等支出	0	251	29243	6005	1398	6128	5672	4065
住房保障支出	9002	9678	110123	23851	21122	1496	27881	8829
粮油物资储备支出	0	0	6215	360	2116	682	569	243
其他支出	1018	5993	2103	1012	788	0	140	0
债务付息支出	11864	1039	107976	12441	19647	10333	15547	9841
债务发行费用支出	89	0	428	4	246	1	1	69

（续表九） 单位：万元

项目＼地区	诸暨市	越城区	金华市	市本级	兰溪市	永康市	武义县	东阳市
一、收入合计	770087	364599	3577073	866168	241800	523569	242808	585778
（一）税收收入小计	643524	343088	3104571	736248	206359	434880	213619	504527
增值税	255545	155858	1327074	292571	105196	210936	113681	207420
企业所得税	80951	52054	442008	91904	21036	62053	27359	87280
个人所得税	58638	16963	225126	54954	11778	22389	8080	56254
资源税	1955	354	5594	1042	606	1	338	683
城市维护建设税	35292	21480	186800	49623	15814	28442	11156	25501
房产税	28301	24768	192657	30355	7833	22993	9694	24667
城镇土地使用税	40062	9556	126663	22150	11898	11274	10420	15311
土地增值税	42387	55646	183087	54396	10642	28794	9502	28380
耕地占用税	13426	0	59998	27890	2695	1880	4089	15823
契税	64802	0	248714	87503	13016	30798	14404	25245
其他各项税收收入	22165	6409	106850	23860	5845	15320	4896	17963
（二）非税收入小计	126563	21511	472502	129920	35441	88689	29189	81251
专项收入	37142	14001	194991	45219	14798	36344	19468	25736
行政事业性收费收入	5106	1194	53708	20523	1470	8688	1393	17345
罚没收入	39182	3491	135147	33727	12919	19591	4236	36139
国有资本经营收入	600	0	-15056	-9896	-100	2940	0	-2000
国有资源（资产）有偿使用收入	42868	2333	74612	23068	4094	15803	1818	3962
其他收入	1665	492	29100	17279	2260	5323	2274	69
二、支出合计	913114	321345	5366856	785152	422997	633373	457985	826984
一般公共服务支出	82959	30632	578476	94260	43111	64130	41224	60493
外交支出	0	0	0	0	0	0	0	0
国防支出	1213	370	5361	2595	65	728	255	405
公共安全支出	68763	12356	430929	78525	24909	61520	23318	51652
教育支出	201734	99360	1053388	82288	101715	147807	76204	157754
科学技术支出	67361	4093	186460	26647	11938	33673	22214	30447
文化体育与传媒支出	13337	1904	95416	20024	5177	6937	7560	10244
社会保障和就业支出	130919	52434	579921	86992	58561	53295	59436	99901
医疗卫生与计划生育支出	95679	49387	473866	64927	56865	65135	30024	67414
节能环保支出	18261	461	155949	25474	8185	17031	19707	26328
城乡社区支出	76055	32014	623815	115693	12733	98491	60466	119004
农林水支出	70769	11442	473087	23298	51836	49708	70965	57741
交通运输支出	17446	2081	237789	73903	18436	10471	14642	32635
资源勘探信息等支出	6956	2846	75995	17350	4256	2968	2976	15202
商业服务业等支出	3027	1053	101257	29159	2256	2127	2413	53212
金融支出	161	0	4838	2077	25	204	50	1368
援助其他地区支出	3185	600	10497	2167	0	1549	0	1401
国土海洋气象等支出	4965	1010	58711	6252	7085	7283	7039	5620
住房保障支出	10756	16188	100735	21289	4716	938	9139	18267
粮油物资储备支出	2245	0	6886	3848	953	0	394	517
其他支出	163	0	12552	89	4832	0	170	50
债务付息支出	37055	3112	100371	8201	5342	9279	9745	17223
债务发行费用支出	105	2	557	94	1	99	44	106

（续表十）　　　　　　　　　　　　　　　　　　　　　　　　　　　　单位：万元

项目＼地区	磐安县	义乌市	浦江县	金东区	婺城区	开发区	衢州市	市本级
一、收入合计	89072	849995	177883	0	0	0	1112838	382776
（一）税收收入小计	72916	784858	151164	0	0	0	890872	311451
增值税	39406	289980	67884	0	0	0	375604	143279
企业所得税	9273	126602	16501	0	0	0	100326	41482
个人所得税	5211	59500	6960	0	0	0	44990	19415
资源税	534	77	2313	0	0	0	2500	2
城市维护建设税	4600	43949	7715	0	0	0	57943	24622
房产税	1986	83182	11947	0	0	0	39692	10722
城镇土地使用税	2045	47901	5664	0	0	0	54300	15359
土地增值税	3527	38159	9687	0	0	0	65397	16789
耕地占用税	1646	1000	4975	0	0	0	29019	1
契税	2828	62937	11983	0	0	0	93812	30653
其他各项税收收入	1860	31571	5535	0	0	0	27289	9127
（二）非税收入小计	16156	65137	26719	0	0	0	221966	71325
专项收入	4781	39444	9201	0	0	0	100681	32665
行政事业性收费收入	1702	1728	859	0	0	0	18542	10513
罚没收入	2078	12620	13837	0	0	0	38445	14018
国有资本经营收入	0	-5000	-1000	0	0	0	-4073	-3990
国有资源（资产）有偿使用收入	6506	15879	3482	0	0	0	62643	14687
其他收入	1089	466	340	0	0	0	5728	3432
二、支出合计	285204	947363	339153	247436	224964	196245	3004654	637355
一般公共服务支出	36981	125047	37619	38283	18337	18991	323528	70165
外交支出	0	0	0	0	0	0	0	0
国防支出	45	579	386	238	65	0	3045	624
公共安全支出	16197	96378	24636	19462	17019	17313	171750	71297
教育支出	52336	222204	70538	42990	58014	41538	459035	65549
科学技术支出	5118	38253	7627	5309	1995	3239	90512	27076
文化体育与传媒支出	7117	23703	6316	4035	1816	2487	56320	8034
社会保障和就业支出	25389	76103	40149	26646	32880	20569	407629	66401
医疗卫生与计划生育支出	17608	80145	37834	22108	14757	17049	277780	23931
节能环保支出	7922	6977	17276	6094	9863	11092	99383	22589
城乡社区支出	28679	149443	5073	11969	4546	17718	287037	83414
农林水支出	49687	62349	26820	38953	28534	13196	420814	37672
交通运输支出	9512	22274	31452	6897	17366	201	145756	58969
资源勘探信息等支出	6767	7483	3897	3549	1159	10388	58788	25734
商业服务业等支出	740	3870	1437	3085	346	2612	42273	11217
金融支出	0	941	173	0	0	0	590	350
援助其他地区支出	0	3651	1729	0	0	0	0	0
国土海洋气象等支出	10214	9829	2884	990	1507	8	21497	4099
住房保障支出	1937	2530	11024	4932	11819	14144	78252	45914
粮油物资储备支出	823	0	105	113	103	30	10284	3824
其他支出	1908	84	70	5203	26	120	926	55
债务付息支出	6203	15344	12092	6580	4812	5550	49116	10323
债务发行费用支出	21	176	16	0	0	0	339	118

（续表十一）　　　　　　　　　　　　　　　　　　　　单位：万元

项目 \ 地区	龙游县	常山县	江山市	开化县	柯城区	衢江区	舟山市	市本级
一、收入合计	148161	98780	166709	84353	95285	136774	1257644	414251
（一）税收收入小计	118555	64653	130156	75986	81031	109040	957779	276098
增值税	48520	27795	53266	28916	28211	45617	367515	97830
企业所得税	11665	6384	12736	9558	7702	10799	98734	32834
个人所得税	4295	2289	7799	3007	4495	3690	51847	20285
资源税	81	1010	482	79	0	846	41769	277
城市维护建设税	6573	3418	8351	3676	5083	6220	47099	14885
房产税	6653	2799	6929	4315	3751	4523	48559	14457
城镇土地使用税	9324	3551	9233	4520	5251	7062	49491	13256
土地增值税	10297	5553	9274	7822	8028	7634	51036	16294
耕地占用税	7347	3397	3452	5127	3280	6415	59922	17184
契税	10448	6315	14022	6902	12616	12856	114388	36836
其他各项税收收入	3352	2142	4612	2064	2614	3378	27419	11960
（二）非税收入小计	29606	34127	36553	8367	14254	27734	299865	138153
专项收入	12086	6961	26898	4229	11715	6127	49842	19095
行政事业性收费收入	1685	2567	2250	292	381	854	13578	7847
罚没收入	4559	5121	4667	3376	1231	5473	57913	31249
国有资本经营收入	0	0	-83	0	0	0	2098	2098
国有资源（资产）有偿使用收入	10715	18609	1965	461	927	15279	172545	76171
其他收入	561	869	856	9	0	1	3889	1693
二、支出合计	497543	377589	452126	442416	266271	331354	2586044	978726
一般公共服务支出	44789	41433	42203	44605	29053	51280	344568	186867
外交支出	0	0	0	0	0	0	0	0
国防支出	483	155	598	440	102	643	3700	1989
公共安全支出	22848	19891	23116	16461	9433	8704	153909	56816
教育支出	79891	48940	89798	57196	58749	58912	331707	115036
科学技术支出	10107	12739	15649	10899	6146	7896	55548	21792
文化体育与传媒支出	11209	8110	5455	12594	5383	5535	50986	22360
社会保障和就业支出	71440	53019	81204	61753	40502	33310	206187	59465
医疗卫生与计划生育支出	46306	46608	49651	43684	27847	39753	176634	43156
节能环保支出	14948	7256	3966	39725	3311	7588	36192	16841
城乡社区支出	45268	30798	39396	31785	38959	17417	178916	49818
农林水支出	82517	74260	54276	78223	29638	64228	514328	107875
交通运输支出	39322	13405	10158	12293	36	11573	216323	141876
资源勘探信息等支出	6584	3462	11228	2631	6826	2323	48305	28575
商业服务业等支出	3635	5205	10485	1974	2890	6867	23939	11817
金融支出	12	61	79	88	0	0	456	100
援助其他地区支出	0	0	0	0	0	0	2110	1198
国土海洋气象等支出	7777	4062	706	3606	448	799	67190	25480
住房保障支出	2480	1729	595	12459	5775	9300	75881	38577
粮油物资储备支出	1447	671	2035	848	0	1459	6583	1083
其他支出	190	74	0	607	0	0	32288	25120
债务付息支出	6214	5667	11527	10459	1173	3753	60170	22863
债务发行费用支出	76	44	1	86	0	14	124	22

（续表十二）

单位：万元

项目 \ 地区	岱山县	嵊泗县	定海区	普陀区	台州市	市本级	临海市	温岭市
一、收入合计	155195	66659	326546	294993	3822482	308136	542928	680900
（一）税收收入小计	119710	31451	282183	248337	3312854	240197	478355	591411
增值税	53807	11889	114367	89622	1498834	74879	218376	261406
企业所得税	10166	4264	30228	21242	493303	33457	78899	90461
个人所得税	5081	1852	15741	8888	223635	23329	29880	47923
资源税	24120	997	13155	3220	13524	0	3402	2564
城市维护建设税	4245	1297	15492	11180	209809	22488	35422	33657
房产税	5603	1794	11672	15033	148602	13431	19512	26768
城镇土地使用税	4427	1850	17129	12829	113682	5342	17490	23438
土地增值税	2093	1379	19275	11995	182677	22622	25140	32433
耕地占用税	194	1	18410	24133	99849	2000	10877	10515
契税	7519	5613	19622	44798	230272	31898	28352	44238
其他各项税收收入	2455	515	7092	5397	98667	10751	11005	18008
（二）非税收入小计	35485	35208	44363	46656	509628	67939	64573	89489
专项收入	5661	2062	12756	10268	269784	27450	29890	60572
行政事业性收费收入	2309	499	1790	1133	23625	4321	3412	2934
罚没收入	4725	1257	1447	19235	108415	18782	22174	21540
国有资本经营收入	0	0	0	0	-39983	-2636	-1596	-6000
国有资源（资产）有偿使用收入	22347	31398	27839	14790	137999	19007	10691	7105
其他收入	443	-8	531	1230	9788	1015	2	3338
二、支出合计	415997	240796	362580	587945	5630966	717649	835668	911183
一般公共服务支出	40958	33158	34892	48693	661327	101759	82583	90675
外交支出	0	0	0	0	0	0	0	0
国防支出	594	481	135	501	4747	989	704	76
公共安全支出	18933	14980	28816	34364	387919	80799	41663	56988
教育支出	44399	25374	62377	84521	1226156	146955	194178	205687
科学技术支出	9052	3736	10411	10557	137217	20957	19640	19880
文化体育与传媒支出	7817	4468	5918	10423	94683	11880	8945	11436
社会保障和就业支出	46091	17249	35806	47576	637531	42661	97683	106183
医疗卫生与计划生育支出	31360	18992	36877	46249	426663	49870	68060	59847
节能环保支出	3975	2927	3214	9235	212227	21056	76620	17100
城乡社区支出	28967	13488	18062	68581	436064	46769	52608	88523
农林水支出	134841	72336	60212	139064	756782	62009	108508	166434
交通运输支出	23019	13749	16418	21261	216580	46508	20001	23308
资源勘探信息等支出	3913	3201	7075	5541	80041	18213	20583	9019
商业服务业等支出	1857	3230	2132	4903	39120	10807	2094	8155
金融支出	63	88	45	160	4032	787	155	614
援助其他地区支出	0	0	299	613	10674	1675	1553	2819
国土海洋气象等支出	1519	2613	6413	31165	59125	18080	5378	10266
住房保障支出	9698	5310	12577	9719	92472	16835	13706	6671
粮油物资储备支出	1112	702	3600	86	6728	275	1746	523
其他支出	25	52	6255	836	8780	600	1785	3532
债务付息支出	7749	4629	11033	13896	131031	18066	17346	23313
债务发行费用支出	55	33	13	1	1067	99	129	134

（续表十三） 单位:万元

项目 \ 地区	玉环市	三门县	仙居县	天台县	椒江区	黄岩区	路桥区	丽水市
一、收入合计	484919	167830	185250	192068	416047	416795	427609	1129055
(一)税收收入小计	436245	134401	162037	161548	386245	356143	366272	889906
增值税	238218	59137	75692	70017	169802	182579	148728	362340
企业所得税	53956	14330	19502	28101	50871	43565	80161	118186
个人所得税	18741	9518	9885	11935	26534	23027	22863	63003
资源税	-107	2175	1284	2493	99	710	904	4273
城市维护建设税	24444	6495	7491	8270	23825	25938	21779	49443
房产税	21622	9068	4594	5397	16840	11871	19499	34538
城镇土地使用税	15990	8366	3976	2116	13219	7804	15941	25209
土地增值税	13104	6772	6485	12358	28204	20116	15443	74243
耕地占用税	22845	10152	21111	1644	9828	3672	7205	47540
契税	17161	4796	8444	14467	32974	27956	19986	87691
其他各项税收收入	10271	3592	3573	4750	14049	8905	13763	23440
(二)非税收入小计	48674	33429	23213	30520	29802	60652	61337	239149
专项收入	35375	9843	20862	19917	16716	31054	18105	91090
行政事业性收费收入	2467	2520	955	2475	208	1825	2508	20648
罚没收入	6267	6814	477	8394	12127	6037	5803	46967
国有资本经营收入	-4000	-220	0	-4121	-4122	-3788	-13500	-1062
国有资源(资产)有偿使用收入	8565	14240	485	3373	2756	24282	47495	64029
其他收入	0	232	434	482	2117	1242	926	17477
二、支出合计	646672	405848	499327	416031	379543	476095	342950	3786403
一般公共服务支出	84596	50164	48823	50034	54969	59347	38377	417058
外交支出	0	0	0	0	0	0	0	0
国防支出	45	605	292	637	344	997	58	5597
公共安全支出	37644	24027	27585	26391	33553	32133	27136	218157
教育支出	116521	80838	92848	108713	73612	133052	73752	670110
科学技术支出	29231	5065	2723	6507	10809	17426	4979	72667
文化体育与传媒支出	15593	7690	5468	9788	5507	11511	6865	78772
社会保障和就业支出	79555	41507	62941	45889	43843	75303	41966	374458
医疗卫生与计划生育支出	36377	35570	42206	34941	39137	29836	30819	352633
节能环保支出	7309	13865	9003	25152	10679	10893	20550	83605
城乡社区支出	84657	41626	53918	16491	9392	21504	20576	489899
农林水支出	78444	49755	91069	51293	48379	53446	47445	572052
交通运输支出	28464	23853	31623	18028	5038	11581	8176	174861
资源勘探信息等支出	10348	2010	6077	3240	6380	2183	1988	60492
商业服务业等支出	5791	1589	2099	2478	2298	2507	1302	23763
金融支出	275	109	1279	43	439	181	150	1924
援助其他地区支出	1741	5	0	0	1472	40	1369	0
国土海洋气象等支出	5202	6133	3220	1911	3029	3662	2244	35089
住房保障支出	11057	9362	7964	7551	14335	1340	3651	81378
粮油物资储备支出	2080	977	271	474	368	14	0	8809
其他支出	355	132	350	0	658	925	443	8954
债务付息支出	11322	10825	9490	6431	15132	8115	10991	55738
债务发行费用支出	65	141	78	39	170	99	113	387

（续表十四） 单位：万元

项目＼地区	市本级	缙云县	景宁县	莲都区	龙泉市	青田县	庆元县	松阳县
一、收入合计	299086	130521	70087	135304	85032	168400	42048	63070
（一）税收收入小计	230657	103681	59225	104991	70611	125310	35990	50376
增值税	70626	45760	19836	55437	25481	53248	17284	20577
企业所得税	31513	9330	11564	15907	7833	18835	5126	6825
个人所得税	15766	5162	10748	7019	3995	6744	2724	3568
资源税	-1	906	154	204	653	696	102	507
城市维护建设税	18482	5441	2298	3315	4011	5225	1996	2332
房产税	9188	4738	1325	3511	3010	5181	981	2296
城镇土地使用税	6676	3515	929	2456	2190	1935	1521	1027
土地增值税	33307	7223	3418	2041	8047	9971	1676	3860
耕地占用税	6704	9651	4460	1713	6143	9495	1833	2669
契税	32747	8895	3342	9933	7242	11291	1910	5077
其他各项税收收入	5649	3060	1151	3455	2006	2689	837	1638
（二）非税收入小计	68429	26840	10862	30313	14421	43090	6058	12694
专项收入	33516	14125	2751	11578	5768	9424	2504	3767
行政事业性收费收入	8264	711	1848	284	1307	4071	39	1799
罚没收入	5348	9502	607	4109	3187	12720	1236	5915
国有资本经营收入	0	-550	0	0	-225	0	-155	0
国有资源（资产）有偿使用收入	11780	1971	4916	14342	2840	14369	1820	772
其他收入	9521	1081	740	0	1544	2506	614	441
二、支出合计	451178	426085	367433	389645	413571	457465	317822	373097
一般公共服务支出	77039	35853	43400	34174	32538	55654	34026	41764
外交支出	0	0	0	0	0	0	0	0
国防支出	113	143	691	602	846	707	671	579
公共安全支出	45504	21925	14658	24533	17346	23411	21887	16627
教育支出	85344	102289	55347	57178	66798	83364	63956	60330
科学技术支出	19668	6175	3534	8250	5849	12027	5684	3985
文化体育与传媒支出	11176	4911	9116	9805	7765	12372	7729	7008
社会保障和就业支出	34996	57265	22455	58346	50613	49595	16585	28623
医疗卫生与计划生育支出	25227	43936	28735	52622	39382	52070	22893	37169
节能环保支出	13341	3016	13327	6170	6580	5409	7603	11656
城乡社区支出	35932	52143	66273	32207	79047	53989	25112	69481
农林水支出	21334	62908	57501	56812	75411	60233	63612	65691
交通运输支出	40672	10536	19322	7110	11299	19587	27179	14544
资源勘探信息等支出	4161	1779	13566	17494	2462	4053	6490	1159
商业服务业等支出	7257	1585	2315	2977	3153	1118	1238	846
金融支出	602	94	214	0	439	344	0	0
援助其他地区支出	0	0	0	0	0	0	0	0
国土海洋气象等支出	7929	4180	1817	4513	1651	3237	2164	2070
住房保障支出	10218	9642	8201	9381	4978	12636	5961	4988
粮油物资储备支出	2306	574	151	543	1117	654	841	585
其他支出	758	618	1789	2583	0	686	217	155
债务付息支出	7600	6491	4973	4312	6209	6319	3908	5785
债务发行费用支出	1	22	48	33	88	0	66	52

（续表十五） 单位:万元

项目＼地区	遂昌县	云和县	
一、收入合计	83707	51800	
(一)税收收入小计	66592	42473	
增值税	31030	23061	
企业所得税	7925	3328	
个人所得税	4779	2498	
资源税	941	111	
城市维护建设税	3848	2495	
房产税	2216	2092	
城镇土地使用税	2214	2746	
土地增值税	4024	676	
耕地占用税	2656	2216	
契税	4953	2301	
其他各项税收收入	2006	949	
(二)非税收入小计	17115	9327	
专项收入	4665	2992	
行政事业性收费收入	1474	851	
罚没收入	2459	1884	
国有资本经营收入	-132	0	
国有资源(资产)有偿使用收入	8009	3210	
其他收入	640	390	
二、支出合计	355812	234295	
一般公共服务支出	36542	26068	
外交支出	0	0	
国防支出	659	586	
公共安全支出	19319	12947	
教育支出	60030	35474	
科学技术支出	4683	2812	
文化体育与传媒支出	5126	3764	
社会保障和就业支出	35904	20076	
医疗卫生与计划生育支出	27971	22628	
节能环保支出	9670	6833	
城乡社区支出	47367	28348	
农林水支出	69285	39265	
交通运输支出	11448	13164	
资源勘探信息等支出	2783	6545	
商业服务业等支出	1360	1914	
金融支出	153	78	
援助其他地区支出	0	0	
国土海洋气象等支出	5049	2479	
住房保障支出	9136	6237	
粮油物资储备支出	1479	559	
其他支出	2055	93	
债务付息支出	5749	4392	
债务发行费用支出	44	33	

2017年浙江省各市县财政总收入表

单位:万元

地　　区	财政总收入	地　　区	财政总收入	地　　区	财政总收入
杭州小计	**29212996**	桐乡市	1083102	龙游县	220688
杭州市(不含临安区)	27261725	嘉善县	884047	常山县	139715
桐庐县	465922	海盐县	711562	开化县	132150
临安区	749114	**湖州小计**	**4088918**	**舟山小计**	**1872217**
建德市	427170	湖州市	1708611	舟山市	1552610
淳安县	309065	德清县	837229	岱山县	231880
宁波小计	**24158286**	安吉县	672790	嵊泗县	87727
宁波市	19495399	长兴县	870288	**台州小计**	**6569658**
慈溪市	1565667	**绍兴小计**	**7055282**	台州市	2703610
余姚市	1524493	绍兴市	4611127	温岭市	1157118
宁海县	900809	诸暨市	1237812	临海市	977423
象山县	671918	嵊州市	602767	玉环市	834006
温州小计	**7782601**	新昌县	603576	三门县	262791
温州市	3571447	**金华小计**	**6011841**	天台县	329491
乐清市	1400008	金华市	1463018	仙居县	305219
瑞安市	1050429	兰溪市	402022	**丽水小计**	**1804584**
永嘉县	504572	东阳市	1008807	丽水市	696774
平阳县	472883	义乌市	1420586	龙泉市	128267
苍南县	558685	永康市	876478	青田县	260034
文成县	110270	浦江县	280999	云和县	83607
泰顺县	114307	武义县	409711	庆元县	71115
嘉兴小计	**7693136**	磐安县	150220	缙云县	200886
嘉兴市	2526866	**衢州小计**	**1744772**	遂昌县	133890
海宁市	1355488	衢州市	1000146	松阳县	99323
平湖市	1132071	江山市	252073	景宁县	130688

注:自2017年9月15日起临安撤市设区。

2017年浙江省乡镇(含比照乡镇财政体制管理的街道)一般公共预算收入排序表

单位:万元

排序	所属地区	县(市、区)	乡镇(街道)	一般公共预算收入	排序	所属地区	县(市、区)	乡镇(街道)	一般公共预算收入
1	宁波市	北仑区	新矸街道	232208.00	32	金华市	义乌市	北苑街道	86909.46
2	金华市	东阳市	横店镇	184683.97	33	金华市	义乌市	稠城街道	85749.87
3	绍兴市	柯桥区	马鞍镇	182016.60	34	嘉兴市	桐乡市	开发区	84593.37
4	嘉兴市	平湖市	钟埭街道	159803.13	35	湖州市	吴兴区	织里镇	84055.00
5	温州市	乐清市	柳市镇	157212.24	36	温州市	苍南县	灵溪镇	83775.48
6	宁波市	鄞州区	潘火街道	150005.00	37	台州市	临海市	杜桥镇	82208.40
7	嘉兴市	嘉善县	惠民街道	131975.94	38	金华市	义乌市	江东街道	80627.81
8	嘉兴市	平湖市	乍浦镇	125188.17	39	温州市	瑞安市	塘下镇	77684.88
9	宁波市	鄞州区	姜山镇	123446.00	40	嘉兴市	海盐县	武原街道	75957.83
10	宁波市	北仑区	大矸街道	122114.00	41	宁波市	奉化区	锦屏街道	74883.00
11	杭州市	西湖区	三墩镇	120631.38	42	金华市	义乌市	稠江街道	74328.02
12	宁波市	北仑区	小港街道	119771.00	43	温州市	苍南县	龙港镇	71609.47
13	杭州市	余杭区	良渚街道	119060.23	44	杭州市	富阳区	富春街道	71499.76
14	绍兴市	诸暨市	暨阳街道	118656.60	45	舟山市	普陀区	六横镇	70596.37
15	宁波市	江北区	慈城镇	117914.00	46	嘉兴市	桐乡市	梧桐街道	70521.14
16	宁波市	海曙区	石碶街道	117399.00	47	绍兴市	上虞区	百官街道	70450.29
17	杭州市	余杭区	仓前街道	113198.71	48	嘉兴市	海盐县	西塘桥街道	70316.38
18	杭州市	萧山区	瓜沥镇	110934.03	49	嘉兴市	海宁市	长安镇	70258.62
19	湖州市	安吉县	递铺镇	110374.00	50	绍兴市	诸暨市	店口镇	68786.43
20	绍兴市	越城区	斗门镇	109577.99	51	宁波市	江北区	洪塘街道	68284.00
21	绍兴市	柯桥区	柯岩街道	100536.82	52	湖州市	长兴县	太湖街道	67950.64
22	宁波市	余姚市	阳明街道	100459.30	53	宁波市	江北区	庄桥街道	67122.00
23	宁波市	镇海区	蛟川街道	99857.93	54	绍兴市	嵊州市	浦口街道	65847.87
24	杭州市	余杭区	五常街道	98118.26	55	杭州市	富阳区	东洲街道	64575.47
25	宁波市	江北区	甬江街道	94190.00	56	宁波市	象山县	丹东街道	63923.75
26	宁波市	慈溪市	观海卫镇	93129.00	57	宁波市	奉化区	岳林街道	62827.00
27	温州市	乐清市	北白象镇	91012.33	58	绍兴市	诸暨市	陶朱街道	62665.51
28	宁波市	鄞州区	钟公庙街道	90478.00	59	绍兴市	柯桥区	钱清镇	62506.55
29	宁波市	慈溪市	周巷镇	90194.00	60	嘉兴市	平湖市	独山港镇	61882.94
30	绍兴市	柯桥区	齐贤镇	90161.71	61	宁波市	象山县	西周镇	61552.81
31	湖州市	吴兴区	八里店镇	87908.00	62	宁波市	镇海区	骆驼街道	61434.00

（续表一） 单位：万元

排序	所属地区	县(市、区)	乡镇(街道)	一般公共预算收入	排序	所属地区	县(市、区)	乡镇(街道)	一般公共预算收入
63	温州市	乐清市	城南街道	61194.56	94	台州市	温岭市	泽国镇	45589.00
64	宁波市	鄞州区	东钱湖镇	60396.00	95	宁波市	余姚市	泗门镇	45033.64
65	温州市	乐清市	乐成街道	58581.19	96	宁波市	慈溪市	宗汉街道	44999.00
66	绍兴市	越城区	马山镇	56801.82	97	绍兴市	柯桥区	安昌镇	44875.26
67	杭州市	余杭区	闲林街道	56460.33	98	台州市	三门县	海游街道	44580.00
68	杭州市	余杭区	余杭街道	54990.98	99	杭州市	萧山区	义桥镇	44161.01
69	台州市	玉环市	楚门镇	54731.34	100	湖州市	长兴县	画溪街道	43821.34
70	宁波市	鄞州区	五乡镇	53926.00	101	绍兴市	诸暨市	浣东街道	43046.06
71	金华市	永康市	东城街道	53571.00	102	杭州市	富阳区	银湖街道	42969.88
72	湖州市	南浔区	南浔镇	53420.00	103	绍兴市	诸暨市	大唐镇	42934.01
73	丽水市	青田县	鹤城街道	52965.53	104	金华市	义乌市	佛堂镇	42861.19
74	台州市	路桥区	金清镇	51475.60	105	舟山市	普陀区	东港街道	42846.25
75	杭州市	富阳区	春江街道	51199.19	106	温州市	乐清市	虹桥镇	42465.51
76	宁波市	宁海县	西店镇	50672.00	107	宁波市	鄞州区	邱隘镇	42290.00
77	嘉兴市	桐乡市	洲泉镇	50435.26	108	宁波市	宁海县	梅林街道	42160.00
78	绍兴市	上虞区	道墟镇	49910.84	109	宁波市	鄞州区	下应街道	42077.00
79	宁波市	余姚市	凤山街道	49721.98	110	宁波市	慈溪市	龙山镇	41703.00
80	杭州市	萧山区	衙前镇	49350.13	111	金华市	永康市	西城街道	41564.00
81	宁波市	海曙区	古林镇	49233.00	112	湖州市	安吉县	昌硕街道	41196.00
82	宁波市	北仑区	戚家山街道	48342.00	113	杭州市	余杭区	瓶窑镇	41155.94
83	宁波市	慈溪市	横河镇	47599.00	114	宁波市	慈溪市	古塘街道	41116.00
84	杭州市	余杭区	仁和街道	47330.93	115	宁波市	奉化区	江口街道	41074.00
85	宁波市	海曙区	高桥镇	47287.00	116	宁波市	鄞州区	云龙镇	40607.00
86	宁波市	余姚市	兰江街道	47118.87	117	嘉兴市	嘉善县	姚庄镇	40406.33
87	嘉兴市	海宁市	马桥街道	47054.29	118	杭州市	余杭区	乔司街道	39710.66
88	台州市	温岭市	大溪镇	46940.00	119	宁波市	奉化区	溪口镇	39577.00
89	绍兴市	越城区	灵芝镇	46661.48	120	宁波市	宁海县	桃源街道	38765.00
90	宁波市	象山县	丹西街道	46540.03	121	嘉兴市	桐乡市	崇福镇	38630.61
91	宁波市	宁海县	跃龙街道	46247.00	122	温州市	平阳县	鳌江镇	37928.00
92	嘉兴市	嘉善县	魏塘街道	45863.66	123	宁波市	鄞州区	中河街道	37905.00
93	杭州市	余杭区	崇贤街道	45851.61	124	嘉兴市	桐乡市	濮院镇	37341.67

（续表二） 单位：万元

排序	所属地区	县（市、区）	乡镇（街道）	一般公共预算收入	排序	所属地区	县（市、区）	乡镇（街道）	一般公共预算收入
125	湖州市	长兴县	煤山镇	37047.30	156	宁波市	慈溪市	浒山街道	29936.00
126	宁波市	北仑区	春晓街道	36903.00	157	舟山市	普陀区	沈家门街道	29874.55
127	宁波市	海曙区	集士港	36880.00	158	杭州市	富阳区	新登镇	29728.02
128	衢州市	江山市	虎山街道	36775.00	159	绍兴市	越城区	皋埠镇	29330.00
129	绍兴市	上虞区	沥海镇	36691.00	160	绍兴市	柯桥区	杨汛桥镇	29128.00
130	金华市	武义县	白洋街道	36555.00	161	湖州市	南浔区	练市镇	28997.00
131	宁波市	鄞州区	首南街道	35871.00	162	杭州市	建德市	新安江街道	28946.00
132	宁波市	余姚市	朗霞街道	35268.16	163	宁波市	镇海区	庄市街道	28816.54
133	绍兴市	柯桥区	福全镇	35223.00	164	宁波市	慈溪市	逍林镇	28606.00
134	杭州市	余杭区	塘栖镇	35196.16	165	金华市	武义县	熟溪街道	28410.00
135	宁波市	余姚市	梨洲街道	34543.18	166	宁波市	海曙区	横街镇	28169.00
136	台州市	天台县	平桥镇	34104.79	167	金华市	武义县	壶山街道	28155.00
137	宁波市	余姚市	低塘街道	33445.85	168	嘉兴市	平湖市	曹桥街道	28144.74
138	湖州市	德清县	钟管镇	32844.13	169	丽水市	青田县	温溪镇	27758.14
139	湖州市	德清县	新市镇	32774.88	170	杭州市	萧山区	临浦镇	27693.73
140	嘉兴市	海宁市	许村镇	32708.25	171	嘉兴市	平湖市	新仓镇	27387.48
141	金华市	义乌市	福田街道	32439.79	172	湖州市	德清县	乾元镇	26995.25
142	宁波市	象山县	石浦镇	32149.80	173	嘉兴市	嘉善县	罗星街道	26827.83
143	宁波市	余姚市	马渚镇	31988.41	174	绍兴市	嵊州市	三江街道	26800.12
144	温州市	瓯海区	娄桥街道	31813.61	175	宁波市	慈溪市	坎墩街道	26374.00
145	嘉兴市	海宁市	黄湾镇	31756.57	176	绍兴市	上虞区	松下镇	25853.05
146	嘉兴市	海宁市	袁花镇	31671.11	177	宁波市	宁海县	黄坛镇	25474.00
147	嘉兴市	平湖市	新埭镇	31255.95	178	绍兴市	上虞区	小越镇	25310.77
148	嘉兴市	桐乡市	乌镇镇	30630.19	179	湖州市	吴兴区	埭溪镇	25118.00
149	宁波市	北仑区	霞浦街道	30536.00	180	绍兴市	诸暨市	枫桥镇	25029.93
150	金华市	义乌市	苏溪镇	30487.84	181	湖州市	长兴县	和平镇	24831.52
151	台州市	玉环市	清港镇	30409.94	182	宁波市	奉化区	西坞街道	24766.00
152	台州市	临海市	上盘镇	30384.70	183	宁波市	奉化区	莼湖镇	24543.00
153	嘉兴市	嘉善县	西塘镇	30278.58	184	宁波市	鄞州区	东吴镇	24409.00
154	金华市	义乌市	廿三里街道	30090.86	185	金华市	永康市	城西新区	24384.00
155	宁波市	慈溪市	庵东镇	30027.00	186	台州市	温岭市	箬横镇	24281.00

（续表三）　　单位：万元

排序	所属地区	县（市、区）	乡镇（街道）	一般公共预算收入	排序	所属地区	县（市、区）	乡镇（街道）	一般公共预算收入
187	绍兴市	柯桥区	平水镇	24228.45	218	台州市	玉环市	芦浦镇	20352.00
188	绍兴市	柯桥区	湖塘街道	24211.39	219	温州市	瓯海区	梧田街道	20314.37
189	湖州市	安吉县	灵峰街道	24145.00	220	嘉兴市	平湖市	当湖街道	20302.76
190	绍兴市	嵊州市	甘霖镇	23925.04	221	宁波市	余姚市	小曹娥镇	20172.97
191	湖州市	德清县	雷甸镇	23599.21	222	嘉兴市	嘉善县	大云镇	20035.85
192	金华市	义乌市	后宅街道	23345.73	223	宁波市	余姚市	临山镇	19958.50
193	宁波市	慈溪市	长河镇	23244.00	224	金华市	东阳市	南马镇	19906.73
194	杭州市	富阳区	灵桥镇	23149.16	225	台州市	路桥区	横街镇	19780.40
195	绍兴市	嵊州市	剡湖街道	22895.14	226	嘉兴市	嘉善县	干窑镇	19750.13
196	湖州市	安吉县	孝丰镇	22824.00	227	宁波市	余姚市	陆埠镇	19747.76
197	湖州市	德清县	武康街道	22750.10	228	金华市	武义县	桐琴镇	19636.00
198	金华市	永康市	江南街道	22745.00	229	台州市	温岭市	新河镇	19568.00
199	杭州市	余杭区	中泰街道	22653.88	230	绍兴市	柯桥区	兰亭镇	19486.20
200	杭州市	萧山区	所前镇	22599.20	231	衢州市	江山市	双塔街道	19444.00
201	宁波市	海曙区	洞桥镇	22570.00	232	温州市	乐清市	城东街道	19427.10
202	嘉兴市	海宁市	盐官镇	22405.97	233	金华市	浦江县	黄宅镇	19210.40
203	嘉兴市	秀洲区	王江泾镇	22227.86	234	宁波市	鄞州区	横溪镇	19141.00
204	宁波市	余姚市	丈亭镇	22205.64	235	宁波市	北仑区	梅山街道	19061.00
205	宁波市	镇海区	蟹浦镇	22098.91	236	湖州市	南浔区	和孚镇	19047.00
206	湖州市	南浔区	双林镇	21788.00	237	丽水市	缙云县	五云街道	18994.90
207	嘉兴市	嘉善县	天凝镇	21620.94	238	绍兴市	诸暨市	牌头镇	18721.45
208	宁波市	象山县	爵溪街道	21616.96	239	宁波市	镇海区	九龙湖	18601.10
209	金华市	永康市	古山镇	21224.00	240	金华市	永康市	芝英镇	18551.00
210	台州市	温岭市	松门镇	21064.00	241	台州市	临海市	汛桥镇	18546.30
211	绍兴市	诸暨市	草塔镇	20700.69	242	湖州市	长兴县	李家巷镇	18487.14
212	宁波市	慈溪市	白沙路街道	20635.00	243	金华市	义乌市	城西街道	18238.01
213	宁波市	慈溪市	掌起镇	20581.00	244	舟山市	定海区	金塘镇	17964.25
214	杭州市	萧山区	党湾镇	20436.78	245	杭州市	西湖区	双浦镇	17814.10
215	嘉兴市	海宁市	斜桥镇	20407.18	246	金华市	兰溪市	灵洞乡	17716.00
216	嘉兴市	海盐县	百步镇	20387.76	247	嘉兴市	海宁市	周王庙镇	17615.90
217	衢州市	开化县	华埠镇	20377.52	248	杭州市	萧山区	益农镇	16838.57

（续表四） 单位：万元

排序	所属地区	县（市、区）	乡镇（街道）	一般公共预算收入	排序	所属地区	县（市、区）	乡镇（街道）	一般公共预算收入
249	宁波市	奉化区	尚田镇	16822.00	280	湖州市	吴兴区	东林镇	14539.00
250	台州市	路桥区	蓬街镇	16662.40	281	温州市	瓯海区	郭溪街道	14538.00
251	嘉兴市	秀洲区	王店镇	16570.79	282	台州市	温岭市	石塘镇	14500.00
252	台州市	黄岩区	院桥镇	16523.65	283	金华市	兰溪市	兰江街道	14482.00
253	宁波市	慈溪市	崇寿镇	16461.00	284	宁波市	慈溪市	胜山镇	14339.00
254	丽水市	缙云县	壶镇镇	16406.66	285	嘉兴市	海盐县	沈荡镇	14182.89
255	金华市	义乌市	义亭镇	16393.02	286	绍兴市	越城区	鉴湖镇	14130.00
256	嘉兴市	海宁市	丁桥镇	16374.04	287	宁波市	慈溪市	匡堰镇	14038.00
257	杭州市	富阳区	大源镇	16215.04	288	金华市	永康市	龙山镇	13942.00
258	金华市	义乌市	上溪镇	16107.61	289	绍兴市	诸暨市	次坞镇	13885.66
259	宁波市	余姚市	黄家埠	16078.89	290	绍兴市	越城区	东浦镇	13876.98
260	嘉兴市	桐乡市	凤鸣街道	16069.42	291	宁波市	余姚市	三七市镇	13871.62
261	杭州市	富阳区	胥口镇	16068.20	292	绍兴市	柯桥区	漓渚镇	13852.00
262	台州市	温岭市	滨海镇	15967.00	293	宁波市	慈溪市	新浦镇	13845.00
263	湖州市	长兴县	夹浦镇	15908.68	294	绍兴市	上虞区	丰惠镇	13781.57
264	湖州市	德清县	洛舍镇	15705.75	295	嘉兴市	桐乡市	屠甸镇	13688.66
265	衢州市	江山市	贺村镇	15597.00	296	台州市	临海市	东塍镇	13362.10
266	杭州市	余杭区	运河街道	15414.75	297	金华市	浦江县	浦阳街道	13241.08
267	台州市	路桥区	新桥镇	15344.70	298	台州市	玉环市	龙溪乡	13091.17
268	湖州市	南浔区	菱湖镇	15331.00	299	宁波市	慈溪市	桥头镇	13089.00
269	宁波市	余姚市	河姆渡镇	15183.58	300	湖州市	南浔区	旧馆镇	12774.00
270	嘉兴市	桐乡市	高桥镇	15170.49	301	金华市	东阳市	巍山镇	12762.78
271	绍兴市	上虞区	章镇镇	15136.13	302	嘉兴市	海盐县	秦山街道	12659.78
272	嘉兴市	桐乡市	石门镇	15111.61	303	温州市	乐清市	南岳镇	12438.14
273	嘉兴市	海宁市	海洲街道	15111.30	304	杭州市	桐庐县	城南街道	12433.50
274	绍兴市	上虞区	东关街道	15086.64	305	绍兴市	诸暨市	山下湖镇	12421.36
275	杭州市	萧山区	浦阳镇	14752.10	306	杭州市	萧山区	河上镇	12301.32
276	宁波市	余姚市	牟山镇	14707.38	307	温州市	瓯海区	新桥街道	12291.16
277	台州市	温岭市	温峤镇	14686.00	308	湖州市	吴兴区	环渚街道	12281.00
278	杭州市	富阳区	鹿山街道	14577.40	309	湖州市	长兴县	泗安镇	12214.64
279	绍兴市	柯桥区	夏履镇	14569.28	310	金华市	东阳市	歌山镇	12197.37

（续表五）

单位：万元

排序	所属地区	县(市、区)	乡镇(街道)	一般公共预算收入	排序	所属地区	县(市、区)	乡镇(街道)	一般公共预算收入
311	丽水市	龙泉市	剑池街道	11985.58	342	金华市	磐安县	安文镇	10407.32
312	衢州市	龙游县	湖镇镇	11789.30	343	杭州市	建德市	洋溪街道	10342.00
313	杭州市	余杭区	径山镇	11767.04	344	嘉兴市	秀城区	七星镇	10290.35
314	宁波市	慈溪市	附海镇	11708.00	345	杭州市	淳安县	千岛湖镇	10278.14
315	舟山市	岱山县	衢山镇	11666.52	346	杭州市	萧山区	进化镇	10268.01
316	嘉兴市	秀洲区	新塍镇	11652.71	347	丽水市	松阳县	西屏街道	10216.85
317	宁波市	海曙区	鄞江镇	11616.00	348	嘉兴市	桐乡市	龙翔街道	10209.35
318	金华市	永康市	象珠镇	11606.00	349	绍兴市	诸暨市	王家井镇	10091.22
319	嘉兴市	桐乡市	河山镇	11542.66	350	台州市	温岭市	城南镇	10065.00
320	金华市	义乌市	大陈镇	11533.50	351	杭州市	萧山区	戴村镇	10048.80
321	嘉兴市	秀城区	余新镇	11448.47	352	台州市	临海市	沿江镇	9991.50
322	宁波市	鄞州区	塘溪镇	11443.00	353	宁波市	奉化区	萧王庙街道	9971.00
323	台州市	玉环市	沙门镇	11397.88	354	宁波市	宁海县	深甽镇	9924.00
324	绍兴市	越城区	东湖镇	11310.00	355	杭州市	建德市	梅城镇	9908.00
325	温州市	永嘉县	桥头镇	11180.92	356	绍兴市	越城区	陶堰镇	9894.00
326	舟山市	定海区	马岙街道	11160.67	357	金华市	兰溪市	云山街道	9884.00
327	杭州市	临安区	太湖源镇	11112.80	358	金华市	武义县	泉溪镇	9826.00
328	嘉兴市	秀洲区	油车港镇	11101.99	359	嘉兴市	秀城区	新丰镇	9783.10
329	杭州市	富阳区	场口镇	11091.08	360	绍兴市	嵊州市	三界镇	9744.51
330	湖州市	德清县	新安镇	11058.83	361	宁波市	北仑区	柴桥街道	9699.00
331	温州市	永嘉县	桥下镇	10940.56	362	嘉兴市	平湖市	广陈镇	9662.46
332	湖州市	德清县	禹越镇	10935.29	363	温州市	乐清市	翁垟街道	9582.54
333	湖州市	长兴县	雉城街道	10732.49	364	绍兴市	诸暨市	应店街镇	9551.18
334	嘉兴市	平湖市	林埭镇	10720.39	365	温州市	苍南县	金乡镇	9539.18
335	金华市	义乌市	赤岸镇	10655.90	366	温州市	瑞安市	陶山镇	9472.70
336	嘉兴市	海盐县	元通街道	10538.77	367	金华市	永康市	石柱镇	9461.00
337	嘉兴市	海盐县	澉浦镇	10510.92	368	杭州市	桐庐县	分水镇	9321.66
338	丽水市	青田县	油竹街道	10475.18	369	宁波市	鄞州区	咸祥镇	9267.00
339	杭州市	桐庐县	桐君街道	10452.46	370	湖州市	安吉县	天荒坪镇	9238.00
340	丽水市	缙云县	新碧街道	10427.66	371	湖州市	长兴县	小浦镇	9222.31
341	绍兴市	上虞区	梁湖镇	10413.89	372	舟山市	定海区	小沙街道	9178.81

（续表六） 单位：万元

排序	所属地区	县（市、区）	乡镇（街道）	一般公共预算收入	排序	所属地区	县（市、区）	乡镇（街道）	一般公共预算收入
373	绍兴市	新昌县	儒岙镇	9157.81	404	绍兴市	诸暨市	安华镇	7807.63
374	绍兴市	嵊州市	黄泽镇	9129.67	405	湖州市	安吉县	溪龙乡	7774.00
375	温州市	鹿城区	滕桥镇	9023.27	406	温州市	瓯海区	景山街道	7770.56
376	杭州市	桐庐县	富春江镇	9017.24	407	嘉兴市	海盐县	于城镇	7760.21
377	嘉兴市	秀城区	凤桥镇	8919.35	408	舟山市	定海区	昌国街道	7754.00
378	杭州市	富阳区	环山乡	8841.25	409	金华市	浦江县	浦南街道	7711.38
379	温州市	苍南县	钱库镇	8821.67	410	宁波市	鄞州区	瞻岐镇	7706.00
380	湖州市	长兴县	虹星桥镇	8777.90	411	宁波市	象山县	东陈乡	7694.27
381	绍兴市	柯桥区	王坛镇	8760.27	412	嘉兴市	桐乡市	大麻镇	7667.03
382	宁波市	余姚市	梁弄镇	8727.12	413	嘉兴市	海盐县	通元镇	7661.47
383	湖州市	长兴县	林城镇	8700.06	414	宁波市	象山县	大徐镇	7615.07
384	温州市	瓯海区	瞿溪街道	8661.57	415	杭州市	临安区	板桥镇	7593.02
385	绍兴市	嵊州市	鹿山街道	8624.01	416	舟山市	定海区	盐仓街道	7569.59
386	丽水市	青田县	北山镇	8561.53	417	杭州市	建德市	寿昌镇	7547.00
387	丽水市	遂昌县	妙高街道	8543.60	418	绍兴市	上虞区	谢塘镇	7536.38
388	舟山市	定海区	环南街道	8509.14	419	杭州市	建德市	乾潭镇	7466.00
389	丽水市	龙泉市	龙渊街道	8439.91	420	舟山市	定海区	岑港街道	7430.94
390	舟山市	岱山县	高亭镇	8427.31	421	湖州市	长兴县	洪桥镇	7421.24
391	杭州市	临安区	高虹镇	8352.95	422	金华市	磐安县	尖山镇	7387.63
392	衢州市	江山市	上余镇	8309.00	423	温州市	瓯海区	南白象街道	7180.96
393	温州市	瓯海区	潘桥街道	8290.14	424	台州市	三门县	珠岙镇	7170.10
394	舟山市	岱山县	东沙镇	8274.66	425	衢州市	江山市	清湖镇	7111.00
395	温州市	瓯海区	仙岩街道	8237.14	426	绍兴市	诸暨市	阮市镇	7082.04
396	嘉兴市	秀洲区	洪合镇	8205.86	427	衢州市	开化县	城关镇	7025.75
397	杭州市	桐庐县	横村镇	8200.46	428	宁波市	余姚市	大隐镇	7000.36
398	金华市	永康市	花街镇	8189.00	429	温州市	泰顺县	罗阳镇	6980.00
399	嘉兴市	嘉善县	陶庄镇	8179.11	430	绍兴市	嵊州市	仙岩镇	6972.57
400	绍兴市	越城区	孙端镇	8130.92	431	丽水市	莲都区	碧湖镇	6927.80
401	嘉兴市	秀城区	大桥镇	8127.17	432	宁波市	宁海县	长街镇	6913.00
402	湖州市	安吉县	天子湖镇	7968.00	433	台州市	三门县	浦坝港镇	6893.50
403	杭州市	桐庐县	江南镇	7848.64	434	台州市	临海市	涌泉镇	6831.70

（续表七）　　单位：万元

排序	所属地区	县(市、区)	乡镇(街道)	一般公共预算收入	排序	所属地区	县(市、区)	乡镇(街道)	一般公共预算收入
435	衢州市	柯城区	航埠镇	6823.00	466	舟山市	嵊泗县	菜园镇	5633.27
436	宁波市	宁海县	桥头胡街道	6730.00	467	衢州市	衢江区	廿里镇	5625.73
437	宁波市	象山县	贤痒镇	6677.49	468	嘉兴市	秀洲区	新城街道	5553.74
438	绍兴市	上虞区	上浦镇	6638.08	469	湖州市	德清县	莫干山镇	5553.65
439	绍兴市	诸暨市	璜山镇	6560.00	470	杭州市	萧山区	楼塔镇	5507.91
440	丽水市	庆元县	濛洲街道	6556.02	471	湖州市	德清县	舞阳街道	5504.94
441	舟山市	普陀区	展茅街道	6507.10	472	丽水市	云和县	白龙山街道	5497.29
442	衢州市	常山县	辉埠镇	6455.54	473	衢州市	衢江区	樟潭街道	5495.43
443	绍兴市	上虞区	盖北镇	6455.17	474	温州市	瑞安市	马屿镇	5443.61
444	温州市	乐清市	淡溪镇	6421.56	475	湖州市	长兴县	水口乡	5416.16
445	台州市	天台县	白鹤镇	6405.52	476	金华市	兰溪市	诸葛镇	5409.00
446	绍兴市	诸暨市	江藻镇	6372.95	477	绍兴市	上虞区	汤浦镇	5400.92
447	绍兴市	嵊州市	长乐镇	6351.06	478	湖州市	安吉县	上墅乡	5400.00
448	金华市	东阳市	湖溪镇	6314.56	479	金华市	兰溪市	永昌街道	5339.00
449	杭州市	富阳区	新桐乡	6292.51	480	宁波市	奉化区	裘村镇	5326.00
450	湖州市	吴兴区	道场乡	6265.80	481	温州市	乐清市	蒲岐镇	5313.41
451	绍兴市	嵊州市	崇仁镇	6096.87	482	舟山市	定海区	白泉镇	5295.41
452	金华市	东阳市	画水镇	6070.69	483	绍兴市	诸暨市	直埠镇	5243.54
453	湖州市	德清县	下渚湖街道	5994.84	484	湖州市	南浔区	善琏镇	5159.00
454	杭州市	建德市	下涯镇	5986.00	485	宁波市	宁海县	力洋镇	5121.00
455	丽水市	云和县	凤凰山街道	5943.55	486	舟山市	岱山县	长涂镇	5103.92
456	温州市	瓯海区	泽雅镇	5928.10	487	温州市	乐清市	石帆街道	5080.59
457	温州市	乐清市	盐盆街道	5905.82	488	杭州市	临安区	於潜镇	4945.16
458	温州市	乐清市	大荆镇	5897.96	489	宁波市	宁海县	岔路镇	4940.00
459	杭州市	富阳区	渌渚镇	5817.15	490	宁波市	宁海县	强蛟镇	4916.00
460	金华市	兰溪市	游埠镇	5809.00	491	杭州市	临安区	龙岗镇	4797.53
461	丽水市	青田县	瓯南街道	5775.39	492	嘉兴市	海宁市	硖石街道	4770.13
462	台州市	玉环市	干江镇	5773.20	493	温州市	瓯海区	丽岙街道	4707.87
463	温州市	乐清市	天成街道	5724.03	494	温州市	洞头区	北岙街道	4701.73
464	台州市	临海市	尤溪镇	5665.60	495	台州市	三门县	健跳镇	4694.20
465	温州市	乐清市	白石街道	5652.61	496	杭州市	余杭区	黄湖镇	4663.01

（续表八） 单位：万元

排序	所属地区	县（市、区）	乡镇（街道）	一般公共预算收入	排序	所属地区	县（市、区）	乡镇（街道）	一般公共预算收入
497	台州市	天台县	坦头镇	4611.03	528	衢州市	常山县	青石镇	3860.00
498	杭州市	富阳区	渔山乡	4603.78	529	绍兴市	诸暨市	街亭镇	3838.67
499	温州市	瓯海区	茶山街道	4597.61	530	宁波市	象山县	泗洲头	3836.71
500	金华市	永康市	唐先镇	4539.00	531	宁波市	象山县	新桥镇	3822.94
501	湖州市	长兴县	龙山街道	4493.68	532	杭州市	建德市	李家镇	3821.00
502	宁波市	象山县	墙头镇	4451.97	533	宁波市	宁海县	大佳河镇	3810.00
503	舟山市	岱山县	秀山乡	4436.11	534	宁波市	象山县	涂茨镇	3775.71
504	宁波市	北仑区	白峰街道	4379.00	535	衢州市	衢江区	上方镇	3765.73
505	嘉兴市	海宁市	海昌街道	4375.61	536	金华市	永康市	方岩镇	3741.00
506	温州市	乐清市	磐石镇	4370.50	537	杭州市	余杭区	百丈镇	3703.87
507	台州市	黄岩区	北洋镇	4332.77	538	杭州市	淳安县	汾口镇	3688.89
508	绍兴市	新昌县	大市聚镇	4286.33	539	舟山市	定海区	双桥街道	3661.23
509	温州市	瓯海区	三垟街道	4275.34	540	丽水市	青田县	船寮镇	3644.58
510	湖州市	吴兴区	妙西镇	4261.00	541	衢州市	龙游县	小南海镇	3584.40
511	杭州市	临安区	昌化镇	4241.49	542	湖州市	安吉县	杭垓镇	3556.00
512	台州市	黄岩区	沙埠镇	4222.60	543	金华市	兰溪市	女埠街道	3518.00
513	舟山市	定海区	干览镇	4218.87	544	温州市	乐清市	雁荡镇	3514.62
514	台州市	临海市	白水洋镇	4187.40	545	金华市	兰溪市	上华街道	3491.00
515	绍兴市	柯桥区	稽东镇	4169.47	546	丽水市	云和县	浮云街道	3472.77
516	舟山市	定海区	城东街道	4158.64	547	宁波市	北仑区	郭巨街道	3450.00
517	宁波市	象山县	黄避岙	4153.88	548	绍兴市	新昌县	梅渚镇	3448.59
518	湖州市	长兴县	吕山乡	4125.65	549	温州市	乐清市	芙蓉镇	3438.03
519	杭州市	建德市	更楼街道	4113.00	550	金华市	武义县	茭道镇	3427.00
520	宁波市	宁海县	前童镇	4089.00	551	台州市	黄岩区	头陀镇	3416.73
521	湖州市	安吉县	梅溪镇	4080.00	552	衢州市	龙游县	龙洲街道	3398.04
522	绍兴市	上虞区	驿亭镇	4058.62	553	温州市	苍南县	宜山镇	3383.35
523	金华市	永康市	前仓镇	4009.00	554	金华市	磐安县	尚湖镇	3381.86
524	绍兴市	新昌县	澄潭镇	3934.73	555	宁波市	象山县	茅洋乡	3366.54
525	台州市	仙居县	白塔镇	3895.31	556	绍兴市	诸暨市	同山镇	3362.71
526	温州市	乐清市	清江镇	3889.48	557	金华市	浦江县	白马镇	3329.53
527	宁波市	海曙区	章水镇	3860.00	558	金华市	永康市	西溪镇	3294.00

（续表九）　　单位：万元

排序	所属地区	县（市、区）	乡镇（街道）	一般公共预算收入	排序	所属地区	县（市、区）	乡镇（街道）	一般公共预算收入
559	舟山市	普陀区	虾峙镇	3266.86	590	金华市	兰溪市	马涧镇	2637.00
560	台州市	仙居县	下各镇	3266.32	591	金华市	兰溪市	横溪镇	2637.00
561	丽水市	莲都区	仙渡乡	3226.68	592	杭州市	建德市	大洋镇	2610.00
562	舟山市	岱山县	岱西镇	3225.25	593	杭州市	桐庐县	瑶琳镇	2589.13
563	金华市	东阳市	千祥镇	3224.90	594	衢州市	江山市	四都镇	2575.00
564	台州市	天台县	三合镇	3189.49	595	温州市	瑞安市	湖岭镇	2570.04
565	杭州市	建德市	大同镇	3184.00	596	台州市	临海市	永丰镇	2548.80
566	宁波市	象山县	晓塘乡	3176.18	597	绍兴市	诸暨市	东白湖镇	2547.00
567	嘉兴市	秀洲区	高照街道	3134.06	598	金华市	浦江县	郑家坞镇	2468.31
568	宁波市	象山县	定塘镇	3121.79	599	丽水市	莲都区	大港头镇	2455.32
569	宁波市	奉化区	松岙镇	3120.00	600	温州市	苍南县	南宋镇	2444.21
570	金华市	武义县	王宅镇	3092.00	601	温州市	苍南县	桥墩镇	2410.46
571	杭州市	临安区	潜川镇	3041.22	602	湖州市	安吉县	皈山乡	2401.00
572	温州市	永嘉县	沙头镇	3040.00	603	杭州市	富阳区	里山镇	2387.01
573	杭州市	建德市	钦堂乡	3036.00	604	舟山市	普陀区	桃花镇	2384.61
574	杭州市	桐庐县	凤川街道	3033.27	605	杭州市	临安区	太阳镇	2384.21
575	杭州市	富阳区	洞桥镇	3031.10	606	台州市	三门县	海润街道	2356.20
576	湖州市	安吉县	报福镇	2925.00	607	台州市	临海市	括苍镇	2344.30
577	杭州市	临安区	清凉峰镇	2895.82	608	湖州市	南浔区	石淙镇	2336.00
578	宁波市	宁海县	胡陈乡	2885.00	609	宁波市	宁海县	越溪乡	2297.00
579	金华市	兰溪市	梅江镇	2789.00	610	丽水市	遂昌县	云峰街道	2292.92
580	宁波市	海曙区	龙观乡	2740.00	611	金华市	东阳市	佐村镇	2259.28
581	杭州市	富阳区	常安镇	2725.98	612	绍兴市	诸暨市	五泄镇	2258.95
582	台州市	临海市	桃渚镇	2724.40	613	杭州市	建德市	航头镇	2231.00
583	绍兴市	越城区	富盛镇	2715.54	614	金华市	磐安县	玉山镇	2228.29
584	杭州市	临安区	天目山镇	2704.54	615	丽水市	庆元县	竹口镇	2226.71
585	杭州市	富阳区	永昌镇	2701.18	616	温州市	洞头区	霓屿街道	2225.93
586	台州市	黄岩区	宁溪镇	2677.32	617	温州市	洞头区	大门镇	2225.36
587	丽水市	缙云县	舒洪镇	2666.27	618	杭州市	建德市	杨村桥镇	2221.00
588	金华市	浦江县	郑宅镇	2652.62	619	衢州市	江山市	峡口镇	2215.00
589	宁波市	宁海县	茶院乡	2647.00	620	宁波市	奉化区	大堰镇	2202.00

（续表十） 单位：万元

排序	所属地区	县（市、区）	乡镇（街道）	一般公共预算收入	排序	所属地区	县（市、区）	乡镇（街道）	一般公共预算收入
621	绍兴市	上虞区	永和镇	2180.23	652	宁波市	余姚市	大岚镇	1694.02
622	宁波市	宁海县	一市镇	2173.00	653	杭州市	建德市	三都镇	1690.00
623	绍兴市	新昌县	沙溪镇	2163.86	654	衢州市	龙游县	溪口镇	1688.65
624	绍兴市	诸暨市	赵家镇	2161.74	655	杭州市	建德市	大慈岩镇	1679.00
625	丽水市	缙云县	东方镇	2153.91	656	金华市	东阳市	虎鹿镇	1675.85
626	金华市	武义县	履坦镇	2148.00	657	湖州市	南浔区	千金镇	1670.00
627	金华市	磐安县	新渥镇	2098.18	658	台州市	三门县	亭旁镇	1634.70
628	台州市	天台县	洪畴镇	2091.27	659	台州市	椒江区	大陈镇	1624.00
629	金华市	兰溪市	赤溪街道	2085.00	660	绍兴市	新昌县	城南乡	1616.34
630	宁波市	象山县	鹤浦镇	2049.31	661	温州市	鹿城区	山福镇	1607.00
631	金华市	浦江县	仙华街道	2048.39	662	金华市	磐安县	方前镇	1605.11
632	绍兴市	诸暨市	浬浦镇	2044.48	663	丽水市	龙泉市	石达石街道	1598.39
633	台州市	温岭市	石桥头镇	2041.00	664	金华市	兰溪市	水亭畲族乡	1592.00
634	温州市	苍南县	矾山镇	1987.48	665	金华市	东阳市	东江镇	1586.63
635	温州市	洞头区	元觉街道	1951.22	666	丽水市	青田县	东源镇	1570.29
636	杭州市	富阳区	春建乡	1925.43	667	舟山市	嵊泗县	洋山镇	1567.47
637	丽水市	缙云县	东渡镇	1923.15	668	丽水市	龙泉市	西街街道	1551.22
638	湖州市	安吉县	山川乡	1909.00	669	台州市	温岭市	坞根镇	1534.00
639	金华市	兰溪市	香溪镇	1897.00	670	丽水市	青田县	高湖镇	1532.88
640	丽水市	莲都区	岩泉街道	1888.62	671	衢州市	衢江区	莲花镇	1502.95
641	宁波市	宁海县	桑洲镇	1858.00	672	衢州市	衢江区	大洲镇	1486.77
642	丽水市	缙云县	新建镇	1848.01	673	湖州市	安吉县	章村镇	1482.00
643	湖州市	安吉县	鄣吴镇	1826.00	674	衢州市	龙游县	东华街道	1477.10
644	宁波市	余姚市	鹿亭乡	1794.78	675	衢州市	柯城区	石梁镇	1471.00
645	丽水市	龙泉市	八都镇	1783.81	676	绍兴市	新昌县	巧英乡	1457.09
646	舟山市	岱山县	岱东镇	1768.49	677	绍兴市	嵊州市	石璜镇	1451.79
647	绍兴市	诸暨市	岭北镇	1763.83	678	金华市	兰溪市	黄店镇	1423.00
648	温州市	瑞安市	桐浦镇	1748.16	679	衢州市	衢江区	后溪镇	1381.39
649	杭州市	淳安县	姜家镇	1722.12	680	杭州市	临安区	河桥镇	1378.19
650	杭州市	富阳区	万市镇	1707.72	681	丽水市	云和县	元和街道	1368.17
651	温州市	乐清市	南塘镇	1705.51	682	丽水市	青田县	腊口镇	1347.70

（续表十一）

单位：万元

排序	所属地区	县（市、区）	乡镇（街道）	一般公共预算收入	排序	所属地区	县（市、区）	乡镇（街道）	一般公共预算收入
683	台州市	仙居县	大战乡	1336.23	714	杭州市	淳安县	临歧镇	924.88
684	丽水市	莲都区	白云街道	1321.24	715	绍兴市	嵊州市	金庭镇	923.37
685	温州市	泰顺县	三魁镇	1315.96	716	温州市	瑞安市	林川镇	909.27
686	丽水市	龙泉市	安仁镇	1311.80	717	绍兴市	新昌县	镜岭镇	897.03
687	丽水市	莲都区	雅溪镇	1303.25	718	衢州市	开化县	池淮镇	889.03
688	金华市	磐安县	深泽乡	1266.94	719	绍兴市	诸暨市	东和乡	882.62
689	杭州市	余杭区	鸬鸟镇	1241.21	720	丽水市	龙泉市	小梅镇	879.22
690	金华市	东阳市	马宅镇	1228.33	721	衢州市	龙游县	横山镇	872.00
691	丽水市	莲都区	紫金街道	1221.19	722	丽水市	庆元县	隆宫乡	862.35
692	台州市	三门县	沙柳街道	1199.50	723	台州市	玉环市	鸡山乡	859.88
693	温州市	泰顺县	司前畲族镇	1194.50	724	金华市	兰溪市	柏社乡	857.00
694	杭州市	富阳区	湖源乡	1173.47	725	杭州市	淳安县	文昌镇	853.83
695	绍兴市	诸暨市	陈宅镇	1126.58	726	温州市	苍南县	赤溪镇	852.99
696	台州市	仙居县	横溪镇	1118.08	727	温州市	洞头区	东屏街道	852.24
697	金华市	磐安县	冷水镇	1110.49	728	温州市	文成县	巨屿镇	825.89
698	温州市	永嘉县	岩头镇	1106.58	729	杭州市	临安区	湍口镇	823.43
699	舟山市	嵊泗县	嵊山镇	1087.36	730	衢州市	常山县	天马街道	807.11
700	金华市	磐安县	仁川镇	1085.99	731	绍兴市	新昌县	小将镇	803.11
701	绍兴市	上虞区	长塘镇	1085.64	732	丽水市	松阳县	古市镇	781.61
702	宁波市	余姚市	四明山镇	1057.09	733	丽水市	青田县	山口镇	771.37
703	台州市	仙居县	官路镇	1043.53	734	衢州市	江山市	新塘边镇	761.00
704	衢州市	衢江区	横路街道	1012.88	735	丽水市	松阳县	大东坝镇	759.81
705	杭州市	淳安县	威坪镇	1012.12	736	台州市	临海市	河头镇	749.90
706	温州市	苍南县	望里镇	1003.77	737	丽水市	青田县	黄垟乡	735.17
707	台州市	临海市	小芝镇	970.60	738	衢州市	衢江区	杜泽镇	734.19
708	衢州市	常山县	球川镇	969.84	739	丽水市	庆元县	黄田镇	721.84
709	绍兴市	诸暨市	马剑镇	955.42	740	杭州市	建德市	莲花镇	710.00
710	杭州市	富阳区	龙门镇	947.80	741	金华市	磐安县	维新乡	706.98
711	舟山市	嵊泗县	黄龙乡	942.04	742	衢州市	常山县	招贤镇	696.67
712	金华市	浦江县	岩头镇	937.21	743	杭州市	桐庐县	旧县街道	690.55
713	丽水市	青田县	祯埠乡	926.37	744	温州市	苍南县	马站镇	689.65

（续表十二）　　　　单位：万元

排序	所属地区	县（市、区）	乡镇（街道）	一般公共预算收入	排序	所属地区	县（市、区）	乡镇（街道）	一般公共预算收入
745	杭州市	富阳区	常绿镇	686.70	776	温州市	瑞安市	高楼镇	508.33
746	丽水市	龙泉市	查田镇	679.58	777	金华市	磐安县	万苍乡	507.78
747	金华市	磐安县	大盘镇	670.91	778	丽水市	龙泉市	屏南镇	504.06
748	衢州市	江山市	石门镇	670.00	779	衢州市	柯城区	石室乡	504.00
749	台州市	黄岩区	上郑乡	659.73	780	宁波市	象山县	高塘岛	489.86
750	丽水市	龙泉市	上垟镇	638.24	781	衢州市	常山县	紫港街道	487.00
751	丽水市	莲都区	万象街道	635.71	782	温州市	瑞安市	曹村镇	485.21
752	杭州市	富阳区	上官乡	626.23	783	丽水市	遂昌县	湖山乡	483.33
753	衢州市	衢江区	峡川镇	625.38	784	衢州市	江山市	坛石镇	481.00
754	台州市	仙居县	田市镇	621.21	785	舟山市	嵊泗县	枸杞乡	480.16
755	台州市	天台县	街头镇	616.62	786	衢州市	龙游县	模环乡	473.07
756	绍兴市	新昌县	双彩乡	612.80	787	丽水市	松阳县	板桥乡	460.63
757	衢州市	开化县	马金镇	604.11	788	温州市	乐清市	湖雾镇	457.16
758	温州市	瑞安市	平阳坑镇	591.78	789	衢州市	江山市	大陈乡	456.00
759	衢州市	江山市	大桥镇	577.00	790	丽水市	青田县	高市乡	454.85
760	丽水市	龙泉市	岩樟乡	568.30	791	杭州市	桐庐县	钟山乡	451.21
761	丽水市	莲都区	联城镇	562.40	792	温州市	泰顺县	泗溪镇	450.43
762	金华市	武义县	柳城镇	558.00	793	衢州市	柯城区	万田乡	443.00
763	衢州市	龙游县	詹家镇	553.99	794	杭州市	淳安县	金峰乡	442.08
764	温州市	永嘉县	巽宅镇	552.40	795	温州市	文成县	大学镇	441.15
765	丽水市	庆元县	屏都街道	539.19	796	台州市	黄岩区	茅畲乡	435.70
766	绍兴市	上虞区	丁宅乡	537.91	797	金华市	磐安县	胡宅乡	435.22
767	衢州市	衢江区	云溪乡	536.58	798	温州市	永嘉县	大若岩镇	432.03
768	台州市	临海市	汇溪镇	532.00	799	温州市	永嘉县	碧莲镇	430.68
769	衢州市	衢江区	浮石街道	527.36	800	舟山市	嵊泗县	五龙乡	430.32
770	衢州市	衢江区	全旺镇	522.52	801	衢州市	衢江区	高家镇	427.77
771	丽水市	青田县	海口镇	515.05	802	衢州市	开化县	村头镇	424.13
772	丽水市	松阳县	望松街道	514.37	803	衢州市	江山市	凤林镇	405.00
773	杭州市	淳安县	大墅镇	511.76	804	丽水市	青田县	祯旺乡	400.80
774	衢州市	江山市	长台镇	510.00	805	温州市	永嘉县	金溪镇	395.37
775	衢州市	衢江区	太真乡	509.60	806	丽水市	庆元县	安南乡	389.87

（续表十三）

单位：万元

排序	所属地区	县(市、区)	乡镇(街道)	一般公共预算收入	排序	所属地区	县(市、区)	乡镇(街道)	一般公共预算收入
807	金华市	磐安县	双峰乡	373.17	838	温州市	泰顺县	彭溪镇	258.06
808	金华市	磐安县	双溪乡	369.71	839	金华市	浦江县	前吴乡	256.08
809	杭州市	桐庐县	莪山畲族乡	361.79	840	衢州市	江山市	碗窑乡	256.00
810	衢州市	开化县	桐村镇	360.94	841	杭州市	淳安县	梓桐镇	253.67
811	杭州市	桐庐县	新合乡	357.36	842	温州市	泰顺县	筱村镇	249.40
812	杭州市	临安区	岛石镇	355.55	843	杭州市	淳安县	里商乡	246.98
813	衢州市	龙游县	石佛乡	340.03	844	衢州市	常山县	金川街道	245.96
814	丽水市	景宁畲族自治县	红星街道	336.31	845	衢州市	龙游县	塔石镇	241.02
815	丽水市	景宁畲族自治县	鹤溪街道	335.97	846	绍兴市	新昌县	东茗乡	240.35
816	温州市	泰顺县	雅阳镇	327.56	847	衢州市	开化县	音坑乡	239.04
817	衢州市	衢江区	湖南镇	326.86	848	绍兴市	嵊州市	北漳镇	235.25
818	台州市	黄岩区	屿头乡	318.06	849	台州市	仙居县	埠头镇	234.28
819	温州市	文成县	百丈漈镇	305.08	850	杭州市	淳安县	浪川乡	226.51
820	金华市	磐安县	盘峰乡	303.35	851	衢州市	柯城区	姜家山乡	224.00
821	杭州市	淳安县	安阳乡	297.41	852	杭州市	淳安县	枫树岭镇	221.33
822	丽水市	松阳县	象溪镇	296.60	853	台州市	玉环市	海山乡	216.29
823	金华市	永康市	舟山镇	295.00	854	金华市	武义县	俞源乡	215.00
824	台州市	黄岩区	上垟乡	294.99	855	金华市	磐安县	九和乡	213.02
825	丽水市	莲都区	黄村乡	294.24	856	台州市	仙居县	湫山乡	211.00
826	杭州市	桐庐县	百江镇	293.82	857	台州市	黄岩区	富山乡	209.69
827	丽水市	松阳县	叶村乡	290.69	858	丽水市	龙泉市	兰巨乡	206.68
828	温州市	永嘉县	岩坦镇	284.60	859	金华市	武义县	白姆乡	206.00
829	衢州市	衢江区	黄坛口乡	283.94	860	舟山市	普陀区	东极镇	203.54
830	丽水市	莲都区	太平乡	279.43	861	台州市	天台县	石梁镇	203.48
831	衢州市	柯城区	九华乡	279.00	862	绍兴市	新昌县	新林乡	197.13
832	丽水市	莲都区	老竹镇	277.95	863	温州市	苍南县	藻溪镇	195.75
833	金华市	磐安县	窈川乡	274.00	864	丽水市	云和县	石塘镇	194.81
834	衢州市	常山县	白石镇	269.48	865	台州市	黄岩区	平田乡	193.77
835	丽水市	松阳县	赤寿乡	266.04	866	绍兴市	嵊州市	谷来镇	186.57
836	金华市	磐安县	高二乡	266.00	867	丽水市	遂昌县	三仁乡	183.72
837	衢州市	常山县	芳村镇	259.23	868	衢州市	常山县	同弓乡	179.19

（续表十四） 单位：万元

排序	所属地区	县（市、区）	乡镇（街道）	一般公共预算收入	排序	所属地区	县（市、区）	乡镇（街道）	一般公共预算收入
869	杭州市	桐庐县	合村乡	177.17	900	绍兴市	上虞区	下管镇	129.59
870	杭州市	淳安县	鸠坑乡	176.93	901	绍兴市	上虞区	岭南乡	129.35
871	舟山市	嵊泗县	花鸟乡	175.05	902	杭州市	淳安县	石林镇	128.89
872	丽水市	遂昌县	石练镇	174.01	903	丽水市	青田县	石溪乡	127.70
873	丽水市	青田县	万阜乡	171.47	904	台州市	三门县	蛇蟠乡	126.40
874	温州市	泰顺县	雪溪乡	171.35	905	台州市	仙居县	皤滩乡	126.32
875	丽水市	缙云县	七里乡	171.15	906	温州市	泰顺县	仕阳镇	125.58
876	杭州市	淳安县	王阜乡	170.31	907	台州市	仙居县	双庙乡	124.80
877	金华市	浦江县	中余乡	169.79	908	温州市	泰顺县	南浦溪镇	122.80
878	温州市	永嘉县	鹤盛镇	164.71	909	丽水市	青田县	仁宫乡	122.11
879	温州市	泰顺县	西旸镇	163.40	910	台州市	天台县	南屏乡	119.74
880	丽水市	遂昌县	大柘镇	160.16	911	衢州市	龙游县	沐尘乡	116.06
881	金华市	浦江县	杭坪镇	159.45	912	丽水市	景宁畲族自治县	东坑镇	115.21
882	丽水市	云和县	崇头镇	154.06	913	丽水市	景宁畲族自治县	沙湾镇	113.18
883	温州市	乐清市	仙溪镇	153.81	914	杭州市	淳安县	界首乡	111.63
884	绍兴市	新昌县	回山镇	151.82	915	丽水市	云和县	紧水滩镇	111.31
885	衢州市	衢江区	周家乡	149.94	916	台州市	三门县	花桥镇	110.90
886	金华市	武义县	大田乡	148.00	917	台州市	仙居县	溪港乡	108.82
887	丽水市	松阳县	裕溪乡	147.68	918	温州市	乐清市	岭底乡	106.88
888	衢州市	衢江区	双桥乡	146.80	919	丽水市	松阳县	水南街道	106.88
889	杭州市	淳安县	瑶山乡	146.69	920	丽水市	松阳县	新兴镇	106.70
890	杭州市	淳安县	中洲镇	144.94	921	温州市	永嘉县	枫林镇	105.83
891	丽水市	缙云县	仙都街道	142.38	922	丽水市	景宁畲族自治县	英川镇	105.20
892	杭州市	淳安县	左口乡	139.44	923	温州市	苍南县	霞关镇	103.89
893	丽水市	莲都区	丽新乡	137.29	924	衢州市	江山市	张村乡	101.00
894	衢州市	衢江区	岭洋乡	135.45	925	台州市	仙居县	步路乡	100.90
895	温州市	泰顺县	龟湖镇	134.98	926	衢州市	常山县	大桥头乡	100.58
896	衢州市	常山县	何家乡	133.20	927	丽水市	青田县	仁庄镇	99.96
897	丽水市	龙泉市	住龙镇	133.04	928	温州市	泰顺县	包垟乡	99.91
898	金华市	东阳市	三单乡	132.26	929	杭州市	淳安县	屏门乡	99.59
899	衢州市	江山市	塘源口乡	131.00	930	杭州市	淳安县	富文乡	99.54

（续表十五） 单位:万元

排序	所属地区	县(市、区)	乡镇(街道)	一般公共预算收入	排序	所属地区	县(市、区)	乡镇(街道)	一般公共预算收入
931	衢州市	衢江区	举村乡	98.30	962	丽水市	青田县	吴坑乡	61.11
932	温州市	苍南县	沿浦镇	96.37	963	丽水市	遂昌县	安口乡	60.65
933	衢州市	柯城区	沟溪乡	94.00	964	衢州市	衢江区	灰坪乡	59.21
934	丽水市	龙泉市	城北乡	93.82	965	金华市	武义县	西联乡	59.00
935	温州市	洞头区	鹿西乡	90.24	966	丽水市	景宁畲族自治县	澄照乡	59.00
936	金华市	武义县	桃溪镇	90.00	967	温州市	文成县	周壤镇	58.64
937	衢州市	开化县	苏庄镇	89.27	968	台州市	仙居县	上张乡	58.35
938	丽水市	龙泉市	道太乡	88.31	969	丽水市	遂昌县	王村口镇	57.64
939	绍兴市	上虞区	陈溪乡	88.28	970	丽水市	缙云县	方溪乡	57.21
940	衢州市	常山县	新昌乡	86.86	971	金华市	武义县	新宅镇	57.00
941	衢州市	开化县	杨林镇	86.04	972	绍兴市	嵊州市	通源乡	56.37
942	杭州市	淳安县	宋村乡	85.71	973	温州市	文成县	珊溪镇	55.41
943	金华市	浦江县	檀溪镇	82.73	974	丽水市	遂昌县	濂竹乡	54.54
944	丽水市	庆元县	淤上乡	82.12	975	丽水市	龙泉市	龙南乡	54.11
945	丽水市	青田县	巨浦乡	79.26	976	丽水市	遂昌县	金竹镇	53.96
946	丽水市	遂昌县	北界镇	77.03	977	温州市	泰顺县	柳峰乡	52.70
947	衢州市	开化县	林山乡	75.06	978	温州市	文成县	黄坦镇	52.37
948	丽水市	缙云县	大洋镇	74.80	979	温州市	苍南县	大渔镇	51.72
949	丽水市	景宁畲族自治县	梧桐乡	74.00	980	台州市	仙居县	淡竹乡	50.40
950	台州市	仙居县	朱溪镇	73.76	981	温州市	泰顺县	竹里畲族乡	47.80
951	丽水市	青田县	季宅乡	72.14	982	衢州市	龙游县	庙下乡	46.97
952	温州市	苍南县	炎亭镇	71.28	983	绍兴市	嵊州市	雅璜乡	46.18
953	丽水市	青田县	万山乡	71.20	984	丽水市	松阳县	玉岩镇	45.73
954	丽水市	遂昌县	黄沙腰镇	70.89	985	衢州市	江山市	廿八都镇	45.00
955	温州市	文成县	南田镇	69.58	986	温州市	文成县	峃口镇	44.99
956	绍兴市	嵊州市	下王镇	68.81	987	丽水市	遂昌县	柘岱口乡	42.81
957	温州市	乐清市	智仁乡	66.00	988	温州市	泰顺县	大安乡	42.80
958	台州市	天台县	泳溪乡	65.15	989	衢州市	常山县	东案乡	40.83
959	丽水市	缙云县	大源镇	63.10	990	丽水市	松阳县	安民乡	40.61
960	衢州市	柯城区	华墅乡	62.00	991	丽水市	龙泉市	锦溪镇	40.51
961	温州市	文成县	公阳乡	61.78	992	丽水市	景宁畲族自治县	景南乡	40.00

（续表十六） 单位：万元

排序	所属地区	县（市、区）	乡镇（街道）	一般公共预算收入	排序	所属地区	县（市、区）	乡镇（街道）	一般公共预算收入
993	丽水市	遂昌县	新路湾镇	39.91	1024	台州市	天台县	三州乡	23.76
994	温州市	泰顺县	百丈镇	39.68	1025	温州市	永嘉县	云岭乡	23.51
995	丽水市	龙泉市	宝溪乡	39.67	1026	温州市	泰顺县	东溪乡	23.42
996	丽水市	龙泉市	竹垟畲族乡	39.15	1027	丽水市	遂昌县	高坪乡	23.16
997	丽水市	景宁畲族自治县	雁溪乡	38.00	1028	衢州市	柯城区	七里乡	23.00
998	丽水市	景宁畲族自治县	九龙乡	38.00	1029	衢州市	开化县	何田乡	22.83
999	丽水市	缙云县	溶江乡	36.52	1030	衢州市	龙游县	社阳乡	22.69
1000	衢州市	开化县	齐溪镇	35.97	1031	温州市	永嘉县	界坑乡	20.80
1001	丽水市	松阳县	斋坛乡	34.65	1032	台州市	天台县	龙溪乡	20.30
1002	丽水市	缙云县	胡源乡	33.83	1033	丽水市	景宁畲族自治县	渤海镇	20.00
1003	丽水市	遂昌县	蕉滩乡	33.40	1034	丽水市	景宁畲族自治县	梅歧乡	20.00
1004	丽水市	青田县	阜山乡	32.68	1035	丽水市	景宁畲族自治县	郑坑乡	20.00
1005	丽水市	云和县	赤石乡	32.66	1036	丽水市	景宁畲族自治县	大际乡	20.00
1006	金华市	浦江县	虞宅乡	31.45	1037	丽水市	景宁畲族自治县	家地乡	20.00
1007	丽水市	遂昌县	应村乡	31.45	1038	丽水市	景宁畲族自治县	大地乡	20.00
1008	温州市	瑞安市	芳庄乡	31.25	1039	丽水市	景宁畲族自治县	鸬鹚乡	20.00
1009	衢州市	开化县	长虹乡	31.20	1040	衢州市	开化县	大溪边乡	18.02
1010	丽水市	遂昌县	龙洋乡	31.15	1041	金华市	武义县	三港乡	18.00
1011	绍兴市	嵊州市	里南乡	30.45	1042	温州市	文成县	玉壶镇	17.75
1012	丽水市	景宁畲族自治县	大均乡	30.00	1043	绍兴市	嵊州市	竹溪乡	17.63
1013	丽水市	景宁畲族自治县	毛洋乡	30.00	1044	台州市	仙居县	广度乡	17.27
1014	丽水市	景宁畲族自治县	秋炉乡	30.00	1045	丽水市	青田县	舒桥乡	16.76
1015	绍兴市	嵊州市	王院乡	29.51	1046	丽水市	遂昌县	西畈乡	16.11
1016	绍兴市	嵊州市	贵门乡	29.30	1047	温州市	文成县	周山乡	15.38
1017	丽水市	莲都区	峰源乡	27.42	1048	衢州市	开化县	中村乡	15.19
1018	衢州市	江山市	保安乡	26.00	1049	丽水市	云和县	雾溪乡	14.02
1019	丽水市	青田县	章村乡	25.25	1050	温州市	文成县	桂山乡	13.73
1020	丽水市	缙云县	双溪口乡	25.16	1051	温州市	文成县	双桂乡	13.50
1021	丽水市	景宁畲族自治县	标溪乡	25.00	1052	丽水市	青田县	贵岙乡	13.46
1022	温州市	泰顺县	凤垟乡	24.86	1053	金华市	浦江县	大畈乡	13.26
1023	台州市	三门县	横渡镇	24.50	1054	温州市	永嘉县	茗岙乡	13.15

（续表十七） 单位:万元

排序	所属地区	县(市、区)	乡镇(街道)	一般公共预算收入	排序	所属地区	县(市、区)	乡镇(街道)	一般公共预算收入
1055	温州市	乐清市	龙西乡	13.12	1086	宁波市	慈溪市	天元镇	—
1056	丽水市	松阳县	樟溪乡	12.12	1087	温州市	平阳县	昆阳镇	—
1057	温州市	苍南县	岱岭乡	12.04	1088	温州市	平阳县	水头镇	—
1058	丽水市	青田县	海溪乡	12.01	1089	温州市	平阳县	萧江镇	—
1059	台州市	仙居县	安岭乡	11.68	1090	温州市	平阳县	麻步镇	—
1060	丽水市	遂昌县	蔡源乡	11.68	1091	温州市	平阳县	腾蛟镇	—
1061	丽水市	松阳县	枫坪乡	11.61	1092	温州市	平阳县	山门镇	—
1062	丽水市	缙云县	三溪乡	10.83	1093	温州市	平阳县	南雁镇	—
1063	金华市	浦江县	花桥乡	10.61	1094	温州市	平阳县	顺溪镇	—
1064	衢州市	龙游县	罗家乡	10.50	1095	温州市	平阳县	青街乡	—
1065	丽水市	松阳县	三都乡	9.88	1096	温州市	平阳县	万全镇	—
1066	温州市	永嘉县	溪下乡	9.20	1097	温州市	平阳县	海西镇	—
1067	丽水市	青田县	方山乡	8.50	1098	温州市	平阳县	凤卧镇	—
1068	丽水市	云和县	安溪乡	7.51	1099	温州市	平阳县	怀溪镇	—
1069	丽水市	松阳县	四都乡	7.50	1100	温州市	平阳县	南麂镇	—
1070	丽水市	缙云县	前路乡	7.29	1101	温州市	平阳县	闹村乡	—
1071	丽水市	青田县	章旦乡	6.62	1102	温州市	文成县	铜铃山镇	—
1072	金华市	武义县	大溪口乡	6.00	1103	温州市	瑞安市	莘塍街道	—
1073	台州市	天台县	雷峰乡	6.00	1104	温州市	瑞安市	汀田街道	—
1074	丽水市	青田县	小舟山乡	5.61	1105	温州市	瑞安市	飞云街道	—
1075	温州市	文成县	西坑镇	5.33	1106	温州市	瑞安市	仙降街道	—
1076	丽水市	青田县	汤垟乡	5.25	1107	温州市	瑞安市	南滨街道	—
1077	丽水市	松阳县	竹源乡	5.04	1108	温州市	瑞安市	云周街道	—
1078	金华市	武义县	坦洪乡	5.00	1109	绍兴市	新昌县	城关镇	—
1079	温州市	文成县	二源镇	4.56	1110	金华市	婺城区	安地镇	—
1080	温州市	苍南县	莒溪镇	3.77	1111	金华市	婺城区	白龙桥镇	—
1081	温州市	苍南县	凤阳乡	3.44	1112	金华市	婺城区	蒋堂镇	—
1082	衢州市	龙游县	大街乡	3.33	1113	金华市	婺城区	琅琊镇	—
1083	温州市	瑞安市	北麂乡	2.93	1114	金华市	婺城区	罗埠镇	—
1084	温州市	文成县	平和乡	2.70	1115	金华市	婺城区	罗店镇	—
1085	丽水市	缙云县	石笕乡	2.45	1116	金华市	婺城区	汤溪镇	—

2017年浙江省社会保险基金收支表

单位：万元

科目	本年收入	上级补助收入	下级上解收入	本年支出	补助下级支出	上解上级支出	本年收支结余	滚存结余
一、企业职工基本养老保险	24299491	121583	586994	20583791	121583	586994	3715700	35972375
二、城乡居民基本养老保险	1585235	0	0	1574342	0	0	10893	1518903
三、机关事业单位基本养老保险	6637780	0	0	6404767	0	0	233013	508955
四、城镇职工基本医疗保险	9020023	0	45724	6701619	0	45724	2318403	14811353
五、城乡居民基本医疗保险	3390771	0	6954	3265044	0	6954	125727	867860
六、工伤保险	587500	48	4773	514906	48	4773	72594	936259
七、失业保险	779059	0	36790	669919	0	36790	109140	4119295
八、生育保险	454593	0	0	501318	0	0	-46725	366611
合计	46754452	121631	681235	40215706	121631	681235	6538745	59101611

注：本年收入中含上下级调剂收入，本年支出中含上下级调剂支出。

（续表十八）

单位：万元

排序	所属地区	县(市、区)	乡镇(街道)	一般公共预算收入	排序	所属地区	县(市、区)	乡镇(街道)	一般公共预算收入
1117	金华市	婺城区	雅畈镇	—	1138	金华市	金东区	东孝街道	—
1118	金华市	婺城区	洋埠镇	—	1139	金华市	金东区	多湖街道	—
1119	金华市	婺城区	岭上乡	—	1140	衢州市	开化县	张湾乡	—
1120	金华市	婺城区	乾西乡	—	1141	衢州市	开化县	金村乡	—
1121	金华市	婺城区	箬阳乡	—	1142	衢州市	开化县	城关镇工业园区	—
1122	金华市	婺城区	沙畈乡	—	1143	衢州市	开化县	塘坞乡	—
1123	金华市	婺城区	塔石乡	—	1144	衢州市	江山市	淤头镇	—
1124	金华市	婺城区	莘畈乡	—	1145	衢州市	江山市	双溪口乡	—
1125	金华市	婺城区	竹马乡	—	1146	丽水市	庆元县	松源街道	—
1126	金华市	婺城区	长山乡	—	1147	丽水市	庆元县	左溪镇	—
1127	金华市	婺城区	苏孟乡	—	1148	丽水市	庆元县	荷地镇	—
1128	金华市	婺城区	新狮街道	—	1149	丽水市	庆元县	贤良镇	—
1129	金华市	金东区	曹宅镇	—	1150	丽水市	庆元县	百山祖镇	—
1130	金华市	金东区	赤松镇	—	1151	丽水市	庆元县	官塘乡	—
1131	金华市	金东区	付村镇	—	1152	丽水市	庆元县	江根乡	—
1132	金华市	金东区	江东镇	—	1153	丽水市	庆元县	举水乡	—
1133	金华市	金东区	澧浦镇	—	1154	丽水市	庆元县	岭头乡	—
1134	金华市	金东区	岭下镇	—	1155	丽水市	庆元县	龙溪乡	—
1135	金华市	金东区	塘雅镇	—	1156	丽水市	庆元县	五大堡乡	—
1136	金华市	金东区	孝顺镇	—	1157	丽水市	庆元县	张村乡	—
1137	金华市	金东区	源东乡	—					

2017 年浙江省一般公共服务支出

单位:万元

科　目	决算数	科　目	决算数
人大事务	174763	质量技术监督与检验检疫事务	195457
政协事务	121905	民族事务	7313
政府办公厅(室)及相关机构事务	2925259	宗教事务	15062
发展与改革事务	278133	港澳台侨事务	26235
统计信息事务	127847	档案事务	63067
财政事务	413187	民主党派及工商联事务	51896
税收事务	616819	群众团体事务	153822
审计事务	96101	党委办公厅(室)及相关机构事务	271890
海关事务	18759	组织事务	181265
人力资源事务	223949	宣传事务	158018
纪检监察事务	163632	统战事务	60513
商贸事务	328547	对外联络事务	942
知识产权事务	625	其他共产党事务支出	157030
工商行政管理事务	505197	其他一般公共服务支出	313031
一般公共服务支出合计		7650264	

2017 年浙江省教育支出

单位:万元

科　目	决算数	科　目	决算数
教育管理事务	255271	留学教育	
普通教育	10690167	特殊教育	69564
职业教育	1308759	进修及培训	218760
成人教育	75059	教育费附加安排的支出	1053332
广播电视教育	37577	其他教育支出	593042
教育支出合计		14301531	

2017 年浙江省科学技术支出

单位:万元

科　目	决算数	科　目	决算数
科学技术管理事务	107620	社会科学	15591
基础研究	26226	科学技术普及	77634
应用研究	76945	科技交流与合作	11346
技术研究与开发	1520708	科技重大项目	14064
科技条件与服务	150444	其他科学技术支出	1034383
科学技术支出合计		3034961	

2017 年浙江省社会保障和就业支出

单位:万元

科　目	决算数	科　目	决算数
人力资源和社会保障管理事务	495656	红十字事业	17289
民政管理事务	316352	最低生活保障	381983
行政事业单位离退休	2835104	临时救助	54936
企业改革补助	3417	特困人员供养	20877
就业补助	147626	补充道路交通事故社会救助基金	10
抚恤	315496	其他生活救助	98940
退役安置	165542	财政对基本养老保险基金的补助	1171478
社会福利	304946	财政对其他社会保险基金的补助	301489
残疾人事业	449542	其他社会保障和就业支出	905558
自然灾害生活救助	31596		
社会保障和就业支出合计		8017837	

2017 年浙江省文化体育与传媒支出

单位:万元

科　目	决算数	科　目	决算数
文化	742548	新闻出版广播影视	171478
文物	175068	其他文化体育与传媒支出	327120
体育	180379		
文化体育与传媒支出合计		1596593	

2017 年浙江省医疗卫生与计划生育支出

单位:万元

科　目	决算数	科　目	决算数
医疗卫生与计划生育管理事务	257524	食品和药品监督管理事务	157270
公立医院	996947	行政事业单位医疗	622799
基层医疗卫生机构	782733	财政对基本医疗保险基金的补助	1578628
公共卫生	710419	医疗救助	136464
中医药	30360	优抚对象医疗	12120
计划生育事务	288684	其他医疗卫生与计划生育支出	267709
医疗卫生与计划生育支出合计		5841657	

2017 年浙江省节能环保支出

单位:万元

科　目	决算数	科　目	决算数
环境保护管理事务	155784	已垦草原退耕还草	
环境监测与监察	27130	能源节约利用	411508
污染防治	354263	污染减排	116838
自然生态保护	327481	可再生能源	24297
天然林保护	1465	循环经济	53493
退耕还林		能源管理事务	3436
风沙荒漠治理		其他节能环保支出	425807
退牧还草			
节能环保支出合计		1901502	

2017 年浙江省城乡社区支出

单位:万元

科　目	决算数	科　目	决算数
城乡社区管理事务	1802018	城乡社区环境卫生	930850
城乡社区规划与管理	159142	建设市场管理与监督	34162
城乡社区公共设施	3101479	其他城乡社区支出	3074005
城乡社区支出合计		9101656	

2017 年浙江省农林水支出

单位:万元

科　目	决算数	科　目	决算数
农业	2722170	农业综合开发	201520
林业	545430	农村综合改革	699074
水利	1971678	普惠金融发展支出	87102
南水北调		目标价格补贴	442
扶贫	325433	其他农林水支出	414078
农林水支出合计		6966927	

2017 年浙江省交通运输支出

单位:万元

科 目	决算数	科 目	决算数
公路水路运输	2196990	邮政业支出	5473
铁路运输	9473	车辆购置税支出	443101
民用航空运输	38680	其他交通运输支出	285560
成品油价格改革对交通运输的补贴	226047		
交通运输支出合计		3205324	

2017 年浙江省资源勘探信息等支出

单位:万元

科 目	决算数	科 目	决算数
资源勘探开发	54230	安全生产监管	123727
制造业	176326	国有资产监管	20263
建筑业	9360	支持中小企业发展和管理支出	643763
工业和信息产业监管	261049	其他资源勘探信息等支出	646681
资源勘探信息等支出合计		1935399	

2017 年浙江省商业服务业等支出

单位:万元

科 目	决算数	科 目	决算数
商业流通事务	364123	涉外发展服务支出	178068
旅游业管理与服务支出	159048	其他商业服务业等支出	702599
商业服务业等支出合计		1403838	

2017 年浙江省金融支出

单位:万元

科 目	决算数	科 目	决算数
金融部门行政支出	2706	金融调控支出	
金融部门监管支出	2154	其他金融支出	48191
金融发展支出	51626		
金融支出合计		104677	

2017 年浙江省国土海洋气象等支出

单位:万元

科　目	决算数	科　目	决算数
国土资源事务	435542	地震事务	2563
海洋管理事务	143849	气象事务	45955
测绘事务	38243	其他国土海洋气象等支出	13352
国土海洋气象等支出合计		679504	

2017 年浙江省住房保障支出

单位:万元

科　目	决算数	科　目	决算数
保障性安居工程支出	692161	城乡社区住宅	68813
住房改革支出	936797		
住房保障支出合计		1697771	

2017 年浙江省粮油物资储备支出

单位:万元

科　目	决算数	科　目	决算数
粮油事务	119816	粮油储备	46659
物资事务	739	重要商品储备	522
能源储备			
粮油物资储备支出合计		167736	

2017年浙江省乡镇财政基本情况表

单位:万元

项　目	决算数	项　目	决算数
一、一般公共预算收支决算		政府性基金收入	1500435
收入总计	20299975	上级补助收入	3472000
一般公共预算收入	14968117	待偿债置换专项债券上年结余	0
上级补助收入	4874185	上年结余	159448
待偿债置换一般债券上年结余	0	调入资金	30129
上年结余	285433	债务(转贷)收入	0
调入资金	59308	支出总计	5162012
债务(转贷)收入	0	政府性基金支出	4766858
调入预算稳定调节基金	112932	上解上级支出	101611
接受其他地区援助收入	0	调出资金	39292
支出总计	20299975	债务还本支出	0
一般公共预算支出	7796285	待偿债置换专项债券结余	0
上解上级支出	11875956	年终结余	254251
调出资金	0	三、国有资本经营收支决算	
债务还本支出	0	收入总计	0
增设预算周转金	0	国有资本经营收入	0
补充预算稳定调节基金	322641	上级补助收入	0
援助其他地区支出	0	上年结余	0
待偿债置换一般债券结余	0	支出总计	0
年终结余	305093	国有资本经营支出	0
二、政府性基金收支决算		调出资金	0
收入总计	5162012	年终结余	0

2017年全国各省、市、自治区财政收支占全国财政收支 税收收入占一般公共预算收入比重及排序

地　区	一般公共预算收入（亿元）	约占全国一般公共预算收入的比重（%）	占比排序	税收收入（亿元）	约占一般公共预算收入的比重（%）	占比排序	一般公共预算支出（亿元）	约占全国一般公共预算支出的比重（%）	占比排序
北京市	5431	5.9	6	4677	86.1	2	6825	3.9	9
天津市	2310	2.5	15	1612	69.8	18	3283	1.9	27
河北省	3234	3.5	10	2199	68.0	21	6639	3.8	11
山西省	1867	2.0	20	1397	74.8	9	3756	2.2	24
内蒙古自治区	1703	1.9	21	1287	75.6	8	4530	2.6	22
辽宁省	2393	2.6	14	1812	75.7	7	4879	2.8	16
吉林省	1211	1.3	26	854	70.5	16	3726	2.2	25
黑龙江省	1243	1.4	25	902	72.6	14	4641	2.7	19
上海市	6642	7.3	3	5866	88.3	1	7548	4.4	6
江苏省	8172	8.9	2	6484	79.3	5	10621	6.1	2
浙江省	**5804**	**6.3**	**5**	**4941**	**85.1**	**3**	**7530**	**4.3**	**7**
安徽省	2812	3.1	11	1971	70.1	17	6204	3.6	12
福建省	2809	3.1	12	2053	73.1	13	4684	2.7	18
江西省	2247	2.5	17	1515	67.4	23	5111	3.0	14
山东省	6099	6.7	4	4419	72.5	15	9258	5.3	3
河南省	3407	3.7	8	2329	68.4	20	8216	4.7	5
湖北省	3248	3.6	9	2248	69.2	19	6801	3.9	10
湖南省	2758	3.0	13	1759	63.8	31	6869	4.0	8
广东省	11320	12.4	1	8872	78.4	6	15037	8.7	1
广西壮族自治区	1615	1.8	22	1058	65.5	27	4909	2.8	15
海南省	674	0.7	28	544	80.6	4	1444	0.8	30
重庆市	2252	2.5	16	1476	65.5	26	4336	2.5	23
四川省	3578	3.9	7	2430	67.9	22	8695	5.0	4
贵州省	1614	1.8	23	1180	73.1	12	4613	2.7	21
云南省	1886	2.1	19	1234	65.4	28	5713	3.3	13
西藏自治区	186	0.2	31	123	66.0	25	1682	1.0	28
陕西省	2007	2.2	18	1486	74.0	11	4833	2.8	17
甘肃省	816	0.9	27	547	67.0	24	3304	1.9	26
青海省	246	0.3	30	184	74.7	10	1530	0.9	29
宁夏回族自治区	418	0.5	29	270	64.6	29	1373	0.8	31
新疆维吾尔自治区	1467	1.6	24	944	64.3	30	4637	2.7	20
地方合计	91469			68673			173228		

注：因四舍五入因素，合计数与分项加总数或存有尾差。

财政法规选编

zhejiang caizheng nianjian

浙江省省级科技成果转化引导基金管理办法

浙财教〔2017〕2号 2017年1月18日

第一章 总则

第一条 为贯彻落实《关于创新财政支持经济发展方式加快设立政府产业基金的意见》(浙政发〔2015〕11号)精神,加速推动科技成果转化与应用,引导社会力量和市县政府加大科技成果转化投入,"十三五"期间,省财政设立20亿元省级科技成果转化引导基金(以下简称转化引导基金)。为规范转化引导基金管理,根据《政府投资基金暂行管理办法》(财预〔2015〕210号),制定本办法。

第二条 转化引导基金主要通过与社会资本合资新设、以增资方式参与现有创业投资基金、与市县联合成立区域引导基金、对接国家科技成果转化引导基金设立"子基金"等方式,投资种子期、初创期、成长期等创业早期的科技型中小微企业和高新技术企业,促使其转化利用财政资金形成的科技成果,包括省级以上科技计划(专项、项目)及其他事业单位产生的新技术、新产品、新工艺、新材料、新装置及其系统等;进一步促进科技成果的产业化和资本化,加大力度扶持科技型中小微企业和高新技术企业。

第三条 转化引导基金主要发挥财政资金的撬动作用,引导各级政府、民间、社会资金重点投资于信息经济、新材料、高端装备、清洁能源、节能环保、智能交通、现代农业、新药创制、精准医疗等新兴产业领域,以及基于4G+/5G的移动互联、大数据行业应用、特色产业智能制造、环境治理、新兴农业集成创新应用、农业新品种新技术成果转化应用等。

第四条 转化引导基金以"政府引导、市场运作、鼓励创新、科学决策、防范风险"为指导,以政策性、引导性、间接性和竞争性为原则,以决策、管理、运行相分离的管理体制进行运作。

第二章 组织架构和职责分工

第五条 转化引导基金设立"决策—管理—运营"三层组织架构。

第六条 省科技厅、省财政厅成立转化引导基金管理联席会议(以下简称联席会议),联席会议由省科技厅召集,省科技厅、省财政厅各派代表参加。联席会议为转化引导基金的管理和协调机构,负责转化引导基金引导放大目标,分领域、专业化与市县合作及对接国家发起设立子基金事宜,审定转化引导基金重大事项、选定基金运营机构、审定转化引导基金年度工作计划和工作报告等。秘书处设在省科技厅,负责联席会议日常工作。

第七条 省财政厅会同省科技厅对转化引导基金进行监督管理。省科技厅结合科技计划项目以及纵、横向的科研成果转化项目信息,提供项目对接服务。

第八条 省财政厅代表省政府履行出资人职责,授权浙江省金融控股有限责任公司代行出资人职责。

第九条 省科技厅负责浙江省科技成果转化引导基金有限责任公司(以下简称基金公司)的组建设立和基金运作的业务指导与监督,基金公司按照《公司法》建立法人治理结构,设董事会、监事(会),依法履行相应职责,不设日常管理机构。基金公司由联席会议委托的基金运营机构进行日常管理,主要负责监督转化引导基金的运作、转化引导基金管理运作过程中的风险监控。

第十条 基金运营机构应同时符合以下条件:

(一)在浙江省注册,注册资本不低于1000万元人民币,以货币形式出资,经营范围为创业投资管理业务,且管理团队具有5年以上国有创业投资资金运营经验的企业;

(二)至少有7名具备5年以上创业投资或基金管理工作经验的专职高级管理人员,管理团队稳定,具有良好的职业操守和信誉。至少有10个获利100%以上成功的投资案例。能够为被投资企业提供创业辅导、管理咨询等增值服务;

(三)在浙江省内有固定的营业场所和与其业务相适应的软硬件设施;

(四)管理和运作规范,具有严格合理的投资决策程序和风险控制机制,按照国家企业财务、会计制度规定,有健全的内部财务管理制度和会计核算办法;

(五)机构及其工作人员无重大过失,无行政主管机关或司法机关处罚的不良记录。

第十一条 首期转化引导基金由浙江省科技风险投资有限公司作为基金运营机构具体经营管理,委托管理期限暂定为五年。为加强对省科技风险投资有限公司的日常管理,试运行一年后进行绩效考核评估,如不合适,再通过公开招标方式重新选择基金运营机构。

第十二条 基金运营机构按照约定和联席会议要求负责转化引导基金的具体投资和运作,包括提出投资计划,开展拟投资项目专业化运作等。基金运营机构主要职责包括:

(一)根据本办法及联席会议提出的支持重点,对外公开征集选择拟参股设立的子基金;

(二)对接国家科技成果转化引导基金,接受国家基金投资或参股;

(三)引导市县政府设立科技成果转化引导基金,并对有合作意向的子基金进行审查、参股投资;

(四)对拟参股子基金开展尽职调查、入股谈判,签订子基金章程或合伙协议;

(五)对转化引导基金实行专户管理,专账核算。根据子基金章程或合伙协议约定,在其他出资人按期缴付出资资金后,将转化引导基金及时拨付子基金托管银行账户;

(六)对投资形成的股权等相关资产进行后续管理;

(七)办理投资退出相关事宜;

(八)按照规定选择基金公司资金托管银行;

(九)定期向联席会议报告转化引导基金和子基金投资运作

情况及其他重大事项。

第三章　科技成果转化项目库

第十三条　省科技厅会同有关高等学校、科研院所、行业专家建立浙江省科技成果转化项目库（以下简称项目库），为科技成果转化引导基金的项目投资提供信息支持。

应用型省级科技计划项目（课题）完成单位应当向省科技成果转化库提交成果信息。

第十四条　国家和省重大科技专项等科技计划项目、创新创业大赛获奖企业、“千人计划”等高端人才创办的或开展重大科技成果转化的企业、军民融合科技成果转化项目直接进入浙江省科技成果转化项目库；行业、部门、市县科技计划（专项、项目）产生的科技成果，分别经相关主管部门和省、市科技部门审核推荐后可进入项目库；高等学校、科研机构、企业、科技人员、创业投资机构等推荐或自荐的海内外科技成果转化项目，经审查适合的由省科技厅推荐进入项目库。

第十五条　精准提供科技成果转化项目库服务。坚持科技成果转化、培育发展科技型中小微企业的导向，基金运营机构分类梳理科技成果转化项目库中的项目，提供项目研发总投入、项目财政补助金额、技术先进性、与重点产业相关性等信息供投资人参考，为投资人提供细致的专业化服务。

第四章　设立子基金

第十六条　鼓励市县设立科技成果转化引导基金，同时积极通过现有政府产业基金、创业风险投资、天使投资等引导基金，按照国家和省科技成果转化支持方向、重点领域、重点行业，发起设立子基金，与社会资本合作设立科技成果转化子基金（以下简称子基金）。符合本办法规定条件的，转化引导基金在同等条件下优先参股。对转化引导基金参股子基金所在市县，省级重点研发、技术创新引导计划（专项）在同等条件下优先给予支持。

第十七条　鼓励市县与省联合设立区域引导基金，省出资比例一般不超过20%，出资总额不超过1亿元，区域引导基金由市县为主管理。省与市、县（市、区）设立的引导基金规模一般不低于5000万元；省、市、县（市、区）共同设立的引导基金规模一般不低于1亿元。

第十八条　积极争取中央财政出资参股我省子基金，基金运营机构应主动做好与国家科技成果转化引导基金管理机构对接，关注国家基金投资管理的新动向，根据国家基金的要求做好省、市（县）联动设立子基金等相关争取、准备工作；省科技厅、省财政厅积极主动与国家部委衔接、宣传介绍我省基金设立、运作的进展情况并争取国家基金参股落户我省。

第十九条　符合相关条件和要求的投资机构共同发起，或与市县共同发起设立子基金。其中，多家投资机构拟共同发起设立子基金的，应推举一家机构作为申请者。

第二十条　申请者应当确定一家投资机构作为拟设立子基金的管理机构。子基金管理机构应具备以下条件：

（一）在中国大陆注册，注册资本不低于500万元人民币，且以货币形式出资，经营范围为创业投资业务，组织形式为公司制、有限合伙制及其他合法形式；

（二）至少有3名具备5年以上创业投资或基金管理工作经验的专职高级管理人员，其中核心管理人员1名必须具备创业投资经验，管理团队稳定，具有良好的职业操守和信誉。至少有3个成功的投资案例，其中2个必须属创业投资案例。成功案例是指未退出项目年平均收益率在15%以上或根据最近一期融资价格计算的年平均收益率在20%以上，退出项目的年平均收益率20%以上。能够为被投资企业提供创业辅导、管理咨询等增值服务；

（三）有较强的资金募集能力，募集资金来源及对象应符合国家有关规定；在浙江省内有固定的营业场所和与其业务相适应的软硬件设施；

（四）管理和运作规范，具有严格合理的投资决策程序和风险控制机制，按照国家企业财务、会计制度规定，有健全的内部财务管理制度和会计核算办法；

（五）机构及其工作人员无重大过失，无行政主管机关或司法机关处罚的不良记录；

（六）完成政府相关监管部门的登记备案，接受私募基金管理部门的监督。

第二十一条　对新设立子基金的相关要求：

（一）子基金应当在浙江省内注册，且投资于浙江省境内企业的资金比例不得低于子基金注册资本或承诺出资额的80%；

（二）每支子基金募集资金总额不低于5000万元人民币。其中：申请者为投资企业的，其注册资本或净资产不低于5000万元人民币；转化引导基金出资原则上不超过子基金注册资本或承诺出资额的30%，各级政府转化引导基金出资合计参股比例原则上不超过子基金注册资本或承诺出资额的50%；子基金管理机构对子基金认缴出资额不低于基金规模的1%，且以货币形式出资；其余资金由子基金管理机构依法募集；

（三）子基金可以采取有限合伙制、公司制和其他合法形式。采用有限合伙制的，转化引导基金为有限合伙人，按照法律法规规定承担有限责任；

（四）子基金的全体投资人可以一次或分次到位投资资金。若分次到位，转化引导基金的资金按比例到位；若另有约定，从其约定；

（五）子基金的存续期限原则上不超过8年，通过到期清算、股东回购、股权转让、子基金减资等方式实施退出；确需延长存续期的，须经联席会议同意；

（六）子基金投资于成立时间5年以内、净资产和上年销售收入均不高于3000万元的科技型中小微企业的额度不得低于子基金认缴金额总规模的70%；

（七）子基金对单个企业的投资原则上不超过被投资企业总股本的30%，且不超过子基金认缴金额总资产的20%；

（八）子基金成立后，应在3个月内完成政府相关监管部门的备案，接受私募基金管理部门的监管。

第二十二条 申请转化引导基金对现有创业投资基金进行增资的，需通过子基金的章程或协议进行实现。除需符合上述规定条件外，还应满足以下条件：

（一）子基金按有关法律、法规设立在1年以内，并开始投资运作，按规定在有关部门备案；

（二）子基金全体出资人首期出资或首期认缴出资已经到位，且不低于注册资本或承诺出资额的20%。

第二十三条 子基金的设立流程：

（一）公开征集。按照本办法和联席会议要求，基金运营机构向全社会公开发布基金申报指南。拟与转化引导基金合作的投资机构，根据指南要求进行申报；

（二）尽职调查。基金运营机构对经初步筛选的申请人资料和子基金设立方案进行尽职调查，出具尽职调查报告，并提出投资建议；

（三）专家评审。基金运营机构组织科技、管理、法律、金融、投资、财务等领域的专家，对申请合作方案和尽职调查报告进行独立评审，并提出评审意见和建议；

（四）投资决策。基金运营机构根据专家评审意见和建议，审查并批准子基金设立方案；

（五）媒体公示。对审查通过的拟参股子基金设立方案，由基金运营机构在公众媒体予以公示7天，有异议的，必要时邀请专家进行调查，核实有关情况，提出调查处理意见报联席会议决策。

第二十四条 申请者提交的申请材料应包括以下内容：

（一）子基金组建具体方案；

（二）主要出资人的出资承诺书或出资证明；

（三）会计师事务所出具的申请人近期的审计报告；

（四）子基金管理机构的有关材料；

（五）其他应当提交的资料。

第二十五条 转化引导基金及子基金不得从事以下业务：

（一）投资于已上市企业（所投资企业上市后，子基金所持股份未转让及其配售部分除外）；

（二）从事担保、抵押、委托贷款、房地产（包括购买自用房地产）等业务；

（三）投资于股票、期货、企业债券、信托产品、理财产品、保险计划及其他金融衍生品；

（四）进行承担无限连带责任的对外投资；

（五）吸收或变相吸收存款，以及发行信托或集合理财产品的形式募集资金；

（六）向任何第三方提供资金拆借、赞助、捐赠等；

（七）其他国家法律法规禁止从事的业务。

第五章 投资管理

第二十六条 基金运营机构设投资决策委员会，对项目的投资和退出进行投资决策。投资决策委员会由基金运营机构选派3—5名具有丰富投资管理经验的人员组成，并在选派或调整后10日内报省科技厅、省财政厅备案。

第二十七条 基金运营机构设专家顾问委员会，为项目决策提供技术和智力支持。顾问委员会由科技成果转化方面的知名专家学者、行业产业专家、具有丰富执业经验的注册会计师和律师等人员组成，必要时，可就特定领域组成若干个项目专家小组，为投资决策委员会提供专业意见。

第二十八条 子基金投资具体项目，由子基金管理机构市场化选择为主，基金运营机构定期了解并监督。

第二十九条 子基金投资于转化科技成果转化项目库中科技成果的企业的资金应不低于子基金认缴金额的30%；其他投资方向应符合国家和省重点支持的高新技术领域；承诺投资于浙江省注册的科技型企业资金额比例不低于子基金认缴金额的80%。

第三十条 建立重大科技成果转化投资项目清单管理机制。以培育未来产业核心竞争力、加快形成经济发展新动能为目标，坚持大中小并举，更加注重初创期、成长期科技型中小企业，提出年度科技成果转化投资项目推荐清单，推荐给基金运营机构，引导其优先支持国家和省各类科技计划支持的项目，优先支持军民合作项目，优先支持高端人才创办企业，优先支持海内外科研成果在浙江落地转化。基金运营机构要对子基金投资项目或投资企业分类统计分析。建立科技成果转化投资项目评价机制，每年根据项目投资额、技术先进性、产业关联性等对综合排名前50名的项目（或企业）做好跟踪监测和后续服务，直到子基金退出该项目（或企业）。

第三十一条 基金运营机构向子基金派出代表，依据法律法规和子基金章程或合伙协议等行使出资人职责，参与重大决策，监督子基金的投资和运作，不参与日常管理。

第三十二条 转化引导基金参股期间，按出资比例享受子基金分红。

第三十三条 转化引导基金以出资额为限对子基金债务承担责任。子基金清算出现亏损时，首先由子基金管理机构以其对子基金的出资额承担亏损，剩余部分由转化引导基金和其他出资人按出资比例承担。

第三十四条 有下列情况之一的，转化引导基金可通过协议转让方式选择退出，且无需经由其他出资人同意：

（一）子基金方案获得批准后，未按规定程序完成设立手续超过一年的；

（二）转化引导基金向子基金账户拨付资金后，子基金未开展投资超过一年的；

（三）子基金投资项目不符合本办法规定的政策目标的；

（四）子基金未按照章程或合伙协议约定投资的；

（五）子基金管理机构发生实质性变化的。

第三十五条 子基金存续期内，鼓励子基金的股东（投资人）或其他投资者购买转化引导基金所持子基金的股权或份额。同等条件下，经联席会议批准，子基金的股东（投资人）及管理机构通过协议转让优先购买。如子基金的管理机构提出要求，则转化引导基金至少将其中的20%转让给管理机构。

第三十六条 对于发起设立的子基金，注册之日起4年内（含4年）购买的，以转化引导基金原始出资额转让；4年以上、6

年内(含6年)购买的,以转化引导基金原始出资额及从第5年起按照转让时中国人民银行公布的1年期贷款基准利率计算的利息之和转让;如果子基金的投资方向不符合本办法的规定,则不享受以上优惠措施,转化引导基金与其他出资人同股同权。6年以上仍未退出的,经联席会议批准,将以公允价格协议转让退出,或与其他出资人同股同权在存续期满后清算退出。

对于增资设立的子基金的,上述年限从子基金完成变更登记手续之日起计算。

第六章　费用和收益管理

第三十七条　转化引导基金的委托管理费用按照委托管理协议支付,原则上按照实际投资金额每年0.6%的比例按年支付。主要用于基金运营机构参与转化引导基金经营管理、投资运作等所发生的各项成本、费用,及对转化引导基金、基金运营机构的审计、考核评价费用。

子基金管理费由子基金出资人与子基金管理机构根据市场情况及行业惯例协商确定。

第三十八条　基金公司仅限列支法律规定的作为公司存在所必须进行的法律行为所需的成本和费用、支付的审计、考核评价费用以及根据本办法支付的业绩奖励。

第三十九条　转化引导基金存放银行通过公开招标方式选择,具体按照公款竞争性存放有关规定执行;存放银行为转化引导基金单独开设托管账户,其资金存放、使用应符合财务制度规定。

第四十条　子基金存续期内,转化引导基金所持子基金股份的股权转让、分红、清算等资金应进入托管账户。

第四十一条　基金公司的税后利润在提取法定公积金后不分配,全额留存基金运营机构用于投资。

第四十二条　子基金存续期结束时,子基金出资各方按照出资比例或相关协议约定获取投资收益。

第七章　风险控制

第四十三条　基金运营机构要加强对转化引导基金的风险监控,按照财政部等部门印发的企业内部控制规范体系的要求,建立健全包括风险管理制度、风险管理组织和风险控制流程在内的风险管理体系,确保转化引导基金投资活动在风险可控的前提下有序运作。

第四十四条　基金运营机构要加强对投资项目运营情况的跟踪,对投资项目实行全过程动态管理,并根据投资模式的不同,侧重不同的风险防范点,确保项目投资安全和效益,及时发现和纠正项目执行中存在的风险和隐患。

第四十五条　子基金管理机构应建立内部控制和风险防范机制等,保障转化引导基金运行安全,报基金运营机构备案。

第八章　报告制度

第四十六条　新设或增资子基金公示无异议的,基金运营机构应在10日内及时将相关投资情况及理由报省科技厅、省财政厅备案。

第四十七条　每季度结束后15日内,基金运营机构应及时报送转化引导基金的投资运作、项目进展、股本变化、资金使用等情况,报省科技厅、省财政厅。

第四十八条　每半年度结束后30日内,基金运营机构应及时将重大科技成果转化投资项目清单及所投项目进展情况报省科技厅、省财政厅。

第四十九条　会计年度结束后90天内,基金运营机构需按财政总预算会计核算要求提交投资基金情况表和相关年度会计报表,报省财政厅。

第五十条　会计年度结束后的4个月内,基金运营机构须提交转化引导基金年度工作报告和经注册会计师审计的年度会计报告,报联席会议。

第五十一条　转化引导基金运作和管理中重大事项,基金运营机构应在7日内报送省科技厅、省财政厅。

第九章　监督管理和绩效考核

第五十二条　省财政厅会同省科技厅对转化引导基金的运作管理进行监督,对资金使用进行检查。

第五十三条　建立转化引导基金绩效评价制度,按年度对基金政策目标实现程序、投资运营情况等开展评价,有效应用绩效评价结果。每年终了,联席会议委托会计师事务所对基金运营机构经营情况和资金使用情况进行年度审计。

第五十四条　根据绩效评价及审计情况,经基金运营机构申请,省科技厅、省财政厅审核,并报经联席会议批准,给予基金运营机构一定比例的业绩奖励或扣减委托管理费用。

第五十五条　省财政厅、省科技厅、基金运营机构、基金公司及其工作人员,存在滥用职权、玩忽职守、徇私舞弊等违法违纪行为,或违反管理办法规定,造成转化引导基金不应有损失的,按照《财政违法行为处罚处分条例》等有关规定追究相关责任人的责任。

第十章　附　则

第五十六条　本办法自2017年2月18日起施行,由省财政厅、省科技厅负责解释。

第五十七条　与国家科技成果转化引导基金合作设立的子基金的管理,比照国家有关管理办法执行。

浙江省预决算公开操作规程实施细则

浙财预〔2017〕5号　2017年2月13日

为建立全面规范、公开透明的预算制度,继续推动提升我省预决算公开水平,规范预决算公开工作,根据《中华人民共和国预算法》(以下简称《预算法》)《中华人民共和国政府信息公开条例》《浙江省预算审查监督条例》《关于进一步推进预决算公开工作的实施意见》(浙委办发〔2016〕56号)以及《地方预决算公开操作规程》（财预〔2016〕143 号）等有关规定，制定本规程。

一、基本原则

第一条 坚持以公开为常态，不公开为例外。依法依规主动公开预决算信息，提高预决算透明度。除涉及国家秘密外，不得少公开、不公开应当公开的事项，保证公开内容全面、真实、完整。通过公开进一步促进财政改革，促进财税政策落实，促进财政管理规范，促进政府效能提高。

第二条 坚持明确和落实主体责任。财政部门负责公开政府预决算，各部门负责公开本部门预决算。

第三条 坚持公开基本要求：公开及时、内容准确、形式规范。以问题为导向，重视公开实效，聚焦社会热点，回应公众关切。方便社会监督，公开内容公众找得着、看得懂、能监督。

二、公开主体及职责

第四条 各级政府预决算由财政部门负责公开。除依法确定为涉及国家秘密的信息（以下简称涉密信息）外，各市、县（市、区）财政部门应根据《预算法》《浙江省预算审查监督条例》等规定，主动、及时公开经本级人民代表大会或者本级人民代表大会常务委员会批准的预算、预算调整、预算执行情况、决算的报告及报表等。

第五条 部门预决算由各部门各单位负责公开。除依法确定为涉密信息外，各部门各单位应根据《预算法》《浙江省预算审查监督条例》等规定，主动、及时向社会公开经本级政府财政部门批复的本部门本单位预算、决算及报表等预决算信息。

第六条 本级政府财政专项资金管理清单由同级财政部门负责公开，财政专项资金全过程管理信息由归口管理的同级行政主管部门负责公开。

第七条 全省各级财政部门和各部门均应在本级政府信息公开主管部门领导下，组织开展预决算公开工作。财政部门负责制定本地区预决算公开的规定，指导和督促本级各部门和下级财政部门预决算公开工作，向本级政府信息公开工作主管部门和上级政府财政部门报告本地区预决算公开情况。各部门负责制定本部门预决算公开的规定，各部门预决算公开情况须同时报送本级政府信息公开主管部门和财政部门。

第八条 全省财政部门和各部门要树立依法公开观念，增强主动公开意识，切实履行主动公开责任；加强沟通合作，相互配合，共同推进全省预决算公开工作。

三、公开时间

第九条 政府预决算公开时间。各级财政部门依法应当在本级人民代表大会或者本级人民代表大会常务委员会批准预算、预算调整、预算执行情况、决算后 20 日内，主动向社会公开。鼓励各级财政部门公开时间适当提前。

第十条 部门预决算公开时间。各部门依法应当在本级财政部门批复预决算之日起 20 日内，主动向社会公开。鼓励各级各部门公开时间适当提前，原则上同一地方各部门在同一天集中公开。

第十一条 财政专项资金信息公开时间。全省各级各部门应当在归口管理的财政专项资金全过程管理相关文件（涉密信息除外）印发后 20 日内公开相关信息。

第十二条 各级各部门要严格按照上述规定集中公布相关信息，原则上应于每年 10 月 31 日前完成年度预决算公开工作。

四、政府预决算公开内容

第十三条 政府预决算公开应当公开预算、调整预算、预算执行情况及决算的报告以及一般公共预算、政府性基金预算、国有资本经营预算和社保基金预算四本预算。涉密信息除外。

第十四条 一般公共预算原则上至少应公开以下 6 张报表、“三公”经费情况及相关说明。

1. 一般公共预算收入表。

2. 一般公共预算支出表（含本级支出、平衡部分）。

3. 一般公共预算本级支出表，公开到功能分类项级科目。

4. 一般公共预算本级基本支出表，公开到经济性质分类款级科目。

5. 一般公共预算税收返还和转移支付表，专项转移支付应当分地区、分项目公开。

6. 政府一般债务限额和余额情况表。

各级财政部门要同时公开本级汇总的一般公共预算“三公”经费情况，包括预算总额以及“三公”经费分项数额（其中：公务用车购置及运行费细化公开“公务用车购置费”和“公务用车运行费”分项金额），并对增减变化情况进行说明。

第十五条 政府性基金预算原则上至少公开 4 张报表。

1. 政府性基金收入表。

2. 政府性基金支出表（含本级支出、平衡部分），支出表公开到功能分类项级科目。

3. 政府性基金转移支付表。

4. 政府专项债务限额和余额表。

第十六条 国有资本经营预算原则上至少公开 2 张报表。

国有资本经营预算收入表和支出表，支出表公开到功能分类项级科目。对下安排转移支付的应当公开转移支付表。

第十七条 社会保险基金预算原则上至少公开 2 张报表。

社会保险基金预算收入表和支出表，支出表公开到功能分类项级科目。

第十八条 全省各级财政部门公开的财政预决算报告及相关说明须包括以下内容：财政转移支付安排情况、举借政府债务及债务发行、使用、偿还等情况，新增债务限额使用情况及使用债券资金项目的建设情况、预算绩效工作开展情况、重点支出情况、重大投资项目情况等重要事项。

五、部门预决算公开内容

第十九条 部门预决算公开的内容为各级财政部门批复的部门预决算。包括部门整体收支情况和财政拨款收支情况。其中，财政拨款收支情况包括一般公共预算和政府性基金预算。涉密信息除外。

第二十条 部门收支总体情况原则上至少公开 3 张报表，财政拨款收支情况原则上至少公开 5 张报表。

部门收支情况表包括：

1. 部门收支总体情况表及平衡。其中收入分资金性质，支出分功能分类，并同时公开平衡情况。

2. 部门收入总体情况表。公开分单位分资金性质的收入情况。

3. 部门支出总体情况表。公开分单位分项目类别的支出情况。

财政拨款收支情况表包括：

1. 财政拨款收支总体情况表，其中收入分资金性质，支出分项目类别。

2. 一般公共预算支出情况表，公开到功能分类分项级科目支出情况。

3. 一般公共预算基本支出情况表，经济性质分类细化到款级科目。

4. 一般公共预算“三公”经费支出情况表，按因公出国(境)费用、公务接待费、公务用车运行维护费和公务用车购置费分项公开。

5. 政府性基金预算支出情况表，公开到功能分类分项级科目支出情况。

第二十一条 各部门公开预决算表的同时，应当一并公开部门的职责、机构设置情况、国有资产占有使用情况、预决算收支增减变化、机关运行经费安排、预算绩效情况、“三公”经费情况、政府采购等情况的说明，应当对关键数据的重大增减变化情况进行说明，并对专业性较强的名词进行解释。

本条第一款公开“国有资产占有使用情况”。各部门单位要探索建立部门和单位国有资产公开制度，逐步公开本部门本单位占有使用国有资产的总体情况、分布构成、主要实物资产数据和资产变动情况。

本条第一款公开“部门运行经费情况”，是指各部门机关及参公单位的公用经费，包括办公及印刷费、邮电费、差旅费、会议费、福利费、日常维修费、专用材料费、日常办公设备购置费、办公用房水电费、办公用房物业管理费、公务用车运行维护费以及其他费用。

本条第一款公开“预算绩效”情况。各部门各单位应当结合工作进展推进预算绩效信息公开。逐步在部门预算中公开部门和单位重点项目预算的绩效目标，在部门决算中公开主要民生项目和重点支出项目的绩效评价结果。

本条第一款公开“三公”经费情况，在部门预算公开时应说明增减变化情况；决算时，除说明增减变化情况外，还应当说明因公出国(境)团组数及人数，公务用车购置数及保有量，国内公务接待的批次、人数等情况。

本条第一款公开“政府采购”情况(涉密信息除外)。采购活动开始前，在采购文件中公开项目采购预算，采购时尚未确定项目预算金额的，可不公开具体预算金额；采购活动完成后，公开中标、成交结果和政府采购合同；公开部门决算时，一并公开本部门本单位政府采购货物、工程、服务的总体情况，以及支持中小企业等政府采购政策的落实情况。

六、公开方式

第二十二条 全省各级财政部门和各部门建立门户网站的，应在门户网站公开预决算，并永久保留，其中当年预决算应当公开在网站醒目位置。没有门户网站的，应当采取措施在公开媒体公开预决算，并积极推动门户网站建设。

充分发挥浙江政务服务网、政府公报、新闻发布会以及报刊、广播、电视、政务微博和微信等媒体传播政府信息的作用，汇总集中公开信息，拓宽信息公开渠道，确保公众及时知晓和有效获取公开的预决算信息。

第二十三条 自2017年起，全省县级及以上财政部门应当在本级政府或财政部门门户网站上设立预决算公开统一平台(或专栏)，将政府预决算、部门预决算在平台(或专栏)上集中公开。对在统一平台公开的政府预决算、部门预决算，应当编制目录，对公开内容进行分类、分级，方便公众查阅和监督。

七、涉密信息处理

第二十四条 全省各级财政部门和各部门应当建立健全预决算公开保密审查机制。严格依照《中华人民共和国保守国家秘密法》《中华人民共和国政府信息公开条例》等法律法规规定进行审查。

第二十五条 全省各级财政部门和各部门在依法公开政府预决算和部门预决算时，对涉及国家秘密的内容不予公开。对部分内容涉及国家秘密的，在确保安全的前提下，按照下列原则处理。

1. 同一功能分类款级科目下，大部分项级科目涉密的，仅公开到该款级科目；

2. 同一功能分类类级科目下，大部分款级科目涉密的，仅公开到该类级科目；

3. 个别功能分类款级科目或项级科目涉密的，除不公开该涉密科目外，同一级次的“其他支出”科目也不公开。

第二十六条 涉密信息经法定程序解密并删除涉密内容后，予以公开。部分涉密事项多、尚不具备公开条件的部门要加强研究预判，确保预决算公开工作积极稳妥。

八、保障措施

第二十七条 全省各级财政部门要加强对本地区预决算公开工作的指导，及时制定本地区财政预决算公开的规范。明确政府预决算和部门预决算公开时间、内容和程序。选择部分基础好的财政部门和有关部门，制作公开模板，提供下级财政部门和本级各部门参照，提高本地区预决算和部门预决算公开的规范化水平。

第二十八条 全省各级财政部门要将预决算公开情况纳入地方财政工作考核范围，选择预决算公开的及时性、完整性、准确性、细化程度、公开形式是否规范、组织是否切实有效、社会公众评价等7个考核指标，对本级各部门和下级财政部门预决算公开情况进行考核。各部门要结合实际，将预决算公开纳入绩效考核范围，增强职能部门和相关人员责任。

第二十九条 全省各级财政部门每月应当及时按规定向上级财政部门报送本地截至上月底的预决算公开进展情况。每年10月底，各地财政部门须向上级财政部门报送全年预决算公开情况。各地完成政府预决算、部门预决算、“三公”经费公开阶段性工作,或推进本级预决算公开工作取得重大进展的,应及时向上级财政部门报送相关情况材料。

第三十条 全省各级财政部门应当在本级政府信息公开主管部门领导下,开展预决算公开检查。

全省各级财政部门应当对预决算公开检查结果进行量化评价、排名,排名情况在系统内通报。检查中发现的问题要坚决曝光,监督整改。整改不力的可采取通报、约谈和现场督导等方式,督促整改到位。

第三十一条 预决算公开检查中发现依法应追究责任的,应移送政府信息公开工作主管部门和监察机关,建议其依照《中华人民共和国预算法》《中华人民共和国政府信息公开条例》等法律法规的规定,对直接负责的主管人员和其他直接责任人员给予处分。

九、附　则

第三十二条 本规程自印发之日起执行。全省各级财政部门可结合实际情况制定实施细则。

全省各级财政部门在执行中发现问题,应及时向省财政厅报告。

浙江省支持浙商创业创新目标责任制考核奖励专项资金管理办法

浙财建〔2017〕18 号 2017 年 2 月 27 日

第一条 为深入贯彻落实省委、省政府关于支持浙商创业创新、促进浙江发展的决策部署,更好发挥财政资金的导向作用,提高财政资金的使用绩效,推动全省浙商创业创新加快发展,根据财政专项资金管理的有关规定,制定本办法。

第二条 省支持浙商创业创新目标责任制考核(以下简称"目标责任制考核")奖励专项资金(以下简称"专项资金")是指省财政安排用于奖励目标责任制考核优秀单位的专项资金。

第三条 专项资金的安排使用遵循"总量包干、分类分档、激励先进"的原则。

第四条 省财政厅、省发改委共同负责专项资金的分配下达和监督管理。各市财政、发改(经合)部门具体负责专项资金的使用管理。

第五条 专项资金规模和分配范围:

专项资金规模:2017—2021 年,省财政每年预算安排 1200 万元,专项用于"十三五"期间省支持浙商创业创新目标责任制考核奖励,并实行年度总量控制。

专项资金分配范围:根据省支持浙商创业创新目标责任制考核办法,经省支持浙商创业创新促进浙江发展工作领导小组审定通过的年度目标责任制考核优秀的各设区市人民政府和省外、海外浙江商会引进办(联络处)。

第六条 专项资金具体分配方案:

(一)设区市人民政府目标责任制考核奖励资金总额 800 万元,属一般性转移支付,纳入省与市财政年终结算。依据考核结果,原则上一等奖各 100 万元、二等奖各 75 万元、三等奖各 50 万元。若出现名次并列等情况,奖励总额不变,各等次奖励金额微调。

(二)省外、海外浙江商会引进办(联络处)目标责任制考核奖励资金总额 400 万元,分别纳入省发改委、省外事侨务办年度部门预算。依据考核结果,一等奖各 25 万元、二等奖各 15 万元、三等奖各 10 万元、完成目标任务奖各 5 万元。

第七条 专项资金的分配和下达。省发改委根据考核结果提出初步分配方案,省财政厅核定后按规定时间下达资金。设区市的奖励资金下达至各市财政局,省外、海外浙江商会引进办(联络处)奖励资金下达至省级相关部门,由省级相关部门分别拨付省外、海外浙江商会引进办(联络处)。

第八条 省外、海外浙江商会引进办(联络处)奖励资金由省外、海外浙江商会引进办(联络处)用于开展浙商回归的组织、招商、宣传等工作。

第九条 设区市的奖励资金禁止用于发放津贴补贴。省外、海外浙江商会引进办(联络处)的奖励资金禁止用于发放个人奖励,禁止用于浙商回归工作和招商活动组织以外的其他用途。

第十条 省财政厅、省发改委将对专项资金使用情况进行定期或不定期监督检查。各级财政部门、发改部门、外侨办及其工作人员在资金审核、下达工作中,存在违规分配、使用、管理资金,以及其他滥用职权、玩忽职守、徇私舞弊等违法违纪行为的,按照《预算法》《公务员法》《行政监察法》《财政违法行为处罚处分条例》等国家有关规定追究相应责任;涉嫌犯罪的,移送司法机关处理。

第十一条 各设区市政府和相关部门,省外、海外商会引进办(联络处)要加强对专项资金的使用和管理,并接受审计部门监督,切实提高资金使用效益。

第十二条 本办法自公布之日起施行。

浙江省农业综合开发资金和项目管理实施办法

浙财农发〔2017〕3 号 2017 年 3 月 23 日

第一章　总　则

第一条 为规范农业综合开发资金和项目管理,保证资金安全有效和项目顺利实施,根据《中华人民共和国预算法》《国家农业综合开发资金和项目管理办法》(财政部令第 84 号)等有关规定,结合我省实际,制定本实施办法。

第二条 农业综合开发是指政府为支持农业发展、改善农业生产基本条件、优化农业和农村经济结构、提高农业综合生产能力和综合效益,设立专项资金对农业资源进行综合开发利用和保护的活动。

第三条 农业综合开发的主要任务是加强农业基础设施和生态建设,转变农业发展方式,推进农村一、二、三产业融合发展,提高农业综合生产能力,保障国家粮食安全,带动农民增收,促进农业可持续发展和农业现代化。

第四条 农业综合开发项目包括土地治理项目和产业化发展项目,鼓励探索农业综合开发园区等创新试点类项目。

土地治理项目包括高标准农田建设,生态综合治理,中型灌区节水配套改造等。

产业化发展项目包括经济林及设施农业种植基地、养殖基地建设,农产品加工,农产品流通设施建设,新型经营主体培育、农业社会化服务体系建设等。

第五条 各市、县(市、区)农业综合开发机构(以下简称农发机构)职责为:负责本行政区范围内农业综合开发工作,拟定农业综合开发规划,组织申报农业综合开发项目,开展农业综合开发资金和项目管理,开展农业综合开发政策评估及成果宣传,省级农发机构规定的其他事项等。

第六条 土地治理项目以高标准农田建设为重点,通过田、水、路、林、山综合治理,水利、农业、林业、科技措施综合配套,提高农业综合生产能力,实现经济、社会、生态效益统一。

产业化发展项目通过积极培育新型农业经营主体,大力发展农业优势特色产业,全面提升农业产业整体竞争力,引领农民增收致富。

第七条 农业综合开发实行开发县管理,开发县分国家开发县和省开发县。

国家开发县是指经省农业综合开发办公室(以下简称省农发办)认定纳入国家农业综合开发政策扶持范围的市、县(市、区),按"总量控制、进退平衡"的原则,实行动态管理。

省开发县是指未纳入国家开发县,经省农发办认定进行农业综合开发的市、县(市、区)等。

第二章 资金管理

第八条 省财政根据全省农业综合开发规划、年度工作目标和任务,结合中央财政支持情况,在年度预算中安排资金用于农业综合开发。

市、县(市、区)财政农业综合开发投入资金应当列入同级政府年度预算。

省财政厅根据各市、县(市、区)财力情况等因素,确定各地财政资金的投入比例。鼓励各市、县(市、区)加大财政资金的投入力度。

第九条 农业综合开发可以采取补助、贴息等多种形式。鼓励引入投资基金,吸引社会资本,增加农业综合开发投入。

第十条 省农发办根据国家农发办有关规定明确农业综合开发项目自筹资金的投入比例。

鼓励土地治理项目所在地的农村集体和农民以筹资投劳的形式进行投入。

第十一条 省财政厅主要采取因素法分配农业综合开发资金。分配因素包括基础资源因素、工作绩效因素和其他因素,以基础资源因素为主。

基础资源因素包括可开发资源、农业综合开发规划任务;工作绩效因素包括资金绩效、项目管理、综合管理、监督管理等工作情况;其他因素主要包括特定的政策创新及试点情况等。

第十二条 农业综合开发省以上财政资金投入以土地治理项目为重点,投入土地治理项目和产业化发展项目的比例按国家农发办有关规定确定。

第十三条 农业综合开发财政资金应当用于以下建设内容:

(一)农田水利工程建设;

(二)土地平整、土壤改良;

(三)田间道路建设;

(四)防护林营造;

(五)优良品种、先进技术推广;

(六)种植、养殖基地建设;

(七)农业生产、农产品加工设备购置和厂房建设;

(八)农产品储运保鲜、批发市场等流通设施建设;

(九)农业社会化服务体系建设;

(十)国家和省农发办规定的其他内容。

第十四条 农业综合开发财政资金的支出范围包括:

(一)项目建设所需的材料、设备购置及施工支出;

(二)项目可行性研究、初步设计(实施方案)编制、环境影响评价、勘察设计、工程预决算审计等支出;

(三)工程监理费;

(四)科技推广费;

(五)项目管理费;

(六)土地治理项目工程管护费;

(七)贷款贴息;

(八)国家和省农发办规定的其他费用。

第十五条 本办法第十四条中规定的项目管理费由开发县农发办按土地治理项目财政投入资金的一定比例提取使用。财政投入资金1500万元以下的按不高于3%提取;超过1500万元的,其超过部分按不高于1%提取。

项目管理费主要用于农业综合开发项目实地考察、评审、检查验收、宣传培训、工程招标、信息化建设、工程实施监管、绩效评价、资金和项目公示等方面的支出。开发县对直接参与土地治理项目管理的单位,可根据工作需要酌情安排项目管理费。

第十六条 农业综合开发项目财政资金支付实行县级报账制,按照国库集中支付制度的有关规定执行。

土地治理项目实施单位要严格按照规定的程序和要求办理报账。县级财政部门应当根据已批准的年度项目实施计划和工程建设进度情况,及时、足额地予以支付,并根据项目竣工决算进行清算。

产业化发展项目应当在项目完成至少过半后办理报账,县级财政部门在项目完工验收后根据验收确认意见及时、足额支付财政资金。

第十七条 农业综合开发结余资金应当按规定收回同级财政统筹使用。结转资金按照有关规定使用。

第三章 项目管理

第十八条 省农发办和开发县农发办应当根据国家和省农业综合开发政策和本地区经济社会发展规划，编制农业综合开发规划及阶段性开发方案。开发县农发办应建立项目库，并实行动态管理。

第十九条 省农发办根据国家农发办规定，应当适时公布下一年度农业综合开发扶持政策和重点。

第二十条 开发县农发办应对申报单位申报的项目开展现场踏勘和实地考察，听取意见，并对项目可行性研究报告等申报材料进行审核。

第二十一条 省农发办负责组织评审开发县申报的土地治理项目；设区市农发办负责组织评审本地区申报的产业化发展项目，报省农发办备案。

第二十二条 拟扶持项目确定后，项目实施单位应当组织编制实施方案，主要内容包括：项目总体设计，主要建筑物设计，机械、设备及仪器购置计划，配套设施设计，工程概算，项目建设组织与管理，项目区现状图和工程设计图等。

土地治理项目实施方案由省农发办负责组织审定，省农发办可根据实际情况适当下放实施方案审定权限。

产业化发展项目实施方案由实施单位依据审定的项目可行性研究报告编制，报开发县农发办备案。对于不涉及工程建设内容的产业化发展项目，实施方案可根据具体情况由评审通过的项目可行性研究报告等替代。

第二十三条 开发县农发办应当根据拟扶持项目实施方案的审定或者备案情况，以及项目实施计划编报要求，编制、汇总农业综合开发年度项目实施计划，上报省农发办。

省农发办负责批复各开发县上报的农业综合开发年度项目实施计划，其中国家开发县项目实施计划报国家农发办备案，同时抄送财政部驻浙江省财政监察专员办事处。

第二十四条 年度项目实施计划必须严格执行，不得擅自调整或终止。确需进行调整或终止的，应按照以下规定执行：

（一）土地治理项目建设地点和建设期限调整由开发县农发办负责批复，报省农发办备案。

单个土地治理项目建设内容调整涉及的财政资金达到30%以上的，由省农发办批复；低于30%的，由开发县农发办按规定批复，报省农发办备案，其中低于10%的，可由开发县农发办授权项目实施单位按规定自行调整，报开发县农发办备案。

（二）产业化发展项目实施计划调整由开发县农发办负责批复，具体调整的批复权限由开发县农发办确定。

（三）项目终止由省农发办负责批复，其已发生的费用，原则上由项目实施单位自行负担。

第二十五条 土地治理项目竣工后，项目实施单位应当逐项检查实施方案完成情况，及时编报项目竣工决算，做好项目验收前的准备工作。开发县农发办及时做好县级竣工验收。

项目竣工决算审核、批复由开发县财政部门负责，按有关规定办理。

第二十六条 省农发办组织或者委托设区市农发办组织开展土地治理项目省级验收。验收的主要内容包括执行国家和省农业综合开发规章制度情况、项目建设任务完成情况、主要工程建设质量情况、资金到位和使用情况、工程运行管理和文档管理情况等。

产业化发展项目由开发县农发办组织验收。验收时，开发县农发办应当进行实地核查，确认项目完成情况。省农发办对开发县农发办的验收工作进行监督检查。

第二十七条 开发县农发办应当按规定时限向省农发办报送项目实施计划完成和县级验收情况。

第四章 监督管理

第二十八条 省财政厅采取直接组织或委托第三方的方式，对各开发县的农业综合开发资金和项目开展绩效评价；组织开展监督检查，根据工作需要可组织相关人员或聘请社会中介机构辅助开展。

开发县农发机构应当定期对本地区农业综合开发资金和项目开展绩效评价，加强事前、事中、事后的监督检查，发现问题及时纠正。

第二十九条 各级财政部门、农发机构及其工作人员在资金审批、下达工作中，存在违规分配、使用、管理资金，以及其他滥用职权、玩忽职守、徇私舞弊等违法违纪行为的，按照《预算法》《公务员法》《行政监察法》《财政违法行为处罚处分条例》等国家有关规定追究相应责任；涉嫌犯罪的，移送司法机关处理。

农业综合开发项目实施过程中发现存在严重违法违规问题的，各级农发机构应及时终止该项目，财政部门按规定收回财政资金。

第五章 附 则

第三十条 各地可根据本办法，结合本地实际制定具体实施细则，报省农发办备案。

第三十一条 我省农业综合开发改革创新试点类项目按有关试点政策执行。

第三十二条 本办法自2017年4月22日起施行。省财政厅发布的《浙江省农业综合开发资金和项目管理实施办法》（浙财农发〔2011〕6号）同时废止。

浙江省机关工作人员差旅费管理规定

浙财行〔2017〕29号 2017年6月29日

第一章 总 则

第一条 为加强和规范全省机关工作人员国内差旅费管理，保证出差人员工作和生活需要,依据《党政机关厉行节约反对浪费条例》以及财政部差旅费管理相关规定等,制定本规定。

第二条 本规定适用于全省各级机关,包括党政机关、人大机关、政协机关、审判机关、检察机关、人民团体、民主党派和工商联,以及参照公务员法管理的事业单位(以下简称各单位)。

第三条 差旅费是指单位工作人员临时到常驻地(设区市含所有市辖区,下同)以外地区公务出差所发生的城市间交通费、住宿费、伙食补助费和公杂费。

第四条 各单位应当建立公务出差事前审批制度,从严控制出差人数和天数,严格差旅费预算管理,控制差旅费支出规模。

第五条 省财政厅按照财政部公布的分地区、分级别、分项目差旅费标准,结合我省实际制定全省机关工作人员差旅费限额标准,并根据经济社会发展、物价及消费水平变动情况适时调整。

第二章 城市间交通费

第六条 城市间交通费是指工作人员到常驻地以外地区公务出差乘坐火车、轮船、飞机、客车等公共交通工具所发生的城市间交通费用。

第七条 出差人员应严守各项纪律规定,在规定等级内选择乘坐公共交通工具。各级别人员乘坐公共交通工具等级详见下表:

公共交通工具级别	火车(含高铁、动车、全列软席列车)	轮船(不包括旅游船)	飞机	其他公共交通工具(不包括出租小汽车)
省级及相当职级人员	软席(软座、软卧),高铁/动车商务座,全列软席列车一等软座	一等舱	头等舱	凭据报销
正副厅长及相当职级人员	软席(软座、软卧),高铁/动车一等座,全列软席列车一等软座	二等舱	经济舱	凭据报销
其余人员	硬席(硬座、硬卧),高铁/动车二等座,全列软席列车二等软座	三等舱	经济舱	凭据报销

省级及相当职级人员公务出差,因工作需要,随行一人可乘坐同等级公共交通工具。

未按规定等级乘坐交通工具的,超支部分由个人自理。

第八条 到出差目的地有多种公共交通工具可选择时,出差人员在不影响公务、确保安全的前提下,应当选乘相对经济便捷的公共交通工具。

第九条 出差人员乘坐飞机的,需按《浙江省财政厅关于加强浙江省公务机票购买管理有关事项的通知》(浙财采监〔2014〕27号)要求购买机票。乘坐飞机的民航发展基金、燃油附加费可凭据报销。

第十条 乘坐飞机、火车、轮船、客车等公共交通工具的,各单位应按照《浙江省财政厅关于试行行政事业单位公共交通意外保险的通知》(浙财行〔2017〕7号)规定购买公共交通意外险(出差人员不需再按票次重复购买,不得再单独报销保险费)。

第三章 住宿费

第十一条 住宿费是指工作人员公务出差期间入住宾馆(包括饭店、招待所、农家旅馆等,下同)发生的房租费用。

第十二条 工作人员公务出差执行分地区、分级别住宿费限额标准,在职务级别对应的出差目的地住宿费限额标准内,选择安全、经济、便捷的宾馆住宿。省级机关工作人员住宿费限额标准见附件1(略)。

第四章 伙食补助费

第十三条 伙食补助费是指对工作人员在公务出差期间给予的伙食补偿费用。

第十四条 出差人员应当自行用餐。由接待单位协助安排用餐的,出差人员应自行按实支付伙食费(如用餐成本无法核算的,可按每人每天不低于早餐20元、中餐40元、晚餐40元交纳)。

第十五条 工作人员公务出差伙食补助费按出差自然(日历)天数计算,执行财政部公布的分地区伙食补助费标准,西藏、青海、新疆每人每天120元,其他地区每人每天100元,包干使用。

第五章 公杂费

第十六条 公杂费是指工作人员公务出差期间发生的市内交通费(含市内机场大巴费)、机场服务费、打包费、订票费以及打印、复印、传真、寄送资料等发生的费用。

第十七条 公杂费按出差自然(日历)天数计算,每人每天80元包干使用。

由单位(含牵头单位,下同)安排车辆出差的,相应派车天数(自然日)公杂费减半。

第十八条 出差人员由接待单位或其他单位协助提供交通工具的,应自行按实支付交通费用。

第六章 报销管理

第十九条 出差人员应当严格按规定开支差旅费,并按规定使用公务卡结算,不得向下级单位、企业或其他单位转嫁。

第二十条 城市间交通费在规定乘坐公共交通工具的等级内凭据报销,经批准发生的签转或退票费等凭据报销。

住宿费在批准的出差天数和规定的限额标准之内凭发票据实报销。工作人员单次出差,允许在经批准的出差天数和规定的住宿费限额标准之内按实际发生住宿费用的住宿天数统筹使用。

伙食补助费按规定的出差目的地标准报销,在途期间伙食补助费按当天最后到达目的地标准报销。

第二十一条 出差人员凭住宿费发票报销伙食补助费和公杂费，仅部分天数有住宿费发票的分段计算补助。

出差人员在公务出差地有住所时(住在自己家里的)或到边远地区无法取得住宿费发票的，由出差人员说明情况并经所在单位领导批准，可以报销城市间交通费、伙食补助费和公杂费，其他实际发生住宿而无住宿费发票的情况不予报销伙食补助费和公杂费。

第二十二条 出差人员执行有工作纪律要求需统一安排食宿的专项任务，可由组织单位(牵头单位)在规定的食宿限额标准内凭食宿票据统一列支，并按规定标准及出差人员清单统一报销公杂费。城市间交通费按差旅费规定回原单位报销，出差人员不得再在原单位领取伙食补助费和公杂费。

第二十三条 车改后，实行短途出差交通费包干试点的市、县(市、区)，包干区域应限定在设区市内各县市及毗邻县(市)范围。在包干区域内公务出差，可以按差旅费规定据实报销城市间交通费，也可以按出差审批单批准的出发地至目的地的公共交通相应等级票价金额包干城市间交通费；出差住宿费、伙食补助费、公杂费按差旅费规定报销。

第二十四条 工作人员公务出差当天往返的，凭公务出差审批单报销伙食补助费和公杂费。由单位统一安排车辆出行的，减半报销公杂费。

第二十五条 出差人员公务出差结束后，应在一个月内办理报销手续。差旅费报销时应当提供公务出差审批单，以及机票、车船票、住宿费发票等各消费点的原始票据。

第二十六条 各单位应当严格按规定审核差旅费开支，未经批准的差旅活动，不予报销差旅费。对超范围、超标准开支的，超支部分不予报销，由出差人员自理。

第七章　其他相关规定

第二十七条 省级机关工作人员到常驻地以外地区参加会议、培训，往返(一般指头、尾两天)会议、培训地点的城市间交通费、伙食补助费、公杂费按差旅费规定报销，报销时需提供公务出差审批单及会议、培训通知等。

第二十八条 工作人员离开常驻地到外地实(见)习、挂职锻炼、支援工作等，在外地工作期间每天的伙食补助费，省外按40元、省内按25元补助，不报销公杂费。省财政厅另有规定的从其规定，不得重复领取。

上述人员利用国家法定休息日和节假日往返在外工作地与原工作地的城市间交通费在规定等级内据实报销(在外工作地和原工作地均在省内的，也可在相应额度内选择补助方式包干使用)，公杂费每次80元包干使用；省内每月不超过2次，跨省的每月不超过1次，一往一返计1次。

第二十九条 根据上级任务，经批准，工作人员需到西藏、青海、新疆支援工作且在支援地有固定工作场所的，按照浙江省援藏、援青、援疆的生活补助费标准，按月享受补助，不能按出差标准享受补助。

第三十条 出差人员在途期间，连续乘坐火车超过12小时的，可凭车票每满12小时，加发50元伙食补助费。

出差人员乘坐全列软席列车时，原则上应乘坐软座，但在晚8时至次日晨7时期间乘坐时间6小时以上的，或连续乘车超过12小时的，经单位领导批准，可以乘坐软卧，按照软卧车票报销。

第三十一条 农民代表和城市无固定收入代表参加各级组织召开的代表大会，会议期间由组织单位按每人每天100元计发误工补助，因参加会议所发生的城市间交通费由会议组织单位比照工作人员办理报销。

第三十二条 日常工作区域跨常驻地的工作人员，在工作区域内进行日常工作，如道路、水库、山林、江堤海塘巡查等，不能按差旅费规定享受补助。

第三十三条 长期派驻外地工作人员离开派驻地公务出差的执行本规定，并按公务出差天数扣除驻外补贴。在派驻地工作期间不得报销差旅费。

第三十四条 工作人员因工作调动所发生的城市间交通费、住宿费、伙食补助费和公杂费，由调入单位按照差旅费管理规定予以一次性报销。随迁家属和搬迁家具发生的费用由调动人员自理。

第三十五条 经批准工作人员公务出差期间利用国家法定休息日和节假日就近回家省亲办事的，城市间交通费按不高于从出差目的地返回单位按规定乘坐相应公共交通工具的直线单程票价予以报销，超出部分个人自理；伙食补助费和公杂费按实际公务出差天数报销，不予报销绕道和回家省亲办事的住宿费、伙食补助费、公杂费。

第三十六条 有下列情况的人员不能享受出差伙食费、公杂费补助(国家和省另有规定的除外)：

(一)已享受会议、培训伙食者；

(二)调干待分配工作者；

(三)在常驻地参加各种临时办公室、指挥部、领导小组等机构工作者；

(四)已享受讲课补贴、野外津贴、下海津贴和其他作业津贴者。

第八章　监督问责

第三十七条 各单位应根据本规定制定实施细则等内控制度，加强对本单位工作人员公务出差和经费报销的管理，对本单位差旅活动负责；出差人员应确保票据来源合法，内容真实完整、合规，相关领导、财务人员等应对差旅费报销进行审核把关。对不按规定开支和报销差旅费的人员，应严肃追究当事人、审批人等相关人员责任。

一级预算单位要强化对所属预算单位的监督检查，发现问题及时处理。

第三十八条 各级财政部门会同有关部门对差旅费管理和使用情况进行监督检查。主要内容包括：

(一)单位是否建立内控制度，公务出差是否按规定履行审批手续；

（二）差旅费开支范围和开支标准是否符合规定；

（三）差旅费报销是否符合规定；

（四）是否向下级单位、企业或其他单位转嫁差旅费；

（五）差旅费管理和使用的其他情况。

第三十九条 出差人员不得向接待单位提出正常公务活动以外的要求，不得在公务出差期间接受违反规定用公款支付的宴请、游览和非工作需要的参观。严禁无实质内容、无明确公务目的的差旅活动，严禁以任何名义和方式变相旅游，严禁异地部门间无实质内容的学习交流和考察调研。

第四十条 违反本规定，有下列行为之一的，依法依规追究相关单位和人员的责任：

（一）单位无差旅审批制度或差旅审批控制不严的；

（二）弄虚作假，虚报冒领差旅费的；

（三）违规扩大差旅费开支范围，擅自提高开支标准的；

（四）不按规定报销差旅费的；

（五）转嫁差旅费的；

（六）其他违反本规定行为的。

有前款所列行为之一的，根据《财政违法行为处罚处分条例》（国务院令第427号）对相关单位和人员进行处理。

第九章 附 则

第四十一条 省级财政补助的非参照公务员法管理事业单位差旅费管理由主管部门依据从严从紧原则参照本规定作出具体执行规定，中央和省另有规定的从其规定。

第四十二条 上述住宿费、伙食补助费、公杂费标准均为最高限额标准，各市、县（市、区）财政局须结合当地实际，在本规定的同级别人员差旅费各项限额标准内，根据本地区实际情况综合考虑公务出差远近、时间长短等因素，制定相应的住宿、伙食、公杂等标准及执行规定，切实加强经费管理和控制。

第四十三条 各市、县（市、区）财政局和省级部门应加强工作人员离开常驻地参加抽调集中办公的报销管理，在限额标准内按必需从紧的原则合理制定各项报销标准。

第四十四条 工作人员经批准在常驻地范围内往返偏远地区执行公务相关费用报销规定，由各市、县（市）财政局按必需、从紧的原则提出方案，经设区市财政部门综合平衡后，由设区市财政部门统一公布施行，并报省财政厅备案。

在杭省级机关工作人员经批准在杭州市萧山、余杭、富阳偏远地区执行往返需四小时以上公务，且无法回单位或家里用餐的，伙食费补助费可在每人每餐40元标准内凭当日餐饮发票报销（1天不超过两餐，早餐不补；已享受会议、培训等公务活动伙食的，不再享受伙食补助；同时不得再重复领取夜餐费）；公杂费按每人每天40元标准补助（单位安排车辆出行的，公杂费减为每人每天20元），包干使用。确需发生住宿的，住宿费按差旅费限额标准凭据报销。非在杭省级机关在常驻地范围内往返偏远地区执行公务相关费用报销执行属地标准。

第四十五条 本规定自2017年7月1日起施行。《浙江省机关工作人员差旅费管理规定》（浙财行〔2014〕10号）、《浙江省机关工作人员差旅费管理规定有关问题解答（一）（二）（三）》（浙财行〔2014〕19号、25号、55号）、《浙江省财政厅关于印发差旅费等公务活动费用开支管理规定有关问题解答》（浙财行〔2014〕93号）第1—5条相关差旅条款、《浙江省财政厅关于调整浙江省机关工作人员差旅费有关规定的通知》（浙财行〔2015〕104号）、《浙江省财政厅关于进一步细化差旅住宿费限额标准的通知》（浙财行〔2016〕33号）同时废止。

第四十六条 本规定由省财政厅负责解释。

浙江省财政厅 浙江省物价局关于清理规范一批行政事业性收费有关政策的通知

浙财综〔2017〕19号 2017年6月28日

各市、县（市、区）财政局、物价局，省级有关部门：

为切实减轻企业和个人负担，促进实体经济发展，根据《浙江省人民政府办公厅关于深化企业减负担降成本改革的若干意见》（浙政办发〔2017〕48号）相关规定，经研究，现将清理规范行政事业性收费有关政策通知如下：

一、全面取消省级设立的涉企行政事业性收费，实现省级设立行政事业性涉企零收费。自2017年7月1日起，取消浙北干线航道通行费收费；自2017年8月1日起，取消引航移泊费、货物港务费和杭甬运河船闸过闸费作为行政事业性收费管理，其中，引航移泊费转为实行政府指导价的经营服务性收费，货物港务费按照国家部署并入港口建设费后自动取消，杭甬运河各船闸过闸服务收费具体标准，由各市价格、交通部门提出，报省物价局会同省交通厅另行制定。

二、参照国家特种设备检验机构的收费政策，自2017年7月1日起，试行将我省特种设备检验费由行政事业性收费转为经营服务性收费，并按照收费标准只减不增原则开展服务。今后按新修订的《浙江省定价目录》等规定执行。

三、自2017年7月1日起，取消、转出一批省级设立的非涉企行政事业性收费。一是取消7项收费，具体为：教育部门的义务教育阶段公办学校住宿费（城市学校）、公安部门的戒毒人员戒毒费、人力社保部门的职工伤残医务劳动鉴定费和医疗保险IC卡遗失补发工本费、文化部门的借书证遗失补证工本费、人力社保部门的省计算机应用能力考试费和外语水平等级考试费；二是根据政府职能转变和要素市场化配置改革要求，将5项行政事业性收费转为经营服务性收费管理，具体为：教育部门的普通高校招生体检费、卫计部门的机动车驾驶员体检费和干部职工健康体检费、农科院的农产品及药肥测试鉴定费和农产品及药肥试验推广费；三是根据《财政部 国家发展改革委关于清理规范一批行政事业性收费有关政策的通知》（财税〔2017〕20号）精神，取消我省依据《浙江省行政事业单位培训收费管理办法》

(浙价费〔2006〕200号)和《浙江省物价局　浙江省财政厅关于调整行政事业单位培训课时费标准有关事项的通知》(浙价费〔2013〕300号)规定设立的培训费,浙价费〔2006〕200号、浙价费〔2013〕300号文件同时废止。

四、取消上述行政事业性收费后,有关部门和单位依法履行管理职能所需相关经费,由同级财政预算予以保障。有关部门和单位应当到财政部门办理财政票据缴销手续。以前年度欠缴的上述行政事业性收费,有关部门和单位应当足额征收,并按照财政部门规定的渠道全额上缴国库。执收单位于2017年7月1日至本通知印发之日期间执收的此次取消和转出的行政事业性收费,应及时主动做好退付工作。

五、各地区、有关部门和单位要通过广播、电视、报纸、网络等媒体,加强政策宣传解读,及时发布信息,做好舆论引导工作。

六、各地区、有关部门和单位应当严格按照行政事业性收费管理规定,对须取消的行政事业性收费,不得以任何理由拖延或者拒绝执行。有关部门要加强政策落实情况的监督检查,对违反规定的,应当按照《预算法》《价格法》《财政违法行为处罚处分条例》等法律、行政法规规定予以处理。

七、本通知自2017年7月1日起执行。

浙江省中央财政林业改革发展资金管理实施细则

浙财农〔2017〕74号　2017年10月18日

第一章　总　则

第一条　为加强和规范林业改革发展资金使用管理,推进资金统筹使用,提高资金使用效益,促进林业改革发展,根据有关法律法规和《财政部　国家林业局关于印发〈林业改革发展资金管理办法〉的通知》(财农〔2016〕196号)等文件,结合我省实际,制定本实施细则。

第二条　本实施细则所称林业改革发展资金,是指中央财政预算安排的用于森林资源管护、森林资源培育、生态保护体系建设、国有林场改革、林业产业发展等支出方向的专项资金。

第三条　林业改革发展资金由财政部门和林业主管部门共同管理、分工负责。财政部门负责会同林业主管部门分配及下达资金,对资金使用情况进行监督和绩效管理;林业主管部门负责相关规划编制,会同财政部门下达年度计划任务、指导和监督项目(任务)的实施、开展资金使用情况监督和绩效管理工作。

第四条　林业改革发展资金按照"政策目标明确、分配办法统一、支出方向协调、绩效结果导向"的原则分配、使用和管理。

第二章　森林资源管护支出

第五条　森林资源管护支出包括天然林停伐管护补助和国家级公益林森林生态效益补偿补助。

第六条　天然林停伐管护补助是指全面停止天然商品林采伐后安排的管护支出。

第七条　森林生态效益补偿补助是指用于国家林业局会同财政部界定的国家级公益林保护和管理的支出。森林生态效益补偿补助用于:1. 国有的国家级公益林管护劳务补助等支出。2. 集体和个人所有的国家级公益林经济补偿等支出。具体森林生态效益补偿管理办法另行制定。

第八条　森林资源管护支出中央财政补助标准根据财政部、国家林业局有关规定确定。

第九条　市、县(市、区)(简称市县)财政部门会同林业主管部门测算审核管理成本,合理确定国有单位国家级公益林管护人员数量和具体管护劳务补助标准。市县林业主管部门应当与承担管护任务的国有单位、集体和个人签订管护合同,并组织国有管护单位、乡镇人民政府、村民委员会等与护林员签订公益林管护合同,按照管护合同规定履行管护义务,承担管护责任,根据管护合同履行情况领取管护补助。

第三章　森林资源培育支出

第十条　森林资源培育支出包括林木良种培育补助、造林补助和森林抚育补助。

第十一条　林木良种培育补助包括良种繁育补助和良种苗木培育补助。良种繁育补助是指用于对良种生产、采集、处理、检验、储藏等方面的补助,补助对象为国家重点林木良种基地和国家林木种质资源库。良种苗木培育补助是指用于对因使用良种,采用组织培养、轻型基质、无纺布和穴盘容器育苗、幼化处理等先进技术培育的良种苗木所增加成本的补助,补助对象为国有育苗单位。

第十二条　造林补助是指对国有林场、林业职工、农民专业合作社和农民等造林主体在宜林荒山荒地、沙荒地、迹地、低产低效林地进行人工造林、更新和改造、营造混交林,面积不小于1亩的给予适当补助。

第十三条　森林抚育补助是指对承担森林抚育任务的国有林场、林业职工、农民专业合作社和农民开展间伐、补植、退化林修复、割灌除草、清理运输采伐剩余物、修建简易作业道路等生产作业的所需劳务用工和机械燃油等给予适当的补助。抚育对象为国有林中,或集体和个人所有的公益林中的幼龄林和中龄林。一级国家级公益林不纳入森林抚育补助范围。

第十四条　县级及以下可按照从严从紧的原则,在造林补助和森林抚育补助中,以不超过5%的比例,列支方案编制、作业设计等费用,不得用于财政补助单位人员经费和运转经费。市级不得提取上述费用。

第四章　生态保护体系建设支出

第十五条　生态保护体系建设支出包括湿地补助、林业国家级自然保护区补助、林业防灾减灾补助、森林公安补助和珍稀濒危野生动植物保护补助。

第十六条　湿地补助包括湿地保护与恢复补助、退耕还湿补助、湿地生态效益补偿补助。湿地保护与恢复补助是指用于林业系统管理的国际重要湿地、国家重要湿地以及生态区位重要的国家湿地公园、省级以上(含省级)湿地自然保护区开展湿地保护与恢复的相关支出,包括监测监控设施维护和设备购置支出、退化湿地恢复支出、宣传教育支出和湿地所在保护管理机构聘用临时管护人员所需的劳务补助等支出。退耕还湿补助是指用于林业系统管理的国际重要湿地、国家级湿地自然保护区、国家重要湿地范围内的省级自然保护区实施退耕还湿的相关支出。湿地生态效益补偿补助是指用于对候鸟迁飞路线上的林业系统管理的重要湿地因鸟类等野生动物保护造成损失给予的补偿支出。

第十七条　林业国家级自然保护区补助是指用于林业系统管理的国家级自然保护区的生态保护、修复与治理,特种救护、保护设施设备购置和维护,专项调查和监测,宣传教育以及保护管理机构聘用临时管护人员所需的劳务补助等支出。

第十八条　林业防灾减灾补助包括森林防火补助、林业有害生物防治补助和林业生产救灾补助,补助对象为承担林业防灾减灾任务的基层林业单位。森林防火补助是指用于预防和对突发性的重特大森林火灾扑救等相关支出的补助,包括购置扑救工具和器械、物资设备等支出,租用防火所需汽车等交通运输工具支出,森林航空消防所需租用飞机、航站地面保障等支出。林业有害生物防治补助是指用于对危害森林、林木、种苗正常生长的病、虫、鼠(兔)等重大灾害和有害植物的预防和治理等相关支出的补助。林业生产救灾补助是指用于支持林业系统遭受洪涝、干旱、雪灾、冻害、冰雹、地震、山体滑坡、泥石流、台风等自然灾害之后开展林业生产恢复等相关支出的补助。

第十九条　森林公安补助包括森林公安办案(业务)补助和业务装备补助。森林公安办案(业务)补助是指用于森林公安机关开展案件侦办查处、森林资源保护、林区治安管理、维护社会稳定、处置突发事件、禁种铲毒、民警教育培训等支出。业务装备补助是指用于森林公安机关购置指挥通信、刑侦技术、执法勤务(含警用交通工具)、信息化建设、处置突发事件、派出所和监管场所所需的各类警用业务装备的支出。

森林公安补助由中央、省级和省以下同级财政分区域按保障责任负担。中央财政安排的省级森林公安机关补助的支出规模不得超过中央和省级森林公安转移支付资金总额的5%,且专项用于省级森林公安机关承办公安部、国家林业局部署的重大任务,直接侦办和督办重特大案件、组织开展专项行动、处置不可预见的突发事件、装备共建或其他特殊原因所需补助经费等。

第二十条　珍稀濒危野生动植物保护补助是指用于大熊猫、朱鹮、虎、豹、亚洲象等珍稀濒危野生动物和极小种群野生植物保护的补助支出。

第五章　国有林场改革支出

第二十一条　国有林场改革支出是指用于补缴国有林场拖欠的职工基本养老保险和基本医疗保险费用、国有林场分离场办学校和医院等社会职能费用、对先行自主推进国有林场改革的奖励补助等。中央财政安排的补助资金补缴国有林场拖欠的职工基本养老保险和基本医疗保险费用有结余的,可用于林场缴纳职工基本养老和基本医疗等社会保险以及其他与改革相关的支出,但不能用于偿还金融债务。

第二十二条　国有林场改革补助为一次性补助支出,中央财政按照每名职工(包括在职职工和离退休职工)2万元、每亩林地1.15元的标准测算补助。

第六章　林业产业发展支出

第二十三条　林业产业发展支出包括林业科技推广示范补助、林业贷款贴息补助、林业优势特色产业发展补助。

第二十四条　林业科技推广示范补助是指用于承担林业科技成果推广与示范任务的林业技术推广站(中心)、科研院所、大专院校、国有林场、国有苗圃等单位,开展林木优良品种繁育、先进实用技术与标准的应用示范、与科技推广和示范项目相关的简易基础设施建设、必需的专用材料及小型仪器设备购置、技术培训、技术咨询等支出。

林业科技推广示范实行先进技术成果库管理。具体办法由省林业厅根据国家林业局有关规定制定。

第二十五条　林业贷款贴息补助是指对各类银行(含农村信用社和小额贷款公司)发放的符合贴息条件的贷款安排的利息补助。

贴息条件为:各类经济实体营造的生态林(含储备林)、木本油料经济林、工业原料林贷款;国有林场为保护森林资源、缓解经济压力开展的多种经营贷款,以及自然保护区、森林(湿地)公园开展的生态旅游贷款;林业企业、林业专业合作社等连接基地(包括订单方式)带动农户(林业职工)的经营形式,立足于当地林业资源开发、带动林区经济发展的种植业以及林果等林产品加工业贷款;农户和林业职工个人从事的营造林、林业资源开发贷款。

林业贷款贴息采取一年一贴、据实贴息的方式,年贴息率为3%。对贴息年度(上一年度1月1日至12月31日)之内存续并正常付息的林业贷款,按实际贷款期限计算贴息。省级财政部门会同林业主管部门根据中央下达的补助资金规模或区域绩效目标合理确定贴息规模。市县财政部门会同林业主管部门应当根据当地林业贷款实际情况,明确具体的贴息规模、贴息计算、拨付方式和补助资金。

市县安排林业贷款贴息补助,须将银行征信查询纳入审核环节,落实林业贷款贴息项目公告公示制度。对骗取林业贷款贴息补助的单位和个人,将其不良信息推送到人民银行征信系统,取消其申请林业贷款贴息补助资格。

第二十六条　林业优势特色产业发展补助是指用于支持油茶、香榧、山核桃等木本油料及其他林业特色产业发展的补助支出。

第七章　资金分配下达

第二十七条　林业改革发展资金采取因素法分配。森林资源管护和国有林场改革两个支出方向按照市县工作任务、中央补助标准等因素确定补助规模，其余支出方向统一按照以下因素及权重分配：

（一）工作任务（权重60%），以省林业厅会同省财政厅根据国家林业局、财政部下达的任务计划结合市县根据林业改革实际申报的年度计划任务等确定的任务计划。

（二）资源状况（权重10%），以省林业厅清查、调查公布的资源数量为依据。

（三）绩效因素（权重20%），依据审核分解下达给市县的绩效目标和绩效评价结果。

（四）财力状况（权重10%），按省财政专项转移支付分类分档有关规定确定。

第二十八条 市县林业主管部门会同财政部门于每年5月31日前，向省林业厅和省财政厅报送下一年度计划任务。计划任务应当与市县林业发展规划、中期财政规划等相衔接，根据本细则规定的支出方向和具体补助内容进行细化并排序。

第二十九条 省林业厅会同省财政厅根据本细则规定的支出方向和具体补助内容进行排序。于每年7月15日前，向国家林业局和财政部报送本省下一年度任务计划，抄送财政部浙江专员办。

第三十条 省林业厅会同省财政厅在收到中央下达的下一年度任务计划文件后30日内下达市县，并抄送财政部浙江专员办。任务计划包括约束性指标和预期性指标。

第三十一条 财政部提前下达下一年度林业改革发展资金预计数后，省林业厅应于我省收到中央财政资金文件后15日内提出资金分配建议函报省财政厅，省财政厅会同省林业厅在收到中央财政资金文件后30日内将资金分解下达市县，并抄送财政部浙江专员办。

第三十二条 财政部在每年全国人民代表大会批准预算后90日内，审核下达当年林业改革发展资金。省林业厅应于我省收到中央财政资金文件后15日内将资金分配建议函报省财政厅，省财政厅会同省林业厅在收到中央财政资金30日内将资金分解下达市县，并抄送财政部浙江专员办。

第三十三条 各地按照省财政厅、省林业厅分配下达的资金额度和任务计划，及时将资金分解到具体项目和任务，并将任务计划下达和资金拨付文件抄送省财政厅、省林业厅。各地在完成省下达任务计划的情况下，可在资金使用范围内统筹使用资金。

第三十四条 省财政厅会同省林业厅于每年8月31日前编制林业改革发展资金当年使用情况报告，以正式文件形式报财政部和国家林业局备案，并抄送财政部浙江专员办。资金使用情况报告编制内容附后。

第八章 资金管理监督

第三十五条 林业改革发展资金按照“预算编制有目标、预算执行有监控、预算完成有评价、评价结果有反馈、反馈结果有应用”和“谁用款、谁负责”的原则，建立全过程预算绩效管理机制。林业改革发展资金绩效管理办法另行制定。

第三十六条 林业改革发展资金中用于生态保护体系建设、林业产业发展两个支出方向中有关补助内容实行项目库管理。项目库管理有关规定由省林业厅会同省财政厅根据国家有关规定另行制定。

第三十七条 各级财政部门和林业主管部门应当加快预算执行，提高资金使用效益。结转结余的林业改革发展资金，按照财政部、省财政厅关于结转结余资金管理的相关规定处理。

第三十八条 林业改革发展资金的支付执行国库集中支付制度有关规定。属于政府采购范围的，应当按照政府采购有关规定执行。

第三十九条 各地应当积极创新林业改革发展资金使用管理机制。国有林场公益林日常管护要通过合同、委托等方式面向社会购买服务。各地政府购买服务的推行情况将作为绩效评价的考核内容。

第四十条 各地在林业改革发展资金使用管理中应当全面落实预算信息公开有关要求。

第四十一条 各级财政部门和林业主管部门应当加强对林业改革发展资金的申请、分配、使用、管理情况的监督检查，发现问题及时纠正。

第四十二条 各级财政、林业等有关部门及其工作人员在林业改革发展资金分配、使用、管理等相关工作中，存在违反本细则规定的行为，以及其他滥用职权、玩忽职守、徇私舞弊等违法违纪行为的，按照《预算法》《公务员法》《行政监察法》《财政违法行为处罚处分条例》等国家有关规定追究相应责任；涉嫌犯罪的，移送司法机关处理。资金使用单位和个人在使用林业改革发展资金中存在各类违法违规行为的，按照《预算法》《财政违法行为处罚处分条例》等国家有关规定追究相应责任。

第九章 附 则

第四十三条 省级单位使用林业改革发展资金管理参照本细则执行，相关支出列入省级部门预算。

第四十四条 本细则自2017年11月15日起施行。

浙江省教育发展专项资金管理办法

浙财科教〔2017〕21号 2017年10月25日

第一章 总 则

第一条 为贯彻落实省委省政府深化预算管理制度改革，实施全面规范、公开、透明的预算制度的有关要求，根据省政府办公厅《关于进一步加强省级财政专项资金管理工作的通知》（浙政办函〔2014〕66号）和省财政厅《关于实施省级专项性一般性转移支付管理改革的通知》（浙财预〔2011〕43号）等有关规定，结合财政、教育体制机制改革实际和浙江省教育事业发展“十三五”规划要求，省财政整合设立教育发展专项资金（以下简称专项资金），用于转移支付市县支持教育事业，促进教育事业发展。为加强财政专项资金管理，提高专项资金绩效，特制定本办法。

第二条 专项资金的设立和分配，旨在发挥市、县（市、区）政府的积极性，带动市、县（市、区）政府加大对教育事业投入和支持力度，重点解决当地教育发展的突出问题，整体提升教育发展水平，并强化资金使用绩效。专项资金以3年为设立周期，到期后视绩效情况确定是否继续安排。

第三条 专项资金整合原中等职业教育、中小学教师教育、学前教育、教育科学和谐考核等项目，按统一的办法进行管理。

第四条 专项资金由省财政厅会同省教育厅按照各自职责分工共同管理。

省财政厅负责专项资金的预算管理和资金拨付，审定省教育厅提出的专项资金分配方案，并组织对专项资金的使用和管理情况等开展绩效评价和监督检查。

省教育厅会同省财政厅开展专项资金管理工作，负责审核基础材料，提出年度资金分配方案，并对专项资金执行情况进行跟踪指导和绩效评价、监督检查。

第二章 支持范围、对象和来源

第五条 专项资金支持范围为全省（不含宁波）各市、县（市、区），以下简称市县。

第六条 专项资金用于支持和引导地方改善办学条件，全面提升教育质量和水平，促进教育事业发展，重点用于安排学前教育、中等职业教育和教师培训。

第七条 中央通过转移支付形式拨付的学前、职教、师训补助经费，若有明确使用范围和用途的，按中央规定进行分配；若仅有明确使用方向的，相应选择本办法中有关学前、职教和师训工作各自对应指标计算，并在下达资金时列明；未有规定的，纳入专项资金统筹分配。

第三章 资金分配、下达和使用

第八条 专项资金以“因素法”进行分配，主要根据重点任务和绩效考核等因素，汇总计算补助。

第九条 具体因素权重和计算方法如下：

（一）重点任务因素（58%）。主要考虑中等职业教育“三名工程”建设绩效、中小学教师省级培训和其他重点工作等因素。

1.“三名工程”建设因素（43%）。按照《浙江省“中等职业教育质量提升行动计划”实施方案》（浙教办职成〔2016〕82号）中职教育名校名师名专业建设工程（简称“三名工程”）实施要求，根据市县在上一年度名专业（包括名校主干专业）就读学生规模、“三名工程”建设实施情况等因素进行分配。具体资金分配公式为：

各市县补助金额=全省名专业生均扶持经费×各地名专业学生规模×年度考核系数×专业类别系数

全省名专业生均扶持经费=（分配资金总额×43%）/全省名专业就读学生总规模

年度考核系数：根据上年市县“三名工程”建设考核结果，设A、B、C、D四等，A档赋系数1.2，B档赋系数1，C档赋系数0.8，D档系数为0。

专业类别系数：专业类别分为一产、二产、三产，一产类系数为1.2，二产类系数为1，三产类系数为0.8。

其中每所名校按照在校生规模分别扶持2—3名专业学生，按照每个专业在读学生数计算扶持经费。对名校、名专业折算人数时，对单个专业人数较少或较多的，分别按20%给予托底限高。

2. 中小学教师省级培训因素（10%）。在年度培训计划内，以上年各地实际参加名师名校长培训、骨干教师省级培训等的教师类别、人数等计算分配。补助标准按培训成本进行调整。

3. 其他重点工作因素（5%）。主要根据省政府和省教育厅确定的年度重点工作完成情况及其他一些临时性的资金需求进行分配，其中3%的资金根据省委省政府补短板要求，用于支持学前教育发展。

（二）绩效考核因素（42%）。主要考虑学前教育质量提升和扩大资源因素、教育科学和谐发展业绩考核和中小学教师专业发展培训绩效考核因素。

1. 学前教育质量提升因素（27%）。主要考虑各市县等级幼儿园建设、普惠性民办幼儿园发展、幼儿园生均公用经费情况、幼儿园教师持证率情况和非在编教师工资收入因素。

（1）等级幼儿园建设因素（5%）。根据上年度各地二级及以上幼儿园比率为依据进行分配，其中26个加快发展县占比为50%，其他市县占比为50%。具体分配公式为：

二级及以上幼儿园建设因素补助金额=对应分配系数×5%×分配资金总额

$$各地对应分配系数=(\frac{26县二级及以上幼儿园比例}{\sum 26县幼儿园比例}\times 2.5+\frac{其他市县二级及以上幼儿园比例}{\sum 其他县市区幼儿园比例}\times 2.5)/5$$

（2）普惠性民办幼儿园发展因素（8%）。根据上年各地认定公布的普惠性民办幼儿园在园幼儿数量为依据进行分配，具体分配公式为：

普惠性民办幼儿园因素补助金额=各地对应分配系数×8%×分配资金总额

$$各地对应分配系数=\frac{某市县普惠性民办幼儿园在园幼儿数量}{\sum 县市民办幼儿园在园幼儿数量}$$

（3）幼儿园生均公用经费实施情况因素（5%）。根据上年各地建立幼儿园（含公办和民办）生均公用经费标准并实施的为依据进行分配，已建立幼儿园生均公用经费标准并实施的给予补助，没有建立生均公用经费制度的此因素不予补助，资金按可获得补助的市县数量平均分配。

（4）幼儿园教师持证率提升因素（4%）。根据上年度各地幼儿园教师持有教师资格证书比率为依据进行分配，其中26个加快发展县占比为50%，其他市县占比为50%。具体分配公式为：

幼儿园教师持有教师资格证书比率提升因素补助金额=对应分配系数×4%×分配资金总额

$$各地对应分配系数=(\frac{26县幼儿园教师持证率}{\sum 26县平均幼儿园教师持证率}\times 2+\frac{其他市县幼儿园教师持证率}{\sum 其他市县平均幼儿园教师持证率}\times 2)/4$$

（5）非在编教师工资待遇因素（5%）。以上年各地幼儿园持有教师资格证的非在编教师工资年收入水平达到当地在编教师60%以上情况为依据进行分配，其中26个加快发展县占比为50%，其他市县占比为50%。具体分配公式为：

幼儿园非在编教师工资提升因素补助金额=对应分配系数×5%×分配资金总额

各地对应分配系数=

$$(\frac{26县幼儿园非在编教师工资年收入达到当地在编教师年收入60\%数}{\sum 26县幼儿园非在编教师工资年收入达到当地在编教师年收入60\%数}\times 2.5+\frac{其他市县幼儿园非在编教师工资年收入达到当地在编教师年收入60\%数}{\sum 其他市县幼儿园非在编教师工资年收入达到当地在编教师年收入60\%数}\times 2.5)/5$$

2. 教育工作业绩考核情况（5%）。根据上年全省教育工作业绩考核结果，设A、B、C、D四等，A档赋值10分，B档赋值8分，C档赋值5分，根据赋分结果计算补助，其余市县为D等，不予奖补。具体分配公式为：

教育工作业绩考核应分配金额=当地对应分配系数×5%×分配资金总额

$$当地对应分配系数=\frac{某县市教育工作业绩考核得分}{\sum 县市教育工作业绩考核得分}$$

3. 中小学教师专业发展培训绩效考核因素（10%）。根据教师培训工作绩效考核指标体系，评定上年教师培训绩效情况。

中小学教师专业发展培训绩效考核因素应分配金额=当地对应分配系数×10%×分配资金总额

$$当地对应分配系数=\frac{某县市教师专业发展培训绩效考核得分}{\sum 县市教师专业发展培训绩效考核得分}$$

第十条 省财政厅、省教育厅根据省委、省政府部署，结合我省教育事业发展情况，可适时对下一年度的分配因素及权重比例进行适当调整，在本年度经费下达时一并告知。

第十一条 有关基础数据分别取自教育事业统计、教育经费统计、学前教育管理系统、教师培训管理平台等。如不能从平台中直接获取的，则由市县上报。起始年度缺少基础数据的个别因素，暂按均值预分配，次年结算。

每年9月15日前，由省教育厅对基础数据进行审核，提出意见和分配方案报省财政厅，省财政厅复审确认后安排资金分配方案，并在两厅门户网站上公示7个工作日。

第十二条 根据公示结果，省财政厅会同省教育厅在当年预算经人代会批准后60日内将专项资金下达到各地财政部门。

第十三条 专项资金由市县政府在上述第六条规定的使用范围内自主安排使用。任何单位和个人不得挤占、挪用，或抵顶地方财政预算拨款。市县财政部门、教育主管部门应切实加强专项资金管理，制定分配和使用管理办法，并在省专项资金下达两个月内将分配方案和经费拨付文件报省财政厅、省教育厅备案。

第四章 监督管理和绩效评价

第十四条 省财政厅、省教育厅负责对专项资金使用情况等进行监督检查、绩效评价，并可委托中介机构参与检查、评价，以提高财政资金使用效益。

第十五条 市县财政部门、教育主管部门要加强对专项资金使用情况的监督检查和绩效评价，通过抽查、专项审计、评价等多种方式，及时发现资金使用中存在的问题，并督促做好整改，确保资金使用合法、合规。

第十六条 市县财政部门、教育主管部门及有关单位分配使用专项资金情况需接受财政、审计、纪检监察等部门的监督和检查。相关单位及个人在资金申报和使用管理中的弄虚作假或挤占、挪用、长期滞留资金等违法行为，按照《预算法》《公务员法》《行政监察法》和《财政违法行为处罚处分条例》给予相应处罚，情节严重的追究法律责任。

第五章 附 则

第十七条 本办法自2018年1月1日起施行。原《浙江省财政厅 浙江省教育厅关于印发浙江省教育发展专项资金管理办法的通知》（浙财教〔2015〕5号）、《浙江省中小学（幼儿园）教师教育专项资金管理办法》（浙财教〔2013〕62号）相应废止。

浙江省财政厅 浙江省卫生和计划生育委员会 关于全面推进基层医疗卫生机构补偿机制改革的实施意见

浙财社〔2017〕63号 2017年11月2日

一、总体要求

（一）指导思想

按照保基本、强基层、建机制的总体要求，坚持公平与效率统一、存量调整与增量引导结合的原则，严格落实政府对基本医疗卫生服务的主体责任，充分发挥市场机制作用，积极推进购买服务，建立专项补助与付费购买相结合、资金补偿与服务绩效相挂钩的基层医疗卫生机构补偿新机制，有效调动基层医疗卫生机构和医务人员的积极性，提高基本医疗卫生服务质量和效率，推动基层医疗卫生事业健康和可持续发展。

（二）工作目标

从2018年起全省全面启动基层医疗卫生机构补偿机制改革工作，到2019年底所有市、县（市、区）全部建立符合基层医疗卫生机构特点的新型补偿机制。

二、主要内容

（一）明确补偿渠道

基层医疗卫生机构实行补偿机制改革后，建设发展等非经常性支出主要由财政专项安排，日常运行等经常性支出主要通过提供基本医疗卫生服务，由政府或医保（个人）按标准付费购买。

（二）完善补偿方式

1. 落实财政专项补助。

在合理界定基层医疗卫生机构职能和任务的基础上，对符合政府规定的建设发展等项目支出，由同级政府纳入财政预算，通过专项补助方式足额安排。财政专项补助主要包括：按规定核定的基本建设（含修缮）、设备购置、信息化建设、人员培养培训经费、基本人员经费（含基本工资和以基本工资为基数计算的单位缴纳的社会保障费、住房公积金、职业年金部分）等。对地处山区、海岛且因服务人口稀少等客观因素造成收入不足以弥补正常运行所需合理支出的基层医疗卫生机构，各地可根据实际制定相应的补助政策，确保机构正常运行和人员合理待遇。

2. 政府购买重大公共卫生等服务。

对政府下达由基层医疗卫生机构承担的重大公共卫生服务项目、突发公共卫生事件处置和对口支援任务等指令性工作，政府按定项定额购买的办法给予补偿。国家或省有统一规定补偿标准的，原则上按规定标准执行；没有统一规定标准的，同级财政部门和卫生计生部门科学测算成本后合理确定补偿标准。

3. 医保（个人）购买基本医疗服务。

基层医疗卫生机构主要提供基本医疗保险目录范围内的医疗服务项目。基层医疗卫生机构提供的基本医疗服务，主要由医保基金和患者个人按规定的支付标准付费购买。在保证基本医疗服务正常开展的条件下，设区市应根据当地居民健康需求和责任医生签约服务等需要，制定完善家庭病床、出诊、家庭巡诊等社区卫生服务类医疗服务价格。

4. 政府购买基本公共卫生等服务。

对基层医疗卫生机构提供的基本公共卫生服务和部分收费价格补偿不足的基本医疗服务，由政府统筹整合基本公共卫生服务项目经费和扣除人员培养培训经费、基本人员经费后的经常性收支差额补助，作为改革后政府购买服务的可用资金，采取政府付费购买方式给予补偿。纳入购买范围的基本医疗服务项目，在条件成熟后应转为全部由医保基金和患者个人付费购买。政府付费购买以标化工作当量确定的财政付费标准和服务数量为主要依据。

制定项目标化工作当量。财政部门和卫生计生部门应参照《浙江省基层医疗卫生机构补偿机制改革基本服务项目标化工作当量参考标准》（见附件1），结合基本公共卫生等服务开展需要与当地实际情况，合理确定购买服务项目，并根据每个服务项目的服务标准、人力成本、资源消耗、风险和难度等因素，确定本地区基本服务项目标化工作当量。对纳入购买范围的基本医疗服务项目，还要结合收费价格补偿情况对标化工作当量进行适当调整。

确定单位标化工作当量财政付费标准。按照各项目标化工作当量和改革前基层医疗卫生机构各项目的实际服务数量，计算项目总工作当量。在此基础上，根据购买服务可用资金总量等合理确定单位标化工作当量财政付费标准。各地应根据不同基层医疗卫生机构地理交通、服务规模、基础条件、综合能力等因素的差异化情况，统筹确定调整系数，对基层医疗卫生机构进行分类调节，确保公平与效率。除项目成本增减、项目内容或医疗服务价格调整外，单位标化工作当量财政付费标准在财政补偿可持续的前提下维持不变。鼓励各地开展项目成本研究，逐步完善与成本相匹配的单位标化工作当量财政付费标准。

核定政府购买服务付费金额。财政部门和卫生计生部门要参照《浙江省基层医疗卫生机构补偿机制改革绩效评价关键参考指标体系》（见附件2），结合实际情况，制定适合本地实际的绩效评价指标体系，以信息化为依托对基层医疗卫生机构服务效率、服务质量和群众满意度进行绩效评价，评价结果作为核定政府购买服务付费金额的主要依据。在绩效评价等基础上，根据各基层医疗卫生机构年度服务总当量、单位标化工作当量财政购买标准，计算每个基层医疗卫生机构政府购买服务付费金额。

5. 政府购买计划生育技术服务。

乡村两级妇幼保健和计划生育技术服务资源整合后，财政部门和卫生计生部门应统筹原有渠道安排的财政资金，参照政府购买基本公共卫生服务的办法，对基层医疗卫生机构承担的计划生育技术服务实行标化工作当量法购买。

6. 政府购买责任医生（家庭医生）有效签约服务。

责任医生（家庭医生）在为签约居民提供基本医疗和基本公共卫生服务之外，按照签约服务全人、全程健康管理要求，开展签订协议、健康咨询和对签约居民健康状况进行了解、干预、评估、管理，以及协调转诊、康复指导和随访等服务所需成本，由签约服务费予以补偿。各地要认真落实签约服务有关政策，进一步健全签约服务费筹措和分担机制，签约服务费中财政承担的资金，要通过设立“有效签约服务项目”采取政府购买服务方式安排。

（三）规范收支管理

基层医疗卫生机构实施补偿机制改革后，对财政专项补助资金仍按现行财务会计制度管理和核算，对基层医疗卫生机构通过提供医疗卫生服务由政府、医保（个人）付费购买取得的重大公共卫生等服务收入、基本医疗服务收入和基本公共卫生服务收入等，统一作为业务收入管理并进行明细核算，由基层医疗卫生机构统筹用于各项医疗卫生支出。

（四）完善村卫生室补偿机制

对由乡镇卫生院（社区卫生服务中心）派出、并实行“人、财、物”紧密型一体化管理的村卫生室（社区卫生服务站），统一纳入基层医疗卫生机构补偿机制改革范围。对其他类型的村卫生室，可统筹整合运行补助政策规定资金，对其提供的基本医疗和基本公共卫生服务按照改革政策要求实行政府购买服务。

三、配套政策

（一）落实财政资金投入

各地要根据深化医改总体要求和基层医疗卫生机构补偿机制改革需要，努力筹措落实财政投入，加大资金统筹整合力度，确保对基层医疗卫生机构的专项补助和购买重大公共卫生、基本公共卫生、计划生育技术服务等资金足额安排到位。要细化做实改革政策方案，加强改革的风险防控工作，确保财政投入可持续和资金安全有效。

（二）优化收入分配制度

各地要积极探索建立符合基层医疗卫生行业特点的薪酬制度，允许基层医疗卫生机构突破现行事业单位工资调控水平，允许医疗服务收入扣除成本并按规定提取各项基金后，主要用于人员奖励。要充分落实基层医疗卫生机构的分配自主权，强化政府购买服务和内部分配的有效衔接。基层医疗卫生机构要建立以工作当量和绩效考核为主要依据的内部分配制度，充分体现优绩优酬、多劳多得。

（三）夯实信息化支撑

各地要参照《浙江省基层医疗卫生机构补偿机制改革绩效考核信息化建设需求指南》（另行下发），进一步加快与改革配套的相关信息化建设，做到补偿机制改革和信息化建设同步实施。加强业务数据集成平台建设，为绩效考核提供客观、全面、便捷、及时的数据支撑。强化数据来源、数据采集、数据加工、费用计算、申诉反馈等全流程数据质量控制，确保考核数据的合规、完整和客观准确。强化智能辅助控制和监管，实现对基层医疗卫生机构、服务团队、个人等层次的数字化绩效评价，为精准购买和精细化管理提供技术支撑。

（四）加强医保引导

各地要充分发挥医保对基本医疗服务的政策调节和费用补偿作用，结合“双下沉、两提升”和分级诊疗工作，不断提升基层医疗服务能力。制定完善差别化医保报销政策，适当提高基层医疗卫生机构医保支付比例，引导城乡居民在基层就诊。通过医保支付方式改革和完善价格形成机制，加快完善基本医疗服务由医保和个人购买为主的补偿模式。有条件的地方，可结合责任医生（家庭医生）签约服务，探索医保门诊按人头付费改革试点。

四、组织实施

（一）加强组织领导。各地要充分认识基层医疗卫生机构补偿机制改革的重要意义，严格按照工作要求，切实履行部门责任，健全工作推进机制，积极稳妥实施改革。省级有关部门要紧密配合，加强工作指导。

（二）科学开展测算。各地要按照基层医疗卫生机构补偿机制改革基本思路和总体要求，结合当地财力可能等实际情况，扎实做好成本测算和补偿标准制定等基础工作，统筹财力保障改革的有效性和可持续性。

（三）周密制定方案。各地要在科学测算和充分论证的基础上，认真研究制定改革具体实施方案，及时出台基层医疗卫生机构补偿机制改革配套文件。

（四）加强宣传引导。各地要做好舆论宣传和引导工作，充分调动基层医疗卫生机构和医务人员参与改革的积极性和主动性，积极争取城乡居民和社会各界的理解和支持，为推进改革创造良好氛围。

（五）强化管理评估。各地要加强对改革进展的动态监测和科学评估，及时研究和解决改革过程中存在的难点和问题，不断改进和完善政策方案，确保改革平稳推进和取得成效。

本实施意见自 2017 年 12 月 1 日起施行。2015 年 10 月 12 日省财政厅和省卫生计生委联合颁发的《关于开展基层医疗卫生机构补偿机制改革试点的指导意见》（浙财社〔2015〕133 号）同时废止。

附件：1. 浙江省基层医疗卫生机构补偿机制改革基本服务项目标化工作当量参考标准（略）
2. 浙江省基层医疗卫生机构补偿机制改革绩效评价关键参考指标体系（略）

浙江省省级行政事业单位房产出租管理暂行办法

浙财资产〔2017〕111 号 2017 年 11 月 8 日

第一条 为规范省级行政事业单位国有房产出租行为，提高房产出租工作透明度，维护国有资产权益，确保国有资产保值增值，从源头上预防腐败，防范风险，根据《浙江省行政事业单位国有资产管理暂行办法》（浙政办发〔2009〕178 号）、《浙江省省级行政事业单位国有资产使用管理暂行办法》（浙财资产〔2010〕61 号）等有关规定，制定本办法。

第二条 省级行政事业单位（以下简称各单位）将占有、使用的产权归属本单位的国有房产（含暂未办理房产权证但权属事实清晰的房产）用于出租的，适用本办法。

各单位将存量住房出租给本单位干部职工（含离退休人员）使用，为其提供基本住所、解决住房困难的，比照公租房政策执行，不适用本办法。

对人才引进、干部异地交流等涉及住房保障另有政策规定的，从其规定。

第三条 本办法所称房产出租是指各单位在保证履行行政职能和完成事业任务的前提下，经批准将房产包括土地、场地、经规划部门批准且在有效期内的临时建筑等出租给承租人，向承租人收取租金的行为。

各单位将房产委托或承包给他人经营、或者以联营等名义且不承担经营风险而获取收益的，视同出租行为，应按本办法的规定执行。

第四条 各单位房产有下列情形之一的，不得出租：

（一）已被依法查封、冻结；

（二）属于违法建筑；

（三）产权不清，存在产权纠纷；

（四）未取得其他产权共有人同意；

（五）法律、法规规定禁止出租的其他情形。

第五条 各单位拟将房产对外出租的，应当履行内部决策程序，制订出租方案。无论是本单位实施，还是委托后勤服务单位或者其他单位实施，按照规定权限和程序履行报批手续，未经批准，不得对外出租。同时，原则上应以房产产权归属为依据确定出租主体，房产产权属于行政单位的，该行政单位为出租主体，取得的出租收入作为“行政单位国有资产出租收入”；房产产权属于事业单位的，该事业单位为出租主体，取得的出租收入作为“事业单位国有资产出租收入”。

第六条 各单位出租房产，期限在6个月以内（含6个月）的，由主管部门负责审批（无主管部门的由单位按内控制度规定自行审批）；期限在6个月以上的，由主管部门审核后报省财政厅审批。

第七条 房产租赁期限一般不得超过5年。特殊情况可适当延长租期，但不得违反《合同法》的规定。

第八条 各单位原则上应当对拟出租的房产委托有资质的社会中介机构，根据其房产价值并综合考虑房产所在地段、租赁市场行情等因素对租金进行评估，确定出租房产的租赁建议价格。对单位内部已制定公开统一的收费标准或者有统一的市场价格标准的，可不作评估。

第九条 各单位出租房产，原则上实行公开招租，因情况特殊无法公开招租的，须在申请文件中详细说明理由，按规定权限和程序向主管部门或省财政厅申报审批。

第十条 下列情形经审批可以采用非公开方式出租：

（一）出租给省级机关、财政补助事业单位、专项工作临时机构作为办公用房的，可按双方协议价租赁。协议价可以为零，最高不得超过租赁底价。

（二）出租给省级经费自理事业单位的，可协议租赁，但租金不得低于租赁底价。

（三）出租期限在6个月以内的临时租赁，可协议租赁，但租金不得低于租赁底价。

（四）其他经审批以非公开方式出租的房产，租金不得低于租赁底价。

第十一条 各单位申请办理房产出租应提交以下材料，并对材料的真实性、合法性、准确性负责：

（一）房产出租申请报告（包括拟出租房产的地理位置、权属情况、房产性质、实物现状、出租理由、出租方式、出租用途、出租面积、出租年限、租金评估价等）；

（二）国有房产出租申报审批表；

（三）房产出租权益价值评估报告书或者单位制定的公开统一的收费标准、市场统一价格标准等材料；

（四）房屋所有权证、土地使用权证（复印件）及其他权属证明材料；

（五）其他需要提交的资料，包括其他产权共有人同意出租的证明、采用非公开方式出租的意向承租人法人证书复印件或企业营业执照复印件、个人身份证复印件以及双方签订的意向协议等。如意向承租人为省级机关单位或专项工作临时机构的，还应当提供经相关职能部门核准的同意租房办公的书面材料。

第十二条 经审批采用非公开方式出租的房产，承租人不得转租。出租单位应在租赁合同中对此作出明确约定，如承租人擅自转租的，出租单位有权终止租赁合同，收回房产。对由此造成损失的，全部由承租人承担。

第十三条 经批准以公开方式招租的，原则上应由出租单位委托依法设立的产权交易机构或公共资源交易机构，按照“公开、公平、公正”的原则确定承租人。出租单位原则上不得对承租人设置资格条件，确需设置的，不得有明确指向性或违反公平竞争原则，所设资格条件相关内容应当在出租申报时作出特别说明。具体招租事项按照相关产权交易机构或公共资源交易机构资产出租进场交易相关规定办理。

如拟出租房产坐落在杭州市范围以外的，也可委托所在地公共资产交易机构组织公开招租。

第十四条 对于公开招租未成交（流拍）的房产，在评估有效期内原则上仍应以原评估价作为底价再次实行公开招租。对以原评估价为底价公开招租两次以上无人参与竞租的，可逐步降低租赁底价，但设置新的租赁底价低于原租赁评估价90%的，应按规定程序报省财政厅批准后方可重新进行公开招租。

第十五条 各单位按照经批准的出租方案在确定承租人后应当签订符合相关法律、法规规定的租赁合同。如承租人需要对承租房产进行装修、改造的，应事先与出租单位协商，并在合同中明确约定合同终止时的处置方式。出租单位原则上不得承诺认购、退回或折价收购承租人的固定资产或装修费用。

租赁合同签订后，出租单位应将租赁合同等相关资料及时报省财政厅备案。

第十六条 各单位出租房产的租金收入属于政府非税收入，应当按照政府非税收入管理的有关规定，统一上缴国库，实行“收支两条线”管理。其中省财政厅对经费自理单位出租收入管理另有规定的，从其规定。

第十七条 房产出租收入由出租单位按照合同约定向承租人收取，缴纳相关税费后上缴省财政。

第十八条 出租单位应当承担对出租房产的日常管理职能，及时制止承租人违反合同约定的行为，如有必要应当终止合同。对于因承租人违反合同约定导致租赁合同不能正常履行或合同被终止的，出租单位应按照合同约定，及时采取应对措施，保护国有权益不受侵害，并将相关情况及时报省财政厅备案，收取的违约金视同房租收入管理。

第十九条 因政府统一规划拆迁或不可抗力等特殊因素影

响，需提前解除租赁合同的，出租单位应及时将相关情况上报主管部门，并报省财政厅审核同意后，将已上缴未到期限部分的租金退还给承租人。

第二十条 租赁期间，因出租单位发生分立、合并、解散、被撤销的，由房产接收单位承继原租赁合同。房产接收单位应做好工作衔接，及时变更租赁合同，并将合同变更情况及时报省财政厅备案。

第二十一条 承租人在承租期内确因各种原因无力继续履行合同且有新的承租人愿意承接原合同的，征得出租单位同意后，解除与原承租人的合同关系，并由出租单位与新的承租人重新签订剩余年限的租赁合同。出租单位应将合同变更情况及时报省财政厅备案。

第二十二条 租赁合同到期后，出租房产由出租单位依照合同约定收回。如相关房产仍拟对外出租的，应当按照本办法的规定执行。原承租人在同等条件下享有优先承租权。在原出租期限已到，但新的招租工作尚未完成期间内，如原承租人愿意继续租赁的，出租单位可与原承租人按月签订临时协议，临时协议连续最长不得超过6个月，租金按原合同支付，但应当向原承租人声明该临时协议在招租工作结束后即予终止。相关情况应报省财政厅备案。

第二十三条 各单位在国有房产出租过程中不得有以下行为：

（一）未经审批，擅自出租房产；

（二）未经审批，擅自降低或减免合同约定的租金；

（三）故意拆分租期化整为零以规避财政审批；

（四）违反规定，以应收的租金抵顶本单位应承担的费用或者以应收的租金换取单位的奖金福利；

（五）收取的租金收入不及时上缴国库，坐支、截留、挪用或私分租金收入；

（六）违反规定，干预社会中介机构和产权交易机构（或公共资源交易机构）独立执业；

（七）其他违法违纪行为。

第二十四条 各单位应当健全内控制度，加强房产日常管理，盘活闲置房产，提高国有资产使用效益，防止出现该租不租的情况发生。对出租房产要建立专门台账，逐一记录出租收入的收缴情况，按规定及时办理缴款手续，确保房产出租收入应收尽收、应缴尽缴，并自觉接受财政、审计、监察等部门的监督检查。

第二十五条 参与招租活动的社会中介机构和产权交易机构（或公共资源交易机构）不得违规操作。违规操作的，按相关法律法规规定处理。

第二十六条 财政、主管部门、各单位及其工作人员，应当认真履行国有资产监督管理职责，依法维护国有资产的安全、完整，共同做好国有房产出租管理。对违反本办法规定的单位和个人，按照《财政违法行为处罚处分条例》以及其他相关法律法规规定处理。

第二十七条 省级其他社会团体和民办非企业单位占有使用的国有房产对外出租的，参照本办法执行。

第二十八条 与省级行政尚未脱钩的经营实体、实行企业化管理并执行企业财务会计制度的事业单位及事业单位出资举办的具有法人资格的企业，涉及国有房产出租的，按照企业内部管理制度履行相应决策程序后，原则上应在产权交易机构或公共资源交易机构公开进行。特殊情况确需采用非公开方式出租的，应当报出资事业单位或履行监管职责的主管部门批准，其租赁价格不得明显低于市场价格。

第二十九条 本办法自2018年1月1日起施行。此前有关规定与本办法不一致的，按照本办法执行。

在办法施行前经批准已经出租且合同尚未到期的，可继续履行至合同期满。原租赁合同期满后仍需出租的，一律按本办法的规定执行。

浙江省粮食安全专项资金管理办法

浙财企〔2017〕96号 2017年12月8日

第一章 总 则

第一条 为规范省粮食安全专项资金管理，提高财政资金使用绩效，保障全省粮食安全，根据《浙江省人民政府办公厅关于进一步加强省级财政专项资金管理工作的通知》（浙政办函〔2014〕66号）等有关规定，结合我省粮食工作实际，特制定本办法。

第二条 资金来源

省粮食安全专项资金（以下简称粮安资金）由省财政预算统筹安排，专项用于保障全省粮食安全。

第三条 分配原则

粮安资金的分配使用遵循“公正公开、规范透明、重点突出、讲究绩效”的原则。

第四条 使用管理部门

粮安资金由财政部门和粮食部门共同管理。省财政厅会同省粮食局负责资金的预算安排、使用管理和监督检查。省粮食局会同省财政厅负责提出粮安资金支持重点，制定分配实施方案，组织分配方案申报和评审，实施预算绩效管理并开展绩效评价。各市、县（市、区）财政、粮食部门具体负责粮安资金使用方案申报，并做好资金分配、拨付和使用监管、绩效评价等工作。

第二章 支持内容和分配方式

第五条 支持内容

（一）储备粮油仓储物流设施建设、危仓老库维修改造和粮库智能化升级改造；

（二）现代粮食商贸物流体系建设及信息化改造；

（三）粮油产业发展和品牌建设；

（四）粮食产销合作；

（五）粮食应急体系建设；

（六）放心粮油供应网络建设；

（七）粮油质量检验能力建设；

（八）其他有利于保障我省粮食安全的事项。

第六条 分配方式

粮安资金采取因素法和竞争性分配相结合的方式进行分配。

（一）因素法分配方式。每年根据全省粮食安全责任制考核结果、资金绩效等分配因素及相应权重，将部分粮安资金进行切块分配。分配因素和权重可根据全省粮食中心工作适时进行调整，并由省粮食局会同省财政厅协商确定。

（二）竞争性分配方式。根据粮食安全体系建设重点工作安排，选择相关支持内容将部分粮安资金采取竞争性方式进行分配。年度具体支持内容由省粮食局会同省财政厅协商确定，由省粮食局制定具体竞争性分配方案后，会同省财政厅按规定程序组织竞争性分配各项工作。

第三章 资金分配、拨付和使用

第七条 资金分配

每年上半年，由省粮食局会同省财政厅研究确定下一年度粮安资金支持重点和各种分配方式的资金额度，并明确绩效目标。

采用因素法方式分配的，由省粮食局会同省财政厅制定分配方案，将资金测算分配到市、县（市、区），由各地统筹用于当地粮食安全体系建设。

采取竞争性方式分配的，由省粮食局会同省财政厅布置具体申报、审核、评审和公示工作。公示无异议的，由省财政厅会同省粮食局将资金分配到相关市、县（市、区），专项用于竞争性分配方案明确的有关内容。

第八条 资金拨付

省财政厅会同省粮食局按照有关规定，提前通知市、县（市、区）下一年度粮安资金分配额度。待预算年度开始后，省财政厅将资金拨付到市、县（市、区）。市、县（市、区）不得因此减少本级财政预算应安排的粮食风险基金数额。

对采用因素法分配的资金，根据确定的粮安资金分配方案告知市、县（市、区）各因素分配额度。

对采用竞争法分配的资金，根据确定的竞争性项目和补助标准告知市、县（市、区）分配额度。

第九条 资金使用

相关市、县（市、区）财政部门要会同粮食部门根据本办法的规定和资金拨付文件等制定资金使用方案，确定具体项目，及时拨付资金，并加强资金使用监管。

第四章 监督检查和绩效管理

第十条 各市、县（市、区）财政部门和粮食部门要建立健全粮安资金使用管理和监督检查制度，认真审核、筛选项目，指导督促相关单位按规定使用资金，切实提高财政资金使用绩效。

第十一条 省粮食局会同省财政厅建立健全粮安资金绩效管理制度，组织实施绩效评价，评价结果作为以后年度资金分配的重要依据。

第十二条 粮安资金使用管理接受审计、纪检监察、财政等部门的监督检查，一旦发现截留、挤占、挪用或骗取粮安资金等违法违纪行为，依照有关法律法规的规定追究相应责任。

第十三条 各级财政部门和粮食部门、单位及其工作人员在粮安资金使用管理工作中，存在违反规定审批、分配、拨付、使用和管理资金，以及其他滥用职权、玩忽职守、徇私舞弊等违法违纪行为的，按照《中华人民共和国预算法》《中华人民共和国公务员法》《中华人民共和国行政监察法》《财政违法行为处罚处分条例》等国家有关规定追究相应责任；涉嫌犯罪的，移送司法机关处理。

第五章 附 则

第十四条 本办法自 2017 年 12 月 25 日起实施。《浙江省粮食安全专项资金管理暂行办法》（浙财企〔2014〕210 号）和《浙江省省级粮食补贴资金管理暂行办法》（浙财企〔2010〕215 号）同时停止执行。

浙江省财政专户资金存放管理实施办法

浙财预执〔2017〕86 号 2017 年 12 月 19 日

第一章 总 则

第一条 为建立健全科学规范、公正透明的财政专户资金存放管理机制，防范资金存放安全风险和廉政风险，发挥财政间隙资金支持经济发展的重要作用，提高资金存放综合效益，根据《中华人民共和国预算法》《财政部关于进一步加强财政部门和预算单位资金存放管理的指导意见》（财库〔2017〕76 号）及财政专户管理等有关规定，制定本办法。

第二条 本办法所称财政专户资金，是指财政部门为履行公共财政管理职能，按照规定可以开设财政专户进行存储的特定专用资金，包括非税收入资金、社会保险基金、国际金融组织和外国政府贷款及赠款资金、财政代管资金、事业收入资金、偿债准备金、外币专户资金以及专项支出资金。

参与财政专户资金存放的银行，是指在中华人民共和国境内依法设立的国有商业银行、股份制商业银行、邮政储蓄银行、城市商业银行、农村信用合作联社、农村商业银行、农村合作银行及政策性银行。

除国家有关政策已明确资金存放银行外，各级财政部门应选择同城银行经办机构作为本级财政专户资金存放银行。

第三条 财政专户资金存放管理应遵循以下原则：

（一）依法合规。在符合法律法规和政策规定的前提下，严格按照廉政建设要求开展财政专户资金存放工作；

（二）公正透明。财政专户资金存放应公开、公平、公正，程序透明，结果透明，兼顾效率；财政部门领导干部不得以任何形式违规干预、插手资金存放；

（三）安全优先。财政专户资金存放以确保资金安全为前提，防止出现资金安全风险事件；

（四）科学评估。综合考虑专户资金安全性、流动性、支持经济发展、收益性等因素，科学设置资金存放银行评选指标；

（五）权责统一。各级财政部门应当履行财政专户资金存放管理的主体责任，组织好本级财政专户资金存放管理工作，保证资金存放平稳有序。

第四条 除国家政策已明确存放银行和涉密等有特殊存放管理要求的资金外，新开立财政专户或变更财政专户开户银行应当按照规定采取竞争性方式或集体决策方式选择确定。

第五条 财政专户资金一般在财政专户开户银行办理定期存款、协定存款、通知存款，不得采取购买理财产品的方式存放财政专户资金；除粮食风险基金等国务院批准保留的专项支出类财政专户资金和待缴国库非税收入资金、外国政府和国际金融组织贷款和赠款资金外，社会保险基金等大额财政专户资金，可以转出开户银行进行定期存款。财政专户资金转出开户银行进行定期存款的，应当采取竞争性方式。

第六条 竞争性方式是指各级财政部门在确保资金安全和资金支付需要的前提下，通过招投标等方式公开邀请银行报名参与竞争，择优选择资金存放银行。

第七条 集体决策方式是指各级财政部门对备选银行进行评分，将评分过程和结果提交厅（局）长办公会议集体讨论，集体决定资金存放银行。

第八条 除社会保险基金等按照国家规定开展保值增值管理的资金外，财政专户资金定期存款期限一般控制在1年以内（含1年）。

第二章 竞争性存放操作

第九条 参与省级财政专户资金定期存款竞争性存放操作的银行应符合下列条件：

（一）依法开展经营活动，内部管理机制健全，具有较强的风险控制能力，近3年内在经营活动中无重大违法违规记录、未发生金融风险及重大违约事件；

（二）纳入监管评级的银行，人民银行上年度综合评价应达到B级及以上；

省内农村信用合作联社、农村商业银行、农村合作银行参与财政专户资金定期存款竞争性存放，可统一由省农信联社作为参与主体。

各市、县（市、区）财政局应根据本地区实际情况，充分评估资金存放银行经营状况，并参照上述条件确定本地区银行参与财政专户资金定期存款竞争性存放操作的条件。

第十条 各级财政部门可根据管理需要按年组建财政专户资金定期存款竞争性存放参与银行团。财政部门和参与银行团成员共同签订年度财政专户资金竞争性存放定期存款协议，载明双方权利义务以及应承担的法律责任。协议签订后，年度内每期财政专户资金定期存款竞争性存放不再单独签订协议，如遇重大政策调整，及时变更。未组建参与银行团的财政部门应在每期竞争性选择操作完成后，与资金存放银行签订财政专户资金竞争性存放定期存款协议。

新开立财政专户或变更财政专户开户银行，由财政部门和开户银行另行签订相应的账户管理协议。

第十一条 各级财政部门应当科学预测资金流量，在确保资金正常支付需要的前提下，制定财政专户资金定期存款竞争性存放年度计划报厅（局）领导班子集体决策批准后实施。各市、县（市、区）财政局应按季向省财政厅上报财政专户资金定期存款竞争性存放操作情况。

第十二条 各级财政部门应确保竞争性存放参与银行充足的响应准备时间，至少于每次操作前5个工作日，通过“浙江政府采购网”、本级财政门户网站等（以下简称指定网站）发布邀请银行参与财政专户资金竞争性存放的公告。

第十三条 财政专户资金竞争性存放采用综合评分法进行评分。评分指标和评分标准遵循客观、公正、科学的原则设置，原则上包括经营状况、服务水平、利率水平、贡献度等方面指标。

经营状况方面的指标应能反映资金存放银行的资产质量、偿付能力、运营能力、内部控制水平等；服务水平方面的指标应能反映资金存放银行提供支付结算、对账、分账核算、相关业务收费优惠等服务的能力和水平，以及在信息系统建设、以往提供服务履约等方面的情况；利率水平主要指定期存款利率等，应当符合国家利率政策规定；贡献度方面的指标应能反映资金存放银行对本地区经济发展、重点事业等的支持情况。

具体指标及其权重和计分公式，由各级财政部门根据实际情况和管理要求设置。各级财政部门可结合本地实际，研究设置反映资金存放银行纳税情况以及对小微企业、三农、扶贫领域贷款等支持经济发展贡献度的相关指标。

第十四条 每次开展竞争性存放操作前，各级财政部门或受其委托的中介机构应按规定建立由财政部门内部成员和外部专家共同组成的5人及以上单数人员的评选委员会。评选委员会成员应严格执行利益回避的相关规定，成员名单在竞争性选择结果确定之前应当保密。

第十五条 各级财政部门应根据评选委员会评分结果择优确定资金存放银行，由财政部门负责人签字生效，并于签字生效当日通过指定网站对外公告。

第三章 集体决策操作

第十六条 按照国务院规定报经财政部核准新开设的财政专户以及存量财政专户变更开户银行，原则上通过竞争性方式确定开户银行。有以下情形之一的，可采取集体决策方式选择开户银行：（1）具备参与竞争性选择资格的银行少于3家，或竞争性选择公告发布后，报名响应的银行少于 3 家；(2) 资金量较小，采取竞争性方式成本相对较高；(3) 发生不可预见的紧急情况，采用竞争性方式所需时间不能满足急需；(4) 法律法规规章和有关文件另有明确规定的。

本条第一款第二项规定的资金量标准由各级财政部门结合本地区实际情况确定。

第十七条 以集体决策方式选择资金存放银行，对财政部门的主要领导干部、分管资金存放业务的领导干部以及相关业务部门负责人应实行利益回避制度，不得将财政专户资金存放在上述人员的配偶、子女及其配偶和其他直接利益相关人员工作的银行。

第十八条 各级财政部门在采用集体决策方式时，应当采用综合评分法对备选银行进行评分，评分指标和评分标准的具体设置参照第十三条规定。

第十九条 以集体决策方式选择资金存放银行，备选银行的评分情况、会议表决情况和会议决议等内容应当在厅（局）领导办公会议纪要中反映，并在单位内部显著位置予以公告。

第四章 管理监督与相关责任

第二十条 各级财政部门对银行参与本级财政专户资金存放活动进行监督管理。

第二十一条 各级财政部门新选择财政专户资金存放银行时，应当要求资金存放银行出具廉政承诺书，承诺不得向财政部门相关负责人员输送任何利益，承诺不得将资金存放与财政部门相关负责人员在本行亲属的业绩、收入挂钩。

第二十二条 财政专户资金存放涉及开立银行账户的，应当严格执行财政专户管理制度有关规定，财政部门不得以资金转出开户银行进行定期存款为由，在定期存款银行新开立财政专户。

第二十三条 资金存放银行出现以下行为或情形之一的，各级财政部门应视情节轻重，通知该银行划回存放资金、并决定暂停以至取消其参与本级财政专户资金竞争性存放。

（一）一年内未按规定及时汇划到期本息违约两次及以上，或涉及金额较大的；

（二）出现资金安全事故、重大违法违规，导致财务恶化或引起信用危机的；

（三）监管评级降低，监管部门认为存在较大运营风险的；

（四）未遵守廉政承诺或者在资金存放中存在其他利益输送行为的；

（五）未按照存款协议履行相应的责任和义务的；

（六）存在弄虚作假等严重不正当竞争行为的；

（七）可能危及财政专户资金安全的其他情况。

第二十四条 资金存放银行出现第二十三条所述情况或行为的，各市、县（市、区）财政局应及时向省财政厅报备，一经核实，省财政厅将在全省范围内予以通报，并将该银行纳入全省财政专户资金竞争性存放黑名单，暂停以至取消其在全省范围内参与财政专户资金竞争性存放。

第二十五条 资金存放银行应加强对财政专户资金运用管理，防范资金风险，不得将财政专户资金投向国家有关政策限制的领域，不得以财政专户资金赚取高风险收益。

第二十六条 资金存放银行未按规定办理财政专户资金存放业务，造成财政资金管理风险或损失的，承担相应法律责任。

第二十七条 各级财政部门应加强监督检查，发现有违反本办法规定行为的，及时纠正；发现银行存在利益输送行为的，通报同级银监部门和纪检监察机关；涉嫌违法违纪的，按规定及时移交有关部门查处和问责。

第五章 附 则

第二十八条 本办法由省财政厅负责解释。

第二十九条 本办法自 2018 年 1 月 14 日起施行。已有规定与本办法不一致的，按本办法执行。

关于深入推进农业供给侧结构性改革加快建立以绿色生态为导向的财政支农政策体系的实施意见

浙财农〔2017〕117 号 2017 年 12 月 22 日

一、指导思想

全面贯彻落实“五位一体”总体布局和“四个全面”战略布局，深入践行“绿水青山就是金山银山”重大科学论断，按照“秉持浙江精神、干在实处、走在前列、勇立潮头”的新要求，牢牢把握历史新方位，牢固树立发展新理念，围绕保障粮食等主要农产品供给安全、农民稳定增收和农业生态环境保护等目标，以体制改革和机制创新为根本途径，进一步完善财政支农政策体系，精准聚焦、精准发力，助推农业供给侧结构性改革，切实服务好浙江“两个高水平”建设，服务好“三农”事业发展大局，努力实现农业增效、农民增收、农村增绿。

二、总体目标

到 2020 年，建立健全以绿色生态为导向、促进农业资源合理利用与生态环境保护的财政支农政策体系和激励约束机制，不断提高财政支农政策的精准性、指向性和实效性，更好地发挥财政支农资金撬动引领作用，进一步促进高效生态现代农业发展，提升农业综合效益和竞争力，为建设美丽城乡提供有力的支撑和保障。

三、基本原则

（一）绿色引领、统筹兼顾。以改革完善现有财政支农政策为切入点，在确保粮食等主要农产品供给安全和农民收入稳定增长的前提下，突出绿色生态导向，进一步建立健全主要生态系统保护补偿机制，将政策目标由数量增长为主转到数量质量效益并重上来。

（二）政府支持、市场导向。结合农业供给侧结构性改革，切实发挥财政支农资金的撬动作用，注重发挥市场在资源配置中的决定性作用，充分利用国内国际、省内省外两个市场和两种资源，调动市场主体和社会各方面积极性，提高财政支农资金使用效率。

（三）存量优化、增量倾斜。在保持现有财政支农政策稳定性、连续性的基础上，谋划实施一批最具比较优势、最能带动全局的重大创新举措，进一步调整优化存量资金的扶持方向、扶持环节和支持方式，集聚增量资金，积极支持引导绿色生态的现代农业发展，切实提高财政支农资金使用的指向性，促进农业结构调整，加快转变农业发展方式。

（四）系统谋划、稳步推进。统筹现有财政支农资金渠道和政策措施，协调推进、循序渐进、相互促进、形成合力。同时，按照改革强省、增创体制机制新优势的要求，选择部分地区、部分领域开展改革试点，逐步积累经验，不断完善政策，稳步推进改革。

四、改革任务

（一）建立以绿色生态为导向的财政支农政策体系

1. 优化财政支农政策扶持方向。从制约农业可持续发展的重点领域和关键环节入手，将财政支农政策支持重点和支持方向调整到“保供给、促增收、优生态”上来，加快推动相关财政支农政策的改革完善，进一步引导农业发展由过度依赖资源消耗、主要满足量的需求，向追求绿色生态可持续、更加注重满足质的需求转变。从 2018 年起，省级财政农口相关资金新增预算 70%、存量资金 50%（到 2020 年提高到 70%）用于支持以绿色生态为导向的任务，重点支持生态功能区加快实现绿色崛起，培育生态经济成为发展的新引擎。

2. 建立健全财政支农政策资金协调机制。推进省级财政专项转移支付预算编制环节源头整合改革，筹建省级财政支农资金预算管理协调小组，负责协调不同部门归口管理但绩效目标一致或类似的财政支农政策，统一标准、分头落实，促进财政支农政策相互衔接，避免同一事项的重复投入。同时，发挥经济社会发展各项规划的统筹引领作用，多层次多形式推进财政支农资金整合，提高资金使用绩效。

3. 建立“大专项+任务清单”的工作机制。协调建立以绿色生态为导向的政策任务清单，进一步加强统筹谋划，研究确定省级层面的主要任务事项，找准着力点和撬动点，把财政支持政策与任务清单相结合，重点推进省级任务整合，清理不应由省级承担支出责任和不符合绿色生态导向的支持内容，促进部门职责转变。2017 年底前，省级农口部门完成对现有任务的梳理，按照集中财力办大事的原则，重点支持牵一发而动全身的大事。

4. 全面落实财政支农领域“两个一般不”改革。结合省级任务清理整合，划清省与市县的管理权限，对于直接面向基层、量大面广和市县能有效承接的事项，进一步下放审批和管理权限，由市县自己做主，发挥地方政府的积极性和主动性。省里突出支持重点，做市县想做但做不了的、生态建设急需、农民迫切需要、对全省农业发展至关重要的事情，形成各部门、各层级协同配合、上下联动的财政支农管理体系。

5. 推进现有财政支农政策清理整合。继续深化财政支农体制机制改革，对现有的竞争类支农政策，通过取消、压缩规模，或调整使用方向等方法，逐步降低竞争类支农政策的比例，使财政资金逐步退出竞争性领域，不断优化支农政策结构。从 2018 年起，对省级出台的涉及市场竞争主体的直接补助资金逐步递减。

6. 大力推进政府购买服务。按照直接改间接、无偿变有偿的原则，加大政府购买服务力度，研究制订政府购买农业公共服务清单，对适合种养大户、家庭农场、农民合作社及联合社、农业社会化服务组织等新型农业经营主体和村（社）集体经济组织、各级农合联提供的农业公共服务事项进行系统梳理，采取有效措施，推动上述经营主体或组织成为高标准农田、节水灌溉工程等农业农村基础设施建设，以及农业社会化服务的主要承接和供给主体；合理划分政府与市场边界，对农业全产业链建设、一二三产融合发展等领域涉及产业化的项目，要逐步引导通过市场化运作模式予以支持，注重发挥市场形成价格作用。

7. 建立常态化的第三方评价机制。从 2018 年起，分类制定财政支农政策绩效评价的指标体系，从数量、质量、时效、成本以及经济效益、社会效益、生态效益、可持续影响、满意度等方面，科学评价以绿色生态为导向的政策目标实现程度。同时，积极开展财政支农政策第三方评估，建立起以中介机构为基础，政府咨询委、政协专业委员会、行业协会、高校、科研单位专家学者为支撑，社会公众或受益对象参与的第三方评估模式，以评估的独立性、权威性保证评估结果的公正性，逐步形成科学有效的财政支农政策绩效评价机制。

（二）加快推动相关农业补贴改革

8. 全面落实农业“三项补贴”政策综合改革。进一步提高农业补贴政策的指向性和精准性，突出支持耕地地力保护和粮食适度规模经营。从 2017 年起，全省全面推开农业“三项补贴”政策全市域改革，加强政策引导，鼓励粮食生产经营主体走向联合，组建农民合作社及联合社，不断做大做强，加快发展多种形式的适度规模经营，提高粮食生产综合效益。

9. 稳步落实国内渔业油价补贴政策改革。落实渔业油价补贴政策调整精神，逐步建立渔业捕捞和养殖业油价补贴与渔业资源保护及产业转型升级相协调的新型的产业政策机制。省统筹专项转移支付部分主要用于填补渔业生产成本补贴缺口和全省公共性、公益性、区域性、示范性等渔业发展重点工作；一般性转移支付形式下达部分，由当地政府统筹用于渔业生产成本补贴、渔民保障、减船转产及渔业资源养护等方面。

10. 大力培育新型农业经营主体。统筹整合相关涉农资金，大力支持培育新型农业经营主体和服务组织，积极引导职业农民、返乡青年、大学生等“农创客”“新农人”创办种养业家庭农场，牵头组建或成立农民合作社及联合社、农业社会化服务组织等涉农经济组织，为农业绿色生态发展注入新的动能和活力。以农民合作社及联合社的组建和规范化建设为突破口，提高农业生产组织化程度，扩大农业生产经营规模，解决土地碎片化和产出能力低下等问题。到 2020 年，粮食等农业产业适度规模经营比重达到50%以上。同时,研究建立以绿色生态为导向的农业适度规模经营评价指标体系,并在整合优化现有信息数据基础上,加大力度支持建设新型农业经营主体基础信息数据库。从2018年起,对不符合绿色生态发展导向的农业经营主体不再纳入各级财政扶持范围,逐步形成新型农业经营主体激励与约束的长效机制。

11. 保障绿色优质农产品供给。围绕“吃得安全、吃得放心”,推进质量强农建设,把扶持增加优质农产品供给放在突出位置,大力发展绿色种植、绿色养殖、绿色捕捞等高效生态循环农业和绿色生态渔业,以及林下经济、生态化栽培等绿色林业,全面推广全程标准化绿色生产。推进农产品质量安全追溯体系建设,构建省、市、县统一的农产品质量追溯信息平台,2019年底前覆盖所有规模经营主体。加强特色农产品全产业链风险管控(“一品一策”)集成应用、食用农产品合格证管理和农产品质量安全源头治理,规范农业生产过程和农业投入品使用。

(三)建立健全主要生态系统保护机制

12. 全面落实耕地保护制度。落实最严格的耕地保护制度,严格保护永久基本农田,严格控制非农建设占用耕地资源。除畜牧(水产)养殖用地、林地、设施农业等占用的耕地(简易大棚设施蔬菜用地除外)、被征(占)用为建设用地的耕地、发展林果业的耕地,以及常年抛荒耕地、占补平衡中补充耕地未达到耕种条件的耕地等特殊情况以外,全省土地利用总体规划确定的永久基本农田和其他一般耕地均要纳入耕地保护补偿政策范围。

13. 强化林业生态资源保护和管理。进一步完善森林生态效益补偿制度,按照公益林所处生态区位重要性等因素,实行分类补偿。2017年主要干流和重要支流源头县及国家级和省级自然保护区的省级以上公益林最低补偿标准提高到40元/亩。探索全面停止天然林商业性采伐后续管护纳入公益林管理的补偿政策。同时,围绕森林生态安全建设,加强野生动植物、古树名木、林木良种、林业有害生物防治、森林消防等森林资源保护和管理,提升国有林场(苗圃)保护能力,建立森林资源监测评价机制。推进森林扩面提质,实施“新植1亿株珍贵树”五年行动,大力推进彩色健康森林、木材战略储备林建设。

14. 探索建立湿地保护制度。守住湿地红线,探索制定湿地生态效益补助政策,明确补助范围和补助标准,加强湿地公园建设,切实强化重要湿地和湿地自然保护区的管护。到2020年,全省自然湿地保护率达50%以上。

15. 加强饮用水源地保护。加强备用水源建设,全面落实“一源一备”要求,推进生态清洁小流域建设,建立健全饮用水源安全保障达标评估制度,探索建立饮用水源地保护奖励制度。

16. 加强海洋与渔业生态保护。围绕浙江渔场修复振兴和海洋综合管理再上新台阶,大力支持渔业转型发展先行区、海洋生态建设示范区创建和远洋渔业发展,加强海洋空间资源调查监测评估、海洋环境监测与评价、岸线生态修复及生态岛礁建设,加强海洋保护区建设和管护。继续实施水生生物增殖放流、渔业资源本底调查与渔业环境的监测评价,加强“三场一通道”的保护与管理,建立禁限养区退出补偿机制,长期有效推进减船转产工作,逐步建立健全海洋与渔业资源保护利用与产业可持续发展相协调的长效机制。

17. 探索主要生态系统休养生息制度。编制耕地、河湖休养生息实施方案,建立主要生态系统保护长效机制。规范项目立项审批,停止耕地、河湖、森林商业性开发利用。规范垦造耕地行为,原则上停止在山上垦造耕地,并在国家核减我省基本农田保护任务的前提下,逐步将25度以上不适宜耕种且有损生态的陡坡地退出基本农田。

(四)探索农业资源环境突出问题治理的有效支持政策

18. 深化农业“两区”建设。以农业“两区”为重点,支持提升生产基地化、经营产业化、产品优质化、手段智慧化、田园美丽化水平,加快转变农业发展方式,促进农业“两区”集聚、融合、创新、共享发展。按照“吨粮标准、永久保护”要求,开展对已建成粮食生产功能区的提标改造与保护。到2020年,全省建成100个一二三产业深度融合的现代农业园区、200个集产业园科技园创业园功能于一体的农业可持续发展示范园、100个特色农业强镇和80条每条产值10亿元以上的农业全产业链,保护好800万亩粮食生产功能区。

19. 加快推进绿色农业行动计划。围绕农业面源污染治理,积极推进农业生产全程社会化服务、畜禽粪污资源化综合利用,加大有机肥、沼液、秸秆还田、有机肥养分替代和配方肥、新型肥料应用,支持发展绿色防控、统防统治,加快畜禽和水产养殖绿色发展,探索建立畜禽粪污、秸秆、废旧薄膜、养殖尾水等农业农村废弃物统一收集处理的有效机制,推动粮食生产功能区、重要农产品保护区和现代农业产业园区向绿色发展转型。到2020年,全省化肥、化学农药使用量分别比2016年减少2%和4%,秸秆综合利用率达到95%,农村清洁能源利用率达到85%,建成畜牧业绿色发展示范县20个、美丽生态牧场1000家。积极开展病死畜禽收集处置政府购买服务改革,完善病死畜禽无害化处理补助机制,健全养殖业保险与无害化处理联动机制,支持病死畜禽集中无害化处理。

20. 深入推进“五水共治”。以五大平原骨干排涝工程、五大江河干堤加固、大中型水库建设等重大项目为重点,提速推进“百项千亿防洪排涝工程”,到2020年基本实现全省五大江河防洪能力、五大平原排涝能力总体达到20年一遇规划标准;加快区域引调水和县级城市引供水工程建设,到2020年,县级以上城市及主要城镇集中式多源供水的工程体系基本形成。进一步加强水环境治理,实施百河综治工程,2017年底前全省消除劣V类水,到2020年累计完成河湖库塘清淤2.1亿方。

21. 大力推广高效节水灌溉技术。继续支持坡耕地雨水集蓄旱粮喷灌、农业园区智能化标准型微灌、林园地经济型喷灌和水稻区管道灌溉“四个百万工程”等农村水利建设,大力开展中小流域系统治理、推进河湖库塘清污(淤),加快池塘循环水、工厂化循环水和养殖尾水净化处理模式的推广应用。稳步推进农业水价综合改革,探索建立与节水成效、调价幅度、财力状况相匹配的农业用水精准补贴机制，着力破解农业生产用水瓶颈，提高水资源利用效率。

22. 强化农田土壤污染防治。全面推进农业“两区”土壤污染防治工作，强化农田土壤污染源头防控，建立健全以农业“两区”为重点，覆盖全省永久基本农田的土壤污染监测预警体系，开展特定农产品禁止区划定和污染农田土壤修复治理试点等工作，着力推进污染耕地的安全利用和全面管控，引导农业产业结构调整。基本摸清全省永久基本农田土壤污染状况及其走势；基本扭转农业“两区”土壤污染加重趋势，基本消除重大土壤环境安全隐患。

23. 推进绿色生态农业科技创新。以农业“两区”为重点，组织开展现代农业科技和示范基地建设，集中推广应用农业主导品种和主推技术，主导品种面积占同类作物65%以上。深入实施现代种业发展工程，加强农林渔业新品种育种，加快种业企业育繁推一体化进程。深入实施农业“机器换人”示范工程，大力推广全产业链、生态环保、节能高效的农机装备设施及配套技术，加快淘汰和更新老旧高能耗农业机器。继续深化“三农六方”“省院合作”等科技协作机制，积极开展绿色生态农业产业关键共性技术研发和攻关，加快农业科技成果转化，加强农业科技创新与推广服务团队等平台建设，集成推广应用绿色增产技术和模式，扎实推进粮油战略产业和农业主导产业绿色转型。

24. 推进绿色生态农产品公用品牌建设。按照政府引导、市场主导的原则和“一个公共品牌、一套管理制度、一套标准体系、多个经营主体和产品”的思路，深入实施农业品牌战略工程，大力推进品牌整合，做大做强绿色生态农产品品牌，并建立健全品牌运行管理制度，加强公共品牌使用监管和综合服务能力，倒逼农林渔业经营者发展绿色生态的种养模式，切实维护好品牌形象，共同打造和培育一批绿色生态、优质安全的农产品品牌。

（五）引导建立以绿色生态为导向的农业投融资机制

25. 完善财政与金融协同支农机制。筹建“三农”财金合作协调小组，负责开展财金合作顶层设计和中长期财金合作机制研究，切实加强与浙江省农信联社、邮储银行浙江省分行、中国农业银行浙江省分行、中国农业发展银行浙江省分行等金融机构的战略性合作，发展绿色金融，实行绿色授信，发行绿色债券。在健全风险阻断机制前提下，通过财政资金投入，进一步撬动金融资本加大对绿色生态农业发展的信贷支持力度，拓宽发展绿色生态农业经营主体的融资渠道，逐步建立财政与政策性银行和开发性金融机构相互合作、协同支农的有效机制，破解绿色生态农业发展投入不足的问题。

26. 探索建立绿色生态基础产业担保基金。按照“公益性项目、市场化运作”理念，组建成立省级绿色生态基础产业担保基金，充分发挥财政资金“四两拨千斤”作用，引导撬动金融机构银行贷款投入“大花园”建设和“12188”工程，以及重大水利工程、造地造林、农村污水和生活垃圾处理等“三农”基础产业，明显放大金融机构对相关领域授信额度，同时为新型农业经营主体提供担保，切实加大绿色生态农业发展的投入力度。

27. 发挥省级农业发展投资基金作用。加快推进省级农业发展投资基金的有效运作，推动建立相关产业发展子基金，指导市县政府设立相关产业发展基金，通过政府基金信用“背书”，吸引社会资本进入，投资绿色生态农业发展领域。同时，加快项目甄选和对接，支持和孵化一批潜力大、前景好的农业产业化项目，促进绿色生态农业加快发展。

28. 积极推进农业信贷担保体系建设。探索创新政银担合作机制模式，积极推进省级农业信贷担保机构的实质性运作，并进一步完善农业信贷担保体系，引导有条件的村组建村级合作担保组织。同时，鼓励支持农业信贷担保机构与金融信贷机构对接协作，通过信贷担保，提高金融机构融资授信，降低绿色生态农业信贷利率，逐步解决农民“融资难”“融资贵”问题。

29. 加快推进农村金融创新。加快农村土地确权等资源资产权属认定，推进农村自然资源资产信息系统建设，推动部门确权信息与银行业金融机构联网共享。深入推进林权抵押贷款、承包土地的经营权和农民住房财产权“两权”抵押贷款试点，探索开展大型农机具融资租赁、农业生产设施抵押贷款、公益林补偿收益权质押贷款、海洋渔业资源资产化改革试点，不断增加农民的财产性收入。

30. 探索建立绿色农业保险制度。创新完善农业保险与绿色生态农业发展、农业面源污染治理、农业废弃物资源化利用等联动机制，充分发挥农业保险的绿色生态保障功能。探索建立农业环境污染责任保险制度，研究开发针对农业生产经营的环境污染损害责任保险产品，并通过财政资金的适当扶持，积极引导畜牧业、水产养殖业等环境污染风险较高产业的经营者投保，利用环境污染损害责任保险的费率杠杆机制促使农业生产经营者加强环境风险管理，提升农业生产经营管理水平。

五、实施步骤

（一）准备阶段。按照统筹规划，分步实施的原则，2017年完成财政支农政策清理、任务整合和投向优化，明确财政支农政策改革目标任务、时间表和路线图。

（二）实施阶段。从2018年开始，逐步推开各项财政支农政策改革，并针对改革推进中发现的问题，不断调整完善财政支农政策。

（三）巩固完善阶段。到2020年，全面完成改革任务，基本建立以绿色生态为导向的财政支农政策体系。

六、保障措施

（一）强化组织领导。成立财政支农政策改革领导小组（以下简称“改革领导小组”），负责研究解决以绿色生态为导向的财政支农政策体系改革过程中的重大问题。改革领导小组下设两个协调小组和办公室，省级财政支农资金预算管理协调小组和“三农”财金合作协调小组，分别负责确定农口部门年度预算应重点保障的优先事项，提出绩效目标一致或类似的财政支农政策整合指导意见，探索建立涉农资金统筹整合长效机制，以及财政部门与金融机构财金合作机制和相互协作支持政策的顶层设计；改革领导小组办公室设在省财政厅，牵头会同省级农口部门共同推动各项改革任务落实到位。各地要把推进以绿色生态为导向的财政支农政策改革作为加快农业供给侧结构性改革和生态文明建设的重要抓手，切实做好各项工作落实。

（二）加大绿色生态农业投入。大力推广政府和社会资本合作（PPP）、信贷担保、股权投资等市场化运作模式，通过财政资金引导，撬动金融资本和社会资本更多投向农业农村，逐步形成多元化的绿色生态农业投入机制。

（三）创新财政支持方式。区分不同类型的扶持政策，分别采取财政补助、贷款贴息、以奖代补、先建后补、资本金注入等多种支持方式，并探索建立不同财政支农方式之间相互衔接、相互促进的有效机制，不断提高财政资金使用效率和效益。

（四）强化评价结果应用。从2018年开始，政策评估结果作为政策取消、调整、存续的重要依据，评估结果不理想的政策，原则上不再继续实施；并进一步完善政策成效与资金规模相挂钩的激励约束机制，确保政策目标落实。

（五）加强舆论宣传引导。通过举行新闻发布会，以及电视、网络、报刊杂志等多种媒体和渠道，加强宣传报道，全面阐述建立以绿色生态为导向的财政支农政策体系的必要性和重要意义，准确解读相关改革内容和政策措施，为财政支农政策改革营造良好的舆论氛围。

附件：建立以绿色生态为导向的财政支农政策改革任务责任分解及重要改革成果完成时间表（略）

浙江省财政厅等四部门关于建立省内流域上下游横向生态保护补偿机制的实施意见

浙财建〔2017〕184号 2017年12月22日

一、指导思想

全面贯彻落实党的十九大精神，深入贯彻习近平新时代中国特色社会主义思想，以“四个全面”战略布局为统领，以“创新、协调、绿色、开放、共享”五大发展理念为指导，坚定不移走“绿水青山就是金山银山”的绿色发展之路。按照党中央、国务院决策部署，围绕我省生态环境现状，强化节水减污理念，以省内流域上下游地区经济社会协调可持续发展为主线，以流域水资源保护和水质改善为主要目标，实施水资源消耗总量和强度双控行动，强化政策引导和沟通协调，充分调动流域上下游地区的积极性，形成“成本共担、效益共享、合作共治”的流域保护和治理长效机制，促进流域生态环境质量改善。

二、基本原则

（一）权责对等，合理补偿。流域上游地区应妥善处理经济社会发展与资源节约、环境保护的关系，在发展的过程中充分考虑上下游共同利益，坚持节约用水、保护优先的原则，同时享有水质改善、水量保障带来利益的权利；下游地区应充分尊重上游地区为保护水环境而付出的努力，并在省级相关部门的组织协调下，对上游地区予以合理的资金补偿，同时享有水质恶化、上游过度用水的受偿权利。

（二）市县为主，省级引导。流域上下游县（市、区）政府作为责任主体，通过自主协商，建立“环境责任协议制度”，通过签订协议明确各自的责任和义务。省级相关部门作为第三方，对生态保护补偿政策实施给予指导，并对协议履行情况实施监管，同时对重点流域的横向生态保护补偿给予引导支持，推动建立长效机制。

（三）分年实施，全面推广。根据建立健全绿色发展财政奖补机制的若干意见，从2018年起，在省内流域上下游县（市、区）探索实施自主协商横向生态保护补偿机制，到2020年基本建成。2018年率先在钱塘江干流、浦阳江流域实施上下游横向生态保护补偿，相关县（市、区，具体名单详见附件）在2018年9月底前签订补偿协议，并报省级相关部门备案。鼓励其他饮用水源保护等受益对象明确、双方补偿意愿强烈的相邻县（市、区）同时开展。

三、主要内容

（一）明确补偿基准。将流域交接断面的水质水量和上游县（市、区）的用水总量和用水效率作为补偿基准，以我省交接断面水质自动监测系统数据为考核依据。流域跨界断面水质只能更好、不能更差，国家或省里已确定断面水质目标的，补偿基准应高于国家或省里要求；上游县（市、区）用水总量和用水效率应优于省、市下达的水资源消耗双控指标。各地可选取高锰酸盐、氨氮、总氮、总磷以及用水总量、用水效率、流量、泥沙等监测指标，也可根据实际情况，选取其中部分指标，以签订补偿协议前3年平均值作为补偿基准，具体由流域上下游地区双方自主协商确定。

（二）科学选择补偿方式。除资金补偿外，流域上下游地区可根据当地实际需求及操作成本，探索开展对口协作、产业转移、人才培训、共建园区等补偿方式。鼓励流域上下游地区开展排污权交易和水权交易。

（三）合理确定补偿标准。流域上下游地区应当根据流域生态环境现状、保护治理和节约用水成本投入、水质改善的收益、下游支付能力、下泄水量保障等因素，每年在500—1000万元范围内协商确定。

（四）建立联防共治机制。流域上下游地区应当建立联席会议制度，按照流域水资源统一管理要求，协商推进流域保护与治理，联合查处跨界违法行为，建立重大工程项目环评共商、环境污染应急联防机制。流域上游地区应有效开展节约用水、农村环境综合整治、水源涵养建设和水土流失防治，加强工业点源污染防治，实施河道清淤疏浚等工程措施。流域下游地区也应当积极推动本行政区域内的生态环境保护治理和节约用水，并对上游地区开展的流域保护治理和节约用水工作、补偿资金使用等进行监督。

(五)签订补偿协议。上述补偿基准、补偿方式、补偿标准、联防共治机制等,应通过流域上下游县(市、区)政府签订具有约束力的协议等方式进行明确。

(六)省级资金引导。对达成协议的流域地区,省财政通过水质考核奖惩、"绿色指数"给予引导支持,鼓励早建机制。

四、组织实施

(一)做好工作指导。省财政厅会同省环保厅、省发展改革委和省水利厅等部门强化对流域上下游横向生态保护补偿机制建设的业务指导,加强监督考核,及时跟踪机制建设情况,积极协调出现的新问题,不断丰富和完善补偿机制内容,确保工作有序开展。省环保厅、省发展改革委和省水利厅等部门负责开展我省流域环境保护和治理、流域相关规划编制、水质水量监测、用水总量和效率统计、节约用水、水源涵养建设等工作。

(二)加强组织实施。各市要明确工作任务及时间表,积极推动本行政区域内流域上下游地方政府尽快达成横向生态保护补偿协议。对跨市域的流域,加强与上下游地方政府的协调沟通,探索适合本流域实际的补偿模式。各地财政、环保、发展改革、水利部门按照各自职责,做好相应工作。

(三)完善绩效考核。对纳入横向生态保护补偿机制的流域地区,省级财政部门将会同有关部门对相关地区流域上下游横向生态保护补偿工作开展情况进行绩效评估,其结果将作为省级奖励资金的重要依据。

附件:2018年实施省内流域上下游横向生态保护补偿市县名单(略)

浙江省"双下沉、两提升"省级财政专项资金管理办法

浙财社〔2017〕99号 2017年12月26日

第一章 总 则

第一条 为发挥财政资金支持城市三级甲等医院优质医疗资源下沉的引导和保障作用,提升基层医疗卫生服务能力,促进建立分级诊疗制度体系,根据《浙江省人民政府办公厅转发省卫生厅等5部门关于推进城市优质医疗资源下沉实施意见的通知》(浙政办发〔2013〕85号)、《浙江省人民政府关于推进"双下沉、两提升"长效机制建设的实施意见》(浙政发〔2015〕28号)、《浙江省卫生计生委 浙江省财政厅关于进一步做好"双下沉、两提升"有关工作的通知》(浙卫发〔2017〕12号)、《浙江省卫生计生委 浙江省财政厅关于印发浙江省"双下沉、两提升"工作考核办法的通知》(浙卫发〔2017〕11号)等文件精神,制定本办法。

第二条 省财政设立"双下沉、两提升"省级财政专项资金(以下简称"双下沉专项资金"),用于支持全省城市三甲医院优质医疗资源下沉和提升各级医院医疗卫生服务能力。

第二章 专项资金的支持对象和分配

第三条 双下沉专项资金的支持对象包括:

(一)开展优质医疗资源下沉的省级、部分考核优秀的市级三甲医院(以下简称"下沉医院");

(二)接受优质医疗资源下沉的市级专科医院(不含三甲医院)和县级医院(以下简称"被下沉医院")。

本办法实施后,各市新增区级医院合作办医的,不纳入支持范围。

第四条 双下沉专项资金按级次分为:

(一)下沉医院财政专项补助资金,主要用于对开展"双下沉"工作的省级医院的补助和市级医院的激励奖补;

(二)被下沉医院财政专项补助资金,主要用于对开展"两提升"工作的专项补助。

第五条 双下沉专项资金由分类补助与绩效考核补助两部分组成,当年按分类补助标准预拨,次年按绩效考核结果结算补助。

第六条 预拨省级下沉医院的分类补助,根据下沉合作办医类型确定标准:

(一)实行全面托管的,每家预补助400万元;

(二)实行重点托管的,每家预补助220万元;

(三)省级专科医院实行专科托管的,每家预补助50万元。

若一家省级医院与多家被下沉医院合作办医的,其分类补助金额累加计算。

第七条 预拨被下沉医院的分类补助,按二类六档转移支付办法确定的地区分类和合作办医类型确定标准:

(一)一类地区:

1. 实行全面托管的,每家预补助500万元;
2. 实行重点托管的,每家预补助300万元;
3. 与专科下沉医院实行专科托管的,每家预补助100万元。

(二)二类地区:

1. 实行全面托管的,每家预补助200万元;
2. 实行重点托管的,每家预补助100万元;
3. 与专科下沉医院实行专科托管的,每家预补助50万元。

同一行政区域多家被下沉医院与多家下沉医院合作办医的,按合作类型最高补助标准确定该地区分类补助金额,补助资金不累加计算。

第八条 绩效考核结算补助资金,根据省卫生计生委、省财政厅开展上一年度"双下沉、两提升"工作考核确定的等级、实际开展合作办医时间和双下沉专项资金规范使用等因素确定。结算补助与预拨分类补助的差额由省财政扣回。考核等级结算标准:

(一)考核优秀的,按预拨分类补助的100%结算;

(二)考核良好的,按预拨分类补助的80%结算;

(三)考核合格的,按预拨分类补助的60%结算;

(四)考核不合格的,按预拨分类补助的50%结算。

一家省级下沉医院与多家被下沉医院合作办医的,其绩效考核结算补助累加计算。多家下沉医院与同一地区多家被下沉医院合作办医的,按该地区各被下沉医院绩效考核结算补助的平均值确定该地区绩效考核结算补助。

第九条 医院违规使用双下沉专项资金的,按考核等级计算绩效考核补助后,按实扣除违规资金。

第十条 市级三甲医院开展"双下沉、两提升"工作,且考核得分在市级下沉医院中排名位于前三分之一的,给予激励奖补:

(一)第一、第二名的,每家奖励300万元;

(二)第三、第四名的,每家奖励200万元;

(三)其余前三分之一的医院,每家奖励100万元。

一家市级下沉医院与多家被下沉医院合作办医的,其绩效考核得分按平均分确定。

第三章 专项资金的使用

第十一条 双下沉专项资金按以下规定使用:

(一)下沉医院专项补助资金:主要用于省级和市级下沉医院派驻被下沉医院的医务人员和管理人员的劳务报酬、双下沉相关信息化建设;被下沉医院医务人员培训、培养、学科建设等项支出。

(二)被下沉医院专项补助资金:主要用于下沉扶持的医院学科建设、人才队伍建设和开展医疗服务必须的医疗设备配置、信息化建设等医疗服务能力提升支出,不得用于上缴下沉医院管理费(托管费)、支付下沉医院下派人员劳务费、以量化形式发放给下派人员的住宿和交通补贴等支出。被下沉医院专项补助由当地财政部门会同卫生计生部门统筹安排,不得抵顶同级政府履行政府卫生投入责任安排的公立医院补助。

第十二条 双下沉专项资金应当在预算年度执行完毕。确因客观情况未在预算年度执行完毕的,可结转下一年度继续使用。省级医院两个预算年度仍未执行完毕的结转结余资金由省财政收回;市县两个预算年度仍未执行完毕的结转结余资金由同级财政收回并报省财政厅备案。结转结余资金收回情况作为省财政安排下一年度双下沉专项资金因素之一。

第四章 专项资金的下达和监督管理

第十三条 省级下沉医院专项资金由省财政厅会同省卫生计生委编入年初省级部门预算;被下沉医院专项资金和市级医院激励奖补由省财政厅会同省卫生计生委编入年初一般性转移支付预算,待预算批复后下达各地财政。

第十四条 各市、县(市、区)财政局应当在省财政厅专项资金下达后的30日内将资金分解拨付到位,不得截留或移作他用。

第十五条 各医院必须严格按照本办法规定使用专项资金,实行专账核算管理,接受各级财政、审计部门的监督检查。不符合本办法规定的支出均认定为违规资金,按本办法规定计算扣回。情节严重的取消下一年度补助资格。

第十六条 各级财政、卫生计生部门要加强对双下沉专项资金的监督和管理,违反资金使用管理规定和财务会计制度的,按照《预算法》《财政违法行为处罚处分条例》等进行查处。

第五章 附 则

第十七条 本办法自2017年12月26日起实施,原《浙江省省级医院优质医疗资源下沉财政专项资金管理暂行办法》同时废止。此前规定与本办法不符的,以本办法为准。

浙江省政府采购电子卖场采购管理暂行办法

浙财采监〔2017〕29号 2017年12月26日

第一章 总 则

第一条 为规范政府采购电子卖场采购行为,创新政府采购模式,提高政府采购效率,根据《中华人民共和国政府采购法》及其实施条例等法律法规规定,以及《财政部关于〈浙江省政府采购电子卖场试点工作方案〉的批复》(财库函〔2016〕7号)要求,结合本省实际,制定本办法。

第二条 本办法适用于浙江省各级国家机关、事业单位和团体组织(以下简称采购人)通过"政府采购云计算服务平台"(以下简称政采云平台)实施网上超市、协议供货、定点采购、在线询价、反向竞价等电子卖场政府采购活动。政采云平台是指依托互联网,利用云计算、大数据、移动互联技术,实施网上交易、监管和服务,涵盖政府采购各领域、全流程、多用户的公共服务平台。

第三条 采购人使用财政性资金采购单项或年度批量预算金额在公开招标数额标准以下的项目,除通过政采云平台采用法定采购方式外,应当实行电子卖场采购。

采购人采购协议供货、定点采购项目的,应通过协议供货、定点采购系统进行采购。

采购人采购单项或年度批量预算金额在采购限额标准以上、公开招标数额标准以下的采购项目,可通过在线询价或反向竞价系统进行采购,但协议供货、定点采购项目除外。

采购人采购单项或年度批量预算金额在采购限额标准以下的货物、服务类采购项目,应通过网上超市系统进行采购,但协议供货、定点采购项目除外。

经协议供货、定点采购、在线询价、反向竞价采购流程后,拟成交价格高于网上超市相同商品价格的,或者在线询价、反向竞价失败的,可转为网上超市采购。

第四条 电子卖场采购活动应遵循公开透明、公平公正、诚实信用和高效简便的原则。

第五条 采购人应实行绿色采购,对纳入"节能产品政府采购清单"的产品实行强制或优先采购,对纳入"环境标志产品政府采购清单"的产品实行优先采购。鼓励使用环保包装材料。

第六条 省级财政部门负责制定全省电子卖场各交易系统管理规则，协调和指导全省电子卖场采购工作，监督管理省级电子卖场采购活动；市、县（市、区）财政部门负责监督管理本级电子卖场采购活动。

各级政府集中采购机构（以下简称各集采机构）负责本级网上超市、协议供货、定点采购供应商及商品的征集、上架审查，交易价格的动态监测，交易纠纷的调解处理等工作，并协助同级财政部门做好对违法违规行为的查处等工作。

第二章　供应商及商品维护管理

第七条 供应商参与电子卖场采购活动，应通过浙江政府采购网完成供应商注册，加入"浙江省政府采购供应商库"。

第八条 网上超市、协议供货、定点采购供应商及商品入围，由各级财政部门委托同级集采机构通过公开招标、公开征集承诺入围等方式产生，经同级财政部门确认后，其入围协议在规定时间内生效，期满未续期的，相应协议自动失效。

采购人因项目或技术特殊等原因，确需采用资格入围方式确定多家供应商实施项目的，经同级财政部门同意，按此规定执行。

全省和不同区域联动的协议供货、定点采购项目，牵头财政部门应委托相关集采机构组织实施，协议在联动区域内有效。

各级财政部门或其委托的集采机构可通过协商谈判，引用省内其他地区的网上超市、协议供货、定点采购征集结果。省本级网上超市征集结果鼓励各地直接引用。

第九条 各级集采机构应加强入围协议管理，督促供应商按承诺期限完成商品上架申请及服务、库存、价格等相关信息的录入、更新维护等工作，或通过系统对接实现相关数据同步更新。运维单位应予配合。

第十条 网上超市、协议供货、定点采购供应商应按入围协议及承诺加强库存、价格等商品信息维护管理，确保网上超市商品信息全面、真实、准确、可靠。

网上超市商品价格下调的，应在1个工作日内完成调整；商品价格上涨、商品主要属性、服务承诺、供应商相关资质降低及其他可能影响履约重大信息变更的，网上超市供应商应在变更发生1个工作日内提交信息变更申请，相关集采机构应在3个工作日内完成审核。

协议供货商品的市场基准价下调的，供应商应对协议价格进行相同幅度调整，但不得降低商品质量和配置。

供应商在特定时间举办的促销活动和优惠政策，采购人有权参加，并享受其同等优惠政策。

第十一条 供应商应配备专人负责政采云平台交易相关业务工作，包括商品及服务信息的维护，采购单（含订单、竞价单、报价单、需求单、询价单等）业务处理，以及业务咨询、纠纷处理等。

第三章　采购程序及成交规则

第十二条 采购人应当指定专人负责电子卖场采购工作，按规定做好用户账号、工作流程及操作权限的配置维护。采购人应建立健全政府采购内控机制，加强电子卖场采购行为的合理性、合法性审核管理，按计划或实际需要合理选择电子卖场采购方式，在同等条件下优先选购价格更低的商品或服务。

第十三条 采购人通过电子卖场系统采购政府集中采购目录以内或限额标准以上的项目，应使用政府采购计划书；采购政府集中采购目录以外且限额标准以下项目的，可不使用政府采购计划书。

第十四条 网上超市实行直接订购。采购人择优选定供应商及商品，通过网上超市系统发起订购，供应商在约定时间内确认订单并供货。网上超市商品价格为采购最高限价，采购人可通过协商议价方式降低采购成本。相同商品在其他市场价格更低的，可从其他市场采购，在报销时提供网上超市价格截屏。

第十五条 协议供货和定点采购分直接订购、竞价采购两种采购流程，财政部门可根据采购目录、金额标准等进行选择配置。直接订购适用于零星采购或市场价格透明且价格波动幅度不大的商品，具体流程包括采购人直接向供应商发起订购，供应商进行配送供货或提供服务等；竞价采购适用于采购数量较多、金额较大或价格波动较频繁，通过竞价能体现价格优惠的商品，具体流程包括采购人发起竞价单，符合要求的供应商在规定时间内响应报价，电子卖场系统自动按照报价最低或优惠率最高的规则推荐成交供应商；其中，规格标准比较统一、货源充足且通过竞价能产生规模采购效益的通用类协议商品，财政部门可根据实际需要配置为跨区域的单品牌和多品牌批量竞价。

协议供货商品附购的配件金额原则上不得超过主商品金额20%，各级财政部门可视情调整。

实行竞价采购的商品，因时间紧急或情况特殊的，经采购人申请，同级财政部门批准，可实行网上超市采购。

第十六条 采用在线询价采购方式的，原则上不指定品牌、型号；如确需明确品牌、型号的，应当推荐3个及以上。只有特定品牌、型号满足采购需求的，可采用反向竞价采购方式。

采用在线询价、反向竞价采购方式的，采购人应根据采购项目特点和实际需要制定需求内容，生成询价单或竞价单，相关技术、服务等要求应完整、明确，符合相关法律、法规和制度规定。

委托采购代理机构进行在线询价、反向竞价的，询价单或竞价单发布前应经采购人确认。

第十七条 在线询价单发起类型分自定义需求、指定参数模版、推荐品牌及型号3种类型。各级财政部门可根据本地实际设定在线询价单的发起类型。

集成类或服务类项目可采用自定义需求方式，即采购人根据采购需要，自行拟定商品的功能要求、技术参数、服务内容要求等制定采购需求，并发起询价。

商品的技术参数精细化要求较高的项目可采用指定参数模版方式，即采购人根据商品类目对应的属性及参数模版制定采购需求，并发起询价。

以上两种方式均不适合的，采购人可采用推荐品牌及型号方式，但推荐商品品牌数量应不少于3个，并将商品品牌、型号以及属性值、数量等作为采购需求要求发起询价，供应商应仅就推荐品牌进行报价。

在线询价采用最低价成交方式，即询价响应时间截止后，按照报价由低到高的顺序，确定最低报价供应商为成交供应商。报价相同的，报价时间较早者为成交供应商。单一商品在线询价项目的最高限价应为同时段网上超市该商品的最低价格。

在线询价响应供应商原则上不少于3家。响应供应商不足3家的，采购人可直接放弃询价结果或转其他采购方式，也可将在线询价截止时间顺延3个工作日。

第十八条 采购人自行组织或委托采购代理机构开展在线询价、反向竞价采购活动的，应当建立健全内部控制制度，做好采购需求确定、采购合同签订、履约验收等工作。

供应商响应报价期间，采购人不得随意改变询价单的技术和服务要求，发现违法违规行为的，应及时向同级财政部门报告。

第十九条 在线询价和反向竞价应发布采购公告。在线询价公告发出之日至供应商报价截止之日，应不少于3个工作日；反向竞价公告发出之日至供应商竞价开始之日，应不少于3个工作日。

经同级财政部门批准的紧急采购，上述期限可以缩短至24小时。

第二十条 反向竞价采用公开竞价方式。供应商不需提前报名，可在规定的竞价时间内随时报价，最低报价供应商为成交供应商；如反向竞价商品在网上超市有相同产品的，应以网上超市最低价作为反向竞价起拍价。

反向竞价供应商不少于1家，但反向竞价的商品在网上超市无相同产品的，响应供应商应不少于2家。反向竞价失败的，采购人可重新发起竞价或转网上超市采购。

第二十一条 网上超市供应商接到采购人订单后，应在2个工作日内进行确认，并即时生效，订单具有合同效力。采购人可要求另行签订采购合同。

协议供货、定点采购、在线询价、反向竞价成交供应商应在成交结果确定之日起5个工作日内，按照确定的采购标的、规格型号、成交金额、成交数量、技术和服务等事项，与采购人签订采购合同。

采购人或供应商不得随意撤销成交结果或采购合同。有正当理由确需撤销成交结果或采购合同的，应经双方协商一致，并将撤销理由提交同级集采机构和财政部门备案。在线询价、反向竞价采购结果撤销的，应发布采购结果撤销公告。

第二十二条 采购结果确定后，采购人或采购代理机构应在3个工作日内，在省级以上财政部门指定媒体公开成交结果，同时将成交结果信息推送告知所有参与该采购活动的供应商。

第二十三条 采购合同签订后，采购人或采购代理机构应按规定于2个工作日内，在省级以上财政部门指定媒体发布合同公告。

第四章 履约验收

第二十四条 采购单或合同生效后，供应商应按协议、合同约定提供商品及服务，或及时将商品、发票等配送至采购人指定地点，并将相关信息录入电子卖场系统，采购人应及时予以确认。

第二十五条 采购人收货或接受服务后，应在7个工作日内，按照采购单或合同规定的技术、服务等要求，对供应商履约情况进行验收，并将相关信息录入电子卖场系统。

有特殊情况需延期验收的，双方应事先达成一致意见。

第二十六条 验收通过后，采购人应在3个工作日内发起结算，向供应商支付货款。

网上超市、协议供货、定点采购业务，可采用定期结算方式，即采购人在一定时期内，归集同一供应商的多个订单或采购合同，合并生成一个结算单进行汇总结算。定期结算周期一般不超过1个月。

第二十七条 供应商应严格按照相关协议、合同约定、服务承诺以及市场监管等有关部门规定，履行商品更换、退货、修理等售后服务。

电子卖场采购商品的保修期限不得少于国家规定的保修期限。保修期满后，供应商应继续提供维修、保养服务，有关服务及所需材料、配件收费，采购文件有约定的，按约定价结算；没有约定的，按不低于商品承诺优惠率给予优惠。

第二十八条 验收通过后15日内，采购人应当对供应商及商品的价格、质量、服务等情况进行评价，电子卖场系统将依据评价规则，计算供应商"诚信指数"和商品的"满意度指数"，更新供应商诚信信息，并在浙江政府采购网上公布。

采购人完成采购评价45日内，可对供应商进行追加评价。验收通过后60日未进行评价的，电子卖场系统按100%满意度自动记录该次评价。

"诚信指数"及"满意度指数"评价规则另行制定并对外公布。

第二十九条 供应商在采购人完成支付后，应对采购人履约情况、办事效率、廉洁自律等情况进行评价，评价规则另行制定并对外公布。支付完成后60日未进行评价的，电子卖场系统按100%满意度自动记录该次评价。

第三十条 采购人验收后，发现供应商违约或所供商品存在质量问题等，或供应商认为采购人有违约或违反本办法及相关法规规定的，可通过双方协商解决。协商不成的，任何一方可提出申诉，同级集采机构应进行协调、处理，运维单位应予配合，并将处理结果报财政部门备案。

财政部门可指定运维单位对网上超市采购纠纷等进行协调，协调不成的，提交同级集采机构或财政部门处理。

第五章 监督管理

第三十一条 各级财政部门、集采机构可根据工作流程，对电子卖场各有关当事人，在效能、价格、诚信等方面的情况进行预警设置,按照情节由轻到重,设置黄色、橙色、红色预警。各级财政部门、集采机构应加强对预警处理的监管,督促各有关当事人及时处理预警信息,对预警处理不及时的,可采取扣减诚信分、限制操作权限等措施予以惩戒,并计入诚信档案。

第三十二条 网上超市供应商被查实存在违法违规行为的,除交相关部门依法处理外,由负责招标或资格征集的各级集采机构责令其纠正,并对其作出相应诚信及预警等处理,同时报同级财政部门备案。拒不纠正、情节严重或涉及行政处罚的,应移送同级财政部门查处。

(一)有下列情形之一的,每发生一次,视情扣减5—10分诚信分及黄色预警1次,并依据入围协议及督促运维单位按平台管理协议追究其相应责任:

1. 存在网上超市商品销售价格高于同期大型电商自营商品平均销售价格10%及以上的;

2. 发布的商品信息前后出现品牌、价格、图片、属性等不一致、重复等情况的;

3. 发布商品选择类目与商品不相关的;

4. 发布的商品与实际不符,包括夸大、过度和虚假宣传的;

5. 不符合平台商品发布规范的其他行为。

(二)有下列情形之一的,每发生一次,将视情扣减10—20分诚信分及橙色预警1次,并依据入围协议及督促运维单位按平台管理协议追究其相应责任:

1. 销售价格高于同期大型电商自营商品平均销售价格20%以上或因价格问题被黄色预警3次以上的;

2. 发布质量不合格商品的;

3. 不当使用他人商标权、著作权、专利权等,造成不良后果的;

4. 恶意利用规则、误导采购人获取虚假商品销量、评价、满意度等的;

5. 无正当理由不按规定时限响应或确认采购订单、合同累计5次及以上的;

6. 无正当理由不执行采购订单、合同或没有按承诺提供商品及售后服务1次的;

7. 其他违反采购文件或资格征集协议约定事项或供应商承诺事项的。

(三)有下列情形之一的,视情扣减20—30分诚信分及红色预警1次,并依据入围协议及督促运维单位按平台管理协议追究其相应责任:

1. 销售价格高于同期大型电商自营商品平均销售价格30%以上的或因价格问题被橙色预警2次以上;

2. 发布国家禁止出售商品的;

3. 发布假冒注册商标商品及盗版商品的;

4. 未经允许盗取、发布、传递他人隐私信息的;

5. 采购人评价"满意度指数"低于60%累计5次及以上的;

6. 向运维单位、采购人、集采机构、财政部门有关人员行贿或提供其他不正当利益的;

7. 与其他供应商、运维单位、采购人、集采机构、财政部门有关人员恶意串通的;

8. 利用网上超市系统漏洞或者其他黑客手段侵入系统篡改数据或者虚构交易记录的;

9. 拒不执行财政部门或同级集采机构的监管措施或者拒不纠正违规、违约行为的;

10. 未按采购结果签订供货或服务合同,或者与采购人另行订立背离合同实质性内容协议的;

11. 无正当理由拒绝履行合同义务,或未按合同约定履行义务构成违约的;

12. 竞价结束后与采购人再次议价的;

13. 在合同履行过程中与采购人协商变更合同主要条款的;

14. 提供假冒伪劣商品或擅自更换配件、降低配置,以次充好的;

15. 各级财政部门认定的其他违法、违规及违反本办法规定的行为。

运维单位发现供应商发布国家禁止出售商品或信息,或涉及侵犯他人隐私等的,可直接予以删除。

第三十三条 协议供货、定点采购供应商有下列情形之一的,负责招标或资格征集的各级集采机构可扣减其10—30分诚信分,并依据入围协议及督促运维单位按平台管理协议追究其相应责任:

(一)未按采购结果签订供货或服务合同,或与采购人另行订立背离合同实质性内容协议的;

(二)无正当理由拒绝履行合同义务,或未按合同规定履行义务构成违约的;

(三)竞价结束后与采购人再次议价的;

(四)在合同履行过程中与采购人协商变更合同主要条款的;

(五)未及时更新维护商品库存信息或者当市场价格低于最高限价时,未及时更新最高限价的;

(六)供应商指定的供货商中有3家以上因上述行为被取消协议供货资格的;

(七)各级财政部门认定的其他违法、违规及违反本办法规定的行为。

第三十四条 在线询价、反向竞价供应商不按询价单、竞价单要求及国家有关规定签订采购合同,或不按采购合同约定履行的,同级财政部门可扣减其10—30分诚信分,运维单位应按平台管理协议追究其相应责任。

第三十五条 采购人有下列行为之一的,由同级财政部门责令其纠正或予以通报;拒不纠正或存在违法违规行为的,财政部门应依法依规予以查处,可暂停支付预算资金,并按相关规定追究单位及相关人员责任:

(一)竞价结束后与供应商再次议价的;

(二)成交后无正当理由拒不确认成交结果或者拒绝与供应商签订采购合同,或者不按成交结果签订采购合同的;

（三）合同履行过程中与供应商协商变更合同主要条款的；

（四）无正当理由不按期结算货款的；

（五）供应商评价“满意度指数”低于60%累计5次及以上的；

（六）被电子卖场系统预警5次及以上，且1个月内未及时解决的；

（七）未经同级财政部门认可，不按本办法规定通过电子卖场采购的；

（八）各级财政部门认定的其他违法、违规及违反本办法规定的行为。

第三十六条 财政部门、集采机构及其工作人员存在违反本办法规定滥用职权、玩忽职守、徇私舞弊等违法违纪行为的，依照国家有关规定追究其相应责任。涉嫌犯罪的，移送司法机关处理。

第三十七条 任何单位和个人可对供应商及相关商品信息的合法性、真实性和可靠性及其他各当事人进行监督，对发现的违法违规行为，应及时向各级集采机构或财政部门反映、举报。

第三十八条 各级集采机构、财政部门应分工合作，对电子卖场实施分层监督管理。

各级集采机构负责对本级网上超市、协议供货、定点采购供应商的商品，进行定期和不定期的价格抽查、市场调查，督促供应商及时更新相关信息。发现供应商存在违反入围协议等有关违规行为的，经调查属实的，应责令供应商纠正，并按相关协议约定或本办法规定进行处理，同时报同级财政部门备案。拒不纠正、情节严重或涉及行政处罚的，应移送同级财政部门查处。

各级财政部门负责依法查处举报、投诉案件以及对供应商违法违规行为的查处。

第六章 附 则

第三十九条 运维单位应积极配合做好电子卖场的开发、建设、维护及网上超市供应商、厂商的上线等工作，提供优质服务，及时向监管部门提交数据分析、报告，做好监管部门要求的其他工作等。

第四十条 各地可结合当地实际，根据本办法制订具体的补充规定。

第四十一条 本办法自2018年3月1日开始实行。

浙江省财政专项扶贫资金管理办法

浙财农〔2017〕124号 2018年1月9日

第一章 总 则

第一条 为贯彻《中共中央 国务院关于打赢脱贫攻坚战的决定》和习近平总书记关于脱贫攻坚系列重要讲话精神，落实精准扶贫、精准脱贫基本方略，扎实推进我省农村扶贫开发工作，补齐低收入农户增收致富短板，依据《中华人民共和国预算法》《中央财政专项扶贫资金管理办法》以及有关扶贫开发方针政策，制定本办法。

第二条 本办法所称财政专项扶贫资金，是指中央和省级财政安排的以改善农村低收入农户（含国有贫困农、林场）基本生产生活条件，发展生产，增强自我发展能力，提高收入水平和生活质量、共享全面小康为目的，支持我省扶贫开发的财政专项资金。

第三条 财政专项扶贫资金应围绕我省扶贫开发目标任务，统筹安排，重点支持深入实施低收入农户收入倍增计划，确保低收入农户收入稳定增长，“两不愁三保障”水平明显提高。

第四条 坚持精准扶贫，注重绩效，确保资金使用精准，在精确识别低收入农户基础上，将资金使用与建档立卡结果相衔接，切实使资金惠及贫困人口，提高扶贫实效。

第二章 预算安排与资金分配

第五条 财政部门依据扶贫开发任务需要和财力情况，在年度预算中安排财政专项扶贫资金。

省财政专项扶贫资金的安排周期、规模和投向根据有关法律法规、省扶贫开发政策和规划、省财政支农体制机制改革要求等确定。

地方各级财政根据本地脱贫攻坚需要和财力情况，每年预算安排一定规模扶贫资金，根据财力可能加大财政扶贫投入，并充分发挥财政资金的引导作用和放大效应，建立健全扶贫开发多元化投入机制，提高帮扶精准性和资金使用绩效。

第六条 财政专项扶贫资金分配遵循以下原则：

（一）科学规范。划清边界、厘清事权，集中财力办大事，财政专项资金主要用于对全省农村扶贫开发起基础性、引领性和战略性的领域，重点保障省委、省政府确定的扶贫开发重点工作。

（二）精准透明。以提高低收入农户发展能力和收入水平为核心，以提高发展技能、改善发展条件、优化发展服务为手段，瞄准关键环节，突出扶持重点，提高扶贫开发的精准性、有效性、持续性，并适当向少数民族地区、革命老区县（市、区）倾斜。规范管理，增强透明度，财政专项扶贫资金管理全过程公开，确保精准扶贫公正公开。

（三）注重绩效。强化财政专项资金绩效导向，科学设置绩效目标，合理设置绩效因素在资金分配中的权重，建立健全财金合作扶贫机制，注重财政资金的引导和撬动作用，提高财政资金使用绩效。

第七条 省级财政专项扶贫资金的分配对象为淳安等26个加快发展县和婺城区、兰溪市、黄岩区，以及省委、省政府确定的其他扶贫开发区域或对象。

第八条 除中央另有规定等特殊情况外，财政专项扶贫资金按因素法、竞争性分配等方式分配，积极引入市场化机制，引导金融资本和社会资本投入。

因素法分配考虑的因素分为客观因素、绩效因素和其他因素等三类。

（一）客观因素。权重为60%，主要包括低收入农户人口数、低收入农户劳动力数、重点帮扶村数量、重点帮扶村劳动力数、年度扶贫异地搬迁计划人数、光伏小康工程规模量、年度扶贫小额信贷计划数等子因素。

年度扶贫异地搬迁计划人数、光伏小康工程规模量、年度扶贫小额信贷计划数以及国有贫困农（林）场工作任务等按省下达各地的年度工作任务数确定；重点帮扶村数量按省扶贫办确定的省级重点帮扶村数量确定；低收入农户人口数、低收入农户劳动力数、重点帮扶村劳动力数，以省扶贫办建档立卡的扶贫对象为准。

（二）绩效因素。权重为30%，主要包括绩效评价结果、以前年度扶贫任务完成情况、财政专项扶贫资金检查结果、重点工作完成情况等子因素。

（三）其他因素。权重为10%，主要包括承办上级交办相关工作任务等子因素。

省财政厅、省扶贫办可根据年度扶贫工作任务等实际，对上述各因素及其权重进行适当调整。

第九条 因素法分配下达的财政专项扶贫资金，由市县依据省补助政策和省下达的任务，结合当地实际，按本办法规定的扶持方向统筹使用，省和中央另有规定的除外。

第三章 扶持方向和支持方式

第十条 各市、县（市、区）应按照国家和省扶贫开发政策要求，结合本地工作实际，围绕培育和壮大地方特色产业、改善农村生产生活条件，增强低收入农户自我发展能力和抵御风险能力等方面，因户施策、因地制宜制定本地区扶贫资金管理细则。教育、科学、文化、卫生、医疗、社保等社会事业支出原则上从现有渠道安排。各地原通过财政专项扶贫资金安排用于上述社会事业事项（“雨露计划”除外）的原则上不再继续支出。

第十一条 各市、县（市、区）可根据扶贫项目和资金管理工作需要，从省以上财政专项扶贫资金中，按最高不超过1%的比例据实列支项目管理费。扶贫项目管理费不足部分，由地方财政预算解决，并纳入部门预算管理。

项目管理费专门用于项目前期准备和实施、资金管理相关的经费开支。

第十二条 财政专项扶贫资金主要扶持方向包括：

（一）围绕促进扶贫对象发展一二三产业，增加收入。支持建档立卡低收入农户发展种养殖业、农产品加工流通业、来料加工、民族手工业、农家乐、市场营销、电子商务等。支持光伏发电等促进低收入农户普遍增收的重点项目。对扶贫小额贷款实行贴息，缓解生产性资金短缺，完善扶贫小额信贷风险补偿机制，支持建立规范性扶贫资金互助会及其联合会。

（二）围绕改善扶贫对象基本生产生活条件，增强自我发展能力。支持低收入农户异地搬迁（含整村搬迁的一般农户），根据“雨露计划”要求，支持低收入农户子女接受中高等职业教育。

（三）改善重点帮扶村的发展条件。支持发展集体经济、合作经济和各类生产服务型平台建设、修建小型农业基础设施、小型农村引水安全配套设施、村组道路以及其他小型公益设施建设等。

（四）项目前期准备和实施、资金管理等必要的扶贫管理费支出。

（五）其他中央或省批准的扶贫支出。

财政专项扶贫资金重点用于促进扶贫对象增收和增强自我发展能力等方面支出。改善重点帮扶村基础设施方面支出原则上不高于除异地搬迁和光伏小康工程补助资金外其他扶贫发展资金（不含少数民族发展、国有贫困农〈林〉场支出方向）总额的30%。

第十三条 财政专项扶贫资金（含项目管理费）不得用于下列支出：

（一）行政事业单位基本支出；

（二）交通工具及通讯设备；

（三）各种奖金、津贴和福利补助；

（四）弥补企业亏损；

（五）修建楼堂馆所以及贫困农场、林场棚户改造以外的职工住宅；

（六）弥补预算支出缺口和偿还债务；

（七）大中型基本建设项目；

（八）城市基础设施建设和城市扶贫；

（九）其他与本办法第十二条规定不相符的支出。

第十四条 各地应按照创新发展扶贫小额信贷的要求，进一步完善扶贫小额信贷风险补偿和分担机制。有条件的地区可在不影响扶贫开发重点任务的前提下，根据当地实际需要，从省以上财政专项扶贫资金中安排总额不超过200万元的风险补偿金，专款专用、封闭运行，具体办法由各市、县（市、区）财政、扶贫办会同有关部门研究制定。

第十五条 各市、县（市、区）要切实加强财政专项扶贫资金管理，加快预算执行，提高资金使用效益。财政专项扶贫资金结转结余的管理按中央和省有关规定执行。按规定由本级财政统筹的财政专项扶贫资金结转结余，原则上应继续安排用于扶贫开发项目。

第十六条 各市、县（市、区）要进一步强化对财政专项扶贫资金和项目的管理责任，充分发挥财政专项扶贫资金的引导作用，以扶贫成效为目标导向，加强相关项目和资金的统筹整合，统筹使用财政涉农资金，提高扶贫精准度和效益。

第十七条 各市、县（市、区）要创新资金使用机制，探索推广政府和社会资本合作、政府购买服务、资产收益扶贫等机制，结合全省农业信贷担保体系的担保贷款服务，撬动更多金融资本、社会帮扶资本参与扶贫开发。

第十八条 财政专项扶贫资金的支付管理按财政国库管理有关规定执行。属于政府采购、招投标管理范围的，执行相关法律、法规及制度规定。

第四章 资金下达和使用

第十九条 根据预算管理有关要求，省财政厅会同省扶贫办采取提前告知预算等方式，按年度资金预算规模的一定比例将下一年度财政专项扶贫资金预算指标提前下达各市、县（市）。

第二十条 省扶贫办会同省财政厅及时下达年度扶贫工作任务。每年省人代会批准预算后，省财政厅会同省扶贫办按规定下达年度省级财政专项扶贫资金。

第二十一条 中央财政补助我省的财政专项扶贫资金，由省财政厅会同省级相关主管部门按有关管理规定下达有关市、县（市）。与中央财政专项扶贫资金使用管理相关的各部门根据职责分工履行资金使用管理职责：省扶贫办、省民宗委、省农业厅、省林业厅等部门应于收到中央资金文件20日内，分别根据中央财政专项扶贫资金有关支出方向资金额度，商省财政厅提出资金分配方案，省财政厅会同相关主管部门下达资金文件。

第二十二条 各市、县（市、区）应按规定将省财政下达的财政专项扶贫资金落实到具体项目，并自资金文件下达后60日内向相关省级主管部门报送资金使用计划，同时抄送省财政厅，其中补助对象为个人的，可以村或乡镇为单位捆绑成一个项目上报。财政专项扶贫资金使用计划需明确资金具体用途、项目建设内容、补助标准、补助额度、绩效目标等内容，并作为评价资金使用绩效的参考依据。

第二十三条 财政专项扶贫项目经市、县（市、区）主管部门立项后，应当严格按立项计划实施，并录入省扶贫信息管理系统，不得擅自变更。若省级财政、扶贫部门就项目合规性提出异议或其他原因确需调整的，须按规定程序办理。

第二十四条 安排给预算单位的财政专项扶贫资金，应纳入部门预算管理，按部门项目支出预算管理有关规定执行。

第二十五条 财政专项扶贫资金实行项目管理制度，未落实到具体项目的，各级财政部门不得拨款。

第二十六条 财政专项扶贫项目实行项目库管理。各级扶贫部门应根据中央和省有关政策规定，结合本地实际，建立专项扶贫项目库。提前明确入库条件，项目信息公开公示，防止暗箱操作。符合条件的项目原则上应于上一年度12月底前纳入项目库。项目有关信息应在政府门户网站或扶贫部门门户网站上向社会公示7天，公示无异议后方可纳入项目库。市县在分配财政专项扶贫资金时，应从项目库中择优选取扶持项目。对于有融资担保贷款需求的项目，应积极组织对接农业担保机构和信贷机构。

第五章 监督检查和绩效评价

第二十七条 强化公开透明，由财政专项扶贫资金给予扶贫对象、项目的补助，须按规定在对象、项目所在地乡镇（村）进行公告公示，并在农民信箱、当地政务服务网、乡镇公共服务平台等渠道主动向社会公开。

第二十八条 各级财政部门和相关主管部门要做好对财政专项扶贫资金使用的监督和检查工作，财政专项扶贫资金使用管理接受审计、纪检监察、财政等部门的监督检查，一旦发现截留、挤占、挪用或骗取财政专项扶贫资金等违法违纪行为，依照有关法律法规的规定追究相应责任。

强化协同监管，建立相关职能部门间信息共享和成果互认机制，提高监管效率。

第二十九条 各级财政部门负责财政专项扶贫资金预算安排、办理资金分配，监督预算执行及组织有关财政政策评估。各级扶贫、民宗、农业、林业等部门负责相关资金和项目具体使用管理、组织实施绩效目标申报、绩效评价、监督检查，提出财政专项扶贫资金分配建议，按照权责对等原则落实项目监管责任，切实提高财政专项扶贫资金使用效益。

第三十条 省财政厅、省扶贫办牵头每年组织开展财政专项扶贫资金管理使用情况绩效评价，评价结果作为下一年度财政专项扶贫资金分配的重要依据。评价的主要内容包括：

（一）资金管理。主要评价财政专项扶贫资金安排和支出的合规性等。

（二）项目管理。主要评价项目建设进度，建设内容和规模是否与计划相符，项目验收、公告公示等情况。

（三）基础工作。主要评价项目库建设、项目备案、资料报送、宣传等情况。

（四）实施效果。主要评价年度任务完成情况、低收入农户增收等预期绩效目标设立及目标完成情况等。

第三十一条 财政专项扶贫资金绩效评价按照县级自评、省级评价两级程序进行。

（一）每年1月底前，县级扶贫部门填写上年度《省以上财政专项扶贫资金绩效评价评分表》和说明（格式另行下发），并附相关证明材料，以正式文件形式报送省扶贫办和省财政厅（一式2份，含电子版，统一送省扶贫办汇总）。

（二）省扶贫办、省财政厅根据上报的绩效评价资料，结合平时掌握的情况进行评价，并视实际需求，对有关项目进行抽查。

第三十二条 对各类专项检查和审计中发现存在违规违纪行为的责任主体，予以通报曝光，并视情节轻重，在1—3年内不安排相关项目补助资金。

第三十三条 对违规违纪使用财政专项扶贫资金，并造成恶劣影响的县（市、区），取消下一年度省级农财工作、扶贫工作评优资格。

第三十四条 对各级财政和扶贫项目主管部门及其工作人员在财政专项扶贫资金管理中存在违反本办法规定，以及滥用职权、玩忽职守、徇私舞弊等违法违纪行为的，按照《中华人民共和国预算法》《公务员法》《行政监察法》《财政违法行为处罚处分条例》等国家有关规定追究相应责任；涉嫌犯罪的，移送司法机关处理。

第六章 附 则

第三十五条 各市、县（市、区）应根据本办法，结合当地实际制定具体的实施细则，并报省财政厅、省扶贫办备案。

第三十六条 本办法自2018年1月30日起执行。《关于印发浙江省财政专项扶贫资金管理办法（试行）的通知》（浙财农〔2015〕32号）同时废止。

2017 年财政规章及相关政策文件目录（选编）

序号	文件名称	发文单位	文号	印发日期
1	公布施行《融资担保公司监督管理条例》	国务院	令第 683 号	2017.08.04
2	关于取消一批行政许可事项的决定	国务院	国发〔2017〕46 号	2017.09.25
3	公布施行《国务院关于废止〈中华人民共和国营业税暂行条例〉和修改〈中华人民共和国增值税暂行条例〉的决定》	国务院	令第 691 号	2017.11.24
4	关于探索建立涉农资金统筹整合长效机制的意见	国务院	国发〔2017〕54 号	2017.12.12
5	公布施行《中华人民共和国环境保护税法实施条例》	国务院	令第 693 号	2017.12.27
6	关于进一步深化基本医疗保险支付方式改革的指导意见	国务院办公厅	国办发〔2017〕55 号	2017.06.21
7	关于进一步推进物流降本增效促进实体经济发展的意见	国务院办公厅	国办发〔2017〕73 号	2017.08.09
8	关于进一步激发民间有效投资活力促进经济持续健康发展的指导意见	国务院办公厅	国办发〔2017〕79 号	2017.09.01
9	关于加快推进地方政府非税收入收缴电子化管理工作的通知	财政部	财库〔2017〕7 号	2017.01.13
10	关于进一步加强库款管理工作的通知	财政部	财办〔2017〕12 号	2017.02.07
11	关于印发《政府和社会资本合作（PPP）综合信息平台信息公开管理暂行办法》的通知	财政部	财金〔2017〕1 号	2017.02.07
12	关于印发《行政事业单位内部控制报告管理制度（试行）》的通知	财政部	财会〔2017〕1 号	2017.02.09
13	关于印发《政府和社会资本合作（PPP）咨询机构库管理暂行办法》的通知	财政部	财金〔2017〕8 号	2017.03.27
14	关于进一步加强财政部门和预算单位资金存放管理的指导意见	财政部	财库〔2017〕76 号	2017.04.07
15	关于印发《城乡居民住宅地震巨灾保险专项准备金管理办法》的通知	财政部	财金〔2017〕38 号	2017.05.02
16	公布施行《资产评估行业财政监督管理办法》	财政部	令第 86 号	2017.05.08
17	关于印发《国有企业境外投资财务管理办法》的通知	财政部	财资〔2017〕24 号	2017.06.19
18	关于印发《中央财政县级基本财力保障机制奖补资金管理办法》的通知	财政部	财预〔2017〕114 号	2017.07.24
19	关于印发《关于稳步推进财政电子票据管理改革的试点方案》的通知	财政部	财综〔2017〕32 号	2017.07.04
20	关于印发《小企业内部控制规范（试行）》的通知	财政部	财会〔2017〕21 号	2017.07.05

（续表一）

序号	文件名称	发文单位	文号	印发日期
21	关于印发《中央对地方资源枯竭城市转移支付办法》的通知	财政部	财预〔2017〕103号	2017.07.06
22	公布实施《会计师事务所执业许可和监督管理办法》	财政部	令第89号	2017.08.30
23	关于印发《中央对地方重点生态功能区转移支付办法》的通知	财政部	财预〔2017〕126号	2017.08.08
24	关于印发《地方预算执行动态监控工作督导考核办法》的通知	财政部	财库〔2017〕161号	2017.09.20
25	关于印发《大中型水库移民后期扶持基金项目资金管理办法》的通知	财政部	财农〔2017〕128号	2017.10.17
26	关于认真做好贯彻新《会计法》有关工作的通知	财政部	财会〔2017〕27号	2017.11.10
27	关于进一步加强财政扶贫资金监管确保脱贫攻坚成效的意见	财政部	财办〔2017〕41号	2017.11.15
28	关于扩大小型微利企业所得税优惠政策范围的通知	财政部 国家税务总局	财税〔2017〕43号	2017.06.07
29	关于延续支持农村金融发展有关税收政策的通知	财政部 国家税务总局	财税〔2017〕44号	2017.06.12
30	关于小额贷款公司有关税收政策的通知	财政部 国家税务总局	财税〔2017〕48号	2017.06.22
31	关于延续小微企业增值税政策的通知	财政部 国家税务总局	财税〔2017〕76号	2017.10.23
32	关于支持小微企业融资有关税收政策的通知	财政部 国家税务总局	财税〔2017〕77号	2017.10.27
33	关于全面开展省级地方国库现金管理的通知	财政部 中国人民银行	财库〔2017〕8号	2017.01.23
34	关于印发《水污染防治专项资金绩效评价办法》的通知	财政部 环境保护部	财建〔2017〕32号	2017.03.14
35	关于印发《中央财政专项扶贫资金管理办法》的通知	财政部 国务院扶贫办等六部门	财农〔2017〕8号	2017.03.16
36	关于印发《中央财政水利发展资金绩效管理暂行办法》的通知	财政部 水利部	财农〔2017〕30号	2017.04.20
37	关于提高科技型中小企业研究开发费用税前加计扣除比例的通知	财政部 国家税务总局 科技部	财税〔2017〕34号	2017.05.02
38	关于印发《农业生产发展资金管理办法》的通知	财政部 农业部	财农〔2017〕41号	2017.05.22
39	关于做好财政支农资金支持资产收益扶贫工作的通知	财政部 农业部 国务院扶贫办	财农〔2017〕52号	2017.06.06
40	关于深入推进农业领域政府和社会资本合作的实施意见	财政部 农业部	财金〔2017〕50号	2017.06.06
41	关于印发《中央财政困难群众救助补助资金管理办法》的通知	财政部 民政部	财社〔2017〕58号	2017.06.16
42	关于继续实施支持和促进重点群体创业就业有关税收政策的通知	财政部 国家税务总局 人力资源社会保障部	财税〔2017〕49号	2017.06.16
43	关于印发《中央财政农业生产救灾及特大防汛抗旱补助资金管理办法》的通知	财政部 农业部 水利部 国土资源部	财农〔2017〕91号	2017.07.26

（续表二）

序号	文件名称	发文单位	文号	印发日期
44	关于加快推进地方国库集中支付电子化管理工作的通知	财政部 中国人民银行	财库〔2017〕138号	2017.08.23
45	关于印发《社会保险基金财务制度》的通知	财政部 人力资源社会保障部 国家卫生计生委	财社〔2017〕144号	2017.09.04
46	关于印发《财政专项扶贫资金绩效评价办法》的通知	财政部 国务院扶贫办	财农〔2017〕115号	2017.09.11
47	关于运用政府和社会资本合作模式支持养老服务业发展的实施意见	财政部 民政部 人力资源社会保障部	财金〔2017〕86号	2017.09.14
48	关于印发节能节水和环境保护专用设备企业所得税优惠目录(2017年版)的通知	财政部 国家税务总局 国家发展改革委等五部门	财税〔2017〕71号	2017.09.18
49	关于印发《就业补助资金管理办法》的通知	财政部 人力资源社会保障部	财社〔2017〕164号	2017.10.18
50	关于印发《中央财政支持学前教育发展资金管理办法》的通知	财政部 教育部	财科教〔2017〕131号	2017.10.23
51	关于将技术先进型服务企业所得税政策推广至全国实施的通知	财政部 国家税务总局等五部门	财税〔2017〕79号	2017.11.07
52	关于地方政府性债务风险管控与化解的意见	浙江省人民政府	浙政发〔2017〕27号	2017.07.09
53	关于支持农业转移人口市民化若干财政政策的实施意见	浙江省人民政府	浙政发〔2017〕35号	2017.09.04
54	公布施行《浙江省最低生活保障办法》	浙江省人民政府	令第358号	2017.09.28
55	关于调整全省最低工资标准的通知	浙江省人民政府	浙政发〔2017〕43号	2017.11.03
56	印发《关于进一步完善省财政科研项目资金管理等政策的实施意见》的通知	中共浙江省委办公厅	浙委办发〔2017〕21号	2017.04.14
57	关于印发《浙江省从事生产经营活动事业单位改革的实施意见》的通知	中共浙江省委办公厅	浙委办发〔2017〕78号	2017.09.15
58	关于严控地方政府性债务的意见	中共浙江省委办公厅	浙委办发〔2017〕88号	2017.10.20
59	关于印发浙江省地方政府性债务风险应急处置预案的通知	浙江省人民政府办公厅	浙政办发〔2017〕35号	2017.04.19
60	转发省财政厅等部门关于浙江省道路交通事故社会救助基金管理办法的通知	浙江省人民政府办公厅	浙政办发〔2017〕47号	2017.05.31
61	关于企业减负担降成本改革的若干意见	浙江省人民政府办公厅	浙政办发〔2017〕48号	2017.06.09
62	关于实施促进实体经济更好更快发展若干财政政策的通知	浙江省人民政府办公厅	浙政办发〔2017〕52号	2017.06.21
63	关于印发浙江省培育发展战略性新兴产业行动计划(2017—2020年)的通知	浙江省人民政府办公厅	浙政办发〔2017〕100号	2017.09.07
64	关于建立健全绿色发展财政奖补机制的若干意见	浙江省人民政府办公厅	浙政办发〔2017〕102号	2017.09.12
65	关于公布取消和调整行政审批事项目录及全省行政许可事项目录(2017年)的通知	浙江省人民政府办公厅	浙政办发〔2017〕101号	2017.09.25
66	关于进一步加强社会保险费“五费合征”工作的意见	浙江省人民政府办公厅	浙政办发〔2017〕114号	2017.10.24

（续表三）

序号	文件名称	发文单位	文号	印发日期
67	关于加强预算支出进度管理的通知	浙江省财政厅	浙财预〔2017〕2号	2017.02.09
68	关于印发浙江省预决算公开操作规程实施细则的通知	浙江省财政厅	浙财预〔2017〕5号	2017.02.13
69	关于修订浙江省水利建设与发展专项资金管理办法(试行)若干条款的通知	浙江省财政厅	浙财农〔2017〕19号	2017.03.17
70	关于印发浙江省农业综合开发资金和项目管理实施办法的通知	浙江省财政厅	浙财农发〔2017〕3号	2017.03.23
71	关于印发浙江省政府采购评审专家管理办法的通知	浙江省财政厅	浙财采监〔2017〕3号	2017.03.31
72	关于印发浙江省政府采购合同暂行办法的通知	浙江省财政厅	浙财采监〔2017〕11号	2017.05.03
73	关于印发浙江省机关工作人员差旅费管理规定的通知	浙江省财政厅	浙财行〔2017〕29号	2017.06.29
74	关于印发浙江省国家赔偿费用拨付操作规程的通知	浙江省财政厅	浙财法〔2017〕6号	2017.07.19
75	关于省财政支持绿色金融改革的意见	浙江省财政厅	浙财金〔2017〕45号	2017.10.18
76	关于印发浙江省农业综合开发项目评审办法的通知	浙江省财政厅	浙财农发〔2017〕10号	2017.10.18
77	关于印发浙江省红十字会人道救助资金使用管理办法的通知	浙江省财政厅	浙财社〔2017〕60号	2017.10.25
78	关于印发浙江省政府向社会力量购买服务指导性目录(2018年度)的通知	浙江省财政厅	浙财预〔2017〕48号	2017.10.30
79	关于印发浙江省省级部门财政管理绩效综合评价办法的通知	浙江省财政厅	浙财监督〔2017〕31号	2017.11.02
80	关于印发浙江省农业综合开发投资基金管理暂行办法的通知	浙江省财政厅	浙财农发〔2017〕15号	2017.11.02
81	关于印发浙江省省级行政事业单位房产出租管理暂行办法的通知	浙江省财政厅	浙财资产〔2017〕111号	2017.11.08
82	关于印发浙江省资产评估机构财政监督管理实施办法的通知	浙江省财政厅	浙财企〔2017〕92号	2017.11.10
83	关于印发浙江省省级社会保障风险准备金管理暂行办法的通知	浙江省财政厅	浙财社〔2017〕108号	2017.12.13
84	关于印发浙江省省级机关干部教育培训经费开支管理规定的通知	浙江省财政厅	浙财行〔2017〕72号	2017.12.14
85	关于印发浙江省财政专户资金存放管理实施办法的通知	浙江省财政厅	浙财预执〔2017〕86号	2017.12.19
86	关于印发浙江省政府采购电子卖场采购管理暂行办法的通知	浙江省财政厅	浙财采监〔2017〕29号	2017.12.26
87	关于印发省级财政扶持薄弱村发展资金管理办法的通知	浙江省财政厅	浙财基〔2017〕46号	2017.12.28
88	关于印发浙江省省级科技成果转化引导基金管理办法的通知	浙江省财政厅 浙江省科学技术厅	浙财教〔2017〕2号	2017.01.18
89	关于印发浙江省支持浙商创业创新目标责任制考核奖励专项资金管理办法的通知	浙江省财政厅 浙江省发展和改革委员会	浙财建〔2017〕18号	2017.02.27
90	关于修订因公临时出国、因公短期出国培训有关管理规定的通知	浙江省财政厅 浙江省人民政府外事侨务办公室 浙江省人力资源和社会保障厅	浙财行〔2017〕25号	2017.05.04

（续表四）

序号	文件名称	发文单位	文号	印发日期
91	关于提高博士生国家助学金资助标准的通知	浙江省财政厅 浙江省教育厅	浙财科教〔2017〕1 号	2017.05.22
92	关于修订浙江省新闻出版广播影视专项资金管理办法若干条款的通知	浙江省财政厅 浙江省新闻出版广电局	浙财文〔2017〕5 号	2017.06.06
93	关于加强中央环保专项资金管理提高使用绩效的意见	浙江省财政厅 浙江省环境保护厅	浙财建〔2017〕66 号	2017.06.23
94	关于印发浙江省中央财政城镇保障性安居工程专项资金管理实施办法的通知	浙江省财政厅 浙江省住房和城乡建设厅	浙财建〔2017〕77 号	2017.06.27
95	关于清理规范一批行政事业性收费有关政策的通知	浙江省财政厅 浙江省物价局	浙财综〔2017〕19 号	2017.06.28
96	关于印发浙江省中央财政水利发展资金使用管理实施细则的通知	浙江省财政厅 浙江省水利厅	浙财农〔2017〕49 号	2017.07.18
97	关于修订印发浙江省扶持体育发展专项资金管理办法的通知	浙江省财政厅 浙江省体育局	浙财文〔2017〕27 号	2017.09.04
98	关于修订印发浙江省安全生产专项资金管理办法的通知	浙江省财政厅 浙江省安全生产监督管理局	浙财建〔2017〕128 号	2017.09.08
99	关于印发浙江省“两山（二类）”建设财政专项激励政策绩效考核办法的通知	浙江省财政厅 浙江省环境保护厅	浙财建〔2017〕138 号	2017.09.18
100	关于印发浙江省中央财政支持地方高校改革发展资金管理办法的通知	浙江省财政厅 浙江省教育厅	浙财科教〔2017〕18 号	2017.09.18
101	关于印发浙江省中央财政林业改革发展资金预算绩效管理实施细则的通知	浙江省财政厅 浙江省林业厅	浙财农〔2017〕75 号	2017.10.18
102	关于印发浙江省中央财政林业改革发展资金管理实施细则的通知	浙江省财政厅 浙江省林业厅	浙财农〔2017〕74 号	2017.10.18
103	关于印发浙江省教育发展专项资金管理办法的通知	浙江省财政厅 浙江省教育厅	浙财科教〔2017〕21 号	2017.10.25
104	关于全面推进基层医疗卫生机构补偿机制改革的实施意见	浙江省财政厅 浙江省卫生和计划生育委员会	浙财社〔2017〕63 号	2017.11.02
105	关于印发之江实验室资金管理办法的通知	浙江省财政厅 浙江省科学技术厅	浙财科教〔2017〕43 号	2017.12.08
106	关于印发浙江省粮食安全专项资金管理办法的通知	浙江省财政厅 浙江省粮食局	浙财企〔2017〕96 号	2017.12.08
107	关于深入推进农业供给侧结构性改革加快建立以绿色生态为导向的财政支农政策体系的实施意见	浙江省财政厅等九部门	浙财农〔2017〕117 号	2017.12.22
108	关于建立省内流域上下游横向生态保护补偿机制的实施意见	浙江省财政厅等四部门	浙财建〔2017〕184 号	2017.12.22
109	关于印发浙江省“双下沉、两提升”省级财政专项资金管理办法的通知	浙江省财政厅 浙江省卫生和计划生育委员会	浙财社〔2017〕99 号	2017.12.26
110	关于印发浙江省省直机关基层党组织党建活动经费管理办法的通知	浙江省财政厅 中共浙江省直属机关工作委员会	浙财行〔2017〕79 号	2017.12.27
111	关于印发浙江省财政专项扶贫资金管理办法的通知	浙江省财政厅等五部门	浙财农〔2017〕124 号	2018.01.09

财政文选

省领导论财政

注重综合统筹　助推农业转型　深入推进农业综合开发

浙江省人民政府副省长　孙景淼

近年来，浙江省农业综合开发工作认真贯彻“绿水青山就是金山银山”的科学论断，坚持以高效生态农业为主攻方向，服务“三农”大局，注重综合统筹，集聚要素资源，强化基础建设，推进产业化经营，助推农业发展方式转变，走出了一条符合浙江省情、体现浙江特色的农业综合开发之路。

一、注重三个结合，服务“三农”大局

（一）结合土地治理项目建设，合力打造粮食生产功能区

2010年，浙江作出了建设800万亩粮食生产功能区的决策部署。农业综合开发工作主动对接粮食生产功能区建设规划，做到粮食生产功能区规划到哪里，农业综合开发配套到哪里，结合土地治理项目，通过水利、农业、林业、科技措施综合投入，将农业综合开发项目区建成节水高效、高产稳产、旱涝保收的粮食生产功能区，夯实了浙江粮食安全的基础。据统计，浙江省粮食生产功能区水稻单产比周边高7%以上，近几年水稻高产纪录都在粮食生产功能区内诞生。与此同时，农业综合开发项目减灾作用十分明显，如在2013年历史罕见的持续高温干旱中，粮食生产功能区粮食产量比周边高30%以上。

（二）结合农田水利建设，助力“五水共治”

浙江是江南水乡，河网密布，防洪排涝压力一直很大。2013年初，浙江省作出了以“五水共治”（治污水、防洪水、排涝水、保供水、抓节水）为突破口倒逼转型升级的战略决策。农业综合开发工作紧紧围绕“五水共治”的总体部署，集中项目资金推进灌排渠系、大型泵站、闸站等水利基础设施以及喷微灌等节水设施建设，极大地增强了农业防洪水、排涝水、保供水、抓节水能力，有效保护了项目区农作物及群众的生命财产安全。

（三）结合小流域生态综合治理，协力推进美丽乡村建设

全省农业综合开发按照美丽乡村建设的部署要求，遵循自然规律，坚持生态优先，科学实施小流域生态综合治理，取得了显著成绩。据统计，2014—2016年，各级财政投入资金13.21亿元，累计实施小流域治理项目105个，通过小流域生态综合治理，既改善了农业基础设施，优化了农业生产条件，又改善了农村生态环境、人居环境。

二、着眼三个聚力，发挥农发优势

（一）聚力高标准农田建设，发挥粮食生产“稳定器”作用

浙江省农业综合开发工作按照“大粮食安全观”的要求，狠抓高标准农田建设，保护和增强粮食综合生产能力。按照田块方整化、沟渠标准化、道路网格化、渠道防渗化、作业机械化的要求，建成一大批土地平整、集中连片、设施完善、农电配套、土壤肥沃、生态良好、抗灾能力强，与现代农业生产和经营方式相适应的旱涝保收、高产稳产的高标准农田。据统计，全省“十二五”时期农业综合开发共建设高标准农田336.7万亩（含统筹整合74.7万亩），为稳粮保供做出了积极贡献。

绍兴市柯桥区“花香漓渚”田园综合体入选全国试点

（二）聚力特色优势产业发展，发挥助农增收“推进器”作用

浙江气候多样，种质资源丰富，产业门类齐全，特色产品丰富，是农、林、牧、渔各业全面发展的综合性农区，主要产业有粮油、畜禽、渔业、蔬菜、茶叶、果品、食用菌、花卉等，其中茶叶、蚕桑、蜂、食用菌等特色产品在全国都占有较大份额。浙江省农业综合开发历来注重培育和发展农业特色优势产业，制定特色优势产业发展规划，有针对性地对区域内特色优势产业进行精准扶持，着力打造区域优势明显的特色优势产业带、产业集群。近年来，扶持了西湖龙井、金华火腿、五芳斋粽子等一大批农特名牌产品，有效促进了农业增效、农民增收和农村一二三产业融合发展。

（三）聚力现代农业标杆建设，发挥转变农业发展方式“加速器”作用

2013年以来，浙江农业综合开发按照财政部和省委、省政府关于推进农业现代化的战略部署，在实施好传统的土地治理和产业化经营项目基础上，积极转变开发观念，开拓创新，实施农业综合开发助推浙江现代农业发展31066行动计划(用三年左右时间，创建10个农业综合开发现代园，66个农业综合开发特色园)。按照农业综合开发扶持现代农业全产业链发展的思路，通过创新经营体制机制、改善基础设施、强化物质装备、培养新型农民、推广良种良法、加快农机农艺融合，努力打造浙江现代农业发展的典范。通过几年实践，提升了农业综合开发档次，激发了农业综合开发活力，财政资金"四两拨千斤"的杠杆作用得到有效发挥。通过集中投入、连续扶持，建成了湖州市吴兴区南太湖现代农业园区、丽水市莲都区现代农业园区、衢州市衢江区盛世莲花现代农业园区及龙泉市黑木耳特色园、江山市猕猴桃特色园、嘉兴市秀洲区水产特色园等一大批各具特色、具有产业优势和创新活力的农业综合开发现代园区和特色园。有效改善了项目区农业基础设施条件，带动了当地特色产业的发展，对转变农业发展方式发挥了积极作用。

三、坚持三个导向，再创农发佳绩

(一)以农业供给侧结构性改革为导向，优化农业综合开发布局

下一步，浙江省将根据《国家农业综合开发高标准农田建设规划(2011—2020年)》，优化农业综合开发的布局和重点，按照藏粮于地、藏粮于技的要求，将适宜粮食生产的农田建设成为粮食生产功能区，优化粮食生产区域布局，夯实粮食安全基础；坚持山、水、田、林、路综合治理，集成运用各项技术措施，重点对制约生产能力的沟渠路、桥涵闸、土技肥等关键障碍因子进行治理，努力建成集中连片、旱涝保收、稳产高产、生态友好的高标准农田，增强农业综合生产能力。积极引导新型农业经营主体通过土地流转实施高标准农田建设，探索按照配套产业需求建设高标准农田的全产业链开发模式，提升资金使用和项目建设效果。继续优化农业产业结构和区域布局，积极支持发展特色优质、营养健康、功能多样的农产品，满足群众多样化、绿色化需求。

(二)以农业发展方式转变为导向，深化农发园区建设

农业综合开发要根据自然资源禀赋、产业特点和发展潜力，集聚科技、项目、资金等要素，着力培育一批农业综合开发现代农业园区和特色园区，辐射带动全省农业转型升级。按照"渠道不变、用途不变、优势互补、各记其功、形成合力"的要求，统筹各类资金，投入到农发园区，通过集聚资源要素，推进适度规模经营和生态循环，加快发展农产品加工和流通业，促进资源集约利用和产业互相融合，提高产业竞争力和可持续发展能力，打造浙江现代农业发展新高地。坚持市场导向，在农发园区内引进一批上规模、有实力的大型农业龙头企业和一批充满市场竞争活力的新型生产经营主体。利用农业综合开发项目平台，培育一批现代农业细分领域的"小巨人"。要以园区为平台，推进优势特色产业集聚，形成集生产、加工、流通等为一体的产业体系。积极探索依托农业产业、田园风光等资源，进一步挖掘、拓展和利用农业功能，大力发展新型农业业态，推进农业与旅游、教育、文化、健康养老等产业深度融合。支持鼓励新技术向农业领域渗透，实施"互联网+农业"综合开发，将现代信息技术应用于农业生产、经营、管理和服务方面，加快农业转型升级。

(三)以问题和效果为导向，开创农业综合开发工作新格局

当前，农业投资经营仍比较分散，政府投资和市场需求还不是很匹配，农业经营缺资金的情况依然存在。下一步，将根据财政管理体制改革精神，充分发挥市场对资源配置的决定性作用，发挥财政资金的引导和杠杆作用，引导社会资本投入农业综合开发，建立农业综合开发投资基金，主要投向与现代农业发展关联度较高的农业产业化项目、高标准农田建设以及产业园区相关配套设施建设项目。创新激励机制，鼓励和引导各类金融机构拓展"三农"业务，探索对中小型农业经营主体以打捆贴息的方式进行扶持，解决新型农业经营主体贷款难、贷款贵的问题。通过股权基金扶持，实现政府主导与市场化运作的有效结合，撬动金融资本和社会资本投入实体经济，引导农业走集约化、产业化、绿色化、科技化之路，促进农村一、二、三产业融合发展和农民持续增收。

(刊于《浙江财税与会计》2017年第5期)

农业综合开发园区之防虫网式蔬菜生产大棚

厅领导谈财政

补短板　抓落实
以科学方法论指导推进财政工作
——在省财政厅"补短板、抓落实"业务务虚会上的讲话

浙江省财政厅厅长 徐宇宁

一、将补短板作为抓落实的重要手段

补短板实际上是坚持问题导向，从存在的问题入手，发现问题、分析问题，最终解决问题。把短板找准了、补齐了，工作自然就好落实了。各处室、单位都查找了短板，提出了举措，下一步还要继续深化，关键要在"找准、快补、见实效"三个方面下功夫。

一要找准。只有找准病根，才能开好药方。查找短板既是勇气，也是水平。一个单位、一个人如果发现不了自身存在的问题，不知道短板在哪里，始终自我感觉良好，以其昏昏、使人昭昭，那是很可怕的，也很难取得更大的成绩。因此，我们要站在我省所处的历史方位，立足财政职能，从体制、机制、制度、工作等方面全面、精准地查找短板和不足，把问题找出来、把原因分析透，做到有的放矢、精准施策。

二要快补。"一万年太久，只争朝夕"。补短板既要"坐下来"务虚，开展头脑风暴，解放思想，拓宽思路；更要"站起来"务实，抢时间抓落实，早行动、早主动、早见效。补短板举措原则上应该在今年年底前落实到位，对涉及体制机制重大调整、年内完成确实有难度的，要本着"实事求是"的态度，逐步推进、深化。

三要见实效。查短板不是目的，关键要落地见效。能不能查出短板，体现能力和水平，能不能补齐短板、见到效果，更加体现能力和水平；"说了就要干、定了就要办"，各处室局、单位要围绕查出来的短板，拿出务实管用的招数，认真抓好落实，让省财政厅这个"木桶"容量更大，积淀更深，更好地服务于省委、省政府中心工作。

首先，厅领导要靠前指挥。厅领导不能当"原则领导"，而是要靠前指挥，对分管领域的工作加强指导，关键环节要亲自上阵、亲自动手，涉及到多个处室的事项，还要牵头协调。同时，要加大监督检查力度，全过程跟踪问效，对已落实的要看看效果和质量怎么样，对正在落实的要督促加快进度，对落实不力的要查明原因、督促整改。

其次，各处室局、单位要扛起主体责任。补短板的责任主体在各处室局、单位，大家既要立足职责分工，扫好"门前雪"，把自家的孩子抱好；又要胸怀大局，管管他人"瓦上霜"，对涉及全局性、跨处室的短板，积极参与、认真研究、提出解决方案。

最后，办公室要加强统筹。办公室要根据各处室局、单位上报的短板，建立问题清单、任务清单和责任清单，逐一明确责任处室、责任人员和完成时限，实行清单式管理。清单可分三个层面：一是各处室局、单位自身需要整改落实的事项；二是跨处室局、单位，需要由分管厅领导牵头协调解决的事项；三是全厅层面的事项，如预算编制、执行、监督职能优化设置，自贸区油品全产业链税收优惠政策等。同时，要加大督查力度，及时跟踪反馈落实情况，并将督查结果与目标责任制考核结合起来。

二、用科学的方法论指导财政工作

处长在一个厅级单位中处于承上启下的重要位置，是补短板、抓落实的关键环节，其方法论运用是否得当、作用发挥是否充分，直接影响着厅党组的工作大局。当好省财政厅的处长，应把握好以下三个方面：

第一，又会抓工作又会带队伍。套用部队里的一句话，就是"既要会打仗，又要会带兵"，这是处长的基本职责，也是"一岗双责"对处长岗位的具体要求。

一方面，要会抓工作。从某种意义上说，处长有点类似于人民公社时期的生产队长，要履行好四个职责：一是派工，要根据处室职责和人员配备情况，合理分配工作任务，做到胸怀大局、知人善用，避免苦乐不均，甚至窝工怠工现象。二是检查，要对处室人员开展工作情况进行检查，及时发现并纠正存在的问题，提高工作质量，避免出工不出力、敷衍应付等情况。三是示范，要发挥模范带头作用，对急难险重或技术含量高的工作，要身先士卒、迎难而上、敢于担当，以实际行动赢得干部职工的认可和信服。四是考核，定期或不定期地对干部职工工作态度、成效等进行考核、评价，并加强考核结果的运用，充分体现"干好干坏、干多干少不一样"的导向，奖优惩劣，调动干部职工的积极性。

另一方面，要带好队伍。一要深入了解干部职工的基本情况，包括专业特长、性格脾气、家庭背景、工作经历等等，所谓用人必先知人，知人才能善任。二要经常性地开展思想政治工作。思想政治工作不能泛泛而谈、流于形式，而要走心、细致、有针对性，动之以情、晓之以理、导之以行。要将严管和厚爱结合起来，及时掌握干部职工思想状况，该鼓励的要鼓励、该引导的要引导、该提醒的要提醒、该批评的要批评；要"爱兵如子"，帮助他们解决工作、生活中的实际困难，切实增强团队凝聚力和归属感。三要严格落实"三会一课"等行之有效的党建制度。推进"两学一做"学习教育常态化制度化，定期开展集中学习，既要学习政治理论，进一步坚定理想信念、锤炼党性修养，又要学习业务知识，提高专业能力，将思想政治工作的威力体现到业务上。要将全面从严治党要求落实到支部建设的方方面面，充分发挥"一个支部一个堡垒、一名党员一面红旗"的作用，使干部职工既干成事、又不出事，在财政事业发展的征程中一个都不掉队、一个都不能少。四要注重言传身教。榜样的力量是无穷的，处长就是

干部职工最近距离、最现实的榜样。要严格要求自己，平时注意自己的言行举止，凡是要求干部职工做到的，自己带头先做；要求干部职工不做的，自己坚决不做，通过言传身教，带动一批人、感染一批人。组织把大家放到处长这么一个重要的位置，是对大家的信任，同时也是沉甸甸的责任，大家要倍加珍惜，在其位谋其政，履行好相应的职责。

第二，又讲原则又讲道理。这是由财政工作的性质和特点决定的，也是财政厅的处长们应该具备的基本功。

一方面，要讲原则。财政处于各方利益的交汇点，很多矛盾和问题都会集中反映到财政上来。要敢于担当，立足财政职能扮演好“守门员”的角色，为省委、省政府当好参谋、把好关。对违反预算法、违反八项规定精神、违反财经纪律、违背财政平衡原则等行为，该说“不”的时候要坚决说“不”，体现出财政干部应有的职业操守、专业素养和政策水平。要有为国为民的家国情怀，既能干又肯干、既任劳又任怨、既能吃苦又能吃亏，只要有利于促进经济社会发展、有利于增加人民福祉、有利于财政事业平稳健康发展，就要大胆去闯、大胆去试。

另一方面，要讲道理。讲原则的同时也要讲道理，说“不”的时候也要讲究方式方法，不能简单粗暴，“口大气粗”，我们不怕得罪人，但也不能无谓地得罪人。要善于倾听、善于沟通、善于协调，把省委、省政府的意图领会好、贯彻好，把财政理念和政策宣传好、传递好，把存在的困难和风险说明好、解释好，争取更大范围的理解和支持，形成推动财政工作的合力，使我们的财政工作既有力度，更有温度。2017 年，总预算局推出了“至少上门一次”的服务举措，主动上门为预算单位提供贴身服务，非常暖人心，得到很多部门的点赞。

第三，又有坚守又有创新。

一方面，要有坚守。“坚持数年，必有好处”。一直以来，省财政厅秉承改革创新的优良传统，在工作实践和财政管理中形成了很多好的做法，如省管县财政体制、专项资金清理整合、竞争性分配等。对这些好的做法和经验，要有职业的坚守和定力，逐步固化形成文化、制度、规矩，确保工作的延续性和稳定性。

另一方面，要有创新。毛泽东同志讲过，“人类总是不断地总结经验，有所发现，有所发明，有所创造，有所前进”。我们要在继承的基础上，与时俱进、不断创新，要实事求是，注意研究新情况、新形势、新问题，探索新规律、新途径、新办法，使财政工作常做常新、勇立潮头。

（刊于《浙江财税与会计》2017 年第 6 期）

财政精准发力
促进实体经济发展

浙江省财政厅厅长 徐宇宁

浙江省第十四次党代会报告提出“全面振兴实体经济”，要求坚持先进制造业和现代服务业双轮驱动，夯实实体经济这一浙江发展的根基。实体经济是经济发展的根基命脉，是全省实现“两个高水平”奋斗目标的重要保障。当前，浙江实体经济发展面临不少挑战，下行压力较大，结构调整阵痛显现，存在内生发展动力不足、市场风险点增多等诸多困难。促进实体经济发展，是推进供给侧结构性改革的内在要求，需要发挥市场在资源配置中的决定性作用，也需要各级政府正确引导和政策支持。近日，省政府办公厅下发了《关于实施促进实体经济更好更快发展若干财政政策的通知》，决定实施“一揽子”财税政策，支持实体经济转型升级、加快发展。各级财税部门要统一思想认识、吃透文件精神、抓好政策落地，真正将政策红利转化为增长动力。

一、充分认识促进实体经济发展的重要意义

（一）实体经济是保持经济平稳增长的“压舱石”

实体经济是国民经济的基础，对经济健康发展起基础作用。实体经济强盛，则经济强盛；实体经济衰落，则经济衰落。如果忽视实体经济发展，产业就会出现“空心化”问题，进而严重损害经济发展质量，影响国家实力和人民福祉。必须深刻认识发展实体经济的重要性，牢固树立实体经济是经济发展之基的意识，深入推进供给侧结构性改革，保持经济“稳中求进”的战略态势，切实提高实体经济的发展水平和质量，筑牢经济基础。

（二）实体经济是营造实业致富氛围的“风向标”

近年来，随着资本市场、房地产市场的快速发展，一些企业通过资本运作、炒楼等手段在虚拟经济中获得高收益、高回报，激发了投机投资行为的盛行，在对全社会资金产生虹吸效应的同时，一定程度上也扭曲了企业和政府行为，使实体经济发展缺失良好的环境。要采取有效的政策措施，引导各类要素资源尤其是人才要素和资金要素汇集到实业领域，提高实体经济的投资回报率，增强实体经济的吸引力，营造勤劳创业、实业致富的社会氛围，形成实体经济良性发展态势。

（三）实体经济是增加地方可用财力的“助推器”

经济决定财政，财政反哺经济。经济不发展，财政收入就难以持续。促进实体经济发展，激活市场各类要素资源，推动一、二、三产业协调发展，推进经济转型升级，培育新的经济增长点，对于巩固、培育、挖掘税源，提高财政收入的数量与质量具有积极意义。特别是在“营改增”全面推开背景下，地方增值税分成比例提高，促进实体经济发展可将经济增长转化为财政增收，对切实提高地方可用财力具有重大的现实意义。

二、促进实体经济发展需要正确处理三对关系

（一）政府作用与市场机制的关系

促进实体经济发展，首先要充分发挥市场的作用，尊重市场规律，让市场在资源要素配置过程中发挥决定性作用。同时，要更好地发挥政府的作用，既要稳定市场预期，又要防止扭曲市场机制，与市场协同形成合力共推的局面。要明晰政府作用边界，牢牢把握“法无授权不可为，法定职责必须为”的原则，在政府职

责范围内加强传统产业改造提升，着力培育战略性新兴产业；要科学把握政府扶持方向和力度，积极创新财政支持方式，实现财政资金使用效率和资源配置效率“双提升”。

（二）实体经济与虚拟经济的关系

现代市场经济发展过程中，实体经济与虚拟经济相辅相成、相互促进、共同繁荣，是经济机体中“血”与“肉”的关系。一方面，要充分认识虚拟经济具有为实体经济提供资金，降低交易成本，提高实体经济运行效率的积极功能；另一方面，要强化对虚拟经济的监管体系与制度建设，防止形成经济泡沫，挤占实体经济发展资源，对实体经济发展产生负面影响。要“虚”“实”并重，共同支撑经济健康可持续运行。

（三）经济发展与生态保护的关系

在促进经济发展特别是实体经济发展过程中，要牢固树立绿色发展理念，坚持短期利益与长远利益兼顾，在招商引资、培育新经济增长点时，既要算好“经济账”“税源账”，也要算好“环境账”，严禁在发展实体经济过程中走“低小散”、高能耗、高污染的回头路，要以勇立潮头的精神走出经济发展和生态保护和谐共生的绿色发展新路子。

三、精准发挥财政作用，助推实体经济发展

近年来，浙江财政围绕“划清边界、厘清事权、做好‘蛋糕’、集中财力办大事”的理财新思路，牵住转型升级这一牛鼻子、铆住创新驱动这一关键点、啃下降低企业成本这一硬骨头、下好优化发展环境这一先手棋，打出了“营改增”、暂停征收水利建设基金、政府产业基金引导等含金量很高的政策组合拳，出实招、求实效，着力推动实体经济持续健康发展。

（一）聚焦方向挖“潜力”

实体经济要发展壮大，找准方向是关键。浙江省财税部门严格遵循“以高质量的GDP取代高增速的GDP”的发展思路，深挖经济发展潜力。聚焦转型升级，充分发挥财政体制的引导作用，通过建立增值税（地方部分）当年增收额财政奖励政策、高新技术企业的企业所得税地方部分增量返还政策、地方财政税收收入激励奖补政策等政策，调动地方政府改造传统产业、支持高新技术产业发展的积极性，力促先进制造业、现代服务业发展。聚焦绿水青山，建立健全生态文明财政政策体系，建立“两山”建设竞争性财政奖励政策，发挥“激励与约束相结合”的体制机制作用，引导实体经济走绿色发展道路。聚焦浙江制造，加快全省政府产业基金、引导基金的市场化运作，吸引、带动金融资本、社会资本投入实体经济，促进发展新动能和产业链区域化加快形成，全面提升我省市场竞争力与影响力；建立“浙江制造精品目录”，通过优先采购使用浙江企业生产的、代表先进技术发展方向的产品，强化政府采购政策的示范作用，使企业成为推动实体经济发展的主要力量。

（二）增强创新添“动力”

企业是经济增长的主体，创新是企业持续发展的灵魂。财税部门积极贯彻实施创新驱动发展战略，高度重视科技创新与发展，为实体经济发展注入源动力。一是搭平台。推进杭州城西科创大走廊建设，支持各类公共载体与平台建设，打造我省创新驱动发展的大载体、大平台，完善创新创业生态体系。二是引人才。对引进领军型创新创业团队、海外高层次人才的企业给予财政补助，调整优化人才支出结构，支持院士专家工作站建设，牢牢抓住人才这一兴业兴邦的根本。三是夯基础。支持基础公益研究、重大科技专项项目实施，着力解决制约我省新兴产业发展和公共领域的重大关键技术问题。四是强转化。推进省级科技成果转化引导基金实质性运作，促进科技成果产业化和资本化。五是增投入。“十三五”期间，省财政将继续加大对科技创新的支持力度，并持续引导市县加大财政科技有效投入，不断提高创新资源产出率和全要素生产率，以高质量的投入推动实体经济的高品质发展。

（三）降低成本减“压力”

降成本是供给侧结构性改革的五大战略任务之一，是给实体企业减负松绑的具体举措。我省财税部门主动作为，坚持以收入的“减法”换取企业效益的“加法”和市场活力的“乘法”。一是建清单。将政府收费权限定在清单范围以内，对收费目录清单形式进行动态管理，规范收费行为，从制度上斩断“乱收费”“滥收费”之手。二是减负担。全面推进营改增试点改革，积极落实各项税收优惠政策，简化优惠办理手续，切实减轻企业税收负担。开展收费专项清理改革，取消或停止部分涉企收费项目，仅2016年暂停向企事业单位和个体经营者征收的地方水利建设基金，每年可至少减轻企业负担130亿元。“十三五”期间将继续清理规范行政事业性收费和政府性基金等政府非税收入项目，推进实施普遍性降费政策。降低企业社保缴费比例，切实减轻企业社保负担。三是强监管。财政部门会同物价、经信、民政等部门通过专项检查、督查、自查等方式，加大涉企税费监督检查力度，真正将各项清费降税减负政策落到实处，使政策红包转化为实体企业的发展红利。

（四）优化环境激“活力”

优良的投资发展环境是吸引优质企业、顶尖人才的先决条件。财税部门要不断优化企业在浙投资发展的政策制度，形成对实体经济企业百川归海的吸纳效应。建立公平竞争环境，严格规范税收等优惠政策，推进统一市场形成；深化财政专项资金管理改革，使产业类专项资金逐步退出竞争机制能够有效发挥作用的领域，并对振兴实体经济财政奖励政策基金实施竞争性分配，发挥市场在资源配置中的决定作用。拓宽生存发展空间，充分发挥省基础设施投资（含PPP）基金引导示范作用，鼓励各类型企业进入基础设施和公共服务领域，清理企业进入相关领域的政策障碍。做好管理服务工作，深入研究营改增后税源培育问题，建立重点企业目录和服务清单，主动上门提供个性化、精准化的财税服务。深化“信息管税”，推进“信用管税”，全面实施税务稽查“双随机”制度，真正做到“降的是税负，不降的是企业满意度”。

（刊于《浙江财税与会计》2017年第7期）

守住风险底线　服务发展主线

浙江省财政厅厅长　徐宇宁

习总书记在全国金融工作会议上强调“各级地方党委政府要树立正确政绩观，严控地方政府债务增量，终身问责，倒查责任”。党中央、国务院和浙江省委、省政府都高度重视地方政府债务问题。省政府下发了《关于地方政府性债务风险管控与化解的意见》，将防控债务风险放在更重要的位置。

我们要把认识和行动统一到党中央、国务院的决策部署和财政部、省委省政府的具体要求上来，讲政治，守规矩，顾大局；坚决贯彻落实预算法、中央和省里文件规定，依法依规举借、使用政府债务；科学把握和正确处理政府与市场、当前与长远、发展需求与财力可能、开政府融资“前门”与堵违法违规融资“后门”等关系，建立健全应急处置机制，坚决制止违法违规举债，依法做好地方政府性债务风险管控与化解工作，牢牢守住不发生区域性系统性风险的底线，更好促进我省经济社会可持续发展。

一、守住底线

做大“蛋糕”，增强偿债能力。落实积极的财政政策，培育涵养优质财源，夯实财力基础。同时，统筹整合政府性资产、资源和资金，壮大政府可用财力，增强抵抗债务风险的能力。

严格化债，落实管控机制。高风险地区要通过控制举债项目规模、减少支出、盘活存量、处置资产、引入社会资本等各项措施，化解地方政府债务风险，确保2020年前将债务率降低到警戒线以内。对完不成化债目标任务的市县，省财政要扣减其相应的财政资金；对不能按期完成化债目标任务的市、县（市、区）政府，严格责任追究，并扣减相应的财政资金。严格落实地方政府债务中低风险地区债务风险管控财政奖惩机制，确保债务资金在合理区间内运行。2015年起新增需财政性资金偿还的债务及中长期支出事项等变相举借的隐性债务，要采取市场化方式，按照财政部要求，在规定时间内全部消化完毕。

加快推进融资平台公司市场化转型。对只承担公益性项目融资任务、主要依靠财政性资金偿还债务的融资平台公司，按照法定程序予以撤销；对兼有公益性项目建设和商业运营职能的融资平台公司，通过兼并重组等方式整合归并同类业务，转型为基础设施、公用事业、城市运营、商业运营等领域市场化运作的国有企业，依法合规开展市场化融资，服务实体经济发展。金融机构应依法合规支持融资平台公司市场化融资，严格规范融资管理；在为融资平台公司等企业提供融资时，不得要求或接受地方政府及其所属部门以担保函、承诺函、安慰函等任何形式提供担保。

二、促进发展

发挥债务资金促进浙江基础设施建设作用。全省地方政府债务中，60%以上用于重大公共基础设施建设，主要用于支持铁路、公路、城市轨道、市政基础设施等“万亿交通综合工程”建设，以及水库、防洪堤等水利设施建设和科技城、产业集聚区等各类园区建设，在促进经济增长、优化城市功能、推动产业集聚和创新驱动等方面起到了较好的促进作用。今后浙江新增债券资金要优先保障省委、省政府确定的重大项目建设需要，重点支持大湾区、大平台等建设。

发挥专项债券作用。健全规范的地方政府举债融资机制，创新专项债券管理和发行方式，按照政府性基金收入项目分类发行专项债券，着力发展实现项目收益与融资自求平衡的专项债券品种，加快建立专项债券与项目资产、收益相对应的制度，保障重点领域合理融资需求，更好地发挥专项债券的积极作用。

强化项目可行性论证和绩效目标管理。地方政府债务实行预算管理，严格按项目预算“编制有依据、绩效有目标、计算有标准”的要求，加强前期管理。可行性论证要科学，绩效目标要明确，预算编制要求标准编细、预算编实。执行要及时，切实提高债务资金的使用效益。

三、完善制度

一要规范政府举债融资和担保机制。除在国务院批准的限额内发行地方政府债券以外，各地、各部门不得以任何方式举借债务，不得以文件、会议纪要、领导批示等任何形式要求或决定企事业单位为政府举债或变相为政府举债。除外国政府和国际经济组织贷款转贷外，地方政府及其所属部门不得为任何单位和个人的债务以任何方式提供担保，不得承诺为其他任何单位和个人的融资承担偿债责任。

规范政府与社会资本合作模式。各市、县（市、区）政府可以通过单独出资或与社会资本共同出资方式设立各类投资基金，依法合规实行市场化运作，引导社会资本投资经济社会发展的重点领域和薄弱环节，政府可适当让利，但不得以借贷资金出资设立各类投资基金，不得违法违规变相举债。除国务院另有规定外，各地、各部门参与政府和社会资本合作（PPP）项目、设立政府出资的各类投资基金时，不得以任何方式承诺回购社会资本方的投资本金，不得以任何方式承担社会资本方的投资本金损失，不得以任何方式向社会资本方承诺最低收益，不得对有限合伙制基金等任何股权投资方式额外附加条款变相举债，不得以政府购买服务方式承诺对PPP项目投资或其产出的公共产品和服务进行回购和要约收购。

规范政府购买服务。严格按照《中华人民共和国政府采购法》确定的服务范围，实施政府购买服务。政府购买服务内容应严格限制在属于政府职责范围、适合采取市场化方式提供、社会力量能够承担的服务事项，重点是有预算安排的基本公共服务项目。严格规范政府购买服务预算管理，坚持先有预算、后购买服务，不得把政府购买服务作为增加预算单位财政支出的依据，所需资金应当在年度预算和中期财政规划中据实足额安排。严禁利用或虚构政府购买服务合同违法违规融资。

四、加强监管

强化财政全过程监督。地方政府债务的主体是同级政府，要把地方政府债务项目的立项、可行性论证、预算安排和使用、绩效评价等六个环节全过程纳入财政监督范围，切实强化源头监督，把风险消除在萌芽状态。

推进信息公开。将政府债务纳入信息公开范围，重点公开县以上政府债务限额、余额、种类、用途等信息。推进政府购买服务信息公开，重点公开政府购买服务项目、购买服务决策主体、购买主体、承接主体、服务内容、合同资金规模、分年财政资金安排、合同期限、绩效评价等内容。推进 PPP 项目信息公开，重点公开项目决策主体、政府方和社会资本方信息、合作项目内容和财政承受能力论证、社会资本方采购信息、项目回报机制、合同期限、绩效评价等内容。

加强考核与问责。加大考核与问责力度，对违法违规行为终身问责，倒查责任，使每个相关责任人不敢也不想违法违规融资。要按规定将地方政府债务管理情况纳入对市县党政领导巡视监督的范围，并作为一个硬指标纳入政绩考核，引导各地树立正确的政绩观。充分发挥人大、审计、财政的监督作用，加大对脱离实际过度举债、违法违规举债或担保、违规使用债务资金、恶意逃废债务等行为的问责力度，追究决策者的主体责任。对发生Ⅳ级以上地方政府性债务风险事件的，启动债务风险责任追究机制，依法对相关责任人员进行问责；银监部门对银行业金融机构相关责任人员依法追责。

（刊于《今日浙江》2017 年第 15 期）

以绩效论英雄
浙江全面实施绩效管理

浙江省财政厅党组书记、厅长 徐宇宁

党的十九大报告中明确提出，建立全面规范透明、标准科学、约束有力的预算制度，全面实施绩效管理。继新预算法后，“绩效管理”又被写入党的纲领性文件，凸显了绩效管理在构建现代财政制度中的重要地位，同时也为全面实施绩效管理指明了方向、提供了遵循。

浙江省委书记车俊同志指出，“财政资金不能花出去就算数，关键要看绩效。财政的钱要用在刀刃上，要管好用好，用出绩效。”浙江省各级财政部门要深入学习贯彻党的十九大精神及省委的新要求，牢固树立“以绩效论英雄”的理念，将其落实到生财、用财、管财、理财的各个方面、各个环节，切实提高财政资金的使用绩效。

一、建章立制，为全面实施绩效管理提供制度保障

自 2003 年在全国率先开展财政支出绩效评价工作，经过十余年的探索和实践，浙江省在预算绩效管理的制度建设、能力建设、内涵建设等方面取得明显成效，基本构建了“预算编制有目标、预算执行有监控、预算完成有评价、评价结果有反馈、反馈结果有应用”的工作机制，着力营造“讲绩效、重绩效、用绩效”的浓厚氛围，真正做到“财政资金保障到哪里、绩效评价就跟进到哪里”。

一是完善预算绩效管理制度。2012 年浙江省政府出台《关于全面推进预算绩效管理的意见》，就绩效管理的原则、范围、内容、责任等提出明确要求，在更高层面全面推进绩效管理工作；2013 年制定出台《浙江省省级预算绩效目标管理暂行办法》，细化省级部门预算绩效目标的编制、审核、应用要求；2014 年推行省级专项资金管理改革，将绩效目标设定及评价结果作为专项资金分配的重要依据；2016 年又明确将绩效目标设定作为纳入省级项目库管理的前置条件，未设置绩效目标或绩效目标设置不规范的项目不得进入项目库；始终将“强化绩效”作为省级部门预算编制的重要内容，将绩效目标嵌入省级部门预算编制系统，实现绩效目标与预算编制同步管理，绩效信息与预算管理相互融合。

二是完善预算绩效管理考核机制。2017 年修订《浙江省省级部门财政管理绩效综合评价办法》，从预算编制、预算执行、预算绩效、财务管理及经费控制等八个方面对省级部门的财政管理绩效水平进行全面评价，每个方面又设置共计 24 个权重不等的评价指标，细化资金绩效、执行进度、信息公开等考核标准。同时，将评价结果纳入省政府对直属部门的工作目标责任制考核内容，省级部门想成为政府目标责任制考核的“三好学生”，财政管理绩效工作必须得“优”。

三是健全第三方参与绩效评价机制。加强专家库管理，深化第三方参与绩效评价机制，规范第三方绩效评价行为，采用公开招标等方式选择评价第三方，探索第三方独立评价机制，确保评价结果客观公正。

二、服务大局，实现绩效管理“全过程、全融合、全覆盖”

预算绩效，表现形式为财政资金的使用效益，而其实质反映的却是政府行政履职的质量和效率，最终影响的是政府公信力。绩效管理不能就绩效论绩效、就资金论资金，而应提高政治站位，融入经济社会发展大局，统筹谋划、全面推进。关键要做到“全过程、全融合、全覆盖”。

浙江省在对预算绩效管理各环节进行优化整合的基础上，实现绩效目标管理、绩效跟踪、绩效评价、结果应用四位一体的预算绩效全过程管理。依托预算编制系统，将绩效管理的全过程嵌入预算管理，实现绩效管理与预算管理的无缝对接、融为一体。绩效目标管理与部门预算相融合，绩效跟踪与预算执行相衔接，绩效评价结果应用于部门预算，形成全融合的绩效管理闭环。同时，将绩效管理从省级、市县级向乡镇级覆盖，从一般公共预算向政府性基金、国有资本经营预算和社会保险基金预算覆盖，从部门预算向专项转移支付资金覆盖，从项目支出向财政政策覆盖，财政资金绩效管理不留“空白”。

在推进绩效管理“全过程、全融合、全覆盖”的基础上，浙江省财政部门将绩效目标设置、绩效监控、评价结果等绩效信息统一归集到预算申报表上，通过“一张表”规范、系统地反映绩效信息，所有信息可追溯、可比对分析，并与预算编制、执行信息相关联，实现绩效信息与预算信息同步审核、同步管理、同步公开。

全面实施绩效目标管理,强化绩效目标硬约束。在部门预算编制环节,将绩效目标编制作为预算编制的前置条件进行审核,未设置绩效目标或目标设置不合理、未细化、量化的项目不得进入下一步预算编制环节。主管部门和财政部门要根据各自职责,严格执行绩效目标审核制度,加强项目支出和专项资金的绩效目标审核,严格源头管控。

全面实施绩效监控,加强事中监督管理。在预算执行过程中,动态监管绩效目标的分阶段实现情况,作为预算执行动态监控的内容之一,实现目标纠偏,加快预算执行,提高资金使用效益。

全面实施绩效自评,加强结果应用。在预算执行完毕后,省级部门对所有项目开展绩效自评,财政开展抽评和重点绩效评价,评价结果在预算审核环节实行红、黄、绿灯警示,作为下一年度部门预算编制的重要参考。

夯实工作基础,进一步加强绩效指标体系建设。通过若干年的积累,形成科学、规范的分部门分行业的绩效目标、指标体系,逐步将绩效指标作为财政对部门预算绩效考核和单位财务部门对业务部门实行绩效考核的依据。

厘清主体责任,逐步实现从"项目支出"绩效管理向"综合支出"绩效管理转变。目前,省级部门预算绩效目标编制和绩效自评主要集中在部门二级项目上,下一步将逐步转向一级项目绩效目标的编制和审核,探索部门整体支出绩效评价。

三、打好"组合拳",形成全面实施绩效管理的强大合力

绩效管理不是财政部门一家的事情,不能单打独斗,必须凝聚共识、借助外力、形成合力、打好"组合拳",协同推进。

一是强化绩效评价结果应用。进一步健全专项资金定期评价和退出机制,将评价结果作为资金分配、预算标准及政策调整的重要依据。健全问题通报、公开和整改落实机制,将部门绩效自评及抽查的相关情况在政府范围内通报,对绩效自评及抽查中发现的问题进行反馈,提出整改意见,督促、指导部门及时纠正,切实提升预算管理水平。

二是建立多方参与的协调机制。使用财政资金的各个预算部门都应切实担负起预算绩效管理的主体责任,不断强化绩效理念,自觉承担起"用钱必问效、低效必问责"的责任。财政部门内部应进一步梳理职能,落实预算绩效管理各项工作职责,同时建立健全绩效评价结果与预算挂钩和绩效问责等各项绩效激励约束机制,通过机制约束来促使各参与方履行主体责任。

三是推进预算绩效信息公开。2014年,浙江省印发《公共支出政策绩效研究白皮书》,主动接受社会监督,社会反响较好。2017年又继续自我加压制定了《浙江省预决算公开操作规程实施细则》,要求省级部门逐步在部门预算中公开部门和单位重点项目预算的绩效目标,在部门决算中公开主要民生项目和重点支出项目的绩效评价结果。在推进预决算信息公开过程中,逐步从晒"对账单"向晒"成绩单"转变,把部门的绩效信息随同预算同步向人大报告,充分发挥人大监督和社会监督的作用。

(刊于2017年12月23日《中国财经报》)

高水平构建具有浙江特色的现代财政制度

浙江省财政厅厅长 徐宇宁

党的十九大报告明确提出,"加快建立现代财政制度,建立权责清晰、财力协调、区域均衡的中央和地方财政关系。建立全面规范透明、标准科学、约束有力的预算制度,全面实施绩效管理。深化税收制度改革,健全地方税体系"。这既是财税体制改革的目标和方向,也是财税体制改革的路径和方法。浙江作为中国革命红船的启航地、改革开放的先行地、习近平新时代中国特色社会主义思想的重要萌发地,要当好财税体制改革的排头兵,按照"划清边界、厘清事权、做好'蛋糕'、集中财力办大事"的理财思路,不断改革创新,高水平构建具有浙江特色的现代财政制度。

一、牢牢把握新时代赋予财政工作的新使命新要求

新时代财政工作要以习近平新时代中国特色社会主义思想为指导。习近平总书记在浙江工作时就提出了集中财力办大事、办好十方面民生实事、"绿水青山就是金山银山"等理财治税理念和要求,这些理念和要求是"八八战略"的重要组成部分,与习近平新时代中国特色社会主义思想,在精神要旨上是契合的、内在逻辑上是相通的、具体要求上是一贯的。各级财政部门要以习近平新时代中国特色社会主义思想为指导,秉承改革创新的优良传统,干在实处、走在前列、勇立潮头,为全省经济社会发展、人民幸福安康提供更完备、更稳定、更管用的财政制度保障。

新时代财政工作要以破解新矛盾为出发点和落脚点。我国社会主要矛盾已经转化为人民日益增长的美好生活需要和不平衡不充分的发展之间的矛盾,这是新时代财政工作的出发点和落脚点。要牢固树立以人民为中心的发展思想,坚持公共财政的鲜明导向,紧紧围绕人民最关心最直接最现实的利益问题,按照"坚守底线、突出重点、完善制度、引导预期"的原则,健全公共服务体系,推进基本公共服务均等化,不断满足人民日益增长的美好生活需要,切实增强人民群众的获得感、幸福感、安全感。要充分发挥财税职能作用,以供给侧结构性改革为主线,优化财税制度供给、政策供给和资金供给,推动经济发展质量变革、效率变革、动力变革,提高全要素生产率,加快构建市场机制有效、微观主体有活力、宏观调控有度的现代化经济体系,着力破解经济发展不平衡不充分的问题。

新时代财政工作要以新蓝图为目标开启新征程。十九大报告描绘了实现"两个一百年"奋斗目标和中华民族伟大复兴中国梦的宏伟蓝图,并就新时代、新征程的各项目标任务作出全面而具体的部署。财政是国家治理的基础和重要支柱,无论是"五位一体"总体布局,还是"四个全面"战略布局,其中的每一项决策部署都与财税息息相关、密不可分。新时代财政工作要以新蓝图为目标,抓重点、补短板、强弱项,发挥好财税在优化资源配

置、提供公共服务、调节收入分配、保护生态环境等方面的作用，促进更高质量、更有效率、更加公平、更可持续的发展。

二、高水平构建具有浙江特色的现代财政制度

健全事权划分制度。事权划分是现代财政制度有效运转的基础，是理顺政府间财政关系的逻辑起点。要按照“财政事权和支出责任”相匹配的原则，清晰界定省、市、县的财政事权。一要建立财政事权与支出责任相适应的制度。把受益范围覆盖广、外部性强的公共产品和公共服务作为省级事权；把跨区域、外部性较强的公共产品和公共服务作为省与市县共同事权；把地域性强的区域性公共服务作为市县事权。二要按照财政事权划分支出责任。以省财政转移支付资金管理改革为切入点，探索建立“市县财政事权市县筹资、省级财政事权省级筹资、省与市县共同事权共同筹资、共同分担”的新机制。

健全财政预算制度。深化财政预算管理制度改革，实施全面规范、公开透明的预算制度。一要完善政府预算体系。全面推进全口径政府预算体系建设，加快完善预算支出定额和标准体系，强化预算执行率、绩效评价结果与预算安排相挂钩的机制。二要深化专项资金管理改革。深入推进专项性一般转移支付改革，加大竞争性分配力度。市县政府要逐步取消由本级财力安排的部门专项，基本支出以外的要按规定编制项目预算。三要强化预算执行管理。加快预算下达和预算执行进度。各级财政库款余额要达到财政部规定的标准以内。四要积极推进预决算信息公开。

健全财力统筹制度。财政资金具有集聚效应和规模效应，集中财力办大事是重要的理财原则。一要统筹安排重点支出。加强重大战略、重大平台、重大工程、重大项目保障，抓紧推进“富民强省十大行动计划”，加快建设大湾区大花园大通道，加快八大万亿产业发展和传统产业改造提升。二要加强政府性基金预算、国有资本经营预算与一般公共预算的统筹。推进跨部门资金统筹使用。三要建立结转结余资金定期清理机制。

健全财政资金投放制度。要把有限的财力用到刀刃上，充分发挥“四两拨千斤”的杠杆效应。一要规范 PPP 运作机制。推广 PPP 示范项目经验，探索“少花钱、多办事”的 PPP 机制。财政承受能力不得超过 10%的红线约束，杜绝以固定回报承诺、回购安排、明股实债等方式承担过度支出责任。恪守契约精神，按合同办事，消除社会资本后顾之忧。加强 PPP 项目管理，避免搞“假 PPP”，防止变异为融资平台。二要健全政府产业基金运作机制。推动产业基金实质性运作，确保基金用途不异化，运用市场机制，将项目筛选、进入退出等权力交给市场，发挥财政杠杆作用，撬动更多社会资本投入实体经济。

健全财税监督制度。财政资金用到哪里，监督就要跟进到哪里。一要建立严密的责任体系。要切实负起持家管家责任，摸实情、报实数，管好家、理好财，一级抓一级、层层抓落实、责任到岗到人，健全压力传导机制和组织运作机制，打造一支“财税铁军”。二要建立纵向到底、横向到边的财税大数据平台。按照省政府“打破信息孤岛、实现数据共享”的决策部署，推进财税信息系统互联互通，让业务流、决策流、资金流、信息流相匹配、相协调。三要建立预算编制、执行、监督“三位一体”全过程、全方位财政运行机制。实施财政收支质量通报问责制度。四要加快建立内部控制制度。探索建立内控执行体系，抓住定岗定责、流程控制、关键节点，建立内部控制制度，形成闭环管理，加快推进内控信息化建设，做到权力有制约、过程有痕迹、责任可追溯。

（刊于《浙江财税与会计》2017 年第 12 期）

以问题为导向
深入推进部门预算改革
全面做好 2018 年省级预算编制工作

——在 2018 年省级预算编制布置会上的讲话

浙江省财政厅副厅长　罗石林

一、关于当前财政经济形势

（一）2017 年 1—4 月全省财政预算执行情况

2017 年以来，面对错综复杂的宏观环境和艰巨繁重的改革发展任务，全省各地、各部门坚决贯彻中央和省委、省政府的决策部署，按照“划清边界、厘清事权、做好‘蛋糕’、集中财力办大事”的理财思路，进一步发挥财政职能作用，积极推进供给侧结构性改革，为经济社会发展提供有力支撑。1—4 月，全省一般公共预算收入 2235.52 亿元，增长 16.8%，其中税收收入 1903.37 亿元，增长 13.8%；非税收入 332.15 亿元，增长 37.5%。全省一般公共预算支出 2190.46 亿元，完成年度预算的 32.6%，增长 23.9%。全省政府性基金收入 1550.38 亿元，增长 45.6%，其中国有土地使用权出让收入 1360.27 亿元，增长 55.1%。全省政府性基金支出 1212.40 亿元，完成年度预算的 35.1%，增长 55.5%。财政收支运行呈以下主要特点：

一是收入增长稳中有升。1—4 月，全省税收收入 1903.37 亿元，增长 13.8%，增幅比去年同期提高 4.3 个百分点，税收收入保持两位数增长，主要得益于全省经济运行稳中向好，工业生产增速明显加快，企业利润率提高，居民工资收入增长，带动企业所得税、个人所得税分别增长 31.0%、35.8%。税收收入占一般公共预算收入比重达 85.1%，收入质量仍居全国前列。

二是三产增收继续走在前列。1—4 月，全省二产、三产税收分别增长 7.6%、20.5%，三产税收增速高于二产税收 12.9 个百分点，对税收的增收贡献率为 75.3%，拉动全省税收增长 10.8 个百分点。三产的高增幅主要由新兴服务业拉动。受房地产调控政策不断加码影响，1—4 月，房地产税收增长 14.8%，比一季度回落 0.6 个百分点，政策调控效果逐渐显现。

三是市县增速两极分化，杭州继续领跑全省。1—4 月全省 11 个设区市一般公共预算税收收入增幅高于 10%的有 7 个市，其中，杭州、嘉兴、宁波分别增长 21.3%、17.0%、15.6%；有 3 个

市增长低于10%，有1个市增长-3.6%。

四是财政支出增长较快，结构保持良好。1—4月，全省一般公共预算支出2190.46亿元，增长23.9%，快于上年同期17.1个百分点。公共安全、教育、科学技术、文化体育与传媒、社会保障和就业、医疗卫生与计划生育、节能环保、城乡社区、农林水、住房保障等支出增长20.7%，占总支出的比重为74.9%，支出结构保持良好。

（二）当前财政收支运行中的主要问题

从经济形势看，稳中有忧。近年来，浙江省经济增速平稳换挡，提质增效取得成效，转型升级积极推进，为"十三五"打下了坚实的基础。省委省政府主动适应经济新常态，坚持稳中求进工作总基调，坚定不移推进"拆治归"，持续深入打好经济转型升级组合拳，经济运行总体良好。但受国内外发展环境和多方面因素影响，全省经济增长速度进入"L"型底部这个新常态，新旧动能接续转换任务艰巨，传统产业转型难度较大，部分企业面临结构调整的阵痛，经营困难；防范化解金融风险隐患压力较大，企业资金链和担保链风险仍存在，部分制造业企业和小微企业"贷款难"。

从收支平衡看，压力加大。收入层面，前阶段收入增速较高，除了我省经济稳中向好、转型升级成效逐步显现的原因外，还有两个非常规因素：一是非税收入较快增长，前4个月增长37.5%，主要是前期土地市场比较活跃，由土地出让收益计提的两项基金增加，二是上年结转等一次性因素。展望下一阶段形势，有两个因素值得关注：一是房地产因素，税收收入具有滞后效应，随着调控政策不断加强，后续可持续增长有较大的不确定性；二是减税降费因素，根据省政府要求，2017年全省将降低企业税费负担500亿元（其中减税207亿元），政策性减收压力大。支出层面，支出刚性增长的趋势没有改变，稳增长、促改革、调结构、惠民生、防风险等增支需求依然较大，特别要引起重视的是，部分市、县（市）地方政府性债务还本付息及按中央六部委要求纠正违法违规负债的资金压力。财政收支"紧平衡"已成为新常态。

综上，财税可持续增收基础尚不稳固，减收增支压力加大，总体处于"紧平衡"状态。在这样的条件下，2018年的部门预算编制工作必须精打细算，厉行节约，要继续树立"勤俭过日子"的思想，着力挖掘内部潜力，加强经费统筹，把有限的财力用在刀刃上，最大限度地提高财政资金的使用效率。

二、当前省级预算管理中存在的问题

近几年，部门预算通过不断的改革，以其完整、规范、科学，得到了各方面的充分肯定，部门预算观念深入人心。2016年，浙江省财政预算执行、盘活财政存量资金、国库库款管理、推进财政资金统筹使用和预算公开等财政管理工作完成情况较好，受到国务院的通报表扬。但在肯定成绩的同时，还应看到，在全面深化改革的新形势下，部门预算编制还存在一些不相适应的地方。

（一）部门预算编制不够细化

浙江省从2016年开始，取消了部门专项资金，年中不再二次分配。但个别部门预算专项资金仍存在二次分配问题，个别单位的部门预算少编、错编资产出租收入。

（二）项目支出标准体系不够健全

2017年，我们通过建立省级日常公用支出标准体系及细化完善行政（参公）单位日常公用经费预算定额标准模式，进一步完善了基本支出标准体系。但项目支出标准体系建设还有待进一步加强，突出表现在：一是不同项目之间边界不清，项目支出预算虽然已按专项公用八类和发展建设五类作了分类，但对支出范围规定得比较粗，项目类别选择不准确、列支内容不规范的情况普遍存在；二是项目支出预算金额不够精准，部分项目支出没有建立财政标准，导致相同业务由不同预算单位测算得出的金额差距较大的情况普遍存在。

（三）支出进度有待加快

2016年9月份，浙江省预算支出进度排名在全国曾经一度靠后，这个排名，引起了我们全省上下和省级各部门的高度重视。上年四季度，省财政厅首次启动了支出进度约谈机制，与10个省级部门分管财务的厅领导进行了集体约谈，起到了积极的促进作用。为进一步加强省级部门预算执行进度管理，我们对2016年省级部门预算执行率偏低的19个部门，相应核减预算。年初，印发了《关于加强预算支出进度管理的通知》，从细化预算编制、优化执行流程、加强日常管理和强化主体责任等四方面入手狠抓预算支出进度管理。

（四）专项绩效有待提高

从近年来绩效评价情况看，专项绩效主要存在以下问题：(1)部分专项政策依据不充分，支出内容重叠。一是设立政策依据不充分，专项支出目标不明确。二是专项政策支出内容重叠交叉。(2)部分专项政策效果差。一是个别专项支出偏离预定绩效目标，未能实现预期绩效。二是部分专项产出效率不高，未按预定计划实现，进程拖延。

（五）预决算公开有待加强

从财政部通报的2015年地方预决算公开专项检查排行榜中，浙江省名次靠后，与浙江成为标杆省份的定位不相适应，与浙江经济社会发展和财政管理水平不相匹配。从2016年财政部驻浙专员办对浙江省预决算公开情况专项核查情况来看，主要存在以下问题：一是个别部门未按要求公开部门预决算。二是公开程度不够细化，部分部门预算公开信息中未能说明"三公"经费增减变动原因及其有关明细情况，基本支出未能严格按经济分类支出科目公开。三是公开不够及时。

（六）财政风险意识有待强化

社会保险基金支付风险需要引起高度重视，主要是要重视企业职工基本养老保险基金风险问题。

上述问题相互交织，影响了预算分配的规范性和财政资金的使用绩效，制约了相关工作的顺利实施，必须通过全面深化部门预算改革，顺应预算管理改革大潮，在改革中求发展，在发展中求完善，使部门预算适应新常态下预算管理改革的各项要求。

三、2018 年省级预算管理和改革工作重点

（一）细编预算

一是进一步细化全口径预算编制。重点细化转移支付分地区、分项目编制，进一步提高一般公共预算专项转移支付细化率，细化政府性基金转移支付预算分地区、分项目编制。推进政府重大投资项目预算编制。二是细化支出预算编制。完善行政参公单位公用支出标准体系，重点细化项目支出预算编制，项目规范项目命名，建立项目支出标准体系，编写项目申报指南，加强项目前期管理。三是改革经济分类预算管理方式。按照政府预算管理和部门预算管理的不同特点和管理需要，分设政府预算经济分类和部门预算经济分类两套科目。

（二）早编预算

一是提前布置预算。按照预算法要求，尽早启动布置省级预算编制工作，计划 11 月下旬基本完成省级预算草案的初步方案。二是优化“两上两下”预算编制流程。细分“一上”和“二上”阶段业务时间安排，适当优化预算编报时间，延长部门预算“二上”时间，采取分项目分时间段提前报送提前审核，提高预算编报和审核效率。三是继续推动三年滚动规划试编。2018 年起，所有省级预算单位都要编制一般公共预算和政府性基金预算三年滚动财政规划，其中，重点支出相关部门要正式报送三年滚动财政规划的报告及相关表格。

（三）确保执行

一是强化执行刚性。年度执行中，功能科目分类、级次原则上不作调整；经济分类调整，按照财政部支出经济分类科目改革要求，对政府预算经济分类原则上不允许跨“类”级科目调整。二是优化执行率考核方法。从 2017 年度起，预算单位执行率考核严格按照单位实际支出情况进行考核，政府采购和基建项目的采购备案数据不再计入已执行数据，省级预算支出执行率低于 91%的，部门下年预算控制数压减 5%。三是强化预算支出进度管理。简化采购预算调整，将除“三公”经费、资产配置经济科目以外的采购预算调整审批权下放给单位。简化因公临时出国、因公短期出国培训预算审核审批流程。加强部门结转结余资金管理。

（四）强化绩效

一是规范绩效目标编报。将绩效指标完全嵌入预算编制系统，指标编制范围从部门项目支出进一步拓展到专项转移支付资金，并将绩效信息统一归集到预算申报表上，实现绩效信息与预算信息同步审核、同步管理。二是强化绩效目标审核。绩效目标审核通过的，纳入项目库管理。未设置绩效目标或目标设置不合理、未细化、量化的项目不得进入下一步预算编制环节。同时，根据预算管理需要，监督局组织对重点上会部门、重大新增项目的绩效目标实行集中联审。三是强化绩效评价结果与预算应用的有机结合。对绩效结果“差”的项目实施“红灯预警”，下一年度采取预算审核从严，资金从紧或不再安排同类资金等方式予以应用。对绩效结果“差”的专项资金，下一预算年度采取整合、调整、取消专项资金或减少资金安排等方式予以应用。

（五）公开透明

一是完善公开机制。进一步贯彻落实《关于进一步推进预决算公开工作的实施意见》和《浙江省预决算公开操作规程实施细则》要求，规范公开工作，提升公开质量。完善省级部门预决算公开平台，建立健全从预决算公开模式的下发，到数据复合及公开结果的全过程管理。二是加强预算报告和草案的宣传。进一步完善预算读本和制作动漫视频，优化图表、精练语言，使人大代表更好地读懂预算。三是深入推进部门预算公开。深入推进部门预算公开及财政专项资金管理清单公开，加大公开力度，细化公开内容，对省级部门预决算公开情况建立排行榜制度，适时向社会公布。

为做好 2018 年省级预算管理和改革的各项工作，再提如下要求：

一是要准判形势，统筹谋划编好 2018 年预算。当前财税可持续增收的基础尚不稳固，减收增支压力加大，总体处于“紧平衡”状态。要准确把握当前复杂多变的财政经济形势，量力而行、精算平衡、防范风险、集中财力办大事，真正把有限的财力用在刀刃上，最大限度地提高财政资金使用绩效。

二是要坚守规矩，强化部门主体责任意识。各部门要牢固树立依法行政、依法理财的理念，坚持“量入为出、勤俭节约、收支平衡”的原则，强化预算法定、支出法定意识，切实做到“先有预算，后有支出”。在预算执行中，一般不制定新的增加财政收入或者支出的政策和措施。

三是要锐意创新，努力夯实国家治理财政基础。十八届三中全会《决定》将财政提升到“国家治理的基础和重要支柱”的高度，我们要按照“干在实处、走在前列、勇立潮头”的要求，加快建立健全五大基础性、支柱性财政管理体系，即预算标准体系、开支标准体系、财政事权和支出责任划分框架体系、科目核算和公开规范体系以及政府债务管理体系。

（2017 年 5 月 19 日）

在全省财政系统人事工作会议上的讲话

浙江省财政厅副厅长 金慧群

一、干部人事工作取得的成绩和经验

党的十八大以来，在全面从严治党的大背景下，全省财政系统人事部门认真贯彻落实习近平总书记系列重要讲话精神，按照中央和省委有关干部人事工作的新精神、新要求，紧紧围绕财政改革中心任务，锐意进取、改革创新，干部人事各项工作取得了新的进展。

（一）思想政治建设深入开展

全省财政系统一贯高度重视干部队伍建设，特别是突出干部队伍的思想政治建设这个首要任务。十八大以来，先后组织

开展了党的群众路线教育实践活动,"三严三实"专题教育和"两学一做"学习教育,深入开展干部队伍的思想政治建设,注重突出政治教育,提高干部队伍思想政治建设的针对性,着力增强干部队伍的"四个意识";注重突出实践教育,提高干部队伍思想政治建设的实效性,着力增强干部队伍的服务能力;注重突出规矩教育,保持干部队伍思想政治建设的持续性,着力培养干部队伍的遵从习惯。如温州财政市局开展"互联网+志愿服务"线上模式,在"志愿汇"APP上注册成立"温州市财政地税局党(团)员志愿者服务队",每名志愿者在参加活动前后进行打卡签退;富阳区财政局与辖区农村建立"联乡结村"帮扶关系,为村支部党员上党课、定期参加村委组织生活会。衢州市财政局结合评优创建工作,在全系统全面推行党员积分制管理,推进机关和基层党建水平。

(二)选人用人机制不断完善

坚持事业为上、公道正派,不拘一格选人用人,深化干部人事制度改革,强化干部管理监督,激发干部队伍生机活力。在进人环节方面,始终贯彻公开、规范、透明的原则,确保进人工作的公平公正。根据用人需求,结合使用公开招录、系统选调、基层遴选、部门调入等,不断完善进人方式。在干部培养方面,坚持从事业发展需要出发培养干部,注重在基层一线和艰苦地区培养和考验干部,注重关键岗位的扎实历练,既积极培养选拔优秀年轻干部,又注重使用其他年龄段干部,促进了干部资源的优化配置,各个年龄段干部都有盼头、有奔头。在干部选拔方面,按照《党政领导干部选拔任用工作条例》精神,坚持党管干部原则,体现党组选人用人的主体责任和领导把关责任,严格选拔任用干部条件,不折不扣地落实干部选拔的组织程序。如杭州市局积极探索"业绩评价"的合理运用,在机关选调、干部选拔中将年度考核结果、立功表现、职称、竞赛获奖情况、研究成果等进行量化计分。丽水市财政局探索建立正科后备、副科后备、优秀青年等三个层面的后备干部库,开展县(市)局副科级后备干部动态调整工作。湖州市局重点加强对中层干部的管理与培养,在加强能力培训、规范选拔任用、完善考核导向、健全监督机制等方面实施了一系列工作举措。绍兴市财政局探索建立"全局重点工作团队"和"处室个人岗位工作团队"两级团队,推进"全局重点工作"和"处室干部岗位工作"两个落实。舟山市财政局不断深化"以老带新、以师带徒"培养模式,开展了"一师一徒""一徒多师,一师多徒""学做结合"等形式的探索和实践。诸暨市财政局建立覆盖全局35周岁以下年轻干部"成长档案",实现"一人一档""分层分级"管理。嘉善县财政局每三年开展一次"中层干部竞争上岗、一般干部双向选择",实现干部队伍年龄上的梯次配备。江山市财政局建立了年轻干部比专业技能、比信息宣传、比调查研究、比点子谋划、比争先创优的"五比"培养锻炼机制。

(三)干部日常管理从严从实

通过开展平时考核、建立内部控制制度等措施,力求做到防微杜渐,坚决防止干部管理失之于宽、失之于软的问题。全面开展干部人事档案专项审核工作,规范干部档案信息,按照"严、细、准"的要求,对每卷档案进行初审和复审,对发现的问题,一个一个地核实、一项一项地纠正,使档案内容回归本真。严格审批程序,规范在职干部及离退休干部在企业和社会团体的兼职行为。结合领导干部个人有关事项报告抽查核实工作,对在个人有关事项抽查核实中存在漏报、瞒报行为的干部进行提醒和函询。2014年,省财政厅在省直机关率先试点实施平时考核工作,研究制定《财政厅平时考核办法》。湖州市财政局在定期考核的基础上,通过每季工作亮晒、年中交流比看等方式,加强对中层干部的日常考核。义乌市财政局通过构建科室一级考核和全员二级考核的两级绩考联动机制,将科室一级考核得分与干部二级考核得分相挂钩,切实应用全员考绩结果,激励干部提升工作绩效。普陀区财政局完善优秀公务员评选机制,在平时季度考核"两次优秀"前提下,年终通过部门推选、全局推荐、党组评议三个步骤评选优秀公务员。

(四)教育培训作用有效发挥

坚持干部教育培训"为财政改革发展服务、为干部健康成长服务"的根本宗旨,充分发挥"干部队伍建设的先导性、基础性、战略性"职能作用。扎实推进"以提升能力素质为核心的分层次、分专业岗位培训",通过按层次和岗位细分培训对象,有效提高培训的针对性。开展全省财政系统专业人才库建设,发挥人才库打造职业权威、引领队伍提升专业素养、解决实际问题的作用。坚持连续多年举办财政干部讲坛,并不断创新讲课主体、讲坛内容和讲坛形式。通过举办培训管理者培训班、组织岗位培训观摩、开展教育培训工作交流、印发教育培训师资库等措施,促进全省财政系统干部教育培训工作上下联动。全省财政系统不断创新干部教育培训方式方法,提高针对性和有效性,如杭州市财政局每年在全系统开展一次练兵比武活动,累计评选表彰岗位能手200余名。金华市财政局根据干部职工中存在的年龄差异、职务差别、岗位不同、知识储备多少、专业背景不同的现状,构建起不同层级干部的教育培训体系。嘉兴市财政局"五年磨一剑",持续开展内训师资培养,打造了一支精干的兼职讲师团。乐清市财政局开发"乐清财税云学习"应用程序软件(手机APP),为干部学习掌握业务本领提供新平台。近年来,在全国财政系统干部教育培训工作评估中,浙江每年都被评为优秀单位且均位居前列。

(五)财税文化建设不断深化

全省财政系统充分发挥党、工、团、妇等组织作用,多年来持续开展财税文化大讨论、岗位大练兵、业务技能比武、青年论坛、知识竞赛、兴趣小组、机关运动会、文艺调研、微型党课等各类丰富多彩的活动。省财政厅省地税局每年联合开展全系统的财税文化建设活动,举办了主题演讲比赛、主题辩论赛、系统运动会、系统文艺调演和先进事迹巡回演讲等活动。温州市财政局以"凝聚正能量"为核心理念,将文化建设渗透到整个财税工作和新型机关创建活动中,形成具有温州特色的财税文化氛围。台州市财政局开展的"激扬财情、光辉税月"朗读者活动,共吸引12.8万人次在线收看直播,整个活动期间共获得点击率167万人次，取得了很好的社会反响。安吉县财政局通过党工团妇齐抓共管、协同作战，不断丰富财税文化建设活动载体。黄岩区财政局以机关文化活动为载体，多渠道开展廉政文化建设活动。通过文化熏陶、文化塑造、文化激励，全省财税干部在实践中长期积累的价值取向、财税精神、职业操守和行为准则，逐步凝练形成了具有浙江财税特色的严谨、坚守、创新、奉献的新时期财税干部品格，成为全省各级财税部门共同认可、共同遵守、共同维护的价值理念和精神财富，为财税改革在浙江的深入推进、财税事业的持续平稳健康发展、干部队伍建设的不断强化提供了重要的思想保障和行动纲领。

（六）党风廉政建设成效明显

认真学习贯彻习近平总书记关于全面从严治党的系列重要讲话精神，全面落实主体责任，夯实管党治党工作基础，严格执行党风廉政建设主体责任清单制度，着力构建权责明晰的责任体系，建立"一级抓一级、层层抓落实"的工作机制，压紧压实主体责任。着力加强制度建设，规范对权力运行的监督制约，把严肃财经纪律作为源头治理腐败的重要内容。认真贯彻落实预算法等法律法规，强化预算法定、税收法定原则，严肃财经纪律。坚定不移地推进党风廉政建设和反腐败斗争，驰而不息地加强作风建设，取得明显成效。

二、干部队伍建设面临的新形势

党的十八大以来，以习近平同志为核心的党中央高度重视干部队伍建设。习近平总书记指出："实现党的十八大确定的各项目标任务，进行具有许多新的历史特点的伟大斗争，关键在党，关键在人。关键在党，就要确保党在发展中国特色社会主义历史进程中始终成为坚强领导核心。关键在人，就要建设一支宏大的高素质干部队伍。"习近平总书记就如何打造合格干部队伍，尤其是领导干部，发表了多次讲话，提出了好干部"五条标准"，对干部提出"三严三实"要求，告诫党员干部要"对党忠诚、个人干净、敢于担当"，要以"焦裕禄、杨善洲、谷文昌等同志为榜样，始终做到心中有党、心中有民、心中有责、心中有戒，做政治的明白人、发展的开路人、群众的贴心人和班子的带头人"，要有"铁一般信仰、铁一般信念、铁一般纪律、铁一般担当"。这些重要讲话精神着眼坚持和发展中国特色社会主义、进行具有许多新的历史特点的伟大斗争，围绕培养选拔党和人民需要的好干部，营造山清水秀的政治生态，提出了一系列新思想、新观点、新要求，形成了一个科学系统的干部工作思想体系。这个思想体系全面阐述了新时期干部工作的指导思想和目标任务，进一步明确了深化干部人事制度改革的方向、原则和要求，为当前和今后干部人事工作指明了方向。

什么样的历史方位决定着什么样的历史使命，什么样的历史使命就需要什么样的干部。当前的浙江，正挺立在中国特色社会主义伟大事业的潮头上，正奔跑在"干在实处、走在前列"的跑道上，正站在高水平全面建成小康社会的关键节点上。省委十三届十次全会通过了《关于认真学习贯彻党的十八届六中全会精神从严加强干部队伍建设的决定》，提出了新形势下浙江省从严加强干部队伍建设的总体要求：全面贯彻党的十八大和十八届三中、四中、五中、六中全会精神，深入学习贯彻习近平总书记系列重要讲话精神和治国理政新理念新思想新战略，落实全面从严治党要求，以领导干部为重点，从严教育培养、从严选拔任用、从严管理监督，努力打造绝对忠诚、干事担当、干净自律、充满活力的铁一般干部队伍。学习和领会省委《决定》，对我们加强干部队伍建设有着现实指导意义。

财政事业的发展离不开一支忠诚、干净、担当的财政干部队伍；完成财政改革发展的各项任务，需要充分激发全省广大财政干部的主动性、积极性和创造性。近年来，浙江省财政部门开拓创新、积极作为，奠定了很好的工作基础、制度基础、管理基础和队伍基础。财政干部队伍作风很实、工作很严谨，精神面貌昂扬向上，凝聚力、战斗力都很强。但也应该看到，对照中央、省委的要求，对照省第十四次党代会部署的各项目标任务，对照日益繁重的财政改革发展要求，财政干部队伍还存在着一些差距，如：部分干部主动担当作为的意识欠缺，服务意识还不够强，与"最多跑一次"改革的要求还有差距；本领恐慌的现象还一定程度存在；违规违纪问题还时有发生；干部正向激励制度还不够完善，干部队伍的归属感和职业荣誉感有所下降等。这些都需要认真分析，努力加以解决。

三、下阶段干部人事工作重点

2017 年是党的十九大和省第十四次党代会召开之年，是全面从严治党向纵深推进之年，也是全面实施财政"十三五"规划、深化财政改革的重要一年，做好干部人事工作，意义重大。人事部门要视责如山、守则如城、履责如冰，倾尽全力为财政改革发展提供坚强可靠的组织保障和人才支持。

（一）推进"两学一做"学习教育常态化制度化

各级财政部门要对照中央和省委的要求，从讲政治的高度，充分认识推进"两学一做"学习教育常态化制度化的重大意义，并狠抓落实。要按照党的十九大的部署，特别是要结合财政干部队伍和财政业务建设，联系党员思想工作实际，扎实开展"不忘初心、牢记使命"主题教育，始终坚持用党章党规规范党组织和党员行为，用习近平总书记系列重要讲话精神武装头脑、指导实践、推动工作，教育引导广大党员学思践悟、知行合一，不断增强政治意识、大局意识、核心意识、看齐意识，做到政治合格、执行纪律合格、品德合格、发挥作用合格。

（二）完善干部选拔任用机制

落实《党政领导干部选拔任用工作条例》，坚持党管干部的原则，进一步强化党组的主体责任和领导的把关作用，改进推荐考察方式，更加精准地选人，坚决打破唯分、唯票、唯年龄。突出实干唯一导向，突出干事标准深化"上"，传导干事压力深化"下"，营造干事风气深化"管"，建强干事梯队深化"育"，激发干事活力深化"爱"，着力打造勇立潮头的浙江财政铁军。建立健全干部能上能下制度，重点解决干部能下问题，着力解决为官不正、为官不为、为官乱为等问题，形成能者上、庸者下、劣者汰的用人导向。建立健全干事容错免责制度，着力解决一些干部不担当、不敢为等问题，推动干部锐意改革、勇于创新。建立健全干部正向激励制度，让能干事、会干事、干成事的干部政治上有进步、精神上受鼓舞、生活上得关心，从而提升团队凝聚力、向心力。

（三）提高教育培训实际效果

贯彻落实《干部教育培训工作条例》和《浙江省财政干部教育培训“十三五”规划》，全面推进理论武装、党性教育、能力培训和知识更新，使广大财政干部理想信念更加坚定、党性修养切实增强、履职能力不断提升、工作作风持续改进，财政干部教育培训推动财政事业发展的作用更加明显。坚持服务大局、按需培训，围绕财政改革中心任务开展教育培训，坚持为推动财政事业科学发展服务，为建设高素质财政干部队伍服务，做到财政改革推进到哪里教育培训就跟进到哪里，财政干部能力素质提升需要什么就培训什么。坚持分类分级、全员培训，把财政干部教育培训的普遍性要求与不同类别、不同层次、不同岗位财政干部的特殊需要结合起来，扩大覆盖面，消除盲区，保障干部教育培训权利。

（四）加强干部日常监督管理

始终坚持全面从严治党不动摇，更严更实地绷紧思想之弦，做到真管真严、敢管敢严、长管长严。要善于把握运用监督执纪“四种形态”，管理干部切实做到严紧硬、防止宽松软。根据干部人事工作的“二八”原则，把80%的功夫下在平时和干部接触上，近距离了解、识别干部，做到“提情知人、提人知情”，切实了解干部的思想状况和工作状态。进一步深化完善平时考核，边推进边规范边完善，不断创新健全考核机制，及时总结推广经验做法，激励公务员履职尽责、担当有为。加强改进年度考核，完善优秀等次评定办法，努力做到考出真实绩、评出真优秀、树立好导向。

（五）强化人事部门自身建设

打铁必须自身硬。加强干部队伍建设，关键要有一支讲政治、重公道、业务精、作风好的人事干部队伍。

一是必须讲政治。干部队伍建设必须把政治标准摆在首位。旗帜鲜明讲政治，最紧要的是教育引导广大财政干部向党中央看齐、向党的核心看齐。全省财政系统要把学习贯彻党的十九大精神作为当前和今后一个时期干部队伍建设最大的政治任务，推动广大财政干部形成高度统一的思想认识，在思想上坚决拥戴核心、政治上坚决维护核心、行动上坚决紧跟核心。

二是必须顾大局。干部队伍建设必须服从服务于财政改革发展中心任务，服从服务于党组的意图和要求。要站在全系统干部队伍建设的高度来履行职责，承担好管理、服务、教育、培养高素质财政干部的职能。选人用人要瞄准财政改革发展需要的人才，教育培训要紧扣当前重点财政改革任务要求，考核激励要彰显干事创业的指挥棒作用，切实保障党组各项决策和工作的有力开展。

三是必须守规矩。要始终秉持公道正派的工作理念，做到不负组织重托、不负人民期望、不负干部信赖。要按规矩办事、按政策办事、按程序办事，严格执行《党政领导干部选拔任用条例》，着力推动干部选拔任用工作风清气正。要坚持实事求是，敢于“掉羽毛”，不当老好人、不怕得罪人，勇于反映干部的真实情况。

四是必须强能力。人事干部既要政治过硬，也要本领高强。要带头学习党的政治理论，用理论武装头脑，又要努力学习本职工作相关业务知识，提高工作水平和服务能力，还要着力提升财政业务水平，更好地为财政改革发展选贤任能。

五是必须重服务。干部人事工作要与综合性的人事职能相吻合，在履行选人用人、培养锻炼、教育培训职责过程中，善于换位思考，体恤干部职工的实际情况，注意工作的方式方法，在坚持原则的前提下，多做实事、做好实事。在提供服务的时候要贯彻好“最多跑一次”的理念，优化办事流程，提高服务质量。

（2017年10月）

充分发挥财政职能
推进财政支农工作再上新台阶

浙江省财政厅副厅长 王广兵

在深入推进农业供给侧结构性改革的关键时期，要贯彻落实省第十四次党代会精神，围绕“两个高水平”的宏伟目标，按照“划清边界、厘清事权、做好‘蛋糕’、集中财力办大事”的理财思路和念好“新、绿、实”三字经的工作要求，分析研判形势，研究部署下阶段财政支农主要工作任务。

一、加大投入，推进改革，财政支农工作成效显著

（一）财政支农投入稳定增长

“三农”一直是财政政策和资金支持的重点领域，省财政不断加大农业基础设施建设、绿色生态农业发展、农村一、二、三产业融合发展、精准扶贫等方面的投入力度。“十二五”期间，全省财政一般公共预算农林水支出年均增幅高达20.5%。在持续增加财政投入的同时，省级层面不断加大改革创新力度，转变财政支农方式，积极发挥财政支农资金撬动引领作用，提高财政支农政策的精准性和实效性。

（二）财政支农改革稳步推进

认真贯彻落实中央和省委、省政府工作部署，结合经济发展新常态，深入推进农业补贴制度改革。在完成各项既定改革任务的同时，今年，按照《财政部　农业部关于印发〈建立以绿色生态为导向的农业补贴制度改革方案〉的通知》要求，会同省级有关部门研究起草了《关于深入推进农业供给侧结构性改革　加快建立以绿色生态为导向的财政支农政策体系的意见》，加快构建绿色生态为导向的支农政策体系，切实提高财政支农政策的指向性、精准性、实效性。

（三）加快补齐农业农村发展短板

一是加大农业基础设施建设投入。支持“百项千亿防洪排涝工程”等防洪水、保供水重点水利工程建设，积极保障水利改

革和发展各项任务完成。全面落实耕地保护补偿机制，对农村村级集体经济组织保护耕地实施以奖代补。加大农业综合开发支持力度，深化31066行动计划，开展3030新农人行动计划和田园综合体建设项目试点工作，突出解决农业发展中的基础性、瓶颈性问题，着力增强农业综合生产能力。支持海洋渔业安全管理和可持续发展，推进浙江渔场修复振兴暨"一打三整治"专项行动。

二是提高美丽乡村建设水平。继续支持农村生活污水治理、历史文化村落保护等，进一步扩大农村垃圾减量化资源化处理试点。参照省级农村污水治理专项补助标准，对2013年底前建设的农村生活污水治理设施提标改造，深化"千村示范、万村整治"工程。

三是完善森林生态效益补偿机制。落实森林生态效益补偿资金，在面上省级以上公益林最低补偿标准30元/亩的基础上，2017年将主要干流和重要支流源头县及国家级和省级自然保护区公益林的最低补偿标准提高到40元/亩。安排林业发展和资源保护专项资金4.63亿元，重点支持彩色健康林、木材战略储备林建设和古树名木保护。

四是推动农村三产融合。支持实施千万农民素质提升工程，做好农民培训，加强新型职业农民、农村创业人才培养，提高培训的实用性和有效性。支持围绕特色产业，以农业提质增效、农民增收为目标，发展农村新业态，支持发展休闲农业、生态农业、观光农业等新产业形态，促进农村三产融合深度发展，增强农业农村发展新动能。

五是推进精准扶贫。支持实施低收入农户收入倍增计划，全面推进精准扶贫，落实异地搬迁补助政策。支持实施光伏小康工程，促进欠发达地区农民收入增长、民生水平提升和内生功能增强。出台"两山(一类)"建设财政专项激励奖补政策，增强高水平全面建成小康社会的内生动力和支撑。

二、提高站位，把握重点，狠抓落实，推进财政支农工作再上新台阶

财政支农改革稳步推进，对于有效发挥"三农"的"压舱石"作用，保持农业农村"基本盘"总体稳定起到积极作用。看到成绩的同时，我们也要勇于面对各种问题。当前总的基调是改革，改革就要坚持问题导向，科学把握当前农业农村发展的新形势，清醒认识支农工作中的突出矛盾和问题。一是支农改革推进方面。到2017年第一轮的财政支农体制机制改革已经基本完成，但是促转型任务仍然比较艰巨。各级政府财政支农领域的事权和支出责任划分尚未取得突破，省与市县支出责任还不够明确，"两个一般不"改革工作尚未完全落实到位；支农政策间的衔接协调机制尚未形成，部分事项仍然存在多头管理、标准不一的现象；专项资金实质性整合不够，部分专项资金分配与省级主管部门下达的任务还不相匹配，存在"两张皮"现象；个别地方承接改革任务主动性不强，积极性有待进一步提高，尤其是项目管理权下放以后，迫切需要县级管理部门统筹安排项目和资金，加强项目储备。二是预算执行管理方面。财政支出管理工作亟须加强，资金结转结余规模仍然偏大；财政统筹作用未能有效发挥，支农资金使用效益亟待提高。财政资金结转结余规模大，有资金拨付程序上的原因，但也说明项目储备工作不到位，实施中也容易出现问题，造成财政资金无法及时拨付。

针对这些新问题，我们要进一步提高站位、把握重点、狠抓落实，全面贯彻党的十八大和省第十四次党代会精神，落实中央经济工作会议要求，增强政治意识、大局意识、核心意识和看齐意识，着力推进农业供给侧结构性改革，服务经济社会发展全局。

(一)认真贯彻省第十四次党代会和省委17号文件精神，念好"三字经"，服务新征程

当前农业发展进入"结构升级、方式转变、动力转换"的平台期，推进财政支农改革工作必须秉持"求实务实抓落实"的优良作风，对照省十四次党代会确定的任务目标，提高站位，把握重点，狠抓落实。关键是念好"新、绿、实"三字经，持之以恒扎实推进财政支农改革创新。

一是完善财政支农政策体系。继续深化财政支农体制机制改革，通过进一步清理和归并整合，逐步降低竞争类支农政策的比例。建立健全耕地、森林等生态系统保护补偿机制，探索建立湿地、海洋等生态系统保护补助办法，促进主要生态系统保护利用与农业产业可持续发展相协调。探索农业资源环境突出问题治理的有效支持政策，加快推进绿色农业行动计划，全面完成农业"两区"土壤污染防治三年行动计划。稳步推进农业水价综合改革，探索建立与节水成效、调价幅度、财力状况相匹配的农业用水精准补贴机制。推进绿色生态农业科技创新，扎实推进粮油战略产业和农业主导产业绿色转型。充分利用国内国际、省内省外两个市场和两种资源，进一步优化我省农产品供给结构。同时，实施品牌战略工程，大力推进品牌整合，打造一批绿色生态、优质安全的农产品品牌，并着力加强我省特色优势农业产业的对外合作，推动农业走出去。

二是优化支农资金预算管理。省级层面研究组建省级财政支农资金预算管理协调小组，推进省级财政专项转移支付预算编制环节源头整合改革。建立"大专项+任务清单"的工作机制，进一步推进涉农资金和工作任务的实质性整合，建立以绿色生态为导向的政策任务清单，促进财政支农政策相互衔接，增强系统性。需要明确的是任务清单涉及事权划分，但遵循"省级投入不少、部门职能不弱"的原则。同时，按照"直接改间接、无偿变有偿"的要求，加大政府购买服务力度，引入市场化运作机制，推动农民专业合作社、联合社等新型农业经营主体成为农业农村基础设施建设，以及农业社会化服务的主要承接和供给主体。建立第三方评价机制，强化评价结果应用机制建设，不断提高财政支农资金使用效率和效益。各地严格按照中央和省有关规定，切实加强结余资金管理，提高财政资金使用效率。要切实落实中央和省委、省政府稳增长调结构促改革惠民生各项财政政策要求，与农口主管部门密切配合，加强对项目的监督管理，督促和指导项目单位加快项目组织实施进度，提高项目完成质量。

三是创新"三农"投融资方式。建立以绿色生态为导向的农业投融资支撑体系，省级层面计划组建"三农"财金合作协调小

组，切实加强与浙江省农信联社、中国农业开发银行、担保公司等金融机构的战略合作，充分运用融资担保、建立基金、抵押贷款、农业保险等多种金融工具和杠杆手段，有效撬动和放大绿色生态农业的资金投入力度。继续推进省农业基金有效运作，完善农业信贷担保体系，加快推动运营，吸引社会资本投资绿色生态农业发展领域的产业化项目。

四是落实改革保障措施。各地要深入贯彻省第十四次党代会精神，认真落实本次会议有关要求，向政府领导做好汇报，建立推进改革工作的领导协调机制，切实加强部门间协作配合，共同抓好相关改革任务落实。要明确各部门职责，积极探索建立涉农资金统筹整合长效机制，以及财政部门与金融机构财金合作机制和相互协作支持政策的顶层设计。

（二）确保财政支农投入稳定增长，优化投入结构，确保重点领域投入，加强财政资金监管

今后一段时期，省财政将重点围绕落实省第十四次党代会确定的实施“大花园”建设行动和省委、省政府确定的“12188”计划，切实加大投入力度，从制约农业可持续发展的重点领域和关键环节入手，不断加大资金统筹整合力度，进一步引导农业发展由过度依赖资源消耗、主要满足量的需求，向追求绿色生态可持续、更加注重满足质的需求转变，支持生态功能区加快实现绿色崛起，培育生态经济成为发展的新引擎。财政支农资金投入要集中重点，财政部门要高度重视“紧平衡”下的财政重点工作。2018年起，省级农业产业类相关资金将主要用于支持“大花园”建设和“12188”计划实施，省级农业基础设施建设类相关项目优先安排落实在“大花园”建设和“12188”计划的规划布局范围内，为建设具有诗画江南韵味的美丽城乡提供有力的支撑和保障。

各级财政部门要切实履行职能，在加大财政支农投入的同时，加强财政资金监管，提高政治敏感性，高度关注扶贫等重点领域财政资金监管。纪委开展扶贫领域监督执纪问责专项督查，重点检查党委政府贯彻中央和省委扶贫开发工作部署是否坚决及时，是否存在弄虚作假、阳奉阴违的行为；工作人员在落实扶贫开发目标任务方面是否存在失职渎职，不作为、假作为、慢作为，以形式主义、官僚主义对待扶贫工作、做表面文章的问题，以及是否存在贪污挪用、截留私分，优亲厚友、虚报冒领，雁过拔毛、强占掠夺扶贫资金财物的问题。各级财政部门要按职能分工，聚焦重点问题，对十八大以来涉及财政专项扶贫资金预算管理、资金下达和拨付、扶贫项目财务管理、扶贫资金监管等方面的问题进行全面排查，重点对2016年以来财政专项扶贫资金管理使用情况进行自查，逐一列出问题清单，严格按照省里有关要求及时落实整改，确保资金和队伍安全。

（三）提高思想政治站位，加强队伍建设

当前经济形势复杂多变，改革发展任务繁重，各项改革措施的落实归根到底离不开各级农财干部的努力，需要进一步加强干部队伍建设，持续改进和加强作风建设，要讲政治、懂政策、接地气、熟民情，不断增强广大农财干部做好“三农”工作的本领。

一是要提高思想政治站位。要积极贯彻落实省财政厅党组关于认真学习贯彻省第十四次党代会精神的要求，增强服务意识，践行“最多跑一次”理念，着力推广“上门服务至少一次”活动，主动到部门和单位开展上门服务，推动体制机制变“新”。通过主动多跑，让部门少跑甚至不跑，以“上门服务至少一次”的“加法”换取“最多跑一次”的“减法”，把体制机制的活力充分激发出来。

二是要加强内部控制，防范化解风险。要牢固树立内控理念，完善管理流程，提高相关措施的针对性、有效性和操作性，特别是要加强重点领域、关键环节和重要岗位的风险防控，推进内控工作与日常管理的有机融合。

三是要提高工作效能。大力弘扬财政支农优良传统，坚持创新工作方式方法，加强理论学习，深入调研，结合工作实践，主动思考当前农业农村工作热点问题，特别是在强化政银合作，有效发挥财政资金杠杆作用；巩固和增强低收入农户、集体经济薄弱村“造血”功能，建立健全脱贫长效机制；完善农业补贴政策等方面加强研究，超前谋划重大财政支农政策，逐步形成政策储备。

四是要加强工作宣传。各级财政部门要贯彻徐宇宁厅长“干好工作发好声”的要求，高度重视财政宣传，发挥财政的参谋作用。一方面围绕中心工作，服务大局，挖掘财政支农领域成效，有分析、有建议，给领导决策提供有重要参考价值的信息；另一方面，要积极主动发声，做好强农惠农等涉农财政政策的宣传解读，及时回应群众关心的热点问题，为财政支农改革营造良好的舆论氛围。

（刊于《浙江财税与会计》2017年第9期）

在2017年全省乡镇财政管理工作座谈会上的讲话

浙江省财政厅副厅长 王广兵

一、充分认识加强乡镇财政管理的重要性

乡镇作为最基层的政权组织，是党在农村的执政基础。为适应城乡统筹发展的新要求，推进基层治理体系和治理能力现代化，中共中央办公厅、国务院办公厅下发了《关于深入推进经济发达镇行政管理体制改革的指导意见》和《关于加强乡镇政府服务能力建设的意见》，省委、省政府也即将出台《关于完善基层治理体系深化经济发达镇体制管理改革加强服务型乡镇政府建设的意见》，乡镇政府被赋予了更多的行政管理职能和更重的历史使命。乡镇财政作为整个财政体系中最基层的一个环节，是乡镇政府履行职能的重要基础，在巩固基层政权，加强基层建设，服务保障民生，促进城乡协调发展等方面发挥着重要作用。随着乡镇政府治理改革的不断深化，乡镇财政将承接更多的管理权限，承担更高的工作要求。各级财政部门要充分认识乡镇财政工作的重要性，按照“一级政府、一级财政”的要求，坚持问题导向，针对本地区乡镇财政建设的实际问题和薄弱环节，采取

切实有效的措施，把各项工作落实到位，全面提升乡镇财政服务能力和工作水平。

二、充分肯定近年来乡镇财政管理工作取得的成绩

近年来，在全省各级财政部门的共同努力下，全省乡镇财政管理工作从无到有、从有到优，在组织机构建设、乡财体制建立、规范化财政所创建、乡镇公共财政服务平台建设等方面都取得了重大突破，基本实现了“四型乡财”的建设目标，为确保乡镇基层政权运行和乡村经济社会发展作出了贡献。

一是乡镇财政管理组织机构全面建成。省财政厅高度重视并积极推进基层财政管理机构队伍建设。目前，全省所有市、县财政部门都成立了乡镇财政管理处（科），1000多个乡镇全部设立了乡镇财政管理机构，工作人员达到4400多人。省、市、县、乡四个层面的乡镇财政管理机构已实现全覆盖。

二是乡镇财政职能作用基本得到发挥。通过加强督导、宣传，组织基层财政考评和规范化财政所创建等方式，强化加强乡镇财政管理的意识，推动乡镇财政内部管理制度的建立和完善，进一步规范乡镇财政预算管理体系。经过努力，乡镇财政地位和作用不断彰显，基础逐步夯实，乡镇财政职能作用充分发挥，较好地促进了农村各项事业的发展。

三是就地就近资金监管工作扎实推进。通过规范乡镇财政就地就近资金监管的内容、程序流程、配合协调等，引导乡镇财政所（局、办）参与补助性和项目类财政资金监管活动。连续多年组织开展省对市县、市县对乡镇的资金监管工作专项检查。针对发现的监管力量薄弱、监管深度不足等问题，提出相应的改进措施和工作要求，推动建立资金监管的工作机制，确保财政资金安全、高效。

四是乡镇公共财政服务平台建设取得阶段性成果。全省纳入乡镇财政管理统计范围的74个市、县（市、区），都建设并运行了乡镇公共财政服务平台。其中，47个县（市、区）在乡镇公共财政服务平台实施了“一卡通”发放，40个县（市、区）的平台信息纳入浙江政务服务网。“一个门进、一个平台办事、一卡通使用”的“一站式”乡镇公共财政服务模式已经形成，有效促进了乡镇政府公共管理服务工作。

三、高度重视做好乡镇财政管理的重点难点工作

乡镇财政管理工作虽然取得了显著成效，但与高标准和新形势的要求还有一定差距，一些长期以来阻碍推进乡镇财政管理工作的难点问题依然存在。下一步，全省各级财政部门要紧紧围绕“两个高水平”建设的目标，按照“划清边界、厘清事权、做好‘蛋糕’、集中财力办大事”的理财思路，带好队伍管好兵、做好工作发好声，全力推进浙江省乡镇财政管理工作迈上新台阶。

一是要进一步完善乡镇财政管理体制。各地要切实按照“一级政府、一级财政”的要求，结合乡镇发展水平、财政收支等因素，合理划分县乡财政事权和支出责任，建立财政事权与支出责任相适应的乡镇财政管理体制。省级中心镇和省确定的小城市培育试点镇，应该承担起综合财政管理职能。经济发展水平中等的乡镇，要充分调动乡镇理财积极性，确保乡镇财政收支平衡。经济不发达、财政资金收支规模较小的乡镇，县级财政要保障其必要的支出，确保乡镇政府的正常运转和事业发展。各地要制定清单、具体指导、分类落实。

二是要进一步强化乡镇财政预算管理。从平时掌握的情况和乡镇财政财务审计的情况看，乡镇财政预算编制不完整、调整随意、收支管理不规范等问题还不同程度存在。各地要严格按照《预算法》《会计法》等法律法规要求，进一步健全和完善管理制度，规范乡镇理财行为。乡镇财政机构要切实增强依法理财意识，加强乡镇预算管理，科学合理编制收支预（决）算，硬化预算约束，强化预算执行，规范经费支出，确保财政收支平衡。

三是要进一步加强乡镇财政就地就近资金监管工作。2017年，省财政厅对20个县、40个乡镇开展了监管工作监督检查，从抽查情况看，还存在着个别地方思想不够重视、工作不够到位等问题。各级财政部门一定要认真履行职责。市级财政要加强对监管工作开展情况的督促与指导；县级财政对下达到乡镇范围的各项资金，要按照乡镇财政资金监管信息通达、公开公示、抽查巡查的要求进行规范和统一，确保各项监管制度落到实处；乡镇财政要把资金监管融入日常管理业务之中，实现就地就近资金监管工作常态化。同时，要积极探索与日常支付信息系统共享衔接，利用技术手段开展资金监管。省财政厅已着手探索将有关涉农补贴和民生补助资金发放情况利用微信公众号进行查询、管理，2018年可根据试点情况在全省推广普及。

四是要进一步推进规范化乡镇财政所创建。经过2015、2016年两年的规范化乡镇财政所创建工作，全省已有326家财政所达到了省级规范财政所的创建标准，但总体创建率还不高，并且地区之间工作不平衡。下一步，各地要严格按照乡镇财政机构规范化建设标准，扎实推进乡镇财政机构规范化建设，力争通过两年的努力，到2019年底全省基本完成规范化财政所创建工作。同时，各地要按照“分级负责、以县为主”的原则，组织开展对全省乡镇财政干部的全员培训工作。2017—2021年，省财政厅将重点抓好全省乡镇财政管理处（科）长、乡镇财政所长和总会计的轮训，市县要扎实做好对乡镇财政一般工作人员的日常培训工作。

五是进一步提升乡镇公共财政服务平台建设。乡镇公共财政服务平台建设不仅是乡镇财政规范化建设工作的重要部分，也是浙江政务服务网建设的一项重要内容。目前，全省平台建设虽然已基本实现全覆盖，但部分地区纳入到平台管理的资金项目数量较少、资金覆盖面窄，制约了平台资金监管和服务功能的正常发挥。各地要进一步加大工作力度，完善平台服务功能，优化上线运行管理方式，调整规范管理流程，加快推进平台数据与其他公共数据的整合和共享，真正发挥平台在资金申报、审核、发放各环节中的监管作用。为确保2018年底前所有县（市、区）平台数据纳入浙江政务服务网，2017年开始，省财政厅将对纳入平台运行的项目实施清单管理，争取尽早实现财政安排的涉农补贴和民生补助资金全部纳入平台管理。

（2017年9月）

以乡村振兴战略为引领推动全省农村综合改革工作再上新台阶

浙江省财政厅副厅长 王广兵

一、充分肯定全省农村综合改革工作

近年来，全省综改系统认真贯彻落实财政部、国务院农村综合改革办公室工作部署，围绕省委、省政府“三农”工作重心，积极创新涉农体制机制，大力推进一事一议财政奖补、美丽乡村建设、扶持村级集体经济发展等各项工作，积极实施中心镇示范试点、农村公共服务有效供给、公共设施运行管护、田园综合体创建试点等改革举措，取得了显著成效。

一是一事一议财政奖补工作持续推进，有效改善了农村人居环境。村级公益事业一事一议财政奖补机制建立以来，已连续7年在全省持续推进，省级财政每年安排10多亿元奖补资金，带动各级财政奖补支出总额在30亿元以上，引导社会力量及村级自筹投入达20亿元，每年实施村内公益事业项目5000多个，一事一议项目已基本覆盖全省所有村落，有效改善提升了农村人居环境，千万农民从中受益。一事一议财政奖补以其项目受益面广、见效快、公开透明、村民获得感明显而深受广大基层干部和群众的欢迎，已成为浙江省财政支农工作的一大亮点，是基层党组织和政府为民办实事的民生工程、德政工程。

二是深入开展美丽乡村建设试点，打造了一批各具特色的升级版美丽乡村。自浙江省列入国务院综改办一事一议财政奖补助推美丽乡村建设试点以来，全省先后有46个县(市、区)通过竞争性立项开展试点工作，完成和在建美丽乡村试点项目485个。省级财政(含中央财政补助)累计投入试点资金11.7亿元，上百万村民受益，建成了一批各具特色、各美其美的美丽乡村“升级版”。试点过程中涌现出了一批好的做法和经验，如发展农村电子商务，丰富美丽乡村内涵的“遂昌模式”；发挥村级主体作用，努力节省项目投资的“玉环经验”；农村生活垃圾源头分类，减量处理的龙游“贺田模式”；村集体经济发展与美丽乡村建设互促互进的“永嘉经验”；创建全国首个美丽乡村建设地方标准的“安吉标准”。其中，“遂昌模式”已推广复制到全国10多个省份；“贺田模式”已在全省90%的行政村推行。

三是开展扶持村级集体经济发展试点，探索出了多种村级集体经济有效实现模式。紧紧围绕“三农”中心工作，加强农村基层组织建设，进一步增强村集体经济组织自我造血功能和为民办实事的能力。近年来，通过竞争性立项，全省共有50个县(市、区)开展试点工作，中央和省级财政累计投入试点扶持资金23.2亿元，数千个村被列入扶持范围，不仅转化了一批薄弱村，而且促进一批资源条件较好、村集体经济实力较强的村走上了良性发展的轨道。通过资源利用、物业建设、村庄经营、社会化服务等多种途径，成功地探索出了新昌联村物业项目扶持模式、三门、庆元等县基金式运作扶持模式、桐乡土地股份合作扶持模式、长兴民宿经济模式等典型。浙江省的做法得到国家综改办的充分肯定，多次在全国综改会议上作典型经验介绍。

四是围绕农业农村供给侧结构性改革，开展田园综合体创建试点。根据财政部、国家综改办统一部署，2017年，按照高起点、高标准、有规模、有特色要求，通过竞争性立项，选择安吉县“田园鲁家”田园综合体、柯桥区“花香漓渚”田园综合体作为国家级田园综合体试点。试点工作围绕“村庄美、产业兴、农民富、环境优”的目标，支持试点乡村进一步加强产业支撑、公共服务、环境风貌建设，统筹运用农村改革创新成果，建成让农民充分参与和受益、集循环农业、创意农业和农事体验于一体，具有浙江特色，能起到示范引领作用的田园综合体。目前，两个国家级田园综合体试点工作顺利推进，其中，“田园鲁家”已初具雏形，鲁家模式已引起社会广泛关注，其“公司+村+家庭农场”的建设运行模式得到业界的高度认可。在开展国家级田园综合体试点的同时，还开展了省级田园综合体创建试点，全省有11个县、市、区列入省级试点范围。

五是注重试点成果运用，推广复制典型经验。2017年，省财政厅在总结各地试点成效的基础上，推荐了6项具有推广价值的综改创新成果典型经验，并在全省开展复制推广，发挥试点工作的示范引领作用。包括玉环和诸暨的一事一议财政奖补机制、东阳和常山的升级版美丽乡村创建经验、新昌的发展村级集体经济物业联建模式、庆元的村级公共设施运行管护机制、临安的推进综改项目加快实施的“政银村”合作机制、海盐的金融支农机制创新等。通过典型示范，逐步形成从试点探索、经验总结到推广复制的综改工作新机制，把点上经验转化为面上成果，切实发挥综改试点的示范引领作用。

总结农村综合改革工作取得的成效，我们得出做好农村综改工作的一些基本经验：

一是建立推进机制。明确综改试点各级各部门工作职责，落实省综改办试点指导主体责任，加强试点跟踪指导和服务。县级承担主体责任，及时报告试点进展，总结试点成果经验。加强部门间的配合协调，形成支持试点的工作合力。二是引入竞争机制。强化绩效导向，综改试点项目按照公开、公平、公正的原则，采取竞争性立项方式，择优选择试点单位。三是加强组织保障。凡列入省重点试点项目，由县级政府主要领导担任试点工作领导小组组长，加强对试点工作的领导。综改部门具体牵头，协调相关职能部门和乡镇、村组织实施。四是资金保障到位。列入综改试点项目，省级财政安排补助资金，县乡财政积极安排试点资金予以保障。五是建立考核制度。对每项试点内容，省级进行年终考核，考核结果与省级奖补资金挂钩。这些措施的实施，有效调动了各地开展试点的积极性、主动性和创造性，做到试点工作责任到位、资金使用绩效较优，有力地保障了全省综改工作顺利推进。

在肯定成绩的同时，我们也要看到存在的不足和短板：一是改革试点的综合性不突出，集成度还不够高。二是部分试点单位项目申报积极主动，但在实施环节进展缓慢，部门协调配合不到位。三是试点成果体现不明显，总结宣传改革中的成功经验和先进典型方面还不够等。这些问题需要进一步加大工作力度，切实予以解决。

二、围绕实施乡村振兴战略，推动综改工作再上新台阶

党的十九大报告提出实施乡村振兴战略，这是解决好新时代“三农”问题的重大战略部署，也是解决新时代社会主要矛盾的重大战略举措。下一步，全省农村综合改革部门要以乡村振兴战略为指导，找准综改工作的定位和方向，努力推动我省综改工作实现新突破。

（一）提高站位，深刻理解乡村振兴战略的内涵。乡村振兴战略内涵丰富，规划了未来一个时期“三农”工作的方向和战略重点，至少包含以下几个方面的内容：一是明确了在新时代中国特色社会主义建设进程中，农业农村优先发展，“三农”工作是全党工作的重中之重的战略地位。二是提出了“产业兴旺、生态宜居、乡风文明、治理有效、生活富裕”的新时代“三农”工作目标和统筹推进农村经济、政治、文化、社会和生态“五位一体”建设总要求。三是强调了深化城乡综合配套改革、建立健全城乡融合的体制机制和政策体系是推进乡村振兴战略的新动能。四是指明了巩固和完善农村基本经营制度，深化农村土地制度改革，完善承包地“三权”分置制度，农村一、二、三产业融合发展是实现乡村振兴的实现路径。五是提出了完善乡村治理的目标是建立健全自治、法治和德治相结合的乡村治理体系。

农村综合改革作为“三农”工作的前沿阵地，肩负着先行先试、探寻规律的使命，承担着克难攻坚、突破重点的责任，承载着复制推广、带动全局的目的，是改革的探路石、破冰船和金种子。要从这个高度来定位综改工作，进一步增强责任感和使命感，紧紧围绕乡村振兴战略和省委、省政府“两个高水平建设”的目标任务，规划好全省综改工作的方向和工作重点，明确浙江综改工作在全国的定位，继续走在前列，为全国改革提供更多的浙江方案、浙江样板、浙江经验。

（二）抓住重点，进一步深化农村综合改革各项试点工作。从财政政策创新的角度，探索支持“三农”工作的路径和方法，以财政政策为基础，探寻创新支农方式的经验。紧扣乡村振兴战略和“两个高水平建设”要求，确定综改工作的方向。抓住“三农”工作的重点领域和关键环节先行先试，从体制机制层面探索最有效率的财政支持方式，为面上财政支农改革提供可推广复制的经验和模式。找准“三农”领域的短板，在制约农业农村发展的薄弱环节上下功夫，推动乡村社会均衡协调发展。

（三）真抓实干，推动全省综改工作迈上新台阶。经过多年努力，全省综改工作有了良好的基础，也积累了丰富的经验，得到国务院领导的重视和关注。全省各级财政部门要坚定信心，再接再厉，充分发挥主观能动性，重点做好以下工作：一是积极争取国家新的试点项目。党的十九大之后，国务院综改办和涉农部门正在抓紧研究制定新的“三农”改革政策措施，相信会新推出一批重大改革项目。要及时跟踪了解政策动向，加强联系沟通，做好前期准备工作，积极争取试点项目。二是抓好重点改革试点项目的推进。浙江省扶持村级集体经济发展试点、田园综合体试点、发展农村新业态助推美丽乡村建设试点等项目都是财政部、国务院综改办确定的重点项目，要以钉钉子的精神推进项目落地生根、开花结果。同时，要抓好省级田园综合体创建试点，适时推出一批综合性较强的新的试点项目。三是要建立综改试点台账制度。凡是列入国家和省综改办试点的项目都要记入省综改试点台账，定时向省综改办报告工作进展。加强试点动态调整，重点把握好试点准入退出、推进落实、复制推广等重点环节。四是加强改革试点宣传引导。定期召开试点工作交流会、现场会，加强改革试点情况交流。及时总结宣传改革试点中的成功经验和先进典型，褒扬先行先试，营造积极探索实践的浓厚氛围。

（2017 年 11 月）

在企业职工基本养老保险工作部署会上的讲话（摘要）

浙江省财政厅总会计师 赵立妙

一、高度重视职工基本养老保险基金可持续运行问题

近年来，全省企业职工基本养老保险基金运行总体平稳，但由于老龄化加剧、待遇连年调整和相关政策制度等因素影响，基金收支压力逐年加大，抚养比逐年提高，基金支付能力逐年下降，基金运行风险日益显现。2011—2016 年，全省基金收入年均增长 18.3%，基金支出年均增幅 29.0%，支出增幅大大高于收入增幅。当年基金收支比从 2011 年的 1.74 下降到 2016 年的 1.13。当年实际抚养比（领取人员与实际缴费人员之比）从 2011 年的 1∶5.7（即 5.7 个缴费人员负担 1 个领取人员）提高到 2016 年的 1∶2.7。基金支付能力从 2011 年末的 36.7 个月下降到 2016 年末的 22.6 个月。

基本养老保险基金是老百姓的“养命钱”，事关百姓切身利益。省委、省政府高度重视基金可持续运行问题，早在 2004 年省政府就出台《关于建立社会保障资金多渠道筹措机制的意见》，规定从国有资产收益中提取不少于 30% 的比例、从土地出让收入中提取不少于 5% 的比例等渠道筹措建立社保风险准备金。此次会议部署的完善被征地农民转保政策和新一轮省级调剂补助办法也是应对基金运行风险的重要举措。财政部门要增强责任感和大局观，强化风险意识，切实将基金可持续运行问题摆上重要议事日程。要按照精算平衡的原则，组织编制基金三年或五年收支规划，研究建立运行风险预警机制和应对预案。

二、积极调整支出结构，落实政府筹资责任

2009 年，省级统筹实施方案也早已明确“各市、县（市）对本地养老保险工作负总责”。

按照新一轮省级调剂补助办法和完善被征地农民转保政策

规定，地方政府筹资任务很重，新增的筹资包括：收支缺口补助，被征地农民超龄人员缴费优惠由政府补贴，提高新参保被征地农民的政府补贴标准，提高土地出让收入中社保风险准备金提取比例等等。

在经济步入新常态，财政收入增速趋缓、各项支出刚性增强的形势下，地方筹资压力确实非常大。但基本养老保险基金是老百姓的"养命钱"，筹资任务艰巨但意义重大，各级财政部门要加大资金统筹力度，合理安排各项支出，确保及时足额筹措。

三、切实加强基金征缴，严格规范支出管理

2016年12月，人社部、财政部联合印发《关于进一步加强企业职工基本养老保险基金收支管理的通知》明确指出，各地要切实加强基金征缴管理，严格执行基本养老保险缴费基数政策，不得随意降低企业和个人缴费基数。要严格执行基本养老金计发标准，不得自行提高退休人员基本养老金水平，不得通过设立最低养老金标准等方式变相提高待遇水平。要严格执行国家关于职工退休条件的规定，不得自行扩大提前退休的企业、人员范围。

2017年，省里同步修订完善《企业职工基本养老保险工作目标考核办法》，考核指标包括：基金征缴收入，人均缴费基数，基本养老保险参保率，以及政府各项筹资责任完成情况等。6月，省财政厅将会同人社厅对部分重点地区企业职工基本养老保险工作目标完成情况委托中介机构开展第三方稽核。同年，省审计厅将在全省开展被征地农民参保、土地出让收支等情况专项审计。

各地财政部门要会同人社、地税等部门，切实加强基金征缴工作，严格规范支出，不得擅开口子。要按照"地税征收、社保支付、财政管理"的征管模式，进一步完善征管流程，健全部门分工协作机制。要加快推进信息化建设，尽快建立人社、地税、财政等部门数据互通共享机制，在部门信息共享的基础上，运用大数据分析基金运行情况，及时发现和纠正存在的问题，堵塞漏洞。

（2017年5月19日）

坚定信心　狠抓落实
推动预算执行和政府采购
工作再上新台阶

——在全省财政系统预算执行及政采云系统推广运用工作视频会议上的讲话

浙江省财政厅总会计师　赵立妙

一、正确认识财税经济新形势

2017年以来，各地按照"划清边界、厘清事权、做好'蛋糕'、集中财力办大事"的理财思路，进一步发挥财政职能作用，为经济社会发展提供有力支撑。1—5月，全省一般公共预算收入2740.63亿元，增长16.1%，其中税收收入2357.25亿元，增长13.5%；非税收入383.38亿元，增长35.0%。全省一般公共预算支出2718.29亿元，完成年度预算的40.4%，增长20.8%；全省政府性基金收入1853.31亿元，增长46.5%，其中国有土地使用权出让收入1615.28亿元，增长55.0%，全省政府性基金支出1549.33亿元，完成年度预算的44.9%，增长55.9%。

总体而言，当前经济结构性矛盾依然突出，财税可持续增收基础尚不稳固，减收增支压力加大，财税收支仍处于"紧平衡"状态。各地要密切关注财税经济形势，加强分析预测，发挥好参谋助手作用，增强领导决策支撑能力。

二、积极应对财税工作新常态

一要坚持服务到位。"最多跑一次"改革是当前省委省政府最重要的中心工作之一。改革实施以来，省财政厅抓紧梳理服务事项，建立任务清单，狠抓工作落实，目前，已经实现省级所有预算单位可"零上门"办理财政国库集中支付和政府采购业务，取得了阶段性成效。各地也要以严实的作风扎扎实实抓好改革的推进和落实工作，在梳理服务事项的基础上，进一步简化服务流程，提高服务效率，真正让服务对象少跑腿甚至不跑腿。

二要坚持预期管理。财税是经济的晴雨表，也是预期管理的重要工具，要按照建立现代财政制度的总体要求，创新理念、创新管理、创新技术，积极构建财政管理的长远性、机制性框架；要充分利用库款管理、国库现金管理、政府债券发行、政府采购等政策工具精准发力，强化预算执行分析预测，密切关注财税收支中的不确定性因素，加强财政收支运行管理，合理把握好收入力度和节奏，有力保障新常态下经济的平稳运行，向公众传递稳定的预期。

三要坚持问题导向。要始终坚持以问题为导向，科学分析深层次的矛盾和问题，从体制、机制、制度、工作等方面着手，全面、精准地查找工作中的短板和不足；要将补短板作为抓落实的重要手段，在"找准、快补、见实效"上下功夫，说了就要干、定了就要办，真抓实干，切实把好事办实办好；对于"最多跑一次"改革推进问题、库款问题、预算执行进度问题、国库集中支付扩面问题，政府采购领域长期存在的价格高、效率低、服务差等问题，单靠预算执行部门和采购监管部门难以有效推动，需要各位财政局分管领导强有力的重视与支持。

四要坚持协同创新。当前，预算执行和采购监管工作与各方面的联系越来越广泛，沟通协调显得尤为重要，各位分管领导要继续争取各地党委、人大、政府对财政工作的重视、理解与支持，加强与有关部门的协调配合，增强与预算单位的沟通互动。要加大宣传力度，主动发出预算执行和采购监管"好声音"，为改革找准"定心盘"、敲响"定音鼓"，为各项工作的开展营造良好的发展环境和舆论氛围。在做好工作发好声的同时，还要积极研究新情况、新问题，探索新规律、新方法，使各项工作常做常新、勇立潮头。

三、狠抓落实迎接工作新挑战

近年来，省财政厅在深化改革，提升预算执行和采购监管工作质量方面做了大量工作，发挥了重要作用，但从各项政策的执行情况看，部分地区确实存在"中梗阻"现象，"只听楼梯响，没见

人下来”,以至好的改革和政策没能取得预期效果。希望各地坚定信心、凝聚共识,以踏石留印、抓铁有痕的精神,采取切实有力的措施推动各项工作的贯彻落实,确保政令畅通,各项决策部署落地生根。首先,各位分管领导要扛起主体责任。继续秉承优良作风,加强工作指导,关键环节要亲自上阵,及时掌握一手信息。对于涉及到多个部门的工作,要主动牵头协调,及时解决问题、化解矛盾。其次,各位同仁要勇于担当,积极作为。要以问题为导向,有条不紊地抓好各项改革和工作的具体部署、具体规划、具体要求,稳扎稳打,切实做到守土有责、守土尽责。最后,要加大督查力度。建立问题清单、任务清单和责任清单制度,逐一明确责任,全过程跟踪问效,对已落实的要着重检查落实的效果和质量,对正在落实的要督促加快进度,对落实不力的要查明原因、督促整改。

“政采云”平台的推广运用是突破浙江省政府采购制度改革与发展瓶颈的重大技术手段,也是落实政府采购领域“最多跑一次”改革的重要举措。各级财政部门要站在促进国家治理现代化的高度,充分认识推广应用“政采云”平台的重大意义,切实加强对“政采云”平台在本地推广应用工作的领导,想方设法确保“政采云”平台在全省的推广应用任务按照财政部、省委省政府以及省财政厅的要求如期完成。

最后,还要向大家说明一个事项。为深入贯彻落实“最多跑一次”“放管服”等改革部署,根据《财政部、公安部、中国人民银行关于全面实施跨省异地缴纳交通违法罚款工作的通知》要求,自2017年6月1日起推进全省公安部门管辖道路交通违法罚缴一体化改革试点。近日,省财政厅将与省公安厅、人行杭州中心支行联合发文布署此项工作。主要做法是:各市公安局交警支队及各县(市、区)公安(分)局交警大队(以下简称“地方交警”)下属所有交通违法行为处理窗口开通处理本地(设区市)登记的机动车在省内高速公路、铁路、萧山机场公安交警管辖区内的监控记录违法行为处理权限。高速公路、铁路、萧山机场公安交警部门交通违法处理窗口,开通其所在设区市登记的机动车监控记录违法行为的处理权限。同一车辆在处理交通技术监控设备抓拍的交通违法行为时,既可以选择车辆登记地地方交警部门处理窗口,也可以选择省公安厅高速公路交警、铁路公安交警、萧山机场公安交警部门处理窗口,实施交通违法行为“一站式”处理。

各地公安交警部门对交通违法行为处理并收缴的罚款,按照财务隶属关系缴入处罚地财政部门非税收入结算账户并划解当地国库。全省高速公路、铁路、萧山机场公安交警处理交通违法行为涉及的罚款资金以及跨省异地缴纳交通违法罚款资金,缴入省财政厅非税收入结算账户并划解省级国库。交通违法罚款收入实行按季调库,年终结算。省财政厅将从2017年第三季度起,按季将缴入省级国库的市县收入划回相关地区,并通知市县财政上划缴入地方国库的省级收入,请市县财政部门按省厅通知要求及时办理上划事宜,做好对账工作,确保准确反映各级财政交通违法罚款年度收入。

(2017年6月20日)

在全省财政系统预算执行工作视频会议上的讲话(摘要)

浙江省财政厅总会计师 赵立妙

一、关于切实提升财政收入质量问题

近年来,各地按照财政部和省委、省政府要求,加强财政收入质量管理,促进了财政收入持续健康增长。1—8月,全省一般公共预算收入4288.00亿元,增长14.0%,完成年度预算的84.6%,增速列沿海五省市第一,其中:税收收入3675.86亿元,增长14.7%,非税收入612.14亿元,增长9.5%。全省一般公共预算支出4768.11亿元,增长16.0%,民生重点保障有力。从税种看,收入增幅呈现“两高一低”的特点:一是所得税继续保持高增速,受企业利润率提高,居民工资收入增长影响,企业所得税、个人所得税分别增长23.6%、28.6%;二是增值税增幅相对较低,1—8月增值税增长6.8%。“两高一低”,一定程度上是由于所得税收入弹性较大,成为各地挖潜增收的主要着力点。而其快速增长的大部分收入归中央级,使得地方级税收收入增速放缓,从而造成地方可用财力相对减少。希望各地对此加以重视,积极发展优势产业,培育重点税源,逐步加大增值税的增收占比。

财政收入是真金白银,应该是最真实的数据,各地要从大局出发,把握好组织收入的力度和节奏,进一步优化收入结构,多举措加大整治力度,不断提升财政收入质量。一是要纠正和防范违规转引税源的行为。要坚决清理规范相关税收返还政策,保障公平的市场竞争环境,切实维护好国家的财政税收权益。二是要防范财政收入虚增空转。要加强财政收入情况监测和分析,关注耕地占用税、契税等地方小税种和非税收入的异常增长,及时查实和纠正可能出现的虚增空转问题。三是要深化收入收缴管理制度改革。要继续推进国库集中收缴制度改革,严格按照制度规定及时将财政收入缴入国库,不得将不属于政府收入的资金缴入国库虚增收入,不得混用缴库科目将政府性基金收入以一般公共预算收入名义缴库。

二、关于全面加强财政库款管理问题

库款是国家财政运行的重要基础,是经济社会发展的重要支撑,库款不仅仅反映财政收支进度差额,更折射出经济运行、预算执行、财政财务管理水平等多方面问题。近年来,国务院、财政部领导高度关注库款问题,多次作出重要批示。近两个月,全国地方财政库款出现连续攀升,余额创历史同期新高,财政部高度重视,于近期下发了《关于切实采取措施合理控制库款规模有关事项的通知》,要求各地根据国务院工作要求,进一步加强库款管理,提高财政资金效益。

2017年以来,全省各级财政部门按照国务院和财政部要求,采取有效措施,切实加强库款管理,取得了明显成效。前6个月,全省库款余额同比增幅持续下降,在前7个月全国地方财政库款考核中,浙江省各月均排在前10名。但库款管理中仍存在一些问题,特别是近两月全省库款余额较高,主要有以下原因:一是土地出让收入增长快于土地出让支出。二是新增债券资金拨付进度较慢。三是部分市县国库集中支付结余高。

加强库款管理,合理控制库款规模,充分发挥财政资金效益既是当前的重要任务,也是需要持之以恒、常抓不懈的长期性工作。各地要从讲政治的高度,将库款管理摆到财政工作的突出位置,切实增强库款管理工作的原则性、系统性、预见性和创造性,建立健全库款管理长效机制,着力破解“一方面资金躺在账上睡觉,另一方面又无米下锅”的矛盾。同时也要注意防范库款支付风险,确保库款运行平稳有序。

(一)加快一般公共预算支出执行进度。加强预算执行管理是压降库款的首要措施,各地要从源头入手,从各个环节找不足、补短板、克难关、提效率,全面加快预算支出执行进度。要加强预算和国库工作统筹,加快转移支付预算分解下达和资金拨付,压实单位预算执行主体责任。对扶贫、教育、医疗、社会保障等重点民生支出执行情况要对照年度预算提早分析,提早调度资金,该到位的应尽快拨付到位,确保完成年度预算任务。要强化预算执行进度及库款管理相关考核、通报、约谈机制,对于执行进度慢的,要加大督导力度,问题特别突出的,应适当采取惩戒性措施。

(二)加强政府性基金预算执行管理。要加强本级政府性基金预算执行管理,特别是要建立与国土资源部门的协调机制,合理测算国有土地使用权出让收入规模,加强对土地出让收入入库时间、金额等预测,及早筹划安排土地出让金支出相关项目,尽快拨付相关资金,进一步加快政府性基金支出执行进度,避免大量资金长期留存国库。

(三)加快地方债资金的拨付使用。要强化新增债券项目执行管理,做到项目早确定、预算早安排、项目前期工作早开展,债券资金下达后要加快债券资金安排项目的执行。要加快置换债券资金拨付进度,提前做好存量债务置换相关准备工作,对于已经入库的置换债券资金,要按照财政部有关规定,原则上在1个月内完成置换。各级财政部门在库款较高时,可按照有关规定,先通过库款垫付拟发行的新增债务和拟置换的存量债务,债券发行后及时回补库款。

(四)加大消化国库集中支付结余资金力度。要结合盘活财政存量资金工作安排,分科目、分项目认真梳理分析国库集中支付结余资金构成与存量情况,按规定应当收回的,要全部收回并及时盘活使用;允许单位继续使用的上年结转资金,要研究纳入预算执行考核管理范围,督促各单位尽快安排使用,避免长期留存国库。

(五)继续做好库款情况分析。要结合经济运行态势、财政收支走势以及库款的运行规律,加强对库款余额增加的成因分析,是属于收入增长还是属于债券资金未拨付、超收收入补充预算稳定调节基金或清理财政专户资金回流等,一定要做到心中有数,分析结果要在上报省财政厅的库款月报中予以反映。同时,希望各地按照“做好工作发好声”的要求,及时总结库款管理中的亮点。

三、关于规范八项财政支出与GDP核算问题

2016年,全省支出总体情况较为平稳,八项支出合计4873亿元,增长14.4%,占一般公共预算支出的比重为70%,一、二、三季度支出增幅分别为18.3%、25.3%、21.7%,略高于全年14.4%的增幅。2016年各设区市八项支出随季度波动变化幅度不大,总体情况平稳。

然而,从分市县八项支出情况看,部分地区支出执行数据月度间异常波动,存在人为调节的问题。这些数据的异常波动,与统计局按季度核算的非营利性服务业增加值以八项支出增速为依据有关,每年3、6、9、11月是统计局采集GDP数据的关键时点,部分地区财政部门为满足GDP增速的要求,违规进行八项支出科目调剂,在之后月份再将上述调整转列还原。这种做法不仅导致地方财政支出数据失真,扰乱了预算执行秩序,而且造成地区GDP数据虚增,影响宏观经济分析判断和决策,属于典型的违规行为,必须坚决予以纠正。

财政支出数据质量是财政管理的基石,也是各项工作正常开展的基础保障。中央深改组第二十八次会议明确提出,“要健全统计数据质量责任制,依纪依法惩处弄虚作假”。国家高度重视“八项支出”数据失真问题,已召集有关部门进行了专题研究,双管齐下,治标治本。一方面,国家统计局将建立健全非营利性服务业增加值核算机制,提高GDP核算质量。另一方面,财政部要求在10月之前开展一次地方财政支出数据质量自查工作,即依据《预算法》《预算法实施条例》《财政总预算会计制度》等法律法规和制度的规定,对2015年1月—2017年8月财政资金支付、总预算会计核算、财政支出预算执行报表编制的规范性和准确性进行全面核查。目前,省财政厅已转发了《财政部关于开展地方财政支出数据质量自查工作的通知》,并提出了相关要求,统一部署全省自查工作。各地要积极部署,严格按要求做好财政支出数据质量自查工作,对于自查发现的问题要及时整改。

各地要迅速将此项工作要求向当地党委、政府汇报,争取党政领导的理解与支持,切实转变发展观念,推动清理和优化考核评价指标,杜绝下达“八项支出”增速目标任务等不规范做法。对上报省厅的支出数据要严格审核把关,确保财政支出数据真实准确。

四、关于清理规范地方财政专户问题

2011年以来,各级财政部门按照国务院要求和财政部统一部署,扎实开展清理整顿财政专户工作,全省(不含宁波)累计共撤销财政专户3300多个。财政专户情况复杂,历史遗留问题多,清理工作历时长、压力大,大家做了大量艰苦细致的工作并取得了显著成效,应予以充分肯定。希望各地继续贯彻落实全面清理整顿财政专户的各项规定,保质保量完成此项任务。

(一)尽快撤销存在债权债务关系的专户。根据6月上报的清理情况,全省应撤销的财政专户中,仍有3个专户因存在债权债务关系暂时无法撤销,相关财政部门要继续积极与有关方面做好沟通协调,尽快解决债权债务关系后立即撤户。

（二）规范财政专户资金管理。按照财政部《关于开展地方库款和财政专户管理专项督查工作的通知》要求，浙江省及时部署开展了全省地方库款和财政专户管理专项督查。根据各地6月份上报的财政专户清理情况和后续抽查情况，发现部分市县财政专户资金未严格按规定核算，较为典型的是非税收入汇缴户存储、核算教育收费和代管资金，希望各地自查自纠，及时调整规范。对于有管理及核算教育收费资金或代管资金需要，但未单独开设事业收入户或代管资金专户的地区，应于规定日期前向省财政厅提交财政专户开立申请，报经财政部核准后设立相关专户，规范存储、核算上述资金；已经开设上述两类专户的地区，应严格按专户与资金的对应关系，将教育收费或代管资金由非税收入汇缴户转入相应专户存储、核算。

（三）建立财政专户目录制度。省财政厅将根据财政部部署，组织各级财政部门对财政专户进行全面统计，逐级审核后，编制本省合规存量财政专户目录，于2017年底前报财政部备案。财政部将研究适时在网站公开，实现财政专户目录“一本账”，目录之外的财政专户，一律不得保留。

（四）加强财政专户的日常管理。全面清理整顿后，各地要依法依规做好财政专户的日常管理，做好专户开设、变更、撤销等工作，建立财政专户管理的长效机制，使财政专户在法治化、规范化管理轨道上运行。

五、关于加强财政部门和预算单位资金存放管理问题

2017年3月，财政部下发了《关于进一步加强财政部门和预算单位资金存放管理的指导意见》（财库〔2017〕76号），要求建立健全科学规范、公正透明的资金存放管理机制，进一步防范资金安全风险和廉政风险。各地要充分认识此项工作的重要性和紧迫性，从加强党风廉政建设和完善公共财政治理体系的高度，切实提高思想认识，加强组织领导，认真抓好落实，确保加强资金存放管理工作取得实效。

（一）严格规范财政专户资金存放管理。省财政厅起草了《浙江省财政专户资金存放管理实施办法》，目前已向各级财政部门征求了意见并进行修改完善。接下来，将报省政府同意后正式印发。各地要严格按照财政部76号文件和《实施办法》要求，做好财政专户资金的存放管理。按规定转出开户银行进行资金存放的，一律通过公开、透明的竞争性方式，择优确定资金存放银行，以分散存放风险、提高存放效益和管理透明度。

（二）加强同级行政事业单位公款存放管理。浙江省公款存放管理工作走在全国前列，早在2015年，就出台了《关于防止领导干部在公款存放方面发生利益冲突和利益输送的办法》（浙委办发〔2015〕8号）和《浙江省省级行政事业单位公款竞争性存放管理暂行办法》（浙政办发〔2015〕91号），各地也陆续出台了相应的管理办法。这些制度在规范公款存放管理，防止利益输送，防范廉政风险方面发挥了重要作用。目前，省本级已根据76号文起草了《关于进一步规范省级行政事业单位公款竞争性存放管理的通知》，以进一步明确和规范省级行政事业单位公款竞争性存放相关事项。各地要根据76号文要求，参照省级行政事业单位公款存放办法及补充通知，结合本地实际，对本级行政事业单位公款存放管理作出进一步规范，原有规定与76号文不符的，要按照76号文要求作出修订补充。同时，要在进一步清理规范预算单位银行账户的基础上，指导预算单位严格规范新开立账户的银行选择方式，采取竞争性方式或者集体决策方式确定开户银行。

六、关于做好预算执行管理工作相关要求

一是要树立大局意识，提高政治站位。2017年是本届政府的收官之年，财政收支数据对今后的决策将产生重大影响。各地要牢固树立“四个意识”，按照着眼当前与兼顾长远并重、提升效益与防范风险并重的原则，强谋划、强执行，善于算大账、总账、长远账，围绕全省经济社会发展全局扎实做好预算执行各项管理工作，切实提升预算执行工作质量和效率，为各项宏观调控政策“保驾护航”。

二是要树立法治意识，严肃财经纪律。预算执行部门是资金“卫士”，是财政资金管理的最后一道关口。要牢固树立法治理念，带头执行各项财经纪律，做到知法、懂法、不犯法。要强化税收法定意识，按照袁家军省长“三个严禁”要求，切实提升税收收入质量。要强化预算法定意识，确保财政支出数据真实准确。要依法依规开展资金存放管理，清理规范地方财政专户，切实防范廉政风险。对违反制度规定的，要严肃问责，特别是对财政收支数据造假的责任人要严加处理，以强力问责倒逼制度执行，使财经纪律成为真正带电的“高压线”。

三是树立责任意识，狠抓工作落实。各地预算执行部门要强化责任担当，切实负起管家责任，摸实情、报实数，管好家、理好财。要通过完善分工体系、明确任务目标、加强统筹协调、严格考核督导等方式，建立起细化的任务和责任清单，一级抓一级、层层传导压力、层层落实责任制。要加大督察力度，全过程跟踪问效，对已落实的要着重检查落实的效果和质量，对正在落实的要督促加快进度，对落实不力的要查明原因、督促整改。

（2017年9月）

在全省会计处（科）长座谈会上的讲话（摘要）

浙江省财政厅副厅长 沈　磊

一、有为才有位，做好基础工作

近年来，在会计执法检查、部门决算报表质量检查、专项资金使用情况检查等过程中，发现省行政事业单位会计工作薄弱，严重影响了财政资金的安全，以及各项财税政策的贯彻和财税改革举措的落地。作为全省会计管理机构，应该尽快出台行之有效的管理办法，加强行政事业单位会计队伍建设。此外，企业会计信息失真问题也由来已久，会计管理部门应该督促企业执行会计准则、制度，必要时要联合有关部门进行检查。要加强会计队伍特别是高端会计队伍建设，发挥好引领辐射作用。要规范代理记账管理，解决小微企业核算管理问题。要联合有关部门，研究建设会计信用体系，提高会计信息的决策价值。

二、统筹创新，抓好重点工作

会计管理的工作机制正由单打独斗向注重发挥各方面力量、联合协同管理转型。沟通凝共识，协调保发展，沟通协调既有各级财政部门自上而下的纵向管理配合，也有跨部门的横向工作协调。在加快全省管理会计体系建设方面，要继续推行“政府搭台、校企合作”这一方式，扩大应用试点范围，让更多的企业受益，对于财政部门和高校来说，要集聚更多的鲜活案例，建立全省的管理会计案例库。在此基础上，鼓励中介机构和其他主管部门参与，营造多方共赢的良好局面。在行政事业单位内控建设方面，要密切联合省人力社保厅、省审计厅，积极争取省监察委的支持，借助法治政府建设的“东风”，建立行政事业单位内部控制年度报告制度。各地要督促行政事业单位开展内部控制自我评价，并对评价中发现的内部控制缺陷进行梳理完善，逐步形成自我评价、梳理完善的工作机制。

三、促改革，服务中心工作

将日常工作放到经济社会发展大局中去思考、去谋划。一是服务供给侧结构性改革。加快推进管理会计应用试点，发挥管理会计在化解过剩产能、促进产业优化、降低企业成本、提高企业核心竞争力中的积极作用。联合有关部门开展浙江省国际化会计高端人才(跨境并购类)培养选拔，有的放矢地培养企业紧缺的会计人才。二是落实“最多跑一次”改革。按照省政府《加快推进“最多跑一次”改革实施方案》的要求，各地要按时将会计代理记账机构审批纳入当地政府政务服务网，实现“零上门”服务。要推进代理记账行业管理信息化改革，做好已取得代理记账资格的机构基本信息录入以及换取新版代理记账许可证书工作，以政府权力的“减法”换取市场活力的“加法”。

(2017 年 4 月 20 日)

巩固成果　克难攻坚
开创会计管理工作新局面

——在全省会计管理工作经验交流会上的讲话

浙江省财政厅副厅长 沈　磊

一、工作回顾

近年来，全省会计管理部门加快转变职能，开展会计改革创新，切实服务于财税中心工作和经济社会发展大局，取得了明显成效。

(一)不断推进行政事业单位内控建设

财政部于 2014 年发布《行政事业单位内部控制规范》，将加强行政事业内控建设作为一项重要的工作。省财政厅也高度重视、积极推进：一是建立工作报告机制。建立健全覆盖全省的年度行政事业单位网络化内部控制报告制度，真实完整反映行政事业单位内部控制建设成果。二是建立单位自我评价机制。多措并举，合力推进，建立内部控制工作联络机制，明确联络员。截至 2016 年底，全省有 13800 家单位开展了内部控制建设，其中，省级主管部门 74 家(含所属单位 416 家)，占省级主管部门的 74%。大部分单位开展了形式多样的自我评价。三是开展工作调研与检查。组织有关部门开展对市、县(市、区)内控开展情况调研，听取并吸收基层意见和建议，全面落实内控制度。联合有关部门制订检查方案，对行政事业单位内控实施情况进行定期或不定期的监督检查。各级财政部门开展了形式多样的调研与检查。四是总结交流经验。根据内部控制自评报告和调研检查中发现的好做法与成功经验，采取召开经验交流会、现场会等方式，予以总结推广。利用报刊杂志进行广泛宣传，达到相互学习、共同提高的目的。五是建立考核机制。将行政事业单位内部控制建设工作纳入财政部门预算管理绩效综合评价内容，一并纳入当地政府年度工作目标责任制考核。加强省对市、县(市、区)内控制度建设、推广应用、内控报告报送质量等方面的考核，完善省级财政部门对省级部门内控建设的考核机制。有的县探索将行政事业单位内部控制建设工作纳入当地纪委巡视内容，切实提高单位风险防控能力。

(二)扎实推进管理会计应用

2014 年，按照“政府引导、单位自愿、校企合作、分类指导、总结推进”的原则，以企业为突破口，以内在需求为导向，选择 18 家企业作为开展管理会计应用试点。成立了由 33 名专家组成的浙江省管理会计专家咨询委员会，作为开展管理会计工作的“智库”，指导和推进浙江省管理会计体系建设。经方案评估、中期评估、结果评估等程序，巨化集团公司等 11 家企业的管理会计应用试点项目被评为优秀项目，有力促进了企业转型升级，增强了企业核心竞争力，得到省领导充分肯定。《财务与会计》《中国会计报》等媒体多次对浙江的试点工作进行报道，《浙江日报》也作了专题采访，在 2016 年 9 月召开的全国会计管理工作会议上，作典型发言。

2017 年，省财政厅还与杭州电子科技大学签订管理会计战略合作协议书，建立战略合作关系，共同开展管理会计应用创新、理论创新、学术研究、管理会计人才培养等。同时，还扩充更新了省管理会计专家库，以更好地拓展与发挥浙江省管理会计专家咨询委员会的职能。据统计，全省现共有 50 个项目先后开展了管理会计应用。金华市布置所属县(市、区)都开展管理会计应用，台州市、嘉兴市、湖州市采取多种方式开展此项工作。

(三)实行会计审批事项改革

为深化省政府“四张清单一张网”改革，推进政府职能转变，根据省政府“证照网上申请、快递送达”试点工作座谈会要求，2015 年 9 月在金华市开展试点。全国首本会计从业资格证书“网上申请，快递送达”于 2015 年 9 月 6 日在金华实现，标志着“互联网+”背景下会计服务工作取得又一阶段性成果，《中国会计报》《金华日报》和《金华晚报》均在头版头条对此进行了报道。2016 年 9 月在全省所有市、县(市、区)全面实现了“网上申请、在线服务、快递送达”改革，该做法得到了有关部门的高度肯定。

2017 年，省财政厅按照“最多跑一次”改革要求，进一步简政放权，优化业务流程、简化审批手续，会计师事务所审批、代理记账机构审批事项全面实现“零上门”审批。

（四）强化会计人员管理

积极创新服务手段、提升服务水平、提高服务对象满意度。截至目前，会计人员管理基本实现了信息化、数字化。如会计考试实现“网络报名”，会计人员继续教育实现“网络学习”，会计考试（从业资格考试、初中级会计专业技术资格考试）全面实现无纸化考试；会计人员调转实现网络调转；会计从业资格证书申领实现“网上申报、在线审批、快递送达”的零见面服务。2017 年高级会计职称评审又实施了“网络申报评审”试运行，对会计专业技术资格证书实行电子化证书管理。

（五）加强高端会计人才培养

为适应浙江企业“走出去”发展需要，2017 年，省财政厅联合省委人才办、省金融办和省人力社保厅共同开展了浙江省国际化会计高端人才（跨境并购类）培养工作。下发《浙江省会计领军人才培养使用管理办法》，在省会计学会下设立会计领军人才工作委员会。温州、金华、丽水等地也围绕高端会计人才培养作了不少实践和探索。

（六）探索会计信用体系建设

《会计法》的修订已经进入修法程序，会计人员管理将面临大的变革。虽然会计人员如何界定、哪些需要管、怎么管等很多问题还没有明确，但各地已开始积极探索。如义乌市开展会计人员实名登记、会计信用红黑名单；江山市出台了《会计诚信体系建设工作考核办法》；嘉兴市、温州市启动了企业、会计师事务所、会计人员会计信用体系建设；衢州市即将出台《会计人员执业信用管理办法》等。

（七）加强行政事业单位会计管理

省财政厅从 2016 年就开始酝酿，计划出台专门的管理办法，以规范、提高全省行政事业单位会计基础工作，并草拟了《浙江省加强行政事业单位会计工作的意见（征求意见稿）》，组织各级行政事业单位、市县财政部门、部分高等院校、会计师事务所和会计领军人才广泛征求意见。向省政府报送《行政规范性文件发文立项申报表》，争取以省政府名义下发。同时，还以信息专报的形式向省政府报送了《我省行政事业单位会计工作存在的问题、影响和建议》，副省长冯飞作了批示。

（八）认真贯彻企业会计制度

近年来，财政部陆续发布了 3 项会计制度、6 个企业会计具体准则。省财政厅一方面做好贯彻实施工作，一方面配合财政部就《管理会计应用指引第 100 号——战略管理》等 22 项管理会计指引和企业会计准则，广泛征求专家意见。9 月下旬，省财政厅举办了全省新会计制度培训班，结束后各地在本地区做好宣传贯彻工作的同时持续跟踪贯彻实施情况，并给予必要的辅导。例如，舟山市财政与市国资委联合开展了市属国有企业执行企业会计准则制度问卷调查，并根据调查情况出台相应的措施，促进“企业会计准则”实施到位。

（九）开展形式多样的会计宣传活动

省财政厅一直重视会计宣传工作，对省财政厅和各地会计管理改革工作作专题宣传。各地也要就行政事业单位内控建设、会计信用体系建设、加强行政事业单位会计工作、会计人员管理、会计文化建设等专题进行必要的宣传活动，增强会计管理改革的影响力，在全社会营造良好工作氛围。2016 年，杭州市举办“精准专业 · 服务小微”会计财务服务周主题日活动，为服务小微企业发展和民营经济转型升级作出积极贡献；舟山市在全市范围内举办会计知识大奖赛，掀起新一轮会计准则、会计法规的学习热潮，弘扬了诚信为本的会计精神；衢州市举办“财智人生”论坛活动，邀请当地优秀会计工作者的现身说法，促进会计诚信文化的弘扬与传播。

二、下一步工作要求

一是切实转变职能，认清会计管理与发展所处的历史方位。浙江是会计大省，有 130 多万的会计从业人员，分布在各行业、各领域，会计管理工作应该是全方位的，怎么样抓重点，工作更加有效，怎样集中精力借助现代化的手段，从繁琐重复的简单劳动中解放出来，将更多的精力投入到改革服务中去，需要深入思考。这要求摸清会计人员基本情况，包括这些人员的结构、状况等，不摸清家底，就没办法有针对性地开展工作。

省财政厅将每年开展“上门服务至少一次”活动，听取基层财政部门、单位会计工作中存在的主要问题及需要省财政厅解决或协助的事项，做到既服务基层又提高工作的针对性和有效性；同时调研总结市县在会计人员管理、行政事业单位内控建设、会计信用体系建设等方面的好做法、好经验，供各地学习借鉴；逐步转变市县会计管理职能，加强与纪检、审计、税务、人力社保等部门的协作沟通，开展多种形式的管理会计应用、行政事业单位内控建设、会计代理记账机构、高端会计人才培养、会计信用体系建设等工作，实现全省会计管理与服务的“一盘棋”。

二是勇于担当。对于党员来说，是否具有担当精神，是否能够忠诚履责、尽心尽责、勇于担责，是检验其是否真正体现共产党人先进性和纯洁性的重要标准。当前，改革攻坚期、经济调整期、社会转型期、矛盾凸显期叠加，充满了许多意想不到的困难和问题，需要广大党员干部主动接受挑战，大胆开拓创新，努力创造经得起检验的业绩。日常工作中，有些人首先考虑的不是大局利益，而是个人得失；工作上热衷于做表面文章，喜欢作秀讨巧，不练真功、不下实功；处理问题习惯从条条框框出发，因循守旧，不敢越雷池半步，更谈不上从实际出发去创新开拓；遇到矛盾时瞻前顾后、畏首畏尾，不敢果断决策，不敢碰硬动真，怕得罪人；对工作中出现的失误和问题，不敢勇于承认错误，不愿从自身深刻查找原因，而是一味逃避和推卸责任。对于需各地审核的高级会计专业技术职称申报材料、会计专业技术资格考试报名条件，个别市没有认真审核把关。这样的结果，必然影响工作效能，损害政府形象。要增强“一盘棋”意识，分级负责、勇于担当、善于担当、敢于担当。

三是善于发现短板，不断改革创新。会计管理是财政部门的一项重要基础工作，要厘清思路、明确目标，从服务角度寻找工作突破。有些工作可能一开始不被理解，甚至被认为是找麻烦，但是坚持下来，方向正确，争取支持一步步走下来，获得了实效，一定会获得大家的认可。随着政府职能转变，会计管理工作的内容也在发生变化，近两年，行政事业单位内控、管理会计应用、会计信用体系建设这些新的内容排上了工作日程；随着“互联网+政务”“最多跑一次”改革的不断推进，工作方式方法也发生了很大的变化。要敏锐察觉并适应这些变化，始终保持奋发有为的精神状态，绝不能满足现状、僵化停滞，因循守旧、不思进取。要善于借力，借助部门、人大代表、政协委员的力量，找准切入点，扩大影响力，推动工作。会计信息体系建设方面，很多地方已经作了探索，可以大胆尝试，因为这是社会信用体系中的重要组成部分。总之，全省会计管理部门要开拓创新，不断研究新情况，解决新问题，开辟会计管理新道路，奋力把全省会计管理工作推向深入。

（2017 年 10 月）

在全省企业财政财务管理工作会议上的讲话（摘要）

浙江省财政厅副厅长 沈 磊

一、深化财政管理改革，统筹用好产业政策资金

根据浙江省财政专项资金管理改革要求，按照“一个部门一个专项”和“两个一般不”的要求，自 2014 年起，省财政对专项资金进行了整合，主要采取因素法和竞争性相结合的分配方式。目前，大部分涉企资金切块下达，由市县按规定统筹使用。权力下放，同时也意味着责任下放，对市县统筹使用财政资金、提高资金使用绩效提出了更高的要求。2017 年 8 月，在政府理财治税专题研讨班上，厅领导要求树立法治思维、底线思维、边界思维，提高集中财力办大事的能力，这也是制定产业扶持政策、安排涉企资金必须遵循的重要原则。各地财政部门要协调好相关部门，统筹使用好中央、省和市县自身的产业政策资金，“有所为、有所不为”，在法律法规允许的条件下对重点项目给予支持，对违反市场经济运行规律和法律法规的财政支持政策，要敢于说“不”。最近财政部和商务部发文要求做好滥用出口补助的审计整改工作，省领导作了重要批示，要求认真核查。各地要引以为戒。下一步，省财政将继续推进现有产业政策专项资金的实质性整合，调整并突出支持重点，做到“重点更集中、激励更有效”，不断提高预下达资金的比例，提升市县财政部门统筹使用能力。

二、完善工作制度机制，加快政府产业基金规范运作

经过两年多的努力，全省政府产业基金工作取得了阶段性成效，政府出资到位资金和撬动社会资本规模均有明显增加，截至 2017 年 9 月底，分别达到 716.59 亿元和 8473.79 亿元，但与省政府确定的“三年到位 1000 亿元、撬动社会资本 10000 亿元”的目标相比，还有一定差距，具体运行管理过程中还存在少数市县应设未设、投资进度较慢、资金结余较多、投资运作效率不高、管理制度不够健全等问题。2018 年上半年就是三年的截止期，为确保完成目标任务，一方面，要解放思想、积极探索，加快推进政府产业基金实质性运作，既要体现政府意图，又要按照基金的规则规范运作；另一方面，要加强管理，严格按照所有权、管理权、运营权相分离的基金管理运作体制的要求建立制度，不得将其定位为基础设施建设融资平台或企业中长期贷款，避免将竞争性领域的产业投资基金异化为其他基金或成为新的融资平台，防止扩大政府债务风险。要紧紧围绕省委、省政府重大决策部署，结合本地产业特点，完善工作机制，适当加大直投力度，但规模不能太大，且必须合规运作。要进一步加强与主管部门的沟通、协调和信息交流，充分发挥主管部门的管理优势，加快项目搜寻和对接，认真筛选一批政府需要支持、企业存在困难、适合基金投资的项目，特别要扶持初创期的创业创新项目、全产业链的并购重组项目、优质企业上市项目、重点领域招商引资项目，通过基金运作带动创业创新，引导产业转型升级。

三、积极培植涵养财源，推动实体经济振兴发展

近年来，省财政积极作为，整合盘活政策资源，出台了一系列支持实体经济发展的政策措施，涉及财政体制、专项资金、减税降费、政府采购等方面，取得明显成效。特别是设立了振兴实体经济（传统产业改造）财政专项激励政策，通过竞争性分配，择优选择一批工业大县进行扶持。同时，还会同有关部门，在服务业改革发展、批发零售业转型升级、电子商务创新发展、外贸转型升级、供销社综合改革等方面进行试点示范，各地也积累了不少经验。实体经济是经济发展的根基，是财政收入的重要来源，也是供给侧结构性改革的主攻方向。下一步，将按照十九大报告提出的“坚持质量第一、效益优先”的原则，以供给侧结构性改革为主线，重点抓好实体经济发展的质量和效益。各地要认真落实国家和省出台的各项政策措施，并结合本地实际，积极整合现有产业支持政策，完善相关的配套措施，与国家和省级层面的政策形成支持合力。在积极争取上级政策和资金的同时，更要注重资金使用绩效，加大资金的统筹使用力度。特别要落实好振兴实体经济财政专项激励政策，确保完成相关指标，将争取到的专项激励和试点示范项目落到实处，真正发挥试点示范的政策引领作用。

四、切实加强统筹规划，持续推进粮食仓储设施建设

粮食仓储设施建设事关国计民生，是粮食安全责任制考核的重要内容。应该说，全省粮食仓储建设总体是好的，经过多年努力，全省仓容总量不足的问题得到有效缓解，但同时还存在市县间仓储设施状况差异较大、粮库布局有待优化、规模普遍偏小、信息化水平较低和管理成本高等问题。针对这些问题，从 2018 年开始，省财政将原省级粮食补贴资金整合并入粮食安全专项资金，并计划在粮食安全专项资金中安排资金支持市县开展粮食仓储设施建设改造，鼓励市县按照整县推进的原则，结合

当地实际制订粮食仓储设施建设改造实施方案，省里通过竞争性分配，集中部分资金、分批支持市县整合库点、优化布局、提升信息化水平，争取通过3~5年建设，全省粮库仓容基本实现满足储备需要，布局基本合理，智能化水平有效提升。各地要高度重视粮食仓储设施建设，按照现代储粮的要求，会同当地粮食主管部门研究完善粮食仓储设施建设规划，切实做好粮食仓储设施整合、建设和信息化智能化升级改造。同时，积极配合做好"放心粮油示范县"创建试点工作方案，推进放心粮油体系建设，提升粮食安全保障能力和水平。

五、完善国资预算管理，推动国资国企改革发展

党的十八大以来，国家推出了一系列国资国企改革发展的政策措施，最近省里也提出"国有企业改革要在2~3年内取得决定性成效"的要求。各地财政部门要按照职责要求，以国资预算管理为抓手，会同国资监管部门抓好国资国企改革各项任务的落地实施。要根据省委、省政府部署，积极推进组建国有资本运营公司，按照规定做好划转国有资本充实社保基金相关工作，促进国资监管由"管资产"向"管资本"转变，实现国有资本向优势产业和重点领域集中，加快国有经济布局优化、结构调整、战略性重组，促进国有资本保值增值，推动国有资本做强做优做大。积极推进国有企业、部门管理国企、企业化管理事业单位改制工作，协同做好国有控股混合所有制企业员工持股改革试点，研究落实相关改制成本财政支持政策。积极推进解决国有企业改革遗留问题，及时掌握"三供一业"分离移交工作进展情况，督促指导有关企业做好相关工作，并保障国有企业职教幼教退休教师待遇落实到位。积极做好国有资本收益收取工作，不断完善国有资本经营预算制度，继续扩大国资预算范围，争取到2020年国资收益收取比例达到30%。积极做好全省企业财务信息管理工作，组织开展2017年度全省国有企业财务会计决算报表编制工作和2018年度国有企业快报的数据分析及指标监测工作，为领导决策提供有价值的参考。

（2017年11月）

严格落实全面从严治党 深入推进党风廉政建设

省纪委派驻省财政厅纪检组组长 徐首红

2016年，全省财政地税系统各级党组织深入学习习近平总书记系列重要讲话精神，认真贯彻落实中央、中央纪委和省委、省纪委关于党风廉政建设和反腐败斗争的一系列新思路、新要求，坚决把全面从严治党政治责任扛在肩上，严明纪律、严纠"四风"、严惩腐败，深入推进财税源头治廉洁教育工作，全省财政地税系统党风廉政建设和反腐败工作取得了新的成效。2017年，全省财政地税系统各级党组织要坚决贯彻中纪委七次全会、财政部和税务总局党风廉政建设工作会议、省纪委六次全会精神，坚持标本兼治，深入推进全省财税系统党风廉政建设工作。

一、全省财政地税系统各级党组织要以严肃党内政治生活、加强党内监督为重要抓手，层层推动全面从严治党政治责任落地生根

党的十八届六中全会审议通过的党内政治生活准则和党内监督条例，是依规治党、从严治党的重要制度成果，是新形势下全面从严治党的重要抓手。当前，我们要以抓好《准则》《条例》的贯彻实施为切入点，推动财政地税系统全面从严治党政治责任落地生根。

一要严肃党内政治生活。党要管党必须从党内政治生活管起，从严治党必须从党内政治生活严起。加强和规范党内政治生活，关键在于领导干部做好表率。只要每一位领导干部坚持从我做起，就能推动整个系统党内政治生活规范有序。加强和规范党内政治生活，重点在于抓住突出问题。只要以问题为导向，从党性弱化、信念滑坡，组织松散、监管不力，纪律不严、作风不实等负面清单入手，从思想上、组织上、作风上找出症结，往突出问题上下力气、下功夫，久久为功、持续发力，就能扭转不良习气。加强和规范党内政治生活，根本在于落实好基本任务。《准则》提出的坚定理想信念、坚持党的基本路线、坚决维护党中央权威等12项内容不是虚无缥缈的要求，而是实实在在的任务，把这12项基本任务落实好了，党内政治生态自然风清气正。

二要加强党内监督。监督就是保护，严管就是厚爱。加强党内监督，重在"常、长"二字，贵在抓早抓小抓苗头。所谓"常"，就是日常发现有问题就要张开"婆婆嘴"提个醒、打个招呼；所谓"长"，就是要长期、有恒，不是一朝一夕之功，常念监督的"经"，多敲敲警钟、多提醒提醒；所谓"抓早抓小抓苗头"，就是要关口前移、防微杜渐，从点点滴滴抓起，从具体问题管起，对干部身上一些刚刚露头、蛛丝马迹的小问题，及时"咬耳扯袖"、早打"预防针"，让正常的批评和自我批评成为党内政治生活的清洁剂，让党员干部习惯在提醒和督促中成长进步，在组织监督和纪律约束下干事创业。

三要加大问责追责力度。履行好全面从严治党政治责任，关键要用好问责这个利器，以问责倒逼责任落实。全省财政地税系统各级党组织要高悬问责利剑，该批评的要批评，该追责的要追责，这才是对同志负责、对事业负责。当前，浙江省财政地税系统履行主体责任总的情况是好的，但也有一些单位和部门对落实主体责任重视不够，把业务工作与党建工作割裂开来，存在着重业务、轻党建，重部署、轻落实等现象。这要引起我们的高度警醒。今年是问责条例颁布实施的第一年，派驻全省财政地税系统的各级纪检组都将紧盯失职失责的典型问题。希望各级党组敢于"红脸"较真、"黑脸"碰硬，对落实主体责任和"双岗双责"不到位的，一律严肃问责、公开曝光，让失责必问成为常态，进一步唤醒全体党员干部的担当意识。

二、全省财税干部特别是领导干部要讲政治、守纪律，做绝对忠诚、干事担当、干净自律、充满活力的财税铁军

财税干部直接决定着财税事业的兴衰。财税干部不仅要讲业务、讲能力、讲水平,更要讲政治、讲纪律、讲担当。

一要增强“四个意识”。财政,就是财中有政、政中有财,但“政”是第一位的。各项财政工作都是为了推动党的事业,最终都体现在“政”字上。因此,财税干部不光要讲“财”,更要讲“政”,必须把坚持党的领导、维护中央权威作为最高原则。要认真学习贯彻习近平总书记系列重要讲话精神,时刻牢记自己的第一身份是党员,第一职责是为党工作,切实增强“四个意识”,在重大政治原则问题上,做到头脑清醒、立场坚定,做政治上的明白人。特别是要增强核心意识、看齐意识,坚决维护以习近平同志为核心的党中央权威,自觉同中央、省委对照,校准自己的思想和行动,做到中央和省委提倡的坚决响应、中央和省委决定的坚决执行、中央和省委禁止的坚决不做。要提高政治站位,善于从政治上、从大局上思考问题、谋划工作,善于从浙江发展的历史潮流中谋求财税工作定位,坚决克服“纯业务化”的倾向。

二要加强党性锻炼。既然加入了共产党,作出了自己的政治抉择,就要把加强党性锻炼作为修身之根本,坚守共产党人价值观,筑牢共产党人思想之魂。打造一支过硬的财税铁军队伍,从根本上要靠每一位财税干部筑牢理想信念之基、厚植思想觉悟之根。每一位财税干部都要把加强思想政治建设放在首位,坚定理想信念,强化党性原则,在公和私、义和利、是和非、正和邪、苦和乐等问题面前心明眼亮,在党性修养和党内政治生活锻炼中提高觉悟。要坚持对党绝对忠诚,把那种忠诚体现到对党的信仰的忠诚上,体现到对党的理论和路线、方针、政策的忠诚上,体现到具体工作和生活中。要坚定文化自信,时常接受财税文化熏陶,保持财税人的政治品格和精神风骨,以自觉行动践行“实、稳、优”的浙江财税文化内涵,坚决抵制庸俗腐朽文化的侵蚀。

三要严守党的纪律。守纪律、讲规矩,是对党员干部党性的重要考验。在党的所有纪律当中,政治纪律是第一位的。政治纪律不仅是高级领导干部的事情,我们每一位党员干部特别是领导干部都应该无条件遵守。要始终把握正确政治方向,不能同党的理论和路线方针政策唱反调,不能在党内搞小山头、小圈子、小团伙,在关键时刻该表态就要表态,该发声的必须发声。要严守组织纪律,凡属重大问题要按照集体领导、民主集中、个别酝酿、会议决定的原则,由集体讨论,不能由个人说了算,该向组织请示报告的,也要及时如实地请示报告。要严格遵守廉洁自律各项规定,依法用权、正确用权、干净用权,时刻防范和抵制特权思想和行为,注重家庭、家风、家教,从严管理好亲属子女。

四要自觉接受监督。信任不能代替监督。党内监督没有禁区,没有例外。只要是党的干部,无论处于何种位置、拥有何种权力,都要接受监督。对领导干部而言,容忍批评声音,才是真正的胸襟;自觉接受监督,才是真正的自信;做到从谏如流,才是真正的智慧。要以“有则改之、无则加勉”的态度,正确对待监督,把监督当成一面镜子,把监督看成对自己的关爱,做到自己说的做的一个样、台上台下一个样、八小时内八小时外一个样、有人监督无人监督一个样。要习惯在聚光灯、探照灯下工作和生活,习惯在相互提醒和督促中进步,有虚怀若谷的胸怀,有虚心纳谏的勇气,乐于接受监督、接受批评。

三、全省财政地税系统各级派驻纪检组要进一步聚焦主责主业,把监督执纪问责工作做深做细做实

党的十八大以来,中纪委一直强调纪检监察机关要明确职责定位、聚焦主责主业。全省财政地税系统各级派驻纪检组作为纪委的派出机构,一定要明确自身的角色定位,把思想和行动进一步统一到中央和省委的要求上来,持续深化“三转”,聚焦主责主业,强化监督执纪问责,把“全面”和“从严”的要求贯穿工作全过程。

一要着力加强政治监督。遵守党的政治纪律是遵守党的全部纪律的基础。在任何时候,纪检组都要把政治监督作为首要任务,加强对政治纪律和政治规矩执行情况的监督检查,教育引导党员干部牢固树立“四个意识”,坚决维护好以习近平同志为核心的党中央权威。要重点加强对党内政治生活准则和党内监督条例执行情况的监督,督促各级党组织把全面从严治党要求贯穿到党的建设各方面全过程,保持党内政治生活的政治性、时代性、原则性和战斗性。要加强对省委十三届十次全会、全省经济工作会议、全省财政地税工作会议精神贯彻落实情况的监督检查,严肃查处上有政策、下有对策,有令不行、有禁不止的行为,确保政令畅通。要对上一轮巡视整改情况开展一次“回头看”,进一步推动建章立制、规范管理、整改到位,继续巩固和扩大巡视整改成效。针对全省地税系统独特的领导体制和干部管理体制特点,探索建立符合地税特色的巡察制度,提高发现问题能力,强化巡察整改,力争做到巡察全覆盖。

二要坚持不懈纠正“四风”。只要“四风”问题还“树倒根存”,作风建设就永远在路上。从全省财政地税系统来看,2016年查处的违反中央八项规定精神案件大都发生在基层。今年,要把基层党员干部作风建设摆在更加重要的位置,把纠正“四风”问题的工作重心下移,重点整治基层财税干部违反中央八项规定精神的问题。当前,一些“四风”问题改头换面、转入地下。要密切关注这些不正之风的新动向、新表现,加大对隐形“四风”问题的整治力度,坚决防止“四风”问题反弹回潮。要综合运用好通报、组织调整、纪律处分等多种方式,加大问责力度,而且越往后执纪越严,确保中央八项规定精神和省委有关规定落地生根。

三要综合运用“四种形态”。要持续形成惩治腐败的高压态势,坚持无禁区、全覆盖、零容忍,突出纪律审查的政治性,把握政策和重点,把不收敛、不收手,问题线索反映集中、群众反映强烈、现在重要岗位且可能还要提拔使用的领导干部作为审查重点,三类情况同时具备的是重中之重。要加强对财政专项资金分配和使用情况的监督检查,对那些敢向专项资金特别是涉及民生领域专项资金伸手的,要坚决查处。要大力整治发生在群众身边的“微腐败”,严肃查处基层财税领域的“小官大贪”、侵吞挪用、克扣强占等侵害群众利益的突出问题。对执纪审查对象存在“四风”问题的,应当先于其他问题查处和通报。要坚持挺纪在前、抓早抓小,发现问题及时提醒,使红脸出汗成为常态,运用好组织处理、党纪处分,坚决减少存量,重点遏制增量。各派

驻纪检组要聚焦“六大纪律”，特别是政治纪律、组织纪律和廉洁自律，重点把握运用好监督执纪第一种、第二种形态，用纪律和规矩管住绝大多数党员干部。

四要加强干部队伍建设。打铁还需自身硬。要把思想政治建设放在首位，带头践行“四个意识”，带头维护以习近平同志为核心的党中央权威。纪检组的同志尤其是组长要敢于担当、敢于亮剑，不要怕得罪人，不能当老好人。要把干部队伍能力建设放在重要位置，加大业务培训力度，强化岗位练兵、岗位比武。要坚持严字当头，强化自我监督，严守各项纪律，特别是要认真落实中纪委七次全会审议通过的监督执纪工作规则，查找风险点和薄弱环节，严格工作程序规程，扎紧制度的篱笆，确保权力受到严格的约束和制约。

（刊于《浙江财税与会计》2017 年第 2 期）

在 2017 年浙江省财政经建工作会议上的讲话（摘要）

浙江省财政厅副厅长 邢自霞

一、“十二五”以来浙江省财政经建工作取得显著成效

“十二五”以来，在厅党组的正确领导下，全省各级财政经建部门紧紧围绕省委、省政府的决策部署和财政中心工作，遵循“划清边界、厘清事权、做好‘蛋糕’、集中财力办大事”的理财思路，推进稳增长、优环境、惠民生，促进经济社会可持续健康发展。

（一）推进体制机制改革

积极推进交通投融资体制机制改革，不断健全生态环保激励约束机制，通过体制机制改革，更好地发挥财政资金的引导和示范作用。

推进交通投融资体制机制改革。第一，在合理划分事权与支出责任的基础上，区分项目属性，对纯公益性交通建设项目，构建以财政一般预算内资金、燃油税资金、地方政府债券为主，基础设施投资（PPP）基金为辅的交通基础设施建设和养护投融资体系。同时，按照预算管理要求，推进预算管理进一步规范，把所有交通资金纳入财政预算管理的笼子。第二，切实加强交通债务管理，在清理交通债务的基础上，确定省级交通债务限额，并将交通金融贷款债务转换成地方政府性债务，大大减少了交通融资成本。第三，改革对交通投融资平台的支持方式。过去，对省交投投资建设的公路和铁路项目，省财政按具体公路和铁路给予资本金补助。这种方式加重了财政负担，同时无法调动投融资平台的积极性。为此，从 2016 年开始，省财政积极改革对投融资平台的补助，只注入资本金或者给予流动资金支持。如筹措资金 100 亿元，支持省交通投资集团组建规模为 1000 亿元的省交通基础设施投资基金，发挥其交通建设“主力军”作用；注资 50 亿元，解决省海港集团注册资本金不足和现金流不足问题；安排资金 25 亿元，支持省机场集团资源整合，对流动资金给予支持，做大做强省机场集团，并推进航空产业发展。

建立健全生态补偿机制。一是完善生态环保财力转移支付制度。2005 年，在全国率先建立以“林、水、气”等反映区域生态环境质量指标作为分配依据的生态补偿机制，2006 年开始实施生态环保财力转移支付制度，边试点边完善，逐步覆盖到全省，并逐年增加转移支付力度，省财政累计安排转移支付资金 142.8 亿元，引导各地切实加强生态建设和环境保护，深入践行“绿水青山就是金山银山”重要思想。二是开展跨省流域生态补偿试点。率先开展新安江流域水环境生态补偿试点工作，与安徽省共同治理新安江水域，到 2017 年已实施两轮试点。该模式为全国第一个试点，目前中央已发文在全国推广，浙江省将启动省内流域上下游横向补偿转移支付。三是实施“两山（二类）”建设财政激励奖补政策。按照“集中财力办大事”的原则，2017 年制订出台“两山（二类）”建设财政专项激励方案并实施竞争性分配，择优选取安吉县等 18 个县（市、区），2017—2019 年每年安排补助资金 1 亿元，三年一轮，突出以提升生态环境、居民收入为核心目标，推动相关县（市、区）将“绿水青山”融入并转化为“金山银山”，进一步补齐生态短板。

扎实开展排污权有偿使用和交易试点。自 2009 年 2 月财政部、环保部确定浙江省成为全国首批试点省份以来，按照“搞好制度设计、搭好交易平台、建好配套体系、抓好激励约束”的工作思路，积极配合环保部门扎实推进全省排污权有偿使用和交易试点。截至 2017 年 6 月底，全省累计开展排污权有偿使用和交易 31334 笔，有偿使用和交易金额 59 亿元，约占全国 10 个试点省份总额的三分之二。同时，全省排污权抵押贷款额累计达 247.8 亿元，开拓了中小企业融资渠道。通过开展排污权有偿使用和交易试点，体现了“环境是资源、资源价值化”的理念，建立了吸引社会资本投入生态环境保护的市场化机制，实现了环保资金由财政承担向市场和政府相结合方式的转变。

（二）支持扩大有效投资和推进城市化建设

贯彻落实积极的财政政策和关于稳增长的决策部署，强化资金供给和政策保障，发挥投资拉动的积极作用，促进经济发展和新型城市化建设。

支持重大项目建设。累计安排省级财政性资金 1067.72 亿元，争取中央财政预算内基建投资资金 346.11 亿元，安排省级铁路建设资本金 203 亿元，推进“411”扩大有效投资行动计划和铁路建设“八八计划”。“十二五”安排重大交通基础设施建设养护资金 635.53 亿元，“十三五”计划安排重大交通基础建设养护资金 1636.5 亿元，支持现代交通五大建设和万亿综合交通工程建设，补齐交通基础设施短板。

开展海绵城市和地下综合管廊试点。支持嘉兴市获得 2015 年全国海绵城市建设试点资格、杭州市获得 2016 年全国城市地下综合管廊建设试点资格，两市将分别获得 12 亿元中央资金支持。从 2016 年起，省财政连续三年每年安排 2 亿元用于开展省级海绵城市建设试点。制定出台《关于做好 2016 年省级海绵城市建设试点有关工作的通知》，报请浙江省人民政府办公厅出台

关于推进全省海绵城市建设的实施意见和关于推进全省地下综合管廊建设的实施意见，进一步推进全省两项试点建设工作。

海绵城市和地下综合管廊试点是一项重要工作，全省的目标是在2016—2020年开工建设地下管廊200公里以上，各个城市的新区、新园区、成片开发区以及有条件新开工项目落实海绵城市建设要求，到2020年，设区市的建成区50%以上面积、县级市的建成区20%以上面积达到海绵城市要求。

支持小城市培育试点。安排省级小城市培育试点专项资金90亿元，采取奖补结合和以奖促建的方式，推进全省69个镇开展小城市培育试点工作。小城市培育试点不仅带动了城镇化，更促进了产业培育和人口集聚，对社会管理做了很有意义的探索，取得了“投资增速、财政增收、GDP增长、污染减排”的成效。

实施海洋发展战略。安排省海洋经济发展专项资金78亿元，一次性安排省海洋产业发展基金10亿元，争取中央财力补助资金50亿元，支持海岛基础设施建设、海洋产业转型升级、海洋科技项目和海洋生态保护等，持续推进浙江省海洋战略。支持舟山市和宁波市入选中央“十三五”期间海洋经济创新发展示范城市，两市将分别获得中央海洋经济创新发展示范城市补助资金3亿元。

（三）加大生态环保投入

积极贯彻落实中央和省委、省政府关于生态文明建设的决策部署，调整优化财政支出结构，不断加大生态环保投入，建立健全激励约束机制，充分发挥财政资金在推进生态文明建设中的激励和引导作用，推进“五水共治”“三改一拆”“四边三化”组合拳，推进污染减排，倒逼经济转型升级，促进生态环保和经济社会的协调发展、互动双赢。“十二五”以来省财政累计安排各类生态环保专项资金900.54亿元。

支持治水治气治土。一是安排省级“五水共治”资金534.55亿元，有效治理黑河、臭河，全力推进防洪排涝、城乡供水和污水治理等重点工程建设。省财政安排3.50亿元推动全省剿灭劣V类水。二是争取中央水污染防治专项资金33.60亿元，支持浙江省水污染防治、饮用水水源地保护和流域污染防治等。三是安排大气治理资金24.93亿元，推进省属企业脱硫、脱硝技术改造、淘汰黄标车和老旧车、淘汰燃煤锅炉，促进大气环境质量改善。四是争取中央土壤污染防治专项资金9.30亿元，支持浙江省全国土壤污染综合防治先行区、国家级重金属污染重点防控区开展土壤污染防治工作。

支持城乡环境整治。一是支持农村环境综合整治。争取中央农村环境整治资金19.37亿元，支持全省农村环境综合整治工作，改善农村环境面貌。二是支持美丽宜居示范村建设。安排资金18.01亿元，支持1000个以上村实施美丽宜居示范村试点，加快形成具有“诗画江南”独特魅力的城乡风貌。三是支持全省小城镇环境综合整治。安排全省小城镇环境综合整治资金约45亿元，采取资金补助和地方政府债券相结合的方式，从2017年起分三年进行补助，2017年已下达7.50亿元补助资金和11.07亿元地方政府债券。

支持矿山、海洋生态环境整治。安排矿山生态环境整治资金2.98亿元，争取中央对浙江萤石资源综合利用示范基地建设补助资金2.50亿元，不断加大矿山生态环境治理力度。安排循环经济发展资金19.33亿元，支持省内跨领域、示范性、导向性的循环经济重点园区和项目，促进经济增长方式转变。支持温州市、舟山市和宁波市先后成功列入中央蓝色海湾整治行动试点城市，共获得中央财政支持4.64亿元。

（四）切实保障民生支出

坚持以人民为中心的发展思想，切实加大民生投入，全力支持雾霾治理、城乡污水处理、农村公路提升改造、治理交通拥堵、垃圾分类、住房保障和安全生产等方面的民生实事。

支持居住保障。一是支持保障房建设。累计安排中央及省级资金169亿元，支持新开工各类保障性安居工程住房138.8万套，新增城镇住房保障家庭租赁补贴4.93万户，城镇住房保障受益覆盖面约24.4%，提前达到国家新型城镇化规划要求到2020年末城镇住房保障受益覆盖面达23%的基本目标。二是支持农村危旧房改造。全省累计安排资金10.39亿元，支持18.14万户农村困难家庭危旧房改造，至2015年年底，全省已基本完成对低保标准2倍以内农村困难家庭的危房改造，基本实现应保尽保，有效改善农村困难群众居住条件。三是支持治危拆违攻坚战。2017年安排农村危房鉴定奖补资金6000万元，支持“除隐患、保安全、促转型”治危拆违攻坚战，对26个加快发展县（市、区）的农村危房鉴定给予适当奖补，推进危房排查鉴定工作，保障人民群众生命财产安全。

支持安全保障。一是落实成品油价格补助政策。认真做好中央下达的355.37亿元油价补贴资金的分配下达、及时发放和兑付等工作，切实减轻弱势群体的经济负担。2015年开始，根据中央先后出台的油价补贴调整政策，结合浙江省实际，按照总量不减、存量调整、保障重点、分类处理的思路，出台全省油价补贴调整政策，实行油价补贴资金不再与用油量挂钩。二是支持全省地质灾害防治工作。安排地质灾害防治专项资金4.86亿元，有效保障人民群众生命财产安全。三是支持安全生产应急救援体系建设。安排安全生产应急救援体系建设专项资金6085万元，支持安全生产应急救援中心建设和化工安全控制系统推广应用，有效减少安全生产事故造成的人员和财产损失。四是支持高标准农田建设。安排全省高标准农田建设资金14.36亿元，推进高标准基本农田建设。

支持改善生活环境。一是支持污水处理设施建设。累计安排中央和省级专项资金72.08亿元，支持全省污水集中处理设施和配套管网建设，基本实现城镇截污纳管和污水处理全覆盖，污水处理率明显提高。力争2017年底前，城镇污水处理厂出厂水水质全部执行一级A标准。同时，对已建成交付使用的农村污水处理设施运行维护实施以奖代补，确保污水设施运行正常，达标排放。二是支持垃圾处理设施建设。累计安排中央和省级资金10.82亿元，支持和推进全省生活垃圾分类处置及垃圾焚烧厂基础设施建设。

支持改善出行条件。一是支持农村公路建设。安排省级交通资金59.71亿元，推进农村公路升级改造，优化农村运输服务，支持农村物流发展，方便农村群众生产生活。二是推进城市“交通治堵”。大城市以及正在不断扩大的中等城市，“堵”已经超出了城市的负载能力。省财政安排并兑现考核奖励资金2亿元，扎实推进“交通治堵”，方便城市居民出行。

（五）创新预算管理机制

按照预算管理改革以及新预算法的要求，坚持绩效导向，逐步规范和创新预算管理、财务管理和资金分配方式。

实施专项资金管理改革。按照“四张清单一张网”建设和“两个一般不”的要求，清理整合归口联系部门专项资金，建立专项资金管理清单，实施专项性一般转移支付和竞争性分配改革，建立以因素法分配为主的专项资金分配方式，完善资金管理办法。

加强基建投资预算管理。“十二五”以来，随着基建投资规模的不断扩大，各地针对基建投资项目管理的专业性和特殊性，结合投融资体制改革，以基建预算管理为主线，持续加强基建投资项目管理，基本实现了以信息化管理为手段的全过程管理，管理水平和成效明显增强。创新基础设施投融资模式，设立省基础设施投资（PPP）基金100亿元，以参股市县子基金和直投的形式，原则上按项目定基金，鼓励和引导社会资本进入基础设施和公共服务领域，支持交通等基础设施建设。

开展部省地质工作合作。为积极推进浙江省海洋勘探开发及相关服务业的发展，更好地满足浙江省经济社会发展对地质工作的需求，2015年，浙江省与国土资源部签订部省合作协议，将地方财政资金使用与中央转移支付使用相结合，争取中央对浙江省的财力支持更加固定和可持续。双方将于2016—2020年期间，在土地质量调查、深部找矿、海岸带地质调查、城市地质调查和灾害地质调查等领域共同合作。

（六）提升干部队伍素质

在努力做好各项工作的同时，按照厅党组的统一部署和要求，加强政治理论学习，提高党性修养，提高责任意识，切实加强财政经建干部队伍建设，努力提升干部业务能力和水平。

落实主体责任。分管厅长每半年听取支部主体责任落实情况汇报，建立“一级抓一级、层层抓落实”责任体系，建立谈心谈话制度，廉洁问题做到逢会必讲，平时提醒。按照“1+8+X”内控制度体系建设要求，梳理和找准风险点，加强内控制度建设，做到权力要制约、程序要规范、责任要清晰，筑牢廉洁从政的“防火墙”。

提升业务能力。认真学习《预算法》《深化财税体制改革总体方案》《关于深化预算管理制度改革的决定》等法律法规和政策文件，及时关注、把握财政改革的方向和动态。每年组织业务培训班，学习财政预算、基建财务等专业知识，提高运用理论指导工作、解决问题的能力；通过组织培训、学习考察、专题研讨，不断提升财政经建干部业务能力和工作水平。

在全省财政经建干部的努力下，浙江省城市建设和交通等基础设施建设水平极大提升，生态环境质量得到持续改善，城乡面貌和人居环境焕然一新，老百姓的获得感和幸福感明显增强。2016年，全省地表水省控断面水质Ⅰ类—Ⅲ类以上比例为77.4%，比2013年提高了13.6%，劣Ⅴ类水比例2.7%，到2017年年底全面剿灭。在八大水系中，五条水系Ⅲ类水以上的断面占100%。设区市的空气优良天数83.1%，PM2.5平均浓度41微克/立方米。从环保部公布的城市空气质量状况看，舟山、丽水、台州在全国的74个重点城市空气质量当中排名前十位，数量与广东并列。2013—2017年，全省累计拆除违法建筑7.58亿立方米，整理土地76.89万亩，腾笼换鸟，招商引资引进更好的企业到浙江发展。建成城镇污水处理厂296座、城镇污水管网3.8万公里，县以上城市污水处理力达93.34%。2.8万个建制村完成村庄环境综合整治建设，占建制村的97.0%，农村生活污水治理覆盖率90%，城镇生活垃圾无害化处理率99.3%，关停重金属污染企业2250家。生物多样性保护成效显著，省级以上重要湿地37个，省级以上自然保护区25个，全省累计创建国家生态市2个、国家生态县34个，全省省级生态市县创建比例达85.0%。

二、浙江省财政经建工作存在的问题和面临的新形势、新任务

（一）浙江省财政经建工作存在的问题和短板

经济社会发展、基础设施建设等的投入需求与财政资金的供给是永恒的矛盾，财政资金筹措压力进一步加大，创新政府投融资的方法和举措并不是很多；预算支出、专项资金执行进度有待加快，加快支出执行进度与规范管理、防范风险的协调性需要研究把握；政府投资项目财政财务管理过程中主管部门的监管职能发挥不够，一些项目完工而长期没有办理竣工财务决算；部分领域事权和支出责任划分不够清晰，中央、省、市县之间，“你中有我、我中有你”；专项资金形式上按照“一个部门一个专项”整合，实质使用中资金安排仍不够集中，绩效有待提高。这些问题的出现，一方面是经济发展到一定程度的客观存在，另一方面也反映出干部管理水平和能力的短板，我们要高度重视，通过转变理念、深化改革、完善制度、加强管理等一系列行之有效的措施，切实加以解决。

（二）当前财政经建工作面临的新形势和新挑战

当前国内外发展环境错综复杂，不确定、不稳定因素仍然较多，正处在经济结构调整不进则退的关键期，经济稳中向好的基础还需进一步巩固，稳增长、促改革、调结构、惠民生、防风险等任务异常艰巨。

2017年上半年，全省经济形势呈高开、稳走、向好的态势，好于预期，好于全国，领跑东部。全省国民经济生产总值23383亿元，增长8.0%，高于2016年同期0.3%，高于全国1.1%；一般公共预算收入3362亿元，增长11.5%；税收收入2876亿元，增长9.9%。

1. 经济发展进入新常态使经建工作面临新形势

投资方面，传统产业和房地产投资相对饱和，但交通、环保等基础设施和民生事业短板依然存在，必须保持一定的政府投资增速，并优化投资结构；财政预算内资金有限，要大力推广应用PPP模式和发挥政府产业基金引导杠杆作用，鼓励社会资本和金融资本进入公共事业领域。资源环境方面，环境承载能力

已接近上限，但“谁污染、谁治理；谁受益、谁补偿”的理念尚未深入人心，必须加快推动生态文明制度建设，建立激励和约束并行的机制，推动形成绿色低碳的生产生活方式，并从中培育新的经济增长点。

2. 省第十四次党代会对财政经建工作提出新任务

省第十四次党代会提出“两个高水平”的奋斗目标，要求推进“四个强省”和“六个浙江”建设，部署的七大工作任务等，与财政经建工作相关的任务不少，如持续扩大有效投资，实施“1210”交通强省行动，美丽浙江建设，大湾区、大花园、大通道等大平台建设等。对党代会提出的新目标新任务，我们一定要理解到位、认识到位、研究到位、落实到位，把党代会精神体现在财政政策中。

3. 财税体制改革不断深化对财政经建工作提出新要求

2015年，浙江省出台了《关于加快建立现代财政制度的意见》，要求进一步深化财税体制改革，加快建立具有浙江特色的现代财政制度。从财政经建工作的角度看，要适应财税改革的大形势，必须着力做好以下几个方面工作：一是进一步完善专项资金管理方式。按照“建立全面规范、公开透明的现代预算制度”的要求，进一步规范资金管理，加大专项资金的清理整合力度，建立健全项目库制度，做好专项资金申报、分配、绩效考核结果等信息公开，使财政资金管理在阳光下运行。二是推动编制三年滚动规划。要牢固树立中期财政规划理念，根据经济社会发展需求，会同相关部门，以三年为周期合理确定重点领域的支出总量和结构，并逐年滚动，提高支出的预见性和科学性，切实优化资金配置，提高资金使用效益。三是加快研究事权与支出责任的划分。财政部将在交通、环保等领域率先划分事权，并选择合适地区先行先试，在试点基础上不断细化完善事权划分方案。建立科学合理的事权和支出责任划分机制，有助于理顺交通、环保等领域省与市县、市县之间的关系。

三、今后一个时期财政经建工作总体目标和重点任务

今后一个时期，财政经建工作的基本思路和目标是：深入贯彻落实党的十八大和十八届三中、四中、五中、六中全会和省第十四次党代会精神，坚持稳中求进工作总基调，牢固树立和贯彻落实新发展理念，适应把握经济发展新常态和财政“紧平衡”新常态，遵循“划清边界、厘清事权、做好‘蛋糕’、集中财力办大事”的理财思路，以推动改革为重点，发挥好财政支撑、保障、引导作用，形成以宏观调控、综合交通建设、生态文明建设、城乡统筹发展、民生实事为主体的财政支撑政策体系，为实现“两个高水平”建设作出新的贡献。

围绕上述基本思路和总体目标，重点抓好以下工作：

（一）着力支持扩大有效投资

一是发挥投资的关键性作用。要切实加快政府投资项目进展，按照“投产一批、开工一批、储备一批”的要求，集中财力办大事，发挥财政资金“四两拨千斤”作用，重点推进一批既该干、又能干成、牵一发而动全身的项目，保障大湾区、大花园、大通道等大平台建设，保障重大基础设施和公共服务项目建设，保障民生工程项目建设，同时加快资金下达。各地也要会同有关部门加快项目实施，共同打通项目落地的“最后一公里”，促进发挥投资拉动的效果。

二是抓好各项试点工作。继续抓好海绵城市建设、城市地下综合管廊、海洋经济发展示范区和舟山群岛新区、海洋经济创新发展示范城市、蓝色海湾整治行动试点工作，加快项目实施，加快资金拨付，力争试出成效，试出可复制、可推广的经验，为浙江社会经济发展作出贡献。各试点市县要把握机会，按照中央要求安排资金、实施项目，财政部门要切实加强资金监管，并按规定及时做好实施情况的上报，积极配合做好绩效考核等工作。

三是继续大力推进PPP模式。要正确认识PPP模式，PPP模式是公共服务供给方式的创新，也是供给侧结构性改革的重要内容，在改变政府提供公共服务方式的同时，有助于提高公共服务效率。2017年，财政部、住建部、农业部、环保部四部门联合发布通知，鼓励政府参与投资的污水和垃圾处理设施项目采用PPP模式。政府除了提高公共服务提供水平，也要改变政府投入方式，从资本金投入和补助转向运营补贴，重点投到运营阶段。积极推广运用PPP模式，鼓励社会资本参与市政公用设施、收费公路、生态环境保护、特别是财政部规定要求实施的污水处理和垃圾处理设施等项目建设、管理和运营，进一步拓宽融资渠道，提高财政资金使用效益。

四是完善和加强政府投资预算管理。拟定政府重大投资项目边界，完善编制内容，研究编制跨年度滚动政府投资预算。按照“最多跑一次”改革要求，修订《浙江省政府投资预算管理办法》，规范政府投资项目价款结算审核批复程序，强化项目单位主体责任和主管部门的监管责任。扎实做好清理偿还政府欠款，并建立健全长效机制。

（二）着力支持综合交通建设

省第十四次党代会提出积极实施“1210”交通强省行动等目标和任务，必须保持对交通基础设施的一定投入力度，并积极探索创新投融资机制，优化运输结构，改进组织方式，实现综合交通运输事业可持续发展。

一是进一步明确交通领域事权和支出责任。根据中央和省里的要求，按照“事权和支出责任相匹配”的原则，进一步明确交通领域事权和支出责任，省里要集中财力，重点支持跨区域和线性交通工程项目。

二是进一步拓宽建设资金来源。创新交通资金融资方式，进一步完善以燃油税资金、地方政府债券为主，基础设施投资（PPP）基金为辅的融资体系。进一步理顺城际铁路、市域（郊）铁路、资源开发性铁路和支线铁路以及通用航空筹资机制，创新吸引社会投资的办法。进一步发挥省级交通投融资平台的“主力军”作用。

三是进一步完善公路建设养护投融资机制。调整完善收费公路、尤其是政府收费公路政策，确保收费公路长期可持续发展；充分利用政府债券政策，支持政府收费公路和非收费公路发展。

四是进一步加强交通资金管理。梳理交通资金分配标准和管理办法，按照“厘清事权、突出重点、公开透明”的原则，进一步

规范交通资金管理，2017 年计划对国省道建设补助资金由按建安费补助改按公里数补助，体现公开透明，实现公路建设的可持续发展。

（三）着力推进生态文明建设

生态环境保护是关系子孙后代的千秋工程，也是最大的民生福祉。要深入践行“绿水青山就是金山银山”的重要思想，按照“建设美丽浙江”的新目标与“全方位推进环境综合治理和生态保护，大力建设具有诗画江南韵味的美丽城乡”的新任务，进一步加大投入，完善制度。

一是强化资金供给和政策保障。进一步加大投入，完善投入机制，推进“811”美丽浙江建设行动、“五水共治”“三改一拆”“四边三化”，小城镇环境综合整治，城乡生活垃圾分类化减量化资源化无害化处理，落实农村生活污水治理设施长效运维管护机制。

二是推进环保领域体制机制改革。根据环境监测体制改革要求，在划清财政事权的基础上，研究通过政府购买服务方式提供大气、水、土壤三方面环境监测公共服务。

三是实施好“两山（二类）”建设财政激励奖补政策。2017 年，省财政在统筹财力的基础上，建立了振兴实体经济（传统产业改造）、“两山（一类）”和“两山（二类）”建设三项财政专项激励机制，实施竞争性分配。安吉县等 18 个县（市、区）取得“两山（二类）”建设财政激励奖补政策。地方财政部门要牵好头，把好关，做好资金安排和拨付工作，督促相关部门加快实施方案确定的项目，并加强资金监管，发挥好该项政策的激励效应。加强工作对接，及时将实施过程中出现的问题和建议向省里反映。我们将根据考核办法规定对各地的实施情况进行考核，对考核不合格的将收回资金。

四是推进跨地区横向生态补偿机制建设。财政部要求各省在 2020 年之前开展跨地区横向生态补偿机制试点工作，请各地抓紧研究，本着“自愿协商、客观合理”的原则，加强沟通，积极开展跨地区横向生态补偿机制。待第二轮新安江流域水环境横向生态补偿结束后，根据省领导的要求，会同安徽省研究下一轮的生态补偿机制。

五是切实用好管好各类生态环保资金。近几年来，中央和省里的生态环保补助资金规模越来越大，资金管理的要求也越来越高，作为财政部门，要切实担负起用好管好资金责任。对中央补助资金，一定做到使用规范，进度加快。对省补资金特别是一般性转移支付资金，如绿色发展财力奖补资金，要统筹安排使用，重点用于省里部署的各项工作。同时，随着浙江省排污权有偿使用和交易试点工作的不断推进，排污权有偿使用资金的规模也很大，全省已逾 79 亿元，要进一步研究完善资金使用管理办法。另外，积极配合做好实施环保税相关工作。

同志们，财政经建工作政策性强、涉及面广、资金量大，任务重、要求高，很多事情难度大。面对新形势、新任务，要按照“带好队伍管好兵、做好工作发好声”的要求，念好“新、绿、实”三字经，坚持问题导向，找准短板，努力在以下几方面下好功夫。

从财政自身改革和财政内部工作来看，全省的财政经建工作者要有宏观意识。财政在制定政策和安排资金的时候，首先，要厘清政府和市场的关系，遇到问题，先判断这件事是政府的还是市场的。如果这件事是政府的，那么要用改革的思路来做，一方面是利用现有的改革模式来做，比如 PPP、政府购买服务等，另一方面是创新体制机制。其次，要厘清各级政府间、财政与其他部门的关系。比如，小城镇综合整治的资金安排和考核，都是省财政与市县对接，而不是省财政直接与企业或者项目对接。理顺政府与市场的关系、各级政府的关系、财政与其他部门之间的关系，这是我们一直坚持的理念。

1. 在预算执行方面下功夫，加快预算执行进度。执行进度，尤其是对基本建设的执行进度进行考核，对地方来说，压力很大。为加快预算执行进度，防止有限的财政资金沉淀或闲置，中央和省厅出台了一系列规定，并采取了督查、通报等方式。既然执行进度是制度安排，更多应该考虑的是如何建立加快预算执行进度的长效机制。一是要编细编好预算。基建项目尝试三年滚动预算编制，政府采购项目也要分年度编制。二是做好基础工作。要建立项目库，切实转变观念，跟上财政预算改革的步伐，变被动为主动，主动与相关部门对接，及时了解掌握项目情况和实施进度，建立项目库并实行动态管理，资金要安排到正在实施或已经完成前期工作的项目，实现项目等钱，而不是钱等项目，加快预算执行进度。要加强信息化管理。没有信息化，财政管理寸步难行。通过创新管理手段，及时掌握项目实施和资金使用等情况，也能一定程度上解决人少事多的问题，提高管理水平和效率。将执行进度与预算挂钩。采取通报、约谈等方式，督促单位加快预算执行进度。对预算执行进度慢的单位，要将当年度执行进度与下一年度预算安排挂钩，也要主动上门了解情况，查找原因，加强指导，研究解决问题的办法。省里的做法是，省级部门三次被省财政约谈，连续三个月支出进度后十位，该部门省政府年度考核扣分。

2. 在风险防控方面下功夫，确保干成事不出事。一是债务问题。各地举债主要是搞基本建设，全国金融工作会议主要讲到政府投资基金、PPP 模式、政府购买服务操作不规范容易引起债务风险隐患，不能让 PPP 模式和政府购买服务变成变相举债。厘清政府购买服务的对象和内容，划清公共服务和纯商业项目的界限，遵守 PPP 项目可行性缺口政府补偿不能超过当年一般公共预算的 10%红线。二是廉政建设问题。强调廉政问题，一方面是为了保护我们的干部，平平安安、健健康康地工作，是对家人基本和朴素的承诺；另一方面是要求我们干部利用惩防体系、内控制度等抓手，筑牢反腐防线。省财政厅已建立“1+8+X”内控制度体系，各地也要梳理和找准风险点，做到权力要制约、程序要规范、责任要清晰，确保廉洁从政。一要建章立制。把权力关进制度的笼子里，坚持按制度办事，用制度管钱、管人。二要提升能力。随着改革包括财政改革的不断深入，新情况、新问题层出不穷，要通过学习和历练，不断提高工作能力和业务水平，提高研究新情况，解决新问题的能力，杜绝因为能力不足引起的工作风险。三要严格把关。要建立“一级抓一级、层层抓落实”

的责任体系,不仅要对资金安排、政策制定严格把关,也要对材料提供、意见建议等严格把关。廉政建设这个弦必须绷紧,这是红线也是高压线,这方面我们有惨痛的教训,大家必须引以为戒。

3. 在强化监管方面下功夫,确保资金安全有效。一是完善资金管理办法。开展"回头看",梳理现有资金管理办法中是否存在不合理、不完善的地方,并按照"建立全面规范、公开透明的现代预算制度"和"最多跑一次"改革的要求,加以修改完善。二是加强对 PPP 项目的管理。PPP 项目做得好,不仅能有效引导社会资本参与基础设施和公共服务等领域的建设,也能有效解决当前政府建设资金不足也没有融资渠道的问题。反之,会加剧财政负担,引发债务风险。为此,我们要把好关,杜绝假 PPP 项目。

4. 在讲求绩效方面下功夫,发挥资金使用效益。财政部门一定要讲绩效,建立"绩效目标要明确、完成情况要考评、考评结果要应用"的绩效管理体系。首先,在编制预算申报项目时,项目必须要有应达到的目标和绩效。省里的做法是,在编制预算时,必须同时报送绩效目标,如不符合绩效目标的,一律退回重新编制。目前,中央和省里都已作出了相关规定,要求在申报专项资金时必须同时报送绩效目标。其次,对目标和绩效的完成情况要通过第三方进行考评,并公开考评结果,倒逼部门和单位加强资金使用管理。最后,根据第三方评估结果确定政策是取消、修改完善、还是继续执行。

(2017 年 9 月)

坚定信心 不忘初心
推动 PPP 持续健康发展

浙江省财政厅副厅长 邢自霞

2014 年以来,在浙江省委、省政府的坚强领导和财政部的指导支持下,全省各级财政部门积极发挥牵头部门作用,勇于担当、主动作为,加强组织领导,完善工作机制,强化宣传推广,指导、协调和推动了 PPP 改革工作有序开展。

在各方努力下,目前全省已落地 PPP 项目 108 个,总投资 1731.94 亿元,落地率为 51.2%,位居全国前列;纳入国家示范的 22 个项目,已落地 19 个,落地率达到 86.4%。已中标签约项目的各类投资主体中,民营企业占比 54.6%,高于国有及国有控股企业中标比例。改革成效初步显现:公共服务供给得到提升;政府支出压力有所减轻;民营资本参与积极性明显提高。可以说,PPP 模式的推广运用,开创了 PPP 助力经济社会发展的新局面,PPP 的魅力日益展现,改革成效不断发挥。

但在肯定成绩的同时,我们也要清醒地认识到 PPP 改革还处于探索阶段,仍然面临着观念转变不到位、地区开展不平衡、项目实施不规范、工作能力不匹配等问题,需要我们进一步统一思想,坚定信心,扎实推进 PPP 改革取得新进展。

(一)统一思想,坚定信心,正确认识 PPP 改革工作形势

首先,要统一对 PPP 改革重要性的认识。在公共服务领域推广 PPP 模式,是党中央、国务院确定的一项重大改革任务。推广 PPP 既是吸引社会资本、提升公共服务供给效率和质量的需要,也是全面深化改革、加快转变政府职能的需要,更是适应供给侧结构性改革,提升经济动能的需要。通过 PPP 模式,不仅可以减轻当期财政支出压力,减缓年度间财政支出波动,还能让专业的人做专业的事,把政府的政策目标、社会目标和私人部门的运营效率、技术进步内在动力结合起来,充分提高公共产品供给效率。通过 PPP 模式,还改变政府运用行政手段封闭地提供公共服务的做法,转而作为监督者和合作者,减少对微观事务的直接参与,有效避免项目贪腐、服务低效所带来的弊端。通过 PPP 模式推进供给侧结构性改革,对增加有效供给,创新投融资机制,拓宽融资渠道,激发民间投资活力都具有十分重要的意义。

其次,要统一对 PPP 发展形势的认识。要看到 PPP 发展总体形势是好的。近年来,在省委省政府及财政部高度重视下,在各级财政部门的大力推进下,PPP 工作取得明显进展,不仅市场环境逐步优化,项目落地不断加快,为稳增长、促改革、惠民生发挥了积极作用,而且也促进了政府工作和政府治理结构的改革。特别是在经济下行压力依然存在的背景下,取得这样的成绩实属不易,应当倍加珍惜。对于 PPP,中央始终将其定位为一项长期性、系统性的改革,改革目标是坚定的。国务院法制办《基础设施和公共服务领域政府和社会资本合作条例》的研究、起草并公开征求意见,表明了国家将推进 PPP 作为一项长期改革政策的决心。当前,我国经济正处在爬坡过坎的攻坚期,一方面,经济增速放缓,PPP 仍将是拉动经济增长的重要政策工具之一;另一方面,市场资金充裕、资产荒持续存在,社会资本方将 PPP 作为优质投资标的之一。特别是地方政府债务管理的进一步加强,PPP 模式将成为增加公共服务供给的重要途径。当然,改革中难免遇到一些问题和困难,当前提出的一些政策要求,是对短期内一些错误认识和违规行为的修正,有利于 PPP 事业的长期、健康、可持续发展。为此,我们要坚持依托 PPP 改革,促进经济社会转型升级,创新公共服务供给,提升公共服务能力。

第三,要统一对 PPP 发展方向的认识。在前不久的全国金融工作会议上,习近平总书记和李克强总理强调了防控风险的重要性、紧迫性,也都点到了地方政府债务问题。省政府也专门发文明确,PPP 项目不得以任何方式承诺回购社会资本方的投资本金,不得以任何方式承担社会资本方的投资本金损失,不得以任何方式向社会资本方承诺最低收益,不得以政府购买服务方式承诺对 PPP 项目投资或其产出的公共产品和服务进行回购以及要约收购。因此,各地必须高度关注 PPP 规范问题,要坚持真做 PPP,做真的 PPP,真正推动公共服务领域供给侧结构性改革,引入市场的机制和资源,提升管理能力,促进公共服务提质增效。

(二)勇于担当,主动作为,扎实推进 PPP 改革工作

第一,着力加强组织领导。在公共服务领域推广运用 PPP 模式,财政部门是牵头单位。各地财政部门要切实负起责任,充分发挥主观能动性,把 PPP 工作摆上重要工作日程。目前没有

建立PPP专门工作机构的地方，要积极争取并落实责任主体，抓好工作落实；已有工作机构的地方要充实力量，积极作为。要加强部门协调，积极推动本地区建立联席会议制度，及时研究解决工作中的重大问题。要探索建立完善PPP项目工作流程制度，明确内设机构职责及工作人员的岗位责任，规范项目审核流程。

第二，着力推进项目实施。各地财政部门要根据当地经济社会发展规划和财力状况，组织相关部门，对照PPP项目实施条件及筛选原则，通过认真调研、深入论证、严格筛选，建立健全本地PPP项目库，做好项目储备。在中央财政给予支持的公共服务领域，具备经营条件、有经营现金流的项目，强制实施PPP模式识别论证，鼓励优先采用PPP模式。在垃圾处理、污水处理等公共服务领域，项目一般有现金流，市场化程度较高，操作相对成熟，新建项目要全面运用PPP模式。要会同相关部门积极创新运营模式，充分挖掘项目商业价值，科学制订实施方案，吸引社会资本参与。要加强对PPP项目采购活动的支持服务和监督管理，依托PPP综合信息平台，及时向社会公开项目实施方案、合同、实施情况等信息，做好PPP项目市场测试，确保项目实施公开透明、公平竞争要严格按照政府采购法等相关规定，根据项目实际情况和要求，综合考虑专业资质、技术能力、管理经验和财务实力等因素，择优选择合作社会资本方，保证项目实施质量。

第三，着力完善支撑服务。浙江省有良好的PPP发展基础，也有推动改革的经验和担当。财政部门要有主动服务意识，精简事项，提高办事效率，做好服务工作，切实履行财政管理职能。省财政厅安排PPP综合奖补资金，对符合条件的市县给予资金支持。积极支持PPP项目申报财政部示范项目，争取中央转移支付资金、中国政企合作基金的支持。同时，我们也鼓励符合条件的地方积极申请省基础设施投资（含PPP）基金投资，促进项目落地，省里尽可能地延长基金合作期限，让利地方政府。对于推动生态建设、环境保护、垃圾处理、污水处理、垃圾发电、绿色交通、节能环保等领域PPP项目建设，省财政将给予倾斜支持。

第四，着力提高工作能力。各地财政部门要着力加强政府和社会资本合作模式实施能力建设和队伍建设，在实战中培养人才，提高工作能力。要认真学习PPP模式的工作理念和方法，熟练掌握PPP操作流程和政策制度，提高业务水平。要加强宣传引导，重点加强对党政领导、行业管理部门有关PPP理念的宣传，促进提高认识，增进共识，推动工作。要综合运用门户网站、微信、报纸等多种载体，通过论证会、研讨会、推介会、座谈会等多种形式，宣传当地PPP工作开展情况，让社会投资者知晓PPP项目，营造推广运用政府和社会资本模式的良好氛围。要充分借助、积极运用法律、投资、财务、保险等专业咨询顾问机构的力量，提升政府和社会资本合作管理工作的科学性、规范性和操作性。

（三）不忘初心，规范实施，切实防范政府债务风险

我们推广PPP模式的初心，是要推动公共服务领域供给侧结构性改革，引入市场的机制和资源，提升管理能力，促进公共服务提质增效，而不是单纯地解决融资问题。目前个别地方政府通过PPP、政府购买服务等方式，变相融资举借债务，导致债务规模增长较快，形成潜在的风险触发点，引起了各级政府和领导的高度关注。2016年年底至今，财政部针对地方政府债务和PPP问题，陆续下发了多份文件。省委省政府也高度重视地方政府债务问题，8月28日，袁家军省长在全省政府理财治税研讨班上强调要防范三大风险、解决两大难题，其中一大风险就是地方政府债务风险，并就规范运用PPP防止违法违规举借隐性债务提出了明确要求。对此，各地财政部门要高度重视，按照中央和省有关要求，把规范PPP实施放在更加重要的位置上，防控地方政府债务过快上升，坚守不发生系统性风险的底线。各地要牢固树立“三种意识”，严守“三条线”，坚持“促发展”与“防风险”并重，既踩新发展理念的油门、又点防范风险的刹车，既抢抓机遇，又管控风险，努力实现PPP的持续、健康、规范发展。

一是要牢固树立“边界”意识，明确“界线”。要正确处理好政府和市场的关系，加强项目识别论证，严格区分公共服务项目和产业发展项目，在能源、交通运输、市政工程、农业、林业、水利、环境保护、保障性安居工程、商贸基础设施、养老、教育、科技、文化、体育、旅游等公共服务领域推广运用规范的PPP模式。对于不属于公共服务的纯商业化项目，以及仅涉及建设、无运营内容的纯工程项目，要准确界定，从识别、论证、入库等环节严格把关，不能继续任由其打着PPP的旗号“混淆视听”。要会同行业主管部门对PPP项目扎实开展物有所值评价，通过物有所值论证的项目才能采用PPP模式。

二是要牢固树立“红线”意识，严控“红线”。财政部明确规定“每一年度全部PPP项目需要从预算中安排的支出责任占一般公共预算支出比例应当不超过10%”。该规定主要是保证政府财政支付的能力，确保财政资金支持到位和项目的长期安全运行。要全面掌握本地区的PPP项目总体情况，做到“心中有数”。要强化项目的财政承受能力论证，只有通过财政承受能力论证，证明政府未来有支付能力时，才可作为PPP项目实施。要准确识别、测算并合理控制PPP项目的财政支出责任，科学评估项目实施对当前及今后年度财政支出的影响，统筹本级全部已实施和拟实施PPP项目的各年度支出责任，量力而行，严守每一年度全部PPP项目需要从预算中安排的支出责任占一般公共预算支出比例不超过10%“红线”。已经接近财政承受能力上限的县市，要切实加强每个新上项目的财政承受能力论证，科学合理安排PPP项目实施。

三是牢固树立“风险”意识，守住“底线”。各地要加强PPP项目中的政府承诺管理，除按约定规则依法承担合理定价、财政补贴等相关责任外，政府不应该过多承担社会资本的偿债责任，防止企业债务向政府转移。要按照激励相容原则科学设计合同条款，做到运营绩效评价与政府付费挂钩，确保风险共担。要严格落实财预〔2017〕50号文要求，严禁各类借PPP变相举债的行为，守住“底线”。要审慎开展完全政府付费的项目。对于不包含运营内容、无绩效考核机制、社会资本不实际承担项目建设运营风险的项目，不得安排财政资金。

（刊于《浙江财税与会计》2017年第10期）

市县领导议财政

新常态下庆元县理财治税思路探析

中共庆元县委副书记、县长　胡献如

一、面对新常态，理财治税责任重大，财税杠杆有支点

经济新常态下“增速换挡、结构优化、动力转换”的大逻辑没有改变，稳中求进的工作总基调也没有改变，我们要将财税改革融入到发展的大局，做到该稳的地方稳，该进的地方进，该退的地方退，认清新形势，适应新常态。要坚持“三个到位”，树立“四种理财管财理念”，开拓“五种生财聚财渠道”。

（一）坚持“三个到位”，不断强化严格有序工作制度。一是思想认识要到位。财税工作既是经济运行效应的综合反映，也是政府调控经济的重要手段。财税人员要深刻认识肩挑的理财治税重大责任，深化服务群众的思想信念，树立起担当意识、责任意识、纪律意识、为民意识和大局意识。切实把思想和行动统一到县委、县政府的重大决策部署上来。二是工作措施要到位。坚持依法收税、依法理财、依法行政的原则，围绕政府中心工作，多谋实招、新招、硬招。着力提升经济财政总量，着力推进重点区域发展，着力提高财政收入占 GDP 的比重。推动大众创业，万众创新。三是责任落实要到位。按照公共财政的要求，深入推进各项改革，建立健全财政分配机制，严把支出关口，加强绩效评价，不断提高财政资金使用效益。全力做好资金保障。明确各部门相关责任，抓好落实，加大奖惩制度，提高干部职工的工作积极性。

（二）树立“四种理念”，锐意开创理财管财工作新篇。服务保障好县十四次党代会提出的“生态立县，产业富县，开放兴县”发展战略，财税部门要树立“加减乘除”四种理财管财理念，主动作为，积极有为，努力开创财税工作新篇章。一是“加法理念”，加出新实力。抢抓发展机遇，引领庆元发展的势头，积极引进社会资本投资，引进高端产品，引进高素质人才。二是“减法理念”，减出新潜力。落实各项减税降费政策，降低企业成本，加大对中小企业的扶持力度，继续做好“亩产税收”政策减免，切实减轻企业负担，有重点、有倾向地扶植支柱产业，培植绿色税源。三是“乘法理念”，乘出新效益。发挥财政资金的杠杆作用，以有效的资金投入，开展有活力的项目建设，孵化一批潜力大、前景好的项目，切实发挥政府产业基金的引导功能。将项目筛选、投资决策、进入退出等权力放给市场，由市场来发现和培育新增长点。四是“除法理念”，除出新空间。发挥财税政策的正向激励和逆向倒逼功能，淘汰落后产能、过剩产能，为先进生产力腾出空间。转变政府职能，推动行政审批改革，简政放权，优化企业发展环境；盘活存量资金，变零钱为整钱，变死钱为活钱，提高资金使用效率。

（三）开拓“五种渠道”，不断提升生财聚财工作能力。发展是当前社会的主基调，只有不断生财、聚财，才能更好地管财、用财。经济下行的压力和刚性支出的加大，激发我们探索更多新的筹资渠道。一是向政策要资金。省里在扶持地方经济发展上推出了很多很好的政策，我们要认真学习和研究政策内容，以改革创新的思路，积极争取上级加大转移支付力度。二是向项目要资金。会同相关部门，谋划好、论证好、包装好项目，积极跑项争资，尤其是一些涉及民生、公共基础设施、产业发展以及城市功能性项目都有向上争取资金的空间。三是向资本市场要资金。要突破以往仅仅向银行贷款的简单模式，向信用贷款、企业债券等多种金融产品推进。四是向盘活存量资金要收益。一方面，优化、整合财政历年来存量结转资金，该收的收、该用的用、该管的管，统筹安排，发挥存量资金的使用效益；另一方面，盘活部门的存量资金，采取灵活的措施，支持部门有钱用、项目可用钱，避免一边资金大量结余结转，另一边向财政申报经费的现象。五是向民间资本要资金。PPP 模式是吸引民间资本的一条重要渠道，它主要有三大优势：首先，列入国家 PPP 项目库即可享受银行的专项融资；其次，国家有 5%左右的财政性奖励资金；再者，PPP 项目是以项目公司为融资主体，不会增加地方政府债务负担。当前庆元县的 PPP 运用还不是很多，接下来，要大力推进该模式的运用。

二、勇立发展潮头，财税事业神圣光荣，全年工作有重点

2017 年，是新一届政府履职开局之年，也是全县“干事创业”开篇年，根据规划，当年财政增长预期目标是 8%，从增长来说，基数更大了，每增长一个点都要花更大的力气；从支出来说，项目建设和民生需求越来越高，刚性指数越来越大。作为财税人，肩上的担子很重，任务十分艰巨。当前要重点做好以下五个方面工作。

一要进一步抓好组织收入征管。要深化财政、地税、国税三方合作，加强收入分析、预测和管控，提高税收执行的计划性、稳定性和可持续性，增强组织收入的主动性，加强税源管理，摸清辖区内税源分布情况，做到应收尽收。要坚持依法治税，履行好为国聚财的职责，做好财税“店小二”；要加强非税收入的征收管理。明确职责权限，严格执行“收支两条线”，加强监督，加大检查力度。

二要进一步完善民生保障机制。按照“保基本、兜底线、建机制”的原则，完善民生保障长效机制，做好政府十方面实事和各项民生事业的资金保障工作，确保三分之二以上的新增财力用于民生。继续加大教育经费投入，完善社会保障体系，落实农业补助政策，巩固生态文明建设。确保庆元县与全省同步高水平全面建成小康社会。同时，要防范社保基金运行风险，按照省里“稳起步，迈小步，不停步”的要求，尽力而为的同时也要

量力而行，克服社保基金收支形势日益严峻的困难，密切关注社保基金运行情况，建立预警机制，做好应对预案，确保可持续发展。

三要进一步深化财税改革。当前，庆元正挺立在改革发展的潮头上，财税部门要做好改革的排头兵，为全面推动庆元县经济发展提供充足动力，要完善财政体制，健全县级保障机制，县级能做的事情，应积极主动去做。要深化预算管理改革，进一步细化预算编制，提高预算编制率，完善基本支出标准体系，加快建设项目支出标准体系；要大力开展PPP项目研究，结合本县实际情况，寻找合适项目，加快推进政府与民间资本合作，进一步调动民间资本服务重点项目建设。

四要进一步加强预算执行管理。一是严肃财经纪律，硬化预算约束，加强预算执行监督管理，严格控制预算追加，严禁超预算或无预算安排支出。二是加强资金统筹。对上级下达的专项资金，在不改变资金用途和使用方向的前提下，将支持方向相同、扶持领域相近的专项资金，进行统筹整合使用；2017年，县里一项十分重要的工作是老二中、仑山路、菇城宾馆三大区块的旧城改造，财政部门要全力做好拆迁安置补偿的资金保障。三是强化监督检查。做到日常监督和重点检查“两结合”，将监督检查贯穿于财政资金运行的全过程，切实履行监管职责。四是严格控制一般性支出，大力压缩“三公”经费，切实降低行政成本。

五要进一步加强干部队伍建设。一是要抓好干部队伍素质提升，加强人才培养。通过组织学习，开展教育，绩效考评等，不断提高干部职工的知识水平和业务能力，培养一批有法治精神、改革精神、创新精神、底线思维的财税人才。二是要做好标杆作用，充分发挥财税先进集体的示范作用，培育一支有定力、有能力、有活力的干部队伍。三是要抓好“干净干事创新业”作风建设，以铁的要求打造铁的作风，锻造铁的队伍，树立思想道德的高线，坚决筑牢理想信念基石，打造一支政治忠诚、干事担当、做人干净、作风过硬、精神昂扬的财税铁军。

认清“四对关系”提高理财治税能力

中共遂昌县委常委、常务副县长　许积标

遂昌县是浙江省26个重点扶持县之一，一直以来财税可持续增长基础不够稳固，收支压力非常大。在深刻领会习近平总书记十九大报告精神，准确把握新时代经济运行规律前提下，全面提高理财治税能力，继而妥善处理好政府和市场、投入和绩效、当前和长远、存量和增量四对关系，对提高县域社会经济发展具有重要作用。

一、认清政府与市场的关系

市场的手是无形的，用好“无形的手”，既能够减少“摊大饼”式发展可能带来的弊端，又能够摆脱“有多少钱办多少事”投入不足导致的发展困境。要以市场的理念经营民生项目，在公共管理领域，积极推进政府购买服务，加快政府职能转换，促进政府机关由“养人”向“办事”转变；在基础设施领域，大力推动公共基础设施多元化投入，积极建立各种产业基金、PPP基金，引入社会资本参与重大基础设施建设；在民生保障领域，要在保证每年将县级新增财力三分之二以上用于民生的基础上，积极调动社会力量提升民生服务质量。

二、认清投入与绩效的关系

政府的钱是有限的，也是无限的，县域发展要遵循财富逻辑。要充分发挥资金的综合效益，让每一笔投入都能产生财富。资金投入要以项目资金绩效和地方长远利益为目标，对资金综合绩效的考虑应大于眼前的应付，充分认识货币的时间成本，多做标本兼治、量质并举的文章，尽早产生效益形成资产。要用预期决策思维来判断县域的发展，项目投资应长期考虑而非当年应付，应考虑地方的综合效益而非财政的投入与收益，比如交通等重大基础设施项目会带动各类产业项目，民生项目财政支出大，但群众的收益更大，呈几何级增长。

三、认清当前与长远的关系

财税要稳健，必须瞻前顾后，算好“当前账”和“长远账”。没有大的投入，就不会有大的产出。当前，遂昌正处于适应发展形势、提升发展理念、加快创新发展的机遇期，也是全面深化改革、破解发展短板、夯实发展基础等重大战略部署实施的关键期。对遂昌而言，唯有从远处着眼、从近处着手，学会算大账、长远账、综合账，多做一些打基础、利长远的事情，才能加快补齐发展短板，推动遂昌后发崛起。在财政资金供求矛盾突出的情况下，必须将有限的资金用在最急需的地方。如在2017年“除险安居”行动中，遂昌县委、县政府“砸锅卖铁”出台了全省最优惠的安置政策，目的就是为了让群众能够安居乐业，维护社会长治久安。

四、认清存量与增量的关系

通过优化增量来盘活存量，通过盘活存量来带动增量，坚持存量增量一起抓。做大增量，通过强化税收征管，堵塞管理“漏洞”，在依法征收的前提下，确保应收尽收；要优化税源结构，强化“放水养鱼”意识，涵养一批可持续发展的优质税源。盘活存量，就要向改革要空间、向管理要空间、向结构要空间，通过加大对单位结余结转资金和省级转移资金统筹力度，主动“唤醒”分散、沉淀的资金，变“零钱”为“整钱”，变“死钱”为“活钱”，下决心避免“资金供给不足与大量资金沉淀”并存现象；就要从严控制成本，厉行勤俭节约、反对铺张浪费，切实发挥财政资金效益。

财政工作大事记

zhejiang caizheng nianjian

浙江省

一月

自1月1日起 全省公安交通管理行政事业性收费征管模式由省级统收统支调整为省与市县按30%和70%比例分成。

1月3日 政府采购云服务平台及政府采购电子卖场等交易管理系统（“政采云”平台）正式上线运行。

1月11日 全省财政地税工作会议在杭州召开，时任代省长车俊讲话，时任省财政厅厅长兼省地税局局长钱巨炎作工作报告。

1月18日 经省政府同意，省财政厅会同省科技厅出台《浙江省省级科技成果转化引导基金管理办法》，加速推动科技成果转化与应用。

1月19日 经省政府同意，省财政厅会同省交通运输厅出台《关于印发浙江省农村客运出租车等行业油价补贴政策调整方案政策的通知》，进一步发挥价格机制作用，更好地保障成品油价格形成机制改革，促进农村客运和出租车等相关行业绿色健康发展。

1月20日 省十二届人大五次会议审议通过省人民政府提出的2017年省级政府预算，同意省财政厅受省人民政府委托所作的《关于2016年全省和省级预算执行情况及2017年全省和省级预算草案的报告》。

1月25日 省财政厅出台《关于试行行政事业单位公共交通意外保险的通知》，对全省行政事业单位工作人员乘坐公共交通试行由单位统一保险。

二月

2月6日 省财政厅召开全省财政地税系统党风廉政建设工作视频会议，时任省财政厅党组书记、厅长兼省地税局局长钱巨炎作工作报告，驻厅纪检监察组组长徐首红就2017年党风廉政建设提出要求。

2月9日 财政部部长肖捷在浙江调研，并参观省财政厅陈列室。

是日 省人大常委会党组书记、副主任王辉忠到省财政厅走访调研，并参观厅陈列室。

2月10日 省财政厅党组召开2016年度民主生活会，会议由时任厅党组书记、厅长兼省地税局局长钱巨炎主持，省纪委、省委组织部派员到会指导。

2月14日 省财政厅出台《关于印发厅内部审计试行办法的通知》，规范厅内部审计工作。

2月15日 省财政厅召开2016年领导班子和领导干部年度考核大会，2016年度干部选拔任用“一报告两评议”、机关党建工作专项考评一并进行，省委组织部派员到会指导。

2月24日 省财政厅出台《关于取消集中核算单位见单审核的通知》，省级集中核算单位直接支付由见单审核转为网上审核，自3月1日实施。

是日 根据《浙江省人民政府办公厅关于2016年度省政府直属单位目标责任制考核情况的通报》，省财政厅在2016年度省政府工作目标责任制考核中获优秀单位。这是自2003年以来，省财政厅连续第14年获此殊荣。

三月

3月17日 省财政厅出台《关于全面落实代理记账机构审批“最多跑一次”改革的通知》，自3月29日起，全省代理记账机构审批可以通过当地政务服务网实现“零上门”。

3月20日 省财政厅出台《浙江省农业综合开发资金和项目管理实施办法》，重点推行因素法分配和“放管服”改革。

3月21日 根据编办函〔2017〕41号文件，省编办同意调整省财政厅内设机构：设立文化处（挂牌浙江省文化企业国有资产监督管理办公室），教科文处更名为科教处。

3月22日 经竞争性评审并报省政府批准，省财政择优选择安吉县等18个县（市、区）实施“两山（二类）”建设财政专项激励政策，2017—2019年省财政给予每个县（市、区）每年专项激励资金1亿元。

3月23日 省财政厅出台《关于会计师事务所（分所）审批实行“最多跑一次”改革的通知》，自3月28日起，全省会计师事务所审批可以通过省政务服务网实现“零上门”。

3月30日 根据省委省政府“最多跑一次”改革要求，省财政厅与金华市政府在金华市举办政府非税收入线上线下一体化收缴改革示范单位创建活动启动仪式。

3月31日　省财政厅出台《浙江省政府采购评审专家管理办法》，首次统一明确了全省政府采购评审专家评审费标准。

四月

4月5日　根据浙委干〔2017〕102号文件，徐宇宁同志任浙江省财政厅党组书记，免去钱巨炎同志浙江省财政厅党组书记职务；根据浙委干〔2017〕98号文件，钱巨炎同志任浙江省金融控股有限责任公司党委委员、书记，免去杜祖国同志的浙江省金融控股有限责任公司党委书记职务。

是日　根据浙组干通〔2017〕123号文件，批复魏跃华同志退休。

4月10日　根据浙政干〔2017〕20号文件，徐宇宁同志任浙江省地方税务局局长，钱巨炎同志任浙江省金融控股有限责任公司董事、董事长，免去杜祖国同志的浙江省金融控股有限责任公司董事长职务。

是日　省财政厅出台《关于清理规范相关行政事业性收费有关事项的通知》，自2017年4月1日起，取消或停征包括白蚁防治费、房屋转让手续费、产品质量监督检验费等41项中央设立的行政事业性收费。

4月14日　财政部、国务院综改办将浙江省列入全国首批田园综合体建设试点省份，安吉县“田园鲁家”田园综合体和柯桥区“花香漓渚”田园综合体入选国家级田园综合体试点范围。

是日　省政府办公厅出台《浙江省地方政府性债务风险应急处置预案的通知》，构建了省、市、县（市、区）三级地方政府性债务风险防控和应急处置机制。

是日　省委办公厅、省政府办公厅出台《关于进一步完善省财政科研项目资金管理等政策的实施意见》，给高校、科研单位和科研人员适度放权，并加强单位的制度建设、基础管理和过程服务，激励科研创新的积极性。

4月20日　省财政厅被全国妇联授予“全国巾帼文明岗”称号。

4月24日　国务院办公厅出台《关于对2016年落实有关重大政策措施真抓实干成效明显地方予以表扬激励的通报》，浙江省财政管理绩效工作受到表扬，并获得财政部资金奖励7000万元，杭州市、临安市、江山市和淳安县获得上述奖励资金。

4月28日　省十二届人大常委会举行第四十次会议，决定任命徐宇宁为浙江省财政厅厅长，免去钱巨炎浙江省财政厅厅长职务。

五月

5月3日　省财政厅出台《关于印发浙江省政府采购合同暂行办法的通知》，自2017年7月1日起施行，该办法为全国首部全面规范政府采购合同的行政规范性文件。

5月4日　省财政厅会同省外事侨务办、省人力社保厅出台《关于修订因公临时出国、因公短期出国培训有关管理规定的通知》。

5月5日　省财政厅会同省发展改革委出台《关于印发浙江省浙商回归考核奖励办法的通知》。

5月8日　浙江省实施农业综合开发“3030”新农人行动计划，引导和支持农业创新人才创业发展，省财政每年度给予新农人项目额度不超过500万元的支持，连续扶持不超过3年。

5月12日　省财政厅、省地税局召开全体党员干部大会，省财政厅党组书记、厅长兼省地税局局长徐宇宁以《带好队伍管好兵　做好工作发好声　以优异成绩迎接党的十九大和省党代会胜利召开》为题作了专题党课。

5月15日　省财政厅会同省国税局、省地税局出台《关于下放非营利组织免征企业所得税资格认定管理权限的通知》，自2017年7月1日起实施。

5月23日　省财政厅召开业务务虚会，厅长徐宇宁围绕“补短板、抓落实”作主题讲话。

5月27日　省政府办公厅出台《转发省财政厅等部门关于浙江省道路交通事故社会救助基金管理办法的通知》，进一步规范浙江省救助基金的使用管理。

5月31日　省财政厅召开“上门服务至少一次”活动推进会，得到了省委省政府的高度肯定，省委书记车俊批示：“省财政厅‘上门服务至少一次’活动，是对‘最多跑一次’改革的丰富和深化，值得肯定。”省长袁家军批示：“财政厅做法值得肯定！”

六月

6月2日　省财政厅对省属监狱戒毒单位实行粮油定点采购，并通过政府采购云平台进行线上交易。

6月5日　省财政厅出台《关于印发浙江省财政收支考核暂行办法的通知》，着力加快预算执行进度，盘活财政存量资金，提高财政收入质量。

6月7日　省财政厅厅长徐宇宁赴舟山市调研中国(浙江)自贸试验区财税体制机制建设情况,研究自贸区建设特别是发展油品全产业链的财税政策创新举措。

6月12日　新开发银行副行长兼首席执行官祝宪到浙江考察,与省财政厅副厅长邢自霞就新开发银行与浙江省的合作事宜进行会谈。

是日　浙江省世界银行贷款钱塘江流域小城镇环境综合治理项目被世行董事会认定为“高度满意”评级,这是浙江省自1984年利用世行贷款以来首个最高评级项目。

6月15日　省财政厅党组书记、厅长兼省地税局局长徐宇宁当选中国共产党浙江省第十四届委员会委员。

是日　省第十四次党代会第三次会议正式选举徐首红同志为省第十四届纪委委员。

6月20日　省财政厅在杭州召开全省政采云工作视频会议。省财政厅总会计师赵立妙作部署动员讲话。

6月21日　省政府办公厅出台《浙江省人民政府办公厅关于实施促进实体经济更好更快发展若干财政政策的通知》,通过实施五方面十三条举措,促进全省实体经济更好更快发展。

6月22日　省财政厅出台《关于印发浙江省机关工作人员差旅费管理规定的通知》,自2017年7月1日起执行。

6月28日　省财政厅出台《关于清理规范一批行政事业性收费有关政策的通知》,自2017年7月1日起,取消一批省级设立的行政事业性收费,实现省级设立行政事业性涉企零收费。

七月

7月4日　省财政厅厅长徐宇宁赴政采云有限公司考察调研,深入了解政采云平台建设和运行情况,研究谋划下一步工作思路。

7月6日　省财政厅通过财政部上海证券交易所政府债券发行系统成功发行浙江省政府债券299亿元,这是浙江省首次在上海证券交易所发行政府债券。

7月9日　省政府出台《关于地方政府性债务风险管控与化解的意见》,对进一步规范全省地方政府举债融资行为,严格控制和化解地方政府性债务风险提出了九个方面的意见。

是日　世界银行行长金墉与省长袁家军举行会晤,省财政厅厅长徐宇宁、副厅长邢自霞陪同。

7月19日　省财政厅出台《浙江省国家赔偿费用拨付操作规程》,自2017年8月1日起实施。

7月20日　省财政厅在嘉兴举办“政采云平台全面推广暨嘉兴市全域应用启动仪式”,原财政部国库司司长刘祝余出席并发言,省财政厅厅长徐宇宁出席并作主旨发言。

7月21日　省财政厅印发《关于企业职工基本养老保险工作奖补资金管理暂行办法》,明确奖补对象、奖补办法、一票否决和资金使用等方面内容。

7月29日　省财政厅出台《浙江省政府采购监督管理工作考核暂行办法》,首次对各设区市财政局年度政府采购监督管理工作实绩实施考核制度。

八月

8月11日　省财政厅出台《关于进一步规范公务支出有关费用报销管理的通知》,明确会议费、培训费等报销管理事项。

8月14日　省财政厅出台《浙江省财政管理绩效考核与激励暂行办法》,制定预算执行进度等六个方面16项财政管理绩效考核指标。

8月18日　省财政厅党组出台《省财政厅、省地税局廉政谈话实施办法》,明确谈话的类型、内容、程序和要求。

8月28日　政府理财治税专题研讨班在杭州举行。省委书记、省人大常委会主任车俊作出批示,省委副书记、省长袁家军出席并以《坚决打好防范化解财政金融风险攻坚战》为题作主题报告。

是日　按照省委组织部要求,省财务开发公司总支及所属4个支部66位党员组织关系划转至省国资委。

8月29日　省财政厅厅长兼省地税局局长徐宇宁在政府理财治税专题研讨班上,以《坚持问题导向　强化三个思维　以高水平理财治税推进“两个高水平”建设》为题授课。

8月30日　省政府出台《关于支持农业转移人口市民化若干财政政策的实施意见》,明确建立财政转移支付与农业转移人口市民化挂钩机制、省对下农业转移人口市民化奖励补助机制等政策。

是日　全省财政地税局长培训班在杭州举行，全面、系统、深入地学习政府理财治税专题研讨班精神。

8月31日　浙江省创新发行融资与收益自求平衡专项债券，按照财政部规定先行试点，分别发行了土地储备专项债券190亿元和政府收费公路专项债券130亿元，专项用于土地储备和政府收费公路建设需要。

九月

9月7日　经省政府同意，省财政出资15亿元，支持组建浙江省文化产业投资集团，根据省文投集团组建运营需要分期到位。

9月8日　省政府办公厅出台《关于建立健全绿色发展财政奖补机制的若干意见》，完善全省生态文明建设财政政策体系，促进绿色发展。

是日　省财政厅会同省环保厅出台《关于印发浙江省"两山（二类）"建设财政专项激励政策绩效考核办法的通知》。

9月20日　财政部与浙江省人民政府签署法国开发署贷款浙江仙居县域生物多样性保护和发展利用示范工程项目的转贷协议，并由浙江省财政厅副署。

9月28日　经厅长办公会议研究，调整省农业信贷担保有限公司管理体制，由省财政厅履行出资人职责，由农业处具体承担出资人职责的日常工作。

十月

10月10日　省财政厅出台《浙江省财政厅推进处级领导干部能上能下实施办法（试行）》。

10月13日　省财政厅成立财政对外借款清理工作领导小组，厅长徐宇宁任组长。

10月14日　省财政厅出台《浙江省财政厅改革创新容错免责实施办法（试行）》。

是日　省财政厅出台《关于省财政支持绿色金融改革的意见》，有力助推湖州、衢州绿色金融改革创新试验区建设。

10月16日　省委办公厅、省政府办公厅出台《关于清理规范重点支出同财政收支增幅或生产总值挂钩事项有关问题的通知》，对教育、科技、文化、农业等领域的支出挂钩事项进行清理规范。

10月17日　省委办公厅、省政府办公厅出台《关于严控地方政府性债务的意见》，要求各地、各部门严格落实"三个不得立项"和"六必问责"要求。

10月19日　财政部副部长余蔚平率财政部社保司司长林桂凤、副司长宋其超、副巡视员祖国英等调研组一行来浙江省开展养老服务业发展、医疗卫生领域政府和社会资本合作工作专题调研。

10月20日　"财税担当　榜样力量"全省财政地税系统先进事迹巡回宣讲活动最后一站在杭州举办，省财政厅党组书记、厅长兼省地税局局长徐宇宁参加宣讲会，并在讲话中提出了"严谨、坚守、创新、奉献"的财税职业精神。

10月25日　省财政厅出台《关于印发浙江省省级行政事业单位房产出租管理暂行办法的通知》，规范省级行政事业单位国有房产出租行为。

10月30日　省财政厅出台《关于印发浙江省资产评估机构财政监督管理实施办法的通知》，细化省财政厅和各设区市财政部门以及省资产评估协会对资产评估机构的监督管理职责。

是日　省财政厅出台《关于调整省级国库集中支付直接支付范围的通知》，从2018年1月1日起，除财政统一发放的工资与津补贴、驻省外及宁波单位的财政资金外，省级各预算单位的财政资金均实行财政授权支付。

是日　省财政厅会同省卫生计生委出台《关于全面推进基层医疗卫生机构补偿机制改革的实施意见》，从2018年起全面启动全省基层医疗卫生机构补偿机制改革工作。

是日　省财政厅出台《浙江省农业综合开发投资基金管理暂行办法》，创新农业综合开发投入方式，有力推进浙江省现代农业产业发展和农业基础设施建设。

十一月

11月1日　省财政厅上线财政预算收入综合查询系统，实现全省（不含宁波）国地税及人民银行数据的大集中，财税库银横向联网工作取得突破性进展。

11月2日　省财政厅出台《关于印发浙江省省级部门财政管理绩效综合评价办法的通知》，自2017年1月1日起执行。

是日　省财政厅会同省经信委、省金融办出台《浙江省担保集团有限公司绩效考核评价管理暂行办法》，该办法为省担保集团成立后首次执行绩效考核管理。

11 月 20 日 根据浙财人事〔2017〕38 号文件，批复同意筹建浙江省政府采购联合会，省财政厅为联合会主管单位。

是日 根据浙组干通〔2017〕362 号文件，批复俞建人同志退休。

是日 省财政厅会同省体育局出台《关于调整运动员和专职教练员等人员伙食补贴标准的通知》，提高浙江省运动员、专职教练员等人员伙食补贴标准。

11 月 22 日 省财政厅出台《关于做好 2017—2019 年度全省党政机关公务用车协议供货采购工作的通知》，这是自党政机关公务用车制度改革完成 6 年后，再次开展公务用车协议采购工作。

是日 省财政厅转发财政部《关于加强全国政府性基金和行政事业性收费目录清单"一张网"管理有关事项的通知》，完善收费清单常态化公开机制及"一张网"管理，建立健全乱收费投诉处理机制。

11 月 23 日 省财政厅出台《关于完善宁波市收入上交机制的通知》，更好地发挥宁波市在促进全省统筹协调发展中的贡献和作用。

11 月 29~30 日 财政部副部长朱光耀率税政司司长王建凡、关税司司长冯晋平等一行在浙江省开展税收政策调研。

11 月 30 日 《浙江省大气污染物和水污染物适用税额》经浙江省第十二届人民代表大会常务委员会第四十五次会议审议通过，标志着"绿色税制"将在浙江正式开征。

十二月

12 月 6 日 省财政厅第五次党代会召开，54 名党代表出席大会。省直机关工委副书记鲁维明、厅党组书记徐宇宁等领导出席会议并作重要讲话。厅党组成员、厅直属机关党委书记金慧群向大会作直属机关党委、直属机关纪委工作报告。大会选举产生了新一届厅直属机关党委、纪委委员。

12 月 8 日 省财政厅出台《浙江省粮食安全专项资金管理办法》，明确粮食安全专项资金的支持内容、分配、拨付和使用、监管等内容。

是日 省财政厅会同省科技厅出台《关于印发之江实验室资金管理办法的通知》，支持之江实验室创建网络信息国家实验室，规范之江实验室的资金管理，授予之江实验室适度范围的资金使用自主权及相应的管理责任。

是日 厅党组会同驻厅纪检监察组出台《落实全面从严治党"两个责任"工作协调办法》，明确党组与纪检组协作配合的工作程序、工作要求和工作时限。

是日 省财政厅会同省国税局出台《关于进一步扩大农产品增值税进项税额核定扣除试点行业范围有关事项的通知》，扩大农产品增值税进项税额核定扣除适用范围，激发市场主体的积极性。

是日 省财政厅会同省国土资源厅、人行杭州中心支行转发《财政部、国土资源部关于印发矿业权出让收益征收管理暂行办法的通知》，明确了浙江省矿业权出让收益、分成比例、分期缴纳、征缴管理、退库管理等工作要求。

12 月 11 日 省财政厅会同省检察院出台《浙江省检察机关财务管理实施办法(试行)》，为进一步规范检察机关的财务收支活动，提高经费使用效益提供制度保证。

12 月 13 日 省财政厅出台《浙江省省级社会保障风险准备金管理暂行办法的通知》，规范省级社会保障风险准备金的筹集、使用和管理。

是日 省财政厅出台《省级机关干部教育培训经费开支管理规定》，对干部教育培训经费实行年度经费限额控制，并进一步规范干部参加履职必需的收费培训。

12 月 15 日 省财政厅会同省环保厅等三部门出台《关于建立省内流域上下游横向生态保护补偿机制的实施意见》，从 2018 年起，在省内流域上下游县(市、区)探索实施自主协商横向生态保护补偿机制，计划到 2020 年基本建成。

12 月 19 日 经省政府批准，省财政厅出台《关于印发浙江省财政专户资金存放管理实施办法的通知》，为各级财政部门开展财政专户资金存放管理提供依据。

12 月 21 日 浙江省政府采购联合会成立大会暨第一次会员代表大会在杭州召开，省财政厅总会计师赵立妙当选会长，标志着全省政府采购行业自律建设工作起步。

12 月 22 日 省财政厅会同省建设厅出台《关于印发浙江省综合行政执法特种专业技术用车配置标准的通知》，首次明确全省行业特种专业技术用车配置标准。

是日 经省政府同意，省财政厅会同省发展改革委等八部门出台《关于深入推进农业供给侧结构性改革　加快建立以绿色生态为导向的财政支农政策体系的实施意见》。

12月26日 省财政厅会同省卫生计生委出台《关于印发浙江省“双下沉、两提升”省级财政专项资金管理办法的通知》，明确设立双下沉专项资金用于支持全省城市三甲医院优质医疗资源下沉和提升各级医院医疗卫生服务能力，建立财政补助与绩效考核结果挂钩机制。

是日 省财政厅出台《关于成立监督检查案件审理委员会的通知》，规范财政监督检查案件审理行为，强化内部权力制衡，提升监督检查质量和成效。

12月27日 省财政厅出台《浙江省省直机关基层党组织党建活动经费管理办法》，规范省直机关基层党组织使用财政资金开展的党建活动。

12月28日 省财政厅会同省侨办出台《关于调整因公临时出国住宿费标准等有关事项的通知》。

12月29日 省财政厅出台《关于印发浙江省政府采购电子卖场采购管理暂行办法的通知》，标志着浙江省政府采购电子卖场迈向规范化、法制化。

是日 省财政厅会同省地税局出台《关于残疾、孤老人员和烈属减征个人所得税有关政策的通知》，自2018年1月1日起，对浙江省内残疾、孤老人员和烈属取得的劳动所得按统一标准减征个人所得税。

是日 省财政厅出台《浙江省财政检查工作实施办法》，进一步规范检查程序和文书格式，为全省各级财政部门组织实施财政检查工作提供依据和指导。

2017年，省财政厅累计发行5次40期共1559.29亿元浙江省政府债券。其中分4次通过招投标方式公开发行地方政府债券1230.35亿元，通过1次定向承销方式发行地方政府置换债券328.93亿元，全年平均发行利率3.7%，利率处于全国较低水平，有效降低地方政府融资水平。

2017年，浙江政务服务网统一公共支付平台受理政府非税收入收缴业务3208万人次、收缴资金155.19亿元，90%以上实现“一次也不跑”。

（浙江省财政厅供稿　俞　薇执笔）

杭州市

1月9日 杭州市财政局召开2017年度工作务虚会，围绕“稳中求进、改革创新、严守底线”主题，重点研究讨论当前新情况、新问题、新政策、新挑战下的财税发展思路。

2月20日 杭州市财政局“处（局）级党员干部春训班”在市委党校开班，春训班将连续举办两期，229名市本级及县（市、区）局处级党员干部参加。

3月7日 杭州市委常委戴建平蹲点调研临安市昌化镇白牛村，市财政局党委书记、局长金翔和局党委委员、办公室主任毛慧敏等陪同。在“百千万”活动中，市财政（地税）局组织14个调研组107人深入临安昌化镇14个行政村，调研走访5572户农户、17021名村民，推进重点工作27项，分析村情选情30次，收集民生问题159个。

3月13~15日 杭州市财政（地税）局组织全体处级以下党员干部开展党员春训，重点学习党的十八届六中全会精神、《准则》《条例》和习总书记系列重要讲话精神。

3月15日 杭州市委常委戴建平到杭州市财政（地税）局调研，杭州市政府办公厅副秘书长冯伟陪同调研。

3月27日 杭州市财政（地税）局在杭州市政府2016年度109家市直属单位信息工作考核中获一等奖。

4月10日 杭州市第十三届人大一次会议财政预算审查委员会召开会议，审查并批准同意财政报告。杭州市财政局党委书记、局长金翔汇报《关于杭州市及市本级2016年财政预算执行情况和2017年财政预算草案的报告》，并就各代表团分组审议意见进行集中反馈与说明。

4月11日 浙江省财政厅党组成员、总会计师赵立妙带领省级部门联合调研组来到杭州市行政服务中心，重点研究讨论行政服务中心涉及群众和企业缴纳的相关税费尤其是不动产登记收费等纳入政务服务网统一公共支付平台办理的有关事项。

4月15日 杭州市第十三届人民代表大会第一次会议表决通过杭州市及市本级2016年财政预算执行情况和2017年财政预算的决议等报告。

4月21日 杭州全市深化“百千万”蹲点调研活动、“最多跑一次”改革暨2016年度综合考评总评大会召开。杭州市财政（地税）局再次获综合考评优胜（满意）单位，在63家市直单位中名列第三。

4月24日 国务院办公厅印发《关于对2016年落实有关重大政

策措施真抓实干成效明显地方予以表扬激励的通报》，杭州市被表彰为财政管理工作先进典型市，滨江区、余杭区、临安市、桐庐县和淳安县也受到表彰。

5月4日 杭州市第16督查组对杭州市财政（地税）局“最多跑一次”改革工作开展重点督查。

5月19日 杭州市财政地税局长工作座谈会在杭州召开。

5月20日 根据杭市委干〔2017〕73号文件，王希同志任中共杭州市人民政府国有资产监督管理委员会委员、书记，免去其中共杭州市财政局委员会副书记、委员职务。

6月26日 杭州市人大常委会党组副书记、副主任许勤华，财经工委主任骆寅，副主任毛文峰等一行到市财政（地税）局调研。

7月4日 杭州市委副书记、市长徐立毅，市委常委、常务副市长戴建平等一行到杭州市财政地税局调研指导工作。

7月7日 杭州市人大民宗侨、外事工委主任周先木，市旅委书记、主任张鸿斌等一行到市财政局调研打造国际旅游休闲中心工作。

8月25日 2018年杭州市市级预算编制工作会议在市政府会议厅召开。市财政局局长金翔到会进行工作部署，市政府副秘书长冯伟到会作动员。

9月5日 根据杭市委干〔2017〕116号文件，谢永同志任中共杭州市财政局委员会副书记。

9月13日 杭州市十三届人大下城代表团一行定向视察杭州市财政（地税）局，局党委书记、局长金翔向与会人员通报杭州市财政地税工作情况。

9月14日 召开全市财政地税局长工作座谈会，会议重点听取和研究财政收入、政府债务等方面的情况和问题。

9月21日 杭州市人大常委会党组书记、主任于跃敏，秘书长张如勇，副秘书长、办公厅主任阮重晖，财经工委主任骆寅等一行到市财政（地税）局调研。

9月28日 杭州市财政（地税）局召开全局干部大会，专题部署党风廉政工作。

是日 杭州市财政（地税）局组织开展以“最多跑一次，跑出便民新速度”为主题的“邀请群众进机关”活动。

9月29日 杭州市政协经农委主任周定炎、副主任王洁及市政协经济界与农村界委员一行来到市财政地税局调研指导工作。

10月18日 杭州市财政（地税）局组织党员干部全程收看中国共产党十九大开幕式。

10月31日 杭州市审管办主任林革、副主任范永晨一行调研指导杭州市财政（地税）局“最多跑一次”改革工作。

11月17日 2017年杭州财税系统财政岗位技能比武举行，财政线各单位、处室的39名业务骨干参加。

11月24日 杭州财税精准化服务工作机制部署会议召开，部署落实综合考评相关工作。局领导金翔、龚萍出席会议并布置工作。

是日 召开全市财政地税局长工作座谈会，重点研究收入形势及任务等问题。

11月29日 财政部副部长朱光耀及税政司司长王建凡、关税司司长冯晋平一行到杭州调研，省财政厅厅长徐宇宁、杭州市常务副市长戴建平等陪同调研。

12月1日 杭州市财政（地税）局组织召开党委理论学习中心组（扩大）学习会，邀请市纪委常委吴凤莲宣讲党的十九大精神。

12月4日 在司法部、全国普法办主办的“我与宪法”优秀微视频作品征集展播活动中，杭州市财政（地税）局报送的《致敬宪法》微视频获一等奖，临安区财政（地税）局报送的《依宪克己，依礼传家》获得优秀奖。

12月29日 杭州市市长徐立毅及常务副市长戴建平一行到市财政（地税）局看望慰问干部职工。

（杭州市财政局供稿　刘　淮执笔）

宁波市

1月22日 组织干部收看全国财政系统反腐倡廉建设工作视频会议。

1月23日 召开2016年度市局党员领导干部民主生活会。

1月24日 召开全市财政地税工作会议，局长叶双猛作工作报告，副局长张镇岳主持。

1 月 25 日　召开全市财政地税系统党风廉政建设工作会议，局长叶双猛作重要讲话，纪检组组长华平作工作报告，局党委副书记余龙达主持。

2 月 7 日　召开 2016 年民主评议机关反馈意见整改责任分解会议，副局长张镇岳出席并讲话。

3 月 3 日　召开全市 PPP 投资基金工作推进座谈会，副局长王晓主持。

3 月 22 日　举办组织人事业务培训班，局党委副书记余龙达出席并讲话。

3 月 22~23 日　举办全市财政预算、国库、债务管理业务培训会，副局长高国平出席并讲话。

3 月 23 日　召开管理会计应用试点中期现场经验交流会。

4 月 25 日　根据甬政干〔2017〕6 号文件，余龙达任宁波市财政局副局长。

4 月 26 日　召开宁波市 2016 年度政府资产报告试点工作布置会，副局长苏丹旦出席并讲话。

4 月 27 日　观看警示教育专题片《永远在路上》，党委委员、纪检组组长华平出席。

5 月 5 日　组织学习习总书记在深改组第三十三次会议上的讲话精神，局党委书记、局长叶双猛同志主持。

5 月 8 日　举办全市乡镇财政干部培训班。

5 月 12 日　举办市第十三次党代会精神专题辅导报告会。

5 月 17~19 日　举办财政监督与预算绩效管理培训班。

5 月 19 日　召开新一届支部书记会议，局党委副书记、副局长余龙达出席并讲话。

5 月 23 日　举办推广浙江政务服务网统一公共支付平台应用和政府购买服务改革培训班。

6 月 6 日　召开财政科研项目资金管理座谈会。

6 月 14 日　根据甬政干〔2017〕8 号文件，竺培楠任宁波市财政局副局长，李立峰任宁波市财政局总经济师。

6 月 19 日　召开宁波市产业基金绩效评价政策咨询会。

6 月 27 日　组织首期市级国库现金管理公开招投标。

7 月 3~7 日　举办全市财税系统纪检监察业务培训班暨纪检监察工作座谈会，党委副书记、副局长余龙达出席并讲话，市纪委常委、监察委委员张国峰等作专题辅导授课，党委委员、纪检组组长华平参加座谈会。

7 月 19 日　召开 PPP 项目推进情况审计调查座谈会，副局长王晓主持。

7 月 24~28 日　举办市级行政事业单位财务处长培训班。

7 月 25 日　根据甬政干〔2017〕11 号文件，单继诚任宁波市财政局国库局局长（副局长级）。

7 月 31 日　召开全市津贴补贴规范工作座谈会。

8 月 3 日　举办以“财税担当　榜样力量”为主题的全省财税系统先进典型事迹巡回宣讲报告会。

8 月 4 日　召开 2018 年市级部门预算工作布置会议，副局长高国平、张颖出席并作动员讲话。

8 月 16 日　召开全面推进依法行政和法治宣传教育工作领导小组（扩大）会议。副局长张立权出席会议并作动员讲话。

8 月 28 日　召开全市财政国库工作座谈会。

9 月 14 日　举办“中国制造 2025”巡讲・财务服务专场对接会。

10 月 12 日　财政部检查组对宁波市财政局网络安全工作开展现场检查。

10 月 16 日　组织召开《宁波市财税信息化“十三五”规划方案（2016—2020 年）》专家评审会。

10 月 23 日　局党委理论学习中心组召开党的十九大报告精神专题交流学习会。

11 月 3 日　召开政府和社会资本合作（PPP）培训会。

11月23~29日 举办2017年全市财税系统新录用人员初任培训班。

12月27日 组织收看中国资产评估行业委员会成立视频会议。

（宁波市财政局供稿 翁公羽执笔）

温州市

2月6日 转发省财政厅《关于试行行政事业单位公共交通意外保险的通知》，规定各部门要及时组织本单位及所属机构按规定对工作人员进行公共交通意外保险投保，并将费用在单位公用经费列支差旅费，投保后公务出行不得再按次报销保险费用。

2月14日 全市财税审计工作会议在市人民大会堂召开。市委副书记、市长张耕与会并讲话。

是日 召开全市财政地税工作会议。市局党组书记、局长余中平在会上作题为《突出“五种意识”助推“三大转型”为温州打造“三个城市”提供有力保障》的工作报告。

3月20日 温州市委书记周江勇专题调研财税工作，要求强化财税与国资部门之间的互动。

3月29日 印发《关于加快推进“最多跑一次”改革的实施方案》，旨在深化简政放权、放管结合、优化服务等各项工作，全面提升财税政务服务效率。

4月17日 市局党组书记、局长余中平受温州市人民政府委托，在市第十三届人民代表大会第一次会议作《关于温州市2016年全市和市级预算执行情况及2017年全市和市级预算草案的报告》。该报告于4月21日通过审议。

4月24日 市局党组副书记、副局长朱定钧接听“12345”政务服务热线，听取市民对财税优惠、社保缴费、会计职称、交警罚没款管理等方面工作的意见和建议。

6月27日 举办全市政府产业基金专题培训班。市政府产业基金管委会成员单位、全市财政系统、母基金运营机构的60多名相关人员参加培训。

8月8日 省财政厅总会计师赵立妙一行来温就“政采云”上线工作开展调研指导。

8月19日 温州市第二期会计领军（后备）人才笔试选拔在市财税会计学校进行，来自全市企、事业单位和中介机构的141名考生参加了选拔。

9月11日 温州市副市长林晓峰到市局调研财政支农工作。

是日 温州市人大常委会主任葛益平率调研组赴市局调研财政工作情况，市人大常委会副主任厉秀珍等有关人员陪同调研。

9月18~22日 全市开展综合医改先行先试工作督查。市局派员前往市人民医院和瓯海、苍南等县（市、区）督查工作推进情况。

9月26日 市局赴鹿城区藤桥镇开展“上市企业服务专员”调研指导。

10月16~17日 浙江省政府产业基金投资推进会暨温州市政府产业基金资本与项目对接发展论坛在温举办。省财政厅党组成员、省金融控股有限公司总经理杜祖国，温州市常务副市长陈浩，市财政局局长余中平参加活动。

10月23日 省财政厅党组书记、厅长、省地税局局长徐宇宁带队赴温州开展调研，深入了解温州经济社会发展及财政收支运行情况，听取意见建议。

11月23日 召开温州市政府产业基金管理委员会投资决策会议。会议审议并通过了巴菲特奥迦壹号产业基金、温州金控民享文化产业基金、煦联（温州）产业升级投资基金等3个子基金项目。项目规模合计16.00亿元，政府产业基金认缴4.80亿元。

（温州市财政局供稿 李 侠执笔）

嘉兴市

1月10日 市人大常委会副主任王马青一行到市财政局调研2016年全市和市本级预算执行情况及2017年全市和市本级预算草案编制情况。

是日 召开党员代表大会，选举嘉兴市财政局出席市第八次党代会代表。

1月19日 市政协副主席孙建华一行到市财政局调研2017年财税工作思路。

1月20日 召开全市财政地税工作暨党风廉政建设工作会议，学习贯彻全省财政地税工作会议精神，表彰2016年度先进集体和先进个人，总结和部署全市财政地税工作及党风廉政建设工作，局长许农作工作报告。

3月6日　举办"以学促做、知行合一"活动第一期培训，市财政局各处室（局）、所属各单位负责人及45周岁以下干部参加培训。

3月21日　由嘉兴市财政局、国税局、地税局联合开展的以"勇当标尖、金税同行"为主题的"跑企业、降成本、谋发展"专项行动启动仪式在浙江雅莹集团有限公司举行。常务副市长楼建明、雅莹集团董事长张华明、市财政局局长许农、市国税局局长袁大中等出席启动仪式并讲话。

4月11日　市财政局建立"最多跑一次"改革领导小组和工作协调机制。

4月18~19日　市财政局局长许农一行到江苏省南通市、扬州市调研财政工作。

4月26日　嘉兴市第八届人民代表大会第一次会议通过《关于嘉兴市2016年全市和市本级预算执行情况及2017年全市和市本级预算草案的报告》。

5月3日　市财政局召开财政内控操作规程编制工作推进会，局长许农作动员讲话。

5月15日　市财政局召开全市规范地方政府举债融资行为业务研讨会。

是日　市财政局与同济资产管理公司签订《同济嘉兴全面创新示范区投资基金框架协议》。

6月7~8日　省财政厅总会计师赵立妙一行到嘉兴市、海宁市、海盐县财政局调研"政采云"平台试点推广运行情况。

6月21日　财政部国库司副巡视员李大伟、人社部社保中心党委书记尹志远一行到嘉兴调研社保基金集中支付情况。

是日　财政部综合司副司长胡忠勇、省财政厅总会计师赵立妙一行到嘉兴调研政府购买服务工作。

6月30日　举办"金水桥　红船颂"主题活动，展示金水桥服务品牌创建成果和机关党建文化成果，表彰先进党组织、优秀共产党员、优秀党务工作者和优秀党员志愿者。市委常委、常务副市长楼建明出席活动。

7月6日　财政部条法司副司长周劲松一行就PPP财政立法工作到嘉兴调研。

7月20日　"政采云"平台全面推广暨嘉兴市全域应用启动仪式在嘉兴举行。嘉兴市市长胡海峰致欢迎词，财政部国库司司长刘祝余、省财政厅厅长徐宇宁、阿里巴巴集团副总裁胡晓明出席并讲话。

7月27日　市人大财经委主任王马青一行到市财政局调研2016年全市及市本级财政总决算和2017年上半年预算执行情况。

7月28日　与上海市松江区发改委、杭州市财政局签订《沪嘉杭G60科创走廊协同政府产业基金合作框架协议》。

8月17日　举行政府采购支持中小企业信用融资签约暨全市互联互通启动仪式。

8月22~25日　全省财政经建工作会议暨财政经建管理业务培训在嘉兴举行。

9月15日　召开全市财政地税系统县（市、区）局长例会。

10月10日　市政府印发《市区支持现代都市型生态农业和农村发展若干财政政策意见》。

10月13日　市财政局与市委组织部、市委党校联合承办嘉兴市政府理财治税专题培训班，全市各县（市、区）政府分管领导，各镇（街道）镇长（主任）、财政所（局）所（局）长，嘉兴省级以上开发区（高新区）主要负责人等180多人参加培训。市委常委、常务副市长楼建明出席并作动员讲话。

10月23~24日　省财政厅党组成员、省金控公司总经理杜祖国一行到嘉兴开展2018年财政工作思路调研。

10月27日　召开学习贯彻党的十九大精神动员部署会暨辅导会。

12月7日　市财政局局长许农率队赴上海市松江区学习考察，实地走访临港松江科技城。

12月18日　印发《嘉兴市政府产业基金投资管理暂行办法》。

（嘉兴市财政局供稿　徐力超执笔）

湖州市

2月9日 市财政局被评为2016年度全省财政票据管理先进集体。

2月14日 市政府召开2017年全市财政地税和审计工作会议。市委副书记、市长陈伟俊出席并作重要讲话。

是日 召开2017年全市财政地税工作暨党风廉政建设工作会议。党组书记、局长周建明作工作报告,并与局班子成员、各县(区)财政局局长签订党风廉政建设责任书。

2月28日 印发《湖州市财政局随机抽查工作细则》。

3月8日 市财政局与湖州市小城镇环境综合整治行动领导小组办公室联合印发《湖州市本级小城镇环境综合整治资金管理办法》。

3月14日 市委副书记、市长钱三雄到市财政局调研指导工作。

4月5日 市财政局被评为2016年度全省财政综合工作目标考核市级优秀单位,实现"五连优、三连冠"。

4月7日 召开"新标杆新业绩新形象新征程"主题实践动员部署大会。党组书记、局长周建明讲话,市局机关全体干部参加会议。

4月22日 市八届人大一次会议听取《关于湖州市2016年全市和市本级预算执行情况及2017年全市和市本级预算草案的报告》,该报告于4月25日通过大会审议通过。

4月27日 市财政局与湖州市旅游委员会联合印发《湖州市本级旅游发展专项资金管理暂行办法》。

5月10日 省财政厅副厅长王广兵一行到德清调研"三农"生产、生活、生态工作情况。

5月15日 召开2017年全市财政综合工作座谈会。

5月23日 市人大常委会副主任董立新一行到市财政局调研指导工作。

6月7日 与中国人民银行湖州市中心支行联合印发《湖州市市级国库集中支付电子化管理暂行办法》。

6月14日 省财政厅总会计师赵立妙一行到湖州调研"政采云"系统试点实施情况并收集讨论制定2018年政府集中采购目录的相关意见。

6月16日 财政部农业司副司长何振国到德清实地督查《建立以绿色生态为导向的农业补贴制度改革方案》的落实情况。

6月29日 召开全局党员干部大会,党组书记、局长周建明主讲"七一"党课。

7月5日 市财政局与湖州市发展和改革委员会联合印发《湖州市本级服务业发展财政引导专项资金管理办法》。

7月27日 市委副书记陈浩一行到市财政局调研指导工作。

8月4日 召开2017年度局务会议暨落实党风廉政建设主体责任推进会。

8月9~10日 召开全市行政事业国有资产管理工作会议。

8月10日 提请市人民政府印发《关于完善市对区财政体制的通知》。

8月15日 全省财政地税系统先进典型事迹巡回宣讲团到湖州开展宣讲活动。

9月22日 省财政厅党组书记、厅长、省地税局局长徐宇宁一行到德清调研城乡统筹发展及"两山"理论实践情况。

10月9日 省财政厅总会计师赵立妙一行到长兴调研指导"政采云"平台推广工作。

10月16日 市人大常委会主任胡菁菁、副主任董立新一行到市财政局调研财税工作。

10月17日 市政府办公室印发《湖州市地方政府性债务风险应急处置预案》。

10月18日 全市财政地税系统全体干部职工集体收看中国共产党第十九次全国代表大会电视直播,学习十九大报告。

是日 市委常委、宣传部部长范庆瑜一行到市财政局调研财税工作。

10月20日 市政协主席杨建新、副主席叶理中一行到市财政局调研财税工作并看望财税系统政协委员。

10月23~24日　省财政厅总会计师赵立妙一行到湖州调研指导财税工作。

10月30日　举办全市财税系统“处长讲坛”。

12月21日　召开《湖州市金属新材产业三年改造提升行动计划》座谈会。

（湖州市财政局供稿　朱晨龙执笔）

绍兴市

1月6日　绍兴市委副书记、代市长马卫光来市财政局调研指导工作，并参加局党委民主生活评议会。

1月12日　绍兴市政府副市长徐明光出席全省财政地税工作电视电话会议绍兴分会场会议并讲话。

2月3日　召开2016年度局中层干部述职评议报告会。

3月29日　浙江省财政厅党组副书记、省地税局常务副局长劳晓峰一行到市局调研，听取“最多跑一次”工作实施情况汇报，并对落实“最多跑一次”工作提出要求。

3月30日　财政部政研室主任王卫星到绍兴市调研调整优化财政支出结构相关问题。

5月23日　绍兴市市委常委、常务副市长凌志峰到市局调研座谈。

6月6日　绍兴市委副书记、市长俞志宏来市局调研指导工作并讲授“两学一做”专题党课。

7月25日　举行全市财税系统“财税担当　榜样力量”先进典型表彰暨事迹宣讲会。

8月29日　召开全市财政地税工作会议。

8月31日　根据市人大文件，任命吕丙同志为绍兴市财政局局长，免去王水君同志的绍兴市财政局局长职务。

9月14日　召开2017年市级预算编制布置会暨业务培训会议。

10月13日　绍兴市人大常委会副主任王继岗一行到市局调研财政工作。

10月18~20日　浙江省财政厅党组成员、纪检组组长徐首红带队到绍兴开展工作思路调研。

10月20日　财政部副部长余蔚平一行到绍兴调研，财政部综合司司长曾晓安、浙江省财政厅总会计师赵立妙等陪同调研。

11月10~11日　省财政厅副厅长王广兵一行来绍兴调研。

12月5日　市委常委、常务副市长凌志峰一行到市局调研2018年全市预算编制情况。

12月16日　举行首届“基层业务创新大赛”。

12月22日　召开2017年度绍兴市财政局述责评议大会。

（绍兴市财政局供稿　王　琳执笔）

金华市

2月8日　金华市政府第147次常务会议听取市财政局关于金华市区深化调整城镇土地使用税政策促进土地集约节约利用工作实施方案制订情况的汇报。

2月10日　召开全市财政地税系统党风廉政建设暨作风建设会议。

是日　全市财政地税系统启动“春暖八婺　惠风和畅”春风行动。

2月20日　金华市政府第149次常务会议听取市财政局关于市本级2017年政府投资预算及平台公司项目资金收支计划编制情况的汇报。

3月10日　金华市政府第150次常务会议听取市财政局关于2016年财政预算执行和2017年财政收支预算有关情况的汇报。

是日　市政府出台《金华市区轨道交通建设发展专项资金管理暂行办法》。

3月15日　全省支付宝缴纳税费上线启动仪式在金华举行。

3月16日　市财政局会同市经信委联合下发《关于加快推进新能源汽车产业发展的通知》《金华市区新能源汽车推广应用财政

补助暂行办法》。

3月30日 浙江省会计代理记账机构管理系统在金华率先启用。

3月31日 全省政府非税收入线上线下一体化收缴示范单位上线启动仪式在金华举行。

4月1日 义乌被列为浙江省政府采购云平台第二批试点单位。

4月20日 浙江省注册会计师行业党委(扩大)会在金华召开。

4月26~27日 浙江省政府产业基金投资推进会在金华召开,并举办金华市政府产业基金资本与项目对接发展论坛。

5月18日 市局召开全市财政(地税)局长专题会议。

5月22日 金华市政府第4次常务会议听取市财政局关于加大力度减轻企业负担的若干意见制订情况、金华市转型升级产业基金参与投资组建浙江浦江水晶产业转型升级基金和金华普华天勤产业股权投资基金的汇报。

是日 市财政局会同市环保局联合下发《关于印发〈金华市环境保护专项资金管理办法〉的通知》。提请市政府出台《关于加大力度减轻企业负担的若干意见》。

6月12日 浙江省基层医疗卫生机构补偿机制改革专题会议在义乌召开。

6月20~21日 全省农业综合开发工作会议在金华召开。

6月21日 召开市局干部大会,传达省第十四次党代会精神和全市领导干部会议精神,部署动员"两学一做"常态化、制度化工作。

6月27日 市财政局会同市司法局联合下发《金华市市本级法律援助经费使用管理办法的通知》。

7月26日 召开全市财政地税系统作风建设会议。

8月11日 全省道路交通事故社会救助基金管理工作现场会在永康召开。

8月21日 省政协常委、农业和农村工作委副主任金汝斌带队来金华开展农业三项补贴政策综合改革试点重点督查。

是日 省财政厅总会计师赵立妙一行到东阳调研"政采云"推广应用情况。

9月30日 金华市政府第10次常务会议听取市财政局关于明确市本级政府和社会资本合作若干支持政策有关情况的汇报。

10月11日 浙江金控投资管理有限公司一行来金华开展区域基金投资进度调研并传达省政府关于政府产业基金指示精神。

10月13日 提请市政府出台《关于明确市本级政府和社会资本合作若干支持政策的意见》。

10月23日 省财政厅副厅长沈磊赴永康开展实体经济发展情况调研。

10月24日 省财政厅副厅长沈磊带队在武义开展全省财政工作思路调研。

10月27日 开展"新农村建设 美丽乡村建设""市区总部企业扶持资金""浙江婺剧艺术研究院传统剧目加工移植""市区基层医疗卫生事业发展专项资金"四个项目的绩效评价工作。

11月3日 金华市政府第13次常务会议听取市财政局关于《金华市本级财政重大支出项目绩效管理办法(试行)》制定情况的汇报。

11月10日 市政府出台《金华市本级财政重大支出项目绩效管理办法(试行)的通知》。

12月4~8日 财政部驻浙江省财政监察专员办事处组成检查组,对金华开展2017年地方预决算公开情况专项检查。

12月18~19日 省财政厅厅长徐宇宁带队来金华调研。

(金华市财政局供稿 孔英瑛执笔)

衢州市

1月25日 市财政局启动《"大统筹"财政管理体制改革》课题研究。

2月10日 市财政局召开全局干部职工大会,局党委书记、局长吴宝骏作工作报告。

2月23日 市财政局联合市国税局启动《加强企业服务 壮大地方财力》课题研究。

3月23日　市财政局召开全市财政地税系统党风廉政建设工作会议，局党委书记、局长吴宝骏与局领导班子成员和各县(市)局主要负责人分别签订党风廉政建设责任书。

3月30日　市财政局出台《衢州市财政局　衢州市地方税务局领导干部会前学法制度(试行)》。

4月1日　市财政局成立政府财务报告编制工作领导小组，局党委书记、局长吴宝骏任领导小组组长。

4月11~12日　全省推进"最多跑一次"改革现场会在衢州召开。现场会期间，省委副书记、省长车俊视察衢州市行政服务中心办事大厅和财税办事窗口，对财税部门"最多跑一次"改革给予肯定。

4月24日　江山市获国务院2016年财政管理工作先进典型县(市、区)表彰。

5月23日　市财政局举办全市财政地税系统先进典型事迹宣讲活动。

6月2日　市财政局完成市级208家行政事业单位和国有企业资产盘底清查工作，开发完成市级房产土地管理信息系统。

7月3日　衢州市政府和社会资本合作(PPP)指导服务中心挂牌成立，与衢州市政府投资项目评审中心合署办公。

8月8日　市本级财政国库集中支付电子化支付业务上线运行，衢州市成为全省第一个上线国库集中支付全流程电子化业务的设区市。

8月10日　全省财政地税系统先进典型事迹巡回宣讲报告会在衢州市举行。

8月23日　省财政厅总会计师赵立妙到衢调研指导"政采云"平台推广运用工作。

8月31日　市财政局举行省第十四次党代会精神宣讲报告会，市委宣传部副部长郑小龙作专题宣讲。

9月3日　市财政局召开科级干部选拔民主推荐会，参加副科级干部选拔的同志作汇报陈述。

9月7~8日　省财政厅党组书记、厅长、省地税局局长徐宇宁到衢调研指导工作。市委常委、常务副市长汤飞帆，市财政局局长吴宝骏等陪同调研。

9月12日　市财政局党委书记、局长吴宝骏赴龙游县庙下乡人大代表联络站，参加人大代表接待活动。

9月25日　市财政局启动到预算单位"上门服务至少一次"活动。

10月27日　衢州市柯城区石梁溪田园综合体试点项目列入省级农业综合开发田园综合体创建试点。

10月31日~11月1日　省财政厅副厅长、巡视员罗石林到衢开展2018年度财政工作思路调研，并赴衢江区、江山市等地调研。

11月30日　市财政局完成一个内部控制基本制度、八个专项内部控制办法和各处室内部操作规程(1+8+X)三级内控制度体系构建工作。

12月14日　市财政局召开全局干部职工大会，市财政局党委书记、局长吴宝骏传达贯彻习近平总书记关于进一步纠正"四风"、加强作风建设重要批示精神和全市领导干部会议精神，并作工作部署。

12月27日　市财政局党委书记、局长吴宝骏赴常山县局开展2018年工作思路调研。

12月28日　市财政局举办党的十九大精神专题辅导报告会，市委党校副校长王洪明作专题宣讲。

(衢州市财政局供稿　毛怡青执笔)

舟山市

1月19日　印发《舟山市海洋经济创新发展示范城市专项资金管理办法》。

2月14日　召开全市财政地税工作会议暨党风廉政建设工作会议，回顾上年财政地税国资工作，部署2017年各项工作，表彰各类先进，签订党风廉政建设、效能作风建设责任书。

3月8日　市直机关公车改革取消车辆拍卖完成。经过三次公开拍卖，250辆市级公务用车拍卖成交，成交总价940余万元，溢价率78.6%。

4月12日　市七届人大一次会议批准2017年市本级预算。

4月30日 舟山群岛新区基础设施产业投资壹号基金成立，基金总规模20亿元，首期规模10亿元，其中8亿元为金融资本。

6月7日 舟山市财金投资控股有限公司成立，该公司由市财政局出资，注册资本30亿元。

6月7~8日 省财政厅党组书记、厅长、省地税局局长徐宇宁到舟山调研中国（浙江）自贸试验区财税体制机制建设情况。

6月28日 省财政厅党组成员、省金融控股公司总经理杜祖国到舟山大小鱼山岛调研绿色石化项目建设情况。

是日 印发《舟山市现代渔业发展专项资金管理办法（试行）》。

6月30日 印发《舟山市现代渔业发展专项资金管理办法（试行）的通知》。

7月3日 印发《舟山市林业发展与管理专项资金管理办法（试行）》。

7月10日 印发《舟山市海洋管理专项资金管理办法（试行）》。

7月12日 印发《舟山市海洋管理专项资金管理办法（试行）的通知》。

7月27日 提请舟山市人民政府印发《关于进一步加强地方债务管理的实施意见》。

7月27~28日 浙江省政府产业基金投资推进会暨舟山市政府重大项目与资本对接论坛在舟山举行。

8月30~31日 市七届人大常委会批准《关于舟山市2016年市本级财政决算草案的报告》和《关于舟山市2017年财政预算上半年执行情况的报告》。

9月6日 省财政厅总会计师赵立妙到舟山就“政采云”平台上线工作开展调研督导。

9月21日 印发《舟山市远洋渔业专项资金管理办法（试行）》。

9月29日 印发《舟山市“五水共治”专项资金管理办法》。

10月13日 印发《舟山市商务促进专项资金管理办法》。

10月20日 印发《舟山市知识产权保护与管理专项资金管理办法》。

10月23~25日 省财政厅副厅长金慧群到舟山调研。

11月1日 政府采购云计算服务平台在舟山全域应用，2017年全市通过“政采云”平台实现采购交易额3145万元。

11月3日 印发《舟山市市级耕地保护专项资金管理办法（试行）》。

11月30日 财政部副部长朱光耀率财政部关税司司长冯晋平、税政司司长王建凡一行到中国（浙江）自贸试验区调研，实地考察自贸试验区北部片区和南部片区相关重点项目建设推进情况，了解油品全产业链发展现状，听取市委书记俞东来关于浙江自贸试验区挂牌设立以来改革创新成效及促进浙江自贸试验区油品全产业链发展财税政策研究情况汇报。舟山市市长温暖、省财政厅副厅长罗石林、舟山市常务副市长周伟江全程陪同调研。

是日 最后一笔2亿元的政府债券置换舟山交通投资集团有限公司的存量政府债务后，历时两年的债务置换工作全部结束，累计完成地方政府存量债务置换债券金额256.13亿元，置换后债券年平均利率比原存量债务降低近3.5%，每年节约9亿元左右付息资金。

（舟山市财政局供稿　徐颖娜执笔）

台州市

1月23日 召开全局干部总结大会。

2月21日 台州市财政局获全国财政“六五”法治宣传教育先进集体。

是日 浙江省省委书记夏宝龙在专报信息《台州市建立PPP“两个常态”机制示范项目数投资额双居全省第一》上作出批示。

2月24日 召开全市财政地税系统党风廉政建设推进会，市局党组书记、局长林仁方作工作报告，派驻纪检组组长孙鑫讲话。

2月28日 市财政局副局长蒋天平带队参加台州广播电台“阳光热线”在线访谈活动。

3月6日 台州市市长张兵在全市财税、审计和机构编制工作会议上强调积极发挥财税“杠杆”效应，全力做大财税“蛋糕”。

3 月 19 日 台州市市长张兵对市财政局“最多跑一次”工作专报作出批示。

3 月 24 日 市委书记王昌荣在专报信息《台州市获 18 亿元省财政专项激励资金“两山(二类)”入围数和资金额双居全省第一》上作出批示。

4 月 1 日 取消或停征 41 项中央设立的行政事业性收费。

4 月 11 日 市委任命林定刚同志为中共台州市财税局党组书记,免去林仁方的中共台州市财税局党组书记职务。

4 月 20 日 市人大常委会任命林定刚为市财政局局长,免去林仁方的台州市财政局局长职务。

4 月 26~28 日 省财政厅党组成员、驻厅纪检组组长徐首红一行到台州市调研指导工作,并深入走访黄岩和临海等地。

5 月 8 日 召开全局“作风建设年”活动动员大会,局长林定刚讲话。

5 月 23 日 召开全市财税局长会议和市财税系统“最多跑一次”改革推进会。市局党组书记、局长林定刚出席并讲话。

5 月 27 日 台州市财政局推动全市公款竞争性存放工作,并于 5 月份对各县(市、区)公款竞争性存放工作开展情况进行专项督查。

是日 台州 6 个村列入住房城乡建设部、财政部等 7 部门公布的 2017 年中国传统村落名单,至此,台州共有 21 个传统村落获得中央财政支持。

6 月 7 日 召开依法行政工作领导小组会议,局长林定刚讲话。

6 月 10 日 台州市财政局主办的“激扬财情 · 光辉税月”朗读者总决赛举行,400 多名现场观众和 12.8 万人次网络观众共同收看总决赛现场直播,获得 167 万点击率。

6 月 12 日 台州市财政局党组书记、局长林定刚在省第十四次党代会“深化改革”讨论会上发言。

7 月 17 日 全市“政采云”上线工作会议在温岭召开。市局副局长许天鸿出席会议并讲话。

7 月 27 日 浙江大学公共政策研究院副院长李金珊教授一行到台州市调研政府购买服务政策绩效评价工作。

8 月 9 日 省财政厅总会计师赵立妙一行到台州就“政采云”平台上线及推广运用工作开展调研指导,并召开座谈会。

8 月 10 日 召开 2018 年度市级部门预算编制工作布置大会,局长林定刚讲话。

8 月 25 日 台州市立医院开具全国第一张门诊收费电子票据,标志着财政部关于稳步推进财政电子票据管理改革在浙江落地。

9 月 1 日 省人大财经委员会副主任委员、原省国税局局长周广仁一行赴台州开展非税收入管理情况专题调研。市人大副主任陈祥荣、市相关单位负责人、部分企业代表参加座谈。

9 月 5 日 市局组织中层以上干部到台州市公安局看守所参观,现场接受廉政警示教育。

9 月 18~22 日 台州财税系统联合丽水市财税系统在浙江大学之江校区举办法制业务培训班,两地近 90 名法制工作人员参加培训。

10 月 13 日 财政部金融司一行来台州市调研,并召开座谈会。

10 月 17~20 日 省财政厅副厅长王广兵到台州集聚区、天台、仙居等地开展财政工作思路调研,深入了解当地经济社会发展和财税运行情况,听取基层对财税工作的意见和建议。

10 月 20 日 全市财税局长会议暨党风廉政建设推进会在仙居召开,市局党组书记、局长林定刚讲话。

11 月 3 日 召开全市财税局长会议。学习省财政厅厅长徐宇宁关于学习贯彻十九大精神、做好当前财税工作的讲话。

11 月 15~16 日 省财政厅和省海洋渔业局组成联合调查组对台州市缓缴海域使用金情况进行专题调研,主要调研海域使用金申请缓缴方面工作开展情况、缓缴金额、存在问题及清缴措施。

11 月 20 日 财政部浙江专员办预决算公开检查台州市进点会在市局召开,市局领导班子成员、相关财政处室、市安监局、市行政执法局及县(市、区)相关单位参加会议。

11月21~22日　省财政厅党组书记、厅长、省地税局局长徐宇宁带队赴台州椒江、黄岩、临海等地调研，深入了解当地经济社会转型发展和财税收支运行情况。台州市委书记王昌荣、台州市市长张兵在椒江分别与厅长徐宇宁进行沟通交流。

12月28日　台州市道路交通事故社会救助基金管理中心与中国人民财产保险股份有限公司台州市分公司举行签约仪式，社会救助基金日常管理业务政府购买服务由人保公司提供。

（台州市财政局供稿　沈孔平执笔）

丽水市

1月6日　丽水市人大常委会副主任金建新到丽水市财政局调研2017年部门预算编制工作，听取市政府工作部门及开发区2017年预算编制等情况汇报，肯定2016年丽水财政聚财理财工作成效，对2017年财政工作提出新要求。

2月7日　丽水市财政局召开第3次中心组学习会暨全体干部职工大会，总结回顾2016年财政地税工作，分析财税工作面临新形势、新机遇和新挑战，部署安排2017年财政地税工作。

3月9日　丽水市财政局团总支获“2016年度丽水市市直机关团工委下属团组织共青团工作评议优秀单位”称号。

4月5日　任颐任丽水市财政局、地方税务局党组成员（挂职一年）。

4月20日　丽水市财政局印发《丽水市直政府投资项目结算评审操作规程》，规范政府投资项目评审行为。

5月5日　张少荣同志任丽水市财政局、地方税务局党组书记；免去刘志伟丽水市财政局、地方税务局党组书记职务。

5月19日　张少荣任丽水市财政局局长。

5月22日　丽水市财政局印发《丽水市政府向社会力量购买服务指导性目录（2017年度）》，推进政府向社会力量购买服务工作。

6月21日　丽水市委常委、常务副市长林亮到市局调研指导工作。

7月10~14日　丽水市财政局开展主题为“财税担当　榜样力量”的全市财税系统先进典型事迹巡回宣讲会。

7月17日　丽水市召开丽水生态产业基金2017年第一次投资决策委员会评审会议，审议并通过有邦新材料等三个项目投资方案。丽水市委常委、常务副市长林亮出席并主持会议。

8月9日　丽水市调整市财政税务学会常务理事会组成人员，丽水市财政局、地税局党组书记、局长张少荣任丽水市财政税务学会理事、常务理事、会长。

8月22日　省财政厅总会计师赵立妙到丽水就“政采云”平台上线工作开展调研督导。

9月26日　省财政厅党组书记、厅长徐宇宁到庆元、龙泉等地调研，了解当地经济社会发展和财政收支运行情况，听取意见建议。

是日　丽水市金融投资控股有限责任公司与中国建设银行股份有限公司浙江省分行举行战略合作协议签约仪式，深化丽水市国有企业与建设银行战略合作关系，推动双方良好合作。

9月28日　浙江丽水生态经济产业基金——有邦新材料举行项目投资签约仪式，这是丽水生态经济产业基金投资民营企业、助力企业发展的首次尝试。

10月12日　省财政厅副厅长沈磊到丽水调研会计管理改革和服务工作。

10月16日　丽水市财政局在缙云县召开“政采云”推进现场会。

10月24~25日　省财政厅党组书记、厅长徐宇宁到青田、景宁等地调研，了解当地经济社会发展和财税收支运行情况，听取意见建议。

10月26日　省财政厅副厅长邢自霞到遂昌调研财税工作情况，了解财税改革发展的思路和举措，政府理财治税专题研讨班精神落实情况。

11月30日　阮美莲同志任丽水市财政局、地方税务局党组成员。

12月18日　印发《丽水市区生态工业发展专项资金管理办法》，规范市区生态工业发展专项资金的使用、管理和监督。

（丽水市财政局供稿　王苏连执笔）

财政机构人员

zhejiang caizheng nianjian

浙江省财政厅厅领导名单

（2017 年 12 月 31 日）

党组书记、厅长、省地税局局长	徐宇宁*
副厅长、巡视员	罗石林*
党组成员、副厅长	金慧群
党组成员、副厅长	王广兵
总会计师	赵立妙*
党组成员，省金融控股有限公司党委委员、总经理	杜祖国*
党组成员、副厅长、省委两新工委委员	沈　磊
党组成员、驻厅纪检监察组组长	徐首红
党组成员、副厅长	邢自霞
副巡视员	罗跃琴
副巡视员	王　俭

浙江省财政厅机构设置及处级干部名单

（2017 年 12 月 31 日）

一、厅机关

办公室

主任：莫红民

副主任：杨慧芳

副主任：高　翔

副主任：陈亚谊

副主任：徐小俊

调研员：林圣才

副调研员：汤建新（援藏工作）

副调研员：吴晗英

人事处（离退休干部处）、直属机关党委

处长：章忠良

调研员、副处长：姜明路

机关党委专职副书记：金洪根

副处长：费　萍

副处长：叶茂乐

机关纪委专职副书记：杨一斐

调研员：何小媛

副调研员：李亚东

副调研员：陈津津

省纪委省监委派驻省财政厅纪检监察组

副组长（正处长级）：杨维智*

正处级纪检监察员：金国荣

副处级纪检监察员：王　伟

政策法规处

处长：陈建中

副处长：富德荣

调研员：朱炳仁

副调研员：应海燕

总预算局、地方预算处、债务管理处

局长：章启诚（副厅级）

地方预算处处长：陈　孝

债务管理处处长：周爱明

债务管理处副处长：杨格来

副调研员：翟晓真

副调研员：蒋旗江

税政处

处长：尹红平

副处长：邵　健

副调研员：许　磊*

预算执行局、国库支付处

局长：侯余兴（副厅级）

国库支付处处长：张胜凯

国库支付处副处长：包尧兴

国库支付处副处长：戴晔沸

副调研员：吴月宝

副调研员：陈　珍

副调研员：蒋小聪

副调研员：朱仰军

综合处

处长：姚龙飞

副处长：吴凤珍

副处长：肖艳菱

副处长：邬达贵

调研员：姚如华

副调研员：孙继霞

会计处

处长：江中亮

副处长：杨树圣

副处长：周克俭

调研员:蒋振成

调研员:汤　淮

调研员:李雪萍

副调研员:郑肖亮

副调研员:程少春

行政政法处

处长:童黛铭

副处长:管海燕

副处长:陈　达

副处长:赵巧丽

副处长:李　杰

副调研员:苗林炯

科教处*

处长:金　涛*

副处长:傅彩莲*

副处长:虞劲松*

调研员:戴祥波*

文化处(省文化企业国有资产监督管理办公室)*

处长:董立国*

副处长:颜明波*

副处长:童　盈*

副调研员:袁艺侨*

副调研员:胡　红*

行政事业资产管理处

处长:陈百平

副处长:牟晨晖

副处长:潘朝晖

农业处

处长:徐来兴

副处长:王　静

副处长:赵　虹

副处长:王振权

副处长:康国梁

基层财政管理处(省农村综合改革办公室)

处长:何新星

副处长:孙建苗

副调研员:许建全

企业处

处长:叶光胜

副处长:王林尧

副处长:吴新芳

调研员:朱　玲

副调研员:冯　洁

副调研员:张　卉

金融处

处长:周　瀛

副处长:洪小然

副处长:罗亭林

副调研员:陈燕燕*

社会保障处

处长:王雯琳

副处长:李　鸣

副处长:陈志远

副处长:吴益民

副处长:黄　青

副调研员:幸春平

副调研员:王柳霞

副调研员:全龙江

经济建设处

处长:倪学军

副处长:马　勇

副处长:楼慧芬

副处长:马建胜

副处长:何喜平

副调研员:丁万钧

财政监督局、绩效管理处

局长:楼梅芳(副厅级)

绩效管理处处长:赵利明

副局长:赵春伟

绩效管理处副处长:刘　虹

副调研员:周学伟

省农业综合开发办公室

主任:沈江平

调研员、副主任:赵国瑛

副主任:支炳义

副调研员:何维君

副调研员:方优良

政府采购监管处

处长:郭定方

副处长:费国炎

副处长:俞小青

副处长:张旭东(援青工作)

调研员:徐剑锋

调研员:梁妙其

副调研员:何一平

二、直属单位

省财务开发公司

省财政厅党组成员,省金融控股有限公司党委委员、总经理:杜祖国*

省金融控股有限公司党委委员,省财务开发公司副总经理,杭州金溪山庄董事长:姚　战

省金融控股有限公司党委委员,省财务开发公司副总经理:叶　忠

省金融控股有限公司党委委员、副总经理:倪一冰

省金融控股有限公司党委委员、副总经理:盛　亮

省财务开发公司管理五级职员,浙江金溪服务管理公司董事长、总经理,杭州金溪山庄总经理:朱　蕾

浙江金控投资管理有限公司董事长、总经理:杜金良

省金融控股有限公司党委委员,省财务开发公司总经理办公室主任:黄志明

省财务开发公司财务内审部经理:柴会荣

省财务开发公司投资管理一部经理:汪一兵

省财务开发公司投资管理三部经理:徐晓坚

省财务开发公司投资管理四部经理:张宝健

省财务开发公司对外联络部经理:贺贤文

浙江金控投资管理有限公司副总经理:邵建协

浙江金控投资管理有限公司副总经理:夏慧民

省财务开发公司管理五级职员:华山月

省财务开发公司管理六级职员:於亚雄*

省财务开发公司管理六级职员:侯兴钏*

省财务开发公司管理六级职员,浙江金溪服务管理有限公司副总经理:程智灵

省财务开发公司管理六级职员:陈　栋*

省级财政国库支付中心

主任:郑　耀

副主任:宋万生

副主任:何玮富(援疆工作)

副主任:甘建辛(吉林挂职)

副主任:黄哲强

副调研员:和繁荣

副调研员:周小燕

省财政项目预算审核中心

主任:沈　湧

副主任:沈应庚

副主任:俞富桥

副主任:魏成勇

副调研员:吴春桃

副调研员:徐孝土

省财政票据管理中心(非税收入服务中心)

主任:张亚平

副主任:叶时宝

副主任:杨仕聪

调研员:斯志洪

副调研员:刘　宁

省级部门预算编制中心

主任:张远东

副主任:陈志光

副主任:范　愿

副调研员:邵　奕

省财税政策研究室

主任:杨慧芳

副主任:王非文

副主任、《浙江财税与会计》主编:冯　健

副主任:陈优芳

副调研员:唐礼萍

副调研员:钱衍强

省数字财政管理中心

主任:李　军

副主任:寿建钢

副主任:金永勤

副主任:陈健东

省会计人员服务中心

主任:陈丽君

副主任:童联新

省农业综合开发项目审核中心

主任:陆龙泉

副主任:林金松

管理六级职员:许锡田*

省财政干部教育中心(省中华会计函授学校)

干教中心主任、专职副校长:余丽生

干教中心副主任、专职副校长:吴小明

干教中心副主任、专职副校长:沈幼华

省道路交通事故社会救助基金管理中心

副主任:许智敏

省社保基金管理中心

主任:赵雅玲

省注册会计师服务中心、省注册会计师协会(资产评估协会)

主任、秘书长:石琪琪

注册会计师行业党委专职副书记:汤　淮

副主任、副秘书长:张光敏

副主任、副秘书长:韩江南

浙江财政后勤服务中心

主任:陈相良

管理六级职员:章小朝

省农业信贷担保公司

董事长、总经理:李建斌

董事、副总经理:王新江

(注:有*标示者为当年职务有新变动)

浙江省各市、县(市、区)财政局领导名单

(2017年12月31日)

杭州市财政局

书记、局长:金　翔

副书记、副局长:谢　永

副书记:龚　萍

党委委员、驻局纪检组组长:陈　平

党委委员、副局长:朱觉斐　许　杭

党委委员、预算执行局局长:万　强

党委委员,总预算局(税政处)局长、处长(副局长级):汪生祥

党委委员,财政监督检查局书记、局长:刘　强

党委委员,杭州投资发展有限公司董事会董事、董事长:寿学军

党委委员、办公室主任:毛慧敏

副局级纪检员:王娟娟

上城区财政局

党委书记、局长:石荣祥

区派驻第四纪检组组长、党委委员:吕瑞泰*

局党委委员、副局长:卢晓琴*

副局长:欧阳杰

调研员:朱红卫

副调研员:王皆兵

下城区财政局

党组书记、局长:蔡延平

党组副书记、副局长:朱　捷

党组成员、副局长:娄　瑾

党组成员、纪检组组长:叶　英

党组成员、副局长:林广瑶

江干区财政局

党委书记、局长:项伟荣

党委委员、第五纪检组组长:张松贵

党委委员、副局长:宋进军　赵大慧　傅启贵

拱墅区财政局

党委书记、局长:黄　仁

党委委员、副局长:许　斌

党委委员、副局长:罗敏翔

党委委员、副局长:蔡海斌*

西湖区财政局

党委书记、局长:楼　俊

党委副书记、副局长:阮劲松

党委委员、调研员、副局长:仰红英

党委委员、副局长:陈岳毅

党委委员、派驻纪检监察组组长:翁　强

副局长:赵水林

副局长:沈丽芬

高新区(滨江)财政局

党组书记、局长:胡银根

党组成员、副局长:许　颖　邵　臻　张　军

党组成员、副调研员:张志新

纪检组组长:奚　舒

萧山区财政局

党委书记、局长:何兴良

党委副书记、副局长:金国升

党委委员、副局长:徐成梁　杨月万　钱建华

余杭区财政局

党委书记、局长:沈世杰*

党委副书记、副局长:施成华

党委委员、纪检组组长:阮建忠

党委委员、副局长:姜根军　楼志燕　袁俊军

富阳区财政局

党委书记、局长:刘学军

党委副书记:潘国明

党委委员、区纪委派驻第十一纪检监察组组长:鲁秀利

党委委员、副局长:李向明　朱经国　金卫泉　俞　杲

临安区财政局

党委书记、局长:张发平*

党委副书记:叶朝阳

党委委员:马泽华

党委委员、副局长,杭州市青山湖科技城财政局局长:戚峥嵘

区纪委派驻第五纪检组组长:赵树春

党委委员、副局长:周　佳

党委委员、副局长：胡　钧

建德市财政局

党委书记、局长：金　革*

党委副书记：封纪祥

党委委员、纪检组组长：刘金文

党委委员、副局长：孟　洁

桐庐县财政局

党委书记、局长：孙叶华*

党委副书记、副局长：毕文浩

副局长：徐　华

党委委员、副局长：申屠逸清　何庆娟*　俞　斌

预算局局长（副局级）：吴俊华*

保留副局级待遇干部：项丽珠（协助分管领导联系财政工作）

淳安县财政局

党委书记、局长：陆建育*

党委副书记、副局长：叶建乐

党委委员、纪检组组长：王旭明

党委委员、副局长：万海卫*

副局长：徐夏冰

宁波市财政局

局长、党委书记：叶双猛

副局长、党委副书记：张镇岳（4月止）　余龙达*

副局长：王　晓　范国伟　苏丹旦　张立权　高国平
　　张　颖　竺培楠*

纪检组组长：华　平

总经济师：李立峰*

鄞州区财政局

局长：徐源忠

党组书记：涂更生

党组副书记、副局长：岑卢艳

副局长：杨国定　叶良春

总会计师：虞文萍

海曙区财政局

局长：舒建国（4月止）　曹　杰*

副局长：金群辉　童　霞*　朱裕高*

总会计师：邱顺年

江北区财政局

局长：孙新土（2月止）　余拥锋*

副局长：邬文珍　姚正胜

总经济师：林　剑

镇海区财政局

局长、党组书记：顾　舰

副局长、副书记：汤文东　孙　灵

副局长：邵坚宏　陈　晓

北仑区财政局

局长、党组书记：何岳忠

副局长：孙建荣　桂　桦　陈建平

奉化区财政局

局长、党委书记：鲍飞海

副局长：胡志春　江洪平　林志锵

总经济师：陈玲萍

余姚市财政局

局长、党委书记：施建苗（5月止）　成立海*　王文辉*

副局长：鲁永飞　施钧旻　宋建忠　周益忠　郑　科

纪检组组长：杜浙霞

党委委员：韩士其

慈溪市财政局

局长：周爱国

副局长、副书记：范哲慰　龚建冲

副局长：沈鸣学　潘钊先

纪检组组长：费　洁

总会计师：史　军

宁海县财政局

局长、党委书记：柳正维

副局长、党委副书记：胡忍标

副局长：薛　慧　胡盛华

总会计师：吴林恩

象山县财政局

局长：董连胜

副局长：姜乐平　陈忠祥　郑世敏

总经济师：胡　斌

温州市财政局

党组书记、局长：余中平

党组副书记、副局长（调研员、保留正县实职待遇）：朱定钧

党组成员、中共温州市纪律检查委员会
　驻温州市财政局纪律检查组组长：宋信友*

党组成员、副局长：林江帆

党组成员、机关党委书记、调研员：陈胜利

党组成员、副局长：张国光*

党组成员、总会计师：沈显克*

党组成员、副局长：叶晓东*

鹿城区财政局

区政协副主席，区财政局党组书记、局长：胡向阳

党组副书记、副局长：陈幼彦

党组成员、副局长:孙丽娟
党组成员、副局长:陈　辉
党组成员,区纪委、区监委派驻第八纪检监察组组长:何　军
党组成员、总会计师:徐　丹
预算编制局局长:徐君远

瓯海区财政局

党组书记、局长:李中方
党组副书记、副局长:陈小秋
党组成员、副局长:叶国蒙
党组成员、副局长:欧胜武
党组成员、总会计师:吴建峰*
党组成员、财政监督局局长:徐前荣
党组成员、预算编制局局长:吴丽佳
预算执行局局长:黄玉坚

龙湾区财政局

党组书记、局长:周德望*
党组副书记:张安畴*
副局长:方　微
党组成员、副局长:方崇敏　施寒毅
党组成员、总会计师:吴祖岭

洞头区财政局

党组书记、局长:黄建敏*
党组副书记、副局长:南海滨*
党组成员、副局长:朱海斌*
党组成员、区纪委派驻第七纪检组组长:张海文
党组成员、总会计师:彭晓东
党组成员、预算局局长:朱红波*

瑞安市财政局

党委书记、局长:吴功宜*
党委副书记、副局长:张筱珍*
党委委员、纪检组组长:陈捷亮
党委委员、副局长:林孝昭　叶剑凯*
党委委员、总会计师:陈大青*

乐清市财政局

党组书记、局长:廖凯敏*
党组副书记、副局长:董法朗
党组成员、副局长:钱乐洋
党组成员、副局长:卢正文
党组成员、驻财政局纪检组组长:李　华
党组成员、财政总会计师:郑清华
党组成员、雁荡山管委会财政局局长:杨宏辉*

永嘉县财政局

党委书记、局长:冯学夫*
党委委员、副局长:徐忠诚
党委委员、驻局纪检组组长:谢选年
党委委员、副局长:叶显勇
党委委员、副局长:吕金满
党委委员、副局长:潘来毅*
党委委员、总会计师:叶强忠

平阳县财政局

党组书记、局长:陈先夏*
党组成员、副局长:林　文
党组成员、副局长:王　炼
党组成员、副局长:洪益平
党组成员、县纪委驻财政局纪检组组长:林经舜*
总会计师:林　毅
党组成员、预算执行局局长:谢秉煌
党组成员、人教科科长:张晓慧

苍南县财政局

党组书记、财政局局长:杨　雷
党组成员、副局长:池长辉
党组成员、副局长:沈志安
党组成员、总会计师:许明稀
党组成员、县纪委派驻纪检组组长:王雪琴

文成县财政局

党组书记、局长:朱明阳
党组副书记、副局长:金宪树
党组成员、副局长:叶信钏　王光远
党组成员、县纪委监察委派驻第六纪检组组长:王彩梅

泰顺县财政局

党委书记、局长:周仕姜*
党委委员、副局长:刘行忠*
党委委员、县纪委派驻县财政局纪检组组长:翁仕松
党委委员、副局长:王官玉
党委委员、副局长:毛旭升
党委委员:吴明双*

嘉兴市财政局

党委书记、局长:许　农
党委副书记、副局长:吴贵敏
副局长:姜　东
党委委员、副局长:王海荣　王　亮*
党委委员、纪检组组长:周曙光
党委委员、副调研员:沈建忠

南湖区财政局

党组书记、局长:夏　峰*

党组副书记、副局长:王嘉红*
党组成员、纪检组组长:赵家红*
党组成员、副局长:马立申　张　涛*
副局长:饶志莲*

秀洲区财政局

党委书记、局长:成海明*
党委副书记:张　军
党委委员、副局长:姚颖娟　莫放路
党委委员、总会计师:陈宏义

嘉善县财政局

党委书记、局长:沈　申*
党委副书记、副局长:张红兵
党委委员、副局长:徐忠明　章力耘
党委委员、副科级领导干部:刘　春
党委委员、纪检组组长:连怀东

平湖市财政局

局长:沈幼锋
党委书记、副局长:顾利鹤*
党委副书记、副局长:全　骏
党委委员、副局长:丁根林
党委委员、纪检组组长:曹海平
党委委员、副局长:姚春元
副局长:王祥甫
党委委员、总会计师:宋丽梅*

海盐县财政局

党组书记、局长:王晓军*
党组副书记:朱海洪
党组成员、副局长:曹继旻　陶照明　戴海华
党组成员、县委组织员:徐桂华

海宁市财政局

党委书记、局长:蒋雪标*
党委委员、副局长:曹智慧*
党委委员、副局长:高　迪*
副局长:钱　薇*
党委委员、纪检组组长:朱建忠
总会计师:孙雪峰*

桐乡市财政局

局长:朱政华
党委书记:杨顺坤
党委副书记、副局长:房治芳*
党委委员、纪检监察组组长:沈玉林
党委委员、副局长:徐国平　吴鉴伟
党委委员、总会计师:王晓丹

湖州市财政局

党组书记、局长:周建明
党组副书记、副局长(正局级):屠培红
党组成员、纪检组组长:王红明
党组成员、副局长:张向阳
党组成员、副局长:黄长泉
总会计师:孙倩如

吴兴区财政局

党组书记、局长:杨卫华*
党组成员、总会计师:施江红
党组成员、副局长:叶　青
党组成员、副局长:俞勤仕*

南浔区财政局

党组书记、局长:何琪虎
党组副书记、副局长、正科级组织员:陈有富
党组副书记、副局长:崔正云
党组成员、副局长:孙　晖
党组成员、副局长:沈利明
党组成员兼农业科科长:李卫英*

德清县财政局

党组书记、局长:嵇金星
党组副书记、副局长:陈兴炎
党组成员、副局长:陈　强
党组成员、副局长:沈漪萍
党组成员、副局长:嵇月红
党组成员、总会计师:俞明耀*

长兴县财政局

党工委书记、局长:葛铭松
党工委副书记、副局长:李丰红
党工委委员、县国有企业监事会主席、正科级组织员:邵建峰*
党工委委员、副局长:顾群伟
党工委委员、副局长:刘志新*
总会计师:夏　骏*

安吉县财政局

党组书记、局长:徐　勇
党组副书记、副局长:华新平*
党组副书记:陈显永*
党组成员、纪检组组长:李成锋*
党组成员、副局长:俞士良
党组成员、副局长:楼建成
党组成员、副局长:童升明
总会计师:吴　蔚*

绍兴市财政局

党委书记、局长:吕　丙*

党委委员、副局长:邢玉清

党委委员、总会计师:沈志新

党委委员、纪检组组长:杨成林

党委委员、调研员:蔡文良*

党委委员、副调研员、机关党委书记:詹　超

越城区财政局

党组书记、局长:沈华清

党组成员、副局长:张国昌

党组成员、副局长:王　强

党组成员、副局长:林先明

党组成员、预算局局长:汤晓燕

诸暨市财政局

党组书记、局长:郭伟锋*

副局长:戚俏新

党组成员、副局长:杨胜新

党组成员、副局长:杨列伟*

党组成员、副局长:周国新*

柯桥区财政局

党工委书记、局长:余建林

党工委副书记、副局长:吕铁辉

党工委委员、副局长:徐利忠　方　荣

党工委委员、总会计师:周雪峰

党工委委员、副局长:孙勇军*

党工委委员、区财政项目预算审核中心主任:来建祥

预算执行局局长(副局级):潘国海

财政监督局局长(副局级):华永伟

预算局局长(副局级):倪永亮

上虞区财政局

党委书记、局长:许江军*

党委委员、区纪委派驻第九纪检监察组组长:张正理

党委委员、副局长:陈志坚　卢坚钢　金惠君　朱政荣

党委委员、总会计师:俞　军　谢岳雷

嵊州市财政局

党委书记、局长:史向俊

党委委员、副局长:孙作祥

党委委员、副局长:叶　平

党委副书记、副局长:竹贵光

纪检组组长:俞　剑

党委委员、副局长:吕霞光

党委委员、副局长:王小燕

党委委员、人事科科长:张茂雄

新昌县财政局

党委书记、局长:俞剑锋

党委委员、副局长:丁利平　求伟清　章　政

党委委员:娄小平　梁晓富*

金华市财政局

党组书记、局长:李　俊*

党组成员、市纪委派驻财政局纪检组组长:郭云龙

党组成员、副局长:倪小波　徐京红

党组成员:沈伟忠　王伟民

婺城区财政局

党组书记、局长:傅得樟

党组成员、副局长:顾再进

党组成员、副局长:陈根成　俞叶青

党组成员、总会计师:胡　伟

金东区财政局

党组书记、局长:郭文洁*

党组副书记、副局长:陈春华

党组成员、副局长:姜韶军

党组成员、副局长:孙岳彪*

总会计师:叶晓咏*

兰溪市财政局

党组书记、局长:陈志良*

党组副书记、副局长:张海湘

党组成员、副局长:周季容　邓培昌　王德生　潘燕红　严师东

党组成员、预算局局长:陈　浩

党组成员、预算执行局局长:盛时新

东阳市财政局

党组书记、局长:吕良勇*

党组副书记、副局长:杜希庭

党组成员、副局长:吴正华　韦向东*

党组成员、财政总会计师:钟柏青*

党组成员、财政监督局局长:严徽华

义乌市财政局

党委书记、局长:朱竣文

党委副书记、副局长:赵绍辉

党委委员、副局长:何憬洪　胡文德*　孙柳媚(挂职)

党委委员:杨成林　黄健勇*

总经济师:傅晓平

永康市财政局

党委书记、局长:朱彭年*

副局长、总会计师:吕美红

党委委员、副局长：胡高峰

党委委员、副局长：胡俊杰

浦江县财政局

党委书记、局长：张健纯*

党委副书记、副局长：傅双庭

党委委员、副局长：许尔清*

党委委员、副局长：郑康民*

总会计师：黄小莲

党委委员：朱鑫尧

党委委员：于培东*

武义县财政局

党委书记、局长、国资办主任：徐宏亮*

党委副书记、副局长、国资办副主任：王柏宜

党委委员：王献良

党委委员、副局长：徐飞云

党委委员、副局长：朱晓鹏*

总会计师：张　波*

磐安县财政局

党组书记、局长：卢志峰*

党组成员、副局长：羊荣华　施逢杰　沈澄清　周国钱　林永平*

党组成员：施国萍（副局级）

财政总会计师：黄　强

县纪委派驻第六纪检组副组长：吕有根*

衢州市财政局

党委书记、局长：吴宝骏

总会计师：方孝琳

党委委员、副局长：王德华　叶浙青

党委委员：叶旭泉

党委委员、副局长：翁文斌

党委委员、副调研员：张　庆

党委委员、纪检组组长：林祥庚

党委委员：王学勤　徐国富　刘国璋*

柯城区财政局

党组书记、局长：吴国清

党组成员、副局长：姚建峰

党组成员、副局长：吴　川

党组成员、纪检组组长：王　舟

党组成员：姜晓临

衢江区财政局

党组书记、局长：王　典

党组副书记、副局长：秦　勇

党组成员、副局长：袁康彬

副局长：孔万定*

党组成员、区纪委派驻第十三纪检组组长：钱　江

党组成员：黄晓春　王利民　高晓丽*

龙游县财政局

党委书记、局长：傅正军

党委委员、派驻第十纪检监察组组长：王琼珷

党委委员、副局长：蒋澄宇　琚柏华　金志鸿　倪　斌

总会计师：钱　宇

党委委员：方　勇*

江山市财政局

党委书记、局长：周立武

党委副书记、副局长：王智荣

党委委员：张晓华

党委委员、副局长：毛水芳　董志成*

党委委员：郑建青　毛培泉　王雁斌　赵立文

党委委员、纪检组组长：郑晓岗

常山县财政局

党委书记、局长：李德生

党委委员、派驻纪检组组长：徐朝威

党委委员：李炳根　蒋淑萍

党委委员、副局长：李和平　徐光明　叶晓春　曾志耀

党委委员、总会计师：计华丁

党委委员：舒慧华

开化县财政局

党委书记、局长：方忠明

党委副书记、副局长：廖继军

党委委员、副局长：廖建忠

党委委员、总会计师：余素琴

党委委员、农发办主任：余红敏

党委委员、会计核算中心主任：詹炳法

党委委员：汪福海　程小汉　曹长洪　方焰飞

舟山市财政局

党委书记、局长：顾央军

党委副书记、副局长（正县处级）：曹国英

党委委员、副局长：王志杰　江立安　邬传统

党委委员、纪检组组长：俞永耀*

党委委员、副局长：王海平

党委委员、总会计师：邵裕龙　金伟平

党委委员、副局长：宁小军*

定海区财政局

党组书记、局长：何　红

正科级组织员:周兆军

党组成员、副局长:戴水婷　李汉定　杨英俊

党组成员、总会计师:蒋科卫

党组成员、纪检组组长:钟国勇

普陀区财政局

党组书记、局长:史海祥

国资办主任、党组副书记:张友夫

区纪委派驻第六纪检组组长:张永迪

党组成员、副局长:陈宇宙　杨琪恒　刘科峰

岱山县财政局

党组书记、局长:张正道*

党组成员、副局长:沈三五　陈　宇*

党组成员、财政总会计师:张群海*

党组成员、纪检组组长:王二波*

嵊泗县财政局

党组书记、局长:罗奇辉

党组副书记、副局长:张菊花

党组成员、纪检组组长:郑海定

党组成员、副局长:刘白羽*

党组成员、总会计师:李俊杰*

台州市财政局

党组书记、局长:林定刚

党组成员、副局长:郑必灼　蒋天平　许天鸿

党组成员:王以南

党组成员、总会计师:卢修贤

驻局纪检组组长:孙　鑫

财政监督局局长:张贤鸣

预算执行局局长:段伟国

预算局局长:汪晶晶

调研员:张卫平

副调研员:戴　峰

椒江区财政局

党组书记、局长:徐玲荣(3月止)　阮建明*

党组副书记:陈忠贤

党组副书记、副局长:谷建斌

副局长:唐诗虎　章光辉

党组成员:李雪芳(5月止)　沈　晔*

预算局局长:郑　岚

预算执行局局长:王一亭

财政监督局局长:王亚萍

黄岩区财政局

党组书记、局长:苏忠阳

党组副书记:郭建明

驻局纪检组组长:符建平

党组成员、副局长:柯卫凌　韩　华

党组成员、总会计师、预算局局长:解卫敏

预算执行局局长:苏先能

路桥区财政局

党组书记、局长:陈海鸿

党组副书记:蔡金虎

党组成员、副局长:牟晓燕

党组成员、区纪委(监委)派驻第八纪检组组长:沈　觉

副局长:吴芳霞

临海市财政局

党组书记、局长:胡寿坚

党组成员、副局长:王礼福

党组成员、副局长:方　虹

党组成员、副局长:蒋向阳

党组成员、副局长:沈国材

党组成员、纪检组组长:尹富德

党组成员、总会计师:徐　震

温岭市财政局

党委书记、局长:顾雪荣

党委副书记、副局长:朱永宁

党委委员、市纪委派驻第八纪检组组长:梁　骏

党委委员、副局长:周崇友

党委委员、总会计师、预算局局长:潘建华

玉环市财政局

党委书记、局长:林仁斌

党委副书记、副局长:曾子文

党委委员、副局长:张素燕

党委委员、副局长:姜仁武

党委委员、市纪委市监委派驻第八纪检监察组组长:方建波

总会计师:张作民

天台县财政局

党组书记、局长:戴敏华

党组副书记:范永友

党组成员:杨周吉

党组成员、副局长:丁伟生

党组成员、总会计师:朱丰强

党组成员:陈邦信

仙居县财政局

党组书记、局长:姚文浩

党组成员、副局长:潘天虎

党组成员、副局长:李琦瑛

党组成员、县纪委派驻第八纪检组组长:崔翁勤

预算执行局局长:吴丽萍

监督局局长:张　健

预算局局长:曹丽丽

三门县财政局

党组书记、局长：叶坚强
党组成员、副局长：陈小撑
党组成员、副局长：尤福跳
党组成员、副局长、预算局局长：金　健
党组成员、驻局纪检组组长：方匡礼
党组成员、总会计师：章日胜
预算执行局局长：奚圣伟

丽水市财政局

党组书记、局长：张少荣
党组成员、副局长：魏叶华
副局长：陈肇平
党组成员、总会计师：叶芳儿
党组成员、纪检组组长：李　萌*(5月5日止)
党组成员、副局长：张　栋
党组成员、副局长：任　颐(挂职)

莲都区财政局

党组书记、局长：赖志平
党组成员、副局长：黄于林
党组成员、副局长：林　伟
党组成员、总会计师：吕焕祺

龙泉市财政局

党组书记、局长：吴小波
党组副书记、副局长：商越敏
党组成员、副局长：邵仲昕
党组成员：王为武
党组成员、市纪委派驻第八纪检组组长：周丽丽
党组成员、副局长：陈正松
党组成员、总经济师：张云英
党组成员：姜苏民
党组成员：陈徐明
党组成员、农发办主任：叶惠君
党组成员、财政监督局局长：朱光泉

青田县财政局

党组书记、局长：周冠华
党组成员、副局长：王伟伟
党组成员、副局长：季耀武
党组成员、副局长：陈升华
党组成员、总会计师：徐松娥

云和县财政局

党组书记、局长：柳成东
党组成员、副局长：王建平
党组成员、副局长：陈　东
党组成员、副局长兼预算执行局局长：黄金娟
党组成员、派驻纪检组组长：方有德
党组成员、农综办主任：彭石伟
党组成员：叶晓华

庆元县财政局

党组书记、局长：叶华成
党组副书记、副局长：江旭奎
党组成员、副局长：叶　斌
党组成员、总会计师：姚善武

缙云县财政局

政协副主席，财政局党组书记、局长：蒋根阳
党组副书记：叶伟民
党组成员、副局长：赵德灿
党组成员、副局长：王伟民
党组成员、总会计师：俞根文

遂昌县财政局

党组书记、局长：方建雄
党组成员、县纪委派驻第七纪检组组长：朱永平
党组成员、副局长：叶宏放
党组成员、副局长：罗时福
党组成员、副局长：方文初
党组成员、副局长：王金品
党组成员、农发办主任：谢法文
党组成员、预算执行局局长：叶樟土

松阳县财政局

党组书记、局长：李剑飞
县委正科级组织员、党组成员：王寿康
党组副书记、副局长：李一鹏
党组成员、副局长：冯汉饶
党组成员：毛汇草
党组成员、总会计师：占　友
党组成员、县纪委派驻第七纪检组组长：李枝伟
党组成员、副局长：刘青华
党组成员、人教科科长：夏　兰

景宁县财政局

党组书记、局长：叶　峰
党组副书记、副局长：陈华星
党组成员：蓝朝星
党组成员、副局长：李建伟
党组成员、县纪委派驻第六纪检组组长：赵慧聪
党组成员、总会计师：梅忠敏
副局长：叶时宝(省财政厅下派干部)

(注：有*标示者为当年职务有新变动)

2017年浙江省财政系统职工基本情况统计

单位：人

项目		总计	性别		民族		学位			学历					
			男	女	汉	其他	博士	硕士	学士	研究生	大学本科	大学专科	中专及以下学历		
													人数	其中35岁及以下	其中36岁至45岁
总计	合计	13376	6941	6435	13304	72	9	976	3449	814	10054	2012	496	23	67
	厅(局)级	14	12	2	14		1	2	1	3	11				
	地市局(处)级	685	486	199	683	2	2	153	128	133	512	35	5		
	县局(科)级	3944	2258	1686	3928	16	6	447	698	332	3075	499	38		1
	一般干部	8163	3786	4377	8114	49		374	2600	346	6301	1282	234	11	17
	工勤人员	570	399	171	565	5			22		155	196	219	12	49
省(区、市)厅局	合计	1067	585	482	1056	11	7	341	287	261	748	46	12		3
	厅(局)级及以上	14	12	2	14		1	2	1	3	11				
	处(局)级	393	258	135	392	1	2	120	78	96	284	12	1		
	科级	390	175	215	385	5	4	156	108	99	279	12			
	一般干部	246	120	126	242	4		63	100	63	168	12	3		1
	工勤人员	24	20	4	23	1					6	10	8		2
市(地、州)局	合计	2961	1511	1450	2949	12	2	359	862	294	2310	252	105	1	32
	局(处)级及以上	292	228	64	291	1		33	50	37	228	23	4		
	科级	1521	794	727	1514	7	2	232	346	174	1224	117	6		
	一般干部	984	375	609	980	4		94	464	83	822	62	17	1	2
	工勤人员	164	114	50	164				2		36	50	78		30
县(市、区)局	合计	6589	3623	2966	6558	31		259	1755	236	5243	877	233	17	26
	局(科)级及以上	2033	1289	744	2029	4		59	244	59	1572	370	32		1
	股级	1691	1089	602	1685	6		104	389	74	1465	144	8		2
	一般干部	2524	1000	1524	2507	17		96	1109	103	2117	239	65	5	6
	工勤人员	341	245	96	337	4			13		89	124	128	12	17
乡(镇)所	合计	2759	1222	1537	2741	18		17	545	23	1753	837	146	5	6
	所(股)级及以上	860	505	355	855	5		5	100	7	460	343	50		
	一般干部	1858	697	1161	1845	13		12	438	16	1269	482	91	5	6
	工勤人员	41	20	21	41				7		24	12	5		

（续表一）　　单位：人

项目		总计	政治面貌				年龄							
			中共党员	共青团员	民主党派	其他	25岁及以下	26岁至30岁	31岁至35岁	36岁至40岁	41岁至45岁	46岁至50岁	51岁至54岁	55岁至59岁
总计	合计	13376	8767	994	225	3390	598	1715	1602	1616	2044	2292	2426	1083
	厅(局)级	14	14									1	5	8
	地市局(处)级	685	631		15	39			7	46	108	160	210	154
	县局(科)级	3944	2923	22	102	897	2	78	263	431	730	880	1120	440
	一般干部	8163	4969	951	105	2138	586	1618	1289	1087	1081	1132	997	373
	工勤人员	570	230	21	3	316	10	19	43	52	125	119	94	108
省(区、市)厅局	合计	1067	856	27	23	161	21	91	119	164	182	181	195	114
	厅(局)级及以上	14	14									1	5	8
	处(局)级	393	356		8	29			5	33	64	89	119	83
	科级	390	311	3	14	62		27	83	95	83	60	36	6
	一般干部	246	162	24	1	59	21	64	30	34	30	28	29	10
	工勤人员	24	13			11			1	2	5	3	6	7
市(地、州)局	合计	2961	1989	192	86	694	81	302	361	403	566	551	487	210
	局(处)级及以上	292	275		7	10			2	13	44	71	91	71
	科级	1521	1120	17	57	327	2	47	140	250	351	348	310	73
	一般干部	984	531	175	21	257	79	255	217	127	121	96	61	28
	工勤人员	164	63		1	100			2	13	50	36	25	38
县(市、区)局	合计	6589	4126	508	104	1851	284	801	752	739	1004	1201	1261	547
	局(科)级及以上	2033	1492	2	31	508		4	40	86	296	472	774	361
	股级	1691	1293	31	44	323	3	80	193	292	401	418	257	47
	一般干部	2524	1205	460	27	832	275	703	489	329	239	236	170	83
	工勤人员	341	136	15	2	188	6	14	30	32	68	75	60	56
乡(镇)所	合计	2759	1796	267	12	684	212	521	370	310	292	359	483	212
	所(股)级及以上	860	694	10	7	149	9	48	65	88	108	183	255	104
	一般干部	1858	1084	251	5	518	199	468	295	217	182	171	225	101
	工勤人员	41	18	6		17	4	5	10	5	2	5	3	7

（续表二） 单位：人

项目		总计	参加工作时间						劳模（先进工作者）	
			1970年前	1971年至1980年	1981年至1990年	1991年至2000年	2001年至2010年	2011年以后	省（部）级	全国
总计	合计	13376		838	4255	3649	2622	2012	3	
	厅（局）级	14		3	10	1				
	地市局（处）级	685		116	347	187	35		2	
	县局（科）级	3944		397	1774	1187	520	66		
	一般干部	8163		238	1940	2096	1985	1904	1	
	工勤人员	570		84	184	178	82	42		
省（区、市）厅局	合计	1067		82	334	310	252	89	2	
	厅（局）级及以上	14		3	10	1				
	处（局）级	393		62	185	118	28		2	
	科级	390		6	76	130	162	16		
	一般干部	246		4	52	55	62	73		
	工勤人员	24		7	11	6				
市（地、州）局	合计	2961		194	866	950	608	343	1	
	局（处）级及以上	292		54	162	69	7			
	科级	1521		77	524	578	295	47		
	一般干部	984		30	120	235	303	296	1	
	工勤人员	164		33	60	68	3			
县（市、区）局	合计	6589		473	2165	1766	1228	957		
	局（科）级及以上	2033		314	1174	479	63	3		
	股级	1691		42	542	713	343	51		
	一般干部	2524		77	344	473	757	873		
	工勤人员	341		40	105	101	65	30		
乡（镇）所	合计	2759		89	890	623	534	623		
	所（股）级及以上	860		40	479	210	97	34		
	一般干部	1858		45	403	410	423	577		
	工勤人员	41		4	8	3	14	12		

（续表三） 单位：人

项目		专业技术人员					特贴专家
		总计	高级职务	其中：正高级职务	中级职务	初级职务	
总计	合计	7747	1202	10	3945	2600	
	厅(局)级	11	8	1	1	2	
	地市局(处)级	493	232	7	203	58	
	县局(科)级	2717	538		1573	606	
	一般干部	4427	424	2	2098	1905	
	工勤人员	99			70	29	
省(区、市)厅局	合计	741	323	9	325	93	
	厅(局)级及以上	11	8	1	1	2	
	处(局)级	328	183	7	113	32	
	科级	264	90		141	33	
	一般干部	138	42	1	70	26	
	工勤人员						
市(地、州)局	合计	1761	319		1068	374	
	局(处)级及以上	165	49		90	26	
	科级	1032	219		650	163	
	一般干部	522	51		294	177	
	工勤人员	42			34	8	
县(市、区)局	合计	3886	522	1	2115	1249	
	局(科)级及以上	1421	229		782	410	
	股级	1238	216	1	726	296	
	一般干部	1180	77		575	528	
	工勤人员	47			32	15	
乡(镇)所	合计	1359	38		437	884	
	所(股)级及以上	525	11		186	328	
	一般干部	824	27		247	550	
	工勤人员	10			4	6	

附录

zhejiang caizheng nianjian

专题经验介绍

建设现代财税体系 助力县域科学发展

嘉善县财政局

嘉善县是全国唯一一个县域科学发展示范点。近年来，在浙江省财政厅、省地税局的大力支持下，嘉善县财政地税部门牢固树立新发展理念，主动适应新形势、新要求，积极推进现代地方财税体系建设，以科学理财治税推动科学发展。

一、优化政策和资金供给，培育涵养优质财源

财税部门始终将提振实体经济和撬动经济转型升级作为主抓手，划清政府和市场的边界，优化财税政策和资金供给，提升经济发展的质量和效益。

提振实体经济。嘉善县作为全省振兴实体经济（传统产业改造提升）专项激励资金扶持的18个县之一，财税部门将推动传统产业改造提升作为支持振兴实体经济的重中之重，每年财政专项激励资金不少于三分之一用于改造提升，并制定出台25条振兴实体经济新政和8条“独角兽”入围企业培育政策，对传统行业技改和“独角兽”培育补助标准从7%提高到18%。此外，建立以亩均税收为核心的综合评价和分类施策的资源要素价格倒逼机制（被中央、省级主流媒体喻为“贯彻落实新发展理念”重要探索经验），实现综合评价全覆盖，减免城镇土地使用税近2亿元，3000多家被评价的企业亩均税收年均提高10%。2017年，预计全县GDP增长8.3%以上，其中，工业增加值增长11%以上，均位于嘉兴市前列。

支持科技创新。出台科技新政15条和人才新政32条等高含金量的政策，支持企业创新能力提升和科技成果转化。同时，建立科技银行信贷风险补偿基金和科技创新券制度，通过信贷风险补偿、贷款贴息、科技保险等措施，切实降低高新技术企业融资成本。实施企业研发费用税前加计扣除政策落实三年行动计划，全县税费减免额年平均增速超30%，高新技术企业减免额总量增长近15倍。推进财政科技经费管理改革，建立产学研一体化的财政配套扶持政策体系，设立政府产业母基金3亿元，为科技型企业和新兴产业发展提供有力支撑。2017年，预计全县R&D经费支出占比3%以上，其中，高新技术产业增加值增速14%。

二、以“最多跑一次”撬动财税改革，打造现代地方财税体系

按照省委、省政府和省财政厅、省地税局部署，积极推进财税改革，加快构建符合县域实际的地方现代财税体系，先后开展国家级、省级改革试点近10项，相关经验获全省推广应用。

推动“最多跑一次”改革。在完成规定动作基础上，创新存量房交易计税价格区域评估等举措；探索政府层面税源共治工作，建立县镇两级税源共治管理组织，镇级税源共治办公室已全覆盖；在乡镇公共财政服务平台中探索财政补助性资金市民卡发放，实现补贴领取“零次跑”；推进全省非税收入收缴电子化改革试点，教育收费、罚没款和部分行政性收费实现网上电子征缴；成功开展实名办税全省试点，通过刷脸刷证实名验证系统自动关联企业信息，无需出示证照，实现“最多跑一次”再加速。

加强支农体制改革。落实省级农村产权制度改革示范试点，设立“三权”（农村集体经济股权、农村住房财产权和土地承包经营权）风险基金，构建“三权三抵押”机制，推出全省首批“三权”一体的农村综合产权抵押产品。推动财政支农体制机制改革，加大涉农资金整合，对新出台的支持农业供给侧结构性改革政策按公益类、准公益类和竞争类实行分类管理。开展全省探索村集体经济有效实现形式改革试点，探索园区型、商业型、物业型和产业型多种实现形式。连续实施三轮强村项目计划，村均收入172万元，改革工作先后两次得到省领导批示并在全省推广。

嘉善归谷科技园鸟瞰

优化县镇财政体制。建立小城市培育和新市镇建设的一级财政管理体制，以及城乡建设资金统筹使用机制，有力助推全县新型城镇化建设。"姚庄模式"被列为全省小城市培育可复制模式。推行"划分收支范围、核定收支基数、超收分成、欠收赔补"县镇财政管理模式，落实分类管理和分档结算。建立量化绩效考核机制，细化考评指标70余项，设置规范化制度18项，实现乡镇公共财政服务平台、乡镇财政国库集中支付制度改革和省级规范化财政所全覆盖。

三、聚焦短板精准发力，推进基本公共服务均等化

注重城乡统筹一体化，充分发挥财政政策在缩小城乡差距、实现民生事业均衡发展中的作用，让城乡居民更公平地分享改革发展成果。

实现教育均衡发展。把教育作为财政支出的重点领域予以优先保障，教育经费年均增长10%。推动城乡共享教育资源，有力支持义务教育学校教师流动国家级改革试点（两次得到国务院副总理刘延东批示肯定），实现"城乡学生零择校""城乡学校零差异""城乡师资零差距"，成功获评全国义务教育发展基本均衡县称号。

推进养老体系建设。嘉善县老龄化程度达28.5%，位列全省县级第一。财政有力支持全省养老服务业综合改革试点，打造智慧养老服务平台并获评国家智慧健康养老示范基地。鼓励社会力量兴办养老机构，撬动民营资本4亿元，在全省率先实现照料中心社会化运营全覆盖。创新长期护理保险制度，提供失能参保人员护理保障，覆盖人群43万。

下一步，全县将进一步加大改革创新力度，加快构建符合县域科学发展要求的现代财税制度，为推进示范点建设和"特富美安"新嘉善作出新的贡献。

政策与服务并举
奋力推进实体经济新跨越

临海市财政局

近年来，临海市财政部门根据供给侧结构性改革和振兴实体经济的战略要求，不断优化政策与服务助推实体经济迈向新台阶。2017年，临海市财政总收入97.7亿元，增长27.9%，增幅全省第一，增长额21.3亿元，台州第一；地方财政收入54.3亿元，增长19.1%，增长额8.7亿元，增幅和增长额均为台州第一。

一、解放思想，服务优先

十九大报告指出："建设现代化经济体系，必须把发展经济的着力点放在实体经济上。"临海坚持"科技是第一生产力"，全力推进传统产业优化升级。实施"2110"工作机制，组建财政体制改革和税收征管体系创新2个攻关组，开展振兴实体经济暖心工程，建立十大服务团队，下基层、下企业，讲方略、讲党课，走访企业7568户，解决问题3850个，真诚换来了四面八方的投资人：吉利豪情年产30万辆、产值330亿元的整车扩建项目在头门港投产，2017年销售301亿元，增长196%，税收10.5亿元，增长256%；华海药业投资100亿元的制剂项目原本准备在上海落户，在财税人多次上门服务后转而落户临海，达产后税收超过45亿元。临海市财政局帮扶吉利搬迁发展、服务羊岩茶农办实业的做法被改编微电影《税风亲清》《第一书记》，荣获亚洲微电影艺术节金海棠奖和评委会大奖。

二、深化改革，提高效能

"没有改革就没有浙江的今天，更没有浙江的明天。"深化改革、壮大实体经济已成为主旋律。临海市财政局开展了党建引领、最多跑一次先锋模范创建活动，以财政统筹推进国地税合作，在全省率先实行"同城通办、集成服务、一窗统办"，设立了全省规模最大的联合自助办税专厅，提供24小时服务；设立协调中心，为企业和投资人提供快速通道，做到"围墙内的事企业办，围墙外的事我们管"；实施"一个项目、一名领导、一支团队、一套方案、一抓到底"的"五个一"工作机制，做到"山留人、水留人，情留人、业留人"，形成良好投资环境，并在全国推广。

三、注重绩效，成果斐然

作为全省18个获得振兴实体经济专项激励资金的县市之一，临海制定了一系列振兴实体经济的措施。出台创新驱动振兴实体经济等系列文件，每年安排不少于2亿元财政资金；在科学用好省补资金1亿元的基础上，再配套2.5亿元用于实体经济发展。对投资100万元以上的项目补助资金进行全程监控，"花钱必问效、无效必问责"成为考核措施；优化财政支出进度优化，从2016年的全省倒数第12名上升为全省第一。2017年1-11月份，临海市规上工业产值增长27.8%，增加值增长13.8%，增速居全省第三。全市50强企业销售635亿元，增长64%，税收31.9亿元，增长39%，增幅走在全省前列。

抓住机遇 乘势而上
嘉兴积极推进"政采云"试点

嘉兴市财政局

嘉兴市自2016年被列为全省"政采云"平台首批试点地后，以"全市联动试点，全域同步上线"为目标，倒逼财政管理改革，简化政府采购流程，强化预算执行监管，全面推进"互联网+政府采购"和"最多跑一次"改革，在省财政厅的关心和"政采云"公司的全力帮助下，在嘉兴市各级党委政府高度重视支持下，全市财政系统齐心协力、通力合作，各采购部门（单位）以及政府采购代理机构和广大供应商积极参与，嘉兴的试点工作已经取得了

阶段性成果。

一、统筹联动建平台

“政采云”平台是集采购计划、采购执行、备案支付、资产管理,以及各环节审核、审批、预警、评价、分析、报表于一体的政府采购云服务平台,实现信息服务、监督管理、电子交易、决策支持和协作共享等多重功能。

嘉兴作为世界互联网大会的永久举办地,互联网已经成为嘉兴一张崭新而亮丽的“金名片”。步入“十三五”以来,嘉兴主动顺应云计算、大数据、移动互联网等新技术的应用和创新浪潮,积极推进互联网经济强市和新型智慧城市标杆市建设,努力打造“互联网+”跨界融合与创新应用的先行地和示范区,全面推行“互联网+政务服务”和“最多跑一次”改革。因此,嘉兴市财政局党委高度重视“政采云”平台建设试点,抓住试点契机,倾全局之力开展“政采云”平台建设试点工作。

(一)抓住重要机遇,实施全市联动

通过试点工作,倒逼自我改革,以互联网为基础,充分运用云计算、大数据、移动互联技术等前沿先进技术,构建交易、监管、服务“三位一体”的新型政府采购云平台,实现创新采购管理模式、提高监管服务水平,以及构建统一开放、竞争有序、权责对等的现代政府采购体系的目标,为建设数字财政、推进阳光采购、服务全省政府采购信息化建设和全市新型智慧城市建设发挥应有作用。试点工作纳入了全市2017年度创新财税管理重点工作,并根据省财政厅统一部署和《浙江省政府采购信息化建设(2017—2019)三年规划》要求,制订了《“互联网+政府采购”云平台建设(嘉兴)试点工作计划》,明确试点工作目标、任务和步骤,实施全市联动试点,实现全域同步上线,积极稳妥有序地推进试点。

(二)统筹各方资源,形成工作合力

嘉兴被确定为全省首批“政采云”试点地市后,及时建立市、县两级工作架构,成立了“政采云”平台建设工作组,由市财政局采监处、数管中心,市公共资源交易中心和负责财政内网运维的用友公司组成,明确工作职责和落实专职人员。县则以海宁、海盐为先导,其他县(市、区)工作及时跟进为工作机制。市工作组对上向省厅和“政采云”公司请示汇报和业务沟通,对下做好县(市、区)的统筹协调、情况沟通和业务指导。在做好前期业务需求调研的基础上,及时完成采购单位的相应基础数据维护和人员岗位配置等基础工作,实现采购单位全部入驻平台。积极配合政采云公司多次组织采购单位进行业务与操作培训,印发操作手册及操作注意事项,并加强业务指导,确保“政采云”平台平稳上线。

(三)注重实战测试,破解各种问题

一是规范数据标准,保障运行畅通。信息化建设必须发挥标准化的导向作用,以确保技术上的协调一致和整体工作效能的提高。因此,统一需求标准是政府采购信息化建设实现互通互联、信息共享、业务协同目标的前提和基础。嘉兴市财政局严格遵循财政部制定的基础数据规范,梳理现有系统并形成基础数据扩展集。构建了接口交换平台(政采购聚散系统),用于财政内网与政采云数据交换。与“政采云”公司共同制定了基础数据的交换标准,确保基础数据规范与政府采购内网系统及“政采云”外网平台的应用统一,保障政府采购系统正常运行。

二是梳通业务关系,确保规范顺畅。首先梳理政府采购的内在业务逻辑关系,进一步规范政府采购业务,满足现行内控制度要求,畅通采购业务流程,并对特殊事项进行合规性审核,减少审核工作量。同时,调整优化政府采购系统内网界面,如取消采购类型选择和供应商选择,调整了采购计划填报的先后顺序,使其适应政府采购业务逻辑关系,方便采购人操作。

三是统一监管平台,重塑采购流程。政府采购信息化建设体现了政府采购监督管理、执行交易和服务的有机统一,监督管理融入政府采购全流程。为简化政府采购流程,加快预算执行进度,嘉兴大幅度调整采购计划申报及采购计划审核流程,按业务标准设计系统自动审核功能,并印发《嘉兴市财政局关于优化采购流程加快采购预算执行的通知》,规范采购主体,进一步优化和加快预算支出进度管理。如采购合同外网备案,内网自动接收,不需要人工干预。解决了采购单位及供应商合同备案支付需要上门办理的问题,有效地落实了“最多跑一次”改革的要求。截止到2017年底,“政采云”平台上线运行全市申报采购计划10945条,涉及金额25.9亿元,实现了政府采购全线自动审核,大大提高了预算单位的采购执行效率。

二、有序运行见成效

一是操作程序化。重构了政府采购管理模式,采购流程操作更通畅快捷,服务更优质高效。针对采购单位在具体操作过程中涉及特殊性项目和业务,梳理、整理各种问题共计十六个类别。嘉兴市财政局多次组织相关人员召开座谈会进行需求反馈,针对各模块功能提出优化、细化解决方案,使原模块功能得以拓展,并与“政采云”公司对接,满足了采购单位的个性化需求。

二是服务多元化。推进了“互联网+政务服务”,促进了政府采购“最多跑一次”“不用跑一次”改革,让采购人和供应商得到实惠。为了使采购单位相关人员达到“会操作、用得好、用得活”的目标,组织财政内网开发商并会同政采云公司等技术人员,以需求和用户为导向,选聘财政内网业务与政采云业务都比较熟悉的培训人员;同时针对不同对象、不同业务内容,制订了多层次、全覆盖的培训方案。

针对当前采购供应商面临的问题,及时协调相关培训机构,提供入驻注意事项及相应操作规程的培训服务,受到采购供应商“点赞”。并借举办嘉兴市政府采购支持中小企业信用融资签约暨全市互联互通启动仪式的契机,协调“政采云”平台增设政策服务模块,为入驻供应商提供金融、政策咨询等多元化服务。

三是采购阳光化。在强化采购人主体责任的同时,通过共享"政采云"平台资源优势,信息更加公开、操作更加透明,监督更加到位。通过政采云平台实现了"厂家直销、单位直购",嘉兴市行政事业单位可以共享全省近3万家供应商、57万件商品的海量资源,而且这些资源还在不断增加。目前,嘉兴市已完成本地企业入围政采云平台网上超市上线工作,公开征集包括办公设备在内的十四大类政府采购供应商,鼓励本地企业入驻网上超市,更好地支持嘉兴企业发展。

金华财政"快联全优"打造非税收缴改革全国样板

金华市财政局

依托"最多跑一次"改革,金华正在打造浙江乃至全国非税收入电子化收缴改革的样板。

线上线下无缝衔接的政务服务网统一公共支付平台运行体系,是浙江省深化"互联网+政务服务"工作的重要内容之一。2017年,金华市作为浙江省唯一的政府非税收入接入统一公共支付平台线上线下一体化收缴示范单位,提前半年在全国率先全面完成全市行政事业性收费线上线下一体化收缴,努力推广"政府收费无现金"模式。

截至2017年12月底,金华市通过统一公共支付平台缴纳各项收费519.40万笔,金额37.81亿元,实现项目全覆盖、渠道全开通、缴费一网通。

一、"快"字为先,有位有为提前时间节点

"启动快、落实快、实现快"。这是金华喊出的三个"快"字口号。

围绕"让群众在缴费环节实现少排队、少跑腿,甚至一次都不用跑"目标要求,金华市财政局第一时间组织工作部署会,成立由局长挂帅的改革工作领导小组,定期开展项目推进会,按照"分批上线、有序推进"原则,做好改革筹备工作。

同时,指派技术专人做好对部门(单位)的服务和跟踪,及时收集工作中遇到的困难。分批次分主体组织业务培训,确保各级财政部门及时掌握电子缴款的相关操作。设置"财政非税收缴改革责任人交流群""公共支付对账处理群"和"非税代理银行业务群"等微信群,互联互通,实时服务。

2017年6月30日,金华全面完成"最多跑一次"行政事业性收费一体化收缴改革任务;8月31日,实现国有资源有偿使用收入等其他非税收入一体化收缴,与百姓密切相关的道路交通违法罚款、人行道违停罚款、学费、不动产登记收费、城乡居民医保、社保费等均已实现通过互联网或银行网点线下缴费。

二、"联"字当头,纵向横向抓牢关键环节

推进"最多跑一次"改革,事关群众的获得感。2017年3月30日,全省政府非税收入线上线下一体化收缴示范单位上线启动仪式在金华举行后,金华市财政局马上着手研究,明确改革任务,全面开展走访调研,并第一时间向省财政厅汇报提出优化建议。同时向市政府提交实施方案,并经市政府同意印发。

随后,领导小组分赴各县(市、区)对非税项目清理、接入平台计划安排等六个方面专项督察。紧接着,金华第一时间召集布置部门(单位)对接任务要求及技术问题,与市国土局、市行政服务中心等共同讨论优化缴费流程;与各非税收入代理银行沟通协调,督促接入统一支付平台试点测试、开通MISPOS缴费方式等相关工作,并做好运维保障队伍建设、窗口人员服务培训等相关工作。

三、"全"字为要,保质保量落实缴费便民

为了全方位服务群众,金华市财政局实现了收费项目、支付渠道、便民服务的全覆盖。

金华全面梳理非税收入项目和缴费流程、方式,建立非税收入电子化改革需求项目库,逐项排查、逐项解决,逐步覆盖考试考务费、评审推荐费等行政事业性收费、城市基础设施配套费等政府性基金、罚没收入、出租收入、采矿权使用费等政府资源有偿使用收入,实现政府非税收入统一公共支付平台收缴。

随后,融合创新线上线下支付方式,进一步拓宽一体化缴费渠道,全面打通10条高效、便捷的线上线下支付渠道,全市1067个银行网点均可缴费。实现通过浙江政务服务网平台缴费、移动APP缴费、支付宝公共支付缴费、二维码扫描缴费、企业网银、批量扣款、银行网点柜面缴费、自助设备缴费、MISPOS刷卡缴费、通过财政结算账户缴费等多种渠道。

此外,围绕"最多跑一次"改革,参与执收单位业务流程再造,推动"一窗受理、集成服务",如不动产登记交易和缴费、公安出入境事项办理和缴费、社保医保的参保和缴费等,办事缴费一窗完成,全方位集成便民服务。

四、"优"字为纲,互联互通实现模式创优

为了让用户体验更优,提供更多的应用场景,金华做了很多工作。

根据各种群体的实际需求,提供线上线下多渠道的全天候服务,同时主动争取省有关部门的支持,尝试扩大线下缴费渠道的覆盖网络,以道路交通违法罚款为试点,逐步实现全省范围乃至全国内的相关银行网点都能办理缴费业务。

缴款人可通过计算机、手机等终端自主办理缴款,打破时间和空间的限制,随时随地办理缴款业务。

打破信息孤岛,实现财政部门与执收单位间的信息资源共享,为大数据分析和研究制定政策提供数据支撑。合理界定财政部门、代收机构和执收单位等部门的工作职责,实现资金流向、流量的全程无盲点监控和公共支付业务全链条在线化处理,有力促进了征缴效率和资金监管。

调研报告精选

完善绿色发展财政体制机制研究(摘要)

省财政厅总预算局课题组

一、浙江财政促进绿色发展的探索与实践

(一)起步早。对于财政支持绿色发展的探索,浙江一直走在前列,很多政策在全国都属于首创。2003年,为强化地方政府生态环保职责,浙江省把完成生态环保任务作为兑现省对市县财政体制中"两保两挂""两保一挂"财政奖补政策的前置条件,对环保工作任务未能按时完成、区域生态环境不达标的,扣减相应的财力补助和奖励,从体制上对地方政府进行激励与约束。2004年,浙江就作为全国森林生态效益补偿试点省份,率先开始探索建立生态公益林补偿机制,通过十多年的实践,形成了以公共财政投入为主体、补偿机制较为成熟的森林生态效益补偿基金制度。2005年,在"两山"重要思想提出的同年,浙江就在全国率先建立了生态环保财力转移支付制度,对钱塘江源头地区10个县(市、区)实行专项补助试点政策;2008年,在八大水系源头地区45个市县推广实施生态环保财力转移支付政策,成为全国第一个实施省内全流域生态补偿的省份,并于2011年将转移支付范围扩大到了全省所有市县。在推动治污减排方面,浙江省于2014年就在开化县、淳安县启动了污染物排放总量财政收费试点,次年在试点的基础上在全省各地全面推广实施。这项由省级向市县财政收费的创新制度,在全国至今尚属首例。

(二)目标准。通过十多年时间的实践,浙江省在促进绿色发展方面陆续出台并完善了一系列的财政政策,每项政策围绕绿色发展的目标越来越有针对性,政策发挥的作用越来越精准。如为完善生态补偿机制出台的生态环保财力转移支付制度,以"林、水、气"等反映区域生态环境质量的基本要素为资金分配依据,既涉及对省级以上生态公益林面积、森林覆盖率等森林环境的补偿,又涉及集中饮用水源地保护(大中型水库面积)、水环境质量、大气环境质量等多个生态领域的补偿,基本上覆盖了生态环境的重点领域。为支持重点生态功能区示范区建设试点出台的财政政策,实行工业税收收入保基数、保增长政策,对试点县保护生态功能而限制部分产业发展的机会成本从体制上给予补偿,有效提高了试点县推进产业"治旧控新"的积极性,同时建立了生态环境财政奖惩机制,对试点县的污染物排放、出境水水质、森林覆盖率、林木蓄积量等生态领域指标,按照最严格的环保要求,给予奖励或扣罚。2017年实施的"两山"建设财政专项激励机制,鼓励市县政府以促进生态文明建设及成果转化目标为导向,统筹安排财力,引导社会资本、金融资本,自主选择项目,更好地实现集中财力办大事。除此以外,还实施了促进绿色发展的产业发展奖补政策,包括为引导生态保护重点地区的市县加快发展第三产业、生态经济、绿色经济的第三产业地方税收收入增长奖补政策(详见表1),以及引导市县支持高新技术产业加快发展的高新技术产业地方税收增量返还奖励政策等,从产业政策上引导和鼓励市县优化产业结构,加快绿色发展。

表1　第三产业地方税收收入增长奖补政策

项目	奖补机制	政策内容
补助	激励补助与其第三产业地方税收收入增长率挂钩	补助系数分三档:第一档为文成等7个县,补助挂钩系数为0.4;第二档为苍南等18个市、县(市),补助挂钩系数为0.3;第三档为三门等4个市、县(市),补助挂钩系数为0.2
奖励	奖励与其第三产业地方税收收入增收额挂钩	奖励分两档:第一档为丽水等3个设区市,按全市第三产业地方税收收入增收额挂钩计算,挂钩比例为增收额的15%;第二档为淳安等26个县(市),按本县(市)第三产业地方税收收入增收额挂钩计算,挂钩比例为增收额的15%

(三)机制新。浙江促进绿色发展的财政政策之所以能够较好地发挥政策效应,在很大程度上得益于政策的改革和机制的创新。一方面,部分政策本身就是一项创新的机制。如针对重点生态功能区示范区建设试点县实施的生态环境财政奖惩机制,财政奖励或扣罚与污染物排放总量、出境水水质、森林质量直接挂钩(详见表2),在发挥激励政策调动地方积极性的同时,通过考核机制,倒逼重点生态功能区建设目标的完成,有效地促进了试点地区示范和导向作用的发挥。又如"两山"建设财政专项激励机制,是2017年浙江在生态建设领域资金分配机制的重大创新,首次通过竞争性分配方式,确定财力性专项扶持范围(详见表3),同时明确政策实施3年后进行绩效考核,考核结果未达到预期的,相应扣回财政资金。这种机制强化了市县生态建设的主体责任意识,有利于促进各地去努力实现"该花的一定要花、不该花的一定不花、该少花的不多花、该多花的不少花"的目标,精打细算,进一步提升财政专项资金使用绩效。另一方面,在具体政策设计时,运用科学合理的机制,更好地发挥该项政策效益。如在生态环保财力转移支付制度中,对"林、水、气"等因素给予生态补偿的同时,在政策中建立了环境质量考核机制,对水环境质量和大气环境质量提升和下降等实行奖罚。在实施与主要污染物排放总量挂钩的财政收费制度时,还建立了收费返还政策,对完成当年主要污染物减排任务的市县,返还其

上交省财政缴费总额的50%，由市县统筹用于环境治理；对未完成的，降低返还比例，通过反向倒逼，增强地方政府对推动治污减排紧迫性的认识，充分体现激励与约束相结合的政策导向。此外，很多政策还采用了“先试点，后推广”的模式，如生态环保财力转移支付制度、生态环境财政奖惩机制、污染物排放财政收费制度等，在试点的基础上再扩面或全面推广实施，这样更加有利于积累经验，提高决策的科学性和政策的实效性。

表2　生态环境财政奖惩政策一览表

生态指标	主要污染物排放总量	出境水水质	森林覆盖率	林木蓄积量
奖惩机制	按每吨3000元收缴	按照Ⅰ类、Ⅱ类占比，省财政每年每个百分点分别给予120万元、60万元补助；按Ⅳ类、Ⅴ类、劣Ⅴ类占比，每年每个百分点分别倒扣20万元、60万元、120万元。对Ⅰ类、Ⅱ类水占比比上年提高的，每提高一个百分点分别奖励1000万元、500万元；对Ⅰ类、Ⅱ类水占比比上年下降的，每下降一个百分点分别倒扣1000万元、500万元	每高出全省平均水平的一个百分点奖励200万元，每低一个百分点倒扣200万元	比上年每增加1万立方米，奖励50万元，比上年每减少1万立方米，倒扣50万元

表3　“两山”建设财政专项激励政策及扶持范围

类型	政策	扶持范围
两山（一类）	2017—2019年每个县（市、区）每年补助1.5亿元，三年后考核，考核结果未达到预期的，相应扣回财政资金	龙泉、景宁、开化、遂昌、文成、庆元、缙云、泰顺、云和、衢江、松阳和磐安等12个县（市、区）
两山（二类）	2017—2019年每个县（市、区）每年补助1亿元，三年后考核，考核结果未达到预期的，相应扣回财政资金	安吉、浦江、临安、天台、仙居、建德、柯城、淳安、江山、常山、莲都、青田、龙游、黄岩、永嘉、德清、三门和武义等18个县（市、区）

（四）力度大。从省级生态公益林补偿标准来看，按照“最低补偿标准和省补偿标准每两年作一次调整”的要求，补偿标准从2004年的8元/亩提高到2015年的30元/亩，其中源头县以及国家级和省级自然保护区公益林的补偿标准，2016年提高至35元/亩（详见图1）。补偿标准一直位居全国各省首位，也远远超过国家补偿标准。从生态环保财力转移支付规模来看，资金规模增长从最初的2亿元增加到2016年的20.8亿元（详见图2），并重点支持了生态保护优、出境水质好、生态环境贡献大的源头市县（详见图3），体现了向生态屏障地区和重要水源地保护地区倾斜的导向。从省级重点生态功能区财政政策来看，除每年给予试点县1亿元专项资金以外，生态环境奖励资金也非常可观，如淳安县每年仅出境水水质一项就可以获得1.2亿元奖补资金，2016年省财政共兑现6个试点县补助资金近15亿元。从调动各方积极性多渠道投入来看，2017—2019年，省财政安排“两山”建设财政专项激励资金，对纳入“两山（一类）”政策的12个县（市、区），每年分别给予1.5亿元激励资金；对纳入“两山（二类）”政策的18个县（市、区），每年分别给予1亿元激励资金。省财政3年合计安排108亿元，调动各县（市、区）至少统筹自身财力108亿元以上，引导社会、金融资本投入108亿元以上，预计3年共将投入超过300亿元，真正起到“四两拨千斤”的作用。

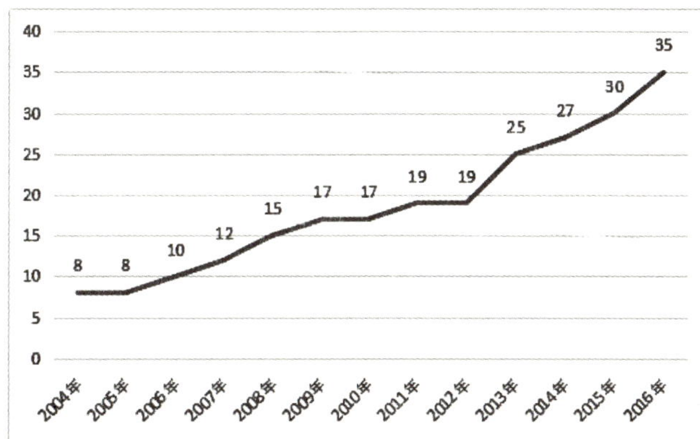

图1　2004—2016年生态公益林补偿标准提高情况（单位：元/亩）

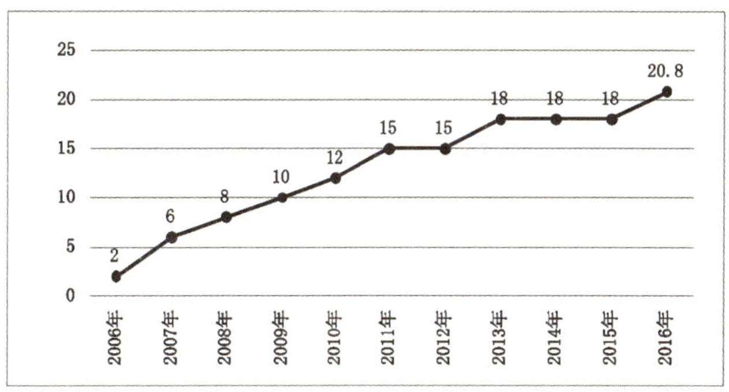

图2　2006—2016年省生态环保财力转移支付资金规模（单位：亿元）

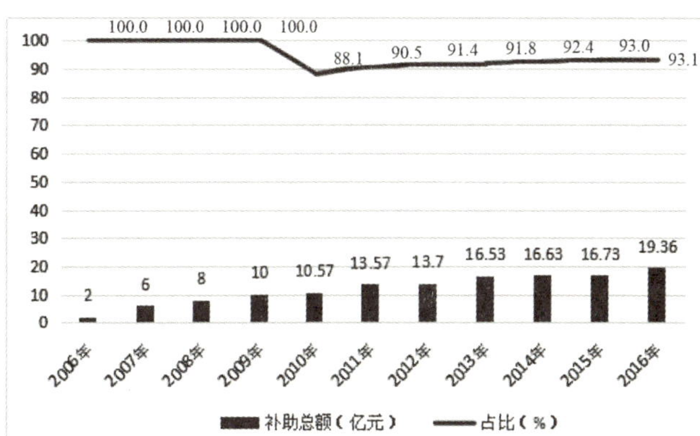

图3　45个源头市县补助总额及占比情况

二、完善绿色发展财政体制机制的对策和建议

(一)总体思路

深入贯彻落实“两山”重要思想,牢固树立“五大发展理念”,积极稳妥推进省以下生态环保领域财政事权与支出责任划分改革,有机整合现行生态环保类财政政策,分类实施符合地区功能定位的财政奖惩政策,进一步丰富财政政策内容,完善资金分配机制,创新生态补偿方式,着力构建更加符合我省发展要求的绿色发展财政奖补机制,促进经济发展与生态环境良性循环,助推青山、绿水、蓝天的美丽浙江建设,为“两个高水平”建设提供更加有力的支撑。

(二)处理好四对关系

1. 政府与市场的关系。由于环境保护具有明显的“正外部性”特征,政府在其中具有不可推卸的重要责任,必须坚持政府主导,但这并不意味着政府必须大包大揽,要本着“有所为,有所不为”的原则,积极引导社会各方参与,探索多渠道、多形式的生态补偿方式,拓宽生态补偿市场化、社会化运作的路子,更大程度更广范围发挥市场在资源配置中的决定性作用。

2. 保护与发展的关系。加强生态环境保护,并不等于不重视发展。我们不能片面强调“蓝天白云”,而不顾经济和社会民生事业的发展,而是有效依托政策工具,引导各地立足自身资源条件和发展特点,探寻生态保护与经济发展共赢的道路。同时,要切实加大对生态保护重点地区的支持力度,对承担生态保护责任的重点区域因牺牲发展经济机会而给予补偿,使生活不同功能区的人民群众在保护生态的同时,能享受大体相同的基本公共服务。

3. 共性与个性的关系。绿色发展财政奖补机制,作为生态文明建设财政政策新体系,需要形成一个多层次、广覆盖、重实效的政策架构。既要针对共同要求的生态环境指标,制定面向全省各地的统一政策,也要根据主体功能区布局以及地区功能定位,分类实施差别化的财政政策,促进差异化发展,更有效率地发展。

4. 激励与约束的关系。优化激励与约束相结合的奖惩机制,既要建立合理的激励机制,将财政补助与地方政府努力程度直接挂钩,地方干得好,就有奖励、奖励就多,努力调动地方工作积极性,也要依托有效的财政惩罚和考核机制,引导地方政府将保护好生态环境作为基础条件和首要责任,倒逼地方政府切实提高绿色发展成效。

(三)实施五大举措

1. 有机整合现行政策,分类实施生态环境财政奖惩政策。

结合现行生态环保类财政政策运行状况,将现行生态环保财力转移支付制度、重点生态功能区示范区建设试点财政政策、污染物排放财政收费制度等三项政策有机整合,分类实施生态环境财政奖惩政策。同时,根据经济社会发展水平变化以及省级财力可能,适时建立奖惩标准动态调整机制。

一类是开化等18个市县。在现行开化、淳安、文成、泰顺、景宁、庆元6县享受生态功能区财政奖惩政策的基础上,根据浙江主体功能区布局,为更好地支持“大花园”建设,加强体制机制创新,把衢州、丽水两市全域以及其余国家级重点生态功能区县纳入政策范围,合计18个市县实行生态环境财政奖惩政策,包括主要污染物排放财政收费、出境水水质财政奖惩、森林质量财政奖惩等政策,并完善与林、水、气质量挂钩的财政奖惩标准,加大财政奖惩力度,进一步发挥政策效应。对于其中的开化、淳安县,为了更好地发挥两个试点县的引领带动作用,宜在现行政策基础上,实行更高标准的奖惩政策。比如,可将主要污染物的收费标准从现行的按每吨3000元收缴提高到按每吨5000元收缴;将出境水水质、森林覆盖率、林木蓄积量的奖惩标准在现行基础上再提高50%,如森林覆盖率,可从原来的每高于全省平均水平1个百分点奖励200万元,提高到现在的300万元。

另一类是杭州等41个市县。考虑到这些市县的地区功能定位,继续实施生态环保财力转移支付制度,进一步调整完善资金分配办法,按林、水、气的质量权重组合而成的“绿色指数”挂钩分配,由这些市县统筹用于生态保护、绿色产业发展。对于“绿色指数”涉及的各指标权重,根据林、水、气指标的特征以及重要性,可设定为30%、40%、30%。“绿色指数”的使用,有利于更加客观地反映地方政府努力程度以及地方生态建设成效,更能体现政策的正确导向。

2. 逐步拓展政策领域,提高财政政策体系的完整性和有效性。

结合生态文明建设的要求以及我省生态保护实际情况,逐步建立覆盖更多生态保护和治理领域的财政体系,更好地促进绿色发展。

一是实施节能降耗财政奖惩制度。推动节能降耗是促进产业结构优化和经济转型升级的重要手段,也是推动产业绿色发展的重要基础,有必要研究制定这方面的奖惩制度,将地方单位生产总值能耗变化与财政奖惩挂钩,通过财政奖惩的手段,树立政策导向,推动节能降耗工作,倒逼各地经济转型升级。综合近年来各地单位生产总值能耗变化以及省级财力状况,初期试运行时奖惩标准不宜过高,今后视情况调整。比如,对各地单位生产总值能耗下降的,每比上年降低1个百分点,奖励50万元,其中降幅超过全省平均降幅部分,每1个百分点再奖励100万元;如果指标上升,每比上年提高1个百分点,则扣罚100万元。

二是探索建立湿地生态效益补偿制度。我省是湿地类型比较齐全的省份之一,全省湿地总面积1665万亩,相当于国土面积的10.9%。近年来,我省在湿地保护方面陆续采取了一些措施,各地投入力度也在不断加大,但仍不能满足湿地保护的实际需要。省财政虽然每年安排一定的湿地保护补助资金,但仍缺乏单独的湿地保护补助政策。近年来部分人大代表、政协委员也在呼吁出台湿地保护补偿政策。结合当前湿地保护形势和实际情况,有必要研究建立湿地生态效益补偿制度。综合考虑省级

生态公益林补偿标准以及提标做法，湿地保护补偿范围宜率先在省级以上湿地公园和自然保护区开展补偿试点，按面积予以补偿，初期标准不宜过高，按每亩20元左右的标准为妥，今后可视省级财力可能以及湿地保护需要适当提高。

三是探索建立绿色金融发展奖补机制。绿色金融是绿色发展的重要措施，通过创新性金融制度安排，引导和激励更多社会资本投入绿色产业，同时有效抑制污染性投资。浙江作为首批绿色金融改革创新试验区，为了更好地发挥财政职能作用，引导地方加快试验区建设，下一步可探索建立绿色金融发展奖补机制，将财政奖补与试点建设成效挂钩，提高地方政府推进绿色金融发展的积极性。特别是可以将直接体现绿色发展的生态环境指标改善情况，作为体现试点建设成效。如在实施与环境质量挂钩的主要污染物排放财政收费返还政策时，试点地区当年主要污染物排放总量低于上年的，在原返还政策基础上再适当加大奖励力度。

3. 探索横向生态补偿，建立流域上下游生态保护补偿机制。

一直以来，对流域上下游地区的补偿，浙江主要通过省财政纵向转移支付来实现，有利于地方政府间相关事务的统筹协调，规范跨流域治理工作秩序，但纵向补偿在生态保护的激励和约束机制上存在一定的局限性。根据党中央、国务院关于加快建立流域上下游横向生态保护补偿机制的部署要求，结合外部性理论，下一步有必要探索建立省内流域上下游横向生态保护补偿机制，进一步理顺上下游之间的生态关系和利益关系，加快形成“成本共担、效益共享、合作共治”的流域保护和治理长效机制，使得保护自然资源、提供良好生态产品的地区得到合理补偿。横向补偿主要由流域上下游地方政府自主协商确定，通过签订补偿协议，确定补偿基准、补偿方式、补偿标准等。鼓励在具备重要饮用水功能及生态服务价值、受益主体明确、上下游补偿意愿强烈的跨流域上下游率先开展试点。横向生态保护补偿，以地方为主，省财政给予支持，对达成补偿协议的重点流域给予财政奖励，奖励额度可根据流域上下游地方政府协商的补偿标准、省政府在不同流域保护和治理中承担的事权等因素确定。

4. 健全转移支付制度，打造与绿色发展相符合的财政体制。

打造绿色发展财政奖补机制，其重要基础就是要完善与生态文明建设、主体功能区建设和绿色发展要求相符合的省对市县财政转移支付制度，促进地区间财政能力均等化，努力实现绿色发展财力与支出责任的匹配。一要加大转移支付支持。根据主体功能区规划调整情况，适时调整分类分档转移支付系数，适当提高重点生态功能区等生态保护重点区域转移支付系数，使转移支付系数与市县的地区功能定位相匹配。同时逐步加大均衡性转移支付、县级基本财力保障补助、市县运行与发展补助等支持力度，提高这些地区提供基本公共服务的能力。二要完善淳安等26县考核财政奖补机制。完善考核指标体系和财政奖惩办法，适当提高反映绿色发展的考核指标分值权重，更多地考虑地区生态建设、生态效益、环境质量等因素，进一步发挥考核奖惩的指挥棒作用。三要建立生态公益林补偿标准稳步提高的机制。2017年起，将主要干流和重要支流源头县以及国家级和省级自然保护区公益林的补偿标准，可进一步提高至40元/亩。今后可视省级财力状况适时调整补偿范围，并稳步提高标准。

5. 创新资金分配机制，助力产业创新服务综合体建设。

建设产业创新服务综合体，是省第十四次党代会报告明确的工作任务，对浙江省深化供给侧结构性改革、深化科技体制改革等具有重要意义，也是落实绿色发展要求、促进全产业链转型升级的重要措施。下一步，省财政在支持产业创新服务综合体建设时，应按照“集中财力办大事”的原则，参照“两山”建设财政专项激励政策的做法，整合现有各类产业财政扶持政策，实施竞争性分配方式，变“点对点”扶持为“点对面”扶持，充分发挥财政激励约束作用，支持各地加快建设产业创新服务综合体，为产业创新发展提供更加便捷、更加精准、更加有效的创新服务，进一步改善生态环境，促进传统产业改造提升、新兴产业加快发展。财政专项激励政策资金要面向全省，以市县区为竞争主体，开展竞争性分配，即2018—2020年每年择优选定10个市县区创建“1+X”产业创新服务综合体，建设期均为3年，共30个市县区建成50个以上符合“1+X”模式的特色产业创新服务综合体。3年建设期满后，进行考核，若达不到预期目标的，相应扣回专项激励资金，切实强化激励与约束相结合的机制，使产业创新服务综合体成为更好推进绿色发展的主平台、新战场。

课题组

组长：徐宇宁

副组长：罗石林

成员：章启诚　陈　孝　杨格来　姜传鸽（执笔）

浙江省支持民办学前教育发展的财政政策研究

浙江省财政厅课题组

民办学前教育作为学前教育的重要构成部分，在增加学前教育资源、满足人们多层次入园需求、解决“入园难”等方面发挥了积极作用。但从全省调研的情况看，民办学前教育还存在着一些问题。完善民办学前教育财政扶持政策，明确政府和社会的责任，形成科学合理的经费保障机制，对于扩大普惠性学前教育资源覆盖面，提升民办学前教育办学质量，保障适龄儿童接受基本的、有质量的学前教育具有重要意义。

一、浙江省民办学前教育发展情况及存在的问题

（一）浙江省民办学前教育发展情况

1. 民办学前教育是浙江省学前教育的主力军。截至2017

年底，全省共有民办幼儿园 6281 所，占全部幼儿园 9349 所的 67%；民办幼儿园在园幼儿 113.49 万人，占全部在园幼儿 190.29 万人的 60%。民办学前教育是浙江省学前教育的主体，为保障学前幼儿入园提供了主要支撑。

2. 办学质量基本保障。升入等级园需在师资力量、办学场地、办学设施等方面达到相应要求，升等即意味着办学质量在保障基本的基础上有所提高。全省共有等级园 8352 所，比 2010 年的 4527 所增加 3825 所，增长 84.5%。其中民办等级幼儿园 5543 所；民办等级幼儿园在园幼儿 107.17 万人，覆盖面达到 94.43%。大量民办等级幼儿园的存在，有效保障了学前教育质量，基本满足了学前教育需求。

3. 投入水平逐步增长。从全省看，各地已经将学前教育经费列入各级财政预算，财政教育经费逐步向学前教育倾斜。2016 年，全省民办学前教育经费总额达到 185 亿元，比 2014 年的 148.77 亿元增加了 36.23 亿元，增长 24.35%。全省财政性学前教育经费占财政性教育经费的比重达到 6.1%，比 2014 年的 5.53%提高了 0.57 个百分点。其中：2016 年全省民办学前教育公共财政投入为 7.42 亿元，比 2014 年的 5.03 亿元增加了 2.39 亿元，增长了 46.52%，比民办学前教育经费总额增幅高出 22.17 个百分点。

（二）存在的问题

1. 成本分担机制尚不完善。

一方面，浙江省民办园要获得普惠性幼儿园资格，收费需控制在同级公办园收费标准的 1.5 倍以内。从调研情况看，各地的政策执行比较到位。杭州市、嘉兴市和缙云县民办普惠园的收费标准为同级公办园的 1.5 倍，绍兴市柯桥区为 1.2 倍，长兴县为 1.4 倍，义乌市为 1.3 倍，丽水市根据不同等级规定为 1.1—1.3 倍。由此，各地民办园的收费受到了控制，学前教育成本家庭分担受限，对幼儿园的收支平衡产生了一定的影响。另一方面，从全省看，近些年来民办学前教育的公共财政投入有了较大的提高，对促进民办学前教育发挥了积极作用，但与公办园相比，财政对民办园的保障水平相对较低，生均公共财政投入力度仅为 648.47 元，约为公办园的 8%。从调研情况看，民办园实际运行支出水平远低于同级公办园，部分民办园收支压力较大，保运转困难。

2. 总体发展水平仍然较低。

与公办园相比，民办园存在低、小、散现象。从教师队伍看，师资队伍整体素质相对较低，专业水平、职业资格持证率、职称拥有率等不及公办园，且民办园教师待遇远低于公办园，教师流动性较大。从园区条件看，民办园自有场地较少，租用场地为主，更新设备和改善园舍的积极性不高，教学质量受到一定的影响。

3. 民办园之间差距明显。

从调研情况看，区域内的民办园、区域之间的民办园存在明显差距。从收费看，既有每人每月收费 3800 元的国际民办园，也有每人每月收费 320 元的乡村民办园。从教师待遇看，既有跟公办教师待遇基本一致的情况，也有仅为公办教师待遇 20%的情况。从园区建设看，既有投资几千万元的高端民办园，也有每年租金几千元的乡村民办园。

二、基于生均标准成本测算和生源预测的民办学前教育财政投入政策方向和方案设计

要解决民办园运转问题，提升民办园为主体的学前教育总体发展水平，需构建合理的学前教育成本分担机制。成本分担机制需要以生均办学标准成本为分析基础。为准确把握浙江省学前教育生均标准成本，本课题设计了成本测算体系，并对全省各地进行了抽样和反馈。

（一）学前教育生均标准成本体系的设计

1. 学前教育标准成本模型。

按照幼儿园等级评定标准中各成本项目的配置标准和市场价格测算的每生每年的保教成本，根据学前教育支出情况，参照有关财务会计制度，可以将学前教育成本项目分为人员费、公用费、固定资产折旧费三类。根据学前教育工作的内在运行规律，又可以将上述三类成本项目进行细分，从而建立如下模型：

学前教育总成本＝人员费+公用费+固定资产折旧费

生均学前教育成本＝学前教育总成本/幼儿数。

2. 成本项目的内涵及参数标准确定办法。

（1）人员费。

人员费，包括保教人员费、财务保健管理人员费和其他服务人员费等，按照各类人员的标准生师比折合生均承担相应人员数。如一个标准班有 30 个幼儿、需配备 2 个教师和 1 个保育员，所以每生需承担教师 2/30 个、保育员 1/30 个。人员费工资、社会保障缴费、工资附加费。

生均标准人员费用成本＝∑每生承担各类工作人员数×各类工作人员年均人员费用。

（2）公用费。

公用费包括保教活动直接公用费、行政管理公用费和后勤服务公用费三大类。其中，保教活动直接公用费按照保教计划测算保教活动及课时数，测算每课时的消耗性材料支出。

（3）固定资产折旧费。

固定资产折旧费按照资产使用年限逐年分摊。其中，土地摊销费，按生均标准占地面积、土地征用开发费和使用年限（70 年）测算，也可用生均标准占地面积、土地征用开发费和银行利率计算每年的资金成本替代。房屋折旧费，按生均标准建筑面积、平均建造（包括装修）成本和建筑使用年限（50 年）测算。课桌、床铺折旧费，按每生一套、市场购置价及使用年限（8 年）测算。大型体育活动设备折旧费，按照配置数量标准、市场价及使用年限（5 年）及全园幼儿人数测算。图书购置费，按师均每年购置册数、单册购置成本及师生比测算教师图书购置费；按生均每年购置册数及单册购置成本测算学生图书购置费。电脑等设备折旧费，按教师人数、配置标准、使用年限（5 年）及师生比测算。办公家具折旧费，按教师人数、配置标准、使用年限（8 年）及师生

比测算。此外还可包括安防设施折旧费、食堂炊具折旧费等。

3. 标准成本测算。

根据上述理论，设计如下三种表格：人均人员经费标准测算表、生均标准固定资产折旧测算表、生均标准成本测算表。根据《浙江省学前教育条例》《浙江省幼儿园等级评定实施办法》和《浙江省等级幼儿园评定标准》等相关规定，测算得出含不动产折旧的生均标准成本为 15736.73 元，不含不动产折旧的生均标准成本为 14267.08 元。

4. 抽样标准成本的确定。

根据《生均标准成本测算表》可知，含不动产折旧的生均标准成本 15736.73 元，不含不动产折旧的生均标准成本 14267.08 元。幼儿园等级评定标准规定：一级幼儿园满分为 150 分，须达到 135 分及以上；二级幼儿园满分为 120 分，须达到 108 分及以上；三级幼儿园满分为 100 分，须达到 90 分及以上。如果按得分数为权数，可推算出各级幼儿园标准成本。

5. 标准的修正。

上述抽样具有不完整性，结合在实践中发现的问题（如公办园教师收入几乎没有差别），进一步对有关体系进行了完善，并全面征求所有县市成本数据。经汇总，全省各地各级各类幼儿园平均成本如表 5（见下页）：

表 1 人均人员经费标准测算表

单位：元

项目	基本工资	绩效工资	社会保障缴费（20%+6%+1%+0.5%+0.2%+8%+12%）	工资附加费（5%+2%+2.5%）	标准人员费
园长	80000		38160	7600	125760
在编教师	70000		33390	6650	110040
非在编教师	56000		26712	5320	88032
保育人员	36000		17172	3420	56592
财务管理保健人员	46000		21942	4370	72312
其他服务人员	20160		9616	1915	31691

填表说明：

1. 在编教师“基本工资+绩效工资”按条例规定填写；劳动合同制教师人均年收入，不低于上一年度所在地全社会单位在岗职工年平均工资。
2. 一级园非在编教师工资按当地在编教师工资标准 80%计算。
3. 其他人员“基本工资+绩效工资”按幼儿园等级评定办法规定：平均工资不低于本地区的最低工资标准的 1.2 倍。

表 2 生均标准固定资产折旧测算表

成本项目	每生标准数量	单位成本	生均标准成本（元）
建筑用地	12.26 m^2（9 班规模）	征用开发费按 30 万元/亩，银行利率 5%	709.76
户外活动场地	3m^2		
绿化面积	1m^2		
园舍建筑面积	9.5m^2（9 班规模）	按 4000 元/m^2，50 年	760.00
不动产小计	/	/	1469.76
课桌床铺折旧费	1 套/生	800 元/套，8 年	100.00
大型体育活动设备折旧费	1/30	10000 元/套，5 年	66.67
图书购置费	教师 2/30×20 册，学生 3×20%	20 元/册	52.00
电脑等设备折旧费	教师 2/30	4000 元/台，5 年	44.44
办公家具折旧费	教师 2/30	500 元/套，8 年	4.12
安防设施折旧费	20000 元	按 300 人，5 年	13.33
食堂炊具折旧费	50000 元	按 300 人，5 年	33.33
除不动产外固定资产折旧费小计	/	/	313.89
合　计	/	/	1783.65

表3 生均标准成本测算表

成本项目	成本细目	计算过程	生均标准成本(元)
人员费	合计		12753.08
	园长人员费	1/150×园长人均费用	838.40
	在编教师人员费	(2-X)/30×在编教师人均费用	6602.40
	非在编教师人员费	X/30×非编教师人均费用	586.88
	保育人员费	1/30×保教人员人均费用	1886.40
	财务保健管理人员费	(1/300财务人员+1/100行政管理人员+1/125保健人员)×财务保健管理人员人均费作	1518.55
	其他服务人员费	(1/40食堂人员+1/150保洁人员+1/100保安人员)×其他人员人均费用	1320.45
公用费	公用费	/	1200.00
	保教直接公用费	/	
	行政管理公用费	/	
	后勤服务公用费	/	
	园舍维修费	/	
	物业管理费	/	
	水电费	/	
	交通费	/	
	其他	/	
固定资产折旧费	合计	/	1783.65
	不动产折旧费	/	1469.76
	除不动产外固定资产折旧费	/	313.89
含不动产折旧的生均标准成本		/	15736.73
不含不动产折旧的生均标准成本		/	14267.08

编表说明:

1. 假定非编教师占教师总数的20%,即X=0.2。
2. 各类人员平均人员费见《人均人员经费标准测算表》。
3. 含不动产折旧的生均标准成本适用于民办幼儿园。
4. 不含不动产折旧的生均标准成本适用于公办幼儿园。

表4 各等级幼儿园的生均标准成本

单位:元

项目	一级	二级108/135	三级90/135
含不动产折旧的生均标准成本	15736.73	12589.38	10491.15
不含不动产折旧的生均标准成本	14267.08	11413.66	9511.38

表5 全省反馈生均标准成本

单位:元

园属和等级	一级	与抽样的差异数	二级	与抽样的差异数	三级	与抽样的差异数
民办园	11489.11	-429.89	11147.09	1612.09	9022.38	1076.38
公办园	15421.00	1855.00	13821.64	2968.64	12991.88	3947.88

全省反馈的数据除民办一级园外，普遍大于调研组抽样调查的数据。

在综合考虑抽样和全面反馈数据的基础上，将成本修正如表6：

表6 修正后的生均标准成本

单位：元

园属和等级	一级	二级	三级
民办园	11500	11000	9000
公办园	14500	13500	13000

修正后，一是充分考虑反馈情况，尊重公办等级园办园实际和公办园教师待遇普遍较高情况，适度提高一级园标准，但同时考虑2016年各地存在G20奖金等一次性发放问题，适度做了平衡。此外，鉴于教师工资待遇的一致性，将二级三级园与一级园之间的差异适度减少。二是对民办园，抽样和全面反馈数据差距不大，对一级园建议取平均数，二级三级民办园主要偏重全面反馈数据。同时，尽管条例规定非编教师待遇以社平为准，但因实际社平工资水平相对较低，因此二、三级园比抽样数作了上浮。此外，结合各成本项目的配置标准和市场价格测算，一级园的标准生均公用经费成本在1000~1200元，二级园在800~960元，三级园在680~800元。

（二）2017—2019年浙江省民办学前教育生源预测

1. 相关假设及说明。

（1）入园率假设。

以2016年全省学前三年入园率97.5%为参照，假设2017—2019年的学前三年入园率为97.5%。

（2）在园儿童年龄说明。

按照2016年的《幼儿园工作规程》规定，本文假设每年在园幼儿为3~6周岁幼儿，即：2017年在园幼儿为2011年9月1日至2014年8月31日出生的幼儿；2018年在园幼儿为2012年9月1日至2015年8月31日出生的幼儿；2019年在园幼儿为2013年9月1日至2016年8月31日出生的幼儿。

（3）民办学前教育占比假设。

2016年民办园幼儿数占全部幼儿的62%，本文假设2017—2019年民办园幼儿占全部幼儿的比重均为62%。

2. 浙江省民办学前教育生源预测。

（1）分析思路。

某年民办幼儿园在园幼儿数=该年3~6周岁幼儿总数×97.5%×民办园占比

（2）2017—2019年生源预测。

根据分析思路及浙江省卫计委提供的相关统计数据（见附表1），可预测2017—2019年民办幼儿园在园幼儿数，见表7。

附表1 2011—2016年全省出生婴儿活产数

单位：万人

年份	婴儿活产数	年份	婴儿活产数
2011	65.73	2014	65.98
2012	70.81	2015	59.87
2013	63.24	2016	72.94

表7 2017—2019年全省在园幼儿总数预测

单位：万人

年份	在园幼儿总数	民办在园幼儿总数
2017	194.95	120.87
2018	187.72	116.39
2019	186.48	115.62

（三）财政投入政策方向判断和方案设计

基于上述成本和入园需求，对今后一段时间财政投入政策方向判断和方案设计分析如下：

1. 财政投入政策方向判断。

（1）可突出内涵式发展。从2017—2019年在园幼儿生源预测情况看，2017—2019年幼儿数分别为194.95万人、187.72万人和186.48万人，比2016年的191.82万人分别多3.13万人、少4.1万人和少5.34万人，比2016年增长1.6%、-2.1%和-2.8%。由此可见，未来三年中除2017年幼儿增长一定数量外，2018和2019年幼儿数量还将略微下降，因此，财政投入可逐步转化为支持幼儿园的内涵发展和质量提升，而非一味增加幼儿园数量或者扩充幼儿园规模，特别是公办园建设。

（2）可突出支持民办园。从规模上看，民办园幼儿数占比60%以上，因此提升学前教育办学质量的重点应该是民办园。从成本分析看，根据浙江省学前教育各类生均指标，在成本分析基础上，如按二级园收费标准（各地收费标准不同，普惠性民办园可较公办园略微上浮，根据调研显示，大致在每月300—600元间波动，本文按平均值450元测算），公办园（教育部门和其他部门办）收支大致相等［收7698+450×12=13098元，标准支出成本为13500元，实际支为13496元（见表8）］。民办园收约6000元（450×12+648=6048元），标准支出成本为11000元，实际支出5896.55元（见表8）。由此可见，民办园的收入远低于标准成本，实际支出也远低于标准支出成本，意味着民办园以低成本在运转，严重影响其质量提升，加大财政投入有助于提升财政资金的边际使用效益，因此，未来财政支出的重点应该是民办学前教育。

表 8　浙江省学前教育各类生均指标表

构成	人数（人）	总经费支出（万元）	生均教育经费支出(元)	生均公共财政支出(元)	生均日常公用经费支出(元)	生均公共财政预算日常公用(元)
全省	1867921	1619833	8671.85	3219.77	1813.33	365.59
其中:民办	1183256	697713	5896.55	648.47	1600.78	108.46
教育部门和其他部门办	681492	919763	13496.32	7697.73	2183.54	813.38
其他(企业办)	3173	2357	7427.99	321.15	1560.98	75.64

(3)可逐步实行经费标准化。从全省各地看,财政扶持民办学前教育的政策种类繁多,除生均公用经费补助外,还有其他专项补助,呈碎片化,难以形成有效的合力,影响财政资金的使用效益。如嘉兴市制定了困难家庭幼儿保教费补助、建设项目补助、开办资金补助和升等奖励等政策。长兴县对普惠性民办园补助政策包括按照质量补助、升等奖励、管理因素等方面给予补助。绍兴市柯桥区对普惠性民办园持资格教师证的教师给予一定金额的补助。义乌市出台了扶持民办学前教育政策,包括升等奖励、师资补助、基础建设投资补助、社会保险补助等政策。丽水市对民办优质园制定了升等奖励、社保补助、学历补助、业务培训补助等政策。缙云县对普惠性民办幼儿园实施了等级园补助、持证率补助、师生比补助、社保参保补助、管理因素补助、安保服务经费补助、困难幼儿补助等政策。各地政策纷杂。在整合资金的基础上,可进一步提升资金标准化。

2. 相关经费标准设计考虑。

从调研情况看,各县(市、区)学前教育发展模式不同,各地公办园、民办园占比差异较大,反映在生均经费上也存在较大差异。同时,各地民办园的财务管理和会计核算参差不齐,会计制度既有参照中小学校会计制度的,也有执行非营利性组织会计制度的,还有少部分幼儿园只有流水账,由于核算不统一,难以为制定生均经费标准提供财务数据支撑。此外,公办园拨款水平取决于各地对公办幼儿园的财政管理模式,模式不同,财政拨款标准差异巨大。

鉴此,建立学前教育生均经费制度的总体考虑是分步实施,逐年到位。第一步,指导各地于 2018 年底前建立生均经费、生均公用经费和公办园生均拨款标准。第二步,省级在 2017 年底前制定全省生均公用经费最低标准。第三步,待条件成熟时,逐步制定生均经费、公办园生均拨款全省最低标准。

3. 生均公用经费具体设计。

方案一:将最低标准定在 530 元,这与现行三级民办园水平相当。2016 年末生均公用经费低于 530 元的幼儿园有 3119 所(其中民办园 2599 所),有 19 个县(市、区)整体平均值低于 530 元。将这些幼儿园的生均公用经费提高到 530 元,年度需新增 13268 万元(现有公用水平×人数)。鉴于数据的不完整性,如按现有数据和全面数据的占比测算(即民办园有效数据 79 万人/2016 年教育统计数据 118 万人的比例 67%计算),全省需新增支出约 19802 万元。

方案二:将最低标准定在 450 元,即与现行民办未定级园水平相当。2016 年末生均公用经费低于 450 元的幼儿园有 2580 所(其中民办园 2183 所),有 13 个县(市、区)整体平均值低于 450 元。同口径计算需新增 8575 万元。按占比测算全省需新增支出约 12799 万元。

方案三:将最低标准定在 500 元,介于方案一和方案二之间。2016 年末生均公用经费低于 500 元的幼儿园有 2938 所(其中民办园 2454 所),有 17 个县(市、区)整体平均值低于 500 元。同口径计算需新增 11401 万元。按占比测算全省需新增支出约 17016 万元。

从托底数量、切入口等方面考虑,省级可先按方案三试行标准。配合 2018 年扶持民办教育有关办法,在其他条件不变的情况下,普惠性民办园理论收入可达到财政补助公用经费 500 元+保育费 450×10×(1+100%)= 9500 元(以普惠性二级民办园为例),较之 2015 年教育经费统计反映的民办园生均经费支出 5896.55 元,有了较大幅度的提高,已比较接近有关标准成本,有助于提高占全省大多数的普惠性民办园发展质量。此外,此标准与义务教育阶段小学 650 元、初中 850 元水平线相承接,易于各地接受、构建并推广。但此方案的缺点是力度仍相对较小,且未考虑民办园提价后可能出现的招生难题,与公办园之间的差距,在今后一段时间内仍将比较突出。

三、促进浙江省民办学前教育发展的政策建议

(一)处理好几对关系

1. 正确处理政府与社会的关系。要充分认识到学前教育是准公共产品,应由政府和社会(主要是家庭)共同承担相应的责任。一方面,学前教育作为国民教育的重要组成部分,对整个民族素质的提高具有重要意义,政府责无旁贷,财政需要给予一定的补助以弥补运行成本。另一方面,政府承担责任不意味着大包大揽,承担无限兜底责任,社会尤其是家庭应该承担相应的学前教育运行成本。同时,要摒弃学前教育必须由政府"主办"的观念,出台政策鼓励民办学前教育发展,以满足社会多层次的办学需求。

2. 正确处理当前与长远的关系。学前教育财政支出属于"人头费"性质的民生支出,具有较强的刚性特征,在增加学前教育财政投入时,必须处理好当前与长远的关系。既要在当前适

度的非常规性加强民办学前教育财政投入，快速弥补民办学前教育的“短板”，切实提升民办学前教育的质量，也要充分考虑民办学前教育成本，以科学、理性的态度稳步提高民办学前教育支出标准，在促进民办学前教育健康发展的同时，避免因标准提高过快给财政带来过大的压力。

3. 正确处理资金与资源的关系。民办学前教育需要政府和社会合力提供更多更好的优质学前教育，但民办学前教育对财政资金的强烈诉求与财政投入的有限性存在矛盾，通过加大财政投入分担民办学前教育成本，解决其低质办学和生存问题有一定的难度。这就需要在加大财政资金投入的同时，积极盘活存量资源特别是存量国有资源，通过转、租等方式进入到民办学前教育体系，既可以减轻财政投入压力，也可以减少国有资产闲置，提高国有资产利用效益，降低民办学前教育办学成本，减轻办学压力，提升生存能力和办学水平。

（二）具体政策建议

1. 合理共担，完善成本分担机制。

一是调整预算投入。逐步完善学前教育财政预算拨款制度，增加学前教育预算投入，新增投入逐步向民办学前教育倾斜，保障民办学前教育“有钱办事”。结合教育部门对学前教育的发展要求，对民办学前教育选择若干项目，给予重点支持，发挥政策导向作用。

二是调整收费标准。学前教育并非义务教育，应建立以办园成本为基础的收费标准动态调节机制，提高家庭在成本分担中的责任。可适当提高公办园收费标准，一方面提升幼儿园造血能力；另一方面降低民办园提高收费标准的不公平感；适当放宽民办普惠幼儿园参照公办幼儿园收费的上限标准，可以考虑由原来的1.5倍逐步扩大倍数，以分摊民办园的办学成本，减轻办学压力。

2. 深化改革，创新财政投入方式。

一是推进政府购买服务。要坚持公益性和普惠性原则，采取生均公用经费的补助形式，购买民办园学位资源，支持民办园改善办学环境，提升办学质量，引导民办园向社会提供有质量的学前教育公共服务，满足人民群众的多样化需求。

二是建立生均公用经费补助方式。根据生均标准成本测算的结果，从省级层面出台生均公用经费标准，建立生均公用经费补助方式，加大对民办学前教育的补助力度。各地根据实际情况，深化学前教育专项资金改革，财力条件相对紧张的市县，应整合使用民办学前教育专项补助资金，建立完善生均公用经费补助机制；财力相对充裕的市县，在保留原有专项资金的前提下，可增加专项资金补助力度，同时建立生均公用经费补助机制。

三是探索“国有民办”模式。“国有民办”模式，就是政府出资建设幼儿园基础设施，移交给教育集团，采取市场化运营。这种模式既可以减少办园的初期运营成本，减轻办学压力，也可以发挥民办办学优势，保障办学质量。

四是盘活国有资产。要充分利用中小学布局调整带来的闲置资源，调剂使用教育体系内资源，通过略加改建提供学前教育资源；在条件允许的情况下，可以进行跨界的资源调整，将非教育体系内的空置楼宇、厂房等资源，通过改建、扩建等方式租给民办园。

3. 分类实施，缩小学前教育差距。

一是发挥财政托底功能，更加关注弱势儿童。要关注家庭困难儿童的入学需求。发挥财政托底功能，建立健全学前教育资助制度，对家庭困难儿童要给予全额或者一定比例的资助，保障其入园就读。要关注外来儿童的入学需求，按照相关文件要求，人口流入地必须考分考虑随迁幼儿的学前教育入园需求，财政要给予一定的保障。

二是实施针对性政策，缩小不同类别幼儿园办园差距。财政应采取分类实施的办法，不同类别的幼儿园采取差异化政策，以平衡民办园之间的差距。对依托小区配套场地新建幼儿园，所承担的场地费用较低，给予财政支持力度可以相对小些；对自建园舍办园、租赁办园等非小区配套性质普惠性民办园，应根据办园成本、晋级升等、教师持证率达标等给予一次性奖补，以减轻其办学负担，提升办学水平。

课题组
组长：金慧群
成员：金　涛　杨慧芳　虞劲松　陈优芳　徐佳梦
　　　虞　斌　徐　越
执笔：虞劲松　徐佳梦　虞　斌

绍兴柯桥区社保基金运行状况、风险预测及应对措施的分析与思考

绍兴市柯桥区财政局课题组

一、柯桥区社会保险基金运行状况分析

（一）社会保险基金总体状况

社会保险基金主要包括五大类，分别是：基本养老保险基金、基本医疗保险基金、工伤保险基金、失业保险基金和生育保险基金。根据参保对象的不同，基本养老保险分为职工基本养老保险、城乡居民基本养老保险和机关事业单位工作人员养老保险等三类，基本医疗保险分为职工基本医疗保险和城乡居民基本医疗保险两类。截至2016年底，柯桥区基本养老保险、基本医疗保险、工伤保险、失业保险、生育保险参保人数分别达到56.19万、73.46万、32.22万、25.09万和26.47万人（见表1-1）。

表 1-1　2012—2016 年柯桥区五项社会保险参保人数

单位:万人

年份	基本养老保险				基本医疗保险			工伤保险	失业保险	生育保险
	职工	居民	机关事业	合计	职工	居民	合计			
2012	39.58	12.99	/	52.57	31.91	51.06	42.96	36.21	20.74	24.52
2013	44.86	12.30	/	57.16	36.23	42.12	78.34	39.84	21.80	28.08
2014	44.81	9.50	/	54.31	37.08	41.58	78.66	40.04	23.22	28.18
2015	47.50	9.43	/	56.93	37.15	41.05	78.20	34.22	24.29	26.00
2016	44.94	8.84	2.41	56.19	32.74	40.72	73.46	32.22	25.09	26.47

总体而言,柯桥区社会保险基金运行良好,截至 2016 年底,社会保险基金累计结余 132.72 亿元,占全省累计结余的 3.5%。2012—2016 年五年间,累计结余从 78.89 亿元增加到 132.72 亿元,年均增长 13.9%,高于 GDP 年均增长率 8.6 个百分点、高于地方财政收入增长率 3.1 个百分点。

但应当看到,社会保险基金收入的年均增长率仅为 7.4%,而支出的年均增长率高达 23%,支出高于收入 15.6 个百分点,当年结余也从 2012 年的 20.03 亿元锐减到 2016 年的 5.53 亿元,而考察基金运行健康与否最重要的指标基金支付能力(累计结余与当年支出的比值)也呈逐年下降趋势(见表 1-2)。

表 1-2　2012—2016 年柯桥区五项社会保险基金总体状况

单位:亿元

年份	收入	支出	当年结余	累计结余	支付能力(月)
2012	41.97	21.94	20.03	78.89	43.1
2013	51.36	26.59	24.77	102.16	46.1
2014	47.92	33.55	14.36	117.11	41.9
2015	52.70	38.52	14.18	127.18	39.6
2016	55.81	50.28	5.53	132.72	31.6
年均增长	7.4%	23.0%	-27.5%	13.9%	/

分险种来看,基本养老保险和基本医疗保险占比较大。2016 年基本养老保险收入和基本医疗保险收入合计占当年总收入的 94.4%;从支出来看,当年基本养老保险支出和基本医疗保险支出合计占当年总支出的 94.4%;从累计结余来看,当年基本养老保险和基本医疗保险累计结余合计占当年累计结余的 92.7%(见表 1-3)。

表 1-3　2012—2016 年柯桥区五项社会保险基金收支和累计结余状况

单位:亿元

基金名称		2012	2013	2014	2015	2016
基本养老保险基金	收入	31.01	36.86	32.85	35.54	38.41
	支出	13.42	16.49	21.68	25.43	35.35
	累计结余	60.44	79.31	91.05	97.72	100.78
基本医疗保险基金	收入	7.97	11.31	11.58	13.25	14.27
	支出	6.97	7.80	9.36	10.50	12.12
	累计结余	12.00	15.50	17.72	20.16	22.31
工伤保险基金	收入	1.07	1.16	1.26	1.55	1.16
	支出	0.68	0.89	1.05	0.86	0.89
	累计结余	1.94	2.21	2.42	3.03	3.30
失业保险基金	收入	1.55	1.66	1.84	1.70	1.47
	支出	0.54	0.95	0.93	1.13	1.33
	累计结余	4.15	4.85	5.77	6.09	6.23
生育保险基金	收入	0.35	0.36	0.38	0.66	0.49
	支出	0.32	0.44	0.53	0.60	0.58
	累计结余	0.36	0.27	0.12	0.18	0.09

（二）五项社会保险基金状况分析

1. 基本养老保险基金。

（1）职工基本养老保险基金。在社会保险当中，最重要的险种首推职工基本养老保险，该保险基金的变动状况直接影响到整个基金的收支平衡。2016 年该基金累计结余占基本养老保险基金结余的 98.15%，占全部社会保险基金累计结余的 74.53%，2012—2016 年年均增长 13.89%，但其收入五年仅增长 0.98%，支出却年均增长 24.71%。同时衡量基金收支平衡最重要的指标收支比（当年收入量与当年支出量之比）从 2012 年的 2.57∶1 快速下降到 2016 年的 1.10∶1，基金支付能力从 63.2 个月下降到 44 个月。虽然柯桥区与全省和绍兴市相比，基金支付能力要远远强于后两者（见表 1-4），但未来发展趋势依然不容乐观。

表 1-4　2012—2016 年全省、绍兴、柯桥职工基本养老保险基金支付能力对比

单位：月

年份	2012	2013	2014	2015	2016
全省	33.6	32.0	28.4	24.9	22.6
绍兴	42.6	41.7	31.0	26.9	23.1
柯桥	63.2	73.5	55.4	49.7	44.0

（2）城乡居民基本养老保险。该基金由个人缴费、集体补助和政府补贴构成。该基金政府补贴所占的比重较大，2016 年个人缴费部分占总收入的比重为 24.13%，政府补贴的比重占 75.87%，财政承担的压力比较大。

（3）机关事业单位工作人员养老保险。2015 年 8 月，省政府启动了我省机关事业单位工作人员养老保险改革工作。截至 2016 年底，柯桥区机关事业单位工作人员养老保险参保人数为 24100 人，其中在职职工 18326 人，退休人员 5774 人，当年收入 6.29 亿元，支出 6.05 亿元，当年结余 0.24 亿元。该项保险 2016 年才实质性启动，因此历年累计结余也仅有 0.24 亿元。虽然 2016 年该项基金尚能保持收支平衡，但随着退休金的持续增长、退休人员的增多，该项基金必然面临收不抵支的状况。

2. 基本医疗保险基金。

（1）职工基本医疗保险基金。作为第二大险种，职工基本医疗保险基金的累计结余约占五项社会保险基金累计结余的 15% 左右，收支比从 2012 年的 1.82∶1 下降到 2016 年的 1.33∶1，支付能力从 2012 年的 43.4 个月下降到 2016 年的 35.8 个月，虽然相较于全省和绍兴的支付能力，柯桥区的支付能力尚比较高（见表 1-5），但全省五年来的支付能力略有上升，绍兴的支付能力变动也不大，而柯桥区的支付能力却一直在下降，未来保持收支平衡的压力较大。

表 1-5　2012—2016 年全省、绍兴、柯桥职工基本医疗保险基金支付能力对比

单位：月

年份	2012	2013	2014	2015	2016
全省	23.0	23.0	23.6	25.2	26.5
绍兴	27.5	26.4	24.5	26.0	25.6
柯桥	43.4	42.3	39.6	39.7	35.8

（2）城乡居民基本医疗保险基金。2016 年筹资标准为每人每年 1000 元，其中个人负担 300 元，财政补助 700 元。城乡居民基本医疗保险具有半福利性质，财政的投入较大，2016 年财政补贴占总收入的 73%，近五年来大多处于收不抵支的状况，按目前的趋势，2017 年历年累计结余即将告罄。

3. 工伤保险基金。

工伤保险实行无过错责任原则，无论工伤事故的责任在哪方，用人单位均应承担保险责任。柯桥区的工伤保险实行浮动费率，按行业的不同，基准费率从 0.2% 到 1.9%，共分为 8 档。从支付能力来看，柯桥区 2016 年的支付能力为 44.5 个月，总体状态良好。

4. 失业保险基金。

从支付能力来看，柯桥区失业保险基金从 2012 年的 92.2 个月下降到 2016 年的 56.2 个月，下降幅度比较大，但总体还处在较为合理的区间。为了减轻企业负担，2017 年省里出台政策，从 2017 年 5 月 1 日到 2018 年 12 月 31 日，阶段性降低失业保险费率，单位费率由 1%降为 0.5%，个人费率仍按 0.5%执行。考虑到目前尚有较大的累计结余，且政策持续时间不长，该政策对柯桥区的失业保险收入虽有一定的影响，但还在可控范围内。

5. 生育保险基金。

从支付能力来看，不容乐观，截至 2016 年底，支付能力已下降到 1.9 个月，而 2017 年柯桥区已 2 次动用社会保险风险金用于弥补生育基金的不足。生育保险基金支付能力的降低主要是生育政策的放宽导致新增孕妇急剧增加，致使基金支付压力快速增大。若依然维持现在 0.5%缴费率的状况下，估计当期收不抵支状况还要维持一段时间。

二、柯桥区 2018—2020 年社会保险基金精算平衡测算情况

为对影响社会保险基金可持续运行的各项数据进行定量分析，在假定未来 3 年各项社会保险政策不出现大的变动的前提下，我们以 2017 年为基期，对柯桥区 2018—2020 年的各项社会保险基金收支情况进行预测。先对 2017 年的社会保险基金各项收支情况进行预测。因柯桥区 2017 年存在大批被征地农民转入职工基本养老保险情况，有 28.84 亿元资金从被征地农民基本生活保障账户转入职工基本养老保险基金，这是 2017 年职工基本养老保险基金收入快速增长的主要原因。2017 年的社会保险基金各项收支见表 2-1。

表 2-1　2017 年柯桥区五项社会保险基金状况

单位:亿元

社保基金种类	2017 年度基金收支测算				
	收入	支出	当年结余	累计结余	支付能力(月)
职工基本养老保险基金	61.58	32.14	29.45	128.37	49.90
城乡居民基本养老保险基金	2.18	2.34	-0.16	1.46	7.50
机关事业单位工作人员养老保险基金	7.64	7.74	-0.10	0.14	0.20
职工基本医疗保险基金	12.70	7.92	4.79	26.61	40.30
城乡居民基本医疗保险基金	5.00	5.06	-0.06	-0.05	0.00
工伤保险	1.10	1.00	0.10	3.40	40.80
失业保险	1.46	1.27	0.19	6.42	60.70
生育保险	1.03	1.10	-0.07	0.01	0.10
合计	92.69	58.57	34.14	166.36	34.10

2018—2020 年社会保险基金各项收支预测。收入方面,一方面除了城乡居民基本养老保险和城乡居民基本医疗保险与在岗职工平均工资增长无关外(主要是考虑参保人数),按照 2014—2016 年全省在岗职工平均工资的增幅(三年增幅分别为 8.7%、6.9%、8.9%,取中位数 8%)来预测 2018—2020 年各项基金的增长,另一方面还要考虑诸多特殊情况,如职工基本养老保险还需考虑每年新增被征地农民转入职工基本养老保险人数、排除 2017 因社保风险金对部分基金缺口的补助造成的收入畸高等因素。支出方面,根据各险种支出的具体分项内容,按前三年平均增幅进行预测。具体收支情况见表 2-2。

表 2-2　2018—2020 年柯桥区五项社会保险基金状况

单位:亿元

社保基金种类	2018 年度基金收支测算			2019 年度基金收支测算			2020 年度基金收支测算		
	当年结余	累计结余	支付能力(月)	当年结余	累计结余	支付能力(月)	当年结余	累计结余	支付能力(月)
职工基本养老保险基金	1.16	129.53	42.20	-2.31	127.22	35.20	-6.69	120.53	28.40
城乡居民基本养老保险基金	-0.20	1.26	6.30	-0.24	1.02	5.00	-0.29	0.73	3.50
机关事业单位工作人员养老保险基金	-0.19	-0.05	0.00	-0.31	-0.36	0.00	-0.45	-0.81	0.00
职工基本医疗保险基金	4.74	31.35	41.90	4.64	35.99	42.40	4.47	40.46	42.10
城乡居民基本医疗保险基金	-0.25	-0.30	0.00	-0.25	-0.55	0.00	-0.25	-0.80	0.00
工伤保险	0.12	3.52	39.10	0.14	3.66	37.90	0.15	3.81	36.60
失业保险	-0.68	5.74	48.20	-0.80	4.94	36.80	-0.94	4.00	26.50
生育保险	-0.76	-0.75	0.00	-1.03	-1.78	0.00	-1.38	-3.16	0.00
合计	3.94	170.30	32.60	-0.16	170.14	28.50	-5.38	164.76	24.00

从表 2-2 可以看出,柯桥区从 2018—2020 年的五项社会保险基金收支情况总体上还是比较好的,尤其是占基金总额比例最大的职工基本养老保险基金和职工基本医疗保险基金累计结余较多,保持着较强的支付能力。但应当看到,在总体较好的状况下也存在着一些不容忽视的潜在风险:一是职工基本养老保险基金从 2019 年开始当年结余就出现负数,需要动用累计结余,而随着收入增长乏力和每年支出刚性增长的矛盾越来越突出,当年结余的缺口将越来越大,导致支付能力下降的比较快,将对整个基金的平稳运行造成较大的冲击;二是当年出现收支缺口的基金较多,如机关事业单位工作人员养老保险基金、城乡居民基本医疗保险基金和生育保险基金都出现收不抵支的情况,财政负担的压力将会越来越大,实际上,如果不考虑动用社保风险金,2017 年城乡居民基本医疗保险基金和生育保险基金就已经出现了收支缺口。虽然政策允许某些基金在出现收支缺口的时候可以调高缴费率,但出于降低企业负担考虑,一般都不轻易调高缴费率,为了弥补缺口,财政负担将会越来越重。

三、柯桥区社会保险基金存在的风险分析

按照我国社会保险制度要求,除基本养老保险和基本医疗保险实行"部分积累制"外,工伤保险、失业保险和生育保险实行的是"现收现付"制,较易通过提高缴费比例或充实社会保障风

险金等方式求得财务平衡，存在的风险较低。因此本调研报告重点分析基本养老保险和基本医疗保险存在的影响基金收支平衡的风险点。

（一）个人账户“空账”问题突出

职工基本养老保险的社会统筹部分实行现收现付，由雇主单位缴纳，当期支付给退休人员；个人账户实行完全积累制，属于个人私有，退休后按月取出。由于当前个人账户和统筹账户“混账”管理，个人账户和统筹账户资金全部参与了收支核算，统筹账户基金不断透支个人账户积累，造成了未来社会保险基金的偿付能力风险。以柯桥区为例，截至2016年底，职工基本养老保险基金账户累计结余98.92亿元，年末个人账户记账金额为70.36亿元，若扣除该个人账户的70.36亿元，统筹账户仅有28.56亿元，按照目前的支出规模，仅能支付十余个月。尽管省里要求从2006年1月1日起，按照不低于个人缴费基数的3%做实个人账户，今后不断提高做实比例，直到8%个人缴费全部做实，但由于没有具体实施办法，目前全省没有一个县市（区）做实个人账户。目前对个人账户有做空和做实的争论，但无论最终采用何种模式，对地方政府来说，这都是一笔巨大的“隐形债务”问题。

（二）基本养老金制度设计存在的不足

一是职工基本养老金大幅度调整。由于企业和机关事业单位养老金制度改革不同步，从2001年开始，两个制度间的待遇差距不断扩大，引发了一些社会矛盾。目前，机关事业单位的养老金替代率（指劳动者退休时的养老金领取水平与退休前工资水平之间的比率）约为80%左右，大大高于企业职工的40%左右（见表3-1）。从2005年起，国务院以年均10%的幅度连续多年提高企业职工退休养老金，缩小企业退休金与机关事业单位退休金差距，较大改善了企业退休人员生活水平。但这种行政指令性“调待”方式割裂了制度设计的“收入—支出”的关联关系，增加了财务压力。二是基础养老金激励约束不足。职工基本养老金由基础养老金和个人账户养老金组成，参保人在按规定缴费满15年后，每多缴1年养老保险费，基础养老金仅多领1%，延长其缴费年限的激励机制明显偏弱，很多参保者在达到15年的最低参保年限后选择了中断缴费，影响了基金的积累。三是养老基金自身难求平衡。按照现有规定，参保者死亡后个人账户积累额未领取完的部分可以继承，个人账户积累额领完之后，参保者未死亡的，由统筹账户继续发放个人账户养老金。个人账户养老金保险待遇计发依据是本人个人账户名义累积额除以计发月数，目前仍沿用2005年公布的个人账户计发月数表（139个月），而据统计，柯桥区2016年男性预期寿命为80.29岁、女性预期寿命为84.04岁，以女性为例，从50周岁退休领取养老金到死亡，按现行制度下的个人账户计发月数（折合11.58年）仅为实际生命余岁（34.04年）的三成多，将近七成需要动用统筹基金，这意味着个人账户基金总盘子必然是亏损的，需要由统筹账户基金或财政资金来补贴。

表3-1 柯桥区2012—2016年企业职工基本养老金替代率

年份	2012	2013	2014	2015	2016
职工基本养老保险基金总支出（亿元）	10.53	12.06	17.90	21.49	25.09
参保离退休人员（人）	66396	77636	89005	99345	109907
年人均基本养老金（元）	15861	15535	20113	21633	22833
城镇单位在岗职工平均工资（元）	40412	44345	48177	50727	54980
年人均基本养老金替代率（%）	39	35	42	43	42

（三）职工基本医保和城乡居民基本医保间权利与义务的不对等

相对于缴费水平来说，城乡居民基本医保待遇水平显著优厚于职工基本医保，以2016年为例，前者的个人筹资标准仅为后者的9%（见表3-2），由于城乡居民基本医保与职工基本医保执行统一的医保报销目录，因此两者的待遇水平相差不大，例如职工基本医保、城乡居民基本医保在区级医院政策范围内住院费用的报销比例分别达到80%和75%。这种不同人群基本医保权利与义务的不对应，主要是由于城乡居民基本医保筹资标准、财政补助与个人缴费分担比例以及待遇水平等多由地方政府规定，短期色彩较浓，为了尽量将更多的城乡居民纳入医保范围，实现居者有其医，使得个人缴费额难以大规模上调，只能不断提高财政补助标准，导致地方财政压力越来越大。

表3-2 2012—2016年柯桥区职工医保与城乡居民医保个人负担对比

单位：元/年

年份	2012	2013	2014	2015	2016
职工医保	1988	1887	2121	3083	3385
城乡居民医保	200	260	280	280	300

注：职工基本医保人均筹资按照当年基本医疗保险费收入除以参保人数粗略计算所得，职工基本医保包括统筹账户和个人账户，统筹账户保费虽然为单位缴纳，但可视作是个人让渡的收益。

在缴费和待遇关系未理顺的情况下，城乡居民基本医保与职工基本医保没有形成合理的梯度关系，城乡居民基本医保保障水平的不断提高必然会对职工基本医保制度造成冲击，导致很多中小企业职工和灵活就业人员弃“职”参“居”，给职工基本医保造成冲击，影响制度间的公平性，也给财政增加了负担。

（四）人口老龄化带来支出压力持续增大

按国际标准，60周岁以上的老年人口超过总人口的10%，或65周岁以上的老年人口超过总人口的7%，即可看作是人口老龄化社会。截至2016年底，柯桥区户籍总人口66.12万人，其中60周岁及以上占总人口的22.81%，65周岁及以上占总人口的14.28%，同时老年人口增长率（4.41‰）高于总人口增长率（3.48‰），这意味着柯桥区人口老龄化程度还将不断加深。由此可见，柯桥区不仅已进入“老龄化”社会，而且老龄化程度还十分严重。人口老龄化对社会保险的影响直接体现在养老保险和医疗保险两个领域。

1. 人口老龄化对职工基本养老保险基金的影响。人口老龄化的直接影响就是导致老年负担系数的上升，这意味着劳动年龄人口对老年人的赡养负担不断加重，以职工基本养老保险为例，2012年柯桥区的实际缴费人数与退休人员的比例为4.58∶1（即4.58个在职职工负担1个退休人员，以下简称职退比），到2016年职退比已下降到2.95∶1。虽然柯桥区和全省、绍兴市相比，职退比情况略好，但从柯桥区当前的职工基本养老保险基金收支情况来看，今后职退比还将继续降低。

2. 人口老龄化对职工基本医疗保险基金的影响。从收入来看，通过表3-3可以发现，在职人数从2012年到2016年经历先增长后下降的趋势，2016年甚至还低于2012年的参保人数，而参保退休人数却从2012年的29953人快速增长到2016年的46966人，年均增长11.9%。职工基本医疗保险基金收入主要来源于在职参保人员，这一减一增极大地加剧了基金的支付压力。

从支出来看，人口老龄化将显著增加医疗保险基金的支付压力。医疗保险对老年人来说非常关键。据临床医学统计显示，一个人一辈子的医疗费用主要花费在人生的最后几年，医疗费用对于老年人来说将是一笔高额的经济支出。以柯桥区2016年职工基本医疗保险的住院费用为例，当年住院总支出为4.10亿元，其中280455名在职人员花费2.06亿元，46966名退休人员花费2.04亿元，即占参保职工14.34%的退休人员用掉了住院总支出的49.75%；按人均住院支出计算，当年在职人员住院人次数为22410次，人均住院费用为9192元，退休人员住院人次数为13961次，人均住院费用为14612元，退休人员的住院费用是在职人员住院费用的1.6倍。究其原因，一是当前的职工医保报销政策规定，退休人员的报销比例比在职人员高5个百分点；二是据相关医学资料统计，由于病种年龄结构的不同，老年人的发病率比中青年人高3—4倍，住院率高2倍，老年患慢性病的比率为71.4%，其中有42%的老年人患有2种以上的疾病。随着退休人数的持续增加，未来职工基本医疗保险的支付压力还将持续增大。

表3-3　2012—2016年柯桥区职工基本医疗保险参保情况表

时间	2012	2013	2014	2015	2016
总人数	319068	362281	370853	371505	327421
在职人数	289115	328853	333475	330484	280455
退休人数	29953	33428	37378	41021	46966

（五）基金保值增值难度大

《社会保险法》第69条规定：“社会保险基金在保证安全的前提下，按照国务院规定投资运营实现保值增值。”目前，柯桥区社会保险基金结余资金在留足2个月的偿付额后，全部以定期的方式存入银行，金额约占基金总量的90%，对于活期存款、通知存款、协定存款在基准利率基础上统一上浮25%，对各期限定期存款利率在基准利率基础上上浮比例不低于35%。从投资收益率来看（见表3-4），柯桥区的投资收益率已逐步跑赢当年同期CPI涨幅，初步实现了保值功能。但应当看到，相比于目前市面流行的各类其他基金的回报率，银行存款的投资回报率还是较低的。按照相关规定，地方的社保资金只能存入银行或购买国债，由于投资渠道单一，地方结余基金无法进行各类组合投资，没有发挥出基金的最大效益。

表3-4　柯桥区2012—2016年社保基金投资收益率与CPI对比情况

年份	一年期银行存款利率（注）	投资收益额（亿元）	投资收益率	CPI
2012	3.00%	1.53	1.94%	2.60%
2013	3.00%	2.63	2.57%	2.60%
2014	2.75%	3.32	2.83%	2.00%
2015	1.50%	3.58	2.81%	1.40%
2016	1.50%	1.68	1.27%	2.00%

注：1. 因银行存款利率调整较为频繁，有时一年内涉及到数次调整，故取每年度内的最低利率；

2. 2016年投资收益额较低是因为增加了2年期定额，部分利息要在2017年兑现。

（六）特殊政策带来的基金支付压力

近年来，涉及面最广、影响力最大、对基金支付能力冲击最强的主要是两个政策，一个是《关于解决未参保集体企业退休人员及其他相关人员基本养老保障等遗留问题的实施意见》（浙人社发〔2011〕221号）（以下简称221号）；一个是《关于调整完善征地补偿安置政策的通知》（浙政发〔2014〕19号）。这两个政策将更多的社会群体纳入了职工基本养老保障系统，但同时对基本养老保险的支付能力产生了极大的影响。以221号政策为例，2011年底柯桥区职工基本养老保险的离退休人员为21965人，2012年底就暴增至66396人，职工基本养老保险支付能力从

2011年的119个月锐减至2012年的63.2个月。截至2016年底,以221号政策参保的有56533人,而领取退休金的有53768人,占比高达95%。经过几年的消化,221号政策的影响已逐步消减了,目前对基金支付能力影响较大的是被征地农民转入职工基本养老保险政策。截至2016年底,柯桥区参加被征地农民基本生活保障的有52602人,未来他们可选择转入职工基本养老保险或城乡居民基本养老保险,从历年统计数据来看,他们大多会选择转入职工基本养老保险;而当年新增的被征地农民,以2016年为例,总计有16655人,其中有15659人选择转入职工基本养老保险,占比高达94.02%。这15659人中,男7797人,其中60周岁以上1999人,女7862人,其中50周岁以上3916人,这意味着将近四成的人通过一次性补缴就马上可以拿退休金了。目前柯桥区征地拆迁量很大,保守估计每年新增被征地农民都有上万人,其中绝大部分都会选择转入职工基本养老保险,他们人均一次性补缴在5.5万左右,按照目前人均约1.8万/年的退休金待遇,仅够支付3年,之后都需要基金兜底。按照柯桥区目前人均寿命男80.29岁、女84.04岁来算,未来基金支付压力极大。

(七)其他方面带来的影响

一是基金持续增长乏力。虽然基金的累计结余从2012年的78.89亿元增长到2016年的132.72亿元,但当年结余却从2012年的20.03亿元锐减到2016年的5.53亿元,以2016年为例,如果除去当年被征地农民转入职工基本养老保险一次性补缴的十几亿元,当年结余将出现负增长。数据显示,从2012年到2016年,无论是职工基本养老保险参保人数还是职工基本医疗参保人数都增长乏力。柯桥区作为工业强区,外来流动人口较多,由于早期社会保险跨省转移接续困难,同时即使转保,也只能转移个人所交部分,统筹部门只能留存当地,这是柯桥区具有较高累计结余的重要原因之一。随着《城镇企业职工基本养老保险关系转移接续暂行办法》(国办发〔2009〕66号)文件的施行,社保跨省转移可以将统筹部分和个人部分全部转走,则转移人数数量的多少将严重影响到基金的积累,据统计,从2012年到2016年,柯桥区每年都有6000名左右参保人员转移出柯桥区,年均转移基金1.14亿余元。二是欠费管理缺乏有效手段。目前我省的社会保险费虽然是由地税部门征收的,但地税部门毕竟不是业务主管部门,因此对企业和个人的欠费管理手段单一、形式欠佳。只能通过打电话、发短信和寄发纸质限缴文书等形式催报催缴,威慑力不足,再加上缴费人登记不实、基础信息更新不及时等问题,造成了大量的无效劳动和催报催缴不到位的情况。近几年来,无论是欠费总额还是当年新欠数额都有较大的增加,如欠费总额从2012年的2932万元增长到2016年的3492万元。三是夯实缴费基数与企业负担问题矛盾突出。近几年来柯桥区五项社保的总缴费率在30%左右徘徊,虽然和国家层面规定的将近40%的总缴费率相比,柯桥区的总缴费率相对要低,但柯桥区目前以纺织、印染等传统行业为支柱产业,是劳动密集型企业,相对来说利润率不高,因此企业的社保缴费负担比较重。当前企业缴费基数申报不实的现象是客观存在的,企业申报的社会保险费工资总额与其实际发放的工资总额存在较大差异,更有一部分企业缴纳的统筹部分缴费基数低于个人部分缴费基数;另外根据地方实际,经上级部门同意,柯桥区区分不同行业,对缴费基数给予相应比例打折,以减轻企业缴费负担。一方面,按照《社会保险法》要求,“社会保险费征收机构应当依法按时足额征收社会保险费”,另一方面,必须要考虑企业的实际承受能力,否则会出现企业逃保或者破产倒闭现象,不利于基金的相应积累。

四、应对社会保险基金风险的思考和对策

社会保险制度的修订权在中央,目前中央正在对部分制度进行改革,如职工基本养老保险全国统筹、延迟退休年龄、增加缴费年限、完善个人账户等,作为区县一级地方政府,主要在于执行上级政策,在制度层面几乎没有权力进行政策调整,只能做好增收节支工作,努力从加大征收工作力度和控制支出增长幅度两方面入手,确保基金收支平衡。但应当认识到,除非中央在制度层面做出较大的改革,否则仅仅依靠地方政府的增收节支行为,只能延缓但无法扭转基金收支恶化的趋势。

(一)加大财政投入力度

社会保险是一项具有相对刚性特征的社会政策,各项待遇易升不易降,对于原由各级财政投入来支撑的社会保险项目来说,必然要求财政继续加大投入力度,以柯桥区为例,在五项社会保险项目中(未包括机关事业单位养老),几乎都是投向了城乡居民基本养老保险和城乡居民基本医疗保险(见表4-1),此外企业职工统筹外、城乡居民统筹外等都需要财政不断加大投入(2017年还将包括机关事业单位统筹外等)(见表4-2),支出总额不断攀升。按照相关规定,地方政府要对本地的养老保险工作负总责,因此地方政府要切实承担起养老金发放和弥补基金缺口的主体责任,强化基金预算收支管理,不断调整财政支出结构,增加社会保险支出预算,对预算超收的部分要主要用于充实社会保险基金,逐步形成与经济发展水平相适应的社会保险待遇调整机制,努力使人们合理分享经济社会的发展成果。

表4-1 2012—2016年柯桥区五项社会保险财政补贴情况

单位:亿元

年份	2012	2013	2014	2015	2016
城乡居民基本养老保险	1.66	1.69	1.79	1.57	1.68
城乡居民基本医疗保险	1.93	3.47	2.86	3.20	3.29
生育保险	/	/	/	0.20	/
总计	3.59	5.16	4.65	4.97	4.97

表 4-2　2012—2016 年柯桥区社会保险财政补贴情况

单位：亿元

年份	2012	2013	2014	2015	2016
五项社会保险财政补贴支出	3.59	5.16	4.65	4.97	4.97
企业退休职工统筹外	0.60	0.70	0.80	0.90	0.99
城乡居民统筹外	0.48	0.46	0.37	0.37	0.35
总计	4.67	6.32	5.82	6.24	6.31

（二）建立风险预警机制和应对预案

借鉴地方政府债务风险预警机制，明确社会保险风险指标控制体系标准，完善社会保险基金使用效益考核办法，对社会保险基金规模、结构和财务可持续性进行综合评估；建立内部预警机制，在社保基金的征收、支付、货币资金管理等重要环节严格执行不相容职务互相分离、授权批准控制预警机制，从源头上防范挤占挪用社保基金等不法行为发生；建立有效的信息披露机制，规范披露政府财务状况，及时报告基金信息，提高社保政策执行的透明度；建立偿付能力风险预警体系，设置风险警戒线，根据风险等级不同采取差异化管理措施，对某项基金当期支付能力在 3 个月以下的实施红色预警，3 个月以上、6 个月以下的实施橙色预警，6 个月以上、9 个月以下的实施黄色预警；制定应急处置预案，优化风险处置流程和制度，及时化解可能出现的危机，积极采取有效的预防措施，不断提高风险处置能力。

（三）积极拓宽筹资渠道

面对人口老龄化高峰日益临近的挑战，必须要有顺畅的筹资渠道、充足的资金供给，才能不断增加社会保险资金的支撑能力。一是落实好现有相关财政政策。浙人社发〔2017〕59 号文件规定，从 2017 年 1 月 1 日起，上年末企业职工基本养老保险基金支付能力在 9 个月及以下、9—18 个月、18 个月以上的市（县），从土地出让收入中充实社会保障风险准备金的比例由不低于 5%分别调整至不低于 8%、7%、6%，专项用于弥补企业职工基本养老保险基金缺口；该文件同时还规定，从 2017 年 1 月 1 日起，对新参加企业职工基本养老保险的被征地农民人数，由当地政府以参保时上一年度当地在岗职工平均工资为缴费基数、按 18%的缴费比例，一次性提取 5 年的费用充实当地社会保障风险准备金，专项用于弥补企业职工基本养老保险基金缺口。对于现有的这些充实社会保险基金的政策，必须不折不扣执行到位，确保所有资金及时足额提取，不断做大社保基金盘子。二是划转部分国有资本充实社保基金。国务院印发的《关于改革和完善国有资产管理体制的若干意见》明确要求，在改组组建国有资本投资、运营公司和国有企业重组过程中，国家根据社会保险精算平衡的需要将部分国有资本（股权）划转至社会保障基金管理机构持有，分红和转让收益用于弥补养老金等社会保险资金缺口。可参照该文件出台地方政策，将地方国企所持有的国有股按一定比例划转补充地方社会保险基金。三是完善社会保障风险准备金制度。针对今后可能出现的社会保险基金以及社会保障资金支付风险，做好社会保障风险准备金筹集工作，确保预算内安排社会保障支出应占地方财政总支出的比例不低于国家规定的比例，财政预算内安排资金每年应有一定增长幅度；继续完善土地出让金用于社会保障资金制度，提高财政资金对社会保障的支出效益。

（四）加大基金征缴力度

一是加强部门间协作配合。定期会同社保、地税等部门研究解决征缴过程中存在的问题，建立社保费申报工资总额与企业所得税税前列支工资和个人所得税申报工资的比对分析系统，掌握企业申报差异情况，为科学地制定征收政策提供依据，待将来条件成熟时，可增强对企业足额申报的管控。二是切实加强基金征缴。严格执行基本养老保险缴费基数政策，不随意降低企业和个人缴费基数；严格执行基本养老金计发标准，不自行提高退休人员基本养老金水平，不通过设立最低养老金标准等方式变相提高待遇水平；不得以招商引资等为由减免用人单位社会保险义务，非因不可抗力等法定事由不得为用人单位申请缓缴、减免；严格执行参保人员报减办理程序，从严把关，杜绝用人单位社会保险“先参保、后断保”的违规行为。三是加大清欠力度。深化社会保险费催报催缴自动化管理平台运用，通过加强基础信息管理等办法提高催报催缴质量，提高新欠费清欠率，控制欠费总量的增长；加强与社保部门的沟通协作，依据职责分工对欠费情况进行清理，核对不一致欠费数据，合理处理死欠费款，逐步消化和清理陈欠费款。

（五）严控基金支出快速增长

一是严肃被征地农民转保政策。一方面要严肃被征地农民转保政策的执行，绝不擅开口子，扩大参保范围和对象，妥善处理实施过程中出现的问题，确保政策稳妥顺利实施，切实维护广大被征地农民合法权益；另一方面要加强部门间的协调配合，形成工作合力，如财政部门要严格做好土地出让收入按比例充实社会保障风险金工作，地税部门要做好基金征收工作，努力实现应收尽收，国土部门要规范参保指标核定，做到“人地对应、到户到人”等。二是加强医保支出监管。在总额预算控制的基础上，探索复合式支付方式，针对不同医疗服务特点，推进医保支付方式分类改革，住院主要推行按病种、按疾病诊断相关分组付费，长期、慢性病住院可按床日付费；门诊按人头付费，积极探索将按人头付费与慢性病管理相结合；对不宜打包的费用按项目付费。加强医保对医疗行为的监管，将监管重点从医疗费用控制转向医疗费用和医疗质量双控制。大力推进阳光医保监管信息平台建设，将医保监管延伸到医务人员和参保人员的就医诊疗行为，依法严厉打击各种欺诈骗保违法违规行为。

（六）提升基金保值增值能力

中共十八届三中全会《决定》明确提出“加强社会保险基金

投资管理和监督,推进基金市场化、多元化投资运营”。一是科学编制基金预算。财政部门要会同人社、卫生等部门,综合本年度工资增长、社保待遇调整、财政补助标准等因素,科学编制基金预算,合理确定基金年度支出预算。二是合理调度基金支出。通过对社保基金历史数据、账户余额变动等因素进行分析,科学准确预测各险种发放金额,努力缩短社保基金在财政专户外滞留时间,保障基金增值增效。三是优化定期存款结构。根据各险种的性质和结余情况,确定不同的投资策略,在社会保险基金留存2个月基金支付量的基础上,对结余的资金都按照定期存款存入银行,其中对职工基本养老保险和城镇职工基本医疗保险等资金结余量较大的基金,可投资于中长期银行存款,确保基金保值增值效益最大化。四是争取利率优惠。与相关财政专户存储机构会商,通过正面激励和竞争存款方式,引导金融机构在充分执行国家规定优惠利率的基础上,进一步让利社保基金,并对所有社保基金财政专户活期、定期存款均按最高浮动利率计息,进一步提升定期存款收益率。

课题组
组长:余建林
成员:倪灵东　曾晓琴　王　晖(执笔)

温州市扶持实体经济发展的财税政策研究(摘要)

温州市财政局课题组

一、温州市实体经济发展状况及特点

(一)民营经济市场活力十足,企业“谋新”“求实”理念加强

作为民营经济发源地,早在改革开放之初温州就发动千家万户搞工业生产与自主经营,形成了小商品、大市场的发展格局,开创了享誉全球的“温州模式”。近年来,温州市民营企业保持快速发展,2016年全市规上工业企业4865家,实现工业增加值1149.8亿元,同比增长7.9%,其中民营企业4650家,增长贡献占88%,民营经济已成为全市工业的重要支撑。随着温州国家金融综合改革和振兴实体经济一系列政策的实施,温州实体经济焕发活力。2017年上半年,实体经济尤其是制造业形势逐渐回暖。二季度全市企业景气指数与企业家信心指数分别为118.65和119.48,与2016年底相比分别上升4.26点与5.26点,均处于“相对景气”区间,预示实体企业发展信心进一步增强。

(二)区域经济“抱团”发展,传统产业支撑作用明显

温州企业通常以一两类产品为龙头,众多上下游关联企业相互支撑,形成空间集聚效应。这些企业集群发展,产品齐全,相互配套,信息成本低,显示出旺盛的生命力,产生区域性规模效应和品牌效应。目前,温州市已建成“中国鞋都”“中国电器之都”等30多个“国”字号生产基地,并形成电气、鞋业、服装、汽摩配、泵阀五大优势支柱产业。2017年上半年,全市2304家传统支柱产业规上企业实现工业增加值对规上工业增长贡献率为49.3%,拉动作用显著。

(三)“敢想敢做”创业精神较强,“走出去”发展趋势明显

温州人素有“敢为天下先”的创业气魄,在外温籍人口已经超过三分之一,突破200万人。2017年上海民营企业百强中有上海均瑶有限公司、上海胜华电缆有限公司、上海美特斯邦威服饰有限公司等9家温商企业,其中均瑶集团高居上海民企第九位。而且,异地创业的温州企业家较为团结,“传帮带”氛围浓厚,尤其是以商会形式建立的经营网络,更是极大增强了在外温州企业家的凝聚力与向心力。据统计,在外温州人已在268个地级市成立温州商会。从全国温州商会总会到省级商会、再到地市级商会的层级对接体制,使在外温企生产资源充分整合、营销网络交叉覆盖、行业优势互补互利,实现创业发展的聚变反应。

二、财税视角下温州实体经济发展面临的挑战

(一)实体企业盈利能力不足,后续财源增长乏力

1. 实体经济回升基础尚不稳固,财源增长不乐观。温州实体企业多数从事传统行业,盈利空间较小,对国内外市场变化较为敏感。近年来,国际竞争日趋激烈,国际贸易摩擦成为新常态,汇率波动影响有所放大,外贸产业环境性风险加重。国内市场受经济增速回落、固定资产投资放缓、经济刺激政策“退出”等因素影响,短期难以完全弥补外需大幅萎缩的影响。消费需求近年来虽稳步增长,但其总量仍无法担当经济发展“主引擎”作用。因此,温州市实体经济虽有所回暖,但经营仍存困难,与省内个别兄弟城市相比差距有所扩大。2017年上半年,全市工业用电量增长5.0%,低于全省平均水平2.7个百分点。经济决定财政,2017年上半年,温州市财政总收入、一般公共预算收入增幅均居全省第11位(倒数第一),其中财政总收入增幅仅为全省(16.7%)的一半。值得注意的是,2017年上半年嘉兴市财政总收入已经超过温州,且财政收入质量优于温州,其税收收入占一般公共预算收入比重超过95%,而温州不到85%。嘉兴市财政收入在近几年超过温州市的可能性不断加大,温州财政收入的“铁三角”地位岌岌可危。

2. 土地、资金等实体资源要素短缺,财源成长空间受限。一是土地资源稀缺。温州市素有“七山二水一分田”之称,局部区域人口过度密集,产业过度集中,空间承载压力巨大。同时,土地后备资源极为匮乏,而结构性产业过剩导致部分存量用地亩产效益不高,新兴高端产业无处落脚。2017年上半年,温州小微企业园区成交的土地价格普遍在50万元/亩以上,而上海类似园区同期土地价格仅为9万元/亩,差距较大。二是资金要素紧张。温州经济以小微企业为主,缺乏不动产抵押物,在银企关系中处于弱势地位,自身存在经营不规范、账务不透明的短板,融资难度大,融资成本高。2012年温州金融风波以来,为降低贷款不良率,银行对实体企业收贷明显,贷款额度不断下降。2017年上半年,温州市实体企业贷款额比上年同期下降了50亿元。这也导致企业被迫选择利率更高风险更大的信托基金、互保贷款

甚至是民间借款,进一步加大了企业金融成本。

3. 成本大幅上涨导致企业效益低,制约相关税收增长。2017年以来各项工业原材料均有不同程度上涨。根据国家统计局公布数据,2017年6月,原材料购进价格指数从50.4上升到57.9,增幅明显,其中原油、铜、铝、稀土等工业原材料与2017年低点相比均增长10%以上。对以传统行业起家的温州企业而言,价格波动严重压缩了利润空间,很多企业为求生存不得不缩减生产。此外,人力成本逐年上涨也给实体企业转型发展雪上加霜。据统计,“十二五”期间温州企业人均工资年均增长13.6%,远高于同期企业利润4.5%的年均增幅。从税收角度看,增值税反映企业销售收入;企业所得税反映企业盈利能力。2017年上半年,温州346家领军、高成长型企业增值税增长1.3%,企业所得税下降1.9%。可见,温州制造业龙头企业发展后劲和盈利能力不足,影响税收可持续增长。

(二)财源结构有待优化,新旧动能转换较慢

1. 传统产业税收贡献仍占多数,战略性新兴产业发展缓慢。2017年上半年,温州市规上工业中,电气、鞋业、服装、汽摩配、泵阀五大传统支柱产业增加值占49.3%,战略性新兴产与信息经济核心产业制造业增加值只占9.0%与11.5%。税收是经济的晴雨表,税收结构也反映出传统制造业占优。第二产业中传统制造业与现代制造业税收比重不协调。2017年上半年,全市战略性新兴产业在第二产业税收贡献占比仅1.3%,这也从侧面反映制造业新动能仍处于成长期与培育期。另外,2017年上半年,温州市第三产业增加值已达六成以上,但从税收角度来看,第三产业贡献主要集中在房地产业、批发零售业等传统行业,新兴服务业税收贡献偏低,工业配套服务业和城市高端服务业发展仍较缓慢。

2. 科技创新短板制约,实体经济发展内生动力不足。科技创新是温州最突出的短板。2016年,温州市研发投入占GDP比重为1.78%,远低于全省、全国平均水平;规上工业企业中,有研发活动的企业仅占四分之一,建有研发机构的不到五分之一,每百个规上工业企业研发机构数为19.7个,比全省平均水平少2.6个。在全国117个国家级高新区中,温州高新区排名第92位,且至今还没有一家省级高新区。从税收看,温州信息、健康、时尚、文化四大产业税收收入占新动能产业比重不足5%,新旧动能转化后劲不足。2016年全省纳税百强企业排名中,杭州市有6户高新技术企业和8户信息企业入围,宁波市有6户高新技术企业入围,而温州无一高新技术企业入围,入围的7户企业中仅正泰电器属装备制造业。

3. 龙头企业带动力不强,大平台、大产业、大项目支撑弱。温州有不少行业龙头企业一枝独秀,但对区域产业辐射影响不大,没有形成产业链“以大带小、以点扩面”的效果。龙头企业上下游配套企业则存在低端同质化竞争激烈、产业价值链不高、企业生产型制造向服务型制造转型意识不强等问题。例如,尽管森马服饰为温州贡献了大量税收,但其上游供应商只有一两家在温州本地,对温州服装产业链发展并未起到积极的带动作用。根据2017年上半年温州第二、三产业税收分别排名前10的行业统计数据,行业中前20名企业税收占行业税收比重达80%以上的有12个行业,低于50%的仅4个行业。可见,重点行业中的领军企业和重点税源较集中,产业链梯队尚未形成。另外,温州企业发展缺乏大平台大项目支撑,瓯江口新区、浙南产业集聚区等两大省级产业集聚区平台对大项目大企业的吸引力不足,对地方财政的增收贡献不明显。2016年温州瑞安市新引进总投资超5亿元工业重大产业项目,但预计2017年带来制造业税收增量仅100万元;瑞安高新技术产业园进驻企业47户,预计2017年税收增量仅200万元。

(三)企业税费“负担感”较重,政策激励作用仍需加强

1. 税费结构性负担过重,实体企业“痛感”明显。横向比较,温州宏观税收负担并不高。2016年,温州宏观税负为14.1%,上海同期是38.9%,杭州是20.8%,宁波与苏州是21.3%。但企业角度的实际税负指“税加非税加社保占利税总额的比重”。根据2016年规上企业数据测算,温州企业“税负”接近60%,“负担感”沉重。以社保费为例,2006年浙江省开始实施“五费合征”,按照企业职工工资总额作为基数缴纳单位部分社保费,温州市虽然执行35%折扣比例,但折后仍然超过了大部分企业实际员工参保基数。加上近年来员工工资以每年10%以上速度递增,企业压力更加明显。

2. 税制改革红利未充分释放,部分税收优惠缺乏持续性与针对性。随着“营改增”试点全面推开,所有行业纳入增值税抵扣链条。据统计,“营改增”5年来,全国累计减税1.61万亿元。然而,大部分温州企业尚未完全享受到“营改增”政策红利,一方面由于传统行业固定资产大多购买较早无法享受进项抵扣政策,另一方面因温州企业多属劳动密集型,人工成本无法抵扣。现行税法规定对技术转让、技术开发与技术服务免征增值税。这虽然减轻了技术服务提供方税负,但由于免税收入无法开具专用发票用于进项抵扣,反而影响了企业购买技术服务开展更新换代的积极性。此外,部分现行优惠政策制度设计不够完善,如高新技术企业享受优惠税率需要符合研发费用占比、高新收入占比等条件,这些条件适合成熟阶段企业,新创业但发展前景较好的创新型企业往往不具备条件。又如,固定资产加速折旧政策对初创的科技型中小企业减税实用性不强,加上计算复杂,企业积极性不高。

3. 产业基金撬动能力不足,奖补政策缺乏针对性与持续性。作为引导投资的重要平台,温州产业基金主要引导社会资本进入本地高新技术、生命健康、文化创意等新兴行业。但由于运行机制不完善,现有产业基金存在流程冗长、运行效率不高等问题,截至2016年12月,全市政府产业基金到位规模为20亿元,设立的子基金中,政府认缴金额只有14亿元,资金使用率偏低。由于本地新兴行业较少,优质投资对象稀缺,这使产业基金吸引“外资”能力不强。另外,温州现有的财政奖补政策类型多、更新快,但多数金额在10万元以下,蜻蜓点水式奖励使有发展潜力的优质项目无法得到持续培育,政策效应不强、资金使用绩效低。

三、助力温州市实体经济发展的财税政策建议

（一）提供“一揽子”政策助力产业整合，培育企业做大做强

1. 提供专项政策帮扶，积极推动企业上市。温州民营经济发展较为活跃，但囿于家族式经营模式，“小富即安”意识普遍，产业内“冒尖”企业少，对整体行业起龙头作用的上市企业更是凤毛麟角。当前正值中央推行证券市场注册制改革，企业上市迎来难得的“窗口期”，政府部门应抓住有利时机，加紧安排“上市专员”对接本土优质企业，及时引导在外温商上市公司回归。积极宣传市委市政府“上市工作十条”有关奖励扶持举措，主动辅导企业享受兼并重组、股份制改造、非货币性资产投资等优惠政策“套餐”，详细了解企业上市过程中的困难与需求，及时反馈解决。按照“改制一批、辅导一批、报备一批、上市一批”的思路，争取到2018年底报会辅导企业38家、力争突破60家，争取到2021年底上市公司累计超100家，打造形成与温州“铁三角”地位相称的资本市场“温州板块”。

2. 加快处置“僵尸企业”，加速整合优质资产。抓住处置僵尸企业这个“牛鼻子”，推进产业转型升级，带动行业整合集聚，积极贯彻改制重组、拍卖执行、债务处置等相关税收减免政策。同时，降低特殊性重组优惠政策门槛，加快整合企业优质资产。面向“两链”风险企业，完善企业资产损失税前扣除政策，对效益高、前景好的企业实际发生的担保损失，可依据法院或处置办出具被担保企业资不抵债证明先予以税前扣除，待企业行使追索权后再计入所得，减轻当期税负压力，加快恢复“造血”功能。持续深入开展城镇土地使用税政策调整促进土地集约节约利用工作，进一步细分行业类档级别，扩大行业涉及范围，加大优惠扶持力度。

（二）充分释放税制改革红利，加速新旧动能转换

1. 进一步贯彻普惠减税政策，着力推进减税降费。不折不扣落实“营改增”各项政策，全行业纳入抵扣链条，对老项目以及特定行业采取过渡性措施，确保所有行业税负只减不增。取消13%税率，原按13%征税的23类货物税率统一降为11%，进一步简并增值税税率结构。改进制造业、金融业、建筑业等行业增值税政策，完善增值税立法。贯彻《关于贯彻落实降低企业成本减轻企业负担工作方案》规定各项税费普惠措施，落实暂停征收地方水利建设基金、下调失业保险费率，以及集中减征社会保险费等政策，确保小微纳税人享受3万元以下免征增值税规定，积极宣传小型微利企业享受企业所得税应纳税额从30万元提高到50万元最新优惠政策，助力小微企业轻装减负。

2. 推进落实科技创新专项激励政策，加快培育新动能成长。综合运用产业基金、BOT投资等方式引导社会资本投向创意园区、科技加速器、产业小镇等优质“两创”平台，并进一步贯彻落实股权激励、技术投资等专项税收优惠政策，加快融合资本与“知本”。参照科技孵化器财政税收优惠政策，将先进创业平台纳入减免范围，为新兴产业培育提供良好环境。加强固定资产加速折旧、研发费加计扣除等间接性优惠政策力度，进一步扩大可加计扣除研发费用范围，提高外聘研发人员与委托外单位研发支出加计扣除比例，允许研发费用加计扣除在企业所得税预缴申报“先享后管”。调研宣传新推出的科技型中小企业研发费用加计扣除政策，主动提醒符合条件的企业进行优惠资格备案。同时建议将研发费用比例提高到75%，与“产学研”建设相结合，鼓励企业与高校、科研机构进行项目对接与委托研究，加速技术人才要素向终端产业集聚。

（三）发挥财税政策引导作用，推进城市现代化转型

1. 以“大拆大整”为突破口，完善城市基础设施。发挥产业基金与基础设施投资资金带动作用，吸引社会资本进入民生设施建设与公共服务平台领域，加快城市综合环境建设步伐。国地税部门联合实施“四无”生产经营单位税收违法整治专项行动，清理“低小散乱”经营户，树立依法纳税理念。持续深入开展城镇土地使用税政策调整促进土地集约节约利用工作，进一步细分行业类档级别，扩大行业涉及范围，加大优惠扶持力度，同时通过土地、供电、环保、安监等多部门差别化待遇形成合力“剪刀差”，倒逼“低小散”腾退轮转，为实现“大建大美”腾出建设空间。

2. 加强环保产业政策扶持，营造良好城市人居环境。秉持“绿水青山”发展理念，以“剿灭劣V类水”“五水共治”等政府重点工作为先导，综合运用财政政策引导扶持环保产业发展，大力宣传绿色生态理念，提高企业节能减排项目补助标准，鼓励传统产业实施环保技术改造，推动工业企业实现绿色转型发展。落实污水处理企业免征增值税与房土两税、资源综合利用产品减免增值税、企业所得税以及购进环境保护、节能节水和安全生产专用设备抵扣企业所得税应纳税额等环保优惠政策。重视培育与引进人才资源，引入高等院校项目，开展“县校合作”培育专项人才，对入选国家和浙江省“千人计划”、温州市“580计划”的紧缺人才给予优惠补贴。同时扎实推进房地产业去库存各项财政优惠政策，推进经适房、廉租房、限价房等住房保障举措，抑制房价过快上涨。大力发展现代服务业、城市产业、楼宇经济，以城市功能转型推动“产城人”融合发展，打造宜居宜创业的现代化都市。

（四）推进财税服务建设，优化创业创新发展环境

1. 落实“放、管、服”，践行“最多跑一次”服务承诺。以“最多跑一次”为中心目标，优化财税各项服务举措，推行“一窗受理、集成服务”，落实诚信假设、实名认证、留存备查等制度，工作重心从事前审核转为后续管理。办理过程中简化资料要求，加快业务流程，实现业务“一趟办、马上办、网上办”。完善政府非税收入线上线下一体化收缴，完善行政事业性收费项目纳入统一公共支付平台收缴，开展线上线下支付渠道融合创新。助推公众号、支付宝等平台拓展移动办税场景应用，推广纳税人掌上申报、缴税、查询、开票功能。持续开展便民办税春风行动，以“浙商回归”“十百千”下乡入企活动为载体，对重点税源企业和成长型企业继续实行“一对一”清单式服务，同时组建财税政策辅导团，加强企业学堂建设，切实提高企业的税法认知度与遵从度。

2. 深化部门协作，推动信息化建设。实体企业发展与财政、工商、税务、经贸、科技、质监、金融、住建、统计等多个部门密切相关，贯彻落实有关产业财政税收政策也需要各有关部门密切配合协作。建议由市委市政府牵头，建立实体企业联络制度，搭建部门数据信息传递渠道，同时定期召集部门与企业代表开展需求座谈与问题协调，共同推进实体经济快速发展。尤其是要推进财政、地税、国税合作不断深化，在企业财政优惠政策享受、信息交换、数据互补、联合办税、协同征管等方面按照规范升级合作，推行协同办公，着力实现服务高度融合，执法高度整合，信息高度聚合，打造财政地税便民便企综合体。大力推广会计与税收信用评价应用，与信贷、社保、就业、交通、公安等部门协同建立财税保障机制，加强会计和税收信用体系社会情境推广与金融信贷应用。

课题组

组长：余中平

成员：林　坚　杨海曼（执笔）　蔡华华（执笔）　饶　宁　韩加斌　胡　捷

供给侧改革视角下加快财政支出进度研究

庆元县财政局课题组

一、庆元县财政支出预算执行存在的问题

（一）县本级支出进度偏慢

从各月累计进度完成情况看，2014—2016年，全县全口径一般公共预算支出完成年度预算的进度较快，除2014年11月略慢于序时进度外，其余月份均快于序时进度，年度内四季度进度放缓，在年底达到完成进度与序时进度的统一（见表1）。剔除上年结转和上级转移支付后，县本级支出进度则呈现相反态势。除2014年1月略快于序时进度外，其余月份均慢于序时进度，最大差值达到11.56个百分点。年度内四季度执行进度显著提速，在年底达到完成进度与序时进度的统一（见表2）。

表1　2014—2016年庆元县一般公共预算支出分月累计进度完成情况（全口径）

单位：万元

月份	2014年			2015年			2016年		
	累计支出数	完成进度（%）	序时偏差值	累计支出数	完成进度（%）	序时偏差值	累计支出数	完成进度（%）	序时偏差值
1月	18340	18.39	10.06	24458	19.23	10.90	21322	15.09	6.76
2月	25932	25.03	8.36	39157	29.65	12.98	52775	32.14	15.48
3月	34722	32.18	7.18	53950	38.08	13.08	68535	39.89	14.89
4月	43014	39.07	5.73	67171	45.50	12.16	79531	45.75	12.41
5月	53642	46.75	5.08	75510	50.92	9.25	91574	52.13	10.46
6月	78363	60.30	10.30	91623	58.91	8.91	121123	62.47	12.47
7月	95856	68.38	10.05	102401	65.19	6.86	150951	70.50	12.17
8月	107423	73.84	7.18	116577	71.73	5.06	176978	76.58	9.92
9月	122512	79.43	4.43	150931	79.43	4.43	189404	80.98	5.98
10月	137451	85.84	2.51	173916	88.25	4.91	202739	85.30	1.97
11月	150153	91.13	-0.54	210759	95.48	3.81	236496	91.79	0.12
12月	184677	100.00	0.00	241717	100.00	0.00	267383	100.00	0.00

表2　2014—2016年庆元县一般公共预算支出分月累计进度完成情况（县本级）

单位：万元

月份	2014年			2015年			2016年		
	累计支出数	完成进度（%）	序时偏差值	累计支出数	完成进度（%）	序时偏差值	累计支出数	完成进度（%）	序时偏差值
1月	8429	9.39	1.05	4164	3.90	-4.44	8054	6.29	-2.04
2月	12135	13.51	-3.15	13993	13.09	-3.58	16587	12.96	-3.71

续表

月份	2014 年			2015 年			2016 年		
	累计支出数	完成进度(%)	序时偏差值	累计支出数	完成进度(%)	序时偏差值	累计支出数	完成进度(%)	序时偏差值
3 月	16610	18.50	-6.50	19166	17.93	-7.07	24729	19.32	-5.68
4 月	22709	25.29	-8.04	26437	24.73	-8.60	33678	26.31	-7.02
5 月	28700	31.96	-9.71	34108	31.91	-9.76	43894	34.29	-7.37
6 月	38209	42.55	-7.45	42996	40.22	-9.78	55247	43.16	-6.84
7 月	45480	50.65	-7.69	52228	48.86	-9.48	64836	50.65	-7.68
8 月	51749	57.63	-9.04	60946	57.01	-9.65	73886	57.72	-8.94
9 月	58072	64.67	-10.33	67815	63.44	-11.56	83520	65.25	-9.75
10 月	67128	74.75	-8.58	83733	78.33	-5.00	93046	72.69	-10.64
11 月	75182	83.72	-7.95	96926	90.67	-1.00	106764	83.41	-8.26
12 月	91511	100.00	0.00	116000	100.00	0.00	128000	100.00	0.00

(二)支出进度均衡性较差

从 2014—2016 年执行情况来看,无论是全口径还是县本级,全县财政支出均呈现前慢后快的趋势。从全口径看,一、二季度支出占全年的比重相对较小,三季度较为平稳,大致接近 25%的均衡序时进度,第四季度明显加快,基本在 30%以上。从县本级看,不均衡的特征更为突出,一季度财政支出占全年的比重均不到 20%,二、三季度逐渐回升,趋近 25%的均衡序时进度,第四季度则明显加快,基本达到 35%以上,尤其 2015 年四季度,支出占比高达 41.54%,是一季度的近 3 倍。支出前少后多、进度悬殊的现象成为年度预算执行的常态。

(三)年终结转结余量较大

近几年全县财政支出规模扩张较快的同时,财政结余结转数额也较大。从资金来源看,结余结转主要来自上级补助。2014—2016 年,全县结余结转中,上级转移支付占比分别为 71.36%、74.04%、65.63%。从项目属性看,结余结转主要来自专项支出。2014—2016 年,全县结余结转中,基本支出在结余结转中的占比为 9.43%、9.72%、12.77%,专项支出在结余结转中的占比为 90.57%、90.28%、87.23%。

二、庆元县预算执行进度问题的原因分析

(一)预算编制方面

1. 零基预算原则贯彻不够到位。党的十八届三中全会以及中央深化财税体制改革总体方案已经明确要推进零基预算改革。庆元县也一直强调按照零基预算的基本原则进行预算编制。但由于种种因素制约,零基预算难以完全实现。实际工作中,有相当一部分资金仍采用基数加增长的方式进行分配。在这种编制方式下,预算编制预“钱”不预“事”,财政部门和预算单位聚焦于资金安排的多寡,而忽略了支出事项该不该干、怎样去干等问题,更遑论谋求如何干得更好了。且这种方式会令单位产生“今年钱花不去,明年预算会减少”的思想,导致年终“突击花钱”现象难以杜绝。

2. 预算编报前期基础工作欠精准。现行规定中,下年度的预算编制要求在当年 10 月份前完成,但此时上级部门的下年度主要工作任务尚未下达,造成预算单位对下年度的主要工作心中没底,无法编制相应的预算,只能编报一些常规性工作的预算。导致预算编制精准性差,造成第二年上级工作任务下达后,预算追加不断、预算执行仓促等现象。

3. 上级转移支付资金管理存在问题。一是资金确数下达晚。虽然一些专项性一般转移支付资金采取预下达的方式进行分配,但预下达并不是最终确数,特别是一些专项还有指定的任务分配清单,部门在分配专项时,会等上级资金全部下达后再分配。二是资金整合难度大。各项转移支付资金都有各自的要求,涉及主管部门多,考核要求不一。县级财政实施资金整合,涉及项目验收、资金评价等多个方面,由于上级没有明确规定,整合资金难度大。

(二)预算执行方面

1. 考评机制设计不够完善。庆元县虽已出台预算执行进度考核办法,但考核指标主要针对预算执行环节来设置。而执行进度问题涉及财政管理全过程,仅从执行环节去考核,会将问题转移到财政管理的其他环节,并不能从根本上解决预算执行进度慢的问题。

2. 预算单位主体责任意识不强。预算单位对项目的实施方案、支出目标、成本计算和关键时间节点观念模糊,抓好支出进度、提高执行效果的基础较薄弱。

3. 动态监控体系建设不到位。目前的动态监控系统主要侧重于监控支付审核环节的信息完整性、内容合规性,缺少覆盖预算执行全过程的综合动态监控体系。

（三）财政监督方面

1. 监督机制建设不够成熟。从监督方式看，由于预算编制精细化程度不足和预决算信息公开程度不够，人大、审计、公众、媒体等难以对支出计划及后续执行情况进行透彻的审议和监督。从监督内容看，以财政支出安全性、合规性监管为主，针对支出绩效的监督较少。从问责机制看，支出进度问题与预算执行过程中各环节责任人之间没有直接约束机制，不能形成有效监督压力，难以改变预算单位"重申报、轻执行"的顽症。

2. 绩效管理结果运用不够。2014—2016 年，庆元县共实施了 51 个绩效自评项目和 8 个重点评价项目，涉及财政资金 3.75 亿元，评价项目较少，范围不广。绩效理念在预算编制中虽得到初步树立，但绩效评价结果和执行信息在编制预算中的应用程度仍然较低，绩效管理没有从本质上影响到次年预算编制。

三、对财政支出预算执行进度问题的再认识

供给侧改革视角下，国民经济的平稳发展取决于经济中需求供给的相对平衡。财政支出是政府依法提供公共产品的资金供给行为，虽然支出数量会因不同时期财政调控政策的选择和可支配财力的不同而发生变化，但其最终目的还是为了满足社会对于公共产品的需求，解决社会发展中的问题和矛盾。因此，预算执行进度问题不应仅看统计数字的完成与否，更应看到数字背后的公共产品供给与需求是否匹配和适应。

（一）不应过分强调执行进度与序时进度在统计上的一致

序时进度，源自工程专业术语，是指规划指标随时间推进而完成的程度。从预算执行看，随着时间的行进，支出进度在时间轴的任意节点均会形成一个支出结果，这种完成程度在时间点上的分布形态，就是预算执行的序时进度。但序时进度只是支出在时间维度上的一种统计表征，只能反映支出进度相对于时间的快慢。在工程学上，序时进度也仅仅是衡量工程进度的综合指标之一。如果把序时进度作为支出的依据和标准，一味追求执行进度与序时进度的统一，如采用"以拨代支"等手段，人为控制执行进度与序时进度在统计结果上保持一致，而不去寻找造成支出进度和序时进度差异的根源，并采取针对性措施，则是本末倒置的做法。

（二）不同项目类别的预算执行进度判定应区别对待

财政支出按项目类别可分为基本支出和专项支出两大类。基本支出主要用于单位日常运转，具有较强的计划性和时间关联性。因此，基本支出进度以序时进度反映是符合供需平衡关系的。专项支出的执行进度则不能简单用序时进度来判定。专项支出的资金拨付需与项目实施进度挂钩，而后者取决于经济社会发展需求，如果项目实施顺利，预期需求旺盛，预算执行进度就快，反之则慢。因此，从资金功能属性看，要破解预算执行进度慢问题，重点在于加快专项支出执行进度。

（三）预算执行进度问题实质是公共产品供需平衡问题

财政支出预算的目的是通过供给端的资金要素配置，并通过财政资金的投入带动民间资本的投入，从而实现公共产品领域的跨越式增长，满足社会对于公共产品的需求，解决经济社会发展中的问题和矛盾。预算执行进度是这一过程的统计反映。因此，预算执行进度问题不能单纯当作速度问题看待，更应关注其质量问题。真正合理健康的预算执行进度不仅仅是数字上的平衡，更是"钱"与"事"、"供"与"需"等关系的平衡。

四、破解财政支出进度问题的建议

（一）以"实"字为导向，坚持预算源头管理，精细编制，健全链条，为供需均衡奠定基础

1. 完善预算编制方法，改变传统编制方式。综合运用零基预算、中长期财政规划、三年滚动预算等预算编制新理念新方法，变"基数加增长"的投入控制编制方式为"事项定资金"的供需平衡编制方式。加大"零基预算"应用力度，每年度的预算都必须从"零"开始，按照因素法逐一测算编制。推进中长期财政规划编制，确保各项财政扶持政策和工作方向的延续性和一致性。对重大改革、重要政策、重点工程开展三年滚动预算编制试点，解决跨年项目年度预算安排与项目实施期不匹配的矛盾。

2. 建立健全编审链条，夯实编制前期基础。建立健全研究—计划—论证—评审—编制的项目预算编审链条。将政策研究、方案论证、评审决策作为项目预算编制的前置环节。研究环节，梳理单位履职的政策框架及对应支出项目，解决好公共产品"该不该供给"的问题；计划环节，把支出进度和实施时间节点纳入支出项目实施方案并加以明确，解决公共产品"什么时候供给"的问题；论证环节，全面权衡支出项目的成本和效益，解决好公共产品"供给的质量和数量"的问题；评审环节，除了评审项目的必要性、支出的合理性、绩效的规范性，也要将支出进度和关键时间节点作为重要评审指标和决策因素，促进决策合理化；编制环节，形成"事"与"钱"细化且清晰的预算草案并提交人大审定。

3. 建立项目库统一管理系统，健全资金整合机制。目前各类专项资金申报平台林立，项目库之间不联通，单位之间信息不共享，信息壁垒问题突出。因此，必须打通项目库或建立统一的项目库系统，实现信息共享，为资金整合创造前提条件。同时，县级政府要建立项目资金整合领导小组，探索资金整合新模式。整合各部门功能相近的项目资金，提高项目资金执行率，提升财政资金使用效益。

4. 强化结余资金统筹，整合过剩资金供给。完善结余资金管理方式，促进预算单位规范结余资金管理。严格落实结余资金结转年限规定，对项目已完成或连续两年未使用的资金结余收归财政统筹安排。建立健全预算编制与结转资金管理相衔接的约束机制，对结转结余资金常年居高不下、使用不力的单位，相应削减预算，减少过剩资金供给，促进沉淀资金活化，实现高效利用。

（二）以"优"字为导向，规范预算执行，推进预算改革，精准调控，以科学执行确保预算目标达成

1. 深化国库集中支付改革。继续优化支付流程，从预算指标到清算，以"最多跑一次"改革为契机，在依法依规前提下，减少中间审核确认环节。继续扩大改革范围，按"横向到边、纵向到底"要求，将所有财政性资金都纳入国库集中支付管理。加快

国库单一账户体系建设，进一步清理预算单位实有资金账户。选择部分项目，开展单位授权支付，加快支出进度。

2. 完善预算执行考核评价。改进预算执行考评办法，强化预算单位主体责任，把预算执行情况作为考评预算单位当年工作的重要依据，并将预算执行考评嵌入财政管理全过程，建立涵盖经济效益、社会效益、生态效益、预算编制质量、实际执行质量、资金落实情况等指标的综合考核评价体系。

3. 建立预算执行反馈机制。加强与预算单位的沟通协作，建立预算执行分析和信息反馈机制，对照预算编制内容和进度计划，判断预算单位的责任落实情况，辨别出现偏差是由主观不作为还是客观条件变化导致，从而采取不同措施加以解决。

4. 建设综合动态监控体系。建立覆盖财政部门、预算单位、人民银行、代理银行四大主体，用款计划申报、支付审核、银行支付、资金清算、会计核算五个环节的综合动态监控体系，通过关键环节监控点的设置对预算执行的全过程进行实时监控，及时发现、纠正错误和偏差，并形成汇总分析，促使支出进度稳步推进。

（三）以"严"字为导向，坚持花钱问效理念，全程监督，透明管理，以责任落实确保供需关系持续均衡

1. 构建全程业务管理监控机制。树立"大监督""大绩效"理念，整合现有财政管理业务系统数据，打造覆盖全部财政管理业务活动的监督平台。设置相应监督机制，促进财政监督与预算编制、执行全过程融合，变事后监督为全过程监督、变突击检查为专项检查与日常检查并重、变"纠错与查处"型监督为"预防与服务"型监督、变安全性和合规性监督为效益性监督，加强财政资金运行全过程、多层次动态跟踪评估。

2. 强化绩效管理及其结果运用。在开展重点支出项目绩效评价的基础上，扩大绩效评价范围、丰富评价内容、完善评价方案，逐步实现财政管理工作绩效目标、考核指标、结果应用、问责主体"四明确"，带动预算执行工作的推进。增强绩效评价结果运用，将评价结果作为以后年度预算分配、追加、收回的重要依据。

3. 构建全方位财政支出问责制度。建立以责任为导向的预算执行问责机制，明确预算单位负责人的责任，对具体责任进行细分和落实，由人大、纪检监察、财政、审计等机构重点对责任的落实进行监督，严肃问责机制执行刚性，建立"谁用钱谁负责"的财政规则，每项支出都与责任紧密关联，增强预算单位自我监督意识。

4. 构建财政资金透明运行机制。以预算执行阳光透明为目标，按照公共财政要求，除涉密信息外，主动推进预决算公开，扩大公开范围，细化公开内容，使之涵盖财政政策、财政法规、预算执行、专项评审等内容。推进向人大常委会报送重点项目绩效评价结果的机制建设，研究将预算单位绩效目标和评价结果随预决算向人大报告和向社会公开的方式。

课题组

组长：叶　斌

成员：叶少华　吴旭芬　徐　澎（执笔）

淳安县政策性农业保险实践与机制创新

淳安县财政局课题组

一、淳安县政策性农业保险发展现状

（一）总体情况

历史上，淳安县盛产优质稻谷、菜油、高山蔬菜、茶油、山核桃、花猪、桑蚕丝和茶叶等农产品。作为全国生态功能区，随着对千岛湖环境保护的不断加大，生产要素重新优化配置、产业结构大规模调整，生态农业特别是农旅融合的新兴农业已成为淳安县经济发展的重要组成部分。然而，淳安县也是自然灾害频繁发生的地区之一，洪涝、冻害、冰雹、霜冻、风灾、旱灾、泥石流等自然灾害经常发生，给农业生产造成巨大经济损失。

近年来，淳安县政策性农业保险快速发展，服务领域不断拓宽，建立了政策性农业保险和财政补助相结合的风险防范和灾害救助体系；形成了以"共保经营"为主、"互助合作"为辅的保险运作模式；构建了"3+3+X"的政策性保险产品服务体系，即水稻、小麦、油菜等3个主要种植业保险，能繁母猪、生猪、鸡3个主要养殖业保险；围绕保障淳安县"菜篮子"、高效设施农业、森林覆盖率，陆续开办了大棚、大棚蔬菜、葡萄、柑橘、林木综合、生态公益林等6个地方特色产业保险险种。

同时，养蚕业作为全县主导产业之一，根据近年来蚕病、中毒、意外事故等造成蚕农重大损失的情况，2013年，淳安县将政策性养蚕保险列为当年为民办十件实事之一，在各级政府和省农险办的共同努力下，全县养蚕特色农业保险险种被列入省级试点险种，取得了良好的经营效益和社会效益。

为更好地保护千岛湖生态环境，破解"病死畜禽随意丢弃"难题，2016年淳安县按照"政府监管、企业运作、财政扶持、区域合作"的原则，在全县范围内开展生猪、家禽保险与无害化处理联动试点工作，构建了一套"统一收集、集中处理、保险联动、智慧监管"的长效监管机制，将生猪、家禽无害化处理作为政策性保险理赔的前提条件。

淳安县自开办政策性农业保险以来，保险险种、参保对象、保险责任的覆盖面不断扩大、财政承担保费比例不断提高，2016年起，县财政开始全额承担保费。

（二）近三年淳安县政策性农业保险开展情况

在"共保体"农业保险合作经营模式下，2014—2016年淳安县政策性农业保险已累计为全县超过17077亩水稻、42483亩小麦、384741亩油菜、5497亩大棚、1342亩大棚蔬菜、410亩葡萄、3905亩柑橘、713.35万亩公益林、1.31万头能繁母猪、25.07万头育肥猪、27.42万羽鸡、25.11万张桑蚕、75.54万亩经济林木等提供了风险保障，保障总额45亿元，保费总支出3392.94万元，其中财政保费补贴支出3237.85万元，累计

发放赔款 1705.92 万元，惠及农户超过 3 万户次，具体如表 1 所示。

表 1　淳安县政策性农业保险承保理赔情况

单位：元

序号	险种	品种	2014 年		2015 年		2016 年	
			参保保费	理赔情况	参保保费	理赔情况	参保保费	理赔情况
1	养殖业	能繁母猪	278520	332000	247260	246000	261120	162000
2		生猪	1991628	1324967	2125751	2107700	2368611	865805
3		鸡	63680	4004	37200	26415	107200	0
4		蚕	3441120	3952291	2968497	1510091	2338933	2645091
小计			5774948	5613262	5378708	3890206	5075864	3672896
5	种植业	小麦	345191	0	386500	0	224164	24772
6		水稻	193140	37569	221204	52220	393456	213373
7		油菜	1937217	26853	1919783	24400	1914108	64237
8		大棚	640918	367851	173534	25300	2375365	487120
9		大棚蔬菜	46633	0	16632	0	59897	5983
10		柑橘	/	/	/	/	312402	3430
11		葡萄	/	/	/	/	49200	0
12	林业	公益林	1063163	1009956	1063163	57285	1083753	134070
13		林木综合	1090132	811735	1122306	0	1068037	536662
小计			2153295	1821691	2185469	57285	2151790	670732
合计			11091342	7867226	10281830	4049411	12556246	5142543

二、淳安县政策性农业保险问题分析

（一）政策制定不完善，农民参保意愿低

淳安县政府在制定农业保险政策时，以让每个农户受益、对每个农户保到位为原则，以期能够减轻农业风险损失，确保农户的基本正常生产。在实际操作中，农户本身投保意愿不强，自身保费承担 10%以上就不愿意参保，政府承担着巨大的财政负担。例如大棚险种，淳安县虽然在 2014 年将保费补贴比例从 55%提高到 70%，但是 2015 年承保面也仅有 19.16%，直至 2016 年县财政全额承担保费之后，承保面才提高到 91%。同时，现有的保额低于生产成本、绝对免赔额过高动摇了农户对农业保险和相关政策的信心。以水稻为例，淳安县水稻的保额是 900 元/亩，种粮大户的物化成本约为 1330 元/亩（包括机械成本、人工成本），还要考虑 700 元/亩左右的土地流转费用。保险条例还规定 20%的相对免赔额，一旦出险，现有的保额并不能补偿农户的基本物化成本，农户损失严重。

（二）政府、农户和保险公司三方存在利益冲突

在淳安县“共保体”模式中，财险公司和县农险办共同承担推进农业保险工作的责任。政府方面，自 2016 年淳安县开始全额承担政策性农业保险保费后，政府财政压力骤增，导致出现其他财政支农惠农资金减少的问题，同时，由于政府大包大揽，农户投保业务由乡镇政府统保，农户对投保情况、理赔的流程、手续不了解，影响了农户的保险权利实现，不仅无法提高农户风险防控意识，也无法激发保险公司提高农业保险运行绩效的内在活力。农户方面，由于当前农业保险保额偏低，只有物化成本 60%左右，并且设定了一定的免赔额，赔付率也不合理，在理赔过程中，查勘定损和赔付的手续繁琐，条款多，受政策条款约束大，服务不及时。保险公司方面，在农业保险的经营过程中，由于淳安县农业投保主体的分散性和交通等农村基础设施配套的不完善等因素，县级承保公司未能在全县 23 个乡镇建立服务点及查勘定损人员，保险公司在展业、承保、防损、定损和理赔方面都比较困难，增加了经营成本。

（三）农业保险补贴制度不健全，代理风险和道德风险问题并存

首先是政府和保险公司之间的委托—代理问题显现，“政府推动”是农业保险开展的原则之一，由于保险公司在基层网点、人员、技术等方面的欠缺，散户种养业承保时由乡镇政府以乡镇统保方式进行投保登记，易产生乡镇办理人员向保险公司权力寻租问题；理赔时，赔款由乡镇代领代发，因而出现不及时拨付、截留、克扣理赔款等现象。其次是农业主体与保险公司的道德风险问题影响了农业保险的实施效果。一方面，由于淳安县财政全额承担保费，极易导致经营大户、农民专业合作社等农业主体与保险公司串通一气，虚报投保数量骗取财政保费补贴。例如，2016 年生猪保险，据畜牧局统计全县规模养猪仅 4.8 万头，而保险公司出具保单 6.9 万头，虚增 43.75%；另一方面，保险公

司也存在着或定损过低不予全额赔付，或理赔流程繁琐或赔款交付期限过长等道德风险问题。

（四）风险防范机制不健全

从农业生产自身规律来看，事先防范机制与事后补偿机制是应对灾害、减少损失时不可分割的两个部分，偏废任何一方，都会对农业生产造成致命打击。调研发现，淳安县政策性农业保险在事先防范和事后补偿之间边界模糊，政府和保险公司将大量的人力、物力、财力资源投入到如何提高农业保险承保理赔等事后补偿机制建设上，而针对如何提高农户的风险防控意识、如何保障农业生产过程安全、如何加强风险防控技术指导等方面缺乏事先防范、应急预警机制。

三、淳安县政策性农业保险发展的对策建议

（一）明确淳安县政策性农业保险的主体定位

1. 明确农业经营者的受益主体定位。

政策性农业保险的内在本质是支农惠农，财政通过政策性农业保险予以补贴，把农业生产的投入成本、农业风险可能造成的损失降至最低，发挥财政对转移农业风险、融通农村金融、确保农民收入、优化产业结构的推动作用，最终使淳安县广大农民共享财政改革发展成果。

2. 明确乡镇政府的服务主体定位。

淳安县农险办与乡镇政府要明确自身的服务主体定位，切实加强对农业保险的指导、组织、宣传、培训与协调，按照职能分工，各司其职、相互配合、协同推进。特别是县农险办要不断健全和完善工作机制，强化对乡镇、保险公司的监管，形成农业保险工作例会制度，研究制定解决问题和处置方案。

3. 明确保险公司的双主体定位。

随着农业产业化、规模化、市场化发展，淳安县政策性农业保险险种越来越多、农户防控风险需求日益增长，保险公司既是执行主体，也是服务主体，要发挥其专业优势，完善服务平台和机制，开展风险防控技术培训，为广大农户提供更优质、高效的农业保险服务，提高参保率、赔付率、理赔时效，推进农业保险实施。

（二）创新淳安县政策性农业保险的发展机制

1. 统筹协调好“保基础”与“促发展”的关系。

政策性农业保险重在引导农业主体形成风险防控意识，财政要建立差异化保费补贴机制，分清经营性生产与自给自足性生产的差别。在“保基础”层面，对农户自给自足的政策性保险，财政可以对保费予以全额补贴，以减轻农民负担。在“促发展”层面，财政资金要发挥引导、“四两拨千斤”的作用，针对经营性主体建立分产业、分险种的财政补贴机制，补贴比例以80%—90%为宜。此外，根据淳安本地农业生产发展现状，因地制宜开办更多的特色农业保险险种，研究制定能够促进淳安县农业现代化发展的全方位特色保险方案。

2. 建立农业灾害预防与保险补偿的均衡机制。

县农险办各组成单位要创新农业保险防灾防损机制，引入“风险减量”管理机制和农业防灾防损物联网新技术，特别是农业局、林业局、气象局等农业技术服务部门，要发挥自身优势，做好自然灾害预警和病虫害预防治理工作，将灾害预防和控制前移，提升淳安县农业风险抵御能力和农业灾害预警能力，促进农业灾害预防与保险补偿有机结合。

3. 实现政策性险和商业性险的有机结合。

从长期发展及国际经验来看，农业保险必须实现政策性险和商业险的良性互动，创新引入“保险”和“助贷”相结合的金融模式。随着淳安县农业发展产业化、规模化、市场化、机械化程度的提高，应在持续优化现行政策性农业保险的基础上，鼓励农业主体参保新型商业保险。例如在传统的大棚保险、棚内蔬菜瓜果保险等险种基础上增加农机具综合保险、人身意外保险、务工农民小额保险，以涵盖农业主体可能面临的各种财产、责任、意外等风险；还可以开展家庭财产保险、农业小额贷款保证保险，解决农业发展中自然风险防范和融资难问题，解除农民创业致富的后顾之忧。

（三）优化淳安县政策性农业保险的运行方式

1. 建立政府监管、市场运作、主体受益的农业保险服务网络。

针对淳安农村区域面积广、人口多、居住分散的特点，改变保险公司单打独斗的局面，进一步搭建“县、镇、村”3级农业保险服务网络。特别是在23个乡镇、30个中心村全面开展农业保险服务站点的科学化、技术化、标准化建设；引入市场竞争机制，按片区划分，由不同的保险公司承保并进行年度考核，促进各项服务的提高；探索保险下乡“四位一体”模式，即由县农险办牵头将机构、人员、技术和服务下沉到镇到村，使农户随时随地了解农业保险知识、灾害预防技术，解决农业保险服务“最后一公里”问题。

2. 组建技术服务专家组和保险理赔智囊团。

一方面，针对农业生产灾害频发的现状，特别是减少病虫害造成的损失，由政府组建一支生产技术服务专家团队，以农业局各站技术人员为核心，同时聘请省农科院专家、高校教授为外援，定期到全县各乡镇开展病虫害防治等技术指导。另一方面，针对出险后查勘定损难的问题，组建智囊团，与保险公司一同参与理赔事项，使理赔结果更加客观权威。同时，智囊团负责开展农业保险政策绩效的调研，深入基层获取诉求，向政府部门提出制定和优化农业保险政策条款的建议。

3. 搭建信息公开、规则明确、理赔程序科学的“互联网+”平台。

依托“大数据”理念，运用物联网技术，研究推出淳安县“智慧农险”服务平台，并采用政府购买服务方式，引进金融机构、网络运营商、信息服务企业参与“智慧农险”服务平台建设和运营，促进政府部门、保险公司、行政村以及农业主体之间的交流互动。同时，畅通政策性农业保险的社情民意反馈渠道，开展农险承保服务和理赔服务交流，宣传农险知识、农业发展、保险承保、出险理赔等服务信息和资源信息。

课题组

组长：叶建乐

成员：叶方鹏（执笔） 王传民 余诗威 胡 卫